5वाँ
संस्करण

भारतीय कला एवं संस्कृति

सिविल सेवा एवं अन्य प्रतियोगी परीक्षाओं के लिए

नितिन सिंघानिया, आईएएस
सुदीप्ता सिंघानिया

Mc Graw Hill
McGraw Hill Education (India) Private Limited

Published by McGraw Hill Education (India) Private Limited
Registered Office: Anjana Complex No: 5/90 A, Butt Road, St. Thomas Mount, Chennai – 600016

Bhartiya Kala evam Sanskriti, 5e

Print Edition:
ISBN (13): 978-93-5532-594-5
ISBN (10): 93-5532-594-0

E-Book Edition:
ISBN (13): 978-93-5532-595-2
ISBN (10): 93-5532-595-9

1 2 3 4 5 6 7 8 9 D103074 27 26 25 24 23

Printed and bound in India.

Disclaimer: The views expressed in this book are of the author and in no way reflects the views of the Government of West Bengal or Government of India, in which author is working or has worked.

Typeset at APS Compugraphics, 4G, PKT 2, Mayur Vihar Phase-III, Delhi 96
and printed at Rajkamal Electric Press, Kundli, Haryana.

Cover Designer: Anita Kanojia
Cover Image Source: Shutterstock

Visit us at: www.mheducation.co.in
Write to us at: support.india@mheducation.com
CIN: U80302TN2010PTC111532
Toll Free Number: 1800 103 5875

निवेदन

जालसाज़ी का विरोध करें और सफलता के लिए एक मज़बूत आधार तैयार करें।

पुस्तकें हमारी सबसे अच्छी दोस्त होती हैं, यही वह कहावत है, जिसे सुनकर हम सब बड़े हुए हैं, हालाँकि पायरेसी के चोर लगातार 'हमारे सबसे अच्छे दोस्त' के साथ जालसाज़ी कर रहे हैं। हमारी सभी पुस्तकों और उनसे संबंधित ऑनलाइन पूरक संसाधनों का कॉपीराइट हमारे पास सुरक्षित हैं और हम किसी को भी इन्हें कॉपी करने का कोई अधिकार नहीं देते हैं, पायरेसी पुस्तकों की चोरी करने जैसा है। ज्ञान वास्तविकता से आता है, आइए इस जालसाज़ी को हतोत्साहित करें। इसलिए, हम अपने सभी पाठकों से पायरेटेड पुस्तकों को रोकने और प्रामाणिक पुस्तकों को **चुनने का निवेदन करते हैं।**

पायरेटेड पुस्तकों की पहचान कैसे करें?

1 पुस्तक का ट्रांसपेरेंसी कोड

Scan with the Transparency app XXXXXXXX

आप बधाई के पात्र हैं! आपने जो पुस्तक ख़रीदी है, वह ट्रांसपेरेंसी के द्वारा सुरक्षित है। अमेज़न द्वारा ट्रांसपेरेंसी एक इकाई-स्तरीय उत्पाद क्रमवार सेवा है, जो एक इकाई की प्रामाणिकता की पुष्टि करती है और आपको ख़रीदे गये उत्पाद के बारे में समग्र जानकारी प्राप्त करने में सक्षम बनाती है। कृपया पुस्तक के पिछले कवर पर ट्रांसपेरेंसी लोगो और कोड देखें (ट्रांसपेरेंसी बारकोड एक चौकोर कोड है जो "T" प्रतीक के बग़ल में पाया जाता है)। पुस्तक की प्रामाणिकता सत्यापित करने के लिए आप ट्रांसपेरेंसी ऐप के साथ बारकोड को स्कैन कर सकते हैं। बस App Store या Google Play से ट्रांसपेरेंसी ऐप डाउनलोड करें और ऐप के साथ बारकोड को स्कैन करें। पुस्तक के प्रामाणिक होने के रूप में सत्यापित होने पर ऐप एक हरे रंग का चेकमार्क दिखायेगा।

2 कवर और स्पाइन

- देखें और महसूस करें (नयी या इस्तेमाल की गयी पुस्तक)
- कवर पर धुँधली तस्वीरें
- सामने चिपकाया गया होलोग्राम
- ख़राब स्पाइन (सिकुड़न) या इसके निचले भाग पर एयर पॉकेट
- अस्पष्ट ISBN/बार कोड
- McGraw Hill Edge के एक्सक्लूसिव कवरेज के लिए मिटा हुआ/ग़ैर-कार्यात्मक यूनिक कूपन कोड

3 टेक्स्ट/प्रिंटिंग/बाइंडिंग

- पृष्ठों की असमान स्याही
- ख़राब गुणवत्ता या धुँधली तस्वीरें/छवियाँ/चार्ट
- निम्नस्तरीय गुणवत्ता और अपारदर्शिता
- ग़लत संरेखणवाले पृष्ठ
- पृष्ठों का ग़ायब होना
- निम्नस्तरीय जिल्द गुणवत्ता

आप इस वीडियो पर जाकर देख सकते हैं कि पायरेटेड पुस्तक की पहचान कैसे करें।

पायरेसी की पहचान करने के बारे में अधिक जानकारी के लिए, https://www.mheducation.co.in/piracy पर जायें।
पायरेटेड पुस्तक की रिपोर्ट करने के लिए, बैक कवर पर दिये गये व्हाट्सएप कोड पर 'Hi' भेजें या हमें support.india@mheducation.com पर लिखें।
रिपोर्ट की गयी पायरेटेड पुस्तकों की जाँच उनकी चोरी से निपटने के लिए की जाती है।
आइए, पायरेसी के चोरों से लड़ें और असली पुस्तक का इस्तेमाल करने का संकल्प करें!

लेखक के विषय में

नितिन सिंघानिया पश्चिम बंगाल कैडर में 2013 बैच के भारतीय प्रशासनिक सेवा (IAS) के अधिकारी हैं और वर्तमान में ज़िला अधिकारी, मालदा, के पद पर कार्यरत हैं। वह प्रेसीडेंसी कॉलेज, कोलकाता से अर्थशास्त्र में स्नातक और स्नातकोत्तर और साथ ही साथ चार्टर्ड अकाउंटेंट और कंपनी सचिव भी हैं। सिविल सेवा और अन्य राज्य स्तरीय परीक्षाओं के लिए अत्यधिक बिकनेवाली पुस्तक ''भारतीय अर्थव्यवस्था'' भी उन्हीं की रचना है।

परम श्रद्धेय दादीजी एवं दादाजी, व
माँ एवं पिताजी को समर्पित.....

पाँचवें संस्करण में नये तथ्य

- **04 नये अध्याय, अर्थात्;**
    - **अध्याय 02 – भारत के ऐतिहासिक शहर**
    - **अध्याय 03 – भारतीय मूर्तिकला और मृद्‌भाण्ड**
    - **अध्याय 14 – भारत में जनजातीय संस्कृति**
    - **अध्याय 15 – व्यापार, व्यापारी और सांस्कृतिक आदान-प्रदान**
- **अध्याय 01 में नये विषय** – चोलिस्तान-रोही संस्कृति और रेगिस्तानी क़िले; शिकारीपुरा रंगनाथ राव; क़ब्रिस्तान एच संस्कृति; चित्रित धूसर मृद्‌भांड संस्कृति (पीजीडब्ल्यू); उत्तरी काले पॉलिशवाले बर्तनों की संस्कृति (एनबीपीडब्ल्यू); गेरू रंग की मिट्टी के बर्तनों की संस्कृति (ओसीपी); अहार संस्कृति, कायथा संस्कृति; कंगनाहल्ली; मौर्यकालीन पॉलिश; चराइदेव मैदाम; मंगर बानी; अच्युत पुरुषोत्तम कनविन्दे।
- **अध्याय 04 और 05 में नये विषय** – एपिग्राफिया कर्नाटका; अल्बर्ट हेनरी लॉन्गहर्स्ट; नौसासी (नवसारी) ताम्रपत्र शिलालेख; पहाड़पुर ताम्रपत्र शिलालेख; बिल्साड़ शिलालेख; देवपारा प्रशस्ति; धर्मपाल का खलीमपुर ताम्रपत्र; श्रेनिबाला; सर विलियम जोन्स; न्यूमिजमाटा ओरिएंटालिया इलस्ट्रेटा; विलियम मार्सडेन, पंडित भगवानलाल; इन्द्रजी; द न्यूमिस्मैटिक सोसाइटी ऑफ़ इंडिया (एनएसआई); प्राचीन भारत में रोमन सिक्के; कंधारी दिरहम; त्रावणकोर फैनम।
- **अध्याय 06 में नये विषय** – जम्मू या डोगरा चित्रकला शैली; मनकोट चित्रकलाएँ; गुलेर चित्रकला शैली; कुल्लू-मंडी चित्रकला शैली; मुग़ल, राजस्थानी, तंजौर और फ़ारसी चित्रकला का तुलनात्मक विश्लेषण।
- **अध्याय 07 और 08 में नये विषय** – कपड़ा हस्तशिल्प में महत्त्वपूर्ण पहलू; यूनेस्को द्वारा पहचाने गये प्रतिष्ठित हस्तनिर्मित वस्त्र; जीआई हस्तशिल्प के अंतर्गत पंजीकृत शिल्प की सूची; उत्तर पूर्व भारत में कपड़ा उद्योग; खादी – भारतीय कपड़ा विरासत का प्रतीक; टॉयकैथॉन 2023; यूनेस्को विश्व धरोहर स्थलों पर महत्त्वपूर्ण जानकारी; 2022 और 2023 के लिए विश्व धरोहर स्थलों की अस्थायी सूची।
- **अध्याय 09, 10 और 11 में नये विषय** – गंधर्वों की मूर्तियाँ; तराना और त्रिवत; सदारंग; नौबत ख़ान; हिंदुस्तानी और कर्नाटक संगीत के बीच समानताएँ और अंतर; तमांग सेलो; पंडित विष्णु दिगंबर पलुस्कर; पंडित विष्णु नारायण भातखंडे; कमाइचा; लंबाडी (आंध्र प्रदेश); फाग (हिमाचल प्रदेश); लावणी (महाराष्ट्र); पेरिनी (तेलंगाना); गंभीरा (पश्चिम बंगाल); शुमांग लीला (मणिपुर)।
- **अध्याय 12, 13 और 16 में नये विषय** – भारत में मार्शल आर्ट का इतिहास; विश्व सिलंबम संगठन; स्क्वे फ़ेडरेशन ऑफ़ इंडिया; मार्शल आर्ट का अभ्यास करने के लाभ; कोलकाता में दुर्गा पूजा; भारत की लुप्तप्राय भाषाएँ; एक भाषा का अंत; भाषाई विविधता अनुक्रमणिका; तुलु भाषा; नस्ता'लीक़; ओल चिकी लिपि; बौस्ट्रोफेडन शैली; बैक्ट्रियन पहलवी; नंदिनागरी; ख़तरे में विश्व भाषाओं का एटलस; भारत की विलुप्त भाषाएँ।
- **अध्याय 17, 18 और 19 में नये विषय** – भारत में धर्म की संवैधानिक स्थिति; पुरुषार्थ; कबीरपंथी; द्वैताद्वैत; दिव्य प्रबंध; तिरुमुराई; रामकृष्ण आंदोलन; इब्राहीम धर्म; इस्लाम के पाँच स्तंभ; थॉमस द एपोस्टल; सिख धर्म में गुरु की परंपरा; सहजधारी सिख; हलाखा; सभी भक्ति और सूफ़ी संत के लिए अद्यतन जानकारी; चैतन्य महाप्रभु की शिक्षाएँ; भक्ति आंदोलन में महिलाएँ (मीराँबाई, अक्का महादेवी, जनाबाई, बहिनाबाई, अंडाल); भारतीय संस्कृति में भक्ति साहित्य और उसका योगदान; बौद्ध धर्म के महत्त्वपूर्ण प्रतीक; विहित ग्रंथ (जातक, निद्देश, बुद्धवंश, पतिसंभिदामग्ग, अपादान); ग़ैर-विहित ग्रंथ (मिलिंदपञ्ह, महावंश और दीपवंश); बौद्ध भिक्षुणियों के गीत; बौद्ध साहित्य; जैन शिक्षाएँ और दर्शन; जैन धर्म के शाही संरक्षक।

- **अध्याय 20, 21, और 22 में नये विषय** – अपौरुषेय; त्रजी या त्रयी विद्या; कल्पसूत्र; उपवेद; शूद्रक; उत्तररामचरित; स्वप्नवासवदत्तम्; रत्नावली; प्रियदर्शिका; मालविकाग्निमित्रम्; विक्रमोर्वशीयम्; महासांघिका-लोकोत्तरवाड़ा स्कूल; उपांग; वेंदीदाद; गुरु ग्रंथ साहिब की पाँच बानियाँ; कम्बर; तिरुनिझलमाला; वल्लथोल नारायण मेनन; टिप्पलार शिलालेख; प्रबंध आयु; हल्मिडी शिलालेख; राजशेखर चरित्रमु; उभय कविचक्रवर्ती; कबीगरा कावा; मकतबख़ाना; आलमगीरनामा; तिलोत्तमा संभव काब्य; पंचसखा; गीता गोविंद; महानय-प्रकाश; दलित साहित्य; भारतीय अँगरेज़ी साहित्य; सांख्य और योग धाराओं के बीच तुलना; पश्चिमी दर्शन और चार्वाक दर्शन के बीच समानता; मुंज़ानिक़; लगध; चतुर्वेद पृथुदक स्वामी; मेलपाथुर नारायण भट्टाथिरी; वत्स्सेरी परमेश्वर नंबूदिरी; केलालुर नीलकंठ सोमायाजी; नारायण पंडित; महेंद्र सूरी।
- **अध्याय 23, 24 और 25 में नये विषय** – अक्षय तृतीया; राम नवमी; रक्षाबंधन; भाई दूज; राजा परबा; नुआ खाई; चापचर कुट; ड्री; नागौर मेला; गणगौर मेला; बेणेश्वर मेला; उष्णकटिबंधीय वर्ष या सायण वर्ष; नाक्षत्र वर्ष या निरयण वर्ष; भास्कराब्द; नानकशाही कैलेंडर; धूपघड़ी; अंतर्संबंध; भारत सरकार का डिजिटल कैलेंडर और डायरी; जान ह्यूघेन वैन लिंसचोटेन (डच); थॉमस कोरियट (अँगरेज़ी); पाल कैनिंग (अँगरेज़ी); एडवर्ड टेरी (अँगरेज़ी); जॉन फ़्रायर (अँगरेज़ी); जीन डे थेवेनॉट (फ़्रेंच); जियोवन्नी फ़्रांसेस्को जेमेली कैरेरी (इतालवी); कुछ विदेशी यात्रियों का विस्तृत विवरण; महत्त्वपूर्ण विदेशी यात्री और उनकी पुस्तकें एक नज़र में।
- **परिशिष्ट में नये विषय** – पूतभेदन; पेंथा; संभांडारियाका; एग्रोनोमोइ; पेरियापुराणम; असामी; इलाही गज़; मह्ज़रनामा; तुफ़ंगची; तुलुग्मा और अराबा; नेत्तिपकारण; रायगजकेसरी और दयागजकेसरी।
- **प्रत्येक अध्याय** के अंत में अध्याय सारांश जोड़ा गया।
- **यूपीएससी द्वारा** आयोजित अन्य समान परीक्षाओं (जैसे- **सीएसई**, **सीडीएस**, **एनडीए** और **सीएपीएफ़**) के पिछले वर्षों के प्रश्न भी अध्याय में जोड़े गये हैं।

अतिरिक्त पठन सामग्री

- McGraw Hill EDGE ऑनलाइन प्लेटफ़ॉर्म पर 10 अतिरिक्त विषय उपलब्ध हैं। वे इस प्रकार हैं :
  1 – **भारतीय कठपुतली कला**
  2 – **भारतीय सर्कस**
  3 – **प्राचीन एवं मध्यकालीन भारत में शिक्षा**
  4 – **भारतीय सिनेमा**
  5 – **पुरस्कार और सम्मान**
  6 – **क़ानून और संस्कृति**
  7 – **विदेश में भारतीय संस्कृति**
  8 – **भारत के सांस्कृतिक संस्थान**
  9 – **भारत के प्रसिद्ध व्यक्तित्व**
  10 – **हाल के भौगोलिक संकेत**

McGraw Hill EDGE पर उपलब्ध 10 अतिरिक्त पठन विषयों में अद्यतन निम्नलिखित हैं :

- **विषय 01 और 02 में अद्यतन** – लैथिबी जागोई; काठी कंधे; ग्रेट रेमैन सर्कस और अमर सर्कस।
- **विषय 03 में अद्यतन** – नालंदा विश्वविद्यालय का पुनरुद्धार; बिहारशरीफ़; तारानाथ के नोट्स विक्रमशिला पर; वल्लभी विश्वविद्यालय में अध्यापन; शारदा पीठ में उपदेश; मेलपाथुरनारायण भट्टथिरी; मकतबख़ाना।

- **विषय 04 में अद्यतन** – ऑरमैक्स मीडिया और ग्रुप रिपोर्ट; भारतीय सिनेमैटोग्राफ समिति; सीबीएफ़सी प्रमाणन: भारतीय राष्ट्रीय फ़िल्म विकास निगम (एनएफ़डीसी); सॉफ़्ट पावर और भारतीय सिनेमा।
- **विषय 05 में अद्यतन** – बाल साहित्य पुरस्कार; युवा पुरस्कार; प्रेमचंद फ़ैलोशिप; आनंद कुमारस्वामी फेलोशिप।
- **विषय 06 और 07 में अद्यतन** – प्राचीन स्मारक और पुरातत्त्व स्थल और अवशेष अधिनियम 1958; स्मारक मित्र; भारतीय ध्वज संहिता; विरासत प्रबंधन में सुधार भारत में रिपोर्ट; अमूर्त सांस्कृतिक विरासत (आईसीएच) की सुरक्षा के लिए यूनेस्को का 2003 कन्वेंशन; आतीश दीपंकर श्रीज्ञान; वैश्विक सहभागिता योजना; विदेश में भारतीय सांस्कृतिक केंद्र; वैश्वीकृत विश्व में भारतीय संस्कृति।
- **विषय 08 में अद्यतन** – राष्ट्रीय स्मारक प्राधिकरण (एनएमए); सांस्कृतिक मानचित्रण पर राष्ट्रीय मिशन (एनएमसीएम); अभिलेख-पटल; कला की राष्ट्रीय प्रदर्शनी(एनईए); जर्नल ऑफ़ द एंथ्रोपोलॉजिकल सर्वे ऑफ़ इंडिया; भारतीय संग्रहालय, कोलकाता; भारतीय विरासत संस्थान।
- **विषय 09 और 10 में अद्यतन** – भारत में हाल ही में पंजीकृत जीआई की अद्यतन सूची; बौद्धिक संपदा अधिकार (आईपीआर) के एक भाग के रूप में भौगोलिक संकेत; विश्व बौद्धिक जीआई सुरक्षा पर संपत्ति संगठन; कांगड़ा चाय का समावेश।

पाँचवें संस्करण की भूमिका

मैं पुस्तक के विगत संस्करणों पर रचनात्मक प्रतिक्रियाएँ देने के लिए पाठकों का आभार व्यक्त करता हूँ। पाँचवें संस्करण में हमारी समृद्ध संस्कृति और विरासत से संबंधित कई अन्य महत्त्वपूर्ण प्रासंगिक एवं जीवंत अवधारणाओं तथा तथ्यों को स्थान दिया गया है।

हमारे प्रिय देश भारत की सांस्कृतिक विविधता बहुत विशाल है, एक लेखक के रूप में, मेरे लिए यह तय करना कभी-कभी कठिन हो जाता है कि पुस्तक में क्या छोड़ा जाए और क्या जोड़ा जाए, ताकि इसकी स्पष्टता और प्रासंगिकता बनी रहे। इन चुनौतियों के बीच मैंने इस पाँचवें संस्करण को विभिन्न प्रतियोगी परीक्षाओं की तैयारी करनेवाले उम्मीदवारों के लिए **वन-स्टॉप सलूशन** बनाने का प्रयास किया है।

पाँचवें संस्करण में लगभग सभी अध्यायों में प्रासंगिक और महत्त्वपूर्ण परिवर्धन किये गये है, जिसके कारण यह संस्करण काफ़ी हद तक परिवर्तित हो गया है। इस संबंध में एक उदाहरण सूची पिछले पृष्ठ पर दी गयी है।

इसके अतिरिक्त, इस संस्करण में **चार नये अध्याय** भी जोड़े गये हैं, जो इस प्रकार हैं :

चार नये अध्याय

- **भारत के ऐतिहासिक शहर**
- **भारतीय मूर्तिकला और मृद्‌भाण्ड**
- **भारत में जनजातीय संस्कृति**
- **व्यापार, व्यापारी और सांस्कृतिक आदान-प्रदान**

UPSC द्वारा आयोजित अन्य तुल्य परीक्षाओं में किये जाने वाले प्रश्नों के बार-बार दोहराये जाने की प्रवृत्ति देखी गयी है। इसलिए, UPSC CSE के पिछले वर्षों (2023 तक) के प्रश्नों के साथ-साथ UPSC द्वारा आयोजित **CAPF, NDA** और **CDS परीक्षाओं** के प्रश्नों को भी अध्यायों में सम्मिलित किया गया है।

रिविज़न के समय आसानी के लिए अध्याय के अंत में **अध्याय सारांश** दिया गया है।

इस पाँचवें संस्करण में **ऑनलाइन कंटेंट** के रूप में **10 अतिरिक्त पाठ** दिये गये हैं।

अध्यायों के आरम्भ में **नये व्याख्यात्मक वीडियो** दिये गये हैं, जिन्हें QR कोड को स्कैन कर देखा जा सकता है।

और अंत में, अच्छी तैयारी करने में आसानी के लिए भारत में यूनेस्को के विश्व धरोहर स्थलों पर एक अपडेट किया हुआ **समग्र मानचित्र** दिया गया है। (पुस्तक के अंत में)।

मुझे विश्वास है कि इस संशोधित संस्करण में **जोड़े गये विषय** पाठकों के लिए उपयोगी सिद्ध होंगें। इस पुस्तक को और अधिक सार्थक बनाने के लिए मैं पाठकों से ईमेल के माध्यम से अपने सुझावों को देने का अनुरोध करता हूँ।

अक्टूबर, 2023

सादर प्रणाम !!!

नितिन सिंघानिया

E-mail: nitinsinghania.ca@gmail.com

आभार

यह जान कर अत्यधिक प्रसन्नता हो रही है कि पुस्तक के विगत संस्करणों को पाठकों से बहुत सराहना मिली है। मैं प्रत्येक पाठक का विनम्रतापूर्वक आभार व्यक्त करता हूँ।

मैं अपने माता-पिता, पत्नी, भाई-बहन नैन्सी व नोयल और बेटे नमित का भी आभारी हूँ, जिनके सहयोग एवं समर्थन से मैं शोध और लेखन के लिए समय निकाल पाया।

''माँ एवं पापाजी, मेरे अनुकरणीय आदर्श बनने हेतु आपके प्रति मेरा सम्मान एवं गहरी कृतज्ञता समर्पित है। जब कभी भी मुझे आवश्यकता पड़ी, तब आपका सहयोग और प्रोत्साहन ही मेरी शक्ति के एकमात्र आधार स्तम्भ रहे।''

श्री गौरव कुमार सिंह आईएएस, श्री सोमेश मिश्र आईएएस और श्री बृज भूषण जी से मुझे अविश्वसनीय स्नेह और समर्थन प्राप्त हुआ, जिसके लिए मैं उनका हृदय से धन्यवाद करता हूँ।

मैं श्री आर.एस. अग्रवाल जी (रैंकर्स क्लासेस), वाजीराम ऐंड रवि, ALS और विज़न आईएएस का भी आभार व्यक्त करता हूँ, जिन्होंने मुझे इस पुस्तक को लिखने के लिए प्रेरित किया। वे ख्याति प्राप्त विषय-विज्ञ भी आभार के पात्र हैं, जिनके बहुमुल्य लेखन, इस पुस्तक को मूर्त रूप प्रदान करने में उपयोगी सिद्ध हुए।

गांधी स्मृति पुस्तकालय, LBSNAA और अतुल फोटोस्टेट, दिल्ली का योगदान भी बहुत महत्त्वपूर्ण है, जहाँ से मुझे विचार और धारणा को समृद्ध करनेवाले स्रोत उपलब्ध हुए। पिछले वर्ष के प्रश्नों को वेबसाइट पर उपलब्ध कराने के लिए मैं UPSC का भी धन्यवाद करता हूँ, जिन्हें इस पुस्तक में सम्मिलित किया गया है।

इस पाँचवें संस्करण के लिए, मैं विशेष रूप से श्रीमती सुदीप्ता सिंघानिया के सामग्री विकास, संपादन और अनुसंधान में योगदान के लिए आभारी हूँ। मैं श्री नीरज राव, सीए राहुल कुमार (डायडेमी आईएएस), श्री चंदन झा, श्री सुशील कुमार, श्री संजय मिश्र (साहित्यकार सृंजय) एवं श्री नीरज मिश्र का भी विशेष रूप से ऋणी हूँ, जिनके बहुमूल्य सहयोग और सुझाव मुझे प्राप्त हुए। बड़ी संख्या में उम्मीदवारों से प्राप्त प्रतिक्रियाएँ भी सहायक सिद्ध हुईं।

अंत में, मैं श्री ललित सिंह, श्री तन्मोय रॉयचौधरी, जनाब तनवीर अहमद, श्री निखिल वढेरा, श्री अतुल गुप्ता, सुश्री अन्वेषा रॉय, सुश्री आरूषि गर्ग, श्रीमती अंजलि नायर और मैकग्रा हिल एजुकेशन, इंडिया की पूरी टीम के प्रति हार्दिक आभार व्यक्त करता हूँ, जिनके सहयोग से यह संस्करण समय पर आपके समक्ष आ सका।

मुझे विश्वास है कि यह पुस्तक भारत की समृद्ध सांस्कृतिक विरासत की एक अच्छी समझ बनाने में पाठकों के लिए सहायक सिद्ध होगी।

हृदय से आभार-

नितिन सिंघानिया

रुझान विश्लेषण

सिविल सेवा की प्रारंभिक परीक्षा में वर्ष-वार अंक

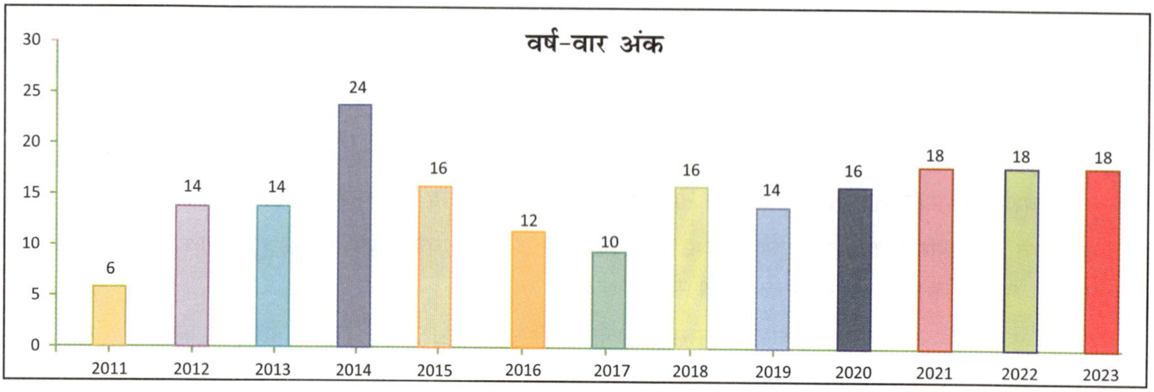

टिप्पणी : *वर्ष 2011 में संघ लोक सेवा आयोग (UPSC) ने प्रारंभिक परीक्षा के पैटर्न एवं पाठ्यक्रम में कुछ परिवर्तन किये। नयी योजना में भारतीय कला एवं संस्कृति को सामान्य अध्ययन के प्रथम प्रश्नपत्र में सम्मिलित किया गया है, जिसमें प्रत्येक प्रश्न 2 अंकों का होता है।*

सिविल सेवा की मुख्य परीक्षा में वर्ष-वार अंक

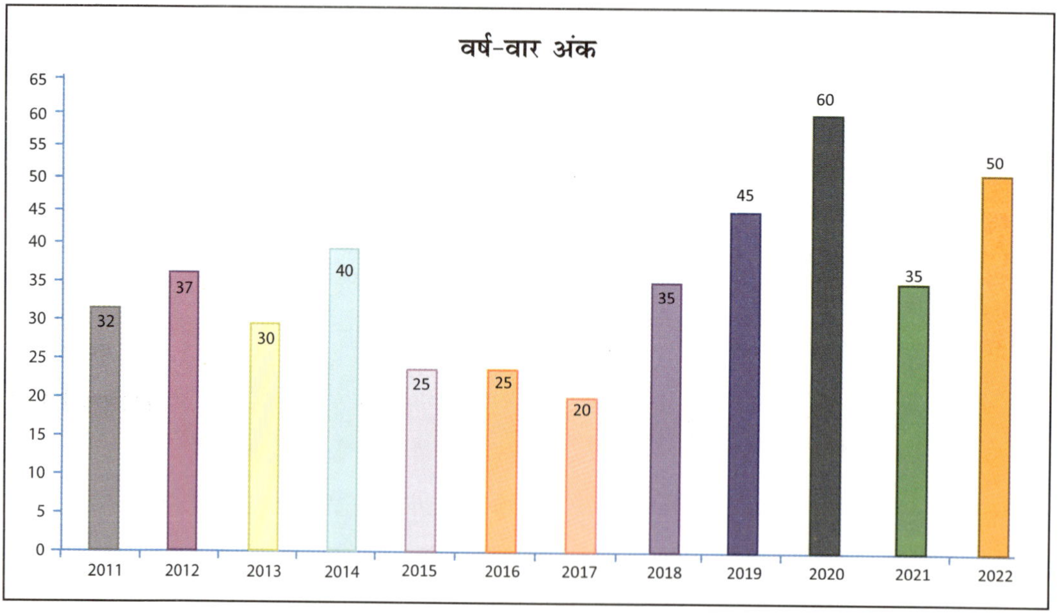

टिप्पणी : *वर्ष 2013 में, संघ लोक सेवा आयोग (UPSC) ने मुख्य परीक्षा के पैटर्न एवं पाठ्यक्रम में कुछ परिवर्तन किये। नयी योजना में भारतीय संस्कृति एवं विरासत को सामान्य अध्ययन के प्रथम प्रश्नपत्र में सम्मिलित किया गया है। यह प्रश्नपत्र कुल 250 अंकों का होता है।*

विषय सूची

भाग A दृश्य कला

भाग B कला प्रदर्शन

अध्याय 9 – भारतीय संगीत 229

अध्याय 10 – भारतीय नृत्य विधाएँ 261

अध्याय 11 – भारतीय नाट्यकला 288

अध्याय 12 – भारत में मार्शल आर्ट (युद्ध कला) 301

अध्याय 13 – अमूर्त सांस्कृतिक विरासतों की यूनेस्को सूची 311

भाग C भारत की संस्कृति

अध्याय 19 – बौद्ध धर्म और जैन धर्म 405

अध्याय 20 – भारतीय साहित्य 432

अध्याय 21 – दर्शन विचारधाराएँ 475

अध्याय 22 – प्राचीन विज्ञान एवं प्रौद्योगिकी 486

अध्याय 23 – भारत के मेले एवं त्यौहार 500

McGraw Hill Edge पर उपलब्ध निम्नलिखित विषयों पर **वैचारिक वीडियो** तक पहुँचने के लिए क्यूआर कोड को स्कैन करें

- अध्याय 1 भारतीय वास्तुकला
- अध्याय 4 शिलालेख और अभिलेख
- अध्याय 6 भारतीय चित्रकलाएँ
- अध्याय 8 भारत में यूनेस्को के विश्व धरोहर स्थलों की सूची
- अध्याय 9 भारतीय संगीत
- अध्याय 10 भारतीय नृत्य विधाएँ
- अध्याय 16 भारत में भाषाएँ
- अध्याय 17 भारत में धर्म
- अध्याय 18 भक्ति व सूफ़ी आंदोलन
- अध्याय 19 बौद्ध धर्म और जैन धर्म

कोड स्कैन करें

McGraw Hill Edge पर उपलब्ध निम्नलिखित विषयों पर **अतिरिक्त पठन सामग्री** तक पहुँचने के लिए क्यूआर कोड को स्कैन करें

कोड स्कैन करें

1. भारतीय कठपुतली कला
2. भारतीय सर्कस
3. प्राचीन एवं मध्यकालीन भारत में शिक्षा
4. भारतीय सिनेमा
5. पुरस्कार और सम्मान
6. क़ानून और संस्कृति
7. विदेश में भारतीय संस्कृति
8. भारत के सांस्कृतिक संस्थान
9. भारत के प्रसिद्ध व्यक्तित्व
10. हाल के भौगोलिक संकेत

भाग-A

दृश्य कला

1 अध्याय

भारतीय वास्तुकला

परिचय

'वास्तुकला' का वास्तु शब्द संस्कृत की 'वस्' धातु से व्युत्पन्न है, जिसका अर्थ रहना, बसना, निवास करना होता है, अर्थात् वास्तु का अर्थ होता है- घर, आवास, निवास आदि।

वहीं, दूसरी ओर 'मूर्त्ति' शब्द संस्कृत की 'मूर्च्छ्' धातु से व्युत्पन्न है, जिसका अर्थ निश्चित आकार और सीमा की कोई ठोस वस्तु, अर्थात् रूप, दृश्यमान आकृति, प्रतिमा आदि होता है।

इस अध्याय से संबंधित ऑनलाइन वीडियो के लिए इस QR कोड को स्कैन करें।

'वास्तुकला' यानी अँगरेज़ी का आर्किटेक्चर शब्द, लैटिन शब्द 'टैक्टन' से व्युत्पन्न है, जिसका अर्थ निर्माता (बिल्डर) होता है। अत:, जब से आदिकालीन मनुष्यों ने अपने लिए आश्रय का निर्माण करना प्रारंभ किया, तभी से वास्तुकला विज्ञान का प्रादुर्भाव हुआ। वहीं, दूसरी ओर मूर्तिकला (स्कल्प्चर) शब्द प्रोटो-इंडो-यूरोपीय (पी.आई.ई.) मूल शब्द 'केल' से लिया गया है, जिसका अर्थ 'मोड़ना' होता है। मूर्तियाँ, कला की लघु रचनाएँ होती हैं। ये या तो हस्तनिर्मित होती हैं या उपकरणों से बनायी जाती हैं और अभियांत्रिकी व मापन की तुलना में सौंदर्यशास्त्र से अधिक संबंध रखती हैं।

वास्तुकला और मूर्तिकला के बीच अंतर

अंतर बिंदु	वास्तुकला	मूर्तिकला
आकार व विस्तार	वास्तुकला भवनों के डिज़ाइन और निर्माण को संदर्भित करती है।	मूर्तियाँ, कला की अपेक्षाकृत लघु **त्रि-आयामी** रचनाएँ होती हैं।
प्रयुक्त सामग्री	वास्तुकला में सामान्यत: पत्थर, लकड़ी, काँच, धातु, रेत आदि जैसी **विभिन्न प्रकार की सामग्रियों के मिश्रण** का उपयोग किया जाता है	जबकि मूर्तियाँ सामान्यत: एक प्रकार की सामग्री से ही बनी होती हैं।
सिद्धांत	वास्तुकला में **अभियांत्रिकी** और गणित **का अध्ययन** समावेशित होता है। इसके लिए विस्तृत और सटीक मापन की आवश्यकता होती है।	मूर्तिकला में रचनात्मकता और कल्पना का समावेश होता है और यह सटीक मापन पर बहुत अधिक निर्भर नहीं होती है।
उदाहरण :	ताजमहल, लाल क़िला आदि।	नटराज, नर्तकी की कांस्य मूर्ति आदि।

भारतीय वास्तुकला

भारतीय कला और वास्तुकला की कहानी; विकास की कहानी है। प्राचीन सिंधु घाटी सभ्यता से लेकर ब्रिटिश शासन तक, भवनों और मूर्तियों की अपनी स्वयं की एक कहानी है। महान् साम्राज्यों का उद्‌भव और पतन, विदेशी शासकों का आक्रमण, (जो धीरे-धीरे स्वदेशी बन गये) विभिन्न संस्कृतियों और 'शैलियों का संगम आदि भारतीय वास्तुकला और मूर्तिकला के विकास में परिलक्षित होते हैं।

वास्तुकलात्मक विशेषताएँ : भारतीय परिपेक्ष्य

विभिन्न युगों में किसी देश के विकास के विभिन्न चरण उसकी वास्तुकला में प्रतिबिंबित होते हैं। किसी क्षेत्र की स्थापत्य संबंधी संरचनाएँ भी समाज की अपनी संस्कृति और परंपरा के प्रति झुकाव दर्शाती हैं। भारत में अधिकांश कलात्मक और स्थापत्य संबंधी अवशेष धार्मिक प्रकृति के हैं। भारत के प्रारंभिक मंदिरों में उत्तर प्रदेश में देवगढ़ का मंदिर, मध्य प्रदेश में नचना कुठार का मंदिर शामिल हैं, जो संरचना में सरल हैं। भारत में चट्टानों को काटकर बनायी गयीं संरचनाएँ प्राचीन भारतीय कला का प्रभावशाली नमूना प्रदर्शित करती हैं। भारत में गुफाएँ विभिन्न धर्मों से जुड़ी हुई हैं और विभिन्न शैलियों के बीच स्थापत्यकला संबंधी अंतर प्रस्तुत करती हैं। स्थानीय निर्माताओं द्वारा निर्मित वास्तुकला संबंधी रचनाओं की स्थानीय शैली कई लक्षणों को साझा करती है और संबंधित क्षेत्रीय जलवायु, निर्माण के लिए स्थानीय रूप से उपलब्ध कच्चे माल आदि का प्रदर्शन करती है। "मूर्ति विज्ञान" कुछ प्रतीकों और उनसे जुड़ी पौराणिक कहानियों के आधार पर मूर्तियों और प्रतिमाओं की पहचान है।

उत्तर प्रदेश, मध्य प्रदेश और राजस्थान के प्राचीन मंदिर बलुआ पत्थर से बने हैं। छठी शताब्दी ईसवी की शुरुआत में देवगढ़ के मंदिर का निर्माण हुआ था। कालांतर में छोटे आयामोंवाले मंदिरों का भी निर्माण किया गया। कुमाऊँ, गढ़वाल, हिमाचल आदि की पहाड़ियों में भी वास्तुकला की अनूठी शैली का विकास हुआ। तक्षशिला और उत्तर-पश्चिम सीमा के निकट होने के कारण कश्मीर में मज़बूत गांधार प्रभाव देखा जा सकता है।

भारतीय वास्तुकला का वर्गीकरण

- प्राचीन भारत
  - हड़प्पाई कला
  - मौर्यकालीन कला
  - मौर्योत्तर कला
  - गुप्तकालीन कला
  - दक्षिण भारतीय कला
- मध्यकालीन भारत
  - दिल्ली सल्तनत
  - मुग़ल काल
- आधुनिक भारत
  - इंडो-गॉथिक शैली
  - नव-रोमन शैली

हड़प्पाई कला और वास्तुकला

ईसा पूर्व तीसरी सहस्राब्दी के उत्तरार्द्ध में सिंधु नदी के तट पर एक समृद्ध सभ्यता का प्रादुर्भाव हुआ, जो आगे चलकर उत्तर-पश्चिम और पश्चिम भारत के विशाल भाग में फैल गयी। इसे हड़प्पा सभ्यता या सिंधु घाटी सभ्यता के रूप में जाना जाता है। जीवंत कल्पना और कलात्मक संवेदनशीलता इस प्राचीन सभ्यता की विशिष्टता थी, जो उत्खनन स्थलों पर पायी गयीं अनेकानेक **मूर्तियों, मोहरों, मृद्भाण्डों, आभूषणों आदि** से प्रकट होती है। इस सभ्यता के दो प्रमुख स्थल- हड़प्पा और मोहनजोदड़ो, **शहरी नियोजन** के आरंभिक और सर्वोत्तम उदाहरणों में से एक हैं। सड़कों का नियोजित नेटवर्क, मकान तथा जल निकास प्रणाली इस युग के दौरान विकसित नियोजन और अभियांत्रिकी कौशल का प्रमाण है।

सिंधु घाटी सभ्यता के कुछ महत्त्वपूर्ण स्थल और उनकी पुरातात्त्विक प्राप्तियाँ

- **हड़प्पा (पाकिस्तान - रावी नदी के तट पर)** - विशाल चबूतरोंवाले छह-छह **अन्नागारों** की 2 क़तारें, लिंग और योनि के पाषाण प्रतीक, मातृदेवी की मूर्ति, लकड़ी की ओखली में गेहूँ और जौ, पासा, ताम्र तुला और दर्पण। इसके अतिरिक्त, कांस्य धातु की बनी हिरण का पीछा करते हुए कुत्ते की मूर्ति, और लाल बलुआ पत्थर से बना पुरुष का धड़ खुदाई में प्राप्त किये गये हैं। ताबूत दफ़नाने की प्रणाली केवल हड़प्पा में ही मिली है।
- **मोहनजोदड़ो (पाकिस्तान - सिंधु नदी के तट पर)** गढ़ी, बृहत् स्नानागार, बृहत् अन्नागार, दाढ़ीवाले पुजारी की मूर्ति, नर्तकी की प्रसिद्ध कांस्य मूर्ति और पशुपति मोहर। यूनिकॉर्न रूपांकन सिंधु घाटी सभ्यता में पायी गयी मुहरों में सबसे ज्यादा प्राप्त हुए हैं। मोहनजोदड़ो में ये बड़ी संख्या में पायी गयी हैं।
- **धौलावीरा (गुजरात)** - विशाल जलाशय अद्वितीय जलदोहन प्रणाली, स्टेडियम, बाँध और तटबंध, विज्ञापन पट्टिका की भाँति 10 बड़े आकार के संकेताक्षरोंवाला अभिलेख। यह सिंधु घाटी सभ्यता में खोजा गया सबसे नवीनतम शहर

है। यह स्थानीय तौर पर **कोटाडा टिम्बा** के नाम से जाना जाता है। इसे **तीन प्रभागों** में विभाजित करने की योजना बनायी गयी थी – मध्य शहर, निचला शहर और गढ़।

- **लोथल (गुजरात – सिंधु घाटी सभ्यता का मैनचेस्टर)** – समुद्री व्यापार का महत्त्वपूर्ण स्थल, गोदीवाड़ा, (जहाज़ बनाने का स्थान), धान की भूसी, अग्नि वेदिकाएँ, चित्रित मृद्भाण्ड, आधुनिक शतरंज, घोड़े और जहाज़ की टेराकोटा आकृति, 45°, 90° और 180° कोण मापनेवाले उपकरण। चावल की खेती का सबसे पहला साक्ष्य यहीं मिला है।
- **राखीगढ़ी (हरियाणा)** – सिंधु घाटी सभ्यता का **सबसे बड़ा स्थल** माना जाता है। अन्नागार, क़ब्रिस्तान, नालियाँ, टेराकोटा की ईंटे मिली हैं। इसे हड़प्पा सभ्यता की **प्रांतीय राजधानी** कहा जाता है। यह स्थल घग्गर नदी के मैदान में स्थित है।
- **रोपड़ (पंजाब)** – यह पंजाब में सतलज नदी के तट पर स्थित है। यहाँ अंडाकार गड्ढे में मानव शव के साथ दफ़न कुत्ता तथा ताँबे की कुल्हाड़ी के साक्ष्य मिले हैं। आज़ादी के बाद खोजा गया प्रथम पुरातात्त्विक स्थल।
- **बालाथल और कालीबंगा (राजस्थान)** – चूड़ी कारख़ाना, खिलौने, ऊँट की हड्डियाँ, अलंकृत ईंटें, गढ़ी (दुर्ग) और निचला नगर, अग्नि वेदिकाएँ। कालीबंगन स्थल की खोज **लुइगी पियो टेस्सीटोरी** ने की थी।
- **सुरकोटदा (गुजरात)** – घोड़े की हड्डियों का पहला वास्तविक अवशेष।
- **बनवाली (हरियाणा)- (सूखी हुई सरस्वती नदी पर)** – खिलौना हल, जौ, लाजवर्द, अग्नि वेदियाँ, अंडाकार आकार की बस्ती, अरीय (radial) गलियोंवाला एकमात्र नगर। बनवाली की खुदाई 1974 में आर.एस. बिष्ट द्वारा की गयी थी। इस स्थल का बाद का चरण बारा संस्कृति का प्रतिनिधित्व करता है, जो उत्तर-हड़प्पा संस्कृति का एक उप-प्रकार है।
- **आलमगीरपुर (उत्तर प्रदेश)** – यमुना के तट पर मेरठ, उत्तर प्रदेश में सिंधु घाटी सभ्यता का सबसे पूर्वी स्थल। प्रमुख खोजों में ताँबे के बने हुए टूटे फलक, मिट्टी की बनी वस्तुएँ और नाँद पर कपड़े की छाप।
- **मेहरगढ़ (पाकिस्तान)** – यह स्थल सिंधु घाटी सभ्यता का अग्रदूत माना जाता है, यहाँ मिट्टी के बर्तन, ताँबे के औज़ार मिले हैं। यह एक नवपाषाणकालीन पुरातात्त्विक स्थल है। सबसे पुरानी ज्ञात लुप्त-मोम तक़नीक और सबसे पुराने कृषि समुदाय के साक्ष्य यहाँ पाये गये हैं।
- **चन्हुदड़ो (भारत का लंकाशायर)** – **बिना गढ़वाला** अकेला सिंध शहर। यह वर्तमान में पाकिस्तान में स्थित है। मनके बनाने का कारख़ाना, लिपस्टिक उपयोग के साक्ष्य यहाँ पाये गये है। इस स्थल की खुदाई सबसे पहले 1931 में एन. जी. मजूमदार द्वारा और फिर 1935-36 में अर्नेस्ट जॉन हेनरी मैके के नेतृत्व में एक टीम द्वारा की गयी थी।
- **कोट दीजी (वर्तमान पाकिस्तान में स्थित)** – यहाँ से टार, बैल और माँ देवी की मूर्तियाँ खुदाई में पायी गयी हैं।
- **सुत्कागेनडोर** IVC का सबसे पश्चिमी स्थल, पाकिस्तान में स्थित है। यहाँ मिट्टी की चूड़ियाँ मिली हैं।
- **बालू (हरियाणा)** विभिन्न पौधों के अवशेष मिले हैं। (लहसुन के सबसे प्रारंभिक साक्ष्य)।
- **दाइमाबाद (महाराष्ट्र)** IVC का सबसे दक्षिणी स्थल। कांस्य रथ सहित कांस्य की मूर्तियाँ यहाँ पायी गयी हैं।
- **केरल-नो-धोरो (गुजरात)** IVC नमक उत्पादन केंद्र।
- **कोट बाला (पाकिस्तान)** भट्ठी के प्राचीनतम प्रमाण।
- **माँडा (जम्मू और कश्मीर)** IVC का सबसे उत्तरी स्थल।

IVC के अन्य प्रमुख स्थलों में मेहरगढ़ (पाकिस्तान), देसलपुर (गुजरात), पाबूमठ (गुजरात), रंगपुर (गुजरात), शिकारपुर (गुजरात), सनौली (उत्तर प्रदेश), कुणाल (हरियाणा), करनपुरा (राजस्थान), गनेरीवाला (पंजाब) आदि शामिल हैं।

IVC के बंदरगाह : लोथल, काज, कोट बाला, कुंतासी, रंगपुर, सुरकोटदा आदि।

कुछ अन्य महत्त्वपूर्ण तथ्य

- लैपिस लैज़्यूली (लाजवर्द या राजावर्त) भंडार अफ़ग़ानिस्तान के **बदख़्शां** में सार-ए-सांग में पाये गये हैं।

- **चन्हुदड़ो** में लिपस्टिक बनाने के लिए सिनेबार का उपयोग पाया गया है।
- **आमरी** में गैंडे के अवशेष मिले हैं।
- **सिन्दूर-नौशेरो** का साक्ष्य।
- **बालाकोट** में शंख की वस्तुएँ बनाने के विशिष्ट केंद्र मिले हैं।

चोलिस्तान-रोही संस्कृति और रेगिस्तानी क़िले

चोलिस्तान रेगिस्तान, या रोही, थार रेगिस्तान के पश्चिमी भाग में स्थित है और यह एक समय में हाकरा नदी के तट पर स्थित था। यह सिंधु घाटी सभ्यता का एक हिस्सा था और बस्तियाँ लगभग 4000 ईसा पूर्व से लगभग 600 ईसा पूर्व तक अस्तित्व में थीं।

चोलिस्तान रेगिस्तान में कई उल्लेखनीय जीवित मध्ययुगीन क़िले पाये गये हैं; परिदृश्य और डेरावर क़िला ऐसा ही एक जीवित उदाहरण है। देरावर क़िले का निर्माण 9वीं शताब्दी में राजपूत शासक राय जज्जा भाटी द्वारा किया गया था। अधिकांश परिपक्व हड़प्पावासी चोलिस्तान में स्थलों को लगभग 1800 ईसा पूर्व में त्याग दिया गया था।

शिकारीपुरा रंगनाथ राव (1922-2013)

डॉ. एस.आर. राव एक प्रख्यात भारतीय पुरातत्त्वविद् थे, जिन्होंने गुजरात में लोथल (1957) और बेट द्वारका सहित कई हड़प्पा स्थलों की खोज की थी। उन्होंने सिंधु लिपि (Indus Script) की तुलना **फ़ोनीशियन वर्णमाला** से की। राव ने रंगपुर, हनूर, ऐहोल आदि सहित कई महत्त्वपूर्ण ऐतिहासिक स्थलों पर उत्खनन का भी नेतृत्व किया।

हड़प्पा सभ्यता की वास्तुकला

हड़प्पा और मोहनजोदड़ो के अवशेष, नगर नियोजन की उल्लेखनीय समझ को प्रकट करते हैं। यहाँ के नगर **आयताकार ग्रिड पैटर्न** पर आधारित थे। सड़कें उत्तर-दक्षिण और पूर्व-पश्चिम दिशा में जाती थीं और एक-दूसरे को **समकोण** काटती थीं।

उत्खनन स्थलों में मुख्य रूप से **तीन प्रकार के भवन** पाये गये हैं – *आवास गृह, सार्वजनिक भवन और सार्वजनिक स्नानागार।*

निर्माण के लिए हड़प्पाई लोग मानकीकृत आयामोंवाली **मिट्टी की पक्की ईंटों** का उपयोग करते थे। भली-भाँति पकी हुई ईंटों की कई परतें बिछायी जाती थीं और इसे **जिप्सम के गारे** का उपयोग करके एक साथ जोड़ा जाता था।

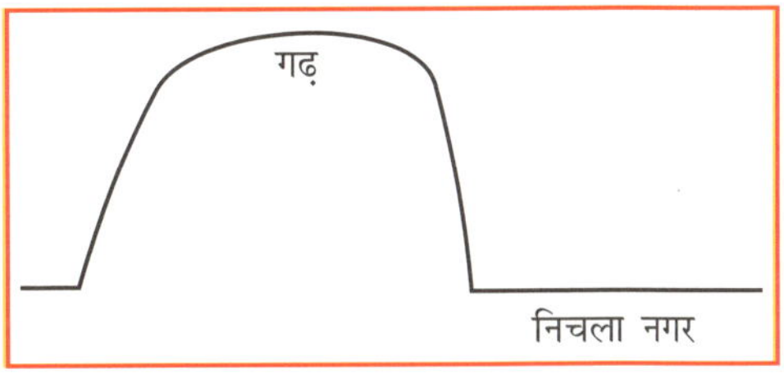

गढ़ व निचला नगर

नगर दो भागों में विभाजित था- **ऊँचे गढ़ (दुर्ग)** तथा **निचला** नगर। *पश्चिमी भाग* में **ऊँचाई पर स्थित गढ़ी** का उपयोग विशाल आयामोंवाले भवनों, जैसे-*अन्नागार, प्रशासनिक भवन,*

स्तम्भोंवाला हॉल और *आँगन* आदि के लिए किया जाता था। गढ़ी में स्थित कुछ भवन संभवत: *शासकों और अभिजात वर्गों के आवास* थे। हालाँकि, सिंधु घाटी सभ्यता के स्थलों में मिस्र और मेसोपोटामिया सभ्यता के विपरीत शासकों के लिए मंदिर या महल जैसे बड़े स्मारक नहीं हैं। **अन्नागार, बुद्धिमत्ता के साथ वायुसंचार वाहिकाओं सहित ऊँचे चबूतरों** के साथ डिज़ाइन किये गये थे। इससे अनाज के भंडारण में मदद के साथ ही कीटों से उनकी रक्षा करने में भी सहायता मिलती थी।

हड़प्पाई नगरों की एक प्रमुख विशेषता **सार्वजनिक स्नानागारों** का प्रचलन था। इससे उनकी संस्कृति में कर्मकांडीय पवित्रता के महत्त्व का संकेत मिलता है। इन स्नानागारों के चारों ओर **दीर्घाओं** और *कक्षों* का समूह था। सार्वजनिक स्नानागारों का सबसे प्रसिद्ध उदाहरण मोहनजोदड़ो के उत्खनित अवशेषों में **'बृहत् स्नानागार'** है।

नगर के **निचले** भाग में, एक-कक्षीय छोटे भवन पाये गये हैं। इनका उपयोग संभवत: *श्रमिक वर्ग के लोगों* द्वारा आवास के रूप में किया जाता था। कुछ घरों में सीढ़ियाँ भी थीं, जिससे संकेत मिलता है कि ये संभवत: *दो मंज़िला* भवन थे। अधिकांश भवनों में निजी कुएँ और स्नानगृह थे और वायुसंचार की भी उचित व्यवस्था थी।

मोहनजोदड़ो का बृहत् स्नानागार

हड़प्पा सभ्यता की सबसे प्रमुख विशेषता उसकी **उन्नत जल निकासी व्यवस्था** थी। प्रत्येक घर से निकलनेवाली छोटी नालियाँ मुख्य सड़क के साथ चलनेवाली बड़ी नालियों से जुड़ी थीं। नियमित साफ़-सफ़ाई और रखरखाव के लिए नालियों को *शिथिल रूप से ढका* गया था। नियमित दूरियों पर **मलकुण्ड (सिसपिट)** बनाये गये थे। व्यक्तिगत और सार्वजनिक दोनों प्रकार की *स्वच्छता* पर प्रभावशाली बल दिया गया। कई स्थानों पर कुओं की उपस्थिति भी देखी गयी है।

कई विद्वानों का तर्क है कि टिग्रिस-युफ्रेट्स (दजला-फ़रात) घाटी के मेसोपोटेमियाई लोग सिंधु घाटी सभ्यता को 'मेलुहा' कहते थे। मेसोपोटामिया में सिंधु घाटी सभ्यता की कई मोहरें मिली हैं।

भारत की प्रागैतिहासिक संस्कृतियाँ

क़ब्रिस्तान एच संस्कृति

क़ब्रिस्तान एच संस्कृति पंजाब क्षेत्र के 'क़ब्रिस्तान एच' स्थल के आसपास स्थित थी। यह कांस्य युगीन संस्कृति थी और लगभग 1900 ईसा पूर्व से 1300 ईसा पूर्व तक सीमित थी। इसे सिंधु घाटी सभ्यता के बाद के चरणों का क्षेत्रीय रूप माना गया है। इस संस्कृति की विशेषता मानव अवशेषों का अंतिम संस्कार, विशिष्ट दफ़न प्रथाएँ, लाल मिट्टी के बर्तन, चावल की खेती आदि हैं।

चित्रित धूसर मृद्भाण्ड (पीजीडब्ल्यू) संस्कृति

यह एक लौह युग की संस्कृति है, जो लगभग 1200 से 600-500 ईसा पूर्व की है। यह पश्चिमी गंगा के मैदान और घग्गर-हकरा घाटी में स्थित था। पीजीडब्ल्यू संस्कृति की विशेषता ज्यामितीय काले पैटर्नवाले भूरे मिट्टी के बर्तन, गाँव और शहर की बस्तियाँ, घोड़ों को पालतू बनाना, हाथी दाँत का कार्य करना आदि हैं।

उत्तरी ब्लैक पॉलिश्ड वेयर (एनबीपीडब्ल्यू) संस्कृति

एनबीपीडब्ल्यू लौह युग की एक शहरी संस्कृति है, जो लगभग 700 ईसा पूर्व से 200 ईसा पूर्व तक की है। एनबीपीडब्ल्यू स्थलों में तक्षशिला, दिल्ली (प्राचीन इंद्रप्रस्थ), वैशाली, उज्जैन, पश्चिम बंगाल का चंद्रकेतुगढ़ आदि शामिल थे।

गेरू रंग के मिट्टी के बर्तन (ओसीपी) संस्कृति

ओसीपी संस्कृति भारत-गंगा के मैदान की एक ग्रामीण कांस्य युग की संस्कृति है, जो कृषि बस्तियों की विशेषता है और 2000-1500 ईसा पूर्व की है। ओसीपी संस्कृति सिंधु घाटी सभ्यता की समकालीन है और डिज़ाइन के साथ काले और लाल (बीआरडब्ल्यू) मिट्टी के बर्तनों की विशेषता है।

अहार संस्कृति

अहार संस्कृति (जिसे बनास संस्कृति के नाम से भी जाना जाता है) राजस्थान में अहार नदी के तट पर एक ताम्रपाषाणकालीन बस्ती है। इसका काल लगभग 3000 ईसा पूर्व से 1500 ईसा पूर्व माना जाता है। इस प्रागैतिहासिक स्थल को तांबावती के नाम से भी जाना जाता है।

कायथा संस्कृति

कायथा ताम्रपाषाण काल का एक पुरातात्त्विक स्थल है। यह मध्य प्रदेश में छोटी-काली सिंध नदी के तट पर स्थित है। **कायथा संस्कृति की खोज** 1964 में एस. वाकणकर ने की थी। यह स्थल 4,000 वर्ष से भी अधिक प्राचीन है।

मालवा संस्कृति

मालवा संस्कृति मालवा क्षेत्र की एक प्रमुख ताम्रपाषाणिक संस्कृति है। मुख्य नर्मदा नदी पर स्थित स्थलों में महेश्वर भी शामिल है। महेश्वर की पहचान पुराणों की प्राचीन माहिष्मती, नवदाटोली, नागदा, एरण आदि। मालवा संस्कृति लगभग 1900-1400 ईसा पूर्व की है।

जोर्वे संस्कृति

जोर्वे संस्कृति महाराष्ट्र की सबसे महत्त्वपूर्ण ताम्रपाषाणिक संस्कृतियों में से एक है। जोर्वे संस्कृति का प्रारंभिक चरण लगभग 1400-1000 ईसा पूर्व का माना जाता है। इस संस्कृति की खोज 1950 में हुई थी। जोरवे संस्कृति के महत्त्वपूर्ण केंद्रों में भीमाघाटी में इनामगाँव, तापी घाटी में प्रकाश, प्रवर गोदावरी घाटी में दैमाबाद आदि शामिल थे।

पोरुनई/तामिरबरणी सभ्यता

संगम साहित्य में पोरुनई या तामिरबरणी नदी का अनेक बार उल्लेख किया गया है। पोरुनई नदी तमिलनाडु की एक बारहमासी नदी है और यह तोलकाप्पियम और पुराणनूरू में पायी जाती है। यह नदी **कोरकाई** बंदरगाह के स्थान पर मन्नार की खाड़ी से मिलती है। कोरकाई पांडियन साम्राज्य का एक महत्त्वपूर्ण बंदरगाह था और मोतियों के निर्यात के लिए प्रसिद्ध था। तूतुकुड़ी ज़िले के सिवकाले (Sivakalai) में पाये जानेवाले चावल और मिट्टी का कार्बन डेटिंग विश्लेषण किया गया है। तमिलनाडु के मियामी में बीटा विश्लेषणात्मक परीक्षण प्रयोगशाला में यह पाया गया है कि ये चावल और मिट्टी **1155 ईसा पूर्व** के हैं, यानी, वे लगभग 3,200 वर्ष पुराने थे।

मौर्य कला और स्थापत्य कला

श्रमण परंपरा के अंग *बौद्ध धर्म एवं जैन धर्म* के आगमन के साथ ही गंगा घाटी का धार्मिक और सामाजिक परिदृश्य परिवर्तित होने लगा। चूँकि दोनों धर्म वैदिक युग की 'वर्ण प्रथा' और 'जाति प्रथा' का विरोध करते थे, इसलिए इन्हें उन **क्षत्रिय शासकों** का संरक्षण प्राप्त हुआ, जो ब्राह्मणवादी वर्चस्व से सजग हो चुके थे। जैसे ही मौर्यों ने अपनी सत्ता की स्थापना की, तो राज्य के संरक्षण और व्यक्तिगत पहल के अंतर्गत विकसित स्थापत्य कला और मूर्तिकला के बीच स्पष्ट सीमांकन दृष्टिगोचर होने लगता है। इस प्रकार, मौर्य कला को निम्न प्रकार में वर्गीकृत किया जा सकता है:

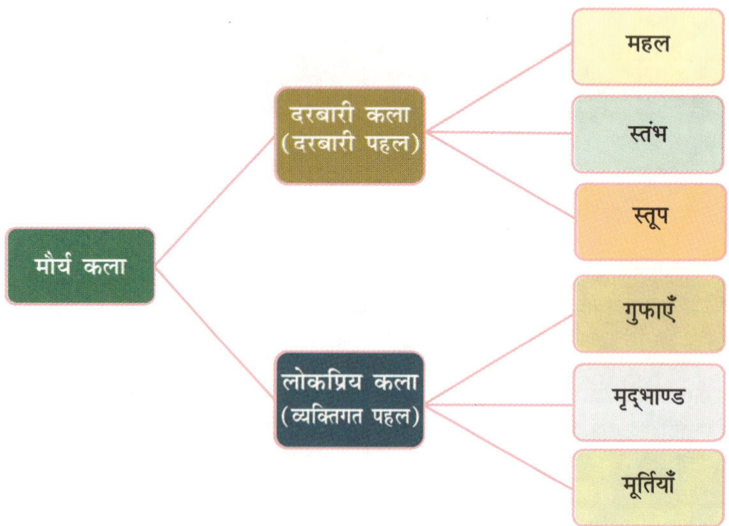

दरबारी कला

मौर्य **शासकों** ने राजनीति के साथ-साथ धार्मिक कारणों से बड़ी संख्या में स्थापत्य कार्यों का शुभारंभ किया। इन स्थापत्य कार्यों को दरबारी कला के रूप में संदर्भित किया जाता है।

महल या क़िला

मौर्य साम्राज्य भारत में सत्ता में आनेवाला पहला 'शक्तिशाली साम्राज्य था। **पाटलिपुत्र** (वर्तमान बिहार में पटना) के पास **कुम्रहार** और **बुलंदीबाग़** में पुरातात्त्विक स्थलों की खुदाई की गयी, जो मौर्य साम्राज्य का वैभव प्रतिबिंबित करते हैं। उत्खनन में प्राप्त पाटलिपुत्र राजधानी भारतीय कला में **यूनानी प्रभाव** (Greek influence) को दर्शाती है। कुम्रहार की खुदाई में एक महल के अवशेष प्राप्त हुए हैं। चंद्रगुप्त मौर्य का महल ईरान में 'पर्सेपोलिस' के 'अकेमीनियन (Achaemanian)' महलों से प्रेरित था। इसकी मुख्य निर्माण सामग्री **लकड़ी** थी। मेगास्थनीज ने इस महल का वर्णन मानव जाति की महानतम रचनाओं में से एक के रूप में किया था।

कुम्रहार में अशोक का महल

इसी प्रकार, *कुम्रहार* स्थित *अशोक का महल* भी एक विशाल संरचना थी। इसमें एक ऊँचा केन्द्रीय स्तंभ था और यह एक तीन मंज़िला लकड़ी का ढाँचा था। महल की दीवारों को नक़्क़ाशियों और मूर्तियों से सजाया गया था।

स्तम्भ

अशोक के शासनकाल के दौरान स्तंभों पर शिलालेख - राजकीय प्रतीक के रूप में या युद्ध में जीत के उपलक्ष्य में- अति महत्त्वपूर्ण हो गये। साथ ही उन्होंने राजकीय उपदेशों का प्रचार करने के लिए भी स्तम्भों का उपयोग किया। अशोक के सिंह शीर्षवाले स्तंभ राजधानी की खुदाई 1904-1905 में **एफ.ओ. ओर्टेल** द्वारा की गयी थी।

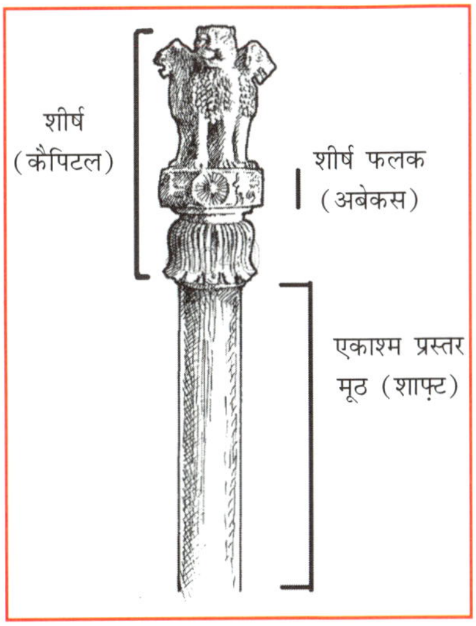

अशोक स्तंभ की आधारभूत संरचना

औसतन 40 फ़ीट ऊँचे, ये स्तम्भ सामान्यत: **चुनार के बलुआ पत्थर** या प्रस्तर से बनाये गये थे और इसमें **शाफ़्ट (Shaft) तथा कैपिटल (capital)** सम्मिलित थे। इसमें लंबा **मूठ (Shaft)** आधार का निर्माण करता था, जो कि **प्रस्तर के एक ही खण्ड** अथवा **एकाश्म प्रस्तर** से बना होता था। इसके सबसे ऊपर *कमल,* या *घंटे के आकार* में **शीर्ष या ललाट (capital)** रखा जाता था। घंटे के आकार के शीर्ष या ललाट ईरानी स्तम्भों से प्रभावित थे, क्योंकि ये स्तंभ अत्यधिक पॉलिशदार और चमकदार थे। ललाट के ऊपर *वृत्ताकार या आयताकार आधार* होता था, जिस पर **पशु मूर्ति** होती थी, उसे **अबेकस (abacus)** या शीर्ष फलक कहा जाता था।

उदाहरण: पश्चिमी चंपारण ज़िले में **लौरिया नंदनगढ़ स्तंभ**, वाराणसी के पास **सारनाथ स्तंभ** आदि।

राष्ट्रीय प्रतीक (National Emblem)

सारनाथ स्तंभ का शीर्ष फलक (abacus) और पशु भाग भारत का आधिकारिक ***राष्ट्रीय प्रतीक*** है। यह ऐसा ही 26 जनवरी, 1950 को अपनाया गया था। सारनाथ स्तंभ के शीर्ष फलक में, चार दिशाओं को निरूपित करते हुए चार पशु – ***चौकड़ी भरता अश्व*** (पश्चिम), ***हाथी*** (पूर्व), ***वृषभ*** (दक्षिण) और ***सिंह*** (उत्तर) दर्शाये गये हैं। ये पशु अनंत काल तक अस्तित्व का पहिया घुमाते हुए एक दूसरे का पीछा करते हुए प्रतीत होते हैं।

हाथी, रानी माया का स्वप्न, एवं उनके गर्भ में प्रवेश करता हुआ श्वेत हाथी दर्शाता है। बैल वृष राशि का चिह्न दर्शाता है, जिस महीने में बुद्ध का जन्म हुआ था। अश्व कंथक अश्व को निरूपित करता हैं, जिसका बुद्ध ने राज्य से दूर जाने के लिए उपयोग किया था। सिंह ज्ञान-प्राप्ति दर्शाता है।

मुंडक उपनिषद् से लिया गया ***सत्यमेव जयते*** शब्द, जिसका अर्थ 'सत्य की सदा विजय होती है' है, ***देवनागरी लिपि*** में शिलालेख के नीचे उत्कीर्ण है।

चार सिंह सभी दिशाओं में धम्म का प्रसार करते हुए बुद्ध को प्रतीकबद्ध करते हैं। इसे बुद्ध द्वारा दिये गये पहले धर्मोपदेश की स्मृति में बनवाया गया था तथा इसे धम्मचक्रप्रवर्तन के नाम से जाना जाता है।

स्तूप

स्तूप वैदिक काल से भारत में प्रचलित *शवाधान टीले* थे। यह अंत्येष्टि पुंज का पारंपरिक प्रदर्शन होता हैं, जिसमें मृतकों के अवशेष और राख को रखा जाता था। अशोक के राज्यकाल के दौरान, स्तूप-कला अपने चरमोत्कर्ष पर पहुँच गयी। उनके राज्यकाल के दौरान लगभग 84,000 स्तूप बनवाये गये थे।

वैदिक परंपरा से प्रेरित स्तूपों को बौद्धों द्वारा लोकप्रिय बनाया गया। *बुद्ध की मृत्यु के बाद 9 स्तूप बनवाये गये थे।* इनमें से 8 में उनकी मेधी में बुद्ध के अवशेष थे, जबकि नौवें में वह बर्तन था, जिसमें मूल रूप से इन अवशेषों को रखा गया था। स्तूप के विभिन्न भागों को प्रदर्शित करनेवाला मूलभूत आरेख नीचे दिया गया है।

स्तूप का कोर, कच्ची ईंटों का बना होता था, जबकि बाहरी सतह का निर्माण पकी ईंटों से किया जाता था और इसे प्लास्टर की मोटी परत से ढका जाता था। ***मेधी*** और ***तोरणों*** को लकड़ी की मूर्तियों द्वारा सजाया गया था। श्रद्धालुओं द्वारा पूजा के प्रतीक के रूप में **प्रदक्षिणा-पथ** के चारों ओर चक्कर लगाया जाता है।

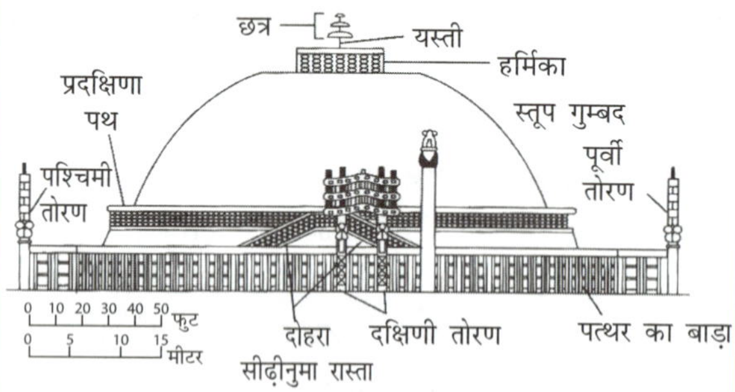

विभिन्न भागों के साथ स्तूप की आधारभूत संरचना

उदाहरण: मध्य प्रदेश का **साँची का स्तूप** अशोक के स्तूपों में सबसे प्रसिद्ध है। उत्तर प्रदेश में पिपरहवा का स्तूप सबसे प्राचीनतम स्तूप है। उत्तर प्रदेश में **पिपरहवा स्तूप** सबसे पुराना है। **देउर कोठार** (मध्य प्रदेश में) एक अन्य स्थान है, जो अपने बौद्ध स्तूपों के लिए जाना जाता है और इसका श्रेय मौर्य सम्राट् अशोक को दिया जाता है। देउर कोठार स्तंभ पर छह पंक्तियोंवाला ब्राह्मी शिलालेख **ऐतिहासिक बुद्ध का सबसे पहला साक्ष्य माना जाता है।**

- बुद्ध की मृत्यु के बाद बनाये गये *9 स्तूपों में स्थान* राजगृह, वैशाली, कपिलवस्तु, अलकप्प, रामग्राम, वेथपीड़ा *(Vethapida)*, पावा, कुशीनगर और पीपली वन हैं।
- ***अयक स्तंभ*** - पाँच में से एक स्तंभ को सामान्य तौर पर बौद्ध स्तूप की चार प्रमुख दिशाओं में खड़ा किया गयाा है। यह वर्तमान आंध्र प्रदेश के अमरावती में बौद्ध स्तूपों की एक प्रमुख विशेषता है।

कनगनहल्ली

यह एक महत्त्वपूर्ण बौद्ध स्थल है, जो भीमा नदी के बायें किनारे पर कर्नाटक के कालाबुरागी (पुराना नाम 'कलबुर्गी') ज़िले में स्थित है। अमरावती कला शैली का प्रभाव कनगनहल्ली के मूर्तिकला और स्थापत्य रूपों पर परिलक्षित होता है। शिलालेख के साथ मौर्य सम्राट् अशोक की पोर्ट्रेट स्लैब मूर्तिकला / उभारदार नक्क़ाशी - 'रान्यो अशोक' (राजा अशोक), जो ब्राम्ही में लिखा गया है, यहाँ पाया गया है। इस स्थल पर महास्तूप के अवशेष भी खुदाई में मिले हैं। इस उत्खनन स्थल के अवशेष पहली शताब्दी ईसा पूर्व से तीसरी शताब्दी ईसवी के बीच के माने जा सकते हैं।

अशोक के स्तंभों और अकेमीनियन स्तंभों के बीच अंतर

आधार	अशोक के स्तंभ	अकेमीनियन स्तम्भ (Iranian)
रचना	अशोक स्तंभ एकाश्म थे, अर्थात् इन्हें प्रस्तर के एक ही खण्ड से बनाया गया था। (मुख्यत: चुनार के बलुआ पत्थर से।)	अकेमीनियन स्तम्भ बलुआ प्रस्तर के विभिन्न टुकड़ों को एक साथ मिलाकर बनाये गये थे।
स्थान	अशोक के स्तंभों को स्वतंत्र रूप से स्थापित किया जाता था।	अकेमीनियन स्तम्भ सामान्यत: राजभवनों से संलग्न होते थे।

लोकप्रिय कला

राजकीय संरक्षण के अतिरिक्त, गुफा स्थापत्य कला, मूर्तिकला और मृद्‌भाण्डों की कला को **व्यक्तिगत प्रयास** से भी अभिव्यक्ति मिली। इन्हें एक साथ कला और स्थापत्य कला के लोकप्रिय रूपों के रूप में वर्गीकृत किया जाता है।

गुफा स्थापत्य कला

इस अवधि में चट्टानों को काटकर बनायी गयी गुफा स्थापत्य कला का उद्‌भव देखा गया। मौर्य काल के दौरान, जैन और बौद्ध भिक्षु **सामान्यत:** इन गुफाओं का **विहार यानी निवास स्थल** के रूप में उपयोग करते थे। जबकि आरंभिक गुफाओं का उपयोग आजीवक करते थे, वहीं बाद में ये बौद्ध मठों के रूप में लोकप्रिय हो गए। मौर्य काल के दौरान की गुफाओं की विशेषता **अत्यधिक पॉलिशदार** भीतरी दीवारें व **अलंकृत प्रवेश द्वार थे।**

बराबर गुफाओं में अलंकृत प्रवेश द्वार

उदाहरण: **बिहार में बराबर** और **नागार्जुनी की गुफाओं** का निर्माण अशोक तथा उनके पोते दशरथ के राज्यकाल के दौरान तीसरी शताब्दी ईसा पूर्व में किया गया था।

नासिक की गुफाएँ

नासिक की गुफाएँ 23 बौद्ध गुफाओं का समूह हैं, जिन्हें **''पांडव लेनी''** या **''त्रिरश्मि लेनी''** भी कहा जाता है। इन्हें संभवत: प्रथम शताब्दी ईसा पूर्व से तृतीय शताब्दी ईसवी के दौरान बनाया गया था तथा हीनयान संप्रदाय से संबंधित हैं। हालाँकि, बाद में इन गुफाओं पर महायान संप्रदाय का भी प्रभाव देखा जा सकता है। हीनयान संप्रदाय के अंतर्गत, बुद्ध की उपस्थिति **सिंहासन और पदचिह्न** जैसे रूपांकनों और प्रतीकों के उपयोग के माध्यम से दर्शायी गयी है। और बाद में, इन गुफाओं में बुद्ध की मूर्तियाँ भी बनायी गयीं, जो महायान बौद्ध धर्म का प्रभाव निरूपित करती हैं। यह स्थल **जल प्रबंधन की उत्कृष्ट प्रणाली** को भी दर्शाता है, जो ठोस चट्टानों से काटकर बनाये गये तालाबों की उपस्थिति से इंगित होता है।

नासिक में गुफा 3 सबसे महत्त्वपूर्ण गुफा है, जिसे **गौतमीपुत्र विहार (लगभग 150 ई.)** के नाम से जाना जाता है। गुफा 3 वासिष्ठिपुत्र पुलुमावी (सातवाहन राजा) के शासन-काल की अवधि में बौद्ध संघ को समर्पित थी।

मौर्यकालीन पॉलिश

अत्यधिक परिष्कृत, चमकदार पॉलिश मौर्य कला, वास्तुकला और मूर्तियों की एक महत्त्वपूर्ण विशेषता है। असाधारण परिशुद्धता के साथ अत्यधिक पॉलिश की गयी सतहों को सभी कलाकृतियों में देखा जा सकता है। मौर्यकालीन पॉलिश बराबर गुफाओं, दीदारगंज यक्षी, अशोक के स्तंभों और कई अन्य वास्तुकलाओं और मूर्तियों में पायी जा सकती है।

मौर्यकालीन पॉलिश लोहानीपुर धड़ (मौर्य और कुषाण काल), मसरह शेर, बोधगया के हीरे के सिंहासन आदि जैसी मूर्तियों में भी देखी जा सकती है। किंतु, इस प्रकार की पॉलिशिंग से जुड़ी उच्च लागत के कारण मौर्य काल के पश्चात् इस पॉलिशिंग तक़नीक को छोड़ दिया गया।

मौर्योत्तर कला

दूसरी शताब्दी ईसा पूर्व में मौर्य साम्राज्य के पतन के बाद, भारत के विभिन्न भागों में छोटे-छोटे राजवंशों का उदय हुआ। इनमें उत्तर में **शुंग, कण्व, कुषाण** और **शक** प्रमुख थे, जबकि दक्षिणी और पश्चिमी भारत में **सातवाहन, इक्ष्वाकु, आभीर** और **वाकाटक** ने प्रसिद्धि प्राप्त की। इसी प्रकार, धार्मिक परिदृश्य में *शैव, वैष्णव* और *शाक्त,* जैसे ब्राह्मण संप्रदायों का उद्भव देखा। साथ ही इस अवधि की कला ने बदलते सामाजिक-राजनीतिक परिदृश्य को भी परिलक्षित करना आरंभ किया। चट्टानों को काटकर बनायी गयी गुफाओं और स्तूपों के रूप में स्थापत्य कला जारी रही, लेकिन साथ ही कुछ राजवंशों ने अपनी स्वयं की कुछ अनूठी विशेषताएँ प्रचलित कीं। इसी प्रकार, मूर्तिकला की विभिन्न 'शैलियों का उद्भव हुआ और मौर्योत्तर काल में मूर्तिकला अपने **चरमोत्कर्ष** पर पहुँच गयी।

स्थापत्य कला

चट्टानों को काटकर बनायी गयीं गुफाएँ

मौर्य काल की भाँति चट्टानों से बनायी गयीं गुफाओं का निर्माण मौर्योत्तर काल में भी जारी रहा। हालाँकि, इस अवधि में चट्टानी गुफाओं के **दो** प्रकारों, अर्थात् **चैत्य और विहार** का विकास देखा गया। यह विहार बौद्ध और जैन भिक्षुओं के लिए **आवासीय कक्ष** होते थे और इनका विकास मौर्य साम्राज्य के दौरान हुआ था। चैत्य कक्षों का विकास इस अवधि के दौरान हुआ था। चैत्य मुख्य रूप से समतल छतोंवाले चतुष्कोणीय कक्ष थे और **प्रार्थना कक्ष** के रूप में इनका उपयोग किया जाता था। इन गुफाओं में खुले प्रांगण तथा बारिश से बचाने के लिए पत्थर-रोड़ी की दीवारें भी थीं। इन्हें मानव और पशु आकृतियों से अलंकृत किया गया था।

उदाहरण : महाराष्ट्र स्थित कार्ले का चैत्य, अजंता की गुफाएँ।

उदयगिरि और खंडगिरि की गुफाएँ, ओडिशा

वर्तमान भुवनेश्वर के निकट प्रथम-द्वितीय शताब्दी ईसा पूर्व में कलिंग राजा खारवेल के अधीन इन्हें बनाया गया था। इस गुफा परिसर में मानव निर्मित और प्राकृतिक, दोनों प्रकार की गुफाएँ हैं। संभवत: **जैन भिक्षुओं** के निवास के लिए इन्हें बनाया गया था। उदयगिरि में 18 और खंडगिरी में 15 गुफाएँ हैं।

उदयगिरि की गुफाएँ **हाथीगुम्फा अभिलेख** (हाथीगुम्फा - गुफा संख्या 14) के लिए प्रसिद्ध हैं, जिसे **ब्राह्मी लिपि** में उत्कीर्णित किया गया था। यह अभिलेख '***जैन नमोकार मंत्र***' के साथ आरम्भ होता है, राजा खारवेल द्वारा किये गये विभिन्न सैन्य अभियानों पर प्रकाश इस अभिलेख से पड़ता है।

उदयगिरि में दो मंज़िला रानीगुम्फा दो-मंज़िला **गुफा** है और उसमें कुछ सुंदर मूर्तियाँ हैं। उदयगिरि की अन्य गुफाओं में बजघारा गुम्फा, छोटा हाथी गुम्फा, मनकापुरी और स्वर्गपुरी गुम्फा, गणेश गुम्फा, रसुई गुम्फा आदि शामिल हैं।

स्तूप

मौर्योत्तर काल में स्तूप, *विशाल* और *अधिक अलंकृत* होते गये। लकड़ी और ईंट के स्थान पर *प्रस्तर* का अधिक-से-अधिक उपयोग किया जाने लगा। शुंग राजवंश ने स्तूपों के सुंदरतापूर्वक अलंकृत प्रवेश द्वारों के रूप में तोरण का निर्माण आरंभ किया। तोरणों को जटिल आकृतियों और पैटर्नों के साथ उत्कीर्णित किया जाता था और जो **हेलेनिस्टिक** (Hellenistic or Greek) **प्रभाव** के साक्ष्य हैं।

उदाहरण : मध्य प्रदेश में **भरहुत का स्तूप**, (ज़िला-सतना) साँची के स्तूप का तोरण आदि। भरहुत स्तूप की खोज **1873 ईसवी** में सर अलेक्ज़ेंडर कनिंघम द्वारा की गयी थी। भरहुत स्तूप के प्रमुख दानकर्ता **वत्सिपुत्र धनभूति** (मध्य भारत में दूसरी या पहली शताब्दी ईसा पूर्व के बौद्ध राजा) थे। भरहुत स्तूप के प्रवेश द्वार के एक स्तंभ पर एक शिलालेख में '***सुगनम राजे***' का उल्लेख है, जिसका अर्थ 'शुंगों या सुघनाओं के शासन-काल की अवधि में' हो सकता है।

भरहुत में एक उभारदार नक़्क़ाशी के ऊपर एक शिलालेख में '**तिकुतिको चाकामो**' का उल्लेख है। यह 'तीन-नुकीले पहिये' को संदर्भित करता है। इस दृश्य में दो शेरों के साथ सात हाथियों और एक तीन सिरवाले साँप को दर्शाया गया है। यह क़ानून के चक्र के प्रति उनकी भक्ति को दर्शाता है।

भरहुत स्तूप, मध्य प्रदेश के नक़्क़ाशीवाले पत्थर के स्तंभ के अवशेष

गुप्त काल

चौथी शताब्दी ईसवी में गुप्त साम्राज्य के आविर्भाव को बहुधा **''भारत का स्वर्णिम युग''** भी कहा जाता है। यद्यपि आरंभिक गुप्त शासक बौद्ध थे और उन्होंने बौद्ध वास्तुकला की परंपरा को जारी रखा। लेकिन मंदिरों की वास्तुकला उत्तरवर्ती गुप्तकाल में हिंदू शासकों के संरक्षण में प्रसिद्ध हुई। इस अवधि में मंदिरों की वास्तुकला अपने शिखर पर पहुँची। इसी प्रकार बौद्ध और जैन कला भी गुप्त काल में अपने **शिखर** पर पहुँची।

मुख्य रूप से उत्तरवर्ती गुप्त शासक ब्राह्मण धर्म के पोषक/संरक्षक थे। फिर भी उन्होंने अन्य धर्मों के लिए अनुकरणीय सहिष्णुता का प्रदर्शन किया। इस काल में भारत के उत्तरी और मध्य भाग में *विष्णु*, दक्षिणी भाग में *शिव* और भारत के पूर्वी भाग और साथ ही साथ मालाबार समुद्र तट या भारत के दक्षिण-पश्चिम भाग में *शक्ति*, जैसे **तीन मुख्य देवी/देवताओं** की पूजा की जाती थी।

गुप्त वास्तुकला

गुफाएँ

गुप्त काल के दौरान, गुफाओं का वास्तुशास्त्रीय विकास निरंतर होता रहा। तथापि, गुफाओं की दीवारों पर **भित्ति चित्रों** का प्रयोग एक अतिरिक्त विशेषता बन गयी। **भित्ति चित्रों के** सर्वाधिक बेहतरीन उदाहरणों में से कुछ अजन्ता और ऐलोरा की गुफाओं में देखे जा सकते हैं।

अजंता की गुफाएँ

अजंता महाराष्ट्र में **औरंगाबाद** के निकट वघोरा नदी के किनारे सहयाद्री पर्वतमाला पर चट्टानों को काटकर निर्मित की गयीं गुफाओं की एक श्रृंखला है। इसमें **29 गुफाएँ** हैं, जिनमें से 25 को विहारों या आवासीय गुफाओं के रूप में प्रयोग किया जाता था, जबकि 4 को चैत्य या प्रार्थना स्थलों के रूप में प्रयोग किया जाता था। इन गुफाओं को संभवत: ईसा पूर्व 200 से 650 ईसवी के बीच विकसित किया गया था।

अजंता की गुफाओं को **वाकाटक** राजाओं के संरक्षण में बौद्ध भिक्षुओं द्वारा चित्रित किया गया था। इन राजाओं में **हरिसेन** एक प्रमुख राजा थे। इन गुफाओं में बनाये गये चित्रों को **फ्रेस्को चित्रकारी** (Fresco Painting) तक़नीक का प्रयोग कर निर्मित किया गया था और ये प्रकृतिवाद का विशेष रूप से प्रदर्शन करते हैं। इन रंगों को स्थानीय वनस्पति और खनिजों के प्रयोग से प्राप्त किया गया था। इन चित्रकारी की सारी **रूपरेखा** लाल रंग से बनायी गयी थी और उसके बाद आन्तरिक भाग में रंग भरा गया था। इनकी एक विशिष्टता, चित्रकारी में **नीले रंग की अनुपस्थिति** है। गुफा संख्या 16 गुफा वास्तुकला के सर्वाधिक उत्कृष्ट उदाहरणों में से एक है।

मरणासन्न राजकुमारी, अजंता (गुफा नं. 16)

ये चित्रकारियाँ सामान्य रूप से **बौद्धवाद** *पर आधारित* हैं। इनमें बुद्ध के जीवन और जातक कथाओं को चित्रित किया गया है। इन 29 गुफाओं में से 5 गुफाओं को बौद्ध धर्म की हीनयान अवस्था के दौरान और शेष 24 गुफाओं को महायान अवस्था के दौरान निर्मित किया गया था। अजंता की गुफाओं के संबंध में चीनी बौद्ध यात्रियों फाह्यान और ह्वेन त्सांग के यात्रा विवरणों से हमें जानकारियाँ प्राप्त होती है।

अजंता गुफाओं की कुछ प्रमुख मूर्तियाँ हैं:

- गुफा सं. 26 बुद्ध का महापरिनिर्वाण
- गुफा सं. 19 नाग राजा और उसकी पत्नी

अजंता के महत्त्वपूर्ण संरक्षकों में वराहदेव (वाकाटक राजा हरिषेण के प्रधानमंत्री), उपेन्द्र गुप्ता, बुद्धभद्र और मथुरादास थे।

चित्रकारी की तक़नीक

ये चित्रकारियाँ *तीन चरणीय तक़नीक*वाली *फ्रेस्को विधि* से की गयी थीं:

- चट्टान की सतह पर गोबर तथा धान की भूसीवाली मिश्रित मिट्टी की एक परत लगायी जाती थी।
- इसके ऊपर चूने के प्लास्टर का एक लेप लगाया जाता था।
- उसके बाद **नम सतह** पर रंगों और रंजकों का प्रयोग किया जाता था। रंजक रिस कर भीतर चले जाते थे और चट्टान की सतह पर दीर्घस्थायी चित्र का निर्माण करते थे।

उदाहरण : मरणासन्न राजकुमारी, *उड़ती हुई* अप्सराएँ इत्यादि।

फ्रेस्को (FRESCO) - यह भित्ति चित्र की एक तक़नीक है, जो ताज़ा या गीली मिट्टी पर प्लास्टर करके निष्पादित की जाती है। यह इतालवी पुनर्जागरण चित्रकला के साथ निकटता से संबंधित है।

ऐलोरा की गुफाएँ

ऐलोरा गुफाएँ वास्तुकला का एक और महत्त्वपूर्ण स्थल हैं, जो अजंता गुफाओं से लगभग 100 किलोमीटर दूर स्थित हैं। यह 34 गुफाओं का समूह है, जिसमें से 17 गुफाएँ ब्राह्मणीय धर्म, 12 बौद्ध धर्म और 5 जैन धर्म से संबंधित हैं। गुफाओं के इन समूहों को **5वीं से 11वीं शताब्दी ईसवी** में विदर्भ, कर्नाटक और तमिलनाडु के विभिन्न शिल्पी संघों द्वारा निर्मित किया गया था। इसलिए ये गुफाएँ कथानक और वास्तुशास्त्रीय पद्धतियों **के दृष्टिकोण से स्वाभाविक विविधता** प्रदर्शित करती हैं। अजन्ता गुफाओं की तुलना में ये अधिक नवीन हैं।

गुफाएँ 1-12: बौद्ध

गुफाएँ 13-29: हिंदू

गुफाएँ 30-34: जैन (दिगम्बर समुदाय)

हिंदू और बौद्ध गुफाओं का निर्माण मुख्य रूप से **राष्ट्रकूट वंश** द्वारा और जैन गुफाओं का निर्माण **यादव वंश** द्वारा किया गया था।

रावण द्वारा कैलास पर्वत को हिलाते हुए

ऐलोरा में कुछ प्रमुख गुफाएँ हैं:

- गुफा संख्या 10 विश्वकर्मा गुफा (या बढ़ई की गुफा) के नाम से जानी जाती है। बुद्ध यहाँ धर्मचक्र मुद्रा में विराजमान हैं तथा उनकी पीठ पर बोधि वृक्ष उकेरा गया है।
- गुफा संख्या 12 (जिसे **तीन ताल** के नाम से भी जाना जाता है) ऐलोरा की सबसे बड़ी मठावासीय गुफा है। यह तीन मंज़िला बौद्ध गुफा है। यहाँ का एक पैनल सात मानुषी बुद्धों की एक पंक्ति दर्शाता है। दूसरा पैनल सात ध्यानी बुद्धों को दर्शाता है।
- गुफा संख्या 14 'रावण की खाई' विषय पर आधारित है (*भगवान् शिव, भगवान् विष्णु, देवी दुर्गा और लक्ष्मी को समर्पित*)।
- गुफा संख्या 15 दशावतार मंदिर है।
- गुफा संख्या 16 **कैलास मंदिर** है, जो भगवान् शिव को समर्पित है। इसे राष्ट्रकूट राजा **कृष्ण प्रथम** के संरक्षण में निर्मित किया गया था तथा इसे **केवल एक ही चट्टान को काटकर** बनाया गया था। इस गुफा में एक आँगन भी है। गुफा संख्या 16 में कैलास मंदिर की दीवार पर एक मूर्ति भी है, जो **रावण द्वारा कैलास पर्वत को हिलाते/उठाते हुए** को दर्शाती है। इसे भारतीय मूर्तिकला की उत्कृष्ट **कृ**तियों में से एक माना जाता है। यह दृश्य सत्य ज्ञान की असीमित शक्ति को व्यक्त करता है।
- गुफा 29 को धुमर लेना के नाम से जाना जाता है, जो प्रसिद्ध एलीफेंटा गुफा की नक़ल करता प्रतीत होता है, जिससे ऐलोरा और कलचुरी के बीच संबंध का पता चलता है।
- गुफा 21 में रामेश्वरम मंदिर है।
- दो प्रसिद्ध जैन गुफाएँ इन्द्र सभा (गुफा-32) और जगन्नाथ सभा (गुफा-33) हैं।

अतिरिक्तांग-भैरव : यह भगवान् शिव के प्रतिनिधित्व का एक कंकाल रूप है, जो ऐलोरा की गुफाओं में बार-बार पाया जाता है।

बाघ की गुफाएँ (धार ज़िला मध्य प्रदेश)

यह मध्य प्रदेश में बाघिनी नदी के तट पर स्थित **5वीं-6वीं शताब्दी** में निर्मित की गयीं **9 बौद्ध गुफाओं** का एक समूह है। यह वास्तुशास्त्रीय रूप से *अजन्ता की गुफाओं के समान* ही है। यहाँ की सबसे महत्त्वपूर्ण गुफा **रंग महल** (गुफा सं. 04) है। बाघ की गुफाओं में भित्तिचित्र **अध्यात्मवादी** के बजाय भौतिकवादी अधिक हैं।

जूनागढ़ की गुफाएँ

ये बौद्ध गुफाएँ गुजरात के जूनागढ़ में स्थित हैं। वास्तव में यहाँ गुफाओं के स्थान पर तीन भिन्न प्रकार के स्थल पाये जाते हैं, जैसे– 1. खपरा कोड़िया 2. बाबा प्यारे, 3. ऊपरकोट। जूनागढ़ गुफाओं की एक अद्वितीय विशेषता प्रार्थना स्थल के सामने 30–35 फुट ऊँचे नगर दुर्ग की उपस्थिति है, जिसे **''ऊपर कोट''** के नाम से जाना जाता है।

मंडपेश्वर की गुफाएँ

ये गुफाएँ मुंबई के निकट बोरिवली में स्थित हैं और इन्हें मोंटपेरिर (Montperir) गुफाओं के नाम से भी जाना जाता है। इन्हें परवर्ती गुप्त काल में **ब्राह्मण गुफा** के रूप में विकसित किया गया था। हालाँकि, बाद के काल में यह **ईसाई गुफा में परिवर्तित हो गयी।** इस स्थल के अवशेषों में नटराज, सदा शिव और अर्द्धनारीश्वर की मूर्तियाँ सम्मिलित हैं। चर्च और उसका समाधि क्षेत्र गुफा के पूर्ववर्ती भाग के ऊपर स्थित है।

उदयगिरि की गुफाएँ *(इन्हें भ्रमवश उड़ीसा की उदयगिरि-खंडगिरी की गुफाएँ न समझें)*

उदयगिरि की गुफाएँ विदिशा, मध्य प्रदेश में स्थित हैं। चन्द्रगुप्त द्वितीय के संरक्षण में 5वीं शताब्दी ईसवी के प्रारंभ में बनायी गयीं उदयगिरि की गुफाएँ दीवारों पर कई **मूर्तियों** के लिए प्रसिद्ध हैं। **यहाँ वराह या विष्णु के सूअर अवतार की मूर्ति** उल्लेखनीय है। इन गुफाओं में स्थित मूर्तियाँ **प्रारंभिक हिंदू मूर्तियों में से एक** हैं। यहाँ शिव, नरसिंह (अर्द्धसिंह, अर्द्धनर), नारायण (विश्राम करते विष्णु) और स्कंद को समर्पित गुफाएँ भी हैं।

वराह अवतार (गुफा नंबर 5)

चट्टानों को काटकर बनायी गयी कुछ अन्य गुफाएँ

- **एलीफेंटा की गुफा :** दूसरी शताब्दी ईसा पूर्व, महाराष्ट्र, मुख्य रूप से शिव को समर्पित गुफा, मंदिरों का संग्रह, सदाशिव - त्रिमूर्ति मूर्तिकला, यूनेस्को का विश्व धरोहर स्थल।
- **भाजा की गुफा :** दूसरी शताब्दी ईसा पूर्व, महाराष्ट्र, तबला बजाते हुए महिलाओं की पत्थर की नक़्क़ाशी। महाराष्ट्र के पुणे के पास, प्रारंभिक बौद्ध विद्यालयों से संबंधित लगभग दूसरी शताब्दी ईसा पूर्व की 22 चट्टानों को काटकर बनायी गयी गुफाएँ। गुफाओं में से एक में तबला (ध्वनि वाद्य) पाया गया।
- **कार्ला की गुफा :** दूसरी शताब्दी ईसा पूर्व - 5वीं शताब्दी ईसवी, महाराष्ट्र, भव्य चैत्य हॉल, महासंघिक संप्रदाय (बौद्ध धर्म)।
- **बेडसे की गुफा :** पहली शताब्दी ईसा पूर्व, महाराष्ट्र, बौद्ध परंपरा, दो मुख्य गुफाएँ (चैत्य और विहार)।

- **जोगेश्वरी की गुफा :** 520–550 ई., महाराष्ट्र, महायान बौद्ध वास्तुकला, साथ-साथ दीवारों पर दत्तात्रेय, हनुमान और गणेश की मूर्तियाँ।
- **कन्हेरी की गुफा :** पहली-10वीं शताब्दी ईसवी, महाराष्ट्र, संजय गांधी राष्ट्रीय उद्यान के जंगलों में बौद्ध मूर्तियाँ, दीवारों पर बुद्ध और बोधिसत्वों की उभरी हुई नक़्क़ाशियाँ।
- **पीतलखोरा गुफाएँ :** लगभग तीसरी शताब्दी ईसा पूर्व की चैत्य और विहारों से युक्त 14 रॉक कट बौद्ध गुफाएँ, जो महाराष्ट्र के पश्चिमी घाट की सतमाला श्रृंखला में स्थित हैं।
- **कोंडिवाइट गुफाएँ (जिन्हें महाकाली गुफाओं के नाम से भी जाना जाता है) :** चट्टानों को काटकर बनायी गयी 19 बौद्ध गुफाएँ पहली शताब्दी ईसा पूर्व और छठी शताब्दी ईसवी के बीच, जिसमें चैत्य और विहार शामिल थे, और मुंबई, महाराष्ट्र में स्थित है।
- **कोंडाना गुफाएँ :** चैत्य और विहार सहित 16 चट्टानों को काटकर बनायी गयी बौद्ध गुफाएँ, महाराष्ट्र में स्थित हैं। यहाँ लकड़ी के पैटर्न पर निर्माण उल्लेखनीय है।
- **वराह गुफा मंदिर :** 7वीं शताब्दी का उत्तरार्ध, महाबलीपुरम (तमिलनाडु), भूदेवी को उठाते हुए वराह के रूप में विष्णु की उभरी हुई नक़्क़ाशी, त्रिविक्रम के रूप में विष्णु, यूनेस्को का विश्व धरोहर स्थल (1984)।
- **चित्तानवासल गुफा :** दूसरी शताब्दी ईसा पूर्व – 900 ईसवी, तमिलनाडु, उत्कृष्ट गुफा चित्रकला, मुख्य रूप से जैन धर्म से संबंधित।
- **ऐहोल :** 6ठी-12वीं शताब्दी ईसवी, कर्नाटक, हिंदू-जैन-बौद्ध मंदिर। **रावणवहाड़ी** ऐहोल में चट्टानों को काटकर बनाये गये सबसे पुराने गुफा मंदिरों में से एक है।
- **बादामी का गुफा मंदिर :** छठी से आठवीं शताब्दी ईसवी, कर्नाटक, मालप्रभा नदी घाटी, हिंदू और जैन गुफा मंदिर, चालुक्य साम्राज्य द्वारा चट्टानों को काटकर बनायी गयी वास्तुकला, यूनेस्को का विश्व धरोहर स्थल।
- **भीमबेटका या भीमबेटका शैलाश्रय :** 15000 वर्ष से अधिक पुराना, मध्य प्रदेश, 750 शैलाश्रय, 550 मिलियन वर्ष पुराना डिकिनसोनिया जीवाश्म, भारत में मानव जीवन का शुरुआती निशान, पाषाण युग का प्रमाण। इस गुफा की खोज 1957 में वी. एस. वाकणकर ने की थी।
- **सोन भंडार गुफा :** तीसरी या चौथी शताब्दी ईसा पूर्व, बिहार, जैनियों की थी।
- **बराबर की गुफाएँ :** 322 ईसा पूर्व-185 ईसा पूर्व, बिहार, भारत में सबसे पुरानी बची चट्टानों को काटकर बनायी गयी गुफा, अशोक के अभिलेख, आजीवक संप्रदाय के तपस्वियों द्वारा उपयोग की जाती थी और मक्खली गोशाल द्वारा इस संप्रदाय की स्थापना की गयी थी। बराबर की पहाड़ियाँ चार गुफाओं का समूह समेटे हुए हैं, जिन्हें एक साथ बराबर की गुफाएँ कहा जाता है। ये चार गुफाएँ **लोमस ऋषि की गुफा, सुदामा गुफा, विश्वकर्मा गुफा और कर्ण चौपार गुफा** हैं। बराबर गुफाओं का यह समूह बिहार में बोधगया से लगभग 40 कि.मी. दूर स्थित है।

स्तूप

गुप्त काल में स्तूपों के विकास में गिरावट देखी गयी। फिर भी बनारस के पास **सारनाथ का धामेख स्तूप** इस काल में विकसित स्तूपों का उत्कृष्ट उदाहरण है। यह एक ऐसे स्थान को चिह्नित करता है, जहाँ बुद्ध ने अपना पहला उपदेश दिया था।

मंदिरों की वास्तुकला

वर्गाकार गर्भगृह और खम्भों से युक्त द्वारमंडप के विकास के साथ गुप्त काल में मंदिरों की वास्तुकला का आविर्भाव हुआ। प्रारम्भिक चरणों में मंदिर सपाट छतवाले, एक ही पत्थर को काट कर बनाये गये होते थे। कालांतर में तक्षित (गढ़े हुए) 'शिखरों' से युक्त मंदिरों का क्रमिक विकास हुआ। इस क्रमिक विकास को **पाँच** चरणों में विभाजित किया जा सकता है :

प्रथम चरण

इस चरण में विकसित मंदिरों की विशेषताएँ निम्नलिखित हैं :

- मंदिरों में **सपाट छत** होती थी।
- मंदिरों का आकार **वर्गाकार** होता था।
- द्वार मंडप (Portico) को **उथले स्तंभों** पर निर्मित किया जाता था।
- संपूर्ण संरचना को **कम ऊँचाई के मंचों (जगती)** पर निर्मित किया जाता था।

उदाहरण: साँची में निर्मित मंदिर संख्या 17 (मध्य प्रदेश)

साँची स्थित मंदिर संख्या 17

द्वितीय चरण

इस चरण में निर्मित मंदिरों में, अधिकतर विशेषताएँ पूर्व चरण की ही बनी रहीं। तथापि, **मंच (वेदी) अधिक ऊँचे या उभार प्रदान किये हुए होते थे।** कहीं-कहीं **दो मंज़िले मंदिर** के उदाहरण भी प्राप्त हुए हैं। इस चरण का एक और महत्त्वपूर्ण संयोजन गर्भ गृह के चारों ओर **ढका हुआ मार्ग** था। इस मार्ग को **प्रदक्षिणा-पथ** के रूप में प्रयोग किया जाता था।

उदाहरण: मध्य प्रदेश में नचना कुठार का पार्वती मंदिर (पन्ना ज़िला)।

तृतीय चरण

इस चरण में सपाट छतों के स्थान पर **शिखरों** का उद्‌भव हुआ। यद्यपि, वे अभी भी बहुत कम ऊँचाई के होते थे और लगभग वर्गाकार, अर्थात् वक्ररेखीय थे। मंदिरों को बनाने की **पंचायतन शैली** का आरम्भ अब हो गया था।

मंदिर बनाने की **पंचायतन शैली** में प्रमुख देवता के मंदिर के साथ चार *गौण देव मंदिर* होते थे। महत्त्वपूर्ण है कि प्रमुख मंदिर वर्गाकार होता था और इसके सामने लम्बा मंडप होता था, जिससे इसका आकार आयताकार हो जाता था। गौण देव मंदिरों को मंडप के प्रत्येक ओर एक-दूसरे के सम्मुख स्थापित किया जाता था। इस प्रकार मंदिर का भू-विन्यास **क्रूस** (Crucified shape) **के आकार** का हो जाता था।

उदाहरण: देवगढ़ का दशावतार मंदिर (उ.प्र.), ऐहोल का दुर्गा मंदिर (कर्नाटक) इत्यादि।

दशावतार मंदिर, देवगढ़

चतुर्थ चरण

इस चरण के मंदिर लगभग एक जैसे ही थे, एकमात्र अंतर यह हुआ कि मुख्य मंदिर अधिक *आयताकार* हो गया।

उदाहरण: महाराष्ट्र में तेर मंदिर या विक्रम मंदिर।

पंचम चरण

इस चरण में बाहर की ओर उथले आयताकार किनारोंवाले *वृत्ताकार मंदिरों* का निर्माण आरम्भ हुआ था। उल्लेखनीय है कि इससे पहले के चरणों की शेष सभी विशेषताएँ जारी रहीं।

उदाहरण: बिहार में राजगीर का मनियार मठ। (बिहार)

मनियार मठ, राजगीर

मंदिर वास्तुकला की शैलियाँ

मंदिर वास्तुकला की शैलियाँ

- नागर शैली
- द्रविड़ शैली
- नायक शैली
- वेसर शैली
- होयसाल शैली
- विजयनगर शैली
- पाल और सेन शैली

हिंदू मंदिर के मूल रूप में निम्नलिखित अवयव सम्मिलित हैं:

- **मंदिर गर्भ:** इसे **गर्भ गृह** के नाम से भी जाना जाता है, जो सामान्य रूप से एक कक्षिका; अर्थात् छोटा कक्ष होता है, जिसमें मंदिर के प्रमुख देवता को स्थापित किया जाता है।
- **मंडप:** यह मंदिर का प्रवेश स्थल होता है। यह कोई द्वार, मंडप या सभा भवन हो सकता है और इसे सामान्य रूप से बड़ी संख्या में पूजा करनेवाले लोगों को स्थान देने हेतु अभिकल्पित किया जाता है।
- **शिखर:** यह पर्वत जैसा शिखर होता है। इसके आकार पिरामिडीय से वक्ररेखीय तक विभिन्न प्रकार के हो सकते हैं।
- **वाहन:** यह प्रमुख देवता का आसन या वाहन होता है और इसे **पवित्रतम स्थल** (गर्भगृह) के ठीक सामने स्थापित किया जाता था।

तथापि, स्थानीय शासकों के संरक्षण में भारत के विभिन्न क्षेत्रों में वास्तुकला की विभिन्न शैलियाँ विकसित हुईं। इसें हम निम्न संदर्भ में देख सकते हैं।

वास्तुकला की नागर शैली

पाँचवीं शताब्दी ईसवी से भारत के उत्तरी भाग में मंदिर *वास्तुकला* की एक भिन्न शैली विकसित हुई, जिसे *नागर शैली* के रूप में जाना जाता है। नागर शैली के अंतर्गत भी देश के पश्चिमी, मध्य और पूर्वी भागों में विभिन्न उप-शैलियों का उद्‌भव हुआ। **नागर शैली की कुछ विशेषताएँ** हैं:

- सामान्य रूप से मंदिर निर्माण करने में **पंचायतन शैली** का अनुपालन किया गया, इसके अंतर्गत मुख्य मंदिर के सापेक्ष क्रूस (crucified) आकार के भू-विन्यास पर गौण देव मंदिरों की स्थापना की जाती थी।
- मुख्य देव मंदिर के सामने **सभाकक्ष या मंडप स्थित होते थे**।

- *गर्भ गृह* के बाहर, देवी **गंगा और यमुना** की प्रतिमाओं को स्थापित किया जाता था।
- सामान्यतः मंदिर परिसर में **जल का कोई टैंक** या जलाशय **नहीं** होता था।
- मंदिरों को सामान्य रूप से **भूमि से ऊँचे बनाये गये मंच** (वेदी) पर निर्मित किया जाता था।
- मंडपों के निर्माण में **स्तम्भों** का प्रयोग किया जाता था।
- शिखर सामान्य रूप से **तीन प्रकार** के होते थे:
  1. ***लैटिना या रेखा-प्रासाद*:** वे आधार पर *वर्गाकार* होते थे और शीर्ष पर स्थित बिन्दु की ओर; दीवारें अन्दर की ओर वक्रित हो जाती थीं।
  2. **फमसाना:** इस प्रकार के शिखर का *आधार अधिक चौड़ा* होता था और लैटिना की अपेक्षा उनकी *ऊँचाई कम* होती थी। वे शीर्ष बिंदु की ओर सीधी रेखा में ढलान निर्मित करते थे।
  3. ***वल्लभी*:** इनका *आधार आयताकार* होता था और छतें गुंबदाकार *प्रकोष्ठ* का निर्माण करती थीं। इन्हें अर्द्धगोलाकार छतें भी कहा जाता था।
- शिखर का ऊर्ध्वाधर *शीर्ष* एक क्षैतिज नालीयुक्त चक्र के रूप में समाप्त होता था, जिसे **आमलक** कहा जाता था। इसके ऊपर एक गोलाकार आकृति को स्थापित किया जाता था, जिसे *कलश* कहा जाता है।
- मंदिर के अंदर, दीवार को तीन क्षैतिज भागों में विभाजित किया गया था, जिन्हें **रथ** कहा जाता था। ऐसे मंदिर *त्रिरथ* मंदिर के रूप में जाने जाते थे। बाद में *पंचरथ*, *सप्तरथ* और यहाँ तक की *नवरथ* मंदिर भी बनाये जाने लगे। मंदिर के इन विभिन्न भागों में कथात्मक मूर्तियाँ (narrative sculptures) बनायी जाती थीं।

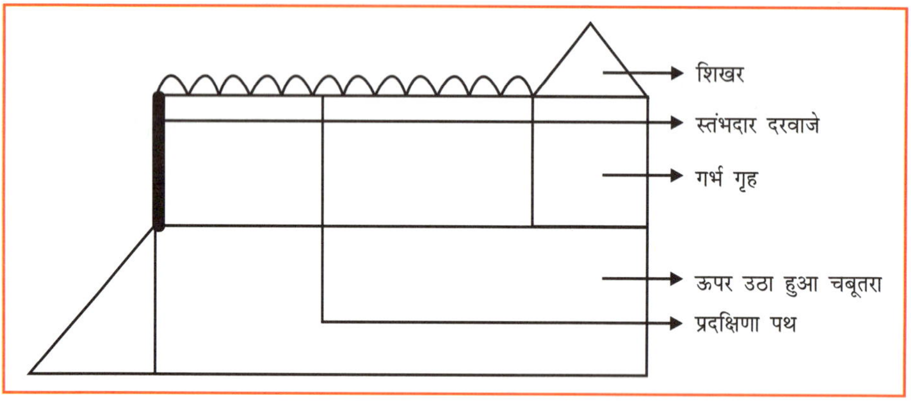

आधारभूत नागर वास्तुकला

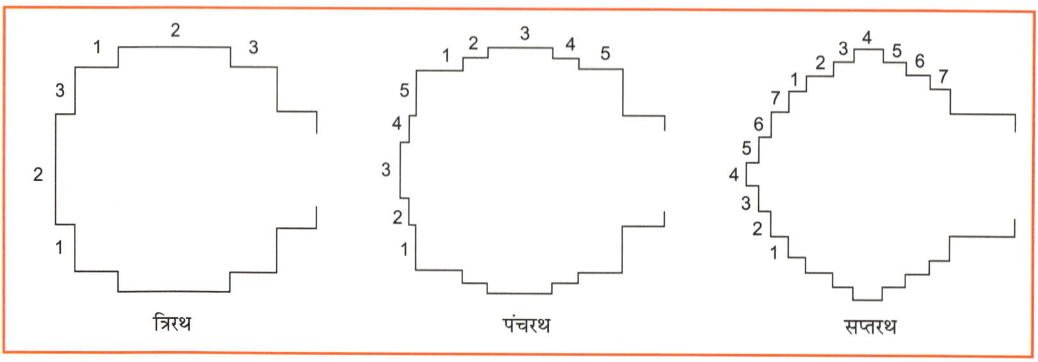

मंदिरों में त्रिरथ, पंचरथ और सप्तरथ भित्तियाँ

- गर्भ गृह के चारों ओर *प्रदक्षिणा पथ* होता था, जो ढका हुआ होता था।
- सामान्यत: मंदिर परिसर चारदीवारी से घिरा **नहीं** होता था और प्रवेश द्वार भी नहीं होता था।

नागर शैली के अंतर्गत उभरीं **तीन उप-शैलियाँ :**

1. ओडिशा शैली

कलिंग साम्राज्य के विभिन्न भागों में मंदिर वास्तुकला की एक अलग शैली विकसित हुई। इसकी मुख्य विशेषताएँ निम्न हैं :

- *बाहरी दीवारों* पर **बड़ी मात्रा में बारीक नक़्क़ाशी** की जाती थी, लेकिन भीतरी दीवारों को बिना नक़्क़ाशी के ही रखा जाता था।
- ड्योढ़ी (Porch) में **खम्भों का उपयोग नहीं** किया जाता था। इसके बजाय छत को लोहे के गार्डरों से सहारा दिया जाता था।
- शिखर को **रेखा-देउल** कहा जाता था। वे लगभग एक क्षैतिज छत जैसे होते थे, जो शीर्ष पर एकदम से अन्दर की तरफ मुड़ते थे।
- इस क्षेत्र में ओडिशा शैली में मंडप को **जगमोहन** नाम से जाना जाता था।
- मुख्य मंदिर **वर्गाकार** होता था।
- ओडिशा शैली के मंदिर द्रविड़ शैली के मंदिरों के समान ही **परकोटे (चारदीवारी) से घिरे** होते थे।

उदाहरण : कोणार्क का **सूर्य मंदिर** (इसे काला पगोडा भी कहा जाता है), पुरी का जगन्नाथ मंदिर, भुवनेश्वर का लिंगराज मंदिर, भुवनेश्वर का राजारानी मंदिर, भुवनेश्वर का मुक्तेश्वर मंदिर आदि।

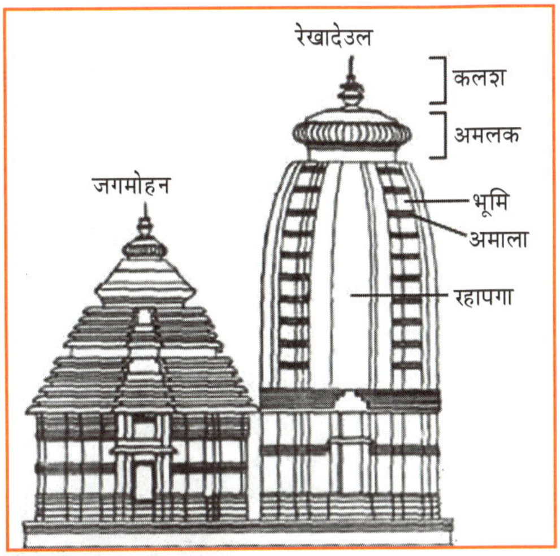

ओडिशा वास्तुकला शैली में मंदिर की आधारभूत सरंचना

सूर्य मंदिर, कोणार्क

> **कोणार्क मंदिर** को देखकर रवीन्द्रनाथ टैगोर ने एक बार कहा था कि "यह एक ऐसा स्मारक है, जहाँ पत्थर की भाषा ने मनुष्य की भाषा को पीछे छोड़ दिया है।"

2. खजुराहो शैली

मध्य भारत में **चंदेल शासकों** ने मंदिर निर्माण की एक अलग शैली विकसित की, जिसे खजुराहो शैली या चंदेल शैली नाम से जाना गया। यहाँ के मंदिरों की निम्न लिखित विशेषताएँ हैं :

- इन मंदिरों में बाहरी और भीतरी, दोनों दीवारों पर **बड़ी मात्रा में बारीक नक़्क़ाशी** की गयी है।
- आम तौर पर नक़्क़ाशियों की ये मूर्तियाँ **कामोद्दीपक** शैली की हैं तथा वात्स्यायन की रचना (कामसूत्र) से प्रेरित हैं।

- ये मंदिर **बलुआ पत्थर** से बने हुए हैं।
- इन मंदिरों में **तीन कक्ष** होते थे – *गर्भगृह, मंडप और अर्द्ध-मंडप।* कुछ मंदिरों में *गर्भ गृह* तक जाने के लिए गलियारा होता था, जिसे *अन्तराल* कहा जाता था।
- आम तौर पर मंदिर **पूर्वमुखी या उत्तरमुखी** हैं।
- मंदिर निर्माण में **पंचायतन शैली** का पालन किया गया है। सहायक मंदिरों में भी *रेखा-प्रासाद शिखर* होते थे, जिससे मंदिर समूह एक पर्वत श्रृंखला समान प्रतीत होते थे।
- इन मंदिरों को **अपेक्षाकृत ऊँचे चबूतरे पर** बनाया गया था तथा यह **हिंदू धर्म के साथ-साथ जैन धर्म** से भी संबंधित है।

उदाहरण: कंदरिया महादेव मंदिर, खजुराहो का लक्ष्मण मंदिर आदि।

(बायें से) विश्वनाथ मंदिर, खजुराहो, खजुराहो की कामोद्दीपक मूर्तियाँ

- **खजुराहो** 10वीं से 12वीं शताब्दी ईसवी तक बुंदेलखंड के चंदेल राजाओं की राजधानी थी। इसको इतिहासकार **अलबरूनी** (11वीं शताब्दी ईसवी) ने **'देवताओं का नगर'** नाम दिया था।

3. सोलंकी शैली (जिसे मारू-गुर्जर शैली के नाम से भी जाना जाता है)

गुजरात और राजस्थान सहित भारत के उत्तर-पश्चिमी भाग में *सोलंकी शासकों* के संरक्षण में यह शैली विकसित हुई। इस शैली की निम्नलिखित विशेषताएँ होती हैं –

- मंदिर की दीवारें नक्क़ाशी **रहित** है।
- *गर्भ गृह* अन्दर और बाहर दोनों तरफ से *मंडप* से जुड़ा होता है।
- बरामदें में सजावटी धनुषाकार द्वार होते हैं, जिन्हें *तोरण* कहा जाता है।
- इन मंदिरों की एक अनूठी विशेषता है, मंदिर परिसर में **उपस्थित बावड़ी,** जिसे *सूर्य-कुंड* कहा जाता था।
- बावड़ी की सीढ़ियों पर छोटे-छोटे मंदिर हैं। इन मंदिरों में लकड़ी की नक्क़ाशी की गयी है।
- सोलंकी शासकों ने इन मंदिरों के निर्माण में विभिन्न पत्थरों का प्रयोग किया, जैसे- बलुआ पत्थर, काला बेसाल्ट और नरम संगमरमर।

सूर्य मंदिर, मोढेरा

- अधिकांश मंदिर **पूर्व-मुखी** हैं। मंदिरों को इस तरह बनाया गया है कि विषुवों के दौरान सूरज की किरणें सीधे मुख्य मंदिर पर पड़ती हैं।

  उदाहरण : मोढेरा का सूर्य मंदिर, गुजरात (1026-27 में चौलुक्य अथवा सोलंकी वंश के भीम-I द्वारा बनवाया गया)।

दक्षिण भारत में मंदिर वास्तुकला

जिस तरह से उत्तर भारत में विभिन्न उप-शैलियों के साथ नागर शैली विकसित हुई, उसी प्रकार दक्षिण भारत में मंदिर वास्तुकला की एक विशिष्ट शैली विकसित हुई।

दक्षिण भारत में मंदिर वास्तुकला **पल्लव** शासक महेन्द्रवर्मन प्रथम (610 ईसवी - 630 ईसवी) की देख-रेख में शुरू हुई। पल्लव वंश के दौरान बनाये गये मंदिरों में व्यक्तिगत शासकों की अलग-अलग शैलियाँ परिलक्षित होती हैं। इन्हें कालक्रम के अनुसार **चार चरणों** में वर्गीकृत किया जा सकता है :

महेंद्र समूह

यह पल्लव मंदिर वास्तुकला का पहला चरण था। महेन्द्रवर्मन के 'शासन में चट्टानों को काटकर मंदिरों का निर्माण किया गया था। इस दौरान मंदिरों को *मंडप* कहा जाता था, जबकि नागर शैली में *मंडप* का मतलब केवल सभा-कक्ष होता था।

पंचरथ अर्थात् पाँच मंदिर, महाबलीपुरम (तमिलनाडु)

नरसिंह समूह

इसे दक्षिण भारत में मंदिर स्थापत्य के विकास का दूसरा चरण कहा जाता है। चट्टानों को काटकर बनाये गये इन मंदिरों को आकर्षक उत्कृष्ट मूर्तियों द्वारा सजाया गया है। नरसिंहवर्मन (600 ईसवी - 668 ईसवी) के शासन में मंडप को अलग-अलग **रथों** में विभाजित किया गया। सबसे बड़े भाग को *धर्मराज रथ* कहा जाता था और सबसे छोटे भाग को *द्रौपदी रथ* कहा जाता था। वास्तुकला की द्रविड़ शैली में मंदिर की बनावट धर्मराज रथ की परवर्ती है।

राजसिंह शैली

पल्लव शासन राजसिंह ने मंदिर निर्माण विकास के तीसरे चरण का नेतृत्व किया। इस दौरान शिला को काटकर बने मंदिरों के स्थान पर वास्तविक संरचनात्मक मंदिरों का विकास शुरू हुआ।

उदाहरण : महाबलीपुरम का समुद्र तटीय मंदिर, काँचीपुरम का कैलासनाथ मंदिर आदि।

नंदिवर्मन शैली

पल्लव काल के दौरान मंदिर निर्माण के इस चौथे चरण का विकास हुआ। इस दौरान बननेवाले मंदिर आकार में छोटे थे। अन्य विशेषताएँ द्रविड़ शैली जैसी ही थीं।

पल्लव वंश के पतन के बाद चोल शासकों के काल में मंदिर वास्तुकला की एक नयी शैली विकसित हुई, जिसे मंदिर स्थापत्य की द्रविड़ शैली के रूप में जाना जाता है। इसे दक्षिण भारत में मंदिरों के निर्माण में एक नया युग

माना जाता है। इसके बाद इस क्षेत्र में तीन अन्य शैलियों का विकास हुआ – वेसर शैली, नायक शैली और विजयनगर शैली।

महाबलीपुरम की वास्तुकला तथा मूर्तिकला

तमिलनाडु में पल्लव राजवंश के अंतर्गत प्राचीन पत्तन शहर मामल्लापुरम (नरसिंहवर्मन प्रथम के नाम पर, जिसे मामल्ल के रूप में भी जाना जाता था) (महाबलीपुरम) में कई प्रकार की वास्तुकलाएँ फली-फूलीं। सातवीं शताब्दी के इन पल्लव स्थलों को, जिन्हें **''महाबलीपुरम के स्मारक समूह''** के रूप में जाना जाता है, वर्ष 1984 में **UNESCO विश्व धरोहर स्थल** घोषित किया गया।

इनमें सम्मिलित हैं:

1. **रथ मंदिर या पंच रथ:** इन्हें पांडवों के रथ के नाम से भी जाना जाता है। ये चट्टानों को काट कर बनाये गये भारत के सबसे प्राचीन मंदिर हैं। जिनमें **धर्मराज रथ, भीम रथ, अर्जुन रथ, नकुल और सहदेव रथ एवं द्रौपदी रथ** शामिल हैं। सभी सातवीं सदी के आसपास निर्मित इन पाँच रथों में धर्मराज रथ सबसे बड़ा है।
2. **चट्टानों से काट कर बनायी गयीं गुफाएँ:** जिनमें **वराह गुफा मंदिर, कृष्ण गुफा मंदिर, पंच पांडव गुफा मंदिर और महिषासुरमर्दिनी मंडप** (देवी दुर्गा द्वारा महिषासुर का वध करते हुए नक़्क़ाशीदार प्रतिमा) प्रमुख हैं।
3. **खुली हवा में नक़्क़ाशी:** इनमें **गंगा अवतरण** सम्मिलित है, जिसमें दो विशाल शिलाखंडों पर **अर्जुन की तपस्या या भगीरथ की तपस्या** को उकेरा गया है। यह भगीरथ के प्रयासों से स्वर्ग से गंगा के पृथ्वी पर अवतरण की कथा का वर्णन करती हैं। इसके निकट एक बड़ी चट्टान है, जिसे **Krishna's butter ball** के नाम से जाना जाता है।
4. **तटीय मंदिर परिसर:** इसमें दो छोटे और एक बड़ा मंदिर सम्मिलित है। यह एक दो मंज़िले दीवार से घिरे प्रांगण में स्थित है, जिस पर शिव के वाहन नंदी की प्रतिमाएँ अंकित हैं। **मुख्य रूप से यह मंदिर भगवान् शिव को समर्पित** है। परिसर में स्थित तीनों मंदिरों में से एक में भगवान् **विष्णु की एक अनंतशयन प्रतिमा** भी है।
5. **गणेश रथ:** यह महाबलीपुरम में स्थित भगवान् गणेश को समर्पित पत्थर का मंदिर है। शुरू में यह शिव लिंग स्थापित करने के लिए बनाया गया था, जिसे बाद में हटा दिया गया। इस पर ***संस्कृत भाषा की ग्रंथ*** और *नागरी लिपियों* में 18 अभिलेख हैं।

गंगा अवतरण या अर्जुन की तपस्या (महाबलीपुरम)

तटीय मंदिर परिसर (महाबलीपुरम) (Shore Temple Complex)

मंदिर वास्तुकला की द्रविड़ शैली (चोल वास्तुकला)

चोल शासकों के संरक्षण में दक्षिण भारत में कई मंदिर बनवाये गये। इनमें पल्लव वास्तुकला की निरंतरता के साथ ही कुछ बदलाव भी थे। इसे मंदिर वास्तुकला की द्रविड़ शैली के रूप में जाना जाने लगा। द्रविड़ शैली या चोल कला की **विशेषताएँ** निम्नलिखित हैं:

- नागर मंदिरों के विपरीत, द्रविड़ शैली के मंदिर **ऊँची चारदीवारी** से घिरे होते थे।
- सामने की दीवार में एक ऊँचा प्रवेश **द्वार** होता था, जिसे **गोपुरम** कहा जाता था।
- मंदिर परिसर का निर्माण **पंचायतन शैली** में किया जाता था, जिसमें एक प्रधान मंदिर तथा **चार गौण मंदिर** होते थे।
- द्रविड़ शैली के मंदिरों में पिरामिडनुमा शिखर होते थे, जो घुमावदार नहीं, बल्कि ऊपर की तरफ सीधे होते थे। शिखर को **विमान** कहा जाता था।
- विमान के शीर्ष पर एक अष्टकोण आकार का *शिखर* होता था। यह नागर मंदिर के *कलश* के समान है, लेकिन यह गोलाकार नहीं होता था।
- द्रविड़ वास्तुकला के अंतर्गत केवल मुख्य मंदिर के शीर्ष पर **विमान** होता था। इसमें नागर वास्तुकला के विपरीत अन्य सहायक मंदिरों पर *विमान* नहीं होता था।
- सभा-हॉल *गर्भ गृह* से एक गलियारे द्वारा जुड़ा होता था, जिसे **अंतराल** कहा जाता था।
- *गर्भ गृह* के प्रवेश द्वार पर **द्वारपाल**, *मिथुन* और *यक्ष* की मूर्तियाँ होती थीं।

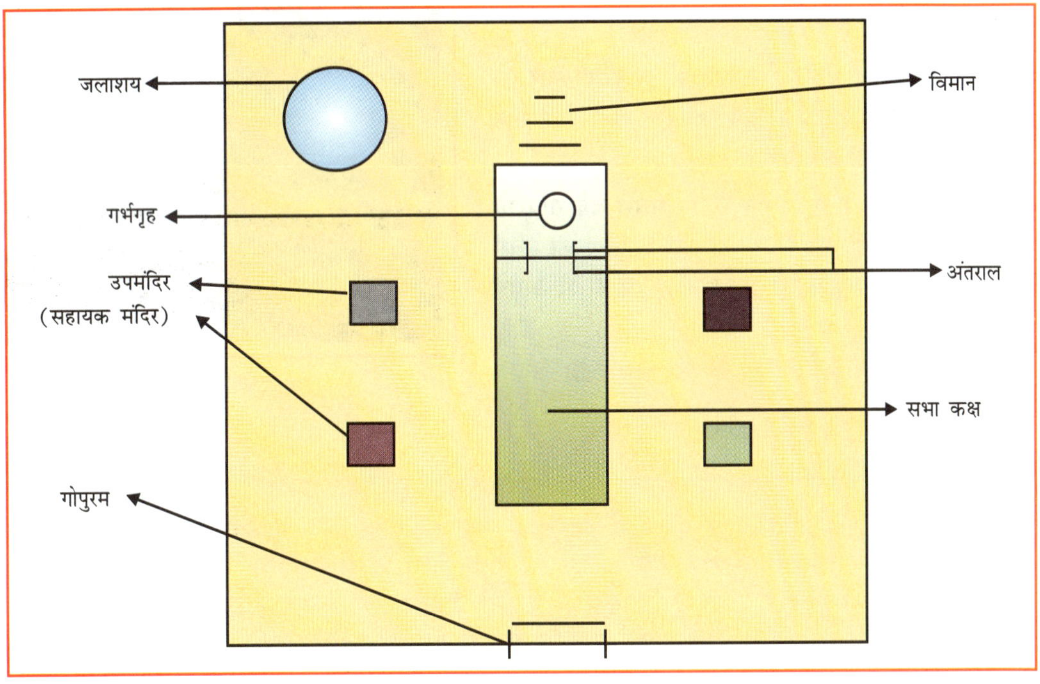

- मंदिर परिसर के अंदर **जलाशय** की उपस्थिति द्रविड़ शैली की अद्वितीय विशेषता थी।

उदाहरण: तमिलनाडु में तंजावुर का **बृहदीश्वर मंदिर** (1011 ईसवी में राजराज I द्वारा निर्मित), गंगईकोंड चोलपुरम मंदिर (गंगा डेल्टा में अपनी जीत के उपलक्ष्य में राजेंद्र प्रथम द्वारा निर्मित) आदि

बृहदीश्वर मंदिर, तंजावुर

मंदिर निर्माण की अन्य शैलियाँ

नायक शैली

16वीं शताब्दी से 18वीं शताब्दी ईसवी के बीच नायक शासकों के अधीन मंदिर वास्तुकला की नायक शैली विकसित हुई। इसे **मदुरै शैली** के नाम से भी जाना जाता है। यह वास्तुशिल्पीय दृष्टि से द्रविड़ शैली के समान ही है, लेकिन यह काफ़ी व्यापकता लिये हुए है। इसमें **इस्लामी प्रभाव** भी है। इसकी कुछ अनूठी **विशेषताएँ** हैं :

- बरामदे के साथ-साथ *गर्भ गृह* के चारों ओर **बड़े गलियारे** का निर्माण, जिसे ***प्राक्रम*** (पराक्रम) कहा जाता था तथा इसके साथ छतदार प्रदक्षिणा पथ का निर्माण।
- नायक शासकों के द्वारा बनाये गये *गोपुरम* **सबसे बड़े गोपुरमों** में से थे। मदुरै के मीनाक्षी मंदिर का गोपुरम दुनिया का सबसे ऊँचा *गोपुरम* है। *गोपुरम* की कला नायक शैली में **अपने चरमोत्कर्ष पर थी**।
- मंदिर पर हर जगह *बारीक नक़्क़ाशी* की जाती थी।

उदाहरण : मदुरै का मीनाक्षी मंदिर, आदि।

मदुरै का मीनाक्षी मंदिर

मीनाक्षी मंदिर, मदुरै : वैगई नदी के तट पर स्थित, यह 12वीं-13वीं शताब्दी का मंदिर, **पार्वती** के एक रूप देवी **मीनाक्षी** और उनके पति शिव के एक रूप **सुंदरेश्वर** को समर्पित है। मीनाक्षी मंदिर **पाडल पेट्र स्थलम** में से एक है। **पाडल पेट्र स्थलम** 6वीं-9वीं शताब्दी ईसवी के तमिल शैव **नयनारों** के छंदों में आदरणीय भगवान् शिव के 275 मंदिर हैं। तमिलनाडु राज्य के राजकीय प्रतीक का डिज़ाइन मीनाक्षी मंदिर के गोपुरम पर आधारित है।

वेसर शैली

सातवीं शताब्दी **ईसवी** के मध्य में चालुक्य शासकों के अधीन इस मंदिर निर्माण शैली की संकल्पना की गयी थी। इस शैली को **कर्नाटक शैली** भी कहा जाता है। यह एक **मिश्रित** शैली है, जिसमें नागर और द्रविड़ **शैली, दोनों की विशेषताएँ** समाहित हैं। इसकी कुछ विशेषताएँ निम्नलिखित हैं :

- विमान और मंडप को ज़्यादा महत्त्व।
- खुले प्रदक्षिणा पथ।
- खंभों, दरवाज़ों और छत को बारीक नक़्क़ाशी से सजाया जाता था।

वेसर शैली में मंदिर बनवानेवाले तीन प्रमुख राजवंश हैं:

- बादामी और कल्याणी के **चालुक्य**
- **राष्ट्रकूट** (750–983 ईसवी) उदाहरण – ऐलोरा में कैलास मंदिर आदि।
- **होयसाल वंश** (1050–1300 ईसवी) उदाहरण के लिए, हैलेबिडु, बेलूर आदि के मंदिर।

दोडुबसप्प मंदिर, दम्बल

नागर शैली का प्रभाव वेसर मंदिरों के वक्ररेखीय शिखर और वर्गाकार आधार में हमें दृष्टिगोचर होता है।

महत्त्वपूर्ण है कि द्रविड़ शैली का प्रभाव जटिल नक़्क़ाशियों और मूर्तियों, विमान के डिज़ाइन और वेसर मंदिरों के सीढ़ीदार शिखर में दिखाई देता है।

उदाहरण : दम्बल का दोडुबसप्प मंदिर, ऐहोल का लाडखान मंदिर, बादामी के मंदिर आदि।

विजयनगर शैली

विजयनगर साम्राज्य (1336–1565 ईसवी) के शासक कला और वास्तुकला के महान् संरक्षक थे, जिसकी राजधानी हम्पी (कर्नाटक) थी। **उन्होंने चोल, होयसाल, पांड्य, चालुक्य स्थापत्य शैली की विशेषताओं का संयोजन किया।** उनके अधीन, स्थापत्य शैली बीजापुर की हिंदू-इस्लामी शैली से प्रभावित होने लगी, जो इस अवधि के दौरान निर्मित मंदिरों में परिलक्षित होती है। इन मंदिरों की विशेषताएँ इस प्रकार थीं :

- मंदिरों की दीवारें नक़्क़ाशियों और ज्यामितीय पैटर्नों से अत्यधिक अलंकृत हैं।
- गोपुरम, जो पहले अग्रभाग पर होते थे, अब सभी दिशाओं में बनवाये जाने लगे।
- एकाश्म पाषाण स्तंभ।
- सामान्यत:, मंदिर के स्तंभों पर पौराणिक प्राणी **याली** उत्कीर्णित होता था।
- संलग्न दीवारें बड़ी थीं।
- प्रत्येक मंदिर में एक से अधिक मंडप बनवाये गये थे। केंद्रीय मंडप को **कल्याण मंडप** (दिव्य विवाह के लिए समर्पित) के रूप में जाना जाने लगा।
- इस अवधि के दौरान मंदिर परिसर के भीतर **धर्मनिरपेक्ष भवनों** की अवधारणा भी प्रचलित हुई।
- मंदिर परिसर चाहरदीवारी से घिरा होता था।

उदाहरण : हम्पी स्थित विट्ठलस्वामी मंदिर, लोटस महल विरूपाक्ष मंदिर आदि। हम्पी के निकट चट्टान काटकर बनायी गयी शेष (नाग) पर नरसिंह की मूर्ति अपने आप में ही एक चमत्कार है।

विट्ठलस्वामी मंदिर परिसर के अंदर पत्थर का रथ (Stone Chariot)

लक्ष्मी नरसिंह मूर्तिकला, हम्पी

संगीतमय स्तंभ (सारेगामा स्तंभ): हम्पी में विट्ठलस्वामी मंदिर परिसर के प्रसिद्ध रंग मंडप में पाये गये संगीतमय **स्तंभ हिंदू कला का जीवंत साक्ष्य** हैं, जिसमें 56 संगीत स्तंभ हैं, जिन्हें सारेगामा स्तंभ भी कहा जाता है। बजाने पर ये स्तम्भ संगीतमय स्वर निकलते हैं। इनका **देव राय द्वितीय (1422-1446)** के शासन के दौरान निर्माण हुआ था।

महानवमी डिब्बा: दशहरा डिब्बा या महानवमी डिब्बा, **हम्पी** के शाही आहाते के भीतर स्थित एक सुंदर और **विशालकाय पत्थर का मंच** है। यह विजयनगर साम्राज्य के दौरान **राजा कृष्णदेवराय** द्वारा उदयगिरि पर अपनी विजय की स्मृति में बनवाया गया था। यह लगभग 11,000 वर्ग फुट के आधार से 40 फीट तक ऊँचा है। इस मंच का आधार उभरी हुई नक्क़ाशी से ढँका है। इस संरचना से जुड़े **अनुष्ठान**, शायद सितंबर और अक्टूबर की शरद ऋतु के महीनों के दौरान, दस दिवसीय हिंदू त्योहार महानवमी के दौरान किये जाते थे।

महानवमी डिब्बा, हम्पी

बादामी गुफा मंदिर

कर्नाटक में स्थित, बादामी प्रारंभिक चालुक्य शासकों की राजधानी थी। इसमें हिंदू धर्म (03 गुफाएँ) और जैन धर्म (01 गुफा) पर आधारित 4 गुफा मंदिर हैं। यह चट्टान को काटकर बनायी गयी वास्तुकला 6ठी शताब्दी ईसवी में चालुक्यों द्वारा विकसित की गयी। ये दक्कन क्षेत्र में मंदिरों का सबसे पहला ज्ञात उदाहरण हैं। गुफाओं का स्थान **मालप्रभा नदी** से लगभग 5 कि.मी. दूर है और गुफा मंदिरों के पास एक **अगस्त्य झील** भी स्थित है।

गुफा 01 – इस गुफा मंदिर के अंदर खुदी हुई एक महत्त्वपूर्ण मूर्ति **नटराज के रूप में शिव** की है। **हरिहर** (आधा विष्णु आधा शिव) की भी एक मूर्ति विराजमान है। मालाप्रभा नदी घटनास्थल से 5 किलोमीटर दूर है। ये मंदिर नरम बलुआ पत्थर से बनाये गये हैं।

गुफा 02 – इस गुफा के अंदर सबसे बड़ी मूर्ति **त्रिविक्रम के रूप में भगवान् विष्णु** को मुख्य रूप से समर्पित है। विष्णु के अन्य रूप, जैसे **वामन अवतार** या बौना अवतार, देवी पृथ्वी (भू-देवी) को बचाते हुए विष्णु का **वराह (सूअर) अवतार** आदि भी इस गुफा में पाये जाते हैं। **महिषासुर (Mahisasura) मर्दिनी, चतुर्भुज** और **अर्धनारीश्वर** की अद्भुत नक्क़ाशियाँ इस गुफा की महत्त्वपूर्ण विशेषताएँ हैं।

गुफा 03 – यह परिसर की सबसे बड़ी गुफा है और इसमें त्रिविक्रम, **अनंतशयन**, वासुदेव, वराह, हरिहर और **नरसिंह** की जटिल नक्क़ाशी की गयीं मूर्तियाँ हैं।

गुफा 04 – यह एक **जैन गुफा** है, जिसमें अन्य तीर्थंकरों के प्रतीकात्मक प्रदर्शन के साथ **बाहुबली, पार्श्वनाथ** और **महावीर** की जटिल मूर्तियाँ हैं। बाहुबली **कायोत्सर्ग ध्यान मुद्रा** में खड़े हैं। पार्श्वनाथ को पाँच सिरोंवाले कोबरा फन के साथ दिखाया गया है। महावीर की मूर्ति एक सिंहासन पर बैठी हुई है।

इन 04 गुफाओं के अलावा, अगस्त्य झील के चारों ओर कुछ अतिरिक्त गुफाएँ हैं, जो विषय में बौद्ध हो सकती हैं।

बादामी गुफाओं की खोज **स्टेला क्राम्रिस्क (1935)** ने की थी।

होयसाल कला

कर्नाटक क्षेत्र में (मैसूर के निकट), होयसाल शासकों के अधीन *बने मंदिरों ने कला की होयसाल* शैली के रूप में ज्ञात, अपनी स्वयं की एक विशिष्ट शैली विकसित की। **बेलूर, हैलेबिडु** और **शृंगेरी**, जैसे प्रमुख स्थलों में इसका विकास **1050-1300 ई.** की अवधि के दौरान हुआ।

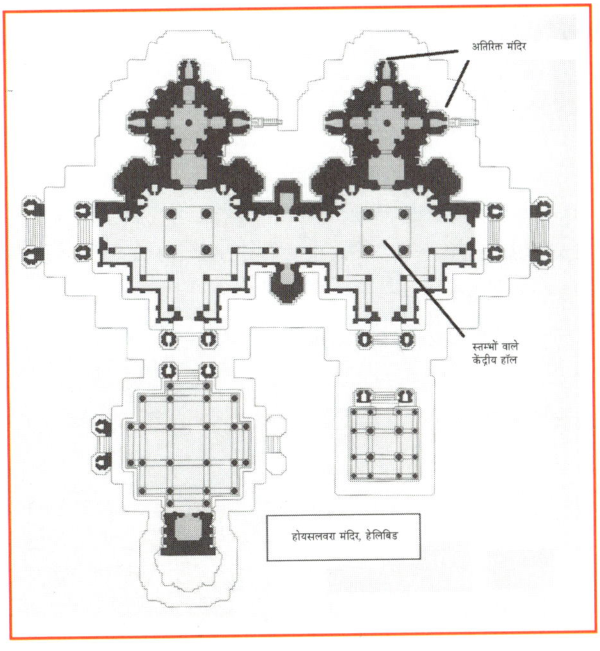

होयसालेश्वर मंदिर, हैलेबिडु की भूयोजना

इस वास्तुकला की कुछ **विशेषताएँ** निम्नलिखित हैं :

- स्तम्भोंवाले केंद्रीय हॉल के चारों ओर अनेक मंदिर बनाये गये थे।
- पंचायतन शैली की *क्रूसीफ़ाइड भूमि योजना* के विपरीत, ये मंदिर जटिल डिज़ाइनवाले **तारे** (Star) के आकार में बने थे। इसे **ताराकार** योजना (Stellate Plan) के रूप में भी जाना जाता है।
- मुख्य निर्माण सामग्री मुलायम बलुआ पत्थर (कोराइट शिस्ट) था।
- मूर्तियों के माध्यम से मंदिर के अलंकरण पर बहुत अधिक बल दिया गया था। आंतरिक और बाह्य दोनों दीवारें, यहाँ तक कि देवताओं द्वारा धारण किये गये आभूषण भी जटिल रूप से नक्क़ाशीदार थे।
- सभी कक्षों पर *शिखर* थे। जो कि क्षैतिज रेखाओं और पट्टियों के विन्यास से आपस में जुड़े थे। इसने शिखर को पंक्तियों के व्यवस्थित क्रम में विभाजित कर दिया था।
- मंदिरों को **जगती** के रूप में ज्ञात उभरे/ऊँचे मंच पर बनाया जाता था। इसकी ऊँचाई लगभग एक मीटर होती थी।
- मंदिर की दीवारें और सीढ़ियाँ *ज़िग-ज़ैग पैटर्न में* थीं।

उदाहरण : हैलेबिडु में होयसालेश्वर मंदिर, बेलूर में चेन्नाकेशव मंदिर, सोमनाथपुरा में चेन्नाकेशव मंदिर।

चेन्नाकेशव मंदिर, सोमनाथपुरा

वास्तुकला की पाल और सेन शैली

बंगाल क्षेत्र में, वास्तुकला की शैली को पाल और सेन वास्तुकला शैली के रूप में जाना जाने लगा। 8वीं और 12वीं सदी ईसवी की अवधि के बीच पाल और सेन वंश के संरक्षण के अधीन इस शैली का विकास हुआ। पाल मुख्यत: बौद्ध शासक थे, जो महायान परंपरा का पालन करते थे, लेकिन बहुत सहिष्णु थे और उन्होंने दोनों धर्मों को संरक्षण दिया। पाल राजाओं ने बहुत सारे विहारों, चैत्यों और स्तूपों का निर्माण करवाया। सेन हिंदू थे और उन्होंने हिंदू देवी-देवताओं के मंदिरों का निर्माण करवाया और साथ ही बौद्ध वास्तुकला को भी बनाये रखा। इस प्रकार, यह वास्तुकला **दोनों धर्मों का प्रभाव** परिलक्षित करती है।

पाल शासकों के अंतर्गत स्मारक हैं:

- पाल शासकों के अधीन नालंदा, जगद्दल, ओदंतपुरी और विक्रमशिला विश्वविद्यालयों का विकास हुआ।
- बांग्लादेश में सोमपुर महाविहार उनके द्वारा विकसित भव्य मठ है।

सेन शासकों के अधीन स्मारक हैं:

- बांग्लादेश में ढाकेश्वरी मंदिर

सोमपुर महाविहार

सेन शासकों के अधीन वास्तुकला की विशेषता है:

- बाँस की झोपड़ियों की भाँति भवनों की **वक्राकार या ढलुआँ छत** है। इसे लोकप्रिय रूप से "बंग्ला छत" के रूप में जाना जाता है और बाद में मुग़ल वास्तु कला द्वारा इसे अपनाया गया।
- मुख्य भवन निर्माण सामग्री के रूप में पकी ईंटें और मिट्टी, जिन्हें **टेराकोटा ईंटें** कहा जाता है, का प्रयोग किया जाता था।
- इस क्षेत्र के मंदिरों का **लंबा, वक्राकार शिखर** होता था, जिसके शीर्ष पर विशाल उड़ीसा शैली सदृश आमलक होता था।
- इस क्षेत्र की मूर्तियों के लिए, प्रस्तर और धातुओं, दोनों का उपयोग किया गया। यद्यपि पाषाण प्रमुख घटक था।
- अपनी **अत्यधिक चमकदार सज्जा (फ़िनिशिंग)** के कारण मूर्तियाँ अद्वितीय थीं।

उदाहरण: बराकर में सिद्धेश्वर महादेव मंदिर, बिष्णुपुर (पश्चिम बंगाल) के आसपास के मंदिर आदि।

भारत के प्रमुख मंदिरों की सूची

मंदिर का नाम	अवस्थिति (स्थान)	समर्पित	द्वारा निर्मित (नाम, वंश व अवधि)	विशेषता
वेंकटेश्वर मंदिर (इसे सात पहाड़ियों का मंदिर भी कहा जाता है)	तिरुपति ज़िला चित्तूर, (आंध्र प्रदेश)	भगवान् श्री वेंकटेश्वर (विष्णु के अवतार)	तमिल शासक, राजा तोंडाइमान, बाद में चोल वंश के राजाओं द्वारा विकसित	दान और धन-संपत्ति के संदर्भ में विश्व का सबसे समृद्ध मंदिर। माना जाता है कि भगवान् स्वयं इस स्थान पर प्रकट हुए थे। यही कारण है कि इसे **स्वयं व्यक्त विग्रह** कहा जाता है।
वराह लक्ष्मी नरसिंह मंदिर (इसे सिंहचलम मंदिर भी कहा जाता है)	सिम्हचलम पहाड़ी, आंध्र प्रदेश	भगवान् वराह नरसिम्ह (भगवान् विष्णु का नरसिंह अवतार)		अक्षय तृतीया को छोड़कर, वराह नरसिंह की मूर्ति वर्षपर्यंत चंदन के लेप से ढकी रहती है, जिससे यह मूर्ति **शिव लिंगम** सदृश प्रतीत होती है।
श्री भ्रमराम्भा मल्लिकार्जुन मंदिर	श्रीशैलम, आंध्र प्रदेश	भगवान् शिव और पार्वती	सातवाहन वंश का अभिलेखीय प्रमाण। विजयनगर साम्राज्य के **राजा हरिहर** के शासनकाल के दौरान आधुनिक परिवर्धन किया गया।	शैववाद और शक्तिवाद, दोनों हिंदू संप्रदायों के लिए महत्त्वपूर्ण। यह **मंदिर ज्योतिर्लिंग और शक्तिपीठ, दोनों रूप में सम्मानीय है।** यहाँ देवता की चमेली फूल (स्थानीय रूप से मल्लिका कहा जाता है) से पूजा की जाती है, जिससे मुख्य देवता को **मल्लिकार्जुन** के रूप में जाना जाता है।
सूर्यनारायण मंदिर (अरसावल्ली सूर्य मंदिर भी कहा जाता है)	अरसावल्ली, आंध्र प्रदेश	सूर्य देव	शासक देवेंद्र शर्मा द्वारा निर्मित मंदिर, (7वीं सदी ईसवी)।	दिन के प्रारंभिक पहर में, सूर्य का प्रकाश भगवान् के पैरों पर निर्देशित करने के लिए बनाया गया था।

मंदिर का नाम	अवस्थिति (स्थान)	समर्पित	द्वारा निर्मित (नाम, वंश व अवधि)	विशेषता
श्री रंगनाथस्वामी मंदिर	नेल्लोर, आंध्र प्रदेश	भगवान् रंगनाथ (भगवान् विष्णु का विश्राम करनेवाला रूप)	12वीं सदी	मंदिर के मुख्य द्वार से पहले एक विशाल मीनार है, जिसे **गालिगोपुरम** कहा जाता है, जिसका अर्थ ''पवन मीनार'' है और जो लगभग 70 फीट ऊँचा है।
वीरभद्र मंदिर	आंध्रप्रदेश के अनंतपुर ज़िले में **लेपाक्षी** में	भगवान् शिव	विरूपन्ना नायक और वीरन्ना द्वारा 1530 ईसवी में निर्मित, दोनों भाई विजयनगर साम्राज्य के अधीन राज्यपाल थे	यह मंदिर विजयनगर वास्तुशिल्प शैली का है और दीवारों और छतों पर **भित्ति चित्र** हैं।
मालिनीथन	ब्रह्मपुत्र नदी का उत्तरी तट, **अरुणाचल प्रदेश**	शक्ति रूप में देवी दुर्गा	14-15वीं सदी	इस क्षेत्र में आर्य प्रभाव स्वरूप मंदिर ग्रेनाइट पत्थरों से बनवाया गया था
कामाख्या मंदिर (कामरूप कामाख्या के रूप में भी जाना जाता है)	गुवाहाटी, असम के पश्चिमी भाग में नीलाचल पहाड़ी में स्थित।	माँ कामाख्या	8वीं-17वीं सदी	51 शक्ति पीठों में सबसे पुराने शक्तिपीठों में से एक। **तांत्रिक उपासकों** के लिए महत्त्वपूर्ण तीर्थस्थल।
उमानंद देवलोई	गुवाहाटी, असम में **ब्रह्मपुत्र नदी पर पीकॉक द्वीप** में स्थित।	उमानंद (शिव)	अहोम राजा गदाधर सिंह (1681ई.-1696 ई.)	शिव को यहाँ भयानंद के रूप में निवास करनेवाला बताया जाता है। इस पर्वत को भस्मकूट भी कहा जाता है।
नवग्रह मंदिर	गुवाहाटी, असम में चित्रसाल पहाड़ी पर	नवग्रह	18वीं सदी के उत्तरार्ध में अहोम राजा राजेश्वर सिंह द्वारा निर्मित	**नौ प्रमुख खगोलीय पिंडों** का मंदिर
नेघोरितिंग शिव देउल	देरगाँव, असम	भगवान् शिव	8वीं-9वीं सदी ईसवी के दौरान बना, आगे 1687 ईसवी में इसे अहोम राजा ने फिर से बनवाया था।	मंदिर का प्रमुख आकर्षण यहाँ रहनेवाले बंदर हैं। यह मंदिर **रीसस बंदरों का घर** है।
हयग्रीव माधव मंदिर	हाजो, असम में मोनीकूट पहाड़ी पर स्थित	नरसिम्हा	वर्तमान मंदिर संरचना का निर्माण राजा रघुदेव नारायण ने 1583 ईसवी में करवाया था। वहीं कुछ इतिहासकारों के अनुसार पाल वंश के राजा ने इसका निर्माण करवाया था।	कुछ बौद्धों का मानना है कि बुद्ध ने इसी स्थान पर निर्वाण प्राप्त किया था। यह मंदिर **हिंदू और बौद्ध धर्म दोनों का उपदेश देता** है, जो बौद्ध भिक्षुओं को भी आकर्षित करता है।

मंदिर का नाम	अवस्थिति (स्थान)	समर्पित	द्वारा निर्मित (नाम, वंश व अवधि)	विशेषता
मुंडेश्वरी देवी मंदिर	कोर, ज़िला-कैमूर (बिहार)	भगवान् शिव और शक्ति	105 ईसवी	पाषाण निर्मित यह मंदिर **दुर्लभ अष्टकोणीय योजना** पर आधारित है। यह बिहार में मंदिर वास्तुकला की नागर शैली का सबसे पुराना नमूना है।
सोमनाथ मंदिर	वेरावल, गुजरात	भगवान् शिव	पहला मंदिर किसी अज्ञात द्वारा। दूसरा मंदिर 649 ईसवी के आसपास बनवाया गया।	इसे 12 ज्योतिर्लिंगों में पहला माना जाता है। इतिहास में इस मंदिर को कई बार लूटा और नष्ट किया गया। वर्तमान मंदिर चालुक्य मंदिर वास्तुकला शैली में बनवाया गया है।
द्वारकाधीश मंदिर	द्वारका, गुजरात	भगवान् कृष्ण	लगभग 2200 वर्ष पुराना है	यह पुष्टिमार्ग सम्प्रदाय का मंदिर है। यह **चार धाम तीर्थस्थानों में से एक** है। चार धामों में अन्य तीन हैं - **बद्रीनाथ, पुरी और रामेश्वरम**।
बहुचरा माता	बहुचराजी शहर मेहसाना ज़िला, गुजरात में	बहुचर माता	1783 ईसवी	बहुचरा माता मंदिर भारत में **किन्नर समुदाय** का संरक्षक हैं।
नागेश्वर ज्योतिर्लिंग	देवभूमि द्वारका, गुजरात	भगवान् शिव	-	यह 12 **ज्योतिर्लिंगों** में से एक है
मोढेरा का सूर्य मंदिर	मोढेरा, गुजरात	सूर्य देव	चालुक्य वंश के भीम प्रथम के शासनकाल के दौरान 1026-27 ईसवी में इसे बनवाया गया था।	इसे मारू-गुर्जर शैली में बनवाया गया था। वर्तमान में यहाँ कोई **पूजा नहीं** की जाती है।
भोरमदेव मंदिर	चौरा गाँव, छत्तीसगढ़	भगवान् शिव	1089 ईसवी	यहाँ की कामविषयक मूर्तियों ने खजुराहो मंदिर और ओडिशा के कोणार्क सूर्य मंदिर की भाँति विशिष्ट शैली प्रदान की है, इसलिए भोरमदेव मंदिर को **''छत्तीसगढ़ का खजुराहो''** कहा जाता है।
दन्तेश्वरी मंदिर	दंतेवाड़ा, बस्तर ज़िला, छत्तीसगढ़	देवी दन्तेश्वरी	14वीं सदी में इसे बनवाया गया था।	यह 51 **शक्ति पीठों** में से एक है। माना जाता है कि यह मंदिर उस स्थान पर बनवाया गया है, जहाँ सती का दाँत गिरा था।
महामाया मंदिर	रतनपुर छत्तीसगढ़	देवी लक्ष्मी और सरस्वती	रत्नपुरा के कलचुरी राजा रत्नदेव के शासनकाल के दौरान, 12-13वीं सदी में निर्मित।	51 **शक्तिपीठों** में से एक। प्रत्येक शक्तिपीठ में शक्ति और भैरव का एक मंदिर होता है।

मंदिर का नाम	अवस्थिति (स्थान)	समर्पित	द्वारा निर्मित (नाम, वंश व अवधि)	विशेषता
ज्वालामुखीदेवी का मंदिर	कांगड़ा ज़िला हिमाचल प्रदेश	देवी ज्वालामुखी	–	51 **शक्तिपीठों** में से एक।
बाबा बालकनाथ मंदिर	हमीरपुर ज़िला, हिमाचल प्रदेश	कलियुग में भगवान् शिव का अवतार।	–	महिलाओं को गर्भगृह में **प्रवेश करने की अनुमति नहीं** है।
बैजनाथ मंदिर	झारखंड	भगवान् शिव	–	12 **ज्योतिर्लिंगों** में से एक।
दुर्गा मंदिर	ऐहोल, कर्नाटक	–	चालुक्य वंश द्वारा 7वीं-8वीं सदी में	इस मंदिर की आकृति **हाथी की पीठ** से मिलती-जुलती है।
वीरूपाक्ष मंदिर	हम्पी कर्नाटक	भगवान् शिव का एक रूप	विजयनगर साम्राज्य द्वारा	हम्पी में स्मारकों के समूह के अंतर्गत **यूनेस्को के विश्व विरासत स्थल** के रूप में नामित। पट्टदकल में एक और विरुपाक्ष मंदिर है।
विठ्ठलस्वामी मंदिर परिसर	हम्पी, कर्नाटक	भगवान् विठ्ठल, भगवान् विष्णु के एक अवतार	15-16वीं शताब्दी में विजयनगर साम्राज्य द्वारा निर्मित	यहाँ पर प्रतिष्ठित **पत्थर का रथ** है। झूलता हुआ पवेलियन भी है। इस मंदिर में घोड़े बेचते पारसी जैसे विदेशियों की भी मूर्तियाँ हैं।
होयसालेश्वर मंदिर	हैलेबिडु कर्नाटक	भगवान् शिव	होयसाल साम्राज्य द्वारा 12वीं सदी में	ताराकार डिज़ाइन की उपस्थिति और मंदिर **जगती** (मंच) पर खड़ा है।
चेन्नाकेशव मंदिर	बेलूर, कर्नाटक	भगवान् विष्णु	होयसाल साम्राज्य द्वारा 12वीं सदी में	जगती (platform) के बाद मंडप का चौंका देनेवाला वर्गाकार डिज़ाइन और मंदिर का तारों (star) सदृश आकार है। मूर्तियों में गजासुरसंहार, शिलाबालिका इत्यादि सम्मिलित हैं।
चेन्नाकेशव मंदिर	सोमनाथपुरा, कर्नाटक	भगवान् विष्णु के तीन रूप	होयसाल साम्राज्य द्वारा 13वीं सदी में	पवित्रालय में **बाँसुरी बजाते कृष्ण** की मूर्ति, जटिल नक्क़ाशियाँ इसे होयसाल साम्राज्य की सर्वोत्कृष्ट वास्तुकला में से एक बनाती हैं। जगती **ताराकार योजना** पर आधारित है।
पद्मनाभस्वामी मंदिर	तिरुवनंतपुरम, केरल	भगवान् विष्णु		प्रवेश के लिए **सख़्त ड्रेस कोड** का पालन करना होता है। 6 वर्षों में एक बार लक्ष दीपम त्योहार मनाया जाता है।
सबरीमाला मंदिर	पेरियार बाघ अभयारण्य, केरल	अय्यप्पन, विष्णु और शिव के अवतार	12वीं सदी से पहले	विश्व के सबसे बड़े वार्षिक तीर्थों में से एक। तीर्थयात्री **काले और नीले रंग का वस्त्र** पहनते हैं और तीर्थयात्रा पूरा होने तक दाढ़ी नहीं बनवाते है।
कंदरिया महादेव मंदिर	खजुराहो, मध्य प्रदेश	भगवान् शिव	चंदेल शासक द्वारा 11वीं सदी	मंदिर की दीवारों पर **कामविषयक मूर्तियाँ** पायी जा सकती हैं।

मंदिर का नाम	अवस्थिति (स्थान)	समर्पित	द्वारा निर्मित (नाम, वंश व अवधि)	विशेषता
सास-बहू मंदिर (सहस्त्रबाहु मंदिर भी कहा जाता है)	ग्वालियर, मध्य प्रदेश	दो अलग - अलग मंदिरों में भगवान् विष्णु और भगवान् शिव	कच्छपघात वंश के राजा महिपाल द्वारा 11वीं सदी में।	राजा की पत्नी ने भगवान् विष्णु की पूजा की थी, लेकिन उसके पुत्र की पत्नी शिव की भक्त बन गयी, इसलिए भगवान् शिव का दूसरा मंदिर बनवाया गया।
ओंकारेश्वर मंदिर	खंडवा ज़िला, मध्य प्रदेश	भगवान् शिव	-	यह 12 ज्योतिर्लिंगों में से एक है।
महाकालेश्वर मंदिर	उज्जैन, मध्य प्रदेश	भगवान् शिव	13वीं सदी से पहले	देवता स्वयंभू रूप में हैं। यह 12 ज्योतिर्लिंगों के साथ-साथ शक्तिपीठों में से एक है।
विट्ठल मंदिर या विठोबा मंदिर	पंढरपुर, महाराष्ट्र	भगवान् विट्ठल, जिन्हें विष्णु और उनकी पत्नी रखुमई का एक रूप माना जाता है	13वीं सदी में होयसाल साम्राज्य द्वारा	2014 में, यह मंदिर पुजारी के रूप में पिछड़े वर्ग के लोगों और महिलाओं को आमंत्रित करनेवाला भारत का पहला मंदिर बना। वार्षिक तीर्थयात्रा - वारी -वारकरी
त्रियम्बकेश्वर मंदिर	नासिक, महाराष्ट्र	भगवान् शिव	बालाजी बाजी राव द्वारा	12 ज्योतिर्लिंगों में से एक और गोदावरी नदी का स्रोत।
कोणार्क सूर्य मंदिर	कोणार्क, उड़ीसा	सूर्य देव	13वीं सदी में पूर्वी गंग वंश द्वारा	इसे ब्लैक पगोडा भी कहा जाता है। मंदिर के पहिये धूपघड़ी हैं, जिनका समय की सही गणना करने के लिए उपयोग किया जा सकता है।
लिंगराज मंदिर	भुवनेश्वर, उड़ीसा	हरिहर, शिव और विष्णु का रूप	11वीं सदी में सोमवंश द्वारा	यह मंदिर देउल शैली में बनवाया गया है।
करणी माता मंदिर	देशनोक, राजस्थान	देवी दुर्गा	महाराजा गंगा सिंह द्वारा	इसे चूहों का मंदिर भी कहा जाता है, क्योंकि इस मंदिर परिसर में 25000 से भी अधिक चूहे पाये जाते हैं।
हज़ार स्तंभ मंदिर	हनमकोंडा तेलंगाना	विष्णु, शिव और सूर्य	12वीं-14वीं सदी में काकतीय वंश द्वारा	मंदिर का आकार ताराकार है और भीतर तीन मंदिर हैं। इसमें 1000 स्तंभ हैं।
रामप्पा रंपा	वारंगल के निकट, तेलंगाना	रामलिंगेश्वर	11वीं सदी में काकतिय वंश द्वारा	दीवारों पर जटिल नक़्क़ाशियाँ और मूर्तियों में रामप्पा, नंदी आदि की मूर्तियाँ सम्मिलित हैं।
शोर मंदिर	महाबलीपुरम तमिलनाडु	भगवान् शिव	पल्लवों द्वारा 8वीं सदी ईसवी में	सबसे पुराने चट्टान काट कर बनाये गये मंदिरों और यूनेस्को धरोहर स्थलों में से एक।

मंदिर का नाम	अवस्थिति (स्थान)	समर्पित	द्वारा निर्मित (नाम, वंश व अवधि)	विशेषता
मीनाक्षी मंदिर	मदुरै, तमिलनाडु	देवी पार्वती एवं सुन्दरेश्वर	16वीं सदी में पुन: निर्मित	विशाल **प्रकरम** और 1000 स्तंभों के हॉल के लिए प्रसिद्ध।
मुरुगन मंदिर	पालनी, तमिलनाडु	मुरुगन (भगवान् कार्तिकेय)	–	माना जाता है कि मुख्य देवता की मूल मूर्ति अत्यधिक विषैली जड़ी-बूटियों का उपयोग करके **बोग सिद्धार** द्वारा बनायी गयी है, जिसकी उपस्थिति से भी लोग मर सकते हैं और इसलिए कई बार यह विवादों में भी रहा है।
बृहदीश्वर मंदिर	तंजावुर, तमिलनाडु	भगवान् शिव	1010 ईसवी में राजराजा प्रथम द्वारा।	भारत के विशालतम मंदिरों में से एक और चोल वास्तुकला का भव्य उदाहरण है। मंदिर की दीवारों पर चोल भित्ति चित्र देखे जा सकते हैं।
रंगनाथस्वामी मंदिर	श्रीरंगम, तमिलनाडु	भगवान् विष्णु	–	कावेरी नदी में एक द्वीप पर स्थित। यह वैष्णव परंपरा का मंदिर है।
उनाकोटी गुफा मंदिर	उनाकोटी की गुफाएँ, त्रिपुरा	भगवान् शिव	600-700 ईसवी	चट्टान पर अद्भुत नक़्क़ाशी और भित्ति चित्र देखे जा सकते हैं।
विश्वनाथ मंदिर	वाराणसी, उत्तर प्रदेश	भगवान् शिव	1780 ईसवी	12 ज्योतिर्लिंगों में से एक।
दक्षिणेश्वर मंदिर	कोलकाता, पश्चिम बंगाल	देवी काली	1855 ईसवी	यह मंदिर आध्यात्मिक संत रामकृष्ण परमहंस द्वारा स्थापित है।
मुक्तेश्वर मंदिर	भुवनेश्वर, ओडिशा	भगवान् शिव	950-975 ईसवी	चैत्य मेहराब के भीतर लघु रूप में **लकुलीश** की अनगिनत मूर्तियाँ मिलती हैं।
राजारानी मंदिर	भुवनेश्वर, ओडिशा	शिव	11वी शताब्दी	कामोद्दीपक उत्कीर्ण
बालेश्वर मंदिर	चंपावत, उत्तराखंड	शिव	10वीं और 12वीं शताब्दी ईसवी के बीच	
चौंसठ योगिनी मंदिर (एकत्तरसो महादेव मंदिर के नाम से भी जाना जाता है)	मुरैना ज़िला, मध्य प्रदेश	64 योगिनियाँ और भगवान् शिव का मुख्य मंदिर	कच्छपघाट राजा देवपाल द्वारा 11वीं शताब्दी ईसवी	अधिकांश अन्य योगिनी मंदिरों की तरह योजना में गोलाकर। आकाश की ओर खुला मंडप। कहा जाता है कि **दिल्ली में संसद भवन** का डिज़ाइन इसी मंदिर पर आधारित है। कापालिक और कौल तांत्रिक संप्रदाय से जुड़ा है
चौंसठ योगिनी मंदिर	खजुराहो, मध्य प्रदेश	योगिनियों से संबंधित। किसी केंद्रीय मंदिर का कोई बचा हुआ निशान नहीं	9वीं शताब्दी ईसवी	अन्य योगिनी मंदिरों के विपरीत मंदिर की आयताकार योजना, आकाश की ओर हवा में खुला। कपालिक और कौल तांत्रिक संप्रदाय से जुड़ा है। खजुराहो में सबसे पुराना सुरक्षित बचा मंदिर।

मंदिर का नाम	अवस्थिति (स्थान)	समर्पित	द्वारा निर्मित (नाम, वंश व अवधि)	विशेषता
चौंसठ योगिनी मंदिर	हीरापुर, ओडिशा	योगिनियों के मंदिर	9वीं शताब्दी ईसवी में ब्रम्हवंश की रानी हीरादेवी	आकाश की ओर खुली और गोलाकार योजनावाला तांत्रिक मंदिर।
चौसठ योगिनी मंदिर (गोलकी मठ के नाम से भी जाना जाता है)	भेड़ाघाट, मध्य प्रदेश	योगिनियों के 81 मंदिर	कलचुरी वंश के राजा युवराज द्वितीय द्वारा 11वीं शताब्दी ईसवी में निर्मित	गोलाकार योगिनी मंदिरों में सबसे बड़ा। गोलाकार योजना और आकाश की ओर खुला।

सामान्य तौर पर मंदिरों में पाये जानेवाले विष्णु के रूप

- ***शेषशयन*** - विष्णु को अनंत कहे जानेवाले शेषनाग पर लेटा हुआ दिखाया जाता है।
- ***नर-नारायण*** - मानव आत्मा और शाश्वत परमात्मा के बीच चर्चा।
- ***गजेंद्रमोक्ष*** - मोक्ष प्राप्त करने की कहानी, प्रतीकात्मक रूप से विष्णु द्वारा हाथी के रूप में एक असुर के दमन द्वारा संप्रेषित।

गुप्तोत्तर शैली की मूर्तिकलावाले मंदिर

- **शामलाजी मंदिर** गुजरात में मेश्वो नदी के उत्तर-पूर्व में स्थित है। शामलाजी एक प्रमुख हिंदू तीर्थस्थल है। यह मंदिर विष्णु के एक रूप शामलाजी को समर्पित है और यह 11वीं शताब्दी ईसवी में चालुक्य शैली में बनवाया गया था।
- शामलाजी की तरह, हिमाचल प्रदेश के **चंबा** में गुप्तोत्तर शैली की मूर्तिकला के साथ स्थानीय परंपराओं का मेल देखा जा सकता है। **लक्षण-देवी मंदिर में महिषासुरमर्दिनी और नरसिम्ह** की मूर्तियाँ गुप्तोत्तर परंपरा का प्रभाव दर्शाती हैं। इन मूर्तियों पर कश्मीर की धातु मूर्तिकला परंपरा का प्रभाव प्रदर्शित होता है, जिन्हें 7वीं शताब्दी ईसवी में मेरुवर्मन के शासनकाल के दौरान बनाया गया था। अलेक्जेंडर कनिंघम 1839 में लक्षण देवी मंदिर का भ्रमण करनेवाले पहले पुरातत्त्वविद् थे।

नदियों के तट पर स्थित प्रमुख मंदिर

- श्रीरंगम रंगनाथस्वामी मंदिर, कावेरी नदी, तमिलनाडु।
- ओंकारेश्वर ज्योतिर्लिंग, नर्मदा नदी, मध्य प्रदेश।
- महाकालेश्वर ज्योतिर्लिंग, शिप्रा नदी, मध्य प्रदेश।
- त्रियम्बकेश्वर ज्योतिर्लिंग, गोदावरी नदी, महाराष्ट्र।
- काशी विश्वनाथ ज्योतिर्लिंग, गंगा नदी, उत्तर प्रदेश।
- केदारनाथ ज्योतिर्लिंग, मंदाकिनी नदी के निकट, उत्तराखंड।
- बद्रीनाथ मंदिर, अलकनंदा नदी, उत्तराखंड।
- श्री निमिषम्बा मंदिर, कावेरी नदी, कर्नाटक।
- मुथप्पन मंदिर, वलपट्टनम नदी, केरल।
- तख्त श्री हजूर साहब, नांदेड़, गोदावरी नदी, महाराष्ट्र

भारत में पहाड़ों पर स्थित प्रसिद्ध मंदिर

1. मनसा देवी मंदिर – बिल्व पर्वत, शिवालिक की पहाड़ियाँ, हरिद्वार
2. शारदा माता मंदिर, त्रिकूट पहाड़ियाँ, मध्यप्रदेश
3. कनक दुर्गा मंदिर, इंद्रकीलाद्री पहाड़ियाँ, विजयवाड़ा, आंध्र प्रदेश
4. वैष्णो देवी मंदिर, त्रिकूट पर्वत, जम्मू
5. तारा तारिणी मंदिर, ऋशिकुल्य नदी के तट पर, ओडिशा
6. सप्तश्रृंगी देवी मंदिर, सह्याद्री पर्वतश्रृंखला, पश्चिमी घाट, महाराष्ट्र। इसे *''साढ़े तीन शक्ति पीठों''* में से एक कहा जाता है।

भारत में कामोद्दीपक मूर्तियों के लिए प्रसिद्ध मंदिर

1. खजुराहो, मध्य प्रदेश
2. सूर्य मंदिर, ओडिशा
3. विरूपाक्ष मंदिर, कर्नाटक
4. सूर्य मंदिर, मोढेरा, गुजरात
5. सत्यमूर्ति पेरुमल मंदिर, तमिलनाडु
6. लिंगराज मंदिर, ओडिशा
7. राजा रानी मंदिर, ओडिशा
8. जैन मंदिर, रणकपुर, राजस्थान
9. मार्कंडेश्वर, महाराष्ट्र
10. तिरुपंतका मंदिर, कर्नाटक
11. कैलास मंदिर, ऐलोरा
12. नंदा देवी मंदिर, अल्मोड़ा

भारत के 12 ज्योतिर्लिंग (भगवान् शिव को समर्पित)

ज्योतिर्लिंग	अवस्थिति	राज्य
सोमनाथ	सौराष्ट्र	गुजरात
नागेश्वर	देव भूमि द्वारका ज़िला	गुजरात
मल्लिकार्जुन स्वामी	श्रीसैलम	आंध्र प्रदेश
महाकालेश्वर	उज्जैन	मध्य प्रदेश
ओंकारेश्वर	खंडवा ज़िला	मध्य प्रदेश
काशी विश्वनाथ	वाराणसी	उत्तर प्रदेश
केदारनाथ	केदारनाथ	उत्तराखंड
वैद्यनाथ	देवघर	झारखंड
रामेश्वर	रामेश्वरम	तमिलनाडु
घृष्णेश्वर	ऐलोरा के निकट, औरंगाबाद	महाराष्ट्र
त्रियम्बकेश्वर	नासिक ज़िला	महाराष्ट्र
भीमाशंकर	पुणे ज़िला	महाराष्ट्र

भारत के बाहर स्थित प्रसिद्ध मंदिर

अंगकोरवाट मंदिर, कम्बोडिया

विश्व का विशालतम हिंदू मंदिर अंगकोर वाट, कम्बोडिया में जंगलों के आंतरिक भाग में स्थित है। हालाँकि, यह दक्षिण-पूर्व एशिया के अनेक हिंदू मंदिरों में से केवल एक है। चोल साम्राज्य, कलिंग साम्राज्य आदि की समुद्री गतिविधियों के साथ इन भागों में हिंदू धर्म आया और कई हिंदू राजवंशों का उदय हुआ, जैसे वियतनाम में चम्पा सभ्यता, कम्बोडिया में खमेर साम्राज्य और जावा में मजापहित साम्राज्य।

अंगकोर समूह के मंदिरों का निर्माण **खमेर शासकों** ने 800-1300 ईसवी के बीच कराया था। हालाँकि, सूर्यवर्मन द्वितीय को इन अधिकांश स्मारकों के निर्माण का श्रेय दिया जाता है। इनकी वास्तुकला का चोल वास्तुकला से अति निकटतम संबंध है, परन्तु इनमें स्थानीय शैली की कुछ विशिष्ट झलक भी है।

प्रमबनन मंदिर, जावा-इंडोनेशिया

UNESCO की विश्व धरोहर स्थल और **इंडोनेशिया** का विशालतम हिंदू मंदिर, "**त्रिमूर्ति**" नामक देव-समूह, अर्थात् ब्रह्मा (निर्माता), विष्णु (सरंक्षक) और शिव (विनाशक) को समर्पित है। इसके परिसर में 240 छोटे मंदिर और मठ हैं। इसका निर्माण 9वीं शताब्दी ईसवी में मातरम या मेडांग साम्राज्य के संजय शासकों द्वारा कराया गया था, जो मुख्य रूप से शिव के उपासक थे।

पशुपतिनाथ मंदिर, काठमाँडू, नेपाल

यह मंदिर, बागमती नदी के तट पर, नेपाली पैगोडा शैली की वास्तुकला में निर्मित है। यह भगवान् पशुपति नाथ या शिव को समर्पित है। इसका आकार घनाकार है और यह दो मंज़िला है। इसके दो गर्भ-गृह हैं–आंतरिक और बाह्य। आंतरिक गर्भगृह में **चार मुखाकृतिवाला शिव लिंग** है। मंदिर परिसर में वासुकीनाथ मंदिर और पवित्र आर्य घाट भी है। यह स्पष्ट नहीं है कि इस मंदिर का निर्माण किसने किया था।

प्रेह विहार मंदिर (Preah Vihar temple), कम्बोडिया

यह मंदिर पर्वतीय देवताओं शिखरेश्वर और भद्रेश्वर (भगवान् शिव के अवतार) को समर्पित है। यह मंदिर प्रतीकात्मक रूप से देवताओं के निवास स्थल, अर्थात् पौराणिक 'मेरू पर्वत' का प्रतिनिधित्व करता है। यद्यपि इसका निर्माण 9वीं शताब्दी ईसवी में प्रारम्भ हुआ था, तथापि मुख्य रूप से इसे 11वीं और 12वीं शताब्दी में खमेर शासक सूर्यवर्मन प्रथम और सूर्यवर्मन द्वितीय द्वारा बनाया गया था। यह यूनेस्को की विश्व विरासत धरोहरों में सम्मिलित है। सीमा पर स्थित होने के कारण, इसके स्वामित्व और प्रबन्धन को लेकर **थाईलैंड और कम्बोडिया में विवाद** था। वर्ष 1962 में अंतरराष्ट्रीय न्यायालय ने कम्बोडिया के पक्ष में निर्णय दिया था।

प्रेह विहार का मंदिर, कम्बोडिया

कटास राज मंदिर, पाकिस्तान

यह प्राचीन मंदिर भगवान् शिव को समर्पित है। नरम बलुआ पत्थर से निर्मित है। इस मंदिर में त्रिदली मेहराबें, दाँतेदार और नुकीली छतें हैं। ऐसा माना जाता है कि अपने निर्वासन के दौरान पांडव यहाँ आये थे। इसका उल्लेख सातवीं शताब्दी के चीनी यात्री ह्वेन-त्सांग ने अपने सफ़रनामे (यात्रा-विवरणों) में किया है। इस परिसर में 'सतगृह' (सात मंदिर), एक पवित्र झील और एक बौद्ध स्तूप के खंडहर हैं।

कटास राज मंदिर

मुल्तान का आदित्य सूर्य मंदिर, पाकिस्तान

यह दक्षिण एशिया के सबसे प्राचीन और सम्मानित मंदिरों में से एक है और इसका उल्लेख 5वीं शताब्दी के इतिहासकार हेरोडोटस्, चीनी यात्री ह्वेन-त्सांग और 10वीं शताब्दी के फ़ारसी भूगोलविद् अल-इस्तख़री ने किया था। यह मंदिर अपनी विपुल सम्पत्ति के कारण प्रसिद्ध था। आक्रमणकारियों द्वारा, विशेषकर महमूद ग़ज़नी द्वारा इसे कई बार लूटा गया था। इसमें स्वर्ण से निर्मित सूर्य भगवान् की प्रतिमा थी, जिसकी आँखें सुंदर लाल मणिकों की थीं।

मुन्नेश्वरम मंदिर, श्रीलंका

16वीं शताब्दी के शुरूआत में पुर्तगाली जेसुइटों द्वारा किये गये विनाश के पश्चात् श्रीलंका के राजाओं द्वारा कई चरणों में पुनर्निर्मित यह मंदिर हज़ारों वर्ष पुराना माना जाता है।

यह मंदिर मुख्य रूप से शिव को समर्पित मंदिर है, जिसमें गणेश, काली और अय्यनायके (सिंहली बौद्ध देवता) भी उपस्थित हैं।

भारत में मुख्य बौद्ध तीर्थस्थल

1. महाबोधि मंदिर, बोध गया (बिहार)।
2. नालंदा, विक्रमशिला, सोमपुरा, ओदंतपुरी, पुष्पगिरि और जगद्दल के महाविहार।
3. छतीसगढ़ में सिरपुर।
4. ओडिशा में ललितगिरि, वज्रगिरि और रत्नागिरि।
5. वाराणसी (उत्तरप्रदेश) के निकट सारनाथ (**बुद्ध के पहले धर्मोपदेश का स्थान**।)।
6. उत्तरप्रदेश में कुशीनगर।
7. नेपाल सीमा पर पिपरहवा (उत्तरप्रदेश)।
8. मध्य प्रदेश में साँची और भरहुत।
9. तमिलनाडु में नागपट्टीनम।
10. पुणे (महाराष्ट्र) में भाजा और कार्ले गुफाएँ।
11. औरंगाबाद (महाराष्ट्र) के निकट अजन्ता, ऐलोरा और पीथलकोरा गुफाएँ।
12. महाराष्ट्र, मुम्बई में कन्हेरी गुफाएँ, नासिक में पांडवलेनी गुफाएँ।
13. पश्चिमी बंगाल में घूम मठ।
14. सिक्किम में रूमटेक, पेमायांगत्से और एंचेय मठ।
15. लद्दाख में अल्ची मठ, स्पितुक मठ, शेय मठ आदि।
16. हिमाचल प्रदेश में धनकर मठ, नाको मठ (किन्नौर), क्ये मठ, ताबो मठ (स्पीति घाटी) आदि।
17. अरुणाचल प्रदेश में त्वांग मठ (**भारत में सबसे बड़ा मठ**) और बोमडिला मठ।
18. नामड्रोलिंग मठ, बायेलाकुप्पे, कर्नाटक।
19. ओडिशा के धौली स्थित चट्टान से काटकर बनाये हुए हाथी और अशोक के राजादेश (मौर्य काल में विकसित)।

भारत में मुख्य जैन तीर्थस्थल

1. **पालिताना मंदिर**, काठियावाड़ (गुजरात) में शत्रुंजय पहाड़ी पर स्थित है। यह विशेष रूप से **श्वेताम्बर संप्रदाय** का पवित्रतम स्थल माना जाता है। यह मुख्यत: पहले तीर्थंकर ऋषभदेव को समर्पित है। महत्त्वपूर्ण है कि इसमें 800 से अधिक संगमरमर के मंदिर हैं।
2. **शिखरजी**, यह पारसनाथ झारखण्ड में है। यह जैनों के पवित्रतम तीर्थस्थानों में से एक है। ऐसा विश्वास किया जाता है कि **20 तीर्थंकरों ने यहीं मोक्ष प्राप्त किया था।**
3. **गिरनार** मंदिर, जूनागढ़ ज़िले (गुजरात) में स्थित हैं। यहाँ 16 मंदिरों में सबसे बड़ा मंदिर 22वें तीर्थंकर नेमिनाथ का है।
4. **पावापुरी**, बिहार के नालंदा ज़िले में है। अंतिम तीर्थंकर **महावीर का अंतिम संस्कार यहीं किया गया** था।
5. **दिलवाड़ा मंदिर, माउंट आबू** राजस्थान में हैं, जिसमें संगमरमर से निर्मित, जटिल नक्क़ाशीदार पाँच अद्‌भुत मंदिर हैं। इनमें सबसे प्राचीनतम मंदिर **विमल वसाही** का निर्माण 11वीं शताब्दी में विमल शाह द्वारा कराया गया था। यहाँ अन्य मंदिर हैं- लूना वसाही, पित्तलहार, पार्श्वनाथ और महावीर स्वामी, जिनका निर्माण 13वीं से 17वीं शताब्दी ईसवी के बीच हुआ था।
6. **श्रवण बेलगोला** कर्नाटक में है। गोमतेस्वर प्रतिमा, पहले जैन तीर्थंकर के पुत्र भगवान् बाहुबली की है। इसका निर्माण दसवीं शताब्दी ईसवी में गंगा राजवंश के एक मंत्री चामुंडाराय द्वारा कराया गया था। इसमें कई **'बसदी'** या जैन मंदिर हैं।
7. **शांतिनाथ मंदिर** परिसर उत्तरप्रदेश के बुंदेलखंड क्षेत्र के ललितपुर ज़िले के **देवगढ़** में है। इसमें सुंदर प्रतिमाओं सहित 31 मंदिर हैं।
8. **बावनगजा** मध्य प्रदेश के बड़वानी ज़िले में है। इसमें भगवान् आदिनाथ की एक ही चट्टान से काट कर बनायी गयी एक 84 फ़ीट ऊँची प्रतिमा है।
9. मध्य प्रदेश में ग्वालियर, चंदेरी और खजुराहो में विभिन्न जैन मंदिर हैं।
10. **रनकपुर मंदिर**, राजस्थान के पाली ज़िले में है। इसे 15वीं शताब्दी में बनाया गया था और इसकी वास्तुकला में **बहुत कुछ होयसाल वास्तु जैसा** है, न कि नागर जैसा। यहाँ 1400 से अधिक स्तम्भ हैं, जिन पर विस्तृत नक्क़ाशी की गयी है और प्रत्येक दूसरे से भिन्न (अद्‌भुत) हैं।
11. **चौसा (बिहार), हाँसी (हिसार, हरियाणा) और अकोटा (वडोदरा, गुजरात)** में कांस्य की जैन प्रतिमाओं की खोज हुई है।
12. **कंकाली टीला**, उत्तर प्रदेश में (मथुरा के निकट) यहाँ प्रारम्भिक सदियों में दान और पूजा के लिए उपयोग में लायी जानेवाली **अयागपट्ट** नामक मन्नती पट्टिकाओं की खोज हुई थी। इन पट्टिकाओं को जैन उपासना से सम्बन्धित वस्तुओं और डिज़ाइनों से सजाया गया है, जैसे स्तूप, धर्मचक्र और त्रिरत्न। ये एक ही साथ छवि और *प्रतीकों की पूजा के रुझान* को प्रस्तुत करते हैं। इन पट्टिकाओं को दान करने की प्रथा को पहली शताब्दी ईसापूर्व से तीसरी शताब्दी ईसवी में प्रलेखित किया गया है।
13. **ओडिशा में उदयगिरि और खंडगिरि गुफाएँ दूसरी और पहली शताब्दी ईसा पूर्व** के बीच की हैं, जो जैन धर्म को समर्पित हैं। इन्हें राजा खारवेल के शासनकाल में **तराशा** गया था। उदयगिरि में मौजूद गुफाओं की संख्या 18 और खंडागिरी में 15 है। यहाँ की प्रसिद्ध गुफाओं में **हाथी गुम्फा, रानी गुम्फा** और **गणेश गुम्फा** हैं। इन पर नक्क़ाशी द्वारा **हाथीगुम्फा शिलालेखों** सहित जैन तीर्थंकरों और देवताओं को उकेरा गया है। राजा खारवेल द्वारा लिखे गये हाथीगुम्फा शिलालेख पर ब्राह्मी लिपि में 17 पंक्तियाँ गहरी उकेरी गयी हैं और मुख्य रूप से इनमें राजा की विभिन्न विजयों का उल्लेख है।
14. **अजमेर में नसियाँ मंदिर**- इन्हें **सोनीजी की नसियाँ** भी कहा जाता है इसे **19वीं शताब्दी** में बनाया गया था और यह पहले तीर्थंकर भगवान् ऋषभदेव को समर्पित है।

15. **हाथी सिंह जैन मंदिर**, अहमदाबाद।
16. **चित्तानवासल गुफाएँ**, तमिलनाडु।
17. **माँगी-तुंगी** महाराष्ट्र में तहाराबाद के निकट अवस्थित है। जैन धर्म को समर्पित यह एक **जुड़वाँ शिखरवाली चोटी के बीच पठारी तल** है, जिसे ज्ञान प्राप्ति के लिए प्रवेश द्वार का रूप माना जाता है। इसमें **तीर्थंकरों की पद्मासन** और कायोत्सर्ग, जैसी विभिन्न मुद्राओं में **चित्र** हैं और इन्हें छठी शताब्दी ईसवी के आसपास बनाया गया था। **वर्ष 2016 में** पत्थर से निर्मित 108 फीट ऊँची **अहिंसा मूर्ति** की प्राण-प्रतिष्ठा की गयी थी। इसे गिनीज़ बुक ऑफ़ वर्ल्ड रिकार्ड्स में विश्व की **सबसे ऊँची जैन प्रतिमा** के रूप में दर्ज किया गया है।

देरासर एक शब्द है, जिसका प्रयोग गुजरात तथा दक्षिणी राजस्थान में जैन मंदिरों के लिए किया जाता है। कर्नाटक में जैन मंदिरों को **बसदी** के नाम से जाना जाता है।

भौगोलिक महत्त्व के सांस्कृतिक स्थल

- **भीमबेटका शैलाश्रय** – रातापानी वन्यजीव अभयारण्य के अंदर, मध्य प्रदेश।
- **अजंता की गुफाएँ** – वाघोरा नदी के तट पर।
- **ऐलोरा की गुफाएँ** – पश्चिमी घाट में।
- **कोणार्क का सूर्य मंदिर** – चंद्रभागा समुद्र तट पर।
- **दिलवाड़ा का जैन मंदिर** – अरावली पर्वत श्रृंखला पर माउंट आबू में।
- **हम्पी** – तुंगभद्रा नदी के निकट।
- **आगरा का क़िला** – यमुना नदी के तट पर।
- **महाबोधि मंदिर बोधगया** – निरंजना नदी के तट पर।
- **रानी की वाव** – सरस्वती नदी के तट पर।
- **बृहदीश्वर मंदिर** – तंजावुर में कावेरी नदी के दक्षिणी तट पर।
- **साँची** – बेतवा नदी के पश्चिम में।
- **पट्टदकल** – मालप्रभा नदी के पश्चिमी तट पर।
- **बोर्रा गुफाएँ** – पूर्वी तट पर, अराकू घाटी की अनंतगिरि पहाड़ियों में।
- **अमरावती का स्तूप**– कृष्णा नदी के किनारे।
- **ऐहोल** – मालप्रभा नदी घाटी के किनारे।
- **बेलूर** – यागाची नदी के तट पर।
- **काँचीपुरम** – वेगवथी नदी के तट पर।
- **मथुरा** – यमुना नदी।
- **अयोध्या** – घाघरा/सरयू नदी।
- **कामाख्या मंदिर** – ब्रह्मपुत्र नदी।
- **राखीगढ़ी** – घग्गर – हाकरा नदी का मैदान।

मध्यकालीन भारत में वास्तुकला

712 ईसवी में सिंध पर अरब विजय के साथ ही भारत की पश्चिमी सीमाओं पर मुसलमान शासकों का आगमन आरंभ हो गया। 12वीं शताब्दी ईसवी तक दिल्ली के सिंहासन पर एक इस्लामिक शासक ने अधिकार कर लिया। इसने भारतीय इतिहास में मध्यकाल के आरंभ का श्रीगणेश किया। आगामी वर्षों में भारतीय वास्तुकला व्यापक परिवर्तन से गुज़री। जिसमें नये शासकों की रुचियों और वरीयताओं को प्रतिबिंबित करनेवाली, सुलेखन और जड़ाऊ कामवाले अलंकरण आदि जैसे नवीन तत्त्व प्रचलित हुए, लेकिन साथ ही स्थानीय वास्तुकारों ने स्थानीय वास्तु परंपराओं के कुछ पहलुओं को बनाये रखा।

इस प्रकार, आगे की वास्तुकला में हम भारतीय शैली के साथ फ़ारसी शैली का संगम देखते हैं। इसे **इंडो-इस्लामिक वास्तुकला** या **भारतीय-अरबी वास्तुकला** के रूप में जाना जाता है।

इंडो-इस्लामिक वास्तुकला की कुछ **विशेषताएँ** इस प्रकार हैं :

- इस अवधि के दौरान मेहराब और गुंबदों के उपयोग ने प्रमुखता प्राप्त की। इसे वास्तुकला की **'मेहराबदार' शैली** के रूप में जाना गया और जिसने वास्तुकला की पारंपरिक लिंटल-शहतीर शैली का स्थान ग्रहण किया।
- इस्लामिक शासकों ने मस्जिदों और मक़बरों के चारों ओर **मीनारों का उपयोग** प्रचलित किया।
- उनके निर्माणों में जोड़नेवाले पदार्थ के रूप में **गारे** (mortar) का उपयोग किया जाता था।
- इंडो-इस्लामिक वास्तुकला में मानव और पशु आकृतियों का प्रयोग **बहुत कम हुआ**।
- हिंदू वास्तुकला जहाँ बहुत संकीर्ण हो गयी थी, वहीं इंडो-इस्लामिक वास्तुकला ने इसमें **विशालता, व्यापकता और बृहदता** का समावेश किया।
- जहाँ पिछली संरचनाओं में अलंकरण के साधन के रूप में मूर्तियों का उपयोग किया जाता था, वहीं इंडो-इस्लामिक वास्तुकला में अलंकरण के साधन के रूप में **सुलेखन का उपयोग किया जाता** था।
- अलंकरण के लिए **अरबेस्क विधि** (Arabesque Pattern) का भी उपयोग किया जाता था। अरबेस्क से आशय ज्यामितीय वानस्पतिक अलंकरण के प्रयोग से है और इसकी विशेषता एक सतत् तना होता है। यह पत्तेदार, द्वितीयक तने की शृंखला का निर्माण करते हुए नियमित अंतराल पर विभाजित होता है और द्वितीयक तना भी पुन: विभाजित होता है या इसे मुख्य तने से मिलाने के लिए वापस मोड़ा जाता है। जिससे एक सजावटी पैटर्न का निर्माण होता है।

अरबेस्क डिज़ाइन

- सजावटी पैटर्न से लेकर **समरूपता** की भावना आत्मसात् करने तक, इस अवधि की वास्तुकला में भारी पैमाने पर ज्यामिति के सिद्धांतों का उपयोग किया गया।
- भवनों में **जाली का जटिल काम** किया गया था। यह इस्लाम धर्म में *प्रकाश के महत्त्व* का प्रतीक है।
- इस अवधि की वास्तुकला की एक महत्त्वपूर्ण विशेषता आँगन के फूलों, फ़व्वारों और छोटी नालियों के रूप में परिसर में **पानी का उपयोग** था। पानी का मुख्य रूप से *तीन प्रयोजनों* के लिए उपयोग किया जाता था :
  - धार्मिक प्रयोजन
  - परिसर के शीतलन के लिए
  - सजावटी उद्देश्य।

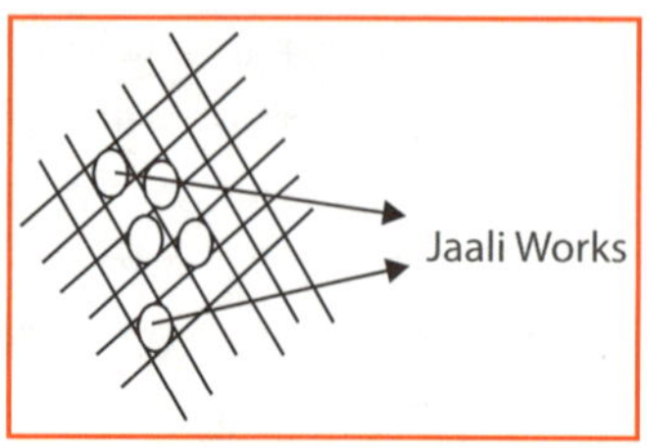

जाली का काम

- इस्लामिक शासकों ने बाग़ों की **चारबाग़ शैली** का प्रचलन किया। इसमें एक वर्गाकार खण्ड चार समान बाग़ों में विभाजित किया जाता था।
- इस अवधि की वास्तुकला में प्रस्तर की दीवारों में सजावट के लिए क़ीमती रंगीन पत्थरों और रत्नों को जड़ने के लिए **पित्रा-दूरा** (Pietra-dura) **तक़नीक** का भी उपयोग किया गया था।
- एक और अनूठी विशेषता भवनों में **foreshortening (अग्रलधुतो) तक़नीक** का प्रयोग था। इस तक़नीक का प्रयोग इस प्रकार किया जाता था कि शिलालेख दूर होते हुए भी पास नज़र आते थे।

चारबाग़ शैली

पित्रा-दूरा का नमूना

मेहराबदार शैली और लिंटल-शहतीर शैली के बीच अंतर

आधार	लिंटल-शहतीर शैली	मेहराबदार शैली (इंडो-इस्लामिक वास्तुकला के तहत प्रयोग किया जाता था।)
प्रवेश	इसकी विशेषता लिंटल का उपयोग था 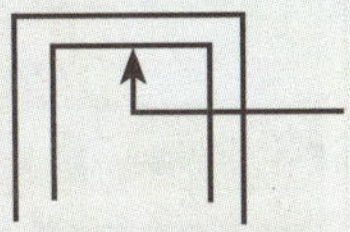	इसकी विशेषता मेहराब और गुंबद का उपयोग था।
शीर्ष	मंदिरों के शीर्ष पर *शिखर* का उपयोग। **शिखर** सामान्यतः शंक्वाकार या वक्राकार होते थे।	मस्जिदों के शीर्ष पर **गुंबद** का उपयोग। गुंबद सामान्यतः अर्द्ध-गोलाकार होते थे।
मीनार	*मीनारें नहीं होती थीं।*	सामान्यतः मस्जिदों के चारों कोनों पर *मीनारें* होती थीं।
निर्माण सामग्री	सभी निर्माणों का प्राथमिक घटक प्रस्तर था।	निर्माण हेतु ईंट, चूना प्लास्टर और गारे का उपयोग आरंभ हुआ।

दिल्ली सल्तनत काल के दौरान वास्तुकला

दिल्ली सल्तनत काल यानी 1206-1526 ईसवी के दौरान वास्तुकला को दो व्यापक श्रेणियों में वर्गीकृत किया जा सकता है:

1. **साम्राज्यिक शैली:** दिल्ली के शासकों द्वारा संरक्षित।
2. **प्रांतीय शैली:** स्थानीय शासकों और सरदारों द्वारा संरक्षित।

साम्राज्यिक शैली

इस अवधि के दौरान शासन करनेवाले विभिन्न राजवंशों के अधीन वास्तुकला की साम्राज्यिक शैली का विकास हुआ। प्रत्येक शासक ने अपनी स्वयं की कुछ रुचियाँ आरोपित कीं, लेकिन बनावट या शैली मोटे तौर एक जैसी बनी रही।

- **ग़ुलाम वंश:** ग़ुलाम वंश या इल्बरी राजवंश **1206 से लेकर 1290 ईसवी** तक सत्ता में बना रहा। उनके शासनकाल के दौरान वास्तुकला की शैली को **मामलुक शैली** के रूप में जाना गया।

- इस अवधि के दौरान, अधिकांश निर्माण *तत्कालीन हिंदू संरचनाओं के पुनः प्रतिरूपण* थे। उन्होंने कई स्मारकों का निर्माण भी करवाया था। **क़ुतुब मीनार** इसका एक प्रमुख उदाहरण है। इस 5 मंज़िला संरचना का निर्माण क़ुतुब-उद्-दीन ऐबक ने आरंभ कराया था, किन्तु वह केवल इसका भू-तल ही बनवा पाया था। अगली तीन मंज़िलें इल्तुतमिश द्वारा पूरी करवायी गयीं और 5वीं मंज़िल फ़िरोज़ शाह तुग़लक़ द्वारा बनवायी गयी।

  अन्य उदाहरण : (i) **क़ुतुब मीनार परिसर में क़ुव्वत-उल-इस्लाम मस्जिद, जो एक जैन मंदिर से परिवर्तित की गयी थी,** एवं (ii) अजमेर में अढ़ाई-दिन-का-झोंपड़ा आदि।

अढ़ाई दिन का झोंपड़ा, अजमेर

- **ख़िलजी वंश :** ख़िलजी वंश ने 1290 ईसवी से लेकर 1320 ईसवी तक शासन किया और वास्तुकला की **सेल्जुक शैली** की स्थापना की। इस अवधि के निर्माण की विशेषता **लाल बलुआ प्रस्तर** का प्रयोग था। इसके साथ ही, **मेहराबदार शैली** ने इसी अवधि से प्रमुखता पायी। सभी निर्माण कार्यों में जोड़नेवाली सामग्री के रूप में **गारे** का प्रमुखता से उपयोग किया जाने लगा था।

  उदाहरण : अलाउद्दीन ख़िलजी द्वारा निर्मित अलाई दरवाज़ा, सीरी का क़िला, आदि।

क़ुतुब मीनार और अलाई दरवाज़ा, दिल्ली

- **तुग़लक़ वंश :** यह दिल्ली सल्तनत काल के दौरान वास्तुकला के लिए **संकट काल** था। हालाँकि, फिर भी कुछ निर्माण कार्य किये गये थे, जिसमें **धूसर बलुआ प्रस्तर** का उपयोग किया गया था। इस अवधि के दौरान भवन की *मज़बूती* पर अधिक ध्यान तथा अलंकरण पर कम बल दिया गया। प्रवेश द्वार के डिज़ाइन में मेहराब और सरल दोनों विधियों का संयोजन किया गया था। तुग़लक़ों ने **'बैटर'** (batter) के रूप में ज्ञात निर्माण की शैली का प्रचलन किया था, जिसकी विशेषता भवनों को अधिक मज़बूत दिखाने के लिए *ढलवाँ दीवारें* थीं।

  उदाहरण : तुग़लकाबाद, जहाँपनाह और फ़िरोज़ाबाद के नगर।

- **लोदी वंश :** लोदी वंश के अंतर्गत, वास्तुकला में पश्चगामी प्रवृत्ति जारी रही। इस अवधि के दौरान **मूलतः मक़बरों** का निर्माण आरंभ किया गया। हालाँकि, इस अवधि की वास्तुकला की एक महत्त्वपूर्ण विशेषता **दोहरे गुंबदों** (double dome) का प्रचलन था, जो शीर्ष गुंबद के अंदर एक खोखले गुंबद से मिलकर बना होता था।

  दोहरे गुंबदों का उपयोग करने के कारण थे :

  - संरचना को मज़बूती देना, और;
  - गुंबद की भीतरी ऊँचाई कम करना।

  इस चरण के दौरान बनाये गये मक़बरे किसी भी भव्य अलंकरण के बिना **कठोर और सादे** थे। इन्हें लगभग 15 मीटर के व्यास के साथ **अष्टकोणीय आकार** में बनाया गया था, जिन्हें ढलवाँ बरामदे से सहारा दिया जाता था।

  उदाहरण : लोदी गार्डन, सिकंदर लोदी द्वारा स्थापित आगरा नगर आदि।

दोहरी गुंबद वास्तुकला

वास्तुकला की प्रांतीय 'शैलियाँ'

इस अवधि के दौरान इंडो-इस्लामी शैली ने स्थानीय स्थापत्य शैलियों को भी प्रभावित करना आरंभ कर दिया था। बंगाल, बीजापुर, जौनपुर और माँडू वास्तुकला के विकास के महत्त्वपूर्ण केंद्र बन चुके थे।

- **बंगाल शैली (1203-1573 ईसवी) :** वास्तुकला की बंगाल शैली की विशेषता **ईंटों** और **काले बेसाल्ट** का प्रयोग था। इस अवधि के दौरान बनी मस्जिदों में ढलवाँ **'बंग्ला छतों'** का उपयोग जारी रहा, जिसका पहले मंदिरों के लिए उपयोग किया जाता था।

  उदाहरण : क़दम रसूल मस्जिद, ज़िला मालदा (पश्चिम बंगाल) स्थित अदीना मस्जिद आदि।

- **जौनपुर शैली (1394-1479 ईसवी) : शर्क़ी शासकों** के संरक्षण में जौनपुर, कला और सांस्कृतिक गतिविधियों का महान् केंद्र बन गया था। वास्तुकला की इस शैली को **शर्क़ी शैली** के रूप में भी जाना जाता था, इस शैली में भी पठान शैली की भाँति *मीनारों के प्रयोग से बचा गया* था। यहाँ के भवनों की एक **अनूठी विशेषता** प्रार्थना हॉल के केंद्र और बग़ल के खण्डों में विशाल स्क्रीनों पर चित्रित मोटे और सशक्त अक्षरों का उपयोग है।

  अटाला मस्जिद, जौनपुर

  उदाहरण : अटाला मस्जिद, जौनपुर

- **मालवा शैली (1405-1569 ईसवी) :** मालवा के पठार में स्थित धार और माँडू के नगर वास्तुकला के प्रमुख स्थल बन गये थे। यहाँ के भवनों की सबसे प्रमुख विशेषता **विभिन्न रंगों के प्रस्तरों** और संगमरमरों का प्रयोग था। भवनों में *विशालकाय खिड़कियाँ* लगी थीं, जो शायद **यूरोपीय प्रभाव** का परिणाम थीं, जो मेहराब एवं स्तंभों के शैलीकृत प्रयोग से अलंकृत थीं।

  यहाँ तक कि *सीढ़ियों* का उपयोग भी निर्माण का सौंदर्यबोध बढ़ाने के लिए किया गया था। हालाँकि, वास्तुकला की इस शैली में *मीनारों का उपयोग नहीं किया गया* था।

  वास्तुकला की पठान शैली के रूप में भी ज्ञात मालवा शैली निम्नलिखित विशेषताओं के चलते इस अवधि के **पर्यावरण अनुकूलन के सर्वश्रेष्ठ नमूनों** में से एक है :

  - **विशालकाय खिड़कियों** का उपयोग भवनों और कक्षों को भली-भाँति हवादार बनाता था।
  - मंडप **थोड़े धनुषाकार** होते थे। यह विशेषता उन्हें *हवादार बनाती थी और गर्मियों* के दौरान भी ये भवन ठंडे बने रहते थे।
  - परिसर में जल भंडारण हेतु *'बावली' के रूप* में ज्ञात **कृत्रिम जलाशयों** का निर्माण करवाया जाता था।
  - निर्माण हेतु **स्थानीय स्तर पर उपलब्ध सामग्री** का उपयोग किया जाता था।
  - तुग़लक़ों द्वारा प्रचलित **बैटर (batter) प्रणाली** का उपयोग करके *भवनों* को मज़बूत बनाया जाता था।

  उदाहरण : रानी रूपमती का मंडप, हिंडोला महल, अशरफ़ी महल आदि।

रानी रूपमती का महल, माँडू

हिंडोला महल, माँडू

- **बीजापुर शैली (1490-1656 ईसवी) :** आदिल शाह के संरक्षण के अंतर्गत बीजापुर शैली या वास्तुकला की *दक्कन शैली* का विकास हुआ। उसने अनेक मस्जिदों, मक़बरों और महलों का निर्माण करवाया था। इनका अनूठापन **3-मेहराबोंवाले अग्रभाग** और **बल्बनुमा गुंबदों** का उपयोग था। ये सभी लगभग गोलाकार और संकरी गर्दनवाले थे। उन्होंने **कार्निस का प्रयोग** भी प्रचलित किया। बीजापुर शैली की एक **प्रमुख विशेषता** *इसकी छतों का व्यवहार* था। छतें किसी भी स्पष्ट सहारे के बिना टिकी थीं। **लोहे के क्लैम्पों** और गारे के मज़बूत प्लास्टर का उपयोग भवनों को मज़बूती देने के लिए किया गया था। दीवारें समृद्ध नक़्क़ाशियों से अलंकृत थीं।

  उदाहरण : बीजापुर स्थित *गोल गुम्बद (यह आदिल शाह का मक़बरा है)*।

भारत में मरमरश्रावी गैलरी (Whispering Gallery in India)

इस तरह से बनी होती है, जहाँ फुसफुसाहट की आवाज़ को भी गैलेरी के अन्य हिस्सों में स्पष्ट रूप से सुना जा सकता है। उदाहरण :

1. गोल गुम्बज, बीजापुर।
2. विक्टोरिया मेमोरियल, कोलकाता।
3. गोलघर अन्न भंडार, पटना।

गोल गुम्बज, बीजापुर

मुग़ल वास्तुकला

मुग़ल शासक कला और स्थापत्य कला के महान् संरक्षक थे। उनके अधीन वास्तुकला ने पुनः अपना महत्त्वपूर्ण स्थान ग्रहण कर लिया, क्योंकि उन्होंने नये भवनों का निर्माण महान् उद्देश्य और कलात्मक अभिप्रेरणा के साथ करवाया था।

बाबर

बाबर ने पानीपत और रुहेलखंड में मस्जिदों का निर्माण आरंभ करवाया था। दोनों मस्जिदें 1526 ईसवी में बन कर तैयार हुईं। फिर भी, उसका शासनकाल किसी भी नयी शैली या तक़नीकी को प्रेरित करने के लिए बहुत अल्पकालिक था।

काबुली बाग़ मस्जिद : 1526 में पानीपत की लड़ाई में सुल्तान इब्राहिम लोदी पर अपनी जीत को चिह्नित करने के लिए बाबर ने इस मस्जिद को 1527 में पानीपत (वर्तमान हरियाणा) में बनवाया था।

1504 ईसवी में काबुल पर अपनी विजय के पश्चात् बाबर ने **काबुल में बाग़-ए-बाबर** का निर्माण कराया। यह विश्व के सबसे पुराने जीवित मुग़ल उद्यानों में से एक है।

हुमायूँ

हुमायूँ के शासनकाल की विशेषता शेरशाह सूरी के विरुद्ध निरंतर सत्ता संघर्ष था। इसलिए वह कला और स्थापत्य कला की ओर अधिक ध्यान नहीं दे पाया। उसने **दीनपनाह** नामक नगर की नींव डालीं, लेकिन वह इसे पूरा नहीं कर पाया। इस अवधि की वास्तुकला में फ़ारसी शैली छायी रही।

हुमायूँ का मक़बरा : इस मक़बरे का निर्माण हुमायूँ की मृत्यु के बाद 1558 ईसवी में **बेगा बेगम** ने करवाया था। UNESCO ने 1993 में मक़बरे को विश्व धरोहर स्थल घोषित किया।

शेरशाह

अपने सक्षिप्त शासनकाल में शेरशाह ने कुछ स्मारकों का निर्माण कराया। उसने दिल्ली में **क़िला-ऐ-कुहुनाह (पुराने क़िले का मस्जिद)** बनवाया। उसने पाकिस्तान में प्रसिद्ध **रोहतास क़िले** का निर्माण कराया। अपने शासन को चिह्नित करने के लिए, उसने अफ़ग़ान शैली में **पटना में शेर शाह सूरी मस्जिद** का निर्माण कराया।

उसका शासनकाल लोदी शैली की वास्तुकला की मुग़ल शैली की वास्तुकला की ओर संक्रमण का काल है। उसने एक प्राचीन मौर्य मार्ग का पुनर्निर्माण और विस्तार कराया और उसका नया नाम **सड़क-ए-आज़म** (महान् सड़क) रखा गया, जिसे बाद में **ग्रैंड ट्रंक रोड** के नाम से जाना गया। उसने यात्रियों के लिए पर्याप्त सरायों और पेड़ों की उपस्थिति सुनिश्चित की। **शेरशाह सूरी का मक़बरा** उसके जन्मस्थल **सासाराम** में बनाया गया, जो लाल बलुआ पत्थर से निर्मित और एक झील के किनारे स्थित है। शेरशाह के शासन में भी सल्तनत युग की निर्माण परम्परा चलती रही। अकबर द्वारा 1556 में दिल्ली का तख़्त ग्रहण करने के पश्चात् मुग़ल कला और वास्तुकला का स्वर्ण युग प्रारम्भ हुआ।

अकबर

अकबर ने कला और स्थापत्य कला के विकास में गहरी रुचि ली। अकबर के शासनकाल के दौरान निर्माण कार्यों की प्रमुख विशेषता **लाल बलुआ प्रस्तर** का उपयोग था। उसने 'Tudor Arch' ('चतुष्कोणीय मेहराब') के उपयोग का भी प्रचलन किया। अकबर के शासनकाल के दौरान किये गये कुछ प्रमुख निर्माण कार्य इस प्रकार वर्णित हैं :

आगरा का क़िला

यह अकबर के शासनकाल के दौरान आरंभ किये गये पहले निर्माण कार्यों में से एक था। हालाँकि, इस क़िले के अंदर अब भी वर्तमान अधिकांश संरचनाएँ शाहजहाँ के शासनकाल के दौरान बनवायी गयी थीं। यहाँ के कुछ प्रमुख भवन हैं:

- शाहजहाँ द्वारा बनवायी गयी मोती मस्जिद।
- शाहजहाँ द्वारा बनवाया गया दीवान-ए-आम। (सार्वजनिक दर्शकों का हॉल)
- शाहजहाँ द्वारा बनवाया गया दीवान-ए-ख़ास। (निजी दर्शकों का हॉल)
- जहाँगीरी महल
- शीश महल (तुर्की स्नान घर)

आगरा का क़िला

क़िले के अंदर बग़ीचों को **चारबाग़ शैली** के अनुसार बनवाया गया था। अकबर इस क़िले के परिसर का उपयोग अपने हरम में 5000 से भी अधिक स्त्रियों के निवास स्थल के रूप में करता था। यह क़िला 1565 और 1573 ईसवी के बीच बनाया गया था।

फ़तेहपुर सीकरी

भारत-इस्लामी वास्तुकला का मुख्य आकर्षण फ़तेहपुर सीकरी में अकबर द्वारा एक नयी राजधानी का निर्माण था। इसे *इतिहास में ठहरे क्षण* के रूप में वर्णित किया गया है, क्योंकि यहाँ की इमारतें हिंदू और फ़ारसी शैलियों के एक अद्वितीय मिश्रण को दर्शाती हैं। इसका निर्माण 1571 से 1573 ईसवी के बीच हुआ था।

शहर के भीतर कुछ महत्त्वपूर्ण भवन इस प्रकार हैं:

- **बुलंद दरवाज़े** को 1575 ईसवी में गुजरात पर अकबर का विजयोत्सव मनाने के लिए लाल बलुआ पत्थर की 40 मीटर ऊँची भव्य सरंचना के रूप में निर्मित किया गया था। यह विश्व का सबसे ऊँचा प्रवेश द्वार है।
- **शेख़ सलीम चिश्ती के मक़बरे** का निर्माण 1581 ईसवी में कराया गया था। इसमें सफ़ेद संगमरमर की जाली का काम किया गया है। इसकी दीवारों पर अरबी शैली में क़ुर्आन की आयतों को अंकित किया गया है। यह एक शाही परिसर में स्थित है, जिसमें बुलंद दरवाज़ा और जामा मस्जिद भी हैं। 1606 ईसवी में इसे जहाँगीर द्वारा भी सजाया गया था।
- **पंच महल** एक पाँच मंज़िला भवन है। यह खम्बों पर निर्मित है और फ़ारसी बादगीर (Wind Catcher) की अवधारणा से प्रेरित है।
- **जोधाबाई के महल या मरियम-उज़-ज़मानी के महल** में घंटियों और फूलों के सुंदर हिंदू भित्तिचित्र हैं।
- **इबादतख़ाना** – अकबर विभिन्न धर्मगुरुओं से चर्चा करने के लिए इस स्थान का उपयोग करता था।
- **पचीसी आँगन** वह आँगन है, जहाँ अकबर शतरंज खेला करता था।
- **हिरन मीनार** का निर्माण अकबर के चहेते **हाथी,** जिसका नाम हिरण था, की याद में कराया गया था। यह यात्रियों के लिए एक प्रकाश स्तम्भ के रूप में भी कार्य करता था। इसे अनूठे रूप से डिज़ाइन किया गया और इसकी बाह्य दीवारों पर हाथी के दाँत जैसे नुकीले कोने हैं।

(बायें से) बुलंद दरवाज़ा, फ़तेहपुर सीकरी; हुमायूँ का मक़बरा, दिल्ली

(बायें से) शेख़ सलीम चिश्ती का मक़बरा, फ़तेहपुर सीकरी; मक़बरे में जाली के काम का नमूना

इलाहबाद क़िला

इलाहाबाद क़िला अकबर द्वारा 1583 ईसवी में यमुना और गंगा के संगम के निकट बनवाया गया था।

जहाँगीर

एतमाद-उद्-दौला का मक़बरा, आगरा

जहाँगीर के शासनकाल के दौरान, वास्तुकला की **अवनति** हुई, क्योंकि उसने चित्रकला और कला के अन्य रूपों पर अधिक ध्यान दिया। हालाँकि, उसने **सिकंदरा में अकबर के मक़बरे** सहित कुछ उल्लेखनीय स्मारकों के निर्माण का निरीक्षण किया। अपने शासनकाल के दौरान **कश्मीर में शालीमार बाग़** जैसे अनेक उद्यानों का भी विकास करवाया। उसने **लाहौर में मोती मस्जिद** का भी निर्माण करवाया था।

जहाँगीर के शासनकाल के दौरान उसकी पत्नी नूरजहाँ ने भी कुछ प्रमुख निर्माण परियोजनाओं को अपने हाथ में लिया। आगरा स्थित **एतमाद-उद्-दौला का मक़बरा** (नूरजहाँ के पिता) इसका उत्कृष्ट उदाहरण है। अब तक प्रयुक्त किये जा रहे लाल बलुआ प्रस्तर के स्थान पर उसके शासनकाल के दौरान *सफ़ेद संगमरमर* प्रमुख निर्माण सामग्री बन गया। एतमाद-उद्-दौला का मक़बरा पूर्ण रूप से *श्वेत संगमरमर* से बना पहला मुग़ल निर्माण था। इसमें कुछ *पित्रा-दूरा के सर्वश्रेष्ठ कार्य* भी है। **जहाँगीर के मक़बरे** का निर्माण उसके पुत्र शाहजहाँ द्वारा **लाहौर** में कराया गया था।

शाहजहाँ

शाहजहाँ के शासनकाल में मुग़ल वास्तुकला अपने *चरमोत्कर्ष* पर पहुँच गयी। उसके कुछ प्रमुख निर्माण कार्य नीचे वर्णित हैं :

ताजमहल

ताजमहल मुग़ल वास्तुकला का सर्वश्रेष्ठ नमूना है। यह भव्यता और ऐश्वर्य की प्रचुरता का प्रदर्शन करता है। इसका निर्माण **उनकी बेगम अर्जुमंद बानो बेगम** या मुमताज़ महल की स्मृति में करवाया गया था। इसमें अलंकरण के लिए सुलेखन, पित्रा-दूरा के काम, foreshortening (अग्रलधुता) तक़नीक, चार बाग़ शैली के उद्यान और परिसर में पानी के उपयोग सहित मुग़ल स्थापत्य कला की सभी विशेषताएँ विद्यमान हैं। इसके अतिरिक्त, ताजमहल की कुछ अनूठी विशेषताएँ इस प्रकार हैं :

- ताजमहल में जाली का काम बहुत सर्वश्रेष्ठ है।
- संगमरमर पर कम उभारवाली नक़्क़ाशियाँ हैं।

ताजमहल के अतिरिक्त, शाहजहाँ ने अनेक अन्य स्मारकों, उद्यानों और भवनों का निर्माण करवाया था, जैसे :

- **दिल्ली का लाल क़िला**
- **दिल्ली का जामा मस्जिद**
- **लाहौर का शालीमार बाग़**
- **शाहजहानाबाद नामक नगर।**

इस प्रकार के बड़े पैमाने पर निर्माण कार्यों के अतिरिक्त, उसकी सबसे उत्कृष्ट रचनाओं में से एक **मयूर सिंहासन** का निर्माण था। मयूर सिंहासन इस अवधि के दौरान *धातुकर्म के सर्वश्रेष्ठ उदाहरणों में से* एक है।

उस्ताद अहमद लाहौरी (1580-1649)

ये शाहजहाँ के शासनकाल के दौरान मुख्य मुग़ल वास्तुकार थे। लाहौरी ताज महल, लाल क़िला, दिल्ली में जामा मस्जिद आदि सहित कई ऐतिहासिक मुग़ल स्मारकों के निर्माण से जुड़े थे।

इन्हें शाहजहाँ द्वारा **नादिर-उल-अस्र (समय का आश्चर्य)** की उपाधि दी गयी थी।

औरंगज़ेब

औरंगज़ेब के शासनकाल के दौरान, मुग़ल वास्तुकला की **अवनति** हुई। कट्टरतावादी होने के नाते उसने कला और स्थापत्य के विकास में कोई सक्रिय रुचि नहीं ली।

हालाँकि औरंगज़ेब ने अपनी बेगम रबिया-उद-दौरानी की याद में **बीबी-का-मक़बरा** बनाने का काम शुरु किया था। यह **औरंगाबाद** में स्थित है और इसे ताजमहल की फूहड़ नक़ल के रूप में वर्णित किया जाता है।

ताज महल (बायें) और बीबी का मक़बरा (दायें) की तुलना

मुग़ल काल के दौरान, राजस्थान और पंजाब क्षेत्र में वास्तुकला की दो शैलियाँ विकसित हुईं।

राजपूत शैली

इस अवधि के राजपूत निर्माण भी मुग़ल शैली से प्रभावित थे, लेकिन निर्माण के अपने आकार और क्षेत्र में अद्वितीय थे। राजपूतों ने सामान्यत: भव्य महलों और क़िलों का निर्माण करवाया। राजपूत स्थापत्य कला की कुछ अनूठी विशेषताएँ इस प्रकार हैं:

- राजपूतों ने **लटकती हुई बालकनी (झरोखा)** की अवधारणा प्रचलित की। इन्हें सभी आकृतियों और आकारों में बनवाया गया था।
- कार्निस को मेहराब के आकार में इस प्रकार बनवाया गया था कि **छाया** *धनुष* का आकार ग्रहण कर लेती थी।

लटकती बालकनियों से युक्त हवा महल, जयपुर

सिख शैली

वास्तुकला की सिख शैली का विकास आधुनिक पंजाब क्षेत्र में हुआ। यह वास्तुकला की मुग़ल शैली तथा राजपूत शैली से काफ़ी प्रभावित थी। सिख शैली की कुछ विशेषताएँ इस प्रकार हैं:

- निर्माण के शीर्ष पर *विभिन्न छतरियों* का उपयोग।
- *उथले कार्निस* (cornice) तथा प्याज़ के आकार के गुम्बद का उपयोग।
- भवनों के *गुंबद लंबे धारीदार* थे। गुंबदों पर अलंकरण और सहारे के लिए सामान्यत: पीतल और ताँबे की परत चढ़ायी गयी थी।
- मेहराबों का अलंकरण अनेकानेक पत्रकों का उपयोग करके किया गया था।

उदाहरण: हरमंदिर साहिब या स्वर्ण मंदिर। इसका निर्माण 16वीं-17वीं शताब्दी ईसवी के दौरान हुआ।

हरमंदिर साहिब, अमृतसर

अवध वास्तुकला

- यह वास्तुकला मुख्य रूप से लखनऊ केंद्रित हैं और 18वीं-19वीं शताब्दी ईसवी के दौरान अवध के नवाबों द्वारा बनवाये गये थे।
- इस वास्तुकला ने विविध सामग्रियों और नवीन विचारों का प्रयोग करने के साथ-साथ मुग़ल परंपराओं को संरक्षित करने का भी प्रयास किया।
- धार्मिक और इस वस्तुकला में धर्मनिरपेक्ष संरचनाओं का निर्माण किया गया है।
- इन संरचनाओं को मुख्य रूप से Mortar अर्थात् गारे (संगमरमर या बलुआ पत्थर नहीं) का उपयोग करके बनाया गया था। प्रयुक्त मोर्टार में ईंट की धूल, उड़द की दाल (दाल), चावल की भूसी, पेड़ की गोंद आदि का मिश्रण होता था।
- अवध वास्तुकला की प्रमुख संरचनाओं में शामिल हैं :
  1. **बड़ा इमामबाड़ा, लखनऊ** - 1784 ईसवी में आसफ़ुद्दौला द्वारा निर्मित, इस परिसर में शामिल हैं : अस्फ़ी मस्जिद, भुल-भुलैया, और सीढ़ियोंवाला कुआँ।
  2. **छोटा इमामबाड़ा, लखनऊ** - 1838 ईसवी में निर्मित, यह नवाब मुहम्मद अली शाह और उनकी माँ का मक़बरा है।
  3. **रूमी दरवाज़ा (तुर्की गेट), लखनऊ** - 1784 ईसवी में निर्मित, यह बड़े और छोटे इमामबाड़े के बीच स्थित है और माना जाता है कि इसका नाम सूफ़ी फ़क़ीर, जलाल उद-दीन मुहम्मद रूमी के नाम पर रखा गया है।

रूमी दरवाज़ा, लखनऊ

कश्मीर में वास्तुकला

कश्मीरी वास्तुकला को यहाँ के शासनकाल के अनुसार व्यापक रूप से दो महत्त्वपूर्ण चरणों में बाँटा जा सकता है- मध्यकाल के आरंभ का हिंदू चरण - और 14वीं शताब्दी के बाद का मुस्लिम चरण।

सिवाय कुछ बौद्ध स्मारकों, जैसे मठ, स्तूप, (जो अब खंडहर स्थिति में हैं), जिनकी खोज **हरवान** और **उशकर** में हुई थी, के अलावा किसी अन्य प्रमुख स्मारक का 600 ईसवी से पहले कोई अस्तित्व नहीं था।

कश्मीर में मंदिर

कश्मीरी मंदिर वास्तुकला की अपनी विशिष्ट विशेषताएँ स्थानीय भूगोल के अनुकूल हैं और पत्थर पर अपनी अनूठी नक़्क़ाशी के लिए प्रसिद्ध हैं। महत्त्वपूर्ण व्यापारिक मार्गों पर स्थित होने के कारण इसकी वास्तु शैली कई विदेशी स्रोतों से प्रेरित है। **कार्कोट राजवंश और उत्पल राजवंश** के शासकों के शासन में मंदिर निर्माण अपनी पराकाष्ठा पर पहुँचा था।

कश्मीर शैली की वास्तुकला की **प्रमुख विशेषताएँ** हैं:

- तिपतिया (trefoil) मेहराबें (गांधार प्रभाव)
- कोष्ठात्मक विन्यास और परिबद्ध आँगन
- सीधे कोनोंवाली पिरामिडीय छत
- स्तम्भोंवाली दीवारें (ग्रीक प्रभाव)
- त्रिकोणीय फुटपाथ (ग्रीक प्रभाव)
- सीढ़यों की संख्या अपेक्षाकृत अधिक।

मार्तंड सूर्य मंदिर

यह अनंतनाग, कश्मीर में स्थित है और 8वीं शताब्दी ईसवी में **कार्कोट राजवंश** के शासक ललितादित्य मुक्तपीड के तत्त्वावधान में बनाया गया था।

इसे विभिन्न वास्तुकला पद्धतियों का मिश्रण माना जाता है। स्मारकों पर गांधार, चीनी और गुप्त प्रभाव हैं। परिसर खम्भों से घिरे एक प्रांगण के रूप में है। मुख्य मंदिर का शिखर पिरामिडीय आकार में है और इसमें विष्णु, देवी गंगा, यमुना नदियों और सूर्य जैसे देवताओं की नक़्क़ाशी की गयी है।

मार्तण्ड सूर्य मंदिर, कश्मीर

अवंतिपुर के मंदिर

यहाँ भगवान् विष्णु को समर्पित **अवंतिस्वामी** और भगवान् शिव को समर्पित **अवन्तीश्वर** दो मंदिर हैं, जिनका निर्माण उत्पल राजवंश के प्रथम सम्राट् **अवंतिवर्मन** द्वारा 9वीं शताब्दी ईसवी में कराया गया था। यह मंदिर एक प्रशस्त आँगन में स्थित है, जिसके चारो कोनों में चार मठ स्थित हैं। महत्त्वपूर्ण है कि मुख्य द्वार के पास दो कक्ष हैं, जिन पर विस्तृत रूप से नक़्क़ाशी की गयी है। यहाँ रोमन और गांधार प्रभाव स्पष्ट रूप से दिखाई देता है।

पंद्रेथन मंदिर (पानी मंदिर)

इसे **मेरुवर्धन स्वामी** मंदिर भी कहा जाता है, जो भगवान् विष्णु को समर्पित है, परन्तु शिव के चित्र भी यहाँ मौजूद हैं। इस मंदिर को एक ही पत्थर की शिला से काट कर बनाया गया है, साथ ही इसकी दीवारों पर उत्कृष्ट नक़्क़ाशी की गयी है। दसवीं शताब्दी ईसवी के प्रारम्भ में बनाया गया यह मंदिर श्रीनगर के पास स्थित है, जिसकी गुम्बदनुमा छत और मेहराबें हैं।

पंद्रेथन मंदिर, कश्मीर

मामलेश्वर शिव मंदिर

400 ईसवी के आसपास निर्मित यह मंदिर पहलगाम में है। इसका उल्लेख संस्कृत शास्त्रीय ग्रन्थ राजतरंगिणी में आता है।

परासपोर के स्मारक

यह आधुनिक परासपोर में स्थित है। इसका निर्माण ललितादित्य मुक्तिपीड द्वारा कराया गया था, जिसने परिहासपुर को अपनी राजधानी बनाया था। यह भगवान् विष्णु और भगवान् **परिहस्केसना** को समर्पित मंदिर है। यद्यपि यहाँ कुछ बौद्ध संरचनाएँ भी हैं।

इस्लामी शासन के अंतर्गत वास्तुकला का विकास

मुस्लिम शासन की स्थापना ने वर्तमान कश्मीरी शैली और इस्लामी संवदेनाओं के मिश्रण को जन्म दिया। यहाँ के अधिकतर स्मारक वर्गाकार थे। मस्जिदों को काष्ठ, ईंटो और पत्थर की **चिनाई** से बनाया गया था। इसमें बंद स्थान और गुम्बद नहीं थे तथा उनके स्थान पर बहु-मंज़िली ढलवाँ छतें और ऊँची मीनारें पायी जाती हैं।

जामिया मस्जिद, श्रीनगर

इस प्रतिष्ठित मस्जिद का निर्माण 14वीं-15वीं शताब्दी में हुआ था। इसमें एक विशाल प्रांगण और लकड़ी के 370 खम्बे हैं। घुमावदार गुम्बद उल्लेखनीय रूप से यहाँ अनुपस्थित है, जो कश्मीरी शैली की वास्तुकला का अनुकरण है।

जामिया मस्जिद, श्रीनगर

आली मस्जिद, श्रीनगर

इसका निर्माण 15वीं शताब्दी में शाहमीरी राजा सुल्तान हसन शाह ने करवाया था। यह कश्मीर घाटी की दूसरी सबसे विशालतम मस्जिद है। काठ (लकड़ी) और पत्थर से निर्मित इस स्मारक में गुम्बद नहीं हैं। इस भवन में शीर्ष पिरामिड के आकार का और मेहराबदार खिड़कियाँ हैं।

परी महल

इसका निर्माण 17वीं शताब्दी के मध्य में मुग़ल राजकुमार **दारा शिकोह** द्वारा कराया गया था। पहाड़ी पर स्थित इस अद्‌भुत सीढ़ीदार संरचना से डल झील का अद्‌भुत नज़ारा दिखता है। यह **चश्में-शाही उद्यान** के निकट स्थित है। इस महल में एक वेधशाला भी है।

कश्मीर में उद्यान

मुग़ल शासकों ने बहुत से उद्यान फ़ारसी डिज़ाइन से प्रेरित होकर बनवाये थे। जो चारबाग़ शैली में ये जल धारे, फव्वारे और वृक्ष, उद्यान के महत्त्वपूर्ण अंग हैं।

- **चश्में-शाही** को फ़ारसी शैली में ताज़े जल स्रोत के चारों ओर बनवाया गया है।
- **शालीमार बाग़** को जहाँगीर ने 1619 ईसवी में बनवाया था। गर्मियों के महीनों के लिए यह सम्राट् जहाँगीर का शाही निवास था। इसमें दीवान-ए-आम, दीवान-ए-ख़ास और ज़नाना बाग़ नामक तीन क्षेत्र हैं।
- **निशात बाग़,** घाटी में सबसे बड़ा मुग़ल उद्यान है। यह डल झील के निकट स्थित है।

- श्रीनगर में बादामवाड़ी उद्यान।
- अनन्तनाग में वेरीनाग तथा कोकरनाग।
- **अचबल गार्डन** का निर्माण 1620 ई. के आस-पास नूरजहाँ द्वारा किया गया था।

भारत में पारसी समुदाय के मंदिर

पारसी विचारधारा में तीन प्रकार के **अग्नि मंदिर** होते हैं। पहला है आतश बेहराम ('विजय की अग्नि'), दूसरा है अत्श आतश (एड्रियन) और तीसरा है आतश दरगाह या दर-ए-मेहर। भारत में आठ आतश बेहराम हैं और 100 से अधिक दरगाह हैं, अधिकांश महाराष्ट्र और गुजरात में स्थित हैं।

आतश बेहराम

इसके **बाह्य स्वरूप** को प्राय: साधारण रूप दिया जाता है, क्योंकि मुख्य विचार पवित्र अग्नि को बनाये रखना और यसन समारोह (प्रार्थना) है, न कि विचारधारा का महिमामण्डन करना। इसमें एक गर्भगृह होता है, जिसमें **अग्नि** को रखा जाता है। इस संरचना में धुएँ को निकलने देने के लिए छिद्र होते हैं। इसमें समारोह को सबसे ऊँचा स्थान प्राप्त होता है और इसमें विस्तृत व्यवस्थाएँ सम्मिलित होती हैं। इन्हें उच्च पुजारियों द्वारा सम्पन्न किया जाता है, जिन्हें **दस्तूर** के नाम से जाना जाता है। आतश बेहराम **आग की एक उच्चतम श्रेणी** है तथा इसमें **16 अलग-अलग प्रकार** की आग को इकट्ठा करना शामिल है।

भारत में स्थित आठ आतश बेहराम (अग्नि मंदिर) निम्नलिखित हैं:

- ईरानशाह आतश बेहराम, उद्वड़ (गुजरात)। 18वीं शताब्दी में बनाया गया था।
- **नवसारी,** गुजरात में भागरसठ अंजुमन आतश बेहराम। 18वीं सदी में निर्मित।
- **मुम्बई** में दधिसेठ, वाडिया, बनजी और अंजुमन आतश बेहराम।
- **सूरत** में मोदी और वकील आतश बेहराम। (19वीं सदी में निर्मित)

भारत में सूर्य मंदिर

सूर्य को एक खगोलीय पिंड के रूप में वैदिक काल से ही अनेक भक्तों द्वारा पूजा जाता है। इसकी हिंदू धर्म के अंतर्गत आदित्य या सूर्य के रूप में उपासना की जाती है। सूर्यदेव की पूजा के लिए कई प्रथाएँ हैं। मुख्य देवता के रूप में सूर्य के कई मंदिरों का निर्माण किया गया है। सूर्य मंदिर जापान, मिस्र और चीन तक में भी पाये गये हैं। कुछ राजपूत कुल सूर्य की पूजा करते हैं एवं स्वयं को 'सूर्यवंशी' अर्थात सूर्य देव के वंशज होने का दावा करते हैं। भारत में सूर्य के कुछ प्रमुख मंदिर इस प्रकार हैं:

- **मोढेरा सूर्य मंदिर, (गुजरात)** इसका निर्माण 11वीं शताब्दी में हुआ था।
- **कोणार्क सूर्य मंदिर, (ओडिशा)** इसका निर्माण 13वीं शताब्दी में पूर्वी गंगा सम्राट् नरसिम्हादेव प्रथम द्वारा कराया गया था। इसमें रथ के आकार में एक उठे हुए मंच पर मंडप बना है।
- **ब्राह्मण्य देव मंदिर, उनाव (मध्य प्रदेश)**

- **सूर्यनार कोविल, कुम्बकोणम (तमिलनाडु)** का निर्माण 11वीं शताब्दी में द्रविड़ शैली में किया गया था। इसमें आठ आकाशीय ग्रहों के मंदिर भी हैं, जिन्हें एक साथ 'नवग्रह' कहा जाता है। इसमें पाँच स्तरीय सुंदर गोपुरम है।
- **सूर्यनारायण स्वामी मंदिर, अरसावल्ली (आंध्र प्रदेश)** इसे कलिंग नरेश ने 7वीं शताब्दी में बनवाया था। यहाँ प्रतिमा ग्रेनाइट से बनी है, जिसके हाथ में कमल है।
- **दक्षिणार्क सूर्य मंदिर, गया (बिहार)** कहा जाता है कि इसे 13वीं शताब्दी में वारंगल के राजा प्रतापरूद्र द्वारा बनवाया गया था। यहाँ देवता की प्रतिमा ग्रेनाइट की बनी है, जो फ़ारसी परिधान धारण किये हुए है, जैसे क़मरबंद, बूट और जैकेट। यहाँ एक सूर्य कुंड (जलाशय) भी है।
- **नवलखा मंदिर, घुमली (गुजरात)** का निर्माण 11वीं शताब्दी में हुआ था। इसे सोलंकी और मारू-गुर्जर शैली में निर्मित किया गया है। इसका मुख पूर्व की ओर है और एक बड़े चबूतरे पर निर्मित है।
- **सूर्य पहाड़ मंदिर, गोआलपाड़ा (असम)**
- **मार्तण्ड सूर्य मंदिर, अनंतनाग (कश्मीर)**

चराइदेव मैदाम

चराइदेव असम का एक शहर है और यह अहोम साम्राज्य की पहली राजधानी थी। इसकी स्थापना प्रथम अहोम राजा चाओलुंग सुकाफा ने 1229 ई. में की थी। यहाँ अहोम राजाओं और राजघरानों के कई मैदाम या कब्रगाह हैं। ये मिस्र के पिरामिडों के अहोम समकक्ष हैं।

आधुनिक वास्तुकला

यूरोपीय औपनिवेशिकों के आगमन के साथ ही मुग़ल साम्राज्य का पतन आरंभ हुआ। इसके फलस्वरूप पुर्तगालियों, फ़्रांसीसियों, डच, डेनिश और अँगरेज़ों के बीच सत्ता के लिए संघर्ष आरंभ हुआ, जिसकी परिणति 1947 तक अँगरेज़ी शासन के रूप में हुई। हालाँकि, यूरोपियाई अपने साथ स्थापत्य शैली का ख़ज़ाना भी लाये, जिसे उनके द्वारा करवाये गये अनेक निर्माण कार्यों में देखा जा सकता है।

पुर्तगाली प्रभाव

पुर्तगाली अपने साथ वास्तुकला की **आईबेरियन शैली** लाये। आरंभ में उन्होंने व्यापारिक ठिकानों और गोदामों का निर्माण करवाया। जो आगे चलकर समुद्र तट के साथ-साथ दुर्गीकृत नगरों में रूपांतरित हो गये। उन्होंने आईबेरियन शैली में **'आँगन गृहों'** और **'बैरोक चर्चों'** की अवधारणा प्रचलित की।

'बरोक शैली' का विकास यूरोप में चर्च की शक्ति को व्यक्त करने के लिए 16वीं शताब्दी के अंतिम चरण में हुआ था। इसे अलंकृत, सुविस्तीर्ण और नाटकीय प्रभाव बनाने के लिए अभिकल्पित किया गया था। उल्लेखनीय है कि इसमें विपरीत रंगों का उपयोग किया जाता है।

कुछ उल्लेखनीय निर्माण अधोलिखित हैं :

- **गोवा के 'से कैथेड्रल' का निर्माण** 1619 ईसवी में किया गया था, जो पुर्तगाली गोथिक शैली में बनाया गया था। इसमें एक विशाल घंटा है, जिसे 'स्वर्णिम घंटा' यानी **गोल्डन बेल** कहा जाता है।
- **बोम जीसस का बसिलिका** '(पवित्र यीशु)', गोवा : यह बरोक शैली में निर्मित विश्व विरासत धरोहर है, जिसे 1604 ईसवी में पूरा किया गया था। इसमें **सेंट फ्रांसिस ज़ेवियर** का सम्मानित शरीर रखा गया है।
- मुम्बई में **कास्टेला डे अगुआदा**।
- **दीव में सेंट पॉल का चर्च :** यह बरोक शैली में निर्मित है और इसका निर्माण 1610 ईसवी में पूरा हुआ था।

से कैथेड्रल, गोवा

- **दीव क़िले** का निर्माण 1535 ईसवी में **दीव** द्वीप के तट पर किया गया था। इस क़िले में एक प्रकाश स्तम्भ है और दीवारों पर तोपें रखी गयी हैं। इस क़िले के परिसर में तीन चर्च हैं, जिनके नाम हैं–सेंट थामस चर्च, सेंट पॉल चर्च और असीसी के सेंट फ्रंसिस का चर्च।
- **गोवा में सेंट एन्ने चर्च, तलाउलिम :** यह बरोक शैली में है और इसका निर्माण 1695 ईसवी में पूरा किया गया था।

फ्रांसीसी प्रभाव

फ्रांसीसी अपने साथ शहरी योजना की अवधारणा लेकर भारत आये थे। फ्रांसीसी शहरों **पुडुचेरी और चंदननगर (पश्चिम बंगाल)** का निर्माण कार्टेसियन ग्रिड योजना और वैज्ञानिक वास्तुकला का उपयोग कर किया गया था। उन्होंने भव्य भवनों का निर्माण अपनी शक्ति प्रदर्शन के रूप में किया। उन्होंने **अज्ञात वास्तुकला** की अवधारणा भी प्रस्तुत की, जिसमें अग्रभाग (मुख) में अधिक अलंकरण या डिज़ाइन के बिना आधुनिक भवनों जैसी अवधारणा होती थी। फ्रांसीसियों ने तटीय शहर जैसे **माहे** (केरल), **कराईकल** (तमिलनाडु) और **यनम** (आंध्रप्रदेश) भी विकसित किये।

उदाहरण : पुदुचेरी में जीसस का सेक्रेड हार्ट चर्च, चन्दननगर का सेक्रेड हार्ट चर्च।

पुडुचेरी में जीसस का सेक्रेड हार्ट चर्च

अँगरेज़ी प्रभाव

अँगरेज़ अपने साथ वास्तुकला की **गोथिक शैली** ले आये। यह भारतीय वास्तुकला के साथ मिल गयी और इसकी परिणति वास्तुकला की इंडो-गॉथिक शैली में हुई। 1911 के पश्चात्, **नव-रोमन स्थापत्य कला** के रूप में ज्ञात वास्तुकला की एक नयी शैली उभरी।

इंडो-गॉथिक शैली (Indo-Gothic Style)

विक्टोरियन शैली के रूप में ज्ञात यह वास्तुकला भारतीय, फ़ारसी और गॉथिक शैली का अनूठा मिश्रण थी। इंडो-गॉथिक शैली की कुछ विशेषताएँ इस प्रकार हैं :

- इसमें निर्माण *बहुत विशाल* और अपने क्रियान्वयन में *विस्तृत* थे।
- इसमें इंडो-इस्लामिक निर्माण कार्यों की अपेक्षा *दीवारें पतली थीं*।
- इंडो-इस्लामिक युग के वक्राकार मेहराबों के विपरीत यहाँ *मेहराब नुकीले थे*।
- विक्टोरियन शैली की एक अनूठी विशेषता *विशाल खिड़कियों* **का उपयोग** थी।
- चर्चों की *क्रूसीफ़ाइड भूमि योजना* थी।
- इनमें ब्रिटेन की उन्नत संरचनात्मक इंजीनियरिंग के मानकों का पालन किया गया था। इस्पात, लोहे और ढाले गये कंक्रीट का उपयोग किया जाना आरंभ किया गया।

उदाहरण : कोलकाता में विक्टोरिया मेमोरियल, मुंबई में गेटवे ऑफ़ इंडिया आदि।

विक्टोरिया मेमोरियल (बायें) और सेंट पॉल कैथेड्रल (दायें), कोलकाता

आईबेरियन और गॉथिक वास्तुकला के बीच अंतर

आधार	आईबेरियन वास्तुकला	गॉथिक वास्तुकला
प्रयुक्त सामग्री	पुर्तगालियों द्वारा प्रयोग की जानेवाली मुख्य निर्माण सामग्री ईंटें थीं। छतों और सीढ़ियों के लिए लकड़ियों का उपयोग किया गया था।	मुख्य रूप से लाल बलुआ पत्थर और मोटे चूना-पत्थर का उपयोग किया गया था।
संरचनात्मक विविधताएँ	पुर्तगालियों ने अपनी पश्चिमी परंपराओं को जारी रखा और किसी भी संरचनात्मक विविधता का प्रारम्भ नहीं किया।	अँगरेज़ों ने वास्तुकला की इंडो-गॉथिक शैली को उत्कर्ष पर पहुँचाते हुए भारतीय रूपांकनों और शैलियों को अपनाया।

नव-रोमन शैली

1911 के उपरांत, अँगरेज़ी राज द्वारा करवाये गये निर्माण नव-रोमन शैली या नव-शास्त्रीय शैली के अनुसार करवाये गये थे। **एडविन लुटियन और हरबर्ट बेकर** द्वारा की गयी नयी दिल्ली की वास्तुकलाएँ इस शैली के सर्वश्रेष्ठ उदाहरण हैं। इसे प्राय: 'हिंदुस्तान के रोम' के रूप में वर्णित किया जाता है। इस चरण की विशेषताएँ इस प्रकार हैं :

- इसमें निर्माण **नाम रहित (अज्ञातकृत)** तथा *बिना* किसी रुचिकर विशेषताओंवाले होते थे।
- यह वास्तुकला की सभी शैलियों का संगम था, जिस कारण इस शैली में *संकुलन* और कलात्मक अभिव्यक्ति के अवसर संकीर्ण थे।

- निर्माण कार्य की संकर प्रकृति के कारण सादगी, आधुनिकता और उपयोगिता से अत्यधिक समझौता किया गया था।
- **वृत्तीय भवनों** पर अधिक ध्यान दिया गया।
- पश्चिमी वास्तुशिल्प डिज़ाइनों को साकार कराने के लिए प्राच्य रूपांकनों का अत्यधिक प्रयोग किया गया।
- **औंधे अथवा ऊपर उठे हुए गुंबद** की अवधारणा इसी चरण के दौरान प्रचलित की गयी। इसे सर्वोच्च न्यायालय और राष्ट्रपति भवन के शीर्ष पर देखा जा सकता है।

(बायें से) सर्वोच्च न्यायालय और संसद, नई दिल्ली

जेम्स प्रिंसेप (1799-1840) : वह एक अँगरेज़ विद्वान्, पुरातत्त्वान्वेषी थे और जर्नल ऑफ़ द एशियाटिक सोसाइटी ऑफ़ बंगाल के संस्थापक संपादक थे। उन्हें खरोष्ठी और ब्राह्मी लिपियों - अशोक के शिलालेखों का **उद्वाचन** करने के लिए याद किया जाता है। उन्होनें बनारस की टकसाल में महापारखी (खरे-खोटे को पहचाननेवाला) के रूप में काम किया था। उन्होंने 1822 में बनारस का सर्वेक्षण कर उसका सटीक मानचित्र तैयार किया और 1830 और 1834 के बीच रेखाचित्रों की शृंखला में बनारस इलस्ट्रेटेड को प्रकाशित किया। उन्होंने बाट और माप की भारतीय प्रणाली में सुधार कर एक समान मुद्रांकन प्रचलित किया।

सर अलेक्ज़ेंडर कनिंघम (1814-1893) : ब्रिटिश सेना में इंजीनियर थे। उन्हें भारतीय पुरातत्त्व सर्वेक्षण की स्थापना किये जाने पर 1861 में भारत सरकार के पुरातत्त्व सर्वेक्षणकर्ता के पद पर नियुक्त किया गया था। उन्होंने 1837 में सारनाथ में खुदाई करवायी थी। उन्होंने साँची की खुदाई करवायी और 1854 में द भिलसा टॉप्स (The Bhilsa Topes) (वास्तुशिल्पीय साक्ष्य पर आधारित बौद्ध धर्म का इतिहास) प्रकाशित किया।

सर अलेक्ज़ेंडर कनिंघम के अन्य प्रमुख योगदानों में **कॉर्पस इंस्क्रिप्शनम इंडिकारम (1877), द स्तूप ऑफ़ भरहुत (1879), द बुक ऑफ़ इंडियन एराज़ (1883), लद्दाख: फिजिकल, स्टैटिस्टिकल ऐंड हिस्टोरिकल विद द नोटिसेज ऑफ़ द सराउंडिंग कंट्रीज (1854), द एंशिएंट जियोग्राफी ऑफ़ इंडिया (1871)** आदि शामिल है।

महान् त्रिकोणमितीय सर्वेक्षण : यह ब्रिटिश ईस्ट इंडिया कंपनी द्वारा पूरे भारतीय उपमहाद्वीप का सर्वेक्षण करने के लिए शुरू की गयी परियोजना थी और 1802 में पैदल सेना के अधिकारी विलियम लैम्बटन द्वारा शुरू की गयी थी।

जेम्स रेनेल (1742-1830) : वह एक अँगरेज़ भूगोलवेत्ता और समुद्र विज्ञान के अग्रदूत थे। रेनेल का सबसे महत्त्वपूर्ण कार्य सटीक बंगाल एटलस (1779) और भारत का पहला विस्तृत मानचित्र (1783) था।

कॉलिन मैकेंज़ी : 1783 में मद्रास पहुँचनेवाले इंजीनियर और पुरातत्त्वान्वेषी **कॉलिन मैकेंज़ी** को मद्रास प्रेसीडेंसी का महासर्वेक्षक नियुक्त किया गया था। उन्हें 1815 में भारत का महासर्वेक्षक नियुक्त किया गया। विजयनगर साम्राज्य के हम्पी के खंडहरों को 1800 में कर्नल मैकेंज़ी द्वारा प्रकाश में लाया गया था और उन्होंने इस स्थल का पहला सर्वेक्षण मानचित्र तैयार किया था।

कुछ महत्त्वपूर्ण पुरातात्त्विक स्थल और उनका महत्त्व

- **चंद्रकेतुगढ :** यह **पश्चिम बंगाल** के उत्तर 24 परगना ज़िले में विद्याधरी नदी के निकट स्थित पुरातत्त्व स्थल है। यह अद्भुत **टेराकोटा** शिल्प से भरे सबसे चर्चित और रहस्यमयी स्थलों में से एक है।

  चंद्रकेतुगढ़ से खुदाई में उत्तरी काला पॉलिशदार मृदभांड (NBPW) के अवशेष और मौर्य, कुषाण और गुप्त काल की मूर्तियाँ, आहत सिक्के और स्वर्ण सिक्के मिले हैं। इस स्थल की टेराकोटा कला सटीकता और शिल्प कौशल की एक अद्भुत मात्रा प्रदर्शित करती है।
- **सोठी सिसवल संस्कृति :** सोठी **सिंधु घाटी सभ्यता पूर्व** की लगभग 4600 ईसा पूर्व की बस्ती का प्रारंभिक पुरातात्त्विक स्थल है। यह **राजस्थान** में स्थित है। सिसवल हरियाणा के हिसार में स्थित है। सांस्कृतिक स्थल लगभग 3800 ईसा पूर्व का **ताम्रपाषाण युग** का है। इस स्थल से मिले बर्तन **''कालीबंगा के छह कपड़ों''** को प्रदर्शित करते हैं। **लोहारी राघो** हरियाणा में सोठी सिसवल सांस्कृतिक काल से संबंधित एक और स्थल है।
- **बुर्ज़होम पुरातात्त्विक स्थल :** यह **कश्मीर घाटी** में स्थित एक नवपाषाणिक स्थल है। पुरातात्त्विक खुदाई से 3000 ईसा पूर्व से 1000 ईसा पूर्व के बीच सांस्कृतिक महत्त्व के विभिन्न चरणों पर प्रकाश पड़ा है।
- **दोयांग धनसिरी घाटी:** यह प्राचीन पुरातात्त्विक स्थल **असम** में स्थित है। दोयांग नदी धनसिरी की एक सहायक नदी है। दोयांग धनसिरी घाटी द्वितीय-तृतीय शताब्दी से दक्षिण-पूर्व एशिया और भारतीय मुख्य भूमि के बीच एक महत्त्वपूर्ण **व्यापार कड़ी** के रूप में कार्य करती थी।
- **अंबादेवी शैलाश्रय :** यह विस्तृत गुफा स्थल **मध्य प्रदेश** की सतपुड़ा शृंखला में स्थित है। इन गुफाओं में कई शैलात्कीर्णन और शैलचित्र पाये गये हैं। सबसे पुराना शैलचित्र लगभग 20000 साल पुराना है।
- **सुघ प्राचीन टीला :** यह स्थल हरियाणा के यमुनानगर ज़िले में यमुना नदी के पश्चिमी तट पर स्थित है। ह्वेन त्सांग के यात्रा विवरण में सुघ टीले का उल्लेख मिलता है।
- **इनामगाँव :** यह स्थल **महाराष्ट्र** में भीमा की सहायक नदी घोड़ नदी पर स्थित है और 3600 से 2700 साल पहले आबाद था। यहाँ गेहूँ, जौ, चावल, दाल, बाजरा, मटर और तिल के **बीज** मिले हैं। भैंस, बकरी आदि सहित कई जानवरों की **हड्डियाँ** मिली हैं, इनका संभवत: भोजन के रूप में उपयोग किया जाता था। इस बात के प्रमाण हैं कि आँवला, जामुन, बेर जैसे फल एकत्र किये जाते थे और ताम्रपाषाणकालीन कृषि बस्तियों का साक्ष्य **जोरवे** संस्कृति को जानने में सहायता करते हैं।
- **दाओजली हेडिंग :** यह लगभग 2700 साल पुराना **असम** में एक नवपाषाणिक स्थल है। इस स्थल की अनूठी विशेषता **रज्जु-चिह्नित मृद्भांड** हैं।
- **ब्रह्मगिरि :** यह **कर्नाटक** के चित्रदुर्ग ज़िले में स्थित है। एएसआई की ओर से 1947 में मोर्टिमर व्हीलर द्वारा खुदाई सहित इस स्थल की कई बार खुदाई की गयी है। टेराकोटा के कई मोती और मृद्भांड मिले हैं। मध्यकालीन पत्थर का मंदिर भी मिला है। सूक्ष्मपाषाणिक, नवपाषाणिक, लौह युगीन, मौर्य और चालुक्य और होयसाल संस्कृति के साक्ष्य भी मिले हैं।
- **सुजाता स्तूप या सुजाता कुटी स्तूप :** यह **बिहार** में बोधगया के पूर्व में स्थित एक **बौद्ध** स्तूप है। यह बोधगया शहर से फल्गु नदी के पार स्थित है। शुरू में यह द्वितीय शताब्दी ईसा पूर्व में बनाया गया था।
- **सनौली के योद्धा :** 2005 में, भारतीय पुरातत्त्व सर्वेक्षण ने उत्तर प्रदेश के सनौली गाँव से कुछ प्राचीन कलाकृतियों की खोज की। 2018 में परीक्षण उत्खनन का कारण गेरू रंग के बर्तनों की संस्कृति (OCP) को माना जाता है। कार्बन डेटिंग परीक्षणों ने पुष्टि की कि शवाधान स्थल, जहाँ जनजातीय योद्धा क़बीले के 125 शवाधान मिले थे, 4000 साल पुराना था और वे तक़नीकी रूप से उन्नत हथियारों का उपयोग करते थे।

- **मंगर बानी:** यह एक पुरापाषाणकालीन पुरातात्त्विक स्थल है, जो दिल्ली-हरियाणा सीमा पर और असोला भट्टी वन्यजीव अभयारण्य के निकट, मंगर गाँव में स्थित है। इस क्षेत्र में गुर्जर समुदाय निवास करता है। मंगर बानी नियोलिथिक दक्षिण एशियाई पाषाण युग का भारत में सबसे बड़ा स्थल है, जिसमे गुफा चित्रकलाएँ प्राप्त हुई हैं, और जो 20,0000-40,000 वर्ष पुराना है। पुरातत्त्वविदों का मानना है कि मंगर बानी गुफा की चित्रकलाएँ ऊपरी हिस्से पुरापाषाण युग की हैं

स्वातंत्र्योत्तर वास्तुकला

1947 के उपरांत वास्तुकला की दो शैलियाँ उभरीं-पुनरुत्थानवादी और आधुनिकतावादी। हालाँकि, दोनों ही शैलियों पर औपनिवेशिक उत्तरजीविता का प्रभाव दिखायी दिया। इससे भारत की स्थापत्य परंपराओं के स्तर में गिरावट आयी।

उदाहरण के लिए, पंजाब सरकार ने चंडीगढ़ का नगर डिज़ाइन करने के लिए फ्रांसीसी वास्तुकार ली कार्बुजिए की सेवाएँ ली थीं।

लॉरी बेकर

लॉरी बेकर को **''ग़रीबों के वास्तुकार''** (Architect of the Poor) के रूप में भी जाना जाता है। श्री बेकर **केरल** में क्रांतिकारी **सामूहिक आवास अवधारणा** के लिए उत्तरदायी थे। 2006 में उन्हें **प्रित्ज़्कर** (Pritzker) **पुरस्कार** के लिए नामित किया गया, जिसे वास्तुकला का नोबेल पुरस्कार भी कहा जाता है। उनके स्थापत्य वास्तुकला शैली की कुछ विशेषताएँ निम्नलिखित हैं:

- स्थानीय स्तर पर उपलब्ध सामग्री का उपयोग करके पर्यावरण अनुकूल भवनों का निर्माण।
- इस्पात और सीमेंट की खपत कम करने के लिए **पूरक स्लैब निर्माण** की अवधारणा प्रचलित की।

लॉरी बेकर और उनकी मास हाउसिंग परियोजना

- उन्होंने **हवा के आवागमन और गर्मी संबंधी आरामदायक व्यवस्था** पर बल दिया।
- इन्हें भारतीय वास्तुकला का अन्तरात्मा-संरक्षक (Conscience Keeper of Indian Architecture) तथा भारतीय वास्तुकला का गांधी (Gandhi of Indian Architecture) कहा जाता है।

चार्ल्स कोरिया

उन्हें अपनी शहरी वास्तुकला और स्थानिक योजना में किये गये कार्य के लिए जाना जाता है। उन्होंने आधुनिक वास्तुशिल्प सिद्धांतों को स्थानीय संवेदनाओं और आवश्यकताओं के लिए अपनाया। उन्होंने मध्य प्रदेश विधानसभा भवन, अहमदाबाद में महात्मा गांधी मेमोरियल संग्रहालय, नयी दिल्ली में कॅनॉट प्लेस में एलआईसी भवन आदि को डिज़ाइन किया। उन्हें 2006 में पद्म विभूषण से सम्मानित किया गया था।

इस प्रकार, हम देखते हैं कि पूर्व ऐतिहासिक काल से ही कला और स्थापत्य कला को भारत के लोगों के जीवन और अवकाश में अनूठी अभिव्यक्ति प्राप्त हुई। यूनानी, अरब, फ़ारसी और यूरोपियाई में से सभी ने वर्तमान परंपराओं में अपने तरीक़े से योगदान दिया है तथा जिसके परिणामस्वरूप एक **मिश्रित भारतीय स्थापत्य कला** का विकास हुआ।

अच्युत पुरुषोत्तम कनविंदे (1916-2002)

वे एक प्रख्यात भारतीय वास्तुकार थे, जिन्होंने आधुनिक वास्तुकला को क्रूरतावादी वास्तुकला के तत्त्वों के साथ जोड़ा। उन्हें 1974 में पद्मश्री से सम्मानित किया गया था।

वे आईआईटी कानपुर, दिल्ली में राष्ट्रीय विज्ञान केंद्र, मेहसाणा में दूधसागर डेयरी संयंत्र, नयी दिल्ली में इस्कॉन मंदिर और कई अन्य इमारतों के निर्माण से जुड़े थे।

संसद भवन

सेंट्रल विस्टा पुनर्विकास परियोजना के हिस्से के रूप में नई दिल्ली में एक नये संसद भवन का निर्माण किया गया है। इसका उद्घाटन 28 मई, 2023 को हुआ था। नये संसद भवन का डिज़ाइन वास्तुकार **बिमल पटेल** ने तैयार किया है।

पुराना संसद भवन 1927 में बनाया गया था और इसे ब्रिटिश वास्तुकारों **हर्बर्ट बेकर** और **सर एडविन लुटियंस** ने डिज़ाइन किया था। इसका निर्माण **मध्य प्रदेश के मितावली स्थित चौसठ योगिनी मंदिर** से प्रभावित था।

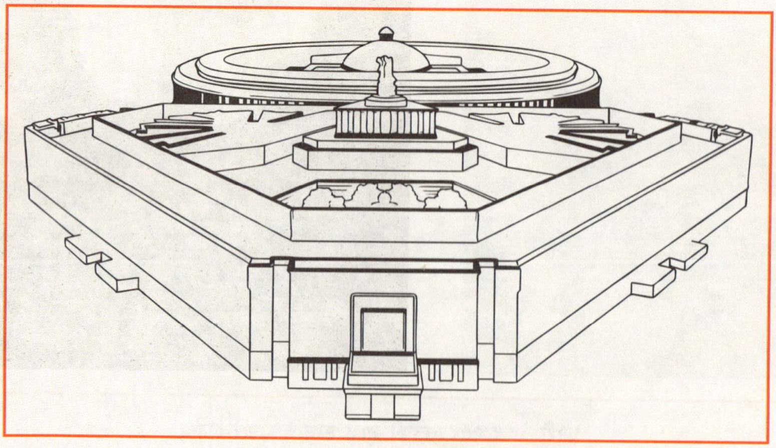

भारत के नये संसद भवन, नयी दिल्ली का डिज़ाइन

अध्याय का सारांश

- **हड़प्पा सभ्यता या सिंधु घाटी की सभ्यता** – शहरी नागरिक नियोजन का शुरुआती और उत्कृष्टतम उदाहरण – कई मूर्तियों, मुहरों, मिट्टी के बर्तनों, आभूषणों आदि से विशद कल्पना और कलात्मक संवेदनाएँ। एस.आर. राव ने सिंधु लिपि की तुलना **फ़ोनीशियन वर्णमाला** से की थी।
- **हड़प्पा शहर दो भागों में विभाजित था** – एक ऊँची गढ़ी और शहर का निचला हिस्सा – सार्वजनिक स्नानागार का प्रचलन – उन्नत जल निकासी प्रणाली – मोहनजोदड़ो के उत्खनन से प्राप्त अवशेषों में **विशाल स्नानघर**।
- **टेराकोटा** – मूर्तियाँ बनाने के लिए आग से पकी मिट्टी – पिंचिंग विधि से बनायी जाती थी – मातृदेवी।
- **चोलिस्तान संस्कृति** थार रेगिस्तान के पश्चिमी भाग में स्थित है।
- **स्तूप** – अंत्येष्टि मेघपुंज का प्रतिनिधित्व करते हैं, जिसमें मृतकों के अवशेषों और राख को रखा जाता था।
- **गुप्त साम्राज्य का उदय** – भारत का स्वर्ण युग – मंदिर वास्तुकला अपने चरमोत्कर्ष पर पहुँच गयी – तीन प्रमुख देवता, जिनकी पूजा की जाती थी – भारत के उत्तरी और मध्य भाग में विष्णु, दक्षिणी भाग में शिव और भारत के पूर्वी भाग के साथ ही मालाबार तट या भारत के दक्षिण-पश्चिम भाग में शक्ति की पूजा।
- **वास्तुकला की नागर शैली** – मंदिर आमतौर पर पंचायतन शैली में बनाये जाते थे – सभा हॉल या मंडप की उपस्थिति – स्तंभयुक्त दृष्टिकोण था।
- **द्रविड़ शैली या चोल वास्तुकला की शैली** – ऊँची चारदीवारी से घिरा – उच्च प्रवेश द्वार, जिसे गोपुरम के नाम से जाना जाता है – तालाब की उपस्थिति।
- **चराइदेव मैदाम** – अहोम राजाओं के दफ़न टीले हैं और ये मिस्र के पिरामिडों के अहोम समकक्ष हैं।
- **इंडो-इस्लामिक वास्तुकला या भारतीय-अरबी वास्तुकला** – मेहराब और गुंबदों का उपयोग, जिसे वास्तुकला की ''मेहराबदार'' शैली के रूप में जाना जाता है – जोड़ने के लिए गारे का उपयोग किया जाता था – इस वास्तुकला में मानव और जानवरों की आकृतियों के उपयोग से परहेज़ किया जाता था – विशालता, व्यापकता और चौड़ाई को प्रचलित किया गया – सजावट के साधन के रूप में सुलेखन का उपयोग।
- **पुर्तगाली अपने साथ वास्तुकला की आईबेरियन शैली लाये** – 'आँगन गृहों' और 'बैरोक शैली' की अवधारणा प्रचलित की – नाटकीय प्रभाव पैदा करने के लिए विस्तृत और व्यापक डिज़ाइन का उपयोग। इसमें विषम रंगों का प्रयोग शामिल था।
- **वास्तुकला की इंडो-गॉथिक शैली** – विक्टोरियाई शैली के रूप में भी जाना जाता है – वास्तुकला की भारतीय, फ़ारसी और गॉथिक शैलियों का अनूठा मिश्रण – इंडो-इस्लामी निर्माणों की तुलना में दीवारें पतली थीं – बड़ी खिड़कियों का उपयोग – चर्चों की क्रूसीफ़ाइड भूमि योजना थी।
- **नव-रोमन शैली** – निर्माण अनामकृत थे और किसी रुचिकर विशेषताओं के बिना थे – सादगी, आधुनिकता और उपयोगिता – वृत्तीय भवनों पर ध्यान – पश्चिमी वास्तुशिल्पीय डिज़ाइनों को साकार करने के लिए प्राच्य रूपांकनों का अत्यधिक उपयोग।
- **नये संसद भवन** का डिज़ाइन वास्तुकार **बिमल पटेल** ने तैयार किया है। पुराने संसद भवन का डिज़ाइन मितावली के **चौसठ योगिनी मंदिर** से प्रभावित था। पुराने संसद भवन को अब संविधान सदन के रूप में जाना जायेगा।

यू.पी.एस.सी. पिछले वर्षों के बहुविकल्पीय प्रश्न

1. प्राचीन भारत के संदर्भ में, निम्नलिखित कथनों पर विचार कीजिए : **(CSE, 2023)**
   1. स्तूप की संकल्पना मूलत: बौद्ध संकल्पना है।
   2. स्तूप आमतौर पर अवशेषों का निक्षेपागार होता था।
   3. बौद्ध परंपरा में स्तूप एक संकल्प-अर्पित या स्मारक संरचना होती थी।

   उपर्युक्त में से कितने कथन सही हैं?
   (a) केवल एक (b) केवल दो
   (c) केवल तीन (d) कोई भी नहीं

2. भारतीय इतिहास के संदर्भ में, अलेक्ज़ेंडर री, ए. एच. लॉन्गहर्स्ट, रॉबर्ट स्वेल, जेम्स बर्गेस और वाल्टर इलियट किस गतिविधि से जुड़े थे? **(CSE, 2023)**
   (a) पुरातात्त्विक उत्खनन
   (b) औपनिवेशिक भारत में अंग्रेजी प्रेस की स्थापना
   (c) देशी रजवाड़ों में गिरजाघरों की स्थापना
   (d) औपनिवेशिक भारत में रेल का निर्माण

3. निम्नलिखित युग्मों पर विचार कीजिए : **(CSE, 2023)**

(स्थल) :	*(जिसके लिए जाना जाता है)*
1. बेसनगर	शैब गुफा मंदिर
2. भाजा	बौद्ध गुफा मंदिर
3. सित्तनवासल	जैन गुफा मंदिर

   उपर्युक्त में से कितने युग्म सही सुमेलित हैं?
   (a) केवल एक (b) केवल दो
   (c) केवल तीन (d) कोई भी नहीं

4. कनगनहल्ली पुरातात्त्विक स्थल के बारे में निम्नलिखित कथनों पर विचार कीजिए : **(CDS I, 2023)**
   1. यह भीमा नदी के तट पर स्थित है।
   2. कनगनहल्ली स्तूप के अवशेष पहली और तीसरी शताब्दी CE के बीच के हो सकते हैं।
   3. इस स्थल पर सम्राट् अशोक की प्रतिमा मिली थी।

   उपर्युक्त में से कौन-से कथन सही हैं?
   (a) केवल 1 और 2 (b) केवल 2 और 3
   (c) केवल 1 और 3 (d) 1, 2 और 3

5. हम्पी के भग्नावशेषों को निम्नलिखित में से ईस्ट इण्डिया कम्पनी के किस ब्रिटिश अधिकारी द्वारा प्रकाश में लाया गया था? **(CDS I, 2022)**
   (a) कर्नल कॉलिन मैकेंज़ी
   (b) जेम्स प्रिंसेप
   (c) विलियम जोन्स
   (d) जेम्स रेनेल

6. निम्नलिखित में से किस हड़प्पा स्थल में यज्ञवेदी (फ़ायर ऑल्टर) मिले हैं? **(NDA II, 2022)**
   (a) कालीबंगा (b) हड़प्पा
   (c) मोहनजोदड़ो (d) राखीगढ़ी

7. प्राचीन भारतीय ग्रंथों में वर्णित प्राचीन शहर तक्षशिला की अवस्थिति का निरूपण किसने किया? **(CDS II, 2021)**
   (a) अलेक्ज़ेंडर कनिंघम
   (b) आर.डी. बैनर्जी
   (c) जॉन मार्शल
   (d) दया राम साहनी

8. निम्नलिखित में से कौन-सा वैष्णव परंपरा का मंदिर है? **(CDS II, 2021)**
   (a) श्रीरंगम
   (b) चिदंबरम
   (c) गंगैकोंडचोलपुरम
   (d) तंजावुर

9. निम्नलिखित में से कौन-सा हड़प्पा स्थल सीप की वस्तुएँ बनाने के लिए विशिष्ट केंद्र था? **(NDA I, 2021)**
   (a) लोथल (b) बालाकोट
   (c) अमरी (d) कोट दीजी

10. निम्नलिखित में से किस काल-खंड के दौरान चोलिस्तान क्षेत्र में स्थित अधिकांश पूर्ण विकसित हड़प्पा स्थलों का परित्याग कर दिया गया था? **(CAPF, 2021)**
    (a) लगभग 2250 ई० पू०
    (b) लगभग 2000 ई० पू०
    (c) लगभग 1800 ई० पू०
    (d) लगभग 1700 ई० पू०

11. निम्नलिखित में से किस स्थान पर चोल शासकों के संरक्षण में शिव मंदिर का निर्माण ***नहीं*** किया गया था? **(NDA I, 2021)**
    (a) चिदंबरम (b) तंजावुर
    (c) गंगैकोंडचोलपुरम (d) नाणेघाट

12. मौर्य राजधानी पाटलिपुत्र का संबंध निम्नलिखित में से किन पुरातात्त्विक अवशेषों से है? **(CAPF, 2021)**
(a) बुलंदीबाग और राजगृह
(b) कुम्राहार (कुम्हरार) और मोचरिम
(c) कुम्राहार (कुम्हरार) और बुलंदीबाग
(d) कुम्राहार (कुम्हरार) और जलालगढ़

13. अकबर के बारे में, निम्नलिखित कथनों में से कौन-से सही हैं? **(CAPF, 2021)**
1. 1560 के दशक में, अकबर ने आगरा का क़िला बनवाया।
2. 1570 के दशक में, अकबर ने फतेहपुर सीकरी में नयी राजधानी बनाने का निर्णय लिया।
3. अकबर ने सीकरी में शेख सलीम चिश्ती के सफ़ेद संगमरमर के मक़बरे का निर्माण भी प्रारंभ किया।
4. 1585 में, अकबर ने वापस आगरा में राजधानी स्थानांतरित करने का निर्णय लिया।

नीचे दिये गये कूट का प्रयोग कर सही उत्तर चुनिए।
(a) 1, 2 और 4 (b) 1, 2 और 3
(c) 2, 3 और 4 (d) केवल 3 और 4

14. निम्नलिखित में से कौन-सा प्राचीन नगर बाँधों की श्रृंखला बनाकर और जुड़े हुए जलाशयों में जल मोड़कर जल संचयन और प्रबंधन की विस्तृत प्रणाली के लिए सुविदित है? **(CSE, 2021)**
(a) धौलावीरा (b) कालीबंगा
(c) राखीगढ़ी (d) रोपड़

15. निम्नलिखित में से कौन-सा कथन सही है? **(CSE, 2021)**
(a) अजंता की गुफाएँ वाघोरा की तंग नदी घाटी में स्थित हैं।
(b) साँची का स्तूप चंबल की तंग नदी घाटी में स्थित है।
(c) पांडवलेन गुफा मंदिर नर्मदा की तंग नदी घाटी में स्थित है।
(d) अमरावती का स्तूप गोदावरी की तंग नदी घाटी में स्थित है।

16. मुरैना के निकट स्थित चौंसठ योगिनी मंदिर के संदर्भ में, निम्नलिखित कथनों पर विचार कीजिए: **(CSE, 2021)**
1. यह कच्छपघाट राजवंश के शासनकाल के दौरान बनाया गया एक गोलाकार मंदिर है।
2. यह भारत में बना एकमात्र गोलाकार मंदिर है।
3. इसका उद्देश्य इस क्षेत्र में वैष्णव पंथ को बढ़ावा देना था।
4. इसकी डिज़ाइन ने इस लोकप्रिय मान्यता को जन्म दिया है कि भारत के संसद भवन की प्रेरणा इससे ली गयी है।

उपर्युक्त कथनों में से कौन-से सही हैं?
(a) 1 और 2 (b) 2 और 3 केवल
(c) 1 और 4 (d) 2, 3 और 4

17. निम्नलिखित युग्मों पर विचार कीजिए: **(CSE, 2021)**

(ऐतिहासिक स्थान) :	*(सुप्रसिद्ध)*
1. बुर्जहोम :	चट्टानों को काटकर बनाये गये मंदिरों के लिए
2. चंद्र केतुगढ :	टेराकोटा कला के लिए
3. गणेश्वर :	ताम्र कलाकृतियो के लिए

उपर्युक्त युग्मों में से कौन-सा/से सही सुमेलित है/हैं?
(a) केवल 1 (b) 1 और 2
(c) केवल 3 (d) 2 और 3

18. निम्नलिखित में से कौन अयोध्या में बन रहे राम मंदिर के वास्तुकार हैं? **(CDS II, 2020)**
(a) पी. ओ. सोमपुरा (b) चंद्रकांत सोमपुरा
(c) बृंदा सोमया (d) बी. वी. दोशी

19. निम्नलिखित में से कौन-सा/से हड़प्पा सभ्यता की सर्वाधिक विशिष्ट कलाकृति है/याँ हैं? **(CAPF, 2020)**
1. स्टेटाइट की मोहर
2. मानकीकृत अनुपात की ईंटें
3. सोने की चूड़ियाँ
4. चाँदी का थूकदान

नीचे दिये गये कूट का प्रयोग कर सही उत्तर चुनिए:
(a) केवल 1 (b) केवल 1 और 2
(c) 2, 3 और 4 (d) 1, 2 और 3

20. गांधार कला शैली में शुरू में नीले रंग की शिस्ट और हरी फिल्लाइट का उपयोग किया जाता था। गांधार शैली के मूर्तिकारों द्वारा उपयोग की जानेवाली मुख्य सामग्री के रूप में कब गचकारी ने पत्थर को पूरी तरह से प्रतिस्थापित कर दिया? **(CDS II, 2020)**
(a) प्रथम शताब्दी ईसवी
(b) द्वितीय शताब्दी ईसवी
(c) तृतीय शताब्दी ईसवी
(d) पाँचवीं शताब्दी ईसवी

21. निम्नलिखित में से कौन-सा हड़प्पाई स्थल नहीं है? **(CSE, 2019)**
(a) चन्हुदड़ो (b) कोट दिजी
(c) सोहगौरा (d) देसलपुर

22. किस राज्य में मंदिर निर्माण में "कल्याण मंडप" का निर्माण एक उल्लेखनीय विशेषता थी। **(CSE, 2019)**

(a) चालुक्य (b) चंदेल
(c) राष्ट्रकूट (d) विजयनगर

23. भारत के सांस्कृतिक इतिहास के संदर्भ में, निम्नलिखित कथनों पर विचार करें: **(CSE, 2018)**

1. फ़तेहपुर सीकरी में बुलंद दरवाज़ा और ख़ानक़ाह बनाने में सफ़ेद संगमरमर का उपयोग किया गया था।
2. लखनऊ में बड़ा इमामबाड़ा और रूमी दरवाज़ा बनाने में लाल बलुआ पत्थर और संगमरमर का उपयोग किया गया था।

उपर्युक्त कथनों में से कौन-सा सही है/हैं?

(a) केवल 1 (b) केवल 2
(c) 1 और 2 दोनों (d) न तो 1 और न ही 2

24. विजयनगर साम्राज्य के राजाओं द्वारा अनुष्ठान के लिए उपयोग किये जानेवाले मंच का नाम बताइए। **(CDS I, 2018)**

(a) महानवमी डिब्बा (b) कमल महल
(c) हज़ारा राम (d) विरूपाक्ष:

25. कोट दीजी का हड़प्पाई स्थल इस सभ्यता के निम्नलिखित में से किस एक प्रमुख स्थल के निकट है? **(CDS II, 2018)**

(a) हड़प्पा (b) मोहनजोदड़ो
(c) लोथल (d) कालीबंगा

26. हड़प्पा सभ्यता के बारे में निम्नलिखित में से कौन-सा/से कथन सही है/हैं?

1. कलाकृतियों में असाधारण एकरूपता है, जैसा कि मिट्टी के बर्तनों, मुहरों, ईंटों और बाटों से स्पष्ट है।
2. उत्तर हड़प्पाई स्थलों ने भी यही निर्माण तक़नीक बनाये रखी, जैसा कि परिपक्व हड़प्पाई स्थलों में उपयोग किया जाता था।

नीचे दिये गये कूट का प्रयोग कर सही उत्तर चुनिए। **(CAPF, 2018)**

(a) केवल 1 (b) केवल 2
(c) दोनों 1 और 2 (d) न तो 1 और न ही 2

27. चट्टान पर उभरी हुई मूर्ति के रूप में स्वर्ग से गंगा नदी के अवतरण का चित्रण है। **(CAPF, 2018)**

(a) ऐलोरा में (b) महाबलीपुरम में
(c) साँची में (d) अमरावती में

28. निम्नलिखित में से कौन-सा सूर्य मंदिरों के लिए प्रसिद्ध है? **(CSE, 2017)**

1. अरसावल्ली 2. अमरकंटक
3. ओंकारेश्वर

नीचे दिये गये कूट का उपयोग करके सही उत्तर चुनें:

(a) केवल 1 (b) केवल 2 और 3
(c) केवल 1 और 3 (d) 1, 2 और 3

29. हड़प्पा संस्कृति के बारे में निम्नलिखित में से कौन सा कथन सही नहीं है? **(CDS II, 2017)**

(a) हड़प्पा संस्कृति इस उपमहाद्वीप में पहली बार शहरों के उदय का साक्षी बनी।
(b) हड़प्पा संस्कृति में पहली बार दायीं से बायीं ओर लिखी जानेवाली लिपि का उपयोग किया गया।
(c) हड़प्पा संस्कृति में मूर्तिकला के एक माध्यम के रूप में लोहे का सबसे पहला ज्ञात उपयोग किया गया।
(d) हड़प्पा संस्कृति में मूर्तिकला के एक माध्यम के रूप में पत्थर का सबसे पहला ज्ञात उपयोग किया गया।

30. सूची-1 को सूची-2 से सुमेलित कीजिए और सूचियों के नीचे दिये गये कूट का प्रयोग कर सही उत्तर चुनिए:

सूची-1 (हड़प्पाई स्थल)	सूची-2 (आधुनिक नाम)
A. धौलावीरा	1. सौराष्ट्र
B. राखीगढ़ी	2. हिसारी
C. भिराना	3. कादिर द्वीप
D. भोगावो	4. हरियाणा

कूट : **(CDS II, 2017)**

	A	B	C	D
(a)	1	4	2	3
(b)	1	2	4	3
(c)	3	2	4	1
(d)	3	4	2	1

31. निम्नलिखित में से किस भवन में पहला विद्यमान वास्तविक मेहराब पाया गया है? **(CAPF, 2017)**

(a) अढ़ाई दिन का झोंपड़ा
(b) क़ुव्वत उल इस्लाम मस्जिद
(c) सुल्तान बलबन का मक़बरा
(d) अलाई दरवाज़ा

32. निम्नलिखित युग्मों पर विचार कीजिए :

प्रसिद्ध स्थान	क्षेत्र
(i) बोधगया	बघेलखण्ड
(ii) खजुराहो	बुंदेलखंड
(iii) शिरडी	विदर्भ
(iv) नासिक (नाशिक)	मालवा
(v) तिरुपति	रायलसीमा

उपर्युक्त युग्मों में से कौन-से सही सुमेलित हैं?
(CSE, 2016)

कूट :

(a) (i), (ii) और (iv) (b) (ii), (iii), (iv) और (v)
(c) केवल (ii) और (v) (d) (i), (iii), (iv) और (v)

33. अजंता और महाबलीपुरम के रूप में ज्ञात दो ऐतिहासिक स्थानों में कौन-सी बात/बातें समान है/हैं? **(CSE, 2016)**

(i) दोनों एक ही समयकाल में निर्मित हुए थे।
(ii) दोनों का एक ही धार्मिक संप्रदाय से संबंध है।
(iii) दोनों ही शिलाकृत स्मारक हैं।

नीचे दिये गये कूट का प्रयोग कर सही उत्तर चुनिए।

(a) केवल (i) और (ii)
(b) केवल (iii)
(c) केवल (i) और (iii)
(d) उपर्युक्त कथनों में से कोई भी सही नहीं है

34. निम्नलिखित पुरातत्त्वविदों में से किसने सबसे पहले हड़प्पा पूर्व-संस्कृति और परिपक्व हड़प्पा संस्कृति के बीच समरूपता की पहचान की थी? **(CDS I, 2016)**

(a) अमलानंद घोष (b) राखालदास बनर्जी
(c) दया राम साहनी (d) सर जॉन मार्शल

35. निम्नलिखित में से कौन-सा ऐलोरा के कैलासनाथ मंदिर और मामल्लापुरम के शोर मंदिर के बीच सामान्य तत्त्व है?
(CDS I, 2016)

(a) दोनों नागर वास्तुकला के उदाहरण हैं।
(b) दोनों ठोस चट्टान को काटकर बनाये गये हैं।
(c) दोनों गुप्त काल के मंदिर हैं।
(d) दोनों का निर्माण पल्लव राजाओं के संरक्षण में हुआ था।

36. बाबर के भारत में आने के फलस्वरूप

(i) उपमहाद्वीप में बारूद के उपयोग की शुरुआत हुई
(ii) इस क्षेत्र की स्थापत्य कला में मेहराब और गुंबद बनने की शुरुआत हुई।
(iii) इस क्षेत्र में तैमूरी (तिमूरीद) राजवंश स्थापित हुआ।

नीचे दिये गये कूट का प्रयोग कर सही उत्तर चुनिए।
(CSE, 2015)

(a) केवल (i) और (ii) (b) केवल (iii)
(c) केवल (i) और (iii) (d) (i), (ii) और (iii)

37. भारत के कला और पुरातात्त्विक इतिहास के संदर्भ में, निम्नलिखित में से किस एक का सबसे पहले निर्माण किया गया था? **(CSE, 2015)**

(a) भुवनेश्वर स्थित लिंगराज मंदिर
(b) धौली स्थित शैलकृत हाथी
(c) महाबलीपुरम स्थित शैलकृत स्मारक
(d) उदयगिरि गुफा स्थित वराह मूर्ति

38. निम्नलिखित युग्मों पर विचार कीजिए :

तीर्थस्थान	अवस्थिति
(i) श्रीशैलम	नल्लमला पहाड़ियाँ
(ii) ओंकारेश्वर	सतमाला पहाड़ियाँ
(iii) पुष्कर	महादेव पहाड़ियाँ

उपर्युक्त युग्मों में से कौन-सा/से सही सुमेलित है/हैं?
(CSE, 2015)

कूट :

(a) केवल (i)
(b) केवल (ii) और (iii)
(c) केवल (i) और (iii)
(d) (i), (ii) और (iii)

39. बोरोबुदुर स्थल है- **(CDS II, 2015)**

(a) जावा में 12वीं शताब्दी ईसवी में निर्मित विष्णु और शिव के विशाल मंदिर का
(b) जावा में 8वीं शताब्दी ईसवी में निर्मित एक विशाल स्तूप का
(c) तमिलनाडु में चोल राजा के शानदार महल का
(d) गुजरात में एक जैन मठ का

40. बौद्ध इतिहास, परंपरा और संस्कृति के संदर्भ में, निम्नलिखित में से कौन-सा/से जोड़े सुमेलित है/हैं? **(CSE, 2014)**

प्रसिद्ध मंदिर	स्थान
(i) तब्बू (ताबो) मठ और मंदिर परिसर	स्पीति घाटी
(ii) लोह्तसावा लखांग मंदिर, नाको	जंस्कार घाटी
(iii) अलची मंदिर परिसर	लद्दाख

कूट :

(a) केवल (i) (b) (ii) और (iii)

(c) (i) और (iii) (d) इनमें से सभी

41. भारत के सांस्कृतिक इतिहास के संदर्भ में, *पंचायतन* शब्द निम्नलिखित में से किससे संदर्भित है? **(CSE, 2014)**

(a) गाँव के बुजुर्गों की सभा

(b) एक धार्मिक संप्रदाय

(c) मंदिर निर्माण करने की एक शैली

(d) एक प्रशासनिक पदाधिकारी

42. भारतीय कला और संस्कृति के इतिहास के संदर्भ में, निम्नलिखित में से कौन-सा/से जोड़े सुमेलित है/हैं? **(CSE, 2014)**

मूर्तिकला के प्रसिद्ध काम	स्थान
(i) भगवान् बुद्ध के महापरिनिर्वाण की भव्य छवि, जिसमें ऊपर की ओर अनेक दिव्य संगीतकार हैं और नीचे शोकाकुल अवस्था में उनके अनुयायिओं का चित्रण है।	अजन्ता
(ii) पृथ्वी देवी का गहरे और उथल-पुथल युक्त महासागर से उद्धार करते हुए भगवान् विष्णु के वराह अवतार की चट्टान को काटकर निर्मित विशाल प्रतिमा	माउण्ट आबू
(iii) विशाल शिलाखण्डों के पृष्ठ पर उत्कीर्ण अर्जुन की तपस्या/गंगावतरण की विशाल प्रतिमा	महाबलीपुरम

कूट :

(a) (i) और (ii) (b) केवल (iii)

(c) (i) और (iii) (d) उपर्युक्त सभी

43. फ़तेहपुर सीकरी का इबादतख़ाना क्या था? **(CSE, 2014)**

(a) राजपरिवार के प्रयोग हेतु मस्जिद।

(b) प्रार्थना हेतु अकबर का निजी कक्ष।

(c) वह कक्ष, जिसमें अकबर विभिन्न धर्मों के विद्वानों के साथ चर्चा किया करता था।

(d) वह कक्ष, जिसमें विभिन्न धर्मों से संबंध रखनेवाले महान् व्यक्ति धार्मिक विषयों पर चर्चा करने के लिए एकत्रित हुआ करते थे।

44. निम्नलिखित में से कौन-सा एक मंदिर चोल राजाओं द्वारा बनवाया गया था? **(CDS I, 2014)**

(a) बृहदीश्वर मंदिर, तंजावुर

(b) मीनाक्षी मंदिर, मदुरै

(c) श्रीरंगम मंदिर, तिरुचिरापल्ली

(d) दुर्गा मंदिर, ऐहोल

45. सूची-1 को सूची-2 से सुमेलित कीजिए और सूचियों के नीचे दिये गये कूट का प्रयोग कर सही उत्तर चुनिए :

सूची-1 (मंदिर)	सूची-2 (नगर)
A. कैलासनाथ	1. भुवनेश्वर
B. लिंगराज	2. खजुराहो
C. कंदरिया महादेव	3. माउंट आबू
D. दिलवाड़ा	4. काँचीपुरम

कूट : **(CDS I, 2014)**

	A	B	C	D
(a)	4	2	1	3
(b)	4	1	2	3
(c)	3	1	2	4
(d)	3	2	1	4

46. कथन :

1. मथुरा की समृद्ध मूर्तिकला परंपरा अपने प्रमुख माध्यम सफ़ेद धब्बेदार लाल बलुआ पत्थर से विशिष्ट है।
2. सफ़ेद धब्बेदार लाल बलुआ पत्थर मथुरा क्षेत्र में स्थानीय रूप से उपलब्ध था। **(CAPF, 2014)**

(a) अलग-अलग दोनों कथन हैं और कथन 2 कथन 1 की सही व्याख्या है।

(b) अलग-अलग दोनों कथन सत्य हैं, लेकिन कथन 2 कथन 1 की सही व्याख्या नहीं है।

(c) कथन 1 सत्य है और कथन 2 ग़लत है।

(d) कथन 1 ग़लत है, लेकिन कथन 2 सत्य है।

47. निम्नलिखित में से किसका श्रेय शाहजहाँ के शासनकाल को नहीं दिया जा सकता है? **(CAPF, 2014)**

(a) मोती मस्जिद

(b) ओइला-ए-कुहना मस्जिद

(c) जामा मस्जिद

(d) रंग महल

48. परिपक्व हड़प्पाई शिल्प की मुख्य विशेषता के रूप में मनका बनाने के बारे में निम्नलिखित में से कौन-सा सत्य नहीं है? **(CAPF, 2014)**

(a) हड़प्पाई मनके सोने, ताँबे, शेल, लापिस लाजुली, हाथीदाँत और विभिन्न प्रकार के अर्द्ध कीमती पत्थरों से बनाये जाते थे।

(b) पुरातत्त्वविदों ने अनिर्मित वस्तुओं के आधार पर मनका बनानेवाली दुकानों की पहचान की है।

(c) चन्हुदड़ो में, उपकरण, भट्टियाँ और निर्माण के विभिन्न चरणों में मनके पाये गये हैं।

(d) बनावली की संरचना से निर्मित, अर्ध-निर्मित और अनिर्मित स्थिति में कई मनके मिले हैं।

49. चट्टानों को काटकर निर्मित भारतीय स्थापत्य के इतिहास के संदर्भ में निम्नलिखित कथनों पर विचार कीजिए: **(CSE, 2013)**

(i) बादामी की गुफाएँ चट्टानों को काटकर बनायी गयीं भारत की सर्वाधिक प्राचीन गुफाएँ हैं, जो अभी भी सुरक्षित हैं।

(ii) चट्टानों को काटकर बनायी गयी बाराबर की गुफाएँ मूलरूप से सम्राट् चन्द्रगुप्त मौर्य द्वारा आजीवकों के लिए बनवायी गयी थीं।

(iii) ऐलोरा की गुफाएँ विभिन्न धर्मों के लिए निर्मित की गयी थीं।

उपर्युक्त कथन/नों में से कौन-सा/से सही है/हैं?

(a) केवल (i) (b) (ii) और (iii)

(c) केवल (iii) (d) इनमें से सभी

50. निम्नलिखित में से कौन-सा तथ्य सिन्धु घाटी की सभ्यता के लोगों की विशेषता बताता है? **(CSE, 2013)**

(i) उनके पास भव्य महल और मंदिर थे।

(ii) वे पुरुष और स्त्री, दोनों प्रकार के देवताओं की पूजा किया करते थे।

(iii) वे युद्ध हेतु अश्वचालित रथों का प्रयोग करते थे।

कूट :

(a) (i) और (ii) (b) केवल (ii)

(c) इनमें से सभी (d) इनमें से कोई नहीं

51. चट्टानों को काटकर बनायी गयीं कुछ बौद्ध गुफाओं को चैत्य कहा जाता है, जबकि अन्य को विहार कहा जाता है। दोनों के बीच क्या अंतर है? **(CSE, 2013)**

(a) विहार एक उपासना स्थल होता है, जबकि चैत्य भिक्षुओं का निवास स्थान होता है।

(b) चैत्य एक उपासना स्थल होता है, जबकि विहार भिक्षुओं का निवास स्थान होता है।

(c) चैत्य गुफा के अंतिम सिरे पर स्थित एक स्तूप होता है, जबकि विहार इसके अक्षीय स्थित एक कक्ष होता है।

(d) दोनों के बीच कोई महत्त्वपूर्ण अन्तर नहीं है।

52. **कथन 1 :** बराबर पहाड़ियों में लोमश ऋषि और सुदामा की गुफाएँ, जो लकड़ी के स्थापत्य आद्यरूप पर आधारित हैं, भारत में सबसे प्राचीन गुफा वास्तुकला का उदाहरण हैं।

कथन 2 : बराबर की पहाड़ियों की गुफाएँ चंद्रगुप्त मौर्य द्वारा आजिविक भिक्षुओं को समर्पित की गयी थीं। **(CDS I, 2013)**

(a) अलग-अलग दोनों कथन सत्य हैं और कथन 2 सत्य है कथन 1 की सही व्याख्या करता है।

(b) अलग-अलग दोनों कथन सत्य हैं, लेकिन कथन 2 कथन 1 की सही व्याख्या नहीं करता है।

(c) कथन 1 सत्य है, लेकिन कथन 2 ग़लत है।

(d) कथन 1 गलत है, लेकिन कथन 2 सत्य है।

53. **कथन 1 :** गांधार शैली की मूर्तियाँ शैलीगत रूप से ग्रीको रोमन और ईरान की पह्लव कला से जुड़ी हुई हैं।

कथन 2 : स्वात घाटी की पाषाण की प्रारंभिकतम बुद्ध प्रतिमाएँ कुषाण काल से पहले की हैं, जो बताती हैं कि कुषाण-पूर्व काल में कुछ प्रतिमा-संबंधी परंपराएँ पहले से ही सुस्थापित थीं। **(CDS I, 2013)**

(a) अलग-अलग दोनों कथन सत्य हैं और कथन 2 सत्य है कथन 1 की सही व्याख्या करता है।

(b) अलग-अलग दोनों कथन सत्य हैं, लेकिन कथन 2 कथन 1 की सही व्याख्या नहीं करता है।

(c) कथन 1 सत्य है, लेकिन कथन 2 ग़लत है।

(d) कथन 1 ग़लत है, लेकिन कथन 2 सत्य है।

54. अकबर का इबादतख़ाना वह स्थान था, जहाँ **(CAPF, 2013)**

(a) सैन्य रणनीति तय की जाती थी।

(b) अंतर-धार्मिक वाद-विवाद और चर्चाएँ आयोजित की जाती थीं।

(c) अकबर ने सुलह-ए-कुल के अपने सिद्धांतों का प्रचार किया।

(d) ललित कला का अभ्यास किया जाता था।

55. निम्नलिखित में से कौन-सा शिलालेख अशोक के राज्य क्षेत्र के सबसे पूर्वी भाग में स्थापित किया गया था? **(CAPF, 2013)**
(a) बराबर की पहाड़ी गुफा शिलालेख
(b) धौली बृहत् शिलालेख
(c) सहसराम लघु शिलालेख
(d) लौरिया-अरेराज का स्तंभलेख

56. नागर, द्रविड़ और वेसर क्या हैं? **(CSE, 2012)**
(a) भारतीय उप-महाद्वीप के तीन प्रमुख नस्लीय समूह।
(b) तीन प्रमुख भाषाई प्रभागों में भारतीय भाषाओं को वर्गीकृत किया जा सकता है।
(c) भारतीय मंदिर वास्तुकला के तीन प्रमुख प्रकार।
(d) भारत में प्रचलित तीन प्रमुख संगीत घराने।

57. सिंधु घाटी सभ्यता के संदर्भ में निम्नलिखित कथनों पर विचार कीजिए : **(CSE, 2011)**
(i) यह मुख्य रूप से एक धर्मनिरपेक्ष सभ्यता थी और यद्यपि इसमें धार्मिक तत्त्व उपस्थित था, किन्तु वह परिदृश्य पर प्रभावी नहीं था।
(ii) इस अवधि के दौरान भारत में वस्त्रों के निर्माण के लिए कपास का प्रयोग किया जाता था।
उपर्युक्त कथनों में से कौन-सा/से सही है/हैं?
(a) केवल (i) (b) केवल (ii)
(c) (i) और (ii) दोनों (d) न तो (i), न ही (ii)

58. प्राचीन भारत में गुप्त काल की गुफा चित्रकारी के दो ही ज्ञात उदाहरण हैं। इन दो में से एक अजन्ता की गुफाएँ हैं। अब तक उपस्थित दूसरा उदाहरण कहाँ स्थित है? **(CSE, 2009)**
(a) बाघ गुफाएँ
(b) ऐलोरा गुफाएँ
(c) लोमश ऋषि गुफाएँ
(d) नासिक गुफाएँ

59. प्रसिद्ध विरुपाक्ष मंदिर कहाँ स्थित है? **(CSE, 2009)**
(a) भद्राचलम (b) चिदम्बरम
(c) हम्पी (d) श्रीकलाहस्ती

60. संगीतमय सुर प्रदान करनेवाले 56 नक्काशीदार स्तम्भोंवाला प्रसिद्ध विजय-विट्ठल मंदिर कहाँ स्थित है? **(CSE, 2007)**
(a) बेलूर (b) भद्राचलम
(c) हम्पी (d) श्रीरंगम

61. इलाहाबाद का स्तम्भ शिलालेख निम्नलिखित में से किससे संबंधित हैं? **(CSE, 2006)**
(a) महापद्मनन्द (b) चन्द्रगुप्त मौर्य
(c) अशोक (d) समुद्रगुप्त

62. किस विशाल मंदिर की प्रारम्भिक अभिकल्पना और निर्माण सूर्यवर्मन द्वितीय के शासनकाल में हुआ? **(CSE, 2006)**
(a) श्री मरियम्मन मंदिर (b) अंगकोरवाट मंदिर
(c) बदु गुफा मंदिर (d) कामाख्या मंदिर

63. निम्नलिखित में से कौन-से जोड़े सुमेलित हैं? **(CSE, 2006)**
(a) विक्रमशिला विश्वविद्यालय – उत्तर प्रदेश
(b) हेमकुण्ड गुरुद्वारा – हिमाचल प्रदेश
(c) उदयगिरि गुफाएँ – महाराष्ट्र
(d) अमरावती बौद्ध स्तूप – आन्ध्र प्रदेश

64. निम्नलिखित में से कौन-सा जोड़ा सुमेलित नहीं है? **(CSE, 2006)**

मठ	राज्य
(a) धंकर मठ	हिमाचल प्रदेश
(b) रूमटेक मठ	सिक्किम
(c) ताबो मठ	हिमाचल प्रदेश
(d) क्ये मठ	अरुणाचल प्रदेश

65. प्रथम सूची को द्वितीय सूची से सुमेलित कीजिए और नीचे दिये गये कूटों का उपयोग कर सही उत्तर का चयन कीजिए : **(CSE, 2002)**

प्रथम सूची (प्राचीन स्थल)	द्वितीय सूची (पुरातात्त्विक खोज)
(A) लोथल	(i) जुता हुआ खेत
(B) कालीबंगा	(ii) पोतगाह
(C) धौलावीरा	(iii) हल की टेराकोटा प्रतिकृति
(D) बनवाली	(iv) हड़प्पाकालीन लिपि के 10 विशाल आकार के संकेत समाविष्ट करनेवाला शिलालेख

कूट :
(a) A–(i); B–(ii); C–(iii); D–(iv)
(b) A–(ii); B–(i); C–(iv); D–(iii)
(c) A–(i); B–(ii); C–(iv); D–(iii)
(d) A–(ii); B–(i); C–(iii); D–(iv)

66. निम्नलिखित में से कौन-सा कथन सही नहीं है? **(CSE, 2002)**
 (a) श्रवणबेलगोला में गोमतेश्वर की मूर्ति जैनों के अन्तिम तीर्थंकर का प्रतिनिधित्व करती है।
 (b) भारत का सबसे बड़ा बौद्ध मठ अरुणाचल प्रदेश में है।
 (c) खजुराहो के मंदिर चन्देल राजाओं के शासनकाल में निर्मित किए गए थे।
 (d) होयसालेश्वर का मंदिर शिव को समर्पित है।

67. होयसाल स्मारक पाये जाते हैं: **(CSE, 2001)**
 (a) हम्पी और होस्पेट में
 (b) हैलेबिडु और बेलूर में
 (c) मैसूर और बंगलुरु में
 (d) श्रृंगेरी और धारवाड़ में

68. निम्नलिखित में से किस नगर में लिंगराज मंदिर स्थित है? **(CSE, 2001)**
 (a) भुवनेश्वर (b) बीजापुर
 (c) कोलकाता (d) श्रवण बेलगोला

69. निम्नलिखित में से कौन-सा जीव हड़प्पाकालीन मोहरों और टेराकोटा कला में चित्रित नहीं किया गया था? **(CSE, 2001)**
 (a) गाय (b) हाथी
 (c) गैंडा (d) शेर

70. निम्नलिखित में से कौन-सा जोड़ा सुमेलित है? **(CSE, 2001)**
 (a) हड़प्पा सभ्यता – चित्रित ग्रे-वेयर
 (b) कुषाण – कला की गांधार शैली
 (c) मुग़ल – अजन्ता चित्रकला
 (d) मराठा – चित्रकला की पहाड़ी शैली

उत्तर

1. (b)	2. (a)	3. (b)	4. (d)	5. (a)	6. (a)	7. (a)	8. (a)
9. (b)	10. (c)	11. (d)	12. (c)	13. (b)	14. (a)	15. (a)	16. (c)
17. (d)	18. (b)	19. (b)	20. (c)	21. (c)	22. (d)	23. (d)	24. (a)
25. (b)	26. (a)	27. (b)	28. (a)	29. (c)	30. (c)	31. (b)	32. (c)
33. (b)	34. (a)	35. (b)	36. (b)	37. (b)	38. (a)	39. (b)	40. (c)
41. (c)	42. (c)	43. (c)	44. (c)	45. (a)	46. (b)	47. (a)	48. (b)
49. (d)	50. (c)	51. (b)	52. (b)	53. (c)	54. (b)	55. (b)	56. (d)
57. (c)	58. (a)	59. (c)	60. (c)	61. (d)	62. (b)	63. (d)	64. (d)
65. (b)	66. (a)	67. (b)	68. (a)	69. (a)	70. (b)		

यू.पी.एस.सी. पिछले वर्षों के प्रश्न - मुख्य परीक्षा

1. चट्टानों को काटकर निर्मित वास्तुकला प्रारंभिक भारतीय कला और इतिहास के हमारे ज्ञान के सबसे महत्त्वपूर्ण स्रोतों में से एक का प्रतिनिधित्व करती है। विवेचना कीजिए। **(CSE, 2020)**
2. गांधार कला में मध्य एशियाई और यूनानी-बैक्ट्रियन तत्त्वों पर प्रकाश डालिए। **(CSE, 2019)**
3. भारत की विविधता के संदर्भ में, क्या यह कहा जा सकता है कि **क्षेत्र** राज्यों के बजाय **सांस्कृतिक इकाइयों** का निर्माण करते हैं? अपने दृष्टिकोण के लिए उदाहरणों के साथ कारण बताएँ। (10 अंक) **(CSE, 2017)**
4. प्रारंभिक बौद्ध स्तूप-कला, लोक आख्यानों और कथानकों का चित्रण करते हुए, बौद्ध आदर्शों को सफलतापूर्वक उजागर करती है। स्पष्ट करें। **(CSE, 2016)**
5. भारतीय उप-महाद्वीप में प्राचीन सभ्यता मिस्र, मेसोपोटामिया और यूनान से इस बात पर भिन्न थी कि इसमें इसकी संस्कृति और परंपराओं को बिना टूटे वर्तमान समय में संरक्षित किया गया है। टिप्पणी करें। **(CSE, 2015)**
6. भारत की एक ही चट्टान को काटकर बनायी वास्तुकला न केवल उस समय के सांस्कृतिक जीवन को दर्शाती है, बल्कि आधुनिक चित्रकला के लिए एक सुंदर सौंदर्य बोध भी है। इस टिप्पणी का आलोचनात्मक मूल्यांकन करें। **(CSE, 2015)**

7. सिंधु घाटी सभ्यता के शहरी नियोजन और संस्कृति ने किस हद तक वर्तमान शहरीकरण को सुझाव प्रदान किया है? **(CSE, 2014)**
8. गांधार मूर्तिकला रोमवासियों से उतनी ही संबंधित हैं, जितनी यूनानियों से। स्पष्ट करें। **(CSE, 2014)**
9. चोल वास्तुकला मंदिर वास्तुकला के विकास में एक उच्च स्तर को दर्शाती है। चर्चा करें। **(CSE, 2013)**
10. लॉरी बेकर को "भारतीय वास्तुकला का विवेक रक्षक" क्यों कहते हैं? **(CSE, 2012)**
11. भारत में मिट्टी के बर्तन बनाने की प्रमुख भिन्न शैलियाँ क्या हैं? **(CSE, 2011)**
12. गांधार कला के विषय में लिखिए। **(CSE, 2007)**
13. सारनाथ स्तम्भ के विषय में लिखिए। **(CSE, 2003)**
14. कला की गांधार शैली के विषय में लिखिए। **(CSE, 2000)**
15. चोल वास्तुकला के विषय में लिखिए। **(CSE, 1999)**
16. सिंधु घाटी सभ्यता में नगर नियोजन की प्रमुख विशेषताओं के विषय में लिखिए। **(CSE, 1996)**
17. द्रविड़ियन वास्तुकला के विषय में लिखिए। **(CSE, 1995)**
18. कला की मथुरा शैली के विषय में लिखिए। **(CSE, 1993)**
19. फ़तेहपुर सीकरी के वास्तुशिल्प के विषय में लिखिए। **(CSE, 1991)**
20. चन्देल वास्तुशिल्प शैली के विषय में लिखिए। **(CSE, 1989)**
21. वास्तुशिल्प की नागर शैली के विषय में लिखिए। **(CSE, 1989)**

2
अध्याय

भारत के ऐतिहासिक शहर

परिचय

भारत समृद्ध सांस्कृतिक इतिहास और विरासत की भूमि है। प्राचीन और मध्ययुगीन शहर साम्राज्यों के उत्थान और पतन, अद्‌भुत कलाओं और विविध संस्कृतियों के साक्षी रहें हैं। सिंधु घाटी सभ्यता के खंडहरों से लेकर मध्यकालीन व्यापार मार्गों तक, ये शहर हमें हमारे देश के गौरवशाली इतिहास तक ले जाते हैं।

हड़प्पा और मोहनजोदड़ो हमें सिंधु घाटी सभ्यता की वास्तुकला विशेषज्ञता से परिचित कराते हैं, जबकि मध्ययुगीन शहर हमें विभिन्न संस्कृतियों, वास्तुकला, साम्राज्यों आदि के बारे में जानने में सहायता करते हैं।

इस अध्याय में हम इन शहरों की उत्कृष्टता और विशिष्टता की खोज करेंगे।

भारत के पौराणिक शहर

प्रारंभिक मध्यकाल

वाराणसी
इंद्रप्रस्थ
कन्नौज
पुरी
तंजावुर
शिशुपालगढ़
उज्जैन
नालंदा
मदुरै
पाटलिपुत्र
अयोध्या
ताम्रलिप्ति
द्वारसमुद्र
कौशांबी
तिरुवरंगम

मध्य मध्यकाल

दौलताबाद
मांडवगढ़
हम्पी
फतेहपुर सिकरी
बीदर
वारंगल
गौर
नागार्जुनकोंडा
बीजापुर

उत्तर मध्यकाल

आगरा
जयपुर
मुर्शिदाबाद

प्रारंभिक मध्यकाल (6ठी-13वीं शताब्दी)

वाराणसी (बनारस)

यह गंगा के बायें किनारे पर स्थित एक प्राचीन शहर है। 'वाराणसी' का नाम शहर की सीमा बनानेवाली गंगा की दो सहायक नदियों के नाम पर रखा गया है : **वरुणा**, जो वाराणसी के उत्तर में बहती है, और **अस्सी**, जो आज शहर के दक्षिणी भाग

में अस्सी घाट के पास एक छोटी सी धारा है। *महाभारत* में, शहर को काशी के रूप में संदर्भित किया गया है। संस्कृत शब्द ***कास का अर्थ है* – 'चमकना'**। वाराणसी को **'प्रकाश का शहर'** भी कहा जाता है।

मध्यकाल में वाराणसी एक महत्त्वपूर्ण धार्मिक और सांस्कृतिक केंद्र था। इसमें काशी विश्वनाथ मंदिर सहित लगभग 2,000 मंदिर हैं।

गौतम बुद्ध के समय में, वाराणसी **काशी साम्राज्य** का एक हिस्सा था। चीनी यात्री **ह्वेन त्सांग** ने 635 ईसवी के आसपास शहर की अपनी यात्रा के दौरान कहा था कि यह शहर धार्मिक और कलात्मक गतिविधियों का केंद्र था। जब ह्वेन त्सांग ने 7वीं शताब्दी में वाराणसी का दौरा किया, तो उन्होंने इसे **'पोलोनिस'** नाम दिया और कहा कि शहर में लगभग 30 भिक्षुओंवाले लगभग 30 मंदिर मौजूद हैं।

8वीं शताब्दी में शहर का धार्मिक महत्त्व बढ़ता रहा, जब **आदि शंकराचार्य** ने **वाराणसी में शिव की पूजा को एक आधिकारिक संप्रदाय** के रूप में स्थापित किया। **काशी विश्वनाथ मंदिर** वाराणसी के विश्वनाथ गली में स्थित है। यह भगवान् शिव को समर्पित है और शिवमंदिरों में से बारह ज्योतिर्लिंगों में से एक है। **रत्नेश्वर महादेव मंदिर वाराणसी के मणिकर्णिका घाट** पर स्थित है। यह नौ डिग्री तिरछा है और इसे गंगा नदी के निकट बनाया गया था। **गहड़वाल राजवंश** के संस्थापक **चंद्रदेव** ने 1090 ईसवी में बनारस को दूसरी राजधानी बनाया। 1194 ईसवी में, ग़ौरी विजेता **मुइज़ुद्दीन मुहम्मद ग़ौरी** ने **जमुना के पास** एक युद्ध में **जयचंद** की सेना को हराया और वाराणसी शहर एवं अनेक मंदिरों को नष्ट कर दिया।

कबीर और रैदास जैसे भक्ति आंदोलन के प्रमुख संतों का जन्म वाराणसी में हुआ था। **एनी बेसेन्ट** ने इस शहर में **सेंट्रल हिंदू कॉलेज** की स्थापना की। यह **1916 में काशी हिंदू विश्वविद्यालय** के निर्माण की नींव थी। वाराणसी में **रेशम की बुनाई प्रमुख** उद्योग है। वाराणसी बहुत बढ़िया रेशम और **बनारसी साड़ियों** (सोने और चांदी के धागे के कामवाले ब्रोकेड) के उत्पादन के लिए प्रसिद्ध है, जिनका उपयोग शादियों और विशेष अवसरों के लिए किया जाता है। इस क्षेत्र के महत्त्वपूर्ण उत्पाद **पान के पत्ते (बनारसी पान), लँगड़ा आम** और **खोया (ठोस दूध)** हैं। वाराणसी के प्रसिद्ध स्थान हैं अघोर पीठ, आलमगीर मस्जिद, दुर्गा मंदिर, जंतर-मंतर, संकट मोचन हनुमान मंदिर, महात्मा गांधी काशी विद्यापीठ, बीएचयू परिसर में श्री विश्वनाथ मंदिर, अशोक स्तंभ, भारत कला भवन (कला संग्रहालय), भारत माता मंदिर, तिब्बती अध्ययन के लिए केंद्रीय विश्वविद्यालय, धन्वंतरि मंदिर, रामनगर क़िला, नदी तट घाट, तुलसी मानस मंदिर हैं। सांस्कृतिक रूप से यह शहर हिंदुस्तानी शास्त्रीय संगीत के **बनारस घराने** का भी घर है, जिसने बिस्मिल्लाह ख़ान, सितारा देवी, गिरिजा देवी आदि जैसे रत्न पैदा किये हैं।

वाराणसी (बनारस)

समरकंद उज़्बेकिस्तान में आयोजित शंघाई सहयोग संगठन (एससीओ) के राष्ट्राध्यक्षों की परिषद की 22वीं बैठक में वाराणसी को 2022-23 की अवधि के लिए पहली एससीओ पर्यटन और सांस्कृतिक राजधानी के रूप में नामित किया गया था।

अजमेर

अजमेर का प्रारंभिक नाम **अजयमेरु** था। इस शहर की स्थापना 11वीं सदी के **चाहमान राजा अजयराज सिंह चौहान** ने की थी। अजमेर **अरावली पर्वतमाला** से घिरा हुआ है। प्रसिद्ध इतिहासकार दशरथ शर्मा के अनुसार, शहर का नाम **पाल्हा की *पट्टावली*** में वर्णित है। **अढ़ाई दिन का झोंपड़ा** में मिली **विग्रहराज चतुर्थ की प्रशस्ति** में कहा गया है कि अजयदेव (अजयराज सिंह चौहान या अजयराजा द्वितीय) ने अपना निवास स्थान अजमेर स्थानांतरित कर दिया। 1193 ईसवी में, **ग़ौरियों** ने अजमेर पर क़ब्ज़ा कर लिया और बाद में इसे राजपूत शासकों को कर की शर्त के अधीन लौटा दिया गया। लगभग 1558 ईसवी में मुग़ल सम्राट् **अकबर** ने अजमेर पर क़ब्ज़ा कर लिया। मुग़ल **मोइनुद्दीन चिश्ती की दरगाह** पर जाने के लिए अक्सर शहर की तीर्थयात्रा करते थे। अजमेर **राजपूत शासकों के विरुद्ध** अभियानों के लिए एक **सैन्य अड्डा** भी था। शाहजहाँ की संतानों **जहाँआरा बेगम** और **दारा शिकोह**, दोनों का जन्म इसी शहर में हुआ था। **अजमेर शरीफ़ दरगाह** परिसर में उत्कृष्ट **मुग़ल और इस्लामी वास्तुकला** है। अजमेर शरीफ़ दरगाह का **उर्स उत्सव** अजमेर का एक प्रमुख आयोजन है। इसे मनाने के लिए दुनिया भर से श्रद्धालु यहाँ आते हैं। अजमेर अपने हस्तशिल्प के लिए भी जाना जाता है, जिसमें कढ़ाईवाले वस्त्र, मिट्टी के बर्तन और आभूषण शामिल हैं। 1818 ईसवी में, ग्वालियर के राजा **दौलत राव सिंधिया** ने अजमेर को अँगरेज़ों को सौंप दिया, और यह 1836 ईसवी तक **ब्रिटिश भारत के बंगाल प्रेसीडेंसी** का हिस्सा था। बाद में, इसे उत्तर-पश्चिमी प्रांतों में स्थानांतरित कर दिया गया।

अढ़ाई दिन का झोंपड़ा, अजमेर

कन्नौज

यह वर्तमान उत्तर प्रदेश में स्थित है। प्रारंभिक बौद्ध साहित्य में, कन्नौज का उल्लेख **कन्नकुज्जा** के रूप में किया गया है। यह मथुरा से वाराणसी और राजगीर तक व्यापार मार्ग में स्थित था। 8वीं और 10वीं शताब्दी के बीच कन्नौज तीन शक्तिशाली राजवंशों, अर्थात् **गुर्जर-प्रतिहार**, **पाल** और **राष्ट्रकूट** के लिए एक सामान्य स्थल बन गया। **गुर्जर-प्रतिहार**, **पालों** और **राष्ट्रकूटों** के बीच **त्रिपक्षीय संघर्ष**, जिसे कन्नौज **त्रिकोण युद्ध** के रूप में भी जाना जाता है, कन्नौज में हुआ था। इसके पश्चात्, यह **गुर्जर-प्रतिहार** राजवंश की राजधानी के रूप में काम करता था। मध्ययुगीन भारत में, कन्नौज शाही भारतीय राजवंशों का केंद्र था। प्रारंभ में इस पर **मौखरी वंश** और बाद में **पुष्यभूति वंश के सम्राट् हर्षवर्द्धन** का शासन था। चीनी तीर्थयात्री **फाह्यान** ने चंद्रगुप्त द्वितीय के शासनकाल के दौरान 399 ईसवी से 414 ईसवी के बीच कन्नौज का दौरा किया। फाह्यान की यात्रा के समय कन्नौज के पास सबसे महान् बौद्ध तीर्थयात्रियों में से एक संकिसा था। चीनी तीर्थयात्री **ह्वेन त्सांग** ने कन्नौज को कई बौद्ध मठोंवाला एक बड़ा, समृद्ध और गौरवशाली शहर बताया। बाद में यह शहर **गहड़वाल राजवंश** के शासन में आ गया। **गोविंदचंद्र** के शासन के दौरान, शहर **'अभूतपूर्व गौरव'** तक पहुँच गया। 17 मई, 1540 को **शेरशाह सूरी** और **हुमायूँ** के बीच **कन्नौज का युद्ध** (जिसे **बिलग्राम का युद्ध** भी कहा जाता है) कन्नौज में हुआ। इस युद्ध में **हुमायूँ** की पराजय हुई। यह भी उल्लेखित है कि **महमूद गज़नी** ने 1018 ईसवी में कन्नौज पर क़ब्ज़ा कर लिया था।

कन्नौज अपने पारंपरिक **कन्नौज इत्र** के लिए प्रसिद्ध है, जो सरकार द्वारा संरक्षित उत्पाद है। यह शहर **'भारत की इत्र राजधानी'** के रूप में प्रसिद्ध है। कन्नौज में 200 से अधिक इत्र भट्टियाँ हैं। यह **इत्र, तम्बाकू और गुलाब जल** का बाज़ार केंद्र है।

तंजावुर

इसे **तंजौर** के नाम से भी जाना जाता है और यह **तमिलनाडु** में स्थित है। ऐसा माना जाता है कि शहर का नाम **'थंजम पुगुंथा ऊर'** के शब्दांश से लिया गया है, जिसका अर्थ है 'वह शहर जहाँ शरणार्थियों ने प्रवेश किया था'। यह चोल राजवंश की राजधानी और दक्षिण भारत में कला, संस्कृति और वास्तुकला का एक प्रमुख केंद्र था। यह 9वीं शताब्दी के दौरान राजराज चोल प्रथम के शासन के अधीन **चोल राजवंश** की राजधानी बन गया। **भगवान् शिव** को समर्पित प्रसिद्ध बृहदीश्वर मंदिर यहाँ **राजराज चोल प्रथम** द्वारा बनाया गया था। इसे **द्रविड़ शैली** में बनाया गया था। यह **UNESCO विश्व धरोहर स्थल** है और **चोल कला और वास्तुकला** का उत्कृष्ट उदाहरण है। चोलों के पतन के बाद, शहर पर विभिन्न राजवंशों जैसे **मुथरैयार राजवंश, पांड्य, विजयनगर साम्राज्य, मदुरै नायक, तंजावुर नायक, तंजावुर मराठा** एवं **ब्रिटिश साम्राज्य** का शासन था।

इस शहर का नाम चित्रकला की अनूठी शैली **'तंजौर चित्रकला'** के नाम पर भी रखा गया है, जो यहीं से उत्पन्न हुई थी। तंजावुर को **'तमिलनाडु का धान का कटोरा'** भी माना जाता है, क्योंकि यह **कावेरी डेल्टा** में स्थित है और यह राज्य के सबसे अधिक उत्पादक क्षेत्रों में से एक है। 11वीं शताब्दी में चोल शासकों द्वारा शहर में बड़े पैमाने पर निर्माण कार्य कराया गया था। मराठों के भोंसले परिवार (जिन्होंने 1647 से 1855 तक तंजावुर क्षेत्र पर अधिकार कर लिया) ने आवासीय क्षेत्रों का विस्तार किया। इसके बाद अँगरेज़ों ने क़ब्ज़ा कर लिया और शहर मद्रास प्रेसीडेंसी के अधीन आ गया। वर्तमान में, यह शहर **भरतनाट्यम** और **कर्नाटक** संगीत के उस्तादों द्वारा प्रदर्शित सांस्कृतिक विरासत से पूर्ण है। सुनहरे और लाल रंग पर आधारित तंजावुर शैली चित्रकला के अभ्यासकर्ता यहाँ पाये जाते हैं। शहर के स्थलों में से एक **सरस्वती महल पुस्तकालय** है, जो महल की दीवारों के भीतर है, परंतु इसमें संस्कृत, तमिल और तेलुगु में बड़ी संख्या में प्राचीन और मध्यकालीन पाण्डुलिपियाँ हैं।

बृहदीश्वर मंदिर, तंजावुर

तंजावुर तमिलनाडु में रेशम बुनाई का भी एक महत्त्वपूर्ण केंद्र है। **'थलायत्ती बोम्मई'** या **'डांसिंग डॉल'** (मिट्टी, लकड़ी या प्लास्टिक से बनी गुड़िया) तंजावुर का एक प्रतिष्ठित हस्तशिल्प है।

बाद में जब **तंजावुर के अंतिम मराठा शासक शिवाजी द्वितीय** (1832–55) की वैध पुरुष उत्तराधिकारी के बिना मृत्यु हो गयी, तब **डॉक्ट्रिन ऑफ़ लैप्स** के तहत इस शहर पर **1855 में ब्रिटिश भारत** का क़ब्ज़ा हो गया।

उज्जैन

यह वर्तमान मध्य प्रदेश में स्थित एक प्राचीन शहर है। यह **शिप्रा नदी** के पूर्वी तट पर स्थित है। **महाभारत** के अनुसार, उज्जैन **अवंती साम्राज्य** की राजधानी था।

चौथी शताब्दी ईसा पूर्व में मौर्य सम्राट् **चंद्रगुप्त** ने अवंती पर क़ब्ज़ा कर लिया। उनके पोते अशोक के शिलालेखों में मौर्य साम्राज्य के चार प्रांतों का उल्लेख है और उज्जैन पश्चिमी प्रांत की राजधानी थी। **अशोक** ने अपने पिता **बिंदुसार** के शासनकाल के दौरान **उज्जैन के वायसराय** के रूप में कार्य किया था। उज्जैन पर अनेक साम्राज्यों और राजवंशों ने शासन किया, जिनमें **शुंग, पश्चिमी क्षत्रप, सातवाहन** और **गुप्त** शामिल थे। गुप्त काल के दौरान यह व्यापार, शिक्षा और खगोल विज्ञान का एक प्रमुख केंद्र था। 9वीं-14वीं शताब्दी के दौरान **परमारों** ने अपनी राजधानी **उज्जैन** से **धार** स्थानांतरित कर दी। शहर को **गज़नी के महमूद** द्वारा लूट लिया गया था, जिसने इसे भारत में अपने आक्रमण के दौरान कर देने के लिए विवश किया था। दिल्ली सल्तनत के इल्तुतमिश ने 1235 ई. में शहर को लूटा। **परमार साम्राज्य** के पतन के बाद, उज्जैन **इस्लामी शासन** के अधीन आ गया। **सवाई राजा जय सिंह** ने शहर में **जंतर-मंतर** का निर्माण कराया। यह शहर मध्य भारत का एक महत्त्वपूर्ण शहर बना रहा। 18वीं शताब्दी में उज्जैन **मराठा साम्राज्य** के **सिंधिया** राज्य की राजधानी थी, जब 1731 में **राणोजी सिंधिया** ने अपनी राजधानी उज्जैन में स्थापित की थी। **1801 में होल्कर** और **सिंधिया** के बीच उज्जैन की लड़ाई हुई, जिसमें **सिंधिया पराजित हुए।**

उज्जैन के मुख्य आकर्षणों में से एक **'महाकालेश्वर ज्योतिर्लिंग'** है। यहाँ भगवान् शिव की पूजा की जाती है। यह प्राचीन मंदिरों में से एक है, जिसे **इल्तुतमिश** ने नष्ट कर दिया था और फिर ग्वालियर के सिंधियों द्वारा इसका पुनर्निर्माण करवाया गया था। एक अन्य आकर्षण 'उज्जैन सिंहस्थ' है, जिसे 'उज्जैन कुंभ मेला' के नाम से भी जाना जाता है। इस सिंहस्थ के दौरान, हिंदू पवित्र नदी में स्नान करने के लिए इकत्रित होते हैं। इसका आयोजन 12 वर्ष में एक बार किया जाता है।

शहर के कई मंदिरों की स्वर्ण मीनारों के कारण इस शहर को स्थानीय भाषा में **'स्वर्ण शृंग'** के नाम से भी जाना जाता है। **सूर्य सिद्धांत** के अनुसार, उज्जैन भौगोलिक रूप से ऐसे स्थान पर स्थित है, **जहाँ कर्क रेखा और शून्य देशांतर मध्याह्न एक दूसरे को काटते हैं।** **कालिदास** ने अपने प्रसिद्ध महाकाव्य ***मेघदूतम*** में उज्जैन की समृद्धि और महिमा का वर्णन किया है। **शूद्रक** द्वारा रचित **मृच्छकटिक** में भी उज्जयिनी के नाम का उल्लेख है।

महाकालेश्वर मंदिर, उज्जैन

सोमदेव के *कथासरित्सागर* में इसके अजेय, समृद्ध और अद्भुत दृश्यों से भरपूर होने का उल्लेख है। 8वीं शताब्दी ईसवी में, **उमय्यद ख़लीफ़ा** के अरबों ने कई बार उज्जैन पर आक्रमण किया। अरब लोग इस शहर को **उजैन** कहते थे। मौर्य काल के **उत्तरी काले पॉलिशवाले बर्तन, ताँबे के सिक्के, टेराकोटा रिंग, कुएँ और ब्राह्मी लेख के साथ हाथी दाँत की मुहरें** उज्जैन में उत्खनन में प्राप्त किये गये हैं।

पुरी

संस्कृत में **'पुरी'** शब्द का अर्थ शहर या नगर होता है। यह हिंदुओं के चार धाम तीर्थ स्थलों में से एक है। पुरी अपने प्रसिद्ध **जगन्नाथ मंदिर** के लिए जाना जाता है, जो **भगवान् जगन्नाथ** (भगवान् कृष्ण का एक रूप), उनकी बहन **सुभद्रा** और उनके बड़े भाई **बलभद्र** को समर्पित है। यह मध्यकालीन भारत में एक महत्त्वपूर्ण तीर्थ स्थल और सांस्कृतिक केंद्र था। पुरी में **जगन्नाथ मंदिर** पर आक्रमण धार्मिक कारणों से नहीं, बल्कि मंदिर के ख़ज़ाने को लूटने के लिए 18 बार किया गया।

पहला आक्रमण 8वीं शताब्दी ई. में **राष्ट्रकूट राजा गोविंद तृतीय** द्वारा हुआ और अंतिम आक्रमण 1881 ई. में **अलेख (महिमाधर्म) के एकेश्वरवादी अनुयायियों** द्वारा हुआ। **आदिशंकराचार्य** ने पुरी में **गोवर्धन मठ** की स्थापना की। शहर में कई अन्य *मठ* हैं। 12वीं सदी में **इमरथ मठ** की स्थापना तमिल वैष्णव संत रामानुजाचार्य ने की थी। **भृगु**, **अत्रि** और **मार्कंडेय** जैसे ऋषि इस स्थान से जुड़े हुए हैं। पुरी को स्थानीय तौर पर **'श्री क्षेत्र'** के नाम से जाना जाता है और जगन्नाथ मंदिर को **'बडादेउला'** के नाम से जाना जाता है। अकबर की **आइन-ए-अकबरी** और उसके बाद के मुस्लिम ऐतिहासिक अभिलेखों में इसे **पुरुषोत्तम** के नाम से जाना जाता था। जगन्नाथ मंदिर का निर्माण 12वीं शताब्दी में **पूर्वी गंगा राजवंश** के **राजा अनतवर्मन चोडगंगा देव** द्वारा किया गया था। जगन्नाथ मंदिर को **'यामानिका तीर्थ'** और **'सफ़ेद पैगोडा'** कहा जाता है।

जगन्नाथ मंदिर, पुरी

मदुरै

मदुरै तमिलनाडु में वैगई नदी के तट पर स्थित है। दूसरी शताब्दी ईसा पूर्व के तमिल-ब्राह्मी शिलालेख (**इरावथम महादेवन**) के अनुसार, मदुरै को मतिरे के नाम से जाना जाता है, जो एक पुराना तमिल शब्द है, जिसका अर्थ है **'दीवारोंवाला शहर'**। इस शहर को **'मदुरै'**, **'कूडल'**, **'मल्लीगई माननगर'**, **'नानमदाकुदल'** और **'थिरुलावई'** सहित विभिन्न नामों से जाना जाता है। यह भी माना जाता है कि **मदुरै मरुथम** शब्द का व्युत्पन्न है, जो **संगम युग** के परिदृश्य के प्रकार को दर्शाता है। मदुरै का उल्लेख महान् ग्रंथ **महावंश** और **कौटिल्य के अर्थशास्त्र** में किया गया है। इसे **'थोंगा नगरम'** के नाम से भी जाना जाता है, जिसका अर्थ है **'वह शहर जो कभी नहीं सोता'**। ***मदुरैक्कनसी*** जैसे संगम साहित्य में पांड्य राजवंश की राजधानी के रूप में मदुरै के महत्त्व का उल्लेख है। **पहला संगम** मदुरै में आयोजित किया गया था। मदुरै अपने **मीनाक्षी अम्मन मंदिर** के लिए भी जाना जाता है। मदुरै को मुख्यतः **वैष्णव** शहर माना जाता है। वैष्णव ग्रंथों में इसे अक्सर **'दक्षिणी मथुरा'** कहा जाता है।

मीनाक्षी मंदिर, मदुरै

अयोध्या

यह एक प्राचीन शहर और एक महत्त्वपूर्ण धार्मिक केंद्र है, जिसे हिंदू धर्म में **भगवान् राम** की जन्मभूमि के रूप में जाना जाता है। अयोध्या को ऐतिहासिक रूप से साकेत के नाम से जाना जाता था। **संयुक्त निकाय** और **अंगुत्तर निकाय** में उल्लेख है कि बुद्ध ने कई बार साकेत में निवास किया था। आरंभिक जैन विहित ग्रंथों जैसे- **अंतगदा-दसाओ**, **अनुत्तरोवावैया-दसाओ** और **विवागसूय** में उल्लेख है कि महावीर ने साकेत का भी दौरा किया था। यह शहर भारत के उत्तर प्रदेश राज्य में सरयू नदी के तट पर स्थित है। यह **कोशल महाजनपद** का एक महत्त्वपूर्ण नगर था।

द्वारसमुद्र

यह कर्नाटक के हासन ज़िले में स्थित एक ऐतिहासिक रूप से महत्त्वपूर्ण शहर है। **द्वारसमुद्र** को अब **हेलेबिदु** के नाम से जाना जाता है। होयसल शासक **विष्णुवर्धन (बिट्टीदेव)** ने 12वीं शताब्दी के आस-पास **द्वारसमुद्र** को राजधानी के रूप में स्थापित किया। यह **होयसल वास्तुकलावाले हिंदू** और **जैन** मंदिरों के लिए प्रसिद्ध है। 1311 ईसवी में **मलिक काफ़ूर** ने अपने **दक्षिणी अभियान** के दौरान होयसल की राजधानी द्वारसमुद्र पर घेरा डाला और **शासक वीर बल्लाला तृतीय** को हराया।

तिरुवरंगम

कावेरी नदी पर एक द्वीप शहर, यह प्रसिद्ध **रंगनाथस्वामी मंदिर** का घर है। **श्री रंगनाथस्वामी मंदिर** एक हिंदू मंदिर है, **जो रंगनाथ (विष्णु का एक रूप)** को समर्पित है। इसमें **द्रविड़ स्थापत्य शैली** है। यह 108 मंदिरों में से एकमात्र है, जिसकी प्रशंसा सभी **आलवरों (भक्ति आंदोलन के कवि-संत)** द्वारा गायी गयी थी। इसके नाम के सामने **247 पाशुराम (दिव्य भजन)** हैं।

रंगनाथस्वामी मंदिर, तिरुवरंगम

शिशुपालगढ़

यह ओडिशा में **भुवनेश्वर** शहर के पास स्थित है। यह कभी कलिंग (ओडिशा का प्राचीन नाम) की राजधानी थी। शिशुपालगढ़ 2000 वर्ष पुराना शहर है। इसे **खारवेल के कलिंगनगर** और **अशोक के तोसाली** के नाम से जाना जाता है। यह भारत के सबसे विशाल और संरक्षित प्राचीन दुर्गों में से एक है। 1948 में, क़िलेबंदी के अवशेषों की खोज **बी.बी. लाल (भारतीय पुरातत्त्वविद्)** ने की थी। शिशुपालगढ़ का निर्माण **जल दुर्ग (जल क़िला)** पर आधारित था। जल दुर्ग एक जल निकाय के भीतर एक प्रकार का दुर्ग या क़िला है।

नालंदा

यह भारत के मध्य भाग में बिहार के नालंदा ज़िले में स्थित था। यह शहर मुख्य रूप से **बौद्ध शिक्षा और प्रचार में योगदान** के लिए प्रसिद्ध था। नालंदा महाविहार का निर्माण **5वीं शताब्दी** ईसा पूर्व में **गुप्त वंश के कुमारगुप्त** ने करवाया था। उस समय के प्रमुख शासकों, जैसे **कन्नौज के राजा हर्षवर्द्धन, पाल शासकों** और कई विद्वानों ने नालंदा को संरक्षण दिया। नालंदा महाविहार प्राचीन भारत के सबसे प्राचीन और सबसे बड़े विश्वविद्यालयों में से एक था।

नालंदा महाविहार के खंडहर

कौशांबी

यह **वत्स साम्राज्य** की राजधानी थी। यह वर्तमान उत्तर प्रदेश में स्थित थी। **दीघ निकाय के महापरिनिब्बान सुत्त** और **महासुदासन सुत्त** में उल्लेख है कि कौशांबी उस युग का एक महत्त्वपूर्ण नगर था। कौशांबी शिक्षा का एक महत्त्वपूर्ण केंद्र थी। नगर में कई प्रसिद्ध बौद्ध विद्वान् और दार्शनिक रहते थे। **गंगा** और **यमुना के संगम के पास** इसकी रणनीतिक स्थिति ने इसे व्यापार का एक महत्त्वपूर्ण केंद्र बना दिया। कौशांबी में भारतीय पुरातत्त्व सर्वेक्षण (एएसआई) द्वारा की गयी पुरातात्त्विक खुदाई में प्राचीन **स्तूपों, मठों, मंदिरों और अन्य संरचनाओं** के अवशेष प्राप्त हुए हैं, जो इसकी समृद्ध विरासत और सांस्कृतिक अतीत के बारे में बहुमूल्य जानकारी प्रदान करते हैं।

कौशांबी

पाटलिपुत्र

पाटलिपुत्र (आधुनिक पटना) मूल रूप से 490 ईसा पूर्व में **हर्यक शासक अजातशत्रु** द्वारा निर्मित था। मगध राजा **उदयिन** या **उदयभद्र** ने दो नदियों, **सोन** और **गंगा** के संगम पर शहर की नींव रखी। उन्होंने अपनी राजधानी भी **राजगृह से पाटलिपुत्र** स्थानांतरित कर दी। बाद में, यह **शिशुनाग, नंद, मौर्य** और **पाल** जैसे कई राजवंशों की राजधानी बनी। **मेगस्थनीज** के अनुसार, पाटलिपुत्र में **अत्यधिक कुशल स्थानीय स्वशासन** था। इसकी अवस्थिति ने इसे मगध काल के दौरान भारत-गंगा के मैदानी क्षेत्रों के नदी व्यापार पर हावी होने में सहायता की। यह व्यापार और वाणिज्य का एक बड़ा केंद्र था और व्यापारियों को आकर्षित करता था। अशोक के शासनकाल के दौरान, यह दुनिया के सबसे बड़े शहरों में से एक था। **तीसरी बौद्ध परिषद्** 250 ईसा पूर्व **मौर्य वंश के सम्राट् अशोक** के संरक्षण में पाटलिपुत्र में हुई थी। परिषद् की अध्यक्षता **मोगलीपुत्त तिस्सा** ने की। बाद के चरण में **शेरशाह सूरी** ने पाटलिपुत्र को अपनी राजधानी बनाया और इसका नाम बदलकर **पटना** कर दिया।

पाटलिपुत्र में उत्खनन के महत्त्वपूर्ण स्थलों में **कुम्रहार** और **बुलंदी बाग़** शामिल हैं। माना जाता है कि **अशोक का नरक** (*सुंदर महल के रूप में प्रच्छन्न एक विस्तृत यातना कक्ष*) पाटलिपुत्र में उनके प्रारंभिक शासनकाल के दौरान अशोक की एक अन्य रचना है।

कुम्रहार में महल का स्थल

ताम्रलिप्ति (तमलुक)

ताम्रलिप्ति (जिसे **ताम्रलिप्त** भी कहा जाता है) पश्चिम बंगाल के दक्षिणी भाग में स्थित है। इसका नाम संस्कृत शब्द **'ताम्र'** या ताँबे से लिया गया है। ताम्रलिप्ति का उल्लेख ग्रीक खगोलशास्त्री-भूगोलवेत्ता **टॉलेमी**, **रोमन लेखक और दार्शनिक प्लिनी और चीनी भिक्षु यात्री फाहियान**, **ह्वेन त्सांग और यी जिंग** द्वारा कई बार किया गया है। इस शहर का उल्लेख **दंडिन** द्वारा ***दशकुमारचरित***, **कालिदास** द्वारा ***रघुवंश***, **सोमदेव भट्ट** द्वारा ***कथासरित्सागर***, **कौटिल्य** द्वारा ***अर्थशास्त्र***, **वराहमिहिर** द्वारा ***बृहत्-संहिता***, ***महावंश*** और ***दीपवंश*** आदि में भी किया गया है। यह पश्चिम बंगाल के वर्तमान पूर्वी मेदिनीपुर ज़िले में एक **प्राचीन बंदरगाह** शहर था। यह पूर्वी भारत में **गुप्त युग** का **एक बंदरगाह** भी था।

एक महल के खंडहर जिसे स्थानीय तौर पर राजबाड़ी, ताम्रलिप्ति के नाम से जाना जाता है

पाणिनि की अष्टाध्यायी में कहा गया है कि **उत्तरपथ** उत्तर-पश्चिम भारत से बंगाल की खाड़ी में ताम्रलिप्ति के बंदरगाह तक फैला हुआ है। यह 639 **ईसवी में ह्वेन त्सांग** द्वारा दौरा किये गये बौद्ध राज्यों में से एक था। ह्वेन त्सांग के अनुसार, ताम्रलिप्ता बंदरगाह से मुख्य निर्यात **नील**, **रेशम** और **ताँबा** था। जैन ग्रंथों का कहना है कि ताम्रलिप्ति **वंगा साम्राज्य की राजधानी** थी। **भारतीय पुरातत्त्व सर्वेक्षण (एएसआई)** द्वारा की गयी खुदाई में इस क्षेत्र में टूटे हुए फ़र्श के स्तर और रिंग कुओं की खोज हुई है।

मध्य मध्यकालीन काल (13वीं-16वीं शताब्दी)

दौलताबाद

इसे **देवगिरी** के नाम से भी जाना जाता है। ऐसा कहा जाता है कि इसकी स्थापना **भीलमा वी (एक यादव राजकुमार)** ने की थी, जिन्होंने **चालुक्यों** के प्रति अपनी निष्ठा त्याग दी और **पश्चिम में यादव राजवंश** की शक्ति स्थापित की और शहर को राजधानी बनाया। 1308 **ईसवी में**, शहर पर **अलाउद्दीन ख़िलजी** ने क़ब्ज़ा कर लिया था। यह **मुहम्मद बिन तुग़लक़** के अधीन दिल्ली सल्तनत की राजधानी बन गया। मुहम्मद बिन तुग़लक़ ने एक बार अपनी राजधानी दिल्ली से **दौलताबाद** स्थानांतरित कर दी थी। 1499 ईसवी में **दौलताबाद अहमदनगर सल्तनत** का हिस्सा बन गया।

दौलताबाद क़िला, महाराष्ट्र

माण्डवगढ़

माण्डवगढ़ पश्चिमी मध्य प्रदेश के **मालवा** और **निमाड़** क्षेत्र में **धार ज़िले** के वर्तमान मांडव क्षेत्र में एक प्राचीन शहर है। यह 6वीं शताब्दी में **परमार राजाओं द्वारा बनाया गया एक चारदीवारीवाला शहर** था। 10वीं और 11वीं शताब्दी में परमारों के शासनकाल में इसे लोकप्रियता मिली। **रूपमती का मंडप, बाज बहादुर का महल, दरिया ख़ान का मक़बरा परिसर, श्री माण्डवगढ़ तीर्थ, होशंग शाह का मक़बरा, हिंडोला महल** आदि माण्डवगढ़ के कुछ उल्लेखनीय स्थल हैं।

मांडू, मध्य प्रदेश में स्मारक

हम्पी

हम्पी एक क़िलेबंद शहर था, जो 14वीं शताब्दी में **विजयनगर साम्राज्य** की राजधानी था। यह मध्य कर्नाटक के पूर्वी भाग में **तुंगभद्रा नदी** के तट पर स्थित है। **नित्तूर** और **उडेगोलन** में सम्राट् अशोक के **शिलालेखों के अनुसार**, यह क्षेत्र तीसरी शताब्दी ईसा पूर्व के दौरान **मौर्य साम्राज्य** का हिस्सा था। इस शहर को **पंपा क्षेत्र, किष्किंधा क्षेत्र और भास्कर क्षेत्र** के नाम से भी जाना जाता है। ये नाम प्रसिद्ध **नदी पंपा**, जो **तुंगभद्रा नदी** का पुराना नाम था, से लिया गया है। हम्पी के मंदिरों की एक अनूठी विशेषता खंभोंवाले मंडपों की कतार से घिरी चौड़ी रथ सड़कें हैं। हम्पी में सबसे प्रतिष्ठित मंदिर परिसर **विट्ठला मंदिर परिसर** है, जिसमें **पत्थर का रथ** है। **कर्नाटक पर्यटन विभाग** इसे **कर्नाटक पर्यटन के लोगो (logo)** के रूप में उपयोग करता है।

स्मारकों को तीन भागों में विभाजित किया जा सकता है : **धार्मिक, नागरिक एवं सैन्य**। सैन्य क़िलेबंदी में कई गढ़ और प्रवेश द्वार हैं और कई आवास क्षेत्र हैं, जिन्हें भारतीय पुरातत्त्व सर्वेक्षण द्वारा सीमांकित किया गया है। यहाँ कई हिंदू मंदिर हैं, जैसे **अच्युतराय मंदिर, बदवी लिंग मंदिर, चंद्रमौलेश्वर मंदिर, हजारा राम मंदिर परिसर** आदि।

विट्ठलस्वामी मंदिर परिसर के भीतर पत्थर का रथ

हजारा राम मंदिर, हम्पी

15वीं सदी के आरंभ में जब राजधानी पीने के पानी और सिंचाई के लिए पानी की कमी से जूझ रही थी, तब विजयनगर के राजा **देवराय प्रथम** ने तुंगभद्रा नदी पर एक बाँध का निर्माण कराया था और उन्होंने तुंगभद्रा नदी से राजधानी तक 24 किमी. लंबा एक जलसेतु भी बनवाया था। विजयनगर के एक अन्य राजा कृष्णदेवराय ने 16वीं शताब्दी में तुंगभद्रा नदी के किनारे बाढ़ सुरक्षा दीवारें भी बनवायीं।

(अध्याय 01 में भी वर्णित)

फ़तेहपुर सीकरी

इस शहर की स्थापना 1571 ईसवी में **मुग़ल सम्राट् अकबर** ने की थी और यह **1571 ईसवी से 1585 ईसवी तक मुग़ल साम्राज्य की राजधानी** के रूप में कार्य करता था। फ़तेहपुर सीकरी आगरा के निकट स्थित है। यह एक क़िलेबंद शहर है। फ़तेहपुर सीकरी में पाया गया **बुलंद दरवाज़ा** दुनिया का सबसे ऊँचा प्रवेश द्वार है। इसकी ऊँचाई 54 मीटर है और यह शहर की स्थापत्य शैली का एक अभिन्न अंग है। फ़तेहपुर सीकरी, जिसका अर्थ है **'विजय का शहर'**, का नाम **1573 में अकबर के विजयी गुजरात अभियान** के बाद रखा गया है। यह ऐतिहासिक शहर अब **UNESCO विश्व धरोहर स्थल** है और आगरा के सबसे लोकप्रिय पर्यटन स्थलों में से एक है।

बुलंद दरवाज़ा

(अध्याय 01 में अधिक विवरण दिया गया है)

बीदर

ऐसा प्रतीत होता है कि बीदर नाम **'बिदिरू'** से लिया गया, जिसका अर्थ **बाँस** होता है। ऐसा माना जाता है कि बीदर मौर्य साम्राज्य का एक हिस्सा था। मौर्य शासन के बाद **सातवाहन, कदंब, बादामी के चालुक्य** और बाद में राष्ट्रकूटों ने बीदर में शासन किया। यह कुछ समय के लिए बहमनी सल्तनत की राजधानी था। बीदर **इस्लामी कला** और संस्कृति का भी केंद्र था। **बहमनियों और विजयनगर साम्राज्य** के बीच अक्सर युद्ध होते रहते थे। **बहमनी वंश** के **सुल्तान अहमद शाह वली बहमनी** ने अपनी राजधानी **गुलबर्गा से बीदर** स्थानांतरित कर दी। 1724 ईसवी में, बीदर **निज़ाम** के **आसफ़ जाही** साम्राज्य का हिस्सा बन गया।

गौर

यह पश्चिम बंगाल का एक ऐतिहासिक शहर है। **गौड़ साम्राज्य** की स्थापना **राजा शशांक** ने की थी, जिनका शासनकाल **बंगाली कैलेण्डर** की शुरुआत से मेल खाता है। ऐसा माना जाता है कि 1500 ईसवी के दौरान, गौर दुनिया का पाँचवाँ सबसे अधिक आबादीवाला शहर था। मुग़ल सम्राट् हुमायूँ ने इस शहर पर आक्रमण किया और इसका नाम बदलकर **जन्नताबाद** (**'स्वर्गीय शहर'**) रख दिया। इस पर 1203 ईसवी में **ग़ौरी शासक मुहम्मद ग़ौर** के **लेफ़्टिनेंट बख़्तियार ख़िलजी** ने

क़ब्ज़ा कर लिया था। इस पर शेर शाह सूरी ने भी आक्रमण किया था। बंगाल के **पाल और सेन** राजवंशों ने इस शहर पर शासन किया था। **सेन राजवंश के दौरान गौड़ को लखनौती के नाम से जाना जाता था। यह नाम सेन शासक लक्ष्मण सेन के सम्मान में रखा गया था। इस शहर के खंडहर पश्चिम बंगाल के मालदा ज़िले और बांग्लादेश के राजशाही डिवीज़न के चपाई नवाबगंज ज़िले के बीच अंतरराष्ट्रीय सीमा के रूप में कार्य करते हैं। गौर में कोतवाली गेट भारत और बांग्लादेश** के बीच सीमा चौकी है। इस स्थान पर विभिन्न स्मारक हैं।

बीजापुर

इसकी स्थापना **10वीं-11वीं शताब्दी में कल्याणी के चालुक्यों** द्वारा की गयी थी और इसे *विजयपुरा* **(विजय का शहर)** के रूप में जाना जाता था। **चालुक्य के निधन के बाद** यह शहर **यादवों को सौंप दिया गया। बहमनी सल्तनत** ने 1347 ईसवी में शहर पर क़ब्ज़ा कर लिया। **बहमनी सल्तनत** के विभाजन के बाद, **बीजापुर सल्तनत** ने शहर पर शासन किया। बीजापुर सबसे पहले 13वीं शताब्दी के अंत में **अलाउद्दीन ख़िलजी** के प्रभाव में आया और फिर 1347 ईसवी में बीदर के बहमनी राजाओं के अधीन रहा। 1518 ईसवी में, बहमनी सल्तनत पाँच अलग राज्यों में विभाजित हो गयी, जिन्हें **दक्कन सल्तनत** के नाम से जाना जाता है। बीजापुर उनमें से एक था। इस पर **आदिल शाही वंश (1490-1686)** के राजाओं का शासन था। **यूसुफ़ आदिल शाह** बीजापुर के स्वतंत्र राज्य के संस्थापक थे। बीजापुर की प्रसिद्ध वास्तुकलाएँ **बीजापुर क़िला, बारा कमान, जामा मस्जिद** और **गोल गुम्बज़** हैं।

वारंगल

वारंगल **काकतीय साम्राज्य** की राजधानी था, जिसने 12वीं और 14वीं शताब्दी के बीच शासन किया था। यह एक समृद्ध शहर था, जो अपने **प्रभावशाली क़िले और सिंचाई टैंकों** के लिए जाना जाता था। **काकतीय साम्राज्य के प्रोला राजा** 12वीं शताब्दी में शहर के अद्‌भुत निर्माण के लिए ज़िम्मेदार हैं। वारंगल में महत्त्वपूर्ण स्मारक और स्थापत्य संरचनाएँ, जैसे वारंगल क़िला, **स्वयंभू मंदिर** और कई अन्य प्राचीन संरचनाएँ **काकतीय** द्वारा बनायी गयी थीं। वर्ष 2013 में, वारंगल को **UNESCO द्वारा विश्व धरोहर शहर का दर्जा** प्राप्त हुआ। पर्यटन मंत्रालय ने शहर को सर्वश्रेष्ठ विरासत शहर के रूप में मान्यता दी।

नागार्जुनकोंडा

नागार्जुनकोंडा का अर्थ है **नागार्जुन पहाड़ी**। यह एक ऐतिहासिक शहर (वर्तमान में एक द्वीप) है और **आंध्र प्रदेश के पालनाडु ज़िले में नागार्जुन सागर** के निकट स्थित है। इसे **विजयपुरी** के नाम से भी जाना जाता है। यह **इक्ष्वाकु साम्राज्य** की राजधानी थी।

इस स्थान का पुराना नाम **चिरायु** था। यह **कृष्णा नदी** के दक्षिणी तट पर स्थित है। यह भारत के सबसे समृद्ध बौद्ध स्थलों में से एक है। बाद के सातवाहन राजाओं जैसे **गौतमीपुत्र सातकर्णी, पुलुमावी और यज्ञ सातकर्णी** द्वारा जारी किये गये सिक्के नागार्जुनकोंडा में पाये गये हैं। **गौतमीपुत्र सातकर्णी** का एक शिलालेख, जो उनके छठे शासन वर्ष का है, उस स्थल पर खोजा गया था, जो नागार्जुनकोंडा में बौद्ध धर्म के प्रसार को सिद्ध करता है। **कश्मीर, गांधार, चीन, श्रीलंका और असम** से बौद्ध छात्र यहाँ सीखने के लिए आते थे। माना जाता है कि **महाचेत्य स्तूप** (नागार्जुनकोंडा का एक प्रमुख स्तूप) में बुद्ध के बहुमूल्य अवशेष हैं। 1926 ईसवी में, **ए. आर. सरस्वती नागार्जुनकोंडा खंडहरों** की खोज करनेवाले पहले पुरातत्त्वविद् थे। यहाँ **पुरापाषाण** और **नवपाषाणकालीन** उपकरणों के साथ **'अश्वमेध' यज्ञ वेदी** की खोज की गयी है।

उत्तर मध्यकालीन काल (16वीं शताब्दी से)

आगरा

आगरा एक प्रमुख नगर बन गया और मुख्य रूप से मुग़ल सम्राटों अकबर, जहाँगीर और शाहजहाँ के अधीन राजधानी के रूप में कार्य किया। हिंदू इतिहास का दावा है कि संस्कृत शब्द **'आगरा'** का अर्थ उन कई उपवनों और छोटे जंगलों में से पहला है, जहाँ कृष्ण ने वृंदावन की गोपियों के साथ विहार किया था। आगरा में ऐतिहासिक काल **सिकंदर लोदी के शासनकाल** के दौरान शुरू हुआ। मुग़ल काल के दौरान, आगरा **कला, वाणिज्य और धार्मिक** शिक्षा का केंद्र बन गया। **मुग़ल काल में** आगरा को **अकबराबाद** के नाम से भी जाना जाता था। आगरा के प्रसिद्ध स्थान **ताज महल** (शाहजहाँ द्वारा निर्मित), **आगरा क़िला** (इसे 1983 में **UNESCO विश्व धरोहर स्थल** के रूप में अंकित किया गया था) आदि हैं। कई वास्तुशिल्प विशेषज्ञों का तर्क है कि **एतमादुद्दौला का मक़बरा**, जो आगरा में स्थित है, ने ताज महल के मूल डिज़ाइन को प्रेरित किया। महँगे **मकराना** संगमरमर और कीमती रत्नों का उपयोग करके जड़ा हुआ काम इस स्मारक को अलौकिक रंग देता है। भारत सरकार के पर्यटन विभाग ने आगरा को **'स्वर्णिम त्रिभुज'** के एक बिंदु के रूप में शामिल किया है। अन्य दो बिंदु जयपुर और दिल्ली हैं। ये बिंदु वे शहर हैं, जो उत्तरी भारत में पर्यटन का केंद्र हैं और भारत में सबसे अधिक संख्या में पर्यटकों को आकर्षित करते हैं। आगरा में **चीनी का रौज़ा** और **मेहताब बाग़** जैसे कई अल्पतर प्रसिद्ध स्मारक हैं, जिनका निर्माण मुग़लों द्वारा किया गया था। आगरा मुग़ल दरबार में आनेवाले ईसाई मिशनरियों का भी केंद्र था। उन्होंने **द कैथेड्रल ऑफ़ द इमैक्युलेट कॉन्सेप्शन** जैसे सुंदर गिरजाघरों की स्थापना की। यह शहर कई मेलों और त्योहारों का भी घर है, जो आगरा की संस्कृति और अर्थव्यवस्था की रीढ़ हैं। उनमें से सबसे प्रमुख है- **ताज महोत्सव**, जो ताज महल की पृष्ठभूमि पर आधारित है और देश भर के कारीगरों को अपना काम प्रदर्शित करने का अवसर देता है। **ताज लिटरेचर फ़ेस्टिवल** जैसे अन्य प्रमुख कार्यक्रम भी उल्लेखनीय हैं। यह शहर क्रमिक रूप से पहले **मराठों** और बाद में **ईस्ट इंडिया कंपनी** के अधीन रहा।

जयपुर

यह शहर पहले **जेयपोर** के नाम से जाना जाता था। जयपुर उत्तर में **नाहरगढ़ पहाड़ियों** और पूर्व में **झालाना** से घिरा हुआ है, जो अरावली पर्वतमाला का एक हिस्सा है। इसकी स्थापना **1727 में महाराजा सवाई जय सिंह द्वितीय (आमेर के राजा)** ने की थी। **विद्याधर भट्टाचार्य** के मार्गदर्शन के पश्चात्, जयपुर की योजना ***वास्तु शास्त्र*** और ***शिल्प शास्त्र*** के सिद्धांतों के आधार पर बनायी गयी थी। इसकी अधिकांश **वास्तुकला मुग़लों से काफ़ी मिलती-जुलती** है, क्योंकि यह उत्तरी भारत में मुग़ल शासन के दौरान 17वीं शताब्दी के **वास्तुशिल्प पुनर्जागरण** से प्रभावित थी। 1876 में **वेल्स के राजकुमार अल्बर्ट एडवर्ड** (जो बाद में किंग एडवर्ड सप्तम, भारत के सम्राट् बने) **के स्वागत के लिए सवाई राम सिंह द्वितीय** के शासनकाल के दौरान शहर को **गुलाबी रंग** से रंगा गया था। **जयपुर पश्चिम गोल्डन ट्रायंगल पर्यटक सर्किट** का एक हिस्सा है। **दिल्ली और आगरा** के साथ सी. वी. रमन ने जयपुर को **वैभव का द्वीप** कहा था। **लहरिया साड़ियाँ, बंधनी दुपट्टा, मीनाकारी काम की वस्तुएँ, नीली मिट्टी के बर्तन, लाख की चूड़ियाँ, लघु चित्रकारी** आदि जयपुर में पायी जानेवाली कुछ प्रतिष्ठित वस्तुएँ हैं।

मुर्शिदाबाद

यह **भागीरथी नदी** के पूर्वी तट पर स्थित है। शहर का नाम इसके संस्थापक **नवाब मुर्शिद कुली ख़ान** के नाम पर रखा गया था। यह **70 वर्षों** तक बंगाल के नवाबों की राजधानी रहा। यह प्राचीन बंगाल में **गौड़ साम्राज्य** और **वंगा साम्राज्य** का हिस्सा था। **रियाज़-उस-सलातीन** (बंगाल में मुसलमानी शासन पर ब्रिटिश-युग की ऐतिहासिक पुस्तक) के अनुसार, इस शहर के विकास का श्रेय **मख़सूस ख़ान** नामक एक व्यापारी को दिया जाता है। उनकी भूमिका का उल्लेख **आइन-ए-अकबरी** में भी किया गया है। नवाब मुर्शिद कुली ख़ान ने मुर्शिदाबाद को एक कुशल प्रशासनिक तंत्र के साथ एक राजधानी बनाया। बंगाल के अंतिम स्वतंत्र नवाब, **सिराज-उद-दौला** को 1757 ईसवी में परास्त किया गया था। हालाँकि उन्हें **फ़्रांसीसियों से आश्वासन** मिला था, लेकिन उनके कमांडर **मीर जाफ़र** ने उनके साथ विश्वासघात किया था। शहर का पतन तब आरंभ हुआ, जब **बंगाल के अंतिम स्वतंत्र नवाब सिराज-उद-दौला** को 1757 ईसवी में **प्लासी की लड़ाई** में अँगरेज़ों ने हरा दिया। यह **कृषि, हस्तशिल्प और रेशम उत्पादन** के लिए एक प्रसिद्ध केंद्र है। **प्रसिद्ध मुर्शिदाबाद रेशम** दुनिया भर में लोकप्रिय है। यह **शहर रेशम, हाथी दाँत और अन्य मूल्यवान वस्तुओं** के व्यापार का केंद्र है। मुर्शिदाबाद के प्रसिद्ध स्थान **हज़ारदुआरी महल, कटरा मस्जिद, काठगोला गार्डन, मोतीझील पार्क, चार बंगला मंदिर, इमामबाड़ा, ख़ोश बाग़, जगत सेठ का घर** आदि हैं।

दिल्ली - सात बहनों का शहर

हालाँकि दिल्ली मध्ययुगीन काल से पहले भी एक शहर के रूप में अस्तित्व में थी, लेकिन **तोमर, चौहान** और **दिल्ली सल्तनत** सहित विभिन्न राजवंशों के तहत इसे एक राजनीतिक और प्रशासनिक केंद्र के रूप में प्रसिद्धि मिली। **दिल्ली की स्थापना अनंगपाल तोमर ने 1052 ईसवी में** की थी। **तोमर राजवंश** की स्थापना दिल्ली में **अनंगपाल तोमर** ने 8वीं शताब्दी के प्रारंभ में की थी और राजधानी हरियाणा का अनंगपुर गांव थी। **अनंगपुर बाँध** उनके शासनकाल के दौरान बनाया गया था और **सूरजकुंड** प्राचीन जलाशय उनके बेटे सूरजपाल के शासनकाल के दौरान बनाया गया था। 1180 ईसवी में, **अजमेर** के **राजपूत चाहमान राजाओं** ने **लाल कोट** पर क़ब्ज़ा कर लिया और इसका नाम बदलकर क़िला **राय पिथौरा** रख दिया। 1192 ईसवी में **तराइन** की **दूसरी लड़ाई** में **मुहम्मद ग़ोरी ने पृथ्वीराज चौहान** को पराजित किया और राजपूतों को हराकर उत्तरी भारत में मुस्लिम सत्ता स्थापित की। 1206 ईसवी में, **कुतुब-उद-दीन-ऐबक** द्वारा स्थापित **गुलाम राजवंश** के तहत दिल्ली, दिल्ली सल्तनत की राजधानी बन गयी।

हिंदू महाकाव्य **महाभारत** के अनुसार, **इंद्रप्रस्थ** नामक शहर, *'देवता इंद्र का शहर'*, पांडवों की राजधानी थी। ऐसी प्रबल मान्यता है कि पुराना क़िला प्राचीन इंद्रप्रस्थ स्थल पर बनाया गया था। साइट पर उत्तरी **काले पॉलिशवाले बर्तनों (Northern Black Polished Ware)** (700-200 ईसा पूर्व) की खुदाई की गयी है, और सतह पर चित्रित **भूरे बर्तन के टुकड़े** पाये गये हैं, जो और भी पुरानी बस्ती का सुझाव देते हैं, जो संभवतः 1000 ईसा पूर्व की है। ऐतिहासिक अभिलेखों के अनुसार अब तक दिल्ली के सात शहरों को मान्यता दी गयी है।

इंद्रप्रस्थ

महाभारत में इंद्रप्रस्थ का उल्लेख एक गौरवशाली राज्य के रूप में किया गया था। **अल्फ्रेड कनिंघम** के अनुसार इंद्रप्रस्थ की स्थापना 1500 ईसा पूर्व में राजा **युधिष्ठिर** ने की थी। यह यमुना नदी के तट पर स्थित था। ऐसा माना जाता है कि इसका उल्लेख **टॉलेमी के भूगोल** में दूसरी शताब्दी ईसवी में **'इंदाबारा'** शहर के रूप में किया गया है, जो संभवतः प्राकृत रूप **'इंदापट्टा'** से लिया गया है। भारतीय इतिहासकार उपिंदर सिंह ने इंद्रप्रस्थ के साथ इंदाबारा के इस समीकरण को 'प्रशंसनीय' बताया। प्राचीन इंद्रप्रस्थ **कुरु महाजनपद** की राजधानी था। **बौद्ध साहित्य में इंद्रप्रस्थ को इंदपट्ट** के नाम से जाना जाता था। इंद्रप्रस्थ के स्थल के बारे में अनिश्चितता है, किंतु वर्तमान नयी दिल्ली में पुराना क़िला का सम्पूर्ण परिसर संभवतः इंद्रप्रस्थ शहर था। भारतीय पुरातत्त्व सर्वेक्षण ने वर्तमान नयी दिल्ली में पुराने क़िले के पास कुछ खुदाई की। **पुराने क़िले** के पास की खुदाई से यह तथ्य पता चलता है कि इंद्रप्रस्थ में बसावट लगभग 2,500 वर्षों तक जारी रही।

पुराना क़िला परिसर (इंद्रप्रस्थ का हिस्सा)

दिल्ली के सात शहर

ऐतिहासिक अभिलेखों के अनुसार, दिल्ली के सात शहर हैं-

- क़िला राय पिथौरा अथवा लालकोट सिरी
- तुग़लक़ाबाद
- जहाँपनाह
- फ़िरोज़ाबाद
- शेरगढ़ या दिल्ली शेर-शाही
- शाहजहानाबाद

शहर	विवरण
क़िला राय पिथौरा अथवा लालकोट	10वीं शताब्दी में स्थापित, दिल्ली के पहले शहर को दर्ज ऐतिहासिक तथ्यों की उपलब्धता के कारण मान्यता मिली। इस शहर की स्थापना पृथ्वीराज चौहान ने की थी, जिन्हें राय पिथौरा के नाम से भी जाना जाता था। दिल्ली प्रारंभ में तोमर राजपूतों के अधीन थी, जिनके हाथों से पृथ्वीराज के पूर्वजों ने इसे छीन लिया था। अनंगपाल, एक तोमर शासक ने संभवत: पहली ज्ञात नियमित रक्षा - लाल कोट बनायी थी, जिस पर पृथ्वीराज चौहान ने क़ब्ज़ा कर लिया था और उन्होंने इसे क़िला राय पिथौरा तक बढ़ा दिया था। हालाँकि, पृथ्वी राज चौहान ने दिल्ली से शासन नहीं किया। उनके राज्य की राजधानी अजमेर में स्थित थी। क़िला राय पिथौरा के विशाल क़िले के खंडहर कुतुब मीनार के पास स्थित हैं।
सिरी	ख़िलजी वंश के विभिन्न शासकों में अलाउद्दीन ख़िलजी सबसे प्रसिद्ध हैं। उन्हें 14वीं शताब्दी के आरंभ में दिल्ली का दूसरा शहर अर्थात् सिरी बनाने का श्रेय दिया जाता है। इस काल में निर्मित वास्तुकला पर सल्जुक शैली का प्रभाव हावी रहा। ऐसा तब हुआ जब पश्चिम-एशिया में सल्जूक राजवंश के कारीगरों ने, मंगोल आक्रमणों से जूझते हुए, दिल्ली दरबार में शरण ली और इसकी वास्तुकला में योगदान दिया। सिरी क़िला आज मोटी पत्थर की दीवारों और हौज़ ख़ास नामक जलाशय द्वारा दर्शाया जाता है।
तुग़लक़ाबाद	ग़यासुद्दीन तुग़लक़ ने 14वीं शताब्दी के दूसरे दशक में राजसी और भव्य तुग़लक़ाबाद की स्थापना की। उन्होंने यहाँ एक क़िला बनवाया, जिसके अवशेष आज भी अस्तित्व में हैं। वह तुग़लक़ वंश के विभिन्न शासकों में से प्रथम थे।
जहाँपनाह	ग़यासुद्दीन तुग़लक़ के पुत्र मुहम्मद-बिन-तुग़लक़ ने 14वीं शताब्दी के पूर्वार्द्ध में जहाँपनाह का निर्माण कराया था। जहाँपनाह क़िला राय पिथौरा और सिरी के बीच एक दीवार का घेरा है। इसे अक्सर दिल्ली का चौथा शहर कहा जाता है।
फ़िरोज़ाबाद	तुग़लक़ वंश के अगले शासक, मुहम्मद-बिन-तुग़लक़ के चचेरे भाई, फ़िरोज़ शाह तुग़लक़ ने फ़िरोज़ाबाद या फ़िरोज़ शाह कोटला नाम से दिल्ली का 5वाँ शहर बनाया। इसका निर्माण 14वीं सदी के दूसरे भाग में यमुना नदी के निकट हुआ था। यह ऊँची दीवारों के घेरे से बना है, जिसमें महल, स्तंभवाले महाकक्ष, मस्जिद, एक कबूतर टॉवर और एक पानी की टंकी है। महल के शीर्ष पर एक अशोक स्तंभ बना हुआ है। फ़िरोज़ शाह ने कुतुब मीनार, नसीरुद्दीन महमूद के सुल्तान-ए-गढ़ी मक़बरे और हौज़ ख़ास की बड़े पैमाने पर बहाली और मरम्मत का काम भी कराया। उन्होंने उत्तरी दिल्ली रिज पर एक बावड़ी और एक शिकार गृह भी बनवाया।
शेरगढ़ या दिल्ली शेरशाही	वर्तमान पुराना क़िला शेरशाह की रचना है, जब उसने 1540 ई. में हुमायूँ से दिल्ली पर क़ब्ज़ा किया था। हुमायूँ ने मूल रूप से दीनपनाह के नाम से शहर बसाया था। इसे शेरशाह ने ढहा दिया था और इसका नाम बदलकर शेरगढ़ या दिल्ली शेरशाही रख दिया था। हुमायूँ और शेरशाह के खंडहर आज दिल्ली में पर्यटकों के आकर्षण का केंद्र हैं।
शाहजहाँनाबाद	मुग़ल बादशाह शाहजहाँ राजधानी को दिल्ली वापस लाये और एक क़िला तथा एक नया शहर बनाया, जिसे उन्होंने शाहजहानाबाद कहा। इस नये शहर का उद्घाटन 1642 ईसवी में नवरोज़ के दिन हुआ था। शाहजहानाबाद का क्षेत्र अब पुरानी दिल्ली के रूप में जाना जाता है, जहाँ लाल क़िला, जामा मस्जिद आदि जैसे शानदार स्मारक मौजूद हैं। दिल्ली का वर्तमान स्वरूप तोमरों से लेकर मुग़लों और अँगरेज़ों तक कई परिवर्तनों से गुज़रा है। एक सुनियोजित प्रशासनिक राजधानी बनाने में एडविन लुटियंस और एडवर्ड बेकर का योगदान भी उल्लेखनीय है।

अध्याय का सारांश

- **वाराणसी (बनारस)** - गंगा के बायें तट पर एक प्राचीन शहर। 'वाराणसी' का नाम शहर की सीमा बनानेवाली गंगा की दो सहायक नदियों के नाम पर रखा गया है: **वरुणा** और **अस्सी**। वाराणसी को **'प्रकाश का शहर'** भी कहा जाता है।
- **अजमेर** - अजमेर का प्रारंभिक नाम **अजयमेरु** था। इस शहर की स्थापना राजा **अजयराज सिंह चौहान** ने की थी।
- **कन्नौज** - वर्तमान उत्तर प्रदेश में स्थित है। यह **गुर्जर-प्रतिहार राजवंश** के दौरान एक प्रमुख शहर था और उनकी राजधानी के रूप में कार्य करता था - जो अपने पारंपरिक **कन्नौज इत्र** के लिए प्रसिद्ध है।
- **तंजावुर** - **चोल राजवंश** की राजधानी और दक्षिण भारत में कला, संस्कृति और वास्तुकला का एक प्रमुख केंद्र।
- **उज्जैन** - वर्तमान मध्य प्रदेश में स्थित एक प्राचीन शहर - गुप्त काल के दौरान व्यापार, शिक्षा और खगोल विज्ञान का एक प्रमुख केंद्र था - **सूर्य सिद्धांत** के अनुसार, उज्जैन भौगोलिक रूप से एक ऐसे स्थान पर स्थित है, **जहाँ कर्क रेखा और शून्य मध्याह्न रेखा** देशांतर, एक दूसरे को काटते हैं।
- **पुरी** - **भगवान् जगन्नाथ** (भगवान् कृष्ण का एक रूप), उनकी बहन सुभद्रा और उनके बड़े भाई बलभद्र को समर्पित अपने प्रसिद्ध जगन्नाथ मंदिर के लिए जाना जाता है।
- **मदुरै** - तमिलनाडु में स्थित है। मदुरै का उल्लेख महान् पुस्तक **महावंश** में किया गया है, जो छठी शताब्दी ईसा पूर्व में लिखी गयी थी। इसका उल्लेख **कौटिल्य के अर्थशास्त्र** में भी मिलता है।
- **अयोध्या** - एक प्राचीन शहर और एक महत्त्वपूर्ण धार्मिक केंद्र, जिसे हिंदू धर्म में भगवान् राम के जन्म स्थान के रूप में जाना जाता है। अयोध्या को ऐतिहासिक रूप से **साकेत** के नाम से जाना जाता था।
- **द्वारसमुद्र** - कर्नाटक के हासन ज़िले में स्थित एक ऐतिहासिक रूप से महत्त्वपूर्ण शहर। **द्वारसमुद्र** को अब हैलेबिडु के नाम से जाना जाता है। **होयसाल** शासक **विष्णुवर्धन (बिट्टीदेव)** ने 12वीं शताब्दी के आसपास द्वारसमुद्र को राजधानी के रूप में स्थापित किया।
- **तिरुवरंगम** - कावेरी नदी पर एक द्वीप शहर, यह प्रसिद्ध **रंगनाथस्वामी मंदिर** का घर है।
- **कौशांबी** - **वत्स साम्राज्य** की राजधानी - यह वर्तमान उत्तर प्रदेश में स्थित था।
- **शिशुपालगढ़** - ओडिशा में भुवनेश्वर शहर के पास स्थित है। यह कभी **कलिंग की राजधानी** थी।
- **पाटलिपुत्र** - 490 ईसा पूर्व में **हर्यक शासक अजातशत्रु** द्वारा निर्मित। तीसरी बौद्ध संगीति 250 ईसा पूर्व में **सम्राट् अशोक के संरक्षण में पाटलिपुत्र** में हुई थी और इसकी अध्यक्षता **मोगलीपुत्त तिस्सा** ने की थी।
- **नालन्दा** - भारत के मध्य भाग में बिहार के नालन्दा ज़िले में स्थित है। यह शहर मुख्य रूप से **बौद्ध शिक्षा और प्रचार** में योगदान के लिए प्रसिद्ध था।
- **ताम्रलिप्ति (तमलुक)** - ताम्रलिप्ति (जिसे ताम्रलिप्त भी कहा जाता है) पश्चिम बंगाल के दक्षिणी भाग में स्थित है। यह पश्चिम बंगाल के वर्तमान पूर्वी मेदिनीपुर ज़िले में एक प्राचीन बंदरगाह शहर था। इसका उल्लेख प्राचीन ग्रंथों **महावंश और दीपवंश** में मिलता है। जैन ग्रंथों का कहना है कि **ताम्रलिप्ति बंग साम्राज्य की राजधानी** थी।
- **दौलताबाद** - जिसे **देवगिरी** के नाम से भी जाना जाता है। ऐसा कहा जाता है कि इसकी स्थापना **भीलमा वी (एक यादव राजकुमार)** ने की थी, जिन्होंने चालुक्यों के प्रति अपनी निष्ठा त्याग दी और पश्चिम में यादव राजवंश की शक्ति स्थापित की और शहर को राजधानी बनाया।
- **मांडवगढ़** - पश्चिमी मध्य प्रदेश के मालवा और निमाड़ क्षेत्र में धार ज़िले के वर्तमान मांडव क्षेत्र में एक प्राचीन शहर।
- **हम्पी** - एक गढ़वाली शहर, जो 14वीं शताब्दी में **विजयनगर साम्राज्य** की राजधानी था - तुंगभद्रा नदी के तट पर स्थित है।

- **फ़तेहपुर सीकरी** – इस शहर की स्थापना 1571 ईसवी में मुग़ल सम्राट् **अकबर** ने की थी और यह 1571 ईसवी से 1585 ईसवी तक मुग़ल साम्राज्य की राजधानी के रूप में कार्य करता था। फ़तेहपुर सीकरी जिसका अर्थ है, **'विजय का शहर'**, इसका नाम **1573 ईसवी में अकबर के विजयी गुजरात अभियान** के नाम पर रखा गया है।
- **बीदर** – बीदर नाम **'बिदिरू'** से लिया गया प्रतीत होता है, जिसका अर्थ बाँस होता है। बताया जाता है कि बीदर **मौर्य साम्राज्य** का एक हिस्सा था। मौर्य शासन के बाद, सातवाहन, कदंब, चालुक्य बादामी और बाद में राष्ट्रकूटों ने बीदर में शासन किया।
- **गौर** – पश्चिम बंगाल का एक ऐतिहासिक शहर – राजा शशांक द्वारा स्थापित, जिसका शासनकाल बंगाली कैलेण्डर की शुरुआत से मेल खाता है – 1500 ईसवी में, गौर दुनिया का पाँचवाँ सबसे अधिक आबादीवाला शहर था। हुमायूँ ने इस शहर पर आक्रमण किया और इसका नाम बदलकर **जन्नताबाद ('स्वर्गीय शहर')** रख दिया। पाल और सेन राजवंश इस शहर पर बंगाल का शासन था। सेन राजवंश के दौरान गौड़ को **लखनौती** के नाम से जाना जाता था। नाम सेन शासक लक्ष्मण सेन के सम्मान में था।
- **बीजापुर** – 10वीं-11वीं शताब्दी में कल्याणी के **चालुक्यों** द्वारा स्थापित किया गया था और इसे **विजयपुरा (विजय का शहर)** नाम से जाना जाता था।
- **वारंगल** – वारंगल **काकतीय साम्राज्य** की राजधानी था, जिसने 12वीं और 14वीं शताब्दी के बीच शासन किया था।
- **नागार्जुनकोंडा** – एक ऐतिहासिक शहर (वर्तमान में एक द्वीप) **आंध्र प्रदेश के पलनाडु ज़िले** में नागार्जुन सागर के पास स्थित है। इस स्थान का पुराना नाम **चिरायु** था। द्वारा जारी किये गये सिक्के गौतमीपुत्र सातकर्णी, पुलुमावी और यज्ञ सातकर्णी जैसे बाद के सातवाहन राजा हुए हैं, नागार्जुनकोंडा में खोजा गया।
- **आगरा** – संस्कृत शब्द **'आगरा'** से लिया गया है जिसका अर्थ है कई पेड़ों और छोटे जंगलों में से पहला, कृष्ण ने वृन्दावन की गोपियों के साथ विहार किया। मुग़ल काल में आगरा को **अकबराबाद** के नाम से भी जाना जाता था। आगरा के प्रसिद्ध स्थान **ताज महल, आगरा क़िला** आदि हैं।
- **जयपुर** – इस शहर की स्थापना **महाराजा सवाई जय सिंह द्वितीय (अमेर के राजा) ने 1727 ईसवी** में की थी।
- **मुर्शिदाबाद** – भागीरथी नदी के पूर्वी तट पर स्थित – इसका नाम इसके संस्थापक **नवाब** के नाम पर रखा गया
- **मुर्शिद कुली ख़ान** – सत्तर वर्षों तक बंगाल के नवाबों की राजधानी – यह **रेशम, हाथी दाँत और अन्य मूल्यवान वस्तुओं का व्यापार का केंद्र** था।
- **दिल्ली** – 1052 ईसवी में अनंगपाल तोमर द्वारा स्थापित। दिल्ली के सात शहर हैं: **क़िला राय पिथौरा या लालकोट, सिरी, तुग़लक़ाबाद, जहाँपनाह, फ़िरोज़ाबाद, शेरगढ़ या दिल्ली शेर-शाही, और शाहजहाँनाबाद**।

यू.पी.एस.सी. पिछले वर्षों के बहुविकल्पीय प्रश्न

1. निम्नलिखित में से किस शासक ने मगध साम्राज्य की राजधानी के रूप में पाटलिपुत्र की स्थापना की? **(NDA I, 2023)**
   (a) बिम्बिसार (b) बिंदुसार (c) अजातशत्रु (d) अशोक

उत्तर

1. (c)

अध्याय 3

भारतीय मूर्तिकला और मृद्भाण्ड

परिचय

भारत की मूर्तियाँ लोगों, धर्म, समाज, राजनीति, रीति-रिवाज़ों और कलाकारों की उच्च स्तर की उत्कृष्टता की ज्वलंत अभिव्यक्ति को चित्रित करती हैं। मूर्तिकला भारत की सांस्कृतिक विविधता को प्रदर्शित करती है। प्राचीन भारतीय मूर्तिकला केवल यूनानी कलाकारों के समानान्तर है। प्राचीन भारत की मूर्तिकला विरासत और अमूल्य कलात्मक कृतियाँ विश्व भर के पारखी लोगों को आकर्षित करती हैं। क्षेत्र की जलवायु स्थिति के कारण भारतीय उपमहाद्वीप की मूर्तिकला में पत्थरों, धातु और टेराकोटा का व्यापक उपयोग किया गया है। मूर्तिकला की उत्कृष्ट कृतियाँ कांस्य माध्यम में भी पायी गयी हैं। कास्टिंग के लिए **सिरे-पेरड्यू (Cire Perdue)** या 'लॉस्ट-वैक्स' तक़नीक सिंधु घाटी संस्कृति के समय से कलाकारों को ज्ञात थी।

मूर्तिकला की उत्कृष्ट कृतियों के निर्माण की परंपरा का पता सिंधु घाटी सभ्यता से छोटी टेराकोटा मूर्तियों और दैमाबाद के कांस्य रथ द्वारा लगाया जा सकता है। मौर्य काल की मूर्तिकला में विशाल पत्थर के खंभे और नक्क़ाशीदार शेर, बैल राजधानी के साथ-साथ व्यापक बौद्ध और हिंदू विषय, भारतीय आलंकारिक मूर्तिकला के आरंभ को निर्धारित करते हैं। आगामी शताब्दियों में उपमहाद्वीप के विभिन्न हिस्सों में कलात्मक उत्कृष्टता और परंपराओं की एक विस्तृत शृंखला विकसित हुई। गुप्त साम्राज्य (319 ई.-550 ई.) अपनी ऐलोरा सहित, चट्टानों को काटकर बनायी गयी गुफाओं के लिए भारतीय मूर्तिकला का एक 'शास्त्रीय' युग माना जाता है।

सिंधु घाटी सभ्यता की मूर्तियाँ

हड़प्पाई मूर्तिकार त्रि-आयामी कृतियों को सँभालने में बहुत कुशल थे। यहाँ से अत्यधिक मात्रा में मोहरें, कांस्य मूर्तियाँ और मृद्भाण्ड प्राप्त हुए हैं।

मोहरें

पुरातत्त्वविदों को सभी उत्खनन स्थलों से अलग-अलग आकार व प्रकार की कई मोहरें मिली हैं। जहाँ *अधिकतर मुहरें वर्गाकार हैं,* तो वहीं **त्रिकोणीय,** आयताकार और वृत्ताकार मोहरों के उपयोग के भी साक्ष्य प्राप्त हुए हैं। यद्यपि मोहर बनाने के लिए नदी तल में पाये जानेवाले **मुलायम पत्थर, स्टेटाइट** (सेलखड़ी) का सर्वाधिक उपयोग किया जाता था, लेकिन अगेट, चर्ट, ताँबा, काचाभ (फायंस) और टेराकोटा (पक्की मिट्टी) की भी मोहरें मिली हैं। सोने और हाथी दाँत की मोहरों के भी कुछ उदाहरण मिले हैं।

अधिकतर मोहरों पर **चित्राक्षर लिपि** (pictographic script) में मुद्रालेख भी हैं तथा इन्हें **अभी तक पढ़ा नहीं जा सका** है। लिपि अधिकांशत: दायें से बायें लिखी जाती थी, लेकिन, **द्वि-दिशात्मक लेखन शैली** अर्थात् एक पंक्ति में दायें से बायें और दूसरी पंक्ति में बायें से दायें भी पायी गयी है। इन पर *पशुओं की आकृतियाँ* (आमतौर पर पाँच) भी मौजूद हैं, जिन्हें सतहों पर उत्कीर्णित किया गया है। **सामान्यत:** कूबड़दार बैल, गैंडा, बाघ, हाथी, भैंस, बायसन, बकरी, मारकोर, साकिन, मगरमच्छ आदि पशुओं के रूपांकन हैं। हालाँकि, किसी भी मुहर पर **गाय का कोई साक्ष्य नहीं** मिला है। सामान्यत:, मोहरों पर एक ओर पशु या मानव आकृति है और दूसरी ओर मुद्रालेख है या दोनों ओर मुद्रालेख हैं। साथ ही कुछ मोहरों पर **तीसरी ओर भी** मुद्रालेख हैं।

मोहरों का **मुख्य रूप से व्यवसायिक प्रयोजनों के लिए उपयोग** किया जाता था और वे संचार में सहायक होती थीं। मेसोपोटामिया में विभिन्न मोहरों की खोज और लोथल जैसे विभिन्न स्थलों से यह तथ्य पता चलता है कि मोहरों का बड़े पैमाने पर व्यापार के लिए उपयोग किया जाता था। एक छेदवाली कुछ मोहरें शवों के साथ भी पायी गयी हैं। इससे पता चलता है कि संभवत: इनका **प्रयोग तावीज़ के रूप में** किया जाता था। संभवत: इनके धारक द्वारा पहचान के रूप में इनका प्रयोग किया जाता रहा होगा। कुछ मोहरों पर *गणितीय आकृतियाँ* भी मिली हैं, संभवत: इनका **उपयोग शैक्षणिक उद्देश्यों के लिए भी** किया जाता होगा। 'स्वस्तिक' सदृश डिज़ाइनवाली मोहरें भी पायी गयी हैं।

यूनिकॉर्न मोहर

मुख्य मोहरों में शामिल हैं - पशुपति की मोहर, यूनीकॉर्न (गेंडा/एक शृंगी जानवर) वाली मोहर।

पशुपतिवाली मोहर : मोहनजोदड़ो से मिली स्टेटाइट सेलखड़ी की मोहर में पालथी मारकर बैठी ***मानव आकृति*** या *देवता* को दर्शाया गया है। पशुपति के रूप में संदर्भित इस आकृति ने तीन सींगोंवाला मुकुट पहना है और चारों ओर पशुओं से घिरी है। आकृति के बायीं ओर ***हाथी*** और ***बाघ*** हैं, जबकि दायीं ओर गैंडा और **भैंस** दिखायी देते हैं। आकृति के आसन के नीचे दो ***हिरण*** दर्शाये गये हैं।

कांस्य मूर्तियाँ

हड़प्पा सभ्यता व्यापक पैमाने पर काँसे की ढलाई की प्रथा की साक्षी थी। काँसे की मूर्तियों को **'लुप्त मोम तक़नीक (lost wax technique)'** या **'Cire Perdue'** का उपयोग करके बनाया जाता था। इस तक़नीक में, मोम की मूर्तियों पर पहले गीली मिट्टी का लेपन किया जाता था और तब सूखने दिया जाता था। इसके बाद मिट्टी से लेपित मूर्तियों को गर्म किया जाता था जिससे अंदर की मोम पिघल जाती थी। फिर एक छोटे से छेद के माध्यम से मोम को बाहर निकाल दिया जाता था और खोखले साँचे के अंदर पिघली हुई धातु डाली जाती थी। धातु के ठंडा हो जाने और जम जाने के बाद, मिट्टी का लेप हटा दिया जाता था और जैसी मोम की आकृति होती थी, उसी आकार की धातु की आकृति तैयार हो जाती थी। *आज भी*, इसी तक़नीक का देश के कई भागों में प्रचलन है।

उदाहरण : मोहनजोदड़ो की काँसे की नर्तकी लड़की, कालीबंगा का काँसे का बैल आदि।

नर्तकी लड़की की मूर्ति विश्व की सबसे पुरानी काँसे की मूर्ति है। ***मोहनजोदड़ो*** में मिली चार इंच की इस मूर्ति में **केवल आभूषण पहने** हुए एक नग्न महिला को दर्शाया गया है। इसने बाएँ हाथ में चूड़ियाँ तथा दाहिने हाथ पर **कंगन** और **तावीज़** पहने हुए हैं। यह अपने कूल्हे पर दाहिने हाथ रखे हुए त्रिभंग नृत्य मुद्रा में खड़ी है।

नोट : इस मूर्ति की खोज ब्रिटिश पुरातत्त्वविद अर्नेस्ट मैके ने 1926 में की।

टेराकोटा

टेराकोटा मूर्तियाँ बनाने के लिए **पकी हुई मिट्टी** का उपयोग किया जाता है। काँसे के मूर्तियों की तुलना में, टेराकोटा की मूर्तियाँ कम संख्या में पायी गयी हैं और आकार एवं रूप में अपरिष्कृत हैं। इन्हें **पिंचिंग विधि** (Pinching method) का उपयोग करके बनाया जाता था और ये अधिकांशतः **गुजरात और कालीबंगा (गुजरात)** के स्थलों से मिली हैं।

उदाहरण : **मातृदेवी की मूर्ति,** सींगवाले देवता का मुखौटा, खिलौने आदि।

मातृदेवी (Mother Goddess) की मूर्तियाँ अनेक सिंधु स्थलों से मिली हैं, जिससे इनके महत्त्व का पता चलता है। यह उन्नत वक्षस्थल पर लटके हुए **कण्ठहार** से सुसज्जित एक खड़ी महिला की मूर्ति है। यह धोती/कटिवस्त्र और करधनी पहने हुए है। इसने **पंखाकार मुकुट** भी धारण किया/पहना हुआ है। चेहरे के रूपांकनों को भी बहुत अनगढ़ ढंग से दिखाया गया है तथा इसमें कुशलता का अभाव है। संभवतः इसकी पूजा समृद्धि के लिए की जाती थी। वह उर्वरता की भी देवी रही होंगी।

दाढ़ीवाले पुजारी (Bearded Priest) (मोहनजोदड़ो से प्राप्त सेलखड़ी मूर्ति) की अर्द्ध-प्रतिमा (शरीर का ऊपर हिस्सा)। यह तिपतिया (ट्रेफोइल) पैटर्नवाली 'शॉल में लिपटे एक दाढ़ीवाले व्यक्ति की मूर्ति है, जिसकी आँखें लम्बी हैं तथा आधी बंद हैं, जैसे कि वह ध्यान मुद्रा में हो। इस मूर्ति के दाहिने हाथ पर एक बाज़ूबंद और सिर पर सादी बुनी हुई पट्टिका है।

लाल बलुआ पत्थर से निर्मित पुरुष धड़/शरीर की मूर्ति (हड़प्पा से प्राप्त हुई है)। इस धड़ की दिशा आगे की ओर है। इसके कंधे अच्छी तरह से पके हुए हैं और पेट निकला हुआ है। संभवतः सिर और भुजाओं को जोड़ने के लिए गर्दन और कंधों में **सॉकेट** छिद्र हैं।

मृद्भाण्ड

उत्खनन स्थलों से मिले मृद्भाण्डों को मोटे तौर पर दो प्रकारों से वर्गीकृत किया जा सकता है- *सादे मृद्भाण्ड* और *चित्रित मृद्भाण्ड*। चित्रित मृद्भाण्डों को **काले व लाल मृद्भाण्डों** के रूप में भी जाना जाता है, क्योंकि इसमें पृष्ठभूमि को रँगने के लिए लाल रंग का प्रयोग किया जाता था और चमकदार काले रंग का प्रयोग, लाल पृष्ठभूमि पर डिज़ाइन और आकृतियाँ बनाने के लिए किया जाता था। वृक्ष, पक्षी, पशुओं की आकृतियाँ और ज्यामितीय प्रतिरूप चित्रों के आवर्ती विषय थे।

लाल और काले मृद्भाण्ड

पाये गये अधिकांश मृद्भाण्डों में से **चाक पर बनाये गये मृद्भाण्ड** अति उत्तम हैं। इसके साथ ही कुछ हाथ से भी बने थे। रंग-बिरंगे मृद्भाण्डों के भी कुछ उदाहरण मिले हैं, हालाँकि ये बहुत ही दुर्लभ हैं। मृद्भाण्डों का उपयोग सम्भवतः **तीन** मुख्य उद्देश्यों के लिए किया जाता था:

1. सादे मृद्भाण्डों का मुख्य रूप से उपयोग अनाज और पानी के भंडारण आदि, जैसे घरेलू प्रयोजनों के लिए किया जाता था।
2. छोटे पात्रों, (सामान्यतः आकार में आधे इंच से भी कम), का **सजावटी प्रयोजनों** के लिए प्रयोग किया जाता था।
3. तल में बड़े छेद और बग़ल में छोटे छेदोंवाले कुछ **छिद्रित** मृद्भाण्ड भी होते थे। संभवतः इनका उपयोग *शराब छानने के लिए* किया जाता था।

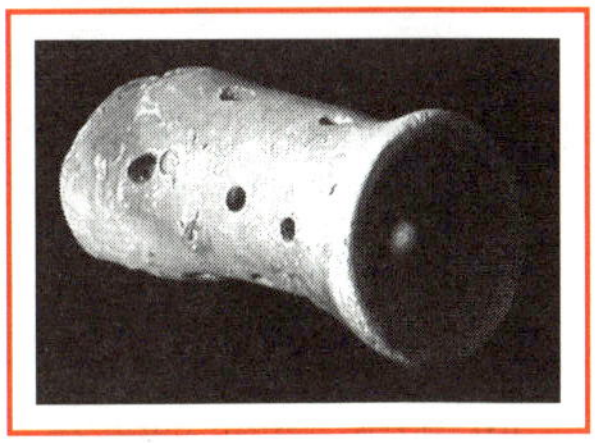

छिद्रित मृद्भाण्ड

आभूषण

हड़प्पाई लोग आभूषण बनाने के लिए, मूल्यवान धातुओं और रत्नों से लेकर हड्डियों और यहाँ तक कि पकी हुई मिट्टी, जैसी विविधतापूर्ण सामग्री का उपयोग करते थे। पुरुष और महिलाएँ **दोनों** कण्ठहार, पट्टिका, बाज़ूबंद और अँगूठियों जैसे आभूषण पहनते थे। *करधनी, झुमके और पायल* **केवल महिलाएँ ही** पहनती थीं।

कोर्नेलियन, नीलम, क्वार्ट्ज, स्टेटाइट आदि से बने हुए मनके भी काफ़ी लोकप्रिय थे और बड़े पैमाने पर इनका निर्माण किया जाता था। यह बात **चंदहूदड़ो** व **लोथल** में मिले कारख़ानों से स्पष्ट है कि व्यापक पैमाने पर इनका निर्माण होता था। कपड़ों के लिए, हड़प्पाई लोग **कपास** और **ऊन** का उपयोग करते थे। इन्हें अमीरों और ग़रीबों द्वारा समान रूप से काता जाता था। साथ ही *बाल* और *दाढ़ी की* विभिन्न *शैलियों* से, यह अनुमान लगाया जा सकता है कि उस समय के लोग **फ़ैशन** के प्रति भी सजग थे।

मौर्यकालीन मूर्तिकला

मूर्तियों का मुख्य रूप से उपयोग स्तूप की सजावट, तोरण तथा मेधी में और धार्मिक अभिव्यक्ति के रूप में किया जाता था। मौर्य काल की दो प्रसिद्ध मूर्तियाँ **यक्ष और यक्षिणी** की हैं। ये सभी **तीन धर्मों** (जैन, हिंदू और बौद्ध धर्म) में पूजनीय थीं। यक्षिणी का सबसे पुराना उल्लेख तमिल रचना *शिलप्पादिकारम* (इलंगो-आदिगल) में मिलता है। इसी प्रकार, *सभी जैन तीर्थंकर यक्षिणी से संबंधित थे।*

(बायें से) यक्षिणी, यक्ष की मूर्ति

मौर्यकालीन मूर्तिकला का एक भव्य उदाहरण श्रावस्ती में आम के पेड़ों और बैंकर **अनाथपिण्डिक** के साथ **जेतवन** मठ है।

शालभंजिका

शालभंजिका एक सामान्य सजावटी तत्त्व एवं भारतीय मूर्तिकला है, जो बौद्ध, हिंदू और जैन वास्तुकला के धार्मिक और धर्मनिरपेक्ष स्थानों के अंदर और बाहर पायी जाती है। कई उदाहरणों में इसे **वृक्ष देवता** के नाम से भी संदर्भित किया जाता है।

बौद्ध कला में, **शालभंजिका वृक्ष** या संदर्भ धारण किये हुए यक्षिणी की प्रतिमा है। शालभंजिका को **साँची** तथा मध्य प्रदेश के **भरहुत** में भी महान् स्तूप के प्रवेश द्वार पर कोष्ठक आकृतियों के रूप में देखा जा सकता है। बौद्ध धर्म में, शालभंजिका रूपांकन को एक शुभ प्रतीक माना जाता था और स्तूप की सजावट में शामिल किया जाता था। इससे पता चलता है कि बौद्ध धर्म का रुख करनेवाले बहुत से लोगों ने इसे अपनी बौद्ध पूर्व/गैर-बौद्ध प्रथाओं, विश्वासों से बौद्ध धर्म को समृद्ध किया। हिंदू परंपरा में, शालभंजिका मूर्तियाँ कर्नाटक में बेलूर, हैलेबिडु और सोमनाथपुरा के होयसल मंदिरों में पायी गयी हैं।

शालभंजिका मूर्ति

गजलक्ष्मी

गजलक्ष्मी (हाथी लक्ष्मी) हिंदू समृद्धि की देवी, लक्ष्मी, के सबसे महत्त्वपूर्ण अष्टलक्ष्मी रूपों में से एक है। देवी के ये रूप पशु धन के साथ अन्य प्रकार के धनों का भी प्रतीक हैं, जो शक्ति का प्रतिनिधित्व करते हैं। **मध्य प्रदेश के भरहुत के बौद्ध स्थल** की रेलिंग पर और **उत्तर प्रदेश के कौशांबी से** तीसरी शताब्दी के **एक सिक्के** पर भी गजलक्ष्मी की छवि पायी गयी है। देवी के चारों ओर दो हाथियों और कमल के साथ एक समान गजलक्ष्मी की उभरी हुई नक़्क़ाशी, **साँची स्तूप की वेदिका** पर भी देखी जा सकती है। **ओडिशा के कलिंग मंदिरों में** अक्सर ललितासन में गजलक्ष्मी की मूर्ति स्थापित होती है।

मृद्‌भाण्ड

मौर्य काल के मृद्‌भाण्डों को सामान्यत: **उत्तरी काले पॉलिशदार मृद्‌भाण्ड** (NBPW) या चित्रित धूसर मृद्‌भाण्ड के रूप में जाना जाता है। इनकी विशेषता **काला रंग** और **अत्यधिक चमक** है और सामान्यत: इनका उपयोग **विलासिता की वस्तुओं** के रूप में किया जाता था। इन्हें प्राय: *उच्चतम स्तर के मृद्‌भाण्ड* के रूप में संदर्भित किया जाता है।

उत्तरी काले पॉलिशदार मृद्‌भाण्ड का नमूना

शुंग वंश

185 ईसा पूर्व में शुंग वंश ने मौर्य साम्राजय को प्रतिस्थापित किया। भारतीय मूर्तिकला में अलंकरण और जीवन के वास्तविक रूप में चित्रण में उल्लेखनीय विकास हुआ। **भरहुत स्तूप** (मध्य प्रदेश के सतना ज़िले में) की बौद्ध मूर्तिकला इस काल की सबसे प्रसिद्ध उत्कृष्टता है। भरहुत स्तूप का उत्तरी प्रवेश द्वार कला का श्रेष्ठ उदाहरण है। **भरहुत यवन** एक योद्धा की उभरी हुई नक़्क़ाशी है, जो 100 ईसा पूर्व की मानी जाती है।

कुषाण वंश

कुषाण राजाओं के संरक्षण में कला की एक नवीन शैली विकसित हुई - गांधार शैली। देवताओं का प्रतिनिधित्व करने की यूनानी प्रथा को मूर्तिकला में अपनाया गया। मूर्तिकला में बुद्ध की छवि एवं भौतिक विवरण प्रस्तुत किये गये। पहली शताब्दी ईसवी में, मथुरा में कला की एक अन्य शैली विकसित हुई, जिसकी विशेषता लाल बलुआ पत्थर का उपयोग थी। मथुरा कला शैली के उल्लेखनीय उदाहरण अत्यधिक पॉलिश किये गये बलुआ पत्थर में यक्ष और यक्षी की मूर्तियाँ थीं।

मूर्तिकला की मौर्य शैलियाँ

मौर्यकाल में मूर्तिकला की **तीन** प्रमुख शैलियों, अर्थात् गांधार, मथुरा और अमरावती शैली का विकास अलग-अलग स्थानों पर हुआ।

गांधार शैली

आधुनिक पेशावर और अफ़ग़ानिस्तान के निकट पंजाब की **पश्चिमी सीमाओं** से संलग्न हिस्से में गांधार कला शैली का विकास हुआ। यूनानी आक्रमणकारी अपने साथ **यूनानी और रोमन मूर्तिकारों** की परंपराएँ ले आये, जिससे इस क्षेत्र की स्थानीय परंपराएँ प्रभावित हुईं। इस प्रकार, गांधार शैली को **कला की ग्रीक-इंडियन शैली** के रूप में भी जाना जाने लगा।

गांधार शैली का विकास 50 ईसा पूर्व से लेकर 500 ईसवी तक की अवधि में दो चरणों में हुआ। जहाँ आरंभिक शैली को **नीले-धूसर बलुआ प्रस्तर** के प्रयोग के लिए जाना जाता है, वहीं उत्तरवर्ती शैली में मूर्तियाँ बनाने के लिए **मिट्टी और प्लास्टर का उपयोग** किया जाता था। **बुद्ध** और बोधिसत्वों की **मूर्तियाँ ग्रीक-रोमन देवताओं** पर आधारित हैं तथा *अपोलो की मूर्ति से मिलती-जुलती* हैं।

मथुरा शैली

मथुरा शैली का विकास *पहली और तीसरी शताब्दी ईसवी* के बीच की अवधि में यमुना नदी के किनारे हुआ। मथुरा शैली की मूर्तियाँ उस समय के **सभी तीनों धर्मों** (*बौद्ध धर्म, हिंदू धर्म और जैन धर्म*) की कहानियों और चित्रों से प्रभावित थीं। ये मूर्तियाँ मौर्य काल के दौरान मिली यक्ष मूर्तियों के नमूने पर आधारित हैं।

मथुरा शैली में मूर्तियों में **प्रतीकों** का प्रभावशाली उपयोग दिखाई देता है। हिंदू देवताओं को **'आयुध (हथियार और उपकरण)'** का प्रयोग करते हुए प्रदर्शित किया गया था। उदाहरण के लिए, शिव को लिंग और मुखलिंग के माध्यम से दिखाया गया है। इसी प्रकार, बुद्ध के सिर के चारों ओर का प्रभामंडल गांधार शैली की तुलना में बड़ा है और ज्यामितीय पैटर्न से अलंकृत है। बुद्ध को दो बोधिसत्वों (कमल पकड़े पद्मपाणि और वज्र पकड़े वज्रपाणि) से घिरा हुआ दिखाया गया है।

- मथुरा कला शैली के कुछ प्रारंभिक उदाहरण **यक्ष** हैं। ये पंथ की वस्तुएँ हैं। कुछ यक्ष कुबेर, मणिभद्र और मुद्गरपाणि हैं।
- मथुरा शैली में बुद्ध की छवियाँ बड़े पैमाने पर **अभय मुद्रा** में उकेरी गयी हैं।

अमरावती शैली

भारत के दक्षिणी भाग में, अमरावती शैली का विकास **सातवाहन शासकों** के संरक्षण में **कृष्णा नदी के किनारे** हुआ। जहाँ अन्य दो शैलियों ने एकल आकृतियों पर बल दिया। वहीं, अमरावती शैली में **गतिशील आकृतियों** या **कथात्मक कला** के प्रयोग पर अधिक बल दिया गया। इस शैली की मूर्तियों में त्रिभंग आसन यानी 'तीन झुकावों के साथ शरीर' का अत्यधिक प्रयोग किया गया है।

इसे **वेंगी शैली** के नाम से भी जाना जाता है। इस शैली की विशेषताएँ आंध्र प्रदेश के विभिन्न स्थानों में भी देखी जाती हैं, जैसे- जग्गय्यपेटा, गोलीघंटासाला आदि में स्तूप के अवशेष।

गांधार, मथुरा और अमरावती शैलियों के बीच अंतर

आधार	गांधार शैली	मथुरा शैली	अमरावती शैली
बाहरी प्रभाव	**यूनानी** या हेलेनिस्टिक मूर्तिकला का व्यापक प्रभाव, अत: इसे **भारतीय-यूनानी कला के रूप में भी जाना जाता है।**	**यह शैली स्वदेशी रूप में विकसित हुई** तथा बाह्य संस्कृतियों से प्रभावित नहीं थी।	**यह शैली भी स्वदेशी रूप में विकसित हुई** और बाह्य संस्कृतियों से प्रभावित नहीं थी।

आधार	गांधार शैली	मथुरा शैली	अमरावती शैली
प्रयुक्त सामग्री	प्रारंभिक गांधार शैली में **नीले-धूसर बलुआ प्रस्तर** का उपयोग किया जाता था, जबकि बाद की अवधि में **मिट्टी और प्लास्टर** का उपयोग किया गया।	मथुरा शैली की मूर्तियाँ **धब्बेदार लाल बलुआ प्रस्तर** का उपयोग करके बनायी गयी थीं।	अमरावती शैली की मूर्तियाँ **सफ़ेद संगमरमर** का उपयोग करके बनायी गयी थीं।
धार्मिक प्रभाव	ग्रीको रोमन देवताओं से प्रभावित एवं मुख्य रूप से **बौद्ध चित्रकला।**	उस समय के **तीनों धर्मों** यानी हिंदू, जैन और बौद्ध धर्म का प्रभाव।	मुख्य रूप से **बौद्ध धर्म का प्रभाव।**
संरक्षण	**कुषाण** शासकों का संरक्षण।	**कुषाण** शासकों का संरक्षण।	**सातवाहन** शासकों का संरक्षण।
विकास क्षेत्र	**उत्तर पश्चिम सीमांत,** आधुनिक कंधार क्षेत्र में विकसित हुई।	**मथुरा, सोंख** और **कंकालीटीला** में और आसपास के क्षेत्रों में विकसित हुई, कंकालीटीला जैन मूर्तियों के लिए प्रसिद्ध है।	आंध्र प्रदेश में **कृष्णा- गोदावरी की निचली घाटी** में, अमरावती, नागार्जुनकोंडा और आसपास के क्षेत्रों में विकसित हुई।
बुद्ध की मूर्ति की विशेषताएँ	लहराते बालों के साथ, बुद्ध को **आध्यात्मिक मुद्रा** में दिखाया गया है। उन्होंने **बहुत कम आभूषण** धारण किये हैं और **योगी मुद्रा** में बैठे हैं। आँखें **आधी बंद** हैं, जैसे कि ध्यान मुद्रा में हों। सिर पर **उभार या जटा** को दिखाया गया है। यह बुद्ध की सर्वज्ञता को दर्शाता है।	बुद्ध को मुस्कुराते चेहरे के साथ **प्रसन्नचित्त** दिखाया गया है। तंग कपड़े पहने हुए, शरीर हृष्ट-पुष्ट है। चेहरा और सिर **मुंडा** हुआ है। बुद्ध विभिन्न मुद्राओं में **पद्मासन** में बैठे हैं और उनका चेहरा विनीत भाव दर्शाता है। सिर पर वैसा ही **उभार या जटा** दिखायी गयी है।	चूँकि मूर्तियाँ सामान्यत: **कथात्मक कला** का अंग हैं। अत: बुद्ध की व्यक्तिगत विशेषताओं पर कम बल दिया गया है। मूर्तियाँ सामान्यत: बुद्ध के जीवन और **जातक कथाओं** को दर्शाती है अर्थात्, मानव और पशु, दोनों रूप में बुद्ध के पिछले जीवन को बताती हैं।

(बायें से) गांधार कला शैली, मथुरा कला शैली, कला की अमरावती शैली

यूनानी कला और रोमन कला

यूनानी और रोमन शैली के बीच कुछ अंतर है तथा गांधाार शैली दोनों शैलियों का एकीकरण करती है। यूनानियों की **आदर्शवादी** शैली भगवान् और अन्य मनुष्यों के पेशीय चित्रण पर बल और सौंदर्य दर्शाते हुए दिखाई देती है। महत्त्वपूर्ण है कि **संगमरमर** का उपयोग करके यूनानी पार्थेनन की कई यूनानी पौराणिक आकृतियों की मूर्तियाँ बनायी गयी हैं।

वहीं दूसरी ओर, रोमवासी कला का उपयोग अलंकरण और सजावट के लिए करते थे, जो यूनानी आदर्शवाद की प्रकृति के विपरीत है। रोमन कला यथार्थवाद को प्रदर्शित करती है तथा वास्तविक लोगों एवं प्रमुख ऐतिहासिक घटनाओं का चित्रण करती है। रोमवासी अपनी मूर्तियों में **कंक्रीट** का उपयोग करते थे। रोमवासी अपने भित्ति चित्रों के लिए भी प्रसिद्ध थे।

यूनानी-रोमन शैली में बुद्ध और रोमन चित्रांकन समानताएँ दर्शा रहा है।

बुद्ध से संबंधित विभिन्न मुद्राएँ

1. ***भूमिस्पर्श मुद्रा***

- बुद्ध की मूर्तियों में पायी जानेवाली एक सर्वाधिक सामान्य मुद्रा
- इसमें बुद्ध को उनके बायें हाथ के साथ ध्यानमुद्रा में बैठे हुए दर्शाया गया है, हथेली उनकी गोद में सीधी है और दाहिना हाथ पृथ्वी को स्पर्श कर रहा है।
- इस मुद्रा को सामान्यत: अक्षोभ्य के रूप में ज्ञात **नीलवर्ण बुद्ध** से संबद्ध किया जाता है।
- महत्त्व – 'सत्य का साक्षी बनने के लिए पृथ्वी का आवाहन' तथा यह बुद्ध की ज्ञान-प्राप्ति के क्षण का प्रतिनिधित्व करती है।

2. ***ध्यान मुद्रा***

- यह मुद्रा ध्यान योग को इंगित करती है तथा इसे 'समाधि' या 'योग' मुद्रा भी कहा जाता है।
- इसमें बुद्ध को गोद में दोनों हाथों के साथ दर्शाया गया है, फैली हुईं उँगलियों के साथ दायाँ हाथ, बायें हाथ की हथेली पर रखा हुआ है। कई मूर्तियों में दोनों हाथों के अँगूठे एक-दूसरे को स्पर्श करते हुए दिखाये गये हैं, इस प्रकार यह एक रहस्यमय त्रिकोण बनाते है।
- यह आध्यात्मिक पूर्णता की प्राप्ति का द्योतक है।
- बोधि वृक्ष के नीचे **अंतिम ध्यान के दौरान** बुद्ध द्वारा इस मुद्रा का प्रयोग किया गया था।

3. ***वितर्क मुद्रा***

- यह मुद्रा शिक्षण और चर्चा या बौद्धिक बहस (तर्क-वितर्क) इंगित करती है।
- अँगूठे और तर्जनी का पोर वृत्त बनाते हुए एक दूसरे को स्पर्श करता है। दायाँ हाथ कंधे के स्तर पर और बायाँ हाथ श्रोणी स्तर पर रखा है, गोद में हथेली ऊपर की ओर है।

- यह बौद्ध धर्म में **उपदेश के शिक्षण चरण** का द्योतक है। अंगूठे और तर्जनी द्वारा निर्मित वृत्त, ऊर्जा का निरंतर प्रवाह बनाये रखता है, क्योंकि इसका कोई आरंभ या अंत नहीं है, केवल पूर्णता है।

4. *अभय मुद्रा*

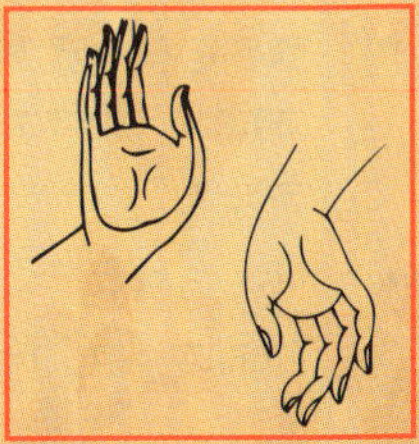

- यह मुद्रा निर्भयता दर्शाती है तथा शक्ति और आंतरिक सुन्दरता का प्रतीक है।
- मुड़ी हुई भुजा के साथ दाहिना हाथ ऊपर की ओर कंधे की ऊँचाई तक उठा है। दाहिने हाथ की हथेली बाहर की ओर है और उँगलियाँ सीधी और जुड़ी हुई हैं। बायाँ हाथ शरीर की बग़ल में नीचे की ओर लटका हुआ है
- यह मुद्रा बुद्ध द्वारा ज्ञान-प्राप्ति के तुरंत बाद दर्शाई गयी थी।

5. *धर्मचक्र मुद्रा*

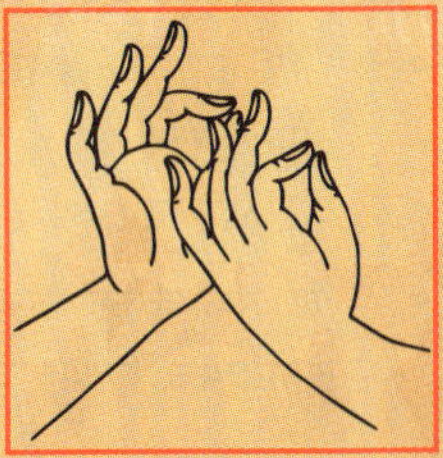

- इसका अर्थ 'धर्म या नियम का चक्र घुमाना', अर्थात्, धर्म का चक्र गति में लाना है।
- इस मुद्रा में **दोनों हाथ सम्मिलित हैं।**
- बाहर की ओर हथेली के साथ दाहिना हाथ छाती पर रखा गया है। तर्जनी और अँगूठे का पोर जोड़कर एक रहस्यवादी वृत्त बनाया गया है। बायाँ हाथ अंदर की ओर मुड़ा है और इस हाथ की तर्जनी और अँगूठा दाहिने हाथ का वृत्त स्पर्श करने के लिए जुड़े हैं।
- यह भाव भगवान् बुद्ध द्वारा तब प्रदर्शित किया गया था, जब उन्होंने **सारनाथ के हिरण उद्यान (मृगदाव)** में अपने ज्ञान के बाद एक साथी को पहला उपदेश दिया था।

6. *अंजलि मुद्रा (नमस्ते)*

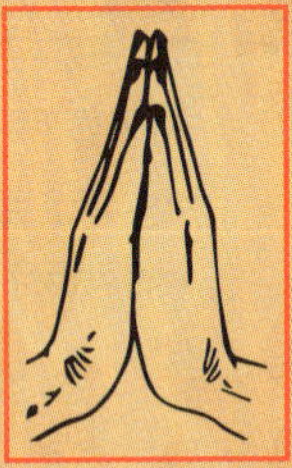

- अभिवादन, भक्ति और आराधना का प्रतीक।
- दोनों हाथ छाती पर बंद हैं, हथेलियाँ और उँगलियाँ एक-दूसरे से लंबवत् रूप से जुड़ी होती हैं।
- यह भारत में लोगों का अभिवादन (नमस्ते) करने के लिए उपयोग की जानेवाली सामान्य मुद्रा है। यह मुद्रा श्रेष्ठ को नमस्कार का प्रतीक है और इसे गहन सम्मान के साथ आदर का संकेत माना जाता है।
- यह माना जाता है कि सच्चे बुद्ध (जो प्रबुद्ध हैं) हाथ की यह मुद्रा नहीं बनाते हैं और यह मुद्रा बुद्ध की मूर्तियों में नहीं दिखायी जानी चाहिए। यह मुद्रा बोधिसत्त्वों के लिए है (जिनका उद्देश्य पूर्ण ज्ञान प्राप्त करने के लिए तैयारी करना है)।

7. *उत्तरबोधी मुद्रा*

- इसका अर्थ सर्वोच्च ज्ञान है।
- तर्जनी को छोड़कर सभी उँगलियाँ एक साथ मिलाते हुए, तर्जनी को सीधे ऊपर बढ़ाते और एक दूसरे को स्पर्श कराते हुए, दोनों हाथों को सीने पर रखा जाता है।
- यह मुद्रा व्यक्ति में ऊर्जा का प्रवाह कराने के लिए जानी जाती है। यह मुद्रा पूर्णता का प्रतीक है।
- शाक्यमुनि बुद्ध (नागों के मुक्तिदाता) इस मुद्रा में प्रस्तुत किये गये हैं।

8. ***वरदा/वरद मुद्रा***

- यह मुद्रा दया-भाव, करुणा या इच्छाओं की स्वीकृति इंगित (प्रदर्शित) करती है।
- दर्शकों की ओर बाहर की ओर खुले हाथ की हथेली के साथ, दाहिना हाथ नीचे की ओर प्राकृतिक स्थिति में होता है। यदि खड़ा हो, तो हाथ थोड़ा-सा आगे की ओर बढ़ा हुआ रखा जाता है।
- पाँच विस्तारित उँगलियों के माध्यम से यह मुद्रा पाँच पूर्णताओं को दर्शाती है—उदारता, नैतिकता, धैर्य, प्रयास और ध्यान संबंधी एकाग्रता।

9. ***करण मुद्रा***

- यह मुद्रा बुराई से बचने का संकेत करती है।
- आगे की ओर हथेली के साथ हाथ या तो क्षैतिज रूप से या ऊर्ध्वाधर रूप से फैला हुआ है। अँगूठा मध्य की दो मुड़ी हुई उँगलियों को दबाता है, लेकिन तर्जनी और छोटी उँगली सीधे ऊपर की ओर उठी हुई हैं।
- यह नकारात्मक ऊर्जा को बाहर निकालने का प्रतीक है। इस मुद्रा द्वारा सर्जित ऊर्जा, बीमारी या नकारात्मक विचार जैसी बाधाएँ दूर करने में सहायता करती हैं।

10. ***वज्र मुद्रा***

- यह मुद्रा ज्ञान इंगित करती है।
- यह मुद्रा **कोरिया और जापान** में अधिक ज्ञात है।
- इस मुद्रा में, बायें हाथ की खड़ी तर्जनी दायें हाथ की मुट्ठी में रखी जाती है। यह मुद्रा दर्पण-व्युत्क्रम (उलटे दर्पण में) रूप में भी देखी जाती है।
- यह मुद्रा ज्ञान या सर्वोच्च ज्ञान के महत्त्व का प्रतीक है। ज्ञान तर्जनी द्वारा दर्शाया गया है तथा दाहिने हाथ की मुट्ठी उसकी रक्षा करती है।

गुप्त काल की मूर्तियाँ

सुल्तानगंज बुद्ध

गुप्त काल के दौरान, **सारनाथ** के आसपास मूर्तिकला की एक नयी शैली विकसित हुई। जिसकी विशेषता **क्रीम रंग के बलुआ पत्थर** तथा **धातु का प्रयोग** था। इस शैली की मूर्तियाँ विशुद्ध रूप से वस्त्र पहने हुए होती थीं और उनमें किसी भी प्रकार की **नग्नता नहीं** थी। बुद्ध के सिर के चारों ओर निर्मित *आभामंडल* गहनतापूर्वक अलंकृत किया गया था।

उदाहरण: सुल्तानगंज, बिहार से प्राप्त बुद्ध की ताम्र मूर्ति - 7.5 फुट ऊँचाई।

गुप्त टेराकोटा मूर्तियाँ

गुप्तकाल की टेराकोटा आकृतियों को दो शीर्षकों के अंतर्गत वर्गीकृत किया जा सकता है - (i) देवी-देवता एवं (ii) पुरुष और महिला की आकृतियाँ। गुजरात के देवनिमोरी स्तूप में बुद्ध की कई मूर्तियाँ और आभूषण पाये गये हैं। बीकानेर और

अहिच्छत्र में टेराकोटा पट्टिकाओं का एक विशाल संग्रह पाया गया है। कश्मीर के अखनूर से टेराकोटा सिर की विशिष्ट शैलियों का पता चला है। भीटा से कई गुप्तकालीन टेराकोटा वस्तुएँ भी खोजी गयी हैं।

दक्षिण भारतीय मंदिर की मूर्तियों की विशेषताएँ

दक्षिण भारतीय मंदिर मूर्तिकला में विभिन्न राजवंशों - चालुक्य, पल्लव, पांड्य और चोल द्वारा निर्मित विभिन्न मंदिरों की मूर्तिकला शामिल थी।

कीर्तिमुख

कीर्तिमुख विशाल नुकीले दाँतोंवाले राक्षस का मुख है और इसे दक्षिण भारतीय मंदिर की वास्तुकला की प्रतिमा में एक सजावटी रूपांकन के रूप में प्रायः देखा गया है। ये भारत और दक्षिण पूर्व एशिया में हिंदू मंदिर वास्तुकला की प्रतिमा में सामान्य है, और प्रायः बौद्ध वास्तुकला में भी पाया जाता है।

कीर्तिमुख मूर्तिकला

संगीतमय मूर्तियाँ

ग्रेनाइट वास्तुशिल्प तत्त्वों की संगीत वाद्ययंत्रों के साथ मूर्तिकला दक्षिण भारतीय मंदिरों की एक अनूठी विशेषता है। ये मूर्तियाँ **तमिलनाडु** में अक्सर पायी जाती हैं। सबसे प्रारंभिक संगीतमय मूर्तियों में से एक तमिलनाडु के कोडुम्बलुर से प्राप्त की गयी थी। हम्पी में विट्टला मंदिर के संगीतमय स्तंभ (सारेगामा स्तंभ) एक और विशिष्ट उदाहरण हैं।

सप्तमातृका मूर्तियाँ

'सप्तमातृका मूर्तियाँ' दक्षिण भारतीय मंदिरों की विशिष्ट विशेषता हैं। **'सप्तमातृकाएँ'** ब्रह्मा, विष्णु और महेश्वर जैसे हिंदू देवताओं की शक्तियाँ हैं। सप्तमातृकाओं के सबसे प्राचीन चित्रणों में से एक कांचीपुरम के कैलासनाथ मंदिर में देखा जा सकता है।

सप्तमातृका मूर्ति

दक्षिण भारतीय मंदिर की मूर्तिकला की अन्य अनूठी विशेषताओं में पशु और पक्षी रूपांकनों का उपयोग, हाथियों और साँपों का चित्रण, हंस (पल्लव मंदिर) के रूपांकन और याली रूपांकनों की मूर्तिकला (*याली एक पौराणिक प्राणी है, जिसका सिर और शरीर शेर का तथा सूंड एवं दाँत हाथी के हैं*) शामिल है।

चोल मूर्तिकला

चोल मंदिरों की सजावट में मूर्तियों पर विशेष महत्त्व दिया जाना, चोल मंदिरों की एक महत्त्वपूर्ण विशेषता थी। चोल मूर्तिकला का एक महत्त्वपूर्ण उदाहरण **नृत्य** मुद्रा में **नटराज** की मूर्ति थी। उल्लेखनीय है कि ऐहोल की रावण पहाड़ी गुफा की मूर्ति से पता चलता है कि चालुक्य शासन के दौरान भी नटराज की मूर्ति बनायी गयी थी, परन्तु चोल शासन के दौरान यह कला अपने चरम पर पहुँची।

नटराज की मूर्ति की कुछ मुख्य **विशेषताएँ** हैं:

चोल काल के कांस्य नटराज

- *ऊपरी दाहिने हाथ* में डमरू है, जो कि सर्जन की ध्वनि का प्रतीक है। संसार की सभी कृतियाँ *डमरू* की महान् ध्वनि से ही सर्जित हुई हैं।
- *ऊपरी बायें हाथ* में शाश्वत अग्नि है, जो **विनाश** का प्रतीक है। विनाश सृष्टि का अग्रगामी है और सर्जन का अपरिहार्य प्रतिरूप है।
- *निचला दाहिना हाथ अभय मुद्रा* में उठा हुआ है, जो आशीर्वाद दर्शाता है और भक्तों के लिए अभयता का भाव आश्वस्त करता है।
- *निचला बायाँ हाथ* उठे हुए पैर की तरफ़ इशारा करता है और मोक्ष के मार्ग को दर्शाता है।
- ***भुजंगत्रसीता*** मुद्रा में बायाँ पैर, ***तिरोभाव*** का निरूपण करता है, जो भक्त के मन से माया या भ्रम का पर्दा हटा रहा है।
- शिव तांडव नृत्य एक छोटे बौने (वामन) की आकृति के ऊपर कर रहे हैं। बौना अज्ञानता और एक अज्ञानी व्यक्ति के अहंकार का प्रतीक है।
- शिव की उलझी और हवा में बहती जटाएँ गंगा नदी के प्रवाह का प्रतीक हैं।
- शृंगार में, शिव के एक कान में पुरुष की बाली है, जबकि दूसरे में महिला की बाली है। यह पुरुष और महिला के विलय का प्रतीक है और इसे अक्सर **अर्द्ध-नारीश्वर** के रूप में जाना जाता है।
- शिव की बाँह के चारों ओर एक साँप लिपटा हुआ है। साँप **कुंडलिनी शक्ति** का प्रतीक है, जो मानव रीढ़ में निष्क्रिय अवस्था में रहती है। अगर इस शक्ति को जगाया जाए, तो मनुष्य सच्ची चेतना को प्राप्त कर सकता है।
- शिव की यह नटराज मुद्रा प्रकाश के एक प्रभामंडल से घिरी हुई है, जो समय के विशाल अंतहीन चक्र का प्रतीक है।

सेम्बियन महादेवी की मूर्ति – वह 10वीं शताब्दी ईसवी की चोल साम्राज्य की सबसे शक्तिशाली रानियों में से एक और कला की संरक्षिका थीं। उन्होंने कई मंदिरों का निर्माण करवाया था, जैसे कि कुत्रालम विरुधाचलम, **अदुथुरई** आदि।

कल्याणसुंदर मूर्तिकला – 9वीं शताब्दी ईसवी की कल्याण सुंदर मूर्ति में जिस तरह से दो अलग-अलग मूर्तियों द्वारा पाणिग्रहण (विवाह समारोह) दर्शाया गया है, उसके लिए अत्यधिक उल्लेखनीय है। शिव अपने विस्तारित दाहिने हाथ से पार्वती (दुल्हन का) दाहिना हाथ स्वीकार करते हैं, जिन्हें शर्मीली अभिव्यक्ति के साथ और एक क़दम आगे बढ़ाते हुए दर्शाया गया है।

सेम्बियन महादेवी की मूर्ति

कल्याणसुंदर की मूर्ति

भारतीय कांस्य मूर्तिकला

भारत में प्राचीन काल से लुप्त मोम तक़नीकवाली कांस्य मूर्तियाँ व्यापक रूप से प्रचलित थीं। दूसरी शताब्दी के बाद से भारत के कई क्षेत्रों में बौद्ध, हिंदू और जैन प्रतीकोंवाली कांस्य मूर्तियों को खोदकर निकाला गया है। मोहनजोदड़ो से खुदाई में प्राप्त **'डांसिंग गर्ल/नर्तकी'** भारतीय उपमहाद्वीप की सबसे पुरानी कांस्य मूर्तियों में से एक है और इसे लगभग 2500 ईसा पूर्व का माना जाता है। एक और उल्लेखनीय उदाहरण दैमाबाद में खुदाई से प्राप्त **कांस्य रथ** है, जो लगभग 1500 ईसा पूर्व का है। अकोटा में भी कांस्य के ढेर की खुदाई की गई है, जो दर्शाता है कि 6ठीं और 9वीं शताब्दी के बीच गुजरात या पश्चिमी भारत में व्यापक कांस्य की ढलाई-प्रथा प्रचलित थी।

कई प्रसिद्ध जैन कांस्य मूर्तियाँ बिहार के चौसा, हरियाणा के हाँसी और तमिलनाडु के कई स्थानों से प्राप्त हुई हैं। दाहिने हाथ में **अभय मुद्रा** में खड़ी कई बुद्ध प्रतिमाएँ उत्तर प्रदेश और बिहार में पायी गयी हैं। ये मुख्यत: गुप्त एवं गुप्तोत्तर काल की हैं। महाराष्ट्र के फोफनार से बुद्ध की **अमरावती शैली की वाकाटक** कांस्य की प्रतिमाएँ मिलीं। ये गुप्त काल की कांस्य मूर्तियों के समय की हैं। कश्मीर क्षेत्रों से हिंदू और बौद्ध देवताओं की कांस्य मूर्तियाँ भी खोदकर निकाली गयी।

एक ध्यान देने योग्य क्रम-विकास विष्णु छवियों की प्रतिमा के विज्ञान का विकास था। चार सिरवाले विष्णु - **चतुरानन अथवा वैकुंठ विष्णु** की खुदाई विभिन्न क्षेत्रों से की गयी थी। 8वीं शताब्दी के पल्लव काल में अनेक कांस्य की मूर्तियाँ निर्मित हुईं। उनमें **अर्धपर्यंका** आसन में बैठे शिव का प्रतीक शामिल था। तमिलनाडु के तंजावुर क्षेत्र में शिव प्रतिमा-विज्ञान की एक विस्तृत शृंखला का निर्माण किया गया था। चोल काल की **नटराज** मूर्ति एक उल्लेखनीय मूर्ति है।

9वीं शताब्दी की **कल्याणसुंदर मूर्ति** एक और विस्मयकारी उदाहरण है। यहाँ, पाणिग्रहण को दो अलग-अलग प्रतिमाओं द्वारा दर्शाया गया है (*पाणिग्रहण विवाह का समारोह है*)। सोलहवीं शताब्दी के विजयनगर काल के दौरान, आंध्र प्रदेश में, शाही संरक्षण के साथ प्रयोग की एक विस्तृत शृंखला विकसित हुई। कृष्णदेवराय की उनकी दो रानियों के साथ खड़ी चित्र प्रतिमाएँ **तिरूपति में कांस्य से बनायी गयी थीं**।

मुग़ल काल

इस्लामी शासकों को आलंकारिक मूर्तियाँ बनाने में कोई रुचि नहीं थी। अकबर वास्तुकला और मूर्तिकला से सरोकार रखते थे और इस परंपरा को जहाँगीर और शाहजहाँ ने जारी रखा। उन्होंने कला में प्रयोग करने के लिए स्वदेशी कारीगरों के **गिल्ड (सलात)** को बुलाया और भारत की कला में एकता उत्पन्न हुई। लाल बलुआ पत्थर में उकेरे गये चेतन रूपांकनों को आगरा और फ़तेहपुर सीकरी के स्मारकों में देखा जा सकता है। जय मल और फ़तह (चित्तौड़ के राजपूत नायक) की मूर्तियाँ अकबर द्वारा बनवायी गयी थीं। आगरा क़िले के दिल्ली गेट में सुंदर पत्थर के हाथी के मुँह खुदे हुए थे। सिकंदरा में जहाँगीर द्वारा 1605–1613 में बनवाया गया **अकबर का मक़बरा** उत्कृष्ट मुग़ल मूर्तिकला का एक और बेहतरीन उदाहरण है। स्वास्तिक, श्रीवत्स, कमल आदि जैसे हिंदू रूपांकनों का उपयोग मयूर मंडप या आगरा क़िले के मयूर हॉल में भी किया गया है। शाहजहाँ के समय से संगमरमर, जाली और छोटे जानवरों के लघु स्मारक ध्यान देने योग्य हैं।

स्वतंत्रता के बाद की मूर्तियाँ

आज़ादी के बाद मूर्तिकला और कला आंदोलनों में नवीन तक़नीकों को आगे बढ़ाया गया। 1947 के बाद सबसे प्रसिद्ध मूर्तिकारों में रामकिंकर बैज, पिल्लू पोचखानावाला, मृणालिनी मुखर्जी, सांखो चौधरी और चिंतामणि कर शामिल थे। **प्रासंगिक आधुनिकतावाद** की वकालत बंगाल स्कूल ऑफ़ आर्ट के नंदलाल बोस, रामकिंकर बैज और बिनोद बिहारी मुखर्जी जैसे कलाकारों ने की।

देवी प्रसाद रॉय चौधरी (1899–1975): वे एक प्रख्यात भारतीय मूर्तिकार थे, जो अपनी उत्कृष्ट स्मारकीय कांस्य मूर्तियों – **श्रम की विजय (चेन्नई)** और **शहीद स्मारक (पटना)** के लिए प्रसिद्ध थे।

रामकिंकर बैज (1906–1980): वे एक अग्रणी मूर्तिकार और चित्रकार थे, प्रासंगिक आधुनिकतावाद के प्रमुख प्रस्तावक थे और वे शांतिनिकेतन स्कूल ऑफ़ आर्ट से जुड़े थे। उनकी उल्लेखनीय मूर्तिकला में शांतिनिकेतन में **संथाल परिवार**, भारतीय रिज़र्व बैंक, नयी दिल्ली में **यक्ष और यक्षी की आकृतियाँ** शामिल हैं।

पिल्लू पोचखानावाला (1923–1986): वे भारत की प्रतिष्ठित महिला मूर्तिकारों में से एक थीं। उन्होंने सर कावसजी जहाँगीर हॉल को नेशनल गैलरी ऑफ़ मॉडर्न आर्ट, मुंबई में बदलने में महत्त्वपूर्ण भूमिका निभायी। उनकी उल्लेखनीय सार्वजनिक मूर्तियों में मुंबई के पुराने हाजी अली सर्कल में **स्पार्क**, नेहरू केंद्र में **पाषाण युग से लेकर अंतरिक्ष** तक आदि शामिल हैं।

भारत में सबसे ऊँची मूर्तियाँ

- **स्टैच्यू ऑफ़ यूनिटी : स्टैच्यू ऑफ़ यूनिटी** दुनिया की सबसे ऊँची मूर्ति है। इसकी ऊँचाई 182 मीटर है। यह गुजरात में केवड़िया के समीप स्थित है और इसमें वल्लभभाई पटेल को चित्रित किया गया है। इसे मूर्तिकार **राम वी. सुतार** ने डिज़ाइन किया है। मूर्ति का उद्‌घाटन **31 अक्टूबर, 2018** को सरदार पटेल की 143वीं जयंती पर किया गया था।
- **स्टैच्यू ऑफ़ बिलीफ़ (विश्वास स्वरूपम)** : यह विश्व में भगवान् शिव की सबसे ऊँची मूर्ति है। इसका निर्माण राजस्थान के नाथद्वारा में किया गया है और मूर्तिकार नरेश कुमावत द्वारा डिज़ाइन किया गया है। मूर्ति का उद्‌घाटन **29 अक्टूबर, 2022** को किया गया था।

- **स्टैच्यू ऑफ़ इक्वालिटी :** यह हैदराबाद में स्थित **रामानुज** (11वीं सदी के दार्शनिक) की मूर्ति है। इसे **2022** में खोला गया था।
- **स्टैच्यू ऑफ़ प्रॉस्पेरिटी :** यह बैंगलोर शहर के संस्थापक - नादप्रभु हिरिया केंपेगौड़ा (1510-1569) की मूर्ति है और इसका उद्घाटन 2022 में किया गया था।
- **स्टैच्यू ऑफ़ अहिंसा :** यह प्रतिमा नासिक में स्थित है और यह विश्व की सबसे ऊँची जैन प्रतिमा है। यह प्रथम जैन तीर्थंकर **ऋषभनाथ** की मूर्ति है। यह प्रतिमा **2016** में बनकर तैयार हुई थी।

अध्याय का सारांश

- साइर-पर्ड्यू - कास्टिंग (ढलाई) के लिए 'लॉस्टवैक्स' तक़नीक।
- आईवीसी की अधिकांश मुहरों पर चित्रात्मक लिपि में शिलालेख हैं, जिन्हें अभी तक समझा नहीं जा सका है। स्क्रिप्ट अधिकतर दायें से बायें और द्वि-दिशात्मक लिखी गयी थी।
- यक्षी का सबसे पहला उल्लेख - सिलप्पदिकारम में पाया जा सकता है - सभी जैन तीर्थंकर एक यक्षी से जुड़े थे।
- बौद्ध कला में शालभंजिका - एक पेड़ पकड़े हुए यक्षी की छवि, या एक संदर्भ। शालभंजिकाओं को साँची के महान् स्तूप के प्रवेश द्वारों पर ब्रैकेट आकृतियों के रूप में देखा जा सकता है।
- गांधार स्कूल - 50 ईसा पूर्व से 500 ईसवी की अवधि में *दो चरणों में* सफल हुआ। जबकि पुराना स्कूल नीले-भूरे बलुआ पत्थर के उपयोग के लिए जाना जाता था, बादवाला स्कूल मूर्तियाँ बनाने के लिए मिट्टी और महीन चूने का उपयोग करता था।
- मथुरा स्कूल ने छवियों में प्रतीकों का अद्भुत उपयोग दिखाया, धब्बेदार लाल बलुआ पत्थर का उपयोग किया गया था।
- भूमिस्पर्श मुद्रा - बुद्ध की मूर्तियों में पायी जानेवाली सबसे आम मुद्राओं में से एक, आमतौर पर नीले बुद्ध से जुड़ी है, जिन्हें अक्षोभ्य के नाम से जाना जाता है।
- धर्मचक्र मुद्रा - यह भाव भगवान् बुद्ध द्वारा सारनाथ के मृगदाव (डियर पार्क) में पहला उपदेश देते समय प्रदर्शित किया गया था।
- सप्तमातृका मूर्तियाँ - दक्षिण भारतीय मंदिरों की विशिष्ट विशेषता हैं।
- सबसे पुरानी प्रसिद्ध नटराज की मूर्ति - एहोल में रावण फाड़ी गुफा की खुदाई से प्राप्त हुई, जो प्रारंभिक चालुक्य शासन के दौरान बनायी गयी थी - यह मूर्तिकला चोलों के शासनकाल के दौरान अपने चरम पर पहुँच गयी थी।
- सेम्बियान महादेवी की मूर्ति - 10वीं सदी की चोल रानी, कला की संरक्षिका।
- देवी प्रसाद रॉय - अपनी उत्कृष्ट स्मारकीय कांस्य मूर्तियाँ - श्रम की विजय (चेन्नई) और शहीद स्मारक (पटना) के लिए प्रसिद्ध हैं।

यू.पी.एस.सी. पिछले वर्षों के बहुविकल्पीय प्रश्न

1. साँची स्थित मूर्तिशिल्पों के बारे में निम्नलिखित में से कौन-सा/से कथन सही है/हैं?

(CDS I, 2022)

   1. कुछ मूर्तिशिल्पों में शालभंजिका का प्रतिरूपण है।
   2. शालभंजिका की आकृति कमल-पुष्पों और हाथियों से घिरी एक स्त्री द्वारा प्रतिरोपित की गई है।
   3. शालभंजिका का रूपांकन बौद्ध विचारों से प्रत्यक्षत: प्रेरित नहीं था।

   नीचे दिये गये कोड का प्रयोग कर सही उत्तर चुनिए।

   (a) 1, 2 और 3 (b) केवल 1, 2 और 3
   (c) केवल 2 (d) केवल 1 और 3

2. 'द किंग ऑफ़ डांस' किसका चित्रण है?

(CAPF, 2022)

   (a) एलिफेंटा गुफाओं में त्रिमूर्ति
   (b) कृष्णा का कालियमर्दन
   (c) गांधार में बोधिसत्त्व मैत्रीय
   (d) चोलों का कांस्य नटराज

3. मथुरा कला शैली में, निम्नलिखित में से भगवान् बुद्ध की मूर्तियाँ (इमेज) मुख्यत: किस मुद्रा में बनायी गयी हैं?

(CAPF, 2021)

   (a) ध्यान मुद्रा (b) अभय मुद्रा
   (c) धर्मचक्र मुद्रा (d) वरद मुद्रा

उत्तर

1. (d) 2. (d) 3. (b)

यू.पी.एस.सी. पिछले वर्षों के प्रश्न - मुख्य परीक्षा

1. भारतीय मिथक, कला और वास्तुकला में सिंह एवं वृषभ की आकृतियों के महत्त्व पर विचार करें। **(CSE, 2022)**

4 अध्याय

शिलालेख और अभिलेख

शिलालेख कई भौतिक रूपों में जारी किये गये **क़ानूनों की घोषणा** है। प्राचीन एवं मध्यकाल में कुछ शिलालेखों को अभिलेखों के रूप में जारी किया गया था।

अभिलेख लकड़ी, चट्टानों, प्रस्तर स्तम्भों, धातुओं, मंदिरों की दीवारों आदि जैसी **कठोर सामग्रियों पर उत्कीर्णित** रचनाएँ हैं। शिलालेख प्रारंभिक युग के दौरान आम थे और कई कारणों से उत्कीर्णित करवाये जाते थे। भारत में विशाल मात्रा में पुरालेख सामग्रियाँ और अभिलेख उपलब्ध हैं और इतिहास का अध्ययन करने के लिए विश्वसनीय सामग्री प्रदान करते हैं। बड़ी संख्या में शिलालेखों को विभिन्न संग्रहालयों में सुरक्षित भी रखा गया है।

इस अध्याय से संबंधित ऑनलाइन वीडियो के लिए इस QR कोड को स्कैन करें।

सबसे पुराने अभिलेख हड़प्पा की मुहरों पर पाये गये हैं और इनको अभी तक पढ़ा नहीं जा सका है। भारत में, अब तक पढ़े गये सबसे पुराने अभिलेख अशोक के ब्राह्मी और खरोष्ठी लिपि में प्राकृत शिलालेख हैं।

कॉर्पस इंस्क्रिप्शनम इंडिकारम *(Corpus Inscriptionum Indicarum)*- मौर्य और गुप्त काल सहित प्राचीन भारत के इतिहास से संबंधित पुरालेखों और कई अभिलेखों का संग्रह 'कॉर्पस इंस्क्रिप्शनम इंडिकारम' नामक संकलनों की श्रृंखला में प्रकाशित किया गया है। कॉर्पस इंस्क्रिप्शनम इंडिकारम का विचार सबसे पहले **जेम्स प्रिंसेप** ने सुझाया था और यह कार्य 1877 में सर अलेक्ज़ेंडर कनिंघम द्वारा शुरू किया गया था।

एपिग्राफ़िया इंडिका *(Epigraphia Indica)*- यह पुस्तक 1882 से 1977 तक भारतीय पुरातत्त्व सर्वेक्षण (एएसआई) का आधिकारिक प्रकाशन थी। यह कॉर्पस इंस्क्रिप्शनम इंडिकारम के पूरक **अभिलेखों का संग्रह** है। पहला अंक **1882 में जेम्स बर्गेस** द्वारा संपादित किया गया था।

पुरालेखविद्या *(Epigraphy)*- अभिलेखों का अध्ययन।

भाषाशास्त्र *(Philology)*- मौखिक और लिखित ऐतिहासिक ग्रंथों में भाषा का अध्ययन।

प्राचीन शिलालेखों का अध्ययन *(Paleography)*- ऐतिहासिक पाण्डुलिपियों का **उद्वाचन** और काल-निर्धारण और प्राचीन लेखन प्रणालियों का अध्ययन।

अक्षपटालिक - प्राचीन भारत में लेखों और अभिलेखों का प्रभारी अधिकारी।

एपिग्राफ़िया कर्नाटका *(Epigraphia Carnatica)* **(1894-1905)** - यह **बेंजामिन लुईस राइस** द्वारा संकलित पुस्तकों का एक सेट है, जो भारत के पुराने मैसूर क्षेत्र के पुरालेख पर आधारित है, और इसमें लिथिक सतहों, ताँबे की प्लेटों आदि से कई अभिलेख सम्मिलित हैं। इसे 1894 और 1905 के बीच संकलित किया गया था।

अलेक्ज़ेंडर री *(Alexander Rea)* **(1858-1924)** - वे एक ब्रिटिश पुरातत्त्ववेत्ता थे, जो तमिलनाडु के पल्लावरम से एक ताबूत की खोज के लिए प्रसिद्ध थे।

अल्बर्ट हेनरी लॉन्गहर्स्ट *(Albert Henry Longhurst)* **(1876-1955)** - वे एक ब्रिटिश पुरातत्त्ववेत्ता और कला इतिहासकार थे, जिन्होंने भारतीय पुरातत्त्व सर्वेक्षण और सीलोन के पुरातत्त्व सर्वेक्षण में काम किया था। वे नागार्जुनकोंडा की व्यवस्थित खुदाई से जुड़े थे। उनके उल्लेखनीय कार्यों में हम्पी के अवशेष, नागार्जुनकोंडा में उत्खनन, स्तूप की कहानी आदि शामिल हैं।

अभिलेखों का महत्त्व

इतिहासकारों के लिए प्रारंभिक अभिलेख और पुरालेख बहुत महत्त्व रखते हैं।

- अभिलेख घटित घटनाओं की जानकारी देते हैं, उस समय के दौरान सामाजिक और आर्थिक गतिविधियों, सभ्यताओं की खान-पान की आदतों, व्यापारिक गतिविधियों, विज्ञान और प्रौद्योगिकी, धर्म आदि के बारे में भी जानकारी प्रदान करते हैं।
- इतिहासकारों के लिए अभिलेख प्राचीन और मध्यकालीन इतिहास में हुए प्रमुख बदलावों के बारे में जानने के लिए सबसे सटीक और प्रामाणिक स्रोत हैं।
- अभिलेखों को अलग-अलग शासन काल में विभिन्न भाषाओं में लिखा गया था और ये पुरालेखशास्त्रियों को नयी भाषाएँ सीखने का अवसर प्रदान करते हैं।

भारत में अभिलेखों की प्रचुरता, ताम्रपत्र पर भूमि अनुदानों और अन्य लेन-देनों को दर्ज करने की व्यापक प्रथा के लिए अधिकारियों की इन अभिलेखों का संरक्षण करने की इच्छा को ज़िम्मेदार ठहराया जा सकता है।

अशोक पूर्व शिलालेख

निम्नलिखित अभिलेखों को अशोक पूर्व काल का माना जाता है :

- **बोगज़ कोई अभिलेख** (14वीं शताब्दी ईसा पूर्व) (उत्तर-पूर्वी सीरिया): इसमें *इंद्रा* (इंद्र), *मित्रा* (मित्र), *नासतिया* (नासत्य, यानी, अश्विन) और *उरुवनास* (वरुण) देवताओं का उल्लेख किया गया है। इन देवताओं का ऋग्वेद में भी उल्लेख मिलता है।
- **पिपरहवा अवशेष मंजूषा अभिलेख** (तृतीय या द्वितीय शताब्दी ईसा पूर्व) (उत्तर प्रदेश): मंजूषा पर उत्कीर्णित अभिलेख की भाषा मागधी और पालि का मिश्रण थी और माना जाता है कि अवशेष मंजूषा यह अभिलेख रखने के लिए ही थी।
- **बरली स्तंभलेख** (संभवत: पाँचवीं-चौथी शताब्दी ईसा पूर्व) (राजस्थान): यह संभवत: प्राचीनतम **जैन** अभिलेख है और **ब्राह्मी लिपि** और **प्राकृत भाषा** में लिखा गया है।
- **भट्टीप्रोलू अवशेष मंजूषा अभिलेख** (तृतीय-प्रथम शताब्दी ईसा पूर्व) (आंध्र प्रदेश): **भट्टीप्रोलु लिपि**, जो ब्राह्मी लिपि का एक प्रकार है, वर्तमान गुंटूर ज़िले में भट्टीप्रोलु (उस समय का समृद्ध बौद्ध नगर) में पायी गयी है।
- **सोहगौरा ताम्रपत्र अभिलेख** (तृतीय शताब्दी ईसा पूर्व) (उत्तर प्रदेश): आरंभिक ज्ञात ताम्रपत्र, जिसे सोहगौरा ताम्रपत्र के रूप में जाना जाता है, मौर्यकाल पूर्व अभिलेख है, जिसमें **अकाल राहत प्रयासों** का उल्लेख किया गया है। यह अकाल से लड़ने के लिए दो अनाज कोष्ठागारों की स्थापना का अभिलेख है। गोरखपुर ज़िले में पाया गया, यह बहुत कम संख्या में पाये गये अशोक पूर्व ब्राह्मी शिलालेखों में से एक है और यह अभिलेख ब्राह्मी लिपि का उपयोग कर प्राकृत भाषा में लिखा गया था। यह प्राचीनतम ज्ञात ताम्रपत्र अभिलेख है।
- **महास्थानगढ़ ब्राह्मी अभिलेख** (लगभग तृतीय शताब्दी ईसा पूर्व) (वर्तमान बांग्लादेश में): महास्थानगढ़ मौर्य साम्राज्य में एक महत्त्वपूर्ण नगर था। यह चूना पत्थर की पटिया पर **छह पंक्तियों में उत्कीर्णित प्राकृत भाषा** और **ब्राह्मी लिपि में भूमि अनुदान** का अभिलेखन है।

शिलाओं और स्तंभों पर अशोक के शिलालेख

अशोक के शिलालेख मौर्य साम्राज्य के सम्राट अशोक द्वारा **268 से 232 ईसा पूर्व** तक अपने शासनकाल के दौरान स्तंभों के साथ-साथ शिलाखंडों और गुफाओं की दीवारों पर उत्कीर्णित करवाये गये लगभग 33 अभिलेखों का संग्रह हैं। पूरे देश में ये शिलालेख विस्तृत हैं और **बौद्ध धर्म का पहला मूर्त प्रमाण उपलब्ध कराते हैं।** इन शिलालेखों में जटिल समाज द्वारा सामना की जा रही गंभीर समस्याओं का समाधान करने के लिए धम्म को लेकर अशोक के दृष्टिकोण के बारे में विस्तार से वर्णन मिलता है। **जेम्स प्रिंसेप** ने सबसे पहले सम्राट अशोक के शिलालेखों का उद्वाचन किया था।

अशोक के अभिलेखों को विभाजित किया जाता है :

- **लघु शिलालेख** (3)

- **प्रमुख शिलालेख** (14 शिलालेख और ओडिशा में पाये गये 2 पृथक् शिलालेख)
- **लघु स्तंभलेख** (5)
- **प्रमुख स्तंभलेख** (6 और एक मामले में 7)

अशोक के शासनकाल के दौरान 260 ईसा पूर्व में यूनानी और अरामेइक में लिखा गया **कान्धार का द्विभाषी शिलालेख** (वर्तमान में अफ़ग़ानिस्तान में स्थित) अशोक का **पहला ज्ञात अभिलेख** है।

अशोक के लघु शिलालेख

लघु शिलालेख, अशोक के शिलालेखों का **सबसे प्रारंभिक** भाग हैं और अशोक के प्रमुख शिलालेखों से पहले के हैं। इन्हें अशोक के शासनकाल में काफ़ी शुरूआती दौर में (उसके शासनकाल के 11वें वर्ष यानी कलिंग विजय के कम-से-कम ढाई वर्ष बाद) लिखा गया था।

इन लघु शिलालेखों में, अशोक ने **अपने आपको स्पष्ट रूप से बुद्ध के शिष्य के रूप में पेश करके अपनी धार्मिक संबद्धता** और संघ के साथ अपनी निकटता के बारे में स्पष्ट रूप से उल्लेख किया है। ये अभिलेख प्रमुख रूप से प्राकृत में हैं।

लघु शिलालेख	दिया गया विवरण
पहला लघु शिलालेख	अशोक स्वयं को एक बौद्ध **उपासक** के रूप में वर्णित करता है और यह भी बताता है कि वह **संघ** के निकट आ रहा है।
दूसरा लघु शिलालेख	अशोक इस बात पर ज़ोर देता है कि **धम्माचरण** का पालन किया जाना चाहिए।
तीसरा लघु शिलालेख	अशोक अनुशंसित **बौद्ध धर्मग्रंथों** की सूची का उल्लेख करता है, जिनका बौद्ध भिक्षुओं को बार-बार अध्ययन करना चाहिए। वह **बुद्ध, धम्म और संघ** में अपनी आस्था का उल्लेख करता है।

कुल मिलाकर, वर्तमान में हमें अशोक के लघु शिलालेखों के विभिन्न संस्करण ज्ञात हैं। लघु शिलालेखों के इन संस्करणों में प्रत्येक के बीच मामूली भिन्नताएँ हैं। **ये लघु शिलालेख निम्नलिखित ज्ञात स्थानों पर विद्यमान हैं :**

1. **बाहापुर** (नयी दिल्ली)
2. **अहरौरा** (उत्तर प्रदेश)
3. **गुजर्रा** (मध्य प्रदेश)
4. **रूपनाथ** (मध्य प्रदेश)
5. **मस्की** (कर्नाटक)
6. **गविमठ** (कर्नाटक)
7. **पलकीगुंडु** (कर्नाटक)
8. **नित्तुर** (कर्नाटक)
9. **पंगुरड़िया** (मध्य प्रदेश)
10. **सासाराम** (बिहार)
11. **बैराट** (राजस्थान)
12. **येर्रागुडी** (आंध्र प्रदेश)
13. **राजुला-मांडागिरी** (आंध्र प्रदेश)
14. **उडेगोलम** (कर्नाटक)
15. **ब्रह्मगिरी** (कर्नाटक)
16. **सिद्धागिरी** (कर्नाटक)
17. **जतिंग-रामेश्वर** (कर्नाटक)

तीन शिलालेखों में, तीसरा शिलालेख केवल **कलकत्ता-बैराट शिलालेख** (आमतौर पर **भाब्रू शिलालेख** के रूप में जाना जाता है) में विद्यमान है, जिसमें अशोक दावा करता है कि उसकी बुद्ध, धम्म और संघ में पूर्ण श्रद्धा और आस्था है।

ऊपर दिये गये स्थानों के अलावा, कभी-कभी कंधार द्विभाषी (यूनानी और अरामेइक) शिलालेख, लघमान के अरामेइक अभिलेख, तक्षशिला के अरामेइक अभिलेख और बराबर गुफा के शिलालेख, जैसे शिलालेखों को अशोक के लघु शिलालेखों में शामिल किया जाता है।

आइए, कुछ महत्त्वपूर्ण लघु शिलालेखों पर चर्चा करें :

गुज्जरा लघु शिलालेख (मध्य प्रदेश)

गुज्जरा में पहला लघु शिलालेख उत्कीर्णित किया गया है। अशोक के नाम का उसकी पूर्ण उपाधि ***'देवनामपिय प्रियदशी अशोक राजा'*** के साथ प्रयोग किया गया है।

मस्की लघु शिलालेख (कर्नाटक)

यह तुंगभद्रा की सहायक नदी मस्की नदी के तट पर स्थित है। यह शिलालेख धर्म शासन बना हुआ है और लोगों से **बौद्ध धर्म के सिद्धांतों** का पालन करने के लिए कहता है। इसके अलावा, इस शिलालेख से उत्तर-पूर्वी कर्नाटक की कृष्णा घाटी तक मौर्य शासन के प्रसार का पता चलता है। मस्की शिलालेख अन्य लघु शिलालेखों में **सबसे छोटा शिलालेख** है। यह अशोक का वह पहला शिलालेख है, जिसमें पहले के शिलालेखों की जगह **अशोक का नाम** है, जो उसे देवानामपिय पियदशी के रूप में संदर्भित करता हैं। ऐतिहासिक रूप से मास्की शिलालेख बहुत महत्त्व रखता है, क्योंकि यह अशोक के साथ 'देवानामपिय' की उपाधि के संबंध की पुष्टि करता है।

अशोक के प्रमुख शिलालेख

कुल मिलाकर 14 प्रमुख शिलालेख हैं, जो 10 ज्ञात स्थानों से मामूली भिन्नता के साथ पाये गये है और ओडिशा से दो अलग-अलग प्रमुख शिलालेख प्राप्त हुए हैं।

इन 10 स्थानों में शामिल हैं :

1. **कान्धार** (अफ़ग़ानिस्तान)
2. **शाहबाज़गढ़ी** (पाकिस्तान)
3. **गिरनार** (गुजरात)
4. **मुम्बई-सोपारा** (महाराष्ट्र)
5. **एरागुड़ी** (आंध्र प्रदेश)
6. **मानसेहरा** (पाकिस्तान)
7. **कलसी** (उत्तराखंड)
8. **सन्नति** (कर्नाटक)
9. **धौली** (उड़ीसा)
10. **जोगढ़** (उड़ीसा)

इन शिलालेखों का सरोकार राज्य संचालन के निर्देशों, अशोक के विश्वासों, धम्म, शांतिपूर्ण नैतिक व्यवहार और सहिष्णुता आदि से है। इन प्रमुख स्तंभलेखों पर 'अशोक' का नहीं बल्कि 'देवनामपिय' (ईश्वर का प्रिय) 'देवानमपिय पियदशी' का नाम अंकित है।

इन 14 शिलालेखों में **तीन भाषाओं और चार लिपियों** का प्रयोग किया गया है। अधिकांश **अभिलेख प्राकृत भाषा और ब्राह्मी लिपि** में हैं। प्राकृत शिलालेखों को ब्राह्मी और खरोष्ठी लिपियों में लिखा गया है।

मानसेहरा और **शाहबाज़गढ़ी** से पाये गये शिलालेख प्राकृत भाषा और खरोष्ठी लिपि में हैं और **अशोक के सभी 14 शिलालेखों का अभिलेखन** है। यूनानी और अरामेइक लिपि में भी कुछ शिलालेख हैं। **कंधार का द्विभाषी शिलालेख** यूनानी और प्राकृत भाषा में लिखा गया है।

प्रमुख शिलालेख	विवरण
पहला शिलालेख	इस शिलालेख में पशु वध, पशुओं की हत्या पर रोक लगायी गयी है।
दूसरा शिलालेख	इस शिलालेख में मनुष्य और जंतुओं की देखभाल की बात की गयी है।
तीसरा शिलालेख	इस शिलालेख में ब्राह्मणों के प्रति उदारता का उपदेश दिया गया है।
चौथा शिलालेख	इस शिलालेख में समाज पर धम्म के प्रभाव का उल्लेख किया गया है। धम्मघोष न कि भेरीघोष मानव जाति के लिए आदर्श है।
पाँचवाँ शिलालेख	**धम्म महामात्यों** (नैतिकता अधिकारियों) की नियुक्ति की चर्चा की गयी है, दासों के प्रति नीति को लेकर चिंता व्यक्त की गयी है।
छठा शिलालेख	राजा किसी भी समय और स्थान पर लोगों की स्थितियों और मामलों के बारे में अवगत होने की इच्छा प्रकट करता है। इस शिलालेख में सभी के लिए अशोक की उपलब्धता और लोगों के कल्याण के प्रति उसकी प्रतिबद्धता पर ज़ोर दिया गया है।
सातवाँ शिलालेख	इस शिलालेख में अशोक इच्छा प्रकट करता है कि सभी धर्मों को हर जगह होना चाहिए, क्योंकि सभी आत्मसंयम और हृदय की पवित्रता चाहते हैं।
आठवाँ शिलालेख	इस शिलालेख में बोधगया और बोधि वृक्ष की अशोक की पहली धम्म यात्रा का उल्लेख किया गया है।
नौवाँ शिलालेख	इस शिलालेख में अशोक के धम्म के संस्कारों पर बल दिया गया है। इसमें 'सेवकों और कर्मचारियों के प्रति उचित व्यवहार, शिक्षकों के प्रति सम्मान, जीवित प्राणियों के प्रति संयम और उदारता' के साथ-साथ सगे-संबंधियों, मित्रों और पड़ोसियों के प्रति उचित व्यवहार के संस्कारों का वर्णन किया गया है।
दसवाँ शिलालेख	इस शिलालेख में अशोक के द्वारा धम्म की लोकप्रियता पर ज़ोर दिया गया है। इस शिलालेख में प्रसिद्धि और महिमा की इच्छा का तिरस्कार किया गया है।
ग्यारहवाँ शिलालेख	इस शिलालेख में धम्म का विस्तार से वर्णन किया गया है और यह वर्णन करता है कि पिता, पुत्र, भाई, गुरु, मित्र, साथी या पड़ोसी को कहना चाहिए: 'यह अच्छा है, यह किया जाना चाहिए।'
बारहवाँ शिलालेख	इस शिलालेख में अशोक के द्वारा विभिन्न धार्मिक संप्रदायों के बीच सहिष्णुता पर बल दिया गया है। इस शिलालेख के शब्दों में "जो कोई अत्यधिक भक्ति के कारण इस सोच के साथ अपने धर्म की प्रशंसा करता है और दूसरों की निंदा करता है कि 'मुझे अपने धर्म का महिमामंडन करना है', वह केवल अपने धर्म को नुक़सान पहुँचाता है।" इसमें **इथिजिका महामत्ता** का उल्लेख है।
तेरहवाँ शिलालेख	यह शिलालेख सभी **शिलालेखों में सबसे बड़ा** है। इसमें कलिंग पर अशोक की विजय का वर्णन किया गया है और साथ ही इस युद्ध में हताहत लोगों की बड़ी संख्या का भी वर्णन किया गया है। इतने बड़े रक्तपात के माध्यम से कलिंग पर विजय प्राप्त करने पर वह गहरा अपराधबोध महसूस करता है। अब, यह **'धम्म द्वारा विजय'** है, जिसे वह सर्वश्रेष्ठ विजय मानता है। शिलालेख XIII और II में संगम साम्राज्य का संदर्भ है।
चौदहवाँ शिलालेख	इस शिलालेख में देश के विभिन्न भागों में शिलालेखों के उत्कीर्णन का उल्लेख किया गया है।

दो पृथक् प्रमुख शिलालेख (धौली और जोगढ़, उड़ीसा में पाये गये)

(प्राकृत भाषा और ब्राह्मी लिपि में लिखे गये हैं)

पृथक् प्रमुख शिलालेख	दिया गया विवरण
पहला पृथक् प्रमुख शिलालेख	इस शिलालेख में **निष्पक्ष न्यायिक प्रणाली** और महामात्यों (नैतिकता अधिकारियों) के माध्यम से अशोक द्वारा स्थापित **नियंत्रण प्रणाली** की आवश्यकताओं के साथ मुख्य रूप से धौली और जोगढ़ के **स्थानीय अधिकारियों को संबोधित** किया गया है।
दूसरा पृथक् प्रमुख शिलालेख	इस शिलालेख में धौली और जोगढ़ के **स्थानीय अधिकारियों** से 'अविजित सीमावर्ती जनजातियों' को आश्वस्त करने के लिए कहा गया है कि उनके प्रति अशोक की मंशा सद्भावपूर्ण है।

अशोक के लघु स्तंभलेख

सारनाथ — साँची — कौशाम्बी — रुम्मिनदेई — निगालीसागर

अशोक के लघु स्तंभलेख **सारनाथ, साँची, प्रयागराज** *(पहले कौशाम्बी में स्थित)*, **रुम्मिनदेई** और **निगालीसागर** में स्थित स्तंभों पर पाये गये हैं। इन सभी स्तंभलेखों को प्राकृत भाषा और ब्राह्मी लिपि में लिखा गया है।

अशोक के इन लघु स्तंभलेखों में **मतभेद शिलालेख** (संघ में मतभेद के लिए दंड की चेतावनी) **साँची** (मध्य प्रदेश), **सारनाथ** (उत्तर प्रदेश) और **प्रयागराज** (उत्तर प्रदेश) में मिले हैं।

इलाहाबाद स्तंभ पर **रानी का अभिलेख** भी है, जिसमें अशोक घोषणा करता है कि रानी को उसके उपहारों के लिए श्रेय दिया जाना चाहिए। दूसरे शब्दों में, इसमें अशोक की रानी, राजकुमार तिवाला की माँ, करुवाकी के धर्मार्थ कार्यों का उल्लेख किया गया है।

रुम्मिनदेई (नेपाल में) और निगालीसागर (नेपाल में) में पाये गये शेष दो लघु स्तंभलेख **स्मारकीय शिलालेख** हैं।

रुम्मिनदेई स्तंभलेख में अशोक के लुंबिनी (बुद्ध की जन्मभूमि) की यात्रा और लुंबिनी को कर से छूट का वर्णन किया गया है।

निगालीसागर स्तंभलेख में उल्लेख किया गया है कि अशोक ने बुद्ध के स्तूप की ऊँचाई बढ़ाकर उसके आकार का दोगुना कर दिया।

अशोक के प्रमुख स्तंभलेख

अशोक के प्रमुख स्तंभलेख; अशोक द्वारा उत्कीर्णित करवाये गये सभी अभिलेखों में तकनीकी रूप से सबसे सुरुचिपूर्ण अभिलेख हैं। अशोक के लगभग 07 प्रमुख स्तंभलेख हैं और उत्तरी भारत में निम्नलिखित 07 **स्थानों** में पाये गये हैं :

1. **कांधार** *(अफ़ग़ानिस्तान)*
2. **दिल्ली-तोपरा** *(मूल रूप से तोपरा, हरियाणा में लगा माना जाता है)*
3. **दिल्ली-मेरठ** *(मूल रूप से मेरठ, उत्तर प्रदेश में लगा माना जाता है)*
4. **प्रयागराज** (मूल रूप से कौशाम्बी, उत्तर प्रदेश में *लगा माना जाता है)*
5. **लौरिया-अरेराज**, *बिहार*
6. **लौरिया-नंदनगढ़**, *बिहार*
7. **रामपूर्वा**, *बिहार*

उपर्युक्त सात स्थानों में से **केवल दिल्ली-तोपरा स्तंभ पर सभी 07 प्रमुख स्तंभलेख विद्यमान हैं।**

अफ़ग़ानिस्तान को छोड़कर सभी स्थानों पर **प्राकृत भाषा** और **ब्राह्मी लिपि** का प्रयोग किया गया है।

अंतिम प्रमुख स्तंभलेख (शिलालेख संख्या 7), जो **केवल दिल्ली-तोपरा स्तंभ पर मिलता** है, प्रकृति में इच्छापत्र है, जो **अपने जीवनकाल के दौरान अशोक की उपलब्धियों का सारांश देता है।**

रामपूर्वा में अशोक के दो स्तंभ मिले हैं *(एक पर सिंहशीर्ष और दूसरे पर वृषभशीर्ष है)*। सिंहशीर्ष स्तंभ पर प्रमुख स्तंभलेख एक से छह उत्कीर्णित है। हालाँकि, वृषभशीर्ष स्तंभ पर कोई अभिलेख नहीं है।

प्रमुख स्तंभलेख	विवरण
प्रमुख स्तंभलेख 1	इस स्तंभलेख में लोगों की सुरक्षावाले अशोक के सिद्धांत का उल्लेख किया गया है।
प्रमुख स्तंभलेख 2	यह स्तंभलेख धम्म के बारे में बताता है, जो न्यूनतम पाप, सद्‌गुण, करुणा, सत्यता और पवित्रता है।
प्रमुख स्तंभलेख 3	यह स्तंभलेख कठोरता, क्रूरता, क्रोध आदि पापों का नाश करने का आग्रह करता है।
प्रमुख स्तंभलेख 4	इस स्तंभलेख में राजुकों के कर्तव्यों का उल्लेख किया गया है।
प्रमुख स्तंभलेख 5	इस स्तंभलेख में उन पशुओं और पक्षियों की सूची दी गयी है, जिन्हें कुछ विशेष दिनों पर नहीं मारा जाना चाहिए, और साथ ही उन जंतुओं की सूची दी गयी है, जिन्हें बिल्कुल नहीं मारा जाना चाहिए। जीवित जंतुओं को अन्य जीवित जंतु नहीं खिलाये जाने चाहिए।
प्रमुख स्तंभलेख 6	इस स्तंभलेख में अशोक की धम्म नीति का उल्लेख किया गया है।
प्रमुख स्तंभलेख 7	इस स्तंभलेख में अशोक द्वारा धम्म के लिए किये गये कार्यों का उल्लेख किया गया है। अशोक के शब्दों में, ''मैंने नैतिकता के स्तंभों को स्थापित करवाया है, **महामात्य** (नैतिकता अधिकारियों) को नियुक्त किया है और नैतिक घोषणाएँ जारी की हैं।''

कृपया ध्यान दें : महामात्य तृतीय शताब्दी ईसा पूर्व में सम्राट अशोक द्वारा नियुक्त 'नैतिकता अधिकारी' थे। उनकी पूर्ण पदवी धम्म महामात्य या 'धर्म निरीक्षक' थी। अंत-महामात्य (विदेशियों के प्रभारी) और स्त्री-अध्यक्ष-महामात्य (महिलाओं के प्रभारी), जैसे अन्य महामात्य भी थे। ऐसा लगता है कि महामात्य अशोक के शासन का एक अभिन्न अंग थे और यहाँ तक कि उनका अशोक के शिलालेखों में भी उल्लेख किया गया है।

दिल्ली-तोपरा स्तंभ

यह अशोक स्तंभ मूल रूप से तोपरा (वर्तमान हरियाणा में) नामक एक गाँव में लगाया गया। 14वीं शताब्दी की *तारीख़-ए-फ़िरोज़ शाही* के अनुसार, सुल्तान **फ़िरोज़ शाह तुग़लक़** द्वारा इस स्तंभ को तोपरा से दिल्ली ले जाया गया, क्योंकि वह इससे बहुत प्रभावित था। फ़िरोज़ शाह कोटला (दिल्ली) स्थानांतरित किये जाने के बाद इस स्तंभ को ***मीनार-ए-ज़र्री*** या स्वर्ण स्तंभ के रूप में जाना जाने लगा। ***सीरत-ए-फ़िरोज़ शाही*** किताब के एक चित्र में दर्शाया गया है कि कैसे अशोक स्तंभ को एक नाव के ज़रिए तोपरा से दिल्ली ले जाया गया था।

उसी तरह अशोक का दिल्ली-मेरठ स्तंभ भी उसके द्वारा 14वीं शताब्दी में मेरठ से दिल्ली ले जाया गया।

इलाहाबाद स्तंभ

उत्तर प्रदेश के प्रयागराज में स्थापित इलाहाबाद स्तंभ के बारे में माना जाता है कि वो मूल रूप से उत्तर प्रदेश के कौशाम्बी में था। बाद में, इसे 1583 में अकबर द्वारा निर्मित इलाहाबाद क़िले में ले जाया गया। **यह अशोक का स्तंभ है, लेकिन इस पर विभिन्न अभिलेख हैं**, अर्थात्,

1. **अशोक का अभिलेख** (तृतीय शताब्दी ईसा पूर्व) - इस स्तंभ पर अभिलेख प्राकृत भाषा और ब्राह्मी लिपि में है :
   - ***अशोक के प्रमुख स्तंभलेख*** *(एक से छह)।*
   - ***मतभेद अभिलेख*** *- संघ में मतभेद के लिए अशोक द्वारा दंड की चेतावनी।*
   - ***रानी का अभिलेख*** *- अशोक अपनी पत्नी कारूवाकी के धर्मार्थ कार्यों का उल्लेख करते हुए घोषणा करता है कि रानी को उसके उपहारों के लिए श्रेय दिया जाना चाहिए।*
2. **समुद्रगुप्त का अभिलेख** (चतुर्थ शताब्दी ईसवी का) - इसे **प्रयाग प्रशस्ति** के रूप में भी जाना जाता है, इसे 'शास्त्रीय गुप्त युग का सबसे महत्त्वपूर्ण ऐतिहासिक दस्तावेज़' माना जाता है। यह हरिषेण द्वारा संस्कृत भाषा और गुप्त लिपि (**चंपू काव्य शैली**) में लिखा गया था। इसमें **समुद्रगुप्त की विजयों** की प्रशंसा और गुप्त साम्राज्य की सीमाओं का उल्लेख किया गया है।
3. **बीरबल का माघ मेला अभिलेख** (16वीं शताब्दी ईसवी का) - इस अभिलेख में उल्लेख किया गया है कि गंगादास के पुत्र महाराजा बीरबल ने **तीर्थ राज प्रयाग** की तीर्थयात्रा की थी। एक प्रकार से यह अभिलेख इस बात की पुष्टि करता है कि उस समय भी प्रयाग एक महत्त्वपूर्ण तीर्थस्थल (तीर्थ राज) था।
4. **जहाँगीर का अभिलेख** (17वीं शताब्दी ईसवी का) - यह अभिलेख बादशाह के कृपापात्र सुलेखक *अब्दुल्ला मुश्किन कलाम* द्वारा **फ़ारसी भाषा** और उत्कृष्ट **नस्ता'लीक़ लिपि** में लिखा गया है। इसमें मुग़ल सम्राट जहाँगीर की वंशावली का उल्लेख किया गया है।

मौर्योत्तर अभिलेख

हेलियोडोरस का बेसनगर स्तंभलेख (मध्य प्रदेश)

हेलियोडोरस (ग्रीक राजदूत) का **द्वितीय शताब्दी ईसा पूर्व** का स्तंभलेख शुंग काल का है और **मध्य प्रदेश में प्राचीन विदिशा** के एक स्थल बेसनगर में स्थित है। यह अभिलेख **प्राकृत भाषा** और **ब्राह्मी लिपि** में है।

हेलियोडोरस विदिशा में स्थानीय शुंग राजकुमार भागभद्र के दरबार में तक्षशिला (अब पाकिस्तान में) के यूनानी राजा एंटालकिडास का राजदूत था।

हेलियोडोरस ने यह स्तंभ भगवान **वासुदेव (विष्णु)** के सम्मान में **गरुड़ स्तंभ** के रूप में स्थापित करवाया था।

इस स्तंभ पर दिये गये छह पंक्तियों के अभिलेख में, **हेलियोडोरस अपने आप को भागवत** (अर्थात् भगवान वासुदेव कृष्ण के उपासक) के रूप में वर्णन करता है, जो यह दर्शाता है कि उसने स्पष्ट रूप से **हिंदू धर्म** को अपना लिया था।

खंबा बाबा (विदिशा, मध्य प्रदेश)

स्तंभ के दूसरी तरफ़ अमरत्व के तीन चरणों ***(संयम, उदारता और मनोयोग)*** का वर्णन करनेवाला एक छोटा अभिलेख है, जिनका सही ढंग से पालन किये जाने पर स्वर्ग की प्राप्ति होती है।

यह स्तंभ हिंद-यूनानी राजनयिक संबंधों के विकास का साक्षी होने के साथ ही **वैष्णववाद** के अंतर्गत वासुदेव पंथ की लोकप्रियता और प्रायद्वीपीय क्षेत्र में फलते-फूलते व्यापार का सूचक है। इस स्तंभ की खोज 1877 में **अलेक्ज़ेंडर कनिंघम** ने की थी। इस स्तंभ को स्थानीय रूप से **खंबा बाबा** कहा जाता है और विशेष रूप से मछुआरों द्वारा इसकी पूजा की जाती है।

कृपया ध्यान दें : प्राचीन काल में, **यवन** शब्द यूनानियों सहित **पश्चिम के विदेशियों** के लिए भारतीय ग्रंथों में प्रयुक्त एक सामान्य शब्द हुआ करता था। वस्तुत: ग्रीस का यूनान नाम, उसके एक नगर आयोनिया (Ionia) के नाम पर चला था। इस आयोनिया को ही पुरानी फ़ारसी में यूनान (Yaunan) कहा जाता था, जिससे भारतीयों ने 'यवन' शब्द बना लिया।

हाथीगुम्फा अभिलेख (ओडिशा)

हाथीगुम्फा अभिलेख **ओडिशा की उदयगिरि-खंडगिरी की गुफाओं** में पाया गया है, जिसे जैन धर्म में मूर्तिपूजा का सबसे पहला अभिलेखीय संदर्भ माना जाता है। हाथीगुम्फा अभिलेख **राजा खारवेल** द्वारा उत्कीर्णित करवाया गया था और माना जाता है कि यह प्रथम शताब्दी ईसा पूर्व के आस-पास का है। हाथीगुम्फा अभिलेख में **प्राकृत भाषा** और **ब्राह्मी लिपि** में **17 पंक्तियाँ** हैं। उदयगिरि की गुफाओं में मिला हाथीगुम्फा अभिलेख कलिंग शासक खारवेल के बारे में जानकारी का मुख्य स्रोत है।

हाथीगुम्फा अभिलेख एक राजा, एक विजेता, संस्कृति के संरक्षक और **जैन धर्म** के एक शूरवीर के रूप में **खारवेल के इतिहास** की तरह है। इसमें सभी धर्मों के प्रति सम्मान, सभी मंदिरों के संरक्षण और राजा की अंतिम स्तुति का भी उल्लेख है। यह अभिलेख समुद्रगुप्त की प्रयाग प्रशस्ति की तरह पूरी तरह से खारवेल की **प्रशस्ति** (शासक की प्रशंसा में काव्य रचना) है।

हाथीबाड़ा घोसुंडी अभिलेख (राजस्थान)

द्वितीय-प्रथम शताब्दी ईसा पूर्व के आसपास के इन अभिलेखों को कभी-कभी **घोसुंडी अभिलेख** या **हाथीबाड़ा अभिलेख** के रूप में संदर्भित किया जाता है। हाथीबाड़ा घोसुंडी अभिलेख ब्राह्मी लिपि में प्राचीनतम ज्ञात संस्कृत अभिलेख हैं और चित्तौड़गढ़ के निकट स्थित हैं। ये हिंदू परंपरा के अंतर्गत **वैष्णववाद** (भगवान वासुदेव और संकर्षण) से संबंधित हैं।

नानेघाट अभिलेख (महाराष्ट्र)

नानेघाट अभिलेख का श्रेय सातवाहन राजवंश को दिया जाता है और ईसा पूर्व द्वितीय-प्रथम शताब्दी के आसपास का माना जाता है। यह अभिलेख **वैष्णववाद** के अंतर्गत संकर्षण (बलराम) और वासुदेव से संबंधित है। यह अभिलेख '2, 4, 6, 7 और 9' के रूप में **विश्व का सबसे पुराना संख्या चिह्न** प्रस्तुत करता है, जो आधुनिक नागरी और हिंदू-अरबी लिपि में पाये जाने वाले अंकों से निकटता से मेल खाते हैं। सातवाहनों के शासनकाल के दौरान, नानेघाट दर्रा एक प्रमुख व्यापारिक मार्ग था। नानेघाट की गुफाएँ **छायाचित्र गैलरी** के लिए भी प्रसिद्ध हैं, जिसमें आठ आदमक़द आकृतियों की मूर्तियाँ उकेरी गयी हैं।

नानेघाट अभिलेख

अयोध्या का शिलालेख (उत्तर प्रदेश)

प्रथम शताब्दी ईसा पूर्व और प्रथम शताब्दी ईसवी के बीच का यह अभिलेख देव वंश के **हिंदू राजा** धन का शिलालेख है। वह अयोध्या नगर से शासन करता था। माना जाता है कि यह शिलालेख दो अश्वमेध यज्ञकर्ता के रूप में **पुष्यमित्र शुंग** का उल्लेख करता है।

जूनागढ़ का शिलालेख (गुजरात)

इस शिलालेख को **गिरनार शिलालेख** के रूप में भी जाना जाता है, यह गुजरात की गिरनार पहाड़ियों के निकट स्थित है। इस शिलालेख में शामिल हैं :

- **अशोक का प्रमुख शिलालेख** (तृतीय शताब्दी ईसा पूर्व का)
- **रुद्रदामन का शिलालेख** (द्वितीय शताब्दी ईसवी के शक शासक रुद्रदामन प्रथम का)
- **स्कंदगुप्त का शिलालेख** (5वीं शताब्दी ईसवी के गुप्त शासक का)

अशोक के **प्रमुख शिलालेख प्राकृत भाषा** और **ब्राह्मी लिपि** में हैं।

रुद्रदामन का अभिलेख भयानक तूफ़ान से क्षतिग्रस्त हो जाने के बाद, रुद्रदामन प्रथम द्वारा **सुदर्शन झील** के पुनर्निर्माण का उल्लेख करता है।

स्कंदगुप्त के शिलालेख से पता चलता है कि 5वीं शताब्दी ईसवी में इस जलाशय का किनारा फिर से टूट गया था और स्कंदगुप्त ने इसकी पुनः मरम्मत करवायी थी।

श्रेणियों को बैंकरों के रूप में चित्रित करनेवाले अभिलेख

मौर्योत्तर काल के कई अभिलेखों से प्रकट होता है कि लोग पवित्र अक्षयनिधि के रूप में श्रेणियों में धन लगाते थे और इससे प्राप्त होनेवाले ब्याज का आमतौर पर दान (ब्राह्मणों, बौद्ध भिक्षुओं को) किया जाता था या किसी अन्य पवित्र गतिविधि के लिए अलग रखा जाता था। ऐसे अभिलेखों में शामिल हैं :

- **मथुरा अभिलेख (उत्तर प्रदेश)** – यह अभिलेख उल्लेख करता है कि दूसरी शताब्दी की शुरुआत में कुषाण राजा हुविष्क द्वारा स्थायी निवेश और अर्जित ब्याज का उपयोग ब्राह्मणों और निराश्रितों को भोजन प्रदान करने के लिए किया जाता था।
- **जुन्नार अभिलेख (महाराष्ट्र)** – यह अभिलेख द्वितीय शताब्दी ईसवी में यवनों (हिंद-यूनानियों) द्वारा करंज और बरगद के पेड़ लगाने के लिए दो कृषि क्षेत्रों की आय के निवेश का उल्लेख करता है।
- **नासिक अभिलेख (महाराष्ट्र)** – यह राजा नहपान से संबंधित है और राजा के वायसराय और दामाद उषावदत द्वारा स्थायी निवेश का अभिलेख (संकर संस्कृत में) है। प्राप्त ब्याज का उपयोग भिक्षुओं को वस्त्र और हलका भोजन प्रदान करने के लिए किया जाता था।

कृपया ध्यान दें : गौतमी बलश्री (सातवाहन राजा गौतमीपुत्र सातकर्णी की माता) **का एक अन्य नासिक प्रशस्ति अभिलेख** है, जिसमें गौतमीपुत्र शातकर्णी का एकब्राह्मण (अद्वितीय ब्राह्मण) और क्षतिय-दपमनमद (क्षत्रियों का अभिमान और दंभ नष्ट करनेवाला) के रूप में वर्णन किया गया है।

कंगनहल्ली अभिलेख (कर्नाटक)

सन्नति (महत्त्वपूर्ण बौद्ध स्थल) के निकट **कर्नाटक** के गुलबर्गा ज़िले में स्थित, इस स्थान से प्रथम शताब्दी ईसा पूर्व और प्रथम शताब्दी ईसवी के बीच की विभिन्न मूर्तिकलात्मक पट्टियों के साथ एक **महास्तूप** मिला है। इनमें से एक **प्रमुख प्रतिमा** राजा **अशोक** और उनकी रानी की प्रतिमा है, जिसमें दो चौरी वाहक उनकी सेवा कर रहे हैं। यह पुष्टि करने के लिए कि यह अशोक ही है, मूर्तिकलात्मक प्रतिमा में सातवाहन काल की ब्राह्मी लिपि में एक पंक्ति **'रान्यो अशोक'** की भी है।

रबातक अभिलेख (अफ़ग़ानिस्तान)

बैक्ट्रियन भाषा और यूनानी लिपि में लिखा गया रबातक अभिलेख वर्तमान अफ़ग़ानिस्तान से मिला है और द्वितीय शताब्दी ईसवी के आसपास का है। 23 पंक्तियों का यह अभिलेख कुषाण शासक **कनिष्क** का मूल्यवान विवरण प्रदान करता है और कुषाण वंश की वंशावली भी देता है। इसमें, कनिष्क को "षाहानुषाही" (महराजाधिराज) और "देवताओं का पुत्र" कहा गया है।

रबातक अभिलेख

बाँधोगढ़ अभिलेख (मध्य प्रदेश)

ये द्वितीय शताब्दी ईसवी में प्रमुख रूप से व्यापारियों द्वारा **दान** के अभिलेख हैं। इन अभिलेखों में व्यक्तियों की पहचान वर्ण या जाति से नहीं, बल्कि व्यवसाय से की गयी है। इस प्रकार बाँधोगढ़ **धर्मनिरपेक्ष उपहार** का एक अनूठा उदाहरण है।

वाकाटक अभिलेख

वाकाटक (250 – 500 ईसवी) **दक्कन** में सातवाहन वंश के बाद आनेवाला सबसे महत्त्वपूर्ण राजवंश था और उत्तर भारत के गुप्त वंश का समकालीन राजवंश था। वाकाटक ब्राह्मण वंशी थे। निम्नलिखित अभिलेखों में वाकाटक वंश का विवरण मिलता है :

- **रामटेक केवल नरसिंह मंदिर अभिलेख** (महाराष्ट्र) – यह वाकाटक शासकों की वंशावली और मंदिर की नींव का अभिलेख है।
- **चमक ताम्रपत्र** (महाराष्ट्र) – चमक ताम्रपत्र वाकाटक वंश के अभिलेखीय अभिलेख हैं, जिन्हें संस्कृत भाषा में लिखा गया है।
- **तिरोड़ी ताम्रपत्र** (मध्य प्रदेश) – तिरोड़ी ताम्रपत्र भी संस्कृत भाषा में वाकाटक वंश के अभिलेखीय अभिलेख हैं।

नागार्जुनकोंडा अभिलेख (आंध्र प्रदेश)

इन अभिलेखों को **इक्ष्वाकु वंश** और लगभग **तीसरी-चौथी शताब्दी ईसवी** का माना जाता है। ये अभिलेख या तो प्राकृत में हैं या संस्कृत में हैं या दोनों के मिश्रण हैं और सभी **ब्राह्मी लिपि** में लिखे गये हैं। ये अभिलेख प्रमुख रूप से **बौद्ध धर्म** और साथ ही हिंदू धर्म की शैव परंपरा से संबंधित हैं। नागार्जुनकोंडा अभिलेखों में इक्ष्वाकुओं द्वारा हिंदू मंदिरों और बौद्ध भिक्षुओं को दिये गये उपहारों का विवरण मिलता है।

गुप्त और गुप्तोत्तर काल के अभिलेख

समुद्रगुप्त की प्रयाग प्रशस्ति (उत्तर प्रदेश) पहले चर्चा की जा चुकी है।

महरौली स्तंभलेख (दिल्ली)

महरौली का लौह स्तंभ दिल्ली में क़ुतुब मीनार परिसर में स्थित है। यह इसके निर्माण में प्रयुक्त धातुओं की जंग प्रतिरोधी संरचना के लिए उल्लेखनीय है। यह स्तंभ गुप्त वंश के चंद्रगुप्त-द्वितीय ने विष्णुपद के रूप में भगवान विष्णु के सम्मान में स्थापित करवाया था। यह स्तंभलेख **चंद्रगुप्त** को अपने ख़िलाफ़ एकजुट शत्रुओं के संघ के ख़िलाफ़ अकेले लड़कर **वंग देशों की विजय का श्रेय देता** है। यह अभिलेख युद्ध में बह्लीकों पर विजय प्राप्त करने का भी श्रेय देता है, जो सिंधु नदी के सात मुहानों पर लड़ा गया था।

चंद्रगुप्त द्वितीय का साँची अभिलेख (मध्य प्रदेश)

यह संस्कृत अभिलेख गुप्त राजा चंद्रगुप्त द्वितीय के शासनकाल में साँची स्थित किसी बौद्ध प्रतिष्ठान को दान का विवरण देता है।

नौसासी (नवसारी) ताम्रपत्र अभिलेख (गुजरात)

यह वल्लभी (गुजरात) के विरुद्ध हर्ष के सफल अभियान की जानकारी देता है।

तुमन शिलालेख (मध्य प्रदेश)

5वीं शताब्दी ईसवी का यह अभिलेख संस्कृत में हैं और गुप्त राजा **कुमारगुप्त प्रथम** के शासनकाल के दौरान एक मंदिर के निर्माण का अभिलेख है।

स्कंदगुप्त का भितरी स्तंभलेख (उत्तर प्रदेश)

455-467 ईसवी के आस-पास का यह अभिलेख विभिन्न गुप्त शासकों का कालक्रम निर्धारित करने, **स्कंदगुप्त**, पुष्यमित्रों और हूणों के बीच संघर्ष की जानकारी के लिए अत्यंत महत्त्वपूर्ण है।

स्कंदगुप्त का कहौम स्तंभलेख (उत्तर प्रदेश)

यह 5वीं शताब्दी का स्तंभ है, जिस पर पार्श्वनाथ और अन्य जैन तीर्थंकरों का ब्राह्मी लिपि में उत्कीर्णन है। यह स्तंभ स्कंदगुप्त के शासनकाल के दौरान स्थापित किया गया था।

कृपया ध्यान दें : गया और नालंदा अभिलेख भी स्कंदगुप्त से संबंधित हैं।

पहाड़पुर ताम्रपत्र अभिलेख (बांग्लादेश)

यह अभिलेख बुद्धगुप्त के समय (लगभग 478 ईसवी) का है। पहाड़पुर बांग्लादेश में स्थित है और यह बुद्ध गुप्त के साम्राज्य की पूर्वी सीमा थी।

बुद्धगुप्त का शंकरपुर ताम्रपत्र (मध्य प्रदेश)

यह अभिलेख गुप्त साम्राज्य का इतिहास के लिए बहुत महत्त्व रखता है, क्योंकि यह उत्तरकालीन गुप्त राजा **बुद्धगुप्त का अंतिम ज्ञात अभिलेख** है।

थाल्नर ताम्रपत्र (महाराष्ट्र)

ये वाकाटक राजा हरिसेना (475-500 ईसवी) के शासनकाल से संबंधित थे।

बिल्साड़ अभिलेख (उत्तर प्रदेश)

यह अभिलेख (लगभग 415 ईसवी) गुप्त शासक कुमारगुप्त प्रथम से संबंधित है। यह अभिलेख नज़दीकी कार्तिकेय मंदिर का विवरण देता है।

यशोधर्मन का मंदसौर स्तंभलेख (मध्य प्रदेश)

किसी अन्य स्थान पर चले जाने पर भी श्रेणियों को दंडित किया जाता था। हालाँकि, मंदसौर अभिलेख से प्रकट होता है कि श्रेणियाँ प्रव्रजन करती थीं और राजा की ओर से उन्हें ऐसा कोई दंड भी नहीं दिया जाता था। 515-550 ईसवी के आसपास के इन **संस्कृत अभिलेखों** में हूण राजा मिहिरकुल पर औलिकर राजा यशोधर्मन की **विजय** का विवरण मिलता है।

तोरमण का एरण शूकर अभिलेख (मध्य प्रदेश)

प्रारंभिक छठीं शताब्दी ईसवी का यह शिलालेख अल्चोन हूणों के शासक राजा तोरमण का विवरण देता है। मध्य प्रदेश के एरण में इस अभिलेख से **सतीप्रथा का पहला प्रमाण** मिलता है।

वदथिक गुफा अभिलेख या नागार्जुनी पहाड़ी गुफा शिलालेख (बिहार)

यह गुप्त लिपि में 5वीं या 6वीं शताब्दी ईसवी का संस्कृत शिलालेख है। यह अभिलेख बिहार में बराबर गुफा समूह की नागार्जुनी पहाड़ी गुफा में पाया गया है। यह शिव अभिलेख **ओम** के साथ शुरू होता है, जिससे 5वीं शताब्दी की हिंदू परंपरा में इसके महत्त्व का पता चलता है।

हर्षवर्धन के अभिलेख (7वीं शताब्दी ईसवी)

- **बाँसखेड़ा ताम्रपत्र अभिलेख** (उत्तर प्रदेश में) पर हर्षवर्धन के हस्ताक्षर हैं।
- **सोनीपत ताम्रपत्र अभिलेख** (हरियाणा) और **मधुबन ताम्रपत्र अभिलेख** (उत्तर प्रदेश) हर्षवर्धन का कालक्रम जानने के लिए उपयोगी हैं।

हल्मिडि अभिलेख (कर्नाटक)

यह लगभग 450 - 500 ईसवी का कदंब लिपि में **कन्नड़ भाषा** का **सबसे पुराना ज्ञात** अभिलेख है। यह एक **प्रशासनिक भाषा के रूप में** कन्नड़ के उपयोग का आरंभिक प्रमाण है।

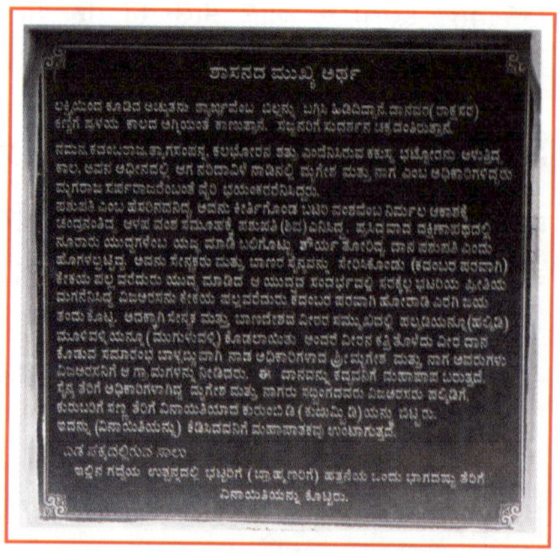

हल्मिडि शिलालेख

ऐहोल अभिलेख (कर्नाटक)

ऐहोल **चालुक्यों की प्रथम राजधानी** थी। ऐहोल से कई अभिलेख मिले हैं, लेकिन **मेगुती मंदिर** के निकट पाया गया अभिलेख, जिसे ऐहोल अभिलेख या ऐहोल प्रशस्ति कहा जाता है, चालुक्यों की कई ऐतिहासिक घटनाओं का गवाह है। **संस्कृत** भाषा का यह अभिलेख **कन्नड़ लिपि** में लिखा गया है।

इस अभिलेख में **पुलकेशिन द्वितीय के हाथों हर्षवर्धन की पराजय** और पल्लवों पर चालुक्यों के विजय का उल्लेख मिलता है। इस अभिलेख में चालुक्यों की **राजधानी को ऐहोल से हटाकर बादामी स्थानांतरित करने** का भी उल्लेख मिलता है। इन पंक्तियों की रचना 610-642 ईसवी तक शासन करनेवाले पुलकेशिन द्वितीय के दरबारी कवि **रविकीर्ति** के द्वारा की गयी थी।

उल्लेखनीय तमिल-ब्राह्मी दान अभिलेख

- **पुगलूर और अरच्चलूर अभिलेख** - इस अभिलेख में चेर शासकों के साथ-साथ शिल्पकारों और व्यापारियों द्वारा किये गये दान का उल्लेख मिलता है।
- **मंगुलम अभिलेख** - इस अभिलेख में जैन भिक्षुओं को दिये गये उपहारों का विवरण दर्ज है। इसमें पांड्य राजा के अधीनस्थ शासक या पदाधिकारी का वर्णन उल्लेखनीय है।

डोड्डाहुंडी निशिधि और अभिलेख (कर्नाटक)

जैन धर्म में निशिधि वह स्थान होता है, जहाँ कोई तपस्वी, राजा या रानी, स्वेच्छा से मृत्यु का वरण करता है या जहाँ अंतिम संस्कार किया गया होता है या अस्थि अवशेषों को दफ़नाया गया होता है। ऐसे स्थानों को जैन धर्म में बहुत सम्मान दिया जाता था। वहाँ का नायक पत्थर 9वीं शताब्दी ईसवी में पश्चिमी गंग राजवंश के राजा एरगंग नीतिमार्ग प्रथम की अनुष्ठानिक मृत्यु (सल्लेखना और समाधि) का चित्रण करता है।

देवपाड़ा प्रशस्ति (बांग्लादेश)

यह बंगाल के सेन राजाओं का एक अभिलेख (प्रशस्ति) है। इसकी रचना उमापति धारा (1150-1240 ईसवी) द्वारा की गयी थी, जो दरबारी कवियों में से एक थे और लक्ष्मण सेन के दरबार में मंत्री थे।

सनोकर अभिलेख और नैहाटी ताम्रपत्र (पश्चिम बंगाल)

ये दोनों अभिलेख बंगाल के सेन राजवंश के वल्लालसेन से संबंधित शिलालेख हैं।

धर्मपाल का खलीमपुर ताम्रपत्र (पश्चिम बंगाल)

यह ताम्रपत्र धर्मपाल (बंगाल क्षेत्र में **पाल वंश** के दूसरे शासक) से संबंधित है और लगभग 9वीं शताब्दी ईसवी की शुरुआत का है। ताम्रपत्र संभवतः कन्नौज में पाल शासक के सैन्य कारनामों का विवरण देता है।

हरसोला ताम्रपत्र (गुजरात)

यह 10वीं शताब्दी ईसवी के दो अभिलेखों का एक सेट है, जिसमें परमार राजा सियाका द्वितीय द्वारा एक नागर ब्राह्मण पिता-पुत्र की जोड़ी को दो गाँव दिए जाने का वर्णन है।

अलाउद्दीन ख़िलजी का चंदेरी अभिलेख

यह चंदेरी का **सबसे पुराना** *ज्ञात इस्लामी अभिलेख है, जो 14वीं शताब्दी का है।* **नस्ख़ लिपि** और **फ़ारसी भाषा** में लिखा गया यह अभिलेख एक मस्जिद के पूरा होने का वर्णन करता है।

श्रेणीबल

मौर्योत्तर काल में, उद्योगों पर राज्य का स्वामित्व समाप्त कर दिया गया था। पुरातात्त्विक साक्ष्यों के अनुसार, व्यापारी संघ स्वायत्त थे और वे मुहरें और सिक्के जारी करते थे। कलचुरि अभिलेखों में उनके **स्वयं के मिलिशिया/सैनिकों के होने का उल्लेख** दिया गया है, जिन्हें श्रेणीबल (विभिन्न कार्यों में नियुक्त शस्त्रास्त्र में निपुण व्यापारियों एवं अन्य जनसमुदायों की सेना) कहा जाता था।

कुडुमियानमलाई का संगीतमय अभिलेख

यह तमिलनाडु के पुदुकोट्टई ज़िले में स्थित एक पल्लव अभिलेख (संभवतः) था। यह संगीतमय अभिलेख लगभग सातवीं या आठवीं शताब्दी ईसवी का था। इसमें एक राजा द्वारा विद्यार्थियों के लाभ के लिए संगीतमय नोट्स की व्यवस्था की गयी थी। संभवतः इस अभिलेख में महान् संगीतकार **रुद्राचार्य** का उल्लेख था, जो पल्लव राजा महेंद्रवर्मन प्रथम के शासनकाल के दौरान जीवित थे।

अध्याय का सारांश

- **कॉर्पस इंस्क्रिप्शनम इंडिकारम** – प्राचीन भारत के इतिहास से संबंधित पुरालेखों और कई अभिलेखों का संग्रह।
- **सोहगौरा ताम्रपत्र** – मौर्य पूर्व अभिलेख, जिसमें अकाल राहत प्रयासों का उल्लेख किया गया है।
- **प्राचीन ब्राह्मी लिपि का उद्वाचन करने का पहला प्रयास** – नॉर्वेजियन विद्वान क्रिश्चियन लासेन – यह कार्य जेम्स प्रिंसेप द्वारा पूरा किया गया।
- **कान्धार द्विभाषी शिलालेख (चेहल जिना शिलालेख)** – यूनानी और अरामेइक में लिखा गया – लगभग 260 ईसा पूर्व में उत्कीर्णित।
- **मस्की** – कर्नाटक – पहला शिलालेख, जिस पर अशोक का नाम है और यह पुष्टि करता है कि भारतीय उपमहाद्वीप में देवानामपिय पियदशी के नाम से पाये गये कई शिलालेख सम्राट अशोक के हैं।
- **रुम्मिनदेई स्तंभलेख** – अशोक ने लुंबिनी को कर भुगतान से मुक्त कर दिया।
- **समुद्रगुप्त का अभिलेख** – हरिषेण द्वारा लिखित – समुद्रगुप्त की विजयों और गुप्त साम्राज्य की सीमाओं का उल्लेख मिलता है।

- **बीरबल का माघ मेला अभिलेख** - इलाहाबाद स्तंभ में।
- **हेलियोडोरस का स्तंभ** - गरुड़ स्तंभ - बेसनगर में - मध्य प्रदेश में विदिशा के पास स्थापित किया गया था - वैष्णववाद - खंबा बाबा।
- **हाथीगुम्फा अभिलेख** - उड़ीसा में उदयगिरि-खंडगिरी की गुफाओं से मिला हाथीगुम्फा अभिलेख - द्वितीय शताब्दी ईसा पूर्व में राजा खारवेल द्वारा उत्कीर्णित करवाया गया था।
- **जूनागढ़ शिलालेख** - गुजरात - अशोक का प्रमुख शिलालेख - रुद्रदामन का शिलालेख और स्कंदगुप्त का शिलालेख, जिसमें एक जलाशय (सुदर्शन झील) की मरम्मत के बारे में उल्लेख किया गया है।
- **कंगनहल्ली** - मूर्तिकलात्मक शिलापट्ट पर सातवाहन काल की ब्राह्मी लिपि में एक पंक्ति *'रान्यो अशोक'* उत्कीर्णित है।
- **नानेघाट अभिलेख** - सातवाहन वंश को श्रेय दिया जाता है - द्वितीय और प्रथम शताब्दी ईसा पूर्व के बीच - वैष्णववाद।
- **हर्षवर्धन के अभिलेख** - बाँसखेड़ा अभिलेख पर हर्ष का हस्ताक्षर मिलता है - सोनीपत ताम्रपत्र अभिलेख, मधुबन ताम्रपत्र अभिलेख।
- **देवपाड़ा प्रशस्ति** - बंगाल के सेन राजाओं का एक पत्थर अभिलेख (प्रशस्ति) - उमापति धारा (1150-1240 ईसवी) द्वारा रचित - वे दरबारी कवियों में से एक और लक्ष्मण सेन के दरबार में मंत्री थे।
- **खलीमपुर ताम्रपत्र** - धर्मपाल का अभिलेख, जो बंगाल के पाल वंश के दूसरे शासक थे।
- **अलाउद्दीन ख़िलज़ी का चंदेरी अभिलेख** - सबसे पुराना ज्ञात इस्लामी अभिलेख माना जाता है - लगभग 14वीं सदी की शुरुआत में दिनांकित - नस्ख़ लिपि में लिखा गया।

यू.पी.एस.सी. पिछले वर्षों के बहुविकल्पीय प्रश्न

1. भारतीय इतिहास के संदर्भ में, अलेक्ज़ेंडर री, ए.एच. लॉन्गहर्स्ट, राबर्ट स्वेल, जेम्स बर्गेस और वाल्टर इलियट किस गतिविधि से जुड़े थे? **(CSE, 2023)**

(a) पुरातात्त्विक उत्खनन

(b) औपनिवेशिक भारत में अँग्रेज़ी प्रेस की स्थापना

(c) देशी रजवाड़ों में गिरजाघरों की स्थापना

(d) औपनिवेशिक भारत में रेल का निर्माण

2. सातवीं या आठवीं शताब्दी सी.ई. में एक राजा द्वारा अपने शिष्यों के लाभ के लिये व्यवस्थित संगीत नोट्स के समूह वाले संगीत शिलालेख के स्थान का नाम बताएं? **(CDS I, 2023)**

(a) एन्नायिरम (b) उत्तरमेरुर

(c) सियामंगलम (d) कुदुमियामलाई

3. बौद्धमत में अशोक की आस्था के बारे में निम्नलिखित कथनों पर विचार कीजिए। **(CDS I, 2022)**

1. रुम्मिनदेई स्तम्भ अभिलेख और निगाली सागर स्तम्भ अभिलेख बौद्धमत में अशोक की आस्था का स्पष्ट प्रमाण देते हैं।
2. लघु शिलालेख-I बौद्धमत में अशोक की आस्था में अकस्मात् आये परिवर्तन का प्रमाण देता है।

उपर्युक्त कथनों में से कौन-सा/से कथन सही है/हैं?

(a) केवल 1 (b) केवल 2

(c) 1 और 2 दोनों (d) न तो 1, न ही 2

4. अशोक के प्रमुख शिलालेखों के स्थान - वह स्थान जिस राज्य में हैं **(CSE, 2022)**

1. धौली - ओडिशा
2. एरंगुडी - आंध्र प्रदेश
3. जौगड़ - मध्य प्रदेश
4. कालसी - कर्नाटक

उपर्युक्त युग्मों में से कितने सही सुमेलित हैं?

(a) केवल एक युग्म (b) केवल दो युग्म

(c) केवल तीन युग्म (d) सभी चारों

5. निम्नलिखित में से किसकी रचना हरिषेण द्वारा की गयी थी? **(NDA II, 2022)**

(a) गौतमी बालश्री का नासिक अभिलेख

(b) समुद्रगुप्त की प्रयाग प्रशस्ति
(c) विजयसेन की देवपाड़ा प्रशस्ति
(d) खारवेल का हाथीगुम्फा अभिलेख

6. अफ़ग़ानिस्तान में अशोक के शिलालेखों की निम्नलिखित में से किस लिपि में लिखा गया है? **(CAPF, 2022)**
(a) ब्राह्मी (b) शारदा
(c) खरोष्ठी (d) ग्रीक-अरामाईक

7. टोपरा में अशोक स्तंभ के हिलने का चित्रित चित्रण किसमें मिलता है? **(CDS I, 2021)**
(a) तारीख़-ए-फ़िरोजशाही
(b) तारीख़-ए-शाही
(c) सीरत-ए-फ़िरोज़शाही
(d) अकबर नामा

8. निम्नलिखित में से किस शासक ने इस अभिलेख के माध्यम से अपनी प्रजा को सलाह दी थी? **(CSE, 2020)**
''जो कोई भी अपने संप्रदाय के प्रति अत्यधिक भक्ति के चलते अपने संप्रदाय का महिमामंडन करने की दृष्टि से अपने संप्रदाय की प्रशंसा करता है या अन्य संप्रदायों की निंदा करता है, वह अपने ही संप्रदाय को बहुत गंभीर रूप से चोट पहुँचाता है।''
(a) अशोक (b) समुद्रगुप्त
(c) हर्षवर्धन (d) कृष्णदेव राय

9. निम्नलिखित में से किस उत्कीर्णित मूर्तिकलात्मक अभिलेख में अशोक की पत्थर की प्रतिमा के साथ 'रान्यो अशोक' (राजा अशोक) का उल्लेख किया गया है? **(CSE, 2019)**
(a) कंगनहल्ली (b) साँची
(c) शाहबाज़गढ़ी (d) सोहगौरा

10. निम्नलिखित में से किसने सर्वप्रथम अशोक के शिलालेखों को पढ़ा था? **(CSE, 2016)**
(a) जॉर्ज बिल्लर (b) जेम्स प्रिंसेप
(c) मैक्स मुलर (d) विलियम जोन्स

11. सम्राट अशोक की एकमात्र उत्कीर्णित प्रस्तर प्रतिमा मिली है। **(CDS I, 2014)**
(a) साँची से (b) अमरावती से
(c) कंगनहल्ली से (d) अजंता से

उत्तर

1. (a) 2. (d) 3. (a) 4. (b) 5. (b) 6. (d) 7. (c) 8. (a)
9. (a) 10. (b) 11. (c)

5

अध्याय

प्राचीन और मध्यकालीन भारत में सिक्के

अँगरेज़ी 'कॉइन' (Coin) शब्द, लैटिन शब्द 'Cuneus' से लिया गया है। यह माना जाता है कि सिक्कों का पहला अभिलेखित उपयोग चीन और यूनान में लगभग 700 ईसा पूर्व और भारत में छठी शताब्दी ईसा पूर्व में मिलता है। सिक्कों और पदकों का अध्ययन **सिक्काशास्त्रीय या मुद्राशास्त्रीय कला** (Numismatic art) भी कहलाता है। हिन्दी में प्रचलित 'सिक्का' अरबी भाषा से आया शब्द है। अरबी में मुद्रा की ढलाई में इस्तेमाल होनेवाली धातु के छापे या ठप्पे (Die) को सिक्क: या सिक्काह कहा जाता है और इस डाइ में ढली हुई वस्तु का मतलब होता है, धन-रुपया पैसा, मुद्रा, मुहर आदि। पुरानी अँगरेज़ी में सोने के सिक्के को Sequin कहा जाता था।

प्राचीन और मध्यकालीन भारत में मुद्राशास्त्र के महत्त्वपूर्ण योगदानकर्ता

सर विलियम जोन्स (Sir William Jones) (1746-1794)

1784 में सर विलियम जोन्स द्वारा स्थापित बंगाल की एशियाटिक सोसाइटी से भारत में मुद्राशास्त्र के अध्ययन को बहुत लाभ हुआ है। उन्होंने सोसायटी की पत्रिका - **एशियाटिक रिसर्चेस** (Asiatick Researches) के प्रकाशन की शुरुआत की थी।

जेम्स प्रिंसेप (James Prinsep) (1799-1840)

वे एक महान् विद्वान्, प्राच्यविद् और मुद्राशास्त्री थे। उन्होंने खरोष्ठी लिपि को समझने के लिए द्विभाषी इंडो-ग्रीक सिक्कों का प्रयोग किया था। उन्होंने गुप्त काल के भारतीय शृंखला के सिक्कों और बैक्ट्रिया और कुषाण सिक्कों की व्याख्या की थी।

विलियम मार्सडेन (William Marsden) (1754-1836)

वे एक महान् मुद्राशास्त्री थे। मार्सडेन की न्यूमिसमाटा ओरिएंटालिया इलस्ट्रेटा ने एशियाई मुद्राशास्त्र के क्षेत्र में बहुत योगदान दिया था। **न्यूमिसमाटा ओरिएंटलिया इलस्ट्रेटा** (Numismata Orientalia Illustrata) दो खंडों (1823-1825) में प्रकाशित हुई थी। इसके दूसरे खंड में 'हिंदुस्तान के सिक्के' पर एक अनुभाग शामिल किया गया था।

ई.जे. रैप्सन (E. J. Rapson) (1861-1937)

वे एक प्रसिद्ध ब्रिटिश मुद्राशास्त्री थे। उनके मौलिक कार्यों में भारतीय सिक्के, आंध्र राजवंश, पश्चिमी क्षत्रप, त्रैकुटका राजवंश और बोधि राजवंश के सिक्कों की सूची आदि शामिल हैं।

पंडित भगवानलाल इंद्रजी (Pandit Bhagvanlal Indraji) (1839-1888)

वे एक भारतीय पुरातत्ववेत्ता, अभिलेखशास्त्री और मुद्राशास्त्री थे। उनके पास इंडो-पार्थियन, कुषाण, सासैनियन और गुप्तकालीन सिक्कों का एक विशाल संग्रह था।

उन्होंने हाथीगुम्फा अभिलेख के प्रतिलेखों की रचना की एवं **मथुरा सिंह राजधानी** (Mathura Lion Capital), नानेघाट राहतें, बैराट और सोपारा अशोक अभिलेख आदि की खोज की।

भारतीय मुद्राशास्त्रीय सोसायटी (एनएसआई) [Numismatic Society of India (NSI)]

इसकी स्थापना 1910 में हुई थी और भारतीय मुद्राशास्त्र में एक नये युग की शुरुआत हुई थी। सोसायटी के संस्थापक सदस्यों में रेव जी.पी. टेलर, सर रिचर्ड बर्न, एच.आर. नेविल, एच.एन. राइट, आर.बी. व्हाइटहेड और फ्रैमजी थानावाला शामिल थे। इलाहाबाद उच्च न्यायालय के मुख्य न्यायाधीश सर जॉन स्टेनली इसके पहले अध्यक्ष थे।

शब्द और शब्दावली

फ़्लान - सिक्के की सतह

मोटिफ़/रूपांकन - सिक्के पर अंकित सजावटी प्रतीक/आकृति

प्रवाह रेखाएँ - सिक्के की सतहों पर सूक्ष्म धारियाँ

स्मारक सिक्के - कुछ ऐतिहासिक घटनाओं या व्यक्तियों के सम्मान में ढाले गये सिक्के

बुलियन - कम मुद्राशास्त्रीय मूल्यवाले स्वर्ण सिक्के या अन्य क़ीमती धातुओं के सिक्के

जमाख़ोरी - ज़मीन में दबे सिक्कों या धन भण्डार की विशेष प्राप्ति

आहत मुद्राएँ

प्रारंभिक सिक्के ढाले हुए सिक्के थे, जिनमें केवल एक ओर ही छाप या ठप्पा अंकित होता था। इनमें एक ही ओर एक से पाँच चिह्न या प्रतीक अंकित होते थे, इसलिए इन्हें **'आहत मुद्राएँ'** कहा जाता था। **पाणिनी की *अष्टाध्यायी*** में उद्धृत है कि आहत मुद्राओं में, धातु के टुकड़ों पर प्रतीक अंकित किये जाते थे। प्रत्येक इकाई को **'रत्ती'** कहा जाता था, जिसका **वज़न 0.11 ग्राम** होता था। इस सिक्के का पहला साक्ष्य **छठी शताब्दी ईसा पूर्व से द्वितीय शताब्दी ईसा पूर्व** के बीच मिलता है। इसके निम्नलिखित **दो वर्गीकरण** उपलब्ध हैं :

1. **विभिन्न महाजनपदों द्वारा जारी की गयी आहत मुद्राएँ : पुराण, कार्षापण या पण** नामक पहली भारतीय आहत मुद्राएँ **6वीं शताब्दी ईसा पूर्व** में गंगा नदी के तटीय क्षेत्रों में स्थित विभिन्न **जनपदों** और **महाजनपदों** द्वारा ढाली गयी थीं।

   इन सिक्कों का **अनियमित आकार एवं मानक वज़न था और ये विभिन्न चिह्नों के साथ चाँदी से बनाये जाते** थे–जैसे सौराष्ट्र में कूबड़दार साँड़, दक्षिण पंचाल में स्वस्तिक और मगध में सामान्यत: पाँच प्रतीक होते थे। **मगध की आहत मुद्राएँ दक्षिण एशिया में सर्वाधिक प्रचलनवाली मुद्राएँ थीं।**

   मगध सिक्का (पाँच चिह्न)

   मनुस्मृति और बौद्ध जातक कहानियों में इनका उल्लेख किया गया है और उत्तर की तुलना में दक्षिण में तीन शताब्दियों (600 ईसा पूर्व-300 ईसवी) तक इनका प्रचलन रहा।

2. **मौर्य काल (322-185 ईसा पूर्व) के दौरान आहत मुद्राएँ :** प्रथम मौर्य सम्राट चंद्रगुप्त मौर्य के प्रधान मंत्री चाणक्य ने अपने ग्रंथ ***अर्थशास्त्र*** में **रुप्यरूप** (चाँदी), **सुवर्णरूप** (स्वर्ण), **ताम्ररूप** (ताँबा) और **सीसरूप** (सीसा) जैसी आहत मुद्राओं की ढलाई का उल्लेख किया है। उपयोग किये गये विभिन्न प्रतीकों में सूर्य और छह भुजाओंवाला पहिया सर्वाधिक प्रचलित था। जिस सिक्के में औसतन **50-54 ग्रेन चाँदी** होती थी और वज़न में **32 रत्ती** होता था, उसे **कार्षापण** कहा जाता था।

   पहिया और हाथी के प्रतीक के साथ मौर्य कार्षापण। (तीसरी शताव्दी ईसा पूर्व)

यह भी ध्यान देने योग्य बात है कि केवल **तक्षशिला क्षेत्र** में पाये जानेवाले, **नेगामा/निगामा पंच चिह्नित सिक्के व्यापारी संघों** द्वारा संभवतः 300 ईसा पूर्व-200 ईसवी के आस-पास ढाले गये थे। ये सिक्के उस समय तक्षशिला व्यापारियों द्वारा **गांधार क्षेत्र में स्थानीय व्यापार में उपयोग के लिए** बनाये गये थे। इन नेगामा (या *व्यापारियों के निगम*) सिक्कों पर कई अन्य शब्द भी अंकित हैं, जैसे- दोजाका, अटाकाटक, रालिमासा, कारे आदि।

हिंद-यूनानी सिक्के (Indo–Greek Coins)

हिंद-यूनानियों का शासनकाल 180 ईसा पूर्व से लेकर लगभग 10 ईसवी तक था। हिंद-यूनानियों के सिक्कों पर शासक के **वक्ष के ऊपर** सिर दर्शाने की प्रथा प्रचलित थी। उनके भारतीय सिक्कों पर **दो भाषाओं** - एक ओर यूनानी में और दूसरी ओर खरोष्ठी में - मुद्रालेख मिलता है। हिंद-यूनानी सिक्कों पर सामान्यतः दर्शाये गये यूनानी देवी-देवता **जीउस**, **हरक्यूलिस**, **अपोलो** और **पलास एथेन** थे। प्रारंभिक श्रृंखला में यूनानी देवी-देवताओं की आकृतियों का उपयोग किया गया था, लेकिन बाद के सिक्कों में भारतीय देवी-देवताओं की भी आकृतियाँ पायी गयीं।

ये सिक्के महत्त्वपूर्ण हैं, क्योंकि इनमें **जारी करनेवाले राजा की आकृति, जारी करने के वर्ष और कभी-कभी शासनकर्ता राजा के संबंध में विस्तृत जानकारी भी होती थी।** सिक्के मुख्य रूप से **चाँदी, ताँबा, निकल और सीसा से बनाये जाते थे। भारत में यूनानी राजाओं के सिक्के द्विभाषी थे, अर्थात् सामने की ओर यूनानी और पीछे की ओर पाली भाषा में (खरोष्ठी लिपि में) उत्कीर्णित होते थे।**

कुषाणकालीन सिक्का

बाद में, हिंद-यूनानी **कुषाण राजाओं** ने सिक्कों **पर आकृति-चित्र उत्कीर्ण करने की यूनानी प्रथा प्रचलित की। कुषाण सिक्के एक ओर राजा के शिरस्त्राण युक्त आवक्ष-चित्र और दूसरी ओर राजा के इष्ट देवी-देवता की आकृति से सुसज्जित थे।** कनिष्क द्वारा जारी किये गये सिक्कों में केवल यूनानी वर्णों का ही उपयोग किया गया था।

कुषाण साम्राज्य के व्यापक मुद्रांकन ने बड़ी संख्या में जनजातियों, राजवंशों और राज्यों को भी प्रभावित किया, जिन्होंने अपने स्वयं के सिक्के जारी करना आरंभ किया।

प्राचीन भारत में रोमन सिक्के

भारत में विभिन्न स्थानों पर बड़ी संख्या में प्राचीन रोमन सिक्के (दूसरी शताब्दी ईसा पूर्व से छठी शताब्दी ईसवी तक) पाये गये हैं। आंध्र प्रदेश में **कृष्णा घाटी** और तमिलनाडु में **कोयंबटूर**; वे दो प्रमुख स्थान हैं, जहाँ प्रचुर मात्रा में रोमन सिक्के पाये गये हैं। प्राचीन भारत-रोमन व्यापार के पैटर्न को समझने के लिए भारत में प्राचीन रोमन सिक्कों को खोजने में महत्त्वपूर्ण योगदान देनेवाले प्रमुख मुद्राशास्त्री जेम्स टॉड, जेम्स प्रिंसेप और बिशप कैल्डवेल थे।

रोमन सिक्कों और बुलियन की अन्तर्वाह के तीन चरण हैं :

पहला चरण

इस चरण में चाँदी के सिक्कों की भारी अन्तर्वाह हुई थी। प्राचीन रोम की चाँदी डेनारी को बुलियन के रूप में लाया गया था। सिक्कों का वज़न 3.4 से 4 ग्राम तक था। ये सिक्के मुख्यतः केरल, तमिलनाडु और लक्षद्वीप में पाये गये थे।

दूसरा चरण

इस चरण को स्वर्ण चरण के नाम से भी जाना जाता है। स्वर्ण सिक्के या ऑरियस 7 से 8 ग्राम तक के होते थे। वे मुख्य रूप से ऑगस्टस, टिबेरियस, क्लॉडियस और नीरो द्वारा जारी किये गये थे। प्रमुख रोमन स्वर्ण सिक्के केरल, कर्नाटक, तमिलनाडु और आंध्र प्रदेश के विभिन्न स्थानों में पाये गये थे। लघु रोमन स्वर्ण सिक्के गुजरात, महाराष्ट्र और ओडिशा में भी पाये गये थे। बाद के स्वर्ण सिक्के (दूसरी से तीसरी शताब्दी ईसवी) एंटोनियस पायस और सेप्टिमियस सेवेरस द्वारा जारी किये गये थे।

तीसरा चरण

अंतिम रोमन ताँबे के सिक्कों को फोल्स (Folles) के नाम से जाना जाता था। तमिलनाडु के करूर और मदुरई में बड़ी संख्या में सिक्के मिले थे। चौथी शताब्दी ईसवी में जारी किये गये सिक्कों का श्रेय राजा कॉन्स्टेंटियस द्वितीय और थियोडोसियस को दिया जाता है। दक्षिण भारत में छठी शताब्दी ई. तक रोमन सिक्के पाये गये हैं।

कुछ अन्य विशेषताएँ

- समकालीन भारतीय शासकों द्वारा सिक्के बनाने के लिए रोमन सिक्कों का उपयोग मॉडल के रूप में किया जाता था। कई स्थानों पर बड़ी संख्या में रोमन सिक्कों की नक़लें भी प्राप्त हुई हैं।
- भारत में पाये जानेवाले अधिकांश रोमन सिक्कों पर **स्लैश मार्क** होता है।
- **पेरिप्लस मैरिस एरिथ्रेई** पाठ के अनुसार, तीन क्षेत्र रोमनों के लिए मुख्य बाज़ार प्रदाता थे - बार्बरीकॉन, बैरीगाज़ा और मुज़िरिस।
- **मिट्टी के बुल्ले :** रोमन मिट्टी के बुल्ले भी कई स्थानों पर पाये गये हैं और वे चाँदी के सिक्कों (लगभग चौथी-तीसरी शताब्दी ईसा पूर्व-200 ईसवी) से पहले के हैं। वे दक्कन और उत्तर भारत में व्यापक रूप से वितरित थे।

सातवाहनों के सिक्के

सातवाहनों का शासनकाल 232 ईसा पूर्व के बाद आरंभ हुआ और 227 ईसवी तक चला। सातवाहन राजाओं ने अपने सिक्कों के लिए **सीसा** (lead) **का उपयोग** भी किया। उनके अधिकांश सिक्के सीसे के थे। चाँदी के सिक्के अति दुर्लभ थे। सीसे के अतिरिक्त, उन्होंने "**पोटिन**" नामक चाँदी और ताँबे की मिश्र धातु का उपयोग किया। ताँबे के कई सिक्के भी उपलब्ध थे। यद्यपि सातवाहन सिक्कों में कोई सौंदर्य या कलात्मक गुण नहीं हैं, तथापि वे सातवाहन वंश के इतिहास

उज्जैन प्रतीक के साथ सातवाहनों का सीसे का सिक्का

के बहुमूल्य स्रोत हैं। अधिकांश सातवाहन सिक्कों पर एक ओर हाथी, घोड़े, शेर या चैत्य की आकृति है तथा दूसरी ओर तथाकथित **उज्जैन प्रतीक**-दो पार-गमन करनेवाली रेखाओं के अंत में चार चक्रों के साथ क्रॉस - दर्शाया गया है। प्रयुक्त बोली **प्राकृत** थी।

कौड़ी (कपर्दिका)

सिक्कों के अतिरिक्त प्रारंभिक भारतीय बाज़ार में विनिमय का एक और प्रमुख माध्यम कौड़ियाँ थीं। छोटे पैमाने पर आर्थिक लेनदेन के लिए आम जनता द्वारा बड़ी संख्या में कौड़ियों का उपयोग किया जाता था। ऐसा कहा जाता है कि सिक्कों की भाँति बाज़ार में कौड़ियों का भी निश्चित मूल्य होता था।

कौड़ी

पश्चिमी क्षत्रपों या हिंद-शकों के सिक्के

पश्चिमी क्षत्रपों (35 ईसवी-405 ईसवी) का आधिपत्य पश्चिमी भारत में था, मूलतः जिसमें **मालवा, गुजरात और काठियावाड़** सम्मिलित थे। वे सभी **शक मूल** के थे। पश्चिमी क्षत्रपों के सिक्कों का काफ़ी ऐतिहासिक महत्त्व है। उन पर **शक सम्वत की तिथियाँ अंकित हैं,** जो 78 ईसवी से आरंभ होता है। पश्चिमी क्षत्रपों के सिक्कों पर **एक ओर राजा का सिर** और दूसरी ओर, उन पर बौद्ध चैत्य या **स्तूप की आकृति** है, जो स्पष्ट रूप से सातवाहनो से लिया गया है। सामान्यतः **प्राकृत भाषा** का उपयोग किया गया था, जिसे कई लिपियों में लिखा गया था।

राजा और बौद्ध स्तूप

गुप्त काल में जारी किये गये सिक्के

गुप्त काल (319 ईसवी-550 ईसवी) हिंदू पुनरुत्थान की अवधि का प्रतीक है। गुप्त सिक्के **मुख्य रूप से स्वर्ण के बने हुए थे**, हालाँकि गुप्त शासकों ने **चाँदी और ताँबे के भी सिक्के जारी किये थे।**

चंद्रगुप्त द्वितीय द्वारा पश्चिमी क्षत्रपों को उखाड़ फेंकने के बाद ही चाँदी के सिक्के जारी किये गये थे। गुप्तों के स्वर्ण सिक्के विभिन्न प्रकार और क़िस्मों के थे, जिन्हें 'दीनार' कहा जाता था।

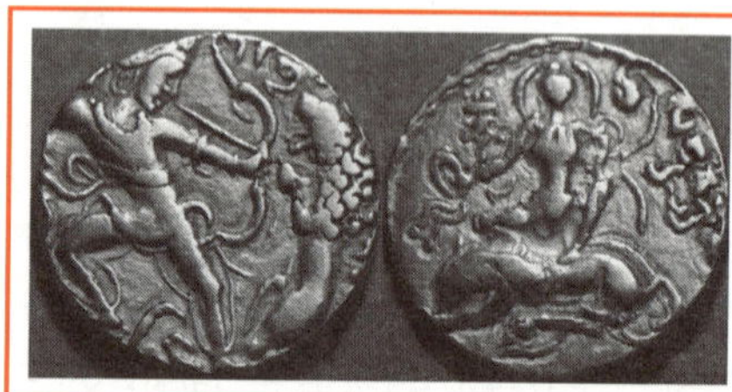

राजा तथा देवी लक्ष्मी

इन सिक्कों पर एक तरफ़, हम राजा को खड़ा और वेदी के सामने आहुति देते, वीणा बजाते, **अश्वमेध यज्ञ** करते, घोड़े या हाथी की सवारी करते, तलवार या धनुष से शेर या बाघ या गैंडा मारते, या पलंग पर बैठे हुए देखते हैं। **वहीं दूसरी ओर**, देवी लक्ष्मी सिंहासन या कमलासन पर बैठी हैं या स्वयं रानी की आकृति है। सिक्कों के इतिहास में पहली बार सिक्कों पर लेख **संस्कृत (ब्राह्मी लिपि)** में हैं।

गुप्त शासकों ने न केवल ऐसे सिक्के जारी किये, जिसमें सम्राट को **युद्ध गतिविधियों** में रत, जैसे–शेरों/बाघों का शिकार करते हुए, शस्त्रों के साथ खड़ा, बल्कि **विश्रामकालीन गतिविधियों** में रत, जैसे वीणा बजाते हुए चित्रित किया गया हैं, जबकि सिक्कों के पिछले हिस्से में देवी लक्ष्मी, दुर्गा, गंगा, गरुड़ और कार्तिकेय की आकृतियाँ हैं।

कृपया ध्यान दें:

हूण आक्रमण के कारण **छठी शताब्दी में गुप्त शासन के अंत** ने अनिश्चितता की अवधि का श्रीगणेश किया, जब फिर से विभिन्न क्षेत्रों में कई **स्थानीय राज्यों का उदय हुआ, जिन्होंने क्षेत्र विशिष्ट सिक्के जारी किये**, जो धात्विक सामग्री और कलात्मक डिज़ाइन, दोनों में जर्जर थे। इस प्रकार, तेरहवीं शताब्दी तक विस्तृत दीर्घ अवधि के दौरान, न केवल **कुषाण-गुप्त** पैटर्न से कई डिज़ाइनें उधार ली गयीं, बल्कि पश्चिमी, पूर्वी, उत्तरी और मध्य भारत में इन राजवंशों द्वारा विदेशी डिज़ाइनों को भी अपनाया गया। **दक्षिण भारत** ने **स्वर्ण मानक** की ओर बढ़ते हुए एक अलग सिक्का प्रतिमान विकसित किया, जो **रोमन स्वर्ण सिक्कों से प्रेरित** था एवं जो प्रथम सहस्राब्दी की पहली तीन शताब्दियों के दौरान इस क्षेत्र में आये थे।

वर्द्धनों के सिक्के

थानेश्वर और कन्नौज के वर्द्धन वंश **6वीं शताब्दी के उत्तरार्ध** में भारत से हूण आक्रमणकारियों को निकाल बाहर करने के लिए उत्तरदायी थे। वर्द्धनों में सबसे शक्तिशाली **राजा हर्षवर्द्धन** थे। उनके साम्राज्य में लगभग पूरा उत्तरी भारत सम्मिलित था। वर्द्धनों के **चाँदी के सिक्कों** पर **एक तरफ़ राजा का सिर और दूसरी तरफ़ मोर की आकृति पायी जाती है**। हर्षवर्द्धन के सिक्कों की तिथियाँ एक नये संवत् की मानी जाती हैं, जो संभवत: 606 ईसवी में उनके राज्याभिषेक से आरंभ होता है।

फलकों पर राजा का सिर और मोर का चिह्न

चालुक्य राजाओं के सिक्के

चालुक्य वंश (6वीं शताब्दी ईसवी) की स्थापना पुलकेशिन प्रथम ने की थी, जिनकी राजधानी कर्नाटक के बादामी में थी। उनके सिक्कों पर एक ओर **मंदिर** या **सिंह या मिथकीय आकृतियाँ** पायी जाती हैं। वहीं दूसरी ओर को ख़ाली छोड़ दिया गया है। **पूर्वी चालुक्य वंश** (7वीं–12वीं शताब्दी ईसवी) के **सिक्कों पर केंद्र में सुअर का प्रतीक** है, जिसके चारों ओर राजा के नाम का प्रत्येक अक्षर एक पृथक् ठप्पे द्वारा अंकित किया गया है। यहाँ भी दूसरी ओर को रिक्त छोड़ दिया गया है।

सुअर के चित्र के साथ पूर्वी चालुक्यों का सिक्का

राजपूत राजवंशों के सिक्के

राजपूत राजवंशों (11वीं–12वीं शताब्दी) द्वारा जारी किये गये सिक्के **अधिकांशत: सोने, ताँबे या बिलन** (चाँदी और ताँबे की मिश्र धातु) के हैं, लेकिन बहुत दुर्लभ रूप से चाँदी के हैं। **राजपूत सिक्के दो प्रकार के हैं**। एक प्रकार में एक ओर **'संस्कृत' में राजा का नाम तथा दूसरी ओर देवी की आकृति पायी गयी है**। कलचुरियों, बुंदेलखंड के चंदेलों, अजमेर

और दिल्ली के तोमरों और कन्नौज के राठौड़ों के सिक्के इस प्रकार के हैं। गांधार या सिंध के राजाओं ने दूसरे प्रकार के चाँदी के सिक्के प्रचलित किये। इन पर एक तरफ़ **बैठा हुआ साँड़ और दूसरी तरफ़ घुड़सवार है।** दिल्ली के तोमरों और चौहानों और राठौड़ों द्वारा अपने ताँबे या बिलन के सिक्कों पर इस प्रकार की नक़ल की गयी है।

पांड्य और चोल राजवंश के सिक्के

प्रारंभिक काल में पांड्य राजवंश द्वारा जारी किये गये सिक्के हाथी की आकृति के साथ वर्गाकार थे। आगे चलकर **मछली**, सिक्कों पर एक बहुत महत्त्वपूर्ण प्रतीक बन गयी। सोने और चाँदी के सिक्कों पर संस्कृत में और ताँबे के सिक्कों पर तमिल भाषा में लेख हैं।

चोल वंश के राजा राजराज प्रथम के सिक्के

चोल राजा राजराज-प्रथम के सिक्कों में संस्कृत में लेख के साथ एक तरफ़ **खड़े राजा और दूसरी तरफ़ बैठी देवी की आकृति** है। राजेन्द्र-प्रथम के सिक्कों पर बाघ और मछली के प्रतीकों के साथ **''श्री राजेन्द्र''** या **''गंगईकोंड चोल''** उत्कीर्णित है। **पल्लव वंश** के सिक्कों पर **शेर** की आकृति पायी जाती है।

तुर्की और दिल्ली सल्तनत के सिक्के

इन सिक्कों पर **सुल्तान के नाम, पदवी और हिजरी पंचांग** के अनुसार तिथि लिखी हुई है। **इन सिक्कों पर जारी करने वाले सुल्तान का चित्र नहीं पाया गया है,** क्योंकि इस्लाम में मूर्तिपूजा पर प्रतिबंध है। पहली बार, सिक्कों पर टकसाल का नाम भी अंकित किया गया है।

दिल्ली के सुल्तानों ने सोने, चाँदी, ताँबे और बिलन के सिक्के जारी किये। इल्तुतमिश द्वारा **चाँदी का टंका और ताँबे का जीतल** प्रचलित किया गया था। अलाउद्दीन ख़िलज़ी ने ख़लीफ़ा का नाम निकालकर और अपनी प्रशंसावाली पदवियों को रखकर प्रचलित डिज़ाइन में परिवर्तन किये। **मुहम्मद बिन तुग़लक़** ने प्रतीकात्मक मुद्रा के तौर पर **काँसे और ताँबे के सिक्के** प्रचलित किये, जो कि सफल नहीं हो सका।

शेर शाह सूरी (1540-1545) ने दो मानक भार प्रचलित किये–एक, चाँदी के सिक्कों के लिए 178 ग्रेन और दूसरा, ताँबे के सिक्कों के लिए 330 ग्रेन। बाद में इन्हें क्रमशः **''रुपये''** और **''दाम''** के रूप में जाना गया।

कृपया ध्यान दें :

- क़न्धारी दिरहम : भारत में इस्लामी प्रकार के सिक्के सबसे पहले सिंध के अमीरों (Amirs of Sindh) द्वारा जारी किए गए थे (9-10वीं सदी)। ये सिक्के चाँदी के थे और इन्हें क़न्धारी दिरहम कहा जाता था। सिक्कों में कुफ़िक सुलेख का उपयोग किया गया था, जिसमें एक तरफ कालिमा और दूसरी तरफ अमीर का नाम था।
- **एक तरफ़ बैठी हुई देवी लक्ष्मीवाले सोने के सिक्के** - पहली बार मध्य भारतीय क्षेत्र में 12वीं शताब्दी ईसवी में मुहम्मद इब्न सैम द्वारा जारी किए गए थे। क्योंकि उन्हें यह ज्ञात था कि सिक्कों पर दृश्य तत्त्व मुद्रा के रूप में उनकी स्वीकृति और सफलता के लिए मौलिक थे, उन्होंने एक दृश्य परंपरा को बनाए रखने के लिए ऐसे सिक्के जारी किये, जो भारत में 1000 साल पहले कुषाण राजा कनिष्क द्वितीय की मुद्रा पर आरंभ हुए थे।
- स्थानीय परंपरा और स्थानीय लिपि (देवनागरी) के साथ बैल या घुड़सवार के चित्रणवाले सिक्के ग़ज़नवी, गोरी और मामेलुक द्वारा जारी किये गये थे।

विजयनगर साम्राज्य के सिक्के

विजयनगर साम्राज्य (14वीं-17वीं शताब्दी) ने बड़ी मात्रा में **सोने के सिक्के** जारी किये; उनके सिक्कों में प्रयुक्त अन्य धातुएँ शुद्ध चाँदी और ताँबा थीं।

1. **पगोडा :** उच्च मूल्य वर्गवाले–ख़ंजर के प्रतीक के साथ दौड़ते हुए योद्धा की आकृति।
2. **स्वर्ण फणम/फनम :** कार्यात्मक इकाई
3. **रजत तरस :** भिन्नात्मक इकाई
4. **ताँबे के सिक्के :** दिन-प्रतिदिन के लेनदेन के लिए।

विजयनगर के प्रारंभिक सिक्के विभिन्न टकसालों में तैयार किये गये थे और उन्हें **बार्कुर गद्यनास, भटकल गद्यनास** आदि जैसे विभिन्न नाम दिये गये थे। इन पर लेख कन्नड़ या संस्कृत में हैं। प्रत्येक चोंच से हाथी और पंजे से साँड़ पकड़े हुए दो-सिरवाली चील और विभिन्न हिंदू देवी-देवताओं की आकृतियाँ मिलती हैं। **कृष्ण देवराय (1509-1529)** द्वारा जारी किये गये **स्वर्ण वराह सिक्कों** पर एक तरफ़ बैठे हुए विष्णु और दूसरी तरफ़ संस्कृत में तीन पंक्तियों का लेख **श्री प्रताप कृष्ण राय** है।

- विजयनगर के सिक्कों में तीन लिपियों का उपयोग किया गया था - **देवनागरी, कन्नड़** और **तेलुगु**।
- विजयनगर के पूर्वी शासक **होयसल** सिक्कों से अत्यंत प्रभावित थे।
- विजयनगर के सिक्कों पर **हिंदू देवता** या जानवरों के चित्र थे, जिनकी हिंदू पूजा करते हैं। विजयनगर के सिक्के प्रचुर संख्या में पाये गये थे, चूँकि कोई भी हिंदू देवता की छविवाले सिक्कों को नष्ट करने का प्रयास नहीं करता था।
- सिक्के ढालने के लिए **एक विभक्त विभाग** था। वहाँ एक केंद्रीय टकसाल थी, जो अन्य स्थानीय टकसालों को नियंत्रित करती थी।

त्रावणकोर फ़ैनम: ये सिक्के त्रावणकोर राज्य द्वारा जारी किये गये थे। **फ़ैनम** और **चकराम** मुद्रा मध्ययुगीन त्रावणकोर की नियमित इकाई थीं। 1 फ़ैनम 4 चकराम के बराबर था।

मुग़ल सिक्के

मुग़लों का मानक **स्वर्ण सिक्का** लगभग 170 से 175 ग्रेन का **'मोहर'** था। **आईन-ए-अकबरी** में अबुल फ़ज़ल ने इंगित किया है कि एक मोहर उस अवधि के नौ रुपये के बराबर होता था। आधी और एक चौथाई मोहरें भी ज्ञात हैं। **शेरशाह** द्वारा लाया गया **चाँदी का रुपया** सबसे प्रसिद्ध मुग़ल सिक्का था। मुग़ल ताँबे का सिक्का शेरशाह के **'दाम'** से नक़ल किया गया था, जिसका वज़न 320 से 330 ग्रेन होता था।

अकबर का इलाही सिक्का

अकबर ने **गोलाकार और वर्गाकार, दोनों तरह के** सिक्के जारी किये थे। 1579 में, उन्होंने अपने नवीन धार्मिक पंथ **'दीन-ए-इलाही'** का प्रचार करने के लिए **इलाही सिक्के** के नाम

से सोने के सिक्के जारी किये। इस सिक्के पर लिखा गया था, *'ईश्वर महान् हैं, उसकी महिमा का महिमामंडन हो।'* एक इलाही सिक्के का मूल्य उस अवधि के 10 रुपये के बराबर होता था। **शहंशाह** सबसे बड़ा सोने का सिक्का होता था। इन सिक्कों पर फ़ारसी सौर महीनों के नाम उत्कीर्णित हैं।

जहाँगीर ने सिक्कों पर **छंद के रूप में लेख खुदवाये**। उनके कुछ सिक्कों पर, उनकी प्रिय पत्नी नूरजहाँ का भी नाम जोड़ा गया है। उनके सबसे प्रसिद्ध सिक्कों पर **राशि चक्र चिह्नों** *(Zodiac Signs)* की आकृतियाँ थीं।

तुला राशि चक्र चिह्न के साथ जहाँगीर का सिक्का

महत्त्वपूर्ण तथ्य

- भारतीय संदर्भ में सिक्कों का प्रारंभिक रूप वेदों में पाया जा सकता है। **'निष्क'** धातुओं से बने सिक्कों के लिए उपयोग किया जानेवाला शब्द था।
- 16वीं सदी में अफ़ग़ान वंश के शासक **शेरशाह सूरी ने रुपया प्रचलित** किया। रुपया **चाँदी की मुद्रा** थी। उस समय एक रुपया ताँबे के चार सिक्कों के बराबर होता था। भारतीय मुद्रा को अभी भी रुपया कहा जाता है। **रुपया** चाँदी का बना होता था, जो लगभग **11.34 ग्राम** वज़न का होता था। ध्यातव्य है कि भारत के अलावा पाकिस्तान, श्रीलंका, नेपाल, मारीशस और सेशल्स में उपयोग आनेवाली मुद्रा का नाम भी 'रुपया' है। इंडोनेशिया की मुद्रा को 'रुपिया' और मालदीव की मुद्रा को भी 'रुफियाह' के नाम से जाना जाता है, जो रुपया शब्द का ही बदला हुआ रूप है।
- प्राचीन भारत में, लोग अपने **सिक्के जमा करने के लिए धनवृक्ष** का उपयोग करते थे। धनवृक्ष पेड़ के आकार की तरह, धातु की शाखाओंवाला धातु का सपाट टुकड़ा होता था। प्रत्येक शाखा के अंत में केंद्र में छेदवाली एक गोल डिस्क होती थी। इनमें से प्रत्येक डिस्क एक प्राचीन भारतीय सिक्का होता था। जब पैसे की आवश्यकता पड़ती थी, तो लोग बस अपने धनवृक्ष से एक सिक्का तोड़ लेते थे।
- गुप्त राजा सिक्कों के सामने के फलक पर अपने दिये गये नाम खुदवाते थे और सिक्कों की पीठ पर **'आदित्य'** या **सूर्य के साथ समाप्त होनेवाले नाम ग्रहण करते थे।**
- छत्रपति शिवाजी ने नागरी लिपि में अपनी पदवी के साथ स्वर्ण हूण और ताँबे का **शिवराय** जारी किया था।
- वाडियार राजवंश (मैसूर : 1399–1947) के राजा कंथिराय नरसा के सिक्कों पर विष्णु के **नरसिंह अवतार** की आकृति है और इसका वज़न छह से आठ ग्रेन है।
- कुछ समय तक वाडियार राजवंश को उखाड़ फेंकनेवाले **हैदर अली** ने पहले के सोने के **पगोडा** पर शिव और पार्वती की आकृति के साथ उनके सिक्के जारी रखे। **टीपू सुल्तान** अपने सिक्कों पर दो युगों (जूव मतें) का उपयोग करते थे।

सिक्का निर्माण अधिनियम, 2011

- इसने सिक्का निर्माण अधिनियम, 1906 को प्रतिस्थापित कर दिया।
- सिक्का का मतलब है सरकार द्वारा अधिकृत किसी भी धातु या किसी अन्य सामग्री से बना सिक्का तथा इसमें यह भी शामिल हैं :
  - ❖ स्मारक सिक्के।
  - ❖ भारत सरकार का एक रुपये का नोट।
- सिक्कों की छपाई आदि से संबंधित जालसाज़ी के लिए निर्धारित दंड हैं।

अध्याय का सारांश

- **आहत मुद्राएँ** – एक तरफ़ एक से पाँच चिह्नों या प्रतीकों का अंकन किया गया था – पहली भारतीय आहत मुद्राओं, जिन्हें पुराण, कार्षापण या पण कहा जाता है, को 6वीं शताब्दी ईसा पूर्व में विभिन्न जनपदों और महाजनपदों द्वारा ढाला गया था।
- **हिंद-यूनानी सिक्के** – शासक का वक्ष या सिर – उनके भारतीय सिक्कों पर दो भाषाओं में मुद्रालेख मिलता है – एक ओर यूनानी में और दूसरी ओर खरोष्ठी में – हिंद-यूनानी सिक्कों पर सामान्यत: दर्शाये गये यूनानी देवी-देवता जीउस, हरक्यूलिस, अपोलो और पलास एथेन थे – जारी करनेवाले राजा के बारे में विस्तृत जानकारी उत्कीर्णित होती थी।
- **सातवाहनों के सिक्के** – अधिकांशत: सीसे का उपयोग किया गया था – पोटिन यानी चाँदी और ताँबे के मिश्र धातु के सिक्के भी पाये गये हैं – प्रयुक्त भाषा प्राकृत थी।
- **गुप्त सिक्के** – मुख्य रूप से सोने, चाँदी और ताँबे से निर्मित थे – एक तरफ़ राजा – दूसरी तरफ़, देवी लक्ष्मी – सिक्कों के इतिहास में पहली बार संस्कृत (ब्राह्मी लिपि) का प्रयोग।
- **वर्धन सिक्के** – एक तरफ़ राजा का सिर और दूसरी तरफ़, मोर की आकृति होती थी – चाँदी द्वारा निर्मित।
- **चालुक्य सिक्के** – सिक्कों पर एक तरफ़ मंदिर या सिंह और मिथकीय आकृतियाँ होती थीं – दूसरी तरफ़ को ख़ाली छोड़ दिया जाता था।
- **तुर्की और दिल्ली सल्तनत के सिक्के** – राजा का नाम, पदवी और हिजरी पंचांग के अनुसार तिथि – सिक्कों पर जारी करनेवाले राजा की कोई छवि नहीं होती थी।
- **मुग़ल सिक्के** – अकबर ने गोलाकार और वर्गाकार दोनों तरह के सिक्के जारी किये – इन पर लिखा होता था 'ईश्वर महान् है, उसकी महिमा का महिमामंडन हो' – 1579 में, उसने अपने नये धार्मिक पंथ 'दीन-ए-इलाही' का प्रचार करने के लिए सोने के 'इलाही सिक्के' जारी किये। शहंशाह सबसे बड़ा सोने का सिक्का होता था।

यू.पी.एस.सी. पिछले वर्षों के बहुविकल्पीय प्रश्न

1. मध्यकालीन भारत में, शब्द ''फणम'' किसे निर्दिष्ट करता था? **(CSE, 2022)**
   (a) पहनावा (b) सिक्के
   (c) आभूषण (d) हथियार

2. भारतीय उपमहाद्वीप में ईसा पूर्व 200 से 300 ईसवी के दौरान ढाले गये सिक्कों के बारे में निम्नलिखित में से कौन-सा कथन सही नहीं है? **(CAPF, 2022)**
   (a) हिंद-यवनों (इंडो-ग्रीक) ने अपने सिक्कों पर द्विभाषी और द्विलिपि दंतकथाओं की शुरुआत की।
   (b) कुषाणों ने बड़ी संख्या में निम्न मूल्य के सोने के सिक्कों और ताँबे के सिक्कों की ढलाई की।
   (c) सातवाहनों ने चाँदी, ताँबे, सीसे (लेड) और पोटीन के सिक्के जारी किए।
   (d) नेगामा सिक्कों का अविद्यमान होना, व्यापार गिल्डों की घटती शक्ति और घटते प्रभाव को दर्शाता है।

3. गुप्त सिक्कों के बारे में निम्नलिखित में से कौन-सा कथन सही नहीं है? **(CDS II, 2020)**
   (a) गुप्त राजाओं ने बड़ी संख्या में सोने के सिक्के जारी किये, जिन्हें दीनार कहा जाता था।
   (b) चंद्रगुप्त द्वितीय, कुमारगुप्त प्रथम, स्कंदगुप्त और बुद्धगुप्त ने चाँदी के सिक्के जारी किये।
   (c) सिक्कों के अग्रभाग पर राजाओं की आकृतियाँ और पश्चभाग पर देवी-देवताओं की आकृतियाँ उत्कीर्णित होती थीं।
   (d) गुप्तों द्वारा सबसे बड़ी संख्या में ताँबे के सिक्के जारी किये गये थे।

4. गुप्त शासकों के सिक्कों के बारे में निम्नलिखित में से कौन-सा कथन सही है? **(CDS I, 2016)**
   (a) सिक्कों के अग्रभाग और पश्चभाग, दोनों पर केवल राजा की आकृति और तिथि होती थी।

(b) सिक्कों के अग्रभाग और पश्चभाग, दोनों पर केवल देवी-देवता की छवि और तिथि होती थी।

(c) अग्रभाग पर सामान्य तौर पर राजा की आकृति होती थी और पश्चभाग पर देवी-देवता की छवि या रूपांकन होता था।

(d) अग्रभाग पर सामान्य तौर पर राजा की आकृति होती थी और पश्चभाग पर तिथि होती थी।

उत्तर

1. (b) 2. (d) 3. (d) 4. (c)

यू.पी.एस.सी. पिछले वर्षों के प्रश्न - मुख्य परीक्षा

1. आप इस विचार को, कि **गुप्तकालीन सिक्काशास्त्रीय कला** की उत्कृष्टता का स्तर बाद के समय में नितांत दर्शनीय नहीं है, किस प्रकार सही सिद्ध करेंगे? (10 अंक) **(CSE, 2017)**

अध्याय 6

भारतीय चित्रकलाएँ

परिचय

भारत में कलात्मक उत्कृष्टता की सुदीर्घ परंपरा रही है और चित्रकला उन प्रमुख माध्यमों में से एक है, जिसका इस (परंपरा) को व्यक्त करने के लिए उपयोग किया जाता रहा है। इस प्रकार के कई साक्ष्य हैं, जो बताते है कि भारत में चित्रकला का विकास प्राचीन काल में ही हो गया था। भारत के कुछ भागों में पुरातत्त्वविदों को इस प्रकार के भित्ति-चित्र मिले हैं, जिनसे पता चलता है कि भारत में प्राक् ऐतिहासिक मानव, कला और मनोविनोद की गतिविधियों में लगे हुए थे।

इस अध्याय से संबंधित ऑनलाइन वीडियो के लिए इस QR कोड को स्कैन करें।

इतिहास मे चित्रकला के चिह्न हमें प्राचीन और मध्यकाल से भी प्राप्त होने लगते हैं, जहाँ पुस्तकों को चित्रों से सजाया जाता था। इसके बाद लघु चित्रकला की शैली आयी, जिसका प्रभुत्व मुग़ल और राजपूत राजदरबारों में था। यूरोपियों के आगमन के साथ ही चित्रकला और उसके उत्कीर्णन ने पश्चिमी रूप ग्रहण किया। आधुनिक चित्रकारों ने शैलियों, रंगों और डिज़ाइनों के साथ प्रयोग किये। महत्त्वपूर्ण है कि कई भारतीय चित्रकारों ने इस क्षेत्र में विश्वव्यापी पहचान बनायी और पुरस्कार जीते तथा वे अपनी कल्पनाशीलता के लिए सराहे गये।

चित्रकला के सिद्धांत

भीमबेटका, मिर्ज़ापुर और पंचमढ़ी के **प्राचीन शैल चित्रों** से चित्रकला का इतिहास जाना जा सकता है। तत्पश्चात् सिन्धु घाटी सभ्यता के **चित्रित मृद्‌भाण्डों** की बारी आती है, लेकिन वास्तविक चित्रकला का आरंभ गुप्त काल से होता है। उल्लेखनीय है कि तीसरी शताब्दी के दौरान **वात्स्यायन ने अपनी पुस्तक कामसूत्र में** चित्रकला के 6 मुख्य सिद्धांतों/अंगों अथवा **षडंग** का उल्लेख किया है, जो दायीं तरफ तालिका में दर्शाया गया है।

रूपभेद	आकार एवं आकृति
प्रमाण	वस्तु या विषय का अनुपात, माप और संरचना
भाव	अभिव्यक्ति
लावण्य योजनम्	सौन्दर्य रचना
सदृश्य	सादृश्य
वर्णिकाभंग	ब्रश एवं रंगों का प्रयोग

चित्रकला के लिए ब्राह्मण और बौद्ध साहित्य में कई संदर्भ हैं, उदाहरण के लिए, मिथकों और दंत कथाओं का **वस्त्रों पर** निरूपण **लेप्यचित्र** के रूप में ज्ञात है। हमें **लेख चित्रकला** का भी संदर्भ मिलता है। इसमें आरेखन और रेखाचित्र होते थे। इस संदर्भ में अन्य प्रकार हैं- **धूलि चित्र** (सतह पर बनाये गये), **पट चित्र** (कपड़े या ताड़ की पत्ती पर बनाये गये) इत्यादि।

विशाखदत्त द्वारा रचित *मुद्राराक्षस* नाटक भी पाठकों के लिए विभिन्न चित्रकलाओं या **पटों** के नाम का उल्लेख करता है, जो कि चित्रकला की अलग शैलियों को समझने और चित्रकला के सभी सिद्धांतों का अवलोकन करने के लिए महत्त्वपूर्ण हैं। कुछ शैलियाँ इस प्रकार थीं, जो दायीं तरफ तालिका में दर्शायी गयी हैं।

चित्रकला की शैलियाँ	प्रमुख विशेषताएँ
चौक पिटक (Chauka Pitaka)	अलग-अलग फ़्रेमयुक्त चित्रांकन
दिग्हल पिटक (Dighala Pitaka)	दीर्घ कटावदार चित्रकारी (चित्रों की लम्बी लड़ी)
यम पिटक (Yama Pitaka)	पृथक् चित्रकला

प्रागैतिहासिक चित्रकला

प्रागैतिहासिक चित्रकारी आमतौर पर चट्टानों पर बनायी जाती थीं और इन चट्टानों पर की गयीं उत्कीर्णों को **पेट्रोग्लिफ़्स (Petroglyphs)** कहा जाता है। भारत में शैल चित्रों की पहली खोज 1867-1868 में पुरातत्त्वविद् **आर्चीबाल्ड कार्लाइल** द्वारा की गयी। 1957 में मध्य प्रदेश की **भीमबेटका** गुफाओं में सबसे पहले प्रागैतिहासिक चित्रों की खोज की गयी। प्रागैतिहासिक चित्रों के **तीन प्रमुख चरण** हैं:

- उच्च पुरापाषाण काल के चित्र
- मध्य पाषाण काल के चित्र
- ताम्रपाषाण काल के चित्र

उच्च पुरापाषाण काल (40,000-10,000 ईसा पूर्व)

- शैलाश्रय गुफाओं की दीवारें क्वार्टजाइट से बनी थीं।
- प्रयोग किया जानेवाला सबसे सामान्य खनिज **गेरू** था, जो चूने और जल के साथ मिश्रित किया जाता था।
- लाल, सफ़ेद, पीले और हरे जैसे रंगों को बनाने के लिए विभिन्न खनिजों का उपयोग किया जाता था।
- बड़े जानवरों जैसे बाइसन, हाथी, गैंडा, बाघ आदि को चित्रित करने के लिए सफ़ेद, गहरे लाल और हरे रंग का प्रयोग किया गया था।
- **लाल** रंग का प्रयोग शिकारियों के लिए किया जाता था और **हरे रंग का प्रयोग अधिकतर नर्तकियों** (मानव लघु **मूर्तियों** के लिए) के लिए किया जाता था।

मध्य पाषाण काल (10,000-4000 ईसा पूर्व)

- मुख्य रूप से **लाल रंग का प्रयोग**।
- उच्च पुरापाषाण काल की तुलना में चित्रों का आकार **छोटा** हो गया।
- चित्रित किये गये सर्वाधिक सामान्य दृश्य **समूह शिकार**, चराई गतिविधि और घुड़सवारी थे।

ताम्रपाषाण काल (2,500-700 ईसा पूर्व)

- **हरे** और **पीले रंग** का अधिक प्रयोग।
- अधिकांश चित्रों में **घोड़ों** और **हाथियों** की **सवारी करनेवाले पुरुषों** के **युद्ध-दृश्यों** को दर्शाया गया है।
- कुछ लोग **धनुष-बाण** भी ले जाते हुए दर्शाये गये हैं, जिसके बारे में कहा जाता है कि यह लड़ाइयों के लिए तैयारी का संकेत देता है।
- चित्रों और **ब्राह्मी लिपियों** में अशोक और गुप्त अभिलेख के नमूनों से पता चलता है कि ये गुफा स्थल बाद के ऐतिहासिक काल में बसे हुए थे।

प्रागैतिहासिक चित्र

- इस अवधि के चित्रों का एक और समूह मध्य प्रदेश के **नरसिंहगढ़** में है, जिनमें एक चित्र में धारीदार हिरणों की खाल को सुखाने के लिए छोड़ दिया गया है, जो इस सिद्धांत को विश्वसनीयता प्रदान करता है कि इस काल में आश्रय और वस्त्र प्रदान करने के लिए **चर्म-शोधन कला** में मनुष्य पारंगत हो गया था।
- इस काल के अन्य चित्रों में वीणा जैसे वाद्ययंत्रों का चित्रण है। कुछ चित्रों में सर्पिल, समचतुर्भुज और वृत्त जैसे जटिल ज्यामितीय आकार भी पाये गये हैं।
- छत्तीसगढ़ के सरगुजा ज़िले में रामगढ़ पहाड़ियों की **जोगीमारा गुफाओं** में बाद की अवधि के कुछ चित्र मिले हैं, जो लगभग 1000 **ईसा पूर्व** में चित्रित किये गये थे।
- छत्तीसगढ़ का कांकेर ज़िला विभिन्न प्रकार की गुफाओं का घर है, जैसे उदकुड़ा, गारागोड़ी, खैरखेड़ा, गोटीटोला, कुलगाँव आदि के आश्रय। इन आश्रयों में मानव मूर्तियों, पशुओं, ताड़ के चिह्नों, बैलगाड़ियों आदि को उकेरा गया है, जो उच्च और गतिहीन प्रकार के जीवन को दर्शाता है।
- इसी तरह के चित्र छत्तीसगढ़ के कोरिया ज़िले में **घोडसर** और **कोहाबौर प्रस्तर कला स्थलों** में देखे जा सकते हैं।

- एक और दिलचस्प स्थल **चितवा डोंगरी** (दुर्ग ज़िला) में है, जहाँ **गधे पर सवार एक चीनी आकृति**, ड्रेगन के चित्र और कृषि-कार्य के दृश्य देखे जा सकते हैं।
- बस्तर ज़िले के लिमदरिहा और छत्तीसगढ़ के सरगुजा ज़िले के ऊगड़ी, सीता लेखनी में भी कई दिलचस्प शैल चित्र मिले हैं।
- ओडिशा में, **गुडाहांडी शैलाश्रय** और **योगीमाथा शैलाश्रय** भी प्रारंभिक गुहा चित्रों के प्रमुख उदाहरण हैं।

भीमबेटका गुफा चित्रकलाएँ

भीमबेटका गुफा की चित्रकारी

यह भोपाल के दक्षिण में **मध्यप्रदेश** की विन्ध्य पर्वत श्रृंखला में स्थित है। इन गुफाओं में 500 से अधिक शैल चित्रकलाएँ हैं। 2003 में इसे **यूनेस्को ने विश्व धरोहर स्थल** घोषित किया था। इन गुफाओं की खोज पुरातत्त्वविद् **वी.एस. वाकणकर** ने की थी।

सर्वाधिक प्राचीन चित्रकलाएँ अनुमानित रूप से 30,000 वर्ष पुरानी बतायी जाती हैं एवं गुफाओं के अंदर गहराई में स्थित होने के कारण अभी बची हुई हैं। गुफा स्थलों में ईसा पूर्व 100,000 से 1000 ईसवी तक की स्पष्ट निरंतरता है, जिनमें अन्य चित्रकारियों के ऊपर दूसरी चित्रकारियों को बनाया गया है। भीमबेटका में बनायी गयी चित्रकारियाँ उत्तर पाषाण काल, मध्यपाषाण काल, ताम्रपाषाण काल, प्रारंभिक ऐतिहासिक एवं मध्ययुगीन काल से संबंधित हैं, लेकिन इनमें से अधिकतर चित्रकलाएँ मध्यपाषाण काल से संबंधित हैं।

इन चित्रकलाओं में सामान्य रूप से प्राय: छड़ी जैसी मानव आकृतियों में प्रागैतिहासिक मानव के **दिन प्रतिदिन** के जीवन को दर्शाया गया है। यहाँ विभिन्न प्रकार के **पशुओं** जैसे कि हाथी, गौर (जंगली भैंसें), हिरण, मोर और साँप को चित्रित किया गया है। उल्लेखनीय है कि इन चित्रकलाओं में **शिकार** के दृश्यों एव **युद्ध के दृश्यों** को भी दर्शाया गया है, जिनमें मनुष्यों द्वारा धनुष, तीर, भाले, ढाल और तलवार जैसे हथियारों को धारण किया हुआ है। यहाँ की कुछ चित्रकलाओं की रचना सरल ज्यामितीय व प्रतीकात्मक है। चित्रकलाओं की अन्य विषय-वस्तुएँ नृत्य, संगीत बजाना, पशुओं की लड़ाई, शहद एकत्र करना आदि हैं।

खेल रहे बच्चों, खाना बना रही महिलाओं, समुदाय नृत्य आदि की उपस्थिति से यहाँ का **सामाजिक जीवन** भली प्रकार से चित्रित किया गया है। इस समय के चित्रों में लाल भगवा, बैंगनी, बादामी, सफ़ेद, पीले और हरे रंग का प्रयोग किया गया है। महत्त्वपूर्ण है कि इस समय प्राकृतिक संसाधनों से रंग प्राप्त किये गये है, उदाहरण के लिए हेमेटाइट अयस्क का प्रयोग लाल रंग के लिए किया गया था।

ये समृद्ध चित्र मध्य प्रदेश की विंध्य पर्वतमाला और उत्तर प्रदेश में उनके कैमूर विस्तार में पाये जाते हैं। पूर्व-ऐतिहासिक चित्रोंवाले आसपास के कुछ अन्य स्थल हैं - बेल्लारी, पंचमढ़ी, राजगढ़ और तेनमलाई।

- प्रारम्भिक शैल चित्रों के कुछ और उदाहरण हैं:
  - तेलंगाना में **कुंपगल्लू**
  - कर्नाटक में **पिकलीहाल और टेक्कलकोट्टा**
- भारत में उच्च पाषाणकाल से ही आरम्भिक चित्रों को पाया गया है।
- भारतीय राज्य जहाँ गुफा चित्र पाये जाते हैं: मध्य प्रदेश, उत्तर प्रदेश, आंध्र प्रदेश, कर्नाटक, बिहार और उत्तराखंड।

लखुदियार गुफा चित्रकलाएँ

लखुदियार का अर्थ है 'एक लाख गुफाएँ', जो **उत्तराखंड के अल्मोड़ा ज़िले** में सुयाल नदी के तट पर स्थित पूर्व-ऐतिहासिक गुफाओं का एक समूह है। अधिकतर चित्र मनुष्यों, पशुओं और आरम्भिक मानव द्वारा प्रयोग किये जानेवाले हथियारों के रेखाचित्र हैं। ये चित्र लाल, सफ़ेद और काले रंगों का उपयोग कर उँगलियों से बनाये गये हैं। हाल ही में, जनवरी, 2020 में अल्मोड़ा के पास लखुदियार चित्रों के साथ समानतावाले दो नये चित्रों की खोज की गयी है।

लखुदियार गुफा चित्रकला

भारतीय चित्रकला का वर्गीकरण

- भित्ति चित्रकला
- लघु चित्रकला

भारत में भित्ति चित्रकला

भित्ति-चित्र

ठोस संरचना या **दीवारों** पर की गयी रचना भित्ति-चित्र के रूप में संदर्भित की जाती है। भित्ति-चित्र प्राचीन काल से ही भारत में अस्तित्व में रहे हैं और इनकी तिथि **10वीं शताब्दी ईसा पूर्व** और **10वीं शताब्दी ईसवी** के बीच आँकी जा सकती है।

भित्ति-चित्रों की सुंदरता और उत्कृष्टता *अजंता, अरमामलाई गुफा, रावण छाया शैलाश्रय, बाघ की गुफाओं, तिरुमलाईपुरम की गुफाओं* और चित्तानवासल की गुफाओं में देखी जा सकती है, जो पांड्यों, बादामी गुहा मंदिरों और एलोरा के कैलाश मंदिर द्वारा संरक्षित थीं।

अधिकांश भित्ति चित्रकलाएँ या तो प्राकृतिक गुफाओं में हैं या चट्टानों को काटकर बनाये गये कक्षों में हैं। इन चित्रों के सबसे आम विषय **हिंदू, बौद्ध** और **जैन धर्म** हैं। इसके अतिरिक्त, भित्ति-चित्र किसी लौकिक भवन का अलंकरण करने के लिए भी बनाये जाते थे। इस प्रकार की रचना का एक उदाहरण **जोगीमारा गुफा** में स्थित **प्राचीन रंगमंच के कक्ष** में भी देखा जा सकता है।

अजंता गुफा की चित्रकला

- भारतीय उप-महाद्वीप के सबसे पुराने अवशेष भित्ति-चित्रों में से एक, अजंता गुफाओं को ज्वालामुखी चट्टानों से **दूसरी शताब्दी से पाँचवीं शताब्दी ईसवी के बीच** में काटकर बनाया गया था।
- इनमें लगभग **29 गुफाओं** का समूह सम्मिलित है, जिन्हें घोड़े की नाल के आकार में तराशा गया है।
- इन गुफाओं को बौद्ध भिक्षुओं द्वारा अंकित किया गया था, जिन्हें वाकाटक राजाओं, विशेष रूप से राजा हरिसेन का संरक्षण प्राप्त था।

- ये गुफाएँ अपने भित्ति-चित्रों के लिए सर्वाधिक लोकप्रिय हैं; गुफा संख्या 9 और 10 के भित्ति-चित्र *शुंग* काल से संबंध रखते हैं, जबकि बाकी की गुफाएँ गुप्त काल से संबंधित हैं।
- गुफा संख्या 1 और 2 की चित्रकारी अजंता की गुफाओं में सबसे नवीन हैं।
- इन गुफाओं की दीवारों पर **भित्ति-चित्र** और **फ़्रेस्को चित्र** (गीले प्लास्टर पर चित्रित), दोनों बने हैं, जिनमें **टेम्पेरा (Tempera) शैली** का अर्थात् पिग्मेंट्स (वर्णक) का उपयोग किया गया है। यहाँ के चित्रण का माध्यम वनस्पति और खनिज रंग थे। आकृतियों की बाह्य रूपरेखा लाल गेरू रंग में है, जिनमें भूरे, काले या गहरे लाल रंग की रेखाएँ हैं।
- ये चित्र उस काल की शैलियों, वेशभूषा और आभूषणों के साथ-साथ मानवीय मूल्यों और सामाजिक ताने-बाने का निर्देशन करते हैं। भावनाओं को हाथ के संकेतों के माध्यम से व्यक्त किया गया हैं। इन चित्रों की अनूठी विशेषता **प्रत्येक महिला आकृति** का **अद्वितीय केश विन्यास** है। यहाँ तक कि पशुओं और पक्षियों को भी **भावनाओं** के साथ दिखाया गया है।

अजंता गुफा में पद्मपाणि का भित्तचित्र

- इन चित्रों के सामान्य विषयों में **जातक कथाओं** से लेकर **बुद्ध** के जीवन और वनस्पतियों तथा सजीवों के सजावटी पैटर्न के विस्तार तक का समावेश है। मनुष्यों और पशुओं की सुंदर आकृतियों से गुफाओं की दीवारों को सजाया गया है।

अजंता की कुछ **महत्त्वपूर्ण चित्रकारियाँ** निम्नलिखित हैं:

- बोधिसत्व के रूप में बुद्ध के पूर्व जीवन की **जातक कथाओं** से दृश्य, गौतम बुद्ध का जीवन आदि।

जातक कथाएँ

जातक कथाएँ **मानव और पशु दोनों रूपों में गौतम बुद्ध के पिछले जन्मों से संबंधित हैं**। भविष्य के बुद्ध राजा, निर्वासित, देवता, हाथी के रूप में प्रकट हो सकते हैं, लेकिन चाहे वह किसी भी रूप में हों, वह कुछ गुणों का प्रदर्शन करते हैं, जिन्हें वह कहानी व्यक्त करती है। प्रसिद्ध जातक कथाओं में सम्मलित हैं:

- शेर की खाल में गधा (सिहकम्मा जातक)
- मुर्ग़ा और बिल्ली (कुक्कुट जातक)
- मूर्ख, डरपोक ख़रगोश (दद्दभ जातक)
- सियार और कौआ (जंबु-खडका जातक)
- शेर और कठफोड़वा (जवाशकुन जातक)
- सुअर से ईर्ष्या करने वाला बैल (मुनिका-जातक)
- स्वर्णिम पंखों वाला हंस (सुवन्नहंस जातक)
- राजा शिबि (शिबि-जातक)
- कछुआ, जो मौन नहीं रह सका (कच्छप जातक)

- गुफा 1 में त्रिभंग मुद्रा में विभिन्न बोधिसत्वों की चित्रकारियाँ 1. **वज्रपाणि** (संरक्षक और मार्गदर्शक, बुद्ध की शक्ति का प्रतीक), **मंजुश्री** (बुद्ध की विद्वत्ता की अभिव्यक्ति) और **पद्मपाणि (अवलोकितेश्वर)** (बुद्ध की करुणा का प्रतीक)।
- गुफा सं. 16 में **मरणासन्न राजकुमारी**।
- **शिबि जातक** का दृश्य, जहाँ राजा शिबि ने कबूतर को बचाने के लिए अपने ही मांस की पेशकश की।
- **मातृ-पोषक जातक** का दृश्य, जहाँ एक **हाथी** द्वारा बचाये गये कृतघ्न व्यक्ति ने उसके ठिकाने की जानकारी राजा को दे दी।
- **चालुक्य नरेश पुलकेशिन द्वितीय** द्वारा **फ़ारसी दूत** का सत्कार।

अजंता के कुछ महत्त्वपूर्ण चित्र एवं मूर्तिकला :

- बुद्ध का महापरिनिर्वाण
- बुद्ध की तपस्या के दौरान मार का आक्रमण
- धर्मचक्रप्रवर्तन मुद्रा में बैठे बुद्ध

एलोरा गुफा की चित्रकला

- एलोरा की गुफाओं के भित्तिचित्र अधिकांशतः गुफा नं. 16 अर्थात् **कैलाश मंदिर** तक सीमित पाँच गुफाओं में पाये जाते हैं।
- इन भित्ति-चित्रों का निर्माण दो चरणों में किया गया था :
  - पहले चरण के चित्रों का चित्रण गुफाओं की खुदाई के दौरान किया गया था। प्रारंभिक चित्र बादलों से होकर गुज़रते आकाशीय पक्षी गरुड़ पर अपनी पत्नी लक्ष्मी के साथ बैठे भगवान विष्णु का है।
  - दूसरे चरण का कई शताब्दियों बाद किया गया था। *गुजराती* शैली में बने उत्तरकालीन चित्र *शैव* साधुओं के जुलूस का चित्रण करते हैं।
- ये चित्र सभी तीनों धर्मों से संबंधित हैं (बौद्ध, जैन और हिन्दू धर्म)।
- **अजन्ता गुफा चित्रों की तुलना में** एलोरा की गुफा के चित्र **नये हैं।**

एलोरा गुफा की चित्रकला

कुछ **प्रमुख** एलोरा गुफाचित्र हैं :

- देवी लक्ष्मी और भगवान विष्णु की छवियाँ।
- अपने अनुयायियों के साथ भगवान शिव की छवियाँ।
- सुंदर और शालीन अप्सराएँ।

बाघ गुफा की चित्रकला

- अजंता स्कूल के विस्तार का प्रतिनिधित्व करते हुए, बाघ गुफाएँ मध्य प्रदेश के धार ज़िले में स्थित हैं। अपने उत्कृष्ट कार्य के साथ बाघ की गुफाएँ बनावट, निष्पादन और सजावट के संबंध में वास्तविक **अजंता गुफाओं के निकट** हैं।

बाघ गुफा के चित्र

- इनमें मुख्य अंतर यह है कि इसमें आकृतियाँ अधिक मज़बूती से चित्रित हैं तथा सुदृढ़ रूपरेखा की है और महत्त्वपूर्ण है कि यह गुफाएँ अपेक्षाकृत अधिक सांसारिक व मानवीय हैं।
- ये चित्रकलाएँ लोगों की समकालीन जीवनशैली के परिप्रेक्ष्य में धार्मिक विषयों को दर्शाती हैं और धर्मनिरपेक्ष स्वरूप भी। यहाँ गुफा संख्या 4 में **रंगमहल** मिला है, जिसकी दीवारों पर बौद्ध **जातक कथाओं** का निरूपण करने वाले सुंदर भित्ति-चित्र हैं।

अर्मामलई गुफा की चित्रकला

- **तमिलनाडु** के वेल्लोर ज़िले में स्थित इन प्राकृतिक गुफाओं का 8वीं सदी में **जैन मंदिर** के रूप में रूपांतरण किया गया था।
- जैन संतों के लिए विश्रामस्थल के रूप में काम आनेवाली कच्ची मिट्टी की संरचनाएँ गुफा के भीतर स्थित हैं।
- दीवारों और छतों पर बने रंगीन चित्र **अष्टाधिक-पालक** (आठ कोनों के रक्षक देवता) की कहानियों और जैन धर्म को दर्शाते हैं।

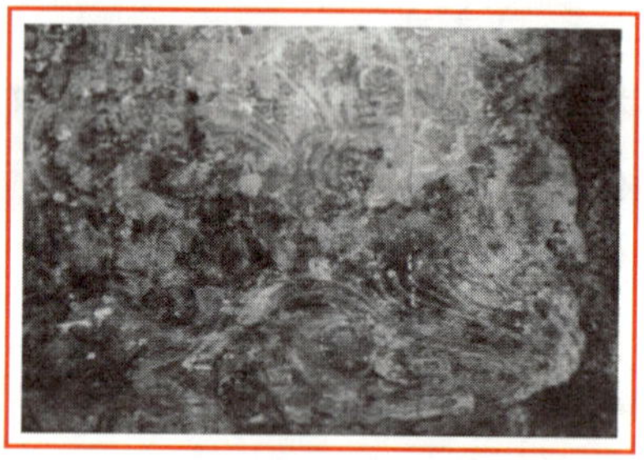

अर्मामलई गुफा के चित्र

चित्तानवासल गुफा की चित्रकला (अरिवर-कोइल)

- **तमिलनाडु** में स्थित पहली शताब्दी ईसा पूर्व से 10वीं शताब्दी ईसवी तक के ये प्रसिद्ध शैलकर्तित गुहा मंदिर **जैन धर्म** पर आधारित चित्रों के लिए जाने जाते हैं, विशेष रूप से जैन समवसरण (उपदेश भवन) के विषय पर आधारित चित्र।
- इन भित्तिचित्रों की बाघ और अजंता की चित्रकला से निकटस्थ सादृश्यता है। यहाँ **दीवारों** पर ही नहीं, बल्कि **छतों** और **स्तम्भों** पर भी चित्र विद्यमान हैं। गुफा की चित्रकला जैन समवसरण (उपदेश हॉल) पर आधारित है।
- कुछ विद्वान विश्वास करते हैं कि ये गुफाएँ **पल्लव काल** की हैं, जब राजा *महेन्द्रवर्मन* प्रथम ने मंदिर की खुदाई करवायी थी, जबकि इसमें अन्य विशेषताएँ तब शामिल हुईं, जब **पाण्ड्य शासक** ने 7वीं शताब्दी में इस मंदिर का जीर्णोद्धार कराया।

चित्तानवासल गुफा के चित्र

- चित्रों के लिए उपयोग किये जानेवाले माध्यम वनस्पति (शाकीय) और खनिज रंग हैं, और जिन्हें पतले गीले चूने के प्लास्टर की सतह पर रंग डालकर बनाया गया था। हरा, पीला, नारंगी, नीला, काला और सफ़ेद प्रयोग किये जानेवाले सामान्य रंग थे।
- चित्तानवासल में चित्रों का केंद्रीय तत्त्व **कमलों से भरा हुआ तालाब** है। इस तालाब में फूलों को भिक्षुओं द्वारा एकत्रित किया जाता है, यहाँ बत्तख़ों, हंस, मछलियों और जानवरों को दर्शाया गया है। यह दृश्य, **समवसरण** (सबको शरण) को दिखाता है, जो कि जैन धर्म में महत्त्वपूर्ण दृश्य है।
- समवसरण विशेष, सुन्दर सभा-कक्ष होता है, जहाँ तीर्थंकरों द्वारा ज्ञान-प्राप्ति (कैवल्य, ज्ञान) के बाद उपदेश दिया जाता था। इस भव्य दृश्य के साक्षी के रुप में बैल, हाथी, अप्सराएँ और देवता इस सभा-कक्ष में उपस्थित होते थे।

रावण छाया शैल आश्रय

ओडिशा के क्योंझर ज़िले में स्थित चट्टानी आश्रय स्थल पर बने ये प्राचीन फ़्रेस्को चित्र 'आधी खुली छतरी के आकार' में हैं। यह माना जाता है कि यह आश्रय स्थल **शाही आखेट भवन** की भाँति काम आते थे। यहाँ सर्वाधिक उल्लेखनीय चित्र ***7वीं शताब्दी ईसवी*** के एक **शाही जुलूस** का है।

लेपाक्षी मंदिर चित्रकला

लेपाक्षी चित्रकारी

16वीं शताब्दी में **आन्ध्र प्रदेश** के अनन्तपुर ज़िले में स्थित इन भित्तिचित्रों का चित्रण **लेपाक्षी वीरभद्र मंदिर की दीवारों** पर किया गया था। विजयनगर काल के दौरान बनाये गये ये चित्र धार्मिक विषय का अनुगमन करते हैं, जो कि रामायण, महाभारत तथा विष्णु के अवतार पर आधारित हैं।

इन चित्रों में **प्राथमिक रंगों का अभाव** दिखायी देता है, जबकि **गुणवत्ता** के स्तर पर इस चित्रकला में **पतन** दिखायी देता है। उल्लेखनीय है कि रूपों, आकृतियों और इनकी वेशभूषा के विवरणों को **काले रंग** से **रेखांकित** किया गया था। एक महत्त्वपूर्ण चित्र में जंगली सूअर का पीछा करते हुए शिव का भित्ति-चित्र है(किरातार्जुन्य का एक दृश्य)।

जोगीमारा गुफा चित्रकारी

यह कृत्रिम रूप से खुदी हुई गुफा **छत्तीसगढ़ के सरगुजा ज़िले** में स्थित है। यह 1000-300 ईसा पूर्व पुरानी है। यहाँ **ब्राह्मी लिपि** में कुछ चित्रकारियाँ और प्रेम कहानी के शिलालेख पाये गये हैं। यह गुफा रंगभूमि से जुड़ी हुई मानी जाती है और जहाँ चित्रों का निर्माण, कक्ष को सजाने के लिए किया गया था। इसमें नृत्यरत युगलों, हाथी और मछली जैसे जानवरों के चित्र हैं। चित्रों में विशिष्ट रूप से लाल रूपरेखा है। यहाँ सफ़ेद, पीले और काले इत्यादि रंगों का भी प्रयोग किया गया था। महत्त्वपूर्ण है कि **सिताबैंगरा का शैलकर्तित रंगमंच** भी यहीं निकट स्थित है।

बादामी गुफा मंदिर, कर्नाटक में भित्ति-चित्र

बादामी गुफा मंदिर अपनी मूर्तियों के लिए प्रसिद्ध हैं, लेकिन इनमें सुंदर चित्र भी हैं। यद्यपि बादामी गुफाओं के भित्ति-चित्रों की मूल भव्यता और आकर्षण समाप्त हो गया है, लेकिन फिर भी वे उस युग के लोगों की कलात्मक क्षमताओं की एक झलक-झाँकी प्रदान करते हैं। वे **अभी तक सुरक्षित प्रारम्भिक हिन्दू चित्रकारियों में से एक हैं।** 6वीं-7वीं सदी से संबंधित भित्ति-चित्र विभिन्न विषयों के हैं, साथ ही यह अजंता और बाघ की परंपरा से मेल खाते हैं। इनमें मानव आकृतियों में कृपा और दया भाव अभिव्यक्त होता है और उनकी आँखें बड़ी-बड़ी एवं अंधमुँदी हैं एवं होंठ बाहर की ओर फैले हुए हैं। चालुक्य राजाओं के चित्र, जैन संतों द्वारा सांसारिक जीवन का त्याग, शिव और पार्वती, पौराणिक कथानकों एवं देवताओं को चित्रित किया गया है। यह गुफा अभी भी सुंदर प्राचीन भित्ति-चित्रों से अलंकृत है, जिसमें **चतुर्भुज ब्रह्मा** को अपने हंस पर बैठा हुआ दिखाया गया है।

गुफा 1 चारों गुफाओं में सबसे पुरानी है। गुफा की छत पर बनी चित्रकलाओं में भगवान शिव को नटराज के रूप में और शिव तथा पार्वती को कुंडली मारे हुए सर्प के साथ में चित्रित किया गया है। यह गुफा नटराज रूप को समर्पित है।

गुफा 2 भगवान विष्णु और उनके अनेक अवतारों को समर्पित है।

गुफा 3 यह ब्राह्मणवादी रूपों को दर्शाती है और इसमें वराह, हरिहर, वामन, अष्टभुजा और नरसिम्हा जैसे विष्णु के कई अवतारों की विशाल आकृतियाँ हैं। यह अभी भी सुंदर प्राचीन भित्तिचित्रों से सुशोभित है, जिनमें हंस पर सवार चतुर्भुज ब्रह्मा को दर्शाया गया है।

गुफा 4 इस में जैन विचारधारा है और माना जाता है कि इसमें भगवान महावीर की एक विशाल छवि है। ऐसा माना जाता है कि इसका निर्माण पहली गुफा के कम-से-कम 100 वर्ष बाद किया गया था।

भारत में लघु चित्रकला

"Miniature" अर्थात् लघु शब्द लैटिन शब्द 'मिनियम' से लिया गया है, जिसका अर्थ **सीसा** (Lead) **युक्त लाल रंग** होता है। इस रंग का उपयोग प्रायः पुनर्जागरण काल के दौरान **प्रदीप्त पाण्डुलिपियों** में किया जाता था। सामान्यतः ''मिनिमम'' के अर्थ में थोड़ी असंगति पैदा होती है, जिसका अर्थ आकार में छोटा होता है। (लघुचित्र **छोटे** और **विस्तृत** विवरण देनेवाले होते थे।) भारतीय उप-महाद्वीप में इन लघु चित्रों की लंबी परंपरा रही है और साथ ही कई शैलियों का भी विकास हुआ है, जिनमें संरचना और अनुपात की दृष्टि से अंतर है।

लघु चित्र

लघु चित्रकला की तक़नीक

लघु चित्र बनाने की कई **पूर्व शर्तें** है, जिन्हें लघु चित्र बनाने के लिए पूरा करना आवश्यक है।

- चित्र **25 वर्ग इंच** से बड़े नहीं होने चाहिए।
- चित्र का विषय वास्तविक आकार के 1/6 से अधिक पर नहीं चित्रित किया जाना चाहिए।

लघु चित्र

अधिकांश भारतीय लघु चित्रों में, मानव आकृति **एकपृष्ठीय रूपरेखा** (Side profile) के साथ दिखाई देती है। इनकी सामान्यतः बाहर की ओर **उभरी आँखें**, **नुकीली नाक** और **पतली कमर** है। उल्लेखनीय है कि राजस्थानी लघु चित्रों में पात्रों की **त्वचा का रंग भूरा** है, जबकि मुग़ल चित्रों में यह सामान्यतः उजला है। इसके अतिरिक्त, **भगवान कृष्ण** की भाँति दिव्य प्राणियों का रंग **नीला** है। जहाँ महिला आकृतियों के **लंबे बाल** हैं और सामान्यतः उनकी **आँखों और बालों का रंग काला** है। वहीं पुरुष सामान्यतः पारंपरिक कपड़े पहने हुए हैं और उनके सिर पर पगड़ी है।

प्रारंभिक लघुचित्र

जैसा कि पहले ही बताया जा चुका है कि लघु चित्र सूक्ष्म विवरणोंवाले छोटे चित्र होते थे। अधिकतर इन्हें काग़ज़, ताड़ के पत्तों और कपड़ों सहित नष्टप्राय सामग्रियों पर, पुस्तकों या एलबमों के लिए चित्रित किया जाता था। लघु चित्रकला का विकास लगभग **8वीं और 12वीं शताब्दी** के बीच हुआ। इस प्रकार की चित्रकला के लिए पूर्वी और पश्चिमी क्षेत्रों को श्रेय दिया जा सकता है।

दो प्रमुख प्रकार हैं:-

1. कला की पाल शैली
2. कला की अपभ्रंश शैली

कला की पाल शैली

इस शैली का विकास 750-1150 ईसवी के मध्य हुआ था। सामान्यतः ये चित्र **पाण्डुलिपियों** के अंग के रूप में मिलते हैं, जिन्हें सामान्यतः **ताड़-पत्र** या **चर्मपत्र** पर बनाया जाता था। अधिकतर बौद्ध भिक्षु ही इनका उपयोग करते थे। चूँकि उनके

धर्म में सभी सजीव प्राणियों के प्रति अहिंसा का व्यवहार किया जाता था, इसलिए केवल केले या नारियल के पेड़ के पत्तों को ही इस संदर्भ में उपयोग किया जाता था।

इन चित्रों की विशेषता **लहरदार रेखाएँ** और **शान्त पृष्ठभूमि** है। चित्रों में अधिकतर **अकेली आकृतियाँ** हैं, लेकिन **कदाचित् हमें समूह चित्र** भी दिखायी देते हैं। इनकी रचना सरल है। इस शैली को **बौद्ध धर्म** को बढ़ावा देनेवाले कुछ शासकों द्वारा संरक्षण दिया गया था। महत्त्वपूर्ण है कि **बौद्ध धर्म की वज्रयान शाखा** के समर्थकों ने भी इस चित्रकला का प्रयोग किया और इन्हें संरक्षण दिया। इस कला के दो प्रमुख चित्रकार, **धिम्मन** और **वितपाल** थे।

कला की पाल शैली

कला की अपभ्रंश शैली

यह शैली अपने मूल रूप में **गुजरात और राजस्थान के मेवाड़ क्षेत्र** में पायी जाती है। यह **11वीं सदी से लेकर 15वीं सदी** के दौरान पश्चिमी भारत की सर्वप्रमुख चित्रकला शैली थी। इन चित्रों का सबसे सामान्य विषय **जैन धर्म** था और आगे चलकर वैष्णव पंथ ने भी इन्हें विनियोजित किया। वे इन चित्रों में गीत-गोविंद और **धर्मनिरपेक्ष प्रेम** की अवधारणा लाये, जिस पर अभी तक **जैन शास्त्रों** का ही प्रभुत्व था।

कला की अपभ्रंश शैली

प्रारंभिक जैन चरण में, **ताड़-पत्र** पर चित्र बनाये जाते थे, लेकिन आगे चलकर इन्हें **कागज़** पर भी बनाया जाने लगा। भले ही इस शैली के चित्रों में प्रयुक्त रंगों का **प्रतीकात्मक** अर्थ था और इनमें सामान्यत: लाल, पीले और गेरू रंग का ही प्रयोग किया गया था। फिर भी उत्तरवर्ती चरण में, इनमें उजले और सोने के रंगों का उपयोग किया जाने लगा।

इनके अतिरिक्त, इन चित्रों में दर्शायी गयी मानव आकृतियों की विशेषता **मछली के आकार की उभरी हुई आँखें, तीखी नाक और दोहरी ठोड़ी** थी। इनमें तीसरे और चौथे प्रोफ़ाइल में **कृशकाय चेहरे** बनाने की प्रवृत्ति आरंभ करने का भी प्रयास किया गया। सामान्यत: ये आकृतियाँ **कठोर** हैं, लेकिन फिर भी अलंकरण सावधानी से किया गया है। महिला मूर्तियों के विस्तृत कूल्हे और स्तन हैं। चित्रों में **पशुओं** और **पक्षियों की आकृतियाँ खिलौनों** के रूप में निरूपित की गयी हैं। इस शैली का सबसे प्रसिद्ध उदाहरण, 15वीं सदी के *कल्प सूत्र* और *कालकाचार्य* कथा का है।

संक्रमण काल के लघुचित्र

भारतीय उप-महाद्वीप में आनेवाले मुसलमान परिर्वतन के अग्रदूत थे, जो सांस्कृतिक पुनर्जागरण को 14वीं सदी में यहाँ लेकर आये। विजयनगर में, एक अलग शैली इस समय उभर रही थी, जो **चित्रकला की दक्कनी शैली** के निकट थी।

इस काल में रंग **समतल ढंग** से लगाये जाते थे, जहाँ पोशाक और मानव रूपांकन काले रंग से अंकित किये जाते थे। वहीं चेहरों का दृश्य **तीन-चौथाई कोण** पर है, जो **अलगाव का आभास** देता है। भू-दृश्य वृक्षों, चट्टानों और अन्य डिज़ाइनों से भरे हुए हैं, जो विषय के प्राकृतिक स्वरूप का दोहराव करने का प्रयास नहीं करते हैं।

संक्रमणकालीन लघुचित्र

दिल्ली सल्तनत में लघु चित्रकला

इस काल के चित्रों में भारतीय पारंपरिक तत्त्वों के साथ मूल फ़ारसी तत्त्वों को एक साथ लाने का प्रयास किया गया। इनमें **सचित्र पाण्डुलिपियों** को वरीयता दी गयी। इस अवधि के सर्वोत्तम उदाहरणों में से एक मांडू (मालवा सल्तनत) पर शासन करनेवाले नासिर शाह के शासनकाल के दौरान का **निमतनामा** (पाकशास्त्र/पाककला पर एक किताब) है। इस पाण्डुलिपि में स्वदेशी और फ़ारसी शैलियों का **संश्लेषण** दिखाई देता है।

दिल्ली सल्तनत के दौरान लघु चित्र

इसके अतिरिक्त **लोदी खुलादर** नामक एक और शैली भी इस अवधि के दौरान प्रचलित थी। इसका दिल्ली और जौनपुर के बीच कई सल्तनत प्रधान क्षेत्रों में अनुसरण किया गया। मध्ययुगीन परिदृश्य में तीन प्रमुख शैलियों का उदय हुआ :

- **मुग़ल**
- **राजपूत**
- **दक्कनी**

इन्होंने सल्तनतकालीन परम्परा को ग्रहण किया, लेकिन अपनी अलग पहचान का विकास भी किया।

मुग़ल काल की लघु चित्रकला

मुग़ल काल में बनाये गये चित्रों की एक विशिष्ट शैली थी, क्योंकि वे फ़ारस के पूर्ववर्ती चित्रों से लिये गये चित्र हैं, विशेष रूप से सफ़ाविद स्कूल के चित्र हैं। ईश्वर का चित्रण करने के स्थान पर **शासक का महिमामंडन** करने और उसका जीवन दर्शाने पर अधिक ध्यान दिया जाने लगा था। ये चित्र **आखेट के दृश्यों, ऐतिहासिक घटनाओं** और **दरबार** से संबंधित अन्य चित्रों पर केंद्रित थे। मुग़ल चित्रकला महान वंश की संपन्नता तथा फ़ारसी प्राकृतिक शैली का मिश्रण है, जिसमे कुछ सुंदर ढंग से सचित्र पन्ने बनाये गये। अधिकतर मुग़ल चित्र धर्मनिरपेक्ष हैं और उन्होंने एक महान् राजवंश की समृद्धि के साथ फ़ारसी **प्राकृतिक शैली** को भी साथ लाया।

मुग़ल काल की लघु चित्रकला

वे भारतीय चित्रकारों के लिए *अग्रदृश्यांकन* की तक़नीक ले आये। इस तक़नीक के अंतर्गत, "वस्तुओं का चित्रण इस प्रकार से किया जाता था कि वे वास्तविकता की तुलना में अधिक निकटवर्ती और छोटी दिखाई देती थीं"। विभिन्न शासकों के अधीन चित्रकला की इस शैली में परिवर्तन भी आता रहा।

मुग़लकाल की आरंभिक चित्रकारी : संरक्षक और चित्रकार

श्रृंखलाबद्ध युद्धों को लड़ने के बाद बाबर ने मुग़ल वंश की स्थापना की थी। यद्यपि उसे चित्रकला का शुभारंभ करने के लिए **अधिक समय नहीं मिला** था, लेकिन उसे फ़ारसी कलाकार **बिहजाद** को संरक्षण देनेवाला कहा जाता है। उसने मुग़ल वंश-वृक्ष के कुछ चित्र बनाये थे।

प्रारंभिक मुग़ल चित्रकार

कला का महान संरक्षक **हुमायूँ** कम उम्र में सिंहासन पर आसीन हुआ। उसकी रुचि चित्रकला और सुंदर स्मारक बनावाने में थी, लेकिन उसकी चित्रशाला में तब व्यवधान आया, जब उसे शेरशाह सूरी के **हाथों सिंहासन** खोना पड़ा और **फ़ारस में निर्वासित रहना** पड़ा।

जिस समय वह फ़ारस में शाह तहमास्प के राजदरबार में था, उसने **अब्दुस समद** और **मीर सईद अली** नामक दो मुख्य चित्रकारों की सेवाएँ प्राप्त कीं। आगामी समय में जब उसने भारत में मुग़ल वंश की पुनः स्थापना की, तो ये दोनों उसके साथ वापस भारत आये। ये दोनों मुग़ल चित्रकला में फ़ारसी प्रभाव लाने के लिए उत्तरदायी थे। इन दोनों कलाकारों ने कई सफल सचित्र एलबमों की रचना की। अकबर के शासनकाल के दौरान, उन्होंने एक चित्र पाण्डुलिपि तैयार की, जिसे **तूतीनामा** कहा जाता है (तोते की कहानियाँ)।

अकबर

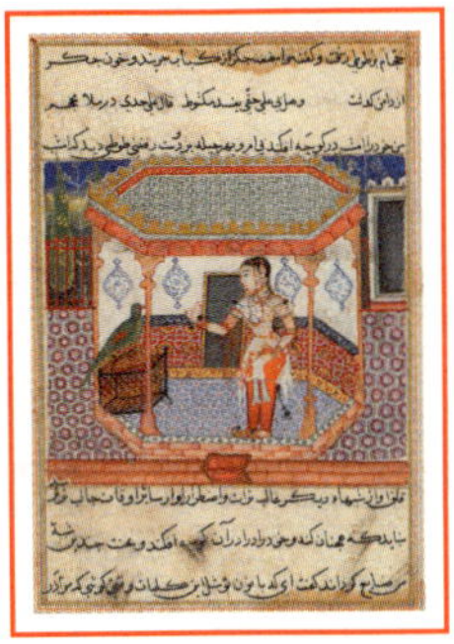

तूतीनामा

अकबर को चित्रकला और अपने **दस्तावेज़ों के सुलेखन के** लिए समर्पित एक **पूरे विभाग** की स्थापना करने का श्रेय दिया जाता है। उसने औपचारिक कलात्मक स्टूडियो की स्थापना की, जिसे **तस्वीरख़ाना** कहा जाता था, जहाँ कलाकारों को वेतन पर रखा गया था और उन्होंने अपनी शैलियाँ विकसित कीं। अकबर चित्रकला को अध्ययन और मनोरंजन के साधन के रूप में देखता था।

अकबर ने पूर्व के शासकों के लिए काम कर चुके भारतीय कलाकारों के सौंदर्य को भी मान्यता दी और अपने तस्वीरख़ाने में उन्हें काम करने के लिए आमंत्रित किया। इसलिए, मुग़ल चित्रकला में **'भारतीय प्रभाव'** आना आरंभ हुआ। अकबर कालीन चित्रकला की स्पष्ट विशेषता **त्रिआयामी आकृतियों** का प्रयोग और **अग्रदृश्यांकन** का निरंतर उपयोग था। इसके अतिरिक्त, चित्रों में **सुलेखन** का उपयोग करने के लिए कलाकारों को प्रोत्साहित किया जाता था।

इस अवधि की एक विशिष्ट विशेषता, *लोकप्रिय कला* का *दरबारी कला* में परिवर्तन था, अर्थात कलाकार आम जनता के जीवन की अपेक्षा **दरबारी जीवन** का चित्रण करने पर अधिक केंद्रित थे। इस अवधि के प्रसिद्ध चित्रकार थे– **अब्दुस समद, मीर सैय्यद अली, दसवंत, बसावन** और **केशु दास।** अकबर के शासनकाल के प्रमुख सचित्र पाण्डुलिपियाँ **तूतीनामा, रज़्मनामा, बाबरनामा, हम्ज़ानामा, तारीख़-ए-अल्फ़ी, अनवर-ए-सुहैली** और **सदी** का **गुलिस्तान** थे।

जहाँगीर

मुग़ल चित्रकला जहाँगीर के शासनकाल में अपनी पराकाष्ठा पर पहुँच गयी। वह स्वभाव से **प्रकृतिवादी** था और **वनस्पतियों और जीवों**, यानी पक्षियों, पशुओं वृक्षों और फूलों के चित्रों को प्राथमिकता देता था। उसने **छविचित्र** में प्रकृतिवाद लाने पर बल दिया तथा सचित्र पाण्डुलिपियों से एल्बम में स्थानांतरित किया। इस अवधि में विकसित होनेवाली एक अनूठी प्रवृत्ति चित्रों के चारों ओर **अलंकृत किनारों/बॉर्डर** की थी। ये कभी-कभी उतने व्यापक होते थे, जितना कि स्वयं चित्र।

स्वयं जहाँगीर को भी एक **अच्छा कलाकार** माना जाता है और उसकी **अपनी स्वयं की निजी कार्यशाला** थी। हालाँकि उसकी कोई बड़ी रचना अब शेष नहीं है। उसकी चित्रशाला में अधिकतर लघु चित्रों की रचना की गयी और इनमें से सबसे प्रसिद्ध **ज़ेबरा,** टर्की या पेरू पक्षी, जो उत्तरी व दक्षिणी अमेरिका में पाया जाता है और **मुर्गे** के प्राकृतिक चित्र थे। उसके काल के सबसे प्रसिद्ध कलाकारों में से एक **उस्ताद मंसूर** [*जिसे जहाँगीर द्वारा नादिर-उल-अस्र (समय का आश्चर्य) की उपाधि दी गयी थी*] था। उस्ताद मंसूर जटिल से जटिल चेहरे की आकृतियाँ भी बनाने में विशेषज्ञ था। उल्लेखनीय है कि **अयार-ए-दानिश** *(ज्ञान की कसौटी)* नाम की पशुओं पर आधारित सचित्र पाण्डुलिपि उनके शासनकाल के दौरान लिखी गयी थी।

जहाँगीर द्वारा बनाया गया चित्र

अबुल हसन द्वारा बनाये गये जहाँगीर के रूपात्मक छाया चित्र

- अबुल हसन (1569-1627) जहाँगीर के दरबार के **प्रमुख चित्रकार** थे।
- चित्रकला में उनकी उत्कृष्टता के लिए जहाँगीर द्वारा उन्हें **'नादिर-अल-ज़माँ'** *(युग के आश्चर्य)* की उपाधि से सम्मानित किया गया था।
- उन्होंने **रूपात्मक चित्रों** (एक प्रतीकात्मक काल्पनिक कथा) के साथ प्रयोग किया, जिनमें वो गूढ़ लक्ष्य होता था: जिन्होंने अपने सम्राट जहाँगीर के शासन के वर्चस्व, वैधता और दैवीय अधिकार को सशक्त किया।
- उनके द्वारा बनाये चित्रों में जहाँगीर को **सम्पूर्ण विश्व पर प्रभुत्व की स्थिति** में और विश्व के प्रतिनिधि के रूप में दिखाया गया है।
- **जहाँगीर पर अबुल हसन की कुछ प्रसिद्ध पेंटिंग्स** में सम्मिलित हैं - जहाँगीर के हाथ में अकबर का चित्र, ग्लोब पर खड़े जहाँगीर का ग़रीबी का शिकार करते हुए चित्र *(Jahangir standing on a globe and shooting poverty)*, वृक्ष पर गिलहरियाँ, फ़ारसी सफ़विद सम्राट **शाह अब्बास को गले लगाते जहाँगीर** आदि।

शाहजहाँ

मुग़ल चित्रकला की शैली शाहजहाँ के शासनकाल के दौरान तेज़ी से परिवर्तित हो गयी। प्रकृतिवादी चित्रण पसंद करनेवाले अपने पिता और दादा के विपरीत, शाहजहाँ चित्रों में **कृत्रिम तत्त्वों** की रचना करना पसंद करता था। कहा जाता है कि उसने चित्रों की **सजीवता में कमी** करने और अप्राकृतिक स्थिरता लाने का प्रयास किया, क्योंकि वह **यूरोपीय प्रभाव** से प्रेरित था। वह आरेखन के लिए **लकड़ी के कोयले के उपयोग** से दूर रहा और **पेंसिल का उपयोग करके आरेखन** और रेखाचित्रण करने के लिए कलाकारों को प्रोत्साहित करता था। उसने चित्रों में **सोने और चाँदी** का उपयोग बढ़ाने का आदेश दिया। वह अपने पूर्ववर्तियों की तुलना में चमकीले रंग अधिक पसंद करता था।

औरंगज़ेब

औरंगज़ेब ने चित्रकला को प्रोत्साहित नहीं किया, परिणामस्वरूप मुग़ल दरबार के चित्रकारों ने बड़ी संख्या में राजस्थान आदि के प्रांतीय दरबारों में प्रवासित होना आरम्भ कर दिया। इसलिए, औरंगज़ेब के शासनकाल के दौरान चित्रकला की गतिविधियों में तीव्र गिरावट हुई।

चित्रकला की क्षेत्रीय शैलियाँ

इन्हें सामान्यत: **केंद्रीय भारतीय चित्रकारी** के रूप में भी जाना जाता है। भले ही मध्यकाल में चित्रकला की मुग़ल शैली का प्रभुत्व था, लेकिन उप-साम्राज्यिक शैली ने अपनी स्वयं की शैली विकसित करके उनके लिए विकास का अवसर दिया। उन्होंने अपनी भारतीय जड़ों को याद रखा और प्रकृति की अधिकतावाली मुग़ल शैली के विपरीत रंगीन चित्रकला के लिए अभिरुचि बनाये रखी। उन्होंने पुराणों, भारतीय महाकाव्यों, संस्कृत में लिखी प्रेम कविताओं और अन्य भारतीय लोक-कथाओं, जैसे धार्मिक ग्रंथों से प्रेरणा ली। इस अवधि में विकसित होनेवाली विभिन्न शाखाएँ और शैलियाँ इस प्रकार थीं:

चित्रकला की क्षेत्रीय शैलियाँ

1. **चित्रकला की राजस्थानी शैली**
2. **चित्रकला की पहाड़ी शैली**

चित्रकला की राजस्थानी शैली

चित्रकला की राजस्थानी शैली मुख्य रूप से **चित्रकला की राजपूत शैली** का पर्याय है, क्योंकि वे इस अवधि के प्रमुख शासक वर्ग थे और अधिकांश कलाकारों को उन्होंने संरक्षण प्रदान किया।

राजपूत चित्रों के विकास के कई स्रोत हैं, जिनमें से कुछ का उल्लेख निम्नलिखित है:

- राजपूत दरबारों ने मुग़ल दरबार की प्रथाओं के अनुकरण में चित्रों को संरक्षण देना शुरू किया। इसके अतिरिक्त, मुग़ल संग्रहालय के कलाकारों के बीकानेर, जोधपुर और किशनगढ़ में आगमन ने स्थानीय राजपूत स्कूलों का बीजारोपण किया।
- कुछ विद्वानों का कहना है कि दक्कन सल्तनत से कलाकारों और कलाकृतियों की आमद ने निर्णायक भूमिका निभायी।
- फिर अन्य लोगों का कहना है कि इन केंद्रों में स्थानीय और स्वदेशी कलात्मक परंपराएँ मुग़ल प्रभाव के आगमन से पहले की थीं।
- और फिर अन्य लोगों ने सल्तनत दरबारों में संस्कृतियों के **'गंगा-जमुनी'** संगम की ओर इंगित किया है।

राजस्थानी चित्रकला की कई उप-शैलियाँ भी हैं, जो अपने मूलोत्पत्ति की रियासत के अनुरूप हैं।

चित्रकला की मेवाड़ शैली

मेवाड़ राज्य ने लंबे समय तक मुग़ल आधिपत्य का विरोध किया, लेकिन अंतत: शाहजहाँ के शासनकाल में मुग़ल आधिपत्य को स्वीकार कर लिया।

यदि प्रारंभिक मेवाड़ चित्रकला पर दृष्टि डाली जाये, तो हमें प्रतीत होगा कि इस पर 17वीं शताब्दी के असाधारण चित्रकार **साहिबदीन** का प्रभुत्व है। इस अवधि की मेवाड़ चित्रकला रागमाला, रामायण और भागवत पुराण-साहित्यिक ग्रंथों के **साहिबदीन** के चित्रण पर केंद्रित थी। साहिबदीन की मृत्यु के बाद, मेवाड़ चित्रकला शैली परिवर्तित हो गयी। अधिकतर चित्रों में मेवाड़ के दरबारी जीवन का चित्रण किया गया। इस अवधि की अनूठी बात असाधारण **'तमाशा' चित्रकला** है, जिसमें अभूतपूर्व विस्तार के साथ दरबार की औपचारिकताओं और नगर के दृश्यों को दर्शाया गया है।

चित्रकला की मेवाड़ शैली

नोट: नाथद्वारा, देवगढ़ और शाहपुरा पेंटिंग मेवाड़ स्कूल ऑफ़ पेंटिंग की उप-शैलियाँ हैं।

चित्रकला की आमेर-जयपुर शैली

मुग़लों के साथ निकटता से सम्बध रखनेवाले अन्य राजसत्ताओं में से एक, आमेर के शासक भी थे।

चित्रकला की आमेर-जयपुर शैली

उल्लेखनीय है कि **आमेर शैली को 'ढूंडर'** शैली भी कहा जाता है, जिनके प्रारंभिक साक्ष्य राजस्थान के बैराट के भित्ति-चित्रों मे मिलते हैं। इस शैली के कुछ चित्रों को **महल की दीवारों** और राजस्थान में **आमेर महल की समाधियों** में भी देखा जा सकता है। महत्त्वपूर्ण है कि इस शैली के कुछ चित्रों में भले ही कुछ पुरुषों को मुग़ल शैली के कपड़े और टोपी पहने हुए दर्शाया गया है, लेकिन चित्रों का समग्र रूप **लोक शैली** का है।

यह शैली **18वीं सदी** में **सवाई प्रताप सिंह** (जयपुर का हवा महल बनवाने के लिए विख्यात) के शासनकाल के दौरान अपनी पराकाष्ठा पर पहुँची। वे कला के भावुक संरक्षक और अत्यधिक धार्मिक व्यक्ति थे। इन दो धाराओं का संयोग, यह सुनिश्चित करता है कि इसके **सूरतख़ाना** अथवा चित्रकला विभाग में भागवत पुराण, रामायण, रागमाला और कई छविचित्रों का वर्णन करने के लिए लघु चित्र बनाये गये।

चित्रकला की मारवाड़ शैली

यह चित्रकला की सबसे व्यापक शैलियों में से एक है, क्योंकि इसमें राठौड़ों द्वारा शासित **जोधपुर** और **बीकानेर** और भाटियों द्वारा शासित **जैसलमेर** क्षेत्र सम्मलित थे। बीकानेर की भाँति, जोधपुर भी मुग़लों के साथ अपने घनिष्ठ संपर्क के माध्यम से समृद्ध होनेवाला रेगिस्तानी राज्य था। **15वीं और 16वीं शताब्दी** में बने इस शैली के चित्रों में पुरुष और महिलाओं ने **रंगीन कपड़े** पहने हुए हैं।

चित्रकला की मारवाड़ शैली

इस अवधि में, उन्होंने मुग़ल पैटर्न का अनुसरण किया, लेकिन 18वीं सदी के बाद इस शैली में राजपूती तत्त्व प्रबल हो गये, जिसे, चमकीले रंगों के साथ युग्मित रेखीय तलवाले चित्रों की भरमार/अतिशयता/अधिकता के उदाहरण के रूप में देखा जा सकता है। जोधपुर की चित्रशाला में उसके कई उत्कृष्ट चित्र हैं, लेकिन **मान सिंह** के समय के दौरान और बाद के काल की चित्रकला बहुत ही असाधारण थी। उन्होंने *शिव पुराण, नटचरित्र, दुर्गाचरित्र, पंचतंत्र* सहित चित्रकला की व्यापक श्रृंखला का श्रीगणेश किया। **किशनगढ़ शैली** और **बूंदी शैली** चित्रकला की मारवाड़ शैली के तहत आनेवाली सबसे **मुख्य शैलियाँ** हैं।

चित्रकला की किशनगढ़ शैली (17वीं-18वीं शताब्दी)

किशनगढ़ में चित्रकला **सावंत सिंह** और उसकी प्रेमिका **बनी-ठनी** की सबसे रोमांटिक किंवदंती तथा जीवन और मिथकों, रोमांस और भक्ति के अंतर्गुंथन से जुड़ी हुई है। किशनगढ़ में प्रारंभिक घटनाक्रमों का सर्वेक्षण करने के बाद, सावंत सिंह (राजकुमार और प्रेमी), नागरी दास (कवि) और इस शैली के कुछ सबसे प्रसिद्ध चित्र बनानेवाले चित्रकार **निहाल चंद** के बीच परस्पर क्रिया पर ध्यान केंद्रित हो जाता है।

निहाल चंद द्वारा बनी-ठनी चित्रकला

कभी-कभी यह तर्क दिया जाता है कि **'बनी-ठनी'** नामक महिला राधा के चरित्र से मेल खाती है। उनकी विशिष्ट रूपरेखा और कमल जैसी लम्बी आँखें, पतले होंठ और नुकीली ठोड़ी है। उनकी ओढ़नी या टोपी उनके अगल-बगल की रूपरेखा को परिभाषित करती है। यह किशनगढ़ शैली से जुड़ी अद्वितीय चित्रकला बन गयी। **राधा और कृष्ण** के बीच भक्तिमय और कामुक संबंधों पर भी कई चित्र बनाये गये।

चित्रकला की बूंदी शैली (17वीं - 19वीं शताब्दी)

बूंदी और कोटा की जुड़वाँ रियासतें सामूहिक रूप से **हाड़ौती** के रूप में जानी जाती थीं। दो भाइयों के बीच पुराने बूंदी राज्य के बँटवारे से बनी इन जुड़वाँ रियासतों का अति निकटस्थ संबंधित इतिहास और कलात्मक परंपरा थीं।

चित्रकला की बूंदी शैली

18वीं सदी में बूंदी और कोटा के राजा **कृष्ण** के भक्त श्रद्धालु थे। उन्होंने स्वयं को ईश्वर, जो कि वास्तविक राजा है, की ओर से शासन करनेवाला एकमात्र प्रतिनिधि घोषित किया (पूजा का ऐसा ही समान पैटर्न उदयपुर और जयपुर सहित कई अन्य केंद्रों में भी दिखाई देता है)। उनकी कृष्ण-भक्ति ने चित्रकला में भी भूमिका निभायी।

बूंदी शैली में, **स्थानीय वनस्पति** के चित्र विस्तृत रूप से प्रस्तुत किये गये हैं। चित्रों में हरे-भरे वनस्पति, नाटकीय रात्रि-आकाश और सूक्ष्म भँवर के साथ पानी का चित्रण किया गया है, इनमें तीखी नाक के साथ मानवीय चेहरा गोल हैं। आकाश का रंग अलग-अलग रंगों में रँगा गया है और अधिकांशतः आकाश में एक **लाल रिबन** दिखायी देता है। अधिकतर दरबारी दृश्य, शिकार के दृश्य और भगवान कृष्ण से संबंधित दृश्यों को चित्रित किया गया था। *बारामासा* बूंदी चित्रों का एक लोकप्रिय विषय है। यह केशव दास द्वारा दिया गया 12 महीनों के वातावरण का विवरण है।

अंतर के बिंदु	राजपूत शैली	मुग़ल शैली
प्रकार	आरम्भिक रूप से भित्तिचित्र और फ़्रेस्को रूपों पर आधारित, बाद के काल में लघुचित्र चित्रकारी का प्रारूप प्रभावी हो गया।	यह ईरानी लघुचित्र चित्रकारी शैली पर आधारित है।
विषय-वस्तुएँ	इसकी प्रकृति सामान्य भक्तिवादी और धार्मिक है।	यह सामान्य रूप से मुग़ल शासक और उनके घर-परिवार को चित्रित करती है। इसमें राजसी ठाट-बाट, युद्ध और शिकार के दृश्य भी बहुत लोकप्रिय हैं।
विशिष्टता	यह हिंदू प्रतीकों, जैसे-कमल, मयूर और हंस का बारम्बार प्रयोग करती है।	इन चित्रों में प्रदर्शित व्यक्ति या वृक्षों, ऊँटों और श्येनपक्षियों (बाज़) (Falcons) पर ध्यान केंद्रित रहता है।
काल अवधि	17-18वीं शताब्दी प्रमुख काल था।	16वीं से 18वीं शताब्दी।

पहाड़ी चित्रकला शैली (17वीं से 19वीं शताब्दी)

पहाड़ी चित्रकला **उप-हिमालयी राज्यों** की चित्रकला या चित्रकारी के लिए उपयोग किया जानेवाला एक छत्र शब्द है। इन राज्यों की चित्रकला पर भी मुग़लों का प्रभाव था। छोटे राज्यों में फल-फूल रहीं कई राजपूत शैलियाँ थीं, जो 'पहाड़ी' चित्रकला के अंर्तगत आती हैं। इनमें **जम्मू से लेकर अल्मोड़ा तक** फैली लगभग 22 रियासतों के दरबारों की चित्रशालाएँ सम्मिलित थीं। इसलिए, पहाड़ी चित्रकला को **दो मुख्य समूहों** में बाँटा जा सकता है :

1. बशौली शैली
2. कांगड़ा शैली

इस शैली मे चित्रित विषय **पौराणिक कथाओं से लेकर साहित्य तक** से सम्बन्धित थे, जिसमें नयी तक़नीकों का प्रयोग किया गया है। एक सामान्य पहाड़ी चित्रकला शैली कैनवास में कई आकृतियाँ लाती थी और वे सभी गतिशीलता से भरी होती थीं। प्रत्येक आकृति संरचना, रंग और रंजकता में भिन्न थी। इस शैली के दो सबसे महान चित्रकार **नैनसुख और मनकू** थे। पहाड़ी शैली के 3 महत्त्वपूर्ण व्यक्तित्व **नैनसुख, मनकू, संसार चंद**।

पहाड़ी चित्रकला की कुछ प्रमुख शैलियाँ निम्नलिखित हैं:

बशौली शैली (17वीं शताब्दी से)

बशौली शैली

17वीं शताब्दी में पहाड़ी स्कूल की चित्रकला जम्मू और कश्मीर की बशौली से थी। यह **लघु चित्रकला** से संबंधित है। यह प्रारंभिक चरण था, जिसकी विशेषता **कमल की पंखुड़ियों सदृश बड़ी आँखें** तथा घटते चले जानेवाले बालों की रेखा के साथ भाव अभिव्यक्ति करनेवाला **अर्थपूर्ण चेहरा** था। महत्त्वपूर्ण है कि इन चित्रों में बहुतायत में **प्राथमिक रंगों** अर्थात् **लाल**, **पीला** और **हरा** रंग प्रयोग किया गया था। इस शैली में **कपड़ों** पर चित्रण की मुग़ल तक़नीक का प्रयोग किया जाता था, लेकिन इसने अपनी स्वयं की शैली और तक़नीक का विकास किया। इस शैली के पहले संरक्षक **राजा किरपाल पाल (1678-1731)** थे, जिन्होंने भानुदत्त की **रसमंजरी**, *गीत-गोविंद* और *रामायण* के चित्रों का चित्रण करने का आदेश दिया। इस शैली के सबसे प्रसिद्ध चित्रकार

देवी दास थे। वह **राधा कृष्ण** और राजाओं के छविचित्र का उनकी पोशाक में और सफ़ेद कपड़ों में अपने चित्रण के लिए प्रसिद्ध थे। रंगों की विषमता इस शैली से जुड़ी हुई है और उन्होंने शैलीगत ढंग से **मालवा चित्रकला से भी उधार** लिया।

कांगड़ा शैली (18वीं शताब्दी के मध्य से)

मुग़ल साम्राज्य के पतन के बाद (विशेषरूप से नादिर शाह के आक्रमण के बाद) मुग़ल शैली में प्रशिक्षित कई कलाकार हिमाचल प्रदेश के कांगड़ा क्षेत्र में चले गये, क्योंकि 1774 में उन्हें **राजपूत राजाओं** से संरक्षण मिला था। इससे चित्रकला की **गुलेर-कांगड़ा शैली** का जन्म हुआ। इसका सबसे पहले विकास गुलेर में हुआ, तत्पश्चात् यह कांगड़ा में आयी। यह शैली **राजा संसार चंद (1765-1824)** के संरक्षण में अपनी पराकाष्ठा पर पहुँच गयी। उसकी चित्रकला की विशेषता **संवेदनशीलता** और **बुद्धिमत्ता** थी, जिसका अन्य **शैलियों** में अभाव था।

कृष्ण बाँसुरी बजाते हुए

इस शैली में सबसे लोकप्रिय विषय *गीत-गोविंद, भागवत पुराण, बिहारीलाल की सतसई* और *नल-दमयंती* थे। इसमें सर्वप्रथम **कृष्ण की रासलीला** के दृश्य, बहुत प्रमुख थे। सभी चित्रों में इन्हें लेकर अन्य सांसारिक भाव भी हैं। चित्रों का दूसरा बहुत ही प्रसिद्ध समूह **'बारह महीने'** अथवा 'बारह-मासा' का है, जिसमें कलाकार ने मनुष्य की भावनाओं पर बारह महीनों के प्रभाव को आगे लाने का प्रयास किया है। यह भावपूर्ण शैली 19वीं सदी तक लोकप्रिय बनी रही। आगे कांगड़ा शैली कुल्लू, चंबा और मंडी के दरबार में विकसित होनेवाली अन्य चित्रशालाओं की जनक शैली बन गयी। कांगड़ा स्थित **संसार चंद संग्रहालय** में कांगड़ा शैली की चित्रकला देखी जा सकती है।

जम्मू या डोगरा चित्रकला शैली (Jammu or Dogra School of Painting) (17वीं शताब्दी से)

यह चित्रकला शैली कांगड़ा शैली से उल्लेखनीय समानता रखती है। 17वीं सदी के अंत और 18वीं सदी की शुरुआत की शांगरी रामायण का निर्माण जम्मू में हुआ था। इस पेंटिंग का विषय पौराणिक कथा है।

मनकोट चित्रकलाएँ (Mankot Paintings) (17वीं शताब्दी से)

मनकोट चित्रकलाएँ जम्मू और कश्मीर में पायी जाती हैं। वे बशोली चित्रकला से समानता रखतीं हैं। चमकीले रंग और बोल्ड विषय इस पेंटिंग की विशिष्ट विशेषताएँ हैं। 17वीं सदी के मध्य में, चित्रांकन एक सामान्य विषय बन गया था। बाद के चरण में, प्रकृतिवाद और हल्के रंगों पर ज़ोर दिया गया था।

गुलेर चित्रकला शैली (Guler School of Painting) (18वीं शताब्दी से)

'गुलेर' शब्द **'गलवा'** शब्द से आया है, जिसका अर्थ चरवाहा है। इसमें मुग़ल कला से कुछ समानताएँ हैं। इन चित्रकलाओं की मुख्य विशेषताएँ बारीक और संवेदनशील अभिव्यक्तियों के साथ मज़बूत स्ट्रोक हैं। चित्रकलाओं में मुख्य रूप से ***श्रीमद्भागवत, बिहारी सतसई*** और ***गीत गोविंद*** सम्मिलित हैं। चित्रकलाओं में उभरी हुई नाक और बारीकी से कटे हुए बालोंवाली महिलाओं की आकृतियों को संवेदनशीलता से चित्रित किया गया है।

कुल्लू-मंडी चित्रकला शैली (Kullu–Mandi School of Painting) (17वीं शताब्दी से)

कुल्लू चित्रकलाएँ

ये भी बशोली चित्रकलाओं के समान हैं। बशोली से उन्हीं चित्रकारों को भगवान राम के जीवन का चित्रण करने के लिए कुल्लू भेजा गया था। उन्होंने राम का एक एल्बम तैयार किया था जो **'शांगरीरामायण'** के नाम से प्रसिद्ध है। रामायण की

विभिन्न घटनाओं जैसे बाल काण्ड, अयोध्या काण्ड, उत्तर काण्ड आदि का चित्रण किया गया है। इन चित्रों की प्रतिष्ठित विशेषताएँ फीके और गहरे रंग हैं।

मंडी चित्रकलाएँ

1684 से 1727 तक, **राजा सिद्ध सेन** के अधीन, मंडी में चित्रकला की एक नवीन शैली का विकास हुआ था। चित्रकलाओं में शासक को अतिरंजित विशाल सिर, हाथ और पैरों के साथ, एक विशाल आकृति के रूप में दर्शाया गया था। अधिकांश चित्रकलाएँ लघु प्रकृति की थीं। मंडी के चित्रकारों ने भगवान् शिव, भगवद् गीता, भगवान् राम, भगवान् कृष्ण आदि को चित्रित किया था। इन चित्रों की प्रतिष्ठित विशेषताएँ गहरे पृष्ठभूमि के साथ फीके और गहरे रंग हैं।

रागमाला चित्रकला

रागमाला चित्रकला विभिन्न भारतीय संगीत रागों का चित्रण करनेवाली रागमाला या 'रागों की माला' पर आधारित मध्यकालीन भारत की दृष्टांत योग्य चित्रकला की शृंखला है। यह मध्यकालीन भारत में **कला, कविता** और **शास्त्रीय संगीत** के **सम्मिश्रण** के शास्त्रीय उदाहरण के रूप में प्रकट होती है।

रागमाला चित्रकला

रागमाला चित्र 16वीं और 17वीं शताब्दी में आरंभ होनेवाली भारतीय चित्रकला की अधिकतर शैलियों में बनाये गये थे और आज पहाड़ी रागमाला, राजस्थान या राजपूत रागमाला, दक्कनी रागमाला और मुग़ल रागमाला के रूप में तदनुसार इनका नाम लिया जाता है।

इन चित्रों में **प्रत्येक राग** का, एक विशेष **भाव** में नायक और नायिका (हीरो और हीरोइन) की कहानी का वर्णन करनेवाले **रंग** से, वैयक्तीकरण किया गया है। यह **ऋतु** तथा दिन और रात के उस **समय** का भी वर्णन करता है, जिसमें कोई विशेष राग गाया जाता है। इसके अतिरिक्त, कई चित्र भैरव या भैरवी से लेकर शिव, श्री से लेकर देवी आदि तक, जैसे राग से जुड़े विशिष्ट **हिंदू देवी-देवताओं का सीमांकन** करते हैं। रागमाला में उपस्थित **छह प्रमुख राग** हैं- राग भैरव, दीपक, श्री, मालकौश, मेघ और हिंडोल।

दक्षिण भारत की लघु चित्रकला

दक्षिण भारत में पहले से ही लघुचित्र बनाने का प्रचलन व्याप्त था और यह आरम्भिक मध्ययुगीन काल में विकसित हुई। इन चित्रकलाओं में **व्यापक मात्रा में स्वर्ण का प्रयोग** होने के कारण दक्षिण भारतीय चित्रकला, उत्तर भारतीय शैलियों से भिन्न थीं। इसके अतिरिक्त, उन्होंने अपने संरक्षक शासकों को चित्रित करने के स्थान पर **दैवीय जीवों** की चित्रकारी पर अधिक ध्यान केन्द्रित किया। कुछ प्रमुख शैलियाँ निम्नलिखित हैं :

तन्जौर चित्रकला

तन्जौर चित्रकला (स्वर्ण लेपन के लिए प्रसिद्ध)

तन्जौर शैली विशिष्ट प्रकार की **आलंकारिक चित्रकलाओं** के लिए प्रसिद्ध है। यह संभवत: मराठों द्वारा तंजापुर नायक की पराजय और विजयनगर साम्राज्य के पतन का परिणाम थी। मराठा शासकों ने अठाहरवीं शताब्दी में इसको अत्यधिक संरक्षण

प्रदान किया। ये चित्रकला इस विषय में अद्वितीय हैं कि उत्तर भारत में मुख्य रूप से वस्त्र और चर्मपत्र का प्रयोग होता है, जबकि इन्हें अधिकतर **काँच** और **लकड़ी के तख़्ते पलगई (पलागई) पदम** पर विनिर्मित किया गया है। वे **उत्कृष्ट रंग** पैटर्नों और **स्वर्ण-पत्र** का उदारतापूर्वक प्रयोग करने के कारण भी अद्वितीय हैं। इसे भारत सरकार द्वारा **भौगोलिक संकेत** (GI) के रूप में मान्यता दी गयी है।

इस काल में चिरकालिक प्रभाव उत्पन्न करने के लिए अलंकरणों हेतु कई प्रकार के **रत्नों** और तराशे हुए **काँचों** का प्रयोग किया गया है। अधिकतर चित्रकलाओं में **मुस्कराते हुए कृष्ण** की विभिन्न मुद्राओं और उनके जीवन की प्रमुख घटनाओं को चित्रित किया गया है। ये चित्रकला **मराठा वंश के महाराजा सरफोजी** II के संरक्षण में अपने चरम पर पहुँची, जो कलाओं के महान संरक्षक थे।

मैसूर चित्रकला

ये चित्रकला मैसूर राज्य के शासकों द्वारा संरक्षित की गयी थीं तथा ब्रिटिश काल तक भी जारी रही। मैसूर चित्रकला का प्रमुख विषय **हिंदू देवों और देवियों** का चित्रण करना है। इन चित्रकला की अद्वितीय विशिष्टता यह है कि प्रत्येक चित्रकारी में **दो या अधिक आकृतियाँ** होती थीं और उनमें वास्तविक आकार और रंग के विषय में **एक आकृति** अन्य सभी में **प्रधान** होती है।

मैसूर चित्रकला

इसके अतिरिक्त, चित्रकारी करने की तक़नीक भी उत्तर भारतीय शैलियों से भिन्न है। इनमें **'गेस्सो पेस्ट'** (Gesso paste) का प्रयोग किया जाता है, जो सफ़ेद सीसा (समंक) पाउडर, गम्बोस (gambose) और गोंद (glue) का मिश्रण है। यह चित्रकारी को एक विशिष्ट आधार प्रदान करता है, जिससे पृष्ठभूमि में एक चमक उत्पन्न होती है। इस पृष्ठभूमि को प्रतिसंतुलित करने हेतु **कम चमकवाले हलके रंगों** का प्रयोग किया जाता है।

तंजौर और मैसूर दोनों ही चित्रों की उत्पत्ति एक ही स्रोत से हुई है। पहले विजयनगर चित्रकला की शुरुआत हुई तथा इसके बाद नायक चित्रकला की।

गंजिफ़ा कार्ड

गंजिफ़ा मध्ययुगीन काल का पत्तों का खेल है। ये कार्ड पारंपरिक रूप से कारीगरों द्वारा चित्रित किये गये थे और **मुग़ल दरबार** में बहुत लोकप्रिय थे। कार्ड में रंगीन पृष्ठभूमि होती है, जिसमें प्रत्येक सूट अलग-अलग रंग का होता है। गंजिफ़ा कार्ड का संदर्भ यहाँ तक कि **बाबरनामा** पुस्तक में भी पाया जाता है।

मैसूर के गंजिफ़ा कार्ड्स या चित्रकलाओं को 2008 में भारत सरकार से जीआई (G.I.) का दर्ज़ा मिला।

मुग़ल, राजस्थानी, तंजौर और फ़ारसी चित्रकलाओं का तुलनात्मक विश्लेषण

	मुग़ल लघु चित्रकलाएँ	राजस्थानी कला	तंजौर चित्रकलाएँ	फ़ारसी चित्रकलाएँ
शैली और तक़नीक	यह फ़ारसी, भारतीय तथा इस्लामी कलात्मक प्रभावों का मिश्रण है। जानवरों की कहानियों और परिदृश्य चित्रकलाओं के साथ समृद्ध प्रकृतिवाद इन चित्रों की मुख्य विशेषताएँ हैं।	मोटे और जीवंत रंगों का उपयोग इसे अनोखा बनाता है। तेजस्वी रूप बनाने के लिए कलाकार अक्सर खनिजों, पौधों तथा अन्य स्रोतों से प्राप्त प्राकृतिक रंगों का उपयोग करते थे। कैनवास (पृष्ठभूमि) के रूप में कागज़, हाथीदाँत और रेशम का उपयोग किया जाता था।	लकड़ी के पैनल पर गहरे रंग, सोने की पत्ती और रत्नों का उपयोग देखा गया है। पिछले कुछ वर्षों में तंजौर चित्रकलाओं में अनेक बदलाव आये हैं।	फ़ारसी चित्रकलाएँ अपने लघु प्रारूप, सूक्ष्म और विस्तृत चित्रण के लिए प्रसिद्ध हैं। इन लघुचित्रों को अक्सर पाण्डुलिपियों, धार्मिक ग्रंथों, साहित्य और ऐतिहासिक इतिवृत्त में शामिल किया गया था।
विषय-वस्तु	मुग़ल चित्रकलाएँ सम्राटों के चित्र, दरबार के दृश्य, शिकार ख़ोज, रामायण तथा महाभारत जैसे साहित्यिक कार्यों के चित्रण पर केंद्रित है।	राजस्थानी चित्रकलाएँ धार्मिक एवं लोक विषयों पर आधारित हैं। वे अक्सर रामायण जैसे हिंदू महाकाव्यों और कृष्ण के जीवन के दृश्यों और शासकों, दरबारी घटनाओं और आम लोगों के दैनिक जीवन के चित्रों का प्रदर्शन करते थे।	तंजौर चित्रकलाएँ हिंदू देवी-देवताओं पर आधारित थीं, जिनमें भगवान् कृष्ण, भगवान् गणेश, देवी लक्ष्मी और देवी दुर्गा जैसे देवताओं को अधिक प्रमुखता दी गयी थी। वे पौराणिक दृश्य भी दिखाती हैं।	फ़ारसी चित्रकलाओं में दरबारी जीवन, शाही चित्र, विस्तृत परिदृश्यवाली आकृतियाँ, सुलेख और कविता का चित्रण किया गया है।
सांस्कृतिक प्रभाव	यह फ़ारसी तथा भारतीय कलात्मक परंपराओं का मिश्रण है, जो मुग़ल दरबार की विश्वव्यापी प्रकृति को दर्शाता है।	यह राजस्थान की स्वदेशी परंपराओं को चित्रित करता है। इसकी विभिन्न क्षेत्रीय शैलियाँ हैं, जो विभिन्न राजपूत दरबारों जैसे मेवाड़, मारवाड़, बूंदी, किशनगढ़ और जयपुर स्कूलों में विकसित हुईं। प्रत्येक स्कूल की विशिष्ट विशेषताएँ थीं।	ये दक्षिण भारत की समृद्ध हिंदू धार्मिक और सांस्कृतिक विरासत से प्रभावित हैं।	ये फ़ारस (आधुनिक ईरान) की कलात्मक विरासत को दर्शाती हैं, और अक्सर इस्लामी कला और संस्कृति के तत्त्वों को शामिल करती हैं।

सचित्र पाण्डुलिपियाँ

सचित्र पाण्डुलिपियाँ महाकाव्यों और विभिन्न धार्मिक-वैधानिक, साहित्यिक या संगीत ग्रंथों के काव्य छंदों का **सचित्र रूपांतरण** हैं, जिनमें चित्र के शीर्ष भाग पर स्पष्ट रूप से सीमांकित बॉक्स जैसी जगह में **हस्तलिखित पद** होते हैं। पाण्डुलिपि चित्रों की कल्पना विभिन्न खुले चित्रों या फ़ोलियो से युक्त विषयगत समूहों में क्रमबद्ध रूप से की गयी थी।

इन्हें क़ीमती और मूल्यवान कलाकृतियाँ माना जाता है। सचित्र पाण्डुलिपियों को **प्रायः राजकुमारियों को उनकी शादी के समय उपहार के रूप में** दिया जाता था। इनका राजाओं और दरबारियों के बीच उपहार के रूप में भी आदान-प्रदान किया जाता था।

बंगाल और बिहार के पाल शासकों ने सबसे पहले ताड़ के पत्तेवाले बौद्ध धर्मग्रंथों को चित्रित करने की परंपरा शुरू की थी। पाल राजा रामपाल (11वीं शताब्दी में) के शासनकाल के दौरान, ताड़ के पत्तों पर एक प्रसिद्ध बौद्ध सचित्र पाण्डुलिपि विकसित हुई थी।

जैन धर्म के अंतर्गत *शास्त्रदान* (पुस्तकों का दान) ने लोकप्रियता प्राप्त की थी और इसमें भंडार नामक मठ के पुस्तकालयों को सचित्र चित्रों/पाण्डुलिपियों को दान करने का कार्य सम्मिलित था। इसे दान, धार्मिकता और कृतज्ञता के प्रतीक के रूप में महिमामंडित किया गया था। चौदहवीं शताब्दी में कागज़ के आने से पहले, प्रारंभिक जैन सचित्र पाण्डुलिपियों/ चित्रों को पारंपरिक रूप से ताड़ के पत्तों पर चित्रित किया जाता था। जैन सचित्र पाण्डुलिपि चित्रों को भव्य रूप से सोने और लाजवर्द (लापीस लाजुली) से चित्रित किया गया था, जो उनके संरक्षकों की धन-संपदा और सामाजिक स्थिति को दर्शाता है। जैन समुदाय के लिए तीर्थपट (Tirthipatas), मंडल और धर्मनिरपेक्ष, ग़ैर-धार्मिक कहानियाँ भी चित्रित की गयी थीं।

मध्ययुगीन काल के दौरान, प्रत्येक मुग़ल उत्तराधिकारी ने किसी-न-किसी रूप में सचित्र पाण्डुलिपियों के स्तर को बढ़ाने में योगदान किया।

प्रमरव सचित्र पाण्डुलिपियाँ

नाम	समयावधि	विवरण
कल्पसूत्र	जैन धर्म (श्वेतांबर संप्रदाय)	**24 तीर्थकरों के जीवन** की घटनाओं से संबंधित है (गर्भाधान, जन्म, त्याग, प्रबोधन या ज्ञानोदय, प्रथम उपदेश और मोक्ष)।
कालकाचार्यकथा	जैन धर्म (श्वेतांबर संप्रदाय)	अपनी अपहृत बहन को बचाने के लिए आचार्य कालका के अभियान की कहानी को दर्शाता है।
संग्रहिणी सूत्र	जैन धर्म-12वीं शताब्दी में लिखा गया	**ब्रह्मांड की संरचना, उसमें स्थित ग्रहों और अंतरिक्ष के मानचित्रण** से संबंधित अवधारणाओं को दर्शाता है।
उत्तरध्यान सूत्र	जैन धर्म	**महावीर की शिक्षाओं** और जैन भिक्षुओं के लिए आचार संहिता से संबंधित है।
धवल, जया धवला और महा धवला	जैन धर्म	**दक्षिण भारतीय** सचित्र पाण्डुलिपि परंपरा के आरम्भिक दृष्टांत। ताड़ के पत्ते पर बड़े आकार की पाण्डुलिपियाँ जैन धार्मिक पवित्र ग्रंथों की प्राचीन कृतियाँ हैं। ये होयसाल शासकों के संरक्षण में कर्नाटक के जैन केंद्र श्रवणबेलगोला और गेरुसोप्पा में विकसित की गयी थीं।
अष्टसहस्रिका प्रज्ञापारमिता (ज्ञान की पूर्णता)	बौद्ध धर्म-पाल राजा रामपाल के शासनकाल के दौरान। (11वीं शताब्दी में)	**पाल बौद्ध** ताड़ के पत्ते की पाण्डुलिपि आठ हज़ार पंक्तियों में लिखी गयी है। यह पाठ देवी 'प्रज्ञा' का एक मूर्त रूप है।
चौरपंचाशिका (प्रेम करने वाला चोर)	बिल्हण द्वारा (11वीं शताब्दी में) रचित	एक **संस्कृत प्रेम कविता** है, जिसमें ब्राह्मण बिल्हण राजा मदनभिराम की बेटी, राजकुमारी यामिनीपूर्णतिलक के साथ प्रेम संबंध में पड़ जाते हैं, जो एक गुप्त प्रेम संबंध था। दोनों को खोजा गया और बिल्हण को जेल में डाल दिया गया। निर्णय की प्रतीक्षा करने के दौरान उन्होंने यह कविता लिखी थी।

नाम	समयावधि	विवरण
गीतगोविंद (ग्वालों का गीत)	जयदेव द्वारा रचित (बंगाल के लक्ष्मण सेन के दरबारी कवि) (12वीं शताब्दी में)	संस्कृत में गीतात्मक कविता, शृंगार रस को उजागर करती है, **राधा और कृष्ण** के बीच रहस्यमय प्रेम को दर्शाती है।
गुलिस्ताँ	सादी द्वारा 13वीं शताब्दी में रचित	यह फ़ारसी साहित्य का एक मील का पत्थर माना जाता है, संभवतः **गद्य की सबसे प्रभावशाली रचना** है। सादी को सबसे महान मध्ययुगीन फ़ारसी कवियों में से एक माना जाता है।
रसमंजरी (खुशी का गुलदस्ता)	भानुदत्त द्वारा रचित (14वीं शताब्दी में)	यह पाठ **संस्कृत** में लिखा गया है। यह रस पर एक ग्रंथ है और **नायकों और नायिकाओं को उनकी उम्र के अनुसार वर्गीकृत** करने से संबंधित है।
लौरचंदा चित्रकारी	सूफ़ी कवि मौलाना दाऊद द्वारा रचित (14वीं शताब्दी में)	लौर और चंदा के **प्रेम** को दर्शाती है।
रसिक प्रिया	केशव दास द्वारा रचित (ओरछा के राजा मधुकर शाह के दरबारी कवि) (1591 में)	यह **ब्रज भाषा** में लिखी गयी रचना है। यह **विभिन्न भावनात्मक दशाओं** को दर्शाती है, जैसे- प्रेम, एकजुटता, झुकाव, ईर्ष्या, लड़ाई और उसके बाद के परिणाम, अलगाव, क्रोध इत्यादि।
रागमाला	17वीं शताब्दी में माधो दास द्वारा रचित	यह *रागों* और *रागिनियों* की सचित्र व्याख्याएँ हैं। यहाँ, प्रत्येक घराने का प्रमुख एक पुरुष *राग* होता है, जिसमें छह स्त्री सहचरी होती हैं, जिन्हें *रागिनी* कहा जाता है। छह मुख्य राग *भैरव, मालकौंस, हिंडोल, दीपक, मेघ* और *श्री* हैं। रागमाला चित्रों को बाद में कई कलाकारों द्वारा मुख्य रूप से विभिन्न राजस्थानी स्कूलों के अंतर्गत चित्रित किया गया था।
बिहारी सतसई	18वीं शताब्दी के पूर्वार्द्ध में जगन्नाथ द्वारा रचित	यह **मेवाड़ शैली** की अनूठी देन है।
निमतनामा (व्यंजनों की पुस्तक)	नासिर शाह ख़िलज़ी के शासनकाल के दौरान (16वीं शताब्दी)	मांडू में चित्रित यह व्यंजनों से **संबंधित पुस्तक** है, जिसमें शिकार पर भी एक खंड है। इसमें औषधियों, सौंदर्य-प्रसाधनों, इत्रों को बनाने की विधियाँ और उनके प्रयोग के संबंध में निर्देश हैं।
बाबरनामा	16वीं शताब्दी में बाबर द्वारा रचित	एक **आत्मकथा** है, जो बाबर के राजनीतिक जीवन और उसके कला के प्रति जुनून के बारे में बताती है। यह भारतीय भूमि और वातावरण के लिए बाबर के उस प्रेम और स्नेह को दर्शाता है, जो एक विदेशी व्यक्ति के रूप में उसके अंदर विद्यमान था। बाबरनामा का **सचित्र संस्करण अकबर** द्वारा पूरा कराया गया था।
अकबरनामा	16वीं शताब्दी में अबुल फ़ज़्ल द्वारा रचित	इसके पहले दो खंडों में **अकबर के जन्म और उसके शासनकाल** के दौरान की घटनाओं को वर्णित किया गया है। इसका तीसरा खंड, जिसे *आइन-ए-अकबरी* (अकबर का प्रशासन) कहा जाता है, अकबर के साम्राज्य की प्रशासनिक व्यवस्था का वर्णन करता है, और इसमें प्रसिद्ध 'हिंदू विज्ञान पर लेख' भी समाहित किया गया है।

नाम	समयावधि	विवरण
रज़्मनामा	फ़ैज़ी ने 16वीं शताब्दी में इसे लिखा था। चित्रकार दसवंत की देखरेख में सचित्र चित्रकारी की गयी थी।	**अकबर** के दरबार में तैयार किया गया, यह **महाभारत** का फ़ारसी अनुवाद है।
तूतीनामा	प्रारंभ में 14वीं शताब्दी में लिखा गया। 16वीं शताब्दी में सचित्र पाण्डुलिपि रूप दिया गया।	यह एक **तोते की कहानियों** से संबंधित है। 14वीं शताब्दी के इस पाठ को बाद में **अकबर के शासनकाल के दौरान** सचित्र पाण्डुलिपियों के रूप में समर्पित किया गया था।
तारीख़-ए-अल्फ़ी	16वीं शताब्दी में मुल्ला दाऊद द्वारा रचित	यह पैग़ंबर मुहम्मद की मृत्यु के बाद के **एक हज़ार साल के इतिहास** से संबंधित है। 1592 में पहली इस्लामी सहस्राब्दी के पूरा होने के उपलक्ष्य में **अकबर** के दरबार में इस पाठ को समर्पित किया गया था।
हम्ज़ानामा	16वीं शताब्दी में	यह हम्ज़ा के शौर्य से संबंधित है। बाद में 16वीं शताब्दी में इसे पहले हुमायूँ के दरबार में सचित्र पाण्डुलिपियों के रूप में समर्पित किया गया और फिर इसे **अकबर** के दरबार में पूरा किया गया।
पादशाहनामा	17वीं शताब्दी में अब्दुल हमीद लाहौरी द्वारा रचित	यह **शाहजहाँ** के दरबार में समर्पित किया गया था। यह बादशाह शाहजहाँ के इतिहास का वर्णन करता है। बिना चित्र वाले ग्रंथों को *'शाहजहाँनामा'* के रूप में जाना जाता है, जबकि सचित्र पाण्डुलिपि संस्करण के लिए *'पादशाहनामा'* का प्रयोग किया जाता है।

आधुनिक भारतीय चित्रकला

कंपनी चित्रकला

औपनिवेशिक काल में, चित्रकारी की मिश्रित शैली विकसित हुई, जिसने राजपूत, मुग़ल और अन्य भारतीय शैलियों की चित्रकलाओं को **यूरोपीय तत्त्वों** से संयुक्त किया। ये चित्रकला उस समय विकसित हुईं, जब **ब्रिटिश** कम्पनी के अधिकारियों ने भारतीय शैलियों में प्रशिक्षित चित्रकारों को नियोजित किया।

इस प्रकार, उन्होंने अपने नियोक्ताओं की यूरोपीय रुचियों को अपने भारतीय प्रशिक्षण से **सम्मिश्रित** किया तथा इसे 'कम्पनी चित्रकला' कहा जाता था। इनकी विशिष्टता **जल रंगों का प्रयोग** तथा तक़नीक की दृष्टि से रेखीय परिप्रेक्ष्य और छायाप्रभाव की उपस्थिति थी। चित्रकारी की यह शैली **कोलकाता, चेन्नई, दिल्ली, पटना, वाराणसी** और **तंजावुर** में उत्पन्न हुई।

ब्रिटिश लार्ड इम्पे और मारक्यूस वेलेस्ले ने बड़ी संख्या में चित्रकारों को संरक्षण प्रदान किया। अनेक चित्रकार भारत की **'असाधारण' वनस्पतियों और जन्तुओं** को चित्रित करने में संलग्न थे। इस शैली के सर्वाधिक प्रसिद्ध **चित्रकार मज़्हर अली ख़ान तथा ग़ुलाम अली ख़ान** थे। चित्रकलाओं के ये प्रकार बीसवीं शताब्दी तक व्याप्त थे।

बाज़ार चित्रकला

यह शैली भी भारत में **यूरोपीय प्रभाव** से प्रभावित थी। यद्यपि यह कम्पनी चित्रकलाओं से भिन्न थी, क्योंकि इस शैली में यूरोपीय तक़नीकों और विषय वस्तुओं का भारतीय तक़नीकों और विषय-वस्तुओं के साथ सम्मिश्रण किया गया। महत्त्वपूर्ण है कि बाज़ार शैली ने किसी भारतीय प्रभाव को ग्रहण **नहीं** किया, वरन् रोमन और ग्रीक प्रभाव को ग्रहण किया। उन्होंने चित्रकारों से **ग्रीक और रोमन मूर्तियों** की प्रतिकृतियाँ निर्मित करवायीं।

यह शैली **बंगाल** और **बिहार** क्षेत्र में प्रचलित थी। इस शैली में ग्रीको-रोमन विरासत के साथ-साथ **प्रतिदिन के बाज़ार** पर चित्र निर्मित किये गये, जो यूरोपीय पृष्ठभूमि के साथ भारतीय बाज़ारों को प्रदर्शित करते थे। सर्वाधिक प्रसिद्ध शैलियों में से एक, ब्रिटिश अधिकारियों के समक्ष भारतीय वीरांगनाओं को नृत्य करते हुए प्रदर्शित करने की थी। उन्होंने **धार्मिक विषयों** पर भी चित्रकला की, लेकिन कई रूप धारण करनेवाले और **भगवान् गणेश,** जैसे हाथी के चेहरेवाले भारतीय **देवों और देवियों का चित्रण निषिद्ध** किया, क्योंकि उनकी आकृति प्राकृतिक मानवीय आकृति की यूरोपीय धारणा से अलग हटकर थी।

राजा रवि वर्मा (1848-1906)

राजा रवि वर्मा भारत के सर्वाधिक महान चित्रकारों में से एक थे। उन्हें आधुनिक चित्रकारी शैली का प्रवर्तक माना जाता था। इस शैली को पाश्चात्य तकनीकों और विषय-वस्तुओं के भारी प्रभाव के कारण आधुनिक कहा जाता था। वे अद्वितीय थे, क्योंकि उन्होंने दक्षिण भारतीय चित्रकारी के तत्त्वों को रंग और शैली की पाश्चात्य शैलियों से संयुक्त किया।

केरल राज्य से संबंध रखनेवाले राजा रवि वर्मन **'आधुनिक भारतीय कला के जनक'** के रूप में जाने जाते है। उनकी कुछ बेहद प्रसिद्ध रचनाओं में *लेडीज इन द मूनलाइट, शकुंतला, दमयंती और स्वान* आदि शामिल हैं। उन्होंने अपने चित्रों के लिए राष्ट्रव्यापी मान्यता प्राप्त की, विशेष रूप से महाकाव्य रामायण के *"रावण द्वारा सीता का अपहरण और जटायु की हत्या"* शीर्षक से। उन पर एक फ़िल्म भी बनायी गयी है, जिसका नाम 'रंग रसिया' है।

रावण द्वारा सीता का अपहरण और जटायु की हत्या

बंगाल की चित्रकला शैली

माना जाता है कि बंगाल की शैली वर्तमान चित्रकलाओं की शैलियों के प्रति, प्रतिक्रियावादी दृष्टिकोण रखती है। यह शैली अद्वितीय है, क्योंकि इसमें **साधारण रंगों** का प्रयोग किया जाता है। बंगाल शैली का विचार **अवनीन्द्रनाथ टैगोर** (20वीं शताब्दी का पूर्वार्द्ध) की रचनाओं से विकसित हुआ। जिनकी *अरेबियन नाइट श्रृंखला* ने विश्व स्तर पर अपनी पहचान बनायी। उन्होंने भारत की कला में **स्वदेशी** मूल्यों को समाविष्ट करने एवं कलाकारों के बीच पश्चिमी भौतिकवादी कला शैली के प्रभाव को कम करने का प्रयास किया। उल्लेखनीय है कि वे **भारत माता** (1905) और विभिन्न मुग़ल-विषयवस्तु की चित्रकलाओं के लिए जाने जाते हैं।

नंदलाल बोस द्वारा (दांडी मार्च की लिनोकट महात्मा गाँधी को दर्शाती है)
www.museumsofindia.gov.in

भारत माता
(अवनीन्द्रनाथ टैगौर द्वारा)

इस शैली के अन्य उल्लेखनीय चित्रकार **नन्दलाल बोस** हैं, जिनके कार्यों ने आधुनिक भारतीय कला को और अधिक विकसित करने में योगदान किया। वह **शान्तिनिकेतन** से भी जुड़े हुए थे। वह **काली पृष्ठभूमि पर सफ़ेद रंग से** बनाये गये **गांधी जी की डांडी-यात्रा के दौरान के स्केच** के लिए भी जाने जाते हैं, जो 1930 के दशक में प्रतिष्ठित हुआ। महत्त्वपूर्ण है कि उन्हें ***भारत के संविधान*** के मूल दस्तावेज़ को **अलंकृत** करने का काम भी सौंपा गया था।

इस शैली के सबसे प्रसिद्ध चित्रकारों में से एक **रवींद्रनाथ टैगोर** हैं। उनकी चित्रकारियाँ अनोखी हैं, क्योंकि वह **काली रेखाओं** का प्रमुखता से प्रयोग करते थे, जिससे विषयवस्तु प्रमुख रूप से निखर आती थी। उन्होंने लघु आकार की चित्रकारियाँ बनायीं। कुछ कला इतिहासकारों का मानना है कि उनकी चित्रकारियों को उनके लेखन से संबद्ध किया जा सकता है।

बंगाल के अन्य प्रसिद्ध चित्रकारों में असित कुमार हालदार, मनीषी दे, मुकुल दे, सुनयनी देवी आदि थे।

सिस्टर निवेदिता (Sister Nivedita): कला को एक उपकरण के रूप में उपयोग करके राष्ट्रीय चेतना जागृत करने में उनका योगदान

आयरिश मूल की शिक्षाविद्, लेखिका, सामाजिक कार्यकर्ता और विचारक, **मार्गरेट एलिज़ाबेथ नोबल** (1867-1911), उर्फ़ सिस्टर निवेदिता, महिलाओं के शिक्षा और सशक्तीकरण के क्षेत्र में एक महत्त्वपूर्ण योगदानकर्ता थीं; उन्होंने विज्ञान और कला को बढ़ावा दिया, परंतु सबसे बढ़कर, उनका स्मरण **भारत के लोगों में राष्ट्रीय चेतना जगाने के लिए किया जाता है**। उन्होंने न केवल भारतीय कला का समर्थन किया, उसे प्रोत्साहित किया और उसकी सराहना की, बल्कि *भारतीय कला में भारतीयता* की खोज और पुनर्निर्माण के वातावरण में खुद को झोंक दिया, और इस प्रकार कला को भारत की राष्ट्रीय चेतना को जागृत करने और सशक्त बनाने का एक आवश्यक उपकरण बना दिया। उनका मानना था कि मातृभूमि की जागृति के लिए कला में 'भारतीयता' का पुनर्जन्म आवश्यक है, और पश्चिमी कला की नकल करने की मौजूदा प्रथा से दूर रहने और भारतीय कला के विचार को अपनी स्वदेशी जड़ों के साथ जोड़नेवाली शक्ति के रूप में विस्तृत करने और स्थापित करने हेतु कड़ी मेहनत करने के लिए युवा छात्रों के साथ लंबी चर्चा और सक्रिय बातचीत की। **बंगाल स्कूल ऑफ़ आर्ट** के युवा कलाकारों को भी सिस्टर निवेदिता ने मार्गदर्शन दिया था।

अवनींद्रनाथ टैगोर की **भारत माता पेंटिंग के बारे में सिस्टर निवेदिता** ने कहा था कि – "आरंभ से अंत तक, भारत माता की तस्वीर भारतीय भाषा में, भारतीय हृदय के लिए एक अपील है। यह नयी शैली की पहली महान् कृति है। यदि मैं कर सकती तो मैं इसे दोबारा छापती, दसियों हज़ार में, और बिखेर देती। यह भूमि पर तब तक प्रसारित होती, जब तक कि केदारनाथ और केप कोमोरिन के बीच किसी किसान की कुटिया या शिल्पकार की झोपड़ी नहीं थी, जिसकी दीवारों पर कहीं भी भारत-माता की यह प्रस्तुति नहीं थी। बारंबार फिर, जब कोई इसके गुणों को देखता, तो वह चित्रित व्यक्तित्व की पवित्रता और नाजुकता से हैरान हो जाता है।"

भारत में चित्रकला की क्यूबिस्ट (Cubist) शैली

चित्रकला के क्यूबिस्ट आंदोलन ने यूरोपियन क्यूबिस्ट आंदोलन से प्रेरणा प्राप्त की। इस शैली के अंतर्गत, **वस्तुओं को पहले विभाजित** तथा **विश्लेषित** किया जाता था और उसके बाद **पुनः संयोजित** किया जाता था। चित्रकारों ने अमूर्त कला प्रारूपों का प्रयोग कर इस प्रक्रिया को कैनवास पर पुनर्सजित किया। उन्होंने रेखाओं और रंग के बीच बिल्कुल सही सन्तुलन प्राप्त करने का प्रयास किया।

भारत के सर्वाधिक प्रसिद्ध क्यूबिस्ट चित्रकारों में से एक **एम.एफ़. हुसैन** थे। इन अमूर्त लक्ष्यार्थों का प्रयोग करनेवाली चित्रकलाओं में उन्होंने **बारंबार घोड़े** के रूपांकन का प्रयोग किया है, क्योंकि गति की तरलता को चित्रित करने के लिए यह सर्वश्रेष्ठ था।

चित्रकला की क्यूबिस्ट शैली

प्रगतिशील चित्रकार समूह

1947 के बाद, चित्रकारों के एक अन्य समूह ने **प्रगतिशील** और **साहसिक विषयों** के उपयोग से कला की दुनिया का ध्यान खींचा। उन्होंने नरम और अधिक सार विषयों के साथ इन विषयों को समाहित किया। उनमें आपस में एकरूपता का अभाव था, लेकिन यूरोपीय आधुनिकतावाद से प्रेरित थे।

इस समूह का गठन छह संस्थापक सदस्यों-**एफ़.एन. सूज़ा, एस.एच. रज़ा, एम. एफ़. हुसैन, के. एच. आरा, एच. ए. गडे** और **एस. के. बकरे** ने किया था।

भारत में लोक चित्रकारी

पिछवाई पेंटिंग

यह एक पारंपरिक भारतीय कला है, जिसकी उत्पत्ति **राजस्थान (मुख्य रूप से नाथद्वारा)** से हुई है। पिछवाई कला में वैष्णव संप्रदाय के अंतर्गत मुख्य रूप से **भगवान् कृष्ण (श्रीनाथ जी)** को चित्रित करनेवाली पेंटिंग बनायी जाती हैं। ये मुख्य रूप से **पुष्टिमार्ग संप्रदाय** के हिंदू मंदिरों में लगाने और भगवान कृष्ण की कहानियों को चित्रित करने के लिए बनायी जाती हैं। आज पिछवाई पेंटिंग नाथद्वारा का निर्यात किया जानेवाला मुख्य उत्पाद बन गयी है।

वल्लभाचार्य (पुष्टिमार्ग संप्रदाय - वैष्णव संप्रदाय की एक उपपरंपरा- के संस्थापक) को **16वीं शताब्दी** में पिछवाई कला की शुरुआत का श्रेय दिया जाता है।

पिछवाई चित्रकला

मधुबनी चित्रकला

परंपरागत रूप से मधुबनी शहर (बिहार) के आसपास ग्रामीण महिलाओं द्वारा की जानेवाली इस चित्रकारी को मिथिला चित्रकारी भी कहा जाता है। इसका **रामायण** के ग्रंथ में वर्णन प्राप्त होता है। इन चित्रकलाओं की विषय-वस्तु एक समान है, जो सामान्य रूप से हिंदुओं के इनका **धार्मिक रूपांकनों**, जैसे कृष्ण, राम, दुर्गा, लक्ष्मी और शिव आदि से प्रेरित है। इन चित्रकलाओं के चित्र **सांकेतिक** हैं, उदाहरणार्थ **मछली सौभाग्य और जनन क्षमता की द्योतक** है।

यह चित्रकला जन्म, विवाह और त्यौहारों जैसे *शुभ अवसरों* को चित्रित करते हुए निर्मित की जाती है। इस चित्रकारी में किसी भी प्रकार के **अंतराल को पूरा करने** के लिए पुष्पों, वृक्षों, जन्तुओं इत्यादि का प्रयोग किया जाता है। पारंपरिक रूप से इन्हें गाय के गोबर और मिट्टी से **लेप कर** निर्मित आधार पर **चावल की लेई** और वनस्पतियों के रंगों से निर्मित किया जाता था। समय के साथ, यह आधार परिवर्तित होकर हस्तनिर्मित

मधुबनी चित्रकला

काग़ज़, वस्त्र और कैनवास हो गया। महत्त्वपूर्ण है कि कोई **छाया प्रभाव न होने के कारण** यह चित्रकला **द्विआयामी** होती हैं। **दोहरी पंक्ति का किनारा**, गहरे रंगों का प्रयोग, अलंकृत पुष्पित पैटर्न और अतिरंजित मुख मुद्राएँ इस चित्रकला की सामान्य विशेषताएँ हैं।

मधुबनी चित्रकला का मूल रामायण काल के दौरान माना जाता है, जब मिथिला के राजा ने सीता और राम के विवाह के अवसर पर अपने प्रजाजनों को अपनी दीवारों और आँगनों को चित्रित करने के लिए कहा। अधिकतर **महिलाओं** द्वारा ही मधुबनी चित्रकला के कौशल को पीढ़ी-दर-पीढ़ी हस्तांतरित किया गया है। 1970 में जब भारत के राष्ट्रपति ने **जगदंबा देवी** को पुरस्कार से सम्मानित किया, तब इस कला को पहचान प्राप्त हुई। उसके अतिरिक्त, इससे संबंधित चित्रकारों में बउआ देवी, भारती दयाल, गंगा देवी, महासुंदरी देवी और सीता देवी सम्मिलित हैं। चूँकि यह कला एक विशिष्ट भू-भाग तक ही सीमित रही है, इसलिए इसे **जी.आई. (भौगोलिक संकेत)** की प्रतिष्ठा भी प्रदान की गयी है।

टिकुली कला

बिहार की एक अनूठी कला है। टिकुली शब्द महिलाओं के लिए उनकी भौंहों के बीच लगायी जाने वाली **"बिंदी"** के लिए उपयोग होने वाला एक स्थानिक शब्द है। इस कला के तहत, हार्डबोर्ड पर पेंटिंग की जाती है और फिर इसे **विभिन्न आकृतियों में काटा** जाता है। तत्पश्चात् उस पर चार से पाँच तामचीनी (Enamel) कोट लगाये जाते हैं, जिससे यह एक पॉलिशवाली सतह देता है। इन टिकुली पेंटिंग में मधुबनी रूपांकनों का उपयोग किया जाता है।

टिकुली कला

पट्टचित्र चित्रकला

ओडिशा की पारम्परिक चित्रकारी, जिसे पट्टचित्र कहा जाता है, का नामकरण संस्कृत शब्द पट्ट अर्थात् कैनवास/कपड़ा और चित्र से मिलकर हुआ है। यह चित्रकला शास्त्रीय और लोक तत्त्वों के मिश्रण को प्रदर्शित करती हैं, जिसमें लोक तत्त्वों के प्रति अधिक झुकाव है।

पट्टचित्र

इस चित्रकारी का आधार उपचारित **वस्त्र** होता था, जिसमें प्रयोग किये गये रंग जलाये हुए नारियल के खोल, हिंगुला, रामाराजा और दीप कज्जल (काजल) इत्यादि प्राकृतिक स्रोतों से प्राप्त होते थे। महत्त्वपूर्ण है कि **पेंसिल** और चारकोल का कोई **प्रयोग नहीं** किया जाता था, बल्कि इसके स्थान पर लाल और काले रंगों से बाह्य रेखा निर्मित करने के लिए ब्रश का प्रयोग किया जाता था, और उसके बाद रंग भरे जाते थे। इस कला में पृष्ठभूमि को पत्तियों और पुष्पों से अलंकृत किया जाता था और चित्रकारी में महीन काम से निर्मित फ्रेम (Frame) होता था। समापक रेखाएँ खींचने के बाद, चमकीली सज्जा प्रदान करने के लिए चित्रकारी पर **लाख का लेप** किया जाता था।

इस चित्रकला की विषय-वस्तुएँ **जगन्नाथ और वैष्णव मत** और कभी-कभी शक्ति और शिव मत से भी प्रेरित होती हैं। उल्लेखनीय है कि **ओडिशा का रघुराजपुर** इस कला रूप के लिए जाना जाता है। पट्टचित्र चित्रकला ऐसी छवियों को प्रदर्शित करती है, जो राज्य के पुराने भित्तिचित्रों के समान होती हैं, जो प्रमुख रूप से पुरी और कोणार्क में पायी जाती हैं। खजूर की पत्तियों पर निर्मित पट्टचित्र को **तालपट्टचित्र** के नाम से जाना जाता है।

पटुआ कला

बंगाल की पटुआ कला लगभग एक हज़ार वर्ष पुरानी है। यह *मंगल काव्यों* या हिंदू **देवताओं और देवियों** की शुभ कहानियों को वर्णित करनेवाले चित्रकारों की ग्रामीण परंपरा के रूप में प्रारम्भ हुई। इन चित्रकलाओं को पटों पर निर्मित किया जाता था और कई पीढ़ियों तक स्क्रॉल चित्रकार या पटुआ उनमें निहित कहानियों को गाने के लिए विभिन्न गाँवों में जाया करते थे। अधिकतर पटुआ **मुसलमान** होते हैं।

पटुआ कला

परंपरागत रूप से ये कला कपड़े पर चित्रित की जाती थीं एवं **धार्मिक कहानियों** को वर्णित करती थीं। आजकल इन्हें एक साथ सिली गयी कागज़ की शीटों पर पोस्टर रंगों से चित्रित किया जाता है और सामान्य रूप से **राजनीतिक** और **सामाजिक मुद्दों** पर टिप्पणी करने के लिए प्रयोग किया जाता है। ये पटुआ **मिदनापुर क्षेत्र**, **मुर्शिदाबाद**, उत्तर एवं दक्षिण 24 परगना और बीरभूम ज़िले से संबंधित हैं।

कलमकारी चित्रकला

इसका नाम कलम अर्थात् लेखनी से संबंधित है, जिसे इन अति सुन्दर चित्रकलाओं को निर्मित करने के लिए प्रयोग किया जाता है। प्रयोग की गयी लेखनी **नुकीली नोकवाले बाँस** से निर्मित होती है, जिसे रंगों के प्रवाह को विनियमित करने के लिए प्रयोग किया जाता है। इसका आधार **सूती वस्त्र** होता है, जबकि प्रयोग किये गये रंग वनस्पति रंजकों से निर्मित होते हैं।

कलमकारी चित्रकला

इस कला के प्रमुख केंद्र **आंध्र प्रदेश** राज्य में **श्रीकलाहस्ती** और **मछलीपट्टनम्** हैं। श्रीकलाहस्ती शैली के चित्र मुक्त हाथ से बनाये जाते हैं और इनकी प्रेरणा **हिंदू पौराणिक कथाओं** से आती है। चित्रों का उपयोग मुख्य रूप से मंदिर की आंतरिक सज्जा को सजाने के लिए किया जाता था। **विजयनगर साम्राज्य** के दौरान भी हमें कलमकारी चित्रकारी के अस्तित्व का प्रमाण मिलता है।

महत्त्वपूर्ण है कि इस कला को भौगोलिक संकेतक (GI) का दर्जा प्राप्त है। मछलीपट्टनम कलमकारी फ़ारसी रूपांकनों और डिज़ाइनों से प्रभावित हैं, जो हाथों से चित्रित गूढ़ विवरणवाले हैं तथा हाथ से नक़्क़ाशीदार पारंपरिक ब्लॉकों से मुद्रित किये गये हैं।

कालीघाट चित्रकारी

चित्रकारी की इस की शैली का आरम्भ **19वीं शताब्दी** में **कोलकाता** के कालीघाट मंदिर के आसपास हुआ था। ये चित्र **हिंदू देवी-देवताओं** और महाकाव्यों के दृश्यों को चित्रित करनेवाले तथा कपड़े पर बनाये गये हैं और हाथ से रँगे गये थे। कालीघाट पेंटिंग ने धीरे-धीरे दैनिक जीवन के सार को साधारण चित्रों में क़ैद करना आरम्भ कर दिया। इन चित्रों ने **जैमिनी रॉय** जैसे चित्रकारों को बहुत प्रभावित किया।

वरली चित्रकारी

ईसा पूर्व 2500-3000 से इस चित्रकला की परंपरा का वहन करनेवाले लोगों के नाम पर इस कला का नाम वरली चित्रकला पड़ा है। मुख्य रूप से **गुजरात-महाराष्ट्र सीमा** पर रहनेवाले इन देशी लोगों को वरली कहा जाता है। यह चित्रकला मध्य प्रदेश में भीमबेटका के भित्तिचित्रों से गहन रूप से साम्य रखती है।

वरली चित्रकारी

महत्त्वपूर्ण है कि इन **कर्मकांडी चित्रकलाओं** का केंद्रीय मूल भाव एक चौकट या चौक होता है, जो मछली मारने, शिकार करने, खेती, नृत्यों, जन्तुओं, वृक्षों और उत्सवों आदि को प्रदर्शित करनेवाले दृश्यों से घिरा हुआ होता है। इन चित्रकलाओं में देवियों के अंतर्गत **पालाघाट (उर्वरता की देवी)** को चित्रित किया गया है, वहीं पुरुष देवताओं के अन्तर्गत मानवी रूप धारण की हुई आत्माओं को चित्रित किया गया है।

पारम्परिक रूप से, इन चित्रकलाओं को **त्रिभुज, वृत्त** और **वर्ग** इत्यादि अत्यधिक आधारभूत आलेखी (Graphic) शब्दावली का प्रयोग कर **दीवारों पर निर्मित** किया जाता है। किसी मनुष्य या जन्तु को प्रदर्शित करने के लिए, दो त्रिभुजों को आपस में शीर्ष से संयुक्त कर दिया जाता है और उनके सिर के रूप में वृत्त का निर्माण किया जाता है। इस चित्रकारी का आधार निर्मित करने के लिए **मिट्टी, शाखाओं और गोबर** का प्रयोग किया जाता है, जो इसे **लाल गेरुआ रंग** प्रदान करता है। चित्रकारी करने के लिए केवल **श्वेत रंजक का प्रयोग** किया जाता है, जो **गोंद और चावल के चूर्ण से मिलकर** बना होता है। दीवार चित्रकारी सामान्य रूप से महिलाओं द्वारा फ़सल और विवाह जैसे शुभ अवसरों (ग़ैर-धर्मनिरपेक्ष विषयों) के लिए की जाती हैं। समय के साथ, वरली चित्रकलाओं की लोकप्रियता के कारण इन्हें कपड़े पर लाल या काली पृष्ठभूमि पर सफ़ेद पोस्टर रंगों का प्रयोग करके बनाया जाने लगा है।

थांका चित्रकला

वर्तमान में थांका चित्रकला, भारतीय राज्य **सिक्किम, हिमाचल प्रदेश, लद्दाख क्षेत्र** और **अरुणाचल प्रदेश** से संबंधित है। इसे मूल रूप से **बौद्ध धर्म** के उच्चतम सिद्धांतों के प्रति श्रद्धा व्यक्त करने के माध्यम के रूप में प्रयोग किया जाता था। पारम्परिक रूप से बौद्ध भिक्षुओं तथा विशिष्ट मानवजातीय समूह द्वारा निर्मित इस चित्रकला का कौशल, पीढ़ी-दर-पीढ़ी हस्तांतरित किया गया है।

थांका चित्रकला **सूती कैनवास** (श्वेत पृष्ठभूमि) के आधार पर प्राकृतिक वनस्पति रंजकों या खनिज रंजकों से चित्रित की जाती हैं, जिसमें प्रयोग किये गये **रंगों** का **अपना महत्त्व** होता है। उदाहरण के लिए, लाल रंग मनोभाव की तीव्रता का द्योतक होता है, चाहे वह प्रेम हो या घृणा, स्वर्णिम रंग जीवन और जन्म हेतु होता है, श्वेत रंग शांति हेतु, काला रंग क्रोध को प्रतिदर्शित करनेवाला, हरा रंग चेतना को प्रतिदर्शित करनेवाला तथा पीला रंग करूणा को प्रदर्शित करता है। चित्रकारी पूर्ण होने के बाद इसे प्रायः रंग-बिरंगे **रेशम के बेलबूटेदार** वस्त्र में मढ़ दिया जाता है।

थांका चित्रकला

मंजूषा चित्रकारी

कला का यह रूप **बिहार के भागलपुर क्षेत्र** से संबंधित है। इसे **अंगिका कला** भी कहा जाता है, जहाँ 'अंग' का संदर्भ एक महाजनपद से है। इसमें **सर्प का रूपांकन** सदैव विद्यमान रहता है, इसलिए इसे **सर्प चित्रकला** भी कहा जाता है। इस चित्रकला को मुख्यत: **जूट और कागज़ के डिब्बों** पर निर्मित किया जाता है।

मंजूषा चित्रकारी

फड चित्रकला

यह चित्रकला मुख्य रूप से **राजस्थान** में पायी जाती है, जो लपेटे जानेवाले कपड़े (स्क्रॉल) पर बनायी जाती है। इसकी प्रकृति **धार्मिक** है, जिसमें स्थानीय देवताओं, जैसे **पाबुजी** एवं **देवनारायण** को उकेरा जाता है। इसमें **फड नामक कपड़े के लंबे टुकड़े,** जिसकी लंबाई 15 फ़ीट या 30 फ़ीट होती है, पर शाकीय रंगों से चित्रण किया जाता है। इनमें मानव आकृतियों की आँखें बड़ी-बड़ी होती हैं और चेहरे गोल होते हैं। वे ठाट-बाट और ख़ुशहाली का वर्णन करती हैं एवं इनमें जुलूस के दृश्य सामान्य हैं।

फड चित्रकला

चेरियाल लपेटन (स्क्रॉल) चित्रकला

ये **तेलंगाना** की देशज चित्रकलाएँ हैं। जो **नक़्क़ाशी कला** का एक प्रकार हैं। इस कला में लपेटनों को **लोकगायक समुदाय** द्वारा **निरंतर जारी कहानी** (Continuous story) या लोकगायन के रूप में चित्रित किया जाता है। इनकी सामान्य विषयवस्तु हिंदू महाकाव्य और पौराणिक कथाएँ हैं। उल्लेखनीय है कि कलाकारों द्वारा **लपेटन (स्क्रॉल)** चित्रकलाओं का उपयोग विभिन्न स्थानों पर जा-जाकर संगीत के साथ कथाओं को अभिव्यक्त करने के लिए किया जाता है। जिनके आकार प्राय: विशाल होते हैं, इनकी लंबाई 45 फ़ीट तक जा सकती है।

इसे 2007 में **भौगोलिक संकेतक** की प्रस्थिति प्रदान की गयी है।

पिथोरा चित्रकला

ये चित्रकलाएँ **गुजरात और मध्य प्रदेश** के कुछ आदिवासी समुदायों द्वारा बनायी जाती हैं और इनका प्रयोजन धार्मिक एवं आध्यात्मिक बताया जाता है। वे शांति और समृद्धि लाने के लिए घरों की दीवारों पर चित्रित की जाती हैं। उन्हें विशेष पारिवारिक-अवसरों पर रस्म के रूप में उकेरा जाता है। इनमें पशुओं, विशेष रूप से **घोड़ों**, का चित्रण सामान्य है।

पिथोरा चित्रकला

सौरा चित्रकला, ओडिशा

वे **ओडिशा** की **सौरा जनजाति** द्वारा बनायी जाती हैं एवं वरली चित्रकला के समान होती हैं। यह वस्तुत: **भित्ति चित्रकला** है एवं रीतिपरक है। सौरा भित्ति चित्रकला सौरों के प्रमुख इष्ट देव **इडिटल** को समर्पित होती हैं। इन चित्रकारियों को मुख्य रूप से सफ़ेद रंग से उकेरा जाता है, जबकि पृष्ठभूमि का रंग लाल या पीला होता है। खनिज और पौधों से रंग प्राप्त किये जाते है। **मानव आकृतियाँ ज्यामितीय एवं छड़ी जैसी होती हैं।**

ये डिज़ाइन हाल के समय में फ़ैशन में आ गयी हैं और अनेक टी-शर्टों, महिलाओं के परिधानों पर सौरा शैली की इन डिज़ाइनों का चित्रण मिलने लगा है।

सौरा कला, ओडिशा

पैटकार (Paitkar) चित्रकारी

झारखंड के **आदिवासी** समुदाय द्वारा बनायी जाने वाली **पैटकार चित्रकलाओं** या स्क्रॉल चित्रकलाओं को देश में चित्रकला की प्राचीन शैलियों में से एक माना जाता है। चित्रकारी के इस पुराने रूप का सांस्कृतिक संबंध **माँ मनसा** से है, जो बंगाली घर-परिवार की सर्वाधिक लोकप्रिय देवियों में से एक हैं।

ये चित्रकला दान देने और यज्ञ संपन्न कराने इत्यादि सामाजिक और धार्मिक रीतियों से संबंधित हैं। पैटकार चित्रकलाओं का सामान्य विषय है कि **'मृत्यु के बाद मनुष्य के साथ क्या होता है'**। यद्यपि यह एक प्राचीन कला है, किन्तु निरंतर पतन के कारण यह विलुप्ति के कगार पर है।

पैटकार चित्रकारी

गोंड चित्रकारी

चित्रकारी का नाम आदिवासी लोगों के समूह से आता है, जो लगभग 1400 वर्षों से **मध्य प्रदेश** के आदिवासी क्षेत्रों में कला के रूप में घरों की मिट्टी की दीवारों पर चित्रित करते रहे हैं। यह **आंध्र प्रदेश, महाराष्ट्र, छत्तीसगढ़** और **ओडिशा** में भी सामान्य रूप से पायी जाती है। गोंड मान्यता के अनुसार, प्रत्येक वस्तु, चाहे वह एक पहाड़ी हो, नदी हो, चट्टान हो या एक वृक्ष हो, में एक आत्मा का निवास होता है फलस्वरूप, पवित्र होता है। इसलिए गोंड लोग उन्हें सम्मान और श्रद्धा के रूप में चित्रित करते हैं।

गोंड चित्रकारी

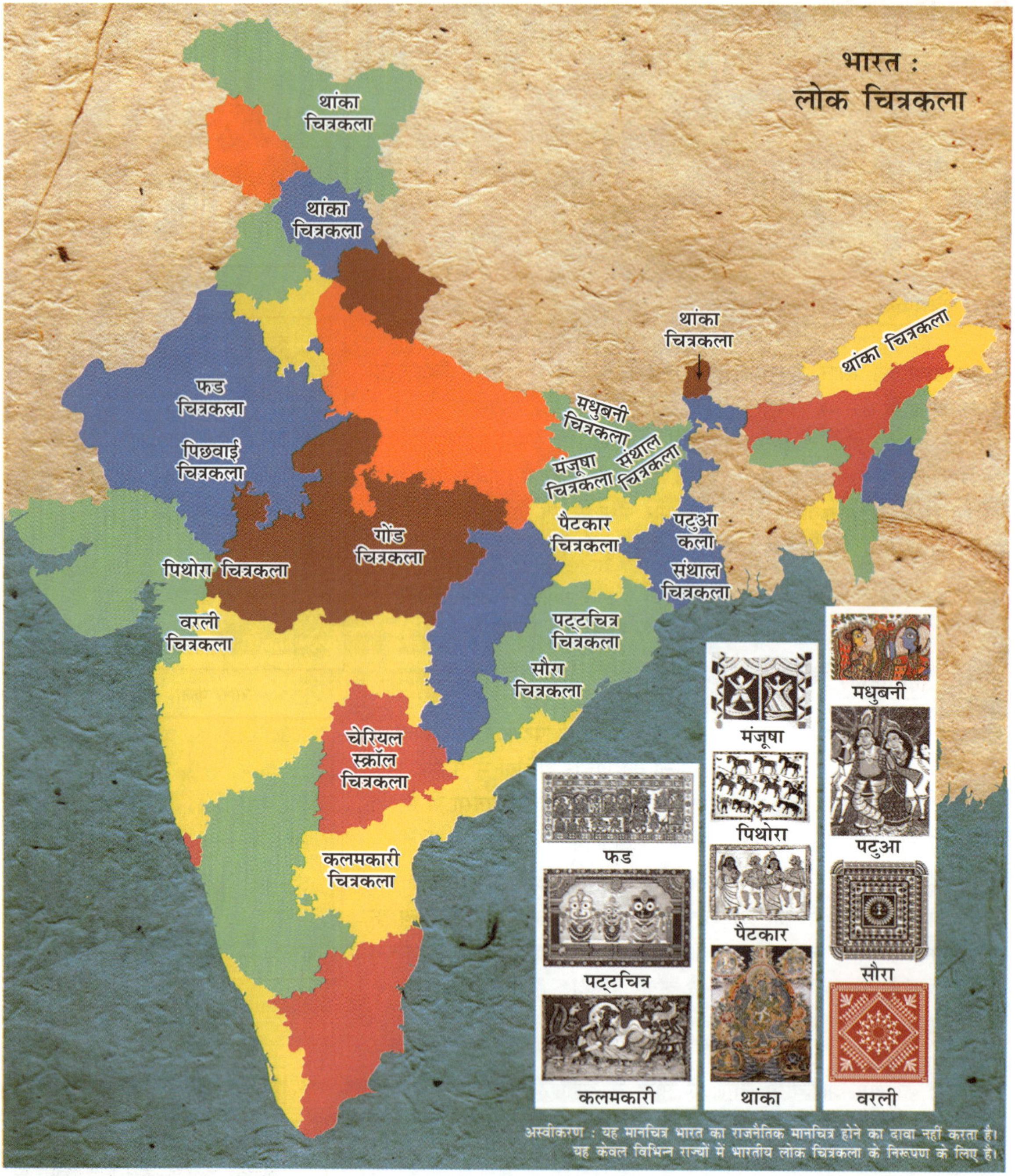

मानचित्र - भारत में लोक चित्रकला

संथाल चित्रकारी

ये आदिवासी पेंटिंग **बंगाल/बिहार** की सीमाओं के संथाल आदिवासी पट्टी में **जादू पटुआ** नामक एक विशेष समुदाय या जादू चित्रकारों द्वारा तैयार की गयी हैं। संथाल चित्रकार कभी भी मुग़लों, राजपूतों या अँगरेज़ों के प्रभाव में नहीं आये। इसलिए, उनकी चित्रकारी की डिज़ाइन और शैली मूलभूत एवं प्रामाणिक है। चित्रकार हस्तनिर्मित कागज़ का उपयोग करते हैं, जिसमें कभी-कभी कपड़े के कैनवास का भी प्रयोग होता है। प्राकृतिक वनस्पति रंगों का उपयोग रँगने के लिए किया जाता है, जैसा कि अधिकांश आदिवासी चित्रों में पाया जाता है।

अध्याय का सारांश

- **चित्रकारी के छह सिद्धांत / षडंग** – वात्स्यायन के कामसूत्र में वर्णित – रूपभेद, प्रमाणम, भाव, लावण्य योजनम, सदृश्य विधान और वर्णिकाभंग।
- **मुद्राराक्षस** – विशाखदत्त द्वारा रचित संस्कृत नाटक – चित्रों या पटों की तीन शैलियों का उल्लेख किया गया है – चौक पिटक, दिग्हल पिटक और यम पिटक।
- **उच्च पुरापाषाण काल** – गेरू जैसे खनिजों का उपयोग रंगो के लिए किया जाता था – लाल रंग का उपयोग शिकारियों के लिए किया जाता था – हरे रंग का उपयोग अधिकांशत: नर्तकियों के लिए किया जाता था।
- **मध्यपाषाण काल** – लाल रंग का मुख्य रूप से उपयोग – समूह शिकार के चित्र सामान्य थे।
- **ताम्रपाषाण काल** – हरे और पीले रंग का मुख्य रूप से उपयोग – युद्ध के दृश्यों के चित्र सामान्य थे।
- **भित्ति-चित्र** – दीवार या ठोस संरचनाओं पर – हिंदू, बौद्ध और जैन विषय सामान्य थे – अजंता गुफाएँ, एलोरा गुफाएँ, बाघ गुफाएँ, अर्मामलई गुफाएँ, चित्तानवासल गुफा, रावण छाया शैल आश्रय, लेपाक्षी मंदिर, जोगीमारा गुफा चित्र आदि।
- **अजंता गुफा चित्र** – अर्मामलई भित्ति-चित्र – पात्रों की भावनाओं, यहाँ तक कि पशुओं और पक्षियों की भावनाओं, पर केंद्रित हैं – विषय अधिकांशत: जातक कहानियों पर आधारित हैं।
- **एलोरा गुफा चित्र** – मूल रूप से कैलाश मंदिर में पाये जानेवाले भित्ति-चित्र हैं – बौद्ध धर्म, जैन धर्म और हिंदू धर्म से संबंधित – अजंता गुफा चित्रों की तुलना में नये।
- **बाघ गुफा चित्र** – कठोर प्रतिरूपित और सशक्त रूपरेखावाले चित्र – लोगों की समकालीन जीवन शैली के आलोक में धार्मिक विषयों को दर्शाते हैं।
- **लघु चित्रकारी** – छोटी और विस्तृत पेंटिंग हैं – 25 वर्ग इंच से अधिक नहीं होनी चाहिए – उभरी हुई आँखें, नुकीली नाक और पतली कमर वाली मानव आकृतियाँ।
- **चित्रकारी की पाल शैली** – सामान्य रूप से पाण्डुलिपियों के रूप में पायी जाती हैं – ताड़ के पत्ते या चर्मपत्र पर – जिसमें घुमावदार रेखाएँ और पृष्ठभूमि में हलके रंग होते हैं – एकाकी रूप से बनाये गये एकल चित्र प्रमुख होते हैं – धिम्मन और वितपाल प्रमुख चित्रकार थे – शासकों द्वारा संरक्षित – जिन्होंने बौद्ध धर्म को बढ़ावा दिया।
- **कला की अपभ्रंश शैली** – गुजरात और राजस्थान के मेवाड़ क्षेत्र में उत्पत्ति – जैन प्रतिमाओं का प्रभुत्व – प्रारंभिक चरण ताड़ के पत्ते पर दिखा – बाद की अवधि में कागज़ पर बनाया गया – मछली के आकार की आँखें, नुकीली नाक और दोहरी ठुड्डीवाली मानव आकृतियाँ।
- **पहाड़ी चित्रकला शैली** – मुग़लों के प्रभाव में विकसित हुई – उप-हिमालयी राज्यों तक सीमित – दो प्रमुख प्रकार – बशौली और कांगड़ा – पौराणिक कथाओं से लेकर साहित्य तक के विषय।

- **दक्षिण भारत में लघु चित्रकला** - प्रारंभिक मध्ययुगीन काल में विकसित हुई - उन शासकों, जिन्होंने उन्हें संरक्षण दिया, की तुलना में दैवीय प्राणियों पर अधिक ध्यान केंद्रित किया - उदाहरणस्वरूप तंजौर चित्रकारी और मैसूर चित्रकारी।
- **तंजौर चित्रकारी** - अधिकांशतः काँच और लकड़ी के तख़्तों पर बनायी जाती है - रंग, रत्न और सोने की पत्ती का शानदार उपयोग - भारत सरकार द्वारा भौगोलिक संकेत (जीआई) के रूप में मान्यता प्राप्त है।
- **मैसूर चित्रकारी** - हिंदू देवी-देवताओं का चित्रण - प्रत्येक चित्र में दो और चित्र मौजूद होते हैं - गेस्सो पेस्ट (सफ़ेद लेड पाउडर, गम्बोस और गोंद का मिश्रण) का उपयोग।
- **उल्लेखनीय भारतीय लोक चित्र** - मधुबनी पेंटिंग, पट्टचित्र पेंटिंग, पटुआ कला, कलमकारी पेंटिंग, वर्ली पेंटिंग, थांका पेंटिंग, मंजूषा पेंटिंग, फड़ पेंटिंग, चेरियाल स्क्रॉल पेंटिंग, पिथौरा पेंटिंग, सौरा पेंटिंग, कालीघाट पेंटिंग आदि

यू.पी.एस.सी. पिछले वर्षों के बहुविकल्पीय प्रश्न

1. किस पुनर्जागरणकालीन कलाकार ने 'द लास्ट सपर (The Last Supper)' चित्रित किया था? **(NDA I, 2023)**
   (a) माइकलएंजेलो (Michelangelo)
   (b) डोनाटेलो (Donatello)
   (c) बोट्टीचेल्ली (Botticelli)
   (d) लियोनार्दो दा विंची (Leonardo da Vinci)

2. 19वीं शताब्दी में भारत में निम्नलिखित में से कौन-सी चित्रकला की विशेषता **नहीं** थी? **(CAPF, 2022)**
   (a) कला का सृजन खुले बाजार के लिए किया जा रहा था।
   (b) कलाकार (शिल्पी), शिल्पकार (कारीगर) से पृथक् पहचाने जाने लगे।
   (c) तैल चित्रण की तक़नीक का विकास हुआ।
   (d) आभिजात्य कला और लोकप्रिय कला के बीच का विभेद व्यापक हुआ।

3. सिस्टर निवेदिता ने निम्नलिखित में से किस कलाकृति की प्रशंसा 'भारतीय कला की पहली महान कृति' के रूप में की? **(CAPF, 2022)**
   (a) अवनीन्द्र नाथ टैगोर कृत *भारत माता*
   (b) राजा रवि वर्मा कृत *अर्जुन और सुभद्रा*
   (c) अवनीन्द्र नाथ टैगोर कृत *लंका में कैद सीता (सीता इन कैप्टिविटी इन लंका)*
   (d) नन्दलाल बोस कृत *सती*

4. निम्नलिखित कथनों पर विचार कीजिए : **(CAPF, 2022)**
   1. प्रारंभिक मालवा चित्रकला-शैली, शिराज़ी शैली से प्रभावित थी, जबकि प्रारंभिक मुग़ल चित्रकला ने शुरू में बिहज़ाद शैली का अनुसरण किया।
   2. भारत में बिहज़ाद शैली के प्रमुख प्रवर्तक सैय्यद अली और अब्दुस समद थे।

   उपर्युक्त कथनों में से कौन-सा/कौन-से कथन सही है/हैं?
   (a) केवल 1 (b) केवल 2
   (c) 1 और 2 दोनों (d) न तो 1 और न ही 2

5. प्रसिद्ध मुग़ल पेंटिंग, जिसमें जहाँगीर को सफ़विद राजा शाह अब्बास को गले लगाते हुए चित्रित किया गया था, निम्नलिखित में से किस मुग़ल चित्रकार द्वारा चित्रित किया गया था? **(CDS I, 2020)**
   (a) अब्द अल-समद (b) अबुल हसन
   (c) दशवंत (d) बिशनदास

6. अधोलिखित मुग़ल बादशाहों में से किसने सचित्र पाण्डुलिपियों से एल्बम और व्यक्तिगत रूपचित्र की ओर स्थानांतरित करने पर ज़ोर दिया? **(CSE I, 2019)**
   (a) हुमायूँ (b) अकबर
   (c) जहाँगीर (d) शाहजहाँ

7. प्रसिद्ध चित्रकला 'बनी-ठनी' किस शैली की है। **(CSE, 2018)**
   (a) बूंदी शैली (b) जयपुर शैली
   (c) कांगड़ा शैली (d) किशनगढ़ शैली

8. बोधिसत्व पद्मपाणि का चित्र कहाँ के सबसे प्रसिद्ध और बहुचर्चित चित्रों में से एक है: **(CSE, 2017)**
   (a) अजंता (b) बादामी
   (c) बाघ (d) एलोरा

9. निम्नलिखित में से कौन-सा/से राजपूत चित्रों में चित्रित नहीं किया गया है?
   1. कृष्ण की कहानियाँ
   2. राग और रागिनी
   3. हमज़ा के कार्य
   4. बाबर के कार्य

   नीचे दिये गये कूट का प्रयोग कर सही उत्तर चुनिए: **(CDS I, 2016)**

   (a) 1, 2 और 3 (b) 2, 3 और 4
   (c) केवल 3 और 4 (d) केवल 4

10. अधोलिखित किताबों में से कौन-सी किताब अकबर के दरबार में चित्रित नहीं हुई थी? **(CDS I, 2016)**

    (a) हम्ज़ानामा (b) रज़्मनामा
    (c) बाबरनामा (d) तारीख़-ए-अल्फ़ी

11. निम्नलिखित में से कौन अकबर के दरबार में चित्रकार नहीं था? **(CDS II, 2015)**

    (a) दसवंत (b) अब्दुस समद
    (c) कल्याण दास (d) बसावन

12. निम्नलिखित ऐतिहासिक स्थानों पर विचार करें :
    (i) अजंता की गुफाएँ
    (ii) लेपाक्षी मंदिर
    (iii) साँची स्तूप

    उपर्युक्त में से कौन-सी जगह भित्ति-चित्रों के लिए भी जानी जाती है? **(CSE, 2013)**

    (a) केवल (i) (b) (i) और (ii)
    (c) ये सभी (d) इनमें से कोई नहीं

उत्तर

1. (d) 2. (a) 3. (a) 4. (c) 5. (b) 6. (c) 7. (d) 8. (a)
9. (c) 10. (d) 11. (c) 12. (b)

यू.पी.एस.सी. पिछले वर्षों के प्रश्न - मुख्य परीक्षा

1. 'वंशी बजाते कृष्ण' विषय-वस्तु भारतीय चित्रकला में बहुत लोकप्रिय है। चर्चा कीजिए। **(CSE, 2012)**
2. 'मधुबनी' कला और 'मंजूषा' कला या चित्रकला की 'राजस्थानी' शैली और चित्रकला की ''पहाड़ी'' शैली के बीच उनकी मुख्य विशेषताएँ स्पष्ट करते हुए अंतर बताइए। **(CSE, 2011)**
3. चित्रकला की बूंदी शैली की मुख्य विशेषताओं के संबंध में लिखिए। **(CSE, 1993)**
4. निम्नलिखित की मुख्य विशेषताओं के संबंध में लिखिए : **(CSE, 1990)**
   (a) चित्रकला की किशनगढ़ शैली
   (b) रवीन्द्रनाथ टैगोर का नव-कला आंदोलन
   (c) चित्रकला की कांगड़ा शैली
5. कला की प्राचीन शैली की उत्पत्ति और विकास पर संक्षिप्त टिप्पणी लिखिए। **(CSE, 1986)**
6. मुग़ल शैली की चित्रकला और राजपूत शैली की चित्रकला के बीच आधारभूत अंतर क्या हैं? **(CSE, 1985)**

7

अध्याय

भारतीय हस्तशिल्प

परिचय

हस्तशिल्प उन सभी वस्तुओं का सम्मिलित रूप है, जिसकी निर्मिति और कारीगरी मानव हाथों के द्वारा की जाती है। भारत में कई राज्यों में अपना स्वयं का हस्तशिल्प है, जो कौशल और कलात्मक प्रवीणता को दर्शाता है। कलाकार विभिन्न प्रकार की वस्तुएँ बनाने के लिए अपने कौशल का उपयोग करते हैं, जो सजावटी या कार्यात्मक हो सकता हैं। यह एक अनूठे प्रकार का शिल्प है, क्योंकि इसमें किसी भी मशीन के उपयोग के बिना वस्तुएँ पूर्ण रूप से हस्त निर्मित होती हैं। भारत में लोग, न केवल अपनी आजीविका कमाने के उपाय के रूप में, बल्कि आनेवाली पीढ़ियों के लिए संरक्षित की जानेवाली कला के रूप में हस्तशिल्प का उपयोग करते हैं। जनजातीय एवं ग्रामीण समुदायों में हस्तशिल्पों का विशेष महत्त्व है, क्योंकि वे अपनी आजीविका के लिए उन पर निर्भर रहते हैं। भारत के कुछ प्रमुख हस्तशिल्प हैं :

काँच निर्मित वस्तुएँ

काँच बनाने का **पहला संदर्भ** हमें भारतीय महाकाव्य **महाभारत** में मिलता है। हालाँकि, प्रारंभिक हड़प्पा सभ्यता में काँच के मनकों के उपयोग का कोई भौतिक प्रमाण नहीं मिला है। पहला भौतिक साक्ष्य गंगा घाटी (1000 ई.पू.) के चित्रित धूसर मृद्‌भाण्ड संस्कृति से सुंदर काँच के मनकों के रूप में मिलता है। *शतपथ ब्राह्मण* नामक वैदिक ग्रंथ में काँच के लिए प्रयुक्त शब्द *'काँच'* या *कच* है।

हमें इस संदर्भ में पुरातात्त्विक साक्ष्य महाराष्ट्र के **ब्रह्मपुरी** और **कोल्हापुर** में **काँच उद्योग** के रूप में मिले हैं, जो द्वितीय शताब्दी ईसा पूर्व से द्वितीय शताब्दी ईसवी के बीच प्रचलन में थे और यहाँ **लेंटीक्युलर (मसुर के दाने के आकार का) मनकों** का निर्माण किया जाता था। ऐसा प्रतीत होता है कि काँच उद्योग ने ऑप्टिकल लेंस के क्षेत्र में भी प्रवेश किया था, क्योंकि हमें संस्कृत ग्रंथ *व्यासयोगचरित* में **चश्मे** का संदर्भ मिलता है।

काँच के मनके

भारत के दक्षिणी भाग में, ताम्रपाषाणिक स्थल **मस्की** से भी काँच के पुरातात्त्विक साक्ष्य मिले हैं। काँच के साक्ष्य प्रदान करनेवाला अन्य स्थल आहर (राजस्थान), हस्तिनापुर, अहिच्छत्र और फ़िरोज़ाबाद (उत्तर प्रदेश), एरण और उज्जैन (मध्य प्रदेश) आदि हैं। **मध्यकाल** के दौरान मुग़लों ने काँच की बनी वस्तुओं की कला को संरक्षण दिया और **शीश महल** जैसे अपने स्मारकों में सजावट के रूप में इनका उपयोग किया। काँच का हुक्क़ा, सुगंधित बक्से अथवा *इत्रदान* और उत्कीर्णित काँच आदि अन्य काँच की वस्तुएँ थीं, जो मुग़लों के लिए प्रमुख रूप से निर्मित की जाती थीं।

वर्तमान में, काँच उद्योग विभिन्न रूपों में फैला हुआ है, परंतु इनमें सबसे अधिक प्रसिद्ध **काँच की चूड़ियों** का उद्योग है। सबसे उत्तम चूड़ियाँ हैदराबाद में बनायी जाती हैं जहाँ इन्हें *'चूड़ी का जोड़ा'* कहा जाता है। इसके अतिरिक्त *फ़िरोज़ाबाद* काँच के *झूमर* और अन्य सजावटी सामानों के लिए प्रसिद्ध है। उत्तर प्रदेश में काँच का दूसरा केंद्र सहारनपुर है। यहाँ बच्चों के लिए *'पंचकोरा'* या काँच के खिलौने बनाये जाते हैं। इसी प्रकार, पटना (बिहार) में भी *'टिकुली'* नामक विचित्र प्रकार के काँच के सजावटी मनकों का निर्माण किया जाता है। यह शिल्प औद्योगिकीकरण में लगभग लुप्त हो गया है। हालाँकि यह अभी भी बिहार की संथाल जनजाति द्वारा बनाया जाता है। समकालीन और आधुनिक समय में कला के स्वरूप को पुनरुज्जीवित करने के लिए वर्तमान में **बिहार की टिकुली कला** को चमकते हुए सख़्त बोर्डों पर भी बनाया जाता है।

वस्त्रों पर हस्तशिल्प

विभिन्न प्रकार के बढ़िया वस्त्रों के निर्माण का पता सिंधु घाटी काल से लगाया जा सकता है। सिंधु घाटी में वस्त्रों का उद्योग सुविकसित था। पुरातात्त्विक उत्खनन से कपास की खेती और सूती वस्त्रों के उत्पादन के प्रमाण मिले हैं। ऋग्वेद में कपास और रेशम सहित विभिन्न प्रकार के कपड़ों का उल्लेख है। उस समय बुनाई और रंगाई की कला संभवतः दृढ़ रूप से स्थापित हो गयी थी। वस्त्रों का जीवनकाल छोटा होने के कारण इनका एकमात्र प्रमाण पेंटिंग, मूर्तियाँ और शिलालेख ही हैं। कपड़ा पश्चिमी और पूर्वी देशों के साथ व्यापार का प्रमुख आकर्षण था। अजंता के भित्तिचित्रों और लघु चित्रों में वस्त्रों और कढ़ाई की विविधता के स्पष्ट प्रमाण प्राप्त हुए हैं।

कपास की बुनाई और रंगाई की कला का इतिहास पुराना है, परंतु रेशम की बुनाई मौर्य और गुप्त काल की अवधि में हुई।

वस्त्र पर हस्तशिल्प (Cloth Handicrafts)

- **टाई ऐंड डाई (बाँधना और रँगना) (Tie and Dye)**
- **कढ़ाई**
- **बुनाई**

टाई ऐंड डाई (बाँधना और रँगना) (Tie and Dye)

कपड़ों पर विभिन्न प्रकार की हस्तकला तक्नीकों का इस्तेमाल होता है, जैसे बुनाई और छपाई। इस शैली में कलाकार अन्य सामग्रियों पर पैटर्न बनाने के लिए लकड़ी के ब्लॉक या मुद्रित कपड़ों का उपयोग करते हैं। बाँधने और रँगने की तक्नीक से कपड़ों पर सुंदर डिज़ाइन आती है और भारत में ऐसी अनेक तक्नीके हैं। सबसे महत्त्वपूर्ण कलाओं में से एक *बँधानी* की कला है, जिसे अँगरेज़ी में **'टाई ऐंड डाई'** की तक्नीक के रूप में भी जाना जाता है। राजस्थान और गुजरात में इस प्राचीन तक्नीक के वर्तमान उपयोग के प्रमाण उपलब्ध हैं। यह आंध्र प्रदेश और तमिलनाडु में भी लोकप्रिय है। इसे प्रतिरोधी रंगाई प्रक्रिया के रूप में भी वर्णित किया गया है, जहाँ बाँधा गया भाग उस रंग से नहीं रँगते हैं, जिनमें कि कपड़े को भिगोया जाता है। गाँठों की श्रृंखलाएँ बनाते हुए इसे रंग में डुबाया जाता है और इस प्रकार कलाकारों द्वारा इस पर डिज़ाइन बनायी जाती हैं।

कपड़े में लहरदार या तरंग जैसे पैटर्न बनानेवाली एक विशेष प्रकार की टाई और डाई तक्नीक को **लहरिया** कहते हैं। इसे सामान्यत: **जयपुर और जोधपुर** में बनाया जाता है। टाई और डाई का एक अन्य प्रकार, जिसे 'रँगाई की प्रतिरोध' विधि भी कहा जाता है, **'ईकत'** कहलाती है। इस विधि में कपड़ा बुने जाने से पहले बुनाई के धागे बार-बार रँगे जाते हैं। इस कार्य के प्रमुख केन्द्र **तेलंगाना, ओडिशा, गुजरात और आंध्र प्रदेश** हैं।

कपड़े पर हस्तशिल्प

प्राचीन काल की अन्य शैलियाँ, जिन्हें अभी भी प्रयोग में लाया जा रहा है, इनमें प्रमुख है *क़लमकारी*–जिसमें गहरे रंग के वानस्पतिक रँगों का उपयोग कर कपड़े की हाथ से छपाई की कला का उपयोग किया जाता है। यह सामान्यत: **आंध्र प्रदेश**, गुजरात, पश्चिम बंगाल और ओडिशा में प्रचलित है। कपड़े की सजावट की एक सुंदर तक्नीक **बटिक कला** कहलाती है। इसमें कपड़े का एक छोर पिघले हुए मोम से रिसाया जाता है और इसके बाद बहुरंगी बटिक साड़ियों एवं दुपट्टे का निर्माण करने के लिए कम तापमान पर रँगा जाता है। बटिक कला **मध्य प्रदेश और पश्चिम बंगाल** में प्रसिद्ध है। बटिक कला का उद्भव **इंडोनेशिया** से हुआ।

भारत में कपड़े के पैटर्न की कुछ तक्नीकें व्यापारिक मार्गों के माध्यम से आयी थीं, उदाहरण के लिए, *तन्चोई* रेशम बुनाई के विषय में कहा जाता है कि इसका स्रोत चीन है। यह व्यापारिक समुदायों के माध्यम से **गुजरात के सूरत** में आयी होगी। वर्तमान में, **वाराणसी में** तनचोई रेशम ज़री के काम की बुनकरों की विशेषता है। यह बुनाई एक बढ़िया लघु चित्रकला जैसी दिखती है। एक दूसरी प्राचीन कला **जामदानी** (पश्चिम बंगाल), जिसमें अलग-अलग शैलियों में मलमल की बुनाई पारदर्शी पृष्ठभूमि पर अपारदर्शी पैटर्न के साथ की जाती है। इस प्रकार से हमें पता चलता है कि भारत में विभिन्न प्रकार के कपड़े पर आधारित क्षेत्रीय हस्तशिल्पों का ढेर है।

अन्य टाई और डाई, कपड़ा चित्रकारी तथा कपड़ा छपाई के अन्य प्रकार

नाम	मुख्य उत्पादन क्षेत्र	विवरण
पागदु बंधु टाई ऍंड डाई	आंध्र प्रदेश	इसे एक इंडोनेशियन नाम इकत से भी जाना जाता है। इस टाई-डाई प्रक्रिया में, कपड़े को पहले बुना जाता है, और फिर कपड़े पर प्रतिरोधी बाइंडिंग लगायी जाती है, जिसे बाद में **रँगा जाता है।**
तेलिया रुमाल (Resist Dye Textile) (GI)	चिराला, आंध्र प्रदेश	इसका **शाब्दिक अर्थ है** ''तैलीय रूमाल'', जहाँ **कपड़े को तैलीय बनाने के लिए** एलिज़रीन रंगों का उपयोग **किया जाता** है।
चम्बा रूमाल (GI)	हिमाचल प्रदेश	यह चम्बा राज्य के शासकों का बूटेदार हस्तशिल्प है।
अजरख छपाई	गुजरात	यह एक ब्लॉक-प्रिंटेड टेक्सटाइल है, जो **इंडिगो और मैडर** सहित प्राकृतिक रंगों का उपयोग करते हुए **प्रतिरोधी डाई** किया जाता है। यह मुख्य रूप से कच्छ क्षेत्र में **खत्री** समुदाय द्वारा किया जाता है।
माता नी पछेड़ी (Ritual Cloth Painting)	गुजरात	इसका शाब्दिक अर्थ है **'देवी के पीछे'**। **लाल** यहाँ इस्तेमाल किया जानेवाला मुख्य रंग है।
थिगमा (Tie resist dyeing)	लद्दाख	ऊनी कपड़े को रँगने के लिए प्राकृतिक सामग्री का उपयोग किया जाता है, जैसे कि स्याह रंग के लिए सूत और भूरे रंग के लिए सेब के भीतरी हिस्से और प्याज़ के छिलके का उपयोग किया जाता है। मुख्य केंद्र **नुब्रा घाटी** है।
जादो पटुआ पेंटिंग	झारखंड	पटुआ का अर्थ है कटावदार डिज़ाइन **स्क्रॉल,** जिस पर पेंटिंग्स को **जादो समुदाय** द्वारा चित्रित किया गया है।
पिछवई पेंटिंग्स	राजस्थान	पोर्ट्रेट पेंटिंग मुख्य रूप से एक कपड़े या कागज़ पर **भगवान् कृष्ण** के ऊपर आधारित है। यह **नाथद्वारा (राजस्थान)** में श्रीनाथजी मंदिर के आस-पास उन्नत है।
दाबू छपाई	चित्तौड़गढ़ राजस्थान	यह एक प्राचीन Mud resist hand block प्रिंटिंग तक्नीक है और यह बहुत ही अनोखी है।
मुथांगी (Pearl studded attire)	तमिलनाडु	इस प्रकार की पोशाक मुख्य रूप से मूर्तियों के लिए बनायी जाती है।
सुंगड़ी (Tie Resist Dyeing) (GI)	तमिलनाडु	सुंगड़ी पारंपरिक टाई और डाई तक्नीक है।
ढालापत्थर परदा और कपड़े (GI)	ओडिशा	ओडिशा के **रँगानी** समुदाय द्वारा।
कोटपाड़ हैंडलूम फ़ैब्रिक (GI)	ओडिशा	इसके डिज़ाइन बतख़, हाथ के पंखे, फूल, पालकी, मछली, जानवर आदि के ज्यामितीय पैटर्न से लिये गये हैं।

भारत की पारंपरिक शॉलें

नाम	मुख्य उत्पादन क्षेत्र	विवरण
कानी शॉल (GI)	जम्मू और कश्मीर	यह **तिब्बत और लद्दाख** के जंगली पहाड़ी बकरियों के उदर से एकत्रित नाज़ुक **पश्मीना ऊन** से बना होता है।
टाँगलिया शॉल (GI)	गुजरात	यह हाथ से बुना बिंदुदार कपड़ा है। (डांगसिया समुदाय द्वारा)
कच्छ शॉल (GI)	गुजरात	यह शॉल मुख्य रूप से कच्छ क्षेत्र में वंकार और मेघवाल समुदाय द्वारा बनायी जाती है। एक्रीलिक ऊन से बनी शॉल को आद्योपांत एक ठोस चमकीले रंग से रँगा जाता है।
किन्नौरी शॉल (GI)	हिमाचल प्रदेश	इसका विनिर्माण मुख्य रूप से किन्नौर ज़िले में होता है और यह अपनी जटिल ज्यामितीय डिज़ाइन के लिए प्रसिद्ध है।
कुल्लू शॉल (GI)	हिमाचल प्रदेश	मुख्य रूप से कुल्लू घाटी में उत्पादित ऊनी कपड़ा है। इस की शॉल पर मुख्य रूप से ज्यामितीय डिज़ाइन मिलती है।
चक्षेसांग शॉल (GI)	नागालैंड	यह शॉल कपास और बिछुआ, दक्कन जूट और डेब्रेज पेड़ की छाल जैसे प्राकृतिक रेशों से बनायी जाती है। इसका नाम चक्षेसांग जनजाति के नाम पर रखा गया है।
पुथुक्कुली शॉल	तमिलनाडु	यह शॉल आम तौर पर नीलगिरि पहाड़ियों के टोडा आदिवासी समुदाय द्वारा बनायी जाती है। यह शॉल टोडा कढ़ाई से सुशोभित होती है।

भारत की पारंपरिक प्रांतीय साड़ियाँ

नाम	मुख्य उत्पादन क्षेत्र	विवरण
पोचमपल्ली (GI)	भूदान पोचमपल्ली	जटिल रूपांकनों और रँगाई की इकत ज्यामितीय शैली से युक्त रेशम एवं सूत की साड़ियाँ। एयर इंडिया एयरलाइंस का कर्मी दल यह साड़ी पहनता है।
पटोला (GI)	पाटन, गुजरात	समृद्ध हस्तशिल्प साड़ियाँ।
बालूचरी (GI)	मुर्शिदाबाद, पश्चिम बंगाल	अपने किनारे और पल्लू पर प्राचीन कथाएँ दर्शाती हैं। रेशम के धागों का बड़े पैमाने पर उपयोग किया जाता है।
तनचोई ज़री का काम	उत्तर प्रदेश में वाराणसी	बनारसी साड़ी का एक प्रकार, जिसमें रेशम के कपड़े की बुनाई तक़नीक में इकहरा या दोहरा ताना होता है एवं बाने पर दो से पाँच रंग होते हैं। बनारसी तंचोई की कई अलग-अलग क़िस्में हैं, जैसे- साटन तंचोई, साटन ज़री तंचोई, एटलस या गिल्ट और मुशब्बर।
चंदेरी (GI)	मध्य प्रदेश	पंख से भी हलका कपड़ा बनाने के लिए रेशम, ज़री और सूत को एकसाथ मिलाकर बुना जाना। यह पारदर्शी साड़ी होती है।
इल्कल (GI)	बागलकोट, कर्नाटक	रथ और हाथी के आम रूपांकनों के साथ कसूती कढ़ाई का प्रयोग।
ताँत	पश्चिम बंगाल	कड़कीला कपास, छपाई की हुई साड़ी

नाम	मुख्य उत्पादन क्षेत्र	विवरण
नौवारी	महाराष्ट्र	नौ गज़ की साड़ी, जो कशता साड़ी के रूप में भी जानी जाती है।
बोमकाई (GI)	ओडिशा	इकत, कढ़ाई एवं जटिल कसीदाकारी से युक्त रेशम एवं सूत की साड़ी। बोमकाई का उत्पादन मुख्य रूप से सुबरनपुर के भुलिया समुदाय द्वारा किया जाता है।
कोनराड	तमिलनाडु	कपड़े में आमतौर पर या तो धारियाँ या चारख़ाने होते हैं एवं चौड़ा किनारा होता है एवं पशुओं और प्राकृतिक तत्त्वों के रूपांकन होते हैं। इसे मंदिर साड़ी भी कहा जाता है।
कोसा	छत्तीसगढ़	एक प्रकार की रेशमी साड़ी
पैठणी (GI)	महाराष्ट्र	सोने के रंग के धागे से कढ़ाई की गयी एवं तोतों के रूपांकनों से युक्त साड़ी
क़लमकारी (GI)	आंध्र प्रदेश	डिज़ाइनों की चित्रकारी करने के लिए क़लम का प्रयोग। दो प्रमुख शैलियाँ हैं - श्रीकलाहस्ती शैली और मछलीपट्टनम/पेडाना शैली। इन दोनों को GI का दर्जा मिला है।
कसवु	केरल	मोटे सुनहरे किनारे की विशिष्टता से युक्त साड़ी।
दाबू	चित्तौड़गढ़ (राजस्थान)	दाबू सूती कपड़े पर प्रयोग की जानेवाली, मिट्टी पर लकड़ी के साँचे से डिज़ाइन उकेरकर उसे कपड़े पर छापने की प्राचीन तक़नीक है।
जामावर	जम्मू-कश्मीर	कपड़े के बेस के रूप में आमतौर पर कपास या ऊन का प्रयोग किया जाता है। ज़रीवाले भाग (ब्रोकेड) को रेशम या पश्मीना से बुना जाता है। एक जामावर की जटिल बुनाई में महीनों की मेहनत शामिल होती है।
उप्पद जामदानी साड़ी (GI)	पूर्वी गोदावरी ज़िला, आंध्र प्रदेश	कच्चे माल के रूप में **शुद्ध ज़री** के साथ **सबसे अच्छे रेशम** का उपयोग किया जाता है। जामदानी साड़ी एक फ़ारसी शब्दावली है, जिसमें **जाम का अर्थ फूल** और **दानी का अर्थ वास** है।
जामदानी	पश्चिम बंगाल	पारदर्शी पृष्ठभूमि पर बुना हुआ अपारदर्शी पैटर्नवाला सबसे बढ़िया मलमल।
वेंकटगिरी साड़ी (GI)	आंध्र प्रदेश	साड़ी को **पल्लू और किनारे में ज़री** के साथ अलंकृत किया जाता है। अतिरिक्त **बुनकारीवाले डिज़ाइनों** की बुनाई के लिए **जैक्वार्ड्स** (Jacquards) का उपयोग किया जाता है। आम तौर पर, **नरम और पेस्टल रँगों** का उपयोग साड़ी में किया जाता है।
कोटपाड़ साड़ी (GI)	ओडिशा	सूती धागे की रँगाई में **प्राकृतिक मद्दार** का उपयोग **कोटपाड़** उत्पादों की ख़ूबी है। इसके डिज़ाइन मुख्य रूप से **बतख़, हाथ के पंखे, फूल, पालकी, मछली,** आदि से प्रेरित है।
धक्कई साड़ी	पश्चिम बंगाल	या तो किनारी और पल्लू या जाल की डिज़ाइन में सादे केंद्रवाली विभिन्न शैलियाँ हैं और कभी-कभी नदी की लय के समान आड़ी-तिरछी बहती रेखाएँ होती हैं।
नीलांबरी साड़ी	पश्चिम बंगाल	तारे जैसे फूलों, चाँदनी रहित रात द्वारा संगठित नीले-काले रंग में मध्यरात्रि की पृष्ठभूमि।
भागलपुरी रेशमी साड़ी (GI)	बिहार	इस **टसर रेशम** की साड़ी में अद्वितीय रँगाई तक़नीक शामिल होती है।
संबलपुरी साड़ी (GI)	ओडिशा	**टसर रेशम** और मुलायम कपास से बनी होती हैं।
जामनगरी बँधनी साड़ी (GI)	गुजरात	यह बहुत ही रंग-बिरंगी और देखने में आकर्षक साड़ी होती है।

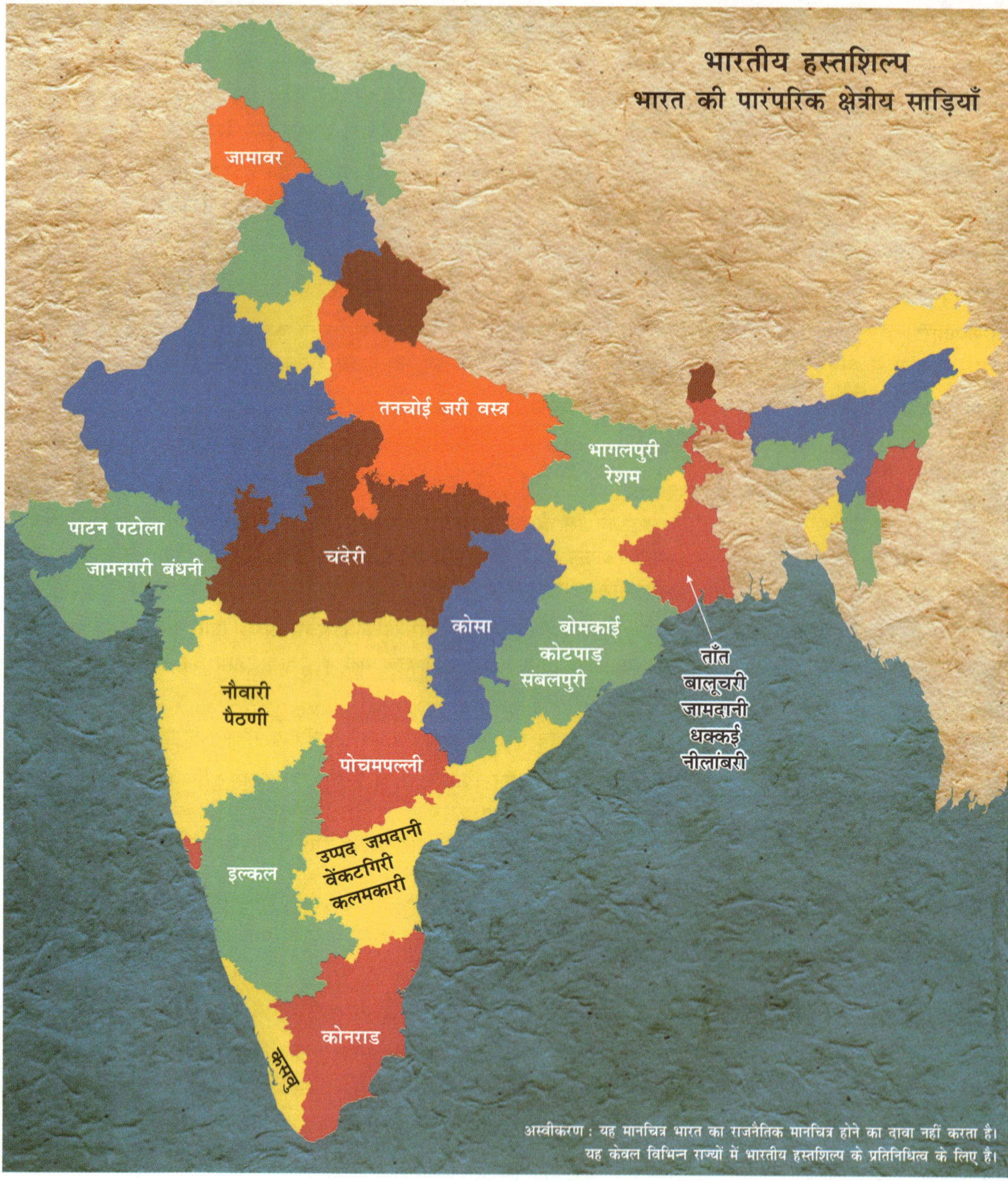

मानचित्र - भारतीय हस्तशिल्प

कढ़ाई कला

वस्त्रों पर प्रयुक्त कला में, धागे या लकड़ी के ब्लॉकों का उपयोग करके उभरी हुई डिज़ाइन बनाने की कला अद्वितीय है। इस कला को कढ़ाई कहा जाता है। इसे सुई की सहायता सें कपड़े पर सोने, चाँदी, रेशम या कपास के धागों का उपयोग करके बनाया जाता है। कढ़ाई की कई प्रकार की कलाएँ होती हैं तथा इसकी एक सूची इस अध्याय में बाद में दी गयी है।

ऐपलिक *(गोटापट्टी) या पिपली* के काम जैसी कढ़ाई ओडिशा के पिपली गाँव में प्रचलित हैं। यह कढ़ाई युक्त रंगीन कपड़े के बने टुकड़े का एक प्रकार हैं, जिसे एक खण्ड बनाने के लिए एक साथ सिल दिया जाता है। वे इस तक़नीक का उपयोग सुंदर लैंप बनाने के लिए करते हैं। एक अन्य प्रसिद्ध तक़नीक **फुलकारी** कहलाती है, जिसका शाब्दिक अर्थ 'फूल बनाना' है। इस प्रक्रिया में कपड़े पर रंगीन पुष्प सदृश पैटर्न बनाने के लिए रफ़ू की तक़नीक का उपयोग किया जाता है। इसका पंजाब, हरियाणा और दिल्ली में उत्पादन किया जाता है।

गोटापट्टी प्रतिरूप

इसके अतिरिक्त, **बाघ** (पंजाब) जैसी मध्ययुगीन, किंतु नवीन तक़नीकें भी हैं। इसमें पुष्प सदृश पैटर्न बनाने के लिए हरे रंग के कपड़े पर कढ़ाई करने के लिए रेशम के धागे का उपयोग किया जाता है। **गोटा** (राजस्थान) जैसी अन्य तक़नीकों में कढ़ाई करने और कपड़े पर पिपली सदृश पैटर्न बनाने के लिए सोने के धागे का उपयोग किया जाता है। खंडेला और जयपुर **ज़री** के काम के लिए दो प्रसिद्ध केंद्र हैं। ज़री से संबंधित **''कारचोबी''** (राजस्थान) एक अन्य तक़नीक है। इसे धातु के धागे के पैटर्न की भाँति उभरी हुई ज़री बनाने के लिए रुई के ऊपर समतल टाँके सिलकर बनाया जाता है।

चिकनकारी कढ़ाई **लखनऊ** की संस्कृति और कपड़ा बनाने की प्रक्रिया को परिभाषित करती है। इसमें फूल और अन्य सुंदर पैटर्न बनाने के लिए सफ़ेद धागे का उपयोग किया जाता है। इसे सूती कपड़े कपास, *मलमल* के सूती कपड़े, पॉलिएस्टर और महीन कपड़े, जैसे कपड़े के बहुत-से प्रकारों पर किया जा सकता है।

कश्मीर **कशीदा** कढ़ाई की महीन कारीगरी के लिए प्रसिद्ध है। इसे सामान्यत: प्रसिद्ध **कश्मीरी** शॉल पर किया जाता है।

बनारसी ज़री का काम साड़ियों पर अपने चाँदी एवं सोने के ज़री (कढ़ाई) के काम के लिए प्रसिद्ध है। इनमें पुष्पीय रूपांकन होते हैं और सामान्य रूप से रेशम की साड़ियों का उपयोग किया जाता है। इसे बनाने में 2-8 सप्ताह का समय लगता है।

मध्य काल के दौरान मुस्लिम शासकों के दरबारों में शाही परिधानों और शॉलों के लिए **हिमरू** सामग्री का उपयोग किया जाता था। आज भी **हिमरू** शालें बहुत लोकप्रिय हैं। वे औरँगाबाद (महाराष्ट्र) में बनायी जाती हैं।

कशीदा कढ़ाई

मध्यप्रदेश की शाही **महेश्वरी साड़ियों** में भी सूती एवं रेशमी धागों के मिश्रण का उपयोग किया जाता है। वे स्वर्णिम ज़री के काम से अलंकृत होती हैं। वे अपने **पलटवाँ किनारों** के लिए प्रसिद्ध हैं, जिसे दोनों ओर से पहना जा सकता है।

हिमाचल प्रदेश के **चंबा रूमाल,** जिनमें चंबा पहाड़ी चित्रकला का प्रभाव स्पष्ट होता है, कृष्ण की कथाओं की विषयवस्तुओं के साथ हरा, पीला और भगवा रंगों में सूक्ष्म कढ़ाई से युक्त होते हैं। इसे आमतौर पर विवाह के दौरान उपहार की वस्तु के रूप में प्रयोग किया जाता है। इन रूमालों में वृक्ष, फूलों सहित संपूर्ण प्रकृति को चित्रित किया जाता है।

गुजरात में कच्छ **दर्पण काम** की कढ़ाई के लिए जाना जाता है, जिसे **शीशा** कहा जाता है, जिसमें हेरिंगबोन (लहरदार बारीक बख़िया) एवं साटन सिलाई का प्रयोग करके दर्पण के छोटे टुकड़ों को कपड़े में लगाया जाता है।

मणिपुर में, विवाह जैसे शुभ अवसरों पर महिलाओं द्वारा पहनी जानेवाली **फनेक** (पारंपरिक शाल) पर गहरे रँगों में नाज़ुक मूगा रेशम धागे से कढ़ाई की जाती है।

कर्नाटक की लोक कढ़ाई **कसूती** में आड़ी-तिरछी सिलाई में सुंदर ज्यामितीय रूपांकनों का निर्माण किया जाता है। वे हाथ से बुनी हुई होती हैं और संभवतः चालुक्य काल से संबंधित हैं।

सारांश में भारत के विभिन्न भागों में पायी जानेवाली कढ़ाई की सूची नीचे दी गयी है :

भारत की प्रसिद्ध कढ़ाइयों की एक सूची

कढ़ाई का नाम	मुख्य उत्पादन क्षेत्र	विवरण
चिकनकारी	लखनऊ, उत्तर प्रदेश	सबसे पहले कपड़े पर पैटर्न को ब्लॉक छपाई द्वारा बनाया जाता है और उसके बाद पैटर्न के साथ कढ़ाई के टाँके लगाये जाते हैं और उसके बाद तैयार टुकड़े को छपाई के निशान हटाने के लिए धोया जाता है।
नक़्शी काँथा (GI)	पश्चिम बंगाल	**काँथा** की कढ़ाई करने के लिए प्रयोग किये जानेवाले धागे को आमतौर पर उपयोग किये गये कपड़े के किनारों के धागों से लिया जाता है और इसमें विभिन्न प्रकार के रूपांकनों का उपयोग किया जाता है।
फुलकारी (GI)	पंजाब, हरियाणा और राजस्थान	**पुष्पीय रूपांकनों** की कढ़ाई, जिसमें हलके रंग के कपड़े पर चमकीले रँगों का वैषम्य निर्मित किया जाता है। कढ़ाई के टाँके कपड़े के विपरीत पक्ष पर लगाये जाते हैं।
बाघ	पंजाब	यह फुलकारी के समान होती है, लेकिन इसमें कढ़ाई का काम कपड़े की **पूरी सतह** पर होता है। **नोटः** मध्य प्रदेश का धार ज़िला व उसके आस-पास का क्षेत्र भी बाघ प्रिंट के लिए प्रसिद्ध है।
ज़रदोज़ी (GI)	उत्तर प्रदेश	इसमें सोने, चाँदी या ताँबे के तारों एवं रेशम के धागों के संयोजन का उपयोग किया जाता है।
कशीदाकारी	जम्मू एवं कश्मीर	**पुष्पीय प्रतिमानों**वाले सरल शृंखला टाँके (साधारण चैन स्टिच)। मानव और पशु आकृतियाँ सामान्य रूप से अनुपस्थित होती हैं।
आरी	गुजरात	लंबी हुक युक्त सुई, जिसे क्रोशिया कहते हैं, का उपयोग करके सरल शृंखला टाँकों के सूक्ष्म, संकेंद्री वलयों के रूप में निर्मित की जाती है एवं इसमें पुष्पीय रूपांकनों का उपयोग किया जाता है।
शीशे का काम	राजस्थान, हरियाणा और गुजरात	विभिन्न आकारों और माप के शीशे के छोटे टुकड़ों का प्रयोग, जिन्हें रंग-बिरंगी कढ़ाई के बीच सिल दिया जाता है।
धारणिया	गुजरात	घरों में उपयोग की जानेवाली कढ़ाई युक्त **दीवार हैंगिंग**।
हीर	गुजरात	रेशम से बनाये गये मोटे ज्यामितीय पैटर्न।
गोटा	राजस्थान	**सोने की ज़री के फ़ीतों** के छोटे टुकड़े कपड़े पर लगाये जाते हैं, जिनके किनारे विस्तृत पैटर्न का निर्माण करने के लिए सिल दिये जाते हैं।

कढ़ाई का नाम	मुख्य उत्पादन क्षेत्र	विवरण
अक्षिदा	बिहार	बाग़ के समान।
कसूती (GI)	कर्नाटक	कसूती को एकल धागे से किया जाता है और इसमें कपड़े पर **प्रत्येक धागे की गिनती** की जाती है। पैटर्न के टाँकें बिना गाँठों के लगाये जाते हैं, **ताकि कपड़े के दोनों पक्ष एक समान दिखायी दें।**
रबारी	गुजरात	गुजरात की **रबारी जनजाति** द्वारा की जानेवाले कढ़ाईदार **पशुओं** की सजावट।
शामिलामी	मणिपुर	इसमें बुनाई और कढ़ाई दोनों मिश्रित होती है।
फूल-पत्ती का काम	अलीगढ़, उत्तर प्रदेश	कढ़ाई में **फूल की पंखुड़ियों** एवं **पत्तियों** का रूपांकनों के रूप में उपयोग।
टोडा (GI)	तमिलनाडु की टोडा जनजातियाँ	काँथा काम के समान।
बन्नी	गुजरात	**लोहाना समुदाय** द्वारा ज्यामितीय रूपांकनों के लिए काँच के काम सहित ज्यामितीय रूपांकनों में रेशम (लोमक) का उपयोग।
बंजारा	आंध्र प्रदेश की लंबाडा जनजाति एवं मध्यप्रदेश की बंजारा जनजाति।	शीशे और काँच के मोती के काम के साथ पीपली (ऐपलिक) तक़नीक का प्रयोग।
मुकैयश/बादला/फर्दी	उत्तर प्रदेश	पूरे कपड़े पर प्रतिमान बनाने के लिए **पतले घुमावदार धात्विक धागे** का उपयोग किया जाता है।
कारचोबी	राजस्थान	कपास की गद्दी पर सादे टाँके लगाकर उठी हुई ज़री की धात्विक कढ़ाई।
पिपली (GI)	पिपली गाँव, ओडिशा	पैचवर्क पर आधारित, जिसमें चमकीले रंग के एवं विभिन्न प्रतिमानों के कपड़े के टुकड़े, सादी पृष्ठभूमि पर आपस में सिल दिये जाते हैं।
खटवा एप्लिक वर्क (GI)	बिहार	यह पिपली और पैचवर्क आम तौर पर वॉल हैंगिंग, शामियाना, साड़ी, दुपट्टे, कुशन कवर आदि में पाया जाता है।
लम्बानी (GI)	संडुर, कर्नाटक	यह महिलाओं द्वारा किया गया एक अनूठा **सुई शिल्प** है।
सोज़नी (GI)	जम्मू और कश्मीर	इस प्रकार की कढ़ाई को **दोरुख़ा** भी कहा जाता है। यहाँ रूपांकनों को साटन स्टिच में बनाया जाता है और दोनों तरफ़ समान रूप से काम किया जाता है, लेकिन वें रंगों में अलग होते हैं।
सुजनी (GI)	बिहार	आमतौर पर इस्तेमाल किया जानेवाला **बेस फ़ैब्रिक लाल या सफ़ेद** होता है। मुख्य रूपांकन (मोटिफ़) की रूपरेखा को **मोटी चेन सिलाई** के साथ सुशोभित किया जाता है।
गारा	गुजरात	यह जटिल कार्य **पारसियों** द्वारा शुरू किया गया था, जो **चीन से** यह तक़नीक लाये थे। गारा में पहले एक कागज़ पर ड्राइंग डिज़ाइन और फिर साड़ी पर डिज़ाइन ट्रेस करना शामिल है।
किमख़ाब	वाराणसी (उत्तर प्रदेश)	यह एक प्रकार का भारी ब्रोकेड है, जो रेशम और सोने के धागों से बुना जाता है। सोने के धागे को **कलाबट्टू** कहा जाता है।
डोंगरिया स्कार्फ़ – कपड़ागंधा	ओडिशा	**डोंगरिया कंध जनजाति** की महिलाएँ एक स्कार्फ़ बुनती हैं, जो **कपड़ागंधा** कहलाता है, जिसे वे लाल रंग की बॉर्डरवाली सफ़ेद साड़ी के ऊपर पहनती हैं।

भारत में विभिन्न प्रकार की बुनाई

बुनाई का नाम	मुख्य उत्पादन क्षेत्र	विवरण
पट बुनाई	बस्तर, छत्तीसगढ़	इस तरह की साड़ी मुख्य रूप से आदिवासी महिलाओं द्वारा उपयोग की जाती है।
मशरू बुनाई	गुजरात	यह रेशम और सूती वस्त्रों का हाथ से बुना हुआ मिश्रण है।
बोहरा टोपी बुनाई 	गुजरात और मध्य प्रदेश	यह एक आधार के रूप में एक एल्युमीनियम के बर्तन का उपयोग करके बनाया जाता है, क्रोशे को केंद्र में शुरू किया जाता है और कोर से बाहरी किनारे तक एक सर्पिल रूप में आगे बढ़ता है। यहाँ ज्यामितीय और पुष्पीय दोनों पैटर्न बनाये जाते हैं।
पटकु बुनाई	गुजरात	पटकु एक टाई-डाई कपड़ा है, जो एक गड्ढे/करघा का इस्तेमाल करके बुना जाता है।
क्रोशे वर्क	आंध्र प्रदेश	यह एक क्रोशे हुक का उपयोग करके यार्न, धागा, या अन्य सामग्री की क़िस्मों को इंटरलॉकिंग करके कपड़े बनाने की एक प्रक्रिया है।
पट्टू बुनाई	राजस्थान	यह मुख्य रूप से ऊनी वस्त्र पर किया जाता है। पट्टू के धागे ऊँट या भेड़ के ऊन से बने होते हैं।
वांगखेई फे (पारंपरिक बुनाई) (GI)	मणिपुर	इसके लिए बहुत महीन सफ़ेद रुई का इस्तेमाल किया जाता है। कपड़े डिज़ाइन और उस पर पैटर्न के साथ पारदर्शी है।
शाफी लैंफी बुनाई (GI)	मणिपुर	इस पारंपरिक कपड़े को शॉल के रूप में बुना जाता है। मेइती महिलाएँ आमतौर पर इस प्रकार के शॉल बनाने में शामिल होती हैं।

दरी (फ़्लोर मैट) की बुनाई

प्रकार	उत्पादन क्षेत्र
मुसल्ला ग़लीचा	आंध्र प्रदेश
नमदा झुकी ऊन का गलीचा	गुजरात
क़ालीन : नॉटेड क़ालीन (Knotted Carpets)	जम्मू और कश्मीर
ख़बदान : पाइल क़ालीन (Pile Carpets)	जम्मू और कश्मीर
नवलगुंद दरी	कर्नाटक
पंजा दरी	पंजाब, राजस्थान
जमकालम (भवानी दरी)	कोयंबटूर, तमिलनाडु

UNESCO ने हाल ही में भारत के 50 विशिष्ट और प्रतिष्ठित विरासत वस्त्र शिल्पों की एक सूची जारी की है। UNESCO के अनुसार, उचित सूची और दस्तावेज़ीकरण के अभाव के कारण दक्षिण एशिया में अमूर्त सांस्कृतिक विरासत को सुरक्षित रखना उनकी सबसे बड़ी बाधाओं में से एक था।

प्रकाशन **हैंडमेड फ़ॉर द 21 सेंचुरी : सेफ़गार्डिंग ट्रेडिशनल इंडियन टेक्सटाइल (Handmade for the 21st Century: Safeguarding Traditional Indian Textile)** ने वस्त्रों के इतिहास को सूचीबद्ध, उन्हें बनाने की जटिल प्रक्रिया का वर्णन एवं उनकी विश्वव्यापी लोकप्रियता के कारणों का उल्लेख किया है एवं उनके संरक्षण हेतु सुझाव दिये हैं।

UNESCO द्वारा स्वीकृत कुछ प्रतिष्ठित हस्तनिर्मित वस्त्र हैं :

वस्त्र का नाम	स्थान	विवरण
खेस	पानीपत, हरियाणा	इन्हें ख़ानेदार डिज़ाइन में सूती धागे के साथ डबल-कपड़े की बुनाई में बुना जाता है।
चम्बा रुमाल	हिमाचल प्रदेश	यह एक कढ़ाईदार हस्तशिल्प है, जिसे चंबा साम्राज्य के पूर्व शासकों के संरक्षण में बढ़ावा दिया गया था। वर्तमान में यह आमतौर पर विवाह के दौरान चमकीली रंग-योजनाओं में विस्तृत पैटर्न के साथ प्रस्तुत किया जाता है।
थिग्मा या ऊनी बाँधना और रँगाई	लद्दाख	यह मुख्य रूप से नुब्रा घाटी, लद्दाख, में तैयार किया गया है। थिग्मा शब्द की उत्पत्ति 'थिटू' या बिंदु शब्द से हुआ है। कपड़े को चिकोटा किया जाता है और उस हिस्से को धागे से कसकर बाँध दिया जाता है।
अवध जामदानी	वाराणसी, उत्तर प्रदेश	जामदानी एक हलका और पारभासी कपड़ा है, जो **पुष्पीय पैटर्न** के साथ सूती ब्रोकेड से बना है।
बंधा बाँधना और रँगना	संबलपुर, ओडिशा	कपड़ा ताने और बाने के धागों को बाँधने की प्रक्रिया से बनाया जाता है। इसमें प्रयुक्त किया गया हर रंग **जगन्नाथ पंथ** की प्रतीकात्मक अवधारणा को दर्शाता है। ऐसा माना जाता है कि ये रंग वेदों के अतीत, वर्तमान और भविष्य को दर्शाते हैं।
सिकल्लायकनपेट कलमकारी	तंजावुर, तमिलनाडु	इसमें **आलंकारिक रूपांकनों को जटिल किनारों के साथ काली रूपरेखा** द्वारा सजाया गया है। इसे **चिथिरा पद्दम** के नाम से भी जाना जाता है (चिथिरा का अर्थ 'चित्र' है और यहाँ पद्दम का अर्थ 'निशान' है)। इसे सबसे पहले तंजावुर के पहले नायक शासक **सेवप्पा नायक** ने संरक्षण दिया था।
मशरू बुनाई और पटोला	गुजरात	अरबी में 'मशरू' का अर्थ 'इजाज़त' होता है। उस समय शुद्ध रेशम पहनना वर्जित था। मशरू पद्धति से 'इस्लाम के पवित्र क़ानून द्वारा अनुमत' कपड़ा बनाया गया।
कुनबी बुनाई	गोवा	यह एक **ख़ानेदार साड़ी** है, जो मुख्य रूप से लाल रंग और उसके विभिन्न प्रकारों में रँगी हुई है।
इल्कल और लम्बाडी या बंजारा कढ़ाई	कर्नाटक	यह दर्पण का काम, पैटर्न डार्निंग, क्रॉस सिलाई और आच्छादित तथा रजाईदार टाँके का मिश्रण है, जिसमें '**कंगुरा**' पैचवर्क एप्लिक की बॉर्डर है, जो गहरे नीले या लाल हथकरघा बेस फ़ैब्रिक पर बुना हुआ है।
हिमरू	महाराष्ट्र	इसका उत्पादन औरंगाबाद में स्थानीय रूप से उगाये गये रेशम और कपास से किया जाता है। यह **कुम-ख़्वाब** की प्रतिकृति है, जिसे प्राचीन काल में शाही परिवारों के लिए स्वर्ण और रजत के धागों से बनाया जाता था।
टोडा कढ़ाई और सुंगडी	तमिलनाडु	स्थानीय तौर पर 'पुखूर' के नाम से जाना जाता है। यह नीलगिरी के टोडा देहात के वासियों की एक कलाकृति है। यह एक बुने हुए कपड़े के समान दिखता है, परंतु विशेष रूप से उनकी महिलाओं द्वारा सफ़ेद सूती कपड़े की पृष्ठभूमि के साथ लाल और काले धागों से बनाया जाता है।

खादी - भारतीय वस्त्र विरासत का प्रतीक

'खादी' शब्द **'खद्दर'** से लिया गया है, जिसका अर्थ होता है 'खुरदरा', यह शब्द भारत और बांग्लादेश के हाथ से काते गये सूती वस्त्रों के लिए इस्तेमाल किया जाता है। खादी अपनी खुरदरा बनावट के लिए प्रसिद्ध है। यह सर्दियों में शरीर को गर्म रखता है और गर्मियों में ठंडा।

खादी का संक्षिप्त इतिहास

1925 में, असहयोग आंदोलन के पश्चात्, खादी के विकास, उत्पादन और बिक्री के लिए **अखिल भारतीय स्पिनर्स ॲसोसिएशन (All India Spinners' Association)** की स्थापना की गयी थी। भारतीय स्वतंत्रता आंदोलन के दौरान, महात्मा गाँधी ने खादी को ब्रिटिश वस्त्रों के ख़िलाफ़ आत्मनिर्भरता, दांभिकता और प्रतिरोध के प्रतीक के रूप में बढ़ावा दिया था। उन्होंने ब्रिटिश वस्तुओं का बहिष्कार करने और आर्थिक स्वतंत्रता को बढ़ावा देने के लिए भारतीयों को अपना कपड़ा खुद कातने और बुनने के लिए प्रोत्साहित किया था।

खादी और ग्रामोद्योग आयोग (Khadi and Village Industries Commission - KVIC) की स्थापना 1956 में पूरे भारत में खादी और ग्रामोद्योग को बढ़ावा देने और विकसित करने के लिए की गयी थी। यह विशिष्ट कपड़ा देश की राष्ट्रीय पहचान और इसके स्वतंत्रता संग्राम के प्रतीक के रूप में भारत में एक विशेष स्थान रखता है। भारत के प्रधानमंत्री, नरेंद्र मोदी, कहते हैं, "पहले, यह राष्ट्र के लिए खादी थी, फ़ैशन के लिए खादी थी, अब यह परिवर्तन के लिए खादी बन रहा है"। यह सादगी, आत्मनिर्भरता और ग्रामीण समुदायों के सशक्तीकरण का प्रतिनिधित्व करता है।

उत्तर पूर्व भारत में वस्त्र उद्योग

पूर्वोत्तर भारत हथकरघा वस्त्रों की एक महत्त्वपूर्ण सांस्कृतिक विरासत है और वे आर्थिक विकास में महत्त्वपूर्ण योगदान देते हैं। हथकरघा क्षेत्र कृषि के बाद देश का दूसरा सबसे बड़ा रोज़गार स्रोत है।

पूर्वोत्तर भारतीय राज्यों की प्रत्येक जनजाति को बुनाई में विशेषज्ञता प्राप्त है। प्रत्येक क्षेत्र की अपनी अनूठी बुनाई तक़नीक होती है। पारंपरिक बुनाई तक़नीक (गिनिंग, कताई और बुनाई) का उपयोग पूरे पूर्वोत्तर में किया जाता है।

पूर्वोत्तर भारत के कुछ महत्त्वपूर्ण वस्त्र

असम : असम अपने रेशम उत्पादन के लिए प्रसिद्ध है, विशेष रूप से सुनहरे **मुगा रेशम** के लिए, जिसका उपयोग उत्तम साड़ियाँ, **मेखला चादरें** *(पारंपरिक असमिया पोशाक)* और अन्य वस्त्र बनाने के लिए किया जाता है।

मणिपुर : मणिपुर अपने हथकरघा वस्त्रों के लिए जाना जाता है। बड़े पैमाने पर बुने गये **मोइरांग फी** *(रेशम और कपास के संयोजन से बना एक रेशमी कपड़ा)* और **सुरुचिपूर्ण फैनेक** *(मणिपुरी महिलाओं द्वारा पहनी जानेवाली एक रैपराउंड स्कर्ट, जो आमतौर पर जीवंत रंगों और पारंपरिक रूपांकनों के साथ बुनी जाती है)* प्रसिद्ध वस्त्रों के उदाहरण हैं।

नागालैंड : नागालैंड की प्रत्येक जनजाति के अपने अद्वितीय पैटर्न और रूपांकन हैं, जो उनकी सांस्कृतिक पहचान को दर्शाते हैं। नागालैंड के वस्त्रों में जीवंत रंग और जटिल बनावट होती है और वे प्राकृतिक रंगों का उपयोग करते हैं।

मेघालय : मेघालय की गारो, खासी और जैन्तिया जनजातियाँ कुशल बुनकर हैं, जो अपने हाथ से बुने कपड़ों के लिए जानी जाती हैं। इस क्षेत्र में आमतौर पर **एरी रेशम** का उत्पादन किया जाता है। जनजातियाँ रेशम और सूती दोनों प्रकार के कपड़ों का उपयोग करके शॉल, सारंग और मेखेला चादर जैसे विभिन्न प्रकार के परिधान बुनती हैं।

अरुणाचल प्रदेश : अरुणाचल में, आदि, अपातानी और न्यीशी जनजातियाँ अपनी जटिल बुनाई के लिए जानी जाती हैं और मोनपा जनजाति जीवंत रंगों का उपयोग करती है। हाथ से बुने हुए जैकेट, स्कर्ट, शॉल और इस क्षेत्र में पारंपरिक परिधानों का उत्पादन किया जाता है।

मिज़ोरम : मिज़ोरम में महिलाएँ मुख्य रूप से पारंपरिक संस्कृति को दर्शानेवाले सुरुचिपूर्ण 'पुआन' (वस्त्र) पैटर्न बुनने के लिए ज़िम्मेदार हैं। मिज़ो में पुआन का अर्थ कपड़ा होता है, जिसे धारी या तीर के आकार में विशेष सिलाई से सजाया जाता है। पुरुष और महिला; दोनों पुआन पहनते हैं, जो उनकी रंगीन संस्कृति को दर्शाता है।

त्रिपुरा : त्रिपुरा विभिन्न रंगों की बिखरी हुई कढ़ाई के साथ खड़ी और क्षैतिज पट्टियों के लिए प्रसिद्ध है।

GI हस्तशिल्प के अंतर्गत पंजीकृत शिल्पों की सूची

क्रम संख्या	हस्तशिल्प	राज्य/केन्द्र शासित प्रदेश
1	कैम्बे के एजेट्स	गुजरात
2	आगरा डर्री	उत्तर प्रदेश
3	अलेप्पी कयर	केरल
4	अरणी रेशम	तमिलनाडु
5	अरनमुला कन्नडी	केरल
6	मध्य प्रदेश के बाग प्रिंट	मध्य प्रदेश
7	बगरू हैंड ब्लॉक प्रिंट	राजस्थान
8	बनारस ब्रोकेड और साड़ियाँ	उत्तर प्रदेश
9	बनारस गुलाबी मीनाकारी शिल्प	उत्तर प्रदेश
10	बनारस धातु रेपोसे शिल्प	उत्तर प्रदेश
11	वाराणसी ग्लास बिट्स	उत्तर प्रदेश
12	बस्तर ढोकरा	छत्तीसगढ़
13	बस्तर ढोकरा (लोगो)	छत्तीसगढ़
14	बस्तर लौह शिल्प	छत्तीसगढ़
15	बस्तर लकड़ी शिल्प	छत्तीसगढ़
16	दतिया और टीकमगढ़ के बेल मेटल वेयर	मध्य प्रदेश
17	दतिया और टीकमगढ़ के बेल मेटल वेयर (लोगो)	मध्य प्रदेश
18	भागलपुर सिल्क	बिहार
19	भवानी जमक्कलम	तमिलनाडु
20	बिड्रिवेयर	कर्नाटक
21	जयपुर की नीली मिट्टी के बर्तन	राजस्थान
22	बोब्बिली वीणा	आंध्र प्रदेश
23	बोमकाई साड़ी और कपड़े	ओडिशा
24	केरल का पीतल की कढ़ाईवाला नारियल शैल शिल्प	केरल
25	बुडिथि बेल और पीतल शिल्प	आंध्र प्रदेश
26	कन्नानोर होम फ़र्निशिंग्स	केरल
27	चम्बा रुमाल	हिमाचल प्रदेश
28	चन्नापटना खिलौने और गुड़िया	कर्नाटक
29	चेंदामंगलम धोती और सेट मुंडू	केरल
30	चेरियाल पेंटिंग	तेलंगाना

क्रम संख्या	हस्तशिल्प	राज्य/केन्द्र शासित प्रदेश
31	चेट्टीनाड कोट्टन	तमिलनाडु
32	धलापत्थर पर्दा और कपड़े	ओडिशा
33	फ़र्रुख़ाबाद प्रिंट्स	उत्तर प्रदेश
34	फ़िरोज़ाबाद ग्लास	उत्तर प्रदेश
35	मैसूर (कर्नाटक) के गंज़िफ़ा कार्ड	कर्नाटक
36	हाथ से बुना हुआ कालीन	जम्मू एवं कश्मीर
37	बनारस, भदोही और मिर्ज़ापुर के हस्तनिर्मित कालीन	उत्तर प्रदेश
38	कच्छ शॉल	गुजरात
39	कानी शॉल	जम्मू एवं कश्मीर
40	कर्नाटक कांस्य बर्तन	कर्नाटक
41	कश्मीर पपीयर माचे	जम्मू एवं कश्मीर
42	कश्मीर पश्मीना	जम्मू एवं कश्मीर
43	कश्मीर सोज़ानी शिल्प	जम्मू एवं कश्मीर
44	कश्मीर अखरोट की लकड़ी पर नक़्क़ाशी	जम्मू एवं कश्मीर
45	कसुति कढ़ाई	कर्नाटक
46	राजस्थान की कठपुतली	राजस्थान
47	खतमबंद	जम्मू एवं कश्मीर
48	खटवा	बिहार
49	खुर्जा पॉटरी	उत्तर प्रदेश
50	किन्नल खिलौने	कर्नाटक
51	किन्नौरी शॉल	हिमाचल प्रदेश
52	कोणार्क पत्थर पर नक़्क़ाशी	ओडिशा
53	कोंडापल्ली बोम्मलु	आंध्र प्रदेश
54	कोटा डोरिया	राजस्थान
55	कोटा डोरिया (लोगो)	राजस्थान
56	कुल्लू शॉल	हिमाचल प्रदेश
57	कुल्लू शॉल (लोगो)	हिमाचल प्रदेश
58	कच्छ कढ़ाई	गुजरात
59	इंदौर के चमड़े के खिलौने	मध्य प्रदेश
60	इंदौर के चमड़े के खिलौने (लोगो)	मध्य प्रदेश
61	लखनऊ चिकन शिल्प	उत्तर प्रदेश
62	लखनऊ ज़रदोज़ी	उत्तर प्रदेश

क्रम संख्या	हस्तशिल्प	राज्य/केन्द्र शासित प्रदेश
63	मछलीपट्टनम कलमकारी	आंध्र प्रदेश
64	पलक्कड़ का मद्दलम	केरल
65	मधुबनी पेंटिंग	बिहार
66	मदुरै सुंगुडी	तमिलनाडु
67	मिर्ज़ापुर हस्तनिर्मित दारी	उत्तर प्रदेश
68	मोलेला मिट्टी का काम	राजस्थान
69	मोरादाबाद धातु शिल्प	उत्तर प्रदेश
70	मुगा रेशम	असम
71	असम का मुगा सिल्क (लोगो)	असम
72	मैसूर रोज़वुड इनले	कर्नाटक
73	मैसूर पारंपरिक पेंटिंग	कर्नाटक
74	नचियारकोइल कुथुविलक्कु ('नचियारकोइल लैंप')	तमिलनाडु
75	नक्शी कंथा पश्चिम	बंगाल
76	नवलगुंड ड्यूरीज़	कर्नाटक
77	निर्मल फ़र्नीचर	तेलंगाना
78	निर्मल पेंटिंग्स	तेलंगाना
79	निर्मल खिलौने और शिल्प	तेलंगाना
80	निज़ामाबाद ब्लैक पॉटरी	उत्तर प्रदेश
81	पाटन पटोला	गुजरात
82	पट्टचित्र	ओडिशा
83	पट्टामदाई पाई ('पट्टमदाई मत')	तमिलनाडु
84	पयन्नूर पवित्रा अंगूठी	केरल
85	पेम्बर्थी धातु शिल्प	तेलंगाना
86	चीनसांतप	पंजाब, हरियाणा और राजस्थान
87	पिपिली एप्लिक वर्क	ओडिशा
88	पोचमपल्ली इकत	तेलंगाना
89	पुनेरी पगडी	महाराष्ट्र
90	सहारनपुर लकड़ी शिल्प	उत्तर प्रदेश
91	संदुर लम्बानी कढ़ाई	कर्नाटक
92	सांगानेरी हैंड ब्लॉक प्रिंटिंग	राजस्थान
93	संखेड़ा फ़र्नीचर	गुजरात
94	शांतिनिकेतन चमड़े का सामान	पश्चिम बंगाल

क्रम संख्या	हस्तशिल्प	राज्य/केन्द्र शासित प्रदेश
95	केरल का स्क्रू पाइन शिल्प	केरल
96	आंध्र प्रदेश की छाया कठपुतलियाँ	आंध्र प्रदेश
97	सिद्दीपेट गोलभामा	तेलंगाना
98	करीमनगर की चाँदी की फिलाग्री	तेलंगाना
99	सोलापुर टेरी तौलिया	महाराष्ट्र
100	सोलापुरी चादर	महाराष्ट्र
101	श्रीकलाहस्ती कलमकारी	आंध्र प्रदेश
102	बिहार का सुजिनी कढ़ाई कार्य	बिहार
103	सूरत ज़री शिल्प	गुजरात
104	स्वामीमलाई कांस्य चिह्न	तमिलनाडु
105	तंगालिया शॉल	गुजरात
106	नागरकोइल के मंदिर आभूषण	तमिलनाडु
107	तंजावुर कला प्लेट	तमिलनाडु
108	तंजावुर गुड़िया	तमिलनाडु
109	तंजावुर पेंटिंग	तमिलनाडु
110	तंजावुर वीनै	तमिलनाडु
111	थेवा कला कार्य	राजस्थान
112	तिरुकनूर पेपर माचे शिल्प	पुदुचेरी
113	टोडा कढ़ाई	तमिलनाडु
114	वाराणसी लकड़ी के लाह वस्त्र और खिलौने	उत्तर प्रदेश
115	विल्लियानूर टेराकोटा वर्क्स	पुदुचेरी
116	वर्ली पेंटिंग	महाराष्ट्र

हाथीदाँत की शिल्पकला

भारत में हाथीदाँत पर नक़्क़ाशी की प्रथा वैदिक काल से ही प्रचलित है, जहाँ इसे संभवत: आइवरी के स्रोत हाथीदाँत के अभिप्राय के रूप में *'दंत'* के रूप में संदर्भित किया गया है। हाल की खुदाइयों से पता चला है कि **हड़प्पा काल** के दौरान हाथीदाँत तथा हाथीदाँत की बनी वस्तुएँ, जैसे-हाथीदाँत के पासे आदि; **भारत से** तुर्कमेनिस्तान, अफ़ग़ानिस्तान और फ़ारस की खाड़ी के कुछ भागों में **निर्यात की जाती थीं**।

हमें साँची से एक ऐसा शिलालेख मिला है, जिसकी तिथि 2 ईसा पूर्व है, इसमें विदिशा से आनेवाले और साँची के स्तूप में मूर्तियाँ बनानेवाले हाथीदाँत के कारीगरों की श्रेणी का उल्लेख किया गया है। इन साहित्यिक संदर्भों के अतिरिक्त हमें **तक्षशिला से हाथीदाँत की कंघी** का पुरातात्त्विक अवशेष मिला है। इससे पता चलता है कि 2 ईसवी में भी हाथीदाँत,

प्रचलन में था। हमें मुग़ल काल की हाथीदाँत की कई कलाकृतियाँ मिलती हैं। वे इसका उपयोग कंघियों, चाकू के हैंडल और अन्य आभूषणों में करते थे।

हाथीदाँत पर नक़्क़ाशी के पारंपरिक केन्द्र दिल्ली, जयपुर और मुर्शिदाबाद (**पश्चिम बंगाल**) हैं। यहाँ ताबूत, पालकी और प्रसिद्ध **अम्बरी हाथी** की सुंदर कलाकृतियाँ बनायी जाती हैं। अन्य विशेषज्ञ क्षेत्र हैं :

- **केरल : हाथीदाँत पर चित्रकारी** के लिए विख्यात है।
- **जोधपुर** : हाथीदाँत की बनी **चूड़ियाँ।**
- **जयपुर** : घरों और छोटी कलाकृतियों में उपयोग होनेवाली हाथीदाँत की **जाली के काम** के लिए प्रसिद्ध।

बेग्राम हाथीदाँत

बेग्राम, **अफ़ग़ानिस्तान** में पाये गये, वे दुर्लभ सजावटी पट्टिकाएँ, छोटे आँकड़े, आदि हैं, जो हाथीदाँत और हड्डी से नक़्क़ाशीदार बने होते हैं। ये **पहली या दूसरी शताब्दी ईसवी** के **कुषाण कला** से जुड़े हो सकते हैं।

चाँदी के शिल्प

चाँदी के आभूषण बनानेवाले कारीगरों द्वारा उपयोग की जानेवाली सबसे प्रसिद्ध तक़नीकों में से **''फ़िलिग्री कला''** (Filigree work) है, जिसमें चाँदी का महीन काम किया जाता है। ओडिशा, *पैनरी* और *पयजाम* कहलानेवाली, अपनी चाँदी की पायलों के लिए विख्यात है। इनमें चाँदी से बने अनोखे प्रकार के आभूषण होते है, जिन्हें *गुंची* कहा जाता है।

कर्नाटक के बिदरी गाँव में किया जानेवाला *बिदरी* का काम भी अपनी सुंदरता के लिए बहुत प्रसिद्ध है। इसमें गहरी पृष्ठभूमि पर जड़ाऊ काम करने के लिए चाँदी का उपयोग किया जाता है। इसे GI का दर्जा मिला है।

मिट्टी के बर्तनों का काम

मिट्टी के बर्तनों को 'हस्तशिल्प के गीत' के रूप में जाना जाता रहा है, क्योंकि इसे काव्य रचना की भाँति ढाला जाता है और इसमें सेंसुअल (संवेदी) आकर्षण का अनुभव होता है। मिट्टी से वस्तुएँ बनाना मनुष्य द्वारा प्रारंभिक शिल्पों में से एक रहा है। सबसे प्रारंभिक साक्ष्य वर्तमान में पाकिस्तान में स्थित **मेहरगढ़** के नवपाषाणिक स्थल से मिले हैं। इन अवशेषों से पता चलता है कि मृद्‌भाण्ड बनाने की कला 6000 ईसा पूर्व में भी अत्यधिक विकसित थी। प्राचीन काल के सबसे प्रसिद्ध मृद्‌भाण्ड **चित्रित धूसर मृद्‌भाण्ड** हैं। यह रंग में सामान्यत: धूसर होता है और वैदिक काल (1000-600 ईसा पूर्व) से संबंधित होते हैं।

मिट्टी के बर्तन

देश के कुछ भागों में, हमें 1500-300 ईसा पूर्व के **लाल और काले मिट्टी के बर्तनों** के साक्ष्य मिलते हैं। ये **पश्चिम बंगाल** के बड़े क्षेत्रों से प्राप्त हुए है। एक अन्य प्रकार का मिट्टी का प्राचीन बर्तन **उत्तरी काला पॉलिशदार मृद्‌भाण्ड** है, जो कि दो चरणों में बनाये गये–पहला, 700 से 400 ईसा

पूर्व तथा दूसरा 400–100 ईसा पूर्व के दौरान। ये चरण आंशिक रूप से मौर्य काल के समकालीन हैं। इसके अतिरिक्त, भारत के दक्षिणी भागों में, हमें **'रूलेट (छिद्रक) मिट्टी'** के बर्तनों के अवशेष मिलते हैं। इन्हें 200–100 ईसा पूर्व के बीच का माना जा सकता है। अधिकांश साक्ष्य् पुडुचेरी के निकट अरिकमेडू से मिलें हैं।

गुप्त काल (चौथी शताब्दी ईसवी) के आरंभ होने के बाद, हमें अलंकरण, चित्रकला, मुद्रांकन और मोल्डिंग की नयी सजावटी तक़नीकें प्राप्त होने लगती हैं। इंडो-इस्लामिक परंपराओं के आगमन के साथ हमें **चमकीले मिट्टी** के बर्तनों के साक्ष्य प्राप्त होने लगते हैं। वर्तमान में, भारत के प्रत्येक भाग में विशेष प्रकार के मिट्टी के काम में विशेषज्ञता हासिल कर ली गयी है। इसकी संक्षिप्त सूची है :

मिट्टी के बर्तनों का नाम	उत्पादन क्षेत्र	विशेषताएँ
खुर्जा मृद्भाण्ड (GI)	उत्तर प्रदेश	रंगीन और मज़बूत, घरेलू सामान बनाने के लिए प्रयुक्त
निज़ामाबाद काले मृद्भाण्ड (GI)	आज़मगढ़, उत्तर प्रदेश	चाँदी के उत्कीर्णित पैटर्न के साथ गहरा चमकीला रंग
नीले मृद्भाण्ड (GI)	जयपुर, राजस्थान	*मुल्तानी मिट्टी* से बने
पोखरण मृद्भाण्ड	पोखरण, राजस्थान	घरेलू वस्तुओं के लिए प्रयुक्त
डलगेट मृद्भाण्ड (GI)	जम्मू और कश्मीर	विशेष शीशे के आवरण का उपयोग
कारीगरी मृद्भाण्ड	तमिलनाडु	दक्षिण आर्काट में विशेष केंद्र
सुराही	पश्चिम बंगाल	सामान्य जग (सुराही) बर्तन
काले मृद्भाण्ड	उखरूल, मणिपुर	शीशे के आवरण में विशेष काला रंग
गोपीचंदन	सौराष्ट्र, गुजरात	मिट्टी की बनी कलाकृतियाँ
कागज़ी मृद्भाण्ड	अलवर, राजस्थान	कोमल मृद्भाण्ड, पतले और थोड़ा भंगुर

मोष्टी, कोठी, पोरासी

ये **गुजरात** के कुछ जनजाति समुदायों द्वारा उपयोग किये जानेवाले *पारंपरिक भंडारण पात्र/संरचनाएँ* हैं। मोष्टी बाँस से बना अनाज का भंडारण करने के लिए उपयोग किया जानेवाला पात्र है। दक्षिणी गुजरात में मुख्य रूप से गामित, वासव, ढोलिया पटेल समुदायों द्वारा इन भंडारण पात्रों का उपयोग किया जाता है। **पोरासी** पर मिट्टी और गोबर के मिश्रण का लेप लगाया जाता है, ताकि अनाज के रिसाव और चोरी को रोका जा सके। यह गुजरात के गोधरा और पंचमहल ज़िलों के नायक समुदाय द्वारा उपयोग किया जानेवाला पात्र है। **कोठी** के लिए एक बड़े दरवाज़े के साथ एक कमरा बनाया जाता है, जिसमें अनाज भरा जाता है। अनाज निकालने के लिए नीचे की तरफ़ एक छोटा सा मुहाना बना दिया जाता है। यह मुख्य रूप से कच्छ में विशेष रूप से रबारी समुदाय द्वारा उपयोग में लाया जाता है।

कांस्य शिल्प

प्राचीन भारत में धातुओं का उपयोग, कला की अपेक्षा, भालों और तीर निर्माण के लिए अधिक किया जाता था। फिर भी, धातु ढालने का काम 5000 से भी अधिक वर्षो से शिल्प कौशल के लिए उपयोगी रहा है। मोहनजोदड़ो से मिली **नृत्यांगना** की कांस्य प्रतिमा से पता चलता है कि कांस्य कला सबसे पुरातन कला प्रारूपों में से एक है। इसकी तिथि 3500–3000 ईसा पूर्व आँकी गयी है।

हमें ज्ञात है कि मनुष्य द्वारा उपयोग में लायी गयी सबसे प्रारंभिक अलौह धातुएँ ताँबा और टिन थीं और इन दोनों को काँसा बनाने के लिए मिश्रित किया जाता था। काँसा ढालने के विभिन्न तरीक़ों के विषय में सबसे प्रारंभिक साहित्यिक साक्ष्य *मत्स्यपुराण* में मिलता है। बाद में *रसरत्नाकर* जैसे ग्रंथों ने भी धातु की शुद्धता और जस्ते के आसवन के विषय में उल्लेख किया है।

कांस्य प्रतिमा

कांस्य शिल्प का उत्पादन करनेवाले क्षेत्रों में उत्तर प्रदेश अग्रणी है, उदाहरणार्थ यहाँ इटावा, सीतापुर, वाराणसी और मुरादाबाद जैसे प्रमुख केंद्र हैं।

यहाँ फूल के बर्तन, देवी-देवताओं की मूर्तियों जैसे सजावटी सामानों का निर्माण किया जाता है। ये *ताम्रपात्र, कंचनथाल* और *पंचपात्र* जैसे अनुष्ठानिक वस्तुओं के उत्पादन के लिए भी प्रसिद्ध हैं।

दूसरा प्रमुख केंद्र तमिलनाडु है। यह पल्लव, चोल, पांड्य और नायक काल के कला रूपों से मिलती-जुलती सुंदर प्राचीन प्रतिमाओं के उत्पादन पर केंद्रित है। वर्तमान में भारत में पीतल के काम के महत्त्वपूर्ण केंद्र निम्नलिखित हैं :

भारत में पीतल कार्य के वर्तमान महत्त्वपूर्ण केंद्र

नाम	विवरण	प्रमुख उत्पादन स्थल
गज तांडव	*तांडव* मुद्रा में नृत्य करते हुए शिव	केरल
दुर्लभ जैन मूर्तियाँ और प्रतीक	कर्नाटक में प्राचीन जैन तीर्थ केंद्रों की आवश्यकता को दर्शाते हैं।	कर्नाटक
बस्तर डोकरा (GI)	पीतल के बने आभूषणों के लिए प्रयुक्त	छत्तीसगढ़
पहलदार लैंप	विभिन्न शैलियों और आकारों में ताँबे और पीतल के लैंप	जयपुर और उत्तर प्रदेश के कुछ भाग
पेमबर्थी शिल्प (GI)	अति उत्तम पीतल की धातु से मंदिरों और रथों को सजाना	तेलंगाना

अन्य धातु शिल्प

धातु की ढलाई के विभिन्न प्रकार हैं, जिन्हें लोहा, ताँबा, पीतल आदि में किया जा सकता है। उत्कीर्णन, नक़्क़ाशी और दमिश्कीगीरी जैसी तक़नीकों के उपयोग द्वारा धातु पर अलंकरण इन शिल्पों को अनूठा बनाता है। सबसे प्रसिद्ध तक़नीकों में से एक **राजस्थान** में *मरोड़ी* का काम है। इसमें आधार धातु पर नक़्क़ाशी करने के लिए धातु का उपयोग किया जाता है। यहाँ अंतराल भरने के लिए काली लाख का उपयोग किया जाता है।

राजस्थानी मरोड़ी का काम

अधिकांश शिल्पकार नक़्क़ाशी या उभारदार तक़नीकों का उपयोग करते हैं, जिसमें उभारे हुए डिज़ाइन बनाये जाते है। अन्य शिल्प उत्कीर्णन की तक़नीक का उपयोग करते हैं। इसे दूसरी धातु से खुरचकर या रेखाएँ काटकर बनाया जाता है। धातु के अधिकांश काम का उपयोग घड़े और *बदला (Badla)* जैसे बर्तन बनाने के लिए किया जाता है, जो राजस्थान के मारवाड़ क्षेत्र में बनाये जानेवाले अर्द्ध-गोलाकार या गोल बर्तन हैं, जिनमें जस्ते का इस्तेमाल होता है। धातु पर एक अन्य प्रमुख काम मुरादाबाद में किया जाता है, जो कि *बहुत महीन* होता है। यहाँ बर्तन बनाने के लिए *नक़्क़ाशी* शैली या उत्कीर्णन शैली का उपयोग किया जाता है।

राजस्थान की तारकशी का काम

एक और आश्चर्यजक तक़नीक धातु के आधार तल पर महीन रूप से गढ़े हुए खाँचे में पैटर्न बनाने की कला है, जिसमें पतले ताँबे या पीतल के तार का उपयोग किया जाता है। इस तक़नीक को *तारकशी* (राजस्थान) कहा जाता है। राजस्थानी कलाकारों ने *कोफ़्तगिरी* (राजस्थान) या उभारने की तक़नीक को भी परिपूर्ण बनाया है। इसमें गहरे पक्ष पर हलकी धातु का जड़ाऊ काम सम्मिलित है। जयपुर और अलवर के कारीगर सामान्यत: इसका निर्माण करते हैं।

भारत में प्रसिद्ध धातु शिल्प के अन्य प्रकार नीचे दिए गए हैं :

भारत में अन्य प्रसिद्ध धातु शिल्प

धातु शिल्प का नाम	मुख्य उत्पादन क्षेत्र	विवरण
बिदरी क्राफ़्ट (GI)	कर्नाटक	**जस्ता और ताँबे** का काला **मिश्र धातु चाँदी** की पतली शीट में हुक, गमले, झुमके, शोपीस आइटम आदि बनाने के लिए जड़ा हुआ होता है, जिसका निर्यात बाज़ार भी अच्छा है।
अरनमुला कन्नड़ी (Metal Mirror) (GI)	केरल	शिल्प का एक **दुर्लभ** टुकड़ा होने के नाते, यह एक **हस्तनिर्मित धातु-मिश्र का दर्पण** है, जिसे केरल के एक छोटे से शहर अरनमुला में बनाया जाता है। दर्पण की परावर्तक सतह प्राप्त करने के लिए मिश्र धातु को कई दिनों तक पॉलिश किया जाता है। **मिश्र धातु की संरचना** में शामिल परिवारों का **एक गुप्त रहस्य** है।
नेत्तुरपेट्टी आभूषण के बक्से	केरल	यह एक **प्राचीन हस्तकला** है, जो सामान्य रूप से **शीशम** और ब्रास क्युरिओस का उपयोग करके बनायी जाती है। इसमें जटिल पैटर्न होते हैं, जो **मंदिर वास्तुकला** और **केरल** के पारंपरिक कला रूपों से प्रेरित हैं।
चाँदी तारकशी (Silver filigree)	ओडिशा	90 प्रतिशत या अधिक शुद्ध चाँदी के मिश्र धातु का उपयोग किया जाता है। गहने बनाने के लिए Granulation, snow glazing और casting जैसी तक़नीकों का नवीन उपयोग किया जाता है।
स्वामीमलाई कांस्य प्रतीक (GI)	तमिलनाडु	स्वामीमलाई एक पारंपरिक स्थल है, जहाँ **चोल काल** से इस शिल्प का अभ्यास किया जाता है। धार्मिक उद्देश्यों के लिए **कांस्य** और **पंचलोहा** (ताँबा, पीतल, सीसा, चाँदी और सोना) की मूर्तियाँ बनाई जाती हैं।

चर्म उत्पाद

चर्म शोधन की कला 3000 ईसा पूर्व से ही अस्तित्व में है। चर्म उत्पाद के लिए पहले बाघ और हिरण की खाल का इस्तेमाल होता था, परतु अब ऊँट इसके लिए सबसे लोकप्रिय जानवर बन गया। कहा जाता है कि प्राचीन काल में, जंगल में रहनेवाले *ऋषि* या विद्वान् चटाई के रूप में जानवर की खाल का उपयोग करते थे। भले ही चमड़े का मुग़ल काल में उपयोग किया जाता था, लेकिन चमड़े की नष्टधर्मी प्रकृति इसके लिए भौतिक साक्ष्य उपलब्ध कराना कठिन बना देती है।

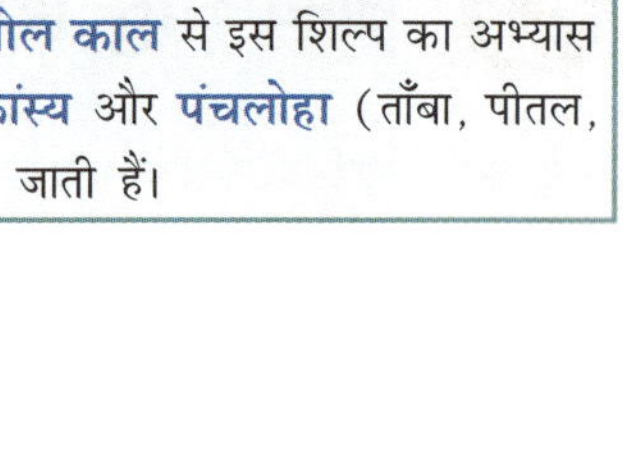
जूती

वर्तमान में, चमड़े का उपयोग अधिकांशत: जूते, बैग तथा पर्स बनाने के लिए किया जाता है। चमड़े का सबसे बड़ा बाज़ार राजस्थान है। यहाँ विभिन्न आकार और प्रकार के बैग बनाने के लिए ऊँट के चमड़े का प्रयोग किया जाता है। इसके अतिरिक्त, **जयपुर** और **जोधपुर मोजड़ी** के लिए प्रसिद्ध हैं। ये विशिष्ट प्रकार के चमड़े के जूते होते हैं।

उत्तर प्रदेश में एक अन्य प्रमुख केंद्र **कानपुर** है। इसकी अर्थव्यवस्था बड़े स्तर पर चमड़े और चर्मशोधित उत्पादों पर टिकी हुई है। महाराष्ट्र भी अपने **कोल्हापुरी चप्पलों** के लिए प्रसिद्ध है।

इनके अतिरिक्त, चेन्नई और कोलकाता भी चमड़े के बैग और जूतों के प्रमुख केंद्र हैं। पंजाबी **जूतियाँ** भी प्रसिद्ध हैं, क्योंकि इनमें कशीदाकारी कढ़ाई का उपयोग किया जाता है, जिससे ये बहुत सुंदर बन जाती हैं। चमड़े पर कला की एक अन्य प्रमुख शैली बीकानेर से संबंधित है, जिसे **मनोती कला** कहा जाता है, इसमें **ऊँट की खाल के साथ सजावटी सामग्री** सम्मिलित होती है। इस मनोती कला को **उस्ता कला** (फ़ारसी शब्द 'उस्ताद' या 'मास्टर' से व्युत्पन्न) भी कहा जाता है।

भारत में विभिन्न क्षेत्रीय फ़ुटवेयर्स (पादुकाएँ)

नाम	मुख्य उत्पादन क्षेत्र	विवरण
कोंगलन स्टिच्ड बूट्स	पश्चिम बंगाल	पश्चिम बंगाल के उत्तरी भाग में बनता है। इन जूतों में चमड़े के मोटे और चमड़े या मोटे कपड़े से बने उच्च स्तर के किनारे होते हैं।
पाबू स्टिच्ड बूट्स	लद्दाख	लद्दाख क्षेत्र से पारंपरिक रंगीन घुटने की लंबाई के जूते।
कोल्हापुरी चप्पल (GI)	कर्नाटक और महाराष्ट्र	शुद्ध चमड़े के पारंपरिक हाथ से बने जूते, मुख्य रूप से महाराष्ट्र के कोल्हापुर क्षेत्र और कर्नाटक के कुछ हिस्सों में उत्पादित किये जाते हैं।
कटकी चप्पल	ओडिशा	एथनिक लेदर फुटवेयर।
तिल्ला जूती (पारंपरिक जूते)	पंजाब	**भारतीय राजपूताना** से प्रेरित, यह पारंपरिक रूप से **चमड़े** से बना होती है तथा इसे बनाने में **सोने और चाँदी के धागे** का उपयोग व्यापक रूप से किया जाता है।
मोजड़ी (चमड़े की चप्पल)	राजस्थान	पारंपरिक तौर पर, ये कारीगरों द्वारा ज्यादातर **टैंड चमड़े** का उपयोग करके बनायी जाती हैं।
मुल्तानी खुस्सा	राजस्थान और पंजाब	ये **सब्ज़ी के टैंड चमड़े** का उपयोग करके बनाये जाते हैं और ये **ब्रास की नेल्स, शीशों, सेरामिक मनको,** आदि से कढ़ाई किये होते हैं।

काष्ठकारी

भारत में विशाल वन क्षेत्र हैं और लकड़ी इन संसाधनों से प्राप्त प्रमुख उत्पाद है। लकड़ी से बनायी जानेवाली सबसे प्रमुख वस्तुओं में लकड़ी से बना फ़र्नीचर है। हमें **शीशम** की लकड़ी, पाइनवुड आदि में विभिन्न प्रकार की उत्कृष्ट नक़्क़ाशीदार लकड़ी के फ़र्नीचर मिलते हैं।

लकड़ी के फ़र्नीचर बनाने के सबसे बड़े केंद्रों में से एक **कश्मीर** है। यहाँ कला का यह रूप 11वीं सदी से ही फल-फूल रहा है। कश्मीर में बड़े पैमाने पर **अखरोट** और **देवदार की लकड़ी** का उपयोग इस संदर्भ में किया जाता है। कश्मीरी कलाकार यहाँ प्रचलित ठंढे और आर्द्र जलवायु के कारण भी लकड़ी के मकान, हाऊसबोट आदि बनाने में कुशल हैं। **अच्छे-दार, ख़तमबंद** और **अज़्ली-पिंजरा,** जैसे कश्मीरी जाली के कुछ उत्कृष्ट लकड़ी के काम हैं।

एक और प्रमुख केंद्र **गुजरात** है। यहाँ खिड़कियों और लकड़ी के दरवाज़े पर लकड़ी की जाली के काम का उपयोग किया जाता है। प्रचुर मात्रा में लकड़ी तक पहुँचवाले अधिकांश पहाड़ी क्षेत्र नक़्क़ाशी तक़नीक में उत्कृष्ट हैं। उदाहरण के लिए, हिमाचल प्रदेश में, ब्रह्मूर और चतराही जैसे क़स्बे, नघबेल, कुठेरीफूल, जाली और डोरी जैसे मंदिरों में उपयोग होनेवाली लकड़ी की नक़्क़ाशी की तक़नीक में उत्कृष्ट हैं। काष्ठकारी के अन्य प्रमुख केंद्र हैं :

भारत में काष्ठकारी से जुड़े प्रमुख स्थान

राज्य	लकड़ी का प्रकार	विवरण
कर्नाटक	**चंदन की लकड़ी**	नक्क़ाशीदार लकड़ी के विभिन्न सामान बनते हैं।
आंध्र प्रदेश	**रक्तचंदन (विशेष)**	नक्क़ाशीदार गुड़ियाएँ और मूर्तियाँ
केरल	**सागौन की लकड़ी**	थारावाड मकान बनाने के लिए प्रयुक्त, जो कि अपने गहरे भूरे रंग और लकड़ी के जटिल काम के लिए प्रसिद्ध है।
नागालैंड	**कुमिशिंग की लकड़ी**	पूर्वोत्तर राज्यों के अधिकांश भागों में पायी जानेवाली स्थानीय लकड़ी तथा विशाल लॉग ड्रम के लिए उल्लेखनीय है।
राजस्थान	**रोहिदा की लकड़ी**	**सिंदूर** के बक्से और उलटे कटोरे जैसे सजावटी सामान बनाने के लिए उपयुक्त।
रत्नागिरी, महाराष्ट्र	**पंडोरा लकड़ी**	रोग़न लगाए हुए नक़ली फल

अन्य प्रसिद्ध लकड़ी के शिल्प

नाम	उत्पादन क्षेत्र	विवरण
निर्मल पेंटिंग्स, फ़र्नीचर, खिलौने और शिल्प (GI)	तेलंगाना	इस कला रूप का विकास **काकतीय** राजवंश से शुरू हुआ। यह लकड़ी की सतह पर एक सटीक पेंटिंग है तथा अंत में सोने की कोटिंग की जाती है और फिर वार्निश किया जाता है।
काश्तकारी लकड़ी की नक्क़ाशी	गोवा	घरेलू उत्पादों के साथ, चर्च, मंदिरों, घरों आदि में भी लकड़ी की नक्क़ाशी दिखाई देती है।
सेंटालम (चंदन की नक्क़ाशी)	कर्नाटक	इसका उपयोग मुख्य रूप से धार्मिक उद्देश्यों से संबंधित मूर्तियों और उत्पादों के निर्माण के लिए किया जाता है।
ख़तमबंद वुडक्राफ्ट (GI)	जम्मू और कश्मीर	लकड़ी के टुकड़ों को तीन अलग-अलग प्रकार के जोड़ों की मदद से जोड़ा जाता है, जो ख़तमबंद की मूल तक़नीक बनाते हैं। यह प्रयुक्त डिज़ाइन **इस्लामी परंपरा** के **ज्यामितीय जालकीयन पैटर्न** से उत्पन्न हुआ।
सिक्की घास शिल्प	बिहार	इसका उपयोग गहने, बक्से और चावल, अनाज और दाल आदि को स्टोर करने के कंटेनरों को लिए किया जाता है।
शीतल पट्टी घास चटाई	असम	शीतल का अर्थ है ठंडा और पट्टी का अर्थ है चटाई। **हरी पटिदाई या लंबे तनेवाली गाँठ रहित मोहत्रा** का उपयोग चटाई बनाने के लिए कच्चे माल के रूप में किया जाता है।
खुंडा - बाँस की सीढ़ियाँ	पंजाब	इसका उपयोग **भाँगड़ा नृत्य** के एक अनिवार्य भाग के रूप में किया जाता है। ये लोहे की मूठवाली लाठी चलने में **सहायता और हथियार** के उद्देश्य से काम करती है।
कावड़ - Mobile shrine (तीर्थ)	राजस्थान	ये कई दरवाज़ोंवाले पोर्टेबल मंदिर होते हैं, जिनमें से प्रत्येक को **हिंदू पौराणिक कथाओं के महाकाव्यों** और मिथकों के प्रतिनिधित्व के साथ चित्रित किया जाता है। कहानियों के पठन के लिए इसका उपयोग होता है।
चोकत्से - टेबल	सिक्किम	यह एक प्रकार का **तिब्बती** छोटा लकड़ी का मुड़वाँ और सुबाह्य मेज़ (फोल्डेबल और पोर्टेबल टेबल) है, जिसे **कमल, मंडला और मछली** जैसे प्रथागत **बौद्ध चिह्नों** के साथ उकेरा गया है।

नाम	उत्पादन क्षेत्र	विवरण
लिखाई (लकड़ी पर नक़्क़ाशी)	उत्तराखंड	लकड़ी के दरवाज़ों की सीमा **3-फूल, मेहराब और ड्रेगन** जैसे **तिब्बती** रूपांकनों से सजी है। कभी-कभी इसमें 14 पंक्तियाँ होती हैं, जैसे **हंस, तोता, कमल, लता** इत्यादि।
संखेड़ा फ़र्नीचर (GI)	गुजरात	यह **सौ प्रतिशत सागौन की लकड़ी** से बना होता है। **सार डिज़ाइन और पुष्प चित्र** लकड़ी के फ़र्नीचर पर **सोने, चाँदी, मैरून, हरे, सिंदूर और भूरे** रंग के उज्ज्वल रंगों के साथ खींचे जाते हैं।
अखरोट लकड़ी की नक़्क़ाशी (GI)	जम्मू और काश्मीर	यह पारंपरिक नक़्क़ाशी तक़नीक **उच्च छूट** से और डिज़ाइनों को और अच्छे से दिखाने के लिए **नक़्क़ाशी की अंडरकट स्टाइल** से पहचानी जाती है। सबसे अच्छी गुणवत्तावाला **अखरोठ काष्ठ शोपियाँ** और **अनंतनाग** से मिलता है।
पेठापुर छपाई ब्लॉक (GI)	गुजरात	यह शिल्प **प्रजापति और गज्जर परिवारों** के कारीगरों की धरोहर है। इन ब्लॉक का उपयोग निर्माताओं द्वारा कपड़ों पर छपाई के लिए होता है।

कावड़ मोबाइल श्राइन, राजस्थान

संखेड़ा फ़र्नीचर, गुजरात

विभिन्न प्रकार के खिलौने

खिलौना बनाना महत्त्वपूर्ण कला के साथ एक फलता-फूलता हुआ व्यवसाय भी है। **खिलौना गाड़ी** का पहला साक्ष्य हड़प्पा सभ्यता में मिलता है और आरंभिक ऐतिहासिक काल तक यह जारी रहा है। हड़प्पा सभ्यता में जहाँ ताँबे, पीतल और मिट्टी की खिलौना गाड़ियों के पुरातात्विक साक्ष्य प्राप्त हुए हैं, वे स्थल हैं–आलमगीरपुर, अम्बखेरी, कालीबंगा और लोथल।

इसी प्रकार के गाड़ी के मॉडल अतरंजीखेड़ा, नागार्जुनकोंडा, सांभर, सोनापुर, उज्जैन और ब्रह्मपुरी जैसे आरंभिक ऐतिहासिक स्थलों से भी प्राप्त हुए थे। प्राचीन और मध्य काल में मिट्टी, काग़ज़, काग़ज़ की लुगदी और चित्रित या रोग़न लकड़ी जैसी विभिन्न प्रकार की सामग्रियों से खिलौने बनाये जाते थे। सुंदर गुड़ियाँ **लाल लकड़ी** की बनी होती थीं, उदाहरण के लिए आंध्र प्रदेश में प्रचलित **तिरूपति गुड़ियाँ।**

कोंडापल्ली अम्बरी हाथी

राजस्थान, रंगीन कपड़े की बनी गुड़ियों और भरवाँ खिलौने के लिए प्रसिद्ध है। असम में पारंपरिक गुड़ियाँ **पिथ** या भारतीय कार्क से बनायी जाती हैं। दक्षिण भारतीय राज्यों को लकड़ी के विभिन्न प्रकार के खिलौने बनाने में विशेषज्ञता प्राप्त हैं। मैसूर और **चन्नपटना** में, रोग़न लकड़ी के बने विशेष खिलौने अपनी सुन्दरता तथा उत्कृष्टता के कारण शिल्प के लिए प्रतिस्थापित किये जाते हैं। आंध्र प्रदेश में स्थित **कोंडापल्ली** में, **पोंकी** के रूप में ज्ञात स्थानीय मुलायम लकड़ी का *अम्बरी हाथी* नामक एक बहुत ही लोकप्रिय खिलौना बनाने के लिए प्रयोग किया जाता है।

भारत में खिलौने की प्रसिद्ध क़िस्में

नाम	उत्पादन क्षेत्र	विवरण
चन्नपटना खिलौने (GI)	कर्नाटक	परंपरागत रूप से **हाथीदाँत-लकड़ी** से बनाया जाता है। इसकी लोकप्रियता के कारण चन्नपटना शहर को **गोम्बेगाला ऊरू** (खिलौनों का शहर) भी कहा जाता है।
कोंडापल्ली बोम्मालु खिलौने (GI)	आंध्र प्रदेश	यह एक नरम लकड़ी का उपयोग करके बनाया जाता है। इसे नमी रहित बनाने के लिए लकड़ी के टुकड़े को गर्म किया जाता है। इसके बाद, खिलौने के अलग-अलग हिस्सों को अलग-अलग उकेरा जाता है और फिर एक साथ चिपका दिया जाता है। उदाहरण - अम्बरी हाथी।
किन्हल या किन्नाल खिलौने (GI)	कर्नाटक	यह अद्वितीय लकड़ी का शिल्प **विजयनगर साम्राज्य** के शाही संरक्षण में विकसित हुआ।

टॉयकैथॉन 2023

टॉयकैथॉन क्षेत्रीय संसाधनों और स्थानीय विरासत का उपयोग करके नवीन खिलौनों और खेलों को डिज़ाइन करने पर ध्यान केंद्रित करता है, जो भारतीय संस्कृति, पौराणिक कथाओं, सभ्यता, जातीयता, राष्ट्रीय नायकों, इतिहास, प्रौद्योगिकी और महत्त्वपूर्ण घटनाओं पर आधारित हैं। राज्य शैक्षिक अनुसंधान एवं प्रशिक्षण परिषद **(SCERT)**, जम्मू और कश्मीर, ने टॉयकैथॉन 2023 लॉन्च की। इसका विषय था : 'उन्नतिशील विचारों को बढ़ावा देना और स्थानीय विरासत का पुनरुद्धार।'

प्रस्तर पात्र

प्रस्तर शिल्प

भारत की सामयिक और भौगोलिक स्थिति से, हम अनुभव करते हैं कि राजगिरी एवं **प्रस्तर से संबंधित कला** भारत में सबसे लोकप्रिय कलाओं में से एक है। प्राचीन काल में, उत्कृष्ट स्मारक बनाने के लिए, कारीगरों को उत्कीर्णन कला एवं मूर्तिकला में दक्ष होने की आवश्यकता होती थी। प्रस्तर के काम के सबसे अच्छे उदाहरण दक्षिण भारतीय शहरों में देखे जा सकते हैं। कारीगर अपनी कृतियाँ बनाने के लिए मुलायम-भंगुर बलुआ पत्थर से लेकर चित्तीदार लाल पत्थर और कठोर ग्रेनाइट, जैसे विभिन्न प्रकार के प्रस्तरों का उपयोग करते थे।

इस कार्य का लक्ष्य लोगों द्वारा प्रदर्शित स्वाभाविक भाव-भंगिमाओं के सदृश्य सजीव संरचनाएँ निर्मित करना होता था। हम **मौर्य** काल के स्मारकों में मूर्तियों और वास्तुकला के साक्ष्य देख सकते हैं। सबसे अच्छा उदाहरण अजंता और एलोरा की चट्टानों को काटकर बनायी गयीं गुफाएँ, खजुराहो की कामुक मूर्तियाँ, साँची और भरहुत की बौद्ध नक़्क़ाशियाँ हैं। पहाड़ी क्षेत्रों में, एक अच्छा उदाहरण कांगड़ा ज़िले में **मसरूर** में एकाश्म प्रस्तरखंड को काटकर बनाये गये मंदिर की अखंड नक़्क़ाशी में देखा जा सकता है।

यह प्रवृत्ति मुग़ल काल में काफ़ी परिवर्तित हो गयी, जिसका स्थानांतरण पत्थर से लेकर संगमरमर प्रस्तर के काम की ओर हो गया। उन्होंने संगमरमर पर रंगीन पत्थरों के **जड़ाऊ काम** पर ध्यान केंद्रित किया, जो कि पिएत्रा ड्यूरा कार्य के नाम से जाना जाता है। उन्होंने बलुआ प्रस्तर का उपयोग करके अनेक स्मारक बनवाये। ताजमहल और एतमाद-उद्-दौला का मक़बरा,

जो कि सफ़ेद संगमरमर से निर्मित हैं, कुछ सबसे भव्य स्मारकों में से एक हैं। राजस्थान संगमरमर के प्रमुख केंद्रो में से एक है, जहाँ प्रसिद्ध **'संग-ए-मरमर'** या सफ़ेद **मकराना** संगमरमर का उत्पादन होता है। दूसरा प्रमुख स्थान उत्तर प्रदेश में झाँसी है। यहाँ **'संग-ए-रथक'** कहलानेवाले गहरे भूरे पत्थर से सामग्रियाँ बनायी जाती थीं। **आगरा (उत्तर प्रदेश)** को संगमरमर निर्मित हस्तशिल्प के लिए जाना जाता है।

फ़र्श पर कलाएँ

फ़र्श पर उकेरी कलाओं (रँगोलियों) को सार्वभौमिक मान्यता प्राप्त है। यह विविधतापूर्ण कला क्षेत्रीय सीमाओं के पार विस्तारित होती है और कई राज्यों में देखी जाती हैं। वे प्राय: धार्मिक या पारिवारिक समारोहों में बनायी जाती हैं।

सामान्यत: डिज़ाइनों को मुक्त हस्त से बनाया जाता है, केंद्र में एक बिन्दु से आरम्भ किया जाता है और उसके बाद वृत्तों, वर्गो, त्रिभुजों, ऋजु रेखाओं (सीधी लाइनों) और वक्रों के रूप में वे विस्तारित होती हैं। यह इन्हें बनाने की सहज पद्धति है, जिसमें केंद्र से आरम्भ किया जाता है और उसके बाद प्रतिमानों को दोहराते हुए डिज़ाइन को बड़ा किया जाता है।

सामान्यत: ऐसे प्राकृतिक पदार्थ और रंग उपयोग किये जाते हैं, जो फ़र्श पर दाग नहीं लगाते एवं जिन्हें आसानी से मिटाया जा सकता है। इसलिए, उनका उद्देश्य स्थायी तौर पर उन्हें बनाये रखना नहीं होता है। सफ़ेद रंग के लिए सूखा सफ़ेद चाक या चूर्णित संगमरमर या चावल के आटे एवं चूने के मिश्रण का उपयोग किया जाता है।

पंजाब और उत्तर प्रदेश की **चौकपूरना** एवं उत्तराखण्ड की **ऐपण** (*Aipan*) रँगोलियों में मूल आधारिक रूपांकन के रूप में वर्गों, वृत्तों, त्रिभुजों को अपनाया जाता है। चौक (वर्ग) शब्द, लक्ष्मी जी (धन एवं सम्पन्नता की देवी) की चौकी (बैठने का सीट) शब्द से व्युत्पन्न हुआ है। ये मांगलिक त्यौहारों और अवसरों पर बनायी जाती हैं।

राजस्थान व मध्य प्रदेश की माँडणा रँगोली का शाब्दिक अर्थ **मंडन** अर्थात् सजावट है। यहाँ पर प्रतिमान पुन: वर्गों, षट्कोणों, त्रिभुजों और वृत्तों इत्यादि विभिन्न प्रकार के होते हैं। मांडणा के निर्माण के लिए, ज़मीन को गोबर से लीप कर साफ़ कर लिया जाता है और कई अवसरों पर रेती (लाल मिट्टी)को मिलाकर प्राप्त किये जानेवाले गेरू (क्रिमसन रेड) से परिसज्जित किया जाता है। मध्यप्रदेश के माँडणों में अवसर के अनुसार विभिन्न प्रकार के आकारों एवं अभिकल्पनाओं का उपयोग किया जाता है।

सांथिया, गुजरात में महत्त्वपूर्ण अवसरों पर घरों के प्रवेश द्वार को सजाने के लिए बनायी जाती हैं। महाराष्ट्र की **रँगोली** में सुरुचिपूर्ण आकृतियों एवं रूपांकनों, जैसे कमल एवं स्वस्तिक आदि का प्रयोग किया जाता है।

राजस्थान की माँडणा

रँगोली, महाराष्ट्र

सांथिया, गुजरात

दक्षिण भारत की **कोलम** अभिकल्पनाएँ डॉट्स (बिंदु) की एक सरणी को जोड़कर बनायी जाती हैं, जो संख्या, संयोजन और रूप की दृष्टि से विभिन्न प्रकार की होती है। पतली रेखाओं को चावल के आटे या चूर्णित पत्थर के सफ़ेद चूर्ण से यह नम सतह पर बनाया जाता है। कोलम अभिकल्पनाओं की बाह्य रूपरेखा लाल गेरू रंग से बनायी जाती है। इसे **कर्नाटक में हेज** *(Hase)*, **आंध्र प्रदेश में मुग्गुलु** *(Muggulu)* **तथा केरल में गोलम** *(Golam)* भी कहा जाता है।

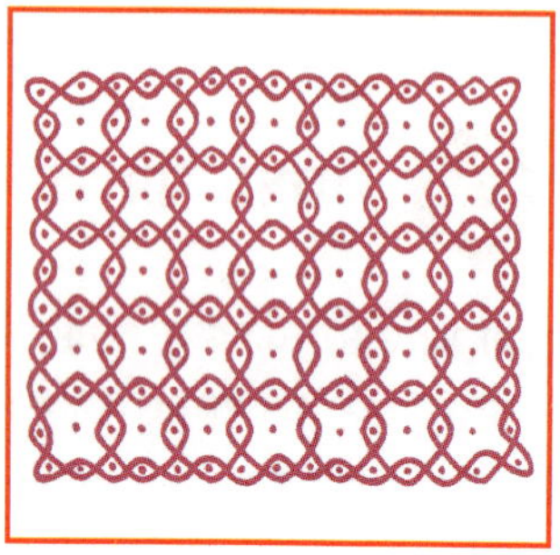

कोलम

ब्रह्मांडीय पिंडों, विशेष रूप से सूर्य एवं चन्द्र को भी उकेरा जाता है। **मंडप कोलम**, बड़े आकार की अल्पनाएँ होती हैं, जिन्हें विशेष रूप से विवाह समारोहों के लिए उकेरा जाता है। चावल की नम लेई की बनी ये कोलम अल्पनाएँ, विवाह सभाकक्ष में पवित्रता का संचार करती हैं। कई घरों में उपासना स्थल प्रतिदिन गृह कोलम को बनाकर पवित्रता की अभिवृत्ति की जाती है।

ओडिशा की **झोंटी** *(Jhonti)* एवं पश्चिम बंगाल और असम की **अरिपन** *(Aripana)* नामक अल्पनाएँ अत्यधिक विशिष्ट शैली की हैं। शंख के कवच, मछली, सर्प एवं पुष्पों के रूपाकनों का आमतौर पर प्रयोग किया जाता है। इन अल्पनाओं को भूतल पर चोक के चूर्ण से उकेरा जाता है और रंगीन चूर्ण या लाल रंग के लिए सिंदूर एवं पीले रंग के लिए हल्दी से रँगी गयी चावल की लेई से भरा जाता है। प्रत्येक अरिपन डिज़ाइन के आगे एक फूल रखे जाने की प्रथा है।

भारत में अन्य प्रसिद्ध हस्तशिल्प

हस्तशिल्प का नाम	उत्पादन क्षेत्र	विवरण
पैपियर गाशे (कागज़ की लुगदी) (Paper Mache) (GI)	जम्मू और कश्मीर	यह शिल्प **कागज़ के गूदे** से बना होता है और इसे **कॉपर सल्फेट** और चावल के आटे के साथ मिलाया जाता है और फिर मनचाहे आकार में ढाला जाता है।
तिरुकनूर पपीयर माशे (GI)	पुदुचेरी	यह एक लोकप्रिय शिल्प कार्य है, जिसमें आम तौर पर रंगीन गुड़ियों और कागज़ की मूर्तिकला का निर्माण किया जाता है।
गंबिरा मास्क	पश्चिम बंगाल	मुखौटे का विषय **देवी काली** की कस्तूरी है।
छऊ मास्क (GI)	पश्चिम बंगाल	**छऊ नृत्य** में मुख्य रूप से छऊ मास्क का उपयोग किया जाता है। मास्क में विभिन्न पौराणिक चरित्र होते हैं, जैसे- **महिषासुर-मर्दिनी**, **राम-सीता** आदि।
थोंगजाओ पॉटरी (Thongjao Pottery)	मणिपुर	यह एक टेराकोटा पॉटरी है, जिसमें ज़्यादातर महिलाओं द्वारा बनाये गये घड़े, खाना पकाने के बर्तन, प्लेटें, पॉट के छल्ले, ढक्कन, कटोरे और बर्तन शामिल हैं।
साँझी पेपर स्टेंसिल	राजस्थान	साँझी पेपर कटिंग, **पेपर स्टैंसिलिंग का एक प्राचीन शिल्प** है। इन स्टेंसिलों का उपयोग **'साँझी'** नामक दीवारों और फ़र्श पर रँगोली पैटर्न बनाने के लिए किया गया था।
भित्ति-चित्र (दीवार पेंटिंग)	राजस्थान	यह एक **मिट्टी की दीवार पेंटिंग** है। लोग भित्तिचित्र के साथ दीवारों को सजाते हैं, जिसके माध्यम से वे बुरी आत्माओं से घर को सुरक्षित करने की कोशिश करते हैं।

हस्तशिल्प का नाम	उत्पादन क्षेत्र	विवरण
सुथई (प्लास्टर काम)	तमिलनाडु	इसका अभ्यास मुख्य रूप से काकम्पुदुर में **पिल्मार** जाति के कारीगरों द्वारा किया जाता है।
रामबाँस नेचुरल फ़ाइबर क्राफ़्ट	उत्तराखंड	रामबाँस एक क़िस्म का **सिसल प्लांट** है। फ़ाइबर को खिलौने, रस्सियों, टेबल, मैट, बैग, टोपियाँ आदि बनाने में उपयोग किया जाता है।
मोलेला क्ले सिरेमिक (GI)	राजस्थान	यह एक प्रकार का टेराकोटा टाइल्स और भित्ति चित्र है। मोलेला का शाब्दिक अर्थ है **'पकी हुई धरती (baked earth)'**।
थेवा कला (GI)	राजस्थान	काँच पर सोने की कारीगरी की जाती है। इसका उपयोग मूलतः कंघी, हेयर बैंड, कोट के बटन, फोटो फ़्रेम और आभूषण आदि की वस्तुओं आभूषण वस्तुओं को बनाने में किया जाता है।
गंजिफ़ा काड्र्स (GI)	कर्नाटक (मैसूर)	यह एक कार्ड गेम है, जो फ़ारस देश से आया था। मुग़ल काल के दौरान यह बहुत लोकप्रिय था।

गंजिफ़ा काड्र्स

छऊ मास्क

रामबाँस नेचुरल फ़ाइबर क्राफ़्ट

अध्याय का सारांश

- **काँच निर्मित वस्तुएँ - पहला संदर्भ** भारतीय महाकाव्य **महाभारत** से - वैदिक ग्रंथ, जिसे **शतपथ ब्राह्मण** कहा जाता है में मिलता है - **ब्रह्मपुरी** और **कोल्हापुर** में **काँच उद्योग** के पुरातात्त्विक साक्ष्य मिले हैं।
- **खादी** - भारतीय स्वतंत्रता आंदोलन के दौरान, महात्मा गांधी ने खादी को ब्रिटिश वस्त्रों के खिलाफ़ आत्मनिर्भरता, दांभिकता और प्रतिरोध के प्रतीक के रूप में प्रचारित किया। खादी और ग्रामोद्योग को बढ़ावा देने और विकसित करने के लिए 1956 में खादी और ग्रामोद्योग आयोग (KVIC) की पूरे भारत में स्थापना की गयी थी।
- **कढ़ाई-कला** - वस्त्रों पर प्रयोग की जानेवाली कला - कपड़े पर सुई की सहायता से सोने, चाँदी, रेशम या कपास आदि के धागों का उपयोग करके किया जा सकता है।
- **पूर्वोत्तर भारत में वस्त्र उद्योग** - ये राज्य बुनाई में माहिर हैं - आर्थिक विकास में योगदान करते हैं - पारंपरिक बुनाई तक़नीकों जैसे ओटना, कताई और बुनाई का उपयोग किया जाता है।
- **हाथीदाँत की शिल्पकला** - वैदिक काल में **'दंत'** के रूप में संदर्भित किया जाता था - **हड़प्पा काल** के दौरान हाथीदाँत से पासे जैसी वस्तुएँ बनायी जाती थीं - **हाथीदाँत से बनी वस्तुओं का भारत** से तुर्कमेनिस्तान, अफ़ग़ानिस्तान और फ़ारस की खाड़ी के देशों में निर्यात किया जाता था।

- **मिट्टी के बर्तनों का काम** - 'हस्तशिल्प का गीत' - मेहरगढ़ के नवपाषाणिक स्थलों से मिट्टी से बने बर्तनों का सबसे पुराना साक्ष्य मिलता है।
- **कांस्य शिल्प** - मोहनजोदड़ो से मिली **नृत्यांगना** की काँसे की प्रतिमा - लगभग 3500-3000 ईसा पूर्व की है - **मत्स्य पुराण** में काँसे की ढलाई की विभिन्न विधियों का प्रारंभिक साहित्यिक साक्ष्य मिलता हैं - **रसरत्नाकर** में भी धातु की शुद्धता और जस्ते के आसवन का उल्लेख किया गया है।
- **खिलौने** - **खिलौना गाड़ियों** का पहला साक्ष्य हड़प्पा सभ्यता के स्थलों से मिला है - राजस्थान रंगीन कपड़े से बनी गुड़ियों और भरवाँ खिलौनों के लिए प्रसिद्ध है - **चन्नापटना** (कर्नाटक) में, लाख की लकड़ी से विशेष क़िस्म के खिलौने बनाये जाते हैं।

यू.पी.एस.सी. पिछले वर्षों के बहुविकल्पीय प्रश्न

1. निम्नलिखित जोड़े पर विचार करें : **(CSE, 2018)**

शिल्प	*विरासत*
1. पुथुक्कुली शॉल :	तमिलनाडु
2. सुजनी कढ़ाई :	महाराष्ट्र
3. उप्पद जामदानी साड़ियाँ :	कर्नाटक

ऊपर दी गई कौन-सी जोड़ी सही है/हैं?

(a) केवल 1 (b) 1 और 2
(c) केवल 3 (d) 2 और 3

2. क़लमकारी चित्रकला निर्दिष्ट करती है- **(CSE, 2018)**

(a) दक्षिण भारत में सूती वस्त्र पर हाथ से की गयी चित्रकारी।
(b) पूर्वोत्तर भारत में बाँस के हस्तशिल्प पर हाथ से किया गया चित्रांकन।
(c) भारत के पश्चिमी हिमालय क्षेत्र में ऊनी वस्त्र पर ठप्पे (ब्लॉक) से की गयी चित्रकारी।
(d) उत्तर-पश्चिमी भारत में सजावटी रेशमी वस्त्र पर हाथ से की गयी चित्रकारी।

3. यहाँ पारंपरिक रूप से पटोला बुनाई की जाती थी। **(CDS II, 2014)**

(a) पोचमपल्ली और काँचीपुरम
(b) सूरत और पाटन
(c) ढाका और बनारस
(d) बनारस और पैठन

4. निम्नलिखित में से कौन-सा/से कथन सही है/हैं? **(CAPF, 2014)**

1. हुमायूँ ने ताज-ए-इज़्ज़त का आविष्कार किया।
2. ताज-ए-इज़्ज़त एक टोपी और लपेटने वाले कपड़े से बनी पगड़ी थी।

नीचे दिये गये कोड का प्रयोग कर सही उत्तर चुनिए।

कोड :

(a) केवल 1 (b) केवल 2
(c) दोनों 1 और 2 (d) न तो 1 और न ही 2

5. यहाँ गुप्त काल की गंगा और यमुना नदियों की प्रसिद्ध टेराकोटा मूर्तियाँ मिली हैं **(CAPF, 2012)**

(a) अहिच्छत्र (b) कौशाम्बी
(c) राजघाटी (d) भितरगाँव

उत्तर

1. (a) 2. (a) 3. (b) 4. (c) 5. (d)

8

अध्याय

भारत में यूनेस्को के विश्व धरोहर स्थलों की सूची

विश्व धरोहर स्थलों की सूची *संयुक्त राष्ट्र शैक्षिक, वैज्ञानिक और सांस्कृतिक संगठन* **(UNESCO)** द्वारा विश्व धरोहर समिति के माध्यम से विश्व धरोहर सम्मेलन के प्रविधानों के अनुसार संकलित की जाती है, जिसे 1972 में स्थापित किया गया था।

UNESCO द्वारा विश्व धरोहर स्थलों को सांस्कृतिक, ऐतिहासिक, वैज्ञानिक या अन्य प्रकार का महत्त्व रखने के लिए चिह्नित किया जाता है। विश्व धरोहर स्थल या तो सांस्कृतिक या प्राकृतिक धरोहर या मिश्रित श्रेणी के अंतर्गत आते हैं।

इस अध्याय से संबंधित ऑनलाइन वीडियो के लिए इस QR कोड को स्कैन करें।

अक्टूबर, 2023 तक, 168 देशों में कुल 1,199 विश्व धरोहर स्थल (933 सांस्कृतिक, 227 प्राकृतिक और 39 मिश्रित संपत्तियाँ) हैं। **इटली** में अभी तक सबसे अधिक विश्व धरोहर स्थल (58) हैं।

अक्टूबर, 2023 तक, भारत में UNESCO द्वारा घोषित 42 विश्व धरोहर स्थल (34 सांस्कृतिक, 7 प्राकृतिक और 1 मिश्रित श्रेणी के अंतर्गत) हैं।

विश्व धरोहर सम्मेलन

यह सबसे महत्त्वपूर्ण वैश्विक संरक्षण प्रपत्रों में से एक है। **1972 में अस्तित्व** में आनेवाले, विश्व धरोहर सम्मेलन का प्राथमिक मिशन उत्कृष्ट सार्वभौमिक मूल्य रखनेवाली विश्व की प्राकृतिक और **सांस्कृतिक धरोहरों की पहचान और उनका संरक्षण** करना है। विश्व धरोहर सम्मेलन, **विश्व धरोहर समिति** द्वारा शासित होता है।

विश्व धरोहर समिति

विश्व धरोहर समिति **विश्व धरोहर पर शासी निकाय** है। यह विश्व धरोहर सम्मेलन के कार्यान्वयन के लिए ज़िम्मेदार है। यह चुनाव के माध्यम से छह वर्ष के कार्यकाल के लिए चुने गए 21 राज्य पक्षकारों के प्रतिनिधियों से मिलकर बनी **अंतर-सरकारी समिति** है। यह समिति आमतौर पर **वर्ष में एक बार** बैठक करती है।

विश्व धरोहर समिति निम्नलिखित कार्य करती है :

- विश्व धरोहर सूची और संकटापन्न विश्व धरोहरों की सूची सहित UNESCO के विश्व धरोहर स्थलों के रूप में सूचीबद्ध किये जानेवाले स्थलों का चयन करती है,
- विश्व धरोहर कोष का उपयोग परिभाषित करती है, और
- राज्य पक्षकारों के अनुरोध पर वित्तीय सहायता आवंटित करती है।

विश्व धरोहर समिति को **तीन सलाहकारी निकायों**, अर्थात् **IUCN**, **ICOMOS** और **ICCROM** द्वारा सहायता प्रदान की जाती है।

यूनेस्को द्वारा चयन के मानदंड

नामित स्थलों को ***'उत्कृष्ट सार्वभौम मूल्य'*** का होना चाहिए तथा इसे निम्नलिखित **दस मानदंडों** में से **कम-से-कम एक** पर खरा उतरना चाहिए :

1. यह मानव की रचनात्मक प्रतिभा की उत्कृष्टतम रचना का प्रतिनिधि स्वरूप हो।
2. यह निश्चित समयावधि में या विश्व के किसी सांस्कृतिक क्षेत्र के भीतर वास्तुकला या प्रौद्योगिकी के विकास, स्मारक कलाओं, शहर नियोजन या भू-दृश्य रूपांकन के संबंध में मानव मूल्यों के महत्त्वपूर्ण अंतर्विनिमय को प्रदर्शित करता हो।
3. किसी सांस्कृतिक परम्परा अथवा जीवंत या लुप्त किसी सभ्यता का अनोखा व असाधारण प्रमाण हो।
4. मानव इतिहास की किसी महत्त्वपूर्ण अवस्था को दर्शानेवाले किसी भवन, वास्तुकला या प्रौद्योगिकी संबंधी समूह या भू-दृश्य का उत्कृष्ट उदाहरण हो।

5. किसी संस्कृति अथवा वातावरण के साथ मानव की अंतर्क्रिया का प्रतिनिधित्व करनेवाले किसी परम्परागत मानव-बस्ती-भू-प्रयोग अथवा सागर-प्रयोग का एक उत्कृष्ट उदाहरण हो। विशेषत: जब वह अपूरणीय क्षति के प्रभाव में अतिसंवेदनशील हो गया हो।
6. घटनाओं अथवा जीवंत परम्पराओं, विचारों, मान्यताओं, सार्वभौमिक महत्त्व की उत्कृष्ट कलात्मक या साहित्यिक कृतियों के साथ प्रत्यक्षत: या मूर्त रूप से सम्बद्ध हो।
7. अति उत्कृष्ट प्राकृतिक दृश्य या असाधारण प्राकृतिक सौन्दर्य के स्थानों तथा कलागत महत्त्व को समाहित करता हो।
8. मानव जीवन के इतिहास का विवरण, भू-प्रारूपों के विकास में महत्त्वपूर्ण, अविरत भू-वैज्ञानिक प्रक्रियाओं या महत्त्वपूर्ण भू-आकृतिक विशेषताओं सहित पृथ्वी के इतिहास की प्रमुख अवस्थाओं को दर्शानेवाला उत्कृष्ट उदाहरण हो।
9. स्थलीय, ताज़े पानी, तटीय तथा समुद्री पारितंत्रों तथा पादपों तथा जंतुओं के समुदायों के उद्‌विकास और प्रगति संबंधी महत्त्वपूर्ण, अविरत पारिस्थितिकी तथा जैविक प्रक्रियाओं का प्रतिनिधित्व करनेवाला उत्कृष्ट उदाहरण हो।
10. विज्ञान या संरक्षण की दृष्टि से उत्कृष्ट सार्वभौमिक महत्त्व की संकटापन्न प्रजातियों सहित जैव-विविधता के स्व-स्थाने संरक्षण के लिए सर्वाधिक महत्त्वपूर्ण तथा सार्थक प्राकृतिक वास-स्थलों को समाविष्ट करता हो।

कृपया ध्यान दें : पहले छह मानदंड सांस्कृतिक स्थलों से संबंधित हैं और शेष चार प्राकृतिक स्थलों से संबंधित हैं।

घोषित स्थलों की विधिक स्थिति

यदि किसी स्थल को यूनेस्को द्वारा विश्व धरोहर स्थल घोषित कर दिया जाता है, तो इस बात का इसे प्रथम दृष्टया प्रमाण माना जाता है कि ऐसा स्थल सांस्कृतिक रूप से संवेदनशील है, तथा इसे जेनेवा (Geneva) कन्वेंशन, उसके अनुच्छेदों, प्रोटोकॉल एवं परिपाटी, सशस्त्र संघर्ष की स्थिति में सांस्कृतिक परिसंपत्तियों के संरक्षण से सम्बन्धित हेग (Hague) कन्वेंशन तथा अंतरराष्ट्रीय क़ानूनों सहित अन्य संधियों के अंतर्गत युद्ध क़ानून के आधार पर क़ानूनी संरक्षण की गारंटी प्रदान की जाएगी।

जेनेवा कन्वेंशन का अनुच्छेद 53 निम्नलिखित की घोषणा करता है :

'सांस्कृतिक वस्तुओं तथा आराधना स्थलों का संरक्षण' 14 मई, 1954 में संपन्न सशस्त्र संघर्ष की स्थिति में, सांस्कृतिक परिसंपत्तियों के संरक्षण हेतु 'हेग संधि' तथा अन्य सुसंगत अंतरराष्ट्रीय साधनों के प्रविधानों से बिना पक्षपात किये, निम्नलिखित कार्यवाही निषिद्ध है :

- लोगों की सांस्कृतिक तथा आध्यात्मिक धरोहर माने जानेवाले ऐतिहासिक स्मारकों, कलाकृतियों या आराधना स्थलों के विरुद्ध किसी प्रकार की शत्रुतापूर्ण कार्रवाई करना;
- सैन्य प्रयासों के समर्थन में ऐसी वस्तुओं का उपयोग;
- ऐसी वस्तुओं को प्रतिशोध का माध्यम बनाना।

भारत में UNESCO के विश्व धरोहर स्थल

अक्टूबर, 2023 तक, भारत में, UNESCO ने **34 सांस्कृतिक स्थलों, 7 प्राकृतिक स्थलों और 1 को मिश्रित श्रेणी के अंतर्गत** विश्व धरोहर स्थल घोषित किया है। आइए, इन 34 सांस्कृतिक स्थलों के बारे में विस्तार से जानते हैं:

1983-2023 (15 अक्टूबर तक) के बीच घोषित सांस्कृतिक स्थल

1983

1. **आगरा का क़िला** (उत्तर प्रदेश):
   - 16वीं सदी के इस स्मारक को अपना वर्तमान स्वरूप मुग़ल बादशाह **अकबर** के शासनकाल में मिला था। बाद के मुग़ल बादशाहों द्वारा भी इसमें कुछ परिवर्धन किये गये थे।
   - इसमें फ़ारसी और तिमुरिड वास्तुकला के प्रभाव के साथ इंडो-इस्लामिक वास्तुकला है।
   - **लाल बलुआ पत्थर** से बना है।
   - **यहाँ की प्रमुख संरचनाओं में शामिल हैं** - जहाँगीरी महल, दीवान-ए-ख़ास (शाहजहाँ द्वारा निर्मित), दीवानी-ए-आम (शाहजहाँ द्वारा निर्मित), मोती मस्जिद (सफ़ेद संगमरमर का और शाहजहाँ द्वारा निर्मित), अकबर दरवाज़ा (शाहजहाँ द्वारा बदल कर अमर सिंह द्वार नाम किया गया), हौज-ए-जहाँगीरी *(एकल पाषाण खंड से बना विशाल कटोरा और सुगंधित गुलाब जल के लिए पात्र के रूप में उपयोग किया जाता था)*, **जहाँगीर की न्याय की ज़ंजीर** या *अद्ल-ए-जंज़ीर* (यदि न्याय प्रशासन में लगे लोग देरी या पाखंड करते थे, तो व्यथित लोग इस ज़ंजीर तक आ सकते थे और इतना हिला सकते थे, ताकि उसका शोर जहाँगीर का ध्यान आकर्षित कर सके), ग़ज़नी द्वार, शीश महल आदि।
2. **अजंता की गुफाएँ** (महाराष्ट्र):
   - महाराष्ट्र में औरंगाबाद के निकट **वाघोरा नदी** के तट पर **सह्याद्री पर्वत श्रृंखला** में चट्टानों को काटकर बनायी गयी गुफाओं की श्रृंखला है।
   - कुल 29 गुफाएँ **(सभी बौद्ध)** हैं - जिनमें से 25 का विहार (आवासीय गुफाओं) के रूप में उपयोग किया जाता था, जबकि 4 का चैत्य (प्रार्थना हॉल) के रूप में उपयोग किया जाता था।
   - **200 ईसा पूर्व से 650 ईसवी** के बीच की अवधि में विकसित माना जाता है।
   - **वाकाटक राजाओं** के संरक्षण में बौद्ध भिक्षुओं द्वारा उत्कीर्णित (**हरिषेण** एक प्रमुख बौद्ध भिक्षु था)।
   - अजंता की गुफाओं का संदर्भ चीनी बौद्ध यात्री **फाह्यान** (चद्रगुप्त द्वितीय के शासनकाल के दौरान) और **ह्वेनसांग** (सम्राट हर्षवर्धन के शासनकाल के दौरान) के यात्रा वृत्तांतों में पाया जा सकता है।
   - चित्रकारी आमतौर पर बुद्ध के जीवन और जातक कथाओं पर आधारित है।

   (अध्याय-01 में भी वर्णन किया गया है)
3. **ऐलोरा की गुफाएँ** (महाराष्ट्र):
   - ऐलोरा नाम प्राचीन नाम एलूरपुरम के संक्षिप्त रूप से आया है।
   - महाराष्ट्र की **सह्याद्री पर्वत श्रृंखला** में अजंता की गुफाओं से लगभग 100 किलोमीटर दूर स्थित हैं।
   - स्थल पर 100 से अधिक गुफाएँ हैं और सभी बेसाल्ट चट्टानों से खोदी गयी हैं। कुल गुफाओं में से केवल 34 गुफाएँ ही जनता के लिए खुली हैं।
   - इन 34 गुफाओं में से - 17 **ब्राह्मण**, 12 **बौद्ध**, 5 **जैन** दिगंबर संप्रदाय की हैं।
   - पाँचवीं और ग्यारहवीं शताब्दी ईसवी के बीच की अवधि के दौरान विकसित की गयी थीं।
   - यहाँ का सबसे उल्लेखनीय स्थापत्य **कैलाश मंदिर** (गुफा संख्या 16) है, जिसे राष्ट्रकूट राजा कृष्ण-प्रथम ने बनवाया था।

- यहाँ की प्रसिद्ध मूर्ति **कैलाश पर्वत उठाते हुए रावण की मूर्ति** है (पुन: गुफा संख्या 16 में)।
- 20 रुपये के भारतीय करेंसी नोट के पीछे की तरफ़ ऐलोरा की गुफाओं को दर्शाया गया है।

(अध्याय-01 में भी वर्णन किया गया है)

4. **ताजमहल** (उत्तर प्रदेश):
   - **शाहजहाँ** द्वारा अपनी बेगम मुमताज़ की स्मृति में 17वीं शताब्दी में बनवाया गया श्वेत संगमरमर का मक़बरा है।
   - **'भारत में मुग़ल कला का रत्न'** कहा जाता है।
   - **यमुना नदी** के तट पर बना है।
   - अब्दुल हमीद लाहौरी ने अपनी पुस्तक ***पादशाहनामा*** में ताज महल को रौज़ा-ए मुनव्वरा कहा है, जिसका अर्थ है 'रोशनीदार या शानदार क़ब्र'।
   - अपने अद्वितीय अभिविन्यास, समरूपता में पूर्णता और **पिएत्रा ड्यूरा कार्य** के लिए प्रसिद्ध है।
   - 1920 में **राष्ट्रीय महत्त्व का केंद्रीय संरक्षित स्मारक** घोषित किया गया।

   (अध्याय-01 में भी वर्णन किया गया है)

1984

5. **कोणार्क का सूर्य मंदिर** (उड़ीसा):
   - पूर्वी गंग वंश के **राजा नरसिंह देव प्रथम** (1238-1264 ईसवी) द्वारा 13वीं शताब्दी में बनवाया गया था।
   - पुरी के निकट स्थित और **सूर्य देवता** को समर्पित है।
   - यह ओडिशा वास्तुकला शैली या कलिंग वास्तुकला का उत्कृष्ट उदाहरण है।
   - **विशाल रथ** आकार में डिज़ाइन किया गया है। इसमें मंदिर के दोनों तरफ़ 12 पहियों की क़तारें दर्शायी गयी हैं, जिन्हें सात घोड़ों द्वारा खींचा जा रहा है।
   - कभी नाविक इस मंदिर को **काला शिवालय (ब्लैक पगौडा)** कहते थे।
   - 10 रुपये के भारतीय करेंसी नोट के पीछे की तरफ़ कोणार्क सूर्य मंदिर को दर्शाया गया है।
   - यह हिंदुओं का एक प्रमुख तीर्थ स्थल है। हिंदू तीर्थयात्री हर वर्ष फ़रवरी माह के आसपास चंद्रभागा मेले के लिए यहाँ इकत्रित होते हैं।

सूर्य मंदिर, कोर्णाक

6. **महाबलीपुरम में स्मारकों का समूह** (तमिलनाडु):
   - **पल्लव राजाओं** द्वारा 7वीं और 8वीं शताब्दी में बंगाल की खाड़ी के कोरोमंडल तट पर बनवाया गया था।
   - यहाँ के प्रमुख स्मारकों में पंच रथ, तट मंदिर, अर्जुन की तपस्या या *गंगा का अवतरण*, गुफा मंदिर आदि शामिल हैं।
   - रथों, मंडपों के रूप में अद्वितीय स्थापत्य शैली, खुली हवा में विशाल उर्ध्ववृत्त चित्र जैसे *गंगा का अवतरण*।

   (अध्याय-01 में विस्तार से वर्णन किया गया है)

1986

7. **गोवा के चर्च और कॉन्वेंट:**
   - सेंट कैथरीन का प्रार्थनागृह, सेंट फ्रांसिस ऑफ़ असीसी का चर्च और कॉन्वेंट, अवर लेडी ऑफ़ रोजरी का चर्च, बॉम जीसस का विशाल सभा भवन, सेंट काजेटन का प्रार्थनागृह आदि।
   - **बॉम जीसस** का विशाल सभा भवन यहाँ के सभी चर्चों में सबसे प्रमुख स्मारक है। इसमें **सेंट फ्रांसिस जेवियर** का पवित्र मक़बरा है।
   - गोवा में बेसिलिका ऑफ़ बॉम जीसस (Basilica of Bom Jesus) को 2009 में विश्व में पुर्तगाली मूल के सात आश्चर्यों में से एक के रूप में पहचाना गया था।

8. **खजुराहो स्मारक समूह (मध्य प्रदेश) :**
   - हिंदू और जैन मंदिरों का समूह, जिनमें शामिल हैं :
     - **हिंदू मूल** के कंदरिया महादेव मंदिर, विश्वनाथ मंदिर, लक्ष्मण मंदिर, चौंसठ योगिनी मंदिर आदि और
     - **जैन मूल** के पार्श्वनाथ, आदिनाथ और शांतिनाथ मंदिर आदि।
   - इनका निर्माण **चंदेल राजवंश** द्वारा मुख्य रूप से 9वीं-11वीं शताब्दी ईसवी के आसपास करवाया गया था।
   - ये मंदिर नागर शैली की स्थापत्य कला को दर्शाते हैं, जो मुख्य रूप से दो अलग-अलग धर्मों - **हिंदू धर्म** (शैववाद और वैष्णववाद) और **जैन धर्म** से संबंधित हैं।
   - इन मंदिरों में जटिलतापूर्वक उत्कीर्णित मूर्तियों का समृद्ध प्रदर्शन किया गया है। जहाँ ये मंदिर अपनी कामुक मूर्तिकला के लिए प्रसिद्ध हैं, वहीं मंदिर की मूर्तिकला का 10% से भी कम हिस्सा यौन विषयों को आच्छादित करता है।
   - **कंदरिया महादेव मंदिर** : यह खजुराहो परिसर में **सबसे अधिक** देखा जानेवाला मंदिर है। इसका निर्माण **विद्याधर** के शासनकाल के दौरान हुआ था।
   - **विश्वनाथ मंदिर** : यह मंदिर चंदेल **राजा धंग** द्वारा बनवाया गया था। इसकी विशेषता **पंचायतन शैली** का परिसर है।

   कृपया ध्यान दें : **राजस्थान** में दसवीं शताब्दी का **भांड देव मंदिर** (खजुराहो के स्मारकों की शैली में निर्मित) को अक्सर *'छोटा खजुराहो'* कहा जाता है।

9. **फ़तेहपुर सीकरी** (उत्तर प्रदेश के आगरा के निकट)
   - **विजय नगर** के रूप में भी जाना जाता है।
   - बादशाह **अक़बर** द्वारा 16वीं शताब्दी के उत्तरार्द्ध के दौरान बनवाया गया था।
   - सूफ़ी संत **शेख़ सलीम चिश्ती** के सम्मान में बनवाया गया था।
   - कुछ समय तक मुग़ल साम्राज्य की राजधानी रहा था।

   (अध्याय-01 में विस्तार से वर्णन किया गया है)

10. **हम्पी में स्मारकों का समूह** (कर्नाटक):
   - हम्पी तुंगभद्रा नदी के समीप स्थित है।
   - इसमें विरुपाक्ष मंदिर, लक्ष्मी नरसिम्ह मंदिर, हेमकूट मंदिर समूह, अच्युतराय मंदिर परिसर, विट्ठल स्वामी मंदिर परिसर, हज़ारराम मंदिर, कमल महल आदि शामिल हैं।

- इन मंदिरों और स्मारकों का निर्माण विजयनगर साम्राज्य के शासकों द्वारा अपनी राजधानी हम्पी में 14वीं और 16वीं शताब्दी के बीच करवाया गया था।
- पत्थर और ईंटों का उपयोग कर गोपुरम और गर्भगृह का निर्माण किया गया था। **राजा कृष्ण देव** द्वारा **पहली बार** मंदिर वास्तुकला में **राय गोपुरम** प्रचलित किया गया था।
- माना जाता है कि रामायण के 'किष्किंधा कांड' में हम्पी का बहुत महत्व है।
- **कल्याण मंडप** (दिव्य विवाह के लिए) विजयनगर मंदिर वास्तुकला की एक और आकर्षक विशेषता है।

हम्पी, कर्नाटक में स्मारक

- **विट्ठल स्वामी मंदिर परिसर** सभी में से सबसे सुंदर है। इस परिसर के भीतर प्रसिद्ध **पाषाण रथ** (Stone Chariot) स्थित है।
- **विरूपाक्ष मंदिर** : मुख्य मंदिर एक गर्भगृह, तीन उपकक्षों, एक स्तम्भोंवाले हॉल और एक खुले स्तम्भोंवाले हॉल से मिलकर बना है। विजयनगर साम्राज्य के प्रसिद्ध राजाओं में से **कृष्णदेवराय** इस मंदिर के **प्रमुख संरक्षक** थे। प्रति वर्ष फ़रवरी के महीने में यहाँ **वार्षिक रथ उत्सव** मनाया जाता है।
- **हज़ारराम मंदिर** के स्तभ्भ चोट करने पर अलग-अलग **सुरीली ध्वनियाँ** निकालते हैं।
- इन स्मारक समूहों के अंतर्गत विशाल **लक्ष्मी नरसिम्ह की मूर्ति** एक और आकर्षण है।
- UNESCO ने हम्पी को एक **'तीक्ष्ण, भव्य स्थल'** के रूप में वर्णित किया है।

(अध्याय-01 में भी वर्णन किया गया है)

1987

11. **एलीफेंटा की गुफाएँ** (महाराष्ट्र) :

- **मुंबई के निकट** एलीफेंटा द्वीप पर स्थित हैं। इस द्वीप को घारापुरी (या घरपुरी, यानी गुफाओं का स्थान) के नाम से भी जाना जाता है।
- यहाँ की **सात गुफाएँ** मुख्य रूप से हिंदू धर्म के शैव और शक्ति संप्रदाय से जुड़ी हैं।
- इन गुफाओं में चट्टानों को काटकर बनायी गयी पत्थर की मूर्तियाँ हैं, जो अधिकांश **उच्चवृत्तचित्र** में हैं।
- 20 फीट ऊँची **त्रिमूर्ति** शिव (जिसे *सदाशिव और महेशमूर्ति* के नाम से भी जाना जाता है) यहाँ की प्रसिद्ध मूर्ति है।

त्रिमूर्ति, एलीफेंटा की गुफाएँ, महाराष्ट्र

- एलीफेंटा की गुफाओं के भीतर गंगाधारा, नटराज, योगीश्वर, कैलाश पर्वत को उठाता हुआ रावण और अर्द्धनारीश्वर अन्य प्रमुख मूर्तियाँ हैं।
- 'एलीफेंटा' नाम 16वीं शताब्दी में पुर्तगाली खोजकर्ताओं द्वारा प्रवेशद्वार पर मिली हाथी की एक अखंड बेसाल्ट मूर्ति को देखकर दिया गया था।

12. **पट्टदकल में स्मारकों का समूह** (कर्नाटक) :

- **नौ हिंदू मंदिर और एक जैन मंदिर** है, जिनमें विरूपाक्ष मंदिर, पापनाथ मंदिर आदि शामिल हैं।
- **उत्तरी और दक्षिणी भारत** की स्थापत्य शैलियों के **अनूठे मिश्रण** अर्थात **वेसर** शैली को प्रदर्शित करते हैं।
- हिंदू मंदिर आमतौर पर **शिव को समर्पित** हैं, लेकिन वैष्णववाद और शक्तिवाद के तत्त्वों को भी देखा जा सकता है।
- इन मंदिरों का 7वीं और 8वीं शताब्दी के दौरान मुख्य रूप से **चालुक्य वंश** के संरक्षण में विकास हुआ।
- रानी **लोकमहादेवी** द्वारा **कांचीपुरम के पल्लव राजा नंदीवर्मन** पर अपने पति **विक्रमादित्य द्वितीय** की विजय की स्मृति में 740 ईसवी में **विरूपाक्ष मंदिर** का निर्माण करवाया गया था।

13. **महान चोल मंदिर** (तमिलनाडु) :

ऐरावतेश्वर मंदिर, तमिलनाडु

- चोल मंदिर ग्यारहवीं और बारहवीं शताब्दी ईसवी के बीच निर्मित **चोल राजवंश** युग के **हिंदू मंदिरों** के समूह हैं।
- इस समूह में **तीन** (03) मंदिर शामिल हैं - **बृहदीश्वर*** **मंदिर**, तंजावुर (तमिलनाडु), **बृहदीश्वर मंदिर** (गंगईकोंड चोलपुरम) और **ऐरावतेश्वर मंदिर**, दारासुरम (तमिलनाडु)।
- प्रारंभ में, **तंजावुर** के मंदिर को UNESCO द्वारा विश्व धरोहर स्थल के रूप में मान्यता (1987 में) दी गयी थी। आगे चलकर 2004 में, **गंगईकोंड चोलपुरम** मंदिर परिसर और **ऐरावतेश्वर मंदिर परिसर** को इस स्थल के विस्तार के रूप में जोड़ दिया गया।
- **तंजावुर का बृहदीश्वर मंदिर** (शिव को समर्पित) दक्षिण भारत के सबसे बड़े मंदिरों में से एक है। इसका निर्माण राजाराज चोल प्रथम ने 11वीं शताब्दी (1003-1010 ईसवी) की शुरुआत में करवाया था।
- **गंगईकोंड चोलपुरम का बृहदीश्वर मंदिर** भी भगवान शिव को समर्पित है और राजेंद्र चोल प्रथम द्वारा अपनी नयी राजधानी के एक भाग के रूप में 1035 ईसवी में बनवाया गया था।
- **दारासुरम** (1166 ईसवी में निर्मित) में **ऐरावतेश्वर मंदिर** का नाम भगवान इंद्र के श्वेत हाथी के नाम पर रखा गया था। इस मंदिर की एक प्रमुख विशेषता राजगंभीर थिरुमंडपम (शाही आँगन) है।

1989

14. **साँची के बौद्ध स्मारक** (मध्य प्रदेश) :

साँची स्तूप का तोरण, मध्य प्रदेश

- साँची के स्मारकों में **मौर्य काल** (तीसरी शताब्दी ईसा पूर्व) से शुरू होकर गुप्त काल (5वीं शताब्दी ईसवी) तक जारी और **12वीं शताब्दी ईसवी** के आसपास समाप्त बौद्ध स्मारकों की श्रृंखला शामिल है।
- यह **सबसे पुराना बौद्ध पूजा स्थल** है, जो अस्तित्व में है।
- इन बौद्ध स्मारकों में **एकाश्म स्तंभ, महल, मंदिर और मठ** शामिल हैं।

*बृहदीश्वर शब्द का ही परिवर्तित रूप वृहदीश्वर या बृहदेश्वर है।

- स्मारकों में **महान साँची स्तूप, अशोक स्तंभ, शुंग स्तंभ, विच्छिन्न शिलालेख, सातवाहन काल के श्री शातकर्णी का शिलालेख,** विभिन्न अन्य स्तूप आदि शामिल हैं।
- यहाँ का **उत्कीर्णन बौद्ध धर्म** के पहलुओं को दर्शाता है, लेकिन बुद्ध की मूर्ति नहीं है।
- **तोरणों** (स्तूप द्वार) पर **यक्ष** और **यक्षिणी की मूर्ति** भी विद्यमान है।
- 200 रुपये के भारतीय करेंसी नोट के पीछे की तरफ़ साँची का स्तूप दर्शाया गया है।

1993

15. **हुमायूँ का मक़बरा** (दिल्ली) :
    - यह मक़बरा हुमायूँ की पहली पत्नी बेगा बेगम हाजी बेगम द्वारा बनवाया गया था।
    - यह भारतीय उपमहाद्वीप में **पहला उद्यान मक़बरा** है, जो 1572 में बनकर तैयार हुआ।
    - साथ ही यह वह **पहली संरचना** भी है, जिसमें इतने व्यापक पैमाने पर **लाल बलुआ पत्थर** का उपयोग किया गया था।
    - यह फ़ारसी प्रभाव तले वास्तुकला की **चारबाग़ शैली** का प्रतिनिधित्व करता है।
16. **क़ुतुब मीनार और इसके स्मारक** (दिल्ली) :
    - इसका नाम सूफ़ी संत ख़्वाजा **क़ुतुबुद्दीन बख़्तियार काकी** के नाम पर रखा गया था और 13वीं शताब्दी में निर्माण किया गया था।
    - इसके परिसर में – क़ुतुब मीनार, अलाई दरवाज़ा, क़ुव्वत-उल-इस्लाम मस्जिद, लौह स्तंभ आदि शामिल हैं।
    - क़ुतुबमीनार के निर्माण में मुख्य रूप से **लाल बलुआ पत्थर** का प्रयोग किया गया था। इसका निर्माण **क़ुतुब-उद-दीन-ऐबक** द्वारा शुरू किया गया था, उसके बाद इल्तुतमिश द्वारा जारी रखा गया और अंत में फ़िरोज़ शाह तुग़लक़ द्वारा पूरा किया गया।
    - क़ुतुब मीनार सौंदर्य की दृष्टि से दो मनभावन खजानों से घिरी हुई है –
        - **अलाई दरवाज़ा (बाद में अला-उद-दीन ख़िलजी द्वारा निर्मित)**।
        - **क़ुव्वत-उल-इस्लाम मस्जिद** (*जैन और हिंदू मंदिरों के प्राचीन खंडहरों पर निर्मित*)।

1999

17. **दार्जिलिंग हिमालयन रेलवे** (पश्चिम बंगाल) **(भारत के पर्वतीय रेलवे के अंतर्गत)** :
    - 1881 में प्रारम्भ किया गया था। यह भाप इंजन का उपयोग कर सिलीगुड़ी और दार्जिलिंग के बीच चलती है।
    - इसकी डिज़ाइन अत्यधिक सुंदरतावाले पर्वतीय इलाके में प्रभावी रेल लिंक स्थापित करने की समस्या के लिए साहसिक और सरल इंजीनियरिंग समाधान लागू करती है।

2002

18. **महाबोधि मंदिर परिसर** (बोधगया, बिहार) :
    - यह पूरी तरह से ईंटों से बना सबसे पुराने बौद्ध मंदिरों में से एक है।
    - यह गौतम बुद्ध के जीवन से जुड़े **चार पवित्र स्थलों** में से एक माना जाता है।
    - यह वह स्थान है, जहाँ माना जाता है कि **बुद्ध को ज्ञान** प्राप्त हुआ था।

- यह मंदिर ईसा पूर्व तीसरी शताब्दी में सम्राट **अशोक** द्वारा बनवाया गया था।
- इस मंदिर परिसर में - **महाबोधि मंदिर, पवित्र बोधि वृक्ष, वज्रासन या हीरक सिंहासन** (बोधि वृक्ष के नीचे स्थित) स्थित है।

2003

19. **भीमबेटका के शैलाश्रय** (मध्य प्रदेश) :
    - यह मध्य भारतीय पठार के दक्षिणी किनारे पर **विंध्य पर्वतमाला की तलहटी** में स्थित है।
    - यह **ऊपरी पुरापाषाण काल, मध्यपाषाण काल** और उसके बाद के अन्य कालखंडों के चित्रों को प्रदर्शित करता है।
    - चित्र रोज़मर्रा के जीवन, शिकार के दृश्यों, युद्ध के दृश्यों, सामाजिक जीवन आदि जैसे विषयों से संबंधित हैं।

    (अध्याय 06 में विस्तार से वर्णन किया गया है)

भीमबेटका शैलाश्रय, मध्य प्रदेश

2004

20. **छत्रपति शिवाजी टर्मिनस या विक्टोरिया टर्मिनस** (मुंबई, महाराष्ट्र) :
    - यह इमारत ब्रिटिश वास्तुकार **एफ़ डब्ल्यु स्टीवंस** द्वारा डिज़ाइन की गयी थी।
    - यह भारत में **विक्टोरिया कालीन गोथिक पुनरुद्धार वास्तुकला** का एक उदाहरण है।
    - इसका डिज़ाइन उत्तर मध्यकालीन **इतालवी** नमूनों पर आधारित है।
21. **चंपानेर-पावागढ़ पुरातत्त्व उद्यान** (गुजरात):
    - यह प्रारंभिक हिंदू राजधानी का एक **पहाड़ी क़िला** था।
    - यह उद्यान 15वीं-16वीं शताब्दी में हिंदू और मुस्लिम संस्कृति और वास्तुकला के बीच संक्रमण का प्रलेखन करता है।
    - यह स्थल एकमात्र पूर्ण और अपरिवर्तित मुग़ल पूर्व इस्लामी शहर है।
    - इस शहर की **शहरी योजना** अच्छी तरह से बिछायी गयी और पक्की गलियों को प्रकट करती है, जो शहर के केंद्र की ओर जाती हैं।
    - वर्षा **जल संचयन पावागढ़** की पहाड़ियों (सौ तालों की पहाड़ी) और चंपानेर (हज़ार कुओं का शहर) की उल्लेखनीय विशेषता है।
    - पावागढ़ पहाड़ी की चोटी पर स्थित **कालिकामाता** मंदिर को एक महत्त्वपूर्ण मंदिर माना जाता है, जो साल भर बड़ी संख्या में तीर्थयात्रियों को आकर्षित करता है।

2005

- **नीलगिरि माउंटेन रेलवे** (तमिलनाडु) **(भारत के पर्वतीय रेलवे के अंतर्गत)** :
  - 1908 में प्रारम्भ किया गया, यह 46 कि.मी. लंबा मीटर गेज सिंगल ट्रैक रेलवे है।
  - यह भारत में एकमात्र रैक रेलवे है, जिसमें भाप के इंजनों का उपयोग किया जाता है।
  - यह ट्रेन मेट्टुपलयम और उधगमंडलम के बीच चलती है।

2007

22. **लाल क़िला परिसर** (दिल्ली) :

लाल क़िला, दिल्ली

- इसका निर्माण मुग़ल बादशाह शाहजहाँ की राजधानी शाहजहाँनाबाद के महलों के क़िले के रूप में किया गया था और इसका नाम इसकी लाल बलुआ पत्थर की विशाल दीवारों के नाम पर पड़ा है। इसका निर्माण **1638** में **शाहजहाँ** द्वारा शुरू करवाया गया था।
- यह नवाचार और शिल्प कौशल की पराकाष्ठा का एक उदाहरण है। यह फ़ारसी, तैमूरी और हिंदू परंपराओं का संलयन दर्शाता है। **विश्व धरोहर सम्मेलन** ने लाल क़िला का लक्षण वर्णन **"मुग़ल रचनात्मकता के चरमोत्कर्ष"** के रूप में किया है।
- लाल क़िला परिसर में - **लाहौरी गेट**, मीना बाज़ार, नौबत ख़ाना, **नहर-ए-बिहिश्त** (स्वर्ग की धारा), मुमताज़ महल, ख़ास महल, दीवान-ए-आम, दीवान-ए-ख़ास, **मोती मस्जिद** (औरंगज़ेब द्वारा निर्मित) आदि शामिल हैं।
- लाल क़िला **500 के नोट** के पीछे भी दिखाई देता है।
- **हर साल स्वतंत्रता दिवस** पर प्रधानमंत्री यहाँ राष्ट्रीय ध्वज फहराते हैं।

2008

- **कालका-शिमला रेलवे** (हिमाचल प्रदेश) **(भारत के पर्वतीय रेलवे के अंतर्गत) :**
  - 96.6 कि.मी. लंबा, यह सिंगल ट्रैक कार्यशील रेल लिंक 19वीं सदी के मध्य में बनाया गया था।

2010

23. **जंतर-मंतर** (जयपुर, राजस्थान) (दिल्ली में स्थित नहीं) :

- इसका निर्माण राजपूत राजा **सवाई जय सिंह द्वितीय** ने 18वीं शताब्दी की शुरुआत में करवाया था।
- यह नग्न आँखों से **खगोलीय स्थितियों का अवलोकन** करने के लिए डिज़ाइन किया गया था।
- सटीक अवलोकन करने के लिए इस स्थल पर 19 खगोलीय उपकरणों का एक सेट स्थापित किया गया है। इसकी विशेषता विश्व की सबसे बड़ी पत्थर की धूपघड़ी है।
- यह **मुग़ल कालीन** खगोलीय कौशल और ज्ञान का आविर्भाव है।

2013

24. **राजस्थान के छह पहाड़ी क़िले**

- **चित्तौड़गढ़ में चित्तौड़** का क़िला
- सवाई माधोपुर में **रणथंभौर क़िला**
- जैसलमेर में **जैसलमेर का क़िला**
- कुंभलगढ़ में **कुम्भलगढ़ का क़िला**
- जयपुर में **आमेर का क़िला**
- झालावाड़ में **गागरोन का क़िला**

- इन क़िलों का भव्य और मज़बूत बाहरी भाग 8वीं से 18वीं शताब्दी तक इस भूमि पर राजपूत शासन की जीवन शैली और प्रकृति को दर्शाता है।
- इन दुर्गों में शहरी केंद्र, महल, व्यापारिक केंद्र और मंदिर स्थित हैं, जहाँ कला और संस्कृति के विभिन्न रूपों का विकास हुआ था।
- UNESCO ने इन क़िलों को आनुक्रमिक सांस्कृतिक संपत्ति और **राजपूत सैन्य पहाड़ी वास्तुकला** के उदाहरणों के रूप में मान्यता दी है।

2014

25. **रानी-की-वाव** (रानी की बावड़ी) (गुजरात) :
    - यह **सरस्वती नदी** के तट पर स्थित है।
    - इसका निर्माण 11वीं शताब्दी में करवाया गया था।
    - यह **मारू-गुजरा** स्थापत्य शैली में निर्मित है।
    - यह **जल की पवित्रता** पर बल देने के लिए **उलटे मंदिर** के रूप में बनाया गया है और धार्मिक, पौराणिक और धर्मनिरपेक्ष कल्पना का संयोजन दर्शानेवाली एक हज़ार से अधिक मूर्तियों से संपन्न है।
    - 100 रुपये के भारतीय करेंसी नोट के पीछे रानी-की-वाव को दर्शाया गया है।

रानी-की-वाव, गुजरात

2016

26. **ला कॉर्बूज़िए (Le Corbusier) का स्थापत्य कार्य** (राजधानी परिसर, चंडीगढ़):
    - **आधुनिक आंदोलन** में इनका **उत्कृष्ट योगदान** है।
    - इसमें **07 देशों** में फैले **17 स्थल** शामिल हैं और यह आधुनिक परंपराओं के साथ बुनी गयी स्थापत्य अभिव्यक्ति के नये रूप की गवाही के रूप में विद्यमान है।
    - 17 में से, अधिकांश फ्रांस में स्थित हैं, केवल **एक स्थल** भारत में स्थित है (**राजधानी परिसर, चंडीगढ़**)।
    - इनके द्वारा आधुनिक आंदोलनों के आदर्शों का प्रचार किया जाता है और ये 20वीं शताब्दी में वास्तुकला और समाज के मूलभूत मुद्दों के प्रति महत्त्वपूर्ण अनुक्रिया भी प्रदर्शित की जाती है।
27. **नालंदा महाविहार का पुरातात्त्विक स्थल** (बिहार):
    - नालंदा महाविहार **भारतीय उपमहाद्वीप** का **एक प्राचीन विश्वविद्यालय** माना जाता है।
    - तृतीय शताब्दी ईसा पूर्व से 13वीं शताब्दी ईसवी तक मठवासी और शैक्षिक संस्थान के अवशेष पाये जाते हैं।
    - इसमें स्तूप, तीर्थस्थल, विहार और गच प्लस्तर, पत्थर और धातु की महत्त्वपूर्ण कलाकृतियाँ हैं।
    - इस स्थल का ऐतिहासिक विकास इस क्षेत्र में **बौद्ध धर्म** के विकास की गवाही देता है।

नालंदा महाविहार, बिहार

2017

28. **अहमदाबाद एक ऐतिहासिक शहर** (गुजरात):
- यह **साबरमती नदी** के तट पर स्थित है।
- यह शहर 15वीं शताब्दी में **सुल्तान अहमद शाह** द्वारा स्थापित किया गया था।
- यह शहर इस भूमि पर **विविध धर्मों के सामंजस्यपूर्ण अस्तित्व** का प्रमाण है, जिसमें विभिन्न मस्जिदों, मक़बरों के साथ-साथ कई हिंदू और जैन मंदिरों के साथ प्रसिद्ध **भद्रगढ़** शामिल है।
- शहरी ताने-बाने में द्वारयुक्त पारंपरिक गलियों (**पुरों**) में सघनतापूर्वक संकुलित पारंपरिक घर हैं।

2018

29. **मुंबई का विक्टोरिया कालीन गोथिक और आर्ट डेको एनसेंबल** (महाराष्ट्र):
- इसमें 19वीं सदी में विक्टोरिया कालीन नव-गॉथिक शैली में और 20वीं सदी में आर्ट डेको शैली में डिज़ाइन किये गये सार्वजनिक भवनों का संग्रह शामिल है।
- यह कलात्मक विशेषताओं में **यूरोपीय और भारतीय मूल्यों का समावेश** प्रदर्शित करता है।

2019

30. **जयपुर शहर** (राजस्थान):
- यह मध्य काल के अंत में विचारों के सम्मेलन और महत्त्वपूर्ण आदान-प्रदान को प्रदर्शित करनेवाले **नगर नियोजन और वास्तुकला में अनुकरणीय विकास** को दर्शाता है।
- अहमदाबाद के बाद यह मान्यता प्राप्त करनेवाला दूसरा शहर है।
- चारदीवारी से घिरा यह जयपुर शहर 1727 ई. में **सवाई जय सिंह द्वितीय** के संरक्षण में स्थापित किया गया था।
- इस शहर में स्थित प्रतिष्ठित स्मारकों में शामिल हैं : **गोविंद देव मंदिर, सिटी पैलेस, जंतर-मंतर, हवा महल** आदि।

2021

31. **काकतीय रामप्पा मंदिर** (तेलंगाना):
- यह रुद्रेश्वर (**भगवान् शिव**) मंदिर के नाम से भी जाना जाता है।
- इस मंदिर में भगवान् रामलिंगेश्वर की पूजा की जाती है।
- यह मंदिर **काकतीय** राजा गणपति देव के सेनापति रेचारला सेनापति रुद्र द्वारा बनवाया गया था।
- इसका निर्माण **1213 ई.** में शुरू हुआ था और कहा जाता है कि यह अगले 40 वर्षों तक जारी रहा।
- यह नींव डालने के लिए **"सैंडबॉक्स तकनीक"** का उपयोग करके बनाया गया था। मुख्य संरचना लाल बलुआ पत्थर में है, फ़र्श ग्रेनाइट का है और स्तंभ काले बेसाल्ट से बने हैं।

काकतीय रामप्पा मंदिर, तेलंगाना

- यह मंदिर 06 फुट ऊँचे **ताराकार चबूतरे** पर खड़ा है।
- इस मंदिर का विमान हलकी सरंध्री (छिद्रदार) ईंटों (जिन्हें **'तैरनेवाली ईंटें'** भी कहा जाता है) से बना है।
- मार्को पोलो ने काकतीय साम्राज्य की अपनी यात्रा के दौरान कथित तौर पर इस मंदिर को ***"मंदिरों की आकाशगंगा का सबसे चमकीला तारा"*** कहा था।

32. **धौलावीराः एक हड़प्पाई शहर** (गुजरात):
- यह कच्छ के रण में **कच्छ रेगिस्तान वन्यजीव अभयारण्य** के खादिर बेट द्वीप पर स्थित है।
- हड़प्पाई सभ्यता के अंतर्गत प्राचीन शहर धौलावीरा, सबसे **अच्छी तरह संरक्षित शहरी बस्तियों** में से एक है। इस स्थल में एक दुर्गीकृत गढ़ी, एक मध्य शहर और एक निचला शहर है।
- इसकी खोज पुरातत्त्वविद् **जगतपति जोशी** ने **1968** में की थी।
- यहाँ पाये जानेवाले तत्त्व हैं – *परिष्कृत जल प्रबंधन प्रणाली, एक बड़ा क़ब्रिस्तान, मनका प्रसंस्करण कार्यशालाएँ* आदि।
- यहाँ **अंतर-क्षेत्रीय व्यापार** के साक्ष्य भी मिले हैं।
- अन्य हड़प्पाई स्थलों पर क़ब्रों के विपरीत, धौलावीरा में मनुष्यों का कोई भी **नश्वर अवशेष** नहीं मिला है।
- धौलावीरा UNESCO से यह मान्यता प्राप्त करनेवाला भारत में सिंधु घाटी सभ्यता का **पहला स्थल** है।

2023

33. **शांतिनिकेतन** (पश्चिम बंगाल):
- यह पश्चिम बंगाल में बीरभूम ज़िले के बोलपुर उपखंड में बोलपुर शहर में स्थित है। **'शांतिनिकेतन'** शब्द का अर्थ **'शांति का निवास'** है।
- **इस स्थान को मूल रूप से भुबंदंगा के नाम से जाना जाता था** क्योंकि इसका नाम भुबन मोहन सिन्हा (रायपुर के सिन्हा परिवार के ज़मींदार) के नाम पर पड़ा था।
- बाद में, **महर्षि देवेन्द्रनाथ टैगोर** (नोबेल पुरस्कार विजेता रवीन्द्रनाथ टैगोर के पिता) ने **ध्यान** के लिए अनुकूल वातावरण के कारण इसका नाम बदलकर शांतिनिकेतन रख दिया।

शांतिनिकेतन, पश्चिम बंगाल

- बाद में, रवीन्द्रनाथ टैगोर ने **1901** में इसका विस्तार किया और **ब्रह्मचर्य आश्रम मॉडल** पर आधारित एक विद्यालय की स्थापना की। यह विद्यालय बाद में **विश्व भारती विश्वविद्यालय** के नाम से जाना जाने लगा, जिसे 1951 में एक केंद्रीय विश्वविद्यालय और राष्ट्रीय महत्त्व का संस्थान घोषित किया गया था।
- **रवीन्द्र भवन विश्व भारती** का मुख्य केंद्र है। इसमें एक संग्रहालय, पुरालेख, पुस्तकालय, पाण्डुलिपियाँ, पत्राचार, चित्रकलाएँ और टैगोर के रेखाचित्र हैं।
- रवीन्द्र भवन के बगल में, **उत्तरायण परिसर में रवीन्द्रनाथ द्वारा निर्मित पाँच घरों का संग्रह है**, जिनके नाम **उदयन, श्यामली, कोणार्क, उदिची** और **पुनश्च** हैं।
- संपूर्ण शांतिनिकेतन की सजावट में **नंदलाल बोस** और **रामकिंकर बैज** जैसे प्रतिष्ठित व्यक्तियों का योगदान है।

34. **होयसाल के पवित्र मंदिर समूह** (कर्नाटक) :

- कर्नाटक के ये मंदिर दो ज़िलों में तीन अलग-अलग स्थानों पर स्थित हैं। दो मंदिर **हसन ज़िले** में और एक मंदिर **मैसूर ज़िले** में है।
- **होयसाल राजवंश**, जिसके पास कला, वास्तुकला और संस्कृति की समृद्ध विरासत है, 10वीं से 14वीं शताब्दी तक कर्नाटक के कुछ प्रमुख हिस्सों पर शासन करता था।
- कर्नाटक में 12वीं और 13वीं शताब्दी के दौरान होयसाल राजाओं द्वारा निर्मित तीन मंदिर इसके अंतर्गत आते हैं। वे **बेलूर में चन्नाकेशव मंदिर, हैलेबिडु में होयसालेश्वर मंदिर** और **सोमनाथपुरा में चन्नाकेशव मंदिर** हैं। ये भगवान शिव और विष्णु को समर्पित हैं। ये तीन मंदिर हैं:

चन्नाकेशव मंदिर, सोमनाथपुरा

1. **चन्नाकेशव मंदिर - बेलूर :**
   - इसे बेलूर के विजयनारायण मंदिर के रूप में भी जाना जाता है। यह विष्णु मंदिर है।
   - **यागाची नदी** के तट पर स्थित इस मंदिर का निर्माण 1117 ई. में **राजा विष्णुवर्धन** ने करवाया था। इसे **वेलपुरा** भी कहा जाता है, जो होयसाल साम्राज्य की प्रारंभिक राजधानी थी।
   - मंदिर में विष्णु के जीवन और उनके अवतारों के साथ-साथ रामायण और महाभारत के दृश्यों का भी वर्णन दिया गया है।
2. **हैलेबिडु में होयसालेश्वर मंदिर :**
   - इस मंदिर को हैलेबिडु मंदिर के नाम से भी जाना जाता है। यह एक शिव मंदिर है। यह द्वारसमुद्र टैंक के तट पर स्थित है।
   - मंदिर का निर्माण होयसाल राजा विष्णुवर्धन होयसालेश्वर के शासनकाल के दौरान कराया गया था।
   - इसकी बाहरी दीवार पर 240 से अधिक दीवार मूर्तियाँ हैं।
3. **चन्नाकेशव मंदिर-सोमनाथपुरा :**
   - यह भी एक विष्णु मंदिर है जो सोमनाथपुरा में कावेरी नदी के तट पर स्थित है।
   - मंदिर एक आँगन में छोटे मंदिरों (क्षतिग्रस्त) के स्तंभों वाले गलियारे से घिरा हुआ है। केंद्र में मुख्य मंदिर तीन सममित पवित्र स्थल (गर्भगृह) के साथ एक ऊँचे तारे के आकार का मंच है, जो एक वर्गाकार आव्यूह (89' × 89') में पूर्व-पश्चिम और उत्तर-दक्षिण की ओर उन्मुख स्थापित है।
   - पश्चिमी गर्भगृह केशव की मूर्ति (अनुपस्थित) के लिए था, उत्तरी गर्भगृह जनार्दन का और दक्षिणी गर्भगृह **वेणुगोपाल** का था, जो **सभी विष्णु के रूप हैं**।

कृपया ध्यान दें : कंचनजंगा राष्ट्रीय उद्यान अब तक का एकमात्र भारतीय विश्व धरोहर स्थल है, जिसे UNESCO द्वारा *मिश्रित श्रेणी* के अंतर्गत घोषित किया गया है।

विश्व विरासत स्थल दर्जे के लाभ

- उक्त स्थल के संरक्षण तथा बचाव की आवश्यकता के प्रति अंतरराष्ट्रीय ध्यानाकर्षण।
- उक्त स्थल पर पर्यटन को आकर्षित कर आर्थिक लाभ सुनिश्चित करना।
- आवश्यकता होने पर UNESCO पुन:स्थापन, संरक्षण तथा प्रशिक्षण के लिए निधि प्रदान कर सकता है।

- संयुक्त राष्ट्र प्रणाली तथा उसके द्वारा प्रदत्त प्रतिष्ठा और सहायता के साथ निकट सम्बन्ध को प्रोत्साहित करता है।
- वैश्विक परियोजना प्रबंधन संसाधनों तक अभिगम की सामर्थ्य प्रदान करता है।
- संरक्षण संबंधी लक्ष्यों को प्राप्त करने के लिए सरकार, निजी क्षेत्र तथा ग़ैर-सरकारी संस्थाओं के बीच साझेदारी के निर्माण को सुगम बनाती है।
- स्थल, जेनेवा कन्वेंशन के अंतर्गत युद्ध के समय विनाश या दुष्प्रयोग से सुरक्षित हो जाता है।

2022 में, छह भारतीय स्थलों को विश्व धरोहर स्थलों की अस्थायी सूची में जोड़ा गया है, अर्थात् :

1. महाराष्ट्र में भारत के कोंकण क्षेत्र की जियोग्लिफ़
2. जिंगकिएंग जेआरआई : मेघालय में लिविंग रूट ब्रिज सांस्कृतिक परिदृश्य
3. आंध्र प्रदेश में श्री वीरभद्र मंदिर और अखंड बैल (नंदी), लेपाक्षी (विजयनगर मूर्तिकला और चित्रकला कला परंपरा)
4. गुजरात में सूर्य मंदिर, मोढेरा और इसके नज़दीकी स्मारक
5. वडनगर - गुजरात का एक बहुस्तरीय ऐतिहासिक शहर
6. त्रिपुरा में उनाकोटी, उनाकोटी रेंज, उनाकोटी ज़िले की रॉक-कट मूर्तियाँ और चित्र

संकटापन्न विश्व धरोहर स्थलों की सूची

संकटापन्न विश्व धरोहरों की सूची को; जिस वैशिष्ट्य के लिए किसी संपत्ति को; विश्व धरोहर सूची में दर्ज किया जाता है, उसी को ख़तरे में डालनेवाली स्थितियों के बारे में लोगों को सूचित करने और उस संबंध में सुधारात्मक कार्रवाई प्रोत्साहित करने के लिए तैयार किया गया है।

जुलाई 2023 तक, विश्व धरोहर समिति ने 1972 के विश्व धरोहर सम्मेलन के प्रविधानों के अनुसार, संकटापन्न विश्व धरोहरों की सूची में दुनिया भर से **55 संपत्तियों** को शामिल किया है। समिति लुप्तप्राय संपत्ति को **विश्व धरोहर कोष** से तत्काल सहायता आवंटित कर सकती है। विश्व धरोहर स्थल अपना पदनाम; UNESCO की विश्व धरोहर समिति द्वारा यह निर्धारित करने पर खो सकता है कि संकटापन्न सूची में शामिल किये जाने के बाद भी ठीक से उनका प्रबंध या संरक्षण नहीं किया जा रहा है। इसके बाद, उसे *पूर्व विश्व धरोहर स्थलों* की सूची में शामिल किया जाता है।

जुलाई, 2023 तक UNESCO की इस संकटापन्न सूची में भारत की **कोई संपत्ति नहीं** थी।

अध्याय का सारांश

- **UNESCO के विश्व धरोहर स्थल** - उत्कृष्ट सार्वभौमिक मूल्य - विश्व धरोहर स्थल के रूप में घोषित होने के लिए 10 मानदंडों में से कम-से-कम एक को पूरा करना चाहिए - सांस्कृतिक के लिए 6 - प्राकृतिक के लिए 4।
- **धरोहर स्थलों की क़ानूनी स्थिति** - सांस्कृतिक रूप से संवेदनशील माना जाता है - जिनेवा कन्वेंशन के अंतर्गत क़ानूनी संरक्षण - देश को उसके संरक्षण के लिए UNESCO से सहायता मिलती है।

- **भारत में, UNESCO ने 42 विश्व धरोहर स्थल** (अक्टूबर, 2023 तक) घोषित किये हैं - 34 सांस्कृतिक स्थल - 7 प्राकृतिक स्थल - और 1 स्थल मिश्रित श्रेणी के अंतर्गत।
- **काकतीय रामप्पा मंदिर (तेलंगाना)** - 2021 में विश्व धरोहर स्थल घोषित किया गया - रेचारला सेनापति रुद्र द्वारा बनवाया गया था - मार्को पोलो ने इसे मंदिरों की आकाशगंगा में सबसे चमकीला तारा कहा था।
- **धौलावीरा** - 2021 में विश्व धरोहर स्थल घोषित किया गया - यह हड़प्पाई नगर है - वर्तमान गुजरात में स्थित है - सबसे अच्छी तरह संरक्षित शहरी बस्ती है - जगतपति जोशी द्वारा 1968 में खोजा गया था।
- **कंचनजंगा राष्ट्रीय उद्यान** - विश्व धरोहर स्थल - मिश्रित श्रेणी के अंतर्गत।
- **₹10** के नोट के पीछे कोणार्क सूर्य मंदिर; ₹20 के नोट के पीछे ऐलोरा की गुफाएँ; **₹50** के नोट के पीछे हम्पी का पत्थर का रथ; **₹100** के नोट के पीछे रानी की वाव; ₹200 के नोट के पीछे साँची का स्तूप; **₹500** के नोट के पीछे लाल क़िला को दर्शाया गया है।

यू.पी.एस.सी. पिछले वर्षों के बहुविकल्पीय प्रश्न

1. मानव दिल्ली में सभी UNESCO विश्व विरासत स्थलों का भ्रमण करने की योजना बना रहा है। वह भ्रमण करेगा **(CDS I, 2023)**

(a) लाल क़िला, कुतुब मीनार, जामा मस्जिद
(b) लाल क़िला, इंडिया गेट, कुतुब मीनार
(c) लाल क़िला, कुतुब मीनार, हुमायूँ का मक़बरा
(d) लाल क़िला, हुमायूँ का मक़बरा, इंडिया गेट

2. हाल ही में धोलावीरा क्यों समाचारों में आया? **(CDS I, 2021)**

(a) इस स्थल पर कंकाल पाये गये
(b) इसके संरक्षण प्रभावों के कारण
(c) इस स्थल पर स्वर्ण और बहुमूल्य रत्न मिलने के कारण
(d) इसे यूनेस्को विश्व धरोहर टैग मिला

3. हाल ही में UNESCO द्वारा रानी-की-वाव बावड़ी को विश्व धरोहर स्थल स्वीकृत किया गया है। यह स्थित है- **(CDS II, 2014)**

(a) राजस्थान में (b) गुजरात में
(c) मध्य प्रदेश में (d) महाराष्ट्र में

4. निम्नलिखित में से कौन-से UNESCO द्वारा मान्यता प्राप्त विश्व धरोहर स्थल हैं? **(CDS II, 2012)**

1. अजंता की गुफाएँ
2. ऐलोरा में मंदिर और गुफाएँ
3. महाबलीपुरम के मंडप
4. कन्हेरी की गुफाएँ

नीचे दिये गये कूट का प्रयोग कर सही उत्तर चुनिए :

(a) केवल 1 और 4 (b) 1, 2 और 3
(c) 1, 3 और 4 (d) 2, 3 और 4

उत्तर

1. (c) 2. (d) 3. (b) 4. (b)

यू.पी.एस.सी. पिछले वर्षों के प्रश्न - मुख्य परीक्षा

1. सांस्कृतिक तथा प्राकृतिक धरोहरों के बीच अंतर स्पष्ट करें। **(CSE, 2013)**

भाग-B

कला प्रदर्शन

अध्याय 9

भारतीय संगीत

परिचय

संगीत किसी भी संस्कृति की आत्मा होती है और भारत में संगीत की सुदीर्घ परंपरा रही है। यह कहा जाता है कि पृथ्वी पर नारद मुनि (ऋषि) ने संगीत कला का शुभारंभ किया था। उन्होंने ***नादब्रह्म*** नामक पूरे ब्रह्मांड में व्याप्त ध्वनि के विषय में भी यहाँ के निवासियों को बताया था।

सिंधु घाटी सभ्यता के स्थलों से एक संगीत वाद्ययंत्र, **सात-छेदवाली बाँसुरी** प्राप्त की गयी है। माना जाता है कि एक अन्य उपकरण **रावणहत्था** की उत्पत्ति श्री लंका की हेला सभ्यता से हुई है और यह विश्व के इतिहास में प्राचीनतम है।

इस अध्याय से संबंधित ऑनलाइन वीडियो के लिए इस QR कोड को स्कैन करें।

हमें पहली बार संगीत का साहित्यिक प्रमाण दो हज़ार वर्ष पहले वैदिक काल में मिलता है। राग *खरहरप्रिया* के सभी सातों स्वर *साम* वेद में अवरोही क्रम में पाये जा सकते हैं। संगीत विज्ञान को **गन्धर्व वेद** कहा जाता है, जो सामवेद का एक उपवेद है। उल्लेखनीय हैं कि वीणा के कुछ भागों का उल्लेख **ऐतरेय आरण्यक** में आता है। वहीं **जैमिनी ब्राह्मण** सामूहिक रूप से नृत्य और संगीत की बात करता है।

संगीतविदों ने **ओ३म (ॐ)** शब्द को सभी रागों और स्वरों का स्रोत होने के विषय में सिद्धांत प्रतिपादित किया है। चौथी शताब्दी ईसा पूर्व में पाणिनी ने संगीत कला का पहला वास्तविक संदर्भ दिया, लेकिन संगीत सिद्धांत के पहले संदर्भ की लिखित और संकलित चर्चा ईसा पूर्व 200 से 200 ईसवी के बीच भरत मुनि द्वारा लिखित *नाट्यशास्त्र* में मिलती है।

भारतीय संगीत का इतिहास

भारतीय संगीत का सर्वाधिक विकास भक्ति स्थलों पर बजाये जानेवाले संगीत से प्रभावित रहा है। इस प्रकार का कर्मकांडीय संगीत *संगम* नामक संगीत के प्रकार के माध्यम से उत्तर वैदिक काल में प्रदर्शित किया जाता था, जिसमें छंदों का जाप सम्मिलित होता था एवं जिसे संगीत धुनों के अनुरूप बनाया जाता था। यहाँ तक कि *जातिगान* नामक संगीत के कथात्मक प्रकार के लिए महाकाव्य भी निर्धारित किये गये थे।

भरत द्वारा लिखित **नाट्यशास्त्र** पहली रचना थी, जिसमें संगीत विद्या के विषय को विस्तृत रूप से स्पष्ट किया गया। इसमें संगीत पर कई महत्त्वपूर्ण अध्याय हैं, विशेष रूप से वे, जिन्होंने सप्तक की पहचान की और इसकी 22 कुंजियों, पर विस्तृत रूप से चर्चा की। इन 22 कुंजियों को **श्रुतियों** के रूप में पहचाना गया। प्रति सप्तक 22 श्रुतियों के अस्तित्व का समर्थन करनेवाले '**दातीलम**' में भी यह भेद प्रतिपादित किया गया है और यह सुझाव दिया कि केवल इन्हें ही मानव शरीर बना सकता है। **सारंगदेव**, (13वीं शताब्दी के संगीतज्ञ, जिन्होंने **संगीत रत्नाकर** पुस्तक लिखी), ने इस दृष्टिकोण का समर्थन किया।

संगीत रत्नाकर 264 रागों के बारे में बताती है, जिनमें कुछ उत्तर भारतीय तथा द्रविड़ रंगपटल की सूची से लिये गये हैं। इसका सबसे बड़ा योगदान विभिन्न श्रुति की पहचान करना, उनका वर्णन करना तथा अलग-अलग श्रेणियों में उन्हें वर्गीकृत करना है। बाद में, संगीतशास्त्र पर कुछ मध्ययुगीन ग्रंथों ने विशेष विषयों पर ध्यान केंद्रित किया, उदाहरण के लिए, मतंगमुनि द्वारा 6-8वीं शताब्दी के बीच संस्कृत में **बृहद्दशी** लिखी गयी, जो 'राग' की परिभाषा पर केंद्रित है।

इस अवधि का एक दूसरा महत्त्वपूर्ण ग्रंथ 16वीं सदी में **रामामात्य** द्वारा लिखित ***स्वरमेला-कलानिधि*** है।

17वीं सदी में वेंकटमखिन द्वारा लिखित ***चतुर्दंडी-प्रकाशिका*** भी कर्नाटक (Carnatic) संगीत विद्या पर महत्त्वपूर्ण जानकारी देने के लिए प्रसिद्ध है। प्राचीन और प्रारंभिक मध्यकाल के दौरान, हमें ऐसे **गुरुकुलों** के अस्तित्व के साक्ष्य प्राप्त हुए हैं, जहाँ संगीत कला में प्रवीण बनने के लिए छात्र शिक्षक के साथ रहते थे।

गुरुकुल प्रणाली

- इसे **आश्रम** (आश्रम प्रणाली) के रूप में भी जाना जाता है, जिसमें *गुरु-शिष्य* परंपरा सन्निहित थी, अर्थात् शिक्षक और छात्र के संबंध बहुत घनिष्ठ होते थे।
- प्राचीन काल में, शिक्षक या अध्यापक ऋषि-मुनि हुआ करते थे। छात्रों को **12 वर्ष** तक आश्रम में रहना पड़ता था और गुरु की सेवा करते हुए ज्ञान प्राप्त करना होता था।
- **आश्रमों को राजाओं** और समाज के धनी व्यक्तियों द्वारा संरक्षण दिया जाता था।

- आश्रम में जीवन कठोर, चिंतन-मनन और प्रत्यक्ष अनुभव के माध्यम से ज्ञान द्वारा भरा होता था।
- सभी छात्रों, चाहे राजकुमार हो या आम आदमी, उन सभी से बिना **भेदभाव** के समान व्यवहार किया जाता था।

उल्लेखनीय हैं कि संगीत के स्वरूप में परिवर्तन, फ़ारसी तत्त्वों के प्रभाव से आया। इस्लामी और फ़ारसी तत्त्वों के इस प्रवेश ने उत्तर भारतीय संगीत का स्वरूप परिवर्तित कर दिया, उदाहरण के लिए, शासकों द्वारा संरक्षित गायन की भक्ति शैली 15वीं शताब्दी तक **ध्रुपद** शैली में रूपांतरित हो चुकी थी। 17वीं शताब्दी तक, गायन का नया रूप, हिंदुस्तानी संगीत में विकसित हो चुका था। जिसे ख़्याल शैली कहा जाता है। इसके अतिरिक्त, 'लोक' गायन की अधिक-से-अधिक शैलियाँ अब उभरने लगी थीं।

थाईलैंड के एमराल्ड बुद्ध के मंदिर में गरुड़ और गंधर्व

गंधर्वों की मूर्तियाँ दक्षिण एशिया के विभिन्न स्थलों में पायी गयी हैं। गंधर्व विभिन्न प्रकार के संगीत वाद्ययंत्र धारण करनेवाले दिव्य संगीतकार हैं। हिंदू पौराणिक कथाओं के अनुसार, वे भगवान इंद्र के स्वर्ग के संगीतकार हैं। इनका वर्णन वैदिक कालीन साहित्य में भी मिलता है।

भारतीय संगीत का रचना-विज्ञान

भारतीय संगीत के अलग-अलग प्रकारों और शैलियों के विषय में विशद जानकारी प्राप्त करने के पूर्व, भारतीय शास्त्रीय संगीत के रचना-विज्ञान को समझना आवश्यक है। भारतीय शास्त्रीय संगीत के तीन मुख्य स्तंभ हैं : **स्वर, राग और ताल**। इन तत्त्वों को हम इस प्रकार देख सकते हैं-

स्वर

प्राचीन काल में, 'स्वर' शब्द वेदों के सस्वर पाठ से जुड़ा हुआ था। समय के साथ-साथ इस शब्द को रचना में **'स्वर'** या **'स्केल डिग्री'** को परिभाषित करने के लिए प्रयोग किया जाने लगा। *नाट्यशास्त्र* में **भरत** ने **बाईस (22) स्वरों** के पैमाने में स्वरों को विभाजित किया है। वर्तमान में, हिंदुस्तानी संगीत की सांकेतिक पद्धति इन सात (7) संक्षिप्त एवं शुद्ध स्वरों - **सा, रे, ग, म, प, ध, नि** द्वारा परिभाषित होती है। यह सात स्वर **'सप्तक या सरगम'** कहलाते है। निम्नलिखित नामों का उपयोग करके प्रत्येक **स्वरमान** को दायीं तरफ़ तालिका में सूचीबद्ध किया गया है।

स्वरमान के नाम	कार्य	संक्षिप्ताक्षर
षड्ज (Shadja)	मूल सुर	सा
ऋषभ (Rishabha)	मूल सुर से ऊपर	रे
गांधार (Gandhara)	मध्यम स्वर	ग
मध्यम (Madhyama)	उप-प्रमुख	म
पंचम (Panchama)	प्रमुख	प
धैवत (Dhaivata)	उप-मध्यम	ध
निषाद (Nishada)	मूल सुर से नीचे	नि

महत्त्वपूर्ण है कि यह स्वर श्रुति से भिन्न हैं। एक **श्रुति आवृत्ति की गुणवत्ता का प्रतिनिधित्व करनेवाली सबसे छोटी श्रेणी** है। **22 श्रुति में से केवल 12 स्वर सुनने योग्य होते हैं**। ये 12 में 7 शुद्ध स्वर होते हैं तथा 5 विकृत स्वर होते हैं। सा, रे, ग, म , प, ध तथा नि शुद्ध स्वर हैं।

राग

'राग' शब्द संस्कृत धातु **'रञ्ज्'** से आया है, जिसका शब्दिक अर्थ व्यक्ति को आनंदित करना या प्रसन्न कर संतुष्ट करना होता है। राग **मधुर गीत के आधार** होते हैं, जबकि 'ताल' 'लय' का आधार बनता है। राग की प्रत्येक मधुर संरचना **अलग व्यक्तित्व के विषय में** और ध्वनियों द्वारा पैदा किये गये **मनोभावों** को उजागर करते हैं।

राग के संचालन का आधारभूत तत्त्व स्वर होता हैं, जिस पर यह आधारित होता है। राग में स्वरों की संख्या के अनुसार, तीन मुख्य जातियाँ या श्रेणियाँ हैं :

1. ***ओडव:*** यह पंचस्वर' राग है, इसमें **5 स्वर** सम्मिलित हैं।
2. ***षाडव राग:*** 'षट्स्वर' राग है, इसमें **6 स्वर** सम्मिलित हैं।
3. ***संपूर्ण राग:*** 'सप्तस्वर' राग है, इसमें **7 स्वर** सम्मिलित हैं।

राग का न तो पैमाना होता है; न ही विधा होती है, बल्कि अपनी विचित्र आरोही और अवरोही गतियों के साथ यह वैज्ञानिक, सटीक, सूक्ष्म और सौंदर्य का मधुर रूप होता है। इसमें पूर्ण सप्तक, या 5 या 6 स्वरों की शृंखला होती है। तीन प्रमुख प्रकार के राग या **राग भेद** होते हैं :

शुद्ध राग

यह वह राग है, जिसमें यदि कोई भी स्वर, जो रचना में उपस्थित नहीं होता है, उसे गाया जाता है, तो इसकी प्रकृति और रूप में परिवर्तन नहीं होता है।

छायालग राग

यह वह राग है, जिसमें यदि कोई भी स्वर, जो मूल रचना में उपस्थित होता है, उसे गाया जाता है, तो इसकी प्रकृति और रूप में परिवर्तन होता है।

संकीर्ण राग

यह वह राग है, जिसमें दो या दो से अधिक रागों का संयोजन होता है।

इसलिए, प्रत्येक राग में 5 आधारभूत स्वर होने चाहिए। इन रागों में :

- 'राजा' वह **प्रमुख स्वर** है, जिस पर राग निर्मित होता है। इसे *'वादी'* कहा जाता है और यह वह स्वर होता है, जिसका गीत रचना में **सबसे अधिक बार प्रयोग** किया जाता है।
- अगला महत्त्वपूर्ण स्वर 'रानी' है। यह प्रमुख राग के संबंध में चौथे या पाँचवें स्वर के रूप में होती है। 'राग' के इस **दूसरे सबसे महत्त्वपूर्ण** स्वर को *'सम्वादी'* कहा जाता है।
- वादी और सम्वादी के अतिरिक्त संरचना में अन्य सभी स्वरों को ***अनुवादी*** कहा जाता है ।
- अन्त में, रचना में अनुपस्थित स्वरों को *'विवादी'* कहा जाता है।

इसके अतिरिक्त, स्वरों के **आरोह** का यह अर्थ होता है कि प्रत्येक स्वर पूर्ववर्ती स्वर की तुलना में ऊँचा होता है, उदाहरण के लिए, *सा, रे, ग, म, प, ध, नि*। इसी प्रकार से, **अवरोह** में प्रत्येक स्वर पूर्ववर्ती स्वरों की तुलना में धीमा होता है।

उदाहरण के लिए, *नि, ध, प, म, ग, रे, सा*। स्वरों के आरोहण और अवरोहण के आधार पर, रागों को तीन गतियों में बाँटा जा सकता है- ***विलम्बित*** (धीमा); ***मध्य*** (मध्यम) और ***द्रुत*** (तीव्र)।

वीणा

कर्नाटक संगीत में **72 मेलाकर्ता** या मूल पैमाने होते हैं, जिन पर राग आधारित होते हैं। हिन्दुस्तानी संगीत में **छह मुख्य रागों*** के आधार हैं और ये सब **समय** और **ऋतु** विशिष्ट होते हैं और विशेष प्रकार की **भावना (रस)** का आह्वान करते हैं:

हिन्दुस्तानी राग	समय	ऋतु	मनोभाव (रस)
भैरव	भोर	कोई भी मौसम	शांति
हिण्डोल	प्रात: काल	बसंत	युवा जोड़े की मिठास का आह्वान करता है
दीपक	रात	ग्रीष्मकाल	करुणा
मेघ	देर रात	वर्षा ऋतु	साहस
श्री	सायंकाल	शीतकाल	हर्ष
मालकौंस	मध्यरात्रि	शीतकाल	वीर

रस

रागों की रचना के पीछे महत्त्वपूर्ण कारण कलाकार और श्रोताओं में **भावनात्मक प्रतिक्रियाओं** का आह्वान करना होता है। गायन और वाद्य यंत्र बजाने के माध्यम से पैदा की जानेवाली इन भावनाओं को रस कहा जाता है। रसों को **'सौंदर्यानन्दम'** भी कहा जाता है, क्योंकि ये किसी और कला के माध्यम से भावना का अनुभव कराते हैं, भले ही ये व्यक्तिगत अनुभूतियों की सीमाओं से मुक्त क्यों न हों। प्रारंभ में, आठ रस थे, लेकिन आगे चलकर इन्हें **नौ रस** या **'नवरस'** बनाने के लिए एक और 'शांत रस' जोड़ दिया गया। ये हैं :

रस का प्रकार	मनोभाव जिसे यह जगाता है
श्रृंगार	रति
हास्य	हास्य/हँसी
करुणा	शोक/दु:ख
रौद्र	क्रोध
भयानक	भय
वीर	उत्साह
अद्भुत	आश्चर्य
बीभत्स	घृणा
शांत	शांतिपूर्ण या शांत

हालाँकि, 15वीं सदी के बाद, **भक्ति** या ईश्वर के प्रति समर्पण का रस भी नौ रसों के प्रारंभिक कोष में व्यापक रूप से स्वीकृत हो गया। कुछ संगीतविदों का तर्क है कि भक्ति और शांत रस एक समान ही है।

* भैरव: कौशिकश्चैव हिन्दोलो दीपकस्तथा।
श्री रागो मेघरागश्च रागा: षडिति कीर्तिता:।।
–भरत

ताल

धुनों का लयबद्ध समूह ही ताल कहलाता है। यह लयबद्ध चक्र **3** से लेकर **108 धुनों** का होता है। ताल की अवधारणा के अनुसार, संगीत का समय सरल और जटिल छन्दों में विभाजित होता है। यद्यपि **समय की माप** का यह सिद्धांत हिंदुस्तानी और कर्नाटक संगीत में एकसमान नहीं है। ताल की अवधारणा के विषय में अनूठी बात यह है कि यह उस संगीत से स्वतंत्र होता है, जो इसकी संगत करता है और इसका अपना विभाजन होता है। ताल की गति, जो समयावधि की समरूपता बनाये रखती है, उसे **लय** कहा जाता है।

सरोद

कई संगीतविदों ने तर्क दिया है कि सौ से भी अधिक ताल हैं, लेकिन वर्तमान में केवल तीस **ताल** ज्ञात हैं और उनमें से भी केवल 10 से 12 ताल ही वास्तव में उपयोग किये जाते हैं। विभिन्न प्रकार के मान्यता प्राप्त और उपयोग किये जानेवाले ताल *दादरा, कहरवा, रूपक, एकताल, झपताल, तीन-ताल और चौताल* हैं। महत्त्वपूर्ण है कि इन में भी संगीतकार सामान्यत: सोलह धुनोंवाले *तीन-ताल* का उपयोग करते हैं।

हिंदुस्तानी संगीत के विपरीत, कर्नाटक संगीत की संरचना बहुत अधिक कठोर है। ताल तीन घटकों *लघु, तीव्र और अनु* तीव्र से बने होते हैं। 35 मूल ताल हैं और प्रत्येक ताल को 5 'घाटी' में विभाजित किया जा सकता है। इसलिए, कर्नाटक संगीत में 175 (35 × 5) ताल हैं। कर्नाटक संगीत में सबसे प्रमुख ताल आदिताल है।

थाट

थाट अलग-अलग समूहों में रागों के **वर्गीकरण** की प्रणाली है। वर्तमान में, हिन्दुस्तानी शास्त्रीय संगीत के, **10-थाट वर्गीकरण** को अपनाया गया है। उत्तर भारतीय शास्त्रीय संगीत के क्षेत्र में सबसे महत्त्वपूर्ण संगीतविदों में से एक पंडित विष्णु नारायण भातखंडे (1860-1936) के अनुसार प्रत्येक राग 10 आधारभूत थाटों या **संगीतात्मक पैमानों** या प्रारूप पर आधारित हैं। **थाट केवल आरोही में गाया जा सकता है,** क्योंकि स्वर आरोही क्रम में संगठित होते हैं।

थाट में 12 (7 शुद्ध स्वर तथा 5 विकृत स्वर) स्वरों में से **सात स्वर** होने चाहिए और इन्हें **अनिवार्य रूप से आरोही क्रम में रखा जाना चाहिए**। 10 थाट हैं–*बिलावल, खमाज, काफ़ी, असावरी, भैरवी, भैरव, कल्याण, मारवा, पूर्वी और तोड़ी*। राग के विपरीत थाट में **कोई भावनात्मक गुण नहीं** है और इसे गाया नहीं जाता है। थाट से उत्पन्न राग गाये जाते हैं।

समय

प्रत्येक राग को गाने का एक विशिष्ट समय होता है। ऐसा इसलिए है, क्योंकि इन स्वरों से विशेष समय पर अधिक प्रभावी होने की अपेक्षा की जाती है। दिन के 24 घंटे दो भागों में बाँटे जा सकते हैं :

- दोपहर 12 बजे से लेकर रात 12 बजे तक : ***पूर्व भाग*** कहा जाता है और इस समयावधि में गाये जानेवाले रागों को ***पूर्व राग*** कहा जाता है।
- रात 12 बजे से लेकर दोपहर 12 बजे तक : ***उत्तर भाग*** कहा जाता है और इस समय सीमा में गाये जानेवाले रागों को ***उत्तर राग*** कहा जाता है।

इसके अतिरिक्त, दिन की अवधि के अनुसार ***सप्तक*** में भी परिवर्तन होता है। उदाहरण के लिए, पूर्वांग अवधि में, सप्तक सा से लेकर म (सा, रे, ग, म) तक होता है। इसके विपरीत, उत्तरांग अवधि में, सप्तक पा से लेकर सा (प, ध, नि, सा) तक होता है।

राग के अन्य घटक

1. **धीमी गति** से वादी, सम्वादी और राग की अन्य मूक विशेषताओं पर बल देनेवाले राग का **क्रमिक उद्घाटन** ***आलाप*** कहलाता है। इसे प्रदर्शन के समय राग के **प्रारंभ** में गाया जाता है। आमतौर पर उत्तर भारतीय शास्त्रीय संगीत में इसे आकार यानी किसी अक्षर का उच्चारण किये बिना, केवल स्वर की 'आ' ध्वनि का उपयोग करके गाया जाता है।
2. हिन्दुस्तानी सांस्कृतिक में संगीत रचना के रूप में रचना को दो भागों में बाँटा जा सकता है :

स्थायी/मुखड़ा	रचना का पहला भाग (अधिकतम उपयोग किया जाता है)
अंतरा	रचना का दूसरा भाग

3. **तेज़ गति** में आधारभूत स्वर ***तान*** कहलाते हैं। ये बहुत तकनीकी होते हैं और लय में विभिन्नता के साथ स्वरों के जटिल पैटर्न की रचना में प्रशिक्षण, अभ्यास और कौशल दिखलाते हैं। तान के गायन में गति एक महत्त्वपूर्ण कारक है। कुछ विशेष तान आकार स्वर में गाये जाते हैं। तान के कोष के भीतर, 3 या 4 स्वरों की छोटी तान **'मुर्की'** कहलाती है। इन्हें बहुत ही तेज़ गति से गाया जाता है और इसके लिए गायक के पास पर्याप्त कौशल होना चाहिए।
4. अन्त में, संगीत के खण्ड की रचना के दौरान, ***'अलंकार'*** के रूप में अलंकरण की आवश्यकता होती है। यह क्रमबद्ध रूप में विशिष्ट मधुर प्रस्तुति है, जिसमें एक पैटर्न का अनुसरण किया जाता है। उदाहरण के लिए, स्वरों 'सा रे ग', 'ग म प', 'म प ध' आदि का संयोजन। इन संयोजनों में हमें *अलंकार* दिखायी देता है, जिसमें क्रमबद्ध रूप में 3 स्वरों का प्रत्येक बार उपयोग किया जाता है।

अंतर का आधार	थाट	राग
उत्पत्ति	ये बारह स्वर (स्वरों) से बनाये जानेवाले पैमाने हैं।	राग थाट की शैली से संबंधित होते हैं।
स्वरों की संख्या	थाट में **सात स्वर** होने चाहिए।	राग में **कम-से-कम पाँच स्वर** होते हैं।
स्वरों के प्रकार	थाट में केवल **आरोह** या आरोही स्वर होते हैं।	राग में **आरोह और अवरोह** दोनों स्वर होने चाहिए।
स्वरमाधुर्य	थाट के लिए मधुर होना आवश्यक नहीं है, क्योंकि इन्हें गाया नहीं जाता है।	राग गाये जाते हैं और इसलिए ये **मधुर** होते हैं।
महत्त्वपूर्ण स्वर	थाट में *वादी* और *सम्वादी* **नहीं** होते हैं।	रागों में *वादी* और *सम्वादी* होते हैं।
नामकरण	थाट का नामकरण लोकप्रिय रागों के नाम पर होता है।	रागों का नामकरण उन भावनाओं के नाम पर होता है, जिनका वे आह्वान करते हैं।

भारतीय संगीत का वर्गीकरण

भारतीय उप-महाद्वीप में संगीत के कई प्रकार प्रचलित हैं। ये विभिन्न श्रेणियों के अंतर्गत आते हैं; कुछ का झुकाव शास्त्रीय संगीत की ओर है तथा कुछ का प्रयोग वैश्विक संगीत के साथ भी किया जाता है। हाल में, पॉप, जैज़ आदि जैसे, संगीत के नये रूपों के साथ शास्त्रीय विरासत का विलयन करने की ओर रुझान बढ़ रहा है और यह जनता का ध्यान भी आकर्षित कर रहा है। भारतीय संगीत का वर्गीकरण इस प्रकार है :

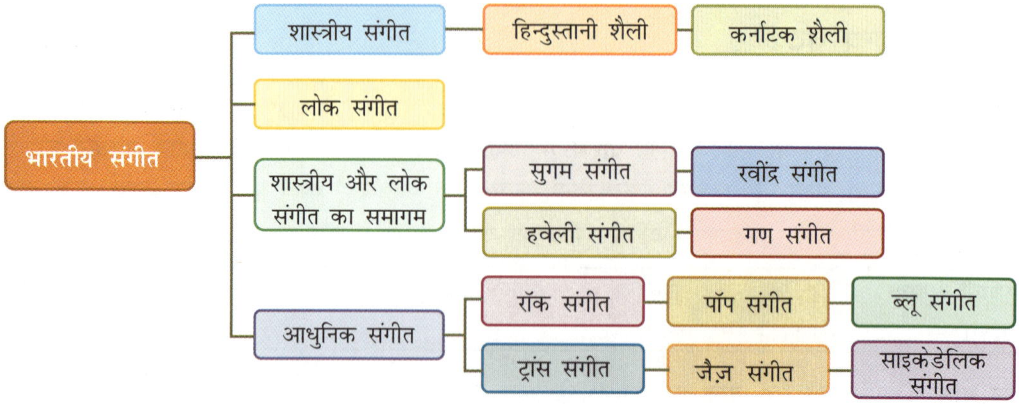

भारतीय संगीत का वर्गीकरण

शास्त्रीय संगीत

भारतीय शास्त्रीय संगीत की दो अलग-अलग शैलियों का विकास हुआ है :

1. **हिंदुस्तानी संगीत :** इसका भारत के उत्तरी भागों में अभ्यास किया जाता है।
2. **कर्नाटक संगीत :** इसका भारत के दक्षिणी भागों में अभ्यास किया जाता है।

हालाँकि दोनों प्रकार के संगीत की ऐतिहासिक जड़ें भरत के नाट्यशास्त्र में पायी जाती हैं, परंतु इनमें 14वीं सदी में अलगाव हो गया।

हिंदुस्तानी संगीत

संगीत की हिंदुस्तानी शाखा संगीत संरचना और उसमें **तात्कालिकता की संभावनाओं** पर अधिक केंद्रित होती है। हिंदुस्तानी शाखा में ***शुद्ध स्वर सप्तक*** या 'प्राकृतिक स्वरों के सप्तक' के पैमाने को अपनाया गया।

'ध्रुपद', 'धमार', 'होरी', 'ख्याल', 'टप्पा', 'चतुरंग', 'रससागर', 'तराना', 'सरगम' और 'ठुमरी' जैसी हिंदुस्तानी संगीत में गायन की दस मुख्य शैलियाँ हैं। जिनमें से प्रमुख शैलियाँ इस प्रकार हैं :

ध्रुपद शैली

यह हिन्दुस्तानी शास्त्रीय संगीत के **सबसे पुराने** और **भव्य रूपों** में से एक है तथा इसका वर्णन **नाट्यशास्त्र** में भी किया गया है। यह कहा जाता है कि ध्रुपद अपनी जड़ों के लिए *प्रबंध* और *ध्रुवपद* जैसे पुराने रूपों का ऋणी है। यह नाम 'ध्रुव' और 'पद' से निकला है, जो कविता के छंद रूप तथा उसे गाने की शैली दोनों को प्रदर्शित करता है। यद्यपि ध्रुपद ने 13वीं शताब्दी में शास्त्रीय संगीत के रूप में अपनी स्थिति को मज़बूत किया, लेकिन यह सम्राट् **अकबर** के दरबार में अपने चरम पर पहुँचा।

मियाँ तानसेन

अकबर ने स्वामी **हरिदास** और **मियाँ तानसेन** जैसे संगीताचार्यों को नियुक्त किया और उनका संरक्षण किया। मियाँ तानसेन (अकबर के दरबार में नवरत्न या नौ रत्नों में से एक) और बैजू बावरा, स्वामी हरिदास के शिष्य थे और 15वीं-16वीं शताब्दी के दौरान ध्रुपद संगीत के प्रमुख प्रस्तावक थे। ध्रुपद मध्यकाल में गायन की प्रमुख विधा बन गयी, परंतु

18वीं शताब्दी में यह ह्रास की स्थिति में पहुँच गयी। ध्रुपद एक **काव्यात्मक रूप** है, जिसमें **राग को सटीक तथा विस्तृत शैली** में प्रस्तुत किया गया है। ध्रुपद **आलाप से प्रारम्भ** होता है, जिसे बिना शब्दों के गाया जाता है। लय को धीरे-धीरे बढ़ाया जाता है और यह प्रस्तुति का प्रमुख अंग होता है। आलाप दर्शकों में एक भाव (मिज़ाज) उत्पन्न करता है, जो चयनित राग के भाव से मेल खाता है। यह *शब्दों से पैदा होनेवाले विकर्षण से रहित शुद्ध संगीत है*। कुछ समय के बाद ध्रुपद प्रारम्भ होता है और पखावज बजाया जाता है।

अमीर ख़ुसरो

खुसरो दिल्ली सल्तनत काल के एक सूफ़ी संगीतकार, कवि और विद्वान थे। खुसरो को 'क़व्वाली का जनक' माना जाता है। उन्होंने भारत में गाने की ग़ज़ल शैली की भी शुरुआत की। खुसरो के वंशज जो क़व्वाली गायन में माहिर थे, उन्हें इस प्रकार वर्गीकृत किया गया था -

- **क़व्वाल** - उन्होंने मुस्लिम भक्ति गीत गाये, और
- **कलावंत** - उन्होंने क़व्वाली शैली में सांसारिक गीत गाये।

तराना और त्रिवत का आविष्कार भी खुसरो ने किया था। ***सितार*** के आविष्कार का भी श्रेय खुसरो को दिया जाता है।

स्वामी हरिदास

स्वामी हरिदास (1478-1573) एक आध्यात्मिक कवि और शास्त्रीय संगीतकार थे, जिन्हें ख़ासकर **ध्रुपद शैली** में बड़े परिमाण में भक्ति-रचनाएँ करने का श्रेय दिया जाता है। उन्हें अकबर ने संरक्षण दिया था और वे **मियाँ तानसेन और बैजू बावरा के शिक्षक** कहे जाते हैं। कृष्ण से ज़्यादा **राधा** उनकी सभी कविताओं का केंद्रीय व्यक्तित्व रही हैं।

मियाँ तानसेन

16वीं शताब्दी के संगीतकार और अकबर के दरबार में ***नवरत्नों*** *(नौ रत्नों)* में से एक। अकबर ने उन्हें '*मियाँ* ' की उपाधि दी थी, जिसका अर्थ है एक विद्वान् व्यक्ति। ध्रुपद संगीत के उस्ताद, तानसेन ने ***कई नये राग*** बनाये। तानसेन की रचनाएँ मुख्यत: ***हिंदू देवी-देवताओं*** और **सम्राट् अकबर** जैसे, उनके संरक्षकों से संबंधित हैं। तानसेन का मक़बरा उनके जन्म स्थान ग्वालियर में मौजूद है।

तानसेन ने अपनी जीवन-यात्रा रीवा के हिंदू राजा, राजा रामचन्द्र सिंह, के दरबार और संरक्षण में शुरू की थी। उनका वास्तविक नाम रामतनु पांडे था। तानसेन 1562 में अकबर के दरबार में सम्मिलित हुए। तानसेन को उनकी महाकाव्य ध्रुपद रचनाओं के लिए बहुत सराहा जाता है। उन्होंने संगीत पर दो उत्कृष्ट किताबें भी लिखीं - संगीता सारा और श्री गणेश स्तोत्र।

बैजू बावरा

15वीं-16वीं शताब्दी के दौरान एक ध्रुपद संगीतकार, बैजनाथ मिश्रा (बैजू बावरा) हुए हैं। उन्हें **स्वामी हरिदास का शिष्य** और मियाँ तानसेन का समकालीन कहा जाता है। वह ग्वालियर के **मान सिंह तोमर के दरबारी संगीतकारों** में से एक थे। बैजू बावरा की समाधि **मध्य प्रदेश के चंदेरी** में स्थित है।

नौबत ख़ान

उन्हें अली ख़ान करोड़ी के नाम से भी जाना जाता था। वे एक भारतीय शास्त्रीय संगीतकार थे, जिन्हें **मुग़ल सम्राट् अकबर** ने मनसबदार बनाया था। वे **रुद्र वीणा** के साथ अपने कौशल के लिए भी प्रसिद्ध हैं। मुग़ल दरबार के कलाकारों की कई चित्रकलाओं में नौबत ख़ान को रुद्र वीणा बजाते हुए दिखाया गया है। वे तानसेन के समकालीन कलाकार और दामाद थे।

गुणसमुंद्र

लाल **ख़ान** (गुणसमुंद्र) मुग़ल सम्राट् **शाहजहाँ** के दरबार में ध्रुपद संगीतकार थे। उन्हें 1637 में शाहजहाँ द्वारा 'गुणसमुंद्र' (गुणों का सागर) की उपाधि से सम्मानित किया गया था। लाल ख़ान प्रसिद्ध वीणा वादक नौबत ख़ान के पुत्र थे।

ध्रुपद में **संस्कृत अक्षरों** का उपयोग किया जाता है और इसका **उद्‌गम मंदिरों से हुआ** है। ध्रुपद रचनाओं में सामान्यतः **4 से 5 पद होते** हैं और ये जोड़े में गाये जाते हैं। सामान्यतः दो पुरुष गायक ध्रुपद शैली का प्रदर्शन करते हैं। **तानपुरा** और **पखावज** सामान्यतः इनकी संगत करते हैं। वाणी के आधार पर, ध्रुपद गायन को आगे और **चार रूपों में** विभाजित किया जा सकता है :

- **डागरी घराना :** डागर परिवार **डागर वाणी** में गाता है। इस शैली में **आलाप** पर बहुत बल दिया जाता है। कई पीढ़ियों से, उनके परिवार के लोगों ने जोड़ों में प्रशिक्षण और प्रदर्शन किया है। डागर **मुसलमान होते** हैं, लेकिन सामान्यतः **हिंदू देवी-देवताओं के पाठों** को गाते हैं। इस पीढ़ी में डागर घराने की एक प्रमुख जोड़ी **गुन्देचा बंधुओं** (Gundecha Brothers) की है।

गुन्देचा बंधु

- **दरभंगा घराना :** इस घराने में ध्रुपद **खण्डर वाणी** और **गौहर वाणी में गायी जाती है।** बिहार का यह घराना इस दृष्टि से विशिष्ट है कि अन्य ध्रुपद घरानों में विशिष्ट रूप से आलाप पर ज़ोर दिये जाने की प्रवृत्ति के स्थान पर यह आलाप, या उद्‌घाटन खंड और बंदिश के बीच एक समान संतुलन प्रदान करता है। उन्होंने विभिन्न प्रकार की **लयकारी** का समावेश करके इसमें सुधार किया है। इस शैली के मुख्य प्रतिनिधि **मलिक परिवार** हैं। गायन करनेवाले सदस्यों में राम चतुर मलिक और सियाराम तिवारी सम्मिलित हैं।
- **बेतिया घरानाः बिहार का** यह घराना **गौहर** और **खण्डर वाणी** शैलियों का प्रदर्शन करता हैं। यह घराना **बंदिश** को ध्रुपद का मूल रूप मानता है और इस प्रकार, बंदिश का गायन इस प्रस्तुतीकरण का एक बड़ा भाग होता है। इस प्रणाली का प्रतिपादन **प्रसिद्ध मिश्र परिवार** ने किया है। नियमित रूप से प्रदर्शन करनेवाले सदस्य इंद्र किशोर मिश्र हैं।
- **तलवंडी घराना :** यहाँ खण्डर वाणी गायी जाती है। चूँकि यह पाकिस्तान में स्थित है, इसलिए इसे भारतीय संगीत व्यवस्था के भीतर रखना कठिन हो गया हैं।

घराना प्रणाली

- **घराना वंश** या **प्रशिक्षुता** और विशेष संगीत शैली के अनुपालन द्वारा संगीतकारों या नर्तक/नर्तकियों को जोड़नेवाली सामाजिक संगठन की प्रणाली है।
- घराना शब्द उर्दू/हिंदी शब्द 'घर' (संस्कृत शब्द गृह) से आता है, जिसका अर्थ **'परिवार'** या **'घर'** होता है। यह सामान्यतः उस स्थान को दर्शाता है, जहाँ से वह संगीतात्मक विचारधारा उत्पन्न हुई है।
- *घराने* व्यापक संगीत शास्त्रीय विचारधारा को इंगित करते है और एक शैली से दूसरी शैली में अंतर रखते हैं।
- यह सीधे संगीत की सोच, शिक्षण, प्रदर्शन और प्रशंसा को प्रभावित करते हैं।
- हिन्दुस्तानी शास्त्रीय संगीत के गायन के लिए विदित *घरानों* में से कुछ हैं : आगरा, ग्वालियर, इंदौर, जयपुर, किराना, और पटियाला।

ख़याल/(ख़्याल शैली)

'ख़याल' (ख़्याल) शब्द फ़ारसी से लिया गया है, जिसका अर्थ **'विचार या कल्पना'** होता है। उल्लेखनीय है कि इस शैली के उद्भव का श्रेय **अमीर ख़ुसरो** को दिया जाता है। यह रूप कलाकारों के बीच काफ़ी लोकप्रिय है, क्योंकि यह तात्कालिकता के लिए अधिक-से-अधिक अवसर प्रदान करता है। ख़याल (ख़्याल) दो से लेकर आठ पंक्तियोंवाले **लघु गीतों** के रंग पटल पर आधारित है। सामान्यत:, ख़याल (ख़्याल) रचना को '*बंदिश*' के रूप में भी जाना जाता है।

15वीं सदी में **हुसैन शाह** (शर्क़ी जौनपुर सल्तनत के शासक) इसके सबसे बड़े संरक्षक थे। ख़याल (ख़्याल) की सबसे अनूठी विशेषताओं में से एक यह है कि ख़्याल रचना में प्राय: **तान का उपयोग** होता है। इसी कारणवश ध्रुपद की तुलना मे ख़याल संगीत में आलाप को कम स्थान दिया जाता है। सामान्यत: ख़्याल में दो गीतों का उपयोग होता है :

1. ***बड़ा ख़्याल:*** धीमी गति में गाया जानेवाला
2. ***छोटा ख़्याल:*** तेज़ गति में गाया जानेवाला

अधिकांश प्रदर्शन बड़ा ख़्याल में होते हैं।

पाठ और राग में निरंतरता बनाये रखते हुए अधिकतर स्थितियों में, प्रत्येक गायक, अलग-अलग ढंग से बंदिश प्रस्तुत करता है। ये **प्रेम** के विषय में गाते हैं, चाहे वह दिव्य जीवों से संबंधित ही क्यों न हों। यह ईश्वर या किसी विशेष राजा की प्रशंसा भी हो सकती है। असाधारण ख़्याल रचनाएँ **भगवान कृष्ण** की स्तुति में की जाती हैं। ख़्याल संगीत के अंतर्गत **प्रमुख घराने** हैं :

- **ग्वालियर घराना:** यह **सबसे पुराने** और सबसे विस्तृत ख़्याल घरानों में से एक है। यह बहुत कठोर नियमों का पालन करता है, क्योंकि यहाँ **रागमाधुर्य** और **लय** पर समान बल दिया जाता है। हालाँकि इसका गायन बहुत जटिल है, फिर भी यह सरल जाने-माने रागों का प्रदर्शन करने और सपाट (सीधे) तानों का उपयोग करने को वरीयता देता है। इस घराने के सबसे अधिक लोकप्रिय प्रतिपादनकर्ता **नत्थू ख़ान** और **विष्णु दिगंबर पलुस्कर** हैं।
- **किराना घराना:** इस घराने का नामकरण उत्तर प्रदेश स्थित 'कैराना' गाँव के नाम पर है। नायक गोपाल ने इसकी स्थापना की थी, लेकिन 20वीं सदी के प्रारंभ में इसे लोकप्रिय बनाने का वास्तविक श्रेय, अब्दुल करीम ख़ान और अब्दुल वाहिद ख़ान को जाता है। **किराना घराना व्यक्तिगत नोट्स (स्वर) की सटीक ट्यूनिंग और नोटों की अभिव्यक्ति** पर ज़ोर देने के लिए प्रसिद्ध है।

  किराना घराना **धीमी गतिवाले रागों** पर अपनी प्रवीणता के लिए सुविदित है। ये रचना की **मधुरता** और गीत में पाठ के उच्चारण की स्पष्टता पर बहुत अधिक बल देते हैं। ये पारंपरिक रागों के उपयोग को वरीयता देते हैं। इस शैली में महान् गायकों की लंबी क़तार है, जिनमें शामिल हैं **प्रसिद्ध पंडित भीमसेन जोशी** और **गंगू बाई हंगल**। महाराष्ट्र एवं कर्नाटक के सीमांत क्षेत्रों के संगीतकार भी किराना घराने से ताल्लुक़ रखते हैं।

सदारंग (1670-1748)

सदारंग हिंदुस्तानी संगीत संगीतकार न्यामत ख़ान का उपनाम था। वह मुग़ल सम्राट् मुहम्मद शाह (शासन काल 1719-1748) के दरबारी संगीतकार थे। सदारंग का ख़याल गायकी में योगदान के लिए मध्यकालीन संगीत के इतिहास में एक प्रतिष्ठित स्थान है।

पंडित भीमसेन जोशी (1922-2011)

वे किराना घराने के एक प्रमुख ख़्याल प्रतिपादक थे और 2008 में उन्हें **भारत रत्न** मिला। श्री जोशी द्वारा इस्तेमाल किये गये कुछ प्रमुख रागों में सुधा कल्याण, मियाँ की तोड़ी, मुल्तानी, भीमपलासी आदि शामिल हैं। उन्हें 1988 के वीडियो '***मिले सुर मेरा तुम्हारा***' में उनके प्रदर्शन के साथ भारत में व्यापक रूप से पहचाना जाता है।

पंडित भीमसेन जोशी

- **आगरा घराना:** इतिहासकारों का तर्क है कि ख़ुदाबख़्श ने 19 वीं सदी में इस घराने की स्थापना की थी, परंतु संगीतविदों का तर्क है कि इसके संस्थापक हाजी सुजान ख़ान थे। फ़ैयाज़ ख़ान ने नवीन और गीतात्मक स्पर्श देकर इस घराने को पुनरुज्जीवित किया। तब से इसका नाम **रंगीला घराना** पड़ गया। आगरा घराने का संगीत **ख़्याल और ध्रुपद गायकी** का मिश्रण है। इस घराने के संगीतकार गायकी में **बंदिश** को अहम दर्जा देते हैं। वर्तमान में, इस शैली के प्रमुख प्रतिपादनकर्ता विलायत हुसैन ख़ान और फ़ैयाज़ हुसैन ख़ान हैं।
- **पटियाला घराना:** बड़े फ़तेह अली ख़ान और अली बख़्श जरनैल ख़ान ने 19वीं सदी में इस घराने का शुभारंभ किया था।

  इसे पंजाब में पटियाला के महाराजा द्वारा प्रारंभिक प्रायोजन (Sponsorship) प्राप्त हुआ। शीघ्र ही उन्होंने ग़ज़ल, ठुमरी और ख़याल के लिए प्रतिष्ठा प्राप्त कर ली। वे **बृहत्तर लय** के उपयोग पर अधिक बल देते थे। चूँकि उनकी रचनाओं मे **भावनाओं** पर बल होता था, अत: उनका रुझान अपने संगीत में अलंकरण या **अलंकारों** के उपयोग पर होता था। वे **जटिल तानों** के प्रतिपादन पर विशेष ध्यान देते थे।

  इस घराने के सबसे प्रसिद्ध संगीतकार **बड़े ग़ुलाम अली ख़ान** साहब थे। वे भारत के बड़े हिन्दुस्तानी शास्त्रीय गायकों में से एक थे। उन्होंने कुलीन श्रोताओं तक सीमित रहनेवाले संगीत के बीच की खाई को पाटा। वे **राग दरबारी** के गायन के लिए सुविदित थे। यह घराना तराना शैली के अद्वितीय तान, गमक और गायकी का उपयोग करता है।

पटियाला घराने के बड़े ग़ुलाम अली ख़ान

- **भिंडी बाज़ार घराना:** छज्जू ख़ान, नज़ीर ख़ान और ख़ादिम हुसैन ने 19वीं सदी में मुंबई के भिंडीबाज़ार इलाक़े में इसकी स्थापना की थी। इन्होंने लंबी अवधि तक **अपनी साँस नियंत्रित** करने में प्रशिक्षित गायकों के रूप में लोकप्रियता और प्रसिद्धि प्राप्त की। इस तकनीक का उपयोग करते हुए ये कलाकार **एक ही साँस में लंबे-लंबे अंतरे** गा सकते हैं। इसके अतिरिक्त ये इसलिए भी अद्वितीय है, क्योंकि ये कुछ **कर्नाटक रागों** का उपयोग भी करते हैं।

तराना शैली

इस शैली में **लय** बहुत महत्त्वपूर्ण भूमिका निभाती है। इसकी संरचना लघु एवं कई बार दोहराये जानेवाले रागों से निर्मित होती है। इसमें उच्च स्वरवाले विषम राग का प्रयोग होता है, जिसे मुख्य राग पर लौटने से पहले एक बार प्रारंभ किया जाता है। इसमें **तीव्र गति** से गाये जानेवाले कई शब्दों का प्रयोग होता है। यह लयबद्ध विषय बनाने पर केंद्रित होता है और इसलिए, गायक के लिए लयबद्ध हेरफेर में विशेष प्रशिक्षण और कौशल की आवश्यकता होती है। 13वीं-14वीं शताब्दी में **अमीर**

ख़ुसरो द्वारा फिर से तराना शैली का आविष्कार किया गया। तराना शैली को 10वें सिख **गुरु गोबिन्द सिंह** ने भी अपनी रचनाओं में इस्तेमाल किया था। वर्तमान में, विश्व के एक प्रसिद्ध तराना गायक मेवाती घराने के **पंडित रतन मोहन शर्मा** हैं। हैदराबाद में पंडित मोतीराम संगीत समारोह में श्रोताओं ने उन्हें **'तराना के बादशाह'** की पद्वी दी।

हिन्दुस्तानी संगीत की अर्द्ध-शास्त्रीय शैली

संगीत की **अर्द्ध-शास्त्रीय शैली** भी **स्वर** (सुर) पर आधारित है। हालाँकि गायक राग की मानक सरंचना (शैली) से थोड़ा-सा भटकते हैं और रागों के **सुगम** रूप-**राग भूपाली** या **मालकौश** गाये जाते हैं। इनमें **ताल के सरल रूप** का उपयोग किया जाता है और **मध्यम या द्रुत** लय प्रयुक्त होती है अर्थात् उनकी लय में तीव्रता होती है। वे **आलाप-जोर-झाल** की तुलना में **भाव और गीत** पर बल देते हैं। कुछ प्रमुख अर्ध-शास्त्रीय शैलियों जैसे ठुमरी, टप्पा और ग़ज़ल की नीचे चर्चा की गयी है :

ठुमरी

यह उत्तर प्रदेश में उत्पन्न हुई और आमतौर पर **मिश्रित सरल रागों** पर आधारित होती है और इसे सामान्यत: अर्ध-शास्त्रीय भारतीय संगीत माना जाता है। रचनाओं की प्रवृत्ति (भाव) या तो **रूमानी या भक्ति** से ओत-प्रोत होती है। **भक्ति आन्दोलन** का इस पर इतना अधिक प्रभाव रहा कि इसके गीत (शब्द) प्राय: कृष्ण के लिए एक युवती के प्रेम के इर्दगिर्द ही घूमते हैं। रचनाओं की **भाषा** आमतौर पर **हिन्दी या बृज भाषा** होती है।

रचनाओं को प्राय: **महिला की आवाज़** में गाया जाता है। इसमें **कामुकता** (भोग) अंतर्निहित होती है। प्रस्तुति के दौरान यह गायक को अपनी ओर से कुछ नया करने की अनुमति देता है और इसलिए राग के प्रयोग में लचीलापन प्रदान करता है। ठुमरी को कुछ अन्य हलके प्रारूपों के लिए भी सामान्य (जातीय) नाम के रूप में उपयोग किया जाता है जैसे दादरा, होरी, कजरी, सावन, झूला और चैती।

ठुमरी शास्त्रीय नृत्य **कथक** से जुड़ी हुई है।

ठुमरी के मुख्य घराने वाराणसी और लखनऊ में स्थित हैं, और ठुमरी गायन की सबसे कालातीत (प्रसिद्ध) आवाज़ **बेगम अख़्तर** की है, जो गायन की अपनी असीम रेंज और भारी आवाज़ के लिए घर-घर में जानी जाती हैं। पूरब अंग ठुमरी के **गिरिजा देवी** और **छन्नूलाल मिश्रा**, अन्य प्रसिद्ध प्रस्तावक हैं।

टप्पा

इस शैली में **लय** की बहुत महत्त्वपूर्ण भूमिका होती है, क्योंकि रचनाएँ तेज़, सूक्ष्म और जटिल संरचनाओं पर आधारित होती हैं। यह उत्तर-पश्चिम भारत के **ऊँट सवारों के लोकगीतों** के रूप में आरंभ हुआ था, परन्तु **सम्राट् मुहम्मद शाह** के मुग़ल दरबार में लाये जाने के पश्चात् इसे एक अर्द्ध-शास्त्रीय विशेष गायन शैली के रूप में मान्यता प्राप्त हुई।

वाक्यांशों को तेज़ी से बार-बार दोहराया जाता है। टप्पा समृद्ध कुलीन लोगों और न्यूनतम आय साधनोंवाले, दोनों ही की पसंदीदा शैली थी। 19वीं शताब्दी के उत्तरार्ध में और 20वीं शताब्दी के प्रारम्भ में अपने बैठक-ख़ानों और जलसाघर (शाब्दिक रूप से मनोरंजन कक्ष) में संभ्रांत ज़मींदार वर्ग के प्रत्यक्ष सरंक्षण से 'बैठकी' शैली का विकास हुआ।

आज यह शैली विलुप्त हो रही हैं और बहुत ही कम संगीतकार इसके साथ शामिल हो रहे हैं। इस शैली के कुछ विशिष्ट प्रतिपादकों में से हैं- *ग्वालियर घराने के लक्ष्मण राव पण्डित तथा रामपुर-सहसवाँ घराने के शन्नो खुराना।।*

ग़ज़ल

ग़ज़ल एक **छोटी कविता** होती है, जिसमें **तुकबंदीवाले दोहे** होते हैं, जिन्हें *बैत* या *शे'र* कहा जाता है। अधिकतर ग़ज़लों में 07 से 12 बैत होती हैं। हालाँकि, ग़ज़ल के दोहों को एक समान विषयवस्तु या निरंतरता की आवश्यकता नहीं होती है। ऐसा कहा जाता है कि इसका जन्म 10वीं शताब्दी में ईरान में हुआ था।

सूफ़ी रहस्यवादी और नये इस्लामी सल्तनत के दरबारों के प्रभाव के कारण इसका दक्षिण एशिया में प्रसार हुआ, परन्तु मुग़ल काल में यह अपने चरम पर पहुँची। ऐसा कहा जाता है कि **अमीर ख़ुसरो** भारत में पहले ग़ज़ल लिखनेवालों में से एक थे। कई प्रमुख ऐतिहासिक ग़ज़ल शायर या तो स्वयं सूफ़ी थे (रूमी और हाफिज़ की भांति) या सूफ़ी विचारों और विश्वासों के समर्थक थे।

ग़ज़ल का न केवल रूप विशिष्ट है, बल्कि **इसका विषय भी केवल प्रेम ही होता** है, यानी विशेष रूप से शर्त रहित और महान् (अलौकिक) प्रेम। प्रेम की वस्तु (लक्ष्य या प्रयोजन) को इस प्रकार लिखा जाता है कि उसकी व्याख्या कैसे भी की जा सकती है, यानी वह दैवीय और मानवीय दोनों ही हो सकती है। यह श्रोता पर निर्भर करता है कि वह इससे क्या समझता है। देवताओं को भी प्राय: मानवीय रूप दिया जाता है।

गुलाम अली

कुछ समय बीत जाने के बाद ग़ज़ल के शब्दों और वाक्यांशों का सरलीकरण हुआ, जिससे विश्व भर में इसे बड़े दर्शक (श्रोता) वर्ग तक पहुँचाना सम्भव हुआ। अधिकांश ग़ज़लें अब जिस शैली में गायी जाती हैं, वह अब *ख़्याल, ठुमरी* और अन्य शास्त्रीय और सुगम शास्त्रीय शैली तक सीमित नहीं हैं।

ग़ज़ल से जुड़ी कुछ प्रसिद्ध हस्तियों में *मुहम्मद इक़बाल, मिर्ज़ा ग़ालिब, रूमी (13वीं शताब्दी), हाफिज़ (14वीं शताब्दी), क़ाज़ी नज़रूल इस्लाम* (इन्होंने बांग्ला भाषा में ग़ज़ल का प्रवर्तन किया) आदि हैं।

कर्नाटक संगीत

कर्नाटक संगीत मुख्य रूप से **दक्षिण भारत** से जुड़ा है। यहाँ मुख्य रूप से **स्वर संगीत** पर ज़ोर दिया गया है, जहाँ अधिकांश रचनाएँ गाने के लिए लिखी जाती हैं। अधिकांश कर्नाटक रचनाएँ या तो तेलुगू, कन्नड़, तमिल या संस्कृत में हैं। कर्नाटक संगीत **कृति** आधारित है और साहित्य या संगीतात्मक खण्ड के गीत की गुणवत्ता पर अधिक बल देता है। कृति निश्चित राग और नियत ताल या तालबद्ध चक्र में विकसित संगीतमय गीत होता है। हिंदुस्तानी संगीत की तरह कर्नाटक संगीत भी दो तत्त्वों पर आधारित है- राग और ताल। किसी कर्नाटक शैली में प्रत्येक रचना के **कई भाग** होते हैं :

- **पल्लवी :** रचना की पहली या दूसरी विषयगत पंक्ति 'पल्लवी' के रूप में संदर्भित होती है। इस भाग को अक्सर प्रत्येक छंद में **दोहराया** जाता है। इसे 'रागम थनम पल्लवी' नाम से जाना जाता है। यह कर्नाटक संगीत का सबसे अच्छा भाग माना जाता है। इसमें कलाकार के पास सुधार के लिए काफी अवसर होता है।
- **अनुपल्लवी : पल्लवी** या पहली पंक्ति **के बाद आनेवाली** दो पंक्तियाँ अनुपल्लवी कहलाती हैं। इन्हें प्रारंभ में और कभी-कभी गीत के अंत में भी गाया जाता है, लेकिन प्रत्येक छंद या चरण के बाद इसे दोहराना आवश्यक नहीं है।
- **चरण :** यह एक अंतिम और सबसे लंबा छंद है, जो गीत का समापन करता है।

कर्नाटक संगीत के कई अन्य घटक भी हैं, उदाहरण के लिए मध्यम और तीव्र गति से ढोलकिया के साथ प्रदर्शित किया जानेवाला तात्कालिक अनुभाग **स्वर-कल्पना** है। कर्नाटक संगीत सामान्यत: **मृदंग** के साथ गाया जाता है। मृदंग के साथ मुक्त लय में मधुर तात्कालिकता का खण्ड **'तानम'** कहलाता है। लेकिन वे खण्ड जिनमें मृदंग की आवश्यकता नहीं होती है, उन्हें **'रागम'** कहा जाता हैं। पुरंदर दास (1484-1564) को कर्नाटकी संगीत के पिता या पितामह के रूप में जाना जाता है।

कर्नाटक संगीत के शुरुआती प्रतिपादक

अन्नमाचार्य - *(1408-1503)*

- कर्नाटक संगीत के पहले जाने-माने संगीतकार।
- उन्होंने भगवान **वेंकटेश्वर** (विष्णु के एक रूप) की स्तुति में संकीर्तन की रचना की।
- उनकी रचनाएँ मुख्यत: **तेलुगू** में थीं।
- उन्हें **तेलुगू गीत-लेखन के जनक** के रूप में व्यापक रूप से पहचाना जाता है।

पुरंदर दास - *(1484-1564)*

- कर्नाटक संगीत के संस्थापक प्रतिपादकों में से एक।
- वे **भगवान् कृष्ण** के भक्त थे।
- व्यापक रूप से "कर्नाटक संगीत के **पितामह**" के रूप में जाना जाता है।
- उन्हें **ऋषि नारद** का अवतार माना जाता है।
- उनकी प्रसिद्ध रचना में दास साहित्य शामिल है।

क्षेत्रय्या - *(1600 - 1680)*

- तेलुगू कवि और कर्नाटक संगीत के एक प्रमुख संगीतकार।
- कई पद्म और कीर्तन की रचना की।
- उनकी रचनाएँ मुख्य रूप से **भगवान् कृष्ण** पर आधारित थीं।
- वे एक स्थान से दूसरे स्थान की यात्रा करते थे।
- उनके पद्म आज भी **भरतनाट्यम और कुचिपुड़ी** प्रदर्शन के दौरान गाये जाते हैं।

भक्त रामदासु - *(1620 - 1680)*

- **कर्नाटक संगीत** के एक प्रसिद्ध प्रतिपादक और उनकी रचनाएँ मुख्य रूप से **भगवान् राम** की प्रशंसा में और ज़्यादातर **तेलुगू भाषा** में थीं।
- वे प्रसिद्ध **वाद्यकारों** में से एक थे (यानी, गीतों की रचना करने के साथ-साथ उनकी संगीत में स्थापना करना)। तेलुगू में अन्य वाद्यकारों में अन्नामाचार्य, त्यागराज, श्यामा शास्त्री आदि शामिल हैं।

वेंकटमखिन - *(17वीं सदी)*

- वह कर्नाटक संगीत के एक प्रसिद्ध प्रस्तावक थे।
- उन्होंने **चतुर्दण्डीप्रकाशिका** नामक ग्रन्थ लिखा, जिसमें उन्होंने रागों को वर्गीकृत करने की **मेलाकार्ता प्रणाली** शुरू की।
- वे थिरूवरूर के व्यागेश देवता के भक्त थे और उन्होंने उनके सम्मान में 24 अष्टपदियों की रचना की थी।

कर्नाटक संगीत की त्रिमूर्ति

त्यागराज (1767-1847)	मुथुस्वामी दीक्षितार (1775-1835)	श्यामा शास्त्री (1762-1827)
अधिकांश रचनाएँ **तेलुगू** में और कुछ संस्कृत में और **भगवान् राम** की प्रशंसा में।	अधिकांश रचनाएँ **संस्कृत** में हैं और हिंदू देवताओं और मंदिरों से संबंधित हैं।	देवी कामाक्षी की प्रशंसा में मुख्य रूप से **तेलुगू** में रचनाएँ।
उनकी एक प्रसिद्ध रचना **पंचरत्न कृति है।**	उन्होंने गमक (अलंकरण) के उपयोग पर ज़ोर दिया	अन्य दोनों की तुलना में उन्होंने कम कृतियों की रचना की।
बुध ग्रह के एक गड्ढे का नाम त्यागराज है।	उनका सांकेतिक नाम **गुरु-गुहा** था, जो उनकी मुद्रा भी है।	उनका सांकेतिक नाम **श्याम कृष्णा** था।
त्यागराज ने कई नये राग बनाये।	वे **वीणा वादक** भी थे।	**स्वरजाति** संगीत शैली का श्रेय उन्हें दिया जा सकता है।

(सभी तीनों थिरुवरुर में पैदा हुए)

अंतर के बिंदु	हिंदुस्तानी संगीत	कर्नाटक संगीत
प्रभाव	अरबी, फ़ारसी और अफ़ग़ान	स्वदेशी
स्वतंत्रता	सुधारने के लिए कलाकारों के पास अवसर, इसलिए विभिन्नता के लिए अवसर	सुधारने के लिए कोई स्वतंत्रता नहीं
उप-शैलियाँ	अनेक उप-शैलियाँ हैं, जिनसे 'घरानों' का उद्‌भव हुआ है	गायन की केवल एक विशेष निर्धारित शैली है
वाद्य यंत्रों की आवश्यकता	कंठ संगीत की भांति वाद्य यंत्रों की भी आवश्यकता होती है	कंठ संगीत पर ज़्यादा बल दिया जाता है
राग	6 प्रमुख राग	दो प्रकार के राग-मेलाकार्ता राग (72) और बाल राग
मुख्य बल दिया जाता है	मुख्य रूप से रागों पर आधारित है	मुख्य रूप से ताल पर आधारित है
प्रमुख वाद्य यंत्रों का उपयोग	तबला, सारंगी, सितार और संतूर	वीणा, मृदंग और मैंडोलिन
भारत के भागों से संबंध	उत्तर भारत	सामान्यतः दक्षिण भारत
दोनों के बीच समानता	बाँसुरी तथा वायलिन	बाँसुरी तथा वायलिन

स्वाति तिरुनल (1813-1846)

- वह त्रावणकोर राज्य के महाराजा थे।
- वह हिंदुस्तानी और कर्नाटक शैली, दोनों के उत्कृष्ट संगीतकार थे।
- वह कर्नाटक संगीत की त्रिमूर्ति के समकालीन थे।
- तंजावुर चौकड़ी भाई उनके दरबार में संगीतकार थे।
- उनकी असमय मृत्यु पर, ग्रेट ब्रिटेन और आयरलैंड की रॉयलएशियाटिक सोसायटी ने शोक व्यक्त किया और उद्धृत किया *"सच्चे विज्ञान के इस प्रबुद्ध और राजसी संरक्षक की असमय मौत केवल अफ़सोस का विषय है"*।

भारतीय संगीत पर महत्त्वपूर्ण पुस्तकें

नाम	लेखक और लिखे जाने का अनुमानित समय	विवरण
सामवेद	व्यास (1000 ईसा पूर्व)	इसमें संगीत पर आधारित शास्त्र शामिल हैं।
दत्तिलम	दत्तिला (चौथी शताब्दी ईसा पूर्व-दूसरी शताब्दी ईसा पूर्व)	पाठ अनुष्ठान मंत्रों से गंधर्व संगीत में संक्रमण पर चर्चा करता है।
नाट्यशास्त्र	भरत मुनि (दूसरी शताब्दी ईसा पूर्व)	यह संस्कृत में लिखा गया संगीत पर सबसे पहला साहित्य है। इसमें श्रुति, स्वर, जाति, विभिन्न प्रकार के संगीत वाद्ययंत्र आदि जैसे संगीत के विषयों की विस्तृत शृंखला शामिल है।
शिलप्पादिकारम	इलांगो (दूसरी शताब्दी)	यह एक तमिल कविता है, जो तीन दक्षिणी राज्यों - चेरा, चोल और पांड्य की धार्मिक, सामाजिक, राजनीतिक, सांस्कृतिक और आर्थिक व्यवस्था की व्याख्या करती है। इसमें सूचनात्मक संगीत सामग्री की अंतहीन धारा है।
बृहद्देशी	मतङ्ग (6वीं-8वीं शताब्दी)	संस्कृत में लिखा गया यह ग्रन्थ नाद, श्रुति, स्वर, तान, अलंकार, राग आदि जैसे पहलुओं की व्याख्या करता है।
संगीत मकरंद	नारद (9वीं शताब्दी)	यह रागों के उपचार से संबंधित है और उन्हें नर, मादा और नपुंसक के रूप में वर्गीकृत करता है।
सरस्वती हृदयालंकार	नान्यदेव (1080 ई.)	यह संगीत के सिद्धांत को दर्शाता है।
अभिलाषितार्थ चिन्तामणि	सोमेश्वर (चालुक्य राजा - 12वीं शताब्दी)	यहाँ गायक, संगीतकार, सभागार, आवाज़, गमक आदि के गुणों जैसे संगीत पहलुओं को बहुत विस्तार से शामिल किया गया है।
संगीत समयसार	पार्श्वदेव (1200 ई.)	यह गामाकस सिद्धांत को सामने रखता है।

नाम	लेखक और लिखे जाने का अनुमानित समय	विवरण
गीत गोविंद	जयदेव (12वीं शताब्दी)	यह कृष्ण और राधिका और वृंदावन की गोपियों के बीच संबंधों का वर्णन करता है। यह नायिका (अष्ट नायिका) की आठ मनोदशाओं का भी विस्तृत वर्णन करता है, जिसे बाद में भारतीय शास्त्रीय नृत्यों में प्रायः उपयोग किया जाता रहा है। संगीत के संबंध में, यह प्रत्येक गीत को गाने के लिए सटीक राग और ताल को इंगित करता है।
संगीत रत्नाकर	सारंगदेव (13वीं शताब्दी)	संगीत और नृत्य का सागर। यह प्राचीन और मध्यकालीन संगीत ज्ञान के सबसे महत्त्वपूर्ण संस्कृत ग्रन्थों में से एक है और इसे हिंदुस्तानी और कर्नाटक संगीत परंपराओं, दोनों द्वारा निर्णायक ग्रन्थ माना जाता है।
संगीत सुधाकर	हरिपाल (14वीं शताब्दी ई.)	इस ग्रन्थ में कर्नाटक संगीत और हिंदुस्तानी शब्द पहली बार मिलते हैं।
चतुर्दण्डी प्रकाशिका	वेंकटमखिन (17वीं शताब्दी)	इस ग्रन्थ में, उन्होंने कर्नाटक संगीत के अंतर्गत रागों को वर्गीकृत करने की मेलकार्ता प्रणाली को आरम्भ किया।
संग्रह चूड़ामणि	गोविंदाचार्य (18वीं सदी)	यह संस्कृत में लिखा गया था और कर्नाटक संगीत की वर्तमान प्रणाली से संबंधित है।
संगीत दर्पण	दामोदर पंडित (17वीं शताब्दी)	इसका अर्थ है संगीत का आईना। यह एक संस्कृत ग्रंथ है और इसमें 07 अध्याय हैं।

लोक संगीत

भारत भौगोलिक दृष्टि से विविधतापूर्ण राष्ट्र है और यह विविधता भारतीय संस्कृति में भी प्रतिबिम्बत है। हमारे देश में प्रत्येक राज्य में संगीत का अपना ही रूप है। यह उनके सांस्कृतिक प्रतिज्ञान का आधार है। जहाँ शास्त्रीय संगीत में नाट्यशास्त्र में दिये गये नियमों का पालन किया जाता है और गुरु-शिष्य (छात्र-गुरु) परंपरा का पोषण किया जाता है, वहीं लोक संगीत, लोगों का संगीत है और इसका कोई कठोर नियम नहीं हैं।

लोक संगीत विविध विषयों पर आधारित होते हैं और संगीत की लय से भरपूर होते हैं। यह तालों पर भी टिके हो सकते है। राज्य विशेष से जुड़े कई प्रकार के लोक संगीत होते हैं :

बाउल

यह न केवल संगीत का एक प्रकार है, बल्कि **बंगाली** धार्मिक संप्रदाय भी है। बाउल का संगीत यानी बाउल संगीत एक विशेष प्रकार का लोक गीत है। इसके गीतों पर **हिंदू भक्ति आंदोलन** का ख़ासा प्रभाव दिखाई देता है।

बाउल गायक

यह संगीत पश्चिम बंगाल, असम तथा त्रिपुरा में गीतों के माध्यम से **रहस्यवाद** का उपदेश देने की लंबी विरासत का प्रतिनिधित्व करता है। वे मुख्य रूप से हिन्दू या सूफ़ी मुस्लिम संप्रदायों से सम्बंधित है।

इस संगीत के मुख्य प्रतिपादक हैं : *जतिन दास, पूर्णो चंद्र दास,* ***लालोन फ़क़ीर****, नबोनी दास और सनातन दास ठाकुर बाउल।*

वनावन

यह **जम्मू-कश्मीर** राज्य का लोक संगीत है। इसे विशेष रूप से **विवाह समारोहों** के दौरान गाया जाता है और बहुत ही शुभ माना जाता है।

पंडवानी

यह लोक संगीत महाकाव्य **महाभारत** और **भीम** पर आधारित है। इसमें गायन और वादन (वाद्य यंत्र बजाने) दोनों का समावेश है। सामान्यत: गीत **तम्बूरे** की ताल पर आधारित होते हैं। इसके सुविदित कलाकारों में से एक **छत्तीसगढ़** राज्य की **तीजन बाई हैं।** संगीत के क्षेत्र में अपने योगदान के लिए उन्हें पद्मश्री (1987) और पद्म भूषण (2003) तथा पद्मविभूषण से भी सम्मानित किया जा चुका है।

तीजन बाई

आल्हा

यह **मध्य प्रदेश** राज्य से संबंधित है और जटिल शब्दोंवाला **वीर गाथा गीत** है। इसे सामान्यत: ब्रज, अवधी और भोजपुरी जैसी अलग-अलग भाषाओं में गाया जाता है। यह प्रकार भी महाकाव्य **महाभारत** से संबंधित है, क्योंकि इसमें उन नायकों का महिमामंडन करने का प्रयास किया जाता है, जिन्हें पांडवों के पुन: अवतार के रूप में देखा जाता है। पाँच पांडव भाइयों को आल्हा, ऊदल, मलखान, लखन और देव के रूप में इन वीर-गीतों में प्रतिस्थापित किया जाता है।

पणिहारी

यह लोक गीत **राजस्थान** राज्य से है और विषयगत रूप से **पानी से संबंधित** है। यह गीत सामान्यत: पास के कुएँ से **पानी लानेवाली** और वापस अपने घरों में अपने सिर पर *मटकों* में पानी ले जानेवाली **महिलाओं के** विषय में होता है। यह गीत सामान्यत: पानी की कमी और कुएँ और गाँव के बीच की लंबी दूरी के विषय में होता है। कभी-कभी इन गीतों में गाँव के कुएँ के पास झुण्ड लगाये गाँव की महिलाओं की दैनिक चिंताओं के विषय में भी चर्चा होती है।

अन्य अवसरों पर, गीत, प्रेमियों के बीच संयोगिक मिलन पर भी केंद्रित होते हैं, इसलिए ये श्रृंगार रस को साँझा करते हैं। इनमें कभी-कभी सास और बहू के बीच विवादास्पद संबंधों के विषय में भी चर्चा होती है।

पणिहारी

ओवी

यह संगीत **महाराष्ट्र** और **गोवा से** संबंध रखता है। सामान्यत: यह **महिलाओं का गीत** है, जिसे उनके द्वारा अवकाश के समय या जब वे अपने घर का काम कर रही होती हैं, गाया जाता है। इनमें सामान्यत: कविता की चार छोटी पंक्तियाँ होती हैं। ये सामान्यत: विवाह, गर्भधारण के लिए तथा बच्चों की लोरी के लिए लिखे जानेवाले गीत होते हैं।

पाई गीत

यह गीत अधिकांशत: **मध्य प्रदेश** से है। इसे विशेष रूप से **वर्षा ऋतु** के दौरान पड़नेवाले **त्योहारों** के बीच गाया जाता है। सामान्यत: इन गीतों के माध्यम से 'अच्छे मानसून और अच्छी फ़सल' के लिए प्रार्थना की जाती है, क्योंकि यह किसान समुदायों द्वारा गाये जाते है। सामान्यत: पाई संगीत पर *सायरा नृत्य* किया जाता है।

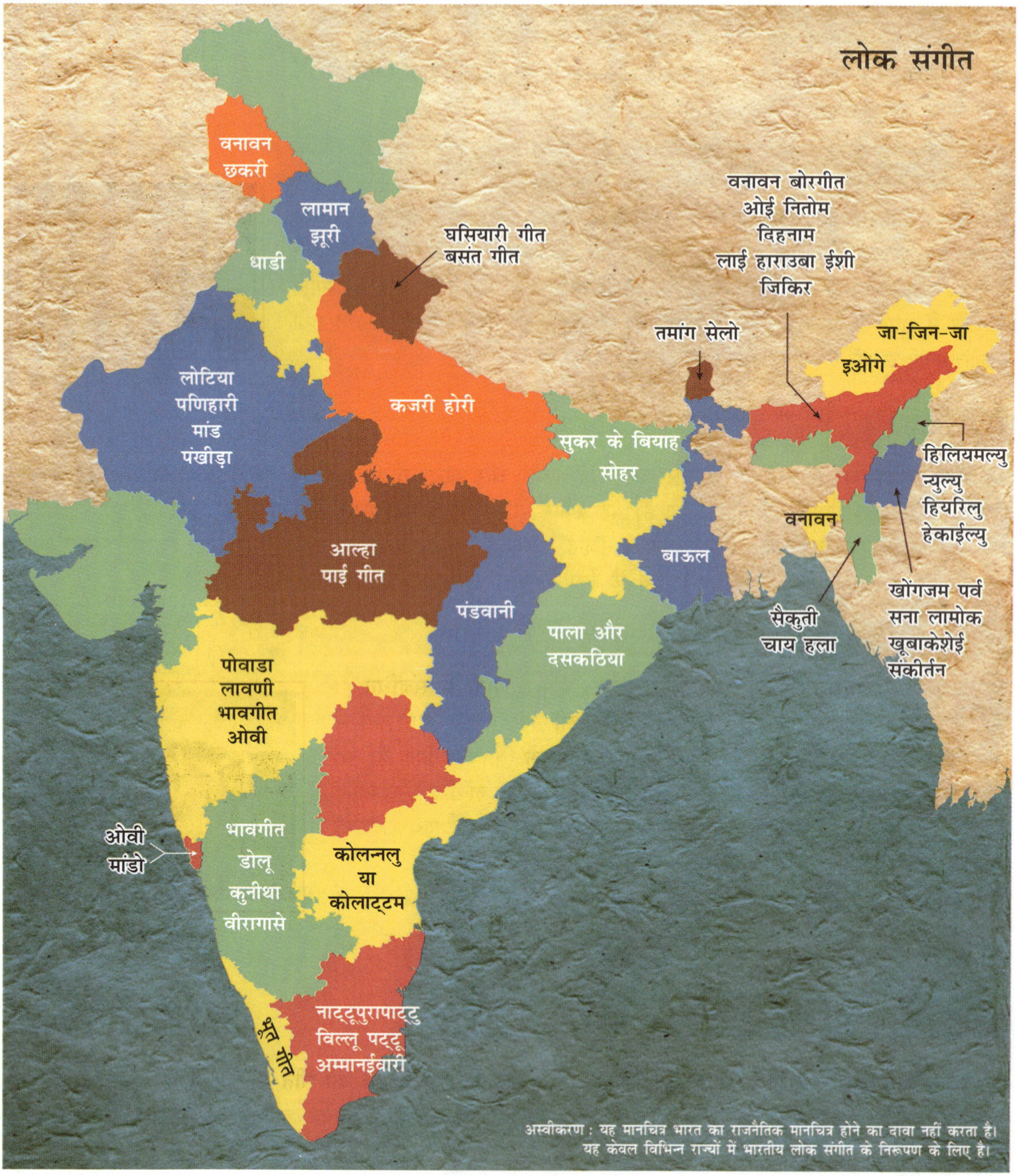

मानचित्र - भारत में लोक संगीत

लावणी

लावणी

यह **महाराष्ट्र** के सबसे प्रसिद्ध लोक नृत्यों में से एक है। यह महाराष्ट्र में लोक संगीत की सबसे लोकप्रिय शैलियों में से भी एक है।

यह पारंपरिक **नृत्य और गीत** का संयोजन है। सामान्यत: ढोलकी की ताल पर इसका प्रदर्शन किया जाता है। **शक्तिशाली लय** और ताल के कारण यह संगीत पूर्ण रूप से नृत्य के लिए उपयुक्त हैं तथा सुनिश्चित करता है कि हर कोई आनंद के साथ इसका लुत्फ़ उठाए।

मांड

यह **राजस्थान** राज्य का लोक संगीत है। कहा जाता है कि इसका विकास राजदरबारों में हुआ था और इसलिए यह शास्त्रीय परिधि में मान्यता प्राप्त है। इसे न तो पूर्ण राग के रूप में स्वीकार किया जाता है और न ही इसे स्वतंत्र रूप से प्रस्तुत लोक गीतों में गिना जाता है। सामान्यत: इन गीतों का विषय **राजपूत शासकों की महिमा का गान** करना होता है। यह लगभग ठुमरी और ग़ज़ल से मिलता-जुलता है। **'केसरिया बालम'** जैसा प्रसिद्ध गाना मांड लोकसंगीत में गाया गया है।

पोवाडा

यह भी **महाराष्ट्र** राज्य में उभरनेवाले लोक गीत का एक प्रकार है। ये सामान्यत: **शिवाजी** जैसे **नायकों** के लिए गाये जानेवाले वीरगाथा गीत हैं। इन गीतों में उनके गौरवशाली अतीत की घटनाओं और उनके वीरतापूर्ण कृत्यों का वर्णन होता है।

खोंगजम पर्व

यह **मणिपुर** राज्य का महत्त्वपूर्ण लोक संगीत है। यह लोकप्रिय वीरगाथा गीत शैली से सम्बंधित है। यह 1891 में ब्रिटिश सेना और मणिपुरी प्रतिरोध बलों के बीच लड़ी गयी **खोंगजम की लड़ाई** का संगीतात्मक वर्णन है।

भावगीत

ये **कर्नाटक और महाराष्ट्र** में आम जनता के बीच बहुत ही लोकप्रिय भावनात्मक गीत हैं। संगीत के रूप में, ये **ग़ज़ल के बहुत समीप** हैं और इन्हें धीमे स्वरमान पर गाया जाता है। इसकी रचना के विषय **प्रेम तथा दर्शन** से संबंधित हैं।

मांडो

यह **गोवा** में लोकप्रिय है और इसमें भारतीय तथा पश्चिमी संगीत परम्पराओं का अनूठा मिश्रण है। **मांडो** में उपयोग किये जानेवाले वाद्य यंत्रों में गिटार, वायलिन और घूमोट ड्रम सम्मिलित हैं।

कोलान्नलू या कोलाट्टम

यह **आंध्र प्रदेश** का लोकप्रिय संगीत और नृत्य संयोजन है। यह **'डांडिया'** के समान है। यह एक प्राचीन नृत्य का रूप है और इसमें तालबद्ध रीति से नृत्य किया जाता है। इसमें नृत्य सामान्यत: **दो घेरों** में किया जाता है।

कोलाट्टम

तमांग सेलो

तमांग सेलो सिक्किम में लोक संगीत की प्रमुख पारम्परिक शैली है। यह संगीत तमांग समुदाय द्वारा 'धंफू' की लयबद्ध ध्वनि के साथ प्रस्तुत किया जाता है।

देश की अन्य प्रमुख **लोक संगीत परम्पराएँ** इस प्रकार हैं :

संगीत का नाम	उत्पत्ति राज्य	प्रमुख विषय
सोहर	बिहार	बच्चे के जन्म के दौरान गाया जाता है
ज़िकिर	असम	इस्लाम की शिक्षाओं से संबंधित है
जा-जिन-जा	अरुणाचल प्रदेश	विवाह के दौरान गाया जाता है
इओगे (Nyioga)	अरुणाचल प्रदेश	विवाह समारोह के अंत में गाया जाता है
हिलियमल्यू (Heliamleu)	नागालैंड	नृत्य गीत
न्यूल्यू (Neuleu)	नागालैंड	किवदंतियों और मिथकों के विषय में गीत
हेरेल्यू (Hereileu)	नागालैंड	युद्ध गीत
हेकाईल्यू	नागालैंड	अपने विषय में गीत
डोलू कुनीथा (ड्रम नृत्य)	कर्नाटक	डोलू नामक वाद्य यंत्र के नाम पर आधारित है तथा इसे **कुरूबा समुदाय** के लोगों द्वारा प्रस्तुत किया जाता है
नाट्टूपुरापाट्टु	तमिलनाडु	ग्राम तथा शहरी लोक संगीत शामिल हैं
पाला और दसकठिया	ओडिशा	धार्मिक स्वभाव के गीत
मंगनियार	उत्तर-पश्चिम भारत	सिकन्दर, स्थानीय राजाओं और लड़ाइयों के गीत
धाडी	पंजाब	लड़ाइयों में वीरता के गीत
बसंत गीत	गढ़वाल, उत्तराखंड	बसंत पंचमी उत्सव के दौरान
विल्लू पट्टू	तमिलनाडु	धार्मिक, बुराई पर अच्छाई के गीत
सुकर के बियाह	बिहार	ब्रह्मांड के देवताओं शुक्र और बृहस्पति के बीच प्रेम का जश्न मनाना
सैकुती जाई	मिज़ोरम	वीर पुरुषों, शिकारियों आदि के प्रशंसा गीत
लाई हाराउबा ईशी	मणिपुर	सनामही धर्म से संबंधित
वीरागासे	कर्नाटक	दशहरा जलूस के दौरान
छकरी	कश्मीर	परी कथाएँ, प्रेम कथाएँ
भूत गीत	केरल	बुराई और भूतों के गीत
खूबाकेशेई	मणिपुर	वह गीत जिसके साथ केवल तालियाँ बजाई जाती है
झूमैर	पूर्वोत्तर राज्य	यह असम के चाय-जनजातियों (tea tribes) में काफ़ी प्रसिद्ध है।
बोरगीत	असम	15वीं-16वीं शताब्दी में शंकरदेव और माधवदेव द्वारा रचित तथा एकसरण धर्म से जुड़ी है।
झूरी	हिमाचल प्रदेश	यह गीत अतिरिक्त वैवाहिक (Extra-Marital) रोमांस का जश्न मनाता है।
चाय हला	मिज़ोरम	चाय नृत्य के गीत।
लामान	हिमाचल प्रदेश	कुल्लू घाटी के प्रेम गीत।

संगीत का नाम	उत्पत्ति राज्य	प्रमुख विषय
संकीर्तन	मणिपुर	वैष्णव समुदाय द्वारा मुख्य रूप से आनुष्ठानिक गायन, ढोलक वादन और नृत्य।
ओई नितोम	असम	मिसिंग आदिवासी समुदाय द्वारा प्रेम के गीत।
दिहनाम	असम	असमिया संत शंकरदेव की स्तुति में महिलाओं द्वारा गाया जाता है।
पंखीड़ा	राजस्थान	खेतों में काम कर रहे किसानों द्वारा गाया जाता है।
घसियारी गीत	उत्तराखंड	वनों में जाते समय महिलाओं द्वारा गाया जाता है और श्रम के महत्त्व पर ज़ोर दिया जाता है।
अम्मानईवारी	तमिलनाडु	महिलाओं द्वारा गेंद खेलते हुए और चोल सम्राट की प्रशंसा में गाया जाता रहा है।
सना लामोक	मणिपुर	माइबा (पुजारी) द्वारा राज्याभिषेक समारोह के समय नये राजा का स्वागत करते हुए गाया जाता रहा है।
कजरी	उत्तर प्रदेश	बारिश के मौसम में महिलाओं द्वारा गाया जाता है।
होरी	उत्तर प्रदेश	राधा-कृष्ण की प्रेमभरी शरारतों पर आधारित है और मुख्य रूप से होली त्योहार से जुड़ा हुआ है।
लोटिया	राजस्थान	चैत्र माह में गाया जाता रहा है जब महिलाएँ तालाबों और कुओं से पानी से भरे लोटे और कलश लाती हैं।

शास्त्रीय और लोक गीत का समागम

समय के साथ, शास्त्रीय और लोक संगीत के परस्पर मिलन से अन्य रूपों का उद्‌भव हुआ, जिसने शास्त्रीय और लोक गीत, दोनों के तत्त्वों को ग्रहण किया। इन दोनों का संयोजन भक्ति संगीत के माध्यम से हुआ, क्योंकि देवी-देवताओं को जन-साधारण तथा कुलीन वर्ग, दोनों द्वारा संरक्षण दिया गया। इसकी कुछ प्रमुख शैलियाँ इस प्रकार हैं:

भजन

यह उत्तर भारत में वर्तमान भक्ति गायन का सबसे लोकप्रिय प्रकार है यह अपनी उत्पत्ति के लिए **भक्ति आंदोलन** का ऋणी है, क्योंकि संत मौखिक साधनों के माध्यम से, यानी **भजन गायन** के माध्यम से लोगों तक ईश्वर का संदेश पहुँचाते थे। ये गीत सरल धुनों पर सामान्यत: एक या एक से अधिक रागों पर आधारित थे। देवी या देवताओं के जीवन और महाभारत व रामायण की कहानियाँ भजन का लोकप्रिय विषय हैं।

भजन के साथ सामान्यत: चिमटा, ढोलक, ढपली, मँजीरा जैसे वाद्य यंत्रों की संगत होती है। मध्यकाल में भजनों के प्रमुख प्रतिपादक **मीराबाई, तुलसीदास, सूरदास, कबीर** आदि थे। वर्तमान में, लोग भजन गाने के लिए मंदिरों में या यहाँ तक कि घर पर समारोहों जैसे संगीत कार्यक्रमों में एक साथ एकत्र होते हैं। वर्तमान में सबसे अधिक प्रसिद्ध सदाबहार भजन गायकों में अनूप जलोटा और अनुराधा पौडवाल हैं।

शबद

सिख धर्म के उदय के साथ, गुरुओं को समर्पित कई भक्ति गीतों को हम **गुरुद्वारों** में गाये जाते हुए देखते हैं। इतिहासकारों के अनुसार **शबद** के विकास और लोकप्रियता के लिए गुरु नानक और उनके शिष्य मरदाना, उत्तरदाई थे। वर्तमान में, तीन प्रकार के शबद गायन होते हैं—राग-आधारित 'शबद गायन', आदि ग्रंथ में उल्लखित पारंपरिक शबद और अन्य शबद। **गुरू ग्रंथ साहिब** का आयोजन प्रत्येक अध्याय के साथ राग के अध्याय द्वारा किया जाता है, जिसमें उस राग के ही शब्द हैं।

क़व्वाली

क़व्वाली

यह भी एक भक्ति संगीत है, जो अल्लाह या पैग़म्बर मोहम्मद या अन्य किसी सूफ़ी या इस्लामी संत की **प्रंशसा में** गायी जाती है।

इसकी रचना **एकल राग** में की जाती है और प्रायः उर्दू, पंजाबी या हिंदी में लिखी जाती है। कुछ बृजभाषा और अवधी के शब्द भी उपयोग किये जाते हैं।

इनकी प्रस्तुति सामान्यतः **सूफ़ी मज़ारों** में की जाती है।

क़व्वाली को प्रायः एकल या दो समूहों के दो प्रमुख गायकों के बीच गाया जाता है और एक दल में लगभग 8 सदस्य होते हैं। तबला, ढोलक और हारमोनियम जैसे वाद्य यंत्रों का उपयोग किया जाता है। प्रस्तुति की **तीव्रता या लय धीरे-धीरे बढ़ती है** और मदहोशी (अतींद्रीय) की स्थिति तक जाती है।

अमीर ख़ुसरो को क़व्वाली की उत्पत्ति का श्रेय दिया जा सकता है, परन्तु इस पर गम्भीर विवाद भी है। कुछ प्रमुख क़व्वाल हैं- साबरी बंधु, नुसरत फ़तेह अली ख़ान, अज़ीज़ वारसी आदि।

> माना जाता है कि **अमीर ख़ुसरो** ने संगीत वाद्य यंत्र **सेहतार** (तीन तारवाला वाद्ययंत्र) का आविष्कार किया।

शास्त्रीय और लोक संगीत के समागम की कुछ अन्य किस्में :

नाम	उत्पत्ति राज्य	प्रयोजन
अभंग	महाराष्ट्र	भगवान विठोबा की स्तुति में तुकाराम, नामदेव आदि ने गीतों की रचना की।
भटियाली	पश्चिम बंगाल	प्रकृति और दैनिक जीवन के बारे में मल्लाहों द्वारा गाये जानेवाले गीत।
तेवरम	तमिलनाडु	अड्यार जैसे शैव समुदाय द्वारा गाया जाता है।
कीर्तन	पश्चिम बंगाल	इसमें गायन और नृत्य सम्मिलित हैं और यह गीत-गोविंद से प्रेरणा लेती है।
सोपान संगीतम	केरल	मंदिरों में उत्पन्न, धार्मिक विषय वस्तु

रवींद्र संगीत

नोबेल पुरस्कार विजेता रवींद्रनाथ टैगोर

यह बंगाल में संगीत रचना के सबसे प्रसिद्ध रूपों में से एक है। इसमें नोबेल पुरस्कार विजेता **रवींद्रनाथ टैगोर** द्वारा संगीत की पुनर्रचना की जाती है। यह संगीत शास्त्रीय तत्त्वों और बंगाली लोक गीतों के उपभेदों का मिश्रण है। वर्तमान में 2000 से भी अधिक रवींद्र गीतों को संगीत प्रेमियों द्वारा गाया और प्रदर्शित किया जाता है। इस संगीत के विषयों में एक सच्चे परमेश्वर की पूजा से लेकर प्रकृति और उसकी सुंदरता के प्रति समर्पण, प्रेम और जीवन का उत्सव सभी सम्मिलित हैं। रवींद्र संगीत की सबसे प्रमुख विशेषता इसकी देशभक्ति से युक्त छंद रूप है, जिसमें राष्ट्र को सर्वोपरि रखा जाता है।

गण संगीत

यह फ़्यूजन संगीत का एक रूप है जो **गायन मंडलियों या समूहों** में और बड़ी संख्या में गाया जाता है। गण संगीत का सबसे सामान्य रूप **देशभक्ति की भावनाओं** के विषय में मिलता हैं। इसमें समाज में कदाचार के प्रति **विरोध** के भी गीत सम्मिलित हैं। इनमें सामान्यत: प्रगतिशील मूल्योंवाले **सामाजिक संदेश** देने का प्रयास किया जाता है। उदाहरण के लिए, महिलाओं और बच्चों आदि का शोषण रोकने के लिए लोगों से आग्रह। गण संगीत के सबसे लोकप्रिय उदाहरणों में से एक हमारा राष्ट्रीय गीत *वंदे मातरम्* है, जिसे राष्ट्र की प्रशंसा में गाया जाता है।

हवेली संगीत

संगीत की इस शैली का विकास अधिकांशत: **राजस्थान और गुजरात** में हुआ था, लेकिन अब यह देश के कई भागों में दिखायी देता है। मूल रूप से यह मंदिर परिसरों में गाये जाने के लिए था, लेकिन अब मंदिर के बाहर भी इसका प्रदर्शन किया जाता है। वर्तमान में इसका अभ्यास **पुष्टिमार्ग सम्प्रदाय** द्वारा किया जाता है, जो कि मोक्ष के लिए पुष्टिमार्ग में विश्वास रखता है।

संगीत वाद्य यंत्र

किसी भी संगीत के लिए, संगीत वाद्य यंत्रों के बारे में जानना आवश्यक होता है। सम्मिलित वाद्य यंत्र के प्रकार के आधार पर एवं नाट्यशास्त्र के अनुसार संगीत वाद्य यंत्रों की चार प्रमुख पारंपरिक श्रेणियाँ हैं। ये हैं :

अवनद/अवनद्ध वाद्य

ये **Membranophonic** वाद्य यंत्र हैं, क्योंकि इनमें बाहरी झिल्ली होती है, जिससे विशेष संगीतात्मक ध्वनि निकालने के लिए इन पर आघात किया जाता है। इन्हें **आघात वाद्य यंत्र** के रूप में भी जाना जाता है, क्योंकि संगीतमय ध्वनि उत्पन्न करने के लिए इन पर **आघात** किया जाता है।

इनमें सामान्यत: खाल या चमड़े से ढँके एक या दो पक्ष होते हैं। इस श्रेणी में सबसे प्राचीनतम भूमि दुंदुभी हैं।

अवनद्ध वाद्य

सामान्यत: इस श्रेणी में सम्मिलित संगीत वाद्य यंत्र हैं : *तबला, ड्रम, ढोल, कांगो, मृदंग,* डुग्गी आदि। जहाँ तबला अधिकांश हिन्दुस्तानी शास्त्रीय कंठ संगीत की संगत है, वहीं मृदंग कर्नाटक संगीत के प्रदर्शनों के साथ संगत करनेवाला वाद्य यंत्र है।

सुषिर वाद्य

ये **aerophone श्रेणी** के हैं, अर्थात् इनमें सभी **वायु वाद्य यंत्र** सम्मिलित हैं। सबसे आम वाद्य यंत्रों में बाँसुरी, शहनाई, पुंगी, डमरू आदि शामिल हैं।

इस श्रेणी में सबसे आम, लेकिन बजाने में दुष्कर वाद्य यंत्र **शहनाई** है। यह सिरे पर चौड़ी ट्यूबवाली दोहरी नलीवाला वायु वाद्य यंत्र है। यह भारत में सबसे पुराने वायु वाद्य यंत्रों में से एक है।

सुषिर वाद्य यंत्र

'शहनाई राजा' की उच्च पदवी महान् **उस्ताद बिस्मिल्लाह ख़ान** को दी गयी थी। अपने भावपूर्ण वादन के माध्यम से वे शहनाई को उसकी परकाष्ठा पर ले गये। प्रत्येक घर में पाये जा सकनेवाले सबसे आम वाद्य यंत्रों में से एक **बाँसुरी** है। यह वैदिक काल से ही उपयोग में रही है। प्रारंभ में इसे नाड़ी या तुनावा कहा जाता था। यह तब एक श्रद्धेय वस्तु बन गयी जब बाँसुरी बजाते हुए भगवान कृष्ण की छवि हिन्दू कल्पना का प्रतीक बनी। भारत के सबसे प्रसिद्ध बाँसुरी वादकों में से एक **पंडित हरिप्रसाद चौरसिया** हैं।

घन वाद्य

यह **नॉन ड्रम आधात यंत्र** की शैली है, जिसके लिए किसी भी ट्यूनिंग की आवश्यकता नहीं होती है। इन्हें **इडियो फोन** भी कहा जाता है। घन वाद्य के सबसे लोकप्रिय उदाहरण **मँजीरा, जलतरंग,** काँच-तरंग, घुँघरू, घटम (मिट्‌टी के बर्तन का ढोल), करताल आदि हैं।

मँजीरा

मँजीरा या झाँझ छोटी-सी पीतल की कटोरीनुमा झाँझ होती है। सामान्यत: इसका मंदिरों में प्रयोग किया जाता है। पुरातात्त्विक उत्खननों में मँजीरे को हड़प्पा सभ्यता जितना पुराना पाया गया है। इन वाद्य यंत्रों का प्रकार्य गाये जा रहे गीत के साथ लय और ताल बनाये रखना है।

तत् वाद्य

ये **Cordophone** या **स्ट्रिंग तार वाद्य यंत्र** हैं। इसकी ध्वनि में हाथ से संशोधन करने पर ये सबसे प्रभावपूर्ण संगीत उत्पन्न करते हैं। तत् वाद्य यंत्रों के तीन प्रमुख प्रकार हैं :

सितार

(a) **धनुषाकार :** वे वाद्य यंत्र, जिनमें ध्वनि तार के आर-पार धनुष (कमानी) चलाकर निकाली जाती है। उदाहरण के लिए, सारंगी, इसराज/दिलरूबा और वायलिन।

(b) **प्लेक्टोरल :** वे वाद्य यंत्र, जिनमें तार को उँगलियों से या तार या सींग से खींचा जाता है। उदाहरण के लिए, सितार, वीणा, तानपुरा, गिटार आदि।

(c) वे वाद्य यंत्र, जिन पर छोटी-सी हथौड़ी या डंडों के जोड़ों से आघात किया जाता है। उदाहरण के लिए, गोटूवाद्यम् और स्वरमंडल।

भारत ने तत् वाद्य यंत्र के क्षेत्र में कई श्रेष्ठ कलाकारों को जन्म दिया है। बंगश परिवार को 20वीं सदी में सरोद के अग्रदूतों में माना जाता है। सितार बजानेवाले कई घराने हैं, उदाहरण के लिए, जयपुर, बनारस, इटावा (इम्माद ख़ानी) घराना। देवी सरस्वती से संबंधित सबसे प्राचीन और श्रद्धेय वाद्य यंत्रों में से एक वीणा संगीत वाद्य यंत्र की इस श्रेणी के अंतर्गत आती है।

संतूर

यह एक 100 **तारवाला वाद्य यंत्र** है और प्राचीन काल से **जम्मू और कश्मीर** का पारंपरिक वाद्य यंत्र है। **सूफ़ियाना कलाम** संगीत के साथ संतूर की संगत होती है।

लोक संगीत वाद्य यंत्र

तारवाले वाद्य यंत्र (Chordophones)

- **तुम्बी :** इसे पंजाब में भाँगड़ा के दौरान बजाया जाता है।
- **एकतारा :** यह एक तारवाला यंत्र है, जिसे घुम्मकड़ साधुओं द्वारा बजाया जाता है।
- **दोतारा :** दो तारवाला यंत्र, जिसे बाउल द्वारा बजाया जाता है।
- **चिकारा :** मुड़ा हुआ यंत्र, जिसे राजस्थान, उत्तर प्रदेश और मध्य प्रदेश में उपयोग किया जाता है।
- **दिलरूबा या इसराज :** पंजाब में और पूर्वी भारत में रवीन्द्र संगीत के दौरान संगत के लिए उपयोग किया जाता है।
- **ओनाविल्लू :** केरल में, बाँस से बना होता है।
- **सरिंदा :** महत्त्वपूर्ण जनजातीय वाद्य यंत्र। पूर्वी भारत में संथालों द्वारा बजाया जाता है। इसे राजस्थान और असम में भी उपयोग किया जाता है। यह सारंगी जैसा होता है।
- **टिगंटीला :** वायलिन के समान और नागालैंड मूल का एक दुर्लभ उपकरण।
- **कमाइचा :** यह एक झुका हुआ वाद्ययंत्र है, जिसका प्रयोग अक्सर मांगणियार समुदाय द्वारा राजस्थानी लोक संगीत में किया जाता है।

फूँक से बजाये जानेवाले यंत्र (Aerophones)

- **पुंगी या बीन :** इसका उपयोग सपेरों द्वारा किया जाता है। इसे सुखायी हुई तुरई और दो बाँस की छड़ियों द्वारा बनाया जाता है।
- **अलगोजा :** इसमें दो बाँसुरियाँ होती हैं और उत्तरी-पश्चिमी भारत, विशेषकर पंजाब में लोक संगीत वाद्य के रूप में लोकप्रिय है।
- **तंगमुरी :** यह मेघालय के खासी पर्वतीय क्षेत्र के लोगों का एक लोक संगीत वाद्य है।
- **तिट्टी :** यह बैगपाइपर के समान होता है एवं बकरी की खाल से निर्मित होता है। इसे दक्षिण भारत, विशेषकर केरल और आंध्रप्रदेश में बजाया जाता है।
- **मशक :** उत्तराखंड के गढ़वाल क्षेत्र, राजस्थान और उत्तरप्रदेश का महत्त्वपूर्ण लोकसंगीत वाद्य है।
- **गोगोना :** यह बाँस से निर्मित होता है एवं असम के बिहू पर्व में उपयोग किया जाता है।
- **एजुक तपुंग :** संपेरों की बीन जैसा और असम मूल का एक दुर्लभ उपकरण।

आघात से बजाये जानेवाले वाद्य यंत्र (Membranophones)

- **घुमोट :** यह ड्रम जैसा होता है और इसे गोवा में गणेश उत्सव में बजाया जाता है।
- **इदक्का :** यह डमरू जैसा होता है और केरल में उपयोग किया जाता है।
- **उदुकई :** यह तमिलनाडु से बालूघड़ी के आकार का डमरू जैसा यंत्र है।
- **सम्बल :** यह ड्रम जैसा होता है। इसे महाराष्ट्र के कोंकण क्षेत्र में छड़ियों से बजाया जाता है।
- **तमक :** संथाल जनजाति का दो सिरोंवाला यह एक महत्त्वपूर्ण वाद्ययंत्र है, जिसे ड्रम स्टिक से बजाया जाता है।
- **डिग्गी :** यह उत्तरप्रदेश के घड़िया गाँव का लोक-ढोलक है।

टकराने से ध्वनि उत्पन्न करनेवाले यंत्र (Idiophones)

- **चिमटा :** आग में उपयोग किये जानेवाले चिमटे से विकसित हुआ और पंजाब में उपयोग किया जाता है।
- **घड़ा :** यह मिट्टी के बर्तन होते हैं, पंजाब के लोक संगीत में उपयोग किये जाते हैं।
- **अंडेलू :** इसका उपयोग कथा कीर्तन में होता है। यह धातु की दो गोलाकार खोखली रिंग की बनी होती है।

संगीत में आधुनिक विकास

अपने उद्भव से ही संगीत के विकास की प्रक्रिया अंतहीन रही है। 20-21वीं सदी में संगीत उद्योग के तीव्र विकास के लिए कई प्रयास किये गये। ऐसे कई संस्थान हैं, जो छात्रों को संगीत सिखाते हैं तथा इस विषय में उन्हें सैद्धांतिक और शैक्षिक पृष्ठभूमि उपलब्ध कराते हैं। जनता के लिए खुला प्रदर्शन आयोजित करके आम जनता के लिए कलाकार की प्रतिभा का प्रदर्शन करने का प्रयास करनेवाले संस्थानों की तीव्र गति में वृद्धि हुई है। कुछ महत्त्वपूर्ण विकास इस प्रकार हैं :

गंधर्व महाविद्यालय

वी.डी. पलुस्कर (पंडित विष्णु दिगम्बर पलुस्कर) ने आनेवाली पीढ़ियों को **भारतीय सांस्कृतिक संगीत व नृत्य** के शिक्षण और ज्ञान के संचारण के अभिव्यक्त उद्देश्य के साथ **1901** में इस विद्यालय की स्थापना की थी। प्रारंभ में, इसे **लाहौर** में खोला गया था, लेकिन इसे 1915 में **मुंबई में स्थानांतरित** कर दिया गया। यह महाविद्यालय संगीत के हिंदुस्तानी और कर्नाटक शास्त्रीय रूपों पर केंद्रित है।

प्रयाग संगीत समिति

इसकी स्थापना **1926** में **हिंदुस्तानी शास्त्रीय संगीत** में शिक्षा प्रदान करने के लिए **इलाहाबाद** (अब प्रयागराज) में की गयी थी।

मेरिस संगीत महाविद्यालय

यह भारत में शास्त्रीय संगीत का अध्ययन करने के प्रमुख संस्थानों में से एक है। **1926** में इसकी स्थापना महान् संगीतज्ञ **विष्णु नारायण भातखंडे** ने की थी। वे इस विद्यालय की स्थापना के लिए अपने मूल स्थान **लखनऊ** वापस चले आये। यह संगीत के सिद्धांत के साथ-साथ गायन और वाद्य यंत्रों के वादन के अभ्यास पर केंद्रित है। आगे चलकर इसका नामकरण **भातखंडे संगीत संस्थान** (2000) के रूप में किया गया।

संगीत नाटक अकादेमी

संगीत नाटक अकादेमी **1952** में भारत सरकार द्वारा कला के लिए स्थापित पहली राष्ट्रीय अकादेमी थी। यह अकादमी भारत में **संगीत, नाटक और नृत्य** के लिए व्यवस्था का निर्माण करने पर केंद्रित है। इससे देश में **प्रदर्शन कला** के लिए प्राथमिक निकाय होने की अपेक्षा की जाती है। इससे संगीत, नृत्य और नाटक के रूपों के माध्यम से प्रदर्शित भारत की विशाल अमूर्त विरासत को बढ़ावा देने की भी अपेक्षा की जाती है।

स्पिक मैके (SPIC MACAY)

डॉ. किरण सेठ ने 1977 में स्पिक मैके समुदाय की स्थापना की। इस संगठन का पूरा नाम '*युवाओं के मध्य भारतीय शास्त्रीय संगीत और संस्कृति के संवर्धन के लिए सोसायटी*' है। यह स्वैच्छिक युवा आंदोलन के रूप में

स्पिक मैके

प्रारंभ हुआ और विकसित होकर आम जनता के लिए, विशेष रूप से भारतीय शास्त्रीय जड़ों से संपर्क खोनेवाली युवा पीढ़ी के लिए भारत की संस्कृति प्रदर्शित करने का मंच बन गया।

इस संगठन के पीछे मूल तर्क भारतीय शास्त्रीय संगीत, नृत्य, योग, ध्यान और भारतीय संस्कृति के अन्य पहलुओं को बढ़ावा देना है। यह कई नि:शुल्क प्रवेशवाले कार्यक्रमों का आयोजन करके आम लोगों और युवाओं को लक्षित करता है। धीरे-धीरे यह विशालकाय संगठन बन गया है, **जिसकी विश्व भर में बहुत बड़ी संख्या में शाखाएँ हैं।** (मुख्यालय दिल्ली)

पंडित विष्णु दिगंबर पलुस्कर (1872–1931)

वे एक प्रख्यात हिंदुस्तानी संगीतकार थे, जिन्होंने भजन रघुपति राघव राजा राम का मूल संस्करण गाया था। उन्होंने 1901 में **गंधर्व महाविद्यालय** की स्थापना की। पंडित पलुस्कर को भारत के राष्ट्रीय गीत, वंदे मातरम, को संजोने का और **राग 'काफ़ी'** में गीत की रचना करने का श्रेय दिया गया है। उन्होंने भारतीय संगीत में राग वर्गीकरण की योजना भी आरंभ की।

पंडित विष्णु नारायण भातखंडे (1860–1936)

वे एक प्रख्यात संगीतज्ञ थे। उन्होंने हिंदुस्तानी शास्त्रीय संगीत पर प्रथम आधुनिक ग्रंथ की रचना की। उन्होंने हिंदुस्तानी शास्त्रीय संगीत की आधुनिक थाट प्रणाली की शुरुआत की।

उनके प्रमुख योगदानों में हिंदुस्तानी संगीत पद्धति, श्रीमल्लक्ष्य संगीतम, अभिनव राग मंजरी, उत्तरी भारत के संगीत का एक लघु ऐतिहासिक सर्वेक्षण आदि शामिल हैं।

संगीत से जुड़े समुदाय

समुदाय	राज्य	विवरण
लांघा (मुस्लिम जनजातीय समुदाय)	गुजरात और राजस्थान	मुस्लिम राजपूतों का उनके प्रशंसात्मक गीतों द्वारा मनोरंजन करते हैं।
मंगनियार या मिरासी (मुस्लिम समुदाय)	राजस्थान	कमायचा नामक यंत्र के साथ लोक संगीत का गायन करते हैं।
कर्ता भजा	पश्चिम बंगाल	ये चार प्रकार के होते हैं तथा उनके विश्वास के अनुसार मन्त्रों के जाप से सिद्धि प्राप्त हो जाती है।
बाउल	पश्चिम बंगाल	ग्रामीण आंचल में आध्यात्मिक गायकों का समूह है। वे कर्ताभजा के एक प्रकार हैं।
जोगी	राजस्थान	जोगी समुदाय, नाथ संप्रदाय के अनुयायी हैं।
भोपा	राजस्थान	इसमें "भोपा" नामक एक पुरुष कलाकार होता है और एक अन्य महिला कलाकार भी होती है, जिसे "भोपी" कहा जाता है। ये धार्मिक भजन गाते हैं।
बरोत, चारण, गढ़वी	गुजरात	वे संगीतमय या बिना संगीत के मुख्य रूप से कहानी सुनाते हैं।
मुरिया जनजाति	छत्तीसगढ़	रेलो कहे जानेवाले गीत गाते हैं।
कमार समुदाय	छत्तीसगढ़	विवाह गीत।

समुदाय	राज्य	विवरण
बघेल	मध्यप्रदेश	हरदौल देवता को समर्पित अर्द्ध-ऐतहासिक गीत गाये जाते हैं।
पुलयार पर्वतीय जनजाति	तमिलनाडु	ये तलम नामक संगीत की प्रस्तुति करते हैं।
इदु मिश्मि	अरुणाचल प्रदेश	अनुष्ठानात्मक नृत्य करते हैं।
मोकेन जनजाति	अंडमान निकोबार द्वीपसमूह	इनका कोई धर्म नहीं होता है और ये अपने पूर्वजों की पूजा करते हैं। वे अनुष्ठानात्मक जनजातीय नृत्य करते हैं।
बाज़ीगर (गोआर समुदाय)	पंजाब	ये त्यौहारों और उत्सवों में प्रस्तुति देते हैं और अपनी शक्ति, संतुलन और साहस का प्रदर्शन करते हैं।

चतुरप्रहर

चतुरप्रहर एक वार्षिक शास्त्रीय संगीत उत्सव है, जो मुम्बई में **नेशनल सेंटर फ़ॉर परफ़ॉर्मिंग आर्ट्स** (NCPA) (कला प्रस्तुति के लिए राष्ट्रीय केंद्र) में आयोजित किया जाता है। यह रागों और समय की सम्बंधता की अवधारणा पर आधारित है।

अध्याय का सारांश

- **गंधर्व वेद** - संगीत का विज्ञान कहा जाता है – यह सामवेद का उपवेद है - राग खरहरप्रिय के सभी सात स्वर सामवेद में पाये जा सकते हैं।
- 200 ईसा पूर्व और 200 के बीच संकलित **भरत के नाट्यशास्त्र** में संगीत सिद्धांत के पहले संदर्भ पर चर्चा की गयी।
- **चतुर्दण्डी प्रकाशिका** - कर्नाटक संगीत विज्ञान पर विशेष रूप से मेलाकार्ता रागों की जानकारी- 17वीं शताब्दी में वेंकटमखिन द्वारा लिखित।
- **भारतीय संगीत के तीन मुख्य स्तंभ** - राग - ताल - स्वर।
- **स्वर** – सुर या सरगम– भरत ने नाट्यशास्त्र में, स्वरों को 22 स्वरों के पैमाने पर विभाजित किया - हिन्दुस्तानी संगीत की सांकेतिक प्रणाली को सात संक्षिप्त स्वरों या सप्तक या सरगमों - *स, रे, ग, म, प, ध, नि,* द्वारा परिभाषित किया गया है।
- **राग** - मधुर गीत का आधार बनते हैं – सुरों (स्वरों) की संख्या के आधार पर, रागों की तीन मुख्य श्रेणियाँ हैं – ओडव राग (5 सुर) – षाडव राग (6 सुर) – सम्पूर्ण राग (7 सुर)।
- **ताल** - धुनों के लयबद्ध समूह - लयबद्ध चक्र तीन से 108 विस्पंद तक के होते हैं - तीन घटकों से बने: लघु, द्रुतम और अनुद्रुतम
- **थाट** - केवल आरोही क्रम में गाये जाते हैं, क्योंकि सुरों को आरोही क्रम में संयोजित किया जाता है - इनमें कोई भावनात्मक गुणवत्ता नहीं होती है।
- **भारतीय शास्त्रीय संगीत** में दो भिन्न-भिन्न शैलियाँ हैं - हिंदुस्तानी संगीत - कर्नाटक संगीत - इनकी ऐतिहासिक जड़ें भरत के नाट्यशास्त्र से संबंधित हैं।

- **हिंदुस्तानी संगीत** - अरब, फ़ारसी और अफ़ग़ान से प्रभावित - घरानों नामक उपशैलियों की विद्यमानता - विविधताओं की संभावना।
- **कर्नाटक संगीत** - कृति आधारित - साहित्य पर केंद्रित - आमतौर पर मृदंगम के साथ प्रस्तुत किया जाता है - यह स्वदेशी है और इसमें आवश्यकतानुसार परिवर्तनन किये जाने की संभावनाएँ कम होती हैं।
- **लोक संगीत** – यह नाट्यशास्त्र से व्युत्पन्न नहीं है – जनसाधारण का संगीत है – विस्पंदों (बीट्स) पर व्यवस्थित होता है - बाउल, पंडवानी, आल्हा, पणिहारी, डांडिया आदि इसके उदाहरण हैं।
- **भजन** - इनकी उत्पत्ति भक्ति आंदोलन से हुई है - इसमें शास्त्रीय और लोक संगीत का मेल हुआ है - इसके माध्यम से लोगों को ईश्वर का संदेश प्रस्तुत किया जाता है - इसके मध्ययुगीन काल के विस्तारक मीराँबाई, तुलसीदास, सूरदास, कबीर आदि रहे हैं।
- **गंधर्व महाविद्यालय** - 1901 में वी.डी. पलुस्कर द्वारा स्थापित - भारतीय शास्त्रीय संगीत और नृत्य के लिए - लाहौर में खोला गया, लेकिन 1915 में मुंबई में स्थानांतरित किया गया।
- **स्पिक मैके (SPIC MACAY)** 1977 में डॉ. किरण सेठ द्वारा स्थापित - भारत की संस्कृति को प्रदर्शित करने के लिए स्वैच्छिक युवा आंदोलन - मुख्यालय दिल्ली में स्थित।
- **पंडित विष्णु दिगंबर पलुस्कर (1872-1931)** - एक प्रख्यात हिंदुस्तानी संगीतकार, जिन्होंने भजन रघुपति राघव राजा राम का मूल संस्करण गाया - उन्होंने 1901 में **गंधर्व महाविद्यालय** की स्थापना की।
- **पंडित विष्णु नारायण भातखंडे (1860-1936)** - एक प्रख्यात संगीतज्ञ - उन्होंने हिंदुस्तानी शास्त्रीय संगीत पर प्रथम आधुनिक ग्रंथ की रचना की।

यू.पी.एस.सी. पिछले वर्षों के बहुविकल्पीय प्रश्न

1. इनमें से किसे संगीत की ध्रुपद शैली के प्रवर्तन और उसे लोकप्रिय बनाने का श्रेय जाता है? **(CAPF, 2022)**

(a) ग्वालियर के राजा मान सिंह तोमर
(b) तानसेन
(c) नाइक गोपाल
(d) बरनावा के शेख बहाउद्दीन

2. मियाँ तानसेन के संदर्भ में, निम्नलिखित में से कौन-सा कथन सही नहीं है। **(CSE, 2019)**

(a) तानसेन की उपाधि उन्हें बादशाह अकबर ने दी थी।
(b) तानसेन ने हिंदू देवी-देवताओं पर ध्रुपद की रचना की।
(c) तानसेन ने अपने संरक्षकों पर गीतों की रचना की।
(d) तानसेन ने कई रागों का आविष्कार किया।

3. भारत के सांस्कृतिक इतिहास के संदर्भ में, निम्नलिखित कथनों पर विचार करें: **(CSE, 2018)**

1. त्यागराज कृति के अधिकांश भाग भगवान् कृष्ण की प्रशंसा में भक्ति गीत हैं।
2. त्यागराज ने कई नये राग बनाये।
3. अन्नमाचार्य और त्यागराज समकालीन हैं।
4. अन्नमाचार्य कीर्तन भगवान् वेंकटेश्वर की स्तुति में भक्ति गीत हैं।

ऊपर दिये गये कौन-से कथन सही हैं?

(a) केवल 1 और 3 (b) केवल 2 और 4
(c) 1, 2 और 3 (d) 2, 3 और 4

4. 18वीं और 19वीं सदी के उत्तर भारत में संगीत संस्कृति के बारे में निम्नलिखित कथनों में से कौन-सा/से सही नहीं हैं : **(CDS I, 2015)**

1. इस कालखण्ड में ख़याल स्वरूप को प्रस्तुत करनेवाले सदरंग नियामत ख़ान की प्रतिष्ठा में निरंतर वृद्धि देखी गयी थी।
2. बड़ी संख्या में संगीतकार क्षेत्रीय केंद्रों से निकलकर दिल्ली चले गये, जहाँ उन्हें अधिक रोज़गार और संरक्षण मिलने की संभावना थी।

3. इस कालखण्ड में विशिष्ट क्षेत्र आधारित घरानों का निर्माण देखा गया था।

नीचे दिये गये कोड का उपयोग करके सही उत्तर चुनें:

(a) केवल 1 (b) 1, 2 और 3
(c) केवल 2 (d) केवल 2 और 3

5. मंगनियार कहलानेवाले लोगों का समुदाय किस लिए जाना जाता है? **(CSE, 2014)**

(a) उत्तर-पूर्व भारत में अपनी युद्धकला के लिए।
(b) उत्तर-पश्चिम भारत में अपनी संगीत परंपरा के लिए।
(c) दक्षिण भारत में अपने शास्त्रीय गायन के लिए।
(d) मध्य भारत में अपनी पित्रा ड्यूरा परंपरा के लिए।

6. ध्रुपद सदियों से जीवित रखी गयी भारत की प्रमुख परंपराओं में से एक है। इसके संदर्भ में निम्नलिखित कथनों में से कौन-से कथन सही हैं? **(CSE, 2012)**

(i) मुग़ल काल के दौरान राजपूत राज्यों में ध्रुपद की उत्पत्ति और विकास हुआ।
(ii) ध्रुपद मुख्य रूप से भक्ति और अध्यात्म का संगीत है।
(iii) ध्रुपद आलाप मंत्रों से लिये गये संस्कृत अक्षरों पर आधारित है।

नीचे दिये गये कोड का प्रयोग कर सही उत्तर चुनिए:

(a) (i) और (ii) (b) (ii) और (iii)
(c) (i), (ii) और (iii) (d) इनमें से कोई नहीं

उत्तर

1. (b) 2. (a) 3. (b) 4. (c) 5. (b) 6. (b)

यू.पी.एस.सी. पिछले वर्षों के प्रश्न - मुख्य परीक्षा

1. वे कौन-से समूह हैं, जिनमें भारत के संगीत वाद्य यंत्र पारंपरिक रूप से वर्गीकृत किये गये हैं? **(CSE, 2012)**

2. शास्त्रीय संगीत की हिंदुस्तानी और कर्नाटक शैलियों के बीच महत्त्वपूर्ण समानता और अंतर क्या हैं? **(CSE, 2009)**

3. ख़याल संगीत के विषय में लिखें? **(CSE, 1997)**

4. शास्त्रीय संगीत की प्रमुख विशेषताएँ क्या हैं? **(CSE, 1990)**

5. उस्ताद अमजद अली ख़ान कौन-सा वाद्ययंत्र बजाते हैं? **(CSE, 1982)**

अध्याय 10

भारतीय नृत्य विधाएँ

परिचय

भरत मुनि के नाट्यशास्त्र (200 ईसा पूर्व - 200 ईसवी) में वर्णित है कि जब सभी देवताओं ने भगवान् ब्रह्मा से मनोविनोद के एक साधन की रचना करने की प्रार्थना की, तो उन्होंने चारों वेदों के कुछ पहलुओं को मिला कर **नाट्य वेद** नाम के पाँचवें वेद की सृष्टि की। नाट्य स्वयं में नृत्य, नाटक तथा संगीत का समिश्रण है, जिसमें ऋग्वेद से *पाथ्य* (शब्द), यजुर्वेद से *अभिनय* (भंगिमाएँ), सामवेद से *गीत* (संगीत) तथा अथर्ववेद से *रस* (भाव) लेकर मिश्रित किये गये हैं।

इस अध्याय से संबंधित ऑनलाइन वीडियो के लिए इस QR कोड को स्कैन करें।

इससे भारतीय सांस्कृतिक परम्परा में नृत्य को दैवीय महत्त्व प्रदान करने की बात उजागर होती है। सृष्टि, पालन तथा संहार के प्रतीक शिव के *तांडव* नृत्य से लेकर, पार्वती के नारी सुलभ प्रत्युत्तर तक, भारतीय पौराणिक कथाएँ नृत्य विधाओं तथा अभिव्यक्तियों के दृष्टान्तों से भरी पड़ी हैं। उसी प्रकार, **भीमबेटका शैलाश्रय में सामुदायिक नृत्य** संबंधी नक़्क़ाशियाँ तथा हड़प्पा सभ्यता की खुदाई से प्राप्त **काँसे की नृत्यमयी युवती** (मोहेनजो-दड़ो) सामाजिक मनोरंजन विधा के रूप में नृत्य के महत्त्व को उजागर करती हैं।

उल्लेखनीय है कि नृत्य का पहला औपचारिक उल्लेख भरत की प्रसिद्ध कृति **नाट्यशास्त्र** में पाया जाता है, जिसमें भारतीय शास्त्रीय नृत्य के विविध पहलुओं पर सर्वाधिक विविध तथा रोचक प्रबंध प्राप्त होते हैं। इसमें तकनीकों, मुद्राओं, भावों, आभूषणों, मंच तथा यहाँ तक कि दर्शकों के बारे में विस्तृत ब्यौरा प्राप्त होता है। उल्लेखनीय है कि भरत मुनि नृत्य को **'पूर्ण कला'** की संज्ञा देते हैं, जिसकी परिधि में कला के अन्य सारे रूप – संगीत, शिल्पकला, काव्य तथा नाटक – सम्मिलित हैं।

नृत्य के स्वरूप

नाट्य शास्त्र के अनुसार, भारतीय शास्त्रीय नृत्य के दो आधारभूत स्वरूप हैं:

- **लास्य :** इसमें लालित्य, भाव, रस तथा अभिनय निरूपित होते हैं। कला का यह रूप नृत्य की **नारी** की विशेषताओं का प्रतीक है।
- **तांडव :** यह नृत्य **नर अभिमुखताओं** का स्वरूप है तथा इसमें *लय* तथा *गति* पर अधिक बल दिया गया है।

नृत्य पर **नंदिकेश्वर** के प्रसिद्ध ग्रन्थ *अभिनय दर्पण (5वीं से 4थी सदी ईसा पूर्व)* के अनुसार, किसी अभिनय को तीन आधारभूत तत्त्वों में विभाजित किया गया है:

- **नृत्त :** इसका संदर्भ लयबद्ध रूप से किये जानेवाले नृत्य के आधारभूत पद संचालनों से है, जिनमें किसी **अभिव्यक्ति** या मनोदशा **का समावेश नहीं** किया गया है।
- **नाट्य :** इसका आशय **नाटकीय निरूपणों** से है, जो नृत्य प्रस्तुति के माध्यम से विस्तृत कथा को निरूपित करता है।
- **नृत्य :** नृत्य का आशय नर्तन के माध्यम से वर्णित रस तथा भावों से है। इसमें मूक अभिनय तथा *मुद्राओं* सहित नर्तन में प्रयुक्त अभिव्यक्ति की विभिन्न विधियों का समावेश रहता है।

नंदिकेश्वर पुनः *नायक-नायिका भाव* का सविस्तार वर्णन करते हैं, जिसमें शाश्वत देवता को *नायक* तथा नृत्य का प्रदर्शन करनेवाले भक्त को नाटक की *नायिका* के रूप में देखा जाता है। नृत्य के द्वारा निम्नलिखित **नौ रसों** या भावों की अभिव्यक्ति होती है।

1. प्रेम के लिए ***शृंगार***
2. हास्य तथा विनोद नाटक के लिए ***हास्य***
3. क्रोध के लिए ***रौद्र***
4. दुखांत घटना के लिए ***करुण***
5. घृणा के लिए ***बीभत्स***
6. संत्रास भय/दहशत के लिए ***भयानक***
7. शूरता के लिए ***वीर***
8. आश्चर्य के लिए ***अद्भुत***
9. शान्ति तथा अक्षोभ के लिए ***शांत***

भारतीय नृत्य कला की भावनाओं को दर्शाती विशेष मुद्राएँ

इन मनोदशाओं तथा अभिव्यक्तियों को **मुद्राओं – हाथ की भंगिमाओं** तथा **शरीर की मुद्राओं** के मेल – के माध्यम से व्यक्त किया जाता है। उल्लेखनीय है कि आधारभूत *मुद्राएँ* 108 होती हैं, जिनके मेल से किसी विशिष्ट भाव का चित्रण किया जाता है।

भारतीय शास्त्रीय नृत्य विधाएँ

भारत के विभिन्न क्षेत्रों में नृत्य की विविध शैलियों का विकास हुआ है, जिनमें से प्रत्येक के अपने विशिष्ट सूक्ष्मांतर हैं। यद्यपि, नृत्य की इन सभी विधाओं को *नाट्य शास्त्र* में वर्णित आधारभूत नियमों तथा दिशा-निर्देशों के अनुसार संचालित किया जाता है, फिर भी मुख्य नियम यही है कि ज्ञान का हस्तांतरण केवल गुरु के माध्यम से हो सकता है। गुरु विभिन्न परम्पराओं – *सम्प्रदायों* – का ज्ञान शिष्य को प्रदान करता है। यह *'गुरु-शिष्य परम्परा'* भारत की शास्त्रीय कला शैली का मुख्य तत्त्व है।

संगीत नाटक अकादमी के अनुसार वर्तमान में भारत में **आठ शास्त्रीय नृत्य विधाएँ** अस्तित्व में हैं, जिनमें सम्मिलित हैं – *भरतनाट्यम्, कुचिपुड़ी, कथकली, मोहिनीअट्टम, ओडिसी, मणिपुरी, कथक तथा सत्रिया।*

भरतनाट्यम्

शास्त्रीय नृत्य विधा का सर्वाधिक प्राचीन रूप भरतनाट्यम का नाम, भरत मुनि तथा 'नाट्यम' शब्द से मिल कर बना है। तमिल में 'नाट्यम' शब्द का अर्थ नृत्य होता है। यद्यपि, अन्य विद्वान 'भरत' नाम का श्रेय 'भाव', 'राग' तथा 'ताल' को देते हैं।

(अ)

(ब)

भरतनाट्यम्

इस नृत्य रूप या प्रकार (Dance forms) की उत्पत्ति का संबंध **तमिलनाडु** में मंदिर नर्तकों अथवा **'देवदासियों'** की एकल नृत्य प्रस्तुति – 'सादिर' से है, इसलिए इसे 'दाशीअट्टम' भी कहा जाता था।

देवदासी प्रथा के पतन के पश्चात्, यह कला भी लगभग लुप्तप्राय हो गयी थी, तथापि एक प्रमुख स्वतन्त्रता सेनानी, **ई. कृष्ण अय्यर** के प्रयासों ने इस नृत्य विधा को पुनरुज्जीवित कर दिया। पूर्व में, यह नृत्य विधा एकल महिला नर्तकों द्वारा अभिनीत की जाती थी; पुनरुज्जीवित होने के बाद पुरुषों और कलाकार समूहों में भी यह विधा उत्तरोत्तर (बाद में) लोकप्रिय होती चली गयी। भरतनाट्यम की एक अन्य समर्थक, **रुक्मिणी देवी अरुन्डेल,** को इस नृत्य को वैश्विक पहचान दिलाने के लिए याद किया जाता है।

उन्नीसवीं शताब्दी के पूर्व में, तंजावुर के चार नृत्य शिक्षकों ने भरतनाट्यम की प्रस्तुति के अवयवों को परिभाषित किया :

- **अलारिप्पू (कुसुमित कली) :** यह प्रदर्शन का आह्वानकारी (आह्वान) भाग है, जिसमें आधारभूत नृत्य मुद्राएँ सम्मिलित होती हैं और इसे **लयबद्ध शब्दांशों** के साथ प्रस्तुत किया जाता है। यह ईश्वर, गुरू और दर्शकों को सम्मान ज्ञापित करने और ईश्वर का आशीर्वाद प्राप्त करने का प्रतीक है। यह भरतनाट्यम नृत्य प्रदर्शन में किया जानेवाला पहला नृत्य है।
- **जातिस्वरम :** यह नृत्त घटक है और अभिव्यक्ति रहित है, इसमें विभिन्न मुद्राएँ और हरकतें सम्मिलित हैं।
- **शब्दम् :** यह गीत में *अभिनय* को **अभिव्यक्त शब्दों** के साथ समाविष्ट करनेवाला नाटकीय तत्त्व है। सामान्यत: इसे ईश्वर की प्रशंसा में प्रयुक्त किया जाता है।
- **वर्णम :** यह नृत्य घटक है। यह नृत्य और भावनाओं का संयोजन है और संपूर्ण प्रदर्शन का सबसे महत्त्वपूर्ण भाग है। कहानी व्यक्त करने के लिए, ताल और राग के साथ तालमेल बैठाया जाता है।
- **पद्म :** यह कलाकार द्वारा आध्यात्मिक संदेश के अभिनय (अभिव्यक्ति) पर प्रवीणता संदर्भित करता है। संगीत हलका हो जाता है और नृत्य भावनात्मक हो जाता है।
- **जावली :** यह अपेक्षाकृत तीव्र गति के साथ प्रस्तुत लघु प्रेमगीति (Short love lyrics) काव्य होता है।
- **थिल्लन :** यह प्रस्तुतिकरण की समापन-अवस्था है तथा इसमें विशुद्ध नृत्य के साथ उल्लासपूर्ण गति तथा जटिल लयबद्ध स्पंदन को समाविष्ट किया जाता है।

'तंजौर-ए-चतुष्क' के नाम से विख्यात, तंजावुर के ये चार शिक्षक *चिन्नाहया, पोनियाह, वादिवेलू* तथा *शिवनन्दम* हैं। उनके संरक्षण में भरतनाट्यम को **तंजौर नाट्यम** के नाम से भी ख्याति प्राप्त हुई।

- भरतनाट्यम को प्रायः **'अग्नि नृत्य'** के नाम से भी जाना जाता है, चूँकि यह मानव शरीर में अग्नि की अभिव्यक्ति करता है। भरतनाट्यम में अधिकाँश मुद्राएँ लहराती हुई *आग की लपटों* से सादृश्य रखती हैं। नृत्य में 'अदावु' (क़दम) और 'हस्तमुद्रा' (हाथ की मुद्राएँ) शामिल हैं। 'भावाभिनय' (चेहरे की अभिव्यक्ति) संचार का एक महत्त्वपूर्ण हिस्सा है। प्रदर्शन की शुरुआत में गणपति और नटराज की पूजा की जाती है। पुरुषों की पोशाक में कांचीपुरम रेशम की जैकेट और पायजामा शामिल होते हैं, और महिलाओं की पोशाक बनारसी रेशम से बनी होती है।
- नृत्य की इस विधा में नृत्य के दोनों पक्षों – **तांडव तथा लास्य** – पर **समान मात्रा** में बल दिया जाता है तथा मुख्य रूप से मुद्राओं को केंद्र में रखा जाता है।
- मुख्य *मुद्राओं* में से एक है **'कटकामुख हस्त'**, जिसमें तीन उँगलियों को जोड़ कर 'ऊँ' का प्रतीक निर्मित किया जाता है।

कटकामुख हस्त

- भरतनाट्यम की प्रस्तुति में **घुटने अधिकांश मुड़े** होते हैं तथा शरीर का भार दोनों पैरों पर समान रूप से वितरित किया जाता है।
- भरतनाट्यम को **'एकचर्य लास्यम'** शैली से भी पहचाना जाता है, जिसमें एक ही नर्तक बहुत-सी अलग-अलग भूमिकाओं को निभाता है। भरतनाट्यम प्रदर्शन में उपयोग किये जानेवाले मुख्य संगीत वाद्ययंत्र मृदंगम, वीणा, बाँसुरी आदि हैं।

प्रमुख कलाकरों में यामिनी कृष्णमूर्ति, लक्ष्मी विश्वनाथन, पद्मा सुब्रह्मण्यम, मृणालिनी साराभाई, मल्लिका साराभाई, अलार्मेल वल्ली इत्यादि सम्मिलित हैं।

कुचिपुड़ी

मूलतः *कुस्सेल्वा* के नाम से विख्यात, गाँव-गाँव जाकर प्रस्तुति देनेवाले अभिनेताओं के समूह के द्वारा प्रस्तुत किये जानेवाले कुचिपुड़ी नृत्य विधा का नाम, **आंध्र प्रदेश** के एक गाँव कुस्सेल्वापुरी या कुचेलापुरम् से व्युत्पन्न है। **सिद्धेंद्र योगी** (*माना जाता है कि वे 11वीं शताब्दी के आस-पास जीवित थे*) ने यक्षगान लोक नृत्य नाटकों के प्रारूप को अपनाकर इस नृत्य शैली को और अधिक विशिष्ट और सुरुचिपूर्ण बनाकर परंपरा को औपचारिक और व्यवस्थित किया था। उन्होंने 'भामा कल्पम' और कई अन्य नाटकों की रचना की।

(अ)

(ब)

(अ) कुचिपुड़ी (ब) कुचिपुड़ी में तरंगम्

वैष्णववाद के अभ्युदय के पश्चात्, नृत्य की यह विधा पुरुष ब्राह्मणों का एकाधिकार बन कर रह गयी थी तथा इसकी प्रस्तुतियाँ मंदिरों में दी जाने लगीं। *भागवत पुराण* की कहानियाँ इन प्रस्तुतियों की मुख्य विषय-वस्तु बन गयीं तथा नर्तकों को भागवतालु (Bhagvathalus) के नाम से जाना जाने लगा। विजयनगर तथा गोलकुंडा के शासकों के संरक्षण में इस नृत्य विधा को विशिष्ट महत्त्व प्राप्त हुआ।

बालासरस्वती तथा रागिनी देवी द्वारा पुनरुज्जीवित किये जाने तक, यह ग्रामों तक ही सीमित रही तथा बीसवीं शताब्दी के आगमन तक अप्रसिद्ध बनी रही। 20वीं सदी के आरंभ में, लक्ष्मीनारायण शास्त्री ने इसमें एकल गायन और महिला भागीदारी जैसी परिपाटी का शुभारंभ किया।

कुचिपुड़ी नृत्य की कुछ विशेषताएँ निम्नलिखित हैं:

- इसमें पैरों की मुद्राएँ जटिल होती हैं और यह सामान्यत: सामूहिक रूप से किया जाता है।
- कुचिपुड़ी की अधिकतर प्रस्तुतियाँ भागवत पुराण की कहानियों पर आधारित हैं, किन्तु उनका केंद्रीय भाव **पंथ-निरपेक्ष** रहा है। इसमें **शृंगार रस** की प्रधानता होती है।
- प्रत्येक मुख्य चरित्र **'दारु'** के प्रस्तुतीकरण के साथ स्वयं को मंच पर प्रविष्ट करता है, जो प्रत्येक चरित्र के उद्घाटन (परिचय) के उद्देश्य से विशिष्ट रूप से निर्देशित नृत्य तथा गीत की लघु रचना होती है।
- इस नृत्य में शास्त्रीय नृत्य के सभी तीनों घटक सम्मिलित हैं–नृत्त, नाट्य और नृत्य। यह भरतनाट्यम के सदृश्य है, लेकिन इसकी अपनी विशेषताएँ हैं।
- इसके प्रदर्शन में निम्नलिखित सम्मिलित होता है :
  - *सोल्लाकथ या पताक्षर:* यह नृत्त भाग है, जिसमें शरीर की हरकतें सम्मिलित होती हैं।
  - *कावुत्वम:* यह नृत्य भाग है, जिसमें व्यापक कलाबाज़ियाँ (हवाई करतब) सम्मिलित होती हैं। इसे नृत्त के रूप में भी किया जा सकता है।
- कुचिपुड़ी नृत्य शैली मानव शरीर में पार्थिव तत्त्वों को प्रकट करती है।
- कुचिपुड़ी प्रस्तुति में, **नर्तक/नर्तकी स्वयं में ही गायक की भूमिका को भी संयोजित** कर सकता/सकती है। इसलिए, यह एक नृत्य-नाटक प्रस्तुति बन जाती है।
- कुचिपुड़ी नृत्य विधा में **लास्य तथा तांडव, दोनों** ही **तत्त्व** महत्त्वपूर्ण होते हैं।
- समूह प्रदर्शनों के अतिरिक्त, कुचिपुड़ी में कुछ लोकप्रिय *एकल तत्त्व* भी होते हैं। उनमें से कुछ निम्नलिखित हैं*:*
  - **मंडूक शब्दम**: एक **मेंढक की कहानी** कहता है।
  - **तरंगम**: नर्तक अपने करतब को **एक पीतल की तश्तरी के किनारे पर पाँव रख** कर तथा अपने सर पर एक जल पात्र या दीयों के एक सेट को संतुलित रखते हुए प्रस्तुत करता है।
  - **जल चित्र नृत्यम**: इस प्रदर्शन में, नर्तक/नर्तकी नृत्य करते हुए **अपने** पैर के अंगूठों से सतह पर **चित्र खींचता/खींचती** है।
- कुचिपुड़ी प्रस्तुति में **कर्नाटक संगीत** की जुगलबंदी की जाती है, *वायलिन* तथा *मृदंग* इसके प्रमुख वाद्य यंत्र होते हैं। गायन तेलुगू भाषा में होता है।
- पुरुष कलाकारों की पोशाक को **बगलबंदी** कहा जाता है और महिला कलाकार बनारसी पोशाक पहनती हैं।

प्रसिद्ध कलाकार : नाट्यकलानिधि लक्ष्मीनारायण शास्त्री *(कुचिपुड़ी की एकल विधा के जनक)*, बाला सरस्वती, राधा रेड्डी **तथा** राजा रेड्डी, यामिनी कृष्णमूर्ति, इंद्राणी रहमान इत्यादि।

कथकली

केरल के मंदिरों में सामंतों के संरक्षण में नृत्य-नाट्य के दो रूपों – रामानट्टम तथा कृष्णाट्टम का विकास हुआ, जिनमें ***रामायण*** तथा ***महाभारत*** की कहानियाँ कही जाती थीं। बाद में ये लोक नाट्य परम्पराएँ कथकली के उद्भव का स्रोत बनीं, जिसका नाम 'कथा' अर्थात् कहानी और 'कली' यानी नाटक से लिया गया। इसका कोडियट्टम (संस्कृत नाट्य परंपरा) और साथ ही अन्य प्राचीन युद्ध-कला प्रदर्शनों से गहरा संबंध है। यह संगीत, नृत्य और नाटक का अद्भुत संयोजन है।

तथापि, सामंती व्यवस्था के भंग होने के साथ-साथ, कला की एक विधा के रूप में कथकली का अवसान होने लगा। 1930 में इसका पुनरुत्थान प्रसिद्ध मलयाली कवि **वी.एन. मेनन** के द्वारा **मुकुंद राजा** के संरक्षण में किया गया।

(अ)

(ब)

कथकली

कथकली नृत्य की कुछ **विशेषताएँ** निम्नलिखित हैं:

- कथकली आमतौर पर **पुरुष मंडली द्वारा किया जानेवाला प्रदर्शन** है।
- कथकली गायन प्रस्तुति में अवलंब (रंगमंच सामग्री) का कम-से-कम उपयोग किया जाता है। हालाँकि, अलग-अलग पात्रों के लिए चेहरे के सुपरिष्कृत श्रृंगार के साथ सिर की टोपी (Headgear) का उपयोग किया जाता है। श्रृंगार या *वेशम* पाँच प्रकार का होता है - पाचा, काठी, थड़ी, कारी और मिनुक्कू। अलग-अलग रंगों के सिंगार में अपना महत्त्व होता है:
  - ***हरा*** रंग कुलीनता, देवत्व और सदगुण इंगित करता है।
  - नाक की बग़ल में ***लाल*** धब्बे राजसी गौरव इंगित करता है।
  - बुराई और दुष्टता इंगित करने के लिए ***काले*** रंग का उपयोग किया जाता है।
  - ***पीला*** रंग संतों और महिलाओं के लिए होता है।
  - ***पूरी तरह लाल रंग से पुता चेहरा*** बुराई इंगित करता है।
  - ***सफ़ेद दाढ़ी*** उच्चतर चेतना और देवत्ववाले प्राणियों को इंगित करती है।
- इसमें नृत्य और नाटक दोनों सम्मिलित है और दोनों इस प्रकार मिले होते हैं कि उन्हें स्पष्ट रूप से अलग नहीं किया सकता है। प्रदर्शन की शुरुआत *केलिकोट्टु* (दर्शकों का ध्यान आकर्षित करना) और *थोडयम* (देवताओं के आशीर्वाद का आह्वान) से होती है।
- अधिकांश कथकली गायन अच्छाई और बुराई के बीच शाश्वत संघर्ष का भव्य निरूपण है। इसकी विषयवस्तु महाकाव्यों और पुराणों में वर्णित कहानियाँ होती हैं। इसे 'पूर्व का गाथागीत' भी कहा जाता है।
- कथकली गीतों के लिए प्रयुक्त भाषा **मणिप्रवलम**, अर्थात्, मलयालम और संस्कृत का मिश्रण है। यह संभवत: *रामनाट्टम* से विकसित हुआ है। कथकली गीतों के शब्दों को अट्टकथा कहा जाता है।
- दर्शकों तक पूरा नाटक सही ढंग से संप्रेषित करने के लिए **संगीत** महत्त्वपूर्ण है। नाटक को गहराई देने के लिए प्रदर्शन के दौरान विभिन्न संगीत रचनाओं का उपयोग किया जाता है।
- **भाव-भंगिमाएँ** संभवत: पूरे नृत्य-नाटक का अनमोल आभूषण होती हैं। कथकली **आँखों और भौंहों की लय** के माध्यम से रस के निरूपण में उल्लेखनीय है, जिसके माध्यम से कहानी संप्रेषित की जाती है। **'नवरस'** नामक चेहरे के नौ महत्त्वपूर्ण भाव अलग-अलग भावनाएँ व्यक्त करने के लिए सिखाये जाते हैं। हाथ के व्यापक हाव-भावों का

उपयोग भी किया जाता है। इसलिए, इस नृत्य रूप को करने हेतु कड़े प्रशिक्षण की आवश्यकता होती हैं। मुद्राओं का उपयोग उन विचारों को व्यक्त करने के लिए किया जाता है जो *हस्तलक्षण दीपिका* पर आधारित हैं, जो हाथ के इशारों की भाषा पर एक ग्रंथ है।

- कथकली सामान्यत: पृष्ठभूमि प्रदान करनेवाले केरल के हरे-भरे पेड़ों के साथ मोटे क़ालीनों से ढँके **खुले रंगमंच या मंदिर परिसर** में किया जाता है। प्रकाश के लिए पीतल के दीपक का उपयोग किया जाता है।
- ढोल, **छेंद और मद्दले** की निरंतर ध्वनि के साथ सुबह का आगमन कथकली की प्रस्तुति के आरंभ और समापन का प्रतीक होता है।
- कथकली **आकाश** (ether) तत्त्व का प्रतीक है।

प्रसिद्ध प्रतिपादक: गुरु कुंचू कुरुप, गोपी नाथ, कोट्टकल शिवरमन, रीता गांगुली आदि।

मोहिनीअट्टम

मोहिनीअट्टम या **मोहिनी** ('मोहिनी' का अर्थ सुंदर स्त्री और 'अट्टम' का अर्थ नृत्य होता है) **का नृत्य,** मूल रूप से नृत्यांगनाओं द्वारा किया जानेवाला **एकल नृत्य** है, जिसे 19वीं सदी में **वडिवेलु** द्वारा आगे विकसित किया गया और **केरल** राज्य के त्रावणकोर के शासकों के अधीन इसने महत्त्व प्राप्त किया। 19वीं सदी में त्रावणकोर के शासक स्वाति थिरुनल का संरक्षण उल्लेखनीय है। अप्रचलित हो जाने के बाद, प्रसिद्ध मलयालयी कवि **वी.एन. मेनन** ने **कल्याणी अम्मा** के साथ इसे पुनरुज्जीवित किया।

(अ) (ब)

मोहिनीअट्टम

मोहिनीअट्टम की **विशेषताओं** में से कुछ निम्नलिखित हैं:

- मोहिनीअट्टम में कथकली के उत्साह के साथ-साथ भरतनाट्यम का **लालित्य** और **कोमलता,** दोनों देखने को मिलते हैं। पैरों की थाप नहीं होती है, **क़दमताल सौम्य** होती है।
- मोहिनीअट्टम में सामान्यत: **विष्णु के स्त्रैण नृत्य** (स्त्री) की कहानी का वर्णन किया जाता है।
- अन्य शास्त्रीय नृत्यों की भाँति इसके अपने ही नृत्त और नृत्य पहलू हैं।
- मोहिनीअट्टम के गायन में लास्य पहलू (सौंदर्य, लालित्य) का प्रभुत्व होता है। इसलिए, मुख्य रूप से नृत्यांगनाओं द्वारा यह नृत्य किया जाता है।
- नृत्य, संगीत और गीत के साथ होता है। कहानी को **'मणिप्रवलम'** नामक भाषा में प्रस्तुत किया गया है, जो संस्कृत और मलयालम का मिश्रण है।
- श्वेत और श्वेताभ (धूमिल सफ़ेद) के मुख्य रंग होने (साड़ियों के प्रमुख रंग हैं, जिन्हें कसावु कहा जाता है) और सुनहले रंग के बेल-बूटे की डिज़ाइनों के कारण मोहिनीअट्टम में वेशभूषा का विशेष महत्त्व होता है। कोई सुपरिष्कृत शृंगार नहीं होता है। नृत्यांगना द्वारा अपने टखनों पर घंटियों (घुँघरू) की चमड़े की पट्टी पहनी जाती है।
- मोहिनीअट्टम के प्रदर्शन के माध्यम से **वायु तत्त्व** को अभिव्यक्त किया जाता है।

- 'अटवकुल या अटावुस' चालीस मूल नृत्य गतियों का संग्रह है।
- उपयोग किये जानेवाले संगीत वाद्य यंत्र हैं : झाँझ, वीणा, ढोल, बाँसुरी आदि।

प्रसिद्ध प्रतिपादक : सुनंदा नायर, कलामंडलम क्षेमवती, माधुरी अम्मा, जयाप्रभा मेनन आदि।

ओडिसी

उदयगिरि-खंडगिरि की गुफाएँ ओडिसी नृत्य के कुछ प्रारंभिक उदाहरण प्रदान करती हैं। नाट्यशास्त्र में उल्लेखित 'ओद्रा नृत्य' से इस नृत्य रूप को नाम मिला है। मुख्य रूप से **"महारियों"** द्वारा यह नृत्य किया जाता था और इसे जैन राजा खारवेल का संरक्षण प्राप्त था।

इस क्षेत्र में वैष्णववाद के आगमन के साथ, महारी प्रणाली समाप्त हो गयी। इसके अतिरिक्त यह कला रूप जारी रखने के लिए युवा बालकों की भरती की जाती थी और स्त्रियों के रूप में सुसज्जित किया जाता था। इन्हें **'गोतिपुआ'** के रूप में जाना जाने लगा। इस कला का एक अन्य रूप **'नरतला'** की साधना या प्रदर्शन राज दरबारों में जारी रहा।

(अ)

(ब)

ओडिसी

बीसवीं सदी के मध्य में, चार्ल्स फ़ैब्री और इंद्राणी रहमान के प्रयासों से ओडिसी ने अंतरराष्ट्रीय ख्याति प्राप्त की। ओडिसी की कुछ **विशेषताएँ** इस प्रकार हैं :

- भावनाएँ अभिव्यक्त करने में यह मुद्राओं और आसन के उपयोग में भरतनाट्यम् के समान है।
- **त्रिभंग** मुद्रा, अर्थात् शरीर का तीन मोड़वाला रूप ओडिसी नृत्य रूप में अंतर्निहित है। इसके साथ फैले हुए हाथों के साथ **'चौक' आसन** पौरुष्य दर्शाता है ।
- नृत्य के दौरान, शरीर का निचला हिस्सा काफ़ी हद तक स्थिर रहता है और धड़, लय-ताल के साथ गति करता है। नृत्य भाग के दौरान अभिव्यक्तियों के संप्रेषण हेतु हाथ के हाव-भाव महत्त्वपूर्ण भूमिका निभाते हैं।
- ओडिसी नृत्य लालित्य, कामुकता और सौंदर्य के अपने निरूपण में अद्वितीय है। नृत्यांगनाएँ अपने शरीर से जटिल **ज्यामितीय आकार** और पैटर्न बनाती हैं। इसलिए, इसे **'सचल मूर्ति'** (mobile sculpture) के रूप में जाना जाता है।

त्रिभंग मुद्रा

- ओडिसी नृत्य के **तत्त्वों** में सम्मिलित हैं:
    - ***मंगलाचरण*** या प्रारंभ, जिसमें पृथ्वी माता को पुष्प अर्पित किया जाता है।
    - नृत्य युक्त ***बाटू नृत्य***, इसमें त्रिभंग और चौक आसन होता है।
    - ***पल्लवी,*** जिसमें चेहरे का भाव और गीत का प्रतिरूप सम्मिलित होता है।
    - ***थारिझम,*** जिसमें समापन से पहले शुद्ध नृत्य सम्मिलित होता है।
    - समापन या अंतिम अंश दो प्रकार के होते है। ***मोक्ष*** में मुक्ति दर्शानेवाली आनंदपूर्ण लय-ताल सम्मिलित होती है। **त्रिखंड मजुरा** समापन का एक और तरीक़ा है, जिसमें कलाकार देवताओं, दर्शकों और मंच से बाहर निकलने की अनुमति लेते है।
- हिन्दुस्तानी शास्त्रीय संगीत ओडिसी नृत्य की संगत करता है और सामान्यत: मँजीरा (Cymbal), पखावज (ढोल), सितार, बाँसुरी आदि का उपयोग किया जाता है।
- यह नृत्य रूप **जल तत्त्व** को **प्रतीकबद्ध** करता है।
- इस नृत्य में जयदेव द्वारा लिखित गीतगोविंद के गीतों का कुछ स्थानीय कवियों की रचनाओं के साथ उपयोग किया जाता है।
- नृत्यांगना द्वारा **सुपरिष्कृत केश-विन्यास, चाँदी के आभूषण, लंबा कण्ठहार** आदि पहना जाता है। नर्तक अपनी कमर पर चौड़ी बेल्ट और पैरों में घुंघरू पहनते हैं। महिला कलाकार चमकीले रंग की बोमकाई और संबलपुरी साड़ियाँ पहनती हैं।

प्रसिद्ध प्रतिपादक : गुरु पंकज चरण दास, गुरु केलूचरण महापात्र, सोनल मानसिंह, शेरॉन लोवेन (USA), आनंदिनी दास (अर्जेंटीना)।

मणिपुरी

मणिपुरी नृत्य रूप **मणिपुर** की घाटियों में स्थानीय 'गंधर्वों' के साथ शिव और पार्वती के दैवीय नृत्य में अपना पौराणिक उद्‌गम पाता है। **15वीं सदी** में **वैष्णववाद** के आगमन के साथ इस नृत्य ने प्रमुखता प्राप्त की। कृष्ण इस नृत्य रूप का केंद्रीय विषय बन गये। **सामान्यत: नृत्यांगनाओं द्वारा** यह नृत्य किया जाता है।

आधुनिक समय में, 18वीं सदी में मणिपुर के **राजा भाग चंद्र** ने मणिपुरी नृत्य को पुनरुज्जीवित करने का प्रयास किया। **रवींद्रनाथ टैगोर** इस नृत्य रूप को वापस प्रचलन में ले आये, जब उन्होंने शांतिनिकेतन (पश्चिम बंगाल) में इसे प्रचलित किया।

मणिपुरी नृत्य

मणिपुरी नृत्य की कुछ **विशेषताएँ** इस प्रकार हैं:

- मणिपुरी नृत्य **कामुकता** पर नहीं, बल्कि **भक्ति** पर बल देने के कारण अद्वितीय है।
- **चेहरा पतले घूँघट से ढँका** होता है और चेहरे की अभिव्यक्ति का कम महत्त्व होता है, हाथ के हाव-भाव और पैरों की कोमल गति महत्त्वपूर्ण होते हैं।
- यद्यपि इस नृत्य में **तांडव और लास्य दोनों** सम्मिलित हैं, लेकिन **लास्य पर बल दिया जाता है।**

- महिलाएँ लंबा स्कर्ट पहनती हैं। ध्यान मुख्य रूप से हाथ की धीमी और लालित्यपूर्ण गति और घुटने की स्थिति पर केंद्रित होता है।
- **नागबंध मुद्रा,** जिसमें शरीर '8' के आकार में वक्रों के माध्यम से जुड़ा होता है, यह मणिपुरी नृत्य रूप में महत्त्वपूर्ण मुद्रा है।
- **रास लीला** (राधा-कृष्ण की प्रेम कहानी) मणिपुरी नृत्य गायन का आवर्ती विषय है।
- ढोल-**पुंग**-गायन का जटिल तत्त्व है। बाँसुरी, खरताल (लकड़ी की), ढोल इत्यादि संगीत के साथ संगत करते हैं। इसमें जयदेव और चंडीदास की रचनाओं का व्यापक रूप से उपयोग किया जाता हैं।
- **थांग-ता और संकीर्तन** भी मणिपुरी नृत्य से प्रभावित हैं।

प्रसिद्ध प्रतिपादक : झावेरी बहनें-(नयना, सुवर्णा, रंजना और दर्शना), गुरु बिपिन सिंह, एन माधवी देवी इत्यादि।

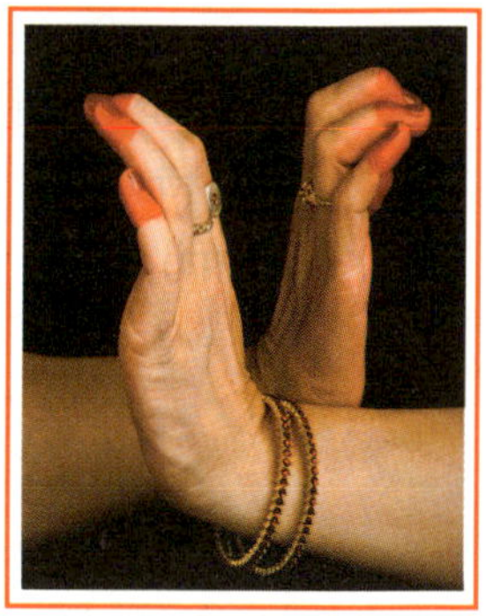

नागबंध मुद्रा

कथक

ब्रजभूमि की रासलीला से उत्पन्न, **कथक, उत्तर प्रदेश** की एक परम्परागत नृत्य विधा है। कथक का नाम 'कथिका' से लिया गया है, जो भाव-भंगिमाओं तथा संगीत के साथ **महाकाव्यों** से ली गयी कविताओं की प्रस्तुति किया करते थे।

मुग़ल युग के दौरान, नृत्य की यह विधा पतित हो कर कामोत्तेजक शैली में प्रस्तुत की जाने लगी तथा इसकी एक विभक्त शाखा दरबार-नृत्य बन गयी। इस पर **फ़ारसी वेश-भूषा** तथा नृत्य शैली का भी प्रभाव पड़ा। कथक की शास्त्रीय शैली को बीसवीं शताब्दी में **लेडी लीला सोखे** के द्वारा पुनरुज्जीवित किया गया।

(अ)

(ब)

कथक

कथक की कुछ विशेषताएँ निम्नलिखित हैं:

- कथक की एक महत्त्वपूर्ण विशेषता **विभिन्न घरानों** का विकास है, क्योंकि यह हिंदुस्तानी संगीत शैली पर आधारित है:
  - **लखनऊ :** यह नवाब वाजिद अली शाह के शासन काल में अपने चरम पर पहुँचा। इसमें *अभिव्यक्ति* तथा *लालित्य* पर अधिक बल दिया जाता है।
  - **जयपुर :** भानुजी के द्वारा आरम्भ किये गये इस घराने में प्रवाह, गति, तथा लम्बे *लयबद्ध* पैटर्न पर बल दिया जाता है।
  - **रायगढ़ :** यह राजा चक्रधर सिंह के संरक्षण में विकसित हुआ। यह *आघातपूर्ण* संगीत पर बल देने के कारण अद्वितीय है।
  - **बनारस :** यह जानकी प्रसाद के संरक्षण में विकसित हुआ। इसमें 'फ़र्श' (Floor) का अधिक प्रयोग किया जाता है तथा यह **समरूपता** पर विशेष बल देता है।

- कथक नृत्य विधा को जटिल **पद-चालनों** तथा **चक्करों** के प्रयोग से पहचाना जाता है।
- कथक प्रस्तुति के अधोलिखित **घटक** होते हैं:
    - **आनंद** या परिचयात्मक प्रस्तुति, जिसके माध्यम से नर्तक मंच पर प्रवेश करता है।
    - **ठाट** जिसमें हलकी, किन्तु अलग-अलग प्रकार की हरकतें होती हैं।
    - *'तोड़े'* तथा *'टुकड़े'* तीव्र लय के लघु अंश होते हैं।
    - **जुगलबंदी** कथक प्रस्तुति का मुख्य आकर्षण है, जिसमें तबला वादक तथा नर्तक के बीच प्रतिस्पर्द्धात्मक खेल होता है।
    - *पढ़ंत* एक विशिष्ट रूपक होता है, जिसमें नर्तक जटिल बोल का पाठ कर नृत्य के द्वारा उनका प्रदर्शन करता है।
    - *तराना,* थिल्लन के समान ही होता है, जो समापन से पूर्व विशुद्ध लयात्मक संचालनों से मिल कर बनता है।
    - *क्रमालय* समापनकारी अंश होता है, जिसमें जटिल तथा तीव्र पद-चालन का समावेश होता है।
    - **"गत भाव" बिना किसी गायन के किया गया नृत्य** है। इसका प्रयोग विभिन्न पौराणिक उपाख्यानों को रेखांकित करने के लिए होता है।
- कथक की जुगलबंदी सामान्य तौर पर **ध्रुपद संगीत** के साथ होती है। मुग़ल काल में तराना, ठुमरी तथा ग़ज़ल भी इसमें सम्मिलित किये गये थे।

प्रसिद्ध प्रतिपादक: बिरजू महाराज, लच्छू महाराज, सितारा देवी, दमयंती जोशी इत्यादि।

सत्त्रिया

असम में 15वीं शताब्दी में **वैष्णव संत शंकरदेव** द्वारा आधुनिक रूप में सत्त्रिया नृत्य प्रचलित किया गया था। यह कला रूप अपना नाम **'सत्र'** के रूप में विदित वैष्णव मठों से प्राप्त करता है, जहाँ मुख्य रूप से इसका अभ्यास किया जाता था। ऋषि भरत मुनि के प्राचीन ग्रंथ 'नाट्य शास्त्र' में इसका उल्लेख किया गया है। यह **भक्ति आंदोलन** से प्रेरित है।

(अ)

(ब)

सत्त्रिया

सत्त्रिया नृत्य की कुछ **विशेषताओं** में सम्मिलित हैं:

- यह नृत्य रूप **असम** में प्रचलित विभिन्न नृत्य रूपों, मुख्यत: ओजपाली और देवदासी का मिश्रण है।
- सत्त्रिया गायन का ध्यान नृत्य के **भक्तिपरक** पहलू पर केंद्रित होता है, जिसमें **विष्णु की पौराणिक कहानियों** का वर्णन किया जाता है।

- सत्रिया नृत्य में नृत्त, नृत्य और नाट्य तीनों सम्मिलित होते हैं।
- अपने दैनिक अनुष्ठान के रूप में या यहाँ तक कि त्यौहारों पर भी 'भोकोत' (भगत) नामक **पुरुष भिक्षुओं** द्वारा यह नृत्य **समूह** में किया जाता है।
- **खोल** (ढोल), **सिम्बल** (मँजीरा) और **बाँसुरी**, इस नृत्य रूप पर संगत करनेवाले प्रमुख वाद्ययंत्र हैं। गीत शंकरदेव की रचना हैं, जिन्हें 'बोरगीत' के रूप में जाना जाता है।
- क़दमताल के साथ **तालबद्ध शब्दांशों** और नृत्य मुद्राओं पर बहुत ज़ोर दिया जाता है। यह लास्य और तांडव तत्त्वों को संयुक्त करता है।
- सत्रिया नृत्य परंपरा ने हाथ के हाव-भावों और क़दमताल के संबंध में कड़ाई से नियम निर्धारित किये हैं और यह बहुत ही महत्त्वपूर्ण भूमिका निभाता है।
- पुरुष नर्तकों द्वारा पहने जानेवाले वस्त्र **धोती और 'पगड़ी'** हैं। हालाँकि, नृत्यांगनाएँ पारंपरिक असमिया आभूषण, पॅट रेशम में बनी **'घुरी' और 'चादर'** पहनती हैं। पुरुषों और महिलाओं, दोनों द्वारा कमर का कपड़ा (कमर पट्टी) पहना जाता है।
- आधुनिक समय में, सत्रिया नृत्य दो अलग-अलग धाराओं में विकसित हुआ है- **ग्यान-भयानार** नाच और **खर्मानार** नाच।
- **अंकिया नाट** सत्रिया का एक प्रकार है, जिसमें संगीतात्मक नाटक सम्मिलित होता है। इसे मूल रूप से असमिया-मैथिली मिश्रित भाषा में लिखा जाता है, जिसे *ब्रजबुली* कहते हैं। इसी तरह का एक और रूप **भाओना** है, जो भगवान् कृष्ण की कहानियों पर आधारित होता है।

नोट: संगीत नाटक अकादमी ने अभी तक आठ नृत्यों को शास्त्रीय नृत्य का दर्जा दिया है, जबकि **संस्कृति मंत्रालय, भारत सरकार, ने छऊ सहित कुल 09 नृत्यों को शास्त्रीय नृत्य** की मान्यता दी है।

गौड़ीय नृत्य (पश्चिम बंगाल)

गौड़ीय नृत्य एक **बंगाली शास्त्रीय नृत्य** है, जिसकी नामोत्पत्ति गौड़ से हुई है, जो कभी बंगाल की राजधानी रहा था। माना जाता है कि इस नृत्य की जड़ें *नाट्यशास्त्र* में हैं। कहा जाता है कि भक्ति आंदोलन के दौरान चैतन्य महाप्रभु ने गौड़ीय नृत्य को पुनरुज्जीवित किया। बंगाल के कई मंदिरों की दीवारों पर भी इस नृत्य शैली की मूर्तियाँ देखी जाती हैं। बाद में, **महुआ मुखर्जी** ने इस नृत्य शैली का पुनर्निर्माण किया। हालाँकि, अभी तक संगीत नाटक अकादमी द्वारा इस नृत्य को शास्त्रीय नृत्य के रूप में मान्यता नहीं दी गयी है।

भारत के लोक नृत्य

भारत के विविध भागों में प्रचलित लोक-कथाओं, किंवदंतियों तथा मिथकों, स्थानीय गीत और नृत्य परम्पराओं के मेल से मिश्रित कला की समृद्ध परंपरा तैयार हुई है। लोक नृत्य विधाएँ, सामान्यतः स्वतः प्रवर्तित, अनगढ़ होती हैं तथा उन्हें किसी औपचारिक प्रशिक्षण के बिना ही लोगों द्वारा प्रस्तुत किया जाता है। इस सरलता के कारण इस कला विधा को एक अन्तर्निहित

सौन्दर्य की प्राप्ति होती है। यद्यपि, ये कला विधाएँ **लोगों के एक विशेष वर्ग** या **किसी विशेष स्थान** तक सीमित रह गयी हैं, जिससे इनका ज्ञान पीढ़ी-दर-पीढ़ी स्थानांतरित होता रहा। भारत के कुछ प्रसिद्ध लोक नृत्य निम्नलिखित हैं:

कोलाट्टम *(आंध्र प्रदेश)*

कोलन्नलु या कोलाट्टम एक **'डंडा नृत्य'** है। यह नृत्य सामान्य तौर पर आंध्र प्रदेश के **ग्रामीण इलाकों में गाँव के त्यौहारों** के दौरान किया जाता है। इसमें लयबद्ध गतियों, गीतों और संगीत का संयोजन होता है। यह सामान्य तौर पर 8 से 40 लोगों तक के बड़े समूह द्वारा किया जाता है। इस नृत्य के दौरान डंडा मुख्य लयताल प्रदान करता है।

कोलाट्टम नृत्य

बुट्टा बोम्मालू *(आंध्र प्रदेश)*

बुट्टा बोम्मालू का शाब्दिक अर्थ **टोकरीवाले खिलौने** होता है तथा यह **आन्ध्र प्रदेश** के पश्चिम गोदावरी ज़िले की प्रसिद्ध नृत्य विधा है। नर्तक विभिन्न चरित्रों के **मुखौटे** पहनते हैं, जिनकी आकृतियाँ खिलौनों से मेल खाती हैं तथा वे नज़ाकत भरी चालों तथा **शब्द रहित संगीत** के बल पर मनोरंजन करते हैं।

लंबाडी *(तेलंगाना और आंध्र प्रदेश)*

यह आंध्र प्रदेश और तेलंगाना की **बंजारा जनजाति** का लोक नृत्य है। यह किसानों के दैनिक जीवन पर आधारित है, जो बोआई और रोपाई जैसे कार्यों का प्रतिनिधित्व करता है। महिलाएँ इन घटनाओं को हाथ के इशारों से प्रस्तुत करती हैं।

लंबाडी नृत्य

बागुरुम्बा *(असम)*

बागुरुम्बा **असम** के **बोडो** जनजाति द्वारा किया जानेवाला एक लोक नृत्य है और यह **प्रकृति** और **पर्यावरण** से संबंधित है। बागुरुम्बा प्रदर्शन की संगत करनेवाले संगीत वाद्ययंत्रों में सिफुंग, खम, सरजा आदि हैं।

बिहू *(असम)*

बिहू असम का एक प्रसिद्ध नृत्य है, जिसे पुरुषों तथा नारियों, **दोनों के समूह** द्वारा प्रस्तुत किया जाता है। धूम-धाम तथा उल्लास को व्यक्त करने के लिए नर्तक परम्परागत रंगीन पोशाकों में सजते हैं। इस नृत्य के सफल प्रदर्शन में समूह निर्माण, **तीव्र हस्त-चालन** तथा फुर्तीले क़दमों की भूमिका होती है।

बिहू नृत्य

बिरहा *(बिहार)*

अपने रूपांतर विदेशिया के साथ बिरहा नृत्य ग्रामीण **बिहार** में मनोरंजन का एक लोकप्रिय माध्यम है। इसमें उन **महिलाओं की व्यथा** का वर्णन होता है, जिनके साथी घर से दूर होते हैं। यद्यपि नृत्य की इस विधा को पूरी तरह **पुरुषों के द्वारा ही प्रस्तुत** किया जाता है, जो महिला पात्रों की भूमिका भी निभाते हैं।

जट-जटिन *(बिहार)*

जट-जटिन **बिहार** के उत्तरी भागों और विशेषत: मिथिलांचल में लोकप्रिय है। यह नृत्य विधा एक **विवाहित दंपती** के बीच के **प्रेम** तथा **मीठी नोक-झोंक** को अनोखे ढंग से प्रस्तुत करती है।

गौर माड़िया (भैंसे का सींग) *(छत्तीसगढ़)*

गौर माड़िया **छत्तीसगढ़** के बस्तर क्षेत्र में रहनेवाली **मुड़िया/मुरिया जनजाति** का एक महत्त्वपूर्ण आनुष्ठानिक नृत्य है। इस नृत्य में *भैंसों की गतिविधियों* का अनुसरण किया जाता है तथा इसे पुरुषों तथा महिलाओं, दोनों के द्वारा समूह में प्रस्तुत किया जाता है।

राउत नाच *(छत्तीसगढ़)*

यादव समुदाय द्वारा विशेष रूप से दिवाली के त्योहार के दौरान **छत्तीसगढ़** में किया जाता है।

तरंग मेल *(गोवा)*

यह **गोवा** का लोक नृत्य है, जिसमें क्षेत्र की युवा ऊर्जा का उत्सव मनाया जाता है। इसे **दशहरा** तथा **होली** के दौरान प्रस्तुत किया जाता है। **इन्द्रधनुषी पोशाकों** के साथ बहुरंगी झंडों तथा काग़ज़ के फ़ीतों (रिबनों) के प्रयोग से एक दर्शनीय नज़ारे में परिवर्तित कर दिया जाता है।

राठवा नी घेर *(गुजरात)*

राठवा नी घेर गुजरात के **राठवा आदिवासी समुदाय** का एक आदिवासी नृत्य है। यह **नृत्य होली** के दौरान पेश किया जाता है, जिसे कावंत महोत्सव के रूप में भी जाना जाता है। जटिलशृंगार, समकालिक क़दमताल, नर्तकों का ओजपूर्ण घूर्णन और देशज संगीत वाद्ययंत्रों के माध्यम से निर्मित मंत्रमुग्ध कर देनेवाली स्वरसंगति, इस नृत्य शैली की प्राचीन और परिष्कृत प्रकृति प्रदर्शित करती है।

राठवा नी घेर

टिप्पणी *(गुजरात)*

गुजरात के सौराष्ट्र क्षेत्र से उत्पन्न, यह विशेष रूप से **महिलाओं द्वारा** किया जाता है, जो एक लोक गीत की ताल पर टिप्पणी (*चौकोर लकड़ी या लोहे के ब्लॉक से जुड़नेवाली दो लंबी छड़ी*) के साथ *फ़र्श को पीटती* हैं।

गरबा *(गुजरात)*

गरबा नृत्य

गरबा **गुजरात** का एक लोकप्रिय लोक नृत्य है, जिसे *नवरात्र* के अवसर पर किया जाता है। गरबा का वास्तव में अर्थ है 'गर्भ दीप' – **छिद्रयुक्त मिट्टी का बर्तन,** जिसमें दीप प्रज्वलित किया जाता है तथा जिसके चारों ओर महिलाएँ *लयबद्ध तालियों के स्वर पर चक्राकार गति में नृत्य करती हैं।* भारत ने 2023 में UNESCO की अमूर्त सांस्कृतिक विरासत के लिए गरबा नृत्य को नामांकित किया है।

डांडिया रास *(गुजरात)*

डांडिया रास

रास या **डांडिया रास गुजरात** का पारंपरिक लोक नृत्य रूप है और इसे वृंदावन में होली और कृष्ण तथा राधा की लीला के दृश्यों के साथ जोड़ा जाता है। गरबा के साथ यह पश्चिमी भारत में नवरात्रि की संध्या का विशेष नृत्य है।

रास के कई रूप होते हैं, लेकिन गुजरात में नवरात्रि के दौरान किया जानेवाला 'डांडिया रास', सबसे अधिक लोकप्रिय रूप है। डांडिया रास में पुरुष और महिलाएँ अपने हाथों में छड़ी लेकर, दो वृत्तों में नृत्य करते हैं। गरबा भी रास गरबा के रूप में होता है। 'गरबा' रास का ही एक प्रकार है, जिसे रास गरबा कहा जाता है।

चारबा *(हिमाचल प्रदेश)*

यह **दशहरा** के उत्सवों के दौरान प्रस्तुत किया जानेवाला **हिमाचल प्रदेश** का एक लोकप्रिय लोक नृत्य है।

फाग *(हिमाचल प्रदेश)*

फाग **हिमाचल प्रदेश** के किसानों का लोक नृत्य है। फाग नृत्य मुख्य रूप से फ़रवरी और मार्च के महीनों में मनाया जाता है। ये महीने हिंदू कैलेंडर में फाल्गुन माह (फ़सल कटाई का समय) में आते हैं। महिलाएँ दुपट्टे के साथ घाघरा-चोली धारण करती हैं और पुरुष रंगीन पगड़ी (turban) पहनते हैं।

आलकाप *(झारखंड और पश्चिम बंगाल)*

आलकाप **झारखंड** की राजमहल पहाड़ियों तथा **पश्चिम बंगाल** के मुर्शिदाबाद तथा मालदा क्षेत्रों में प्रचलित एक ग्रामीण नृत्य-नाटिका प्रस्तुति है। इसे 10 से 12 **नर्तकों के दल** द्वारा गायेन के नाम से जाने जानेवाले 1 या 2 मुख्य गायकों के साथ प्रस्तुत किया जाता है। यह दल लोकप्रिय लोक कथाओं तथा पौराणिक कहानियों को प्रस्तुत करता है, जिसमें नृत्य को **काप** नाम से मशहूर **हास्य नाटिकाओं** (Comical sketches) के साथ मिला कर प्रदर्शित किया जाता है। यह नृत्य, सामान्यतः **शिव** से संबंधित **गाजन पर्व** से सम्बंध रखता है।

झुमर या झुमहर *(पश्चिम बंगाल, झारखंड तथा ओडिशा)*

झुमर **पश्चिम बंगाल, झारखंड तथा ओडिशा और यहाँ तक कि असम के चाय बाग़ानों में** जनजातीय लोगों द्वारा प्रस्तुत किया जानेवाला एक लोकप्रिय **फ़सल-कटाई नृत्य** है। इसके दो रूपांतर हैं – जनानी झुमर, जिसे महिलाएँ प्रस्तुत करती हैं तथा मर्दाना झुमर, जिसे पुरुष प्रस्तुत करते हैं। यह बहुत से मेलों तथा त्योहारों का मुख्य आकर्षण होता है।

दुम्हल *(जम्मू और कश्मीर)*

यह नृत्य **वट्टल जनजाति द्वारा जम्मू और कश्मीर** में किया जाता है। इसमें पुरुषों के लिए एक लंबी शंकुदार टोपी के साथ रंगीन परिधान सम्मिलित होता है। कलाकार ढोल की थाप पर नाचते और गाते हैं।

दुम्हल

चेराव *(मिज़ोरम)*

यह **मिज़ोरम** का लोक नृत्य है। इसे बाँस की छड़ियों के साथ किया जाता है। संभवत: इसका मूल विदेशी है। पुरुष लयबद्ध ताल में बाँस की लंबी जोड़ी थपथपाते हैं और महिलाएँ बाँस के ताल पर नृत्य करती हैं।

चेराव
स्रोत : www.tourism.gov.in

हुलिवेशा *(कर्नाटक)*

तटीय **कर्नाटक** में प्रदर्शन किये जानेवाले, हुलिवेशा में **बाघ की तरह चित्रित** पुरुष नर्तकों को शामिल किया जाता है, जो **देवी दुर्गा,** जिनका पसंदीदा जानवर बाघ है, को सम्मानित करने के लिए नृत्य करते हैं और ग़ुस्सैल बाघ का रूप धारण करते हैं। यह आम तौर पर **नवरात्रि** त्योहार के दौरान किया जाता है।

हुलिवेशा

पटा कुनीथा *(कर्नाटक)*

यह **मैसूर** क्षेत्र की लोकप्रिय नृत्य विधा है। यह मुख्य रूप से **पुरुषों** द्वारा पटा नाम से प्रसिद्ध रंगीन फ़ीतों (रिबनों) से सुसज्जित होकर, **लम्बे बाँस के खम्भों का** प्रयोग कर प्रस्तुत किया जानेवाला एक धार्मिक नृत्य है। रंगों का बाहुल्य इसे दर्शनीय तमाशा बना देता है तथा यह **सभी धर्मों** के लोगों के बीच अत्यंत लोकप्रिय है। *पूजा कुनीथा* इस नृत्य विधा का एक रूपांतर है, जो बंगलुरु तथा मांड्या ज़िलों के आस-पास के क्षेत्रों में लोकप्रिय है।

नागराधाने *(तुलुनाडु क्षेत्र, अर्थात् दक्षिणी कर्नाटक और उत्तरी केरल)*

यह तुलुनाडु क्षेत्र में **तुलुव समुदाय** के सदस्यों द्वारा की जानेवाली **नाग पूजा** का एक रूप है। इस पूजा के दौरान, दो अलग-अलग अनुष्ठान किये जाते हैं - आशलेशबली और नागमंडल। दोनों में, नागमंडल अपेक्षाकृत लंबा और अधिक रंगीन है और नर और मादा साँपों का दिव्य मिलन दर्शाता है।

बूटा कोला *(तुलुनाडु क्षेत्र, अर्थात् दक्षिणी कर्नाटक और उत्तरी केरल)*

बूटा कोला

बूटा कोला नृत्य अत्यधिक शैलीबद्ध नृत्य है और **स्थानीय देवी-देवताओं के सम्मान** में आयोजित किया जाता है, जिनकी **तुलु लोगों** द्वारा पूजा की जाती है। इसमें संगीत, नृत्य, गायन और विस्तृत वेशभूषा शामिल है।

आटि कलेंजा *(तुलुनाडु क्षेत्र, अर्थात् दक्षिणी कर्नाटक और उत्तर केरल)*

यह एक प्राचीन लोक कला शैली है, जिसे **तुलु लोगों** (मुख्य रूप से नालिके समुदाय द्वारा) द्वारा प्रदर्शित किया जाता है। माना जाता है कि इससे **आटि** (तुलु कैलेंडर के महीनों में से एक) के दौरान समृद्धि आती है। ऐसा माना जाता है कि आटि (जुलाई-अगस्त) के महीने में, प्रकृति का प्रतिनिधित्व करता कलेंजा भूमि और उसके लोगों को आशीर्वाद देने के लिए पृथ्वी पर उतरता है। लोगों का मानना है कि यह त्योहार सकारात्मक ऊर्जा लाता है, जिससे **बुरी आत्माएँ और बीमारियाँ दूर भाग** जाती हैं। कलेंजा नारियल और ताड़ के पत्तों की विशेष पोशाक पहनते हैं और **लोगों के घर जाकर उन्हें आशीर्वाद देते हैं**। वें ताड़ के पत्तों और बाँस की डंडियों से बनी एक छतरी पकड़े रहते है।

कइकोट्टीकली *(केरल)*

कइकोट्टीकली **केरल** का एक लोकप्रिय मंदिर नृत्य है। इसे **ओणम** के समय अच्छी फ़सल की ख़ुशी मनाने के लिए पुरुषों तथा स्त्रियों, **दोनों** द्वारा प्रस्तुत किया जाता है। ऐरूकली तथा *तट्टमकली* इस नृत्य की मिलती-जुलती विधाएँ हैं।

पढ़यनी *(केरल)*

पढ़यनी

पढ़यनी दक्षिणी **केरल** के भगवती मंदिरों में प्रस्तुत किया जानेवाला एक **युद्ध कला** संबंधी नृत्य है। पढ़यनी का शाब्दिक अर्थ होता है– पैदल सेना की पंक्तियाँ तथा यह अत्यंत समृद्ध एवं **रंगा-रंग नृत्य** है। नर्तक **कोलम** नाम के **विशाल मुखौटे** पहनते हैं तथा दैवी या अर्द्ध दैवी कथाओं की व्याख्या प्रस्तुत करते हैं। कुछ लोकप्रिय चरित्रों में *भैरवी, कलन* (मृत्यु देवता), *यक्षी* तथा *पक्षी* इत्यादि होते हैं। यह नृत्य **देवी भद्रकाली** की पूजा करने के लिए किया जाता है।

चक्यार कुथु *(केरल)*

यह **केरल** का एक कला रूप है। यह एकल नृत्य है, जिसमें कलाकार स्वयं को **साँप** की भाँति सजाते हैं,शृंगार करते हैं। यह गद्य और पद्य का संयोजन होता है और सामान्यत: मलयालम में वर्णित किया जाता है। पारंपरिक रूप से चक्यार समुदाय (पुरोहित जाति) द्वारा किया जाता है। कलाकार रंगीन **टोपी** या पगड़ी, बड़ी काली **मूँछ** और अपने पूरे शरीर पर लाल धब्बे लगाते हैं।

कोलकलि-परिचाकलि *(केरल और लक्षद्वीप)*

यह दक्षिणी **केरल** तथा **लक्षद्वीप** के इलाक़ों में एक लोकप्रिय युद्ध-कला नृत्य है। कोल का अर्थ होता है- छड़ी तथा परिचा का अर्थ होता है– ढाल। नर्तक लकड़ी के बने **छद्म शस्त्रों** का प्रयोग करते हैं तथा **युद्ध शृंखलाओं** का अभिनय करते हैं। प्रदर्शन **धीमी गति से आरम्भ** होता है, किन्तु धीरे-धीरे गति बढ़ता जाता है तथा अंत उन्मादपूर्ण होता है।

फुगडी *(महाराष्ट्र और गोवा)*

त्योहारों के दौरान **महाराष्ट्र और गोवा के कोंकण क्षेत्र** में यह महिलाओं द्वारा प्रदर्शित किया जाता है। वे अधिकांशतः वृत्त या पंक्तियों में विभिन्न संरचनाओं में नृत्य करती हैं। स्थानीय परंपराओं के अनुसार इसके कई उप-प्रकार हैं।

राई नृत्य *(मध्य प्रदेश)*

राई नृत्य की उत्पत्ति मध्य प्रदेश के **बुंदेलखंड** क्षेत्र से हुई थी। यह लोक नृत्य मुख्य रूप से **बेदिया जनजाति** द्वारा किया जाता है। यह महिलाओं का **मोर नृत्य** है।

जवारा *(मध्य प्रदेश)*

जवारा **मध्य प्रदेश** के बुंदेलखंड क्षेत्र में लोकप्रिय एक **फ़सल-कटाई नृत्य** है। इस नृत्य में सर पर ज्वार से भरी हुई एक *टोकरी को संतुलित* रखना पड़ता है। इसमें **धमाकेदार संगीत** का प्रयोग किया जाता है।

जावरा
स्रोत : www.tourism.gov.in

मटकी *(मध्य प्रदेश)*

मटकी को **मालवा क्षेत्र** की **महिलाओं** के द्वारा **विवाह** तथा अन्य **उत्सवों** के दौरान प्रस्तुत किया जाता है। मुख्यतः इसे **एकल** ही प्रस्तुत किया जाता है, जिसमें सिर पर बहुत-से **मिट्टी के बर्तनों** को संतुलित किया जाता है। *आड़ा* तथा *खाड़ा नाच* मटकी नृत्य के लोकप्रिय रूपांतर हैं।

लावणी *(महाराष्ट्र)*

लावणी **महाराष्ट्र** का एक लोकप्रिय लोक नृत्य है। **'लावणी'** नाम **'लावण्य'** शब्द से लिया गया है, जिसका अर्थ सुंदरता है। इस नृत्य ने 18वीं शताब्दी में पेशवा काल में लोकप्रियता प्राप्त की थी। नर्तकियों को प्रदर्शन करते समय ढोलकी की तेज़ थाप के साथ नृत्य करना होता है। महिला नर्तकियाँ जो पोशाक पहनती हैं उसे **नौवारी** कहा जाता है, क्योंकि यह नौ गज लंबी होती है। महिला नर्तकियाँ भारी आभूषण भी पहनती हैं, जैसे- चूड़ियाँ, कमरबंद, पायल, झुमके आदि।

थांग-टा *(मणिपुर)*

थांग-टा **मणिपुर** का विशेष **युद्ध नृत्य** है। *थांग* का अर्थ होता है तलवार और *टा* का अर्थ है भाला। यह नृत्य प्रदर्शन कौशल, रचनात्मकता और चपलता का एक अनूठा प्रदर्शन है, जिसमें कलाकार एक नक़ली लड़ाई अनुक्रम करते हैं - **हमला करने और बचाव करने** के लिए छलांग लगाते हैं।

रांगमा *(नागालैंड)*

रांगमा **नागाओं** का **युद्ध-नृत्य** है। रंगीन पोशाकों, आभूषणों तथा शिरस्त्राणों से सुसज्जित नर्तक, छद्म युद्ध विन्यासों तथा परम्पराओं का अभिनय प्रदर्शन करते हैं।

पाइका *(ओडिशा)*

पाइका झारखण्ड और **ओडिशा** के दक्षिणी भागों में प्रस्तुत किया जानेवाला एक युद्ध संबंधी लोक नृत्य है। पाइका **लम्बे भाले** के एक प्रकार का नाम है। नर्तक लकड़ी के भालों तथा ढालों से लैस होते हैं तथा पैदल टुकड़ियों के व्यूह में अपने कौशल तथा स्फूर्ति का प्रदर्शन करते हैं। इसमें मार्शल आर्ट का चरित्र है। **पाइका** शब्द युद्ध का प्रतीक है।

चिराउ

घंटा मृदंगम *(ओडिशा)*

घंटा मृदंगम मुख्य रूप से ओडिशा के गंजम ज़िले के **वैष्णव समुदाय** का **आदिवासी** लोक नृत्य है। यह नृत्य राधा, कृष्ण और भगवान् जगन्नाथ की पूजा से जुड़ा है।

डंडा-जात्रा *(ओडिशा)*

डंडा नाटा या डंडा-जात्रा भारत की प्राचीनतम लोक कलाओं में से एक है। मुख्यतः **ओडिशा** में प्रसिद्ध यह नृत्य, नृत्य, नाटक तथा संगीत का अनोखा मिश्रण है। यद्यपि इसमें मुख्यतः **शिव** की कथाएँ प्रस्तुत की जाती हैं, इसका केन्द्रीय भाव **सामाजिक समरसता** तथा **भाईचारा** ही होता है।

दलखई *(ओडिशा)*

यह मुख्य रूप से **ओडिशा** में **दशहरा** के **त्यौहार** पर किया जानेवाला एक जनजातीय नृत्य है। इसमें कई संगीत वाद्ययंत्रों का उपयोग किया जाता है और रामायण, महाभारत की घटनाएँ और भगवान् कृष्ण की कहानियाँ आदि निरूपित की जाती हैं। हर छंद की शुरुआत और अंत में, **प्रेमिका** वाचक शब्द का प्रयोग किया जाता है।

गरडी *(पुडुचेरी)*

यह **पुडुचेरी** का प्रसिद्ध लोक नृत्य है और रावण पर **भगवान् राम की जीत** का जश्न मनाने के लिए किया जाता है। **'वानर'** (बंदरों) के रूप में नर्तक सजते हैं, जो इस जीत का जश्न मनाते हैं। नर्तक अपने प्रत्येक पैर पर 10 **'अंजली'** (लोहे के छल्ले) पहनते हैं।

भाँगड़ा/गिद्दा *(पंजाब)*

भाँगड़ा **पंजाब** का एक अत्यंत ऊर्जायुक्त लोक नृत्य है। उत्साह संचार कर उत्तेजित करनेवाले ढोल की थापों के साथ किया जानेवाला यह नृत्य उत्सवों के दौरान लोकप्रिय है। **गिद्दा** भाँगड़ा का *नारी संस्करण* है।

भाँगड़ा नृत्य

झूमर *(पंजाब)*

यह नृत्य फ़सल-कटाई के मौसम के दौरान **पंजाब** और आसपास के क्षेत्रों में **जनजातीय सिखों** द्वारा किया जाता है। इसे घेरे में किया जाता है। ढोल की थाप पर हाथों या **कंधों की गति** सबसे महत्त्वपूर्ण भाग होती है। वेशभूषा भाँगड़ा के समान होती है। इसे व्यापारियों द्वारा बलूचिस्तान से भारत लाया गया था।

घूमर या गंगोर *(राजस्थान)*

यह **राजस्थान** में **भील जनजाति** की **महिलाओं द्वारा** प्रस्तुत किया जानेवाला एक परम्परागत लोक नृत्य है। इसकी विशेषता महिलाओं का चक्कर खा-खा कर घूमना होता है, जिससे उड़ते हुए *घाघरे* की बहुरंगी थर-थराहटें शानदार दिखती हैं।

कालबेलिया *(राजस्थान)*

यह **राजस्थान** के **कालबेलिया (सँपेरा) समुदाय** की महिलाओं के द्वारा प्रस्तुत किया जानेवाला एक भावमय नृत्य है। इसमें पोशाकें तथा नृत्य की चाल **सर्प** के समान होती है। **बीन** (सँपेरों द्वारा बजाया जानेवाला वाद्य यंत्र) इस नृत्य विधा का लोकप्रिय वाद्य यंत्र है। 2010 में UNESCO ने कालबेलिया लोक गीतों तथा नृत्य को मानवता की अमूर्त सांस्कृतिक विरासत की प्रतिनिधि सूची में स्थान दिया।

कालबेलिया नृत्य

तेरताली *(राजस्थान)*

राजस्थान की **'कमार'** जनजाति द्वारा किया जाता है। महिलाएँ तेरताली का प्रदर्शन करते हुए ज़मीन पर बैठ जाती हैं और **झाँझ (वाद्ययंत्र)** कलाकार के शरीर के विभिन्न हिस्सों से **बाँधी जाती है,** जो काफ़ी अनोखी होती है।

तेरताली

सिंघी छम *(सिक्किम)*

सिंघी छम

सिंघी छम **सिक्किम** का एक लोकप्रिय मुखौटा नृत्य है। नर्तक **रोएँदार वस्त्रों** से सुसज्जित होते हैं, जो **बर्फ़ के शेर** का प्रतीक होता है तथा खांग-चेन ज़ोंग पा **(कंचनजंगा की चोटी)** को श्रद्धांजलि देते हैं।

कुम्मी *(तमिलनाडु तथा केरल)*

कुम्मी **तमिलनाडु** तथा **केरल क्षेत्र** का एक लोकप्रिय लोक नृत्य है। यह नृत्य एक वर्तुल विन्यास में खड़ी **महिलाओं** द्वारा प्रस्तुत किया जाता है। इस नृत्य प्रस्तुति की एक अनोखी विशेषता यह है कि इसमें किसी प्रकार का संगीत नहीं होता है। *लयबद्ध तालियों* द्वारा ताल को उत्पन्न किया जाता है। इस नृत्य को, सामान्यतः **पोंगल** या अन्य धार्मिक गतिविधियों के दौरान प्रस्तुत किया जाता है। कोलाट्टम तथा पिन्नल कोलाट्टम इस नृत्य विधा के निकटस्थ रूपांतर हैं।

मईलट्टम *(तमिलनाडु तथा केरल)*

मईलट्टम **केरल तथा तमिलनाडु का** एक लोक नृत्य है, जिसमें **युवतियाँ** रंगीन केश सज्जा, चोंच तथा पंख लगा कर **मयूर के वेश** में सजती हैं। इसे **मयूर नृत्य** के रूप में भी जाना जाता है। इसी प्रकार के अन्य नृत्यों में *कालाई अट्टम,* (वृषभ नृत्य), *कराडी अट्टम* (भालू नृत्य), *आली अट्टम* (राक्षस नृत्य) तथा *पम्पू अट्टम* (सर्प नृत्य) हैं। तमिल में 'मईल' मोर को कहते हैं।

मईलट्टम

पेरिनी *(तेलंगाना)*

पेरिनी शिवतांडवम **तेलंगाना का एक प्राचीन नृत्य रूप** है। यह **भगवान् शिव के सम्मान** में किया जाता है। इस नृत्य को **वारंगल में रामप्पा मंदिर के गर्भ गुड़ी (गर्भगृह)** के पास की मूर्तियों के रूप में दर्शाया गया है। इसे योद्धाओं द्वारा प्रदर्शित **'योद्धाओं का नृत्य'** कहा जाता है। यह **काकतीय वंश के शासनकाल** के दौरान अपने चरम पर पहुँचा था।

होजागिरी *(त्रिपुरा)*

त्रिपुरा के एक प्रसिद्ध लोक नृत्य होजागिरी में चार से छह महिलाओं या युवा लड़कियों के समूह द्वारा शरीर के **केवल निचले आधे हिस्से** की हरकतें शामिल होती हैं। यह लक्ष्मी पूजा के दौरान किया जाता है। महिला नर्तकियाँ, नृत्य करते समय मिट्टी के घड़े के साथ-साथ अन्य चीज़ों को भी **संतुलित** करती हैं।

होजागिरी नृत्य

गरिया *(त्रिपुरा)*

गरिया त्योहार **त्रिपुरी आदिवासी समुदाय** द्वारा उनके **बोआई के मौसम की शुरुआत** का प्रतीक है। गरिया उत्सव गरिया नृत्य के माध्यम से मनाया जाता है, जिसके साथ भरपूर फ़सल के लिए प्रार्थना और पूजा की जाती है।

लेबांग बूमानी *(त्रिपुरा)*

यह त्रिपुरा का फ़सल-कटाई नृत्य है। यह **त्रिपुरियों** (आदिवासी समुदाय) से जुड़े दो नृत्यों में से एक है। गरिया के बाद, त्रिपुरी मानसून ऋतु की प्रतीक्षा करते हैं। इस अवधि के दौरान बड़ी संख्या में लेबांग नामक **रंग-बिरंगे कीट बोये गये बीजों** की तलाश में पहाड़ी ढलानों पर उतरते हैं। नर्तक दर्शाते हैं कि उन्हें पकड़ने के लिए कैसे बाँस से बने क्लैपर का उपयोग किया जाता है। त्रिपुरियों का मानना है कि पकड़े गये लेबांगों की संख्या से पता चलता है कि फ़सल कितनी अच्छी होगी।

मेलाडोम *(त्रिपुरा)*

माना जाता है कि **फ़सल-कटाई** के बाद के इस नृत्य की उत्पत्ति बुनाई की प्रक्रिया से हुई है। इस अवधि के दौरान, बुनाई शुरू करने के लिए कपास एकत्रित किया जाता है। इस नृत्य में **कीपेंग समुदाय** के लोग भाग लेते हैं।

मोसक सुमानी *(त्रिपुरा)*

यह त्रिपुरा की **जनजातियों** के बीच प्रचलित नृत्य की एक सुंदर शैली है और यह **जंगली जानवरों के शिकार** से जुड़ा है। लयबद्ध चरणों में हाव-भाव और मुद्राओं के माध्यम से शानदार शैली में शिकार के दृश्यों को दिखाया जाता है।

दादरा *(उत्तर प्रदेश)*

यह **उत्तर प्रदेश** में लोकप्रिय नृत्य का अर्द्ध शास्त्रीय रूप है, जिसकी जुगलबंदी उसी प्रकार के संगीत से होती है। यह लखनऊ क्षेत्र के *दरबारी* नर्तकों में अत्यधिक लोकप्रिय था।

छऊ *(पश्चिम बंगाल, उड़ीसा एवं झारखंड)*

'छऊ' शब्द हिंदी शब्द 'छाया' से निकला है, जिसका अर्थ होता है- परछाईं। यह मुखौटा नृत्य का एक प्रकार है, जिसमें पौराणिक कहानियों का वर्णन करने के लिए शक्तिशाली युद्ध संबंधी संचालनों का प्रयोग किया जाता है। कुछ कथाओं में स्वाभाविक केन्द्रीय भावों, यथा-*सर्प नृत्य* या *मयूर नृत्य* का भी प्रयोग किया जाता है।

छऊ नृत्य

छऊ नृत्य की **तीन मुख्य शैलियाँ** होती हैं – झारखंड में **सरायकेला छऊ**, ओडिशा में **मयूरभंज छऊ** तथा पश्चिम बंगाल में **पुरुलिया छऊ**। इनमें, मयूरभंज छऊ के कलाकार मुखौटे नहीं पहनते। 2010 में, **UNESCO** ने मानवता की अमूर्त सांस्कृतिक विरासतों की प्रतिनिधि सूची में छऊ का नाम सम्मिलित कर लिया।

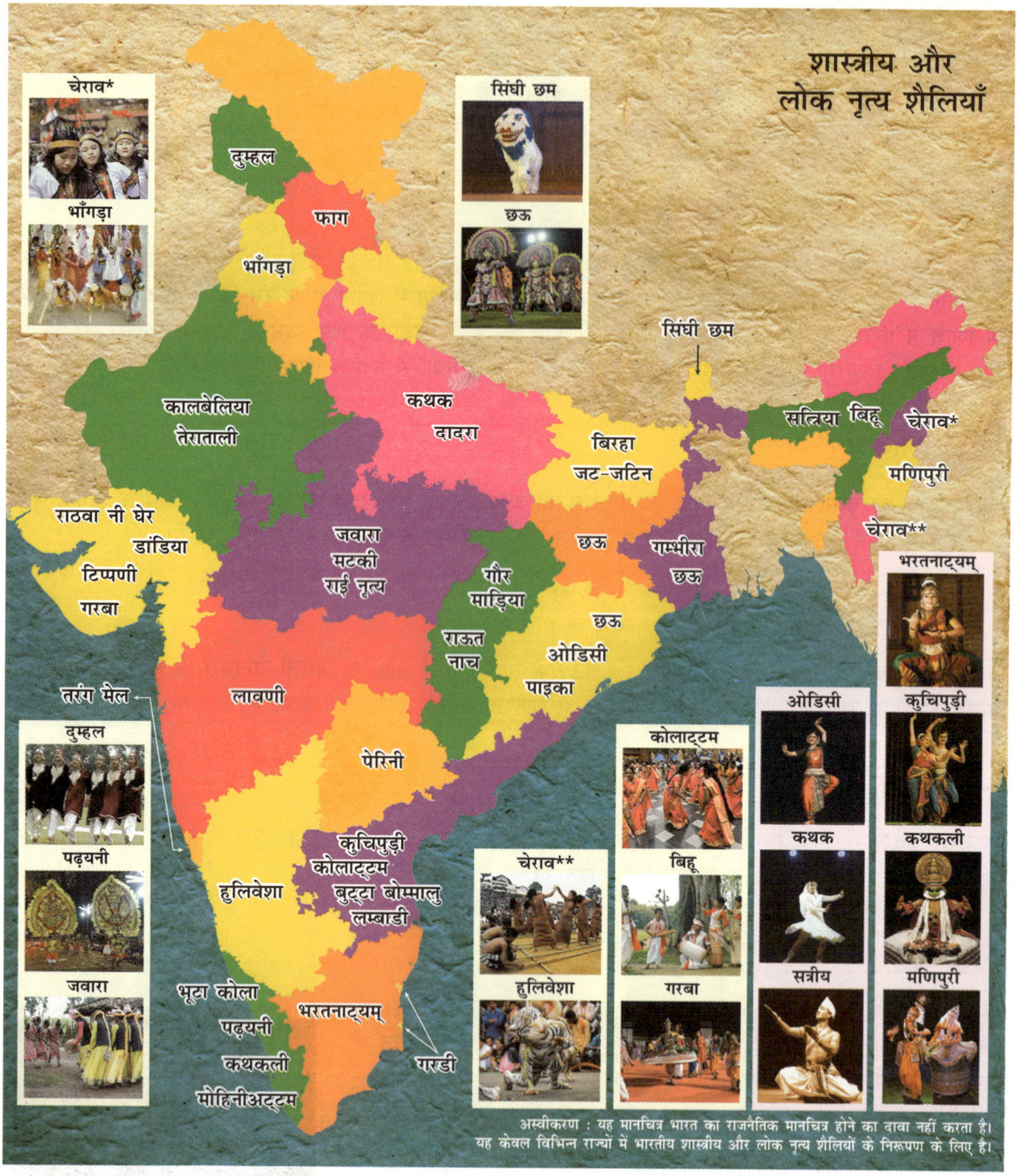

मानचित्र - शास्त्रीय और लोक नृत्य शैलियाँ

गंभीरा *(पश्चिम बंगाल)*

गंभीरा नृत्य पश्चिम बंगाल के मालदा ज़िले में चैत्र संक्रांति के त्योहार के दौरान प्रदर्शित किया जाता है। इस प्रकार के नृत्य में उपयोग किये जानेवाले मुखौटे नीम और अंजीर के पेड़ों से बनाये जाते हैं। गंभीरा के गीतों की उत्पत्ति हिंदू पौराणिक कथाओं से हुई है, विशेषकर शक्ति और शैव पूजा से।

कर्मा नाच

पूर्वी भारत में, विशेष रूप से **छोटा नागपुर के पठार** में कई जनजातियों द्वारा **आदिवासी त्योहार 'कर्मा'** के दौरान यह नृत्य किया जाता है। नर्तक घेरा बनाते हैं और एक दूसरे के कमर के चारों ओर हाथ डालकर नृत्य करते हैं।

अध्याय का सारांश

- **नाट्य** – नृत्य, नाटक और संगीत का मिश्रण – पाथ्य (ऋग्वेद से) – अभिनय (यजुर्वेद से) – गीत (सामवेद से) – रस (अथर्ववेद से)।
- **शिव का तांडव** – सृष्टि, पालन तथा संहार के चक्र को दर्शाता है – पार्वती के नारी सुलभ प्रत्युत्तर तक।
- **नाट्यशास्त्र** – 200 ईसा पूर्व और 200 ईसवी के बीच संकलित – भरत मुनि द्वारा – 'पूर्ण कला' के रूप में नृत्य की परिधि में कला के अन्य सारे रूप – संगीत, शिल्पकला, काव्य तथा नाटक सम्मिलित हैं।
- **भरतनाट्यम** – शास्त्रीय नृत्य शैली – तमिलनाडु – मंदिर नर्तकियों या 'देवदासियों' की एकल प्रस्तुति – अब पुरुष और कलाकार समूहों के बीच भी लोकप्रिय है। यह नृत्य अग्नि तत्त्व का प्रतीक है।
- **कुचिपुड़ी** – गाँव-गाँव जाकर प्रस्तुति देनेवाले अभिनेताओं का समूह – आंध्र प्रदेश का कुस्सेलावापुरी या कुचेलापुरम गाँव – विषय भागवत पुराण पर आधारित है – मंदिरों में किया जाता है –शृंगार रस की प्रधानता।
- **कथकली** – नृत्य-नाट्य के दो रूप – रामनाट्टम और कृष्णट्टम – 'कथा' अर्थात् कहानी और 'कली' अर्थात् नाटक – मणिप्रवलम भाषा का उपयोग किया जाता है – केरल का।
- **मोहिनीअट्टम** – मोहिनी का नृत्य – केरल का – नृत्य में लास्य पहलू का प्रभुत्व होता है – यह नृत्य वायु तत्त्व का प्रतीक है।
- **ओडिसी** – ओडिशा में उत्पन्न हुई – त्रिभंग और चौक मुद्रा – सुंदरता, कामुकता और सुंदरता का निरूपण करती है – जल तत्त्व का प्रतीक है।
- **मणिपुरी** – मणिपुर में उत्पन्न हुई – भक्ति पर, न कि कामुकता पर बल – नागबंध मुद्रा।
- **कथक** – उत्तर प्रदेश की पारंपरिक नृत्य शैली – फ़ारसी वेशभूषा से प्रभावित – प्रमुख तत्त्व हैं आनंद, थाट, जुगलबंदी, पढ़ंत, तराना, क्रमालय, गत भाव, टोडा और टुकड़ा – जटिल क़दमताल और घिरनी का उपयोग।
- **सत्रिया** – वैष्णव संत शंकरदेव द्वारा प्रचलित किया गया – असम में प्रचलित – प्रमुख वाद्ययंत्र खोल (ढोल), झाँझ (मँजीरा) और बाँसुरी हैं।
- **संगीत नाटक अकादमी** ने आठ शास्त्रीय नृत्य शैलियों को मान्यता दी है, जबकि संस्कृति मंत्रालय ने छऊ सहित नौ शास्त्रीय नृत्य शैलियों को मान्यता दी है।
- **छऊ** – मुखौटा नृत्य का प्रकार – ओजपूर्ण युद्ध संबंधी संचलनों का उपयोग – पूर्वी भारत में प्रचलित (झारखंड में सरायकेला छऊ, ओडिशा में मयूरभंज छऊ और पश्चिम बंगाल में पुरुलिया छऊ) – UNESCO ने छऊ को मानवता की अमूर्त सांस्कृतिक विरासत की प्रतिनिधि सूची में अंकित किया है।

यू.पी.एस.सी. पिछले वर्षों के बहुविकल्पीय प्रश्न

1. राज्य और परंपरा के निम्नलिखित जोड़ों पर विचार करें: **(CSE, 2018)**
   (i) चपचार कुट त्योहार : मिज़ोरम
   (ii) खोंगजोम परब बलाड : मणिपुर
   (iii) थांग-ता नृत्य : सिक्किम

   ऊपर दी गयी कौन-सी जोड़ी सही है/हैं?
   (a) केवल (i) (b) (i) और (ii)
   (c) केवल (iii) (d) (ii) और (iii)

2. निम्नलिखित जोड़ों पर विचार कीजिए: **(CSE, 2014)**
   (i) गरबा : गुजरात
   (ii) मोहिनीअट्टम : ओडिशा
   (iii) यक्षगान : कर्नाटक

   उपर्युक्त जोड़ों में से कौन-सा/से जोड़ा/जोड़े सुमेलित है/हैं?
   (a) केवल (i) (b) केवल (ii) और (iii)
   (c) केवल (i) और (iii) (d) (i), (ii) और (iii)

3. प्रसिद्ध सत्त्रिया नृत्य के संदर्भ में निम्नलिखित कथनों पर विचार कीजिए: **(CSE, 2014)**
   (i) सत्त्रिया नृत्य संगीत, नृत्य और नाटक का संयोजन है।
   (ii) यह असम के वैष्णवों की शताब्दियों पुरानी परंपरा है।
   (iii) यह तुलसीदास, कबीर और मीराबाई द्वारा रचित भक्तिपूर्ण गीतों के शास्त्रीय रागों और तालों पर आधारित है।

   उपर्युक्त कथनों में से कौन-सा/से सही है/हैं?
   (a) केवल (i)
   (b) केवल (i) और (ii)
   (c) केवल (ii) और (iii)
   (d) (i), (ii) और (iii)

4. भारत के सांस्कृतिक इतिहास के संदर्भ में, नृत्य और नाटक में 'त्रिभंग' नामक एक मुद्रा प्राचीन काल से आज तक भारतीय कलाकारों की प्रिय मुद्रा रही है। निम्नलिखित कथनों में से कौन-सा कथन इस मुद्रा का सबसे अच्छा वर्णन करता है? **(CSE, 2013)**
   (a) एक पैर मुड़ा होता है और शरीर कमर और गर्दन पर थोड़ा लेकिन विपरीत दिशा में वक्रित होता है।
   (b) चेहरे की भाव-भंगिमाओं, हस्त मुद्राओं और साज-सज्जा को विशिष्ट महाकाव्यीय या ऐतिहासिक चरित्रों को प्रतीकात्मक रूप से व्यक्त करने के लिए संयोजित किया जाता है।
   (c) शरीर संचालन, मुख और हाथों का प्रयोग स्वयं को अभिव्यक्त करने या कहानी कहने हेतु किया जाता है।
   (d) प्रेम या आसक्ति की भावनाओं को अभिव्यक्त करने के लिए मंद स्मित, किंचित वक्रित कमर और निश्चित हस्त मुद्राओं के प्रयोग पर बल दिया जाता है।

5. कुचिपुड़ी और भरतनाट्यम नृत्यों में आप किस प्रकार अंतर करेंगे? **(CSE, 2012)**
   (i) कुचिपुड़ी नृत्य के नर्तक कभी-कभी वार्तालापों को अभिव्यक्त करते हैं, किन्तु भरतनाट्यम में ऐसा नहीं होता है।
   (ii) पीतल की तश्तरी के किनारों पर पैर रखकर नृत्य करना भरतनाट्यम की विशेषता है, किन्तु कुचिपुड़ी नृत्य में इस प्रकार का कोई संचालन नहीं होता है।

   उपर्युक्त कथनों में से कौन-सा/से सही है/हैं?
   (a) केवल (i) (b) केवल (ii)
   (c) केवल (i) और (ii) (d) न तो (i), न ही (ii)

6. प्रथम सूची को द्वितीय सूची से सुमेलित कीजिए और सही कूटों का चयन कीजिए। **(CSE, 2011)**

प्रथम सूची (नर्तक)		द्वितीय सूची (नृत्य)	
A.	कलामंडलम क्षेमावती	(i)	कथकली
B.	कोट्टक्कल शिवरमन	(ii)	मणिपुरी
C.	लक्ष्मी विश्वनाथन	(iii)	मोहिनीअट्टम
D.	एन. माधवी देवी	(iv)	भरतनाट्यम

	A	B	C	D
(a)	(i)	(iii)	(ii)	(iv)
(b)	(iii)	(i)	(iv)	(ii)
(c)	(i)	(iii)	(iv)	(ii)
(d)	(iii)	(i)	(ii)	(iv)

उत्तर

1. (b) 2. (c) 3. (b) 4. (a) 5. (a) 6. (b)

यू.पी.एस.सी. पिछले वर्षों के प्रश्न - मुख्य परीक्षा

1. आरम्भिक भारतीय शिलालेखों में अभिलिखित 'तांडव' नृत्य पर चर्चा कीजिए। **(CSE, 2013)**
2. बागुरूम्बा लोक नृत्य का वर्णन कीजिए। **(CSE, 2012)**
3. संगीत नाटक अकादमी के अनुसार भारत के शास्त्रीय नृत्य रूपों की सूची प्रदान कीजिए। **(CSE, 2011)**
4. मध्य भारत या उत्तर-पूर्वी भारत के महत्त्वपूर्ण लोक नृत्यों की प्रमुख विशेषताओं को सूचीबद्ध कीजिए। **(CSE, 2009)**
5. पेरिनी शिव तांडव के विषय में लिखिए। **(CSE, 2008)**
6. भारतीय नृत्य रूपक (बैले) के विषय का वर्णन करें। **(CSE, 1994)**
7. कथकली के विषय में लिखिए। **(CSE, 1992)**
8. संक्षिप्त टिप्पणी करें: मणिपुरी नृत्य। **(CSE, 1991)**
9. भारत में शास्त्रीय नृत्य के मुख्य रूप क्या हैं? प्रत्येक की दो विशेषताएँ इंगित कीजिए। **(CSE, 1988)**
10. निम्नलिखित लोक नृत्य किस राज्य से संबंधित हैं? **(CSE, 1985)**
    (a) डांडिया रास
    (b) सुईसिनी
    (c) भाँगड़ा
    (d) मौनी
    (e) कारागम
11. निम्नलिखित नृत्य भारत के किन क्षेत्रों से संबंधित हैं? **(CSE, 1984)**
    (a) ओडिसी
    (b) कुचिपुड़ी
    (c) कथकली
    (d) मणिपुरी
    (e) कथक
12. निम्नलिखित लोक नृत्यगीत कहाँ से उत्पन्न हुए? उनकी सामान्य विषय-वस्तुएँ क्या हैं? **(CSE, 1983)**
    (a) कथा-कीर्तन, जिसे हरिकथा और कथाकटा के नाम से भी जाना जाता है।
    (b) गिद्दा
    (c) बाउल
    (d) छऊ
    (e) यक्षगान
13. भारत के किन क्षेत्रों में निम्नलिखित नृत्यों का जन्म हुआ है? **(CSE, 1981)**
    (a) भाँगड़ा
    (b) गरबा
    (c) मोहिनीअट्टम
    (d) कथक
    (e) बम्बू नृत्य (बाँस नृत्य)
14. भारत के शास्त्रीय नृत्य कौन-से हैं? उनका जन्म कहाँ हुआ है? शास्त्रीय नृत्य की प्रत्येक शैली के एक प्रतिष्ठित नर्तक (जो जीवित हो) का नाम बताइए। क्या इस प्रकार के नृत्यों को प्रोत्साहन देने के लिए पर्याप्त प्रयास किये जा रहे हैं? यदि नहीं, तो शास्त्रीय नृत्यों को प्रोत्साहन देने के लिए आप किन उपायों का सुझाव देंगे? **(CSE, 1980)**

अध्याय 11

भारतीय नाट्यकला

परिचय

ऐसा माना जाता कि सीताबेंगरा एवं जोगीमारा गुफाओं (छत्तीसगढ़) की खुदाई से प्राप्त खंडहर विश्व की प्राचीनतम रंगभूमियों का प्रतिनिधित्व करते हैं। भारतीय सांस्कृतिक परिदृश्य में नाट्यकला की लम्बी परम्परा को उजागर करनेवाले दृष्टांतों में से यह केवल एक दृष्टांत है। 'भरत मुनि' के नाट्य शास्त्र के अनुसार, ब्रह्मा जी ने देवताओं के मनोरंजन के लिए चारों वेदों के तत्त्वों को मिला कर 'नाट्य-वेद' की रचना की, जिसे 200 ईसा पूर्व और 200 ईसवी के बीच अवधि में लिखा गया था। उल्लेखनीय है कि यह नाट्यकला पर रचित पहला औपचारिक ग्रंथ है। इसमें, एकांकी नाटकों से लेकर दस अंक के नाटकों तक, दस प्रकार के नाटकों का वर्णन किया गया है, साथ ही इसमें शास्त्रीय संस्कृत साहित्य के सभी पक्षों को समाहित किया गया है।

शास्त्रीय संस्कृत नाट्यकला

भारत में नाट्यकला का आरम्भ एक कथात्मक कला विधा के रूप में हुआ, जिसमें संगीत, नृत्य तथा अभिनय के मिश्रण को सम्मिलित कर लिया गया। अनुवाचन, नृत्य तथा संगीत नाट्यकला के अभिन्न अंग थे। संस्कृत शब्द 'नाटक' का मूल है–'नट' शब्द, जिसका वास्तविक अर्थ होता है–नर्तक। नाटक का वर्णन करने के लिए प्रयुक्त अन्य शब्द थे *'रूपक'*, *'दृश्यकाव्य' तथा 'प्रेक्षाकाव्य'*। प्राचीन भारत में, नाटक मूलतः **दो** प्रकार के होते थे:

- **लोकधर्मी :** ये रोज़मर्रा के जीवन का वास्तविक चित्रण हुआ करते थे।
- **नाट्यधर्मी :** ये अत्यधिक शैलीगत आख्यानोंवाले मुखर तथा प्रतीकात्मक पारम्परिक नाटक हुआ करते थे।

विख्यात दार्शनिक **'अश्वघोष'** द्वारा रचित *'सारिपुत्रप्रकरण'* को शास्त्रीय संस्कृत नाट्य रचना का प्रथम उदाहरण माना जाता है। यह नौ अंकों का नाटक था।

उस समय के एक अन्य नाटककार थे– **भास**, जिन्होंने तीसरी चौथी शताब्दी ईसा पूर्व के आसपास के काल में 'तेरह' नाटक लिखे।

शूद्रक अपने नाटक *मृच्छकटिकम्* में द्वंद्व तत्त्व का समावेश करनेवाले प्रथम रचनाकार थे। नायक तथा नायिका के अतिरिक्त, इस नाटक में प्रथम बार एक खलनायक को भी सम्मिलित किया गया।

संस्कृत नाटककारों में **कालिदास** कदाचित् सर्वाधिक लोकप्रिय हैं। उनकी तीन कृतियाँ – *मालविकाग्निमित्रम्, विक्रमोर्वशीयम्* तथा *अभिज्ञान शाकुंतलम्*– शास्त्रीय संस्कृत नाटक के सर्वोत्कृष्ट उदाहरणों में से हैं। **लालसा तथा कर्तव्य के बीच शाश्वत द्वंद्व** के चित्रण में कालिदास अद्वितीय थे।

नाटकों के कुछ अन्य उदाहरणों में **भवभूति** द्वारा रचित **उत्तररामचरितम्** तथा **महावीरचरित्र**, **विशाखदत्त** द्वारा रचित **'मुद्राराक्षस'** तथा **हर्षवर्धन** द्वारा रचित **'रत्नावली'** उल्लेखनीय हैं।

शास्त्रीय संस्कृत परम्परा में, नाटकों को **दस प्रकारों** – *अंक, भाण, डिम, ईहामृग, नाटक, प्रहसन, प्रकरण, स्वकर्ण, वीथी और व्यायोग* में **वर्गीकृत** किया गया था। नाट्यशास्त्र में इनमें से केवल दो – नाटक तथा प्रकरण – का वर्णन है। शास्त्रीय संस्कृत नाटक कुछ अनम्य **परिपाटियों** से बँधे हुए थे-

- सामान्यतः **चार से सात** अंकोंवाले नाटक होते थे।
- उनके **अंत सदैव सुखद** होते थे (यूनानी त्रासदी के विपरीत), जहाँ नायक जीतता है या मरता नहीं है। दुःखांत घटना का चित्रण कदाचित् ही होता था।
- **नायक सदैव पुरुष** ही होता था, जो अंततः अपनी इच्छाओं को पूरा कर पाने में सफल होता था।
- नाटकों के **सुपरिभाषित** आरम्भ, आरोहण, विकास, विराम तथा निष्कर्ष होते थे।

संस्कृत नाटक

नाट्य-शास्त्र की भारतीय परम्परा में दस रूपकों का विधान है, जिन्हें दशरूप या दशरूपक कहते हैं। ये दस रूपक निम्नलिखित हैं - नाटक, प्रकरण, अङ्क (उत्सृष्टिकाङ्क), व्यायोग, भाण, समवकार, वीथी, प्रहसन, डिम और ईहामृग। यह नाट्यशास्त्र के अध्याय 18 में उल्लिखित है -

> नाटकं सप्रकरणमंको व्यायोग एव च।
> भाणः समवकारश्च वीथी प्रहसनं डिमः।। [नाट्यशास्त्र 18-2]
>
> ईहामृगश्च विज्ञेयो दशमो नाट्यलक्षणे।
> एतेषां लक्षणमहं व्याख्यास्याम्यनुपूर्वशः।। [नाट्यशास्त्र 18-3]

संस्कृत नाटक अधिकतर **आनुष्ठानिक आरोहण** का अनुसरण करते थे, जो निम्नलिखित हैं :

- नाटक का आरम्भ पूर्व-राग नामक बहुत-सी **पूर्व नाटकीय रीतियों** से होता था, जिन्हें अधिकतर परदे के पीछे निष्पादित किया जाता था।
- तत्पश्चात्, सूत्रधार जो मंच प्रबन्धक तथा निदेशक होता था, अपने सहायकों के साथ मंच पर आता था। श्वेत वस्त्रों से सुसज्जित हो वह **देवता की पूजा** करता तथा उनका आशीर्वाद माँगता था।
- उसके बाद, नायिका को बुलाया जाता तथा सूत्रधार के द्वारा नाटक के **समय तथा स्थान** की घोषणा की जाती थी। वह नाटककार का संक्षिप्त परिचय भी प्रस्तुत करता था।
- भरत के अनुसार, नाट्यशाला में लगभग **400 लोगों** के बैठने की जगह होती थी।
- मंच **दो मंज़िल** के होते थे। ऊपरी मंज़िल आकाशीय या दिव्य मंडल के लिए प्रयुक्त होती थी, जबकि निचली मंज़िल पार्थिव क्षेत्र या मंडल के लिए प्रयुक्त होती थी।
- नाटक के प्रभाव को बढ़ाने के लिए **परदों का प्रयोग** होता था। यद्यपि **मुखौटों का प्रयोग नहीं** किया जाता था।

संस्कृत नाटक में **पात्र** महत्त्वपूर्ण होते हैं। व्यापक रूप में उन्हें तीन श्रेणियों में रखा जा सकता है, जो इस प्रकार हैं- नायक (मुख्य पुरुष पात्र (हीरो) या प्रधान पुरुष), नायिका (हीरोइन) और विदूषक।

- **नायक** (प्रधान पुरुष पात्र), की भूमिका पुरुषों द्वारा निभायी जाती थी, जिनके विभिन्न व्यक्तित्व हो सकते थे, जैसे–ललित (दयालु), शांत (निश्चल और शांतचित्त) उद्धत (उत्तेजित या मग़रूर) आदि। नायक, प्रतिनायक (प्रतिपक्षी) भी हो सकते हैं, जैसे रावण, दुर्योधन आदि।
- **नायिका** (प्रधान महिला पात्र), की भूमिका महिलाओं द्वारा निभायी जाती थी, जिनमें रानी, महिला मित्र, गणिका (वैश्या), दिव्य स्त्री (दिव्या) हो सकती थी।
- **विदूषक** (मसख़रा), **हास्य चरित्र** नाटकों में एक महत्त्वपूर्ण भूमिका निभाता है। वह कुलीन और सहृदय, प्रायः नायक का मित्र होता है। वह व्यंग्य के माध्यम से प्रचलित सामजिक मानदंडों पर प्रश्न करता है। परम्परागत रूप से वह प्राकृत में वार्तालाप करता है, जबकि अन्य पात्र संस्कृत में करते हैं।

इस प्रकार, संस्कृत नाटक मनोरंजन और धार्मिक परंपराओं का एक मेल बन गया।

प्रमुख प्राचीन संस्कृत नाटकों की सूची

लेखक	नाटक	काल (Timeline)
भास	स्वप्नवासवदत्ता इनके द्वारा लिखित सर्वश्रेष्ठ नाटकों में से एक है। इनके कई नाटक दो महान् महाकाव्यों के विषयों पर आधारित हैं। रामायण पर आधारित नाटक प्रतिमा और अभिषेक हैं, जबकि मध्यमा-व्यायोग, दूतघटोत्कच, कर्णभार और उरुभंग (दुर्योधन की भीम के साथ युद्ध के दौरान और उसके बाद की कहानी) महाभारत पर आधारित हैं। पंचरात्र और दरिद्रचारुदत्त कुछ अन्य रचनाएँ हैं।	भरत के नाट्यशास्त्र के नियमों के अनुरूप नहीं होने के कारण ऐसा माना जाता है कि भास का समय ईसा पूर्व तीसरी या चौथी शताब्दी का था।

लेखक	नाटक	काल (Timeline)
कालिदास (उनके तीन प्रमुख नाटक)	**मालविकाग्निमित्रम्** (रानी की सेविका मालविका और पुष्यमित्र शुंग के पुत्र अग्निमित्र की प्रेमकथा) **विक्रमोर्वशीयम्** (विक्रम और उर्वशी की प्रेम कहानी) **अभिज्ञान शाकुंतलम्** (शकुंतला की पहचान, महाभारत में वर्णित)	कालिदास (**चौथी-पाँचवीं शताब्दी ई.**) का उद्भव **चंद्रगुप्त द्वितीय** के शासनकाल के दौरान हुआ, लेकिन उनकी सबसे अच्छी रचनाएँ संभवतः कुमारगुप्त प्रथम के शासनकाल के दौरान लिखी गयी थीं।
शूद्रक	**मृच्छकटिकम्** - युवा ब्राह्मण चारुदत्त का एक धनी वेश्या के साथ प्रेम प्रसंग।	यह संभवतः भास रचित दरिद्र चारुदत्त (तीसरी शताब्दी ईसवी) के बाद लिखा गया था। कालिदास ने शूद्रक के बारे में कोई उल्लेख नहीं किया है, लेकिन कल्हण की *राजतरंगिणी* में इसका उल्लेख किया गया है।
विशाखदत्त	**मुद्राराक्षस** (एक राजनीतिक नाटक है और यह राजा चंद्रगुप्त मौर्य द्वारा भारत में सत्ता प्राप्त करने का वर्णन करता है) **देवी चंद्रगुप्तम्** (एक राजनीतिक नाटक, जो गुप्त राजा **रामगुप्त** की कहानी से संबंधित है, जो अपनी पत्नी ध्रुवदेवी को एक शक शत्रु के सामने समर्पित करने का निर्णय लेता है, परंतु उसका छोटा भाई चंद्रगुप्त शिविर में प्रवेश करता है और दुश्मन को मार डालता है। ऐसा माना जाता है कि रामगुप्त को सिंहासन से हटाने के बाद उसने अंततः ध्रुवदेवी से विवाह किया था।)	यद्यपि अवधि निश्चित नहीं है, लेकिन संभवतः उनका काल छठी शताब्दी ईसवी या उसके बाद का था। कुछ स्रोतों के अनुसार, विशाखदत्त चंद्रगुप्त द्वितीय के समकालीन थे, और चौथी शताब्दी के अंत से लेकर पाँचवीं शताब्दी के प्रारंभ तक उनका काल रहा।
हर्षवर्धन (तीन नाटक लिखे)	***रत्नावली*** (श्रीलंका के राजा की बेटी राजकुमारी रत्नावली और राजा उदयन की प्रेम कहानी का वर्णन। इसमें पहली बार होली के उत्सव का उल्लेख किया गया था) ***नागानन्दम्*** (इसकी कहानी इस प्रकार है कि कैसे राजकुमार जिमुत्वाहन ने दिव्य गरुड़ द्वारा नागों की बलि को रोकने के लिए अपना शरीर त्याग दिया। इस नाटक में एक अनूठा चरित्र नंदी पद में भगवान् बुद्ध का आह्वान है) ***प्रियदर्शिका*** (उदयन और राजा दृढवर्मन की बेटी प्रियदर्शिका का मिलन)	हर्षवर्धन ने 606 ईसवी से 647 ईसवी तक उत्तर भारत पर शासन किया और कन्नौज को अपनी राजधानी बनाया।
भवभूति	**उत्तर रामचरितम्** (राम के जीवन का बाद का काल)। यह 700 ई. में लिखा गया था। **महावीरचरित** और **मालतीमाधव** उनके द्वारा रचित अन्य दो नाटक हैं।	कल्हण ने कान्यकुब्ज के राजा यशोवर्मन के दरबार में कवि के रूप में उनका उल्लेख किया है।

संस्कृत नाट्यकला के अवसान के कारण

संस्कृत नाट्यकला के अवसान के कारणों में शामिल हैं:

- जैसे-जैसे संस्कृत नाटककार **काव्य (कविता) की ओर बढ़ने लगे**, काव्यात्मक लेखन ने नाटकीय रचनाओं पर लोकप्रियता प्राप्त करना शुरू कर दिया।
- संस्कृत नाट्यकला की **कठोर रूढ़िवादिता** के कारण नये नाटककारों के लिए **सर्जनात्मकता कम होती चली गयी** तथा वे रचना के अन्य रूपों की ओर आकर्षित होते चले गये।
- संस्कृत का रूप अधिकाधिक अलंकृत होते जाने के कारण सामान्य-जन के बीच इसकी **लोकप्रियता घटती चली गयी।** यह उत्तरोत्तर **धार्मिक दायरे** तथा ब्राह्मणों के बीच सिमटती चली गयी, जबकि पालि तथा प्राकृत जैसी अन्य भाषाओं ने इसका स्थान ले लिया।
- **मुस्लिम शासकों के आगमन** से नृत्य तथा संगीत को राजकीय संरक्षण मिला, परिणामस्वरूप संस्कृत नाट्यकला स्थायी रूप से पीछे चली गयी।

कुडियट्टम, भारत में नाट्यकला का ऐसा **प्राचीनतम** रूप है, जो अभी तक प्रचलन में है। यह **केरल** में **10वीं शताब्दी ईसवी** से अस्तित्व में है। यह नाट्यशास्त्र में दिये गये नियमों का पूर्णत: पालन करता है तथा इस पर केरल की चकयार तथा नाम्बियार जातियों का परम्परागत विशेष अधिकार है।

इस नाटक को **संस्कृत, प्राकृत तथा मलयालम** में प्रस्तुत किया जाता है जिसमें **मिझाव** तथा **एडक्का** वाद्य यंत्र पार्श्व संगीत प्रदान करते है। सभी चरित्र नाटक का आरम्भ कहानी की बीती घटनाओं के स्मरण से करते हैं, जिसे **निर्वाहन** कहा जाता है। तत्पश्चात् सामाजिक, दार्शनिक तथा राजनीतिक व्यवहार पर टीका-टिप्पणियों के साथ कहानी मंथर (धीमी) गति से उद्घाटित होती है। **मार्गी मधु चकयार** इस कला विधा के प्रमुख प्रतिपादक हैं।

लोक नाट्यकला

भारत अपने विभिन्न भागों की लोक नाट्यकला की समृद्ध परम्परा पर गर्व करता है। परम्परागत लोक नाट्यकला सामाजिक नियमों, मान्यताओं और रीतियों सहित स्थानीय जीवन शैली के विभिन्न पहलुओं को दर्शाती है। जहाँ संस्कृत नाट्यकला अपने नाटकों के प्रबंध में अधिक नगराभिमुख तथा परिष्कृत थी, वही लोक नाट्यकला का जुड़ाव ग्रामीण जीवन शैली से था तथा यह देहाती ढंग की नाटकीय शैली में प्रदर्शित की जाती थी। पहली पंचवर्षीय योजना में अनुशंसा की गयी थी कि महिला सशक्तीकरण, अस्पृश्यता उन्मूलन आदि के संबंध में ग्रामीण भारत में जनता के बीच सामाजिक जागरूकता पैदा करने के लिए नाट्यकला जैसे पारंपरिक संचार माध्यमों का उपयोग किया जा सकता है।

अभी तक विद्यमान लोक नाट्यकलाओं में से अधिकतर, **भक्तिमय विषय-वस्तुओं** के साथ 15वीं तथा 16वीं शताब्दी ईसवी के बीच की अवधि में उभरीं। यद्यपि, समय के साथ-साथ इन्होंने प्रेम-गाथागीतों तथा स्थानीय नायकों की कथाओं को अपनाना आरम्भ कर दिया तथा उनकी **प्रकृति पंथ-निरपेक्ष** होती चली गयी। स्वतन्त्रता के बाद की अवधि में लोक नाट्यकला केवल सामाजिक मनोरंजन से इतर, सामाजिक बुद्धिमत्ता के प्रसारण की अत्यधिक लोकप्रिय पद्धति बन गयी।

भारतीय लोक नाट्यकला को एक-एक कर निम्न रूपों में व्यक्त किया जा सकता है-

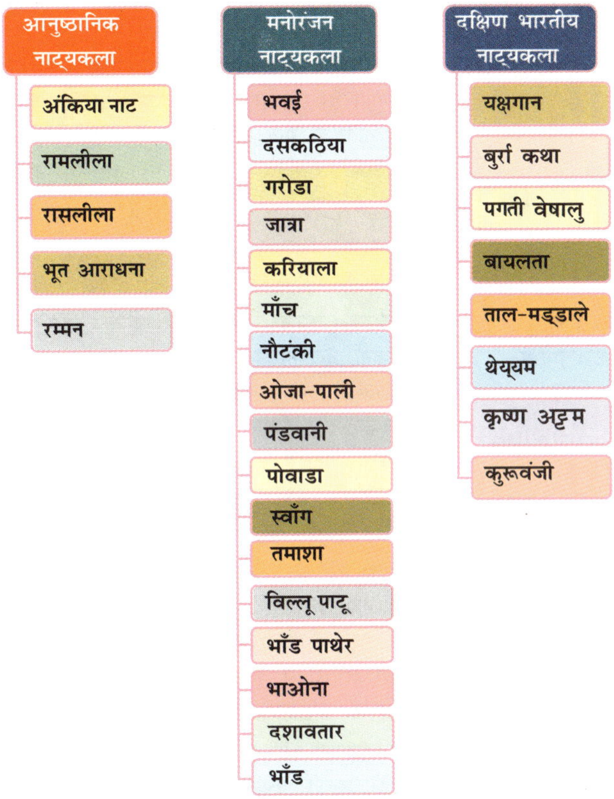

भारतीय लोक नाट्यकला का वर्गीकरण

लोक नाट्यकला	राज्य	विषय
अंकिया नाट	असम	यह असम की एक परम्परागत एकांकी कला है। इसका आरम्भ प्रसिद्ध वैष्णव संत शंकरदेव तथा उनके शिष्य माधवदेव द्वारा 15वी-16वी शताब्दी ईसवी में किया गया था। इसे ओपेरा शैली में प्रस्तुत किया जाता है तथा इसमें भगवान् कृष्ण की जीवन लीलाओं का चित्रण किया जाता है। सूत्रधार या कथा वाचक के साथ *गायन-बायन मंडली (Gayan Bayan Mandali)* के नाम से जाने जानेवाले संगीतकारों की एक मंडली होती है, जो 'खोल' तथा 'करताल' बजाती है। नाट्यकला की इस विधा की एक अनोखी विशेषता विशेष भावों की अभिव्यक्ति हेतु मुखौटों का प्रयोग है। नाटकों को असमिया-मैथिली मिश्रित भाषा में लिखा गया है, जिसे ब्रजबुली कहा जाता है।
ओजापाली	असम	ओजापाली एक अनोखी वर्णनात्मक नाट्यकला विधा है, जो प्रारम्भिक रूप से मनसा देवी (वासुकि नाग की बहन) या नाग देवी के पर्व से संबंधित है। इसका कथा वाचन एक लम्बी प्रक्रिया है, जिसके तीन भिन्न भाग होते हैं – बनिया खंड, भटियाली खंड तथा देव खंड। ओजा मुख्य कथा वाचक तथा पाली सह-गान के सदस्य होते हैं।

लोक नाट्यकला	राज्य	विषय
भाओना	असम	इसका उद्देश्य लोगों के बीच मनोरंजन और नाटक के माध्यम से धार्मिक और नैतिक संदेश प्रसारित करना है। यह सामान्यत: अंकिया नाट और **वैष्णव प्रसंगों** की प्रस्तुति है। सूत्रधार (कथावाचक) नाटक का वर्णन करता है और पवित्र ग्रन्थों से छंद गाता है। गीत और संगीत भी इसके प्रमुख अंग हैं। इसे 16वीं शताब्दी की शुरूआत में **शंकरदेव** द्वारा लाया गया था। यह माजुली द्वीप की लोक नाट्यकला है।
रामलीला	उत्तर प्रदेश	यह मुख्यत:, **दशहरा के पूर्व की अवधि में** गीतों, नृत्यों तथा संवादों पर आधारित **रामायण** का मंचन है। इसे, विशेषत:, **पुरुष अभिनेताओं** द्वारा प्रस्तुत किया जाता है, जो सीता की भूमिका भी निभाते हैं।
नकल या भाँड	पंजाब व उत्तरप्रदेश	यह **पंजाब (नक़ल)** और उत्तर प्रदेश (भाँड) में **नक़ल आधारित प्रस्तुति** है। प्रस्तुतिकर्ता कलाकार को 'बहुरूपिया' या 'नक़लची' (किसी की नक़ल करनेवाला) कहा जाता है। वह सामाजिक या राजनीतिक संदेश पहुँचाने के लिए हास्य, मूर्खता, हाज़िरजवाबी और परिहास का उपयोग करता है। यह **मुस्लिम भाँड समुदाय** के कलाकारों द्वारा किया जाता है।
नौटंकी	उत्तर भारत	**स्वाँग की एक शाखा,** नौटंकी **उत्तर भारत** की सर्वाधिक लोकप्रिय नाट्यकला विधाओं में से एक है, जिसकी चर्चा अबुल फ़ज़ल की पुस्तक **'आइन-ए-अकबरी'** में मिलती है। ये नाटक ऐतिहासिक, सामाजिक तथा लोक कथाओं के इर्द-गिर्द बुने जाते हैं तथा इन्हें **नृत्य और संगीत** के माध्यम से प्रस्तुत किया जाता है। संवादों को **गीतिकाव्य शैली** में **नगाड़ा** नामक ढोल के ताल पर प्रस्तुत किया जाता है। बाद की अवधि में कानपुर तथा लखनऊ के आस-पास स्थित **नौटंकी की दो शैलियों** को प्रमुखता प्राप्त हुई।
रासलीला	गुजरात	रासलीला **कृष्ण और राधा के** किशोर अवस्था की **प्रेम कहानियों** का नृत्य-नाट्य मंचन है। इसकी उत्पत्ति उत्तर प्रदेश के ब्रजमंडल वृंदावन से मानी जाती है। यह मणिपुर में भी काफ़ी लोकप्रिय है।
गरोडा	गुजरात	यह **गुजरात** के **'गरोडा' ब्राह्मण सम्प्रदाय** की एक लोकप्रिय कला विधा है। इसमें **रूमानियत तथा वीरता** की कहानी का वर्णन करने के लिए रंगीन तस्वीरों का प्रयोग किया जाता है।
भूत अराधना / भूत कोल	कर्नाटक	भूत, जिसका अर्थ आत्मा है, दिव्य प्राणियों (पूर्वज, हिंदू देवताओं के विभिन्न अवतार, स्थानीय लोकगीतों के नायक आदि) की पूजा करने की एक पारंपरिक प्रथा है, जो कि तटीय कर्नाटक में प्रचलित है (मुख्यत: तुलू बोलनेवाली जनसंख्या में देखी गयी है)। **कोल** भूत पूजा का प्रमुख रूप है और यह एक आनुष्ठानिक नाट्यकला है, और यह यक्षगान से प्रभावित है।
यक्षगान 	कर्नाटक तथा केरल	यह **कर्नाटक तथा केरल के कुछ भागों** में आज तक अस्तित्वमान कदाचित् प्राचीनतम नाट्यकला परम्परा है। इसका उद्भव **विजयनगर साम्राज्य** के राजदरबार में हुआ तथा इसे **जक्कुल वारू** नामक विशिष्ट समुदाय द्वारा प्रस्तुत किया जाता था। मूलत:, यह **एकल कलाकार** द्वारा अभिनीत तथा व्यापक रूप से वर्णनात्मक एक नृत्य-नाटिका थी। बाद की विधाओं में और भी रूपांतर होते गये तथा यह एक विशिष्ट नृत्य-नाटिका बन गयी। यह **वैष्णव भक्ति आंदोलन** से बहुत अधिक प्रभावित हुआ।

लोक नाटचकला	राज्य	विषय
चविट्टु नाटककामी	केरल	यह तटीय केरल का एक पुराना समुद्री रंगमंच रूप है। यह एक रंगीन ईसाई कला रूप है, जिसने दोनों यूरोपीय और केरल कला रूप से उधार लिया है। इसकी उत्पत्ति का पता इस क्षेत्र में पुर्तगालियों के आगमन से लगाया जा सकता है। विषय बाइबिल की कहानियाँ और महान् ईसाई योद्धाओं की वीरता के कारनामे हैं।
बायलता	कर्नाटक	यह स्थानीय देवी-देवता की आराधना के दौरान प्रस्तुत की जानेवाली कर्नाटक की एक मुक्त आकाश नाट्यकला परम्परा है। इनमें कहानियाँ राधा-कृष्ण के प्रेम पर भी आधारित होती हैं। यह यक्षगान का एक रूप है।
ताल-मड्डाले	कर्नाटव व केरल	ताल एक प्रकार का करताल तथा मड्डाले एक प्रकार का ढोल होता है। इसे सामान्यत:, यक्षगान का पूर्वानुगामी समझा जाता है। यह नाटक बैठी हुई अवस्था में तथा बिना किसी ख़ास पोशाक, नृत्य तथा अभिनय के प्रस्तुत किया जाता है। इसमें कथा वर्णन एक भागवत के द्वारा किया जाता है, जिसे अर्थधारियों के एक समूह का सहयोग मिलता है। यह मुख्यत: कर्नाटक के तटीय क्षेत्रों तथा केरल में प्रस्तुत किया जाता है।
विल्लू पाट/विल्लाडी चंपातु	केरल तथा तमिलनाडु	'विल्लू-पाटू' गीत का अर्थ है–धनुर्गीत। यह केरल तथा तमिलनाडु के कुछ भागों में लोकप्रिय संगीत नाट्यकला का एक रूप है, जिसमें रामायण की कहानियों को धनुष के आकार के एक वाद्य-यंत्र की सहायता से वर्णित किया जाता हैं।
थेय्यम 	केरल	थेय्यम की प्रस्तुति केरल में की जाती है। यह कर्नाटक की भूत कोल नामक एक प्रथा के समान है। इसमें एक खुला नाट्यमंच होता है और इसकी प्रस्तुति स्थानीय मन्दिरों के समक्ष की जाती है, ताकि देवताओं के अतिरिक्त पूर्वजों की आत्मा के प्रति भी सम्मान प्रकट किया जा सके। सामान्यत: इनमें वैष्णववाद, शाक्तवाद और शैववाद के प्रसंग होते हैं। इसमें कलाकार अलंकृत पगड़ियाँ और रंगबिरंगे परिधान धारण करते हैं।
कृष्णाट्टम	केरल	यह 17वीं शताब्दी के मध्य में उत्पन्न केरल की एक रंगारंग नृत्य-नाट्य परम्परा है। कृष्ण-गीति की कृतियों पर आधारित यह आठ दिनों तक चलनेवाला एक आनंदोत्सव है। इसमें लगातार आठ रातों तक श्री कृष्ण की जीवन लीला के वर्णन की प्रस्तुति होती है।
कुरुवंजी	तमिलनाडु	लगभग 300 वर्ष पूर्व उत्पन्न, कुरुवंजी की मुख्य विशेषता तमिल कविता तथा गीत हैं। प्रथम कुरुवंजी की रचना तिरिकूड रसप्पा कविरयार के द्वारा की गयी थी। आधारभूत केन्द्रीय भाव प्रेम-दग्ध नायिका के इर्द-गिर्द घूमते हैं। कुरुवंजी का शाब्दिक अर्थ है– 'भविष्य-वक्ता', जो नायिका के भाग्य की भविष्यवाणी करता है। कुरुवंजी को एक नृत्य-गाथागीत के रूप में प्रस्तुत किया जाता है एवं इसकी मुख्य नृत्य विधा भरतनाट्यम होती है।
तेरुक्कटटू/थेरुकुथु	तमिलनाडु	यह भारत के तमिलनाडु राज्य और श्रीलंका के तमिल भाषी क्षेत्रों में प्रचलित एक नुक्कड़ नाटक है। विषय मुख्य रूप से महाभारत और कुछ उदाहरणों में रामायण, जैसे महाकाव्यों पर केंद्रित है। नाटक 'चतुर मंच संचालन' के साथ गीत, संगीत, नृत्य और ड्रामा का एक संयोजन होता है। कलाकार रंगीन पोशाक पहनते हैं।

लोक नाट्यकला	राज्य	विषय
रम्मन	उत्तराखंड	उत्तराखंड के गढ़वाल क्षेत्र का यह एक कर्मकांडी नाटक है। यह स्थानीय भुमियाल देवता को समर्पित होता है। यह मानवता की अमूर्त सांस्कृतिक विरासत के रूप में UNESCO की प्रतिनिधि सूची में सूचीबद्ध है। भंडारी जाति के लोग नरसिंह (आधा मानव और आधा शेर) के प्रतीक का पवित्र मुखौटा पहनते हैं। नृत्य किये जाते हैं और विभिन्न गीत गाये जाते हैं। राम की कथाएँ भी सुनायी जाती हैं।
बुर्रा कथा	आंध्र प्रदेश	बुर्रा कथा एक लोकप्रिय कथा-वाचन परम्परा है। इसका नाम प्रस्तुति के दौरान व्यापक रूप से प्रयुक्त एक वाद्य यंत्र बुर्रा के नाम पर रखा गया है। इसकी प्रस्तुति में एक मुख्य कलाकार या कथा वाचक तथा दो सह-कलाकार होते हैं, जो लय प्रदान करते हैं तथा सह-गान में भाग लेते हैं।
पगती वेशालू	तेलंगाना व आंध्र प्रदेश	यह तेलंगाना क्षेत्र तथा आंध्र प्रदेश के कृष्णा ज़िले में लोकप्रिय लोक परम्परा है। यह, मुख्यत:, वेशम (छद्म रूप) नामक एक मुख्य चरित्र तथा अन्य सह-चरित्रों के इर्द-गिर्द बुना गया एकल भूमिका अभिनीत नाटक होता है।
ओग्गुकथा	आंध्र प्रदेश	इसका नाम ओग्गु से पड़ा है- जो भगवान् शिव से जुड़ा एक छोटा-सा डमरू है। इस नाटक का शाब्दिक अर्थ है-ओग्गु-कथाएँ। इसका प्रदर्शन दक्कन के पठार के कुरुमा और गोल्ला (यादव), जैसे चरवाहा समुदायों द्वारा किया जाता है। ये परंपरा-प्रेमी और कर्मकांड-पालन करनेवाली मंडलियाँ एक स्थान से दूसरे स्थान पर जाती हैं और अपनी जाति के देवताओं की कहानियाँ सुनाती हैं।
तमाशा	महाराष्ट्र	हास्य-रस तथा कामोत्तेजक भावों के लिए प्रसिद्ध, तमाशा महाराष्ट्र क्षेत्र की एक लोक नाट्यकला है। इसकी अनोखी विशेषता महिला अभिनेत्रियों की उपस्थिति है, जो पुरुषों की भूमिकाएँ भी निभाती हैं। तमाशा प्रस्तुतियों में, सामान्यत:, लावणी गीतों का समावेश होता है।
पोवाड़ा	महाराष्ट्र	शिवाजी द्वारा अपने शत्रु अफ़ज़ल ख़ान को मार दिये जाने के बाद शिवाजी की वीरता की प्रशंसा में एक नाटक की रचना की गयी, जिसे बाद में पोवाड़ा कहा गया। ये स्वाँग गीतिकाव्य हैं, जो शौर्य की कहानियाँ कहते हैं। इन्हें गोंधल (गोंधिया) तथा शाहिर के नाम से पहचाने जानेवाले लोक संगीतकारों के द्वारा गाया जाता है। यह मुख्यत:, महाराष्ट्र क्षेत्र में लोकप्रिय है।
दशावतार	महाराष्ट्र	यह कोंकण क्षेत्र के किसानों, विशेषरूप से सिंधुदुर्ग (महाराष्ट्र) और उत्तरी गोवा के नाटकों का एक लोकप्रिय रूप है। इसके द्वारा भगवान् विष्णु के दस अवतारों को सम्मान दिया जाता है। इसके दो भाग होते हैं–'पूर्व-रंग' (आरंभिक भाग) और 'उत्तर रंग' (दूसरा भाग)। दूसरा सत्र ही प्रमुख भाग होता है और यह पौराणिक कथाओं पर आधारित होता है।
जादीपट्टी	महाराष्ट्र	जादीपट्टी का नाम चावल के स्थानीय नाम जादी से लिया गया है। फ़सल के मौसम के दौरान महाराष्ट्र के चावल की खेतीवाले क्षेत्रों में इसका प्रदर्शन किया जाता है, यह व्यवसायिक और लोक नाट्य का मिश्रण है।
स्वाँग	राजस्थान-मध्य प्रदेश (मालवा क्षेत्र)	स्वाँग राजस्थान तथा हरियाणा क्षेत्रों में मनोरंजन का एक अन्य लोकप्रिय स्रोत हैं। मुख्य रूप से, ये छंदों के माध्यम से गाये जानेवाले तथा एकतारा, हारमोनियम, सारंगी, ढोलक तथा खरताल जैसे वाद्य-यंत्रों की सहायता से प्रस्तुत, संगीतमय नाटक होते हैं। इसमें डायलॉग के साथ मिमिक्री (नक़ल) भी शामिल है।

लोक नाट्यकला	राज्य	विषय
भवई	**राजस्थान**	इस विधा में **लघु-नाटकों की श्रृंखला** का वर्णन करने के लिए नृत्य का व्यापक प्रयोग किया जाता है। इस नाटक का केन्द्रीय भाव, सामान्यतः, **रूमानी (प्रेम प्रसंग युक्त)** होता है। इसमें कलाकार मिट्टी के बर्तनों या पीतल के अनेक घड़ों को संतुलित करते हैं। इस नाटक में झाँझर और ढोलक जैसे वाद्य-यंत्रों का प्रयोग कर अनोखी लोक शैली में बजाये जानेवाले **अर्द्धशास्त्रीय संगीत** का समावेश होता है। भवई नाट्यकला में सूत्रधार को **'नायक'** के नाम से जाना जाता है।
दसकठिया 	**ओडिशा**	दसकठिया **ओडिशा** की लोकप्रिय लोक नाट्यकला की एक विधा है। इस विधा में, **दो कथावाचक** होते हैं – गायक, जो मुख्य गायक होता है, तथा; 'पालिया', जो सह-कथा-वाचक होता है। कथा वर्णन के साथ-साथ **नाटकीय संगीत** की जुगलबंदी चलती है, जिसे **कठिया** नामक एक लकड़ी के बने वाद्य यंत्र की सहायता से उत्पन्न किया जाता है। यह मुख्यतः **भगवान् शिव** को समर्पित हैं। इस विधा का एक सन्निकट रूपांतर है **चैती घोड़ा,** जिसमें दो वाद्य यंत्रों – ढोल तथा मोहरी – तथा तीन कथावाचकों का प्रयोग किया जाता है।
माँच	**मध्य प्रदेश**	माँच मध्य प्रदेश के मालवा क्षेत्र की लोक नाट्यकला है। प्रारम्भ में **पौराणिक कथाओं,** जैसे महाभारत तथा रामायण पर आधारित थी। बाद में, इसके रंगपटल में, रूमानी लोक कथाओं को सम्मिलित कर दिया गया। इस विधा की अनोखी विशेषता इसके **संवाद** होते हैं, जिन्हें **रंगत दोहा** नामक **दोहों** के रूप में कहा जाता है।
करियाला	**हिमाचल प्रदेश**	करियाला सोलन, शिमला और सिरमौर ज़िलों के **स्थानीय देवता** को समर्पित लोक रंगमंच का एक रूप है, जिसे बिजेश्वर के नाम से जाना जाता है। यह मुख्य रूप से इस क्षेत्र के समुदायों द्वारा प्रदर्शित किया जाता है। जब क्षेत्र में कृषि समृद्धि प्राप्त होती है या व्यक्तिगत इच्छाएँ पूरी होती हैं तब इसका प्रदर्शन किया जाता है।
जात्रा	**पूर्वी भारत**	जात्रा **पूर्वी भारत** की एक लोकप्रिय लोक नाट्यकला है। यह **एक मुक्ताकाश** (खुले मैदान में) प्रस्तुति होती है, जिसे वैष्णव संत **चैतन्य महाप्रभु** द्वारा आरम्भ किया गया था। ग्रामीण बंगाल में अपनी यात्राओं के दौरान उन्होंने **भगवान् कृष्ण की शिक्षाओं** का प्रसार करने के लिए जात्रा के माध्यम का प्रयोग किया। बाद में, इसके राम जात्रा, शिव जात्रा तथा चंडी जात्रा जैसे रूपांतर भी अस्तित्व में आये, जिनमें पौराणिक आख्यानों से ली गयीं कहानियाँ सुनायी जाती हैं। आधुनिक समय में, जात्रा का उपयोग पंथ-निरपेक्ष, ऐतिहासिक तथा देशभक्तिपूर्ण केन्द्रीय भावोंवाली कहानियों का वर्णन करने में किया जाता है। ओडिशा में, **साही जात्रा** नामक एक लोकप्रिय **मोहल्ला नाट्यकला** प्रचलित है।
भाँड पाथेर	**जम्मू कश्मीर**	यह **जम्मू कश्मीर** की लोक नाट्यकला है। इसमें समकालीन सामाजिक व्यंग्य या पौराणिक कथाएँ भी हो सकती हैं। यद्यपि इसका मंचन मुस्लिमों द्वारा किया जाता है, लेकिन इसका दृष्टिकोण धर्मनिरपेक्ष होता है। इसमें संगीत, नृत्य और नाटक होता है।
ठोक-लीला	**मणिपुर**	ठोक लीला व्यंग्य, चुटकुलों और हास्य पर आधारित मणिपुर का एक लोकप्रिय लोक नाट्य है। यह सामाजिक परिस्थितियों, दरबारियों और राजा पर व्यंग्य करता है।
रणमाले	**गोवा**	रणमाले लोकप्रिय भारतीय महाकाव्यों, रामायण और महाभारत की पौराणिक कहानियों पर आधारित एक कर्मकांडीय और लोक रंगमंच है। इसका प्रदर्शन होली के त्योहार के दौरान किया जाता है, जिसे गोवा और कोंकण क्षेत्र में **शिग्मो** (वसंतोत्सव) के रूप में मनाया जाता है।

लोक नाट्यकला	राज्य	विषय
तियात्र	गोवा	यह मुख्य रूप से रोमन कोंकणी बोलियों में किया जाता है और इसमें संगीत, नृत्य और गायन शामिल हैं। तियात्र सामाजिक, धार्मिक और राजनीतिक विषयों के इर्द-गिर्द घूमता है। इसे **गोवा की संस्कृति का आईना** माना जाता है।
नाचा/नाच	छत्तीसगढ़	यह छत्तीसगढ़ी भाषी ग्रामीण समुदायों द्वारा किया जाता है। नाच के चार अलग-अलग रूप हैं: खड़े साज नाच, गंडवा नाच, देवर नाच और बैठे साज नाच। आमतौर पर रात में आयोजित होता है और हास्य इस लोक रंगमंच का एक अनिवार्य पहलू है।
शुमांग लीला	मणिपुर	शुमांग लीला **नाट्यकला** का एक पारंपरिक रूप है जहाँ महिलाओं की भूमिका पुरुषों द्वारा निभायी जाती है, जिन्हें **नुपी शाबिस** कहा जाता है। '**सुमंग**' का अर्थ है, 'खुला प्रांगण' और '**लीला**' का अर्थ है, 'नाटक' और शुमांग लीला का शाब्दिक अर्थ है, 'खुले प्रांगण का नाटक'। यह अपने प्रदर्शन के माध्यम से मानवतावाद, भ्रातृत्व, सहिष्णुता, आत्मविश्वास, भक्ति, सत्य और न्याय को संरक्षित करने और उनका प्रसार करने का प्रयास करता है।

आधुनिक भारतीय रंगमंच

भारत के मध्ययुग के बाद के या आधुनिक रंगमंच को औपनिवेशिक युग के दौरान आकार मिला। प्राचीन संस्कृत ग्रन्थों और पश्चिमी शास्त्रीय ग्रंथों, दोनों ही के अनुवाद उपलब्ध थे, जिनसे रंगमंच को प्रोत्साहन मिला। **गॉटहोल्ड एफ्राइम लेसिंग और शेक्सपियर** के कार्यों का रूपांतरण किया गया। कलकत्ता और मद्रास जैसे नगरों के विकास ने मनोरंजन के नये रूपों की आवश्यकता उत्पन्न की। इस प्रकार, पश्चिमी प्रोसेनियम शैली के रंगमंच का 18वीं और 19वीं शताब्दी में उदय हुआ। 19वीं शताब्दी में बेलगछिया नाट्यशाला, शोभाबाजार नाट्यशाला आदि जैसे रंगमंचों का **कलकत्ता** में उदय हुआ।

ब्रिटिश युग में, भारतीयों ने पश्चिमी और भारतीय शैली, दोनों के संयोजन से अपनी शैली विकसित कर ली। रंगमंचों का **व्यवसायीकरण** भी हुआ, जिसके कारण अतीत के विपरीत (जहाँ रंगमंच सभी के लिए खुला था) अब दर्शकों को क़ीमत चुकानी पड़ती थी। सामान्य विषयों में, सामाजिक बुराइयाँ जैसे दहेज, जातिप्रथा, धार्मिक पाखण्ड और राजनीतिक विषय भी सम्मिलित होते थे। बढ़ती हुई राजनीतिक जागरूकता को रोकने के लिए, ब्रिटिश सरकार ने **1876 में नाटकीय प्रदर्शन अधिनियम** भी लागू कर दिया था।

- **कलकत्ता (अब कोलकाता) का पहला थिएटर** - कलकत्ता थिएटर या द न्यू प्लेहाउस, जिसकी स्थापना 1775 में हुई थी और 1808 तक यह सक्रिय रहा।
- **बंगाल में हीरा लाला सेन द्वारा बनाये गये पहले चलचित्र** को द स्टार थिएटर, मिनर्वा थिएटर और द क्लासिक थिएटर में प्रदर्शित किया गया।
- **मद्रास (अब चेन्नई) का पहला थिएटर** - गेइटी थिएटर श्री **रघुपति वेंकय्या** द्वारा तत्कालीन मद्रास में स्थापित पहला स्थायी सिनेमा थियेटर था।
- शिमला में भी 1887 से एक गेइटी थियेटर है।

1850-1920 के दशक में पश्चिमी भारत में **पारसी रंगमंच** बहुत प्रसिद्ध थे, साथ ही गुजराती और मराठी, जैसी क्षेत्रीय भाषाओं में भी नाटक लिखे गये। 1930 के दशक में, सिनेमा के आगमन से रोमांस, हास्य, भावुकता आदि विषय आ गये। कई पारसी निर्माता फिल्म निर्माण में चले गये।

बंगाल, महाराष्ट्र आदि के क्षेत्रीय रंगमंचों को भी प्रमुखता मिली। **रवीन्द्रनाथ टैगोर** एक प्रसिद्ध नाटककार थे। उन्होंने अपना पहला नाटक, *वाल्मीकि प्रतिभा* 20 वर्ष की आयु में लिखा था। उनकी प्रसिद्ध कृतियों में **रक्तकरबी, चित्रांगदा, पोस्ट-ऑफिस** शामिल हैं। उनके विषयों में राष्ट्रवाद, अध्यात्म, सामाजिक-राजनीतिक स्थितियाँ आदि सम्मिलित थे। अन्य प्रख्यात व्यक्तित्व थे-प्रसन्न कुमार ठाकुर, गिरीशचन्द्र घोष, दीनबन्धु मित्र (नीलदर्पण) आदि।

1943 में, **इंडियन पीपुल्स थियेटर ॲसोसिएशन** (IPTA) का गठन, कम्युनिस्ट पार्टी की सांस्कृतिक शाखा के रूप में हुआ था। यद्यपि **1947 में इसे भंग कर दिया गया**, इसने रंगमंच के और अधिक विकास में बहुत महत्त्वपूर्ण योगदान दिया। इस दौरान विभिन्न सामजिक विषयों, जैसे बंगाल का अकाल आदि पर नाटक लिखे गये। इंडियन पीपल थियेटर ॲसोसिएशन (IPTA) से जुड़े प्रमुख व्यक्तित्व थे बलराज साहनी, पृथ्वीराज कपूर, बीजन भट्टाचार्य, ऋत्विक घटक, उत्पल दत्त आदि। इंडियन पीपुल्स थियेटर ॲसोसिएशन (IPTA) अब छत्तीसगढ़, पंजाब और पश्चिम बंगाल में सक्रिय है।

पृथ्वी थिएटर की स्थापना 1944 में पृथ्वीराज कपूर ने की थी। यह एक चलता-फिरता रंगमंच था, जिसमें लगभग 150 कलाकार थे और 2000 से अधिक नाटक निर्मित हुए। 1978 में मुंबई में स्थायी थिएटर खोला गया और यह अब भी मौजूद है।

संगीत नाटक अकादेमी की स्थापना 1952 में रंगमंच सहित प्रदर्शन कलाओं को प्रोत्साहित करने के लिए की गयी थी। इसने भी भारत में थियेटर को और अधिक प्रोत्साहित किया। **नेशनल स्कूल ऑफ़ ड्रामा** ने भी महान् नाट्य प्रतिभाओं को आकार देने में योगदान दिया।

कलाक्षेत्र मणिपुर की स्थापना 1969 में **हेइंसम कन्हाईलाल** द्वारा परम्परागत रंगमंच को जीवित रखने के लिए की गयी थी। रतन थियम ने **1976 में प्रसिद्ध कोरस रेपर्टरी (Chorus Repertory) थियेटर** की स्थापना की थी।

गिरीश चंद्र घोष (1844-1912) एक बंगाली अभिनेता, निर्देशक और लेखक थे। उन्होंने बंगाली रंगमंच के स्वर्ण युग के लिए काफ़ी योगदान दिया। उन्होंने 1872 में पहली बंगाली पेशेवर थिएटर कंपनी 'ग्रेट नेशनल थिएटर' की स्थापना की, और लगभग 40 नाटक लिखे और अभिनय एवं निर्देशन भी किया।

कर्नाटक के के. वी. सुब्बन्ना (1932-2005) ने प्रशंसित निनासम थिएटर समूह का गठन किया और साथ ही वह रेमन मैग्सेसे पुरस्कार के विजेता भी थे।

बिनोदिनी दासी (1863-1941) (जिसे नटी बिनोदिनी के नाम से जाना जाता है), एक बंगाली अभिनेत्री और थिएटर कलाकार थीं। वह बंगाली थिएटर की प्रथम डोना थीं और 1870 के दशक में बंगाल प्रेसीडेंसी से एक उल्लेखनीय मंच कलाकार बननेवाली भारत की पहली महिला थीं। उन्होंने 12 साल की उम्र में अभिनय में अपना करियर शुरू किया और 23 साल की उम्र तक आते-आते समाप्त हो गया, जैसा कि उन्होंने बाद में अपनी प्रसिद्ध आत्मकथा, अमर कथा (द स्टोरी ऑफ़ माई लाइफ़) में बताया है, जो 1913 में प्रकाशित हुई थी। उन्होंने 1883 में कोलकाता में स्टार थियेटर की स्थापना में भी योगदान दिया था।

समसा (सामी वेंकटाद्री अय्यर) (1898-1939) और आद्या रंगाचार्य (1904-1984) प्रसिद्ध कन्नड़ नाटककार थे। कुप्पाली वेंकटप्पा पुट्टप्पा, जिन्हें **कुवेम्पु (1904-1994)** के नाम से जाना जाता है।

कर्नाटक के एक अन्य प्रसिद्ध अभिनेता-नाटककार हैं। अन्य प्रख्यात रंगमंच हस्तियों में तमिलनाडु के सुब्रमण्य भरथीयार, आंध्र प्रदेश के वीरेसलिंगम पंतुलु तथा श्रीकंदन नायर (केरल) एवं भारतेन्दु हरिश्चंद और जयशंकर प्रसाद हैं।

बी.वी. करंथ (1929-2002) को आंध्र, कर्नाटक और मध्य प्रदेश रंगमंच में उनके योगदान के लिए जाना जाता है।

अन्य प्रसिद्ध आधुनिक व्यक्तित्व इंदिरा पार्थसारथी, गिरीश कर्नाड, हबीब तनवीर, विजय तेंदुलकर, बादल सरकार, विजया मेहता, धर्मवीर भारती, मोहन राकेश, चंद्रशेखर कंबर और पी. लंकेश हैं।

अध्याय का सारांश

- **सीताबेंगरा और जोगीमारा गुफाओं के अवशेष** – दुनिया की सबसे पुरानी रंगभूमि।
- **रूपक, दृश्यकाव्य और प्रेक्षाकाव्य** – नाटक का वर्णन करने के लिए प्रयुक्त होनेवाले शब्द।
- **सारिपुत्रप्रकरण** – अश्वघोष द्वारा रचित – पहला शास्त्रीय संस्कृत नाटक।
- **कुडियट्टम** – भारत का **सबसे पुराना** निरंतर चलनेवाले थिएटर और सबसे पुरानी जीवित परंपरा – **10वीं शताब्दी ईसवी** से – केरल में – संस्कृत, प्राकृत और मलयालम में प्रदर्शन किया जाता है।
- **आधुनिक रंगमंच** – **गॉटहोल्ड एफ़्राइम लेसिंग** और **शेक्सपियर** की रचनाओं को ग्रहण किया गया – 19वीं शताब्दी में **कलकत्ता** में बेलगछिया नाट्यशाला, शोभाबाजार आदि जैसे थिएटरों का उदय हुआ।

यू.पी.एस.सी. पिछले वर्षों के बहुविकल्पीय प्रश्न

1. 19वीं सदी के अंत और 20वीं सदी की शुरुआत में बंगाली रंगमंच की अग्रणी हस्ती बिनोदिनी दासी के बारे में निम्नलिखित में से कौन-सा कथन सही है? **(CAPF, 2018)**

1. कलकत्ता में स्टार थियेटर (1883) की स्थापना के लिए क़दम उठानेवाले प्रमुख लोगों में से एक थीं।
2. उन्होंने 1910 और 1913 के बीच अपनी आत्मकथा *आमार कोथा* (माई स्टोरी) को शृंखलाबद्ध किया।

नीचे दिये गये कूट का प्रयोग कर सही उत्तर का चयन करें :

(a) केवल 1 (b) केवल 2
(c) दोनों 1 और 2 (d) ना 1 और ना ही 2

उत्तर

1. (c)

यू.पी.एस.सी. पिछले वर्षों के प्रश्न - मुख्य परीक्षा

1. निम्नलिखित पारंपरिक नाट्यकला रूपों में से किन्हीं पाँच पर एक वाक्य लिखिए: **(CSE, 2011)**

(a) भाण्ड पाथेर (b) स्वाँग
(c) माँच (d) भाओना
(e) मुदियेट्टु (f) दशावतार

2. यक्षगान के संबंध में लिखिए। **(CSE, 1995, 2005, 2007)**

3. निम्नलिखित लोक नाट्यकलाएँ कहाँ उत्पन्न हुई? **(CSE, 1987)**

(a) जात्रा (b) तमाशा
(c) कुडियट्टम (d) भवई
(e) नौटंकी

4. भारत में नाट्यकला को विकसित करने के क्या प्रयास हुए हैं? इस कला के विकास से संबंधित किन्हीं दो महत्त्वपूर्ण व्यक्तियों के नाम बताइए। **(CSE, 1985)**

5. घासीराम कोतवाल – नाटक किसने लिखा? **(CSE, 1982)**

अध्याय 12

भारत में मार्शल आर्ट (युद्ध कला)

भारत में मार्शल आर्ट का इतिहास

भारतीय मार्शल आर्ट हज़ारों वर्षों की विरासत के साथ समृद्ध और विविध है। यह विभिन्न संस्कृतियों, क्षेत्रों और ऐतिहासिक घटनाओं से प्रभावित था, जिन्होंने इसे समय के साथ विकसित और परिवर्तित किया। भारतीय मार्शल आर्ट के प्राचीन साक्ष्य *रामायण* और *महाभारत* जैसे प्रारंभिक महाकाव्यों से ज्ञात हो सकते हैं।

भारत में मार्शल आर्ट के विकास का एक अवलोकन

वैदिक ग्रंथ (1500 ईसा पूर्व-600 ईसा पूर्व)

प्रशिक्षण और युद्ध तक़नीकों का सबसे पहला उल्लेख वेदों में देखा जा सकता है। **धनुर्वेद और यजुर्वेद** के खंडों में मार्शल आर्ट का उल्लेख मिलता है। इन ग्रंथों में युद्ध के उन रूपों का उल्लेख है जिन्हें **'धनुर्विद्या'** या **'अंगविद्या'** के नाम से जाना जाता है, जिसमें तीरंदाज़ी, युद्ध कला, तलवारबाज़ी, हथियारों का उपयोग और सेना का प्रशिक्षण शामिल है।

आरंभिक महाकाव्य (600 ईसा पूर्व-400 ई.पू.)

रामायण और *महाभारत* में मार्शल कौशल और युद्ध कौशल का विस्तृत विवरण मिलता है। *महाभारत* में अर्जुन और कर्ण के बीच लंबे समय तक चले युद्ध को दर्शाया गया है, जिसमें उन्होंने धनुष, पेड़, शिलाओं, तलवारों और मुक्कों का उपयोग किया था और शेरों को केवल ख़ंजर (कटार) से पराजित किया था। इसे भारतीय मार्शल आर्ट के कई अभ्यासकर्ताओं के लिए एक प्रेरणा माना जाता है।

क्षेत्रीय प्रभाव (200 ईसा पूर्व-1200 ई.)

दिन-प्रतिदिन, विभिन्न क्षेत्रीय मार्शल आर्ट शैलियाँ उभर कर सामने आयीं। उदाहरण के लिए, केरल से **'कलारीपयट्टु'**, तमिलनाडु से **'सिलम्बम'**, मणिपुर से **'थांग-ता'** और पंजाब से **'गतका'** कुछ पारंपरिक मार्शल आर्ट हैं, जिनकी उत्पत्ति इस अवधि के दौरान दौरान हुई।

विदेशी आक्रमणों के प्रभाव (1200 ई.-1800 ई.)

मंगोल आक्रमण, तुर्क आक्रमण, फ़ारसी आक्रमण और बाद में मुग़ल और यूरोपीय आक्रमण जैसे कई विदेशी आक्रमणों ने विभिन्न मार्शल आर्ट के तक़नीकों और रणनीतियों को आकार देने में सहायता की।

मार्शल आर्ट का आधुनिकीकरण (19वीं सदी के अंत - वर्तमान)

19वीं सदी के अंत और 20वीं सदी की शुरुआत में पारंपरिक भारतीय मार्शल आर्ट में बदलाव देखा गया। अनेक मार्शल आर्ट शिक्षकों और संगठनों ने इसकी प्राचीन तक़नीकों के संरक्षण और आधुनिकीकरण की दिशा में प्रयास किये हैं।

भारत में मार्शल आर्ट के विभिन्न मौजूदा रूप

भारत, विविध संस्कृतियों तथा विषम प्रजातियोंवाली भूमि है, जो कि प्राचीन काल से ही अपने मार्शल आर्ट्स की विविधता के लिए जानी जाती है। पूर्व में युद्ध के लिए उपयोग होनेवाले इन कला प्ररूपों को आज सामान्य रूप से, शारीरिक स्वास्थ्य लाभ के लिए तथा धार्मिक संस्कार के रूप में या आत्मरक्षा के एक साधन के रूप में, प्रयुक्त किया जाता है। मार्शल आर्ट का शाब्दिक अर्थ है 'युद्ध छेड़ने से संबंधित कला'। देश में कई मार्शल आर्ट की शैलियाँ नृत्य, योग और अभिनय कला से गुप्त रूप से जुड़ी हुई हैं। मुग़ल साम्राज्य में देशी मल्ल-युद्ध को फ़ारसी वर्ज़िश-ए-बस्तानी के प्रभावों के साथ संयुक्त कर कुश्ती की पहलवानी शैली का विकास किया गया था। ब्रिटिश शासन के दौरान इनमें से कुछ कला रूपों पर प्रतिबन्ध लगा दिया गया, जिसमें **कलारीपयट्टू और सिलम्बम** भी सम्मिलित हैं, लेकिन स्वाधीनता के पश्चात् वे पुनः प्रादुर्भूत हुईं और इन्होंने लोकप्रियता अर्जित की। भारत में मार्शल आर्ट्स के कुछ लोकप्रिय प्रकारों पर नीचे विचार-विमर्श किया गया है :

कलारीपयट्टू (Kalaripayattu)

यह भारत में सबसे पुराने मार्शल आर्ट्स में से एक है। यद्यपि इसका अभ्यास दक्षिणी भारत के अधिकतर भागों में होता था, परन्तु इसकी उत्पत्ति लगभग तीसरी शताब्दी ईसा पूर्व **केरल** राज्य में हुई थी। कलारी, एक मलयालम शब्द है, जिसका अर्थ है एक विशिष्ट प्रकार का विद्यालय/व्यायामशाला/प्रशिक्षण कक्ष, जहाँ मार्शल आर्ट्स का अभ्यास किया जाता था या सिखाया जाता था।

कलारीपयट्टू

इस कला रूप में नक़ली **द्वंद्व युद्ध** (सशस्त्र और नि:शस्त्र संघर्ष) और शारीरिक अभ्यास सम्मिलित है। सामान्य तौर पर, किसी ढोल-बाजे या गीत से **रहित** इस कला का सबसे महत्त्वपूर्ण पहलू, इसकी युद्ध शैली है। कलारीपयट्टू की सबसे महत्त्वपूर्ण विशेषता **फ़ुटवर्क** (Footwork) है; इसमें लात मारने, वार करने और हथियार आधारित अभ्यास सम्मिलित हैं। यहाँ तक की महिलाएँ भी इस कला का अभ्यास करती हैं। कलारीपयट्टू की जड़ें अभी भी पारंपरिक धार्मिक संस्कारों और उत्सवों में दिखायी देती हैं।

कलारीपयट्टू में कई तक़नीकों और पहलुओं का समावेश हैं। उनमें से कुछ हैं: *उझिचिल* या गिंगली तेल से मालिश, **ओट्टा** (एक 'S' की आकृति की लाठी), *मैपयट्टू* या शरीरिक व्यायाम, *कोल्थारिपयट्टू* या लड़ाई के लिए लकड़ी के हथियारों का उपयोग, *अंगाठारी* या *धातु के तेज़* हथियारों और कोल्थारी की छड़ियों का उपयोग, *वेरुमकई* या नंगे हाथ से लड़ाई।

कलारीपयट्टु का उल्लेख **वडक्कन पट्टुकल** में किया गया है, जो मध्यकाल के मलयालम गाथागीतों का संग्रह है। यह केरल के मालाबार क्षेत्र के **चेकावर (योद्धा उपनाम)** के बारे में लिखा गया था।

सिलम्बम (Silambam)

सिलम्बम, एक प्रकार की **लाठी चलाने** या पटेबाज़ी की कला है, जो कि **तमिलनाडु** की एक आधुनिक और वैज्ञानिक मार्शल आर्ट है। पांड्य, चोल और चेर वंश के राजाओं ने अपने शासनकाल के दौरान इसे बढ़ावा दिया। विदेशी व्यापारियों को *सिलम्बम* लाठियों, पर्ल, तलवार और कवच के विक्रय के सन्दर्भ दूसरी ईसवी के तमिल साहित्य *शिलप्पादिकारम* में देखने को मिलते हैं। यह द्वितीय शताब्दी ईसवी की रचना है। सिलम्बम बाँस की लाठी, रोम, यूनान और मिस्र के व्यापारियों और यात्रियों के मध्य सबसे लोकप्रिय व्यापारिक वस्तुओं में से एक थी। ऐसा माना जाता है कि यह कला अपने उत्पत्ति *राज्य से मलेशिया पहुँची,* यहाँ पर यह आत्मरक्षा की विधि के अलावा एक प्रसिद्ध खेल के रूप में परिणत हो गयी।

लम्बी-लाठी का उपयोग **नक़ली लड़ाई** और **आत्मरक्षा** दोनों के लिए किया जाता था।

सिलम्बम में **विभिन्न प्रकार की तक़नीकों** का उपयोग किया जाता है, जिसमें सम्मिलित है पैरों की तेज़ चाल, लाठी चलाने के लिए दोनों हाथों का उपयोग, शरीर के विभिन्न स्तरों (सिर, कन्धा, कूल्हा और पैर के स्तर) पर बल, वेग और सटीकता को विकसित करने के लिए तथा प्रवीणता प्राप्त करने के लिए कटाक्ष, कटाव, वार और घुमाव का उपयोग। खिलाड़ी को *सर्प प्रहार, बन्दर प्रहार,* और *बाज़ प्रहार,* जैसे प्रहारों का उपयोग करके, एक अदम्य झुण्ड को छिन्न-भिन्न करने में और उनके द्वारा फेंके गये पत्थरों का मार्ग मोड़ने में भी प्रशिक्षित होना चाहिए।

सिलम्बम की आधिकारिक संस्था - **वर्ल्ड सिलम्बम ॲसोसिएशन (डब्ल्यू.एस.ए.)** की स्थापना वर्ष 1999 में हुई थी।

थांग-ता और सरित सरक (Thang-ta and Sarit Sarak)

थांग-ता

मणिपुर के मेइती लोगों द्वारा सर्जित **थांग-ता एक सशस्त्र मार्शल आर्ट** है, जिसका उल्लेख सबसे घातक संग्राम के रूपों में होता है। दूसरी तरफ़, **सरित सरक** एक **निःशस्त्र मार्शल आर्ट** है, जिसमें हाथापाई के रूप में युद्ध किया जाता है। इनका इतिहास 17वीं शताब्दी में मिलता है, जब मणिपुरी राजाओं द्वारा अँगरेज़ों से लड़ने के लिए इसका सफलतापूर्वक उपयोग किया जाता था। अँगरेज़ों द्वारा इस क्षेत्र पर आधिपत्य स्थापित हो जाने पर, इन कला रूपों पर प्रतिबन्ध लग गया, हालाँकि स्वाधीनता के पश्चात् इनका पुनः प्रादुर्भाव हुआ है।

'थांग' का अर्थ होता है **'तलवार'**, जबकि 'ता' का अर्थ होता है **'भाला'**, इस प्रकार तलवार और भाला इस थांग-ता के दो मुख्य तत्त्व हैं।

थांग-ता और सरित सरक एक साथ **हुयेन लांगलोन** कहलाता है।

गुरुमायुम गौरकिशोर शर्मा - हुयेन लांगलोन के प्रमुख प्रतिपादक, वर्ष 2009 में पद्म श्री से सम्मानित हुए थे।

मल्लखंब (Mallakhamb)

मल्लखंब

मल्लखंब का अभ्यास मुख्य रूप से महाराष्ट्र और मध्य प्रदेश में किया जाता है। इसमें **डंडे और रस्सी** का उपयोग शामिल है। इसमें अत्यधिक एकाग्रता की आवश्यकता होती है। वर्ष 2013 में, **मध्य प्रदेश** ने मल्लखंभ को राज्य खेल घोषित किया था।

मल्लखंब के कुछ रूप का संदर्भ रामायण, दूसरी से पहली शताब्दी ईसा पूर्व के प्राचीन चंद्रकेतुगढ़ मिट्टी के बर्तनों और भारत में बौद्ध चीनी तीर्थयात्रियों के वृत्तांतों में भी पाया जा सकता है। मल्लखंब का सबसे पहला प्रत्यक्ष साहित्यिक उल्लेख 12वीं शताब्दी के **मानसोलासा** नामक पाठ में मिलता है, जिसे चालुक्य राजा सोमेश्वर-तृतीय ने लिखा था। मल्लखंभ को चार श्रेणियों में विभाजित किया गया है, जहाँ प्रत्येक श्रेणी का नाम हिंदू देवी-देवताओं और पौराणिक सेनानियों के नाम पर रखा गया है :

- **जरासंधि** - इसका ध्यान युद्ध के दौरान अंगों और जोड़ों को तोड़ने पर होता है।
- **भीमसेनी** - यह झटके से मुड़ने की ताकत पर केंद्रित है।
- **हनुमंती** - यह तकनीकी श्रेष्ठता पर ध्यान केंद्रित करता है।
- **जंबुवंती** - यह प्रतिद्वंद्वी को समर्पण के लिए मजबूर करने के लिए घेरने और पकड़ने का उपयोग करती है।

बहुत समय से, मल्लखंब को **ग़रीबों का खेल** कहा जाता रहा है, क्योंकि इसके संरक्षक अधिकतर समाज के वंचित वर्गों से रहे हैं। हालाँकि, जब से युवा मामले एवं कार्य खेल मंत्रालय (Ministry of Youth Affairs and Sports) ने इसे **खेलो इंडिया यूथ गेम्स** के तहत मान्यता दी है, तब से यह खेल देश में लोकप्रियता प्राप्त कर रहा है।

चेइबी गद-गा (Cheibi Gad-ga)

मणिपुर के सबसे प्राचीन मार्शल आर्ट्स में से एक, चेइबी गद-गा के अंतर्गत एक *तलवार और एक ढाल* का उपयोग करके युद्ध किया जाता है। अब इसमें संशोधन करके तलवार के स्थान पर एक मुलायम चर्म आवरण युक्त छड़ी और एक चर्म निर्मित ढाल का उपयोग किया जाने लगा है। प्रतियोगिता एक सपाट सतह पर *7 मीटर व्यास*वाले एक वृत्ताकार क्षेत्र में होती है। इस वृत्ताकार क्षेत्र के भीतर, हर दो मीटर की दूरी पर दो रेखाएँ होती हैं। 'चेइबी' छड़ी की लम्बाई 2 से 2.5 फ़ीट के बीच होती है, जबकि ढाल का व्यास प्रायः 1 मीटर होता है। इस प्रतियोगिता में विजय की प्राप्ति एक द्वंद्व के दौरान अर्जित किये जानेवाले अंकों के आधार पर होती है। अंक, **कौशल** और शारीरिक बल के आधार पर प्रदान किये जाते हैं।

परी-खंडा

राजपूतों द्वारा सर्जित *परी-खंडा* **बिहार** में मार्शल आर्ट का एक रूप है। इसमें तलवार और ढाल का उपयोग करके लड़ाई की जाती है। बिहार के कई भागों में अभी भी प्रचलित इस कला के विभिन्न चरणों और तक़नीकों का उपयोग व्यापक रूप से **छऊ *नृत्य*** में किया जाता है। इस मार्शल आर्ट के नाम में दो शब्दों का समावेश है, 'परी' जिसका अर्थ है—ढाल जबकि 'खंडा' का अर्थ होता है—तलवार, इस प्रकार इस कला में तलवार और ढाल दोनों का उपयोग होता है।

परी-खंडा में चालियों या चरणों का अभ्यास शामिल है, जो हाथी चाली (हाथी चाल), बाघ चाली आदि जैसी चालों से जुड़ा हुआ है।

थोडा

हिमाचल प्रदेश राज्य सें उत्पन्न होनेवाला *थोडा* मार्शल आर्ट्स, खेल और संस्कृति का एक मिश्रण है। इसे प्रतिवर्ष ***बैसाखी*** के दौरान खेला जाता है। प्रधान देवी-देवता, देवी माशू और दुर्गा का आशीर्वाद प्राप्त करने के लिए अनगिनत सामुदायिक प्रार्थनाएँ की जाती हैं।

मार्शल आर्ट एक खिलाड़ी के **धनुर्विद्या कौशल** पर निर्भर करता है। थोडा के साक्ष्य महाभारत से भी प्राप्त होते हैं, जिस समय कुल्लू और मनाली की घाटियों में लड़े गये बड़े-बड़े युद्धों में **तीर-धनुष** का उपयोग किया जाता था।

इस खेल में, दो समूह होते हैं, जिनमें से प्रत्येक समूह में प्रायः 500 लोग होते हैं। इनमें से अधिकांश लोग धनुर्धारी नहीं, बल्कि नर्तक होते हैं, जो अपने-अपने दल का मनोबल बढ़ाने के लिए सम्मिलित होते हैं। इस खेल को एक चिह्नित आँगन में खेला जाता है, ताकि एक निश्चित सीमा तक अनुशासन को बनाये रखा जा सके। दोनों दलों को **पशि** और **साथी** कहा जाता है, जिन्हें महाभारत के पांडवों और कौरवों का वंशज माना जाता है। धनुर्धारी पैरों पर, घुटने के नीचे, निशाना लगाते हैं, क्योंकि शरीर के किसी अन्य अंग पर प्रहार करने पर ऋणात्मक अंक मिलते हैं।

गतका

गतका एक हथियार आधारित मार्शल आर्ट है, जिसका प्रदर्शन **पंजाब के सिक्खों** द्वारा किया जाता है। 'गतका' का अर्थ है, एक ऐसा व्यक्ति, जिसकी स्वाधीनता का सम्बन्ध अनुग्रह से होता है। गतका में हथियारों का कौशलपूर्ण उपयोग देखने को मिलता है, जिनमें सम्मिलित हैं—छड़ी, ***कृपाण, तलवार*** और ***कटार***। इस कला रूप में आक्रमण और रक्षा का निर्धारण, हाथों और पैरों की विभिन्न स्थितियों और उपयोग किये गये हथियार की प्रकृति के आधार पर किया जाता है। इसका प्रदर्शन मेले सहित राज्य के कई त्यौहारों में किया जाता है। द्वितीय विश्व युद्ध से

गतका

पहले कैप्टन विलियम ई. फेयरबैर्न और कैप्टन एरिक एंथोनी साइक्स द्वारा तैयार की गयी मार्शल आर्ट की डिफेंदु प्रणाली में गतका से तक़नीकें गृहीत की हैं।

मर्दानी खेल

यह एक पारंपरिक **महाराष्ट्रीय** सशस्त्र मार्शल आर्ट है, जिसका प्रचलन व्यापक रूप से **कोल्हापुर** ज़िले में है। *मर्दानी खेल* मुख्यतः हथियारों के कौशल पर केन्द्रित है, जिसमें विशेष रूप से तलवारों, द्रुत चालों, झुकी मुद्राओं का उपयोग किया जाता है, जो उसके उत्पत्ति स्थल, पहाड़ी शृंखलाओं के लिए अनुकूल है। इसे अद्वितीय भारतीय ***पट्टा*** (तलवार) और ***विटा*** (डोरीदार बर्छी) के उपयोग के लिए जाना जाता है। **शिवाजी** इस कला के प्रसिद्ध प्रशंसकों में से एक थे। इस मार्शल आर्ट के प्रसिद्ध अभ्यासकर्ताओं में शिवाजी और तानाजी मालुसरे शामिल थे। मराठी लोगों की मार्शल संस्कृति का उल्लेख 7वीं शताब्दी में चीनी भिक्षु ह्वेनत्सांग ने किया था।

लाठी

यह देश का एक प्राचीन सशस्त्र मार्शल आर्ट है। लाठी मार्शल आर्ट्स में उपयोग होनेवाले **विश्व के सबसे पुराने हथियारों** में से एक है। *लाठी* का अर्थ है एक 'छड़ी' (सामान्यतया बाँस की छड़ी), जो सामान्य रूप से 6 से 8 फ़ीट लम्बी होती है और कभी-कभी धातु की नोंक से युक्त होती है। भारतीय पुलिस द्वारा भीड़ को नियंत्रित करने के लिए ऐसी लाठियों का उपयोग करते हुए देखा जा सकता है। मुख्य रूप से **पंजाब और बंगाल** में प्रचलित यह लाठी अभी भी गाँवों में खेले जानेवाले लोकप्रिय खेलों में से एक है।

लाठी

इन्बुआई कुश्ती (Inbuan Wrestling)

मिज़ोरम के इस देशी मार्शल आर्ट, इन्बुआई कुश्ती का उद्भव मान्यता के अनुसार 1750 ईसवी में हुआ था। इसमें बहुत कड़े नियम हैं, जिसके अंतर्गत वृत्ताकार क्षेत्र से बाहर पैर रखने, लात चलाने और घुटने मोड़ने की मनाही है। इस खेल में विजय प्राप्त करने के लिए नियमों का कड़ाई से पालन करते हुए प्रतिद्वंद्वी के पैरों को उठाना पड़ता है। इसमें पहलवानों द्वारा बेल्ट (कमर में पहने गये) को पकड़ना भी सम्मिलित है।

कुट्टू वरिसाई (Kuttu Varisai) (ख़ाली हाथ सिलम्बम)

सर्वप्रथम **संगम साहित्य** में उल्लिखित *कुट्टू वरिसाई* का अर्थ है 'ख़ाली हाथ से संग्राम'। *कुट्टू वरिसाई* की परंपरा मुख्यतः **तमिलनाडु** में है, हालाँकि यह **श्रीलंका** और **मलेशिया** के उत्तरी-पूर्वी भाग में भी काफ़ी लोकप्रिय है। यह एक **निःशस्त्र** द्रविड़ी मार्शल आर्ट है, जिसका उपयोग श्वेतसार, योग, व्यायाम और श्वास अभ्यास के माध्यम से दंगल और पग कार्य को उन्नत बनाने के लिए किया जाता है। इस कला में उपयोग की जानेवाली प्रमुख तक़नीकों में सम्मिलित है दबोचना, प्रहार करना और उलझाना। इसमें साँप, बाज़, बाघ, हाथी और बन्दर सहित कई पशु आधारित शैलियों का भी उपयोग होता है। इसे **सिलम्बम के एक निःशस्त्र घटक** के रूप में जाना जाता है।

मुष्टि युद्ध (Musti Yuddha)

देश के पुराने शहरों में से एक, **वाराणसी** में उत्पन्न *मुष्टि युद्ध*, एक निःशस्त्र मार्शल आर्ट है, जो **मुक्केबाज़ी के समान** है। इसमें लात, घूँसे, घुटने और कोहनी से वार करने, जैसी तक़नीकों का उपयोग होता है। हालाँकि अब शायद ही कभी दिखाई देनेवाला यह मार्शल आर्ट 1960 के दशक में काफ़ी लोकप्रिय था। *मुष्टि युद्ध* में शारीरिक, मानसिक और आध्यात्मिक, तीनों पहलुओं का समागम था।

इस कला में होनेवाली लड़ाइयों को चार वर्गों में विभक्त किया गया है। महत्त्वपूर्ण है कि इसका नामकरण **हिन्दू देवताओं** के आधार पर किया गया है, जो एक विशेष प्रकार के कला रूप में श्रेष्ठ थे। पहला कहा जाता है, *जम्बुवंती*, जिसका अर्थ है प्रतिद्वंद्वी को उलझाकर और पकड़कर रखते हुए आत्मसमर्पण करने के लिए विवश करना। दूसरा है, *हनुमंती*, जो तक़नीकी श्रेष्ठता के लिए है। तीसरा संदर्भित करता है, **भीमसेनी,** जो विशुद्ध शक्ति पर केन्द्रित है। जबकि अंतिम को कहा जाता है *जरासंधि,* जो अंग और अस्थिसंधि को तोड़ने पर केन्द्रित है।

भारत के कुछ अन्य प्रमुख मार्शल आर्ट फ़ॉर्म (सामरिक या युद्धकला रूप)

मार्शल आर्ट का नाम	उत्पत्ति स्थल	विवरण
पाइक (Paika) अखाड़ा	ओडिशा	नृत्य और संग्राम का एक संयोजन। इसका उपयोग पहले योद्धाओं द्वारा किया जाता था, अब इसका अभ्यास एक प्रदर्शन कला के रूप में किया जाता है। **'पाइक'** शब्द किसी योद्धा या सैनिक को संदर्भित करता है, और **'अखाड़ा'** प्रशिक्षण मैदान या अखाड़े को संदर्भित करता है। पहले, इसका अभ्यास पाइक द्वारा किया जाता था, जो **ओडिशा** के योद्धा समुदायों से थे और अपनी बहादुरी और कौशल के लिए प्रचलित थे। उन्होंने क्षेत्र की रक्षा में महत्त्वपूर्ण भूमिका निभायी और राजाओं एवं स्थानीय प्रमुखों के लिए सैनिकों एवं अंगरक्षकों के रूप में सेवा की।
स्कवे (Sqay)	कश्मीर	यह मार्शल आर्ट तलवार से लड़ने की तक़नीक और सुंदर हरकतों के अनूठे संयोजन के लिए जानी जाती है। **'स्क्वे'** शब्द का अर्थ है **'युद्ध का ज्ञान'**। यह अब स्क्वे फ़ेडरेशन ऑफ़ इंडिया द्वारा शासित है और वर्ष 2015 में युवा मामले एवं खेल मंत्रालय (Ministry of Youth Affairs and Sports) द्वारा इसे एक खेल के रूप में मान्यता दी गयी थी। स्क्वे की आधिकारिक वर्दी नीले रंग की है। वर्दी के साथ हेड गार्ड और चेस्ट गार्ड पहने जाते हैं।
काठी सामू	आंध्र प्रदेश	इसका अभ्यास शाही सेनाओं द्वारा किया जाता था। काठी का अर्थ है 'तलवार'। तलवारों से लड़ना काठी सामू की प्रमुख विशेषता है। काठी सामू में विभिन्न प्रकार की तलवारों का उपयोग किया जाता है। जिस स्थान पर काठी सामू का प्रदर्शन किया जाता है उसे **'गारिडी'** के नाम से जाना जाता है। काठी सामू 'वैरी' से शुरू होता है, जो असली तलवार की लड़ाई से पहले एक महत्त्वपूर्ण भूमिका निभाता है। 'गरेजा' एक और महत्त्वपूर्ण हिस्सा है, जिसमें एक व्यक्ति चार तलवारें पकड़ता है, (प्रत्येक हाथ में दो)। प्राचीन काल में इसे विजयनगरम और कर्वेतिनगरम साम्राज्य द्वारा संरक्षण दिया गया था।

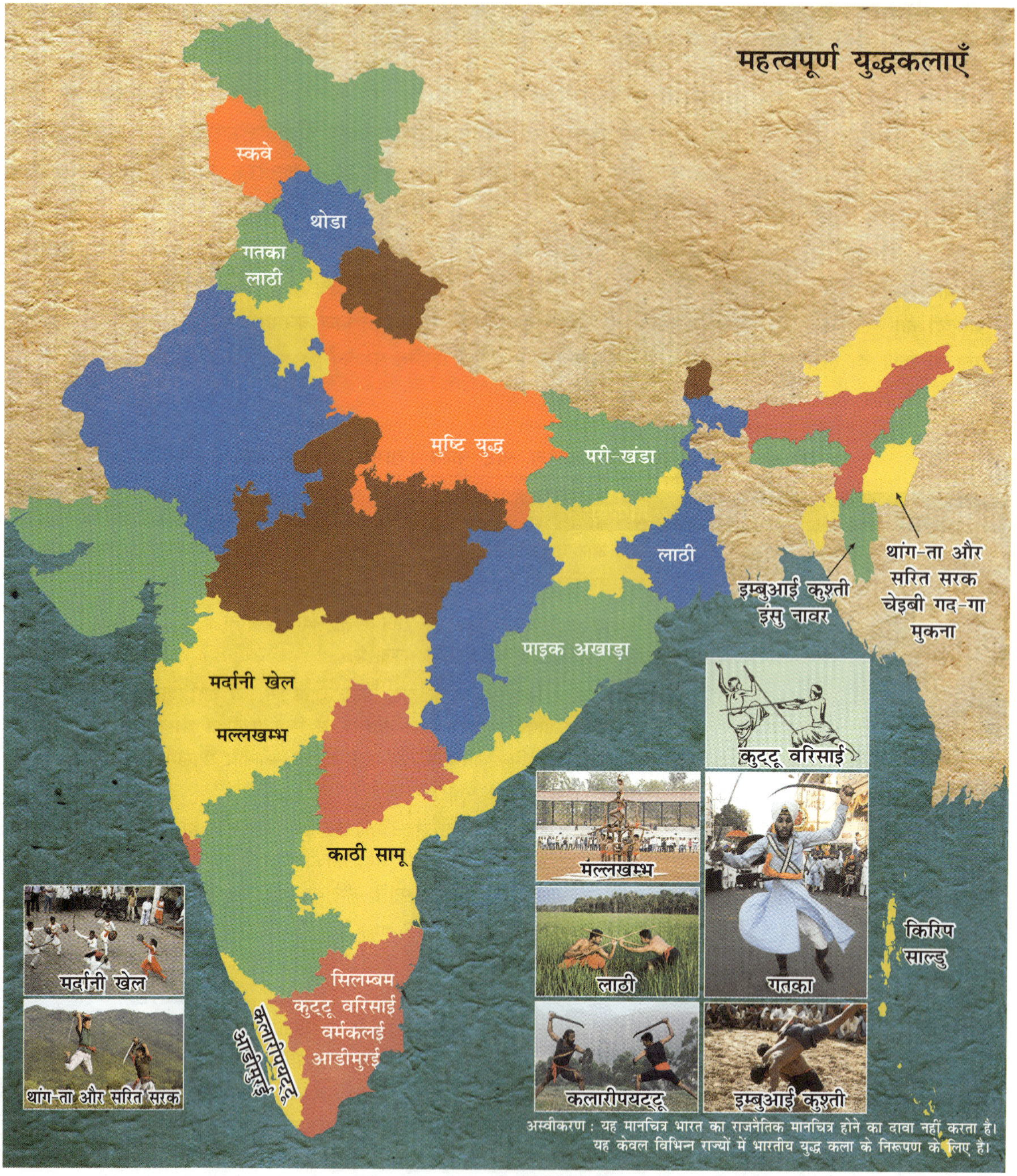

मानचित्र - महत्त्वपूर्ण युद्धकलाएँ

मार्शल आर्ट का नाम	उत्पत्ति स्थल	विवरण
बंदेश	भारत	प्राचीन नि:शस्त्र मार्शल आर्ट, जिसमें प्रतिद्वंद्वी की हत्या किये बिना उसके विरुद्ध विभिन्न उलझाववाली पकड़ का उपयोग होता है।
मल्ल युद्ध	दक्षिण भारत	*नबन* सहित अन्य दक्षिण पूर्व एशियाई कुश्ती शैलियों से संबंधित पारंपरिक संग्राम कुश्ती। सिद्धार्थ गौतम एवं राजा **कृष्णदेवराय** इसका अभ्यास करते थे।
मल्लखंब	महाराष्ट्र (12वीं शताब्दी)	पोल एवं रस्सी का प्रयोग, इसके लिए अधिकतम एकाग्रता की आवश्यकता। अप्रैल 2013 में, *मल्लखंब* को **मध्य प्रदेश** का राज्य खेल घोषित किया गया।
इंसु नावर (Insu-Knawr)	मिज़ोरम	खिलाड़ी एक वृत्ताकार आकृति के भीतर इस खेल को खेलने के लिए गोल लकड़ी की छड़ी का प्रयोग करते हैं।
मुकना	मणिपुर	आमतौर पर लाई हरोबा त्योहार के अंतिम दिन खेला जाता है।
किरिप, साल्डु	निकोबार	इसे निकोबारी कुश्ती के रूप में जाना जाता है।
वर्मकलई	तमिलनाडु	इसमें हमले शरीर के महत्त्वपूर्ण अंगों पर किये जाते हैं।
अडिमुरई	तमिलनाडु और केरल	माना जाता है कि सिद्धर कहे जानेवाले तमिल संतों द्वारा विकसित किया गया था। तमिलनाडु के नादर समुदाय और दक्षिण केरल के कुछ एझावा और नायरों द्वारा व्यापक रूप से अभ्यास किया जाता है।

मार्शल आर्ट का अभ्यास करने के लाभ

मार्शल आर्ट का अभ्यास या प्रशिक्षण करने के अत्यधिक लाभ हैं। वे इस प्रकार हैं :

- सम्पूर्ण शरीर और माँसपेशी तंत्र के व्यायाम से शारीरिक दक्षता बढ़ती है। मस्तिष्क भी सक्रिय होता है। प्रशिक्षण ताकत, सहनशक्ति, लचीलेपन, गतिशीलता, समन्वय आदि को बढ़ाने में सहायता करता है।
- यह भावनात्मक और आध्यात्मिक कल्याण में सहायक है। पारंपरिक मार्शल आर्ट का उपचारात्मक प्रभाव भी होता है।

स्वदेशी खेलों को बढ़ावा देने के लिए युवा मामले एवं खेल मंत्रालय ने खेलो इंडिया यूथ गेम्स, 2021 में मल्लखंब, कलारीपयट्टू, गतका, थांग-ता, सिलम्बम और योगासन को शामिल किया है।

अध्याय का सारांश

- **युद्ध कला** - 'युद्ध करने से जुड़ी कला'।
- **कलारीपयट्टू** - तीसरी शताब्दी ईसा पूर्व के आस-पास केरल में उत्पन्न हुआ था - इसमें कई तक़नीकें शामिल हैं - ब्रिटिश शासन के दौरान प्रतिबंधित रहा। कलारीपयट्टू का उल्लेख **वडक्कन पट्टुकल** में किया गया है, जो मलयालम गाथागीतों का एक संग्रह है।

- **सिलम्बम** – तमिलनाडु की आधुनिक और वैज्ञानिक युद्ध कला – माना जाता है कि इस कला का विस्तार मलेशिया तक हो गया है – नक़ली लड़ाई और आत्मरक्षा दोनों के लिए उपयोग किया जाता है। सिलम्बम की आधिकारिक संस्था – **वर्ल्ड सिलम्बम एसोसिएशन (डब्ल्यू.एस.ए.)** की स्थापना 1999 में हुई थी।
- **थांग-ता** – मणिपुर के मेइतेई लोगों द्वारा सर्जित – सशस्त्र युद्ध कला।
- **सरित सरक** – मणिपुर के मेइती लोगों द्वारा सर्जित – नि:शस्त्र कला रूप, जिसमें हाथापाई का मुक़ाबला होता है।
- **चेइबी गद-गा** – मणिपुर की प्राचीन युद्ध कला – इसमें तलवार और ढाल का उपयोग कर लड़ना शामिल होता है।
- **परी-खंडा** – राजपूतों द्वारा सर्जित – बिहार की युद्ध कला – छऊ नृत्य में व्यापक रूप से उपयोग किया जाता है।
- **थोडा** – युद्ध कला, खेल-कूद और संस्कृति का मिश्रण – हिमाचल प्रदेश से उत्पन्न – बैसाखी के दौरान होता है।
- **गतका** – हथियार आधारित युद्ध कला शैली – पंजाब के सिखों द्वारा प्रदर्शन – लाठी, कृपाण, तलवार और कटार सहित हथियारों का कुशल उपयोग।
- **मर्दानी खेल** – महाराष्ट्र की पारंपरिक सशस्त्र युद्ध कला – खिलाड़ियों में शिवाजी शामिल थे।
- **लाठी** – युद्ध कला में उपयोग किया जानेवाला विश्व का सबसे पुराना हथियार – पंजाब और बंगाल में प्रमुख रूप से प्रचलित है।
- **कुट्टू वरिसाई** – संगम साहित्य में उल्लेख मिलता है – मुख्य रूप से तमिलनाडु में प्रचलित – श्रीलंका के उत्तर-पूर्वी भाग और मलेशिया में लोकप्रिय है – नि:शस्त्र द्रविड़ युद्ध कला – सिलम्बम का नि:शस्त्र घटक।
- **मुष्टि युद्ध** – मुक्केबाज़ी जैसी नि:शस्त्र युद्ध कला शैली – वाराणसी में उत्पन्न हुआ – किक, घूँसा, घुटना और कोहनी प्रहार जैसी तक़नीकों का उपयोग किया जाता है।
- **मल्लखंब** – 2013 में मध्य प्रदेश का राज्य खेल घोषित किया गया।
- **काठी सामू** – को विजयनगरम और कर्वेतिनगरम साम्राज्य द्वारा संरक्षण दिया गया था।

यू.पी.एस.सी. पिछले वर्षों के बहुविकल्पीय प्रश्न

1. भारत की संस्कृति और परंपरा के अनुसार, 'कलारीपयट्टू' क्या है? **(CSE, 2014)**
   (a) यह दक्षिण भारत के कुछ भागों में अभी भी प्रचलित शैव धर्म का एक प्राचीन भक्ति पंथ है।
   (b) यह कोरोमंडल क्षेत्र के दक्षिणी भाग में अभी भी मिलनेवाली एक प्राचीन शैली वाली काँसे और पीतल की कलाकृति है।
   (c) यह मालाबार के उत्तरी भाग में नृत्य और नाटक का एक प्राचीन रूप और एक जीवन्त परंपरा है।
   (d) यह दक्षिण भारत के कुछ भागों में एक प्राचीन मार्शल आर्ट और एक जीवन्त परंपरा है।

उत्तर

1. (d)

अध्याय 13

अमूर्त सांस्कृतिक विरासतों की यूनेस्को सूची

परिचय

सांस्कृतिक विरासत का अर्थ केवल स्मारकों और वस्तुओं का संग्रहण नहीं है। इसमें पूर्वजों से विरासत में मिले और अपने वंशजों को उत्तराधिकार में हस्तांतरित की जानेवाली **परंपराएँ** या **जीवन्त भाव**, जैसे *वाचिक परंपराएँ, प्रदर्शन कलाएँ, सामाजिक प्रथाएँ, रीतियाँ, उत्सव, प्रकृति और ब्रह्माण्ड से संबंधित ज्ञान और प्रथाएँ या पारंपरिक शिल्पकलाओं को सर्जित करनेवाले ज्ञान और कौशल भी सम्मिलित होते हैं।* यूनेस्को (UNESCO) ने अपनी अमूर्त सांस्कृतिक विरासत सूचियों की स्थापना विश्वभर की महत्त्वपूर्ण अमूर्त सांस्कृतिक विरासतों के बेहतर संरक्षण को सुनिश्चित करने तथा उनके महत्त्व के संबंध में जागरूकता उत्पन्न करने के लक्ष्य को निरूपित करने के लिए की है। इस कार्यक्रम का लक्ष्य विश्वभर की मानव जाति के विभिन्न

वाचिक (Oral) और अमूर्त कोषों (Intangible Treasures) की सूचनाओं के विस्तृत संग्रह के माध्यम से अमूर्त विरासत के संरक्षण की ओर लोगों का ध्यान आकृष्ट करना है।

अमूर्त सांस्कृतिक विरासत का अर्थ समुदायों, समूहों से सबंधित प्रथाएँ, निरूपण, अभिव्यक्तियाँ, ज्ञान, कौशल और साथ ही उपकरण, वस्तुएँ, कलाकृतियाँ तथा कुछ प्रकरणों में उनकी सांस्कृतिक विरासत का हिस्सा माने जानेवाले व्यक्ति भी शामिल होते हैं।

UNESCO के इस कार्यक्रम ने दो सूचियों को संकलित किया है :

1. **मानवता की अमूर्त सांस्कृतिक विरासत की प्रतिनिधि सूची (रीप्रसेंटेटिव लिस्ट):** इसमें सांस्कृतिक प्रथाएँ और अनुभव सम्मिलित हैं, जो इस विरासत की विविधता को प्रदर्शित करने में सहयोग करते हैं एवं इसकी महत्ता के संबंध में जागरूकता उत्पन्न करते हैं।
2. **उन अमूर्त सांस्कृतिक विरासतों की सूची, जिन्हें तत्काल संरक्षण की आवश्यकता है:** यह उन सांस्कृतिक तत्त्वों को सम्मिलित करती है, जिन्हें संबंधित समुदाय और देश जीवित रखने पर विचार करते हैं और उन्हें तत्काल संरक्षण की आवश्यकता है।

नोट : परीक्षा के लिए प्रतिनिधि सूची महत्त्वपूर्ण है।

मानवता की अमूर्त सांस्कृतिक विरासत की प्रतिनिधि सूची

मानवता की अमूर्त सांस्कृतिक विरासत की प्रतिनिधि सूची में भारत की निम्नलिखित 14 अमूर्त विरासतें हैं :

कुडियट्टम (संस्कृत नाट्यकला) : 2008 में सम्मिलित

यह **केरल** में **चकयारों** (हिन्दुओं की एक उप-जाति) द्वारा किया जानेवाला नृत्य एवं नाटक का समावेश है, जिसमें वे परंपरागत रूप से पुरुष की भूमिका निभाते हैं। **अंबालवासी नंबियार जाति की महिलाएँ** नारी की भूमिका निभाती हैं। इसका प्रदर्शन **6 से 20 दिन** तक चलता है। इसका अभिनय मुख्य रूप से **मंदिरों में** किया जाता है और इसकी विषय-वस्तु **हिन्दू पौराणिकता** पर आधारित है।

'विदूषक' का चरित्र साधारण मलयालम में कथा की पृष्ठभूमि की व्याख्या करता है और दर्शकों के मन में चरित्रों की जीवंत छवि पैदा करता है। अन्य सभी चरित्र संस्कृत भाषा का प्रयोग कर अभिनय करते हैं। इसमें **मिझावू** नामक संगीत वाद्य यंत्र प्रमुख रूप से प्रयोग किया जाता है।

कुडियट्टम थियेटर
स्रोत : www.keralaculture.org

रामलीला : 2008 में सम्मिलित

यह **उत्तर प्रदेश** क्षेत्र की प्रसिद्ध लोक अभिनय कला है। इसमें **दशहरे से पहले रामायण** को गीतों, नृत्यों और संवादों के रूप में अभिनीत किया जाता है। इसे सामान्य रूप से पुरुष अभिनेताओं द्वारा सम्पन्न किया जाता है। पुरुष अभिनेताओं

द्वारा ही सीता का अभिनय भी किया जाता है। इस नाटक को प्रतिवर्ष 'शारदीय नवरात्रियों' की शुभ बेला में **10 या इससे अधिक रातों** तक मंचित किया जाता है।

लखनऊ के निकट बक्शी का तालाब नामक स्थान पर 1972 से एक **अनोखी रामलीला** का मंचन किया जा रहा है, जहाँ प्रमुख चरित्रों, जैसे- राम, लक्ष्मण और हनुमान आदि का अभिनय **मुस्लिम युवकों** द्वारा किया जाता है। इस नाटक को आम जनता के बीच **सामुदायिक सौहार्द** को बढ़ावा देने के लिए **'उस गाँव की रामलीला'** नामक रेडियो नाटक का रूप भी दिया गया है।

वेदपाठ की परम्परा : 2008 में सम्मिलित

वेदों की वाचिक परंपरा में *वेद* मंत्रों के *पाठ* अनेक प्रकार से किये जाते हैं। वैदिक पाठ की ऐसी परंपराओं को बहुधा अभी तक जीवित सर्वाधिक **प्राचीन अक्षत वाचिक परंपरा** माना जाता है। संरक्षित वैदिक ग्रन्थों का समय काल लगभग लौह युग के समकालीन नियत किया गया है। UNESCO ने वेदपाठ की परंपरा को मानवता की वाचिक तथा अमूर्त विरासतों की उत्कृष्ट कृति घोषित किया है।

रम्मन : 2009 में सम्मिलित

यह एक धार्मिक उत्सव तथा **गढ़वाल क्षेत्र की पारंपरिक रीतिगत नाट्यकला** है। इसे **उत्तराखण्ड** के **चमोली ज़िले** में पैखंडा घाटी के सलूर डुंगरा-गाँव में हिन्दू समुदाय द्वारा मनाया जाता है। ग्रामीण गाँव के मन्दिर के बरामदे में **ग्राम-देवता भूमियाल** को ग्रामीणों द्वारा चढ़ावा चढ़ाया जाता हैं। यह उत्सव इस गाँव का अद्वितीय उत्सव है और इसे हिमालयी क्षेत्र में कहीं और सम्पन्न नहीं किया जाता। इसका एक महत्त्वपूर्ण पक्ष **जागर** का गान करना है, जो स्थानीय पौराणिक कथाओं का संगीतमय गायन है।

मुडियेट्टू : 2010 में सम्मिलित

मुडियेट्टू एक पारम्परिक **रीतिगत नाट्य** कला है, जो **केरल** राज्य में सम्पन्न किया जानेवाला लोक नृत्य और नाटक है। यह **देवी काली** और **दारिका** राक्षस के बीच युद्ध की पौराणिक कथा को चित्रित करता है। इस नृत्य को भगवती कावुस नाम से जाना जाता है, जो **गाँव के मंदिरों** में फ़रवरी और मई में फ़सल कटाई के मौसम के बाद किया जाता है। इसका प्रदर्शन करनेवाले अलौकिकता का अनुभव कराने हेतु भारी-भरकम श्रृंगार करते हैं तथा परम्परागत रूप से मुख पर चित्रकारी कर लंबे मुकुट इत्यादि के साथ भव्य वेशभूषा धारण करते हैं। इसमें देवी काली का ज़मीन पर डिज़ाइन तैयार किया जाता है (जिसे **कोलम** के रूप में जाना जाता है) और फिर उसकी पूजा की जाती है।

मुडियेट्टू थियेटर
स्रोत : www.keralaculture.org

कालबेलिया : 2010 में सम्मिलित

राजस्थान राज्य में कालबेलिया नाम की ही जनजाति द्वारा प्रदर्शित किये जानेवाले इस नृत्य का संचालन **सर्प** से मेल खाता हैं। इसके गीत पौराणिक गाथाओं पर आधारित हैं और गीतों को प्रदर्शन के दौरान गीत के शब्दों को तत्काल निर्मित भी किया जाता है। इसके प्रदर्शन के साथ उपयोग किये जानेवाले वाद्ययंत्रों में शामिल हैं – पूंगी, चांग और झाँझ।

कालबेलिया प्रदर्शन

छऊ : 2010 में सम्मिलित

यह एक **जनजातीय युद्ध** कला नृत्य है, जिसे प्रमुख रूप से **ओडिशा, झारखण्ड** तथा **पश्चिम बंगाल** में प्रदर्शित किया जाता है। उत्पत्ति और विकास स्थान के आधार पर इस नृत्य की तीन उप-शैलियाँ हैं– पुरुलिया छऊ (पश्चिम बंगाल), सरायकेला छऊ (झारखण्ड) और मयूरभंज छऊ (ओडिशा)। यह नृत्य मुख्य रूप से वसन्त उत्सव के दौरान प्रदर्शित किया जाता है और 13 दिनों तक चलता है।

संपूर्ण समुदाय इसमें भाग लेता है। इस नृत्य का प्रदर्शन **पुरुष नर्तक** द्वारा **रात्रि के समय किसी खुले स्थान** में किया जाता है। यह नृत्य और युद्ध कलाओं; दोनों का एक मिश्रण है, जिसमें छद्म युद्ध तकनीकों का प्रयोग किया जाता है। छऊ नृत्य की विषय-वस्तु हिन्दू पौराणिक गाथाओं पर आधारित है। मयूरभंज छऊ के अतिरिक्त अन्य सभी में प्रदर्शन के दौरान नर्तक द्वारा **मुखौटा** पहना जाता है।

छऊ प्रदर्शन

लद्दाख का बौद्ध मंत्रोच्चार : 2012 में सम्मिलित

इसका संदर्भ ट्रांस-हिमालयी लद्दाख क्षेत्र में **पवित्र बौद्ध ग्रन्थों के पाठ** से है। लद्दाख में बौद्ध धर्म मुख्य रूप से दो उप-संप्रदायों, **महायान** और **वज्रयान** से संबंधित हैं। मंत्रों का जाप नृत्य के साथ घर के भीतर या मठों के पुजारियों के साथ किया जाता है।

संकीर्तन : 2013 में सम्मिलित

यह **मणिपुर** की रीतिगत गायन, ढोल वादन और नृत्य कला है। यह कला रूप मणिपुरी **वैष्णवों** के जीवन में धार्मिक अवसरों और विभिन्न अवस्थाओं को चिह्नित करने के लिए प्रदर्शित किया जाता है। **मन्दिरों में** प्रचलित इस कला में प्रदर्शनकर्ता **भगवान् कृष्ण** के जीवन और कार्यों का गीतों और नृत्यों द्वारा वर्णन करते हैं। संकीर्तन लोगों को उत्सव के अवसरों पर निकट लाता है और लोगों तथा समुदाय के बीच संस्कार समारोहों द्वारा संबंधों को सुदृढ़ करता है। एक विशिष्ट संकीर्तन

प्रदर्शन में घर के बरामदे में बने कक्ष में दो ढोलवादक और 10 गायक-नर्तक भक्तों से घिरकर प्रदर्शन करते है। संकीर्तन प्रदर्शन में ढोल और झाँझ वाद्य यंत्रों का प्रयोग किया जाता है।

पंजाब में जंडियाला गुरु के ठठेरों द्वारा पारम्परिक पीतल और ताँबे के बर्तन बनाने का शिल्प : 2014 में सम्मलित

यह एक मौखिक परम्परा है, जिसे **'ठठेरा' समुदाय** पीढ़ी-दर-पीढ़ी आगे बढ़ाता जा रहा है। इसमें धातुओं को गर्म किया जाता है और फिर उन्हें घुमावदार आकार में पतली परतों में ढाला जाता है। इन बर्तनों का कार्यात्मक (सामान्य) और धार्मिक प्रयोजन होता है। इसमें पीतल, ताँबा और काँसा धातुओं का उपयोग किया जाता है। आयुर्वेद के ग्रन्थों में औषधीय प्रयोजनों के लिए इनके उपयोग का परामर्श दिया गया है। 19वीं शताब्दी में **महाराजा रंजीत सिंह द्वारा** इन्हें संरक्षण और **प्रोत्साहन** दिया गया। यह बर्तन विभिन्न प्रकार के होते हैं, जैसे घरों में और सिख गुरुद्वारों की सामुदायिक रसोइयों (लंगर) में उपयोग किये जानेवाले।

बर्तन बनाता ठठेरा सुमदाय

नवरोज़ः 2016 में सम्मिलित

यह **पारसियों के नववर्ष** के आरम्भ को इंगित करता है तथा इसे कश्मीरी समुदाय द्वारा वसंत-उत्सव के रूप में भी मनाया जाता है। यह **पर्यावरण के प्रति पारसी मत के सम्मान** को प्रदर्शित करता है। इस उत्सव में, एक चौकी स्थापित कर उस पर *गाथाओं* की एक प्रति रखने, दीपक या मोमबत्ती प्रज्वलित करने, मिट्टी की एक उथली तश्तरी में अंकुरित गेहूँ या सेम रखने, छोटी कटोरी में एक चाँदी का सिक्का, पुष्प, रँगे हुए अंडे, मिष्टान्न और **एक कटोरे में पानी रखकर उसमें गोल्डफ़िश रखने** की परम्परा है। ये सभी समृद्धि, सम्पन्नता, रंग और प्रसन्नता को दर्शाते हैं।

योग : 2016 में सम्मिलित

इसमें एक व्यक्ति की आत्म-अनुभूति के निर्माण में सहायता के लिए मुद्राओं, ध्यान, नियंत्रित श्वास, शब्द जाप और अन्य तकनीकें सम्मलित होती हैं। परम्परागत रूप से इसे **गुरु-शिष्य परम्परा** के माधयम से आगे बढ़ाया गया है।

कुंभ मेला : 2017 में सम्मिलित

कुंभ मेला - पवित्र नदी में स्नान करने के लिए एक बड़े पैमाने पर हिंदू तीर्थस्थल है। ये चार स्थानों पर आयोजित किये जाते हैं **: प्रयागराज, हरिद्वार, नासिक** और **उज्जैन।** उपर्युक्त किसी भी स्थान पर, यह प्रत्येक 12 वर्षों के बाद आयोजित किया जाता है। नासिक और उज्जैन में इन्हें **सिंहस्थ** कहा जाता है। प्रयागराज और हरिद्वार में, कुंभ मेले हर 6 साल के बाद भी आयोजित किये जाते हैं, जिसे अर्द्ध कुंभ कहते हैं। प्रयागराज में कुंभ हरिद्वार में कुंभ के 3 साल बाद और नासिक और उज्जैन में कुंभ से 3 साल पहले मनाया जाता है। वही नासिक और उज्जैन में कुंभ एक ही वर्ष या एक वर्ष के अंतराल पर मनाया जाता है।

मानचित्र - मानवता की अमूर्त सांस्कृतिक विरासत की प्रतिनिधि सूची (भारत से)

कोलकाता में दुर्गा पूजा : 2021 में सम्मिलित

दुर्गा पूजा सितंबर या अक्टूबर में पूरे पश्चिम बंगाल राज्य में भव्य रूप से मनाया जानेवाला एक वार्षिक त्योहार है। यह भारत के अन्य हिस्सों और बंगाली प्रवासियों के बीच भी मनाया जाता है। यह हिंदू मातृ-देवी दुर्गा की पूजा का प्रतीक है। यह कोलकाता का सबसे बड़ा त्योहार है। दुर्गा पूजा से पहले, कारीगर मिट्टी का उपयोग करके, देवी दुर्गा माँ की मूर्तियाँ बनाते हैं। देवी माँ दुर्गा की पूजा महालय से शुरू होती है, जब देवी को जीवंत करने के लिए उनकी आँखें मिट्टी के मूर्तियों पर चित्रित की जाती हैं। इसका समापन दशमी को होता है, जो इस त्यौहार का आख़िरी दिन है। यह बंगालियों के लिए एक भावनात्मक त्योहार है क्योंकि यह 'घर वापसी' या अपनी जड़ों की ओर मौसमी वापसी है। कोलकाता में दुर्गा पूजा के मुख्य आकर्षण पंडाल, रोशनी, सजावट, मूर्तियाँ, भोजन, सभाएँ और आनंदोत्सव हैं। 15 दिसंबर 2021 में 'कोलकाता में दुर्गा पूजा' को अमूर्त सांस्कृतिक विरासत का दर्जा प्राप्त हुआ।

यूनेस्को का रचनात्मक शहरों का नेटवर्क (UCCN)

UNESCO के अनुसार, रचनात्मक शहरों के नेटवर्क (UCCN) का गठन **2004** में किया गया था। इसका उद्देश्य, ऐसे देशों के मध्य सहयोग को बढ़ाना है "जिन्होंने **रचनात्मकता** को संधारणीय शहरी विकास के लिए एक महत्त्वपूर्ण कारक के रूप में चिह्नित किया है"। इस नेटवर्क में **07 रचनात्मक क्षेत्रों** को सम्मिलित किया गया है : शिल्प और लोक-कला, मीडिया आर्ट्स, फ़िल्म, डिज़ाइन, पाक-कला, साहित्य और संगीत। जुलाई 2023 तक, **छह (06)** भारतीय शहरों को UNESCO के रचनात्मक शहर नेटवर्क (UCCN) में सम्मिलित किया गया है :

1. **श्रीनगर** - शिल्प और लोक-कला (2021)
2. **हैदराबाद** - पाक-कला (2019)
3. **मुंबई** - फ़िल्म (2019)
4. **चेन्नई** - संगीत (2017)
5. **जयपुर** - शिल्प और लोक-कला (2015)
6. **वाराणसी** - संगीत (2015)

अध्याय का सारांश

- **कुडियट्टम** - संस्कृत थिएटर - 2008 में सम्मिलित किया गया - **केरल** का संयुक्त नृत्य और नाटक - **चकयारों** द्वारा किया जाता है प्रदर्शन - **6 से 20 दिनों** तक चलता है थिएटर - अभिनय मुख्य रूप से **मंदिरों के अंदर** किया जाता है - **मिझावु** मुख्य संगीत यंत्र है, जिसका प्रयोग किया जाता है।
- **रामलीला** - 2008 में सम्मिलित किया गया - **उत्तर प्रदेश** क्षेत्र की लोक नाट्यकला - गीत, नृत्य और संवादों का प्रयोग करके **रामायण** का अभिनय।
- **रम्मन** - 2009 में सम्मिलित किया गया - **उत्तराखंड** का - धार्मिक उत्सव और **रीतिगत** नाट्यकला।

- **मुडियेट्टू** - 2010 में सम्मिलित किया गया - पारंपरिक रीतिगत नाट्यकला - **केरल** में आयोजन - देवी **काली** और राक्षस **दारिका** के बीच युद्ध की पौराणिक कथा का चित्रण।
- **छऊ** - 2010 में सम्मिलित किया गया - जनजातीय **युद्ध** कला नृत्य - **ओडिशा**, झारखंड और **पश्चिम बंगाल** में प्रदर्शन किया जाता है - मयूरभंज छऊ के अतिरिक्त अन्य सभी छऊ में प्रदर्शन के दौरान नर्तक द्वारा मुखौटा पहना जाता है।
- **संकीर्तन** - 2013 में सम्मिलित किया गया - **मणिपुर** की रीतिगत गायन, ढोल वादन और नृत्य कला। मुख्य रूप से **मंदिरों** में प्रदर्शन।
- **योग** - 2016 में सम्मिलित किया गया - मुद्राएँ, ध्यान, नियंत्रित श्वास, शब्द-जाप और अन्य तकनीकें सम्मिलित - **गुरु-शिष्य परंपरा** के माध्यम से सिखाया जाता है।
- **कुंभ मेला** - 2017 में सम्मिलित किया गया - पवित्र नदी में स्नान करने के लिए हिंदुओं का सामूहिक तीर्थ। चार स्थानों पर आयोजन: **प्रयागराज, हरिद्वार, नासिक** और **उज्जैन**।
- **कोलकाता में दुर्गा पूजा - 2021 में सम्मिलित किया गया** - पश्चिम बंगाल में सितंबर या अक्टूबर में मनाया जाने-वाला एक वार्षिक त्यौहार - कोलकाता में सबसे बड़ा त्यौहार।
- **यूनेस्को का रचनात्मक शहरों का नेटवर्क (UCCN)** - श्रीनगर, हैदराबाद, मुंबई, चेन्नई, जयपुर, वाराणसी।

यू.पी.एस.सी. पिछले वर्षों के बहुविकल्पीय प्रश्न

1. **मणिपुरी संकीर्तन** के संदर्भ में, निम्नलिखित कथनों पर विचार करें : **(CSE, 2017)**
   1. यह एक गीत और नृत्य प्रदर्शन है।
   2. झाँझ इस प्रदर्शन में इस्तेमाल किए जाने वाला एकमात्र वाद्ययंत्र हैं।
   3. यह भगवान् कृष्ण के जीवन और कार्यों को बताने के लिए प्रदर्शित किया जाता है।

   ऊपर दिये गये कथनों में से कौन-सा/से सही है/हैं?

   (a) 1, 2 और 3 (b) 1 और 3 केवल
   (c) 2 और 3 केवल (d) 1 केवल

उत्तर

1. (b)

यू.पी.एस.सी. पिछले वर्षों के प्रश्न - मुख्य परीक्षा

1. **भारतीय कला विरासत** को सुरक्षित रखना इस समय की आवश्यकता है। टिप्पणी करें। **(CSE, 2018)**

भाग-C

भारत की संस्कृति

अध्याय 14

भारत में जनजातीय संस्कृति

परिचय

भारत, जिसे प्रायः अनेक संस्कृतियों और परंपराओं की भूमि कहा जाता है, विभिन्न राज्यों और क्षेत्रों में बिखरे हुए कई आदिवासी समुदायों का घर है। इन जनजातियों ने अपनी अनूठी पहचान, भाषा, विश्वास, कला, संगीत और नृत्य रूपों का पोषण किया है, जिससे सांस्कृतिक विरासत की एक रंगीन चित्रयवनिका प्रस्तुत हुई है, जो राष्ट्र को समृद्ध बनाती है। इस अध्याय में, हम भारत की जनजातीय संस्कृतियों की यात्रा प्रारंभ करेंगे और उनकी आकर्षक विविधता और देश की सांस्कृतिक पच्चीकारी में योगदान देनेवाले ख़ज़ाने की खोज करेंगे।

जनजातीय आबादी की विरासत ने भारतीय उपमहाद्वीप में आदिवासी सभ्यता का निर्माण किया है और देश के सांस्कृतिक विकास में गहन योगदान दिया है। जनजातीय भाषा, संस्कृति और कला भारत के विभिन्न कोनों में जनजातीय लोगों के बीच

पायी जानेवाली रचनात्मक ऊर्जा को दर्शाती है। इस अध्याय में, हम भारत के विभिन्न राज्यों और क्षेत्रों में पायी जानेवाली लुभावनी जनजातीय संस्कृतियों का समन्वेषण करेंगे।

भारत में जनजातियाँ

समाजशास्त्र के अनुसार, **'ट्राइब'** शब्द का अर्थ है, ***"सामाजिक-राजनीतिक संगठन की एक ऐसी इकाई, जिसमें कई परिवार, क़बीले या अन्य समूह शामिल होते हैं, जो एक ही वंश और संस्कृति के होते हैं"*** परिणामस्वरूप, यह शब्द 13वीं शताब्दी की मध्य युग की अँगरेज़ी में खोजा जा सकता है, जहाँ **'ट्राइब'** का अर्थ **'इज़रायल की बारह जनजातियों'** का बाइबिल सम्मिलन था। यह शब्द पुराने फ़्रांसीसी ***ट्राइब्यू*** से है, जो लैटिन ***ट्राइबस*** से लिया गया है, जो रोमन राज्य के मूल त्रिपक्षीय जातीय विभाजन को संदर्भित करता है।

भारत में जनजातियाँ मूल निवासी हैं, जिन्हें आदिवासी आबादी भी कहा जाता है। भारत की लगभग **8.6 प्रतिशत** आबादी अनुसूचित जनजाति (एसटी) या पारंपरिक आदिवासी समुदायों से बनी है।

जनजातीय लोग बहुत लंबे समय से भारतीय उपमहाद्वीप में निवास कर रहे हैं। **रामापिथेकस** नामक प्रजाति उत्तर-पश्चिमी हिमालय की शिवालिक निचली पहाड़ी में पायी जाती थी। मानवशास्त्रीय दृष्टिकोण से, भारत की जनसंख्या को छह मुख्य जातीय समूहों में वर्गीकृत किया जा सकता है-

1. **नेग्रिटोस :** अफ़्रीका के **नेग्रिटोस** या **ब्रैकीसेफ़ेलिक** (जिसका अर्थ है चौड़े सिरवाले) *भारत में रहनेवाले सबसे प्रारंभिक लोग* थे। उदाहरण- भारत में अंडमानी जनजाति।
2. **प्रोटो-ऑस्ट्रेलॉइड अथवा ऑस्ट्रिक्स :** नेग्रिटोस के बाद, ऑस्ट्रिक्स भारत में रहने लगे। वे लोगों की ऐसी जाति का प्रतिनिधित्व करते हैं, जिनके भूरे शरीर पर लहराते और घुंघराले बाल प्रचुर मात्रा में फैले हुए हैं, लंबा सिर, नीचा माथा और उभरी हुई आँखें, कम और चौड़ी जड़ोंवाली नाक, मोटे जबड़े, बड़े तालु और दाँत और छोटी ठुड्डी हैं। ऐसा माना जाता है कि ऑस्ट्रियाई जनजातियाँ, जो पूरे भारत में फैली हुई हैं, **'लोगों का आधार बनती हैं'**। वे सिंधु घाटी सभ्यता के मुख्य निर्माता थे।
3. **मोंगोलोइड्स :** ये वे लोग हैं, जिनके लक्षण मंगोलिया, चीन और तिब्बत के लोगों से मिलते हैं। ये आदिवासी समूह मुख्य रूप से पूर्वोत्तर राज्यों, जैसे- असम, नागालैंड, मणिपुर, मिज़ोरम, मेघालय, सिक्किम और लद्दाख में भी स्थित हैं।
4. **द्रविड़ :** द्रविड़, नेग्रीटो और ऑस्ट्रिक्स की आबादी को पार करते हुए, पूरे भारत में फैल गये थे। *यह समूह उत्तर भारत में अनुसूचित जातियों का मुख्य हिस्सा है।* इस समूह का एक उप-प्रकार है, जिसे **ओरिएंटल ग्रुप** कहा जाता है।
5. **पश्चिमी ब्रैचिसेफल्स :** भारत की पारसी आबादी को इस समूह का वंशज माना जाता है।
6. **नॉर्डिक :** नॉर्डिक या **इंडो-आर्यन** भारत में आनेवाले अंतिम अप्रवासी हैं। इसमें इंडो-ईरानियों का समूह शामिल है। हालाँकि उन्होंने अपनी पहली बस्तियाँ पश्चिमी और उत्तरी पंजाब में बनायीं, लेकिन धीरे-धीरे वे गंगा घाटी और उससे आगे तक फैल गईं। वर्तमान में, वे विभिन्न संस्कृतियोंवाली जनजातियों की कई इकाइयों में विभाजित हैं।

संस्कृति विभिन्न घटकों के माध्यम से प्रतिबिंबित होती है, जो लंबे समय तक मूल्यों, रीति-रिवाज़ों, अनुष्ठानों और क़ानूनों को आकार देने में सहायक है। किसी भी समाज में, किसी भी संस्कृति के मुख्य घटक भाषा, धर्म, संगीत, नृत्य और कला रूप हैं।

भारत में जनजातीय भाषाएँ

विभिन्न जातीय समूहों के विकास के आधार पर, भारतीय भाषाओं को निम्नलिखित छह समूहों में विभाजित किया जा सकता है-

1. इंडो-आर्यन
2. द्रविड़
3. चीन-तिब्बती
4. नीग्रोइड
5. ऑस्ट्रिक
6. अन्य

भारत में जनजातियों की विविधता के कारण भारत में असंख्य भाषाएँ हैं। यह पाया गया है कि प्रायः एक ही जनजातीय समूह के भीतर एक ही भाषा विभिन्न बोलियों में बोली जाती है।

जनजातीय भाषाएँ मूलतः 'लोक' भाषाएँ हैं, जो जातीय समूहों के लोगों द्वारा बोली जाती हैं, जो अपेक्षाकृत पृथक् समूहों में रहना पसंद करते हैं। प्राचीन काल में बोली जानेवाली जनजातीय भाषाओं से निकली ये भाषाएँ मौखिक रूप से गीतों, लोककथाओं और किंवदंतियों के रूप में संरक्षित हैं।

विकसित अतीत और प्रबुद्ध शैक्षिक हस्तक्षेप के कारणवश भारतीय जनजातीय भाषाएँ अत्यंत संघटित और सुव्यवस्थित हैं। **गारो** और **चकमा** भाषाओं की बोली में अल्प मात्रा में चीनी संकेत है। गारो और माघ भाषाओं के बीच मौलिक समानता है, क्योंकि दोनों जनजातियाँ एक ही मूल की हैं। **मुंडा**, **संथाली**, **कोल**, **खासि**, **गारो** और **कुरुखारे** परस्पर संबंधित भाषाएँ हैं। **मुंडा** और **कुरुख** वाक्य-विन्यास की दृष्टि से समतुल्य भाषाएँ मानी जाती हैं और दोनों की क्रियाएँ लगभग समान हैं। **मुंडा**, **संथाली** और **कोल** भाषाएँ इंडो-आर्यन भाषाओं से अधिक प्राचीन हैं। भारतीय जनजातीय भाषाओं को कुछ श्रेणियों में वर्गीकृत किया जा सकता है-

भारतीय जनजातीय भाषाएँ

- **इंडो-आर्यन जनजातीय भाषाएँ**
- **तिब्बती-बर्मन जनजातीय भाषाएँ**
- **द्रविड़ आदिवासी भाषाएँ**
- **ऑस्ट्रो-एशियाई जनजातीय भाषाएँ**

इंडो-आर्यन जनजातीय भाषाएँ

इंडो-आर्यन जनजातीय भाषा बोलनेवाले, देश के विशाल भौगोलिक क्षेत्र में फैले हुए हैं। भारत के उत्तरी, पूर्वी, पश्चिमी और मध्य भाग इंडो-आर्यन भाषाएँ बोलनेवाले लोगों से भरे हुए हैं। भारत में जनजातीय भाषा के इस परिवार में 574 से अधिक मातृभाषाएँ सम्मिलित हैं। इनमें से कुछ इंडो-आर्यन जनजातीय भाषाओं का उल्लेख निम्नलिखित है-

- इंडो-आर्यन परिवारों के अंतर्गत जनजातीय भाषाओं में से तीन मुख्य भाषाएँ **भीली भाषा**, **खानदेशी** और **हलाबी** हैं। वे मुख्य रूप से **गुजरात**, **राजस्थान**, **मध्य प्रदेश** और **महाराष्ट्र** में बोली जाती हैं।
- जनजातीय भाषाओं के इंडो-आर्यन परिवार में **खानदेशी** भाषा समूह में लगभग पाँच मुख्य मातृभाषाएँ शामिल हैं। ये भाषाएँ कुल मिलाकर लगभग 12 लाख लोगों द्वारा बोली जाती हैं।
- इंडो-आर्यन आदिवासी भाषा परिवार से संबंधित **कावारी और कटकारी भाषाएँ** मध्य प्रदेश, गुजरात और महाराष्ट्र के क्षेत्रों के लोगों द्वारा बोली जाती हैं। ये गुजरात और महाराष्ट्र के कुछ हिस्सों की जनजातियों द्वारा बोली जाती हैं।
- जम्मू और कश्मीर राज्य की जनजातियाँ **किश्तवाड़ी** बोलती हैं।
- **कोच** त्रिपुरा और असम की जनजातियों और पश्चिम बंगाल राज्य के कूच बिहार ज़िले में बोली जाती है।
- **कोंकणी और गोवानीज़** दो अत्यंत लोकप्रिय इंडो-आर्यन जनजातीय भाषाएँ हैं, जो महाराष्ट्र और गोवा के तटीय क्षेत्रों में बोली जाती हैं।
- **हल्बी** या **हलाबी** महाराष्ट्र और मध्य प्रदेश राज्यों में लगभग 5 लाख लोगों द्वारा बोली जाती है।

तिब्बती-बर्मन जनजातीय भाषाएँ

यह भाषा परिवार मुख्यत: भारत के उत्तरी और उत्तर-पूर्व क्षेत्रों में बोली जाती है। यह नाम जनजातियों के इस परिवार द्वारा बोली जानेवाली भाषाओं और म्याँमार (पहले बर्मा) में बोली जानेवाली भाषाओं की समानता से व्युत्पन्न है।

- तिब्बती-बर्मन भाषा परिवार के बोडो उपपरिवार की नौ भाषाएँ, देश में जनजातीय भाषाओं का सबसे बड़ा समूह बनती हैं। इस उप-परिवार की प्रमुख नौ भाषाएँ हैं- **बोडो**, **गारो**, **त्रिपुरी**, **मिकिर**, **राभा**, **दिमासा**, **लालुंग**, **देवरी** और **कोच**। ये भाषाएँ ब्रह्मपुत्र घाटी, असम, मेघालय और त्रिपुरा में उत्तरी कछार पहाड़ियों में फैली आधी से अधिक आदिवासी आबादी द्वारा बोली जाती हैं।
- तिब्बती-बर्मन आदिवासी भाषा परिवार के अन्य उप-समूहों से संबंधित भाषाएँ कम संख्या में आबादी द्वारा बोली जाती हैं। उदाहरण के लिए, नागा समूह की चौबीस भाषाएँ नागालैंड, अरुणाचल प्रदेश और उत्तरी मणिपुर पहाड़ियों में बोली जाती हैं; कुकी-चिन समूह की पच्चीस भाषाएँ मिज़ोरम, मणिपुर और त्रिपुरा राज्यों में बोली जाती हैं। इस समूह की प्रमुख भाषाएँ **लुशाई/मिज़ो**, **थाडो** और **पैइट** हैं।
- तिब्बती-बर्मन परिवार की कुछ जनजातीय भाषाएँ **बोडो**, **मिकिर और राभा**, **दिमासा** और **लालुंग** जैसी अन्य संबद्ध भाषाएँ हैं। इन भाषाओं का उपयोग पूरे असम राज्य में जनजातीय लोगों द्वारा किया जाता है।
- **बोडो** भाषा तिब्बती-बर्मन भाषा परिवार से संबंधित लोकप्रिय भारतीय जनजातीय भाषाओं में से एक है, जो चीन-तिब्बती भाषा समूह का एक उप-समूह है। यह मुख्यत: भारत के उत्तर-पूर्वी क्षेत्र में रहनेवाले बोडो लोगों और पड़ोसी देश नेपाल के वासियों द्वारा बोली जाती है। बोडो भाषा को असम राज्य की आधिकारिक भाषाओं में से एक का दर्जा मिला है। बोडो भाषा असम राज्य की **दिमासा** भाषा और मेघालय राज्य की **गारो** भाषा के साथ निकटता से जुड़ी हुई है। बोडो भाषा आधिकारिक रूप से 'देवनागरी' लिपि में लिखी जाती है।

द्रविड़ जनजातीय भाषाएँ

- भारतीय उपमहाद्वीप में बोली जानेवाली भाषा के इस परिवार में मुख्य रूप से भारत के दक्षिणी हिस्सों में बोली जानेवाली जनजातीय भाषाएँ शामिल हैं।
- इस परिवार की कुछ प्रारंभिक भाषाएँ, जैसे **कुडु**, को इस भाषा परिवार से संबंधित नहीं माना जाता है, क्योंकि इसे कन्नड़ भाषा से जोड़ दिया गया है।
- इस समूह की कुछ महत्त्वपूर्ण भाषाएँ **कोलामी, कुई, कोंडा, कोया, गोंडी, ओरॉंव/कुरुख** और **पारजी** हैं।
- **कैकाडी** एक प्रमुख द्रविड़ आदिवासी भाषा है, जो कर्नाटक और महाराष्ट्र के कई हिस्सों में **कैकाडी** जनजातियों द्वारा बोली जाती है।
- एक अन्य द्रविड़ आदिवासी भाषा **कनिककरण** है, जो केरल राज्य के एर्नाकुलम, तिरुवनंतपुरम और कोड़िकोड ज़िलों और तिरुनेलवेली ज़िले में बोली जाती है।
- **कोंडा-डोरा** एक और द्रविड़ भाषा है, जो ओडिशा और आंध्र प्रदेश के कई क्षेत्रों में बोली जाती है।
- **कोरागा** केरल के कुछ हिस्सों में बोली जाती है।
- **कोटा** एक अन्य द्रविड़ भाषा है, जो मुख्य रूप से तमिलनाडु के कुछ हिस्सों में बोली जाती है।
- **कोया** मध्य प्रदेश, ओडिशा, महाराष्ट्र और आंध्र प्रदेश के कई हिस्सों में बोली जाती है। इसकी मुख्य बोलियाँ **पोडिया, मालकानगिरि कोया** और **चिंटूर कोया** हैं।
- **कमर** द्रविड़ परिवार से संबंधित एक और आदिवासी भाषा है और मध्य प्रदेश राज्य के रीवा ज़िले और छत्तीसगढ़ राज्य के रायपुर ज़िले के क्षेत्रों में आदिवासी समुदायों द्वारा बोली जाती है। यह आंध्र प्रदेश, तमिलनाडु, केरल, महाराष्ट्र और ओडिशा के कुछ हिस्सों में भी बोली जाती है।

ऑस्ट्रो-एशियाई जनजातीय भाषाएँ

- ये भाषाएँ मुख्य रूप से पश्चिम बंगाल, झारखंड और भारत के उत्तर-पूर्वी राज्यों के कुछ हिस्सों में बोली जाती हैं।
- **खरिया** भाषा ऑस्ट्रो-एशियाई भाषा परिवार से संबंधित एक भारतीय जनजातीय भाषा है और यह सामान्यतः झारखंड, ओडिशा, असम और पूर्वी मध्य प्रदेश और दक्षिणी बिहार राज्यों में रहनेवाले आदिवासी लोगों द्वारा बोली जाती है।
- **संथाली** एक भारतीय जनजातीय भाषा है, जो ऑस्ट्रो-एशियाई भाषा परिवार के संथाली उप-परिवार से संबंधित है। यह भाषा **हो** और **मुंडारी** भाषाओं से घनिष्ठ रूप से जुड़ी हुई है। भारत में यह भाषा असम, बिहार, झारखंड, पश्चिम बंगाल, ओडिशा और त्रिपुरा राज्यों में बोली जाती है। **संथाली** भाषा मुख्य रूप से संथाल आदिवासी समुदाय द्वारा बोली जाती है। यह भारत के पड़ोसी देशों जैसे नेपाल, बांग्लादेश और भूटान में भी बोली जाती है।
- यह आदिवासी समुदाय **देश में सबसे बड़ा आदिवासी समुदाय** है। संथाली भाषा मूलतः **मुंडा** जनजातीय भाषा की एक बोली है।
- सामान्यतः यह माना जाता है कि संथाली भाषा आर्य भाषा से बहुत पुरानी है। वर्तमान में, संथाली आदिवासी भाषा अधिक उपयोग में नहीं है। संथाली पंडित साहित्यिक कार्यों और धार्मिक दस्तावेजों के लिए भाषा का उपयोग करते हैं। यह भाषा अपने संख्यात्मक वर्गीकरण के लिए अति प्रसिद्ध है, जो भाषाओं के द्रविड़ परिवार की भाषाओं से अलग है।

- **खासी** भाषा, ऑस्ट्रो-एशियाई जनजातीय भाषा परिवार में एक लोकप्रिय भारतीय जनजातीय भाषा है, जो मुख्य रूप से मेघालय राज्य के जनजातीय लोगों द्वारा बोली जाती है। यह भाषा **खासी-खमुइक (Khasi-Khmuic) भाषा समूह** का एक हिस्सा है। खासी भाषा ऑस्ट्रो-एशियाई भाषाओं के समूह की मुंडा शाखा से अस्पष्ट रूप से जुड़ी हुई है, जो मुख्य रूप से भारत के पूर्व-मध्य क्षेत्र में पायी जाती है। भारत में, खासी भाषा के अधिकांश वक्ता मेघालय राज्य में पाये जाते हैं। हालाँकि, यह भाषा असम राज्य के पहाड़ी ज़िलों में भी बड़ी संख्या में लोगों द्वारा बोली जाती है। पड़ोसी देश बांग्लादेश में खासी भाषा के वक्ता बड़ी संख्या में पाये जाते हैं। खासी भाषा दंत कथाओं और लोक कथाओं में समृद्ध है। दिलचस्प बात यह है कि अतीत में इस भाषा की अपनी कोई लिपि नहीं थी।
- खासी भाषा की विभिन्न बोलियाँ हैं, जैसे मानक **खासी, लैंग्रिन, भोई, नोंगतुंग** और **लिंगंगम**। इनमें से, मानक खासी, लैंग्रिन और लिंगंगम समान हैं, जबकि भोई और नोंगतुंग भिन्न हैं।

भारत की कुछ प्रमुख जनजातीय भाषाएँ

भारत की जनजातियों द्वारा बोली जानेवाली कुछ लोकप्रिय भाषाएँ इस प्रकार हैं-

भतरी, भिल्ली, भुंजिया, चकमा, छत्तीसगढ़ी, धानकी, ढोडिया, हुंधारी, गडियाली, गामित/गावटी, गरासिया/गिरासिया, गोजरी/गुज्जरी, हाजोंग, हल्बी, हरौती, हिंदी, जौनसारी, कच्छी, कोंकणी, मराठी, मावची, मेवंरी, नागपुरी, नैकाडी, निमाड़ी, उड़िया, राठी, सरदोही, शिना, थारू, वागरी, वारली सहित कई अन्य।

- भारत में कुछ प्रचलित जनजातीय भाषाएँ **अबुजामारिया, गारो, आरिया सांगला** और **सौराष्ट्री** हैं।
- **गारो :** यह गारो पहाड़ियाँ, मेघालय, त्रिपुरा, पश्चिमी असम और नागालैंड में रहनेवाले आदिवासी समुदायों द्वारा बोली जाती है। इस भाषा की कई बोलियों में मेगम, चिसाक और अटोंग शामिल हैं।
- **अबुजमारिया :** यह बस्तर ज़िले के अबुजमाड़ पहाड़ियों के लोगों द्वारा बोली जाती है।
- **पाइते, थाडौ, मार (Hmar)** और **टांगखुल भाषाएँ** भारत के अधिकांश पूर्वोत्तर भागों में बोली जानेवाली कुछ जनजातीय भाषाएँ हैं। इन प्रमुख जनजातीय भाषाओं का उपयोग करनेवाली कुछ जनजातियाँ गारो, चकमा, नागा, गोंड, मिज़ो, संथाली, खासी, ओरॉंव और मणिपुरी जनजातियाँ हैं।
- **गदाबा :** यह ओडिशा के कोरापुट ज़िले के लोगों द्वारा बोली जाती है।
- **आरिया :** यह मध्य प्रदेश के आदिवासी समुदायों द्वारा बोली जाती है।
- **सांगला :** यह अरुणाचल प्रदेश के कुछ गाँवों में बोली जाती है।

जनजातीय संगीत और नृत्य

जनजातियों के नृत्य रूप

भारत में जनजातीय संगीत और नृत्य का भारत की सांस्कृतिक विरासत में गहरा महत्त्व है। जनजातियों के संगीत और नृत्य रूप न केवल संचार के कलात्मक रूपों के प्रकार काम करते हैं, बल्कि स्वदेशी परंपराओं को संरक्षित करने, सामाजिक एकजुटता को बढ़ावा देने और आदिवासी समुदायों के बीच पहचान की भावना को बढ़ावा देने में भी महत्त्वपूर्ण भूमिका निभाते हैं। आदिवासी संगीत और नृत्य का महत्त्व सौंदर्यशास्त्र से कहीं अधिक है। अपने सौंदर्य मूल्यों से परे, वे समुदाय के भीतर सामाजिक बंधनों को सशक्त करने और अपनेपन की भावना पैदा करनेवाली एकीकृत शक्तियों के रूप में कार्य करते हैं।

आधुनिक एवं तेज़ी से बदलती दुनिया में, जब जीवन के पारंपरिक तरीक़ों को आधुनिक चुनौतियों का सामना करना पड़ता है, तो ये कला रूप स्वदेशी ज्ञान और रीति-रिवाज़ों की सुरक्षा में महत्त्वपूर्ण भूमिका निभाते हैं।

भारत के विभिन्न क्षेत्रों के जनजातीय संगीत और नृत्य रूपों के कुछ उदाहरण नीचे दिये गये हैं।

उत्तर-पूर्वी क्षेत्र

नागा जनजाति

- **सेक्रेनी नृत्य :** सेक्रेनी उत्सव के दौरान शुद्धिकरण और नवीनीकरण का उत्सव मनाया जाता है।
- **ज़ेलियांग नृत्य :** ज़ेलियांग जनजाति द्वारा प्रस्तुत किया जाता है।

मिशिंग जनजाति (असम)

- **बिहू हुसोरी :** असम में बिहू त्योहार के दौरान पारंपरिक संगीत और नृत्य। गाँव के बुजुर्ग एक घर से दूसरे घर में बिहू गीत गाते हुए जाते हैं, जिन्हें *हुसोरी* के नाम से जाना जाता है।
- **अली-ऐ लिगांग नृत्य :** कृषि का उत्सव मनाता है और प्रकृति के प्रति उनकी श्रद्धा को प्रदर्शित करता है।

गारो जनजाति (मेघालय)

- **वांगला नृत्य :** अच्छी फ़सल के लिए सूर्य देव के प्रति आभार व्यक्त करनेवाला एक आनंदमय प्रदर्शन।
- **दामा गोगाटा नृत्य :** समुदाय के भीतर एकता और सद्भाव का प्रतीक है।

पश्चिमी क्षेत्र

भील जनजाति (गुजरात, राजस्थान)

- **भवई नृत्य :** पौराणिक कहानियों को वर्णित करनेवाला एक गतिशील नृत्य रूप।
- **तेरा ताली नृत्य :** शरीर के विभिन्न हिस्सों में झाँझ बाँधकर लयबद्ध ध्वनि उत्पन्न करते हुए प्रदर्शन किया जाता है।

वर्ली जनजाति (महाराष्ट्र)

- **तारपा नृत्य :** भावपूर्ण संगीत के साथ कृषक जीवन को प्रतिबिंबित करता है।
- **गौरी नृत्य :** त्योहारों और शादियों के दौरान उत्सवों को दर्शाता है।

पूर्वी क्षेत्र

संथाल जनजाति (झारखंड, पश्चिम बंगाल)

- **बाहा नृत्य :** वसंत उत्सव के दौरान जीवन और प्रकृति का उत्सव मनाता है। (आदिवासी महिलाएँ और पुरुष ढोल की थाप पर नृत्य करते हैं और भगवान् ***मारंग बुरु*** और ***जाहेर आयो*** को फूल अर्पित करते हैं।)
- **छऊ नृत्य :** मार्शल आर्ट और कहानी का मिश्रण, विभिन्न अवसरों के दौरान किया जाता है।

बोंडो जनजाति (ओडिशा)

- **गोटुल नृत्य :** शादियों और त्योहारों के दौरान किया जानेवाला एक सुंदर नृत्य।
- **सौरा नृत्य :** प्रकृति और प्राचीन परंपराओं के साथ उनके संबंध को दर्शाता है।

दक्षिणी क्षेत्र

इरुला जनजाति (तमिलनाडु)

- **पुलियाराई नृत्य :** प्रकृति के साथ उनके घनिष्ठ संबंध और साँप पकड़ने के कौशल को व्यक्त करता है।
- **कलियाल नृत्य :** कृषि गतिविधियों को दर्शाता है और उनके दैनिक जीवन का विवरण देता है।

कुरवा जनजाति (केरल)

- **मुडियेट्टु :** एक अनुष्ठानिक नृत्य-नाटिका, जिसमें देवताओं और लोककथाओं की कहानियाँ सुनायी जाती हैं।
- **कोलकली :** लयबद्ध क़दमों और छड़ी के साथ किया जानेवाला समूह नृत्य।

मध्य क्षेत्र

छत्तीसगढ़ और मध्य प्रदेश की जनजातियाँ

- **गोंडी गीत :** गोंड जनजाति के गीत, जो उनके इतिहास, दैनिक जीवन और प्रकृति के साथ संबंध को दर्शाते हैं।
- **गौर माड़िया नृत्य :** बस्तर के पठार में विवाह के अवसर पर प्रसन्नता और उत्सव व्यक्त करनेवाला एक गतिशील नृत्य है। जहाँ पुरुष सिर पर डोरीदार ***'कौड़ियों'*** और मोर के पंखों से सजी पोशाक पहनते हैं, वहीं महिलाएँ प्रायः अपने गोदनेवाले शरीर पर पीतल की पट्टिकाओं और मनकों के हार से सजी होती हैं।
- **कर्मा नृत्य :** वार्षिक कर्मा उत्सव के दौरान भाग्य के देवता की पूजा के समय किया जाता है, जिन्हें करम देवता के नाम से जाना जाता है।
- **सैला नृत्य :** गोंड, ओराँव और बैगाओं के प्रकृति और जंगलों से गहरे संबंध को दर्शाता है।

जनजातियों के गीत/संगीत

भारत में अधिकांश जनजातियों के पास विभिन्न प्रकार के गीत हैं, जैसे शुभकामना गीत, लोरी, प्रेम और प्रेमालाप गीत, गाथागीत और हास्य गीत। ये गीत आम तौर पर कुछ त्योहारों और समारोहों के अवसर पर गाये जाते हैं, जहाँ जनजातियों के सदस्य आनंद के लिए नाचते और गाते हैं। ऐसे अवसरों पर, *कोई अपने वंश और जनजाति की उत्पत्ति का वर्णन करनेवाले* गीत भी सुन सकता है।

भारत के कुछ प्रमुख जनजातीय या लोक संगीत रूप हैं-

- **रेलो :** यह मध्य प्रदेश और छत्तीसगढ़ के आदिवासी गीत का एक रूप है, जो बस्तर ज़िले में रहनेवाली मुरिया जनजाति और सिंग मारी (Sing Mari) जनजातियों द्वारा प्रस्तुत किया जाता है।
- **धनकुल गीत :** यह छत्तीसगढ़ के स्थानीय जनजातीय लोगों द्वारा प्रस्तुत लोक गीत की एक शैली है। यह एक धार्मिक गीत है, जो विशेष अवसरों पर प्रस्तुत किया जाता है। यह मुख्य रूप से देवी दंतेश्वरी के आह्वान के लिए किये जानेवाले अनुष्ठानों के दौरान गाया जाता है।
- **बिहुगीत :** बिहू उत्सव के दौरान प्रस्तुत किया जानेवाला यह एक मधुर संगीत है, जिसमें सरल बोल होते हैं, जो असमिया लोगों की दैनिक जीवन गतिविधियों का वर्णन करते हैं।
- **ज़ेलियांग :** लोक का एक बहुत ही सुंदर और जीवंत रूप, नागालैंड के ज़ेलियांग संगीत की एक आदिम शैली है, जो मुख्य रूप से ज़ेलियांग जनजाति द्वारा प्रस्तुत की जाती है। गाने नागालैंड के इतिहास का वर्णन देते हैं और ज़ेलियांग एक ऐसी रचना है, जिससे कोई भी सहज रूप से जुड़ सकता है।

- **माँड :** यह सारंगी और अन्य ताल वाद्ययंत्रों पर बजाया जानेवाला राजस्थान का लोक संगीत है।
- **मिरे डोमंग :** अरुणाचल प्रदेश की **आदि** जनजाति का लोक गीत। यह आनंद और प्रसन्नता का स्रोत होने के साथ-साथ दुख व्यक्त करने का साधन भी है, जो समाज की शाश्वत आत्मा में सदैव नयी प्रेरणा, हर्ष और उत्साह लाता है।
- **बैरी :** यह अरुणाचल प्रदेश का लोक संगीत है, जो राज्य के इतिहास, पौराणिक कथाओं और धार्मिक कथाओं का प्रतिनिधित्व करता है। बैरी का लंबा गीत प्रत्येक सामाजिक या धार्मिक आयोजन या उत्सव की एक महत्त्वपूर्ण विशेषता है।

आदिवासी धर्म

धर्म आदिवासी संस्कृति और उसकी विरासत का एक महत्त्वपूर्ण हिस्सा है। हालाँकि इन जनजातियों के कई सदस्यों ने हिंदू धर्म, इस्लाम या ईसाई धर्म के विभिन्न रूपों को अपना लिया है, परंतु एक बड़ी संख्या अभी भी अलग-अलग स्तर के समन्वय के साथ अपने पारंपरिक जनजातीय धर्मों का पालन करती है।

इन समुदायों में **जीववाद** और **मूर्ति पूजा** के सभी रूप अभी भी प्रचलित हैं। इन समुदायों में त्योहारों के रंग-बिरंगे और हर्षोल्लास भरे उत्सव देखने में आनंददायक होते हैं।

भारत में असंख्य आदिवासी आबादी अभी भी पिछड़ी हुई है। उनके पास शिक्षा की कमी है, और भारतीय उपमहाद्वीप के कुछ ग्रामीण और आदिवासी क्षेत्रों में साक्षरता नीतियाँ अभी भी प्रारम्भ नहीं हुई हैं।

हिमाचल प्रदेश के गुज्जर आदिवासी समुदाय ने प्रमुख रूप से इस्लाम धर्म अपना लिया है।

कुछ उदाहरणों में, आदिवासी धर्म ने मुख्यधारा की धार्मिक प्रथाओं को प्रभावित किया है। प्रकाश का त्योहार दिवाली को हिंदुओं ने भी अपना लिया है, जो मूल रूप से आदिवासियों का त्योहार माना जाता था। यह भी माना जाता है कि हिंदू धर्म ने भगवान् शिव और पार्वती की पूजा गुजरात के आदिवासियों से उधार ली थी।

हालाँकि, यह देखा गया है कि ईसाई धर्म एक बदलाव लाया है, जिसे आदिवासी जीवनशैली और दृष्टिकोण में 'संपूर्ण परिवर्तन' कहा जा सकता है, विशेषकर भारत के उत्तर-पूर्वी राज्यों में।

भारत का **सबसे बड़ा और प्रसिद्ध आदिवासी धर्म** झारखंड, पश्चिम बंगाल, ओडिशा और पड़ोसी क्षेत्रों में रहनेवाली संथाल जनजातियों का 'सारिधरम' (या सरना धर्म) है। संथाल और अन्य भारतीय जनजातियाँ प्राचीन काल से ही अपने पारंपरिक जनजातीय धर्मों का अभ्यास, प्रचार और प्रसारण करती हैं। उनके अपने देवी-देवता हैं (जो हिंदू पंथ या किसी अन्य इंडो-आर्यन पंथ से संबंधित नहीं हैं) और अलग-अलग पूजा स्थल हैं, जो अन्य इंडो-आर्यन धर्मों से सम्पूर्ण रूप से भिन्न हैं।

सरना धर्म मुंडा और उराँव जनजातियों का धर्म है।

भारत में प्रचलित कुछ लोक धर्मों का उल्लेख नीचे किया गया है-

- **जीववाद :** यह विश्व दृष्टिकोण है कि ग़ैर-मानवीय संस्थाओं (जानवरों, पौधों और निर्जीव वस्तुओं या घटनाओं) में आध्यात्मिक सार होता है। धर्म और समाज के विश्वकोश का अनुमान है कि भारत की 1-5% आबादी जीववादी है।
- **अहोम धर्म :** यह **अहोम लोगों का जातीय धर्म है**। यह धर्म अनुष्ठान-उन्मुख पूर्वजों की पूजा पर आधारित है, जिसमें पशु बलि की आवश्यकता होती है।
- **बथौइज़्म (या बथौ) :** यह उत्तर-पूर्व भारत में असम के बोरो लोगों का लोक धर्म है। बोरो में **बथौ** नाम का **अर्थ** है, ***पाँच सिद्धांत*** (बा का अर्थ है पाँच और तू का अर्थ है गहरा)। ये पाँच सिद्धांत हैं : बार (वायु), ओर्र (अग्नि),

हा (पृथ्वी), द्री (जल) और ओखरंग (ईथर)। **बथौउब्राई** नामक मुख्य देवता को सर्वोच्च भगवान् माना जाता है और कहा जाता है कि उन्होंने पाँच सिद्धांतों का निर्माण किया है।

- **डोनयी-पोलो** या **डोनयी-पोलोइज़्म :** यह उत्तर-पूर्व भारत में अरुणाचल प्रदेश और असम के तिब्बती-बर्मन लोगों का जीववादी और शैमानिक प्रकार का स्वदेशी धर्म है। 'डोनी-पोलो' नाम का अर्थ है 'सूर्य-चंद्रमा'; *डोनयी* (सूर्य) और *पोलो* (चंद्रमा) - जो तिब्बती-बर्मन परंपरा में क्रमशः महिला और पुरुष हैं। डोनयी-पोलोइज़्म अनादि काल से विद्यमान है।
- **किरात मुंडुम :** इसे **किरातवाद** के नाम से भी जाना जाता है। यह एक जीववादी लोक धर्म है, जो नेपाल, दार्जिलिंग और सिक्किम के किराती जातीय समूहों का स्थानीय है, जो मुख्य रूप से उत्तर-पूर्वी भारतीय उपमहाद्वीप में यक्खा, लिम्बु, सुनुवर, राय, थामी, जिरेल, हयू और सुरेल लोगों द्वारा प्रचलित है। इस प्रथा को **किरात वेद** के नाम से भी जाना जाता है।
- **सनमहिज़्म** या **मैतेईज़्म** या **लेनिंगथौइज़्म :** यह मुख्य रूप से पूर्वोत्तर भारत के मणिपुर राज्य में मैतेई लोगों का एक जातीय धर्म है। यह एक बहुदेववादी धर्म है और इसका नाम भगवान् **लैनिंगथौ सनमही** के नाम पर रखा गया है, जो मैतेई धर्म के सबसे महत्त्वपूर्ण देवताओं में से एक हैं।
- **सरनावाद :** यह उपमहाद्वीप के पूर्वी क्षेत्रों में एक भारतीय धार्मिक मान्यता है। यह मान्यता झारखंड, छत्तीसगढ़ और ओडिशा राज्यों में छोटा नागपुर पठार क्षेत्र के पवित्र उपवन, सरना, में पूजा पर आधारित है। स्थानीय मान्यता के अनुसार, एक **ग्राम देवती** या *ग्राम देवता* सरना में निवास करते हैं, जहाँ साल में दो बार बलि दी जाती है। उनकी विश्वास प्रणाली को वैकल्पिक रूप से 'सरना धर्म', अथवा 'पवित्र जंगलों का धर्म' के नाम से जाना जाता है।

जनजातीय कला

पीढ़ियों से संरक्षित पारंपरिक कला में अपनी सौंदर्य निपुणता और समृद्धि के कारण जनजातीय कला रूप भारतीय जनजातीय संस्कृति की विविध सांस्कृतिक विरासत के महत्त्वपूर्ण तत्त्व हैं। कलाकृतियों में डिज़ाइन और चित्रकारी से लेकर बाँस, लकड़ी और धातुओं से बने हस्तशिल्प तक शामिल हैं।

भारत के कुछ उल्लेखनीय और अद्वितीय जनजातीय कला रूप इस प्रकार हैं-

- **वर्ली चित्रकला :** महाराष्ट्र की यह स्थानीय जनजातीय कला अपनी सरल दीवार चित्रकारी के लिए प्रसिद्ध है। गहरे लाल रंग की पृष्ठभूमि पर, ये चित्र सफ़ेद रंग से (बाँस के ब्रश से) उकेरे जाते हैं। वर्ली कला डिज़ाइन में वर्ग, वृत्त और त्रिकोण सहित बुनियादी ज्यामितीय आकृतियों का उपयोग किया जाता है, जिसमें नृत्य, मछली पकड़ने, खेती और त्योहारों सहित रोज़-मर्रा की जिंदगी की घटनाओं को दर्शाया जाता है। ये कलाकृतियाँ मध्य प्रदेश के भीमबेटका के भित्तिचित्रों से मिलती-जुलती हैं।
- **भील कला :** भील भारत का दूसरा सबसे बड़ा आदिवासी समूह है, जो राजस्थान, मध्य प्रदेश, गुजरात और महाराष्ट्र में निवास करता है। परंपरागत रूप से, भील लोगों की बस्तियों के घरों की मिट्टी की दीवारों को प्राकृतिक रंगों का उपयोग करते हुए सुंदर चित्रों से सजाया जाता है। ये चित्र आम तौर पर नीम की छड़ियों और अन्य टहनियों से चित्रित किये जाते हैं।

वर्ली चित्रकला, महाराष्ट्र

भील कला, राजस्थान

- **गोंड कला :** 'गोंड' शब्द द्रविड़ शब्द *कोंड* से आया है, जिसका अर्थ हरा पहाड़ है। गोंड चित्रकला मध्य प्रदेश के मंडला की गोंड जनजाति द्वारा बनायी जाती है। ये चित्रकलाएँ आदिवासी समुदायों द्वारा घर की दीवारों और फर्शों को सजाने के लिए बनायी जाती हैं। इन चित्रों की एक विशिष्ट विशेषता डैश, बिंदुओं और जीवंत रंगों का उपयोग है। चित्रकलाएँ बिंदुओं के उपयोग से बनायी जाती हैं, जिन्हें वांछित छवि बनाने के लिए एक के ऊपर रखा जाता है। चित्रों में उपयोग किये गये रंग प्राकृतिक सामग्रियों जैसे लकड़ी का कोयला, रंगीन मिट्टी, पौधे का रस, पत्तियाँ आदि का उपयोग करके प्राप्त किये जाते हैं। चित्रों का विषय अधिकतर लोककथाओं और गोंड पौराणिक कथाओं से लिया गया है।

गोंड चित्रकला, मध्य प्रदेश

- **पिथोरा चित्रकला :** ये **भिलाला** और **राठवा** जनजातियों द्वारा बनायी गयी चित्रकला हैं, जो मध्य गुजरात के निवासी हैं। इनकी उत्पत्ति प्राचीन जनजातियों की भित्तिचित्र परंपराओं से हुई है। चित्रों के प्रमुख विषय देवी-देवता हैं, जिनमें प्रकृति और कृषि की कुछ झलकियाँ हैं। इन चित्रों में चित्रित प्राथमिक देवता ***पिथोरा देव*** हैं। ये चित्रकलाएँ आमतौर पर **लीपना** नामक प्रक्रिया के माध्यम से दीवार पर बनायी जाती हैं, जिसमें गाय के गोबर की दो परतें और उस पर चाक पाउडर की एक परत लगायी जाती है।

पिथोरा चित्रकला, गुजरात

- **फड़ चित्रकला :** यह मुख्य रूप से राजस्थान में प्रचलित स्क्रॉल चित्रकला की एक धार्मिक शैली है। इन्हें कैनवास या कपड़े पर चित्रित किया जाता है, जिसे फड़ कहा जाता है और इनमें लोक देवता पाबूजी या देवनारायण को चित्रित किया जाता है। गोंद और जली हुई सतह फड़ चित्रों की दीर्घायु और जीवंतता का मुख्य कारण है। यह शैली सपाट परिप्रेक्ष्य और चमकीले रंगों का उपयोग करती है।

- ओडिशा की जनजातियों जैसे बोंडा, कोंध, साओरा, गदाबा आदि के **पारंपरिक आभूषण**। जनजातियाँ अधिकतर अपनी गर्दन के चारों ओर एक दूसरे के ऊपर ढेर सारी पीतल या एलुमिनियम की अंगूठियों के साथ-साथ भव्य काँच के मोतियों के हार से खुद को सजाती हैं। ये धातुशिल्प में जनजातीय लोगों के कौशल को प्रदर्शित करनेवाले जटिल रूप से तैयार किये गये धातु के आभूषणों को दर्शाते हैं।
- **इरुला स्नेक आर्ट :** यह तमिलनाडु के इरुला साँप पकड़नेवालों द्वारा प्राकृतिक रूप से पिघली हुई साँप की खाल से बनायी गयी एक अनूठी कला है, जो प्रकृति के साथ उनके घनिष्ठ संबंध को दर्शाती है।
- **कुरावा लकड़ी की नक़्क़ाशी :** केरल की कुरावा जनजाति के लोगों द्वारा अपने शिल्प-कौशल का प्रदर्शन करते हुए फ़र्नीचर और सजावटी वस्तुओं पर विस्तृत लकड़ी की नक़्क़ाशी।

जनजातीय संस्कृति का संरक्षण

भारतीय जनजातियों की अमूर्त सांस्कृतिक विरासत पारंपरिक ज्ञान प्रणाली का प्रतीक है, जिसमें अनेक सकारात्मक और उत्पादक तत्त्व शामिल हैं, जो वास्तव में संपूर्ण मानवता के लिए अमूल्य हैं। समाज में आधुनिकीकरण और देश भर में जीवन शैली में तेज़ी से बदलाव के कारण अमूर्त विरासत के इन तत्त्वों को अस्तित्व के गंभीर ख़तरों का सामना करना पड़ रहा है। इस प्रकार, जनजातीय आबादी की आनेवाली पीढ़ियों के भीतर पारंपरिक संस्कृति को संरक्षित करने के लिए समन्वित प्रयासों की आवश्यकता है।

जनजातीय सांस्कृतिक विरासत के संरक्षण के क्षेत्र में सरकार की कुछ उल्लेखनीय पहल हैं-

- **'संकल्प से सिद्धि' पहल** - यह भारत सरकार के जनजातीय कार्य मंत्रालय की एक पहल है, जिसे 2021 में आरंभ किया गया और **भारतीय जनजातीय सहकारी विपणन विकास परिसंघ (TRIFED)** द्वारा कार्यान्वित किया गया था। इस योजना (जिसे **'मिशन वन धन'** के रूप में भी जाना जाता है) का उद्देश्य कई वन धन विकास केंद्रों (वीडीवीके), हाट बाज़ारों, लघु ट्राइफूड इकाइयों, सामान्य सुविधा केंद्रों, ट्राइफूड पार्कों, आदिवासी कारीगरों द्वारा किये गये कार्यों के भारतीय ब्रांडों को बढ़ावा देने के लिए ट्राइब्स इंडिया रिटेल स्टोर की स्थापना के माध्यम से भारत की आदिवासी आबादी के लिए एक स्थायी आजीविका स्थापित करना है।
- **विशिष्टतः असुरक्षित जनजातीय समूह (पीवीटीजी) का विकास** - इस योजना में उनके लिए आवास, भूमि वितरण, भूमि विकास, कृषि विकास, पशुपालन, लिंक सड़कों का निर्माण आदि जैसी गतिविधियाँ शामिल हैं।
- **उचित शोध के माध्यम से जनजातीय अनुसंधान संस्थान (टीआरआई)** और जनजातीय त्योहारों को समर्थन प्रदान करना और जनता के बीच जागरूकता बढ़ाना।

ओडिशा का विशेष विकास परिषद (एसडीसी) मॉडल

आदिवासी संस्कृति को संरक्षित करने, बढ़ावा देने और लोकप्रिय बनाने की दिशा में एक महत्त्वपूर्ण कदम में, ओडिशा सरकार ने 2017 में विशेष विकास परिषद (एसडीसी) पहल शुरू की। यह क्षेत्रों में आर्थिक विकास को ध्यान में रखते हुए, राज्य में 62 जनजातियों की संस्कृति और विरासत को एक छत्र के नीचे संरक्षित करने का एक सक्रिय प्रयास है।

- इस योजना में 23 ज़िले और 84 लाख से अधिक आदिवासी लोग शामिल हैं।
- एसडीसी का मॉडल : इस मॉडल में महत्त्वपूर्ण सांस्कृतिक मार्कर, जो आदिवासी पहचान का प्रतिबिंब हैं, उनकी पहचान की जाती है और उन्हें बढ़ावा दिया जाता है।

- भाषा को संस्कृति के एक महत्त्वपूर्ण मार्कर के रूप में मान्यता प्राप्त है।
- चूँकि ओडिशा 22 से अधिक विविध जनजातीय भाषाओं की भूमि है, इन भाषाओं के उपयोग और प्रसार पर ध्यान केंद्रित किया गया है।
- 21 से अधिक जनजातीय दक्षता केंद्र स्थापित किये गये हैं।
- इनमें आशा कार्यकर्ताओं और ग़ैर-उड़िया भाषियों जैसे फ़्रंटलाइन कार्यकर्ताओं को आदिवासी संस्कृति और बोली के बारे में शिक्षित करने के लिए मॉड्यूल हैं।
- 4,500 से अधिक पवित्र उपवन, जो गाँव के परिदृश्य से लुप्त होने के समीप थे, अब संरक्षित किये जा रहे हैं।
- ये उपवन आदिवासी आबादी के लिए अत्यधिक सांस्कृतिक और संरक्षणात्मक महत्त्व रखते हैं, क्योंकि इन्हें देवताओं का वास माना जाता है। इन उपवनों में संसाधन निष्कर्षण सख़्त वर्जित है।
- नौ ज़िलों में 4,730 से अधिक पवित्र उपवन संरक्षण में हैं, और 1,609 आदिवासी सांस्कृतिक क्लब स्थापित किये गये हैं।
- 40,000 से अधिक आदिवासी कारीगरों को कारीगर आईडी कार्ड जारी किये गये हैं।
- यह पहल न केवल संस्कृति को संरक्षित करती है, बल्कि रोज़गार के अवसरों को भी सक्षम बनाती है।
- ज्ञान के कुशल हस्तांतरण को सुनिश्चित करने के लिए, सुंदरगढ़ ज़िले में 50 से अधिक जनजातीय संसाधन केंद्रों का निर्माण किया गया है। शेष ज़िलों में भी ऐसे केंद्र खोले जायेंगे।
- एसडीसी मॉडल छोटे आदिवासी समूहों को निर्णय लेने की प्रक्रियाओं में भूमिका देकर उनकी संस्कृति और परंपरा को संरक्षित करने में भी सहायक है। इस प्रकार, यह अंतर-आदिवासी बहुसंख्यकवाद पर ध्यान देता है।
- यह 5T (पारदर्शिता, प्रौद्योगिकी, टीम वर्क, समय-सीमा, परिवर्तन की ओर ले जाना) - **संचालित विकास मॉडल पर आधारित है - जिसके माध्यम से समावेशी विकास और समुदाय के नेतृत्ववाले विकास की दृष्टि ओडिशा के लिए एक व्यावहारिक रणनीति** रही है।

अध्याय का सारांश

- समाजशास्त्र के अनुसार 'जनजाति' शब्द का अर्थ है, "सामाजिक-राजनीतिक संगठन की एक ऐसी इकाई, जिसमें समान वंश और संस्कृति साझा करनेवाले परिवारों, कुलों या अन्य समूहों की संख्या शामिल हों।"
- भारत में जनजातियाँ **आदिवासी** लोग हैं, जिन्हें आदिवासी आबादी के रूप में भी जाना जाता है।
- मानवशास्त्रीय दृष्टिकोण से, भारत की जनसंख्या को छह मुख्य जातीय समूहों में वर्गीकृत किया जा सकता है - **1. नेग्रिटोस, 2. प्रोटो-ऑस्ट्रेलॉइड या ऑस्ट्रिक्स, 3. मोंगोलोइड्स, 4. द्रविड़, 5. पश्चिमी ब्रैकीसेफल्स** और **6. नॉर्डिक्स**
- समाज में किसी भी संस्कृति के मुख्य घटक **भाषा, धर्म, संगीत, नृत्य** और **कला रूप** हैं।
- विभिन्न जातीय समूहों के विकास के आधार पर भारतीय भाषाओं को छह भागों में विभाजित किया जा सकता है - **1. इंडो-आर्यन; 2. द्रविड़; 3. चीन-तिब्बती; 4. नीग्रोइड; 5. ऑस्ट्रिक** और **6. अन्य**
- भारत की सबसे प्रमुख जनजातीय भाषाएँ हैं - **बोडो, गारो, खासी, संथाली, मुंडा,** आदि।
- कुछ पारंपरिक जनजातीय नृत्य रूप हैं - **वंगाला, दामा गोगाटा, तेरा ताली, बाहा, गोटुल, सौरा, पुलियाराई, गौर माड़िया** नृत्य आदि।

- भारत के कुछ प्रमुख जनजातीय या लोक संगीत रूप हैं - **रेलो, धनकुल, बिहुगीत, ज़ेलियांग, माँड, मिरे डोमुंग, बैरी** आदि।
- भारत का सबसे बड़ा और प्रसिद्ध आदिवासी धर्म संथाल जनजाति का **सरिधरम** - सरना धर्म है, मुंडा और उराँव जनजातियों का धर्म।
- कुछ लोक धर्म हैं - **जीववाद, अहोम धर्म, बथौवाद, डोनयी-पोलोवाद, सनमहिज़्म** और **सरनावाद**।
- भारत के कुछ उल्लेखनीय और अद्वितीय जनजातीय कला रूप हैं - **वर्ली चित्रकला, भील कला, गोंड कला, पिथोरा चित्रकला, फड़ चित्रकला, इरुला साँप कला, कुरावा लकड़ी की नक़्क़ाशी**, आदि।
- ओडिशा की **विशेष विकास परिषदें (एसडीसी)** आदिवासी संस्कृति संरक्षण का एक उत्कृष्ट मॉडल है।

यू.पी.एस.सी. पिछले वर्षों के बहुविकल्पीय प्रश्न

1. भारत के संदर्भ में 'हल्बी, हो और कुई' पद किससे संबंधित है? **(CSE, 2021)**

(a) पश्चिमोत्तर भारत का नृत्य रूप
(b) वाद्ययंत्र
(c) प्रागैतिहासिक गुफा चित्रकला
(d) जनजातीय भाषा

2. भारत के चांग पा समुदाय के संदर्भ में निम्नलिखित कथनों पर विचार कीजिए। **(CSE, 2014)**

1. वे मुख्यतः उत्तराखण्ड राज्य में रहते हैं।
2. वे अच्छे क़िस्म का ऊन देनेवाले पसमीना बकरों, बकरियों को पालते हैं।
3. उन्हें अनुसूचित जनजातियों की श्रेणी में रखा जाता है।

उपर्युक्त कथनों में से कौन-सा/से सही है/हैं?

(a) केवल 1 (b) केवल 2 और 3
(a) केवल 3 (b) 1, 2 और 3

उत्तर

1. (d) 2. (b)

यू.पी.एस.सी. पिछले वर्षों के प्रश्न - मुख्य परीक्षा

1. मुख्यधारा के ज्ञान और सांस्कृतिक प्रणालियों की तुलना में आदिवासी ज्ञान प्रणाली की विशिष्टता की जाँच कीजिए। (150 शब्दों में उत्तर दीजिए।) **(CSE, 2021)**

अध्याय 15

व्यापार, व्यापारी और सांस्कृतिक आदान-प्रदान

परिचय

व्यापार, व्यापार मार्ग, संस्कृति और राजनीति के मध्य बहुत घनिष्ठ संबंध रहा है। यद्यपि प्राचीन भारतीय साहित्य में ***एरिथ्रियन सागर के पेरिप्लास*** (रोमन साम्राज्य और पूर्वी दुनिया के बीच समुद्री व्यापार की परिस्थितियों का वर्णन करनेवाली एक अज्ञात यूनानी व्यापारी द्वारा रचित पुस्तक) जैसे बहुत कम काम हैं, तथापि कुछ प्राचीन भारतीय ग्रंथ जैसे ***महानिद्देसा*** और ***अर्थशास्त्र*** वाणिज्यिक गतिविधियों, प्राचीन भूमि और समुद्री व्यापार मार्गों के बारे में जानकारी देते हैं। रोमन साम्राज्य की स्थापना ने लाल सागर मार्ग खोला। प्राचीन भारतीय बंदरगाहों से प्राप्त पुरातात्त्विक खोज भारत और रोमन साम्राज्य के मध्य बढ़ते व्यापार पर महत्त्वपूर्ण प्रकाश डालती है। सातवाहनों और शकों के मध्य युद्ध का एक प्रमुख कारण रोमन साम्राज्य के साथ व्यापार मार्ग पर नियंत्रण था। राजेंद्र चोल के सुवर्णभूमि पर नौसैनिक अभियान के पीछे एक कारण व्यापार था।

खनिज संसाधनों, कृषि विकास और अधिशेष ने भीतरी क्षेत्रों में भी शासक को वाणिज्य और विदेशी व्यापार को महत्त्व देने तथा वस्तु उत्पादन एवं विनिमय विकसित करने के लिए प्रेरित किया। शहरी विकास के लिए तेज़ व्यापारिक गतिविधियाँ आवश्यक थीं। ***केरलोलपथी*** के अनुसार, कई ब्राह्मण बस्तियाँ थीं, जो पूरे दक्षिण भारत में विस्तृत थीं। यहाँ कृषि का प्रसार हुआ। बेहतर तक़नीकी उपकरणों और प्रबंधकीय रणनीतियों ने कृषि के विकास और विभिन्न प्रकार की फ़सलों की शुरूआत को सुगम बनाया। भूमि प्रबंधन और खेती के प्रसार के कारण बाज़ारों में उत्पादों के आदान-प्रदान की आवश्यकता हो गयी। इससे अन्य ग़ैर-कृषि उत्पादों के उत्पादन का बाज़ार में आदान-प्रदान होने लगा, जिससे वाणिज्यिक गतिविधियों में तेज़ी आयी। हमारे पास कई पुरातात्त्विक, पुरालेख-संबंधी और साहित्यिक साक्ष्य हैं, जो रोमन दुनिया और दक्षिण भारत के मध्य वाणिज्यिक संपर्कों का विस्तृत विवरण देते हैं।

बहराम वी (420–39 ई.) के शासनकाल के पश्चात्, अरबों ने हिंद महासागर के पश्चिमी हिस्सों में तेज़ी से व्यापार गतिविधियों का लाभ प्राप्त किया। गुजरात के बारुकच्चा के बगल में स्थित क्रैंगनूर या **कोडुंगलूर** को रोमन व्यापार का एक महत्त्वपूर्ण केंद्र माना जाता था। ***पेरिप्लस*** के लेखक की यात्रा के दौरान दोनों भारत के पश्चिमी तट पर स्थित थे। संगम साहित्य ने यवनों द्वारा किये जानेवाले व्यापार की पुष्टि की है। **कोल्लम** मालाबार तट के सबसे प्रसिद्ध व्यापारिक केंद्रों में से एक था। व्यापार संघों, व्यापारिक संगठनों और व्यापार के संगठनात्मक पहलुओं को भी पेशेवर-वाणिज्यिक गतिविधियों से जुड़े मुद्दों का समाधान करने हेतु प्रमुखता मिली।

आद्यऐतिहासिक से वैदिक काल तक

ख़ानाबदोश लोग अपने मवेशियों के लिए चारागाह की तलाश में भटकते रहते थे। शुरुआत में व्यापारिक गतिविधियाँ सीमित थीं, किंतु भौगोलिक ज्ञान की वृद्धि के साथ, सभ्यता का विकास हुआ और व्यापारिक गतिविधियाँ बढ़ने लगीं। लंबी दूरी के व्यापारियों की कठिनाइयों को दूर करने के लिए, कारवाँ माल ले जाने का साधन बन गए। सिंधु घाटी संस्कृति के आरंभ से पहले कोट-दीजी और क्वेटा में कई उपजाऊ क्षेत्रों के निशान पाए गए हैं।

लोथल में खोदा गया बंदरगाह जहाज़ों को ठहराने के लिए सबसे प्राचीन मानव निर्मित बंदरगाहों में से एक है। हड़प्पा और मोहनजोदड़ो, दोनों वाणिज्यिक शहर थे और उन बड़े शहरों की वाणिज्यिक गतिविधियों का समर्थन करने के लिए कई छोटे बंदरगाह, बाज़ार और शहर उपस्थित थे। भारत के साथ व्यापारिक गतिविधियों के साक्ष्य पुराने बेबीलोनियन शिलालेखों में पाये गये हैं। लोथल की खुदाई से तीन प्रकार की नावें मिली हैं। सिंधु घाटी संस्कृति के **अन्य बंदरगाहों** में **टोडियो, अमरा** और **लाखबावल** शामिल थे। कारीगरों के विशिष्ट समूह थे। मोतियों का निर्माण चन्हुदड़ो और लोथल में केंद्रित था।

मुख्य आयातित वस्तुएँ क़ीमती धातुएँ, ताँबा और अर्ध-क़ीमती पत्थर थीं। **लाजवर्द या राजावर्त (Lapis lazuli)** अफ़ग़ानिस्तान (शोरतुगई और बदख़्शां प्रांत) से आयात किया गया था। **फ़िरोज़ा** फ़ारस से और **नीलम** महाराष्ट्र से आयात किया जाता था। मुख्य निर्यातित वस्तुएँ कृषि उत्पाद, गेहूँ और तिलहन थीं। आदान-प्रदान विनिमय प्रणाली के माध्यम से किया जाता था। ऋग्वैदिक काल में व्यापार सीमित पैमाने पर होता था और वस्तु विनिमय प्रणाली प्रचलित थी। गायें विनिमय के माध्यम के रूप में काम करती थीं। उत्तर वैदिक काल में व्यापार में वृद्धि हुई। आदान-प्रदान के अन्य माध्यम **निष्क**, **हिरण्यपिंड** और **मानस** थे। बाद की संहिताएँ इस बात की पुष्टि करती हैं कि समुद्री व्यापार नावों द्वारा किया जाता था। ऋग्वेद और वाजसनेयी **संहिता** में मार्गदर्शन के संबंध में कई तक़नीकी शब्दों पर ज़ोर दिया गया है।

महाजनपदों का युग

इस काल में जब महात्मा बुद्ध और महावीर ने वैदिक धर्म के विरुद्ध आवाज़ उठायी, भारत को सोलह महाजनपदों में विभाजित किया गया था और वे लगातार एक-दूसरे के विरुद्ध युद्ध लड़ते रहे। अजातशत्रु बहुत शक्तिशाली थे और मगध सबसे शक्तिशाली साम्राज्य बन गया। उदयभद्र, अजातशत्रु के पुत्र, ने पाटलिपुत्र की नींव रखी। यह शहर राजनीति, वाणिज्य और व्यापार का एक बड़ा केंद्र बन गया। विभिन्न महाजनपदों के बीच निरंतर युद्ध के पीछे राजनीतिक और आर्थिक कारण थे। हमें जातक कथाओं, पाली साहित्य और यहाँ तक कि पाणिनी के वृत्तांत से भी वाणिज्य, आर्थिक गतिविधियों एवं व्यापार मार्गों के विभिन्न चित्रण मिलते हैं। यात्रियों की सुविधा के लिए सड़कों के किनारे तालाब और कुएँ उपलब्ध थे। नदियों पर घाट उपलब्ध थे। कई कठिनाइयों के बावजूद, कारवाँ* नेतृत्वकर्ताओं ने अंतर्देशीय और विदेश में लंबी दूरी का व्यापार किया। उन्होंने भारतीय संस्कृति और साहसिक भावना को विदेशों तक पहुँचाया। कभी-कभी, बोधिसत्व कारवाँ के स्वामी के रूप में कार्य करते थे। भारतीय व्यापारियों ने इन समुद्री बंदरगाहों पर विदेशी व्यापारियों के साथ बातचीत की और दोनों ने अपनी वस्तुएँ बेचीं। जातक कथाओं में भारतीय नाविकों की अनेक समुद्री यात्राओं और कठिनाइयों का वर्णन किया गया है। जातक के अनुसार, **भरुकच्छ** और **सोपारा** पश्चिमी समुद्री तट पर मुख्य बंदरगाह थे। **गंभीरा** और **सेरिवा** बंदरगाह पूर्वी तट पर स्थित थे। वाराणसी रेशम के लिए प्रसिद्ध था और मुख्य निर्यात वस्तुएँ सूती वस्त्र थीं। एक और महत्त्वपूर्ण बाह्य एवं आंतरिक व्यापार की वस्तु **चंदन** थी।

मौर्य काल

सुविकसित कृषि अर्थव्यवस्था ने मौर्य साम्राज्य को एक ठोस आर्थिक आधार दिया था। वाणिज्यिक अर्थव्यवस्था के विस्तार ने उन्हें अपने संसाधन आधार को देश के अन्य हिस्सों तक विस्तारित करने में सक्षम बनाया। साम्राज्य के संगठनों के विकास के कारण, चौथी शताब्दी ईसा पूर्व से पहली शताब्दी ईसा पूर्व तक भारत के भव्य मार्ग में कई बदलाव हुए।

व्यापार एवं व्यापार मार्गों से जुड़े संगठन

जातक कहानियों में **कारवाँ** व्यापारियों द्वारा देश के विभिन्न हिस्सों में बड़ी मात्रा में माल ले जाने का उल्लेख किया गया है। मौर्य शासन द्वारा सार्थ को सुरक्षा प्रदान की गयी थी। कई महत्त्वपूर्ण पश्चिम और मध्य एशिया के व्यापार मार्ग उत्तर-पश्चिम भारत से होकर गुज़रते थे। वे गंगा नदी और हिमालय की तलहटी के किनारे थे। प्रमुख केंद्र मगध में **राजगृह** और वर्तमान इलाहाबाद के निकट **कौशांबी** थे। मौर्यों की राजधानी **पाटलिपुत्र** एक रणनीतिक स्थान पर स्थित थी और सभी दिशाओं से नदियों और सड़कों से जुड़ी हुई थी। श्रावस्ती और कपिलवस्तु से होकर जानेवाला उत्तरी मार्ग वैशाली से जुड़ा था। आंध्र प्रदेश और कर्नाटक तक पहुँचने के लिए पूर्वी मार्ग दक्षिण की ओर मुड़ गया। पूर्वी मार्ग **ताम्रलिप्ति** से जुड़ा था, जो दक्षिण और दक्षिण-पूर्व के लिए निकास बिंदु के रूप में कार्य करता था।

कौशांबी से एक अन्य मार्ग पश्चिम में उज्जैन की ओर जाता था। यह मार्ग गुजरात के तट या नर्मदा के पार पश्चिम दक्षिण से जुड़ा था और इसे **दक्षिणापथ** माना जाता था।

उत्तर भारत में, शिल्प उत्पादन मुख्य रूप से **गिल्ड (श्रेणी)** तर्ज पर आयोजित किया गया था। मेगस्थनीज ने एक **वाणिज्य अधीक्षक** का उल्लेख किया था, जिसका वर्णन ***अर्थशास्त्र*** में **पण्याध्यक्ष** के नाम से भी दिया गया है। उनका कर्तव्य वस्तुओं की क़ीमतें तय करना और यदि किसी वस्तु में अधिशेष हो तो हस्तक्षेप करना था।

---

*यात्रियों एवं व्यापारियों के दल को फ़ारसी में कारवाँ (कार्वा), अरबी में क़ाफ़िला और संस्कृत में सार्थ कहा जाता था, इनके नेता को क्रमशः कारवाँसालार, काफ़िला सालार, सार्थपति या सार्थवाह कहा जाता था।

संस्थाध्यक्ष के कार्यालय का कर्तव्य व्यापारियों के अनुचित आचरण की जाँच करना था।

खानों (आकर) के अधीक्षक को **आकराध्यक्ष** कहा जाता था और कृषि के प्रभारी अधिकारी **सीताध्यक्ष** थे। **पौतवाध्यक्ष** बाट एवं माप (पौतवम्) के अधीक्षक थे।

पाटलिपुत्र का प्रशासन छह बोर्डों द्वारा किया जाता था, जिनमें से प्रत्येक में पाँच सदस्य होते थे। उन्हें **एस्टीनोमोई** के रूप में नामित किया गया था। **कहपना/कार्षापण** एक व्यापक रूप से उपयोग की जानेवाली सिक्का शृंखला (अक्सर चाँदी) थी। **सीता** भूमि पर सीधे राजा का स्वामित्व/नियंत्रण था।

मौर्य काल के उत्तरार्ध में समुद्री व्यापार तेज़ी से हुआ। मौर्य शासक जहाज़ निर्माण व्यवसाय में भी व्यस्त थे और व्यावसायिक उद्देश्यों के लिए जहाज़ किराये पर लेते थे। वस्तुओं, विचारों और सांस्कृतिक विशेषताओं का समुद्री मार्गों से आदान-प्रदान हुआ। व्यापार विभिन्न मौर्य शासकों के लिए समृद्धि की धुरी रहा है। **कौटिल्य** ने अर्थशास्त्र में इस बात पर प्रकाश डाला कि कैसे समुद्री और नदी मार्ग भूमि मार्गों की तुलना में अल्पमूल्य थे। अर्थशास्त्र के अनुसार, **द्रोणमुख** एक गाँव था, जहाँ समुद्री और ज़मीनी व्यापार मार्ग मिलते थे और कर वसूला जाता था।

हैमवतमार्ग बल्ख से हिंदूकुश होते हुए भारत तक का मार्ग था। इसका उपयोग ऊनी कपड़ों, घोड़ों, खाल और फर के व्यापार के लिए किया जाता था। ***दक्षिणापथ*** का उपयोग हीरे, क़ीमती पत्थरों और मोतियों जैसी अन्य वस्तुओं के व्यापार के लिए किया जाता था।

वाणिज्य पण्य

अर्थशास्त्र के अनुसार, भारत के विभिन्न स्थानों और विदेशों से कई क़ीमती और अर्ध-क़ीमती पत्थरों का व्यापार किया जाता था। केरल तट मोती व्यापार के लिए भी प्रसिद्ध था। श्रीलंका अपने बहुमूल्य पत्थरों के लिए प्रसिद्ध था। रूबी और स्पाइनल रूबी का आयात अफ़ग़ानिस्तान, श्रीलंका और बर्मा से किया जाता था। विंध्य पहाड़ियों और केरल में क्रिस्टल का उत्पादन होता था। नीलमणि और नीलम श्रीलंका से आयात किये गये थे। अच्छी गुणवत्ता के हीरे सभाराष्ट्र (बरार) से आते थे। मूंगा (अलकंदका) अलेक्ज़ेंड्रिआ से आयात किया जाता था। अर्थशास्त्र के अनुसार सुगंधित वस्तुओं की बहुत माँग थी। दक्षिण भारत, जावा और सुमात्रा से कई प्रकार के चंदन का व्यापार होता था। मध्य देश में व्यापार किये जानेवाले घोड़े कम्बोज (ताजिकिस्तान), सिंध से आते थे।

गुप्त काल

गुप्त राजवंश के शासन-काल में, उद्योग और व्यापार प्रायः समृद्ध हुए। रोमन व्यापार का पतन इस काल में अंतरराष्ट्रीय व्यापार की सबसे उल्लेखनीय विशेषता थी। गुप्तों ने पर्याप्त संख्या में सोने के सिक्के जारी किये। कामन्दक द्वारा लिखित ***नीतिसार***, राजनीति और शासन कला पर एक ग्रंथ है। इसमें शाही ख़ज़ाने के महत्त्व और राजस्व के विभिन्न स्रोतों पर प्रकाश डाला गया।

गुप्त काल में **जम्बूद्वीपप्रज्ञप्ति** और **महावस्तु** में विभिन्न प्रकार के संघों का उल्लेख है। **जम्बूद्वीपप्रज्ञप्ति** में कुम्हार, रेशम बुनकर (पट्टैला), रसोइया (सूवकार/सूपकार) और गायक (गंधब्ब/गंधर्व) जैसे **अठारह पारंपरिक संघों** का उल्लेख है।

गुप्तों ने सबसे अधिक संख्या में **सोने के सिक्के** जारी किये। **उन्हें दीनार कहा जाता था। व्यापारी दो विशिष्ट प्रकार के थे - श्रेष्ठी और सार्थवाह**। श्रेष्ठी को एक विशिष्ट स्थान पर बसाया गया था।

गुप्त काल के दौरान, कारवाँ व्यापारी, जिन्हें **सार्थवाह** कहा जाता था, लाभ के लिए विभिन्न स्थानों पर माल का व्यापार करते थे। व्यापार की वस्तुओं में घोड़े, काली मिर्च, चंदन, हाथी, सोना, लोहा आदि शामिल थे। व्यापार सीलोन, चीन और यूरोप के साथ किया जाता था। गुप्त काल के दौरान रोमन साम्राज्य के साथ व्यापारिक गतिविधियाँ घट गयीं। दक्षिण-पूर्व एशिया उनके लिए व्यापार केंद्र बन गया। बौद्ध भिक्षुओं के प्रयासों के कारण, भारतीय संस्कृति गुप्त काल और गुप्त काल के बाद मध्य एशिया और चीन तक पहुँच गयी। चीनी तीर्थयात्रियों के विवरण इस बात की पुष्टि करते हैं कि भारतीय जहाज़ अक्सर इंडोनेशिया और चीन जाते थे। इन मार्गों का उपयोग बौद्ध तीर्थयात्रियों और भारतीय व्यापारियों द्वारा किया जाता था। सातवीं शताब्दी के मध्य में चीन ने मध्य एशिया पर अपना प्रभुत्व खो दिया, परंतु भारत के साथ उसके संबंध समुद्री मार्ग से बने रहे।

उत्तरापथ और दक्षिणापथ

प्राचीन भारत के दो भव्य व्यापार मार्ग उत्तर और उत्तर-पश्चिम भारत के उत्तरापथ और मध्य एवं दक्षिण भारत के दक्षिणापथ थे। इन व्यापार मार्गों पर लोगों, विचारों, माल और सांस्कृतिक विचारों का आदान-प्रदान होता था। उत्तरापथ उत्तर-पश्चिम में गांधार (वर्तमान कंधार, अफ़ग़ानिस्तान) को तक्षशिला के माध्यम से लाहौर, दिल्ली, प्रयाग, वाराणसी, नालंदा, पाटलिपुत्र से जोड़ता था और बंगाल की खाड़ी में ताम्रलिप्त के बंदरगाह पर समाप्त होता था। रेस्ती एक विशिष्ट स्थान पर बसा हुआ था।

सड़क के हिमालयी खंड को हिमवतपथ कहा जाता था। **कोस मीनारें** मील का पत्थर थीं। प्रत्येक मीनार पर एक कोस (2 मील) अंकित था। शेरशाह सूरी के समय में कोस मीनारें उत्तरापथ (विशेष रूप से ग्रांड ट्रंक रोड के किनारे) में फैली हुई थीं। उस समय बौद्ध धर्म सड़क नेटवर्क के माध्यम से तेज़ी से फैला। दक्षिणापथ दक्षिणी राजमार्ग का नाम था। इसकी उत्पत्ति वाराणसी से हुई और यह उज्जयिनी और नर्मदा घाटी को **अश्मक** के महाजनपद में प्रतिष्ठान (पैठन) से जोड़ती थी। यह चोलों, चेरों और पांड्यों को भी सड़कों से जोड़ता था। उत्तरापथ और दक्षिणापथ का मिलन **प्रयाग-वाराणसी** में हुआ।

इंडो-रोमन व्यापार

इंडो-रोमन व्यापार **ऑगस्टस** के शासनकाल और मिस्र पर उनकी विजय के दौरान लगभग 30 ईसा पूर्व लाल सागर के माध्यम से एशिया माइनर और मध्य पूर्व के माध्यम से कारवाँ मार्गों के माध्यम से प्रारंभ हुआ।

प्राचीन ग्रीक और लैटिन ग्रंथों के अनुसार, लाल सागर और भारत के बीच संबंध प्रारंभिक काल से अस्तित्व में थे और वे पहली शताब्दी ईसा पूर्व से विकसित हुए थे। तमिल संगम साहित्य, प्राकृत शिलालेख और प्रचुर मात्रा में अध्ययन इस व्यापार के पर्याप्त साक्ष्य प्रदान करते हैं।

काली मिर्च, मसाले, मोती, अर्ध-क़ीमती पत्थरों और वस्त्रों की रोमन माँग बढ़ गई। इन्हें दक्षिण एशिया से आयात किया जाता था और उच्च मूल्य के सिक्कों के बदले में दिया जाता था।

प्राचीन इंडो-रोमन व्यापार पर व्यापक चर्चा स्ट्रैबो के **'जियोग्राफ़िका'**, **पेरिप्लस मैरिस एरिथ्रेई**, प्लिनी के **'नेचुरलिस हिस्टोरिया'**, **पेरिप्लस ऑफ़ द एरिथ्रियन सी** और टॉलेमी के **भूगोल** (दूसरी शताब्दी ईसवी) में उपलब्ध है।

भारतीय बंदरगाहों और **भूमध्यसागरीय** बंदरगाहों के मध्य पशु व्यापार के भी प्रमाण मिले हैं।

पूर्वी व्यापार से जुड़े रोमन बंदरगाह **अरसिनो**, **बेरेनिस**, **मायोस होर्मोस** आदि थे। कई रोमन व्यापारियों ने बेरेनिस से अपनी यात्रा आरंभ की और यह बंदरगाह पहली ईसा पूर्व में मिस्र के साथ व्यापार के लिए प्रसिद्ध था।

रोमन व्यापार से जुड़े क्षेत्रीय बंदरगाह **बार्बरिकम (कराची)**, **सौनागौरा**, **बैरीगाज़ा (गुजरात में वर्तमान भरूच)**, **मुज़िरिस**, **कावेरीपट्टिनम और अरिकामेडु (तमिलनाडु)** थे।

भारत के दक्षिण-पश्चिमी तट पर स्थित **मुज़िरिस**, चेर साम्राज्य और रोमन साम्राज्य के बीच एक प्रमुख व्यापार केंद्र था। **पट्टनम** शहर में सिक्कों के बड़े ढेर और **एम्फोरा** के कई टुकड़े पाये गये हैं। **पेरीप्लस मैरिस एरिथ्रेई पोडुके** नामक बाज़ार को संदर्भित करता है, जिसकी पहचान संभवत: तमिलनाडु में **अरिकामेडु** के रूप में की गयी है। यह **प्रारंभिक चोल** व्यापार का केंद्र था।

रोमन साम्राज्य में संकट के कारण तीसरी शताब्दी के मध्य से भारत-रोमन व्यापार में गिरावट आयी। रोम से भारत तक का समुद्री मार्ग बंद कर दिया गया। भारत में, 5वीं शताब्दी के उत्तरार्ध में हूण आक्रमणों ने **यूरोप** और **मध्य एशिया** के साथ भारत के व्यापार को नुक़सान पहुँचाया। **गुप्त साम्राज्य** को इंडो-रोमन व्यापार से काफ़ी हद तक लाभ हुआ, किंतु हूण आक्रमणों ने इन व्यापार संबंधों को बाधित कर दिया और उन्होंने इसके साथ आनेवाले कर राजस्व को दुर्बल कर दिया।

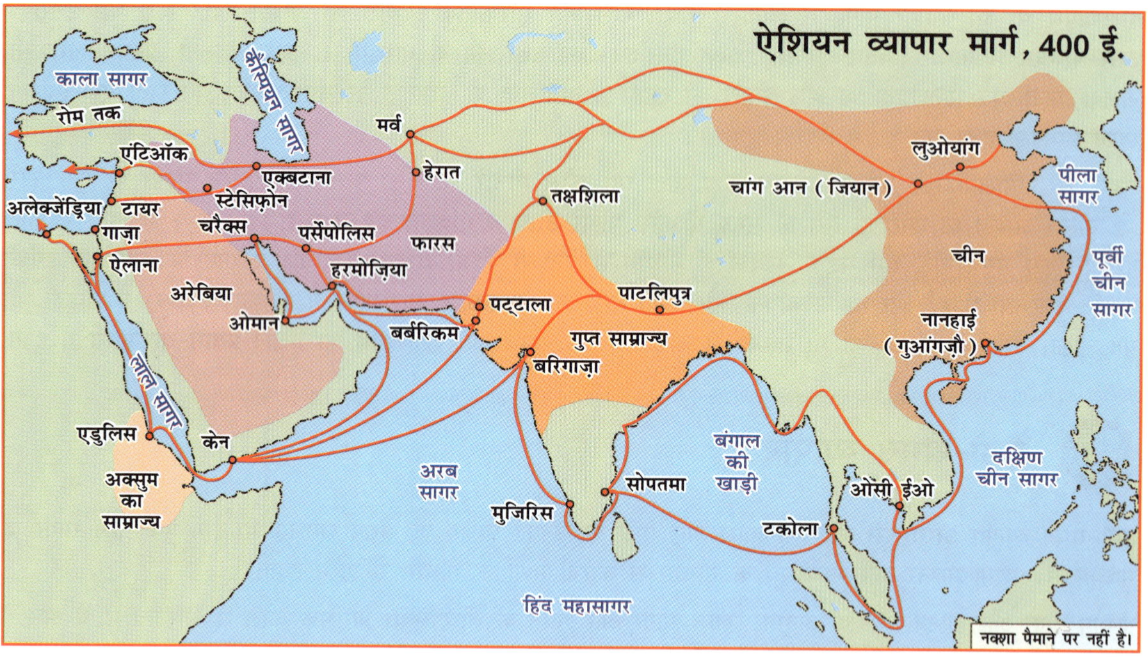

मानचित्र - एशियाई व्यापार मार्ग, 400 ई

मानसूनी हवाओं की खोज के बाद व्यापारी बड़े जहाज़ों का निर्माण करने लगे और वाणिज्य में बहुत सुधार हुआ। कोंकण और अन्य तटों के समुद्री डाकुओं का उल्लेख कई स्रोतों में मिलता है। **काली मिर्च के व्यापार पर चेरों का एकाधिकार था** और मोती का व्यापार मुख्य रूप से **पांड्यों** द्वारा किया जाता था। भारत और रोम के मध्य व्यापार में काली मिर्च को महत्त्वपूर्ण स्थान मिला। संगम साहित्य के अनुसार, यूनानी व्यापारी सोने के बदले काली मिर्च खरीदते थे। रोमन लोग हिंद महासागर के कछुआ-खोल और भारत में बने चैपलेट का आयात करते थे। रोम से भारत को निर्यात की जानेवालीं व्यापारिक

वस्तुएँ काँच के बर्तन, लैंप, मूँगा और शराब थीं। भारत रोम को अदरक, इलायची, जहाज़ बनाने के लिए सागौन जैसी विभिन्न प्रकार की लकड़ियाँ, फ़र्नीचर बनाने के लिए चंदन, आबनूस, काली लकड़ी और गुलाबी लकड़ी का निर्यात करता था।

मुज़िरिस पपीरस

मुज़िरिस पपीरस अलेक्ज़ेंड्रिआ के एक कोषाध्यक्ष और मुज़िरिस के एक अभियान के लिए एक व्यापारी के बीच हस्ताक्षरित एक समझौता था। यह एक महत्त्वपूर्ण 'प्राथमिक दस्तावेज़' है, जो दूसरी शताब्दी ईसवी में केरल के समुद्री, सांस्कृतिक संबंधों को दर्ज करता है।

ताबुला प्यूटिंगरियाना या प्यूटिंगर टेबल

यह एक प्राचीन रोमन सड़क का मानचित्र (चौथी शताब्दी ईसवी) या रोमन साम्राज्य का सचित्र रोड नेटवर्क था।

पूम्पुहार

पूम्पुहार, जिसे कावेरीपूमपट्टिनम के नाम से भी जाना जाता है, का तमिल महाकाव्य मणिमेकलाई में उल्लेख है। इसके दक्षिण-पूर्व एशिया और मिस्र के साथ समुद्री वाणिज्यिक संबंध थे। एस.एम. रामासामी के अनुसार, "पिछले समुद्र स्तर के अध्ययन के आधार पर एक प्रमुख खोज यह है कि पूम्पुहार केवल 2,500 साल पुराना नहीं है, जैसा कि व्यापक रूप से माना जाता है और यह 15,000 साल से भी अधिक पुराना हो सकता है। संभवत: यह विश्व के सबसे पुराने बंदरगाह शहरों में से एक हो सकता है।"

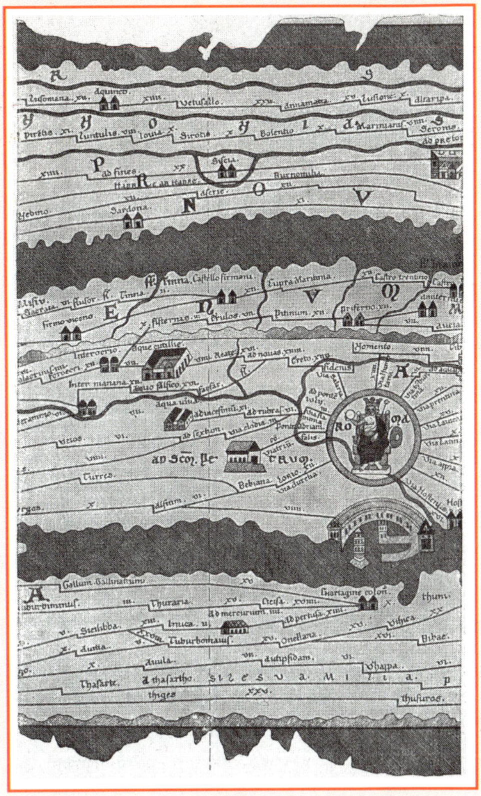

ताबुला प्यूटिंगरियाना

प्राचीन रेशम मार्ग और सांस्कृतिक आदान-प्रदान

प्राचीन रेशम मार्ग व्यापार मार्गों का एक नेटवर्क था, जो दूसरी शताब्दी ईसा पूर्व से 15वीं शताब्दी के मध्य तक सक्रिय था। यह भारतीय उपमहाद्वीप, चीन, मध्य एशिया और भूमध्य सागर को संयोजित करता था। जहाज़ वार्षिक व्यापारिक हवाओं का अनुसरण करते हुए हिंद महासागर में भी सीधे रवाना होते थे।

रेशम मार्ग नाम रेशम या वस्त्रों के आकर्षक व्यापार से आया है, जो सबसे अलग रूप से चीन में तैयार किया जाता था। सड़क नेटवर्क 114 ईसा पूर्व के आसपास **मध्य एशिया** में **हान राजवंश** के विस्तार के साथ आरंभ हुआ।

ये मार्ग वस्त्रों, मसालों, क़ीमती और अर्ध-क़ीमती पत्थरों और अन्य वैभव की वस्तुओं के व्यापार के लिए महत्त्वपूर्ण थे, जिनकी प्राचीन विश्व में अत्यधिक क़ीमत थी।

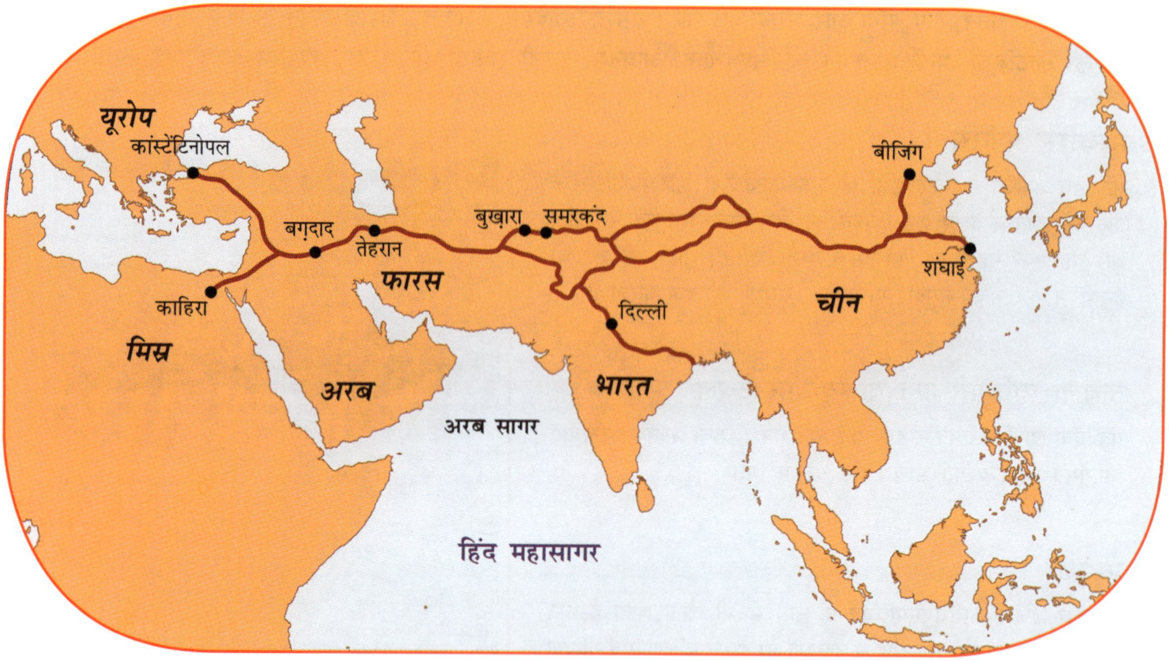

रेशम मार्ग

भारत में, प्राचीन रेशम मार्ग मुख्य रूप से बिहार, जम्मू और कश्मीर, लद्दाख, पंजाब, महाराष्ट्र, पुडुचेरी, तमिलनाडु, उत्तर प्रदेश और उत्तराखंड को कवर करता था।

UNESCO विश्व धरोहर स्थलों की अस्थायी सूची में **12 मुख्य रेशम मार्ग स्थल हैं** -

प्राचीन वैशाली (बिहार) के खंडहर, विक्रमशिला प्राचीन विश्वविद्यालय (बिहार) के अवशेष, कुशीनगर (यूपी), श्रावस्ती (यूपी), कौशांबी (यूपी), अहिच्छत्र (यूपी), प्राचीन स्थल और बौद्ध स्तूप (पंजाब), अरिकामेडु (पुडुचेरी) के बौद्ध अवशेष, कावेरीपट्टिनम (तमिलनाडु), प्राचीन मठ और स्तूप हरवान (जम्मू और कश्मीर), बुरुदकोट (महाराष्ट्र) और इंद्रप्रस्थ (दिल्ली) के उत्खनन अवशेष। रेशम मार्ग के इन स्थलों ने सांस्कृतिक आदान-प्रदान में उल्लेखनीय भूमिका निभायी और विचारों, रीति-रिवाज़ों, लक्षणों, धर्मों और कलात्मक **तक़नीकों** के विनिमय की सुविधा प्रदान की। उदाहरण के लिए, बौद्ध धर्म रेशम मार्ग के माध्यम से मध्य एशिया और चीन तक फैल गया।

लद्दाख भारत और मध्य एशिया के बीच रेशम मार्ग पर एक केंद्रीय बिंदु था। यह क्षेत्र बौद्ध धर्म का एक महत्त्वपूर्ण केंद्र था और कई बौद्ध मठ और सांस्कृतिक स्थल लद्दाख में स्थित हैं, जो रेशम मार्ग से जुड़े हुए थे।

प्राचीन वैशाली के खंडहर

कोल्हुआ : कोल्हुआ में *कुटागरशाला*, *स्वस्तिक*-आकार के मठ, मन्नत स्तूपों का समूह, लघु मंदिर आदि के अवशेष मिले हैं। संरचना के मुख्य घटक और प्राचीन अवशेष मौर्य और गुप्तोत्तर काल के थे।

कुशीनगर के बौद्ध अवशेष

इस स्थल में मुख्य स्तूप और निर्वाण मंदिर के साथ समीप के अन्य स्मारक, *माथा-कुंवर* नामक तीर्थ सम्मिलित हैं।

माथा-कुंवर तीर्थस्थल : बुद्ध की एक विशाल प्रतिमा, जिसे स्थानीय रूप से *माथा-कुंवर कहा जाता है, कुशीनगर में स्थित* है। यह नीले पत्थर से निर्मित है।

अरिकामेडु

पेरीप्लस मैरिस एरिथ्रेई में अरिकामेडु का उल्लेख पोडुके के रूप में किया गया है। अरिकामेडु का स्थल काँच के मोती, शंख, टेराकोटा की वस्तुओं और मलमल के कपड़ों जैसी विभिन्न भारतीय वस्तुओं के निर्यात के पर्याप्त साक्ष्य प्रदान करता है। अरिकामेडु में बड़ी संख्या में भूमध्यसागरीय एम्फोरा जार, चक्रिल भाण्ड और टेरा सिगिलटा का पता लगाया गया है। **UNESCO के अनुसार, "अरीकामेडु भारत का एकमात्र स्थल है, जहाँ कम-से-कम चार अलग-अलग भाषाओं - प्राकृत, तमिल, पुरानी सिंहली और लैटिन में शिलालेखों के साथ मिट्टी के बर्तन मिले हैं।"**

व्यापार और भारतीय कला

प्राचीन भारतीय कला, मूर्तिकला और चित्रकला में व्यापार, नौकाओं, यात्राओं, कारवाँ तथा यात्रा के तरीक़ों के कई पहलुओं को दर्शाया गया है। सिंधु घाटी सभ्यता के बर्तनों और मुहरों पर नावों का चित्रण किया गया है। **भरहुत निम्न-उद्भूत नक़्क़ाशी** में जहाज़ का भी प्रतिनिधित्व किया गया है। **साँची और अमरावती की निम्न उद्भूत नक़्क़ाशी** में नावों के चित्रण पाये गये हैं। गुप्त काल की टेराकोटा मुहर में भी जहाज़ पाया गया है। **अजंता गुफा** की गुफा संख्या 14 में श्रीलंका की जलयात्रा का चित्रण किया गया है। एक जहाज़ का प्रतिनिधित्व किया गया है और जहाज़ का आगे का भाग और पिछला भाग अजंता की गुफा II में रखा गया है। भरहुत नक़्क़ाशी में बाज़ारों, दुकानों और भंडारण स्थानों का प्रतिनिधित्व किया गया है। **मथुरा, गोली की निम्न-उद्भूत नक़्क़ाशी** में बैलगाड़ियों और समकालीन वाहनों का चित्रण दिखाई दिया।

दिल्ली सल्तनत के अधीन व्यापार और वाणिज्य

सल्तनत साम्राज्य के आगमन से पहले, शहरी अर्थव्यवस्था निम्न स्तर पर थी। नगर संख्या में कम और आकार में छोटे थे। किंतु, दिल्ली सल्तनत की स्थापना के साथ यह परिदृश्य तीव्रता से बदल गया। पुरातात्त्विक और मुद्राशास्त्रीय साक्ष्य नगरों और व्यापारिक गतिविधियों के विकास का समर्थन करते हैं। मुहम्मद हबीब ने 'शहरी क्रांति' का सिद्धांत प्रतिपादित किया था, जो इस पुनरुत्थान का संकेत देता है।

13वीं शताब्दी के अधिकांश शहर **इक़्ता** मुख्यालय थे। किसानों से राजस्व नक़द में वसूला जाता था और उन्हें अपनी उपज खेत के किनारे बेचने के लिए विवश किया जाता था। दिल्ली सल्तनत की स्थापना से शहरी शिल्प निर्माण को प्रोत्साहन मिला। शहरी निर्माताओं को नये तक़नीकी उपकरण प्राप्त हुए, जो आक्रमणकारियों के साथ भारत पहुँचे। बंगाल के बंदरगाहों

के चीन और मलक्का के साथ व्यापारिक संबंध थे। बंगाल होर्मुज़ से नमक और **मालदीव** द्वीपसमूह से समुद्री सीपियाँ आयात करता था। सिंध में एक प्रसिद्ध बंदरगाह था - **दैबुल**। फ़ारस की खाड़ी के बंदरगाहों के साथ इसके प्रबल व्यापारिक संबंध थे। ख़िलजी द्वारा गुजरात पर क़ब्ज़ा करने से दिल्ली सल्तनत और फ़ारस की खाड़ी तथा लाल सागर के बीच व्यापारिक गतिविधियाँ बढ़ गयीं क्योंकि गुजरात फ़ारस की खाड़ी और लाल सागर दोनों से जुड़ा हुआ था।

सिंध, गुजरात, मालाबार, कोरोमंडल और बंगाल तटों ने क्षेत्रीय उत्पादों के विनिमय के अवसर प्रदान किये। **मुल्तान** स्थलीय व्यापार का एक महत्त्वपूर्ण व्यापारिक केंद्र था। **मुल्तान-क्वेटा मार्ग** के माध्यम से भारत अफ़ग़ानिस्तान, फ़ारस और मध्य एशिया से जुड़ा हुआ था।

आयात की प्रमुख वस्तुएँ घोड़े, सोना, चाँदी आदि थीं। ब्रोकेड और रेशम अलेक्जेंड्रिया, चीन और इराक़ से आयात किये जाते थे। सल्तनत मुख्य रूप से कपड़ा और अनाज का निर्यात करती थी। फ़ारस की खाड़ी के क्षेत्र अपने मुख्य खाद्य आपूर्ति के लिए भारत पर अत्यधिक निर्भर थे। दासों को मध्य एशिया और नील को फ़ारस में निर्यात किया जाता था।

दिल्ली सल्तनत के शासनकाल के दौरान विभिन्न स्रोतों में **दो प्रकार के वाणिज्यिक वर्गों** का उल्लेख किया गया है : **कारवानी** (या नायक) और **मुल्तानी**। **कारवानी** लोग अनाज ढोते थे और बड़ी संख्या में एक साथ चलते थे। व्यापारियों का दूसरा समूह मुल्तानी था। वे अमीर थे और सूदख़ोरी (**ऋण-विभाजन**) और वाणिज्य में संलग्न थे। **सर्राफ़** एक अन्य व्यापारिक समूह था। उन्होंने देशी और विदेशी सिक्कों की धात्विक शुद्धता का परीक्षण किया और विनिमय-अनुपात निर्धारित किया। सर्राफ़ **विनिमय पत्र** या **हुंडी** जारी करते थे।

मुग़ल व्यापार

मुग़लों ने अपनी उत्पादन क्षमता को बढ़ाकर और भारत के संसाधनों का उपयोग करके अपना साम्राज्य बनाया। उन्होंने हिंद महासागर में एक व्यापार प्रणाली विकसित की। पश्चिमी यूरोप और मुग़ल साम्राज्य के मध्य सशक्त व्यापारिक संबंध 17वीं शताब्दी की शुरुआत से आरंभ हुए। भारत में मुग़ल व्यापार मुख्यत: समुद्र तट पर केंद्रित होता था। मानक सिक्के और निश्चित वज़न के माप जारी किये गये एवं उन्होंने व्यापार और वाणिज्य को सुविधाजनक बनाया। कई नए शहर स्थापित हुए और ये शहर व्यापार और वाणिज्यिक गतिविधियों के केंद्र बन गये। यूरोपीय लोगों के आगमन से पहले, भारतीय सूती वस्त्रों के मुख्य ख़रीदार मुग़ल, खुरासान और इराक़ी थे। वे उन्हें मध्य एशिया और फ़ारस में निर्यात करते थे। भारतीय सूती कपड़ों के **मुख्य प्रकार समानिस, केलिको, खैराबादी, दरियाबादी** और **एम्बरटी** थे। मुद्रित रंग-बिरंगे छींटदार सूती वस्त्र (**चिंट्ज़**) निर्यात की सबसे पसंदीदा वस्तु थी। बारूद बनाने के लिए **साल्टपीटर** प्रमुख सामग्रियों में से एक था, जिसकी 17वीं शताब्दी में यूरोप में बहुत माँग थी। बिहार इसका सबसे महत्त्वपूर्ण आपूर्तिकर्ता था।

नीले रंग के लिए नील का उत्पादन उत्तर भारत में किया जाता था। यूरोप को आपूर्ति से पहले, गुजरात से बड़ी मात्रा में नील का निर्यात फ़ारस की खाड़ी में किया जाता था।

अंतर्देशीय कारवाँ मार्गों में से कुछ थे- आगरा से दिल्ली मार्ग, जो काबुल से जुड़ा था, बुरहानपुर से आगरा, जो सूरत से जुड़ा था, और आगरा से पटना मार्ग, जो बंगाल से जुड़ा था। मध्यकाल के दौरान सबसे अधिक बार आनेवाला स्थलीय कारवाँ वाणिज्यिक मार्ग रेशम मार्ग था। मुग़ल भारत ने एक बड़ा जहाज़ निर्माण उद्योग विकसित किया, जो बंगाल प्रांत में केंद्रित था। अकबर ने बंगाल को एक समृद्ध प्रांत के रूप में विकसित करने में महत्त्वपूर्ण भूमिका निभायी।

पूतभेदन

पूतभेदन प्राचीन भारत में व्यापार का केंद्र था। यह एक ऐसे शहर को संदर्भित करता है, जहाँ सभी प्रकार के सामान तोले और बदले जाते हैं। इस शब्द का शाब्दिक अर्थ एक ऐसा वाणिज्यिक केंद्र है, जहाँ व्यापारी अपने माल का ढक्कन या सील (पूत) तोड़ते (भेदन) थे। इस शब्द का उल्लेख सोमदेव सूरी द्वारा लिखित **यासस्तिलकाकंपु** और कई अन्य ग्रंथों में एक पेंटा में वाणिज्य के चित्रण में किया गया है। इस शब्द का उल्लेख विनयपिटक के **महापरिनिवाणसुत्तन्त** में भी किया गया है।

राजश्रेष्ठि

प्रारंभिक भारतीय समाज में, श्रेष्ठी सामान्यतः अपार धन का व्यापारी होता था। राजश्रेष्ठी शाही व्यापारी था, जो राजा के साथ घनिष्ठ रूप से जुड़ा हुआ था। मौर्य साम्राज्य के दौरान, कुछ शर्तों के तहत शाही वस्तुओं का व्यापार विभिन्न चैनलों के माध्यम से किया जाता था। मौर्य साम्राज्य के तहत श्रेष्ठी में एक महत्त्वपूर्ण परिवर्तन आया। कई राजश्रेष्ठी चोल और होयसाल दरबार से जुड़े थे।

शिपिंग से संबंधित कुछ महत्त्वपूर्ण शब्द

- **प्रवाहन** - तटीय शिल्प
- **वाहित्र** और **यानपत्र** - समुद्र में जानेवाला जहाज़
- **नियामक** - जहाज़ का कप्तान
- **कुपस्तम्भ** - कूपदंड
- **नौविट्टाका** - जहाज़ का व्यापारी मालिक

भोज के ग्रंथ **युक्तिकल्पतरु** में ब्राह्मण, क्षत्रिय, वैश्य और शूद्र के लिए चार प्रकार की लकड़ियों से बने चार प्रकार के बर्तनों का वर्णन किया गया है।

मंडपिका

प्रारंभिक मध्ययुगीन भारत में, मंडपिकों का उल्लेख कई अभिलेखीय दस्तावेज़ों में थोक बाज़ारों, विनिमय केंद्रों और वाणिज्यिक टोल संग्रह के केंद्रों के रूप में किया गया है। वे बिलहरी और सियादोनी जैसे प्रमुख शहरी वाणिज्यिक केंद्रों में स्थित थे। मंडपिकाओं का उल्लेख भरतपुर के **बयाना शिलालेख** में किया गया है।

लेखापद्धति दस्तावेज़ों में मंडपिकाओं में राजस्व संग्रह के लिए विभिन्न अधिकारियों को सूचीबद्ध किया गया है :

- मंडावी - प्रभारी अधिकारी
- पाठकिया - एकत्रित रिकॉर्ड उपकर
- उपरिहिंदिया - कर निरीक्षक

पेंथा

पेंथा प्राचीन दक्कन (600-1300 ई.) में व्यापार का केंद्र था। कई राज्यों में, पेन्था को स्थानीय प्रशासन के केंद्र/इकाई के रूप में वर्णित किया गया है। पेन्था का अस्तित्व मध्य एवं पश्चिम भारत में भी पाया गया है। सोमदेव सूरी के अनुसार, पेन्था ने टोल और सीमा शुल्क भी उत्पन्न किया।

प्राचीन बंगाल में व्यापारिक गतिविधियाँ

प्राचीन बंगाल के वंगा (मध्य डेल्टा बंगाल) और समताता (बांग्लादेश के चटगांव, कोमिला आदि) क्षेत्रों में अनेक व्यावसायिक गतिविधियाँ थीं। कई खरोष्ठी-ब्राह्मी शिलालेखों में समृद्ध कृषि अर्थव्यवस्था पर प्रकाश डाला गया है। सूती वस्त्र और कपड़ा इस क्षेत्र के अत्यंत महत्त्वपूर्ण उत्पाद थे। ट्रैप्पागा प्रकार के जहाज़ों द्वारा बंगाल से घोड़ों का निर्यात किया जाता था। अन्य वाणिज्यिक उत्पादों में मसाले और गंगा मलमल शामिल थे। विद्याधरी नदी के तट पर स्थित **चंद्रकेतुगढ़**, तटीय और लंबी दूरी के व्यापार के लिए एक प्रमुख बंदरगाह था। प्राचीन बंदरगाह ताम्रलिप्त दक्षिण में बंगाल की खाड़ी, पूर्व में रूपनारायण नदी और पश्चिम में सुवर्णरेखा नदी से घिरा था। संस्कृत शब्द ताम्रलिप्त का अर्थ है, 'ताँबे से भरा हुआ'। ह्वेन त्सांग ने 639 ई. में ताम्रलिप्ता का दौरा किया। प्राचीन बंगाल तट पर व्यापारिक गतिविधियाँ थीं और रोमन व्यापारियों के साथ नियमित संपर्क था। **संभंडारियाका** वह स्थान था, जहाँ वस्तुओं का भंडारण किया जाता था या भंडारण की सुविधाएँ उपलब्ध होती थीं। **नौवतक** शाही नौसेना का प्रमुख था और अर्धनौवतक नौवतक से कनिष्ठ अधिकारी था। दंडिन के **दशकुमारचरित** में ताम्रलिप्त से समुद्र में जानेवाले जहाज़ों का उल्लेख मिलता है। बंगाल के मध्यकालीन शिलालेखों में एक उत्पाद के रूप में नारियल का बार-बार उल्लेख मिलता है।

प्राचीन गुजरात में समुद्री व्यापार

लंबी तटरेखा, बंदरगाह और प्रसिद्ध कपड़ा उत्पादों जैसे कई कारकों ने प्राचीन गुजरात में तटीय, नदी, अंतर्देशीय और भूमि व्यापार गतिविधियों के लिए अनुकूल परिस्थितियाँ बनायीं। प्राचीन गुजरात कुछ व्यापारिक फ़सलों के लिए भी प्रसिद्ध था। हड़प्पा सभ्यता के दौरान लोथल बंदरगाह का विकास हुआ। **भरुकच्छ** बंदरगाह क्षत्रप युग के दौरान समृद्ध था। यह भूमि और जल दोनों के माध्यम से व्यापार का प्रवेश द्वार था। ग्रीक और लैटिन ग्रंथों में रोमन साम्राज्य और भारुकच्छ बंदरगाह के बीच व्यापारिक गतिविधियों का उल्लेख है। तीसरी शताब्दी ईसा पूर्व से चौथी शताब्दी ईसवी के दौरान, गुजरात के समुद्र तट पर **नानी रायन**, **द्वारका**, **वल्लभी** और **हताब** जैसे कई **बंदरगाह** उपस्थित थे। लेखापद्धति के अनुसार, हुंडी का उपयोग गुजरात में व्यापक था और विनिमय के बिल को जारी होने की तारीख़ से 15 दिनों के भीतर भुनाया जाना था। **राजा-हुंडिका** या विनिमय के शाही बिल का उल्लेख लेखापद्धति में भी किया गया है। हुंडी मौद्रिक लेनदेन का एक वैकल्पिक तरीक़ा बनकर उभरा।

भारत के प्रमुख प्राचीन बंदरगाह

प्राचीन और मध्यकाल में विभिन्न देशों के साथ समुद्री व्यापार ने विदेशों में भारतीय संस्कृति के प्रसार में बड़ी भूमिका निभायी। प्राचीन भारत में बंदरगाहों का विस्तृत विवरण ***'पेरिप्लस ऑफ द एरीथ्रियन सी'*** और ***'जियोग्राफ़िया'*** जैसी पुस्तकों से प्राप्त किया जा सकता है। मौर्य शासन के दौरान, **नवाध्यक्ष,** अर्थात जहाज़रानी के अधीक्षक जहाज़रानी प्रशासन की देख-रेख करते थे। अंतिम सातवाहन **राजा यज्ञ श्री सातकर्णी** के **सिक्कों में जहाज़** दर्शाये गये थे, संभवत: यह उस राजवंश की नौसेना की शक्ति का संकेत था। आइए, हम प्राचीन काल में प्रमुख बंदरगाहों की एक उदाहरण सूची देखें।

बंदरगाह का नाम	क्षेत्र	संबंधित राजवंश और समय अवधि	संक्षिप्त विवरण
लोथल	गुजरात (वर्तमान अहमदाबाद के पास)	सिंधु घाटी सभ्यता 2400 ईसा पूर्व	मेसोपोटेमिया तक ताँबे, हार्डवुड, हाथीदाँत, मोती, कार्नेलियन और सोने का निर्यात और सुमेरिया तक टिम्बरवुड और लाजवर्द का निर्यात।
बरिगज़ा	गुजरात में वर्तमान भरूच शहर	तीसरी शताब्दी ईसा पूर्व से : पश्चिमी क्षत्रपों के अंतर्गत रोमन व्यापार का प्रमुख केंद्र	अरब देशों के साथ मसाला और रेशम का व्यापार। 17वीं शताब्दी में दो बार लूटा गया, लेकिन पुनः शीघ्र तैयार हो गया। गेहूँ, चावल, तिल का तेल, सूती कपड़ों का आयात।
मुज़िरिस	मालाबार तट, केरल (वर्तमान में कोच्चि के पास)।	पहली शताब्दी ईसा पूर्व से: चेर साम्राज्य	**संगम साहित्य** में फ़ारस, रोम, यूनान और मिस्र देशों को मसालों, उपरत्नों - वैदूर्य, मोती, हीरे, नीलमणि - हाथीदाँत, चीनी रेशम, एक पुष्पीय औषधीय पादप, और कछुए के खाल के निर्यात का उल्लेख मिलता है।
कोरकई	तमिलनाडु	प्रारंभिक पांड्यन साम्राज्य	मोती, मत्स्य पालन का प्रसिद्ध केंद्र, जिसका **संगम साहित्य** में उल्लेख मिलता है।
पुहार (कावेरी पुमपट्टिनम भी कहा जाता है)	तमिलनाडु, कावेरी नदी के मुहाने पर	प्रारंभिक चोल राजवंश : 400 ईसा पूर्व - 200 ईसवी	विभिन्न वस्तुओं का आयात। *शिलप्पादिकारम* में उल्लेख मिलता है।
पोडूके	पुडुचेरी के नज़दीक (मौजूदा अरीकमेडू)	दूसरी शताब्दी ईसा पूर्व - 8वीं शताब्दी ईसवी	रोम के साथ व्यापार करने के लिए यूनानी व्यापार बंदरगाह। निर्यात के सामान में जवाहिर, मोती, मसाले और रेशम सम्मिलित हैं। शराब का आयात प्रचलित था।
बर्बरिकों	कराची, पाकिस्तान के पास	पार्थियन्स और सिथियन	लिनेन, पुखराज, मूँगा, पेटी, लोबान, काँच के सामान, चाँदी और सोने की प्लेट और शराब का आयात। निर्यात में फ़िरोज़ा, लाजवर्द, रेशमी, सूती कपड़े, रेशम यार्न और नील सम्मिलित हैं।
सोनगरा	वारी वर्तमान बांग्लादेश में बैतेश्वर	450-300 ईसा पूर्व; मौर्य राजवंश	भूगोलज्ञ **टॉलेमी** की पुस्तक *जियोग्राफिया* में उल्लिखित।
मैसोलिया या मसूलीपट्नम	मछलीपट्टनम, आंध्र प्रदेश	सातवाहन के शासनकाल के दौरान तीसरी शताब्दी ईसा पूर्व से।	प्राचीन यूनानियों द्वारा मस्लिन (Muslin) कपड़े का कारोबार किया जाता था। 15वीं से 17वीं शताब्दियों तक **गोलकुंडा राज्य** का प्रमुख समुद्री बंदरगाह।
ताम्रलिप्ति	वर्तमान में तामलुक, पश्चिम बंगाल	मौर्य राजवंश	दक्षिण और दक्षिण-पूर्व एशिया के लिए मौर्य व्यापार मार्ग का निकास बिंदु। आठवीं शताब्दी के उदयमान के दुधपानी चट्टान शिलालेख में प्राचीन दक्षिण एशिया के एक बंदरगाह के रूप में ताम्रलिप्ति का अंतिम रिकॉर्ड है। यूनानी भूगोलज्ञ टॉलेमी ने अपनी पुस्तक जियोग्राफिया में ताम्रलिप्ति के बारे में बताया। चीनी तीर्थयात्री ह्वेन-त्सांग ने शहर को तान-मो-लिह-ती कहा। 639 ई. में ह्वेन-त्सांग द्वारा यहाँ का दौरा किया गया था। फाह्यान दो साल के लिए यहाँ ठहरे थे।

बंदरगाह का नाम	क्षेत्र	संबंधित राजवंश और समय अवधि	संक्षिप्त विवरण
पलूर	ओडिशा का गंजम ज़िला	दूसरी शताब्दी ई; कलिंग राजवंश	दक्षिण-पूर्व एशिया और चीन के लिए यात्रा की शुरूआत करनेवाला बंदरगाह। टॉलेमी और ह्वेन त्सांग द्वारा इसका उल्लेख क्रमशः दूसरी और सातवीं शताब्दी ई. में किया गया था।

अध्याय का सारांश

- प्राचीन भारतीय ग्रंथ **महानिद्देसा** और **अर्थशास्त्र** व्यावसायिक गतिविधियों के विषय में जानकारी देते हैं।
- **क्रैंगन्नूर या कोडुंगल्लूर** - गुजरात के बरुकच्चा के बगल में रोमन व्यापार का महत्त्वपूर्ण केंद्र।
- **ऋग्वेद** और **वाजसनेयी संहिता** में नेविगेशन के संबंध में कई तक़नीकी शब्दों पर प्रकाश डाला गया है।
- उत्तर वैदिक काल में व्यापार में वृद्धि हुई। आदान-प्रदान के अन्य माध्यम **निष्क, हिरण्यपिंड** और **मानस** थे।
- मेगस्थनीज - जिसका उल्लेख **वाणिज्य अधीक्षक** के रूप में किया गया है, उसका उल्लेख अर्थशास्त्र में **पण्याध्यक्ष** के रूप में भी किया गया है।
- **नीतिसार** - कामन्दक द्वारा लिखित - राजनीति और शासन कला पर एक ग्रंथ।
- अर्थशास्त्र के अनुसार, **द्रोणमुख** एक गाँव था, जहाँ समुद्री और ज़मीनी व्यापार मार्ग मिलते थे और टोल वसूला जाता था।
- **गुप्तों** ने सबसे अधिक संख्या में **सोने के सिक्के - दीनार** जारी किये।
- गुप्त काल में दो विशिष्ट प्रकार के व्यापारी **श्रेष्ठि** और **सार्थवाह** थे।
- **श्रेष्ठी** को एक विशिष्ट स्थान पर बसाया गया था।
- गुप्त काल में कारवाँ व्यापारियों के नायक को **सार्थवाह** कहा जाता था। सार्थ को फ़ारसी में कारवाँ (कार्वा) तथा अरबी में क़ाफ़िला कहा जाता है।
- **उत्तरापथ** और **दक्षिणापथ** का संगम **प्रयाग-वाराणसी** में हुआ।
- ***पेरीप्लस मैरिस एरिथ्रेई*** में **अरिकामेडु** का उल्लेख पोडुके के रूप में किया गया है।
- UNESCO विश्व धरोहर स्थलों की अस्थायी सूची में **12 मुख्य रेशम मार्ग स्थल** हैं।
- **माथा- कुंवर तीर्थस्थल** बुद्ध की एक विशाल प्रतिमा है - जिसे स्थानीय रूप से *माथा- कुंवर कहा जाता है, कुशीनगर में स्थापित है*। यह नीले पत्थर से बनी हुई है।
- **लेखापद्धति** के अनुसार, हुंडी का उपयोग गुजरात में व्यापक था और विनिमय के बिल को जारी होने की तारीख़ से 15 दिनों के भीतर भुनाया जाना था।
- **संभंडारियाका** वह स्थान था, जहाँ प्राचीन बंगाल में वस्तुओं का भंडारण किया जाता था या भंडारण की सुविधाएँ उपलब्ध थीं।

यू.पी.एस.सी. पिछले वर्षों के बहुविकल्पीय प्रश्न

1. प्राचीन दक्षिण भारत के संदर्भ में, कोरकई, पूमपुहार और मुचीरि किस रूप में सुविख्यात थे? **(CSE, 2023)**
(a) राजधानी नगर
(b) पत्तन
(c) लौह और इस्पात निर्माण के केंद्र
(d) जैन तीर्थंकरों के चैत्य

2. निम्नलिखित में से कौन-सा एक महत्त्वपूर्ण पांड्य बंदरगाह था, जिसकी प्रसिद्धि संगम काव्यों तथा यूनानी वृतांतों में मोतियों के लिए लिपिबद्ध है? **(CDS II, 2021)**
(a) मुसीरी
(b) कोरकाई
(c) पुहार
(d) अरिकामेडु

3. निम्नलिखित में से कौन-सा उपवाक्य, उत्तर-हर्षकालीन स्रोतों में प्रायः उल्लिखित 'हुंडी' के स्वरूप की परिभाषा बताता है? **(CSE, 2020)**
(a) राजा द्वारा अपने अधीनस्थों को दिया गया परामर्श
(b) प्रतिदिन का लेखा-जोखा अंकित करनेवाली बही
(c) विनिमय पत्र
(d) सामन्त द्वारा अपने अधीनस्थों को दिया गया आदेश

4. प्राचीन भारतीय गुप्त राजवंश के समय के संदर्भ में, नगर घंटाशाला, कदूरा तथा चौल किसलिए विख्यात थे? **(CSE, 2020)**
(a) विदेशी व्यापार करनेवाले बंदरगाह
(b) शक्तिशाली राज्यों की राजधानियाँ
(c) उत्कृष्ट स्तर कला तथा स्थापत्य से संबंधित स्थान
(d) बौद्ध धर्म के महत्त्वपूर्ण तीर्थस्थल

उत्तर

1. (b) 2. (b) 3. (c) 4. (a)

अध्याय 16

भारत में भाषाएँ

परिचय

मानवीय लेखन ने सम्पूर्ण इतिहास के दौरान संस्कृति, जीवन शैली, समाज और समकालीन समाज की राजनीति को प्रतिबिम्बित किया है। इस प्रक्रिया में, प्रत्येक संस्कृति ने अपनी भाषा विकसित की और एक विशाल साहित्यिक आधार का सर्जन किया। साहित्य का यह विस्तृत आधार, हमें शताब्दियों से प्रत्येक भाषा और संस्कृति के विकास की झलक देता रहा है।

इस अध्याय से संबंधित ऑनलाइन वीडियो के लिए इस QR कोड को स्कैन करें।

साहित्यिक अर्थ में भाषा, वाणी के माध्यम द्वारा संचार करने की प्रणाली है, यह ध्वनियों का एक संग्रह है, जिससे लोगों का समूह एक समान अर्थ ग्रहण करता है।

- **एक "भाषा परिवार"** अभिलिखित इतिहास से पहले के एक ही पूर्वज से संबंध रखनेवाली अलग-अलग भाषाओं को सम्मिलित करता है।
- **"बोली"** भाषा का स्थानीय क्षेत्र में बोले जानेवाला रूप है। ध्यान देने योग्य बात यह है कि किसी एक विशिष्ट भाषा से विविध बोलियाँ उत्पन्न हो सकती हैं। ब्रज, अवधी, हरियाणवी आदि सभी हिन्दी भाषा की बोलियाँ हैं।

भारत के विभिन्न क्षेत्रों में बोली जानेवालीं भाषाएँ, कई भाषाओं के परिवारों से संबंधित हैं, जिनमें से अधिकतर भारतीय-आर्य भाषाओं के समूह से संबंध रखती हैं। यह भारतीय-आर्य समूह ''हिंद-यूरोपीय'' (Indo-European) परिवार से उत्पन्न हुआ है। हालाँकि कुछ भाषा समूह भारतीय उप-महाद्वीप के स्वदेशी समूह हैं।

भारतीय भाषाओं का वर्गीकरण

भारत में भाषाएँ निम्नलिखित प्रमुख उप-समूहों में वर्गीकृत हैं :

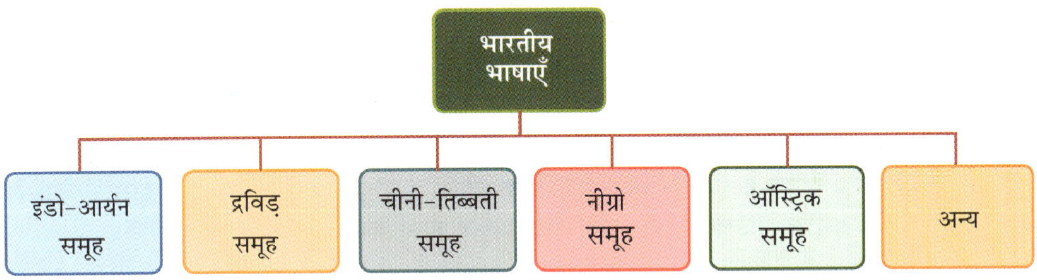

इंडो-आर्यन भाषाओं का समूह

यह वृहत्तर हिंद-यूरोपीय परिवार की शाखा है, जो आर्यों के आगमन के साथ भारत में आयी। (इंडो-यूरोपीय भाषाएँ यूरोप, ईरानी पठार और उत्तरी भारतीय उपमहाद्वीप के विशाल बहुमत का मूल भाषा परिवार हैं) यह भारत का सबसे बड़ा भाषा समूह है और लगभग **74 प्रतिशत** भारतीय इस समूह से संबंधित भाषाओं को बोलते हैं। इस भाषा समूह को *उत्पत्ति काल* के आधार पर पुनः *तीन उप-समूहों* में विभाजित किया गया है।

प्राचीन भारतीय-आर्य समूह

इस समूह का विकास लगभग **1500 ई.पू.** में हुआ और इसी से **संस्कृत** का जन्म हुआ था। संस्कृत का प्राचीन रूप हमें वेदों में दिखाई देता है। यहाँ तक कि उपनिषद्, पुराण और धर्मसूत्र सभी संस्कृत में लिखे गये हैं। **संस्कृत को कई भारतीय भाषाओं की जननी** कहा जा सकता है। उस समय के दौरान संस्कृत भाषा के विकास के कारण हमारी संस्कृति की विविधता और समृद्धि की समझ संभव हुई है। यह हमारे देश की **सबसे प्राचीन भाषा है** और संविधान की आठवीं अनुसूची में **सूचीबद्ध 22 भाषाओं में से एक** है।

प्राचीन संस्कृत : भारतीय संस्कृति के एक वाहक के रूप में

संस्कृत व्याकरण का विकास पाणिनी के समय से उनकी पुस्तक **'अष्टाध्यायी'** के साथ **ईसा पूर्व 400** में आरंभ हुआ। यह पुस्तक संस्कृत व्याकरण पर सबसे पुरानी पुस्तक है। यहाँ तक कि महायान और हीनयान सम्प्रदाय से संबंधित कुछ बौद्ध साहित्य भी संस्कृत भाषा में लिखे गये हैं। हीनयान सम्प्रदाय की पुस्तक **'महावस्तु'** कहानियों का ख़ज़ाना है और मिश्रित संस्कृत, पालि और प्राकृत में लिखी गयी है। सबसे पवित्र महायान ग्रंथ, **'ललितविस्तर सूत्र'** और अश्वघोष का **बुद्धचरित** भी संस्कृत भाषा में लिखे गये थे।

एकमात्र संस्कृत ही ऐसी भाषा है, जिसने क्षेत्र और सीमाओं की बाधाओं को पार किया है। उत्तर से दक्षिण और पूर्व से पश्चिम, भारत में ऐसा कोई भाग नहीं है, जिसके लिए संस्कृत भाषा ने योगदान न दिया हो या जो संस्कृत भाषा से प्रभावित न हुआ हो। संस्कृत भाषा में उपलब्ध विभिन्न साहित्यों के संबंध में साहित्यवाले अध्याय में चर्चा की गयी है।

संस्कृत का प्रांजल (शुद्ध) स्वरूप 300 ई.पू. से 200 ई.पू. के बीच विकसित हुआ। यह वैदिक संस्कृत का परिष्कृत संस्करण था। संस्कृत के उपयोग का **पहला साक्ष्य** वर्तमान दक्षिणी गुजरात क्षेत्र के जूनागढ़ में रूद्रदामन के शिलालेख में पाया जा सकता है। (यह लगभग 150 ईसवी का है। इसे **गिरनार शिलालेख** के नाम से भी जाना जाता है।)

दक्षिण भारत में, सातवाहन राजा विजय (207 ईसवी में जारी किया गया) का **चेबरोलु शिलालेख** (आंध्र प्रदेश में) है। यह अब तक दक्षिण भारत का आरंभिक संस्कृत के शिलालेखों में से एक है। इसकी खोज 2019 में की गयी।

हालाँकि कविताओं में संस्कृत के उपयोग की जानकारी गुप्त काल से मिलती है। यह पूरी तरह से शुद्ध साहित्य रचना की अवधि है, जो महाकाव्यों तथा खण्डकाव्यों के कार्यों में स्पष्ट होती है।

संस्कृत साहित्य के क्षेत्र में इस अवधि को अद्वितीय रचना काल के रूप में जाना जाता है, जिसका कारण इस शासन काल में विभिन्न प्रकार के साहित्यक कार्यों की रचना होना था। इसका एक अन्य महत्त्वपूर्ण पहलू साहित्यिक कार्यों में इसकी अलंकृत शैली से संबंधित है। गुप्तकाल के दौरान विकसित कई नाटकों को भी संस्कृत भाषा में लिखा गया था। लेकिन ध्यान देने योग्य तथ्य यह है कि इन अभिनयों की एक विशेषता **उच्च वर्णों के व्यक्तियों द्वारा संस्कृत भाषा का उपयोग किया जाना तथा महिलाओं और शूद्रों द्वारा प्राकृत भाषा का उपयोग किया जाना** था।

भाषाओं का मध्य इंडो-आर्यन समूह

इस उप-समूह के विकास की अवधि **ईसा पूर्व 600 से 1000 ईसवी** के बीच है और यह **प्राकृत भाषा** के विकास के साथ शुरु हुई। प्राकृत का अर्थ सहज, मूल, सामयिक (अनौपचारिक) समझा जाता है, जिससे यह प्रकट होता है कि इसे प्रयोग करने के कोई कठोर नियम नहीं होते हैं और यह सर्वसामान्य की बोली है। प्राकृत एक **व्यापक शब्द** है, जिसमें सामान्य रूप से मध्य भारतीय-आर्य समूह की सभी भाषाओं को समाहित कर लिया जाता है। **अर्द्ध-मागधी**, **पालि** (थेरवाद बौद्ध अनुयायियों द्वारा प्रयोग की गयी) **अपभ्रंश** आदि अनेक भाषाओं का मूल प्राकृत में पाया जाता है।

प्राकृत आम लोगों के जीवन-यापन से संबंधित थी। वहीं दूसरी ओर, संस्कृत रूढ़िवादी थी, जिसके निश्चित नियम होते थे और इसका प्रयोग विद्वानों एवं संभ्रात लोगों, विशेष रूप से ब्राह्मणों द्वारा किया जाता था। संस्कृत की अपेक्षा प्राकृत भाषा में लिपि का विकास अपेक्षाकृत बाद में हुआ था।

टिप्पणी : प्राकृत एवं **अर्द्ध-मागधी** भाषा का उपयोग जैन **'आगमों'** में किया गया था।

यह ध्यान देना महत्त्वपूर्ण है कि एक भाषा से दूसरी भाषा में संक्रमण की अवधि मंद थी और इसे कठोर कालानुक्रमिक अवधियों में विभाजित नहीं किया जा सकता।

प्राकृत में सम्मिलित हैं :

- **पालि :** इसे मगध में बड़े पैमाने पर बोला जाता था। यह ईसा पूर्व पाँचवीं से पहली शताब्दी के बीच लोकप्रिय थी। कुछ विद्वानों के अनुसार, पालि की उत्पत्ति उज्जैन अथवा तक्षशिला में हुई, किंतु विंध्य और उत्तर-पूर्वी क्षेत्रों में फैल गयी। यह संस्कृत से निकटतापूर्वक संबंधित है और इसे ब्राह्मी लिपि में लिखा जाता था। **बौद्ध धर्म के त्रिपिट्टक पालि में ही लिखे गये थे।** यह **थेरवाद बौद्ध धर्म** की सामान्य भाषा के रूप में कार्य करती है। ऐसा विश्वास किया जाता है कि बुद्ध स्वयं पालि भाषा नहीं बोलते थे, अपितु उन्होंने अपने उपदेश **अर्द्ध-मागधी भाषा** में दिये।
- **मागधी प्राकृत या अर्द्ध-मागधी :** यह प्राकृत भाषा ही का सबसे महत्त्वपूर्ण प्रकार है। संस्कृत और पालि के पतन के बाद इसका साहित्यिक उपयोग बढ़ गया। **बुद्ध और महावीर** संभवतः अर्द्ध-मागधी में बोलते थे। यह कुछ महाजनपदों एवं साथ ही मौर्य राजवंश के दरबार की भाषा थी। अनेक जैन ग्रंथों एवं अशोक के शिलालेखों को भी अर्द्ध-मागधी में लिखा गया था। यह बाद में पूर्वी भारत की भाषाओं अर्थात् बंगाली, असमिया, उडिया, मैथिली, भोजपुरी आदि में विकसित हुई।
- **शौरसेनी :** इसे मध्यकालीन भारत में **नाटक लिखने** के लिए व्यापक रूप से उपयोग किया जाता था। इसे **नाटकीय प्राकृत भाषा** भी कहा जाता है। यह उत्तरी भारतीय भाषाओं की पूर्ववर्ती है। **जैन साधुओं** ने मुख्य रूप से प्राकृत को इस प्रकार में लिखा। दिगंबर जैनों के सबसे प्राचीन ग्रन्थ **'षट्खंडागम'** का लेखन शौरसेनी में किया गया है।
- **महाराष्ट्री प्राकृत :** 9वीं ईसवी शताब्दी तक बोली जानेवाली यह भाषा मराठी और कोंकणी की पूर्ववर्ती थी। पश्चिमी और दक्षिणी भारत में इसका व्यापक उपयोग किया जाता था। यह **सातवाहन राजवंश की आधिकारिक भाषा** थी। इसमें अनेक नाटकों का लेखन किया गया था जैसे कि राजा हाल द्वारा 'गाहा कोश', वाक्पति द्वारा गौडवहो' (राजा गौड का वध)।
- **इलु :** श्रीलंका की आधुनिक **सिंहल भाषा** का प्राचीन रूप (यह पालि के समान) है।
- **पैशाची:** इसे **भूत-भाषा** (मृत भाषा) भी कहा जाता है और इसे प्रायः प्राकृत और साथ-साथ कम महत्त्व का माना जाता है। गुणाढ्य की **बृहत्कथा** (छठी शताब्दी) नामक प्राचीन महाकाव्य पैशाची भाषा में लिखी गयी है। प्राकृत भाषा की व्याकरण पुस्तक, **प्राकृत प्रकाश** में पैशाची प्राकृत को एक अध्याय समर्पित है, जिसका श्रेय **वररुचि** को दिया जाता है।

अपभ्रंश

6वीं-7वीं शताब्दी ईसवी तक, 'अपभ्रंश' (भ्रष्ट या ग़ैर-व्याकरणीय) का विकास हो गया था। अपभ्रंश एक समावेशी शब्द है, जो **संस्कृत या यहाँ तक कि प्राकृत के अतिरिक्त अन्य सभी बोलियों** को समाविष्ट करता है। यह मध्य से आधुनिक इंडो-आर्यन समूह की भाषाओं में संक्रमण को दर्शाता है।

अपभ्रंश धीरे-धीरे साहित्यिक भाषा बन गयी एवं अनेक ग्रंथों, कथाओं आदि के लेखन में इसका उपयोग किया गया। 7वीं शताब्दी ईसवी तक, अपभ्रंश ने अपनी पहचान विकसित कर ली थी। इसे इस तथ्य से उजागर किया जा सकता है कि 6वीं या 7वीं शताब्दी ईसवी में कश्मीर के विख्यात कवि **भामह** ने कविता को संस्कृत, प्राकृत, एवं अपभ्रंश में विभाजित किया साथ ही संस्कृत के प्राचीन साहित्यकार **दण्डी** ने भी कहा था कि अपभ्रंश सामान्यजन की भाषा है। कई जैन मुनियों और विद्वानों ने अपभ्रंश में बड़े पैमाने पर लेखन किया और इसका संरक्षण किया।

इसके प्रमुख ग्रंथ और लेखक हैं- पुष्पदन्त का **महापुराण** (दिगम्बर जैन ग्रंथ), धनपाल का **भविसयत्तकहा** आदि।

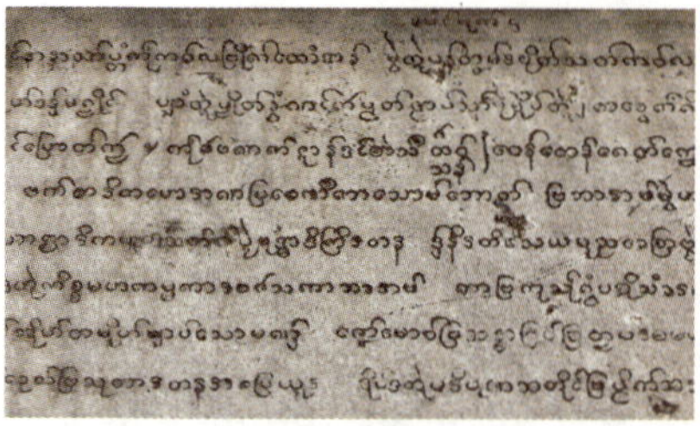

पालि वर्णमाला

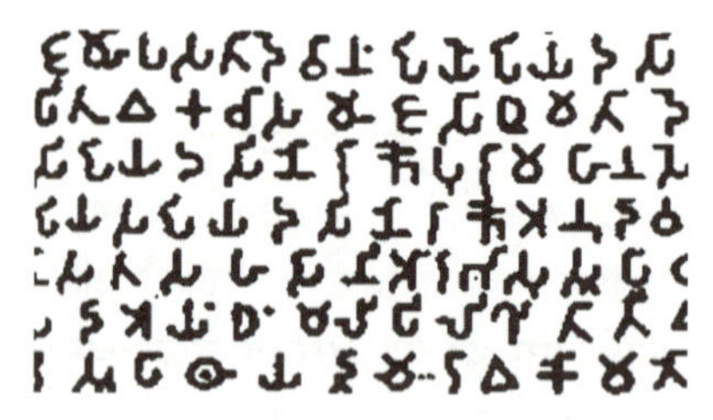

प्राकृत वर्णमाला

आधुनिक इंडो-आर्यन समूह

इस समूह से संबंधित भाषाएँ हिन्दी, असमिया, बांग्ला, गुजराती, मराठी, पंजाबी, राजस्थानी, सिंधी, ओडिया, उर्दू इत्यादि हैं। इस उप-वर्ग की भाषाएँ **1000 ईसवी के बाद** विकसित हुईं। इन भाषाओं को मुख्य रूप से भारत के उत्तरी, पश्चिमी और पूर्वी भागों में बोला जाता है।

रोमनी एक इंडो-आर्यन भाषा है, जो बाल्कन भाषा समूह का हिस्सा है। यह एकमात्र नयी इंडो-आर्यन भाषा है, जो विशिष्ट रूप से भारतीय उपमहाद्वीप के बाहर बोली जाती है।

बंगाली भाषा आंदोलन

पाकिस्तान बनने के बाद, 1948 के आरंभ में पूर्वी पाकिस्तान के निवासियों ने यह देखा कि मनी ऑर्डर का फ़ॉर्म केवल उर्दू भाषा में था। उसमें बांग्ला भाषा को सम्मिलित नहीं किया गया था। मनी ऑर्डर का प्रयोग डाक घर के माध्यम से पैसे भेजने में किया जाता था। इसके कारण **पूर्वी पाकिस्तान** में बंगाली भाषा आंदोलन आरंभ हुआ।

बांग्ला को राष्ट्रीय भाषा (उर्दू के साथ) के रूप में सम्मिलित करने की माँग, पहली बार पूर्वी पाकिस्तान के **धीरेंद्रनाथ दत्ता** ने 1948 में पाकिस्तान की संविधान सभा में उठायी। 21 फ़रवरी, 1952 को पुलिस ने रैली पर गोली चला दी, जिससे अपनी मातृभाषा के लिए लोगों ने बलिदान दिया। वर्षों के संघर्ष के बाद, केंद्र सरकार ने 1956 में बंगाली भाषा को आधिकारिक भाषा का दर्जा दिया।

1999 में **UNESCO** ने **21 फ़रवरी** को **अंतरराष्ट्रीय मातृभाषा दिवस** के रूप में घोषित किया। इसका उद्देश्य भाषाई और सांस्कृतिक विविधता के साथ-साथ बहुभाषावाद को भी बढ़ावा देना था। इस दिवस को औपचारिक रूप से 2002 में संयुक्त राष्ट्र द्वारा मान्यता दी गयी। **2008** को **अंतरराष्ट्रीय भाषा वर्ष** घोषित किया गया।

द्रविड़ समूह

इस समूह में मुख्य रूप से भारत के दक्षिणी भागों में बोली जानेवाली भाषाएँ सम्मिलित हैं। लगभग **25%** भारतीय जनसंख्या इस समूह में सम्मिलित है। आद्य द्रविड़ भाषा से 21 द्रविड़ भाषाएँ उत्पन्न हुईं। कुछ विद्वानों के अनुसार, द्रविड़ भाषाओं का उद्भव प्राकृत और पैशाची भाषा से हुआ है। वे नेग्रिटो भाषाओं के साथ भी मिश्रित हो गयी। द्रविड़ समूह को सामान्यतः **तीन समूहों** में वर्गीकृत किया जा सकता है- उत्तरी समूह, केन्द्रीय समूह और दक्षिणी समूह।

उत्तरी समूह

इसमें *तीन भाषाएँ* सम्मिलित हैं, अर्थात् **ब्राहुई, माल्टो** और **कुरुख**। ब्राहुई बलूचिस्तान में बोली जाती है, माल्टो बंगाल और ओडिशा के आदिवासी क्षेत्रों जबकि कुरुख बंगाल, ओडिशा, बिहार और मध्य प्रदेश में बोली जाती है।

केन्द्रीय समूह

इसमें *ग्यारह भाषाएँ* सम्मिलित हैं, अर्थात् गोण्डी, खोण्ड, कुई, मण्डा, पर्जी, गडबा, कोलामी, पैंगो, नैकी, कुवी और **तेलुगू**। केवल तेलुगू एक लोकप्रिय भाषा बनी और इसे आंध्र प्रदेश और तेलंगाना राज्यों में बोला जाता है, जबकि अन्य जनजातीय भाषाएँ हैं।

दक्षिणी समूह

इस समूह में *सात भाषाएँ* सम्मिलित हैं। ये **कन्नड़, तमिल, मलयालम**, तुलु, कोडगु, टोडा और कोटा हैं। इन सब में **तमिल** सबसे पुरानी है।

अतः, इन 21 भाषाओं के बीच, द्रविड़ समूह की **चार प्रमुख भाषाएँ** हैं :

- **तेलुगू** (संख्यात्मक रूप से सभी द्रविड़ भाषाओं में सबसे बड़ी)।
- **तमिल** (द्रविड़ भाषा का सबसे पुराना और शुद्धतम रूप)।
- **कन्नड़**
- **मलयालम**

तुलु भाषा

तुलु एक द्रविड़ भाषा है, जो मुख्य रूप से दक्षिण कन्नड़ और कर्नाटक के उडुपी और केरल के कासरगोड ज़िले के उत्तरी हिस्सों में बोली जाती है। तुलु के मूल वक्ताओं को तुलुवा या तुलु लोग कहा जाता है और भौगोलिक क्षेत्र को अनौपचारिक रूप से तुलुनाडु कहा जाता है।

2011 की जनगणना के अनुसार, भारत में लगभग 1.8 मिलियन तुलु बोलनेवाले हैं। इसलिए, तुलु को संविधान की 8वीं अनुसूची में शामिल करने और कर्नाटक तथा केरल में इसे आधिकारिक भाषा का दर्जा दिलाने के प्रयास किये जा रहे हैं।

तुलु को **परदाना** नामक महाकाव्य कविताओं के रूप में इसके मौखिक साहित्य और पारंपरिक लोकनाट्य **यक्षगान** के लिए जाना जाता है।

चीनी-तिब्बती समूह

इस समूह की भाषाएँ मंगोलियाई परिवार से संबंधित हैं और सम्पूर्ण हिमालय, उत्तरी बिहार, उत्तरी बंगाल, असम और देश की उत्तर-पूर्वी सीमाओं तक पायी जाती हैं। ये भाषाएँ भारतीय-आर्य भाषाओं से अधिक पुरानी मानी जाती हैं और सर्वाधिक पुराने संस्कृत साहित्य में इसका उल्लेख '*किरात*' के रूप में हुआ। 0.6% प्रतिशत भारतीय जनसंख्या इस समूह से संबंधित भाषाएँ बोलती है।

चीनी-तिब्बती समूह को पुनः निम्नलिखित समूहों में विभाजित किया जाता है :

तिब्बती बर्मन | **स्यामी चीनी**

तिब्बती-बर्मन

तिब्बती-बर्मन समूह की भाषाओं को पुनः चार समूहों में विभाजित किया जाता है :

(a) *तिब्बती :* सिक्किमी, भूटिया, बाल्टी, शेरपा, लाहौली और लद्दाखी

(b) *हिमालयी :* किन्नौरी और लिम्बू

(c) *उत्तरी असम :* अबोर, मिरी, अका, दाफला और मिश्मी

(d) कुकी, गारो, बोडो, मिकिर, नागा आदि। *मैतेई (Meitei)* इस उप-समूह के अंतर्गत बोली जानेवाली सबसे महत्त्वपूर्ण भाषा है। मैतेई मुख्यतः मणिपुर में बोली जाती है।

स्यामी-चीनी

इस समूह से संबंधित एक भाषा ***अहोम*** है। हालाँकि यह भाषा भारतीय उप-महाद्वीप से विलुप्त हो गयी है।

आस्ट्रिक

इस समूह की भाषाएँ *आस्ट्रो-एशियाई* उप-परिवार से संबंधित हैं, जिनमें **मुण्डा** और **कोल** समूह की भाषाएँ आती हैं और मध्य, पूर्वी और उत्तर-पूर्वी भारत में बोली जाती हैं। उनमें से कुछ **मोन-ख्मेर समूह** से भी संबंधित हैं, जैसे– **खासी** और **निकोबारी**।

इन भाषाओं का अस्तित्व आर्यों के आगमन के बहुत पहले से रहा है और इन्हें प्राचीन संस्कृत साहित्य में **''निषाद''** के रूप में संदर्भित किया जाता था।

इस समूह के अंतर्गत सबसे महत्त्वपूर्ण भाषा **संथाली** है, जो झारखण्ड, बिहार और बंगाल के संथाल आदिवासियों द्वारा बोली जाती है।

खासी और **संथाली** के अलावा भारतीय क्षेत्र में सभी आस्ट्रिक-एशियाई भाषाएँ *लुप्तप्राय* हैं।

अन्य

यह समूह अनेक द्रविड़ आदिवासी भाषाओं, जैसे–गोण्डी, ओराँव, प्रजी इत्यादि को सम्मिलित करता है, जो बहुत भिन्न हैं और उपर्युक्त उल्लिखित समूहों में वर्गीकृत नहीं की जा सकतीं।

भारतीय-आर्य समूह और *द्रविड़ समूह* की भाषाओं में अंतर :

1. इन दो भाषा परिवारों में *मूल शब्द* भिन्न हैं।
2. दोनों समूहों में व्याकरणीय संरचना भिन्न है।
   - *(a)* द्रविड़ परिवार की भाषाओं की व्याकरणीय संरचना *संश्लिष्ट (agglutinative)* है, अर्थात् इसका संयोजन इस प्रकार का है, जिसमें मूल शब्द इस प्रकार संयुक्त रूप बनाये रखते हैं कि न तो शब्दों की हानि होती है और न ही उनके रूप में परिवर्तन होता है।
   - *(b)* भारतीय-आर्य समूह की भाषाओं की व्याकरणीय संरचना शिलष्टयोगात्मक या विभक्तिप्रधान होने के चलते *बदलती* रहती है, अर्थात् शब्दों का अन्त या इनकी वर्तनी (शब्दरूप) वाक्य में इनके प्रकार्य के अनुसार परिवर्तित होती रहती है।

भारत की आधिकारिक भाषाएँ

भारतीय संविधान के **अनुच्छेद 343(1)** के अनुसार ''संघ सरकार की **राजभाषा देवनागरी लिपि** के साथ हिन्दी होगी।'' जब तक संसद अन्यथा तय न करे, सरकारी प्रयोजनों के लिए अँगरेज़ी का उपयोग संविधान प्रभावी होने के 15 वर्षों के बाद अर्थात् 26 जनवरी, 1965 तक जारी रहेगा। इसका अर्थ है कि भारतीय संविधान के लागू/प्रारंभ होने के 15 वर्ष पश्चात् हिंदी राजभाषा के रूप में अँगरेज़ी का स्थान ले लेगी। हालाँकि, संसद यह निर्धारित कर सकती है कि राजभाषा के रूप में अँगरेज़ी का प्रयोग किया जाए या नहीं।

इस संवैधानिक प्रविधान के जारी होने की वजह से ग़ैर-हिंदी भाषी समुदायों द्वारा देश भर में राज-भाषा को परिवर्तित कर अँगरेज़ी से हिन्दी करने के विरुद्ध **विरोध प्रदर्शन** किये गये।

इस विरोध के परिणामस्वरूप **राजभाषा अधिनियम 1963** प्रभाव में आया। यह अधिनियम **देवनागरी लिपि में हिन्दी** को संघ की राजभाषा के रूप में निर्धारित करता है। **अँगरेज़ी** को संघ की **'सहायक राजभाषा'** की प्रस्थिति प्रदान की गयी है।

भारत के संविधान ने प्रत्येक भारतीय राज्य के लिए राज्य स्तर पर संचार-व्यवस्था हेतु अपनी राजभाषा चयन करने का प्रविधान भी निर्मित किया था। संविधान की आठवीं अनुसूची में कई भाषाएँ सूचीबद्ध हैं, जिन्हें राज्यों द्वारा आधिकारिक प्रयोजन हेतु प्रयोग किया जा सकता है। **प्रारंभ में** आठवीं अनूसुची के अंतर्गत 14 भाषाएँ चयनित की गयीं और ये भाषाएँ थीं :

- असमिया
- बांग्ला
- गुजराती
- हिंदी
- कन्नड़
- कश्मीरी
- मलयालम
- मराठी
- ओडिया
- पंजाबी
- संस्कृत
- तमिल
- तेलुगू
- उर्दू

- बाद में 1967 के *21वें संविधान संशोधन अधिनियम* द्वारा पंद्रहवीं भाषा के रूप में **सिन्धी** को सम्मिलित किया गया।
- 71वें संशोधन अधिनियम, 1992 द्वारा तीन और भाषाओं को सम्मिलित किया गया। ये भाषाएँ **कोंकणी, मणिपुरी तथा नेपाली** थीं।

- 92वें संशोधन अधिनियम, 2003 ने चार और भाषाओं को आठवीं अनुसूची में सम्मिलित किया। ये भाषाएँ **बोडो**, **मैथिली**, **डोगरी** तथा **संथाली** हैं।

अत: भारतीय संविधान की आठवीं अनुसूची के अंतर्गत वर्तमान में **कुल 22 भाषाएँ** सूचीबद्ध हैं।

टिप्पणी:

- भारत की कोई **राष्ट्र भाषा नहीं** है। हिन्दी राष्ट्र भाषा नहीं है। संविधान या कोई अधिनियम 'राष्ट्र भाषा' शब्द की व्याख्या नहीं करता। संविधान में हिन्दी के लिए 'राजभाषा' शब्द का उल्लेख है।
- संविधान राज्यों के लिए उनके आधिकारिक कार्यों के संचालन हेतु राजभाषा निर्दिष्ट नहीं करता। **राज्य इसे स्वयं निर्धारित कर अपनाने हेतु स्वतंत्र हैं।**
- यह अनिवार्य **नहीं** है कि राज्यों द्वारा अपनायी जानेवाली भाषा आठवीं अनुसूची में सूचीबद्ध हो, अनेक राज्यों ने ऐसी भाषा को राजभाषा के रूप में अपनाया है, जो आठवीं अनुसूची में सूचीबद्ध नहीं है।

  उदाहरण :
  - त्रिपुरा – कोक्बोरोक (चीनी-तिब्बतन परिवार से संबधित)
  - पुडुचेरी - फ्रांसीसी
  - मिजोरम - मिज़ो
- भारतीय संविधान की आठवीं अनुसूची के अनुसार **22 अनुसूचित भाषाओं की सूची में अँगरेज़ी नहीं है।**
- **अरुणाचल प्रदेश** और **नागालैंड** ऐसे राज्य हैं, जिनकी **एकमात्र** राजभाषा **अँगरेज़ी** है।

शास्त्रीय भाषा का दर्जा

भारत सरकार ने वर्ष 2004 में घोषित किया कि जो भाषाएँ कुछ निश्चित मापदंडों को पूरा करेंगी उन्हें 'भारत की शास्त्रीय भाषा' (Classical Language of India) का दर्जा प्रदान किया जायेगा।

मापदंड

भाषाओं को ''शास्त्रीय भाषाओं'' में वर्गीकृत करने हेतु उनकी पात्रता का निर्धारण करने के लिए निम्नलिखित **मापदण्ड** निर्धारित किये गये :

1. इनके प्रारंभिक ग्रंथों तथा अभिलिखित इतिहास की प्राचीनता 1500-2000 वर्षों से भी अधिक की अवधि की होनी चाहिए।
2. प्राचीन साहित्य/ग्रन्थों का एक समूह, जो बोलनेवालों की पीढ़ियों द्वारा अमूल्य विरासत माना जाता है;
3. साहित्यिक परंपरा मूलभूत हो और किसी अन्य भाषिक समुदाय से अपनायी हुई न हो;
4. शास्त्रीय भाषा और इसके परवर्ती रूपों तथा उसकी उप-शाखाओं में अनिरंतरता हो सकती है, जिसका कारण शास्त्रीय भाषा और उसके साहित्य का आधुनिक की अपेक्षा भिन्न रूप का होना है।

अभी तक निम्नलिखित भाषाओं को शास्त्रीय भाषा **घोषित या निर्धारित** किया गया है :

- वर्ष 2004 में **तमिल**
- वर्ष 2005 में **संस्कृत**
- वर्ष 2008 में **तेलुगू**
- वर्ष 2008 में **कन्नड़**
- वर्ष 2013 में **मलयालम**
- वर्ष 2014 में **ओडिया**

पालि को शास्त्रीय भाषा के रूप में सम्मिलित न करने के लिए सरकार की आलोचना होती रही है, क्योंकि विशेषज्ञ तर्क देते हैं कि पालि भाषा उल्लिखित सभी मापदण्डों को पूरा करती है। **मराठी भाषा** को शास्त्रीय दर्जा देने का प्रस्ताव भारत सरकार के संस्कृति मंत्रालय के समक्ष विचाराधीन है।

लाभ

भारत सरकार द्वारा स्वीकृत प्रस्ताव यह बताता है कि ''शास्त्रीय भाषा'' के रूप में निर्धारित भाषा को निम्नलिखित लाभ प्राप्त होंगे :

- शास्त्रीय भाषाओं के प्रतिष्ठित विद्वानों को दो प्रमुख अंतरराष्ट्रीय पुरस्कार वार्षिक रूप से प्रदान किये जायेंगे।
- 'शास्त्रीय भाषाओं में अध्ययन के लिए उत्कृष्टता केंद्र' की स्थापना की जायेगी।
- विश्वविद्यालय अनुदान आयोग से निवेदन किया जायेगा कि कम-से-कम केन्द्रीय विश्वविद्यालयों में शास्त्रीय भाषा का व्यावसायिक अध्यापन कराने हेतु प्रतिष्ठित विद्वानों के लिए निश्चित पदों का सर्जन किया जाना चाहिए।

राष्ट्रीय शिक्षा नीति (एनईपी) 2020 एक **अतिरिक्त विकल्प** के रूप में, विद्यालयों में शास्त्रीय भाषाओं के अध्ययन पर ज़ोर देती है। एनईपी के अनुसार, 'संस्कृत के अलावा, तमिल, तेलुगु, कन्नड़, मलयालम, उड़िया, पालि, फ़ारसी और प्राकृत सहित भारत की अन्य सभी शास्त्रीय भाषाओं और साहित्य का शिक्षण भी विद्यालयों में विकल्प के रूप में व्यापक रूप से उपलब्ध होगा'।

राष्ट्रीय अनुवाद मिशन (National Translation Mission)

राष्ट्रीय अनुवाद मिशन (एन.टी.एम.) भारतीय भाषाओं में बौद्धिक ग्रंथों को छात्रों और शिक्षाविदों के लिए सुलभ बनाकर उच्च शिक्षा को सुसाध्य करने हेतु भारत सरकार की योजना है। एन.टी.एम. का लक्ष्य अनुवाद के माध्यम से संविधान की आठवीं अनुसूची में सूचीबद्ध सभी 22 भाषाओं में ज्ञान का प्रसार करना है।

अनुवादकों के अभिमुखीकरण, प्रकाशकों को अनुवादों के प्रकाशन हेतु प्रोत्साहित करने, किसी विशिष्ट भारतीय भाषा से, किसी विशिष्ट भारतीय भाषा में और अन्य भारतीय भाषाओं में परस्पर अनुवादों के डाटाबेसों का प्रबंध करने और भारत में अनुवाद को उद्योग के रूप में स्थापित करने के लिए सूचना का समाशोधन गृह बनाने के प्रयासों का एक मिशन निर्मित किया गया है। अपेक्षा है कि यह अनुवाद के माध्यम से नयी पारिभाषिक शब्दावलियाँ और संवाद शैलियाँ विकसित कर भाषाओं के आधुनिकीकरण को सुसाध्य करेगा। वर्तमान में, एन.टी.एम. उच्च शिक्षा से संबंधित सम्पूर्ण शिक्षण सामग्री का **22 भारतीय भाषाओं** में अनुवाद करने में संलग्न है।

लिंगुआ फ्रेंका (Lingua Franca)

लिंगुआ फ्रेंका (Lingua franca) जिसे **सेतु भाषा**, सामान्य भाषा, व्यापार भाषा या वाहक भाषा भी कहा जाता है, यह किसी **देशी भाषा या बोली को साझा न करनेवाले व्यक्तियों के बीच संवाद संभव करने हेतु** व्यवस्थित रूप से प्रयोग की जानेवाली भाषा या बोली है एवं विशिष्ट रूप से जब यह दोनों स्थानीय भाषाओं से भिन्न कोई **तीसरी भाषा** हो।

सामान्य बोलचाल की भाषा विश्वभर में सम्पूर्ण मानव इतिहास के दौरान विकसित हुई। यह कभी-कभी वाणिज्यिक प्रयोजनों के लिए, मगर साथ ही सांस्कृतिक, धार्मिक, राजनयिक और प्रशासनिक सुविधा और वैज्ञानिकों तथा विभिन्न राष्ट्रीयता के अन्य विद्वानों के बीच सूचना विनिमय के माध्यम के रूप में भी विकसित होती रही है। इसका सबसे अच्छा उदाहरण **अँगरेज़ी** भाषा है।

एक भाषा का अंत

1971 की जनगणना के बाद, भारत सरकार द्वारा घोषित किया गया कि 10,000 से कम लोगों द्वारा बोली जानेवाली किसी भी स्वदेशी भाषा को अब भारत की आधिकारिक भाषाओं की सूची में सम्मिलित नहीं किया जायेगा। UNESCO के अनुसार, 10,000 से कम लोगों द्वारा बोली जानेवाली कोई भी भाषा संभावित रूप से ख़तरे में है।

अधिकांश लुप्त होती भाषाएँ देश भर में फैले मूलनिवासी जनजातीय समूहों से संबंधित हैं। उनमें से कुछ महाराष्ट्र, कर्नाटक और तेलंगाना में ख़ानाबदोश लोगों द्वारा बोली जानेवाली भाषाएँ हैं।

भारत की लुप्तप्राय एवं विलुप्त भाषाएँ
(The Critically Endangered and Extinct Languages of India)

जब किसी भाषा को कोई बोलनेवाला नहीं रहता है और उसका उपयोग बंद हो जाता है, तो इससे सामाजिक और सांस्कृतिक हानि होती है। पूरे इतिहास में भाषा की हानि एक वास्तविकता रही है। किसी भाषा के मूल वक्ता सामाजिक और आर्थिक आवश्यकताओं के अनुसार अपनी भाषा से दूसरी भाषा की ओर पलायन करते रहते हैं। इस प्रवासन में, यदि वे अपनी मूल भाषा का उपयोग सम्पूर्ण रूप से बंद कर देते हैं, तो, अंतर-पीढ़ीगत अवधि में, भाषा विलुप्ति होती है।

UNESCO ख़तरे में पड़ी भाषाओं की पहचान करने और भाषाओं को विलुप्ति से संरक्षण देने के लिए, 1996 से **ख़तरे में विश्व भाषाओं का एटलस (Atlas of the World Languages in Danger)** जारी कर रहा है।

वर्ल्ड एटलस ऑफ़ लैंग्वेजेज़ (डब्ल्यूएएल) एक परस्पर संवादात्मक और गत्यात्मक ऑनलाइन साधन है, जो दुनिया भर के देशों और भाषाओं में भाषा की स्थिति के विभिन्न पहलुओं और विशेषताओं का दस्तावेज़ीकरण करता है। इसका उद्देश्य अपने सामाजिक-सांस्कृतिक और सामाजिक-राजनीतिक संदर्भों में संचार उपकरण और ज्ञान संसाधनों के रूप में भाषाओं को विस्तृत रूप से अभिलिखित करना है।

UNESCO विश्व एटलस में **'सुरक्षित'** (लुप्तप्राय नहीं) और **'विलुप्त'** के बीच ख़तरे के 4 स्तर हैं, जो इस प्रकार हैं -

1. असुरक्षित, 2. निश्चित रूप से लुप्तप्राय, 3. गंभीर रूप से लुप्तप्राय, और 4. गंभीर रूप से संकटग्रस्त।

डब्ल्यूएएल के अनुसार, **भारत में 197 भाषाएँ हैं** - जो इस सूची में लुप्तप्राय, अतिसंवेदनशील या विलुप्त हैं। इनमें से, 5 भाषाएँ विलुप्त हो चुकी हैं, 42 गंभीर रूप से लुप्तप्राय हैं, 7 बहुत अधिक रूप से लुप्तप्राय हैं, 62 निश्चित रूप से लुप्तप्राय हैं और 81 अतिसंवेदनशील हैं। यह दुनिया के किसी भी देश में ख़तरे में पड़ी भाषाओं की सबसे उच्च संख्या है।

भारत की 5 विलुप्त भाषाएँ हिमालय क्षेत्र की भाषाएँ हैं। वे इस प्रकार हैं -

1. **अहोम भाषा** या **ताई-अहोम भाषा** (उत्तर-पूर्व भारतीय उपमहाद्वीप),
2. **एंड्रो** (मणिपुर की चीन-तिब्बती भाषा),
3. **रंगकास** (उत्तराखंड की चीनी-तिब्बती भाषा),
4. **सेंगमाई** (मणिपुर की चीनी-तिब्बती भाषा), और
5. **तोलचा** (उत्तराखंड की तिब्बती-बर्मन भाषा)।

लुप्तप्राय भाषाओं में से आधे से अधिक को बोलनेवालों की संख्या 10,000 से कम है और इसलिए उन्हें भारतीय जनगणना में दर्ज नहीं किया गया है।

संयुक्त राष्ट्र (यूएन) ने **2019** को ***स्वदेशी भाषाओं के अंतरराष्ट्रीय वर्ष*** के रूप में घोषित किया। इसके पश्चात्, 2022-2032 को संयुक्त राष्ट्र द्वारा ***स्वदेशी भाषाओं के अंतरराष्ट्रीय दशक*** के रूप में घोषित किया गया है।

भारत में सुभेद्य या संकटग्रस्त के रूप में घोषित 191 भाषाओं में से, निम्नलिखित **42 भाषाएँ** UNESCO की रिपोर्ट के अनुसार **घोर संकटग्रस्त हैं :**

	भाषा/बोली	मुख्य रूप से यहाँ बोली जाती है		भाषा/बोली	मुख्य रूप से यहाँ बोली जाती है
1.	ऐमोल	मणिपुर	22.	ना	अरुणाचल प्रदेश
2.	अका	मणिपुर	23.	नाइकी	महाराष्ट्र, आंध्र प्रदेश
3.	बघाती	हिमाचल प्रदेश	24.	निहाली	महाराष्ट्र
4.	बंगानी	उत्तराखंड	25.	ओन्गे	अंडमान और निकोबार
5.	बेल्लारी	कर्नाटक	26.	पांगवाली	हिमाचल प्रदेश
6.	बिरहोर	झारखंड	27.	पारजी	ओडिशा
7.	गड़ाबा	आंध्र प्रदेश	28.	पेन्गो	ओडिशा
8.	बृहत् अंडमानी	अंडमान और निकोबार	29.	पु	अंडमान और निकोबार
9.	हंडूरी	हिमाचल प्रदेश	30.	पुरुम	मणिपुर
10.	जरावा	अंडमान और निकोबार	31.	रुगा	मेघालय
11.	कोइरेंग	मणिपुर	32.	सैनेन्यो	अंडमान और निकोबार
12.	कोरागा	कर्नाटक	33.	सेंटिली	अंडमान और निकोबार
13.	कोटा	तमिलनाडु	34.	शोम्पेन	अंडमान और निकोबार
14.	कुरुबा	कर्नाटक	35.	सिरमौड़ी	हिमाचल प्रदेश
15.	लम्गांग	मणिपुर	36.	ताई नोरा	असम
16.	लामोन्गसे	अंडमान और निकोबार	37.	ताई रोंग	असम
17.	लांगरोंग	मणिपुर	38.	तकहानयिलांग	अंडमान और निकोबार
18.	लुरो	अंडमान और निकोबार	39.	तांगम	अरुणाचल प्रदेश
19.	मांडा	ओडिशा	40.	तराओ	मणिपुर
20.	म्रा	अरुणाचल प्रदेश	41.	तोड़ा	तमिलनाडु
21.	मुओट	अंडमान और निकोबार	42.	टोटो	पश्चिम बंगाल

इस संबंध में, भारत सरकार ने वर्ष **2013** में एक योजना आरंभ की है, जिसका नाम **"भारत की संकटग्रस्त भाषाओं की सुरक्षा और संरक्षण"** है। योजना की निगरानी का उत्तरदायित्व मैसुरु, कर्नाटक, स्थित केंद्रीय भारतीय भाषा संस्थान **(CIIL)** को दी गयी है।

डिजिटल युग में ज्ञान और हमारी भाषा को संरक्षित रखने के उद्देश्य से, भारत सरकार ने मानव संसाधन विकास मंत्रालय (MHRD) के माध्यम से 2016 में **भारतवाणी परियोजना** (BvP) आरंभ की है। यह ज्ञान संबंधित एक पहल है, जिसका उद्देश्य एक ऑनलाइन पोर्टल बनाना है, जहाँ मल्टीमीडिया (लेख, ऑडियो, वीडियो, चित्र) प्रारूप में सभी भाषाओं में। एक ज्ञानकोष उपलब्ध कराया जायेगा, जिसमें कुछ भी खोजा जा सकता है।

भाषाई विविधता सूचकांक (Linguistic Diversity Index)

भाषाई विविधता सूचकांक किसी देश में **बोली जानेवाली भाषाओं की विविधता को मापता है**। पैमाना 0 से 1 तक होता है। जबकि 0 का सूचकांक किसी भाषाई विविधता को नहीं दर्शाता है, जिसका अर्थ है कि हर कोई एक ही भाषा बोलता है, 1 का सूचकांक कुल-मिलाकर विविधता को दर्शाता है, जिसका अर्थ है कि कोई भी दो लोग एक ही भाषा नहीं बोलते हैं। किसी भी देश का सूचकांक मान बिल्कुल 0 या 1 नहीं है।

विश्व की भाषाओं की सबसे व्यापक सूची **एथनोलॉग** के अनुसार, आज दुनिया भर में लगभग 7,000 भाषाएँ बोली जाती हैं। इनमें से केवल कुछ भाषाएँ (359) ही वास्तविकता में वैश्विक हैं, जो लाखों लोगों द्वारा बोली जाती हैं, जिनमें मंदारिन चीनी, अँगरेज़ी, स्पेनिश और हिंदी शामिल हैं। शेष भाषाओं का दायरा और भी सीमित है और कई भाषाओं को विलुप्ति का ख़तरा है। दिलचस्प बात यह है कि दुनिया की 94 प्रतिशत आबादी अपनी 6 प्रतिशत भाषाएँ बोलती है, जबकि दुनिया की 6 प्रतिशत आबादी अपनी 94 प्रतिशत भाषाएँ बोलती है।

भारत की प्राचीन लिपियाँ

लिपि को **लेखन पद्धति** या **वर्तनी** (या वर्णविन्यास) के रूप में भी जाना जाता है। यह बोली जानेवाली भाषा को किसी माध्यम (जैसे–काग़ज़, चट्टानों, भोजपत्र आदि) पर विशिष्ट चिह्न बनाकर प्रतिदर्शित करने के लिए मानक होती है। भारत की दो प्राचीन लिपियों में ब्राह्मी लिपि एवं खरोष्ठी लिपि सम्मिलित हैं।

भारत में अधिकतर प्राचीन और आधुनिक लिपियाँ ब्राह्मी लिपि से विकसित हुई हैं, चाहे वह देवनागरी, तमिल, तेलुगू, कन्नड़, ओड़िया, असमिया/बंगाली आदि कोई भी हों। इसलिए, यह दृढ़तापूर्वक कहा जा सकता है कि **ब्राह्मी लिपियों की जननी** है।

हालाँकि, उर्दू को अरबी से व्युत्पन्न लिपि में लिखा गया है और कुछ गौण भाषाएँ, जैसे कि संथाली, स्वतंत्र लिपियों का प्रयोग करती हैं।

आइए, हम संक्षेप में इनकी चर्चा करें :

सिंधु लिपि

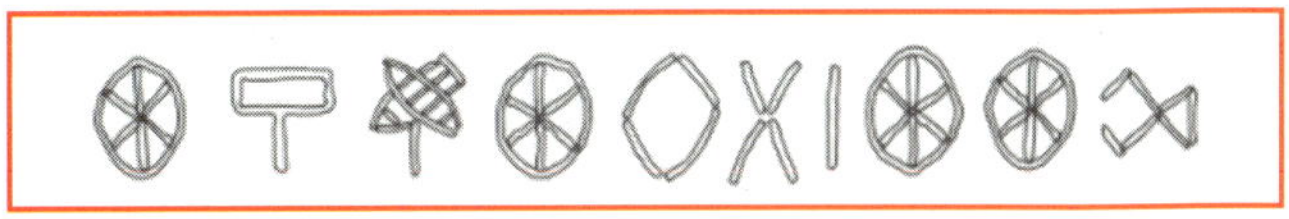

सिंधु लिपि सिंधु घाटी सभ्यता द्वारा उत्पादित प्रतीकों का संग्रह है। इसके अधिकतर अभिलेख **बहुत छोटे** हैं। यह स्पष्ट नहीं है कि क्या इन प्रतीकों का उपयोग भाषा को रिकार्ड करने हेतु लिपि के रूप में होता था कि नहीं। सिंधु लिपि बौस्ट्रोफेडन शैली का एक उदाहरण है, क्योंकि यह एक पंक्ति में बायें से दायें लिखी जाती है और फिर दूसरी पंक्ति में दायें से बायें की ओर लिखी जाती है।

ब्राह्मी लिपि

ब्राह्मी, भारतीय उपमहाद्वीप और मध्य एशिया में ईसा पूर्व अंतिम शताब्दियों एवं आरम्भिक ईसवी शताब्दियों के दौरान प्रयुक्त **प्राचीनतम लेखन प्रणाली** है। कुछ विद्वानों का विश्वास है कि ब्राह्मी समकालीन शामी (Semitic) लिपि या संभवत: सिंधु लिपि से उत्पन्न हुई थी। दक्षिण-पूर्व एशिया में सभी जीवित इंडिक लिपियाँ ब्राह्मी की सन्तान हैं।

अशोक स्तम्भ पर ब्राह्मी लिपि

सबसे प्रसिद्ध ब्राह्मी अभिलेख उत्तर-मध्य भारत में **अशोक के शिलालेख** हैं, जो 250–232 ईसा पूर्व के हैं। इस लिपि का कूटवाचन (जटिल भाषा को पढ़ना) **1837 में जेम्स प्रिंसेप** द्वारा किया गया था।

ब्राह्मी सामान्य रूप से **बायें से दायें** लिखी जाती है। ब्राह्मी **अबुगिडा** (abugida) है, अर्थात् प्रत्येक इकाई व्यंजन पर आधारित है और स्वर संकेतन द्वितीयक है सिवाय तब, जब कोई शब्द स्वर से आरंभ हो। ब्राह्मी लिपि के वंशज इस प्रकार हैं:

ब्राह्मी लिपि

- **उत्तरी ब्राह्मी**
  - गुप्त लिपि (चौथी शताब्दी)
    - सिद्धम लिपि → असमिया, बांग्ला तिब्बती लिपि (छठी शताब्दी) (बौद्ध धर्म में संस्कृत लिखने में प्रयोग किया जाता है।)
    - शारदा लिपि (आठवीं शताब्दी) → गुरुमुखी लिपि (पंजाबी भाषा) (सोलहवीं शताब्दी) (संस्कृत और कश्मीरी भाषा लिखने में प्रयोग किया जाता है।)
    - नागरी लिपि (दसवीं शताब्दी) → देवनागरी लिपि (दसवीं शताब्दी) (हिन्दी भाषा); गुजराती लिपि (सत्रहवीं शताब्दी)
- **दक्षिणी ब्राह्मी**
  - भट्टीप्रोलू लिपि (पहली शताब्दी) → कदंब लिपि → कन्नड़ तेलुगू लिपि
  - वट्टेलुत्तु लिपि (आठवीं शताब्दी) → तमिल लिपि
  - ग्रन्थ लिपि (छठी शताब्दी) → मलयालम लिपि
  - मोन लिपि (वर्मा)
  - खमेर लिपि (कंबोडिया)
  - बेबायिन लिपि (फिलीपींस)

उत्तरी ब्राह्मी लिपि थोड़ी कोणीय है तथा दक्षिणी ब्राह्मी लिपि अधिक वृत्ताकार है।

गुप्त लिपि

यह गुप्त **साम्राज्य** से संबंधित है और इसका प्रयोग **संस्कृत** के लेखन के लिए किया जाता था। गुप्त लिपि ब्राह्मी से निकली है और इसने **नागरी, शारदा** और **सिद्धम** लिपियों को उत्पन्न किया। इन लिपियों ने आगे चलकर भारत की अनेक महत्त्वपूर्ण लिपियों को उत्पन्न किया, **जिनमें देवनागरी, गुरमुखी लिपि (पंजाबी भाषा के लिए), असमिया लिपि, बांग्ला लिपि एवं तिब्बती लिपि सम्मिलित हैं।**

खरोष्ठी लिपि

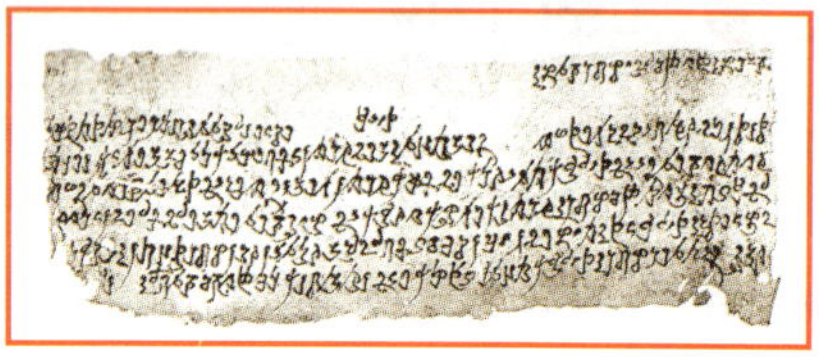

खरोष्ठी पाण्डुलिपि

खरोष्ठी लिपि (ईसा पूर्व तीसरी शताब्दी-तीसरी शताब्दी ईसवी) प्राचीन **गांधार** (वर्तमान अफ़ग़ानिस्तान और पाकिस्तान) में गांधारी प्राकृत और संस्कृत का लेखन करने के लिए उपयोग की जानेवाली प्राचीन लिपि है। यह **ब्राह्मी की समकालीन लिपि** है और इसका कूटवाचन भी **पुनः जेम्स प्रिंसेप द्वारा किया** गया था। उन्होंने इसका नाम **बैक्ट्रियन पहलवी** रखा, क्योंकि यह विभिन्न बैक्ट्रियन सिक्कों पर पायी गयी थी। बैक्ट्रियन एक विलुप्त पूर्वी ईरानी भाषा है, जो पहले मध्य एशियाई क्षेत्र बैक्ट्रिया (वर्तमान में अफ़ग़ानिस्तान) में बोली जाती थी। यह कुषाण साम्राज्य की राजभाषा थी।

खरोष्ठी भी ब्राह्मी के समान **अबुगिडा** (abugida) है। खरोष्ठी में अंकों का एक समूह होता है, जो रोमन अंकों I, X, के समान होते हैं।

खरोष्ठी अधिकतर **दायें से बायें** लिखी जाती है, लेकिन कुछ अभिलेखों में खरोष्ठी की बायें से दायें लिखे जाने की दिशा भी देखी गई है।

कदम्ब लिपि

कदम्ब लिपि में लिखे गए कदम्ब राजा के सिक्के

कदम्ब लिपि **कन्नड़** का लेखन करने के लिए समर्पित लिपि के जन्म को चिह्नित करती है। यह भी ब्राह्मी लिपि से उत्पन्न हुई है और **चौथी से छठी शताब्दी ईसवी** में कदम्ब राजवंश के शासन के दौरान विकसित हुई है। यह लिपि बाद में **कन्नड़-तेलुगू** लिपि बन गयी।

वट्टेलुत्तु लिपि

वट्टेलुत्तु लिपि

वट्टेलुत्तु वर्णमाला **दक्षिण भारत** में उत्पन्न हुई। अबुगिडा लेखन प्रणाली है। दक्षिणी-ब्राह्मी से विकसित वट्टेलुत्तु, **तमिल और मलयालम** भाषाओं को लिखने के लिए विकसित तीन मुख्य वर्णमाला प्रणालियों में से एक है। सदियों तक इस लिपि का उपयोग दक्षिण भारत के शिलालेखों और पाण्डुलिपियों में किया गया। पल्लवों के दरबार में पल्लव-ग्रंथ लिपि ने वट्टेलुत्तु का स्थान प्राप्त किया।

ग्रन्थ लिपि

बृहदीश्वर मंदिर में लिखी ग्रन्थ लिपि

ग्रन्थ लिपि का व्याापक उपयोग 6वीं शताब्दी एवं 20वीं शताब्दी ईसवी के बीच तमिल बालनेवालों द्वारा दक्षिण भारत में, विशेष रूप से **तमिलनाडु** और **केरल** में **संस्कृत** एवं शास्त्रीय भाषा **मणिप्रवलम्** का लेखन करने के लिए किया जाता था एवं अभी भी पारंपरिक वैदिक विद्यालयों में इसका प्रतिबंधित उपयोग किया जाता है। इसे ग्रंथ लिपि का नाम दिया गया, क्योंकि इसका उपयोग प्रारंभिक दिनों में संस्कृत ग्रंथ लिखने के लिए किया जाता था। **मलयालम लिपि**, तिगलरी और सिंहल वर्णमालाओं की तरह **सीधे ग्रन्थ लिपि से उत्पन्न हुई है।**

सारदा लिपि

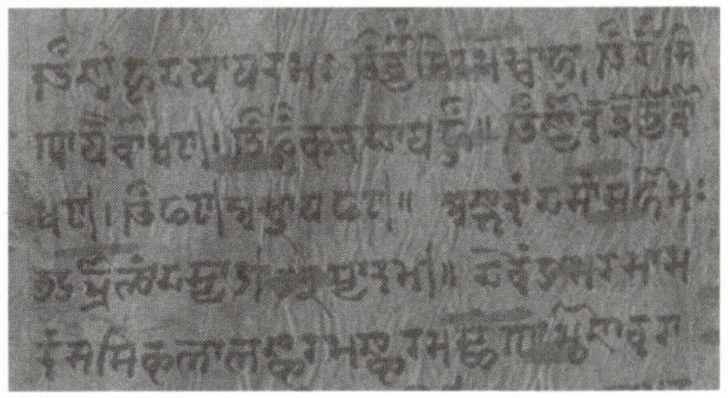

कश्मीरी सारदा पाण्डुलिपि

सारदा या शारदा लिपि (विद्या की देवी, देवी सारदा या सरस्वती के नाम पर रखी गयी) ब्राह्मी मूल परिवार की अबुगिडा लेखन प्रणाली है, जिसका विकास **8वीं शताब्दी** ईसवी के दौरान हुआ है। इसका प्रयोग **संस्कृत** एवं **कश्मीरी** लिखने के लिए किया जाता था। इसका उपयोग शुरू में अधिक व्यापक था, जो बाद में कश्मीर तक सीमित रह गया और कश्मीरी पंडित समुदाय द्वारा आनुष्ठानिक प्रयोजनों के अतिरिक्त अब यदा-कदा ही इसका प्रयोग किया जाता है।

गुरमुखी लिपि

गुरमुखी सारदा लिपि से विकसित हुई है और इसे 16वीं शताब्दी ईसवी के दौरान दूसरे सिख गुरु, गुरु अंगद द्वारा मानकीकृत किया गया था। संपूर्ण **गुरु ग्रन्थ साहिब** इस लिपि में लिखा गया है और इसे सिखों और हिंदुओं द्वारा पंजाबी भाषा लिखने के लिए सर्वाधिक रूप से उपयोग किया जाता है। इस लिपि में कुछ अद्वितीय वर्तनी विशेषताएँ हैं, क्योंकि इसे अन्य लिपियों के विपरीत, संस्कृत भाषा और संबंधित सांस्कृतिक परंपरा के दायरे से बाहर विकसित किया गया था।

देवनागरी लिपि

यह भारत और नेपाल की **अबुगिडा** लेखन प्रणाली है। इसे **बायें से दायें** लिखा जाता है। **देवनागरी** का विकास 7वीं शताब्दी के दौरान गुप्त लिपि के पूर्वी संस्करण से हुआ था, जिसे नागरी लिपि के नाम से जाना जाता है। **देवनागरी लिपि** 47 प्राथमिक वर्णों से बनी हैं, जिसमें 14 स्वर और 33 व्यंजन शामिल हैं।

देवनागरी लिपि का उपयोग हिंदी, मराठी, नेपाली, पालि, कोंकणी, बोडो, सिंधी और मैथिली भाषाओं एवं बोलियों सहित 120 से अधिक भाषाओं को लिखने के लिए किया जाता है, जिससे यह विश्व में चौथी सबसे व्यापक रूप से अपनायी जानेवाली लेखन प्रणाली बन गयी। इस प्रकार यह विश्व की सर्वाधिक उपयोग की जाने एवं अपनायी जानेवाली लेखन प्रणालियों में से एक बन जाती है। देवनागरी लिपि का उपयोग शास्त्रीय संस्कृत लेखनों के लिए भी किया जाता है।

मोड़ी लिपि

मोड़ी लिपि का उपयोग **मराठी भाषा** लिखने के लिए किया जाता है। इसे 14वीं शताब्दी ईसवी में उन शास्त्रियों द्वारा देवनागरी के शॉर्टहैंड संस्करण के रूप में विकसित किया गया था, जो तेज़ी से लिखने के दौरान मूल देवनागरी को लिखने में असमर्थ थे। 20वीं शताब्दी में मराठी के लिए मानक लेखन प्रणाली के रूप में **देवनागरी लिपि की बालबोध शैली** को प्रोत्साहित किये जाने तक लिखने के लिए आधिकारिक लिपि थी। यद्यपि मोड़ी को मुख्य रूप से मराठी लिखने के लिए उपयोग किया जाता था, लेकिन उर्दू, कन्नड़, गुजराती, हिंदी और तमिल जैसी अन्य भाषाओं को भी मोड़ी लिपि में लिखे जाने के लिए जाना जाता है। मोड़ी लिपि भी एक **अबुगिडा** लेखन प्रणाली है।

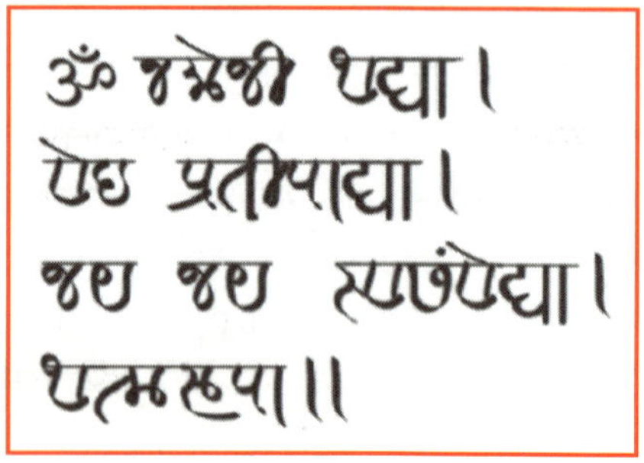

मोड़ी पाण्डुलिपि

उर्दू लिपि

उर्दू लिपि को **दायें-से-बायें** लिखा जाता है और इसका प्रयोग उर्दू भाषा को लिखने के लिए किया जाता है। यह फ़ारसी वर्णमाला का रूपांतरण है, जो स्वयं **अरबी वर्णमाला का व्युत्पन्न** है और इसका मूल **13वीं शताब्दी** में है। यह फ़ारसी-अरबी लिपि की नस्तालीक़ शैली के विकास से मूलत: संबंधित है। उर्दू वर्णमाला में 40 भिन्न अक्षर हैं, जिनमें कोई ऐसा अलग अक्षर नहीं है, जो आम तौर पर सुलेख नस्ता'लीक़ लिपि में लिखा जाता है, जबकि अरबी प्राय: नस्ख़ शैली में लिखी जाती है। उर्दू लिपि को इसके विस्तारित रूप में **शाहमुखी लिपि** के नाम से जाना जाता है और इसका प्रयोग उत्तर भारतीय उपमहाद्वीप की अन्य भारतीय-आर्य भाषाएँ जैसे **पंजाबी** और **सैराइकी (सैराइकी पाकिस्तान के पंजाब प्रांत में बोली जाती है)** लिखने के लिए भी किया जाता है।

इस प्रकार, हम देखते हैं कि दीर्घ समयावधि में भारतीय साहित्यिक शैलियों में अत्यधिक परिवर्तन हुए हैं। भारत से विभिन्न देशों, विशेष रूप से श्रीलंका, तिब्बत और दक्षिण-पूर्व एशिया में बौद्ध धर्म के प्रसार ने उनकी लिपियों को भी प्रभावित किया है। और, भारतीय लेखन परंपरा भी भारत में इस्लाम के आगमन के कारण परिवर्तित हुई है। लेकिन, यह देखना शेष है कि वैश्वीकरण के युग में जहाँ अँगरेज़ी लोकभाषा बन गयी है, वहाँ देश की शेष लिपियाँ और भाषाएँ किस प्रकार जीवित रहती हैं और विकसित होती हैं।

नस्ता'लीक़

नस्ता'लीक़, जिसे नस्ता'लीक़ के रूप में भी रोमनाइज़ किया जाता है, फ़ारसी और उर्दू भाषाओं में फ़ारसी-अरबी लिपि लिखने के लिए उपयोग किए जानेवाले मुख्य सुलेखित हाथ में से एक है और फ़ारसी सुलेख में प्रमुख शैली है। इसका विकास 14वीं और 15वीं शताब्दी में फ़ारस की भूमि पर हुआ था। कविता लिखने और कला के रूप में ईरान, अफ़ग़ानिस्तान, पाकिस्तान और अन्य देशों में नस्ता'लीक़ का व्यापक रूप से उपयोग किया जाता है। **नस्ता'लीक़** अरबी लिपि के लिए सबसे अधिक तरल सुलेख शैलियों में से एक है। इसमें बिना सेरिफ़ (शीशा) के छोटे ऊर्ध्वाधर और लंबे क्षैतिज स्ट्रोक हैं।

ओल चिकी लिपि

ओल चिकी लिपि का निर्माण 1925 में पंडित रघुनाथ मुर्मू द्वारा संथाली भाषा लिखने के लिए किया गया था। ओल का अर्थ है 'लिखना' और चिकी का अर्थ है 'लिपि'। अधिकांश इंडिक लिपियों के विपरीत, ओल चिकी एक अबुगिडा (जिसमें व्यंजन और स्वर को एक ईकाई में लिखा जाये) नहीं है, बल्कि एक सच्ची वर्णमाला है - जो स्वरों को व्यंजन के समान प्रतिनिधित्व देती है। भारत के संविधान का अनुवाद ओल चिकी लिपि में किया गया है।

भारती लिपि

आईआईटी मद्रास के अनुसंधानकर्ताओं ने **नौ भाषाओं के लिए एक ही लिपि** विकसित की है और इसका नाम भारती लिपि रखा है। रोमन लिपि की तरह ही, भारती भी इस प्रकार की नौ भाषाओं के लिए सामान्य लिपि है। इसका उद्देश्य यह है, कि राज्यों के बीच संवाद के मार्ग में जो बाधाएँ हैं उन्हें कम किया जाए। इन नौ भाषाओं में **देवनागरी, बंगाली, गुरमुखी, गुजराती, उड़िया, तेलुगू, कन्नड़, मलयालम और तमिल सम्मिलित हैं।**

कैथी लिपि

यह एक ऐतिहासिक ब्राह्मी लिपि है। इसका उत्तरी और पूर्वी भारत, मुख्य रूप से **उत्तर प्रदेश, झारखंड** और **बिहार** में व्यापक रूप से उपयोग किया जाता था। विशेष रूप से, इसका उपयोग **क़ानूनी, प्रशासकीय और निजी** अभिलेख लिखने के लिए किया जाता था। इस लिपि का मुग़लकाल में व्यापक रूप से उपयोग किया जाता था।

अध्याय का सारांश

- **भारतीय-आर्य समूह की भाषाएँ** - भारत का सबसे बड़ा भाषा समूह - 74 प्रतिशत भारतीय इस समूह से संबंधित भाषाएँ बोलते हैं।
- **अष्टाध्यायी** - संस्कृत व्याकरण की सबसे पुरानी पुस्तक - *पाणिनि* द्वारा लगभग **ईसा पूर्व** 400 में तैयार की गयी।
- **अपभ्रंश** - एक व्यापक शब्द, जिसका अर्थ है **संस्कृत या प्राकृत के अलावा भी अन्य बोलियाँ** - मध्य से आधुनिक भारतीय-आर्य समूह की भाषाओं में संक्रमण को दर्शाता है।
- **द्रविड़ भाषा समूह** - भारत के दक्षिणी भाग में बोली जानेवाली भाषाएँ - **25 प्रतिशत** भारतीय जनसंख्या इस समूह में आती है।
- **चीनी-तिब्बती समूह** - मंगोलियाई भाषा परिवार से संबंधित - सम्पूर्ण हिमालय क्षेत्र में फैली हुई, उत्तरी बिहार, उत्तरी बंगाल, असम और हमारे राष्ट्र की पूर्वोत्तर सीमाओं तक - भारतीय-आर्य भाषाओं से अधिक प्राचीन समझा जाता है - प्राचीन संस्कृत साहित्य में किरात के नाम से संबोधित - **0.6 प्रतिशत** भारतीय लोगों द्वारा बोली जाती है।
- **भारत के संविधान** का **अनुच्छेद 343(1)** कहता है कि "केंद्र सरकार की आधिकारिक भाषा **देवनागरी लिपि में हिंदी** होगी।"

- **भारत की शास्त्रीय भाषाएँ** - इसके आरंभिक लेख/अभिलेखित इतिहास प्राचीनतम है, जो 1500-2000 ईसा पूर्व की अवधि में लिखे गये - यह प्राचीन साहित्य/लेखों का एक भाग है, जिसे कई पीढ़ी से इसके बोलनेवाले बहुमूल्य धरोहर मानते हैं - साहित्यिक परंपरा मौलिक होनी चाहिए, न कि किसी अन्य भाषा समुदाय से उधार ली गयी हो - अब तक घोषित शास्त्रीय भाषाएँ हैं: **तमिल - तेलुगू - मलयालम - संस्कृत - कन्नड़ - उड़िया।**
- **UNESCO** ख़तरे में पड़ी भाषाओं की पहचान करने और भाषाओं को विलुप्त होने से बचाने के लिए 1996 से **ख़तरे में विश्व भाषाओं का एटलस** जारी कर रहा है - **भारत में सभी श्रेणियों में 197 भाषाएँ** ख़तरे का सामना कर रही हैं - जो दुनिया के किसी भी देश के लिए ख़तरे में पड़ी भाषाओं की सबसे उच्च संख्या है।
- **भारत की विलुप्त भाषाएँ हैं** - अहोम, एंड्रो, रंगकास, सेंगमई और तोलचा - सभी हिमालयन बेल्ट से हैं।
- **ब्राह्मी लिपि - सबसे पुरानी लेखन प्रणाली** - ब्राह्मी लिपि के चर्चित शिलालेखों में **चट्टानों को काटकर बनाये गये अशोक के अभिलेख** सम्मिलित हैं - **जेम्स प्रिंसेप द्वारा 1837 में इसका कूटवाचन किया गया था।**
- **मोड़ी लिपि - मराठी भाषा** लिखने के लिए प्रयुक्त होती है - 20वीं सदी तक मराठी लिखने के लिए आधिकारिक लिपि। उसके बाद से मराठी के लिए मानक लेखन प्रणाली के रूप में **देवनागरी लिपि की बालबोध शैली** को प्रोत्साहित किया गया।
- **नस्ता'लीक़** - जिसे नस्ता'लीक़ के रूप में भी रोमनाइज़ किया गया है - जो फ़ारसी और उर्दू भाषाओं में फ़ारसी-अरबी लिपि लिखने के लिए उपयोग किये जानेवाले मुख्य सुलेखित हाथों में से एक है। यह फ़ारसी सुलेख में प्रमुख शैली है।

यू.पी.एस.सी. पिछले वर्षों के बहुविकल्पीय प्रश्न

1. निम्नलिखित में से भारत का सबसे बड़ा भाषायी समूह कौन-सा है? **(CDS I, 2021)**
   (a) चीनी-तिब्बती (b) ऑस्ट्रिक
   (c) भारतीय-आर्य (d) द्रविड़

2. भारत के संदर्भ में 'हल्बी, हो और कुई' पद किससे संबंधित है? **(CSE, 2021)**
   (a) पश्चिमोत्तर भारत का नृत्य रूप
   (b) वाद्ययंत्र
   (c) प्रागैतिहासिक गुफा चित्रकला
   (d) जनजातीय भाषा

3. निम्नलिखित कथनों पर विचार कीजिए : **(CSE, 2021)**
   1. यूनिसेफ द्वारा घोषणा की गयी कि 21 फ़रवरी को अंतरराष्ट्रीय मातृभाषा दिवस के रूप में मनाया जायेगा।
   2. बांग्ला को राष्ट्रीय भाषा बनाने की माँग पाकिस्तान की संविधान सभा में उठायी गयी।

   उपर्युक्त में से कौन-सा/कौन-से कथन सही है/हैं?
   (a) केवल 1 (b) केवल 2
   (c) 1 और 2, दोनों (d) न तो 1 और न ही 2

4. निम्नलिखित में से कौन-सी जम्मू-कश्मीर की मुख्य भाषा नहीं है? **(CDS I, 2020)**
   (a) उर्दू (b) गुजरी
   (c) कोशुर (d) मोनपा

5. मध्य एशिया के मुख्य भाग में निम्नलिखित में से किस भाषा परिवार का वर्चस्व है? **(CDS I, 2020)**
   (a) भारतीय-यूरोपीय (b) चीनी-तिब्बती
   (c) ऑस्ट्रिक (d) अल्टाइक

6. हड़प्पा लिपि के बारे में निम्नलिखित में से कौन-सा कथन सही नहीं है? **(CAPF, 2020)**
   (a) इसमें लगभग चार सौ संकेत हैं
   (b) यह दायें से बायें ओर लिखी जाती है
   (c) यह हड्डियों और आभूषणों पर पायी गयी है
   (d) यह मेलुहा के लोगों को संबोधित करती है

7. संत भाषा क्या है? **(CAPF, 2019)**
   (a) निर्गुण संप्रदाय की भाषा
   (b) उलटबाँसी संप्रदाय की भाषा
   (c) निराकार संप्रदाय की भाषा
   (d) सगुण संप्रदाय की भाषा

8. ब्राह्मी और खरोष्ठी लिपि का कूटवाचन किसने किया? **(CDS I, 2018)**
(a) पियदस्सी
(b) कॉलिन मकंजी
(c) एलेक्जेंडर कनिंघम
(d) जेम्स प्रिंसेप

9. खासी भाषा को सम्मिलित किया गया है? **(CDS II, 2018)**
(a) ऑस्ट्रो-एशियाई उप-परिवार की मुंडा शाखा में
(b) ऑस्ट्रो-एशियाई उप-परिवार की मॉन-खमेर शाखा में
(c) चीनी-तिब्बती परिवार की उत्तरी असम शाखा में
(d) चीनी-तिब्बती परिवार की असम म्यांमारी शाखा में

10. गंदतिन्दु जातक कथा किस भाषा में लिखी गयी है? **(CDS II, 2018)**
(a) संस्कृत (b) तेलुगू
(c) तमिल (d) पालि

11. भारत के संविधान की आठवीं अनुसूची में सम्मिलित की गयी भाषाओं का निम्नलिखित में से कौन-सा एक संयोजन सही है? **(CAPF, 2018)**
(a) नेपाली, कोंकणी, तुलु और संथाली
(b) संथाली, उर्दू, कोंकणी, और मैथिली
(c) संथाली, कोंकणी, भोजपुरी और उर्दू
(d) डोंगरी, कोंकणी, भोजपुरी और उर्दू

12. जिप्सीयों को भारतीय मूल का क्यों माना जाता है? **(CDS II, 2016)**
1. वे भारतीय धार्मिक परंपराओं का पालन करते हैं।
2. उनकी भाषा रोमनी है, जो एक भारतीय-आर्य भाषा है।
3. उनका मानना है कि वे भारत से आये।
4. अभिलेखीय साक्ष्य से पता चला है कि वे मूलतः उत्तर प्रदेश के रहनेवाले हैं।

नीचे दिये गये कोड का उपयोग करके सही उत्तर चुनिए।
(a) केवल 1 और 4 (b) केवल 2
(c) 1, 2 और 4 (d) 2 और 3

13. हाल ही में निम्नलिखित में से किस एक भाषा को शास्त्रीय भाषा का दर्जा दिया गया है? **(CSE, 2015)**
(a) ओडिया (b) कोंकणी
(c) भोजपुरी (d) असमिया

14. निम्नलिखित में से कौन-सी भारत के संविधान के अनुच्छेद 343 की मुख्य सुविधा नहीं है/हैं? **(CDS II, 2015)**
1. देवनागरी लिपि में हिंदी संघ की राष्ट्रभाषा होगी।
2. संघ की राजभाषा देवनागरी लिपि में हिंदी होगी।
3. राज्यों में अँगरेज़ी भाषा को शासकीय उद्देश्यों के लिए प्रयोग किया जाता रहेगा।
4. अगर दो या उससे अधिक राज्य सहमत होते हैं, तो हिंदी भाषा राज्यों के बीच संचार की राजभाषा होनी चाहिए।

नीचे दिये गये कोड का उपयोग करके सही उत्तर चुनिए।
(a) 1, 3 और 4 (b) केवल 2 और 4
(c) 2, 3 और 4 (d) केवल 2

15. निम्नलिखित भाषाओं पर विचार कीजिए : **(CSE, 2014)**
(i) गुजराती (ii) कन्नड़
(iii) तेलुगू

उपर्युक्त में से किसे सरकार द्वारा शास्त्रीय भाषा/भाषाएँ घोषित किया गया है?
(a) केवल (i) और (ii)
(b) केवल (iii)
(c) केवल (ii) और (iii)
(d) (i), (ii) और (iii)

उत्तर

1. (c) 2. (d) 3. (b) 4. (d) 5. (a) 6. (d) 7. (a) 8. (d)
9. (b) 10. (d) 11. (b) 12. (d) 13. (a) 14. (a) 15. (c)

17
अध्याय

भारत में धर्म

परिचय

भारतीय उप-महाद्वीप में विविध धर्मों की एक विस्तृत श्रृंखला उपस्थित हैं, जिनके द्वारा यहाँ रहनेवाले लोगों की नैतिकता और आचार संबंधी मूल्यों का निर्धारण होता है। कई समुदाय आपस में मिल-जुल कर रहते हैं तथा हमें कई धर्म देखने को मिलते हैं। जैसा कि सितम्बर 1893 में *स्वामी विवेकानंद* ने शिकागो के **विश्व धर्म संसद** में उद्घोष किया था :

इस अध्याय से संबंधित ऑनलाइन वीडियो के लिए इस QR कोड को स्कैन करें।

"मुझे उस धर्म का अनुयायी होने पर गर्व है, जिसने सम्पूर्ण विश्व को सहिष्णुता तथा वैश्विक मैत्री का पाठ पढ़ाया है और हम केवल सार्वभौमिक सहिष्णुता में ही विश्वास नहीं करते, बल्कि हम सभी धर्मों की सत्यता को स्वीकार भी करते हैं।"

प्रत्येक धर्म की आध्यात्मिकता पवित्र ग्रंथों तथा उन मूर्त स्थलों में निहित है, जहाँ लोग प्रार्थना करने के लिए एकत्र होते हैं। धर्म, शक्ति संपन्न लोगों के हाथ में एक ताक़तवर हथियार है, जिसका उपयोग वे साम्प्रदायिक सम्बन्धों को बनाने अथवा बिगाड़ने में कर सकते हैं। भारतवर्ष साम्प्रदायिक तनावों की तुलना में धार्मिक शान्ति का साक्षी रहा है।

भारत में धर्म की संवैधानिक स्थिति

भारत का संविधान सभी व्यक्तियों को स्वतंत्र रूप से कियी धर्म को मानने एवं तदनुसार आचरण और प्रचार करने का अधिकार प्रदान करता है और एक धर्मनिरपेक्ष राज्य सुनिश्चित करता है। इसमें राज्य को सभी धर्मों के साथ निष्पक्ष व्यवहार करने और धर्म के आधार पर किसी भी प्रकार के भेदभाव पर रोक लगाने का प्रविधान है।

भारत में वर्तमान में प्रचलित प्रमुख धर्म इस प्रकार हैं :

हिंदू धर्म | बौद्ध धर्म | जैन धर्म | इस्लाम धर्म | ईसाई धर्म | सिख धर्म | पारसी धर्म | यहूदी धर्म

हिंदू धर्म

हिंदू धर्म देश के सबसे बड़े धर्मों में से एक है, किन्तु इसकी परिधि में विभिन्न प्रकार के मत तथा पंथ पाये जाते हैं। हिंदुत्व शब्द की उत्पत्ति **'हिंदू'** नामक शब्द से हुई है, जिसे **सिन्धु नदी के आस-पास के भौगोलिक क्षेत्र** में निवास करनेवाले लोगों को संबोधित करने के लिए प्रयुक्त किया गया था। मूल रूप से हिंदू धर्म के मुख्य सिद्धांतों को पूर्व-वैदिक तथा वैदिक धार्मिक दर्शनों से लिया गया है।

पुरुषार्थ हिंदू धर्म में एक प्रमुख अवधारणा है, जो *मानव जीवन के चार अंतिम लक्ष्यों* का उल्लेख करती है। इसका शाब्दिक अर्थ है **'मानव की खोज का उद्देश्य'** या **'मानव का उद्देश्य'**।

निम्नतम से उच्चतम तक प्राथमिकता क्रम में व्यवस्थित करने पर **चार पुरुषार्थों** को इस प्रकार व्यवस्थित किया जा सकता है-

अर्थ (समृद्धि और आर्थिक मूल्य), **काम** (कामुक सुख), **धर्म** (धार्मिकता और नैतिकता) और **मोक्ष** (आध्यात्मिक अनुभूति के माध्यम से जन्म और मृत्यु के चक्र से मुक्ति)।

सुखी और पूर्ण जीवन के लिए पुरुषार्थ के चार लक्ष्यों को आवश्यक माना गया हैं। हिंदू दर्शन **अर्थ** और **काम** पर **धर्म** को प्राथमिकता देता है और **मोक्ष** को मानव जीवन का अंतिम लक्ष्य मानता है। ये ब्रह्मांड के अंतर्निहित मूल्य भी हैं।

हिंदू परम्पराओं के अनुसार, *काम* (सुख) तथा *अर्थ (समृद्धि)* की प्राप्ति के लिए प्रयत्न किया जाना चाहिए, किन्तु इन्हें प्राप्त करने के पश्चात् व्यक्ति को *धर्म* (साधुता) को अपना लक्ष्य बनाना चाहिए।

उपनिषदों में स्पष्ट किया गया है कि जीवन की चार अवस्थाएँ होती हैं: **ब्रह्मचर्य** (अविवाहित विद्यार्थी) जो, बाद में **गृहस्थ** (गृहस्वामी) बन जाता है। एक निश्चित आयु के पश्चात् वह **वानप्रस्थ** (एकांतवास) धारण कर लेता है तथा जीवन की अंतिम अवस्था **संन्यासी** (तपस्वी) की होती है। एक बार संन्यासी बन जाने के पश्चात्, व्यक्ति मुक्ति या मोक्ष की प्राप्ति की चेष्टा में रत हो जाता है।

हिंदू धर्म किसी के जीवन में उनके समर्थन के लिए प्रकृति, पर्यावरण और अन्य प्राणियों की विभिन्न शक्तियों सहित असंख्य कारकों के योगदान को मान्यता देता है। इस प्रकार के समर्थन के लिए आभार व्यक्त करने और कर्तव्यों एवं ज़िम्मेदारियों के प्रति जागरूकता पैदा करने के लिए प्राचीन विचारकों ने **क़र्ज़ (ऋण)** की अवधारणा सूत्रबद्ध की है।

एक व्यक्ति विभिन्न प्रकार के उपकारों का ऋणी होता है, क्योंकि वे उसके जीवन को सुविधाजनक बनाते हैं। जीवन को समर्थन देनेवाले कारकों के प्रति सम्मान दर्शाने के लिए कुछ प्रमुख ऋण हैं। ये हैं- ***देव ऋण*** (देवताओं और दैवीय शक्तियों के प्रति), ***ऋषि ऋण*** (अतीत और वर्तमान ऋषियों एवं शिक्षकों का ऋण) और ***पितृ ऋण*** (अपने पूर्वजों का ऋण)।

हिंदू धर्म के अंतर्गत चार प्रमुख पंथ

- **वैष्णववाद :** इसके अनुयायी **विष्णु** को सर्वोच्च भगवान् मानते हैं। इस परम्परा की उत्पति ईसा पूर्व पहली शताब्दी में भगवद्वाद के रूप में हुई थी एवं इसे कृष्णवाद भी कहा जाता है। वैष्णव परम्परा के कई समुदाय या उप-शाखाएँ हैं।
- **शैववाद :** इसमें **शिव** को सर्वोच्च भगवान् माना जाता है। शैववाद की उत्पत्ति, वैष्णवाद से पहले ईसा पूर्व दूसरी शताब्दी में वैदिक देवता रुद्र के रूप में मानी जाती है।
- **शाक्तवाद :** इसमें स्त्री या देवी को सर्वोच्च शक्ति माना जाता है। इसे तन्त्र की विभिन्न उप-परम्पराओं के लिए जाना जाता है। शाक्त प्राय: दुर्गा के उपासक होते है। पूजा अनुष्ठान पद्धति दो प्रकार की है- दक्षिणाचार और वामाचार।
- **स्मार्तवाद :** यह पुराणों की शिक्षाओं पर आधारित है। ये पाँच देवताओं के साथ पाँच धार्मिक स्थलों की घर में ही पूजा पर विश्वास करते हैं और सभी को समान माना जाता है। ये देवता हैं-*शिव, शक्ति, गणेश, विष्णु और सूर्य*। स्मार्तवाद में ब्रह्म की दो अवधारणाओं को स्वीकार किया जाता है-सगुण ब्रह्म यानी गुणयुक्त ब्रह्म और निर्गुण ब्रह्म यानी गुणों से रहित।

वैष्णव परंपरा के अंतर्गत प्रमुख उप संप्रदाय

- **वारकरी सम्प्रदाय :** इस समुदाय के अनुयायी भगवान् **विष्णु** के **विठ्ठल** के रूप में हुए अवतार के भक्त होते हैं और इनकी पूजा पद्धति का केन्द्र **महाराष्ट्र** के **पंढरपुर** में स्थित **विट्ठल** का मंदिर है। इस संप्रदाय में शराब और तंबाकू के प्रति कठोर निषेध होता है। उनकी 21 दिन तक चलनेवाली वार्षिक तीर्थयात्रा **वारी** में रोचक आयोजन होते हैं। वारी में, वारकरियों द्वारा समाधि से पंढरपुर तक संतों की पादुकाएँ ले जायी जाती हैं। तीर्थयात्रा के दौरान **रिंगण** एवं **धवा** के आयोजन होते हैं। रिंगन के अंतर्गत, तीर्थयात्रियों की पंक्तियों के बीच पवित्र घोड़ा दौड़ता है, जो उसके द्वारा उड़ायी धूल को पकड़ने का प्रयास करते हैं और उसे अपने माथे पर लगाते हैं। इस संप्रदाय के अंतर्गत प्रमुख व्यक्तियों में ज्ञानेश्वर (1275-1296), नामदेव (1270-1350), एकनाथ (1533-1599) और तुकाराम (1598-1650) सम्मिलित हैं।
- **रामानंदी संप्रदाय :** ये अद्वैत विद्वान् **रामानंद** की शिक्षाओं का अनुपालन करते हैं। यह हिंदू धर्म के भीतर **सबसे बड़ा मठ समूह** है एवं इन वैष्णव साधुओं को *रामानंदी, वैरागी या बैरागी* कहा जाता है। वे **राम की पूजा** करते हैं, जो विष्णु

के दस अवतारों में से एक हैं। ये तपस्वी ध्यान करते हैं और तपस्वियों की कठोर प्रथाओं का पालन करते हैं, लेकिन उनका यह भी मानना है कि मुक्ति प्राप्त करने के लिए ईश्वर की कृपा आवश्यक होती है। वे मुख्य रूप से गंगा के मैदानों के आसपास बसे हैं। इनके दो उप-समूह त्यागी और नागा हैं। संत **धन्ना** और **पीपा** रामानंद के निकटतम शिष्यों में से थे। उनके द्वारा लिखे गये भजनों का उल्लेख सिखों के पवित्र ग्रंथ ***आदि ग्रंथ*** में मिलता है। ***रामचरितमानस*** की रचना करनेवाले कवि-संत **तुलसीदास** इसी संप्रदाय के थे। **कबीर** भी रामानंद के शिष्य थे और रामानंदी संप्रदाय का हिस्सा थे, हालाँकि बाद में उन्होंने एक अलग संप्रदाय की स्थापना की, जिसे अब **कबीरपंथी** के नाम से जाना जाता है।

- **ब्रह्म संप्रदाय :** यह पर-ब्रह्म या सार्वभौम निर्माता भगवान् विष्णु (इसे भ्रमवश इष्टदेव ब्रह्मा नहीं समझा जाना चाहिए) के साथ संबंधित है। **इसके संस्थापक मध्वाचार्य थे।** यह मध्वाचार्य द्वारा प्रतिपादित **द्वैत वेदांत दर्शन** और **साध वैष्णववाद** पर आधारित है। **चैतन्य महाप्रभु** द्वारा प्रचारित गौड़ीय वैष्णववाद ब्रह्म संप्रदाय से संबद्ध है। **इस्कॉन** (ISKCON) इस संप्रदाय से संबंधित है।
- **पुष्टिमार्ग संप्रदाय :** यह **वल्लभाचार्य** द्वारा लगभग 1500 ईसवी में स्थापित वैष्णव संप्रदाय है। उनका दर्शन है कि **परम सत्य** केवल एक एवं एकमात्र ब्रह्म है। उनकी भक्ति भगवान् कृष्ण के लिए शुद्ध प्रेम पर आधारित है। सभी अनुयायियों से **कृष्ण** के व्यक्तिगत प्रतीक की पूजा-अर्चना करने की अपेक्षा की जाती है।
- **निम्बार्क संप्रदाय :** इसे **हंस संप्रदाय, सनकादि संप्रदाय** एवं **कुमार संप्रदाय** के नाम से भी जाना जाता है, इसके अनुयायियों द्वारा राधा और कृष्ण जैसे इष्टदेवों की पूजा की जाती है। इसकी स्थापना एक तेलुगु ब्राह्मण योगी और दार्शनिक **निम्बार्क** ने की थी। यह **द्वैताद्वैत (द्वैत-अद्वैत)** दर्शन के वैष्णव भेदाभेद धर्मशास्त्र पर आधारित है, जिसका अर्थ है **द्वैतवादी अद्वैतवाद**।

शैव परंपरा के अंतर्गत प्रमुख उप संप्रदाय

- **नाथपंथी :** इन्हें सिद्ध सिद्धांत के रूप में भी जाना जाता है, वे **गोरखनाथ** और **मत्स्येन्द्रनाथ** की शिक्षाओं का पालन करते हैं एवं शिव के एक रूप **आदिनाथ** की उपासना करते हैं। अपने शरीर को निरपेक्ष वास्तविकता के ज्ञान से जागृत चेतना में रूपांतरित करने के लिए वे **हठ योग** की तकनीक का प्रयोग करते हैं। ये साधु एक ही स्थान पर लंबे समय के लिए कभी नहीं रहते हैं एवं निरंतर भ्रमण करनेवाले यायावरों के समूह होते हैं। वे लंगोटी और *धोती* पहनते हैं और अपने शरीर को राख से आवृत्त भी करते हैं, अपने बालों को जटा-जूट के रूप में बाँधते हैं और जब वे भ्रमण करना बंद करते हैं, तो **धूनी** नामक पवित्र अग्नि को निरंतर जीवंत रखते हैं।
- **लिंगायत :** इसे वीर शैव संप्रदाय के रूप में भी जाना जाता है। यह एक विशिष्ट शैव परंपरा है, जो कि **एकेश्वरवाद** में विश्वास करता है। इनकी उपासना पद्धति लिंग के रूप में भगवान् शिव पर केन्द्रित होती है। यह **वेदों की सत्ता और जाति व्यवस्था को नकारता** है। इस परंपरा की स्थापना 12 वीं शताब्दी ईसवी में बसवा (एक कन्नड़ कवि) द्वारा की गयी थी।
- **दशनामी संन्यासी :** ये **अद्वैत वेदांत परंपरा** से संबंध रखते हैं एवं आदि शंकराचार्य के शिष्य हैं। इन्हें "दश नाम संन्यासी" भी कहा जाता है, क्योंकि ये आगे दस समूहों में विभाजित हैं।
- **अघोरी :** ये शिव के **भैरव** अवतार के भक्त हैं एवं ऐसे साधु हैं, जो श्मशान भूमियों में **साधना** करके एवं अपने जीवन से सुख, क्रोध, लोभ, मोह, भय और घृणा जैसे बंधनों को समाप्त कर पुनर्जन्म के चक्र से मुक्ति प्राप्त करने का प्रयास करते हैं। वे अतिशय तामसिक अनुष्ठान प्रथाओं में प्रवृत्त रहते हैं। वे **कापालिक** परंपरा से प्राप्त एकमात्र जीवित संप्रदाय हैं, जो शैव धर्म का एक *तांत्रिक, ग़ैर-पौराणिक रूप* है, जिसकी उत्पत्ति 7वीं और 8वीं शताब्दी ईसवी के बीच मध्यकालीन भारत में हुई थी।

- **सिद्ध (सित्तर) :** सिद्ध **तमिलनाडु** मूल के संत, चिकित्सक, **रसायनज्ञ** और रहस्यवादियों का सर्वसमावेशी वर्ग था। वे लंबे समय तक ध्यान बनाये रखने में सक्षम होने हेतु श्वास-प्रश्वासों की आवृत्ति कम करनेवाले प्राणायाम के एक प्रकार के साथ-साथ, अपने शरीर को सक्षम करने के लिए विशेष **गुप्त रसायनों** का प्रयोग कर, आध्यात्मिक पूर्णता प्राप्त करते हैं। सिद्धों के पास अष्ट सिद्धियाँ होने की बात कही जाती थी। सिद्धों को **वर्मम** नामक आत्म-रक्षा की युद्ध शैली एवं चिकित्सा उपचार की संयुक्त पद्धति का संस्थापक भी माना जाता है।

अन्य प्रमुख हिंदू आंदोलन अथवा वैष्णववाद/शैववाद से संबंधित सम्प्रदाय

- **पंचरात्र :** पंचरात्र हिंदू धार्मिक आंदोलन था और इस सिद्धांत को **शांडिल्य** द्वारा व्यवस्थित रूप प्रदान किया गया था। इसका उद्‌भव तृतीय शताब्दी ईसा पूर्व के अंत में हुआ था। इसके सदस्य **नारायण** और विष्णु के विभिन्न अवतारों की पूजा करते थे। बाद में इसका भागवत परंपरा में विलय हो गया और उसके बाद वैष्णववाद का विकास हुआ।
- **तंत्रवाद :** यह हिंदू धर्म और बौद्ध धर्म के भीतर एक आंदोलन था और इसमें जादू-टोनों और रहस्यवाद पर बल दिया जाता था। यह भारत में प्रथम सहस्राब्दी ईसवी से विकसित हुआ था। बौद्ध धर्म की वज्रयान परंपरा में तांत्रिक विचार और प्रथाएँ शामिल हैं। ब्राह्मणों ने भी तांत्रिक अनुष्ठानों को अपनाया। इसके अलावा, जैन धर्म में भी तंत्रवाद की घुसपैठ हुई है।
- **पाशुपत शैववाद :** यह प्रमुख शैव संप्रदायों में सबसे पुराना है। इसे द्वितीय शताब्दी ईसवी में लकुलीश द्वारा व्यवस्थित रूप दिया गया था। इस सम्प्रदाय के मुख्य ग्रंथ पाशुपतसूत्र और गणकारिका हैं। यह भक्ति और संन्यासी आंदोलन था।
- **कश्मीरी शैववाद (या त्राइका शैववाद) :** कश्मीर में शैववाद 8वीं शताब्दी ईसवी के बाद विकसित हुआ और यह पूरे भारत में फला-फूला। शिव सूत्र और उसका टीका स्पन्दकारिका वसुगुप्त द्वारा लिखे गये थे। ये कश्मीरी शैव धर्म के महत्त्वपूर्ण ग्रंथ हैं। **प्रत्यभिज्ञा** दर्शन कश्मीरी शैव धर्म से निकला अद्वैतवादी और आस्तिक सम्प्रदाय है।

अन्य हिंदू परंपराएँ

श्रौतवाद : इस दुर्लभ समुदाय में केरल के **अति-रूढ़िवादी** नम्बूदिरी ब्राह्मण सम्मिलित हैं। अन्य ब्राह्मणों द्वारा पालन किये जाने वाले वेदांत दर्शन के विपरीत ये दर्शन की 'पूर्व-मीमांसा' पद्धति का पालन करते हैं। ये वैदिक बलि (यज्ञ) के निष्पादन की महत्ता पर बल देते हैं। नम्बूदिरी ब्राह्मण अपने उन प्राचीन सोमयाज्ञः अग्निकायन अतिरात्रम् अनुष्ठानों को संरक्षित किये रहने के लिए प्रसिद्ध हैं, जो भारत के अन्य भागों से लुप्त हो चुके हैं।

मध्ययुगीन काल में, हिंदू धर्म उत्तर भारत में **भक्ति आंदोलन** से गुज़रा, जहाँ संतों ने संस्कृत ग्रंथों को स्थानीय भाषाओं में अनुवादित किया और भक्ति या देवताओं के प्रति समर्पण का संदेश जन-जन तक पहुँचाया।

दक्षिण भारत में, **वैष्णव आंदोलन** बहुत सशक्त अवस्था में था तथा इसका प्रभाव 13वीं शताब्दी तक रहा। **'आलवार'** (भगवान् में डूबा हुआ) कहलानेवाले ये संत विष्णु के भक्त थे तथा उनके गाये गीतों को **प्रबन्ध** नाम से संकलित किया

गया। आलवार के भजनों को एक समेकित खंड में बनाया गया, जिसे **दिव्यप्रबंध** के नाम से जाना जाता है। आलवार के नाम से जाने जानेवाले 12 तमिल संत कवि थे, जिनमें से अंडाल एक महिला संत कवयित्री थीं। दक्षिण में एक और शक्तिशाली समूह **शैव मत** के लोगों का था, जो **शिव** की उपासना करते थे। इस परम्परा का पालन करनेवाले संतों को **'नयनार'** कहा गया, जो 63 संतों का एक समूह था। नाम्बियंदर नांबी (जो राजा राजा चोल प्रथम (Raja Raja Chola I) के दरबारी पुजारी थे) ने नयनारों के भजनों को **तिरुमुराई** नामक खंडों की एक शृंखला में संकलित किया।

आधुनिक काल में, हिंदू धर्म की उच्च आनुष्ठानिक प्रकृति को परिवर्तित करने की आवश्यकता पड़ी। ब्राह्मणों का *वर्चस्व, सती प्रथा, बाल विवाह* इत्यादि अनेक कुप्रथाएँ हिंदू धर्म का अंग बन चुके थे तथा जाति प्रथा के कारण बड़े पैमाने पर भेद-भाव होने लगा था। ब्रिटिशों के आगमन तथा समानता के पश्चिमी आदर्शों के प्रकट होने के पश्चात् कई विचारक इस स्थिति को परिवर्तित करने हेतु प्रेरित हुए तथा उन्होंने हिंदू धर्म में व्याप्त समस्याओं से मुक्ति पाने के लिए आन्दोलनों का सूत्रपात किया, उनमें से कुछ प्रमुख हैं-ब्रह्म समाज, आर्य समाज और स्वामी विवेकानंद द्वारा स्थापित रामकृष्ण मिशन।

श्रमण सम्प्रदाय

श्रमण शब्द का अर्थ है, जो किसी नेक या धार्मिक उद्देश्य के लिए **आत्मसंयम का पालन करता है और तप करता है।** यह वैदिक धर्म के समानांतर कई भारतीय धार्मिक आंदोलनों को संदर्भित करता है।

विभिन्न श्रमण सम्प्रदायों में निम्नलिखित सम्मिलित हैं :

1. जैन धर्म (*इसकी चर्चा अध्याय 19 में की गयी है*)
2. बौद्ध धर्म (*इसकी चर्चा अध्याय 19 में की गयी है*)
3. आजीवक
4. अज्ञान
5. चार्वाक (*इसकी चर्चा अध्याय 21 में की गयी है*)

उपर्युक्त सभी पाँच दर्शन **नास्तिक या शास्त्र विरोधी विचारधारा** से संबंधित हैं।

आजीवक

- इस सम्प्रदाय की स्थापना **मक्खलि गोशाल** द्वारा **ईसा पूर्व छठी शताब्दी** में हुई।
- यह सम्प्रदाय सम्पूर्ण नियतत्ववाद (निश्चयवाद) के **नियति (भाग्य) सिद्धांत** के इर्दगिर्द घूमता है। इसका विश्वास है कि **कोई स्वतंत्र इच्छा नहीं** है और जो कुछ भी हुआ है, हो रहा है या होगा, वह पूर्णरूपेण, पूर्व-नियत या **पूर्व निर्धारित** है और ब्रह्मांडीय सिद्धान्तों पर आधारित है। इसलिए **कर्म का कोई लाभ नहीं है।**
- यह **परमाणु के सिद्धांत** पर आधारित है और यह माना जाता है कि सब कुछ परमाणुओं से निर्मित है और अणुओं के समूह से विभिन्न गुण उत्पन्न होते हैं, जो पूर्व निर्धारित हैं।
- आजीवक, **वस्त्रों और किसी भौतिक सम्पत्ति के बिना** सरल और संयमी जीवन व्यतीत करते हैं।
- ये **बौद्ध धर्म और जैन धर्म के विरोधी** थे तथा **नास्तिक** थे।
- ये जैन धर्म और बौद्ध धर्म के विपरीत कर्म के सिद्धांत में विश्वास नहीं करते। ये **कर्म को भ्रामक मानते हैं।**
- इन्होंने बौद्ध धर्म और जैन धर्म की भांति **वेदों की सत्ता को नकारा था।**
- हालाँकि ये, जैन धर्म की भांति प्रत्येक जीव में **आत्मा के अस्तित्व को स्वीकार करते थे।** परन्तु ये जैन धर्म की निराकार आत्मा की अवधारणा के विपरीत **आत्मा के भौतिक रूप** में विश्वास करते थे।

- **बिन्दुसार (ईसा पूर्व चौथी शताब्दी)** इनके अनुयायियों में से एक थे।
- उत्तर प्रदेश में **''श्रावस्ती''** को आजीवकों का केंद्र माना जाता है।
- अशोक के **सातवें स्तम्भ के राजादेश** में आजीवकों का उल्लेख मिलता है।
- वर्तमान में आजीवकों के किसी भी ग्रन्थ का अस्तित्व नहीं है। इस सम्प्रदाय का वर्तमान युग में आकर्षण भी समाप्त हो चुका है।

अज्ञान

- अज्ञान सम्प्रदाय **कट्टरपंथी संशयवाद** में विश्वास करते थे।
- इस सम्प्रदाय का मानना है कि प्रकृति के सम्बन्ध में **ज्ञान प्राप्त करना असम्भव है।** यदि यह सम्भव भी है, तो मोक्ष प्राप्ति के लिए व्यर्थ है।
- यह सम्प्रदाय **जैन और बौद्ध धर्मों का प्रमुख प्रतिद्वंद्वी** था।
- इन्हें खंडन में विशेषज्ञता प्राप्त थी और इन्हें **अनभिज्ञ** माना जाता था।
- इनका विश्वास था कि **''अनभिज्ञता (अज्ञानता) सर्वोत्तम** है''।

इस्लाम

इस्लाम, जो विश्व का दूसरा सबसे बड़ा धर्म है, की उत्पत्ति **7वीं शताब्दी ईसवी** में अरब प्रायद्वीप में हुई तथा यह एक विशाल साम्राज्य के माध्यम से विश्व भर में प्रसारित हुआ। 'इस्लाम' शब्द का अर्थ है **अल्लाह के प्रति 'समर्पण'**। अल्लाह के प्रति समर्पित तथा पैग़ंबर मुहम्मद के उपदेशों का अनुसरण करनेवाले मुसलमान कहलाते हैं। पैग़ंबर मुहम्मद अल्लाह के द्वारा पृथ्वी पर भेजे गये पैग़ंबरों (जैसे-अब्राहम, मूसा, इत्यादि) की सूची में अंतिम पैग़ंबर माने जाते हैं। **ईसाई** तथा **मुसलमान,** दोनों **अब्राहम** को **अपना पूर्वज** मानते हैं। अतः इन्हें **इब्राहीम धर्म** कहा जाता है।

इन तीन धर्मों की उत्पत्ति जेरूशलम शहर से जुड़ी हुई है। अल-अक्सा मस्जिद, जिसे **जेरूसलम में क़िबली मस्जिद** के रूप में भी जाना जाता है, मक्का और मदीना के बाद इस्लाम के अनुयायियों के लिए तीसरा सबसे पवित्र स्थान है।

- कहा जाता है कि एक फ़रिश्ते ने पर्वतों में पैग़ंबर मुहम्मद को अल्लाह का सन्देश दिया। उन्होंने इन हिदायतों को अपने अनुगामियों को सुनाया। आरम्भ में उन्हें बहुत-सी समस्याओं का सामना करना पड़ा तथा **मक्का स्थित अपने गृह को त्याग कर मदीना (हिजरा) जाना पड़ा।** एक सफल तख़्ता-पलट के बाद वे मक्का लौटने में सफल हो पाये। मक्का वापसी की यह यात्रा ही वह **पवित्र मार्ग** है, जो **हज** (पवित्र तीर्थयात्रा) बन गया तथा प्रत्येक मुसलमान को अपने जीवन काल में **एक बार** इस तीर्थयात्रा पर जाना चाहिए।
- पैग़ंबर मुहम्मद के निर्देशों को उनकी मृत्यु के पश्चात् उनके अनुयायियों द्वारा मुसलमानों के पवित्र धर्म ग्रंथों में से एक, **हदीस**, में सम्मिलित किया गया। पवित्र ग्रंथ कुरान (या क़ुर्आन) का संकलन पैग़ंबर की मृत्यु से पहले हुआ था। लेकिन उनके जीवनकाल में संकलित क़ुर्आन की कोई प्रति संसार में अब उपलब्ध नहीं है। उनकी मृत्यु के बाद इसे ग्रंथ के रूप में लाने से पहले उन्होंने दो बार सत्यापित किया था। यह ग्रंथ तथा सुन्नाह, इस्लामी कानून या शरीयत का आधारभूत ढाँचा तैयार करते हैं।
- इस्लाम के आधारभूत सूत्रों में **एक अल्लाह** का होना, जिन्होंने अपने दूत को धरती के लोगों की सहायता के लिए भेजा तथा पैग़ंबर मुहम्मद के अंतिम पैग़ंबर होने की बात सम्मिलित हैं।

- पाँच स्तंभ (अरकान) इस्लाम की मुख्य मान्यताएँ और प्रथाएँ हैं :
    1. **शहादा (यक़ीन की गवाही)** – इस्लाम की केंद्रीय मान्यता है '*अल्लाह के अलावा कोई अल्लाह नहीं है, और मुहम्मद अल्लाह के प्रेषित (पैग़ंबर) हैं*'।
    2. **सलात (प्रार्थना)** – मुसलमान दिन में पाँच बार मक्का की ओर मुँह करके नमाज़ पढ़ते हैं।
    3. **ज़कात** – भिक्षा देना।
    4. **सौन** – रमज़ान के दौरान रोज़ा।
    5. **हज** – मक्का की ज़ियारत।
- इस धर्म के अनुयायी **फ़ैसले के दिन,** अर्थात् **क़यामत** के दिन में भी विश्वास करते हैं। उनका मानना है कि उस दिन हर व्यक्ति की अच्छाइयों तथा बुराइयों का फ़ैसला होगा और तद्नुसार उसे स्वर्ग या नरक में भेजा जायेगा। उन्हें दिन में पाँच बार **नमाज़** अदा करनी चाहिए। शुक्रवार को होनेवाली प्रार्थना सामुदायिक प्रार्थना मानी जाती है तथा इसे **जुमे की नमाज़** कहा जाता है। किसी सच्चे मुसलमान के लिए **रमज़ान** के महीने में भोर से लेकर संध्या तक उपवास करना आवश्यक है, जिसकी परिणति अगले माह के प्रथम दिन **ईद** के उत्सव में होती है। पैग़ंबर के अनुसार, व्यक्ति को अपनी आय का एक अंश ज़रूरतमंदों तथा निर्धन लोगों को देना आवश्यक है तथा इसे **ज़कात** कहा जाता है।
- यद्यपि इस्लाम में विभिन्न पंथ हैं, परंतु मुख्य रूप से यह दो हिस्सों में विभाजित है–**शिया** (जो अली के पक्षावलम्बी हैं) तथा **सुन्नी** (जो सुन्नाह का पालन करते हैं)। दोनों के बीच का अंतर पैग़ंबर मुहम्मद के **उत्तराधिकारी** के संबंध में मत को लेकर है। सुन्नियों का मानना है कि पैग़ंबर का उत्तराधिकारी उन्हीं लोगों के बीच का होना चाहिए, जो उनके सर्वाधिक निकट थे तथा जो आरम्भ से ही उनके अनुगामी थे, यथा **अबू बकर**। इसके ठीक विपरीत शियाओं का दावा है कि पैग़ंबर का उत्तराधिकारी उनके अपने रक्त-वंशजों में से होना चाहिए तथा वे **उनके दामाद अली** के दावे का समर्थन करते हैं।

    भारत में सुन्नी इस्लाम के अंतर्गत चार मुख्य विचारधाराएँ **(हनफ़ी, शाफ़ई, मालिकी और हम्बली)** प्रचलित हैं।
- यद्यपि भारत में मुसलमानों का **बहुसंख्यक** वर्ग **सुन्नियों** का है, मुहर्रम के समय इमाम हुसैन (अली का छोटा बेटा) की क्रूर मृत्यु का पुनराभिनय कर शिया वर्ग भी अपनी उपस्थिति का अनुभव करा जाते हैं। कुछ ऐतिहासिक क्षण ऐसे भी रहे हैं, जब धर्म को परिवर्तनों तथा आन्दोलनों से गुज़रना पड़ा है, जिसने इस प्रायद्वीप में इस्लाम की प्रकृति को प्रभावित किया है। उनमें से कुछ मुख्य आन्दोलन निम्नलिखित हैं :

भारतीय आंदोलन	प्रवर्तक	कारण
फ़राज़ी आंदोलन (19वीं शताब्दी के आरंभ में)	हाजी शरीयतुल्लाह ने इस आन्दोलन का आरम्भ किया। इसके प्रमुख नेताओं में नया मियाँ तथा दुदु मियाँ थे।	उन्होंने विशुद्ध इस्लाम को वापस चलन में लाने का आह्वान किया तथा मुसलमानों से इस्लाम के अनिवार्य दायित्वों (फ़र्ज़/फ़राइज़) का निष्पादन करने का आग्रह किया। इसने प्रतिपादित किया कि ग़ैर-इस्लामी प्रथाओं को छोड़ा जाए और मुसलमानों के रूप में अपने कर्तव्यों का निर्वाह करें।
अहमदिया आंदोलन (19वीं शताब्दी के अंत में)	मिर्ज़ा ग़ुलाम अहमद, जिन्होंने स्वयं को महदी (पथ-प्रदर्शक) कहा।	इसका आरम्भ पंजाब में इस्लाम के सच्चे मूल्यों को धारण करनेवाले लोगों के समुदाय के निर्माण के लिए किया गया।
तरीक़ा-ए-मुहम्मदिया आन्दोलन (19वीं शताब्दी)	सैय्यद अहमद बरेलवी	आरंभिक रूप से यह विशुद्ध इस्लामिक राज्य की स्थापना को लेकर किया गया एक सशस्त्र आन्दोलन था।
अलीगढ़ आन्दोलन (19वीं शताब्दी के अंत में)	सर सैय्यद अहमद ख़ाँ	उन्होंने मुसलमानों के लिए आधुनिक शिक्षा की वकालत की, जिससे वे ब्रिटिशों के लिए काम कर स्वयं को समृद्ध बना सकते थे।

ईसाई धर्म

ईसाई धर्म विश्व में सर्वाधिक रूप से प्रचलित धर्म है। यह ईसा मसीह के जन्म, जीवन, मृत्यु और पुनर्जीवन के संबंध में मान्यताओं पर आधारित है। ईसाई मानते हैं कि **केवल एक ही ईश्वर** है (अर्थात् ईसाई एकेश्वरवादी हैं)। इस देवत्व में तीन शामिल हैं : पिता (स्वयं ईश्वर), पुत्र (यीशु मसीह) और पवित्र आत्मा। उनका मानना है कि ईश्वर ने संसार को बचाने के लिए उनके मसीहा यीशु को भेजा और वे विश्वास करते हैं कि यीशु को सूली पर चढ़ा दिया गया था और स्वर्गारोहण से पहले **अपनी मृत्यु के तीन दिन बाद वे पुनर्जीवित हो गये** थे। ईसाइयों का दावे के साथ कहना है कि यीशु फिर से पृथ्वी पर लौटेंगे और इस घटना को **द्वितीय आगमन** के रूप में जाना जायेगा। ईसाई धर्म की पवित्र पुस्तक **बाइबिल** (66 पुस्तकों का संग्रह, जिसमें मूल रूप से हिब्रू, ग्रीक और अरमी भाषाओं में लिखे गये विभिन्न पाठ शामिल हैं) है, जिसमें कई महत्त्वपूर्ण धर्मग्रंथ शामिल हैं, जो यीशु की शिक्षाओं, प्रमुख पैग़ंबरों और शिष्यों के जीवन और शिक्षाओं को रेखांकित करते हैं और इस बात का निर्देश देते हैं कि ईसाइयों को कैसे जीना चाहिए। बाइबिल **पुराना विधान** (Old Testament) और **नया विधान** (New Testament) में विभाजित है। ईसाई और यहूदी दोनों पुराने विधान का अनुगमन करते हैं, लेकिन ईसाई नये विधान का भी अनुगमन करते हैं।

पुराना विधान (Old Testament) में यहूदी लोगों के इतिहास का वर्णन किया गया है, पालन किये जाने के लिए विशिष्ट नियमों को रेखांकित किया गया है, कई पैग़ंबरों के जीवन का विवरण दिया गया है और मसीहा के आगमन की भविष्यवाणी की गयी है। नया विधान यीशु की मृत्यु के बाद लिखा गया था। नया विधान की पहली चार पुस्तकें - जो मैथ्यू, मार्क, ल्यूक और जॉन ने लिखी थी- को **''सुसमाचार''** (Gospels) के रूप में जाना जाता है। इन ग्रंथों द्वारा यीशु के जीवन और मृत्यु का विवरण प्रदान किया जाता है। प्रारंभिक ईसाई नेताओं द्वारा लिखे गये पत्र, जिन्हें **''धर्मपत्र''** (epistles) के रूप में जाना जाता है, नये विधान का एक बड़ा हिस्सा हैं। इन धर्मपत्रों द्वारा यह निर्देश दिया गया है कि चर्च को कैसे काम करना चाहिए। **देवदूतों के कार्य** (Acts of the Apostles) नया विधान में वह पुस्तक है, जो यीशु की मृत्यु के बाद देवदूतों की सेवकाई का लेखा-जोखा देती है। नये विधान की अंतिम पुस्तक, **प्रकाशितवाक्य** (Revelation), दिव्य दर्शन और भविष्यवाणियों का वर्णन करती है जो संसार के अंत में घटित होंगी।

क्रॉस ईसाई धर्म का प्रतीक है। नये विधान के अनुसार, यीशु का जन्म यरुशलम के दक्षिण में वेस्ट बैंक में **बेथलहम** शहर में मरियम नामक एक युवा यहूदी कुँवारी से हुआ था। धर्मशास्त्रों से पता चलता है कि वह नासरत में बड़े हुए थे, वह और उनका परिवार राजा हेरोद के उत्पीड़न से बचने के लिए मिस्र पलायन कर गया और उनके ''सांसारिक'' पिता, जोसेफ एक बढ़ई थे। यीशु ने अपनी शिक्षाओं में नीति कथाओं (छिपे हुए संदेशोंवाली लघु कथाएँ) का उपयोग किया।

प्रारंभिक ईसाइयों को यहूदी और रोमन दोनों नेताओं द्वारा उनकी आस्था के लिए सताया गया। हालाँकि, जब प्रारंभिक चतुर्थ शताब्दी ईसवी में रोमन सम्राट कॉन्सटेंटाइन ने ईसाई धर्म को अपनाया, तो रोमन साम्राज्य में धार्मिक सहिष्णुता स्थानांतरित हो गई।

अब, ईसाई धर्म मोटे तौर पर तीन शाखाओं में विभाजित है : **कैथोलिक, प्रोटेस्टेंट और (पूर्वी) रूढ़िवादी**। कैथोलिक शाखा सारे विश्व में पोप और कैथोलिक बिशपों द्वारा नियंत्रित है। रूढ़िवादी (या पूर्वी रूढ़िवादी) स्वतंत्र इकाइयों में विभाजित हैं, जिनमें से प्रत्येक को एक पवित्र धर्मसभा द्वारा नियंत्रित किया जाता है और इसके संचालन के लिए कोई केंद्रीय शासी संरचना नहीं है। **प्रोटेस्टेंटों में** कई संप्रदाय हैं, जिनमें से कई बाइबिल की अपनी व्याख्या और चर्च की समझ में भिन्नता रखते हैं। इन कई संप्रदायों में शामिल हैं : बैपटिस्ट, एपिस्कोपेलियन, इवेंजलवादी, मेथोडिस्ट, असेंबली ऑफ गॉड, सेवेंथ-डे एडवेंटिस्ट, एंग्लिकन आदि।

सेंट थॉमस ईसाइयों के लिखित अभिलेखों के अनुसार, जिन्हें भारत के सीरियाई ईसाइयों के रूप में भी जाना जाता है, भारतीय उपमहाद्वीप में ईसाई धर्म की शुरुआत **थॉमस द एपोस्टल** (ईसा मसीह के 12 प्रेरितों में से एक) द्वारा की गयी थी, जो 52 ईसवी में वर्तमान केरल के मालाबार क्षेत्र में समुद्री यात्रा के माध्यम से गये थे।

बाद में ब्रिटिश शासन के दौरान, अधिकतर 19वीं सदी में, ईसाई मिशनरियों ने भारत में शिक्षा के प्रसार और स्थानीय भाषाओं के विकास में महत्त्वपूर्ण भूमिका निभाई।

ईसाई धर्म, हिंदू धर्म और इस्लाम के बाद, **भारत का तीसरा सबसे बड़ा धर्म** है और भारत में लगभग 3 करोड़ आबादी इसको मानती है। इनमें से **अधिकांश रोमन कैथोलिक** हैं, जिसके बाद प्रोटेस्टेंट हैं। राज्यवार, अधिकांश ईसाई आबादी केरल में है। प्रतिशत की दृष्टि से, ईसाई नागालैंड में 87.9%, मिजोरम में 87.2% और फिर मेघालय में 74.6% के साथ बहुमत में है।

सोसाइटी ऑफ़ जीसस

जेसुइट्स के रूप में भी जाना जानेवाला, **यह रोमन कैथोलिक चर्च** की एक धार्मिक कोटि है, जिसका मुख्यालय **रोम** में है। इसकी स्थापना 1540 में पोप पॉल III की मंज़ूरी से **इग्नाशियस ऑफ़ लोयोला** (एक स्पेनिश सैनिक) और उनके छह साथियों ने की थी। यह सोसाइटी बड़ी संख्या में देशों में अपने **शैक्षिक, धर्म प्रचारक और धर्मार्थ कार्यों** के लिए जानी जाती है। जेसुइट्स को कभी-कभी ''ईश्वर के सैनिकों'', ''गॉड्स मरीन्स'', या ''कंपनी'' के रूप में भी संदर्भित किया जाता है।

सिख धर्म

सिख धर्म का इतिहास गुरु नानक (1469–1539) के जीवन, समय तथा शिक्षाओं से आरम्भ होता है। वे स्थापित मान्यताओं से हटकर **स्वतंत्र दृष्टिकोण** से युक्त थे। उन्होंने हिंदू धर्म को संगठित संघर्ष प्रदान किया। उन्होंने न केवल पंजाब के लोगों की तत्कालीन जीवन-पद्धति की आलोचना की, बल्कि अपने अनुगामियों को सामाजिक-धार्मिक संगठन का एक वैकल्पिक मार्ग भी प्रदान किया। उन्होंने एक *धर्मशाला* में एकत्रित होकर सामूहिक आराधना तथा एक साथ भोजन करने की परंपरा के माध्यम से अपने अनुयायियों के सामुदायिक जीवन को व्यवस्थित स्वरूप प्रदान किया। सिख धर्म को **सिखी** के नाम से भी जाना जाता है, जिसका अर्थ है 'शिष्य' अथवा 'साधक'।

- गुरु नानक ने न केवल तात्कालिक **सामाजिक व्यवस्था** की भर्त्सना की, बल्कि इसका विकल्प भी प्रदान किया। उनके लिए, मानव अस्तित्व का **परम लक्ष्य मोक्ष** था, जिसे जन्म-मृत्यु के अंतहीन चक्र से मुक्त हो कर प्राप्त किया जाता है। यह मुक्ति जन्म, वर्ग, जाति तथा लिंग से इतर सभी मनुष्यों का विशेषाधिकार था। यह मुक्ति पंडितों तथा मौलवियों द्वारा सुझाये गये मार्गों—मूर्ति या पुस्तक पूजा से नहीं प्राप्त की जा सकती। न ही इसे अपनी सांसारिक संपत्तियों या घर-बार का त्याग कर के प्राप्त किया जा सकता है। इसे गुरु द्वारा सिखाये गये **सही विश्वास, सही आराधना** तथा **सही आचरण** के बल पर प्राप्त किया जा सकता है। उन्होंने आराधना की नयी पद्धति विकसित की, जैसे सामुदायिक रसोई (लंगर) में सभी को भोजन परोसने की प्रथा।
- नानक का धर्म अत्यंत व्यवहारिक है; वे वैराग्य की बात **नहीं** करते, मुक्ति के लिए घर तथा आराम छोड़ने की बात भी नहीं करते। उन्होंने अपने अनुयायियों को अपने परिश्रम के बल पर अपनी गृहस्थी चलानेवाले, सामुदायिक आयोजनों (संगत) में सम्मिलित होनेवाले तथा मुख्य आराधना स्थलों यथा *गुरुद्वारा तथा धर्मशाला* में आयोजित कीर्तन (ईश्वर की प्रशंसा में गाये जानेवाले सामुदायिक गीत) में सम्मिलित होनेवाले आदर्श व्यक्ति बन कर जीवन बिताने को कहा।
- उनके द्वारा रचित दोहों में से एक इस प्रकार है ''*हे नानक, जो अपने परिश्रम का फल खाते हैं उन्हें सही मार्ग की पहचान है।*'' सिख धर्म में एक अनुगामी से बिना अपनी आजीविका को प्रभावित किये ईश्वर के निकट होने की

आशा की जाती है। सिख धर्म की इस व्याहारिक शिक्षा ने पंजाब के **खत्री व्यापारियों** तथा अन्य व्यापारी वर्गों को बहुत अधिक प्रभावित किया तथा आरम्भिक चरण में यही वर्ग सिख धर्म के पहले अनुयायियों में से एक बना।

- सिख धर्म का एक महत्त्वपूर्ण पहलू गुरुओं की परंपरा है। 1469 ईसवी से 1708 ईसवी तक 239 वर्षों की अवधि में, सिख गुरु दिव्य आध्यात्मिक दूत या स्वामी थे। ये शिक्षक प्रबुद्ध आत्माएँ थे, जिनके जीवन का मुख्य उद्देश्य जनता का आध्यात्मिक और नैतिक कल्याण था।
    - **गुरु अंगद** ने **गुरुमुखी लिपि** (पंजाबी का लिखित रूप) का आविष्कार किया और परिचय दिया।
    - गुरु **अर्जनदेव** ने **आदि ग्रंथ साहिब** का संकलन किया।
- आरम्भ में मुग़लों तथा सिखों के बीच मधुर संबंध थे, किन्तु जहाँगीर के आदेश पर **गुरु अर्जनदेव** का प्राणदण्ड विवाद का विषय बन गयी। खुशवंत सिंह जैसे कुछ विद्वान इसे 'सिखों के पहले बलिदान' के रूप में देखते हैं। गुरु हरगोबिंद (1595-1644) ने लड़ाकू प्रवृत्ति की नींव रखी तथा रामदासपुर में प्रतिरोध के लिए अपनी स्वयं की सेना बनायी। उन्होंने सिख पंथ को सिख सैन्य दल में परिवर्तित कर दिया, जिसके सदस्य 'संत सैनिक' या 'सैनिक संत' कहलाते थे।
- **गुरु हरगोबिंद** पहले गुरु थे, जिन्होंने दो तलवारों को धारण किया, पहली पीरी जो आध्यात्मिकता की प्रतीक थी तथा दूसरी मीरी जो कि सांसारिकता की प्रतीक थी तथा इस प्रकार यह भक्ति और शक्ति का प्रतीक थीं। उन्होंने अपने लौकिक प्राधिकार को प्रदर्शित करने के लिए तथा रोज़मर्रा के काम-काज तथा प्रतिरक्षा के उद्देश्य से **अकाल तख्त** तथा लोहारगढ़ दुर्ग का निर्माण करवाया।
- सातवें गुरु, **गुरु हरराय,** सतत् रूप से लड़ाइयों में व्यस्त रहे, इन्हें औरंगज़ेब के द्वारा गिरफ़्तार कर लिया गया। अगले गुरु, **गुरु हरकिशन** थे जो कि पाँच वर्ष की आयु में आठवें गुरु बने थे तथा सात वर्ष की आयु में उनका चेचक की बीमारी के कारण देहांत हो गया था। **गुरु तेग़बहादुर** ने भी गुरुओं की परम्परा को आगे बढ़ाया तथा अपने नियंत्रणवाले क्षेत्र में संप्रभु सत्ता स्थापित की। वे भी सतत् रूप से मुग़ल बादशाह **औरंग़जेब** के साथ संघर्षरत रहे तथा उन्हें 1675 में दिल्ली में मृत्युदंड दिया गया।
- **गुरु गोबिंद सिंह** अंतिम गुरु थे, जिनकी मृत्यु के पश्चात् **व्यक्तिगत गुरु परम्परा** का अंत हो गया तथा गुरु के अधिकार **गुरु ग्रन्थ** तथा गुरु पंथ को हस्तांतरित कर दिये गये। ऐसा इसलिए किया गया कि मुग़लों तथा पहाड़ी सरदारों के विरुद्ध संघर्ष में गुरु गोबिंद सिंह के चार पुत्रों की मृत्यु हो गयी। अपनी मृत्यु के ठीक पूर्व उन्होंने सिखों के हित में निर्णय लेने के अधिकार को **गुरु ग्रंथ साहिब/आदि ग्रंथ** को हस्तांतरित कर दिया, जो कि सिख संतों की वाणी होने के कारण उनका नैतिक समर्थन भी प्राप्त कर चुका था।
- गुरु गोबिंद सिंह ने सिख योद्धा समुदाय **खालसा** पंथ की स्थापना की, जो कि ग़ैर-खालसा सिखों से स्पष्ट रूप से भिन्न थे, जिन्हें सहजधारी सिख भी कहा गया। उनमें नानक पंथी, भल्ला तथा उदासी सम्मिलित थे। ये वैसे समूह थे, जो या तो नानक के शब्दों का अनुसरण करते थे या सिख धर्म में गुरु परम्परा से इतर अन्य धार्मिक अधिकार प्राप्त व्यक्तियों के आदेशों का पालन करते थे। खालसा पंथ में प्रवेश पानेवाले पहले पाँच लोगों को पंजप्यारे कहा गया। इन्हें 1699 में खालसा आरंभ करने को कहा गया।
- दीक्षा प्राप्त सिख **'सिंह'** कहे जाते थे तथा महिलाएँ **'कौर'** कहलाती थीं। एकसमान बाह्य वेश-भूषा द्वारा सिख अनुयायियों ने समरूपता के नये स्तर को प्राप्त किया। खालसा सिखों को अपने बाल काटने की अनुमति नहीं थी तथा वे अपने पास स्वरूप के रूप में **पाँच 'क'** (कच्छा, केश, कंघा, कृपाण तथा कड़ा) को धारण करते थे। शारीरिक स्तर पर इस प्रकार के भेद ने आन्दोलन को एकरूपता प्रदान की तथा उन्हें अपने सह-धर्मपालकों से अलग स्वरूप प्रदान किया। **सहजधारी सिख**, सिख धर्म के भीतर एक उप-समूह है। एक सहजधारी सिख, सिख धर्म के सिद्धांतों और सिख गुरुओं की शिक्षाओं का पालन करता है। लेकिन वह सिख धर्म के सभी पाँच प्रतीकों को नहीं पहन सकता है। उदाहरण के लिए, सहजधारी सिख प्रायः कड़ा (चूड़ी/कंगन) पहनते हैं, लेकिन उनमें से कई अपने बाल (केश) काटते हैं।

- सिख धर्म में, ईश्वर **एक सार्वभौमिक इकाई है, निर्माता है, स्वयं प्रकाशित है, शाश्वत है और लिंग-रहित है।** उन्हें सिख धर्मग्रंथों में विभिन्न नामों से संदर्भित किया गया है।

  भगवान् के कुछ लोकप्रिय नाम हैं :
  - **वाहेगुरु** का अर्थ है, अद्भुत शिक्षक, यह नाम सिखों में सबसे महान् माना जाता है और इसे गुरु के शब्द 'गुरमंतर' के रूप में जाना जाता है;
  - **अकाल पुरख** का अर्थ है, कालातीत आदिम अस्तित्व;
  - **एक ओंकार** का अर्थ है, एक निर्माता;
  - **सतनाम** का अर्थ है, सच्चा नाम।
- **सिख धर्म के तीन स्तंभ :** सिख धर्म के तीन स्तंभ गुरु नानक द्वारा दिये गये सिखों के लिए तीन बुनियादी दिशानिर्देश हैं, जो हैं :
  1. **नाम जपना** (भगवान् पर ध्यान केंद्रित करें),
  2. **किरत करनी** (सत्यवादिता से रहना) और
  3. **वंड छकना** (आय दूसरों के साथ साझा करना)।

पारसी धर्म

इस धर्म की उत्पत्ति पर्शिया (ईरान) में ईसा पूर्व **सातवीं शताब्दी** में **ज़रथुस्त्र** (संस्कृत में हरित् उष्ट्र-सुनहरे ऊँट वाले) के द्वारा हुई थी। यह एक **एकेश्वरवादी** धर्म है, जो **एक शाश्वत ईश्वर** में विश्वास करता है, जिसे अहुरा मज़्दा कहते हैं। **अहुरा मज़्दा** (संस्कृत में असुर महत्) न्यायोचित व्यवहार तथा अच्छाई का प्रतीक है। **अंगिरा मैन्यु** नामक ईर्ष्या तथा बुरे व्यवहार का प्रतीक एक बुरी आत्मा भी होती है। ये दोनों आपस में संघर्षरत रहते हैं, जो कि *चिरंतन* है। एक दिन अच्छाई की बुराई पर जीत होगी तथा वह अंतिम दिन होगा।

- **पारसियों** का **भारत** से प्रथम संपर्क इस्लामिक आक्रमणों के कारण उनके ईरान से भाग कर आने के क्रम में लगभग 8वीं-10वीं शताब्दी ईसवी में हुआ। उन्हें सामान्यतः **पारसी** तथा **ईरानी** के नाम से जाना जाता है तथा वर्तमान में वे भारत में सर्वाधिक छोटे (तथा तेज़ी से कम हो रहे) समुदायों में से एक हैं। अधिकांशतः ये मुंबई, गोवा तथा अहमदाबाद में रहते हैं।
- भारत में, पारसियों की तुलना में ईरानी तुलनात्मक रूप से एक छोटा पारसी समुदाय है और पारसियों की तुलना में हालिया आगमन है।

उनका पवित्र ग्रन्थ जेन्द अवेस्ता **(Zend Avesta)** प्राचीन अवेस्तन में लिखा गया है तथा उसमें 17 पवित्र गीत **(गाथा)** तथा **अहुना वैर्या** (पवित्र मन्त्र) हैं। माना जाता है कि ये ज़रथुस्त्र द्वारा ही रचित हैं। इन मूल पाठों के अनुवाद तथा शब्दावली **''जेंद''** कहलाते हैं। यह संकलन **पाँच भागों** में विभाजित है :

- *यश्न :* आयोजन तथा नैवेद्यों के साथ आराधना।
- *वेंदिदाद :* दैत्यों तथा बुरी शक्तियों के विरुद्ध नियम।
- *यश्त् :* प्रशंसा के माध्यम से आराधना करना।
- *खोर्देह अवेस्ता :* नित्य की प्रार्थनाओं की पुस्तक, जिसका अर्थ है, 'छोटा' या 'लघु' अवेस्ता।

- *गाथा :* ये **यास्ना ग्रंथ** के भाग हैं और यह पाँच अन्य भागों में विभक्त है। इन्हें अहुनावैती, उश्तावैती, स्पेन्ता-मैन्यु, वोहू-खशाथरा तथा वहिश्तोइश्ति कहा जाता है।

वे **अग्नि की पूजा** करते हैं, आग तथा पृथ्वी को भी पवित्र तत्त्व मानते हैं। उनका मानना है कि मृत पदार्थ सभी तत्त्वों के लिए विकृत कारक है, इसलिए वे **मृत शरीर को गिद्धों के द्वारा खाये जाने के लिए खुले में रखते** हैं। इन खुले स्थानों को **'दख्मा'** कहा जाता है, तथा उन्हें खानेवाले गिद्धों को **'दख्मा नाशिनी'** कहा जाता है। भारत में ऐसा एकमात्र स्थान मुंबई में **'टॉवर ऑफ़ साइलेंस' (Tower of Silence)** है, जहाँ उनके शवों को खुले में छोड़ दिया जाता है। आजकल इन लोगों ने भी भारतीय गिद्ध संकट के कारण अपने मृतकों को दफनाना शुरू कर दिया है।

टॉवर ऑफ़ साइलेंस, मुंबई

उनके **अग्नि मंदिर**, जिन्हें **आतश बेहराम** कहा जाता है, दुर्लभ हैं और पूरे देश में केवल **आठ** ज्ञात मंदिर मौजूद हैं *(अध्याय 1 में विवरण दिये गये हैं)*।

पारसिओं के बीच **3 कैलेण्डर** रूप हैं:-

शहंशाही	अपने कैलेंडर की गणना अंतिम सस्सानी राजा, यस्देगार्द III से करते हैं।
क़ादिमी	ये सबसे प्राचीनतम कैलेंडर होने का दावा करते हैं।
फ़ासली	ये सबसे सटीक धार्मिक कैलेंडर होने का दावा करते हैं।

क़िस्सा-इ-संजान

यह भारतीय उप-महाद्वीप में पारसियों के प्रवास और उनकी स्थापना का लेखा-जोखा है। इसका पहला अध्याय संजान (गुजरात) में अग्नि मंदिर की स्थापना के साथ समाप्त होता है।

यहूदी धर्म

यह भी **एक ईश्वर** में विश्वास रखनेवाला एकेश्वरवादी धर्म है। उनका धर्म; ईसाई धर्म तथा इस्लाम के **पूर्व** का है, वस्तुतः इन दोनों धर्मों में बहुत कुछ यहूदी दर्शन से लिया गया है। यह प्राचीनतम धर्मों में से एक होने के बावजूद सबसे अधिक सताया गया धर्म है। इस धर्म के अनुयायियों को **यहूदी** कहा जाता है। कई साम्राज्यों ने इन्हें लक्षित कर उत्पीड़न का शिकार बनाया था। सबसे निकृष्टतम उदाहरण **हिटलर** का है, जिसने जर्मनी में लाखों **यहूदियों** को मार डाला या उन्हें यातनाएँ दीं।

- यहूदी **अब्राहम** के द्वारा प्रचलित **यहोवा** या एक सत्य ईश्वर में विश्वास करते हैं।
- **हलाख़ा** यहूदी धर्म में विधानों और अध्यादेशों की समग्रता है, जो यहूदी लोगों के धार्मिक अनुष्ठानों, दैनिक जीवन और आचरण को विनियमित करने के लिए बाइबिल के समय से विकसित हुए हैं।
- उनके पवित्र ग्रन्थ को **''तोराह''** कहा जाता है, जो कि बड़े पाठ **तनख़ (Tanakh)** के पहले पाँच ग्रंथ भी हैं। इनके अलावा, क़ानूनी तथा आचार संबंधी लेखन तथा संक्षिप्त यहूदी इतिहास को **तालमुद** कहा जाता है। उनके पृथक् प्रार्थना कक्ष **सिनेगॉग़ (Synagogue)** (आराधना स्थल) होते हैं। वे *ऐलियाहु हनावी* या पैग़ंबर एलिजा को धन्यवाद-आयोजन नामक धार्मिक अनुष्ठानों का पालन करते हैं।

- अब्राहम सभी **यहूदियों** के पूर्वज थे तथा उन्होंने प्रस्तावित किया कि ईश्वर के निर्देशों का पालन करनेवालों पर उनकी कृपा बरसेगी। इनके बेटे **इसाक (Isaac)** तथा पोते **जैकब (याक़ूब)**, जिसे इज़राइल भी कहा जाता है, उन्हें भी ईश्वर का आशीर्वाद प्राप्त हुआ था। ईश्वर ने मूसा को धरती पर भेजा तथा उसे सिनाई पर्वत पर **दस धर्मादेश** दिये, जिन्हें **''सफ़र तोराह''** भी कहा जाता है। इसमें स्पष्ट किया गया है इज़राइलियों (जैकब या इज़राइल के बच्चे रहे यहूदियों के लिए प्रयुक्त) को किस प्रकार जीवन व्यतीत करना चाहिए। जैकब के 12 बच्चे थे, जो **इज़रायल की जनजातियों के** नाम से चर्चित 12 जनजातियों के पूर्वज बन गये।
- प्रार्थना के दौरान, सभी यहूदी पुरुषों को सिसिथ या प्रार्थना के लिए प्रयुक्त **दुशाले (शॉल)** को पहनना पड़ता है। यहूदी **फ़ैसले के दिन** में भी विश्वास करते हैं, जब मसीहा पवित्र लोगों को स्वर्ग ले जाने तथा दुष्टों को नरक भेजने आयेगा।

सबसे पहले यहूदी (अधिवासी) भारत के पश्चिमी तट पर आये, यद्यपि वे संख्यात्मक रूप से कम थे। भारत में पाँच प्रमुख यहूदी समुदाय हैं-

1. मलयालम भाषी **कोचीन यहूदी**
2. मराठी भाषी **बेने इज़राइल**
3. **बग़दादी यहूदी**, जो पश्चिम एशिया से व्यापारियों के रूप में आये थे और मुख्य रूप से सूरत के आसपास बसे थे। वे वर्तमान में मुख्य रूप से मुंबई और कोलकाता में पाये जाये हैं।
4. चौथा समूह है, **बेने मेनाश**। उन्होंने मेनाश या मेनासीह जनजाति के लिए वंशावली बनायी है, जो यहूदियों की 10 खोयी हुई जनजातियों में से एक थी। वे **मणिपुर और मिज़ोरम** में भारत और म्याँमार की सीमा पर रहते हैं और उनका दावा है कि उन्हें ग़ुलाम बनाकर अश्शूरियों (Assyrians) को बेच दिया गया एवं तत्पश्चात् वे चीन भागने में कामयाब रहे, जहाँ से वे आकर भारत की सीमा पर बस गये। वे ख़ुद को **'मेनासेह के शिशु'** कहते हैं। इन बेने मेनाशे में **मिज़ो, कूकी और चिन जनजातियाँ** शामिल हैं।
5. अंतिम **बेने एफ़्रायम** है, जो तेलुगु भाषी यहूदियों का एक छोटा समूह है तथा जो 1990 के दशक में यहूदी धर्म में परिवर्तित हो गया।

भारत में सबसे **बड़ा** यहूदी समुदाय **बेने इज़राइल** है।

भारत में प्रमुख यहूदी उपासनागृह (Synagogue)

नाम	स्थित	संबद्धित समुदाय
मैगन डेविड यहूदी उपासनागृह	कोलकाता	बग़दादी यहूदी
परदेशी यहूदी उपासनागृह	कोचीन	कोचीन यहूदी
ओहेल डेविड यहूदी उपासनागृह (भारत में सबसे बड़ा और इसे लाल देवल भी कहा जाता है)	पुणे	बग़दादी यहूदी
नेसेट एलियाहू रूढ़िवादी यहूदी उपासनागृह	मुंबई	बग़दादी यहूदी
नरीमन हाउस	मुंबई	यह 2008 के मुंबई हमले के लक्ष्यों में से एक था।

भारत में अन्य प्रमुख धर्म

- **सनामही धर्म (Sanamahism)** - यह मुख्य रूप से मणिपुर से संबंध रखनेवाले **मैतेई (Meitei) जनजाति** द्वारा पालन किया जानेवाला धर्म है। इसमें पूर्वजों, सर्व शक्तिशाली भगवान्, आकाश, तत्त्व और वन की **शमन प्रकार की पूजा** शामिल हैं। इस धर्म में लोग विभिन्न देवताओं की प्रार्थना करते हैं और प्रत्येक देवता एक अलग पहलू से संबंधित होता है। सनामही धर्म का पवित्र ग्रंथ **पुया** है। संबंधित त्योहार **लाई हाराउबा** है, जो पारंपरिक देवताओं और पूर्वजों की पूजा का प्रतिनिधित्व करता है। सनामही **घर में पूजनीय देवता** होते हैं और इन्हें आमतौर पर घर के **दक्षिण-पश्चिमी कोने** में रखा जाता है। इस धर्म को हिंदू धर्म का हिस्सा नहीं माना जाता है।
- **अय्यावाही (Ayyavazhi)** - इसे **हिंदू धर्म का हिस्सा** माना जाता है और **दक्षिण भारत** (विशेष रूप से तमिलनाडु और केरल) में इसका पालन किया जाता है। यह धर्म **अय्या वैकुंडर** के जीवन और उपदेशों पर केंद्रित है और संबंधित पवित्र ग्रंथ **अकिलथिरट्टु अम्मानई** और **अरुल नूल** हैं। अय्या वैकुंड अवतारम् (अर्थात् वैकुंडर के अवतार का दिन) तमिलनाडु और केरल में **राज्य अवकाश** घोषित किया गया है। पूजा केंद्रों में, गर्भगृह में एक देवता रखने के बजाय, एक लौ के आकार का ताँबा, एक भगवा वस्त्र और रुद्राक्ष और फूलों से बने अलग-अलग मालाओं के एक संकलित ढाँचे को एक निराकार देवता को दर्शाने के लिए रखा जाता है और इसे **एलुनेत्रु** कहा जाता है।
- **सरना** - यह झारखंड, ओडिशा, पश्चिम बंगाल, बिहार, मध्य प्रदेश, महाराष्ट्र और छत्तीसगढ़ के **आदिवासी समुदाय** (मुंडा, हो, भूमिज, संथाल, बैगा और कुरूख) का एक स्वदेशी धर्म है। यह धर्म वृक्ष (साल का पेड़) द्वारा दर्शाये गये **प्रकृति की पूजा** पर केंद्रित है। सरना मंदिरों को **जाहेर थान** कहा जाता है। इस धर्म को आदि धर्म के नाम से भी जाना जाता है। आस्था का पवित्र आधार **'जल, जंगल, ज़मीन'** है, और इसके अनुयायी वन क्षेत्रों की रक्षा में विश्वास करते हुए पेड़ों और पहाड़ियों से प्रार्थना करते हैं। **झारखंड सरकार** ने **सरना** धर्म को मान्यता देने और 2021 की जनगणना में इसे एक अलग कोड के रूप में शामिल करने का प्रस्ताव पारित किया।
- **बहाई आस्था** - इस धर्म के प्रारंभिक विकास का पता **19 वीं शताब्दी** में **फारस** से किया जा सकता है। इसके संस्थापक **बहाउल्लाह** ने घोषणा की थी कि ईश्वर ने उन्हें नबी के रूप में भेजा है। बहाई आस्था के अनुसार, भगवान् को एकल और सर्वशक्तिशाली माना जाता है। यह धर्म एक एकीकृत दुनिया के लक्ष्य पर ज़ोर देता है, ताकि सभी राष्ट्रों, नस्लों, पंथों और वर्गों की समृद्धि सुनिश्चित की जा सके। यह तीन केंद्रीय सिद्धांतों पर आधारित है : **ईश्वर की एकता, धर्म की एकता और मानवता की एकता।** दिल्ली का लोटस टेम्पल बहाई विश्वास के अंतर्गत आता है। बहाई कैलेंडर के तहत एक वर्ष में 19 महीने होते हैं (प्रत्येक में 19 दिन होते हैं)। बहाई धर्म को दुनिया में सबसे तेज़ी से बढ़ते धर्म के रूप में माना जा रहा है।

लोटस टेम्पल, दिल्ली

अध्याय का सारांश

- **वैष्णववाद** – इसमें विष्णु को सर्वोच्च भगवान् माना जाता है – इसकी उत्पत्ति पहली सहस्राब्दी ईसा पूर्व में हुई थी।
- **शैववाद** – इसमें शिव को सर्वोच्च भगवान् माना जाता है – इसकी उत्पत्ति वैष्णववाद से पहले दूसरी सहस्राब्दी ईसा पूर्व में वैदिक देवता रुद्र के रूप में हुई थी।
- **शक्तिवाद** – देवी या शक्ति को सर्वोच्च भगवान् माना जाता है – तंत्र की उप-परंपराओं के लिए जाना जाता है।
- **स्मार्तवाद** – पुराणों की शिक्षाओं पर आधारित – इसमें शिव, शक्ति, गणेश, विष्णु और सूर्य को समान माना जाता है।
- **श्रमण** – जो आत्मसंयम का पालन और तप करता है – विभिन्न श्रमण सम्प्रदायों में शामिल हैं : जैन धर्म, बौद्ध धर्म, आजीविक, अज्ञान और चार्वाक।
- **आजीविक या आजीवक** – 5वीं शताब्दी ईसा पूर्व में – मक्खली गोशाल द्वारा स्थापित – यह मानता है कि कोई स्वतंत्र इच्छा नहीं होती है – कर्म का कोई उपयोग नहीं – बौद्ध धर्म और जैन धर्म का विरोध किया – वेदों का प्राधिकार अस्वीकार कर दिया – आत्मा के अस्तित्व में विश्वास करता है – आत्मा के भौतिक रूप में अस्तित्व में विश्वास रखते थे।
- **अज्ञान** – कट्टरपंथी संशयवाद – प्रकृति के बारे में ज्ञान प्राप्त करना असंभव है – अनभिज्ञता सर्वोत्तम है।
- **इस्लाम** – 7वीं शताब्दी ईसवी में अरब प्रायद्वीप में उत्पन्न हुआ – अल्लाह के प्रति ''समर्पण'' – ईसाई और मुसलमान दोनों इब्राहीम को अपना पूर्वज मानते हैं – पैग़ंबर मुहम्मद की शिक्षाओं को उनके अनुयायियों द्वारा संकलित किया गया, जिसे हदीस कहा जाता है।
- **ईसाई धर्म** – ईसा मसीह द्वारा – ईसाई धर्म का मूल दर्शन एक ईश्वर का अस्तित्व है – ईसाइयों का पवित्र ग्रंथ बाइबिल है – जो पुराने और नये विधान में विभाजित है।
- **सिख धर्म** – गुरु नानक के जीवन, समय और शिक्षाओं के साथ शुरू होता है – मानव अस्तित्व का सर्वोच्च उद्देश्य मोक्ष है – यह सही विश्वास, सही पूजा और सही आचरण से प्राप्त किया जा सकता है – गुरु हरगोबिंद सिखों के प्रतीक के रूप में दो तलवारें धारण करनेवाले पहले गुरू थे – गुरु गोबिंद सिंह ने सिख योद्धा समुदाय खालसा की स्थापना की।
- **पारसी धर्म** – इस धर्म की 7वीं शताब्दी ईसा पूर्व के आसपास जरथुस्त्र द्वारा फ़ारस में उत्पत्ति हुई थी – एकेश्वरवादी धर्म, जो एक शाश्वत ईश्वर में विश्वास करता है, जिसका नाम अहुरा मज़्दा है – पारसी अग्नि की पूजा करते हैं।
- **यहूदी धर्म** – अनुयायियों को यहूदी कहा जाता है – अब्राहम द्वारा प्रचलित यहोवा या एक सच्चे ईश्वर में विश्वास करते हैं – न्याय के दिन में विश्वास करते हैं।

यू.पी.एस.सी. पिछले वर्षों के बहुविकल्पीय प्रश्न

1. स्वामी दयानंद सरस्वती ने किनसे प्रेरणा ली? **(CDS II, 2021)**

(a) पुराणों से (b) वेदों से
(c) मध्यकालीन संतों से (d) सूफ़ीवाद से

2. सामूहिक सस्वर पाठयुक्त समवेतता आराधना (संगत) के नियम किसके द्वारा बनाए गए? **(CDS II, 2021)**

(a) गुरु नानक (b) गुरु अंगद
(c) गुरु अर्जन (d) गुरु गोबिंद सिंह

3. भारत के सांस्कृतिक इतिहास के संदर्भ में निम्नलिखित युग्मों पर विचार कीजिए :

1. परिव्राजक – संन्यासी और घुमक्कड़
2. श्रमण – उच्च दर्जे वाला पुजारी
3. उपासक – बौद्ध धर्म के आम अनुयायी

ऊपर दिए गए युग्मों में से कौन-सा सही सुमेलित है? **(CSE, 2020)**

(a) केवल 1 और 2 (b) केवल 1 और 3
(c) केवल 2 और 3 (d) 1, 2 और 3

4. निम्नलिखित में से कौन-सा धर्मशास्त्रों के अनुसार वैश्यों का कर्तव्य निर्धारित किया गया है?
   1. वेदों का अध्ययन
   2. व्यापार में लगना

   नीचे दिए गए कोड का प्रयोग कर सही उत्तर का चयन कीजिए: **(CAPF, 2020)**
   (a) केवल 1 (b) केवल 2
   (c) दोनों 1 और 2 (d) न तो 1 और न ही 2

5. किस भारतीय सामाजिक सिद्धांतकार ने तर्क दिया था कि समरूप हिंदुत्व के विचार का निर्माण "ज्ञानोत्तर यूरोप के सांस्कृतिक अहंकार" के माध्यम से किया गया था? **(CDS I, 2019)**
   (a) आशीष नंदी (b) पार्थ चटर्जी
   (c) टी के ओम्मेन (d) रजनी कोठारी

6. नयनार कौन थे? **(CDS II, 2019)**
   (a) जो विष्णु की भक्ति में लीन थे
   (b) जो बुद्ध के भक्त थे
   (c) जो शिव के भक्त थे
   (d) जो बसवेश्वर के भक्त थे

7. मध्यकालीन भारत के सांसकृतिक इतिहास के संदर्भ में निम्नलिखित कथनों पर विचार कीजिए: **(CSE, 2016)**
   1. तमिल क्षेत्र के सिद्ध (सित्तर) एकेश्वरवादी थे तथा मूर्तिपूजा की निंदा करते थे।
   2. कन्नड़ क्षेत्र के लिंगायत पुनर्जन्म के सिद्धांत पर प्रश्न चिह्न लगाते थे तथा जाति अधिक्रम को अस्वीकार करते थे।

   उपर्युक्त कथनों में से कौन-सा/से सही है/हैं?
   (a) केवल 1 (b) केवल 2
   (c) 1 और 2 दोनों (d) न तो 1, न ही 2

8. गोरखनाथ के अनुयायी कहलाते थे : **(CDS I, 2016)**
   (a) जोगी (b) नाथ-पंथी
   (c) तांत्रिक (d) संन्यासी

9. सोसाइटी ऑफ़ जीसस, जिनके अनुयायियों को जेसुइट्स कहा जाता था, की स्थापना की गई थी। **(CDS I, 2016)**
   (a) मार्टिन लूथर द्वारा (b) उलरिच जिंग्लि द्वारा
   (c) इरास्मस द्वारा (d) इग्नाशियस लोयोला द्वारा

10. निम्नलिखित में से किसका उसके राज्य में हिंदुओं के संरक्षण के लिए उसकी प्रजा द्वारा उसका जगद्गुरु के रूप में वर्णन किया जाता था? **(CAPF, 2012)**
    (a) बीजापुर के इब्राहिम आदिल शाह द्वितीय
    (b) मालवा के महमूद द्वितीय
    (c) बंगाल के हुसैन शाह
    (d) गुजरात के महमूद बेगड़ा

11. 'धर्म' तथा 'ऋत' भारत की प्राचीन वैदिक सभ्यता के मुख्य विचार का चित्रण करते हैं। इस सन्दर्भ में, निम्नलिखित कथनों पर विचार कीजिए : **(CSE, 2011)**
    (i) 'धर्म' व्यक्ति के दायित्वों तथा स्वयं और अन्यों के प्रति अपने कर्तव्यों के निर्वहन की अवधारणा है।
    (ii) 'ऋत' ब्रह्मांड तथा इसमें समाहित सभी वस्तुओं की कार्य-प्रणाली को नियंत्रित करने वाला एक आधारभूत नैतिक नियम था।

    उपर्युक्त कथनों में से कौन-सा/से सही है/हैं?
    (a) केवल (i) (b) केवल (ii)
    (c) (i) और (ii) दोनों (d) न तो (i), न ही (ii)

उत्तर

1. (b) 2. (a) 3. (b) 4. (b) 5. (a) 6. (c) 7. (c) 8. (b)
9. (d) 10. (a) 11. (c)

यू.पी.एस.सी. पिछले वर्षों के प्रश्न - मुख्य परीक्षा

1. पारसी धर्म में अग्नि के महत्त्व पर टिप्पणी कीजिए। **(CSE, 2012)**
2. लिंगायत समुदाय के संबंध में लिखें। **(CSE, 2007)**

अध्याय 18

भक्ति व सूफ़ी आंदोलन

भक्ति आंदोलन का उदय

भक्ति आंदोलन का **उदय भारत के दक्षिणी भागों**, विशेष रूप से तमिलनाडु में **6ठी और 10वीं शताब्दी** के मध्य हुआ। 15 वीं शताब्दी के अंत-तक धीरे-धीरे उत्तर भारत की ओर इसका प्रसार हुआ।

इस अध्याय से संबंधित ऑनलाइन वीडियो के लिए इस QR कोड को स्कैन करें।

भक्ति आंदोलन
(दक्षिण भारत से शुरू हुआ)

- **सगुण सम्प्रदाय** (गुणों के साथ)
  - निम्नलिखित किसी एक का उपासक/भक्त
    - शिव
    - विष्णु (और उनके अवतार)
    - देवी
  - 6ठीं शताब्दी ईसवी - 10वीं शताब्दी ईसवी (तमिलनाडु में)
    - **आलवार** (तमिल कवि - भगवान् विष्णु के भक्त)
      - मुख्य रूप से 12 आलवार
        - प्रसिद्ध हैं थोंडरादिपोदी और अंडाल (महिला आलवार)।
        - प्रमुख ग्रन्थ नलरीय दिव्य प्रबन्धम् है, (संस्कृत में 12 आलवारों द्वारा लिखा गया है और इसे **तमिल वेद** के रूप में जाना जाता है)
    - **नयनार** (तमिल कवि - भगवान् शिव के संत और भक्त)
      - मुख्य रूप से 63 नयनार
        - प्रमुख लोगों में शामिल हैं : कराईकल अम्मियार (महिला नयनार)
          - लक्ष्य पाने के लिए कठोर तपस्या की।
        - अप्पार, समबंदर और सुंदरर - ने 10वीं शताब्दी में कविताओं का एक संग्रह तैयार किया, जिसे **तेवरम** कहा जाता है।
    - (आलवार और नयनार) उन्होंने जैन धर्म और बौद्ध धर्म दोनों का विरोध किया
  - कर्नाटक में लगभग 12वीं शताब्दी के आसपास, वीरशैव आंदोलन (लिंगायतवाद) का नेतृत्व बासवन्ना ने किया था।
  - 13वीं शताब्दी से, भक्ति आंदोलन को उत्तरी भारत में प्रमुखता मिली।
- **निर्गुण सम्प्रदाय** (बिना गुणों के)
  - प्रमुखता मिली मुख्य रूप से 13वीं शताब्दी के बाद

भक्ति आंदोलन के उदय के लिए उत्तरदायी कारण

- भक्ति आंदोलन आंशिक रूप से ब्राह्मणवादी रूढ़िवाद और जाति व्यवस्था में कठोरता के विरुद्ध प्रतिक्रिया थी।
- भक्ति आंदोलन ने मानव जाति की समानता पर बल दिया और समाज के हाशिये के वर्गों को एक समावेशी मंच प्रदान किया। इस आंदोलन की ओर समाज के हाशिये पर पड़े वर्ग आकर्षित हुए और यह उनके बीच लोकप्रिय हुआ और इसका एक धार्मिक विचार के रूप में उदय हुआ।

- बौद्ध धर्म और जैन धर्म की गतिहीनता एवं पतन के कारण जनता का उनसे मोहभंग हो गया था। इससे भक्ति पर आधारित एक नये धार्मिक विचार के उदय का द्वार खुला।
- राजाओं द्वारा दिया गया संरक्षण, इसकी उन्नति में सहायक एक अन्य कारक था। उदाहरण के लिए, तमिलनाडु में चोल राजाओं ने शैव नयनारों को समर्थन दिया।

दक्षिण भारत में, भक्ति संतों के **दो मुख्य समूह** थे– **नयनार** (शिव भक्त) **आलवार** (विष्णु भक्त), जिन्होंने मोक्ष के साधन के रूप में भगवान् के प्रति भक्ति का उपदेश दिया एवं बौद्ध धर्म और जैन मत द्वारा उपदेश की जानेवालीं तपस्याओं की अवहेलना की। उनकी अनेक कविताएँ भक्त और भगवान् के बीच प्रेम पर केन्द्रित थीं। उन्होंने तमिल और तेलुगू, जैसी देशी भाषाओं में ही अपनी बात कही और लिखा, ताकि सामान्य जन इसे सरलतापूर्वक पढ़ और सुनकर समझ सकें। भक्ति परंपरा में पुरोहित की उपस्थिति की आवश्यकता नहीं थी। इससे उनका आंदोलन अत्यधिक लोकप्रिय हुआ।

आलवार

आलवार वैष्णव कवि एवं संत थे, जो एक स्थान से दूसरे स्थान पर यात्रा करते समय **विष्णु या उनके कृष्ण अवतार** के स्तुति-गीत गाया करते थे। वे वैष्णव धर्म के प्रवर्तक थे और विष्णु या कृष्ण को सर्वोच्च परमात्मा मानते थे। इन्होंने जैन तथा बौद्ध विचारधारा का **विरोध** किया। 12 आलवार संत थे। इन 12 आलवारों ने एक ग्रंथ **नलरीय दिव्य प्रबंधम** की रचना की। **अंडाल** एकमात्र महिला आलवार संत हैं, जिन्हें **'दक्षिण की मीरा'** के नाम से जाना जाता है।

नयनार

यह मूल रूप से **भगवान् शिव** की भक्ति करनेवाले **63 तमिल संतों** का एक समूह था। जिन्होंने बड़े लक्ष्य को प्राप्त करने के लिए अत्यधिक तपस्या को अपनाया। 3 नयनारों (**अप्पर' समबंदर और सुन्दरर**) ने 10वीं शताब्दी ईसवी में कविताओं का संकलन किया, जिसे **तेवरम** कहा गया। नयनार विभिन्न पृष्ठभूमियों से संबंधित थे, उनमें ब्राह्मण और कुलीन लोग तो थे ही, तेली और वेल्लाल भी थे।

आलवार और नयनार **ब्राह्मणवादी वर्चस्व** के साथ-साथ **जैन धर्म तथा बौद्ध धर्म** के भी **विरुद्ध** थे। साथ ही उन्होंने मिलकर भारत में **भक्ति आंदोलन** की नींव रखी।

वीरशैव आंदोलन/लिंगायत (12वीं शताब्दी ईसवी)

वीरशैव हिंदू धर्म में एक शैव संप्रदाय है, जो **12वीं शताब्दी ईसवी** में **कर्नाटक** में **कलचुरी राजवंश** के शासनकाल के दौरान उभरा। उन्होंने हिन्दू पुरोहितों द्वारा निर्धारित विस्तृत अनुष्ठानों का विरोध किया। इसकी स्थापना **बसवन्ना** द्वारा की गयी थी एवं इसके अनुयायियों को **वीरशैव** (शिव के वीर) या **लिंगायत** (शिवलिंग पहननेवाले) कहा जाता है।

वीरशैव आंदोलन में शामिल था:

- अपनी अभिव्यक्तियों में **शिवलिंग की पूजा** करना।
- **बायें कंधे पर** लिंग पहनना तथा इस प्रकार वे लिंगायत के रूप में जाने जाते थे।
- उनका अंतिम अग्नि संस्कार करने के बजाय उनके **मृतकों को दफ़नाना** (जैसा कि वे मानते हैं कि वे भक्त शिव में समा जायेंगे और इस दुनिया में वापस नहीं आयेंगे)।
- पुनर्जन्म के सिद्धांत पर सवाल उठाना।
- **जाति व्यवस्था** को चुनौती देना।
- **युवावस्था के बाद के विवाह** और **विधवाओं के पुनर्विवाह** को प्रोत्साहित करना।

भक्ति आंदोलन की मुख्य विशेषताएँ

- मोक्ष के साधन के रूप में तीव्र प्रेम और भक्ति।
- परमेश्वर की एकता (सार्वभौमिकता) के मुख्य नाम का बारम्बार जाप करना।
- **अनुष्ठानों** और समारोहों की **अस्वीकृति**।
- **कोई जातिगत भेदभाव नहीं** एवं धार्मिक व लैंगिक मामलों पर खुले दृष्टिकोण रखना। उन्होंने पुरुषों और महिलाओं, दोनों को मोक्ष प्राप्त करने की अनुमति दी। यहाँ तक कि उन्होंने साँझी रसोई से एक साथ मिलकर भोजन ग्रहण किया। उन्होंने महिलाओं की भ्रूण-हत्या तथा सती-प्रथा की निंदा की।
- अपने संदेशों का प्रचार करने के लिए स्थानीय और क्षेत्रीय भाषाओं का उपयोग करना।
- उन्होंने **व्यक्तिगत भगवान्** की अवधारणा पर ज़ोर दिया।
- ईश्वर का साक्षात्कार करने के लिए एक सच्चे गुरु (शिक्षक) की आवश्यकता।
- उन्होंने सूफ़ी संतों की भाँति समानता और भाईचारे की भावना का प्रचार किया।
- उन्होंने **पुजारियों को तुच्छ** माना, जो उनके विचार में बिचौलिये थे और इसके स्थान पर उन्होंने भगवान् के साथ व्यक्तिगत संबंध स्थापित करने पर ध्यान केंद्रित किया।

भक्ति आंदोलन के दो सम्प्रदाय: सगुण और निर्गुण विचारधारा

भक्ति संतों को ईश्वर संबंधी उनकी परिकल्पना के आधार पर दो सम्प्रदायों में विभाजित किया गया था। एक सम्प्रदाय भगवान् को निराकार मानता था, जिसकी कोई विशेषता या गुण नहीं होता। यह विचार सम्प्रदाय **निर्गुण सम्प्रदाय** है। वे अपना अधिकाधिक ध्यान ज्ञान प्राप्त करने पर केन्द्रित रखते हैं। उन्होंने शास्त्रों को अस्वीकार किया और मूर्ति पूजा के हर रूप की निंदा की। *निर* शब्द का अर्थ है 'बिना', *गुण* का अर्थ है 'गुणवत्ता', और *भक्ति* का अर्थ है 'समर्पण' या 'वफ़ादारी'। उन्होंने सीखने पर अधिक ज़ोर दिया। ब्राह्मण सर्वोच्चता को निर्गुण संतों ने अस्वीकार कर दिया। ईश्वर के साथ व्यक्तिगत मिलाप को महत्त्व दिया गया। उनकी मान्यताएँ तीन परंपराओं का समामेलन थीं : वैष्णव भक्ति, नानापंथी आंदोलन और सूफ़ीवाद। निर्गुण भक्ति ईश्वर के प्रति पूर्ण भक्ति और चेतना के उच्चतम स्तर की अव्यक्त अभिव्यक्ति है। इस सम्प्रदाय के प्रमुख गणमान्य व्यक्ति **कबीर**, **गुरु नानक** और **दादू दयाल** थे।

दूसरी ओर, सगुण सम्प्रदाय के प्रवर्तकों ने माना कि भगवान् में निश्चित रूप, गुणवत्ता और सकारात्मक विशेषताएँ होती हैं और वह स्वयं को अवतारों के रूप में सशरीर प्रकट करते हैं, जैसे कि राम और कृष्ण। उनकी आत्मा का साक्षात्कार घरों और मंदिरों में पूजा की जानेवालीं **मूर्तियों और छवियों** में किया जाता है। **सगुण सम्प्रदाय** प्रेम और भक्ति पर बल देता है। यह सम्प्रदाय दो समूहों में विभाजित था। पहला समूह राम भक्ति को महत्त्व देता था और दूसरा समूह कृष्ण भक्ति को मानता था। उन्होंने वेदों की आध्यात्मिक सत्ता एवं भगवान् और उनके भक्त के बीच मध्यस्थ के रूप में मानव गुरु की आवश्यकता को स्वीकार किया। सगुण कवियों ने मूर्ति पूजा को बढ़ावा दिया और व्यक्तिगत ईश्वर के प्रति समर्पण और सरल विश्वास के धर्म की वकालत की। रामानुज, रामानंद और चैतन्य महाप्रभु इस विचार सम्प्रदाय से संबंधित थे।

महत्त्वपूर्ण भक्ति संत

नाम	वर्ष और स्थान	विवरण
आदि शंकराचार्य	8वीं शताब्दी ईसवी (सम्भवत: **केरल** से)	वेदांत दर्शन की **अद्वैत** (गैर-द्वैतवाद) विचारधारा के मुख्य प्रस्तावक। यह विचारधारा आत्मा (मानव की आत्मा) और ब्रह्म (परम सत्य) की पहचान में विश्वास करती है। वे प्रारंभिक हिंदू दार्शनिक **गौडपाद** से प्रेरित थे और उन्हें परमगुरु कहते थे। उन्हें **दशनामी संप्रदाय** का संस्थापक माना जाता है। उन्होंने **चार मठ या आम्नाय पीठ** (मठ) की स्थापना की, जिसका मुख्यालय पश्चिम में द्वारका (गुजरात), पूर्व में जगन्नाथ पुरी (ओडिशा), दक्षिण में शृंगेरी (कर्नाटक) और उत्तर में बदरिकाश्रम (उत्तराखंड) में है। उन्होंने **उपदेशसाहस्री** (एक हज़ार शिक्षाएँ) लिखीं। शंकराचार्य की अन्य लोकप्रिय रचनाएँ हैं, विवेकचूड़ामणि और भज गोविंदम स्तोत्र। उनके द्वारा भगवद् गीता, ब्रह्म सूत्र और उपनिषदों पर एक भाष्य लिखा गया था। शंकराचार्य के अनुयायियों को **'स्मार्त'** कहा जाता है। उनकी सबसे प्रसिद्ध पंक्तियाँ हैं **'ब्रह्म सत्यम् जगत् मिथ्या जीवो ब्रह्मैव नापर:'**, जिसका अर्थ है *'पूर्ण आत्मा वास्तविकता है, उपस्थिति की दुनिया माया है'*, और **'एकमेव अद्वितीयम् ब्रह्म'**, जिसका अर्थ है 'पूर्ण एक है, दो नहीं'।
रामानुज (तमिल ब्राह्मण) इन्हें *इलैया पेरुमल* भी कहा जाता है, जिसका अर्थ है दीप्तिमान।	1017–1137 ईसवी **तमिलनाडु**	वे **श्री वैष्णववाद** परंपरा के एक प्रमुख प्रतिपादक और वेदांत दर्शन के **विशिष्टाद्वैत विचारधारा** के प्रमुख प्रस्तावक थे। उन्होंने *प्रभातिमार्ग* या ईश्वर के प्रति आत्म-समर्पण की वकालत की। विशिष्टाद्वैत विचारधारा एक योग्य संपूर्णता के **ग़ैर-द्वैतवाद** का प्रतीक है, लेकिन इसमें बहुलता की विशेषता है। दूसरे शब्दों में, यह "सभी विविधताओं का एक अंतर्निहित एकता से समावेश" (योग्य अद्वैतवाद) में विश्वास करता है। रामानुज के सबसे महत्त्वपूर्ण कार्य वेदांत सूत्र (*श्री भाष्य, या 'सच्ची टिप्पणी'*) और **भगवद् गीता** (*गीताभाष्य, या 'गीता पर टिप्पणी'*) पर उनकी टिप्पणी हैं। उनकी अन्य लोकप्रिय रचनाएँ वेदार्थ संग्रह (*'वेद के अर्थ का सारांश'*), वेदांतसार (*'वेदांत का सार'*) और वेदांतदीपा (*'वेदांत का दीपक'*) हैं। तमिलनाडु में श्रीरंगम रंगनाथ मंदिर इस परंपरा से जुड़ा है।

नाम	वर्ष और स्थान	विवरण
मध्वाचार्य (कन्नड़ संत)	1238–1317 ईसवी **कर्नाटक**	वे वेदांत दर्शन के **द्वैतवाद सम्प्रदाय** के मुख्य प्रस्तावक थे। उन्होंने अपने दर्शन को '**तत्त्ववेद**' नाम दिया। उनकी लोकप्रिय रचनाएँ गीता भाष्य, ब्रह्म सूत्र भाष्य, अणु भाष्य, कर्म निर्णय और विष्णु तत्त्व निर्णय हैं। उनके अनुसार, आत्मन (व्यक्तिगत आत्मा) और ब्रह्म (अंतिम वास्तविकता या भगवान् विष्णु) के बीच एक बुनियादी अंतर है। दीक्षा के दौरान उन्हें पूर्णप्रज्ञ नाम दिया गया। वह आदि शंकराचार्य के अद्वैत वेदांत और रामानुज के विशिष्टाद्वैत वेदांत के **आलोचक** थे।
निंबार्क	12वीं शताब्दी ईसवी **महाराष्ट्र** *(लेकिन बाद में मथुरा चले गये)*	वह एक वैष्णव संत और **द्वैत-अद्वैत दर्शन** के प्रमुख प्रस्तावक थे, अर्थात्, एक ही समय में द्वैत और अद्वैत। उन्होंने **निम्बार्क सम्प्रदाय** नामक एक समुदाय की स्थापना की। उन्होंने ब्रह्म सूत्र पर *वेदांत-पारिजात-सौरभ* नामक भाष्य लिखा। इस समुदाय की मूल प्रथा में **श्री राधा माधव** की पूजा होती है, जिसमें श्री राधा को श्री कृष्ण के अविभाज्य अंग के रूप में देखा जाता है।
नामदेव	1270–1350 ईसवी **महाराष्ट्र**	वह हिंदू धर्म के **वरकरी संप्रदाय** में भी महत्त्वपूर्ण हैं और उन्होंने **भगवान् विठोबा** की उपासना की। उनका लेखन सिख धर्म के पवित्र ग्रंथ **गुरु ग्रंथ साहिब** में भी शामिल किया गया है। वह हिंदू धर्म के दादूपंथ वंश के पाँच प्रतिष्ठित गुरुओं में से एक हैं।
ध्यानेश्वर	13वीं शताब्दी ईसवी **महाराष्ट्र**	वह **विठोबा** के उपासक थे, जिन्हें भगवान् विष्णु का एक रूप माना जाता है और वह **वरकरी संप्रदाय** के संत थे। उन्होंने ध्यानेश्वरी (भगवद गीता पर भाष्य) और अमृतानुभव की रचना की थी। ये दोनों रचनाएँ मराठी साहित्य की आरंभिक उपलब्ध रचनाएँ हैं। वह एक अन्य महान् मराठी संत **नामदेव** के भी **समकालीन** थे।
रामानंद	1300–1380 ईसवी **उत्तर प्रदेश**	वह एक **वैष्णव संत** थे और रामानंदी सम्प्रदाय के संस्थापक माने जाते हैं, जो भारत में सबसे बड़ा तपस्वी समुदाय है। वह **भगवान् राम** के भक्त थे। उन्होंने अद्वैत वेदांत और वैष्णव भक्ति के बीच संश्लेषण की दिशा में एक प्रयास किया। **कबीर और रविदास** उनके शिष्यों में से थे। वह अपनी शिक्षाओं के प्रचार के लिए **हिंदी का उपयोग करनेवाले पहले व्यक्ति** थे। उनकी लोकप्रिय रचनाएँ ज्ञान-लीला और योग-चिंतामणि (हिंदी), वैष्णव माता भजभास्कर और रामार्चन पद्धति (संस्कृत) हैं। उन्हें "*दक्षिण के भक्ति आंदोलन और उत्तर के भक्ति आंदोलन के बीच सेतु*" के रूप में भी जाना जाता है।
कबीर (बुनकर) *2022 में, भारत के पूर्व राष्ट्रपति श्री राम नाथ कोविंद ने मगहर (उत्तर प्रदेश) में स्वदेश दर्शन योजना के तहत संत कबीर अकादमी और अनुसंधान केंद्र का उद्घाटन किया।*	15वीं शताब्दी ईसवी **उत्तर प्रदेश**	वह **वैष्णववाद** में विश्वास रखते थे और **अद्वैत दर्शन** के प्रति दृढ़ थे, जो प्रत्येक व्यक्ति और हर वस्तु के अंदर ईश्वर की उपस्थिति को दर्शाता है। वह **रामानंद के शिष्य** थे। वह निर्गुण विचारधारा से संबंधित थे और रूढ़िवादी विचारों और भेदभावपूर्ण जाति व्यवस्था की आलोचना करते थे। उन्होंने हिंदुओं और मुसलमानों को 'एक ही मिट्टी के बर्तन' बताया। वह योग तकनीकों में विश्वास करते थे और कहते थे कि ईश्वर की भक्ति मुक्ति की एक शक्तिशाली विधि है। वह अपने दो पंक्तियों के दोहे के लिए भी जाने जाते हैं, जिन्हें 'कबीर के दोहे' के नाम से जाना जाता है। उनके विचारों को तीन साहित्यिक रूपों में पहचाना जा सकता है - दोहा (छोटी दो पंक्तियाँ), रमण (छंदबद्ध 4 पंक्तियाँ), और सबद (शब्द)। उनके अनुयायियों को **कबीर पंथी** के रूप में जाना जाता है। उनके विचारों को **बीजक** नामक ग्रन्थ में संकलित किया गया है। कबीर के छंदों को सिख धर्म की महत्त्वपूर्ण पुस्तक **आदि ग्रंथ** में भी शामिल किया गया था।

नाम	वर्ष और स्थान	विवरण
नरसी मेहता	1414–1481 ईसवी **गुजरात**	वह एक **वैष्णव** संत-कवि थे। गुजराती साहित्य में उनका योगदान बहुत बड़ा है और उनका प्रसिद्ध भजन "***वैष्णव जन तो***" महात्मा गांधी के पसंदीदा भजनों में से एक था। नरसिंह मेहता को **आदिकवि** भी कहा जाता है।
शंकरदेव	1449–1568 ईसवी **असम**	वह असम के **वैष्णव** संत-विद्वान, कवि, नाटककार और सामाजिक-धार्मिक सुधारक थे। उन्होंने **भगवान् कृष्ण** के रूप में "**एकाशरण धर्म**" (या एक ईश्वर) के दर्शन का प्रचार किया। "सत्र" एकाशरण धर्म से जुड़े संस्थागत केंद्र या मठ हैं। उनकी प्रसिद्ध रचनाओं में ब्रजावली या ब्रजबुली (मैथिली और असमिया का मिश्रण) में लिखित **कीर्तन घोष** शामिल है। **माधवदेव** उनके उत्तराधिकारी बने।
गुरु नानक	1469–1539 ईसवी **पंजाब**	उनके बारे में कहा जाता है कि वे *कबीर से प्रभावित* थे और **निर्गुण विचारधारा** के थे। वह 10 सिख गुरुओं में पहले थे तथा उन्हें **सिख धर्म का संस्थापक** के रूप में माना जाता है। **गुरु नानक की शिक्षाएँ :** गुरु नानक देव सिख धर्म के संस्थापक हैं। उनकी मुख्य शिक्षाएँ सिख धर्म के तीन स्तंभ हैं : ***नाम जपना*** सिमरन और नाम जपना गुरु नानक द्वारा शुरू की गयी प्रथाएँ हैं। सिमरन का तात्पर्य भगवान् के नाम को दोहराकर याद करने से है। ***किरत करनी*** सिखों को 'किरत करनी' करने का निर्देश दिया जाता है, जिसका अर्थ है, सुख और दुख दोनों को भगवान् के उपहार एवं आशीर्वाद के रूप में स्वीकार करते हुए शारीरिक और मानसिक श्रम के माध्यम से ईमानदारी से पैसा कमाना। ***वंड छकना*** सिखों को वंड छकना – 'साझा करें और एक साथ उपभोग करें' का अभ्यास करके समुदाय के भीतर अपने धन को साझा करने का निर्देश दिया गया था।
सूरदास	1478–1580 ईसवी **उत्तर भारत**	वह जन्म से **अंधे** थे और **भगवान् कृष्ण** के अनन्य भक्त थे। वह **सगुण** संप्रदाय से संबंध रखते थे और **वल्लभाचार्य के शिष्य** थे। उनकी प्रसिद्ध रचना ***सूरसागर*** है। कृष्ण के बचपन का चित्रण उनकी प्रसिद्ध कृतियों 'सूरसागर' और 'सूर सारावली' में किया गया है।
वल्लभाचार्य (तेलुगू संत)	1479–1531 ईसवी **उत्तर भारत**	वे उत्तर भारत (मुख्य रूप से ब्रज क्षेत्र) में वैष्णववाद के कृष्ण-केंद्रित **पुष्टि मार्ग संप्रदाय** के संस्थापक थे। उन्होंने **शुद्ध अद्वैत** दर्शन को प्रतिपादित किया। उनके अनुसार स्नेह (ईश्वर के प्रति गहन प्रेम) के माध्यम से मोक्ष प्राप्त किया जा सकता है। राजस्थान में **नाथद्वारा** पुष्टि मार्ग सम्प्रदाय का एक महत्त्वपूर्ण तीर्थ स्थान है और अपने **श्रीनाथजी मंदिर** के लिए प्रसिद्ध है।

नाम	वर्ष और स्थान	विवरण
चैतन्य महाप्रभु	1486–1534 ईसवी **पश्चिम बंगाल**	वह एक बंगाली हिंदू संत और **अचिंत्य भेद अभेद** और **गौड़ीय वैष्णववाद** परंपरा के मुख्य प्रस्तावक थे। एक प्रमुख **सगुण संत** होने के नाते, उन्होंने भक्ति योग के वैष्णव संप्रदाय का भी विस्तार किया और वह **भगवान् कृष्ण** के एक गहरे भक्त थे। उन्होंने अचिन्त्य भेद-अभेद के दर्शन की रचना की। संस्कृत में अचिंत्य का अर्थ है 'अकल्पनीय', 'भेद' का अर्थ है 'असमान', और अभेद का अर्थ है 'समान'। उन्होंने कृष्ण की पूजा के रूप में *कीर्तन* (धार्मिक गीत) को लोकप्रिय बनाया। **इस्कॉन (ISKCON)** ने उनकी शिक्षाओं से प्रेरणा ली है। उन्होंने एक पाठ ***"शिक्षाष्टकम"*** लिखा, जो आठ छंदोंवाली गौड़ीय वैष्णव प्रार्थना है। चैतन्य महाप्रभु की शिक्षाएँ भगवान् कृष्ण की आराधना पर केंद्रित हैं। वे इस प्रकार हैं– 1. कृष्ण पूर्ण सत्य हैं। 2. सभी ऊर्जाएँ कृष्ण के पास हैं। 3. भगवान् कृष्ण हर भावना के स्रोत हैं। 4. आत्मा भगवान् कृष्ण का अंश है। 5. आत्माएँ भौतिक रूप में पदार्थ के प्रभाव में हैं। 6. मुक्त अवस्था में आत्माएँ पदार्थ के प्रभाव में नहीं होतीं। 7. आत्मा परमात्मा से भिन्न और समान है। 8. शुद्ध भक्ति करना ही मुक्ति पाने का मार्ग है। 9. भगवान् कृष्ण का शुद्ध प्रेम प्राप्त करना ही अंतिम लक्ष्य है। 10. भगवान् श्रीकृष्ण ही प्राप्त होने योग्य वरदान हैं।
मीराँबाई	1498–1546 ईसवी **राजस्थान**	एक शाही परिवार में जन्मी, वह भगवान् कृष्ण की भक्त थी। उन्होंने **भगवान् कृष्ण** को अपना पति माना और उनके लिए **भजन** (लघु धार्मिक गीत) की रचना की। उनकी सबसे लोकप्रिय रचनाओं में से एक है *"पायोजी मैंने राम रतन धन पायो"*
एकनाथ	1533–1599 ईसवी **महाराष्ट्र**	वह एक वारकरी संत थे और सूफ़ी रहस्यवाद और वेदांत दर्शन से प्रभावित थे। उनका प्रसिद्ध काम **"एकनाथ भागवत"** (भगवद् गीता पर एक टिप्पणी) है। वे पहले भक्ति सुधारकों में से एक थे, जिन्होंने मराठी भाषा के विकास पर ज़ोर दिया। उनका उपनाम 'एका-जनार्दन' था। उन्होंने कीर्तन (भगवान् के नाम का गायन), नाम स्मरण (भगवान् का नाम याद रखना) और मेडिटेशन (ध्यान) को भी महत्त्व दिया।
दादू दयाल	1544–1603 ईसवी **गुजरात**	दादू दयाल कबीर के प्रति अत्यंत समर्पित थे। वह मुग़ल सम्राट् अकबर के समकालीन थे। ऐसा माना जाता है कि अकबर उनका बहुत आदर करते थे। 'दादू' का अर्थ है भ्राता, और 'दयाल' का अर्थ है 'दयालु'। उन्होंने वेदों के अधिकारों, जाति व्यवस्था और पूजा के बाहरी रूपों, जैसे मंदिरों और तीर्थस्थलों पर जाने को अस्वीकार कर दिया। इसकी अपेक्षा, उन्होंने जाप (ईश्वर का नाम दोहराना) पर ध्यान केंद्रित किया। उनके अनुयायियों को **दादूपंथी** कहा जाता है। उनकी शिक्षाएँ 'दादू दयाराम की बानी' के नाम से संकलित हैं। दादू के शिष्य जनगोपाल ने दादू की पहली जीवनी लिखी।

नाम	वर्ष और स्थान	विवरण
तुकाराम *2022 में, भारत के प्रधानमंत्री श्री नरेंद्र मोदी ने पुणे के मंदिर शहर देहु में संत तुकाराम शिला मंदिर का उद्घाटन किया।*	17वीं शताब्दी ईसवी महाराष्ट्र	वह भी विट्ठल या विठोबा (वारकरी संप्रदाय के देवता) के भक्त थे। वह अपनी भक्ति कविता के लिए प्रसिद्ध है, जिसे अभंग के रूप में जाना जाता है। वह लैंगिक भेदभाव और जाति व्यवस्था के ख़िलाफ़ थे।
समर्थ रामदास	1608–1681 ईसवी महाराष्ट्र	वह भगवान् राम और हनुमान के भक्त थे और अपने अद्वैत वेदांत पाठ "दशबोध" के लिए प्रसिद्ध हैं। वह समर्थ संप्रदाय के संस्थापक थे। संत रामदास के लिए शिवाजी के मन में बहुत सम्मान था।
गुरू घासीदास	1756–1850 ईसवी छत्तीसगढ़	उन्होंने समानता में विश्वास किया और जाति व्यवस्था की कड़ी आलोचना की। उन्होंने "सतनामी समुदाय" की स्थापना की। इसके अलावा, वह मूर्ति पूजा के ख़िलाफ़ थे, यानी वह निर्गुण विचारधारा से संबंधित थे। सतनामी संप्रदाय ईश्वर को सतनाम (वह जिसका नाम सत्य है) मानता है।

भक्ति आंदोलन में महिलाएँ

भक्ति आंदोलन में महिलाओं ने भी महत्त्वपूर्ण भूमिका निभायी। उनमें से कई को पुरुष-प्रधान आंदोलन में स्वीकार्यता प्राप्त करने के लिए संघर्ष करने पड़े। महिला संतों ने पारंपरिक सामाजिक मानदंडों को ख़ारिज कर दिया और अपनी भक्ति के लिए अपने गृह त्याग दिये। उनमें से कुछ अपने गार्हस्थ्य में ही भक्ति आंदोलन में शामिल थीं।

महत्त्वपूर्ण महिला संत थीं :

मीराँबाई

मीराँबाई एक शासक राजपूत परिवार से थीं और उनका विवाह मेवाड़ के राणा सांगा के बेटे भोज राज से हुआ था। परंतु वह भगवान् कृष्ण को अपना पति मानती थी। उनकी कविताएँ कहती हैं - कृष्ण एक योगी और प्रेमी हैं, और उनकी योगिनी होने के नाते, वह आध्यात्मिक वैवाहिक आनंद में उनकी जगह लेने के लिए तैयार हैं। उनकी सबसे लोकप्रिय रचनाओं में से एक '*पायोजी मैंने राम रतन धन पायो*' है, जिसका अर्थ है 'मुझे भगवान् के नाम के आशीर्वाद की समृद्धि दी गयी है'। ऐसा माना जाता है कि गुरु रैदास मीराँबाई के गुरु थे।

अक्का महादेवी

वे 12वीं सदी की भक्ति संत थीं, जो दक्षिण कर्नाटक की निवासी थीं। अपने समय के महान् दार्शनिक बसवन्ना, प्रभु देवा, मदिवलय्या और चेन्नाबसवन्ना द्वारा उन्हें 'अक्का' कहा जाता था, जिसका अर्थ है बड़ी बहन। वे भगवान् शिव की भक्त थीं।

जनाबाई

शूद्र जाति से आने के कारण, उन्होंने संत नामदेव के घर में काम किया, जो आदरणीय भक्ति संतों में से एक थे। उनकी कोई औपचारिक शिक्षा नहीं हुई थी। इसके बावजूद, उन्होंने 300 से अधिक कविताएँ लिखीं, जिनमें से अधिकांश उनके

जीवन से संबंधित थीं - जैसे घरेलू काम-काज या निम्न जाति की महिला होने के कारण उन पर लगनेवाले प्रतिबंधों के विषय में।

बहिना

वे 17वीं सदी की महाराष्ट्र की कवि-संत थीं। उन्होंने महिलाओं का कामकाजी जीवन, विशेषकर खेतों में चित्रित करनेवाले विभिन्न अभंग लिखे।

अंदल (अंडाल या आंडाल भी)

वे आलवारों में एकमात्र महिला थीं। उनकी कविताओं ने भगवान् विष्णु के प्रति उनके निस्वार्थ प्रेम को व्यक्त किया।

नोट : कीर्तन एक संस्कृत शब्द है, जिसमें किसी कहानी का पाठ, व्याख्यान, स्मरण और वर्णन किया जाता है।

भक्ति साहित्य और भारतीय संस्कृति में इसका योगदान

भक्ति साहित्य में भक्ति कविता, गीत और धर्मग्रंथ शामिल हैं। भक्ति आंदोलन में हिंदू धर्म, बौद्ध धर्म, जैन धर्म, सिख धर्म आदि धर्म शामिल थे।

भक्ति साहित्य का स्वरूप

- **भक्ति :** भक्ति साहित्य में अत्यधिक भक्ति है, जहाँ भक्त अपने प्रेम को व्यक्त करते हैं और स्वयं को भगवान् के सामने समर्पित कर देते हैं।
- **स्थानीय भाषाएँ :** भक्ति साहित्य मुख्य रूप से स्थानीय भाषाओं में रचा गया है, जो इसे समाज के सभी वर्गों के लिए सुलभ बनाता है।
- **अपरंपरागत दृष्टिकोण :** पहले की वैदिक परंपराओं के विपरीत, जो अनुष्ठानों और बलिदानों पर केंद्रित थी, भक्ति साहित्य में ईश्वर के साथ घनिष्ठ संबंध पर बल दिया गया।
- **धर्मनिरपेक्ष, ग़ैर-सांप्रदायिक और सहिष्णु :** भक्ति साहित्य किसी की जाति, सामाजिक स्थिति या लिंग पर जोर नहीं देता है। इसने पूजा के विभिन्न मार्गों को स्वीकार किया और धार्मिक सद्भाव को बढ़ावा दिया।

भारतीय संस्कृति में भक्ति साहित्य का योगदान

- **बेहतर नैतिक मूल्य :** भक्ति साहित्य ने करुणा, अहिंसा और धार्मिक जीवन को प्रोत्साहित किया।
- **भाषाओं का संरक्षण :** भक्ति साहित्य ने स्थानीय भाषाओं के विकास में योगदान दिया और इस प्रकार भाषाई विविधता को संरक्षित किया।
- **सांस्कृतिक संवर्धन में सहायता :** इसने संगीत (कीर्तन, क़व्वाली), नृत्य (सत्रीय) और भक्ति विषयों की पेंटिंग जैसी कलाओं को प्रभावित किया।
- **एकता और समावेशिता में सहायता :** भक्ति साहित्य ने जाति, पंथ और सामाजिक स्थिति की बाधाओं को तोड़ने में महत्त्वपूर्ण भूमिका निभायी।

भक्ति आंदोलन का प्रभाव

- भक्ति आंदोलन से महिलाओं और समाज के निचले वर्गों के सदस्यों की स्थिति में सुधार हुआ है।
- भक्ति आंदोलन के विभिन्न प्रचारकों ने अपनी बात कहने और लिखने के लिए क्षेत्रीय भाषाओं का उपयोग किया। इससे हिंदी, मराठी, बंगाली, कन्नड़ आदि जैसी क्षेत्रीय भाषाओं के विकास को प्रोत्साहन मिला।
- इसके साथी ही मनुष्यों के प्रति परोपकारी जीवन और सेवाभाव के एक नये दर्शन का विकास हुआ।
- भक्ति परंपरा और सूफ़ीवाद का संश्लेषण होने से हिंदू और मुस्लिम समुदायों के बीच एकता को बढ़ावा मिला।

सूफ़ी आंदोलन

मूल/उद्‌भव

सूफ़ी मत इस्लाम की रहस्यवादी शाखा है, जिसे **तसव्वुफ़** के नाम से जाना जाता है। यह आत्म बोध या आत्म साक्षात्कार, सहिष्णुता, नेकी और सभी के लिए सार्वभौमिक प्रेम पर ज़ोर देता है। इस शब्द का मूल अरबी में ऊन के लिए **सूफ़ी** शब्द से है, जो संन्यासियों एवं यहाँ तक कि पैगंबरों द्वारा पहने जानेवाले परिधानों को इंगित करता है। 'सूफ़ीवाद' शब्द कभी-कभी मूल शब्द **सफ़ा** से भी जुड़ा होता है, जिसका अरबी में अर्थ पवित्रता होता है। भारत में सूफ़ी आंदोलन 1300 ई. के आसपास शुरू हुआ और 15वीं शताब्दी में यह दक्षिण भारत में आया।

विशेषताएँ

- सूफ़ियों द्वारा कठोर आत्म-विश्लेषण एवं विचार मंथन के माध्यम से अपने भौतिकवादी जीवन की आत्म शुद्धि करने का प्रयास किया गया, ताकि लेशमात्र स्वार्थपरता की भावना भी शेष न रहे और इख़्लास (अर्थात् सच्चा और निष्कपट प्रेम, प्रवृत्ति, विचार और कृत्य की आत्यंतिक शुद्धता) प्राप्त हो सके।
- फ़क़ीरों को अनुभव हुआ कि बोध प्राप्त करने के लिए बाह्य विज्ञानों के ज्ञान से परे, अंतर्ज्ञान की आवश्यकता है, क्योंकि उस प्रदीप्ति तक तर्कबुद्धि की पहुँच नहीं होती है।
- सूफ़ी मत पीर-मुर्शीद (अर्थात् गुरु-शिष्य) परंपरा का सख़्त पालन करता है।
- सूफ़ी मत का अंतिम लक्ष्य **अल्लाह के साथ मिलन** है।
- सूफ़ी मत के अनुसार, अल्लाह से प्रेम का अर्थ **मानवता से प्रेम** करना है, वे मानवता की सेवा को अल्लाह की सेवा के समतुल्य समझते थे।
- सूफ़ी मत ने अपने अनुयायियों के बीच **सहिष्णुता** की भावना विकसित की।
- सूफ़ी मत की महत्त्वपूर्ण विशेषताएँ हैं :
  - **फ़ना** : अल्लाह के साथ अल्लाह के बंदे का आध्यात्मिक विलय।
  - **इन्सान-ए-कामिल** : सर्वगुण संपन्न पूर्ण मनुष्य।
  - **ज़िक्र-तौबा** : भगवान् का हर समय स्मरण (ज़िक्र)।
  - **वहादत-उल-वजूद** : संपूर्ण ब्रह्माण्ड का एकमात्र अल्लाह; अल्लाह और जीव की एकता।

- **समा :** अपनी अवधारणाओं को बढ़ावा देने के लिए आध्यात्मिक नृत्य और संगीत, हालाँकि संगीत ग़ैर-इस्लामी है।

- उन्होंने **विस्तृत रीति-रिवाजों को ख़ारिज कर दिया,** लेकिन भक्ति संतों की तरह सख़्त तपस्वी जीवन का प्रचार नहीं किया।
- उनका धार्मिक दृष्टिकोण केवल इस्लाम से ही नहीं, बल्कि बौद्ध, ईसाई, पारसी और हिन्दू धर्म आदि से भी उधार लिया गया था। भारत में अधिकतर सूफ़ियों ने एकेश्वदरवाद के संदर्भ में अल्लाह के साथ सम्मिलन की परिकल्पना की और उपदेश दिया तथा कई हिंदुओं ने सूफ़ी विचारों को वेदान्त दर्शन के समान पाया।
- वे सभी मनुष्यों की समानता और मनुष्य के **सार्वभौमिक भाईचारे** में विश्वास करते थे।
- प्रारम्भिक सूफ़ी न केवल तपस्वी थे, बल्कि सभी प्रकार के सांसारिक सुखों का परित्याग कर स्वैच्छिक निर्धनता का जीवन भी जीते थे।
- अधिकतर सूफ़ी अल्लाह के साथ अपने अनुभव का वर्णन करते हुए प्रेम और अंतरंग/आंतरिक अनुराग (प्रेम)की शब्दावली का प्रयोग करते हैं। अल्लाह या अपने सूफ़ी गुरुओं के प्रेमी के रूप में प्रसिद्ध होना उनके लिए सम्मान की बात होती थी।

सूफ़ी संत, फ़क़ीर (ग़रीब आदमी) या दरवेश (भिक्षा के लिए दरवाज़े पर खड़ा) होते थे। कुछ इतिहासकारों के अनुसार, सूफ़ी मत के इतिहास में तीन चरण हैं :

चरण	अवधि	स्वरूप
पहला चरण: ख़ानक़ाह	10वीं सदी	इसे सुनहरे रहस्यवाद का युग भी कहा जाता है।
दूसरा चरण: तरीक़ा	11-14वीं सदी	जब सूफ़ीवाद संस्थागत हो रहा था और परंपराएँ और प्रतीक इससे जुड़ने लगे थे।
तीसरा चरण: तरीफ़ा	15वीं सदी के बाद से	वह चरण, जब सूफ़ीवाद लोकप्रिय आंदोलन बन गया।

वह भूमि, जो युद्ध का वास थी, सूफ़ी के आध्यात्मिक अधिकार के आने के बाद शांति की भूमि **(दार-ए-इस्लाम)** बन गयी।

सूफ़ीवाद की मूल विशेषताओं में **'पवित्रता'** की 'अवधारणा' सम्मिलित थी। सूफ़ीवाद हृदय की शुद्धि (तस्फ़ियत-उल-क़ुलूब) की प्रक्रिया बन गया। इसका आशय **ध्यान अभ्यास** पर आधारित कठोर नैतिक अनुशासन होता था। सूफ़ी दर्शन के मूलभूत बिंदु है, आंतरिक सत्यता की प्रधानता और यह विश्वास करना कि अल्लाह, आदि, अंत, आंतरिक व बाह्य है।

अल्लाह के साथ अपने अनुभव का वर्णन करते हुए अधिकांश सूफ़ी प्रेम और आत्मीय स्नेह की शब्दावली का प्रयोग करते हैं। अल्लाह या अपने सूफ़ी स्वामी के प्रेमी के रूप में जाने जाना, सूफ़ी के लिए सम्मान का तमगा होता था। उन्हें 'अहल-ए-दिल' या 'हृदय का स्वामी' भी कहा जाता था।

सूफ़ी ख़ानक़ाह भी पदानुक्रम के बिना नहीं थी। जहाँ सूफ़ी संतों ने विलय, अर्थात् संतत्व का इस्लामी सिद्धांत प्राप्त कर लिया था, जिसने उसे अल्लाह के निकट पहुँचाया था और अल्लाह की कृपा से संरक्षित बनाया, वहीं पीर शेख़, जैसे शिक्षक और मार्गदर्शक का मुख्य कार्य छात्रों यानी **मुरीदों** में शिक्षाओं का संचार करना था। मुख्य शिष्य को गुरु के उत्तराधिकारी (ख़लीफ़ा) या प्रतिनिधि (मुक़द्दम) के रूप में कार्य करने के लिए चुना जाता था। सूफ़ी संतों में अदृश्य आध्यात्मिक व क्षेत्रीय क्षमता होती थी। वे लोग जो सामान्य वर्ग और जाति के थे, उनका स्थान बाह्य स्तर पर था और वे *मुरीद* नहीं थे।

प्रमुख सूफ़ी नियम और व्यवहार

नम	विवरण
ज़िक्र	यह इस्लामी भक्तिपूर्ण कार्य है। इसमें वाक्यांशों या प्रार्थनाओं को दोहराया जाता है। ज़िक्र का पाठ करनेवाले को ज़ाकिर कहा जाता है। प्रार्थना की विषयवस्तु में अल्लाह का नाम, या हदीस या क़ुरान से ली गयी दुआ शामिल होती है।
नशीद	यह कंठ संगीत की कृति है, जिसे इस्लाम में वाद्ययंत्रों के बिना या साथ गाया जाता है।
ज़ियारत	यह पैग़ंबर मुहम्मद, उनके परिवार के सदस्यों और वंशजों, उनके साथियों और इस्लाम में अन्य सम्मानित हस्तियों से जुड़े स्थलों की तीर्थयात्रा का एक रूप है।
मुराक़बा	यह सूफ़ी ध्यान पद्धति है। इसका अभ्यास करने से सिद्धि के सभी चरण प्राप्त हो सकते हैं। यह आध्यात्मिक मार्गदर्शन पोषित करने के उद्देश्य से स्वयं को कुछ समय के लिए सांसारिक गतिविधियों से अलग करना होता है।
हद्र	यह सूफ़ी सिलसिलों द्वारा किया जानेवाला आवश्यकता से अधिक सामूहिक अनुष्ठान है।
उर्स	किसी सूफ़ी संत की पुण्यतिथि।
मालफ़ुज़ात	सूफ़ी संतों के उपदेशों का संग्रह।
निस्बत	ईश्वर और मनुष्य के बीच विकसित होनेवाली आध्यात्मिक आत्मीयता।

भारत में विभिन्न सूफ़ी सिलसिले

सूफ़ी मत कई 'सिलसिलों' में संगठित हुआ। **आइन-ए-अकबरी** कई दर्जन सिलसिलों का उल्लेख करता है। इन्हें 'बे-शारा' (शरीयत क़ानून के ख़िलाफ़) एवं 'बा-शारा' (शरीयत क़ानून के पक्ष में) में विभाजित किया गया था।

'बा-शारा' सूफ़ियों द्वारा इस्लाम के क़ानून (यानी शरिया) का पालन किया जाता था और एक संत द्वारा स्थापित सिलसिले (ऑर्डर) को उनके शिष्यों द्वारा जारी रखा जाता था। प्रमुख सिलसिले थे- **चिश्ती, सुहरावर्दी, फ़िरदौसी, क़ादरी, नक़्शबन्दी** आदि।

बे-शारा, शरिया में विश्वास नहीं करते थे। उन्हें मस्त कलंदर/मलंग/हैदरी कहा जाने लगा। इन यायावार (घुमंतू) संतों को सामान्य रूप से **'बाबा'** कहा जाता था। उनके लिखित विवरण शायद ही मिलते हैं। सामान्य रूप से, उन्होंने तपस्वी जीवन के अति कठोर रूपों का पालन किया और रस्मों की अवहेलना या उपेक्षा की।

चिश्ती सिलसिला

चिश्ती सिलसिला की स्थापना भारत में ख़्वाजा मुइनुद्दीन चिश्ती (1143-1236 ईसवी) द्वारा की गयी थी। यह 930 ईसवी में अफ़ग़ानिस्तान में हेरात के निकट एक छोटे से शहर चिश्त में आरम्भ हुआ। चिश्ती का नाम अफ़ग़ानिस्तान के चिश्त शहर से लिया गया है। **ख़्वाजा मुइनुद्दीन चिश्ती** द्वारा समाज के निर्धनतम वर्गों हेतु कार्य करने के लिए **अजमेर** में ख़ानक़ाह की स्थापना की गयी। उनके निधन के बाद, अजमेर में प्रतिवर्ष वार्षिक समागम (उर्स) का आयोजन किया जाता है। सूफ़ी सिलसिलों में यह सबसे अधिक व्यापक है। शाहजहाँ और मुमताज़ महल की बेटी, मुग़ल राजकुमारी जहाँआरा बेगम ने **'मुनिस अल अरवाह'** (आत्माओं का विश्वासपात्र) लिखा, जो शेख़ मुइनुद्दीन चिश्ती की जीवनी है।

इस सिलसिले की विचारधारा **दीन एकेश्वरवादी** यानी **वहादत-उल-वुजूद** की अवधारणा पर आधारित थी, जो वेदान्त दर्शन से बहुत मिलती-जुलती है।

इस सिलसिले के अन्य प्रसिद्ध सूफ़ी संतों में से कुछ इस प्रकार हैं :

- **क़ुतुबुद्दीन बख़्तियार काकी :** वे ख़्वाजा मुइनुद्दीन चिश्ती के शिष्य थे। वे राजनीति, धर्म से इतनी गहराई से जुड़े हुए थे कि क़ुतुब-उद्-दीन ऐबक ने उनकी स्मृति में क़ुतुब मीनार का निर्माण आरम्भ किया था।
- **शेख़ सलीम चिश्ती :** वे मुग़ल काल के प्रसिद्ध सूफ़ी फ़क़ीरों में से एक थे, जिन्होंने मुग़ल साम्राज्य में 'चिश्ती सिलसिला' की अवधारणा पेश की थी। वे मुग़ल सम्राट् अकबर के पसंदीदा व्यक्तियों में से एक थे। अकबर ने चिश्ती के सम्मान में अपने पहले बेटे का नाम 'सलीम' (बाद में सम्राट् जहाँगीर) रखा। उत्तर प्रदेश के फ़तेहपुर सीकरी में जामा मस्जिद के चतुर्भुज के भीतर स्थित शेख़ सलीम चिश्ती का मक़बरा भारत में मुग़ल वास्तुकला के बेहतरीन उदाहरणों में से एक माना जाता है।
- **फ़रीदुद्दीन गंजशकर :** उन्हें लोकप्रिय रूप से **बाबा फ़रीद** के नाम से जाना जाता है और उन्होंने मुख्य रूप से **पंजाब क्षेत्र** में सूफ़ी मत का प्रचार किया। वह कहा करते थे कि भूख, समस्या का मूल कारण है।
- **शेख़ निज़ाम्मुद्दीन औलिया :** इन्हें महबूब-ए-इलाही के रूप में जाना जाता है। उन्होंने दुनियादारी को त्याग कर मानवता की सेवा के माध्यम से अल्लाह के निकट जाने में विश्वास किया। **अमीर ख़ुसरो** उनके सर्वाधिक प्रसिद्ध शिष्य थे।
- **शेख़ नसीरुद्दीन महमूद :** उन्हें **'चिराग़-ए-दिल्ली'** या दिल्ली के दीपक की उपाधि दी गयी थी।
- **नागौर के शेख़ हमीदुद्दीन :** उन्हें **सुल्तान-ए-तरकीन** की उपाधि दी गयी थी और उन्होंने कई फ़ारसी पुस्तकों का हिन्दी में अनुवाद किया था।
- **शेख़ बुरहानुद्दीन ग़रीब :** वे दक्षिण भारत में चिश्ती समुदाय के संस्थापक थे।

चिश्ती साहित्य

प्रारंभिक चिश्ती शिक्षाएँ दो महत्त्वपूर्ण सूफ़ी ग्रंथों में संकलित हैं। वे हैं - **शेख़ शिहब अल-दीन सुहरावर्द की अवारिफ़ अल-माश्आरिफ़** और **अली हुजविरी की कशफ़ अल-महजुब**। इन रचनाओं का आज भी अनुसरण किया जाता है।

सुहरावर्दी सिलसिला

इस सिलसिला की स्थापना **शेख़ शाहबुद्दीन सुहरावर्दी** द्वारा बग़दाद में की गयी थी। लेकिन इसकी भारत में स्थापना **शेख़ बहाउद्दीन ज़कारिया** (1182 ईसवी - 1262 ईसवी) द्वारा की गयी थी जिन्हें इल्तुतमिश द्वारा **'शेख़-उल-इस्लाम'** की उपाधि दी गयी थी। उन्होंने **मुल्तान** में अपनी पहली ख़ानक़ाह खोली।

उनका विश्वास था कि सूफ़ी को **सम्पत्ति, ज्ञान** और **हल** (आध्यात्मिक बोध) प्राप्त करना चाहिए। उन्होंने धार्मिक प्रथाओं का अनुपालन किया और आध्यात्मवाद और इल्म (विद्वत्ता) के योग का समर्थन किया। सिलसिला में दीक्षा प्राप्त करने से पूर्व झुकने, जैसी चिश्ती प्रथा को सुहरावर्दियों द्वारा ख़ारिज कर दिया गया था। वे पंजाब, सिन्ध, कश्मीर और बंगाल के भागों में लोकप्रिय हो गये। बाद में यह बिहार और बंगाल में फ़िरदौसी सिलसिला के रूप में जाना गया। शेख़ रूकनुद्दीन (1251-1335 ईसवी) के अधीन सुहरावर्दी सिलसिला अपने शिखर पर पहुँचा। अन्य उल्लेखनीय सुहरावर्दी संत सैयद नुरूद्दीन मुबारक हैं।

क़ादरी सिलसिला

शाह नेमतुल्लाह ने इस सिलसिले को भारत में आरम्भ किया। यह पंजाब (विशेष रूप से सिन्ध) में लोकप्रिय हो गया। इस प्रणाली के पीरों ने **वहादत-अल-वुजुद** की अवधारणा का समर्थन किया। मियाँ मीर इस सिलसिले के प्रसिद्ध पीरों में से एक थे और उन्होंने **दारा शिकोह** *(शाहजहाँ का ज्येष्ठ पुत्र)* को इसमें सम्मिलित किया। दारा के लेखन में उनका प्रभाव देखा जा सकता है। उर्दू शायर **हसरत मोहानी** और **मोहम्मद इक़बाल** इस सिलसिले से जुड़े थे।

नक़्शबंदी सिलसिला

नक़्शबंदी सिलसिला भारत में **ख़्वाजा बहाउद्दीन नक़्शबंदी** द्वारा स्थापित किया गया था। इस सिलसिले के सबसे लोकप्रिय संत **अहमद सरहिंदी** थे। उन्होंने स्वयं को 'मुजद्दिद' या नयी सहस्राब्दी के सुधारवादी की उपाधि दी। **अकबर** के शासनकाल के दौरान यह लोकप्रिय हुआ। इसकी प्रकृति कट्टरपंथी थी और **औरंगज़ेब इसके अनुयायियों** में से एक था।

सत्तारी सिलसिला

इसकी स्थापना **शेख़ सिराजुद्दीन अब्दुल्ला सत्तारी** द्वारा की गयी थी और यह *मालवा, जौनपुर और बंगाल* में लोकप्रिय हुआ। अकबर के दरबार के लोकविख्यात संगीतकार **तानसेन** इस सिलसिले के अनुयायी थे।

कुबराविया सिलसिला

यह नजमुद्दीन कुबरा द्वारा आधुनिक तुर्कमेनिस्तान में स्थापित किया गया था। यह इन्हीं क्षेत्रों तक सीमित रहा और इसमें कोई अधिक विस्तार नहीं हुआ। इसे **फ़िरदौसी सिलसिला** के नाम से भी जाना जाता है तथा यह पूर्वोत्तर भारत, बांग्लादेश तथा मॉरीशस में प्रसिद्ध है।

सूफ़ी संतों का महत्त्व

- अधिकांश सूफ़ी संतों को भूमि, अनुदान या इनाम के रूप में दी जाती थी, जिसे वे शेख़ के वंशजों को **हस्तांतरित कर सकते** थे। इन कार्यों ने शेख़ पंथ को संस्थागत बनाया और सामाजिक सीढ़ी पर ऊपर चढ़ने में उनके वंशजों के लिए आर्थिक आधार प्रदान किया।
- सूफ़ियों ने विश्व पर अपनी **आध्यात्मिक सत्ता** बढ़ायी और अपनी **राजनीतिक संप्रभुता**, जैसे प्रशासन, युद्ध, कराधान आदि सांसारिक व्यवसायों का प्रभार देते हुए सौंप दी।
- उन्होंने लोगों के बीच **धार्मिक भ्रातृत्व** और **समानता** को बढ़ावा दिया एवं अपने विचारों और व्यवहारों को क्षेत्रीय भाषा या स्थानीय भाषा में लिखा, ताकि अधिक-से-अधिक लोग उनके गीतों और संदेशों को सुन या पढ़ सकें।
- हालाँकि सूफ़ी धार्मिक स्थलों का ग्रामीण जनता से लेकर सुल्तानों तक पर महत्त्वपूर्ण आर्थिक, सामाजिक एवं राजनीतिक प्रभाव था, लेकिन ये मुख्य रूप से **धार्मिक संस्था** थे।
- इसलिए, हम कह सकते हैं कि भले ही क़ानूनी तौर पर उनके पास समर्थन प्राप्त करने के लिए शरीयत की शक्ति **नहीं** रही होगी, लेकिन प्रथाओं और जनता को प्रभावित करने में सूफ़ियों ने उलेमा या पुजारियों से **अधिक हृदय और निष्ठा जीती।**

सूफ़ीवाद का प्रभाव

- सूफ़ीवाद का सबसे महत्त्वपूर्ण योगदान यह है कि इसने हिंदू और मुस्लिम समुदायों के बीच की खाई को पाटने और इन दोनों समुदायों को एक दूसरे के क़रीब लाने में सहायता की।
- सूफ़ीवाद ने ग्रामीण और शहरी, दोनों क्षेत्रों में जड़ें जमायीं और जनता पर गहरा सामाजिक, राजनीतिक और सांस्कृतिक प्रभाव डाला। सूफ़ीवाद ने शांति और सद्भाव पैदा करने का प्रयास किया।

अध्याय का सारांश

- **भक्ति आंदोलन** – छठी से 10वीं शताब्दी ईसवी के दौरान – दक्षिण भारत में आरंभ हुआ – सगुण संप्रदाय और निर्गुण संप्रदाय – में वर्गीकृत किया जाता है।
- **सगुण संप्रदाय** – निश्चित रूप, गुण और सकारात्मक विशेषताओंवाले ईश्वर का अवतार – मूर्तियों और चित्रों की पूजा – वेदों के आध्यात्मिक प्राधिकार की स्वीकृति – रामानुज, रामानंद, चैतन्य महाप्रभु आदि।
- **निर्गुण संप्रदाय** – ज्ञान प्राप्त करना – मूर्ति पूजा के प्रत्येक रूप की निंदा की – ईश्वर को बिना किसी गुण और विशेषता के निराकार माना – कबीर, गुरु नानक, दादू दयाल आदि।
- **दक्षिण भारत में, सगुण संप्रदाय** – आलवारों और नयनारों में वर्गीकृत किया गया – आलवार कवि-संत और भगवान् विष्णु के भक्त थे – नयनार कवि-संत और भगवान् शिव के भक्त थे।
- **भक्ति आंदोलन में महिलाएँ** – मीराँबाई, अक्का महादेवी और बहिना जैसी महिला संतों ने भक्ति आंदोलन में महत्त्वपूर्ण भूमिका निभायी – उन्होंने पारंपरिक सामाजिक मानदंडों को अस्वीकार कर दिया – उनमें से कुछ अपने घरों में भक्ति आंदोलन में शामिल थीं।
- **वीरशैव** – लिंगायत – कर्नाटक में 12वीं शताब्दी ईसवी में उदय हुआ – बसवन्ना द्वारा स्थापित शैव संप्रदाय – जाति व्यवस्था को चुनौती दी – विधवाओं के पुनर्विवाह को प्रोत्साहित किया।
- **भक्ति साहित्य और भारतीय संस्कृति में इसके योगदान** – नैतिक मूल्यों में सुधार पर बल दिया गया, स्थानीय भाषा – सांस्कृतिक संवर्धन में मदद मिली – एकता कायम करने में सहायता मिली।
- **सूफ़ीवाद** – इस्लाम की रहस्यवादी शाखा – तसव्वुफ़ के रूप में भी जाना जाता है – सिलसिलाओं में संगठित थे – आत्मानुभूति, सहिष्णुता, धार्मिकता और सार्वभौमिक प्रेम पर ज़ोर देता था – अंतिम लक्ष्य ईश्वर से मिलन था।
- **चिश्ती सिलसिला** – ख़्वाजा मोइनुद्दीन चिश्ती द्वारा स्थापित – अजमेर में अपनी ख़ानक़ाह की स्थापना की – दार्शनिक आधार एकेश्वरवाद यानी वहदत-उल-वुजूद है – अमीर खुसरो सूफ़ी संत शेख़ निज़ामुद्दीन औलिया के शिष्य थे।
- **सुहरावर्दी सिलसिला** – शेख़ शिहाबुद्दीन सुहरावर्दी द्वारा स्थापित – इल्तुतमिश के शासनकाल के दौरान शेख़ बहाउद्दीन ज़कारिया द्वारा भारत में स्थापित – यह मानता है कि सूफ़ी में तीन गुण होने चाहिए – संपत्ति, ज्ञान और हाल।
- **क़ादरी सिलसिला** – शाह नेमतुल्लाह द्वारा शुरू किया गया – वहादत अल-वुजूद की अवधारणा का समर्थन किया – मियाँ मीर इस सिलसिले के प्रसिद्ध पीर थे, जिन्होंने दारा शिकोह को शिष्य बनाया था।
- **नक़्शबंदी सिलसिला** – भारत में ख़्वाजा बहाउद्दीन नक़्शबंदी द्वारा स्थापित – अकबर के शासनकाल के दौरान लोकप्रिय हुआ – औरंगज़ेब इसके अनुयायियों में से एक था।

यू.पी.एस.सी. पिछले वर्षों के बहुविकल्पीय प्रश्न

1. भक्ति के विभिन्न रूपों को दर्शानेवाले निम्नलिखित युग्मों में से कौन-सा युग्म सही सुमेलित नहीं है? **(CDS I, 2023)**
   (a) सगुण : ईश्वर के साकार रूप में आस्था
   (b) निर्गुण : ईश्वर के निराकार रूप में आस्था
   (c) आलवार : शक्ति की उपासना में आस्था
   (d) नयनार : शिव की उपासना में आस्था

2. निम्नलिखित भक्ति संतों में से कौन निर्गुण भक्ति शाखा से संबद्ध नहीं है? **(CAPF, 2021)**
   (a) कबीर (b) नानक
   (c) दादू (d) चैतन्य

3. निम्नलिखित में से किसे मीराँबाई का गुरु माना जाता था? **(NDA I, 2021)**

(a) दादू (b) रैदास
(c) रामानन्द (d) सूरदास

4. *ज़ियारत* शब्द का निम्नलिखित में से सही अर्थ क्या है? **(NDA I, 2021)**

(a) सूफ़ी संतों की मज़ारों की यात्रा
(b) राजस्व कृषि (रेवेन्यू फ़ार्मिंग) प्रथा
(c) किसी सूफ़ी शेख़ की बरसी
(d) एक प्रकार का इस्लामी तलाक़

5. *सगुण* भक्ति परंपराओं के संबंध में निम्नलिखित में से कौन-सा/कौन-से कथन सही है/हैं? **(NDA I, 2021)**

1. *सगुण* भक्ति परंपराएँ विशिष्ट देवताओं, जैसे, विष्णु या उनके अवतारों की आराधना पर केंद्रित हैं।
2. *सगुण* भक्ति परंपराओं में, देवी एवं देवताओं की अवधारणा मानवाकृतीय (मानवरूपी) रूपों में की जाती है।

नीचे दिये गये कूट का प्रयोग कर सही उत्तर चुनिए :

(a) केवल 1 (b) केवल 2
(c) 1 और 2 दोनों (d) न तो 1 और 2

6. चिश्त नगर कहाँ स्थित है, जिससे सूफ़ी चिश्ती सिलसिला का नाम पड़ा? **(CDS II, 2021)**

(a) पश्चिमी तुर्की (b) मध्य अफ़ग़ानिस्तान
(c) पूर्वी ईरान (d) पूर्वी ईराक

7. जहाँआरा द्वारा लिखित शेख़ मुइनुद्दीन चिश्ती की जीवनी किस नाम से जानी जाती है। **(CDS II, 2021)**

(a) मुनिस अल अरवाह
(b) फवाएद उल फवाद
(c) सीरत उल औलिया
(d) मुरक्का-ए देहली

8. निम्नलिखित कथनों पर विचार कीजिए :

1. संत निम्बार्क अकबर के समकालीन थे।
2. संत कबीर शेख़ अहमद सरहिंदी से बहुत प्रभावित थे।

ऊपर दिये गये कथनों में से कौन-सा/से सही है/हैं? **(CSE, 2019)**

(a) केवल 1 (b) केवल 2
(c) 1 और 2 दोनों (d) न तो 1 और 2

9. कवि संत कबीर के छंदों को निम्नलिखित में से किस परंपरा में संकलित किया गया है?

1. वाराणसी में बीजक
2. राजस्थान में कबीर ग्रंथावली
3. आदि ग्रंथ साहिब

नीचे दिये गये कोड का प्रयोग कर सही उत्तर का चयन कीजिए। **(CDS I, 2018)**

(a) केवल 1 और 2 (b) 1, 2 और 3
(c) केवल 2 और 3 (d) केवल 3

10. 12वीं शताब्दी के आसपास, सूफ़ी सिलसिले इस्लामी जगत् के विभिन्न हिस्सों में निश्चित रूप धारण करने लगे, यह द्योतक है :

1. पीर और मुरीद के बीच निरंतर संबंध।
2. पैग़ंबर मुहम्मद से अटूट आध्यात्मिक वंशावली।
3. आध्यात्मिक शक्ति का संचरण और भक्तों को आशीर्वाद।

नीचे दिये गये कोड का प्रयोग कर सही उत्तर का चयन कीजिए : **(CDS I, 2018)**

(a) केवल 1 और 2 (b) केवल 2
(c) केवल 1 और 3 (d) 1, 2 और 3

11. शंकर के विषय में निम्नलिखित में से कौन-सा/से कथन सत्य है/हैं?

1. शंकर ने वेदांत के एक रूप अद्वैत का प्रतिपादन किया।
2. उन्होंने गौड़पाद के दर्शन का विस्तार किया।
3. शंकर ने यह दर्शाने का प्रयास किया कि उपनिषदों और ब्रह्मसूत्रों में एकीकृत, व्यवस्थित दर्शन है।
4. शंकर ने अमनय मठों की स्थापना की।

नीचे दिये गये कोड का प्रयोग कर उत्तर का चयन कीजिए। **(CDS I, 2016)**

(a) केवल 1 और 2 (b) 1, 2 और 3
(c) 3 और 4 (d) केवल 4

12. निम्नलिखित कथनों पर विचार कीजिए : **(CSE, 2014)**

(i) 'बीजक-संत दादू दयाल के उपदेशों का संग्रह है।
(ii) पुष्टि मार्ग का दर्शन मध्वाचार्य द्वारा दिया गया था।

उपर्युक्त कथनों में से कौन-सा/से सही है/हैं?

(a) केवल (i)
(b) केवल (ii)

(c) (i) और (ii) दोनों
(d) न तो (i), न ही (ii)

13. सूफ़ियों की भाषा में ज़ियारत क्या थी? **(CDS I, 2013)**
(a) बरकत (आध्यात्मिक कृपा) माँगने के लिए सूफ़ी संतों की क़ब्रों की तीर्थयात्रा
(b) दिव्य नाम का जाप
(c) फ़ुतुह पर चलनेवाली मुफ्त रसोई की पेशकश (दान के लिए बिना माँगे)
(d) औक़ाफ़ (धर्मार्थ ट्रस्ट) की स्थापना

14. दक्षिण भारत में भक्ति परंपरा के बारे में निम्नलिखित में से कौन-सा/से कथन सही नहीं है/हैं? **(CDS II, 2013)**
1. भारत में सबसे पहले भक्ति आंदोलन का नेतृत्व आलवार और नयनार संतों ने किया था।
2. नलरीय दिव्यप्रबंधम, जिसे अक्सर तमिल वेद के रूप में वर्णित किया जाता है, आलवारों की रचनाओं का संकलन है।
3. कराईकल अम्मियार, महिला आलवार संतों ने पितृसत्तात्मक मानदंडों का समर्थन किया।

नीचे दिये गये कोड का प्रयोग कर सही उत्तर का चयन कीजिए :
(a) 1, 2 और 3 (b) 1 और 2 केवल
(c) केवल 3 (d) केवल 2

15. सूफ़ीवाद के बारे में निम्नलिखित कथनों पर विचार कीजिए :
1. सूफ़ी धर्मशास्त्रियों द्वारा अपनायी गयी क़ुरान और सुन्ना (पैगंबर की परंपराओं) की व्याख्या करने की हठधर्मी परिभाषाओं और शैक्षिक तरीक़ों के आलोचक थे।
2. सूफ़ियों ने अपने व्यक्तिगत धर्मशास्त्रियों के आधार पर क़ुरान की व्याख्या की माँग की।

ऊपर दिये गये कथनों में से कौन-सा/से सही है/हैं? **(CDS I, 2012)**
(a) केवल 1 (b) केवल 2
(c) दोनों 1 और 2 (d) न तो 1 और न ही 2

16. अपने संदेश के प्रचार-प्रसार हेतु हिंदी का प्रयोग करनेवाले निम्नलिखित में से प्रथम भक्ति मार्गी संत कौन थे? **(CSE, 20019)**
(a) दादू (b) कबीर
(c) रामानंद (d) तुलसीदास

उत्तर

1. (c)	2. (d)	3. (b)	4. (a)	5. (c)	6. (b)	7. (a)	8. (d)
9. (b)	10. (d)	11. (b)	12. (d)	13. (a)	14. (c)	15. (c)	16. (c)

यू.पी.एस.सी. पिछले वर्षों के प्रश्न - मुख्य परीक्षा

1. भक्ति साहित्य की प्रकृति का मूल्यांकन करते हुए भारतीय संस्कृति में इसके योगदान का निर्धारण कीजिए। (150 शब्दों में उत्तर दीजिए) **(CSE, 2021)**

2. श्री चैतन्य महाप्रभु के आगमन से भक्ति आंदोलन को एक असाधारण नयी दिशा मिली थी। चर्चा करें। **(CSE, 2018)**

3. सूफ़ी और मध्ययुगीन रहस्यवादी संत हिंदू/मुस्लिम समुदाय धार्मिक विचारों और प्रथाओं या बाहरी सरंचना को किसी भी विवेचनीय स्तर तक परिवर्तित करने में विफल रहे। टिप्पणी कीजिए। **(CSE, 2014)**

4. चिश्ती सिलसिला के बारे में बताइए। **(CSE, 2008)**

अध्याय 19

बौद्ध धर्म और जैन धर्म

बौद्ध धर्म

बुद्धं शरणं गच्छामि।
धम्मं शरणं गच्छामि।
संघं शरणं गच्छामि।

बौद्ध धर्म भारतीय उपमहाद्वीप से प्रारम्भ होनेवाले विश्व के प्रमुख धर्मों में से एक है, जो अब दक्षिण-पूर्व एशिया के बड़े भागों में विस्तृत हुआ है। बौद्ध धर्म की उत्पत्ति, **सिद्धार्थ** की कहानी से जुड़ी है, जिन्हें **बुद्ध** के नाम से जाना जाता है। बौद्ध धर्म में परम्पराओं, धारणाओं और प्रथाओं का श्रेय बुद्ध को दिया जाता है। ईसाई, इस्लाम और हिंदू धर्मों के पश्चात्, यह विश्व का **चौथा सबसे**

इस अध्याय से संबंधित ऑनलाइन वीडियो के लिए इस QR कोड को स्कैन करें।

बड़ा धर्म है। विश्व की लगभग **7 प्रतिशत जनसंख्या** ने बौद्ध धर्म को अपनाया है। **भारत की 0.7 प्रतिशत जनसंख्या**, या 8.4 लाख लोग, जिनमें से अधिकांश **महाराष्ट्र** में हैं, बौद्ध धर्म के अनुयायी हैं।

बौद्ध धर्म की उत्पत्ति के कारण *(जैसा कि माना जाता है)*

- ब्राह्मणों के वर्चस्व के ख़िलाफ़ क्षत्रियों की प्रतिक्रिया।
- बेहतर सामाजिक दर्जा और शांति व्यवस्था चाहनेवाले वैश्यों एवं अन्य व्यापारिक समूहों द्वारा बौद्ध धर्म और जैन धर्म का संरक्षण।
- सामान्य लोगों द्वारा बौद्ध और जैन धर्म के सरल, आत्मसंयमी, शांति केंद्रित सिद्धांतों की स्वीकृति।

बौद्ध धर्म के पाठ्य स्रोत

गौतम बुद्ध और बौद्ध धर्म के अन्य पहलुओं के बारे में हमारी समझ अधिकांशत: प्रारंभिक बौद्ध साहित्य पर आधारित है। प्रारंभिक बौद्ध साहित्य को सामान्य तौर पर **विहित (प्रामाणिक) और अविहित (अप्रामाणिक) ग्रंथों** में विभाजित किया गया है।

- **विहित ग्रंथ :** त्रिपिटक की तरह किसी-न-किसी रूप में गौतम बुद्ध से सीधे जुड़े हुए हैं। इन्हें मानक ग्रंथ भी कहा जाता है।
    - **जातकों** में बुद्ध के पिछले जन्मों का विवरण है। लोकसाहित्य के समान कुल मिलाकर 547 कविताएँ हैं। संस्कृत में इन्हें **जातकमाला** के नाम से जाना जाता है।
    - **निद्देसा** या **महानिद्देसा** – यह सुत्तनिपात के पहले और दूसरे अध्याय पर एक टिप्पणी है।
    - **बुद्धवंश** में गौतम से पहले आये प्रारंभिक 24 बुद्धों के जीवन और कार्यों की कहानी शामिल है।
    - **पतिसम्भिदामग्गा** – यह बुद्ध द्वारा सुझाये गये ज्ञान के साथ मुक्ति के मार्ग की एक व्यवस्थित और व्यावहारिक प्रस्तुति है।
    - **अपदानस** – यह जीवनी संबंधी कहानियों का एक संग्रह है, जो अर्हत के स्तर को प्राप्त करनेवाले युवा भिक्षुओं और भिक्षुणियों के कार्यों का वर्णन करता है।
- **अविहित ग्रंथ :** विहित ग्रंथों पर टिप्पणियाँ और टीकाएँ, जो बुद्ध के वचन नहीं हैं। ये मूल रूप से धर्म, धर्मपद, ऐतिहासिक जानकारी, उद्धरण, परिभाषा आदि पर बौद्ध ग्रंथ हैं। इनके उदाहरणों में *मिलिन्दपञ्ह, नेट्टीपकरण, विशुद्धिमग्ग, निदानकथा, दीपवंश, महावंश, महावस्तु* शामिल हैं। इन्हें अमानक ग्रंथ भी कहा जाता है।
    - **मिलिन्दपञ्ह** – इसे 'मिलिंद के प्रश्नों' के नाम से जाना जाता है। यह मिलिंद, ग्रेको-बैक्ट्रियन राजा मेनेंडर और भिक्षु नागसेन के बीच की वार्तालाप को प्रस्तुत करता है।
    - **महावंश** और **दीपवंश** दो प्रसिद्ध श्रीलंकाई बौद्ध ग्रंथ हैं, जो भारत और श्रीलंका के बीच घनिष्ठ संबंधों के बारे में जानकारी प्रदान करते हैं। महावंश भारतीय उपमहाद्वीप और श्रीलंका के शाही राजवंशों के विषय में वर्णन करता है, जबकि दीपवंश श्रीलंका में बुद्ध की शिक्षाओं और प्रचारकों के आगमन से संबंधित है।

(अध्याय 20 – भारतीय साहित्य में विस्तृत)

बुद्ध के संबंध में मूल बातें

बुद्ध

गौतम बुद्ध का जन्म **563 ईसा पूर्व लुम्बिनी** (वर्तमान में नेपाल में), में सिद्धार्थ गौतम के रूप में हुआ था। उनकी **माता रानी माया और पिता राजा शुद्धोदन** थे। पिता **शाक्य** गणराज्य के राजा और **क्षत्रिय जाति** के थे। उनका जन्म वैशाख पूर्णिमा के शुभ दिन को हुआ था। उनका **विवाह राजकुमारी यशोधरा** से हुआ था और उनके पुत्र का नाम **राहुल** था।

29 वर्ष की आयु में उन्होंने अपने **घोड़े कन्थक** पर सवार होकर अपने **सारथी चन्ना** के साथ सत्य की खोज के लिए अपना घर त्याग दिया था और छह वर्ष तक वे एक भिक्षु की तरह भटकते रहे। फिर वे बोध गया (बिहार) चले गये और वहाँ एक **पीपल के वृक्ष** के नीचे बैठ कर प्रत्येक वस्तु पर चिन्तन किया और स्वयं को सभी बन्धनों से मुक्त कर लिया। यहीं उन्हें सत्य, अर्थात् प्रसन्नता के रहस्य की अनुभूति हुई। **35 वर्ष की आयु में** उसी **पीपल के वृक्ष के नीचे उन्हें आत्मज्ञान (निर्वाण) की प्राप्ति हुई** और वे बुद्ध (प्रबुद्ध व्यक्ति) बन गये।

बोध गया में निर्वाण प्राप्त करने के पश्चात् उन्होंने **पहला प्रवचन** अपने पाँच साथियों को वाराणसी के निकट **सारनाथ के मृगदाव (मृग उद्यान)** में दिया। इस घटना को **धर्म-चक्र-प्रवर्तन** कहा गया।

संबंधित प्रतीक	बुद्ध के जीवन की घटनाओं से संबंधित
साँड़ **हाथी** **कमल** **पैर का निशान**	जन्म
घोड़ा **गंधकुटी** (बुद्ध के उपयोग के लिए एक कक्ष माना जाता है) **ख़ाली सिंहासन** **भिक्षापात्र**	महान् त्याग
वज्रासन **बोधि वृक्ष**	आत्मज्ञान (निर्वाण)
धर्मचक्र **शेर** **हिरन**	उपदेश (शिक्षाएँ)
स्तूप	मृत्यु (परिनिर्वाण)

बुद्ध के पहले पाँच शिष्य / साथी (सारनाथ में) थे-

1. कौडिन्य (कौण्डिण्य) 2. भद्दिया 3. वसपा (वप्पा) 4. महानाम (महानामा) 5. अश्वजीत (अस्सागी)

बौद्ध धर्म के अंतर्गत अपनाये गये **तीन रत्न (त्रिरत्न)** इस प्रकार हैं :

बुद्ध	**धम्म**	**संघ**
प्रबुद्ध	बुद्ध की शिक्षाएँ (सिद्धांत)	समूह

तीन रत्नों या त्रिरत्नों में से बुद्ध द्वारा प्रथम धर्मोपदेश देने के समय **संघ (आदेश)** की अवधारणा प्रारम्भ की गयी थी। उनके पाँच साथी एक संघ (एक समूह) बन गये थे।

बुद्ध को **महापरिनिर्वाण** उत्तर प्रदेश के **कुशीनगर** (मल्ल महाजनपद) में 80 वर्ष की आयु में **483 ईसा पूर्व में** प्राप्त हुआ था। कहा जाता है कि उनके जीवन का अधिकांश भाग राजा **बिम्बिसार** के समकालीन और अंतिम वर्ष हर्यंक वंश के **अजातशत्रु** के समकालीन माना जाता है।

अनेक बौद्ध ग्रन्थों में बुद्ध को **तथागत और शाक्यमुनि** के नाम से जाना जाता है। बौद्ध धर्म के अंतर्गत बुद्ध के पूर्ववर्ती **कस्सप बुद्ध** थे और उनके उत्तराधिकारी **मैत्रेय (भावी बुद्ध)** होंगे।

प्रारम्भिक बौद्ध सम्प्रदाय

माना जाता है कि बुद्ध के प्रस्थान के पश्चात्, ईसा पूर्व 383 और ईसा पूर्व 250 के बीच मूल संघ दो प्रारम्भिक सम्प्रदायों (शाखाओं) में विभक्त हो गया :

1. **स्थविर निकाय :** (इसके उप-पंथों में महिससक, सर्वस्तीवाद, सक्रांतिक, सौत्रांतिक, धर्मगुप्तक, वत्सीपुत्रिय, धर्मोत्तरिय, भद्रायानिया, संनाग्रिक और सम्मितीय सम्मिलित थे।)
2. **महासंघिक :** (इसके उप-पंथ-गोकुलिका, प्राजनपतिवाद, बहुस्रुतिय, एकव्यहारिका, चौतिका सम्मिलित थे।)

अन्य उप-पंथों को, जिन्हें उपर्युक्त दो सम्प्रदायों (शाखाओं) के अंतर्गत स्थान नहीं मिला है, वे हैं– हेमवतिका, राजगिरिया, सिद्धात्थ्क, पब्बासेलिया, अपरासेलिया और अपराजगिरिका।

बौद्ध सम्प्रदायों में थेरवाद, महायान, वज्रयान आदि बाद में जुड़ा।

बौद्ध धर्म के अंतर्गत अवधारणाएँ और दर्शन

बौद्ध धर्म के मूल नियमों (तत्त्वों या सिद्धांतों) की व्याख्या **चार प्रमुख श्रेष्ठ सत्यों** के माध्यम से की जा सकती है। वे इस प्रकार है :

1. दु:ख-संसार में दु:ख है।
2. समुदय-दु:ख के कारण हैं।
3. निरोध-दु:ख के निवारण हैं।
4. मार्ग-निवारण के लिए अष्टांगिक मार्ग है।

अर्थात्, जीवन *दु:ख* से भरा हुआ है। जीवन के सभी पक्षों में दु:ख के बीज सम्मिलित हैं। दु:ख इच्छाओं के कारण उत्पन्न होता है। यह हमें *संसार* से बाँध कर रखता है, बारम्बार पुनर्जन्मों का अंतहीन चक्र, दु:ख और फिर मृत्यु को प्राप्त होना। यदि कोई अपनी इच्छाओं और आवश्यकताओं से मुक्त हो जाये, तो वह मोक्ष और शांति प्राप्त कर सकता है। इसे **श्रेष्ठ 'आठ-सूत्रीय मार्ग'** पर चल कर प्राप्त किया जा सकता है। इनमें सम्मिलित हैं :

1. दयालुता पूर्ण, सत्यवादी और *उचित सम्भाषण*
2. निष्कपट, शांतिपूर्ण और *उचित कर्म*
3. *उचित आजीविका* की खोज करना, जिससे किसी को हानि न हो।

4. *उचित प्रयास और आत्म-नियन्त्रण।*
5. *उचित मानसिक चेतना।*
6. *उचित ध्यान* और जीवन के अर्थ पर ध्यान केंद्रित करना।
7. निष्ठावान और बुद्धिमान व्यक्ति का मूल्य उसके *उचित विचारों* से है।
8. अन्धविश्वास से बचना चाहिए और *सही समझ* विकसित करनी चाहिए।

बुद्ध के अनुसार, **मध्यम मार्ग** श्रेष्ठ आठ-सूत्री मार्ग आष्टांगिक की व्याख्या करता है, जो मोक्ष की ओर ले जाता है।

बौद्ध धर्म **वेदों की प्रमाणिकता को अस्वीकार करता है**, अर्थात यह उन्हें स्वीकार ही नहीं करता। यह **जैन धर्म के विपरीत आत्मा के अस्तित्व को भी नकारता है।**

बुद्ध ने जब ईसा पूर्व 483 में कुशीनगर में महापरिनिर्वाण प्राप्त कर लिया, तो उनकी शिक्षाओं को संकलित करने की आवश्यकता थी, और इसलिए अगले 500 वर्षों की अवधि में इस सामग्री को ***पिटक*** में संग्रह करने हेतु चार बौद्ध संगीतियाँ (सम्मेलन) आयोजित की गयीं। इसके परिणाम स्वरूप तीन प्रमुख पिटकों का लेखन हुआ– ***विनय, सुत्त*** और ***अभिधम्म।*** इन्हें संयुक्त रूप में ***त्रिपिटक*** कहा जाता है। इन सभी को ***पालि भाषा*** में लिखा गया था।

बौद्ध भिक्षुणियों के गीत

उब्बिरी का गाना

श्रावस्ती की उब्बिरी नाम की एक महिला का बुद्ध से तब सामना हुआ, जब वह अपनी बेटी जीवा की मृत्यु पर विलाप कर रही थी। उन्होंने उपासिका के रूप में **अरिहन्तपद** (*बुद्ध की शिक्षाओं को सुनने और अभ्यास करने के परिणामस्वरूप ज्ञान*) प्राप्त किया। बुद्ध और उब्बिरी के बीच संवाद को उब्बिरी के गीत के रूप में जाना जाता है।

मित्ता का गाना

कपिलवस्तु की मित्ता नाम की एक शाक्य महिला ने अपने संघर्षों और टिप्पणियों का वर्णन किया तथा बाद में बौद्ध भिक्षुणी बन गयी। उनके वर्णन को मित्ता के गीत के रूप में जाना जाता है।

थेरीगाथा

खुद्दक निकाय की नौवीं पुस्तक ***थेरीगाथा*** एक बौद्ध ग्रंथ है। यह छोटी कविताओं का एक संग्रह है, जिसमें प्रारंभिक प्रबुद्ध महिलाओं की गीतात्मक उत्कृष्टता है, जो बुजुर्ग भिक्षुणी थीं। इसमें कुल 522 छंदोंवालीं 73 कविताएँ हैं।

चार बौद्ध परिषद्

बौद्ध परिषद्	स्थान और वर्ष	संरक्षण और परिषद् के अध्यक्ष	विवरण
प्रथम बौद्ध परिषद्	राजगीर में (लगभग 483 ईसा पूर्व) यह बुद्ध की मृत्यु के तुरंत बाद सप्तपर्णी गुफा में आयोजित की गयी।	राजा अजातशत्रु के संरक्षण में। अध्यक्ष - महाकश्यप	उपालि ने विनय पिटक का पाठ किया, जिसमें बौद्ध व्यवस्था के नियम हैं। बुद्ध के दूसरे शिष्य आनंद ने सुत्त पिटक का पाठ किया, जिसमें सिद्धांत और नैतिक मान्यताओं के बारे में बुद्ध के उपदेशों का शानदार संग्रह था।

बौद्ध परिषद्	स्थान और वर्ष	संरक्षण और परिषद् के अध्यक्ष	विवरण
द्वितीय बौद्ध परिषद्	वैशाली में **(383 ईसा पूर्व)** बुद्ध की मृत्यु के लगभग 100 साल बाद आयोजित की गयी।	**राजा कालाशोक** के संरक्षण में। अध्यक्ष - **सबकामी**	मुख्य रूप से विनय पिटक के तहत 10 विवादित बिंदुओं के कारण आयोजित किया गया।
तृतीय बौद्ध परिषद्	पाटलिपुत्र में **(250 ईसा पूर्व)**	**राजा अशोक** के संरक्षण में। अध्यक्ष - **मोगलीपुत्त-तिस्स**	अभिधम्म पिटक का संकलन हुआ।
चतुर्थ बौद्ध परिषद्	कुंडलवन, कश्मीर में **(72 ईसवी)**	**राजा कनिष्क** के संरक्षण में अध्यक्ष - **वसुमित्र**	हीनयान और महायान में बौद्ध धर्म का विभाजन। इस परिषद् में अश्वघोष (वसुमित्र के डिप्टी) ने भाग लिया और सभी विचार-विमर्श संस्कृत में किये गये। एक और चतुर्थ बौद्ध परिषद् श्रीलंका में आयोजित की गयी थी।

ऐसा लिखा गया है कि राजा कनिष्क के शासनकाल में चौथी संगीति में बौद्ध धर्म का विभाजन हो गया और दो सम्प्रदायों का जन्म हुआ : **हीनयान** और **महायान** बौद्ध धर्म। बाद के समय से यह पता चलता है कि हीनयान सम्प्रदाय का पतन हुआ और बौद्ध धर्म के अंतर्गत और दो नये सम्प्रदायों का जन्म हुआ। इस प्रकार, अब तक बौद्ध धर्म के अंतर्गत जो चार प्रमुख मत (शाखाएँ) विकसित हुए, वे निम्नलिखित हैं:

1. **हीनयान बौद्धवाद**
2. **महायान बौद्धवाद**
3. **थेरवाद बौद्धवाद**
4. **वज्रयान बौद्धवाद**

बौद्ध धर्म के आचरण में बुद्ध, धम्म और संघ की शरण लेना, शास्त्रों का अध्ययन करना, नैतिक आदेशों का पालन करना, इच्छाओं और लगाव का त्याग, ध्यान का अभ्यास करना, बुद्धिमत्ता विकसित करना, प्रेम-दया और करुणा, **महायान की बोधिचित्त प्रथा** और **वज्रयान के प्रारम्भिक और समापन चरणों का पालन** सम्मिलित हैं।

थेरवाद में, अंतिम लक्ष्य श्रेष्ठ आठ-सूत्री मार्ग के माध्यम से **क्लेशों की समाप्ति** और निर्वाण की उत्कृष्ट अवस्था की प्राप्ति है, इस प्रकार से दु:ख और पुनर्जन्म के चक्र से मुक्ति प्राप्त की जा सकती है।

निर्वाण के स्थान पर, महायान सम्प्रदाय में बोधिसत्व के मार्ग के द्वारा बुद्धत्व की प्राप्ति की आकांक्षा की जाती है, जहाँ हम अन्य प्राणियों को जाग्रति की अवस्था तक लाने हेतु पुनर्जन्म के चक्र में बने रहते हैं।

आइए, अब हम इन चारों सम्प्रदायों की विस्तृत चर्चा करें:

हीनयान बौद्धवाद

- इसका अर्थ है **कम या साधन (वाहन) रहित** होना।
- इस सम्प्रदाय में बुद्ध के **मूल उपदेशों** के अनुयायी सम्मिलित हैं। यह एक **रूढ़िवादी सम्प्रदाय** है।

- ये बुद्ध की **मूर्ति या चित्र की पूजा में विश्वास नहीं रखते**।
- इनका ***व्यक्तिगत मोक्ष*** में विश्वास है और ये स्व-अनुशासन और ध्यान के माध्यम से व्यक्तिगत मोक्ष का प्रयास करते हैं। हीनयान का अंतिम लक्ष्य **निर्वाण** है।
- हीनयान का एक उप-सम्प्रदाय **स्थविरवाद या थेरवाद** है।
- हीनयान प्रज्ञ (विद्वान्) जनसंवाद के लिए **पालि भाषा** का उपयोग करते थे।
- **सम्राट अशोक** ने **हीनयान सम्प्रदाय** को संरक्षण दिया, क्योंकि महायान बहुत बाद में अस्तित्व में आया था।
- वर्तमान युग में हीनयान का इसके मूल स्वरूप में अस्तित्व लगभग समाप्त हो चुका है।

महायान बौद्धवाद

- इसका अर्थ है **बड़ा वाहन**।
- यह सम्प्रदाय अधिक उदार है एवं बुद्ध और **बोधिसत्वों** को बुद्ध के दिव्य प्रतीक के रूप मानता है। महायान का अंतिम लक्ष्य 'आध्यात्मिक उत्थान' है।
- महायान के अनुयायी बुद्ध की **मूर्ति या चित्र की पूजा में विश्वास करते हैं।**
- **बोधिसत्व** की अवधारणा महायान बौद्ध धर्म का ही परिणाम है।
- महायान को **''बोधिसत्वयान''** या **''बोधिसत्व का वाहन''** भी कहते हैं। कहने का अर्थ यह है कि इसके अनुयायी, सभी प्रबुद्ध (अभिज्ञ) व्यक्तियों के उद्धार हेतु बोधिसत्व की अवधारणा में विश्वास रखते हैं।
- दूसरे शब्दों में, *वे सभी प्राणियों की दुखों से सार्वभौमिक मुक्ति में विश्वास रखते हैं*।
- एक बोधिसत्व सभी प्राणियों के लाभार्थ पूर्ण ज्ञान की प्राप्ति करना चाहता है। जो बोधिसत्व इस लक्ष्य को पा लेता है, उसे **सम्यक्सम्बुद्ध/सम्यक्संबुद्ध** कहा जाता है।
- प्रमुख महायान ग्रन्थों में **कमलसूत्र, महावंश** आदि सम्मिलित हैं।
- कमलसूत्र के अनुसार महायान सम्प्रदाय प्रत्येक व्यक्ति द्वारा **छह परिपूर्णताओं (या परामिताओं)** का पालन किये जाने में विश्वास रखता है :
  i. *दान (उदारता)*
  ii. *शील (सदाचार, नैतिकता, अनुशासन और सदाचार)*
  iii. *शांति (धैर्य, सहनशीलता, प्रतिग्रह)*
  iv. *वीर्य (ऊर्जा, कर्मठता, ओज, प्रयास)*
  v. *ध्यान (एक बिंदु पर ध्यान केन्द्रित करना)*
  vi. *प्रज्ञान (बुद्धिमत्ता और परिज्ञान)*
- विद्वानों के अनुसार, बाद के समय में महायान के एक उप-पंथ (संप्रदाय) के रूप में **वज्रयान** विकसित हुआ।
- महायान विद्वानों ने प्रमुख रूप से **संस्कृत** भाषा का उपयोग किया।
- कुषाण वंश के **सम्राट कनिष्क** को पहली शताब्दी में महायान सम्प्रदाय का **संस्थापक** माना जाता है।
- वर्तमान में विश्व में बौद्ध धर्म के **अधिकांश अनुयायी महायान सम्प्रदाय से सम्बन्धित** हैं। (2010 की रिपोर्ट के अनुसार लगभग **53.2 प्रतिशत**)
- अन्य राष्ट्र जहाँ इसका पालन होता है, उनमें नेपाल, बांग्लादेश, जापान, वियतनाम, इंडोनेशिया, मलेशिया, सिंगापुर, मंगोलिया, चीन, भूटान, तिब्बत आदि सम्मिलित हैं।

महायान बौद्ध धर्म के अंतर्गत सम्प्रदाय

महायान बौद्ध धर्म के दो प्रमुख सम्प्रदाय हैं :

1. **माध्यमिक** - महायान बौद्ध धर्म के अंतर्गत यह उप-सम्प्रदाय **शून्यता सिद्धांत** पर आधारित है। इसकी द्वितीय-तृतीय शताब्दी ईसवी में एक बहुत ही प्रमुख बौद्ध दार्शनिक **नागार्जुन** द्वारा स्थापना की गयी थी। महायान बौद्ध धर्म के अंतर्गत शून्यता सिद्धांत का केंद्रीय विचार इस तथ्य में निहित है कि सभी चीज़ें या परिघटनाएँ (धर्म) प्रकृति, पदार्थ या सार (स्वभाव) से रिक्त (शून्य) हैं। ***चंद्रकीर्ति और शांतिदेव*** इस सम्प्रदाय के महान् विद्वान् थे।
2. **योगाचार** - इस सम्प्रदाय को "मन मात्र" सम्प्रदाय भी कहा जाता है। यह बौद्ध दर्शन और मनोविज्ञान की वह प्रभावशाली परंपरा है, जो **ध्यान और योग पद्धतियों** के आंतरिक चश्मे के **माध्यम से बोध, धारणा और चेतना** के अध्ययन पर बल देती है। योगाचार की प्रमुख विशेषताओं में बोध *(विज्ञप्तिमात्र)*, तीन स्वभाव (त्रिस्वभाव), अलयविज्ञान (भंडार चेतना), आधार को उलटना *(असरायप्रवृत्ति)* और आठ चेतनाओं का सिद्धांत शामिल हैं। इसकी स्थापना का श्रेय दो भाइयों, **असंग और वसुबंधु** को दिया गया है। चीन में योगाचार सम्प्रदाय की शिक्षा 7वीं शताब्दी के भिक्षु यात्री जुआनजांग द्वारा प्रचलित की गयी थी।

बौद्ध धर्म में बोधिसत्व

बोधिसत्व वह है, जिसने सभी संवेदनशील प्राणियों के लाभ के प्रयोजन से **बुद्धत्व** प्राप्त करने हेतु बोधचित्त (एक सहज इच्छा और करुणामय मन) विकसित कर लिया है। **महायान बौद्ध** धर्म के अंतर्गत **सार्वभौमिक मुक्ति** की अवधारणा में विश्वास किया जाता है।

जातक कथाओं के अनुसार **बुद्ध अपने पूर्व जन्मों में बोधिसत्व थे** और कथाओं में दर्शाया गया है कि त्याग और नैतिकता, जैसे गुणों को अपनाने के लिए बोधिसत्व ने अनेक प्रयास किये थे।

थेरवाद में एक व्यक्ति, जिसका उद्देश्य पूर्णत: प्रबुद्ध बनने का है, उसे भी जन्म, रोग, मृत्यु, दु:ख, अशुद्धता और भ्रमों से गुज़रना पड़ता है।

बुद्ध बनने के मार्ग पर बोधिसत्व को **दस धराओं या भूमियों से गुज़रना पड़ता है**, जिनमें शामिल हैं- *प्रसन्नता, निर्मलता, प्रकाश, दीप्ति, अति कठिन प्रशिक्षण, उत्कृष्टता, बहुत दूर जाना, अचल, अच्छे विवेकवाली बुद्धिमता और धर्म रूपी बादल।*

इन 10 भूमियों को पार कर वह प्रबुद्ध बन पाता है।

बौद्ध धर्म के अंतर्गत प्रमुख बोधिसत्वों में निम्नलिखित सम्मिलित हैं–

1. **अवलोकितेश्वर :** यह बुद्ध के इर्द-गिर्द तीन सुरक्षात्मक देवताओं में से एक हैं। इन्हें **कमल का फूल पकड़े हुए** वर्णित किया जाता है। उन्हें **पद्मपाणि** के नाम से भी जाना जाता है। ऐसी चित्रकारी **अजन्ता की गुफाओं** में भी देखी जा सकती है। सभी बोधिसत्वों में से इन्हें सर्वाधिक मान्यता प्राप्त है। यह **करुणा के बोधिसत्व,** संसार के चीत्कार को सुननेवाले एवं कुशल माध्यमों के उपयोग से उनकी सहायता करते हैं। कम्बोडिया के थेरवाद बौद्ध धर्म में वे अनौपचारिक रूप से **लोकेश्वर** के नाम से जाने जाते हैं। इन्हें एक महिला के रूप में भी चित्रित किया गया है और इन्हें पवित्र दलाई लामा के रूप में अवतरित हुआ माना जाता है।
2. **वज्रपाणि :** यह भी बुद्ध के तीन सुरक्षात्मक देवताओं में से एक हैं एवं इन्हें भी अजन्ता की गुफाओं में चित्रित किया गया है। वज्रपाणि में बुद्ध की सभी **शक्तियों** के साथ वैरोकन, अक्षोभ्य, अमिताभ, रत्नसम्भव और अमोघसिद्धि नामक सभी पाँचों तथागतों की शक्तियाँ भी समाहित हैं।

3. **मंजूश्री :** यह भी बुद्ध के तीन सुरक्षात्मक देवताओं में से एक हैं एवं इन्हें भी अजन्ता की गुफाओं में चित्रित किया गया है। वे बुद्ध की **बुद्धिमत्ता** से सम्बन्धित हैं और एक पुरुष बोधिसत्व हैं, जिन्हें हाथ में तलवार लिये हुए चित्रित किया जाता है।

निष्कर्ष स्वरूप यह कहा जा सकता है कि अवलोकितेश्वर बुद्ध की करुणा व्यक्त करते हैं, वज्रपाणि बुद्ध की शक्ति व्यक्त करते हैं और मंजूश्री बुद्ध के ज्ञान को व्यक्त करते हैं।

अजंता में पद्मपाणि और वज्रपाणि

4. **सामन्तभद्र :** ध्यान और आचरण से सम्बद्ध हैं। बुद्ध और मंजूश्री के साथ मिलकर वे बौद्ध धर्म में **शाक्यमुनि त्रिमूर्ति** की रचना कहलाते हैं।
5. **क्षितिगर्भ :** इन्हें एक ऐसे बौद्ध भिक्षु के रूप में दिखाया जाता है, जिन्होंने तब तक बुद्धत्व न प्राप्त करने की शपथ ली थी, जब तक कि नरक पूरी तरह से ख़ाली न हो जाये।
6. **मैत्रेय : भावी बुद्ध,** जो भविष्य में पृथ्वी पर आयेंगे, पूर्ण ज्ञान प्राप्त करेंगे और शुद्ध धर्म की शिक्षा देंगे। **हँसते हुए बुद्ध (लाफ़िंग बुद्धा)** को मैत्रेय का अवतार माना जाता है।
7. **आकाशगर्भ :** आकाश तत्त्व से जुड़े हैं।
8. **तारा :** यह **वज्रयान बौद्ध** संप्रदाय से जुड़ीं हैं और कार्यों एवं उपलब्धियों में सफलता के गुणों का प्रतिनिधित्व करती हैं।
9. **वसुधरा :** धन, समृद्धि और विपुलता से सम्बन्धित हैं। **नेपाल** में लोकप्रिय हैं।
10. **स्कंद :** विहारों और बुद्ध की शिक्षा के रक्षक हैं।
11. **सीतातपात्र :** यह आलौकिक ख़तरों के विरुद्ध रक्षा करती हैं और इनकी महायान और वज्रयान, दोनों ही सम्प्रदायों में पूजा की जाती हैं।

दीपंकर बुद्ध

दीपंकर अतीत के बुद्धों में से एक थे, जो **गौतम बुद्ध से पहले आत्मज्ञान तक पहुँचे थे।** बौद्ध धर्म के अनुसार, दीपंकर पूर्व बुद्ध थे, गौतम सबसे हाल के बुद्ध और मैत्रेय भविष्य के बुद्ध होंगे। उन्हें बौद्ध धर्म के तीनों उप सम्प्रदायों – महायान, वज्रयान और यहाँ तक कि थेरवाद के अंतर्गत सम्मान दिया जाता है।

थेरवाद बौद्ध धर्म

- यह **वयस्क भिक्षुओं** को संदर्भित करता है।
- यह सम्प्रदाय **पालि सिद्धांत** (अस्तित्व में एकमात्र पूर्ण बौद्ध सिद्धांत) में सरंक्षित बुद्ध के उपदेशों को अपने सिद्धांत के मर्म के रूप में मानता है।
- थेरवाद में अंतिम लक्ष्य **क्लेशों की समाप्ति** और निर्वाण की उत्कृष्ट स्थिति (अवस्था) को प्राप्त करना है, अर्थात् पुनर्जन्म एवं दुःख के चक्र से निकलने हेतु सर्वोत्तम आठ-सूत्री मार्ग अष्टांगिक का अभ्यास किया जाता है। **क्लेशों में विभिन्न मानसिक स्थितियाँ सम्मिलित हैं, जैसे चिंता, भय, क्रोध, ईर्ष्या, लालसा, अवसाद आदि**।
- थेरवाद परम्परा के अनुसार, **समता** और **विपस्सना** बुद्ध के द्वारा वर्णित आठ-सूत्री श्रेष्ठ मार्ग के अभिन्न अंग हैं। समता **मन को शांत** करती है और विपस्सना का अर्थ है अस्तित्व के तीन गुणों की अंतदृष्टि **: अस्थायित्व, दुःख और ग़ैर-आत्मा की अनुभूति**।
- थेरवाद **विभाज्जवाद** अर्थात **"विश्लेषण का शिक्षण"** की अवधारणा में विश्वास करता है।
- **विशुद्धिमार्ग (शुद्धिकरण का मार्ग)** बौद्ध धर्म की थेरवाद शाखा का सबसे बड़ा ग्रन्थ है। इसकी रचना **बुद्धघोष** ने पाँचवीं शताब्दी में श्रीलंका में की थी।
- इसमें **शुद्धिकरण के सात चरणों (सत्त-विशुद्धि)** की चर्चा की गयी है। थेरवाद के अंतर्गत निर्वाण प्राप्ति हेतु इनका पालन करना पड़ता है।
- थेरवाद बौद्ध धर्म के लिए **पालि** पवित्र भाषा है।
- थेरवाद को **हीनयान सम्प्रदाय का परवर्ती** माना जाता है।
- विश्व के लगभग **35.8 प्रतिशत** बौद्ध थेरवाद परम्परा से संबंधित हैं।
- इसे माननेवाले देशों में श्रीलंका, कम्बोडिया, लाओस, थाईलेंड, म्याँमार आदि हैं।

वज्रयान बौद्ध धर्म (तांत्रिक बौद्ध धर्म)

- विद्वानों का यह मानना है कि वज्रयान सम्प्रदाय का विकास, शाही दरबारों द्वारा बौद्ध धर्म और शैववाद दोनों को ही सरंक्षण देने से हुआ, अर्थात् उनका कहना है कि यह **हिंदू धर्म से प्रभावित** है।
- इनकी **प्रमुख देवी तारा** हैं।
- इसमें बौद्ध दर्शन के साथ ब्राह्मणवादी (वेद आधारित) अनुष्ठान भी सम्मिलित होते हैं।
- वज्रयान **बौद्ध दर्शन के महायान पर आधारित** है।
- यह सम्प्रदाय तांत्रिक अनुष्ठानों सहित कई कुशल उपायों (**तंत्र, मंत्र और यंत्रों** की श्रेष्ठता) को मुक्ति का तीव्र साधन मानता है।
- इस सम्प्रदाय के अनुसार, महायान की छह पूर्णता या परमिता की तुलना में **मन्त्र,** बुद्धत्व प्राप्त करने का एक सरल उपाय है।
- विश्व की **5.7 प्रतिशत बौद्ध जनसंख्या** इससे सम्बन्धित है।
- देश जहाँ इसके अनुयायी हैं, उनमें **तिब्बत, भूटान, मंगोलिया** आदि सम्मिलित हैं।

बुद्ध द्वारा भ्रमण किये गये स्थल

बुद्ध ने जिन राज्यों और साम्राज्यों का भ्रमण किया, वे **कोशल** और **मगध राज्यों द्वारा शासित** थे। इन दोनों राज्यों के अंतर्गत आनेवाले स्थानों में *कपिलवस्तु, राजगृह, वैशाली, गया, बोध गया, सारनाथ, कौशाम्बी, श्रावस्ती (कोशल की राजधानी), कुशीनगर, नालंदा, मथुरा, वाराणसी, साकेत, चंपापुरी आदि थे। आइए इनमें से कुछ के बारे में संक्षेप में चर्चा की जाए :*

स्थान	वर्तमान अवस्थिति	ऐतिहासिक महत्त्व
बोध गया	बिहार	यह वह स्थान है, जहाँ बोधि वृक्ष के नीचे राजकुमार सिद्धार्थ को **ज्ञान (निर्वाण)** प्राप्त हुआ था।
चंपानगर	बिहार	यह वह स्थान है, जहाँ बुद्ध ने कंदरक सुत्त, प्रसिद्ध सोनादंड सुत्त की शिक्षा दी थी और कई अन्य महत्त्वपूर्ण उपदेश दिये थे।
गया	बिहार	यह वह स्थान है, जहाँ बुद्ध ने अपना प्रसिद्ध **अग्नि उपदेश** दिया था।
गुरपा	बिहार	वह पर्वत, जहाँ महाकश्यप (बुद्ध के उत्तराधिकारी) **मैत्रेय या भावी** बुद्ध की प्रतीक्षा में हैं।
इंद्रसाल गुफा	बिहार	यह वह स्थान है, जहाँ बुद्ध ने सक्कपन्हा सुत्त की शिक्षा दी थी। ऐसा माना जाता है कि इसी स्थान पर सक्क बुद्ध से अपने आठ प्रश्न पूछने आये थे।
जेठियन	बिहार	यह वह नगर था, जहाँ बुद्ध और राजा बिंबिसार पहली बार मिले थे। सातवीं शताब्दी ईसवी में, जेठियन तत्कालीन महानतम संत जयसेन के आसन के रूप में प्रसिद्ध था। चीनी तीर्थयात्री ह्वेनत्सांग ने यहीं जयसेन के साथ अध्ययन करते हुए दो वर्ष व्यतीत किये थे।
कपिलवस्तु	नेपाल	यह वह नगर था, जहाँ राजकुमार सिद्धार्थ ने अपने **पहले तीस वर्ष** व्यतीत किये थे।
केसरिया	बिहार	यह वह स्थान है, जहाँ बुद्ध ने अपने जीवन के अंतिम वर्ष में प्रसिद्ध कालाम सुत्त की शिक्षा दी थी। बुद्ध के समय में यह स्थान केसपुत्त के नाम से जाना जाता था। परिनिर्वाण प्राप्त करने से पहले कुशीनगर जाते समय बुद्ध ने यहाँ वैशाली के लोगों को **भिक्षापात्र दान** किया था। बाद में इस घटना स्थल पर एक स्तूप का निर्माण किया गया। इस **केसरिया स्तूप** के फाह्यान और ह्वेनत्सांग, दोनों ने दर्शन किये थे। यह भारत में सबसे बड़ा स्तूप है।
कौशाम्बी	उत्तर प्रदेश	यह वह स्थान है, जहाँ भगवान् बुद्ध रुके थे और **ज्ञान प्राप्ति** के छठे और नौवें वर्ष में उपदेश दिया था।
कुशीनगर	उत्तर प्रदेश	यह वह नगर था, जहाँ 80 वर्ष की आयु में साल के वन में **बुद्ध की मृत्यु** हुई थी और उन्होंने **महापरिनिर्वाण** प्राप्त किया था। **मुकुटबंधन-चैत्य** भी कहा जानेवाला रामभर स्तूप यहाँ बुद्ध का अंतिम संस्कार स्थल है।
लुम्बिनी	नेपाल	यह वह उपवन था, जहाँ राजकुमार सिद्धार्थ का **जन्म** हुआ था, जो आगे चलकर बुद्ध बने।

स्थान	वर्तमान अवस्थिति	ऐतिहासिक महत्त्व
मथुरा	उत्तर प्रदेश	बुद्ध केवल एक बार मथुरा आये थे। अंगुत्तरनिकाय में वह कहते हैं, ''मथुरा की पाँच प्रतिकूल स्थितियाँ हैं - भूमि असमान है, बहुत धूल है, कुत्ते भयंकर हैं, बुरी आत्माएँ हैं और भिक्षा में भोजन प्राप्त करना मुश्किल है।''
नालंदा	बिहार	यह वह स्थान है, जहाँ बुद्ध **महाकश्यप** (बुद्ध के उत्तराधिकारी) से मिले थे और उनका **मतपरिवर्तन** किया था। अपनी कई यात्राओं के दौरान, बुद्ध ने यहाँ कई महत्त्वपूर्ण उपदेश दिये।
पटना	बिहार	बुद्ध कुशीनगर की अपनी अंतिम यात्रा सहित कई बार यहाँ से गुज़रे थे।
प्रभोसा	उत्तर प्रदेश	यह वह पहाड़ी है, जहाँ बुद्ध ने मौन रहते हुए अपनी छठी वर्षाऋतु बितायी थी। जुआनजांग के यात्रा संस्मरणों में भी इसका उल्लेख मिलता है।
प्रागबोधि	बिहार	यह वह पर्वत है, जहाँ राजकुमार सिद्धार्थ ने **तपस्या** की थी। यह स्थान अब धुंगेश्वर के नाम से जाना जाता है।
राजगीर	बिहार	यह नगर बुद्ध के जीवन में घटित कई महत्त्वपूर्ण घटनाओं का दृश्यस्थल था। यह जैन तीर्थयात्रा के लिए भी एक महत्त्वपूर्ण स्थान है।
संकस्य या संकिसा	उत्तर प्रदेश	यह वह स्थान है, जहाँ किंवदंती कहती है कि बुद्ध **तुसीता स्वर्ग** से अवतरित हुए थे। माना जाता है कि बुद्ध ने अपनी माँ को अभिधम्म पिटक की शिक्षा देते हुए **तुसीता स्वर्ग** में तीन महीने बिताये थे और फिर इस गाँव में वापस धरती पर उतरे थे। यहाँ एक हाथी शीर्ष अवस्थित है।
सारनाथ	उत्तर प्रदेश	यहाँ बुद्ध ने सारनाथ में हिरण पार्क में अपने पाँच साथी साधकों को मध्य मार्ग, चार आर्य सत्य और आष्टांगिक मार्ग पर **अपना पहला** उपदेश दिया था।
श्रावस्ती या सावत्थी	उत्तर प्रदेश	श्रावस्ती वह नगर था, जहाँ बुद्ध ने अपने अंतिम बीस वर्षों में से एक को छोड़कर हर वर्षाऋतु बितायी थी। वह यहाँ **जेतवन मठ** में ठहरे थे, जो उन्हें एक धनी व्यापारी ने उपहार में दिया था। जेतवन ही वह स्थान था, जहाँ बुद्ध ने अपनी अधिकांश शिक्षाएँ और उपदेश दिये थे। बौद्ध धर्म का दूसरा सबसे पवित्र वृक्ष, **आनंदबोधि वृक्ष जेतवन** में स्थित है।
वैशाली या वेशाली	बिहार	ज्ञान प्राप्ति के बाद, बुद्ध प्राय: वैशाली आते-जाते रहे थे। यह वह स्थान भी है, जहाँ बुद्ध ने अपनी मृत्यु से पहले अपना **अंतिम उपदेश** दिया था। यहाँ राजा कालाशोक द्वारा **द्वितीय बौद्ध परिषद्** भी आयोजित की गयी थी।

बुद्ध के दस महान् शिष्य

1. **सारिपुत्त** - इन्हें बुद्ध के दो **प्रमुख शिष्यों** में; (मौद्गल्यायन के साथ) माना जाता है। वह पहले शिष्य थे, जिन्हें बुद्ध ने अन्य भिक्षुओं को आदेश देने की अनुमति दी थी। थेरवाद बौद्ध धर्म में, उन्हें दूसरे बुद्ध के निकट का दर्जा दिया गया है। उन्हें बुद्ध का ज्ञान में सबसे अग्रगण्य शिष्य माना जाता है।

2. **मौद्गल्यायन या महामोग्गलन** – वह बुद्ध के दो **प्रमुख शिष्यों** में थे। बौद्ध कला में, उन्हें बुद्ध के सहचारी दो शिष्यों में से एक के रूप में दर्शाया गया है।

3. **महाकश्यप** – वह अंतरंग शिष्यों में से एक थे और बुद्ध की मृत्यु के समय संघ के सबसे वरिष्ठ सदस्य थे। उन्हें **''संघ का पिता''** कहा जाता था। बुद्ध की मृत्यु के बाद, महाकश्यप ने बुद्ध के जीवित भिक्षुओं और भिक्षुणियों का नेतृत्व सँभाला। उन्होंने **पहली बौद्ध संगीति** की अध्यक्षता भी की थी।

4. **आनंद** – वह बुद्ध के दस प्रमुख शिष्यों में से एक थे। आनंद सर्वश्रेष्ठ स्मृति (इस प्रकार धम्म के कोषाध्यक्ष के रूप में भी जाना जाता है) का पर्याय थे। वह बीस से अधिक वर्षों तक बुद्ध के साथ रहे और बुद्ध के प्रिय शिष्य थे। उन्हें बुद्ध की मृत्यु के बाद महाकश्यप के मार्गदर्शन में ज्ञान की प्राप्ति हुई। उन्होंने बुद्ध की शिक्षाओं को दूसरों से अधिक सुना था। प्रारंभिक ग्रंथ आनंद को प्रारंभिक संघ व्यवस्था में **स्त्रियों को शामिल** करने का श्रेय देते हैं।

5. **पूर्ण मैत्रायणीपुत्र** – वह सभी 10 शिष्यों में **धर्म के महानतम शिक्षक** थे।

6. **अनुरुद्ध** – वह गौतम बुद्ध के चचेरे भाई थे। कुशीनगर में बुद्ध की मृत्यु के समय अनुरुद्ध उपस्थित थे।

7. **राहुल** – वह सिद्धार्थ गौतम के इकलौते **पुत्र** थे। वह ज्ञान के लिए अपनी उत्सुकता के लिए जाने जाते हैं। पुत्र पैदा होने पर, उसे अपने उठते विचार-चन्द्र के ग्रसने के लिए 'राहु' समझकर गौतम ने 'राहुल' नाम दिया था।

8. **कात्यायन** – इन्होंने **सबसे अच्छी तरह बुद्ध के व्याख्यानों को समझा** और बुद्ध के संक्षिप्त वक्तव्यों का विस्तार और व्याख्या करने में अग्रगण्य थे। महायान ग्रंथों में प्रायः कात्यायन का उल्लेख मिलता है।

9. **उपालि** – वह जन्म से निचली जाति के शूद्र नाई थे और बाद में बुद्ध के दस शिष्यों में से एक बन गये। उपालि को उनकी निपुण प्रवीणता और **विनय** (संघ अनुशासन) की सख़्ती के लिए जाना जाता था और विनय मामलों पर प्रायः उनसे सलाह ली जाती थी।

10. **सुभूति** – वह श्रावस्ती में जेतवन मठ के समर्पण समारोह में बुद्ध की शिक्षा सुनने के बाद भिक्षु बन गये थे। थेरवाद बौद्ध धर्म में, उन्हें वह शिष्य माना जाता है जो **''उपहार योग्य''** होने में अग्रगण्य थे। कहा जाता है कि प्रेम-दयालुता ध्यान में अपनी निपुण प्रवीणता के कारण, उन्हें दिया गया कोई भी उपहार दाता के लिए सबसे अधिक फलवान होता है, इस प्रकार उन्हें ''उपहार योग्य'' होने में अग्रगण्य की उपाधि प्राप्त हुई।

बुद्ध के 16 अर्हत

थेरवाद बौद्ध धर्म के अंतर्गत अर्हत उसे कहा जाता है, जिसने अस्तित्व के वास्तविक स्वरूप में अंतर्दृष्टि प्राप्त की है एवं निर्वाण प्राप्त किया है। हालाँकि, महायान बौद्ध धर्म के तहत, अर्हत वह व्यक्ति है, जो निर्वाण प्राप्त करने के मार्ग में बहुत आगे है, लेकिन इसे प्राप्त नहीं किया है। कुल मिलाकर, 16 पौराणिक अर्हत बौद्ध धर्म के तहत प्रमुख हैं। **नागसेन** (दूसरी शताब्दी ईसा पूर्व का एक सर्वास्तिवादिन बौद्ध) और यहाँ तक कि गौतम बुद्ध के पुत्र **राहुल** को 16 अर्हतों में से एक माना जाता है।

महायान के तहत, अर्हत वह व्यक्ति है, जिसने .खुद के लिए शांति प्राप्त की है, लेकिन इस शांति को दूसरों के लिए छोड़ना नहीं चाहता है। जबकि महायान बोधिसत्व के तहत बोधिसत्व एक जाग्रत व्यक्ति है, जिसने दूसरों के लिए संसार में अनिश्चित काल तक रहने की प्रतिज्ञा ली है। इसलिए, **महायान बौद्ध, अर्हत बनने की अपेक्षा बोधिसत्व** को एक लक्ष्य के रूप में पसंद करते हैं।

बौद्ध धर्म से सम्बन्धित अन्य प्रमुख व्यक्तित्व

1. **नागसेन :** इन्होंने मिनान्दर प्रथम (या मिलिंद), भारत-यूनानी राजा द्वारा बौद्ध धर्म पर पूछे गये प्रश्नों के उत्तर दिये और यह वार्तालाप *मिलिंद पञ्हो* नामक पुस्तक में 150 शताब्दी ईसवी के आसपास दर्ज किया गया था।

2. **नागार्जुन :** 150 से 250 शताब्दी ईसवी के लगभग जीवनकाल रहा और महायान बौद्ध धर्म के **माध्यमिक सम्प्रदाय** के संस्थापक थे।
3. **वसुबन्धु :** चौथी-पाँचवीं शताब्दी ईसवी में गांधार के महायान बौद्ध धर्म के उन्नायक थे और इन्होंने सर्वस्तिवाद और सौत्रांतिक विचारधारा के दृष्टिकोण से लिखा था।
4. **बोधिधर्म :** जीवनकाल पाँचवीं या छठी शताब्दी के आसपास। इन्होंने बौद्ध धर्म का चीन में प्रसार किया था।
5. **बुद्धघोष :** पाँचवीं शताब्दी के भारतीय थेरवादी बौद्ध टीकाकार और अपने विद्वत्तापूर्ण पुस्तक '*विशुद्धिमग्ग*' (शुद्धिकरण का मार्ग) के लिए विख्यात हुए।
6. **पद्मसम्भव :** आठवीं शताब्दी के भिक्षु, जिन्हें तिब्बत, नेपाल, भूटान और हिमालय-स्थित राज्यों में **'दूसरे बुद्ध'** के रूप में जाना जाता है।
7. **अतिश :** एक **बंगाली** बौद्धधर्म गुरु और प्रमुख व्यक्तित्व थे। इन्होंने ग्याहरवीं शताब्दी में एशिया में तिब्बत से सुमात्रा तक महायान एवं वज्रयान संबंधी बौद्ध विचारों को प्रेरणा दी।
8. **दलाई लामा :** ये तिब्बती बौद्ध धर्म के पीली टोपीवाली शाखा के आधुनिक आध्यात्मिक गुरु हैं।

बौद्ध धर्म के शाही संरक्षक

1. बिम्बिसार, अजातशत्रु, अशोक, मिलिंद, कनिष्क, हर्ष आदि राजाओं ने इस धर्म को अपनाया।
2. नेपाल में लुंबिनी स्तंभ शिलालेख, जिसे रुम्मिनदेई स्तंभ शिलालेख के रूप में भी जाना जाता है, यह जानकारी देता है कि अशोक के शासनकाल के बीसवें वर्ष के कुछ समय बाद, उन्होंने बुद्ध के जन्मस्थान की यात्रा की और व्यक्तिगत रूप से चढ़ावा चढ़ाया।

   उनकी बेटी संघमित्रा और बेटा महिंद्रा (तब ताम्रपर्णी के नाम से जाना जाता था) श्रीलंका में बौद्ध धर्म का प्रचार करने गये थे।
3. कनिष्क ने ग्रीको-बौद्ध कला की गांधार शैली को प्रोत्साहित किया। कनिष्क बौद्ध विद्वान् अश्वघोष से जुड़े हुए थे, जो बाद के वर्षों में उनके धार्मिक सलाहकार बन गये थे।

नवयान बौद्ध धर्म

नवयान विचारधारा (शाखा) को **डॉ. बी. आर. अम्बेडकर** द्वारा प्रतिपादित बौद्ध धर्म की नयी शाखा माना जाता है। यह थेरवाद महायान और वज्रयान की मान्यता प्राप्त पारम्परिक प्रथाओं से भिन्न है और **उन्हें अस्वीकार करती है।** यह बौद्ध परम्पराओं का आधार माने जानेवालीं प्रथाओं और उपदेशों, जैसे परित्याग करनेवाले भिक्षु और मठ व्यवस्था, कर्म, मृत्यु के पश्चात् पुनर्जन्म, संसार, ध्यान, प्रबुद्धता और चार श्रेष्ठ सत्य को नकारती है। यह **बौद्ध धर्म की मूल शिक्षाओं की व्याख्या वर्ग संघर्ष और सामाजिक समानता के रूप में करती है।**

बौद्ध साहित्य

भारत में बौद्ध साहित्य की दो प्रमुख श्रेणियाँ उपलब्ध हैं, अर्थात् प्राकृत और पाली साहित्य और संस्कृत साहित्य।

- **खन्धकस** - यह थेरवादीन की दूसरी पुस्तक है- *विनय पिटक,* जिसमें दो खंड शामिल हैं **: महावग्ग और कुलवग्ग।** इसमें मठवासी व्यवस्था में जीवन के पथ पर कानून शामिल हैं।
- **महावग्ग** - यह बुद्ध के जागरण और दस प्रमुख शिष्यों के बारे में है। इसमें 10 अध्याय हैं।

- **कुल्लवग्ग** – यह प्रथम एवं द्वितीय बौद्ध परिषद्, भिक्षुणी समुदाय की स्थापना और संघ के भीतर अपराधों से निपटने के नियमों के बारे में है। इसमें 12 अध्याय हैं।
- **परिवार** – यह एक श्रीलंकाई भिक्षु द्वारा लिखी गयी एक पुस्तिका है और इसमें विनय पिटक की सामग्री पर निर्देश शामिल हैं।
- **सुत्तविभंगा** – इसे पतिमोक्खा सुत्त के नाम से भी जाना जाता है। बौद्ध धर्म में, 'पतिमोक्खा' का तात्पर्य संघ के नियमों से है। **'पतिमोक्खा'** बौद्ध भिक्षुओं और भिक्षुणियों के व्यवहार को नियंत्रित करनेवाले नियमों का एक समूह है। इसका उद्देश्य मठवासी समुदाय के बीच अनुशासन, नैतिक व्यवहार और आध्यात्मिक विकास को बढ़ावा देना है। 'पति' का अर्थ है 'की ओर' और 'मोक्खा' का अर्थ है 'चक्रीय अस्तित्व से मुक्ति'। पतिमोक्खा में भिक्षुओं के लिए 227 नियम और भिक्षुणियों के लिए 311 नियम हैं।
- **दीघ निकाय** – यह बौद्ध धर्मग्रंथों का संग्रह है, जो पाँच निकायों में पहला निकाय है। इसमें 34 लंबे प्रवचन हैं। महापरिनिब्बान सुत्त सभी में सबसे महत्त्वपूर्ण है क्योंकि इसमें बुद्ध के अंतिम दिनों का विवरण शामिल है।
- **मज्झिम निकाय** – यह 152 सुत्तों का संग्रह है और इसमें निर्देशों पर मध्यम आकार की रिपोर्ट है।
- **संयुत्त निकाय** – यह निर्देशों का एक संग्रह है, जिसे 56 सुत्तों के समूहों में व्यवस्थित किया गया है।
- **अंगुत्तर निकाय** – यह बौद्ध धर्मग्रंथों का संग्रह है। इसका अर्थ है 'एक संग्रह से वृद्धि'। पहला अध्याय उन घटनाओं से संबंधित है, जो केवल एक बार घटित होती हैं, दूसरा अध्याय उन घटनाओं से संबंधित है, जो दो बार घटित होती हैं, इत्यादि।
- **खुद्दक निकाय** – यह बिखरी हुई साहित्यिक कृतियों के छोटे टुकड़ों का संग्रह है और इसमें विभिन्न पात्रों की रचनाएँ शामिल हैं।

जैन धर्म

'जैन' शब्द की उत्पत्ति **'जिन'** से हुई है, जिसका अर्थ है **'विजेता'**। इनका यह मानना है कि इनके धर्म में उन लोगों का समावेश हैं, जो अपनी इच्छाओं को नियंत्रित या उस पर विजय पाने में सफल रहे हैं। जैन धर्म का कोई एक संस्थापक नहीं है, इसके विपरीत 'सत्य' एक ऐसे शिक्षक द्वारा कठिन और विभिन्न समयों पर आता है, जो हमारा मार्गदर्शन करते हैं एवं वे **तीर्थंकर** होते हैं।

जैन धर्म में महावीर से पहले 23 *तीर्थंकर* या महान् ज्ञानी पुरुष हुए हैं। प्रायः यह एक ग़लत धारणा है कि **महावीर** जैन धर्म के संस्थापक थे, बल्कि वह तो अंतिम और 24वें *तीर्थंकर* थे। उन्होंने आध्यात्मिकता के लक्ष्य को प्राप्त किया और दूसरों को मोक्ष या मुक्ति पाने का सही मार्ग सिखाया। वह भगवान् के अवतार की भाँति थे, जिन्होंने मानव शरीर धारण किया था और आत्मा की शुद्ध स्थिति तक पहुँचने के लिए तपस्या और ध्यान किया था।

बौद्ध धर्म की भांति ही जैन धर्म में भी **वेदों की सत्ता को नकारा गया है।**

हालाँकि, बौद्ध धर्म के विपरीत, इनका **आत्मा एवं आत्मा के अस्तित्व में** विश्वास है। जैन धर्म के दर्शन का मूल आत्मा है। यह आत्मा ही है, जो अस्तित्व और ज्ञान का अनुभव करती है, न कि शरीर और मन, क्योंकि इन दोनों को पदार्थों का ढेर माना जाता है।

प्रमुख जैन तीर्थस्थलों में **माउंट आबू** में दिलवाड़ा मंदिर (राजस्थान), **पालिताना मन्दिर** (गुजरात), **गिरनार** (गुजरात) **शिखरजी** (झारखंड) और **श्रवणबेलगोला** (कर्नाटक) सम्मिलित हैं। *(व्यापक सूची अध्याय-1 में दी गयी है।)*

जैन धर्म के अंतर्गत 24 तीर्थंकर इस प्रकार हैं :
ऋषभदेव या आदिनाथ, अजित, सम्भव, अभिनन्दन, सुमति, पद्मप्रभु, सुपार्श्वनाथ, चन्द्राप्रभु, सुविधि, शीतल, श्रेयांसनाथ, वासुपूज्य, विमल, अनंत, धर्म, शांति, कुंथु, अरनाथ, मल्लि, सुव्रत, नमि, नेमि, पार्श्वनाथ और **महावीर**।

वर्धमान महावीर के संबंध में मूल बातें

- लगभग 540 ईसा पूर्व में, राजकुमार **वर्धमान** का जन्म वैशाली (बिहार में) स्थित **कुंडलग्राम** में राजा सिद्धार्थ और रानी त्रिशला के यहाँ हुआ था, जो **ज्ञातृक** वंश पर शासन करते थे। 30 वर्ष की आयु में, वे एक तपस्वी का जीवन व्यतीत करने के लिए अपना घर छोड़ कर यात्रा पर निकल पड़े। जैन पवित्र पुस्तकों के अनुसार, *वैशाख* के दसवें दिन वे पटना के निकट **पावा** नामक नगर में पहुँचे, जहाँ उन्हें 42 वर्ष की आयु में जीवन की सत्यता का ज्ञान, अर्थात् **केवल** ज्ञान की प्राप्ति हुई। उन्होंने अपना **पहला उपदेश पावा** में दिया। प्रत्येक तीर्थंकर के साथ एक प्रतीक जुड़ा है और महावीर का प्रतीक **सिंह** था।
- उन्हें **'महावीर'** या महान् नायक की उपाधि प्रदान की गयी। कुछ अन्य उपाधियाँ भी उन्हें दी गयीं, जैसे *जितेंद्रिय,* अर्थात् जिसने अपनी इंद्रियों पर विजय पा ली है और *निर्ग्रन्थ,* या जिसने स्वयं को सभी बन्धनों से मुक्त कर लिया है। 468 ईसा पूर्व में 72 वर्ष की आयु में बिहार के **पावापुरी** में उनका देहान्त हो गया।

महावीर

महावीर के शिष्य

जैन धर्मग्रंथों के अनुसार, महावीर ने आम लोगों के बीच अपने ज्ञान का प्रसार करने के लिए **समवसरण** (उपदेश मंडप) का आयोजन कियाा। उनका पहला समवसरण सफल नहीं रहा और उन्होंने पावा नगर में महासेना के उपवन में अपना दूसरा समवसरण आयोजित किया। यहाँ उनका ज्ञान जनता को समझ में आ गया और ग्यारह ब्राह्मणों ने उनका उपदेश ग्रहण किया और जैन धर्म में परिवर्तित हो गये।

इन ग्यारह ब्राह्मणों का नाम ***अचलभद्र, अग्निभूति, अकम्पिता, इंद्रभूति, मंडिकाता, मर्यादापुत्र, मेत्रेय, प्रभास, सुधर्मा, वायभूति*** और ***व्यक्त*** था। ये उनके शिष्य या **गणधर** बन गये।

भगवान् महावीर ने अपने प्रमुख शिष्यों को त्रिपदी ज्ञान (तीन उच्चारण) - *उपनीव* (उद्भव), *विगामीव* (विनाश) और *ध्रुवीव* (स्थायित्व) प्रदान किया।

तीन जैन परिषदें

- **प्रथम जैन परिषद्**
  - **हेमचंद्र के परिशिष्टपर्वन** में परिषद् के बारे में विस्तृत जानकारी शामिल है। लगभग 300 ईसा पूर्व में आयोजित प्रथम जैन परिषद के बाद जैन धर्म दो संप्रदायों में विभाजित हो गया था।

ये संप्रदाय श्वेतांबर और दिगंबर हैं। इस परिषद् में महावीर की शिक्षाओं को बारह अंगों में विभाजित किया गया। वे हैं:

1.	समवायंग	7.	उपासकदश:
2.	ज्ञातृधर्मकथा	8.	विपाकाश्रुता
3.	अन्तक्रददश:	9.	दृस्टिवाद
4.	व्याख्यप्रज्ञप्ति या भगवती सूत्र	10.	अचरंगा सूत्र
5.	सूत्रकृतांग	11.	प्रश्नव्याकरणानि
6.	अनुत्तारूपपतिकादश:	12.	स्थानंगा

- **तृतीय शताब्दी** ईसा पूर्व में **पाटलिपुत्र** में आयोजित की गयी थी और इसकी अध्यक्षता **स्थूलभद्र** ने की थी।

द्वितीय जैन परिषद्

- द्वितीय जैन परिषद् एक ही समय में दो स्थानों (गुजरात में वल्लभी, और उत्तर प्रदेश में मथुरा) पर आयोजित की गयी थी। इस परिषद् का मुख्य उद्देश्य पवित्र ग्रंथों का संकलन जारी रखना था। यह 512 ईसवी के आसपास आयोजित की गयी थी।
- **देवराधि क्षमा रमण** वल्लभी परिषद् के अध्यक्ष थे।
- 12 अंगों और 12 उपांगों का अंतिम संकलन किया गया।

तृतीय जैन परिषद्

- वल्लभी परिषद् II को तृतीय जैन परिषद् के रूप में जाना जाता है। वल्लभी में श्वेतांबर संप्रदाय के भिक्षु इस परिषद् में शामिल हुए।
- इस परिषद् का प्राथमिक उद्देश्य धार्मिक पुस्तकों (अगमास) में लेखों की संख्या को कम करना था।
- इसमें 500 से अधिक जैन आचार्य शामिल हुए।

जैन शिक्षाएँ और दर्शन

महावीर ने सही मार्ग या धर्म सिखाया और संसार में त्याग, कठोर तपस्या और नैतिकता विकसित करने पर बल दिया। जैन नैतिक रूप से अपने धर्म से बँधे हैं, ताकि वे ऐसा जीवन व्यतीत करें, जो अन्य किसी प्राणी को हानि नहीं पहुँचाये।

महावीर वैदिक सिद्धांतों में विश्वास नहीं करते थे। उन्होंने कभी भी ईश्वर के अस्तित्व पर विश्वास नहीं किया। महावीर ने कहा कि ब्रह्मांड कारण और प्रभाव की प्राकृतिक घटना का एक उत्पाद है। वह हमेशा कर्म और आत्मा के स्थानांतरण में विश्वास करते थे। महावीर के **मत में शरीर का अंत हो जाता है, लेकिन आत्मा जीवित रहती है**। मनुष्य को अपने कर्मों का फल भोगना ही पड़ता है। जैन धर्म समानता में विश्वास करता था, लेकिन बौद्ध धर्म के विपरीत, जाति व्यवस्था को अस्वीकार नहीं करता था। उपवास, नग्नता और आत्म-पीड़ा तपस्या के रूप हैं। जैन धर्म के अनुसार, ब्रह्मांड जीवित और निर्जीव संस्थाओं की परस्पर क्रिया के माध्यम से कार्य करता है। निर्जीव संस्थाएँ ईथर (व्योम), गति का माध्यम (धर्म), विश्राम का माध्यम (अधर्म), समय (काल) और पदार्थ (पुद्गल) हैं। आत्माएँ न केवल जानवरों और पौधों के जीवन की संपत्ति हैं, बल्कि पत्थर, चट्टानों, बहते पानी और कई अन्य प्राकृतिक वस्तुओं जैसी संस्थाओं की भी संपत्ति हैं, जिन्हें अन्य संप्रदायों द्वारा जीवित नहीं माना जाता है।

अनेकांतवाद : यह जैन धर्म का मौलिक सिद्धांत है, जो इस बात पर ज़ोर देता है कि परम सत्य और वास्तविकता जटिल है और इसके बहुत सारे पहलू हैं, इसलिए यह **निरंकुश** है। अर्थात् केवल एक विशिष्ट कथन अस्तित्व का और परम सत्य का वर्णन नहीं कर सकता।

उनका विश्वास है कि **त्रि-रत्न** मार्ग - सही विश्वास (*सम्यकदर्शन*), सही ज्ञान (*सम्यकज्ञान*) और सही आचरण (*सम्यकचरित्र*) से कोई भी स्वयं को पुनर्जन्म के चक्र से मुक्ति प्राप्त कर सकता है। जैन धर्म के इन 3 रत्नों को **रत्नत्राय** कहा जाता है।

जैनियों को जीवन में **पाँच निग्रहों** का पालन करने की आवश्यकता है :

1. *अहिंसा (हिंसा न करना);*
2. *सत्य (सच्चाई);*
3. *अस्तेय (चोरी न करना);*
4. *अपरिग्रह (उपार्जन न करना) और*
5. *ब्रह्मचर्य (जीवन में संयम)।*

पाँचवाँ निग्रह ब्रह्मचर्य **महावीर** द्वारा प्रतिपादित किया गया था।

जैन धर्म के सम्प्रदायों में निम्नलिखित **आठ पवित्र प्रतीक** (अष्टमंगल) हैं :

स्वस्तिक	यह सभी मानवों के लिए शांति और कल्याण का प्रतीक है।
नंदवर्त	यह एक बड़ा स्वस्तिक है, जिसके नौ सिरे हैं।
भद्रासन	एक सिंहासन, जिसे जैन के चरणों द्वारा पवित्र किया गया है।
श्रीवत्स (अंतहीन गाँठ)	तीर्थंकर की छाती में प्रकट हुआ एक चिह्न, जो उनकी शुद्धता का प्रतीक है।
दर्पण	एक शीशा, जिसमें अन्तरात्मा प्रतिबिम्बित होती है।
मीनयुगल	मछलियों का एक युगल, जो इन्द्रियों पर विजय का प्रतीक है।
वर्धमानक	दीपक की भाँति उपयोग किये जानेवाली एक छिछली प्लेट, जो धन और योग्यता में वृद्धि को प्रदर्शित करती है।
कलश	शुद्ध जल से भरा एक बर्तन, जो जल का प्रतीक है।

कृपया नोट करें : हथेली पर चक्र का प्रतीक जैन धर्म में अहिंसा को दर्शाता है। इसके मध्य में **अहिंसा** शब्द लिखा हुआ है।

हथेली पर चक्र के साथ एक हाथ

नंदवर्त

जैन धर्म के तहत यह **श्वेतांबर संप्रदाय** के आठ शुभ प्रतीकों में से एक है। यह एक अष्टमंगल है, जो पूजा के लिए उपयोग किया जाता है। अनिवार्य रूप से **नौ कोने / मोड़ के साथ प्रतीक की चार भुजाएँ हैं**। यह प्रतीक अरनाथ तीर्थंकर से भी जुड़ा है।

जैन धर्म में दो प्रमुख विचारधाराएँ (शाखाएँ) या सम्प्रदाय हैं :

जैन धर्म

↓

दिगम्बर | **श्वेताम्बर**

जैन धर्म की दो प्रमुख प्राचीन उप-परम्पराएँ या परिपाटियाँ हैं :

1. **दिगम्बर** - उप-सम्प्रदायों में मूल संघ (मूल समुदाय) और तेरापंथी, तारणपंथी और बीसपंथी सम्मिलित हैं (इन तीनों को आधुनिक समुदाय माना जाता है)]
2. **श्वेताम्बर** - उप-सम्प्रदायों में स्थानकवासी और मूर्तिपूजक सम्मिलित हैं।

कई अन्य छोटी उप-परम्पराएँ हैं, जो दूसरी सहस्राब्दी में उभरीं।

दिगम्बर शाखा (विचारधारा)

- *दिगम्बर* संप्रदाय के भिक्षु **वस्त्र धारण नहीं करते,** क्योंकि यह पंथ पूर्ण नग्नता का समर्थन करता है।
- महिला भिक्षु (भिक्षुणियाँ) बिना सिली हुई श्वेत साड़ी पहनती हैं और उन्हें **अर्यिकाएँ** कहा जाता है।
- श्वेताम्बरों के विपरीत, *दिगम्बर महावीर की शिक्षा के अनुसार* **सभी पाँचों निग्रहों का पालन करते हैं** *(अहिंसा, सत्य, अस्तेय, अपरिग्रह और ब्रह्मचर्य)।*
- **भद्रबाहु** दिगम्बर पंथ के प्रतिपादक थे और लम्बे अकाल की भविष्यवाणी करने के बाद वह अपने अनुयायियों को लेकर कर्नाटक चले गये थे।
- *दिगम्बर* मान्यताओं का पहला अभिलेख कुंदकुंदाचार्य की प्राकृत **सुत्त पाहुड** में मिलता है।
- दिगम्बर जैनियों की मान्यता है कि **महिलाएँ तीर्थंकर नहीं हो सकतीं** और **उन्नीसवें तीर्थंकर मल्लिनाथ पुरुष थे, जबकि श्वेताम्बर जैनी उन्हें महिला तीर्थंकर मल्लीबाई के रूप में मानते हैं।**
- दिगम्बर पंथ में मठ सम्बन्धी नियम **अत्यधिक कठोर** हैं।

श्वेताम्बर शाखा (विचारधारा)

- **श्वेताम्बर पार्श्वनाथ** के उपदेशों का पालन करते हैं, अर्थात् उनका विश्वास है कि **केवल ज्ञान प्राप्त** करने के लिए **केवल चार निग्रह** (ब्रह्मचर्य को छोड़ कर) का ही पालन किया जाना चाहिए।
- *श्वेताम्बर,* दिगम्बरों की विचारधारा के विपरीत यह मानते हैं कि 23वें और 24वें तीर्थंकर विवाहित थे।
- *स्थूलभद्र इस परम्परा के महान् प्रतिपादक थे और भद्रबाहु के विपरीत मगध में ही रहे।*

- श्वेताम्बर परम्परा के भिक्षु **साधारण श्वेत वस्त्र**, एक भिक्षा पात्र, मार्ग से कीड़ों को हटाने के लिए एक ब्रश, पुस्तकें और लेखन सामग्री अपने पास रखते हैं।
- उनका मानना है कि **महिलाएँ भी तीर्थंकर हो सकती हैं** और कहते हैं कि मल्ली ने अपना जीवन एक राजकुमारी की भाँति प्रारम्भ किया था।
- जैन धर्म की श्वेताम्बर परम्परा **5 अनन्त पदार्थों का अस्तित्व प्रकट करती है**- आत्मा (*जीव*), पदार्थ (*पुद्गल*), अंतरिक्ष (*आकाश*), गति (*धर्म*) तथा स्थिरता (अधर्म), जबकि दिगम्बर इसमें समय (*काल*) को भी इसके छठे अनन्त पदार्थ के रूप में जोड़ते हैं।

सिद्धचक्र एक लोकप्रिय मंत्र या जैन धर्म में पूजा के लिए उपयोग किया जानेवाला एक रहस्यमय चित्र है। इसे श्वेतांबर परंपरा में नवपद और दिगंबर परंपरा में नवदेवता कहा जाता है।

दिगम्बर और श्वेताम्बर संप्रदायों के अंतर्गत उप-सम्प्रदाय

दिगम्बर परम्परा

इसके दो प्रमुख उप-सम्प्रदाय हैं।

दिगम्बर परम्परा
→ **मूल संघ**
→ **बीसपंथी, तेरापंथी और तारणपंथी**

1. **मूल संघ :** मूल समुदाय
2. **बीसपंथी, तेरापंथी और तारणपंथी :** आधुनिक समुदाय

तेरापंथी बनाम बीसपंथी

तेरापंथी, बीसपंथियों की भाँति, अष्ट-द्रव्य से मूर्ति पूजन करते हैं, **परन्तु फूलों और फलों के स्थान पर सूखे विकल्प का उपयोग करते हैं।**

बीसपंथी **तीर्थंकरों के साथ-साथ यक्ष और यक्षिणी,** जैसे कि भैरव तथा क्षेत्रपाल की भी पूजा करते हैं। उनकी धार्मिक प्रथाओं में आरती, फूलों, फलों और प्रसाद का चढ़ाना भी सम्मलित है। **भट्टारक उनके धर्मगुरु** हैं और वे **राजस्थान और गुजरात** में अधिक केन्द्रित हैं।

दूसरी ओर, दिगम्बर **तेरापंथी सम्प्रदाय भट्टारक का विरोध करते हैं और केवल तीर्थंकर की पूजा करते हैं।**

श्वेताम्बर सम्प्रदाय

इसमें तीन उप-सम्प्रदाय सम्मिलित हैं।

श्वेताम्बर सम्प्रदाय

स्थानकवासी | **मूर्तिपूजक (डेरावासी)** | **तेरापंथी**

1. **स्थानकवासी : वे मूर्ति पूजा के स्थान पर संतों की पूजा में विश्वास करते हैं**। संत, मूर्तिपूजकों के विपरीत, **मुखपट्‌टी पहनते हैं।**
2. **मूर्तिपूजक (डेरावासी) :** वे अपने **मन्दिरों में तीर्थंकरों की मूर्तियाँ रखते हैं** और उनकी पूजा करते हैं और उनके संत **मुँहपट्‌टी नहीं पहनते** हैं।
3. **तेरापंथी :** वे स्थानकवासी जैसे मंदिर में मूर्ति की अपेक्षा संतों से प्रार्थना करते हैं। तेरापंथी संत भी मुहँपट्‌टी पहनते हैं।

जैन धर्म के कुछ प्रमुख शाही संरक्षक

जैन धर्म के कुछ प्रमुख शाही संरक्षक उत्तर भारत से बिम्बिसार, अजातशत्रु, चंद्रगुप्त मौर्य, बिन्दुसार, हर्षवर्द्धन, खारवेल और दक्षिण भारत से कदंब वंश, गंगा वंश, अमोघवर्ष और कुमारपाल (चालुक्य वंश) हैं।

कुछ महत्त्वपूर्ण जैन आचार्य

कुछ महत्त्वपूर्ण जैन आचार्य हैं :

- आचार्य ज्ञानसागर, आचार्य सामंतभद्र (*रत्नाकरंद श्रावकाचार, आप्त-मीमांसा, स्वयंभूस्तोत्र के लेखक*), अकलंका, नेमिचंद्र सिद्धांत चक्रवर्ती (*गोम्मटसार के लेखक*), यतिवृषभ (*तिलोया पनाति प्रभाचंद्र के लेखक*), वीरसेना, पूज्यपाद, अपराजिता, आर्यानंदी, गणेशप्रसाद वर्णी, **दिगंबर तपस्वियों** में जम्बूविजय, कुमुदेंदु मनतुंगा (*भक्तामर स्तोत्र के रचयिता*) शांतिसागर, आदिकवि पंपा (*कवि, 'कन्नड़ साहित्य के तीन रत्नों में से एक'*)।
- **श्वेतांबर तपस्वियों** में सोमदेव सूरी, वल्लभसूरि महोपाध्या यशोविजयजी, राम चंद्र सूरी, आनंद ऋषिजी महाराज, स्थूलभद्र, भिक्षु (जैन धर्म के तेरापंथी संप्रदाय के निर्माता), विजयानंदसूरी, हरिभद्र, हेमचंद्र, हीराविजय, आचार्य विजय वल्लभ सूरी, आचार्य विमलसागर।

जैन धर्म की लोकप्रिय प्रथाएँ

- **सल्लेखना :** यह भोजन और तरल पदार्थों के सेवन को धीरे-धीरे कम कर **मृत्यु के लिए स्वेच्छा से उपवास** की एक धार्मिक प्रथा है। **जैन विद्वान् इसे आत्महत्या नहीं मानते हैं**, क्योंकि यह कोई जुनूनी कार्य नहीं है, न ही इसमें किसी प्रकार के विष या अस्त्र-शस्त्र का उपयोग होता है। इसे जैन तपस्वियों और गृहस्थ साधक, दोनों के द्वारा अपनाया जा सकता है।

सन 2015 में राजस्थान उच्च न्यायालय ने *सल्लेखना* पर प्रतिबंध लगा दिया था, परन्तु माननीय सर्वोच्च न्यायालय ने उसी वर्ष के अंत में इस प्रतिबंध को हटा दिया।

- **प्रतिक्रमण :** यह एक प्रक्रिया है, जिसकी अवधि में **जैन अपने दैनिक जीवन में किये गये पापों के लिए पश्चात्ताप करते हैं** और स्वयं को याद दिलाते हैं कि उन पापों को दोहराना नहीं है। पाँच प्रकार के प्रतिक्रमण में देवसी, राय, पाखी, चौमासी और सम्वतसरी सम्मिलित हैं।

जैन ध्वज

जैन ध्वज में पाँच रंग हैं – **लाल, पीला, सफ़ेद, हरा और गहरा नीला**। ये पाँच रंग पंच-परमेष्ठी का प्रतिनिधित्व करते हैं। सभी 24 तीर्थंकर किसी-न-किसी रंग से जुड़े हैं।

सफ़ेद	अरिहंत का प्रतिनिधित्व करता है (जिसने केवल ज्ञान प्राप्त कर लिया है)
लाल	सिद्ध (आत्मा, जिसने मोक्ष और सत्य प्राप्त कर लिया है) का प्रतिनिधित्व करता है
पीला	आचार्य (निपुणों के गुरु) का प्रतिनिधित्व करता है
हरा	उपाध्याय (जो भिक्षुओं को शास्त्र पढ़ाते हैं) का प्रतिनिधित्व करता है
गहरा नीला	साधु (भिक्षुओं) का प्रतिनिधित्व करता है

ध्वज के मध्य में **स्वस्तिक निम्न चार रूपों में से किसी एक में आत्मा के अवतार का प्रतिनिधित्व** करता है : *देवताओं में, मनुष्यों में, पशु / पक्षियों / कीटों / पौधों में या नरक के प्राणियों में।* इन चार रूपों में आत्मा का उत्थान या पतन कर्म पर निर्भर करता है। आत्मा का उद्देश्य इन चार रूपों / चरणों से मुक्त होकर अरिहंत या सिद्ध बनना है।

स्वस्तिक के ऊपर के तीन बिंदु जैन धर्म के **रत्नत्रय** (या तीन रत्नों) का प्रतिनिधित्व करते हैं, अर्थात्, सही श्रद्धा, सही ज्ञान और सही आचरण।

तीन बिंदुओं के ऊपर की वक्रता सिद्धशिला को दर्शाती है, अर्थात् ब्रह्मांड के शीर्ष पर स्थित एक शाश्वत स्थान, जहाँ अरिहंत और सिद्ध निवास करते हैं।

बौद्ध धर्म और जैन धर्म : एक संक्षिप्त तुलना

समानताएँ

- दोनों ने **वेदों का प्राधिकार अस्वीकार कर दिया**, मोक्ष प्राप्त करने के साधन के रूप में संन्यास और मानव प्रयास पर बल दिया और स्त्रियों और पुरुषों दोनों के लिए मठ संबंधी व्यवस्था की स्थापना की।
- दोनों उपनिषदों के **दर्शन से प्रेरित** थे, अर्थात् जीवन का अंतिम लक्ष्य मोक्ष है।

अंतर

- जैन धर्म ने **ईश्वर के अस्तित्व को मान्यता दी**, जबकि बौद्ध धर्म ने नहीं।
- जैन धर्म वर्ण व्यवस्था की **निंदा नहीं** करता, जबकि बौद्ध धर्म करता है।
- जैन धर्म आत्मा के देहांतरण, अर्थात् **पुनर्जन्म** में विश्वास करता है, जबकि बौद्ध धर्म पुनर्जन्म में विश्वास नहीं करता और यह आत्मा के अस्तित्व की अवधारणा को अस्वीकार करता है।
- बौद्ध धर्म **मध्यममार्ग** का उपदेश देता है, जबकि जैन धर्म अपने अनुयायियों के लिए पूर्ण तपस्या का जीवन जीने में विश्वास करता है।

अध्याय का सारांश

- **बौद्ध धर्म** – भारतीय उपमहाद्वीप से उत्पन्न होकर – दक्षिण-पूर्व एशिया के बड़े हिस्से में विस्तृत हुआ – बौद्ध धर्म सिद्धार्थ की कहानी से जुड़ा है, जिन्हें बुद्ध के रूप में जाना जाने लगा – दुनिया का चौथा सबसे बड़ा धर्म है।
- **गौतम बुद्ध** – लुंबिनी में जन्म हुआ था – 563 ईसा पूर्व में – वैशाख पूर्णिमा के शुभ दिन को – राजकुमारी यशोधरा से विवाह किया – राहुल नामक एकमात्र पुत्र था।
- **अपने जन्म के दिन ही 35 वर्ष की आयु में, उन्हें उस पीपल के पेड़ के नीचे ज्ञान (निर्वाण) मिला** – वाराणसी के निकट सारनाथ में (हिरण उद्यान) मृगदाव में अपने पाँच साथियों को अपना पहला उपदेश दिया – इस घटना को धर्म-चक्र प्रवर्तन कहा जाता है।
- **बौद्ध धर्म के त्रिरत्न : बुद्ध** (प्रबुद्ध) – धम्म (बुद्ध की शिक्षाएँ) – संघ (मठ संबंधी व्यवस्था)।
- लगभग 483 ई.पू. में – 80 वर्ष की आयु में – **बुद्ध ने कुशीनगर में महापरिनिर्वाण प्राप्त किया।**
- **बौद्ध धर्म के अंतर्गत चार प्रमुख आर्य सत्य: दुःख की उत्पत्ति का सत्य (समुदय)** – दुःख का सत्य – दुःख की समाप्ति का सत्य (निरोध) – दुःख की समाप्ति के मार्ग का सत्य (मार्ग)।
- **बौद्ध धर्म वेदों की प्रामाणिकता अस्वीकार करता है** – आत्मा के अस्तित्व की अवधारणा अस्वीकार करता है।
- **बौद्ध धर्म के अंतर्गत विकसित हुए चार प्रमुख सम्प्रदाय** – हीनयान – महायान – थेरवाद – वज्रयान।
- **हीनयान** – छोटा वाहन – बुद्ध का मूल उपदेश – मूर्ति पूजा में विश्वास नहीं करता था – व्यक्तिगत मुक्ति प्राप्त करना – अंतिम उद्देश्य निर्वाण है – जनता के साथ संवाद करने के लिए पालि भाषा का उपयोग किया – सम्राट् अशोक ने हीनयान संप्रदाय को संरक्षण दिया।
- **महायान** – बड़ा वाहन – बुद्ध और बोधिसत्वों की स्वर्गीयता में विश्वास करता है – बुद्ध प्रकृति को साकार करता है – बुद्ध की मूर्ति पूजा में विश्वास करता है – महायान ग्रंथों में कमल सूत्र, महावंश आदि शामिल हैं – दो उप-सम्प्रदाय माध्यमिक और योगाचार हैं।
- **जैन धर्म** – जैन शब्द जिन या जैन अर्थात 'विजेता' से लिया गया है – यह मानता है कि सत्य संसार में कठिन और अलग-अलग समय में ऐसे शिक्षक या तीर्थंकर द्वारा आता है, जो मार्ग दिखाता है – वेदों का प्राधिकार अस्वीकार करता है – आत्मा के अस्तित्व में विश्वास करता है।
- **राजकुमार वर्धमान** – वैशाली के कुंडलग्राम में जन्म हुआ – लगभग 540 ईसा पूर्व में – उन्हें 'महावीर' की उपाधि दी गयी – 42 वर्ष की आयु में केवल ज्ञान प्राप्त किया।
- **जैन त्रि-रत्न (रत्नत्राय) मार्ग में विश्वास करते हैं :** सही विश्वास *(सम्यकदर्शन)* – सही ज्ञान *(सम्यकज्ञान)* – सही आचरण *(सम्यकचरित्र)*।

- **जैन जीवन में पाँच निग्रहों का पालन करते हैं :** अहिंसा - सत्य - अस्तेय (चोरी नहीं करना) - अपरिग्रह (धनसंचय नहीं) - ब्रह्मचर्य।
- **दिगंबर** - पूर्ण नग्नता में विश्वास करते हैं - सभी पाँच निग्रहों का पालन करते हैं - भद्रबाहु दिगंबर मत के प्रतिपादक थे - मानते हैं कि स्त्रियाँ तीर्थंकर नहीं हो सकतीं - दो प्रमुख उप संप्रदाय - मूल संघ (मूल समुदाय) और बीसपंथी, तेरापंथी और तारणपंथी (आधुनिक समुदाय)।
- **श्वेतांबर** - पार्श्वनाथ के उपदेशों का पालन करते हैं - साधारण श्वेत वस्त्र धारण करते हैं - मानते हैं कि स्त्री और पुरुष, दोनों तीर्थंकर हो सकते हैं - अस्तित्वमान पाँच शाश्वत पदार्थों को सूचित करते हैं: आत्मा (जीव) - पदार्थ (पुद्गल) - अंतरिक्ष (आकाश) - गति (धर्म) - विश्राम (अधर्म)।

यू.पी.एस.सी. पिछले वर्षों के बहुविकल्पीय प्रश्न

1. धान्यकटक, जो महासांघिकों के अधीन एक प्रमुख बौद्ध केन्द्र के रूप में समृद्ध हुआ, निम्नलिखित में सें किस एक क्षेत्र में अवस्थित था? **(CSE, 2023)**

   (a) आंध्र (b) गांधार
   (c) कलिंग (d) मगध

2. प्राचीन भारत के संदर्भ में, निम्नलिखित कथनों पर विचार कीजिए : **(CSE, 2023)**

   1. स्तूप की संकल्पना मूलत: बौद्ध संकल्पना है।
   2. स्तूप आमतौर पर अवशेषों का निक्षेपागार होता था।
   3. बौद्ध परंपरा में स्तूप एक संकल्प-अर्पित या स्मारक संरचना होती थी।

   उपर्युक्त में से कितने कथन सही हैं?

   (a) केवल एक (b) केवल दो
   (c) सभी तीन (d) कोई भी नहीं

3. "आत्मा केवल जंतु और पादप जीवन की संपदा नहीं है, बल्कि शिलाओं, प्रवाहित जलधाराओं और अन्य अनेक प्राकृतिक वस्तुओं की भी है, जिन्हें अन्य धार्मिक संप्रदाय जीवित नहीं मानते।"

   उपर्युक्त कथन प्राचीन भारत के निम्नलिखित में से किस एक धार्मिक संप्रदाय के एक मूलभूत विश्वास को प्रतिबिंबित करता है? **(CSE, 2023)**

   (a) बौद्ध परंपरा
   (b) जैन परंपरा
   (c) शैव परंपरा
   (d) वैष्णव परंपरा

4. निम्नलिखित युग्मों पर विचार कीजिए : **(CSE, 2023)**

	स्थल	*जिसके लिए जाना जाता है*
1.	बेसनगर	शैव गुफा मंदिर
2.	भाजा	बौद्ध गुफा मंदिर
3.	सित्तनवासल	जैन गुफा मंदिर

   उपर्युक्त में से कितने युग्म सही सुमेलित हैं?

   (a) केवल एक (b) केवल दो
   (c) सभी तीन (d) कोई भी नहीं

5. भारतीय इतिहास के सन्दर्भ में, निम्नलिखित युग्मों पर विचार कीजिए :

	ऐतिहासिक व्यक्ति		**किस रूप में जाने गये**
1.	आर्यदेव	-	जैन विद्वान
2.	दिग्नाग	-	बौद्ध विद्वान
3.	नाथमुनि	-	वैष्णव विद्वान्

   उपर्युक्त युग्मों में से कितने युग्म सही सुमेलित हैं? **(CSE, 2022)**

   (a) कोई भी युग्म नहीं (b) केवल एक युग्म
   (c) केवल दो युग्म (d) सभी तीन युग्म

6. प्रारंभिक बौद्ध मूर्तिकारों ने बुद्ध को मानव रूप में नहीं दर्शाया। निम्नलिखित में से किन प्रतीकों के माध्यम से प्रारंभिक मूर्तिकारों ने बुद्ध की उपस्थिति को दर्शाया था? **(NDA I, 2022)**

   (a) केवल रिक्त आसन और स्तूप
   (b) केवल चक्र और वृक्ष
   (c) केवल चक्र, वृक्ष और स्तूप
   (d) रिक्त आसन, चक्र, वृक्ष और स्तूप

7. निम्नलिखित में से कौन जैन आचार्य नहीं था? **(CDS II, 2021)**
   (a) भद्रबाहु (b) खेमा
   (c) हरिभद्र (d) सिद्धसेना दिवाकर

8. भारत के सांस्कृतिक इतिहास के संदर्भ में निम्नलिखित युग्मों पर विचार कीजिए :
   1. परिव्राजक – परित्यागी व भ्रमणकारी
   2. श्रमण – उच्च पद प्राप्त पुजारी
   3. उपासक – बौद्ध धर्म का साधारण अनुगामी

   ऊपर दिये गये युग्मों में से कौन-सा सही सुमेलित है? **(CSE, 2020)**
   (a) केवल 1 और 2 (b) केवल 1 और 3
   (c) केवल 2 और 3 (d) 1, 2 और 3

9. भारत के सांस्कृतिक इतिहास के संदर्भ में, निम्नलिखित में से कौन-सा ''पारमिता'' शब्द का सही वर्णन है? **(CSE, 2020)**
   (a) सूत्रात्मक शैली में लिखे गये सबसे पुराने धर्मशास्त्र पाठ
   (b) वेदों का प्राधिकार अस्वीकार करनेवाले दार्शनिक सम्प्रदाय
   (c) परिपूर्णताएँ, जिनकी प्राप्ति से बोधिसत्व पथ का मार्ग प्रशस्त हुआ
   (d) प्रारंभिक मध्यकालीन दक्षिण भारत के शक्तिशाली व्यापारी श्रेणियाँ

10. भारत के धार्मिक इतिहास के संदर्भ में निम्नलिखित कथनों पर विचार कीजिए:
    1. स्थविरवादी महायान बौद्ध धर्म से संबंधित है।
    2. लोकोत्तरवादी संप्रदाय बौद्ध धर्म के महासंघिक संप्रदाय की एक शाखा थी।
    3. महासंघिकों द्वारा बुद्ध में देवत्वारोपण ने महायान बौद्ध धर्म को प्रोत्साहित किया।

    ऊपर दिये गये कथनों में से कौन-सा/से सही है/हैं? **(CSE, 2020)**
    (a) केवल 1 और 2 (b) केवल 2 और 3
    (c) केवल 3 (d) 1, 2 और 3

11. निम्नलिखित पर विचार कीजिए:
    1. बुद्ध में देवत्वारोपण
    2. बोधिसत्व के मार्ग पर चलना
    3. मूर्तिपूजा और अनुष्ठान।

    उपर्युक्त में से कौन-सा/से महायान बौद्ध धर्म की विशेषता/एँ है/हैं? **(CSE, 2019)**
    (a) केवल 1 (b) केवल 1 और 2
    (c) केवल 2 और 3 (d) 1, 2 और 3

12. निम्नलिखित में से किस बौद्ध ग्रंथ में राजा अवंतीपुत्त और बुद्ध के एक शिष्य कच्छन के बीच वर्ण पर संवाद है? **(CDS II, 2019)**
    (a) मज्झिम निकाय (b) संयुत्त निकाय
    (c) अंगुत्तर निकाय (d) अंबत्थ सुत्त

13. जैन धर्म के बारे में निम्नलिखित में से कौन-सा/से कथन सही है/हैं?
    1. जैन धर्म में सबसे महत्त्वपूर्ण विचार यह है कि संपूर्ण संसार सजीव है, यहाँ तक कि पत्थर, चट्टानों और जल में भी जीवन है।
    2. कर्म के चक्र से अपने आपको मुक्त करने के लिए तपश्चर्या और कायाक्लेश आवश्यक है।

    नीचे दिये गये कोड का प्रयोग कर सही उत्तर चुनिए। **(CAPF, 2019)**
    (a) केवल 1 (b) केवल 2
    (c) दोनों 1 और 2 (d) न तो 1 और न ही 2

14. बोधिसत्व के बारे में निम्नलिखित में से कौन-सा/से कथन सही है/हैं?
    1. उन्हें अत्यधिक दयालु मनुष्य माना जाता था, जिन्होंने अपने प्रयासों से उत्कृष्टता अर्जित की थी।
    2. उन्होंने निर्वाण प्राप्त करने का प्रयास किया।

    नीचे दिये गये कोड का प्रयोग कर सही उत्तर चुनिए। **(CAPF, 2019)**
    (a) केवल 1 (b) केवल 2
    (c) दोनों 1 और 2 (d) न तो 1 और न ही 2

15. किस बौद्ध ग्रंथ में मौर्य सम्राट् अशोक का विवरण है? **(CDS I, 2018)**
    (a) विनय पिटक (b) सुत्त पिटक
    (c) अभिधम्म पिटक (d) महावंश

16. भारत में बौद्ध स्तूपों के बारे में निम्नलिखित में से कौन-सा कथन सही नहीं है? **(CDS I, 2018)**
    (a) अशोक ने स्तूप पंथ को लोकप्रिय बनाने में महत्त्वपूर्ण भूमिका निभायी।
    (b) स्तूप बुद्ध और अन्य भिक्षुओं के अवशेषों के निधान थे।
    (c) स्तूप ग्रामीण क्षेत्रों में स्थित थे।
    (d) स्तूप व्यापार मार्गों के निकट स्थित थे।

17. भारत में धार्मिक प्रथाओं के संदर्भ में, ''स्थानकवासी'' संप्रदाय किससे संबंधित है? **(CSE, 2018)**
(a) बौद्ध मत (b) जैन मत
(c) वैष्णव मत (d) शैव मत

18. भारतीय इतिहास के संदर्भ में, निम्नलिखित में से कौन भावी बुद्ध है, जो संसार की रक्षा हेतु अवतरित होंगे? **(CSE, 2018)**
(a) अवलोकितेश्वर (b) लोकेश्वर
(c) मैत्रेय (d) पद्मपाणि

19. भारत के धार्मिक इतिहास के संदर्भ में, निम्नलिखित कथनों पर विचार करें:
1. सौत्रंतिक और सम्मितीय जैन धर्म के संप्रदाय थे।
2. सर्वस्तीवादिन ने माना कि परिघटना के घटक पूर्ण रूप से क्षणिक नहीं थे, लेकिन एक अव्यक्त रूप में हमेशा के लिए मौजूद थे।

ऊपर दिये गये कथनों में से कौन-सा/से सही है/हैं? **(CSE, 2017)**
(a) केवल 1 (b) केवल 2
(c) 1 और 2 दोनों (d) न तो 1 और न ही 2

20. छठी और चौथी शताब्दी ईसा पूर्व के बीच नास्तिक संप्रदायों के संबंध में निम्नलिखित में से कौन-से कथन सही हैं?
1. जैन विचार पहले से ही सातवीं शताब्दी ईसा पूर्व में पार्श्व द्वारा प्रसारित किये जा रहे थे।
2. हालाँकि बौद्ध धर्म और कुछ सीमा तक जैन धर्म ने भौतिक जीवन में हो रहे परिवर्तनों को ध्यान में रखा और रूढ़िवाद के विरूद्ध प्रतिक्रिया व्यक्त की, लेकिन इनमें से किसी ने भी जाति व्यवस्था को समाप्त करने का प्रयास नहीं किया।
3. कहा जाता है कि महावीर की पहली शिष्या एक बंदी दासी थी।
4. बुद्ध ने माना कि भिक्षुणियाँ भिक्षु की तरह आध्यात्मिक मुक्ति प्राप्त कर सकती हैं और उन्होंनें भिक्षुक व्यवस्था में समान दर्जा प्रदान किया।

नीचे दिये गये कोड का प्रयोग कर सही उत्तर चुनिए। **(CDS II, 2017)**
(a) 1, 2, 3 और 4
(b) केवल 1, 2 और 3
(c) केवल 1, 2 और 4
(d) केवल 3 और 4

21. निम्न में से कौन-सा राज्य बुद्ध के जीवन से जुड़ा था? **(CSE, 2015)**
(i) अवंती (ii) गांधार
(iii) कोशल (iv) मगध

नीचे दिये गये कोड का प्रयोग करके सही उत्तर चुनिए।
(a) (i), (ii) और (iii)
(b) (ii) और (iii)
(c) (i), (iii) और (iv)
(d) (iii) और (iv)

22. किसके संरक्षण में चौथी बौद्ध परिषद कश्मीर में आयोजित की गई थी। **(CDS I, 2014)**
(a) बिंदुसार (b) अशोक
(c) कुनाल (d) कनिष्क

23. निम्नलिखित में से कौन-सा/से बुद्ध के जीवन से संबंधित नहीं था/थे?
1. कंथक 2. अलार कालाम
3. चन्ना 4. गोशाल मस्करीपुत्र

नीचे दिये गये कोड का प्रयोग कर सही उत्तर चुनिए। **(CDS II, 2013)**
(a) केवल 1 (b) केवल 4
(c) 1 और 2 (d) 3 और 4

24. **कथन I:** चंद्रगुप्त के शासनकाल के अंत में गंगा घाटी में पड़े भयंकर अकाल के बाद भद्रबाहु के नेतृत्व में जैन भिक्षुओं का दक्कन में भारी पलायन हुआ। **(CDS II, 2013)**

कथन II: चंद्रगुप्त मौर्य भिक्षु के रूप में जैन प्रस्ताव में शामिल हो गये।
(a) दोनों कथन अलग-अलग सही हैं और कथन II कथन I की सही व्याख्या है।
(b) दोनों कथन अलग-अलग सही हैं, लेकिन कथन II कथन I की सही व्याख्या नहीं है।
(c) कथन I सही है, लेकिन कथन II ग़लत है।
(d) कथन I ग़लत है, लेकिन कथन II सही है।

25. **कथन I:** महावीर शुरू में निरग्रंथ नामक तपस्वियों के समूह में शामिल हो गये। **(CDS II, 2013)**

कथन II: इस संप्रदाय की स्थापना 200 वर्ष पहले पार्श्व ने की थी।
(a) दोनों कथन अलग-अलग सही हैं और कथन II कथन I की सही व्याख्या है।

(b) दोनों कथन अलग-अलग सही हैं, लेकिन कथन II कथन I की सही व्याख्या नहीं है।
(c) कथन I सही है, लेकिन कथन II ग़लत है।
(d) कथन I ग़लत है, लेकिन कथन II सही है

26. बौद्ध धर्म के महायान और हीनयान सम्प्रदाय के बीच महत्त्वपूर्ण अंतर यह है कि : **(CAPF, 2013)**
(a) महायान ने पुण्य हस्तांतरण की अनुमति दी, जबकि हीनयान में कोई व्यक्ति केवल उदाहरण और सलाह से ही दूसरे की सहायता करता था।
(b) महायान बोधिसत्वों में विश्वास करता था, जबकि हीनयान नहीं।
(c) हीनयान ने दुख उद्धारकर्ता के विचार को बढ़ावा दिया।
(d) महायान ने 'अरहंत' का विचार प्रतिपादित किया।

27. बौद्ध संघ भिक्षुओं का संगठन था- **(CAPF, 2013)**
(a) जो धम्म के शिक्षक बन गये थे।
(b) जिन्होंने शिक्षा के प्रसार में सहायता की थी।
(c) जिन्होंने राज्य के एकीकरण में सहायता की थी।
(d) जिन्होंने संकट के समय में ग़रीबों को राहत प्रदान की थी।

28. प्राचीन भारत के इतिहास के संदर्भ में, निम्नलिखित में से कौन-सा बौद्ध धर्म और जैन धर्म, दोनों के लिए सामान्य था?
(i) तपस्या और भोग की चरम सीमाओं से बचना।
(ii) वेदों के प्राधिकार के प्रति उदासीनता।
(iii) अनुष्ठानों की प्रभावकारिता का अस्वीकार।
नीचे दिये गये कोड का उपयोग करके सही उत्तर चुनें **(CSE, 2012)**
(a) केवल (i) (b) (ii) और (iii)
(c) (i) और (iii) (d) (i), (ii) और (iii)

29. अनेकांतवाद एक मुख्य सिद्धांत और दर्शन है, जो निम्नलिखित में से किससे सम्बन्धित है? **(CSE, 2009)**
(a) बौद्ध धर्म (b) जैन धर्म
(c) सिख धर्म (d) वैष्णववाद

उत्तर

1. (a)	2. (b)	3. (b)	4. (b)	5. (c)	6. (d)	7. (b)	8. (b)
9. (c)	10. (b)	11. (d)	12. (a)	13. (c)	14. (a)	15. (d)	16. (c)
17. (b)	18. (c)	19. (b)	20. (a)	21. (d)	22. (d)	23. (b)	24. (b)
25. (a)	26. (b)	27. (b)	28. (b)	29. (b)			

यू.पी.एस.सी. पिछले वर्षों के प्रश्न - मुख्य परीक्षा

1. पाल काल भारत में बौद्ध धर्म के इतिहास में सबसे महत्त्वपूर्ण चरण है। वर्णन कीजिए। (150 शब्द) **(CSE, 2020)**

2. बोधिसत्व के बारे में लिखें। **(CSE, 2008)**

3. सुत्त पिट्टक के बारे में लिखें। **(CSE, 2005)**

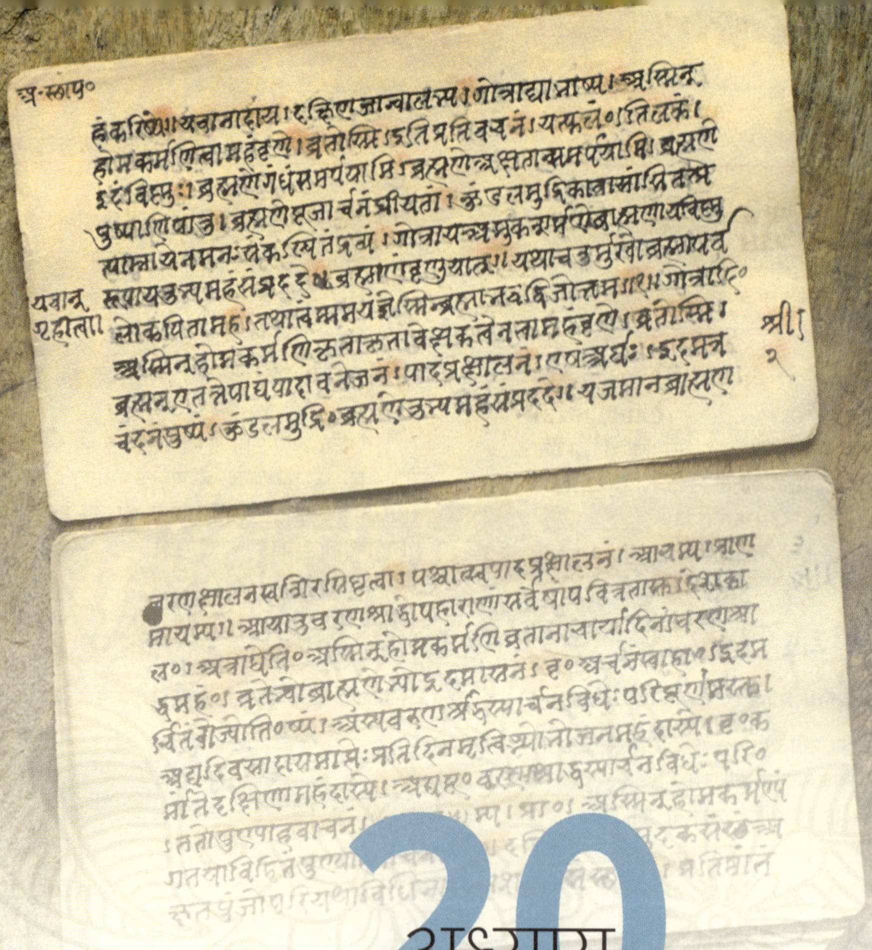

अध्याय 20

भारतीय साहित्य

परिचय

हिन्दी में प्रयुक्त 'साहित्य' शब्द संस्कृत के 'सहित' शब्द में 'ष्यञ्' प्रत्यय के योग से बना है, जिसका अर्थ होता है- साहचर्य, भाईचारा, मेल-मिलाप, सहयोगिता आदि के भाव से रचित कोई आलंकारिक रचना। साहित्य का वर्गीकरण, गद्य, पद्य और चम्पू, तीन प्रकारों में किया जाता है। गद्य का अर्थ होता है, जिस प्रकार बोला जाय, उसी प्रकार में लिखना। पद्य का अर्थ होता है, विशेष प्रकार से छंद के चरणों में बाँधकर तुक, ताल, लय के साथ लिखना। गद्य और पद्य दोनों में मिश्रित रचना को चम्पू कहते हैं। अँगरेज़ी का 'लिटरेचर' शब्द लैटिन *लिटरेचुरा* या 'अक्षरों से गठित लेखन' से लिया गया है। यह लेखन के ऐसे किसी भी रूप को दर्शाता है, जिसमें कुछ साहित्यिक गुण होता है। इसे विस्तृत रूप से **काल्पनिक** और **गैर-काल्पनिक** में वर्गीकृत किया जाता है। इसके अतिरिक्त, इसको कविता और गद्य के मध्य भी वर्गीकरण किया जा

सकता है। इन व्यापक श्रेणियों के भीतर, उपन्यास, लघु कथाओं, नाटक आदि के बीच अंतर दर्शाया है। ग्रीको-रोमन काल के कुछ सबसे लोकप्रिय साहित्यिक महाकाव्य हैं, जिन्हें मौखिक रूप से प्रेषित किया जाता था और आगे चलकर जटिल भाषाओं के विकास के साथ ये लिखित रूप से संकलित किये जाने लगे थे।

भाषा के वितरण और प्रचार-प्रसार ने अठारहवीं सदी में मुद्रण प्रौद्योगिकी के विकास के साथ आगे की ओर बड़ा क़दम उठाया, जिससे अधिक-से-अधिक लोग साहित्य पढ़ने और उसकी सराहना करने लगे। वर्तमान में, इलेक्ट्रॉनिक साहित्य ने केंद्रीय स्थान ग्रहण कर लिया है और अधिक-से-अधिक लोग इस माध्यम के द्वारा पढ़ने लगे हैं।

उपदेशात्मक और कथात्मक ग्रंथों के बीच अंतर

अंतर बिंदु	उपदेशात्मक	कथात्मक
ग्रंथ का प्रकार	इसे **निर्देशक ग्रंथ** के रूप में भी जाना जाता है, क्योंकि यह पाठक के बुद्धि-विवेक, चिंतन और आचरण को प्रभावित करने का प्रयास करता है।	यह ग्रंथ विषय के संबंध में सभी **आवश्यक जानकारियाँ** देता है, ताकि कथन में जिस चीज़ की भी चर्चा हो, वह पढ़नेवाले को समझाया जाए या समझ में आ जाए।
उद्देश्य	लेखक का उद्देश्य विशेष प्रकार से, पढ़नेवाले को मनाना, फुसलाना और सोचने के लिए विवश करना होता है।	लेखक का उद्देश्य विषय के संबंध में पढ़नेवाले की रुचि और जिज्ञासा को बढ़ाना और बनाये रखना होता है।
सामान्य प्रयोजन	सामान्यतः इसका प्रयोग **राजनीतिक या नैतिक समस्याओं** के विषय में लिखने के लिए किया जाता है; विशेष रूप से उपदेशों और धार्मिक ग्रंथों में।	यह गद्य का सबसे सामान्य प्रकार है और मुख्य रूप से **कहानी लेखन और उपन्यासों** में प्रयोग किया जाता है।

भारत में, चार प्रमुख वाक् समूहों का अनुसरण किया जाता है, अर्थात् आस्ट्रिक, द्रविड़, चीनी-तिब्बती और इंडो-यूरोपीय। निम्नलिखित परिचर्चा संस्कृत साहित्य पर केंद्रित है, जो भारतीय उपमहाद्वीप की प्राचीनतम भारतीय-यूरोपीय भाषा है।

प्राचीन भारत में साहित्य

- प्राचीन भारतीय साहित्य आम धारणा की अवज्ञा करता है कि यह वेदों और उपनिषदों सदृश पवित्र ग्रंथों तक ही सीमित था। प्राकृत भाषा में बहुत साहित्य है, जो धार्मिक लक्ष्यार्थ से दूर यथार्थवाद और नैतिक मूल्यों से भरा हुआ है।
- प्राचीन काल की रचनाओं का सबसे लोकप्रिय समूह वेद हैं। ये धार्मिक अनुष्ठानों के साथ ही दैनिक स्थितियों में उपयोग किये जानेवाले पवित्र ग्रंथ हैं।
- परंतु कई महाकाव्यों और असंख्य गीतात्मक काव्यों की रचना प्राचीन समय की मुख्य भाषाओं में किया गया है। उदाहरण के लिए, संस्कृत, प्राकृत, पालि, अर्द्धमागधी में रचे गये काव्य आदि। इस पर भी बाद में चर्चा होगी।
- वैदिक साहित्य को दो श्रेणियों में विभाजित किया गया है, जिन्हें **श्रुति** और **स्मृति** के नाम से जाना जाता है। श्रुति में हिंदू धर्म के पवित्र ग्रंथ, जैसे- **वेद**, **ब्राह्मण**, **अरण्यक** और **उपनिषद्** सम्मिलित हैं। **स्मृति** (जिसका अर्थ है 'जो याद किया जाता है') उत्तरवैदिक शास्त्रीय संस्कृत साहित्य का संग्रह है। इसमें **वेदांग**, **स्मृति धर्मशास्त्र**, **षड्दर्शन**, **पुराण**, **इतिहास**, **उपवेद** और **महाकाव्य** सम्मिलित हैं।

वेद

- वेद की उत्पत्ति 'विद्' धातु से हुई है, जिसका अर्थ है 'जानना'। 'वेद' शब्द **ज्ञान** का प्रतीक है और ये ग्रंथ वास्तव में पृथ्वी पर और उससे परे अपने समस्त जीवन का **संचालन करने हेतु** मनुष्यों को **ज्ञान** उपलब्ध कराने के विषय में हैं। वेद को **अपौरुषेय** भी माना जाता है, जिसका अर्थ है **'वह जिसका, निर्माण मनुष्य द्वारा नहीं हुआ है'**।
- काव्यात्मक शैली में लिखे गये इन ग्रंथों की भाषा **प्रतीकों और मिथकों** से भरी है।
- प्रारंभ में वेद ब्राह्मण परिवारों द्वारा मौखिक रूप से पीढ़ी-दर-पीढ़ी हस्तांतरित किये जाते थे, लेकिन इतिहासकारों द्वारा अनुमान लगाया जाता है कि **1500-1000 ईसा पूर्व** के आसपास इन्हें **संकलित** किया गया।
- हिंदू परंपरा में, इन्हें पवित्र माना जाता है, क्योंकि इनकी उत्पत्ति दैवीय हैं, जिन्हें सदैव मनुष्यों का मार्गदर्शन करने के लिए देवताओं द्वारा विहित किया गया है। हमारे जीवन पर भी इनका बड़ा प्रभाव है, क्योंकि ये ब्रह्मांड और उसके निवासियों को एक बड़े परिवार का हिस्सा मानते हैं तथा **''वसुधैव कुटुम्बकम''** का उपदेश देते हैं।
- **ऋग्वेद, यजुर्वेद, सामवेद और अथर्ववेद चार प्रमुख वेद** हैं।
- इन्हें मुख्य रूप से ऋषि कहलानेवाले उन वैदिक सिद्ध ज्ञानियों और कवियों द्वारा रचा गया है, जो ब्रह्मांडीय रहस्यों की कल्पना करते थे और उन्हें संस्कृत कविता के रूप में लिख देते थे।
- सभी वेदों में **यज्ञ** (बलि) को प्रमुखता दी गयी है।
- *ब्राह्मण, उपनिषद्* और *आरण्यक* प्रत्येक वेद के साथ जुड़े हुए हैं।

ऋग्वेद

- चारों वेदों में ऋग्वेद **सबसे पुराना** वेद है। इसमें 1028 अलग-अलग संस्कृत सूक्त हैं।
- इसे किसी भी इंडो-यूरोपीय भाषा में पहली व्यापक रचना कहा जाता है, जो हमारे अवलोकन के लिए बची हुई है। इतिहासकारों का तर्क है कि इसे **1500-1200 ईसा पूर्व** के आसपास संकलित किया गया था। यद्यपि इसके रचनाकाल को लेकर कुछ मतभेद भी है।
- इस वेद का ध्यान **सांसारिक समृद्धि** और **प्राकृतिक सुंदरता** पर केंद्रित है।
- यह ग्रंथ अलग-अलग काल और लंबाई की 10 पुस्तकों में संगठित है, जिन्हें **मंडलों** के रूप में जाना जाता है। इसके अतिरिक्त, प्रत्येक मंडल में कई **सूक्त** या श्लोक सम्मिलित हैं। ये सामान्यत: यज्ञ के प्रयोजनों के लिए हैं।
- अधिकांश श्लोक जीवन, मृत्यु, सृष्टि, बलिदान और दैवीय आनंद या **सोम** की आकांक्षा पर केंद्रित हैं।
- समस्त ऋग्वैदिक श्लोक, कई देवताओं विशेष रूप से उनके **मुख्य देवता इंद्र** को समर्पित हैं।
- ऋग्वेद में वर्णित अन्य प्रमुख देवता *अग्नि* (आग के देवता), *वरुण* (जल के देवता), रुद्र (पवन/तूफ़ान के देवता), *आदित्य* (सूर्य देव का एक रूप), *वायु* (वायु के देवता) तथा अश्विन है। नारी देवियों, जैसे– *ऊषा* (भोर की देवी), *पृथ्वी* (पृथ्वी की देवी) और *वाक्* (भाषा की देवी) को भी समर्पित कई श्लोक हैं।
- ऋग्वेद के भजनों (ऋचाओं) का पाठ होतृ ऋषियों द्वारा किया जाता था।

- 10 मंडलों का संक्षिप्त विवरण निम्नलिखित है :

मंडल	श्लोक	कालखंड और लंबाई	विवरण
मंडल I	191	नवीनतम और सबसे लम्बा	मुख्यतः अग्नि और इंद्र, वरुण, मित्र, अश्विन आदि को संबोधित किया गया है।
मंडल II	43	प्राचीनतम और सर्वाधिक लघु	मुख्यतः अग्नि और इंद्र को संबोधित किया गया है। इसका श्रेय मुख्य रूप से ऋषि गृत्समद सौनोहोत्र को दिया जाता है।
मंडल III	62	प्राचीनतम और लघु	मुख्यतः अग्नि और इंद्र और विश्वदेवों को संबोधित किया गया है। **गायत्री मंत्र** सम्मिलित है।
मंडल IV	58	प्राचीनतम और लघु	मुख्यतः अग्नि और इंद्र के साथ-साथ ऋभु, अश्विन, बृहस्पति, वायु, ऊषा आदि को संबोधित किया गया है। अधिकांश भजन वामदेव गौतम से संबंधित हैं।
मंडल V	87	प्राचीनतम और लघु	मुख्यतः अग्नि, इंद्र, विश्वदेवों, मरुत् गण, देवद्वय मित्र-वरुण और अश्विन को संबोधित किया गया है। अधिकांश भजन अत्रि कुल से संबंधित है।
मंडल VI	75	प्राचीनतम और लघु	मुख्यतः अग्नि और इंद्र, सभी देवताओं, पूषण, अश्विन, ऊषा आदि को संबोधित किया गया है।
मंडल VII	104	प्राचीनतम और लघु	मुख्यतः अग्नि, इंद्र, विश्वदेवों, मरुत् गण, मित्र-वरुण, अश्विन, ऊषा, इंद्र-वरुण, वरुण, वायु, दो-दो सरस्वती (प्राचीन नदी/ज्ञान की देवी) और विष्णु को संबोधित किया गया है। इस मंडल के अधिकांश भजन वशिष्ठ मैत्रवरुणि से संबंधित हैं।
मंडल VIII	103	मिश्रित कालखंड	कण्व कुल और अन्य (अंगिरस) ऋषियों से संबंधित है।
मंडल IX	114	मिश्रित कालखंड	पूर्ण रूप से **सोम पवमान** को समर्पित है, जो वैदिक धर्म में पवित्र पेय को स्वच्छ करने की प्रक्रिया है।
मंडल X	191	नवीनतम और सबसे बड़ा	अग्नि, इंद्र और अन्य कई देवताओं को संबोधित किया गया है। इसमें **नदिस्तुति सूक्त** (नदियों की प्रशंसा), **पुरुष सूक्त** (वैदिक समाजशास्त्र), नासदीय सूक्त (ब्रह्मांड के सर्जन से संबंधित विभिन्न अनुमान), सूर्य सूक्त (**विवाह श्लोक**), **मृत्यु श्लोक** आदि सम्मिलित है।
कुल	1028		

कृपया ध्यान दें : दूसरे से सातवें तक के छह मंडलों को गोत्र या वंश मंडल कहा जाता है, जिन्हें सामूहिक रूप से **कुल ग्रंथ** के नाम से भी जाना गया है।

यजुर्वेद

- 'यजुस' शब्द 'यज्ञ' का प्रतीक है और यह वेद वैदिक काल में प्रचलित विभिन्न प्रकार के **यज्ञों** के **कर्मकाण्डों और मंत्रों** पर केंद्रित है।
- यर्जुवेद के दो प्रमुख ग्रंथ **(संहिताएँ)** हैं : **शुक्ल** (श्वेत/शुद्ध) और **कृष्ण** (काला/अंधेरा)। यहाँ, काले रंग का तात्पर्य एक अव्यवस्थित और मिश्रित संग्रह से है, जो सफ़ेद रंग में व्यवस्थित छंदों के विपरीत है। इन संहिताओं को **वाजसनेयी** संहिता और **तैत्तिरीय** संहिता भी कहा जाता है।

- यजुर्वेद मुख्य रूप से **आनुष्ठानिक वेद** है, क्योंकि यह **यज्ञीय अनुष्ठान** करनेवाले ऋषियों/पुजारियों के लिए मार्गदर्शक पुस्तक की भाँति कार्य करता है।
- ऐसा प्रतीत होता है कि यजुर्वेद में **लौह** धातु का उल्लेख किया गया है।

सामवेद

- सामवेद का नामकरण 'सामन्' (राग) के नाम पर किया गया है और यह **राग या शांतिदायक छन्दोबद्ध गीतों** पर केंद्रित है।
- संपूर्ण ग्रंथ में 1875 श्लोक हैं। इतिहासकारों का तर्क है कि 75 श्लोक मौलिक हैं और शेष ऋग्वेद की शाकल शाखा से लिये गये हैं।
- इसमें श्लोक, पृथक् छंद और 16000 राग (संगीतात्मक स्वर) और रागिनियाँ हैं। इस ग्रंथ की लयबद्ध प्रकृति के कारण इसे **'गायन पुस्तक'** भी कहा जाता है। इससे हमें पता चलता है कि वैदिक काल में **भारतीय संगीत** का विकास कैसे हुआ था। सामवेद के भजनों का पाठ उद्‌गातृ ऋषियों द्वारा किया जाता था।
- ऋग्वेद, सामवेद और यजुर्वेद को सामूहिक रूप से त्रजी या त्रयी विद्या (अर्थात् त्रिविध विज्ञान) के नाम से जाना जाता है।

अथर्ववेद

- इस वेद को **ब्रह्म वेद** के रूप में भी जाना जाता है और इसके लिए क्रमश: **अथर्व** और **अंगिरा** नामक दो *ऋषियों* को श्रेय दिया जाता है। इन दो *ऋषियों* के साथ इसके संबंध के कारण, पुराने समय में इसे **अथर्वांगिरस** भी कहा जाता था।
- जहाँ यह मुख्य रूप से मानव समाज की **शांति और समृद्धि** से संबंधित है और **मनुष्य के दैनिक जीवन** के सभी पहलुओं को आच्छादित करता है, वहीं यह विशेष रूप से **कई रोगों के उपचार पर भी केंद्रित** है। इस ग्रंथ को लगभग 99 रोगों के लिए उपचार परामर्श देने हेतु भी जाना जाता है।
- **पिप्पलद** और **शौनकीय** नामक इस ग्रंथ के दो प्रमुख ग्रंथ (*शाखाएँ*) भी हैं।
- अधिकांश ग्रंथ चिकित्सा और **काले और सफ़ेद जादू** (अथर्ववेद को जादुई सूत्रों की पुस्तक भी कहा जाता है); **ब्रह्मांड में होनेवाले परिवर्तनों** पर अटकलों से संबंधित हैं और यहाँ तक कि गृहस्थ जीवन की **दैनिक समस्याओं** के मुद्दों को भी स्पर्श करते है।

वेदों को पूर्ण रूप से समझने के लिए, **वेदांगों** या वेद की शाखाओं/वेद के अंगों को पढ़ना आवश्यक है। वेदों के अध्ययन से जुड़ी ऐसी छह सहायक विधाएँ हैं। ये मूल वेद के लिए पूरक की भाँति हैं और **शिक्षा, निरुक्त** (व्युत्पत्ति या शब्द की उत्पत्ति), **छंद** (संस्कृत व्याकरण में मीट्रिक्स), **कल्पसूत्र** (यज्ञ अभ्यास और व्यवस्थित सूत्र), **ज्योतिष**, (खगोल विज्ञान) और **व्याकरण** जैसे विषयों पर केंद्रित हैं। आगे चलकर, कई लेखकों ने इन विषयों को चुना और उन पर ग्रंथ लिखे, जिन्हें **सूत्र कहा जाता है**। इन्हें ऐसे ग्रंथ या नियम निर्देशों के रूप में लिखा गया था, जो मानव जाति के विचारों और व्यवहार का नियमन करनेवाले सामान्य नियमों को परिभाषित करते हैं। इस प्रकार के साहित्य का एक सबसे प्रभावशाली उदाहरण **संस्कृत व्याकरण** के नियमों को परिभाषित करनेवाला **पाणिनी का अष्टाध्यायी** है।

ब्राह्मण

- ब्राह्मण हिंदू *श्रुति* (प्रकट ज्ञान) साहित्य का भाग हैं। प्रत्येक वेद के साथ एक ब्राह्मण जुड़ा हुआ है, जो अनिवार्य रूप से विशेष वेद पर **टिप्पणियोंवा**ले ग्रंथों का संग्रह हैं। ब्राह्मण सामान्यत: किंवदंतियों, तथ्यों, दर्शन और वैदिक अनुष्ठानों की विस्तृत व्याख्या का मिश्रण हैं।
- इनमें उचित प्रकार से कर्मकाण्डों का संचालन करने और यज्ञ का विज्ञान उच्चारित करने के विषय में **निर्देशों** का भी समावेश है। इसके अतिरिक्त; इनमें अनुष्ठानों में उपयोग किये जानेवाले पवित्र शब्दों का **प्रतीकात्मक महत्त्व भी समझाया** गया है।
- हालाँकि इतिहासकार ब्राह्मणों की तिथि निर्धारण को लेकर मतैक्य नहीं हैं, लेकिन सामान्यत: 900-700 ईसा पूर्व के बीच इनकी रचना और संकलन का अनुमान लगाया जाता है। जैसा कि नीचे बताया गया है, **प्रत्येक वेद के साथ उसका एक ब्राह्मण है।**

ऋग्वेद	ऐतरेय ब्राह्मण	कौषितकी ब्राह्मण
सामवेद	ताण्ड्य महाब्राह्मण	षडविंश ब्राह्मण
यजुर्वेद	तैत्तिरीय ब्राह्मण	शतपथ ब्राह्मण
अथर्ववेद	गोपथ ब्राह्मण	

उपनिषद्

- रोचक यह है कि उपनिषद् शब्द या उ (पर), *प* (पैर), *नि* (नीचे) और *स (समीप)* द (बैठना), यानी शिक्षक **के चरणों के समीप बैठना**। इस ग्रंथ का भली-भाँति वर्णन करता है।
- हमारे पास 200 से भी अधिक ज्ञात उपनिषद् हैं और शिक्षक सामान्यत: वन में अपने छात्रों को, जब वे उसके सामने बैठे होते थे, मौखिक रूप से इन्हें प्रेषित करते थे। यह परंपरा **गुरु-शिष्य परम्परा** का अंग थी।
- उपनिषद् **संस्कृत** में लिखित ग्रंथ हैं और मुख्य रूप से मठवासी और रहस्यमय अर्थों में वेदों का विवरण देते हैं। चूँकि सामान्यत: ये **वेदों के अंतिम भाग** हैं, इसलिए इन्हें **वेदांत** या 'वेद के अंत' के रूप में भी जाना जाता है।
- उपनिषदों को मानव जीवन के विषय में **'सत्य'** और मानव मुक्ति या **मोक्ष** की ओर मार्ग दिखालानेवाला कहा जाता है। इनमें मानव जाति के सामने आनेवाली *अमूर्त और दार्शनिक समस्याओं*, विशेष रूप से इस ब्रह्मांड की उत्पत्ति, मानव जाति की कल्पित उत्पत्ति, जीवन और मृत्यु के चक्र और मनुष्य के *भौतिक व आध्यात्मिक अन्वेषण* के विषय में बात करना जारी रखा गया है।
- उपर्युक्त 200 उपनिषदों में से **108 उपनिषदों** के समूह को **मुक्तिका** सिद्धांत कहा जाता है। इनमें से केवल 10 उपनिषदों को प्रमुखता दी गयी है, जैसे- *ईश, केन, कथा, प्रश्न, मुंडक, मांडूक्य, तैत्तिरीय, ऐतरेय, छांदोग्य* और *बृहदारण्यक*। इसे महत्त्वपूर्ण सिद्धांत माना जाता है, क्योंकि यह 108 संख्या हिंदू *माला* में मोतियों की संख्या के बराबर है।
- सबसे प्राचीन उपनिषद् ***बृहदारण्यक*** और ***छांदोग्य*** उपनिषद् हैं।

सत्यमेव जयते वाक्यांश, जो भारत का राष्ट्रीय आदर्श-वाक्य है, मुंडक उपनिषद् से लिया गया है। उपनिषदों में प्रतिपादित शिक्षाएँ हिंदू धर्म के संस्थापक कर्मकाण्डों का अंग रही हैं। वे हिंदू दार्शनिक विचार की नींव रखती हैं। मनुष्य के अस्तित्व और ब्रह्मांडीय वास्तविकताओं का संबंध उपनिषदों का केंद्रीय विचार है।

आरण्यक

- आरण्यक भी वेदों से जुड़े ग्रंथ हैं और विभिन्न दृष्टिकोणों से वेदों में सम्मिलित **कर्मकाण्डों** और **यज्ञों** के पीछे के दर्शन का वर्णन करते है। इन्हें जन्म और मृत्यु के चक्र के साथ-साथ; आत्मा की जटिलता के विषय में कर्मकांडीय सूचनाओं का संकलन कहा जाता है।
- यह तर्क दिया जाता है कि **वनों** की सीमा के भीतर रहना पसंद करनेवाले, *मुनि* कहलानेवाले, पवित्र और विद्वान् पुरुषों ने इन्हें सिखाया था।
- ब्राह्मणों के समान ही, प्रत्येक वेद के साथ एक आरण्यक भी है।
- आरण्यक ब्राह्मणों द्वारा प्रतिपादित कार्य के मार्ग (कर्म मार्ग) और उपनिषदों द्वारा प्रतिपादित ज्ञान के मार्ग (ज्ञान मार्ग) को संयोजित करते हैं।

महाकाव्य : महाभारत और रामायण

संस्कृत की इन दो महान् रचनाओं को **महाकाव्य** भी कहा जाता है, क्योंकि ये हिन्दू धर्म के अनुयायियों की सामूहिक स्मृति का भाग बन गये हैं। दोनों ग्रंथों को युगों में संकलित किया और जोड़ा गया है और हम आज जो देखते हैं, वह ऋषियों के साथ ही चारणों या कहानीकारों द्वारा किये गये अनेक संचरणों का समामेलन है।

रामायण

- रामायण नामक सबसे प्रसिद्ध और प्रतिष्ठित ग्रंथ **आदिकवि** या कवियों में प्रथम कहलानेवाले ऋषि **वाल्मीकि** के द्वारा रचित है। इसी तर्क से रामायण को **आदिकाव्य** या कविताओं में प्रथम भी कहा जाता है।
- हालाँकि रामायण की तिथि के निर्धारण पर बहुत विवाद है, लेकिन अधिकांश इतिहासकारों का तर्क है कि पहली बार 1500 ईसा पूर्व के आस-पास इसे संकलित किया गया था।
- इस महाकाव्य में, आदर्श व्यक्ति के रूप में प्रस्तुत राम की कहानी के माध्यम से, हमें मानव जाति के *चार उद्देश्यों* **(पुरुषार्थों)** को प्राप्त करने के विषय में निर्देश दिये गये हैं :

धर्म	धर्म या सात्विकता
अर्थ	सांसारिक जीवन में (मौद्रिक) उपलब्धियाँ
काम	सांसारिक इच्छाएँ पूरा करना
मोक्ष	इन इच्छाओं से मुक्ति

- रामायण में 24,000 पद हैं और यह सात **काण्ड** या सात अध्यायों में विभाजित है।
- इसे महाकाव्य माना जाता है, क्योंकि इसमें राम की पत्नी सीता के अपहरण को लेकर भगवान् राम और राक्षस राजा रावण के बीच युद्ध का विवरण प्रस्तुत किया गया है। हनुमान, लक्ष्मण, विभीषण आदि, जैसे कई प्रमुख पात्र हैं, जिन्होंने लंका (आधुनिक श्रीलंका), में लड़े गये इस युद्ध में महत्त्वपूर्ण भूमिका निभायी थी। इसमें राम ने रावण पर विजय प्राप्त की और अपनी पत्नी को वापस ले आये। इस सफलता को **बुराई पर अच्छाई की जीत** माना जाता है।
- *रामायण* के विभिन्न संस्करण एकाधिक भारतीय भाषाओं में हैं। 1576 ई. में **संत तुलसी दास** द्वारा लिखित ***'राम चरित मानस'*** ऐसा ही एक रूपांतरण है।

- *रामायण* के पात्रों का प्रभाव कंबोडिया, थाईलैंड और इंडोनेशिया जैसे कई दक्षिण-पूर्व एशियाई देशों की सांस्कृतिक चेतना में पाया जाता है।

महाभारत

- महाभारत के कई संस्करण हैं, लेकिन सबसे लोकप्रिय **वेद व्यास** द्वारा लिखित महाभारत है।
- इसे **संस्कृत** में लिखा गया था तथा प्रारंभ में इसमें 8800 छंद थे। इस संस्करण को **'जय'** या 'विजय' की कहानी कहा जाता था। महाभारत का निचोड़ यह है कि 'यतो धर्मस्ततो जयः', यानि जिधर धर्म है, उधर ही जीत होती है।
- इसके बाद कई कहानियों का संकलन किया गया और इस संग्रह में जोड़ा गया। छंदों की संख्या बढ़कर 24,000 हो गयी और प्रारंभिक वैदिक जनजाति के नाम पर इसका नामकरण **'भारत'** किया गया।
- वर्तमान में इसमें **1,00,000 छंद** हैं (अंतिम आकार चौथी शताब्दी ईसवी के आरंभ में गुप्त काल के दौरान बनाया गया था) तथा यह 18 (अठारह) **पर्वों** (अध्याय) में विभाजित है। यह अब तक का सबसे दीर्घतम महाकाव्य है।
- इसकी कहानी हस्तिनापुर के सिंहासन पर दावा करने के अधिकार को लेकर **कौरवों और पांडवों** के बीच संघर्ष पर आधारित है। इस कहानी के **सूत्रधार** भगवान् कृष्ण हैं।
- महाभारत में हिंदुओं के महत्त्वपूर्ण उपदेशात्मक ग्रंथ यानी **भगवद् गीता** का भी समावेश है। यह ग्रंथ हिंदू धर्म की दार्शनिक दुविधाओं के लिए संक्षिप्त मार्गदर्शिका की भाँति है और यहाँ तक कि धर्मिक जीवन जीने पर मानव जाति के लिए मार्गदर्शिका की भाँति कार्य करता है। इस ग्रंथ में से अधिकांश मनुष्य, योद्धा और राजकुमार के कर्तव्यों के विषय में भगवान् कृष्ण और पांडव राजकुमार अर्जुन के बीच संवाद है।
- वह अहिंसा बनाम हिंसा, कर्म बनाम अकर्म की समस्या पर और अंत में **धर्म** के विषय में विस्तार से उल्लेख करती हैं। यहाँ तक कि वे *धर्म* के विभिन्न प्रकारों के बीच भी अंतर करते हैं और चाहते हैं कि अर्जुन और मानव जाति को **निष्काम कर्म**, अर्थात् निःस्वार्थ रूप से परिवार और विश्व के प्रति अपने कर्तव्य का पालन करना चाहिए।
- महाभारत के बारे में एक प्रसिद्ध लोकोक्ति है- 'यन्न भारते, तन्न भारते', यानि जो महाभारत में नहीं है, वह भारतवर्ष में भी नहीं है।
- भारतीय परंपरा में *महाभारत* को पाँचवा वेद भी माना गया है।

पुराण

- जैसा कि **'पुराण'** शब्द से पता चलता है, ये ग्रंथ उसके विषय में बात करते हैं 'जो पुराने को नया बनाता है।'
- ये प्राचीन भारतीय पौराणिक ग्रंथ हैं, जिनमें **ब्रह्मांड के निर्माण** के विषय में वर्णनात्मक कहानियाँ हैं एवं ब्रह्मांड के कल्पित **विनाश** तक इसके इतिहास का वर्णन करते हैं। वे लोक कथाओं, तीर्थयात्राओं, खगोल विज्ञान, व्याकरण और धर्मशास्त्र जैसे विषयों की एक विस्तृत श्रृंखला का वर्णन करते हैं।
- इनमें राजाओं, नायकों, संतों, यक्ष-यक्षिणियों की कहानियाँ हैं, लेकिन यह दिव्य हिंदू **त्रिमूर्ति** या त्रयी (तीन) भगवानों - ब्रह्मा, विष्णु और महेश पर केंद्रित है।
- 18 प्रमुख *पुराण* **(महापुराण)** हैं। प्रत्येक पुराण किसी विशेष देवता को प्रमुखता देता है, जो उनसे संबंधित दार्शनिक और धार्मिक अवधारणाओं की व्याख्या करता है।
- कुछ अधिक प्रमुख और प्रसिद्ध *पुराण* हैं **: भागवत, ब्रह्मा, वायु, अग्नि, गरुड, पद्म, विष्णु** और **मत्स्य**। इनमें वैदिकोत्तर भारत के सामाजिक, सांस्कृतिक और धार्मिक जीवन के विषय में उपाख्यान हैं और इतिहासकारों को भूगोल,

इतिहास और वंशवादी वंशावलियों के विषय में महत्त्वपूर्ण जानकारी प्रदान करते हैं। **स्कंद पुराण** सबसे दीर्घतम और **मार्कंडेय पुराण** सबसे अल्पतम पुराण है।

- इन *पुराणों* को **कहानियों** के रूप में लिखा गया है, जिसमें देवताओं के विषय में मिथकों, किंवदंतियों और उपदेशों का संयोजन है और कहानी लेखन के इस **सरल रूप** ने इसे सदैव जटिल वेदों को समझ न पानेवाले आम लोगों के बीच बहुत लोकप्रिय बना दिया।
- इसलिए, *पुराणों* का विभिन्न क्षेत्रीय भाषाओं में अनुवाद और वितरण किया गया है। *पुराण* अपने संदेश का प्रसार करने के लिए दृष्टान्तों और दंतकथाओं का उपयोग करते हैं:

दृष्टान्त बनाम दंतकथाएँ

दृष्टान्त	लघु कथाएँ, जो गद्य या पद्य में हैं, आध्यात्मिक, नैतिक या धार्मिक शिक्षा का वर्णन करती हैं। ये सामान्यत: **मानव चरित्र** का चित्रांकन करती हैं।
दंतकथाएँ	लघु कथाएँ, जो गद्य या पद्य में हैं, सारगर्भित कहावत या चतुराई भरी कहानी के माध्यम से 'शिक्षा' का वर्णन करती हैं। ये **पशुओं, निर्जीव वस्तुओं, पौराणिक प्राणियों, पौधों** का चित्रांकन करते हैं, जिन्हें मानव सदृश गुण दिये गये हैं।

- हम सभी ने कभी-न-कभी **विष्णु शर्मा** द्वारा लिखित **पंचतंत्र** की कहानियों को सुना होगा। इस शिक्षाप्रद कल्पित दंतकथा में जानवरों के माध्यम से विश्व के बारे में नैतिक शिक्षा और ज्ञानवाली कई कहानियाँ सम्मिलित हैं। यह संस्कृत में अंत:संबंधित पशु दंतकथाओं पर आधारित कहानियों का ऐसा संग्रह है जो धार्मिक प्रकृति का नहीं है। ऐसा माना जाता है कि यह 200 ईसवी पूर्व-300 ईसवी के आसपास का है। कहानियों में पशुओं के मनुष्य जैसे व्यवहार या विशेष कर उनके बुद्धिमानी भरे व्यवहारों का वर्णन है।
- इसी शैली की अन्य चर्चित रचना **हितोपदेश** है। माना जाता है कि इसे 12वीं शताब्दी के आसपास **नारायण पंडित** ने लिखा था। इसमें भी कई मानवीय और पशु चरित्र है जो मनुष्य को वैश्विक ज्ञान और राजनीतिक परामर्श प्रदान करते हैं।

उपवेद

हिंदू धर्म में, उपवेद शब्द (जिसका अर्थ व्यावहारिक ज्ञान है) कुछ तकनीकी विषयों से संबंधित पारंपरिक साहित्य को संदर्भित करता है। उपवेद इस प्रकार हैं-

1. **धनुर्वेद** - यह युद्ध के विज्ञान को संदर्भित करता है और यजुर्वेद से जुड़ा है।
2. **गंधर्ववेद** - यह संगीत, नृत्य, कविता, मूर्तिकला, कामुकता आदि जैसे कला-रूपों सहित सौंदर्यशास्त्र के विभिन्न पहलुओं से संबंधित है। यह सामवेद से जुड़ा है।
3. **आयुर्वेद** - यह स्वास्थ्य और जीवन का विज्ञान है तथा अथर्ववेद से जुड़ा है।

4. **अर्थशास्त्र** - यह सार्वजनिक प्रशासन, शासन, अर्थव्यवस्था और राजनीति से जुड़ा है। यह अथर्ववेद से संबंधित है।
5. **स्थापत्यवेद** - इसे पाँचवा उपवेद माना जाता है, जो अभियांत्रिकी और वास्तुकला से जुड़ा है। इसका संबंध यजुर्वेद से भी है।

उप-पुराण

जन सामान्य में *पुराण* इतने लोकप्रिय थे कि इन्होंने **उप-पुराण** या लघु *पुराण* कहलानेवाली एक और उप-शैली को जन्म दिया। लगभग 19 लघु *पुराण* हैं और पाँच प्रमुख विषयों पर आधारित हैं, जैसा कि गुप्त काल के संस्कृत कोशकार **अमर सिंह** द्वारा बताया गया है:

सर्ग	ब्रह्मांड की रचना
प्रतिसर्ग	विनाश और पुनर्निर्माण का आवधिक चक्र
मन्वन्तर	मनु के जीवनकाल की अवधि
वंश (चंद्र और सूर्य)	देवताओं और ऋषियों की सूर्य और चंद्र राजवंशों की वंशावलियाँ
वंशानुचरित	राजाओं का राजवंशीय इतिहास।

धर्मशास्त्र

यह संस्कृत में रचित प्राचीन ग्रंथों का संग्रह है। इसमें बताया गया है कि हिंदुओं का **आचरण कैसा होना चाहिए और उनके लिए नैतिक सिद्धांतों (धर्म) का वर्णन किया गया है।** अनुमान है कि *धर्मशास्त्र* के संग्रह में 18 से 100 के बीच ग्रंथ सम्मिलित हैं। ऐसा मत है कि मूल रूप से ये *धर्मसूत्र* ग्रंथ के भाग हैं, जो वैदिक युग में विकसित हुए। *धर्मशास्त्र* में एक व्यक्ति की स्वयं के प्रति, अपने परिवार के प्रति और अपने समुदाय के प्रति दायित्वों, कर्तव्यों और आचरण का उल्लेख किया गया है। *धर्मशास्त्र* ग्रंथ को **कविता की पंक्तियों** के रूप में लिखा गया है। जहाँ *धर्मसूत्र* ग्रंथ वेदों पर आधारित हैं, वहीं *धर्मशास्त्र* ग्रंथ मुख्य रूप से पुराणों पर आधारित हैं। *धर्मशास्त्र* में निम्नलिखित ग्रंथ सम्मिलित हैं-

1. **मनुस्मृति** (लगभग दूसरी से तीसरी शताब्दी तक) - **सर्वाधिक पढ़ी गयी** - कम्बोडिया और इंडोनेशिया में मध्यकाल में बौद्ध और हिंदू धर्म पर विशेष रूप से प्रभाव। **मनुस्मृति** भारतीय समाज में प्रचलित कुछ महत्त्वपूर्ण क़ानूनी और सामाजिक मानदंडों का वर्णन करती है। इसके अनुसार, किसी व्यक्ति के धन और संपत्ति के वितरण के संदर्भ में, पैतृक संपत्ति को माता-पिता की मृत्यु के बाद बेटों के बीच समान रूप से विभाजित किया जाना चाहिए।

   महिलाएँ इन संसाधनों में हिस्सेदारी का दावा नहीं कर सकती थीं। स्त्रीधन (शाब्दिक अर्थ 'एक महिला का धन') के अंतर्गत वे उपहार थे, जो उन्हें एक महिला द्वारा उनकी शादी के अवसर पर मिलते थे। महिलाओं को यह स्त्रीधन अपने पास रखने की अनुमति थी। इस संपत्ति पर पति के किसी दावे के बिना, यह उनकी संतानों को विरासत में मिल सकती है।

   संपत्ति और धन तक पहुँच के इन मानदंडों ने पुरुषों और महिलाओं के बीच विभिन्न सामाजिक मतभेद पैदा किये।
2. **याज्ञवल्क्य स्मृति** (चौथी से पाँचवीं शताब्दी तक) - धर्मशास्त्र परंपरा का **सर्वोत्तम रचित** ग्रंथ माना जाता है।

3. **नारदस्मृति** (पाँचवीं से छठी शताब्दी तक) - धार्मिक आचरण के उलट **न्यायिक ग्रंथ**
4. **विष्णुस्मृति** (सातवीं शताब्दी से) - प्रत्यक्ष रूप से धर्म के स्थान पर **भक्ति परंपरा** का बखान।

धर्मशास्त्रों से संबंधित रचनाओं को **भाष्य** और **निबंध** कहा गया।

भाष्य

उनमें मुख्य रूप से धर्मशास्त्र की व्याख्या और विवेचना की गयी हैं और किसी विचार को सकारण स्वीकार या अस्वीकार किया गया है। मनुस्मृति से संबंधित प्रमुख भाष्य लेखक थे भरूचि, मेधातिथि आदि।

निबंध

निबंध की आवश्यकता मुख्य रूप से इसलिए पड़ी, क्योंकि विभिन्न धर्मग्रंथों के कुछ विशिष्ट विषय को लेकर संघर्ष और मतभेद थे। उनके माध्यम से मूल धर्मग्रंथों में उपस्थित असंख्य मतभेदों को दूर करने, उनके बीच की खाई पाटने या उनके समाधान के लिए दिशानिर्देश दिये गये हैं।

अब तक शेष प्राचीनतम निबंध कृत्यकल्पतरु है, जिसे 12वीं शताब्दी के आरंभ में लिखा गया था। इसे कन्नौज (वर्तमान में उत्तर प्रदेश) के लक्ष्मीधर ने लिखा था।

निबंधों के अन्य उल्लेखनीय लेखकों में जीमूतवाहन और रघुनंदन *(उत्तराधिकार पर लिखा)*, नंद-पंडित *(दत्तकग्रहण पर लिखा)*, टोडरमल *(राजा के कर्तव्यों पर लिखा)*, कांडेश्वर, कमलाकर-भट्ट, नीलकंठ और मित्र-मिश्र *(उन सभी ने न्यायिक प्रक्रिया पर लिखा)* सम्मिलित हैं।

कुछ चर्चित निबंध **महिलाओं** द्वारा लिखे गये। उनमें लक्ष्मीदेवी का विवादचंद्र और महादेवी धीरमति का दानवाक्यावली सम्मिलित हैं।

शास्त्रीय संस्कृत साहित्य

- भारत में शास्त्रीय संस्कृत साहित्य का काल चौथी शताब्दी ई. से 12वीं शताब्दी ई. तक है। अधिकांश संस्कृत साहित्य **वैदिक** और **शास्त्रीय** श्रेणियों में विभाजित हैं।
- दोनों महाकाव्य : *महाभारत और रामायण* भी शास्त्रीय साहित्य श्रेणी के अंग हैं, लेकिन उनके धार्मिक महत्त्व के कारण अलग से उनकी चर्चा की गयी है। हिंदू धर्म के निमित्त अपनी केंद्रीय भूमिका से निरपेक्ष, इन महाकाव्यों को संस्कृत *काव्य* (महाकाव्य), *नाटक* (शास्त्रीय नाटक) और चिकित्सा, शासन कला, व्याकरण, खगोल विज्ञान, गणित आदि से संबद्ध अन्य ग्रंथों का अग्रगामी माना जा सकता है।
- इस संस्कृत साहित्य का अधिकांश भाग **पाणिनी** *कृत अष्टाध्यायी* में उत्तम प्रकार से समझाये गये व्याकरण के नियमों से बँधा हुआ है। यह संस्कृत भाषा को बाँधनेवाले कठोर नियमों का ग्रंथ है। प्राचीन भारत के संस्कृत व्याकरण पर दो अन्य सबसे प्रसिद्ध उदाहरण, पतंजलि (250 ईसा पूर्व) द्वारा लिखित ***महाभाष्य*** (जिसका अर्थ है 'महान् टिप्पणी') और कात्यायन द्वारा लिखित **वर्तिका-सूत्र** हैं। वर्तमान में कात्यायन का साहित्य (जिसमें पाणिनि पर 1500 छंद सम्मिलित हैं, जिन्हें **पाणिनि के सूत्रों पर वर्त्तिका** के नाम से जाना जाता है) केवल पतंजलि के साहित्य मे संदर्भो के माध्यम से उपलब्ध है।

योग वशिष्ठ संहिता

लोकप्रिय रूप से महारामायण, आर्ष रामायण और वशिष्ठ रामायण के रूप में जाना जाता है, यह हिंदू धर्म का ऐतिहासिक रूप से लोकप्रिय और प्रभावशाली दार्शनिक पाठ है, जो लगभग 7वीं-15वीं शताब्दी ईसवी का है। संपूर्ण पाठ में लगभग 29,000 श्लोक हैं और इसका नाम ऋषि वशिष्ठ के नाम पर रखा गया है, जिनका ऋग्वेद की सातवीं पुस्तक में उल्लेख है। यह पाठ **ऋषि वशिष्ठ द्वारा राजकुमार राम को दिये गये प्रवचन** के रूप में संरचित है और इसमें निम्नलिखित छह पुस्तकें सम्मिलित हैं-

- पुस्तक 1 : वैराग्य-प्रकरणम् - राम जीवन की प्रकृति, मानव पीड़ा और दुनिया के प्रति तिरस्कार से निराश हैं।
- पुस्तक 2 : मुमुक्षुव्याहार-प्रकरणम् - मुक्ति की इच्छा, मुक्ति चाहनेवालों की प्रकृति और समस्त आध्यात्मिक गतिविधियों में आत्म-प्रयास की आवश्यकता का वर्णन है।
- पुस्तक 3 : उत्पत्ति-प्रकरणम् - संपूर्ण सृष्टि के जन्म के साथ-साथ राम के आध्यात्मिक पक्ष के जन्म का भी वर्णन है।
- पुस्तक 4 : स्थिति-प्रकरणम - दुनिया की प्रकृति और विभिन्न कहानियों के साथ अनेक ग़ैर-द्वैतवाद विचारों का वर्णन है।
- पुस्तक 5 : उपशम-प्रकरणम - असत्य द्वैतवाद के विघटन, व्यक्ति को मुक्त करने में एकता और उसकी शक्तियों को अनुभव करने के लिए ध्यान पर चर्चा।
- पुस्तक 6 : निर्वाण-प्रकरणम - प्रबुद्ध और आनंदमय राम की स्थिति का वर्णन करती है। इसमें योग पर भी चर्चा की गयी है।

पाठ का दार्शनिक आधार **अद्वैत वेदांत** के समान है, जो विशेष रूप से अद्वैत के दृष्टि-सृष्टि उप-विद्यालय से जुड़ा हुआ है। इस उप-विद्यालय की धारणा है कि "संपूर्ण वस्तुओं का संसार मन का ही विषय है।"

योग वशिष्ठ संहिता के महत्त्व को देखते हुए इसका कई बार अनुवाद किया गया है।

संस्कृत नाटक

- नाटक काव्य और गद्य की सबसे लोकप्रिय विधाओं में से एक लोकप्रिय रोमांटिक कहानियाँ हैं, जिनका एकमात्र उद्देश्य जनता का मनोरंजन करना या *लोकरंजन* था।
- इन्हें सामान्यतः विस्तृत नाट्य के रूप में लिखा गया है। यद्यपि इनमें विभिन्न कहानियाँ और कथानक हैं, परंतु वे जीवन के अद्वितीय दृष्टिकोण प्रस्तुत करती हैं।
- प्रदर्शन, अभिनय, हाव-भाव, मंच निर्देश और अभिनय के संबंध में नियमों का **भरत** के **नाट्यशास्त्र** में वर्णन किया गया है। इस अवधि के दौरान लिखे गये प्रमुख नाटकों का वर्णन थिएटर (अध्याय-8) में किया गया है।
- **शूद्रक** ने 5वीं शताब्दी ईसवी के आसपास एक दस-अभिनय संस्कृत नाटक ***मृच्छकटिक*** (मिट्टी की गाड़ी/द लिटिल क्ले कार्ट) की रचना की (जहाँ एक युवा ब्राह्मण चारुदत्त को एक अमीर गणिका वसंतसेना से प्यार हो जाता है)। शूद्रक के अन्य नाटक ***विनवासवदत्त*** और ***पद्मप्रभृतक*** हैं।

- ***मुद्राराक्षस*** (द सिग्नेट ऑफ़ द मिनिस्टे), राजा चंद्रगुप्त मौर्य और ***देवी-चंद्रगुप्तम*** के स्वर्गारोहण के बारे में एक संस्कृत भाषा का नाटक, **विशाखदत्त** द्वारा लिखा गया है।
- ***उत्तररामचरित*** (राम के वनवास से लौटने के पश्चात्, राज्याभिषेक से लेकर सीता के साथ राम के पुनर्मिलन तक राम के बाद के जीवन की कहानी) **भवभूति** का एक और संस्कृत शास्त्रीय नाटक है।
- **भास**, कालिदास से पहले के, संस्कृत के सबसे प्रारंभिक और प्रसिद्ध भारतीय नाटककारों में से एक हैं। ***स्वप्नवासवदत्तम्*** (द ड्रीम ऑफ़ वासवदत्ता) उनके द्वारा लिखा गया एक संस्कृत नाटक है। स्वप्नवासवदत्तम का पूरा पाठ लंबे समय तक खोया हुआ था, जब तक कि 1912 में केरल में भारतीय विद्वान् **टी. गणपति शास्त्री** द्वारा इसकी खोज नहीं की गयी। **भास** को प्राचीन भारत के तेरह नाटकों का श्रेय दिया जाता है, जिनमें ***पंचरात्र***, ***चारुदत्त***, ***दूतघटोत्कच***, ***उरुभंग*** और ***दूतवाक्यम*** शामिल हैं।
- पुष्यभूति सम्राट्, **हर्षवर्द्धन** ने तीन संस्कृत नाटक लिखे - ***रत्नावली*** (रत्नावली नाम की एक रूपवती राजकुमारी और उदयन नाम के राजा के विषय में, जहाँ होली का संदर्भ मिलता है), ***नागानंद*** (नाग की रक्षा करने के लिए विद्याधर राजा जिमुतवाहन के आत्म-बलिदान की लोकप्रिय कहानी) और ***प्रियदर्शिका*** (राजा उदयन और नायिका प्रियदर्शिका, जो राजा दृढ़वर्मन की पुत्री थीं, के बीच प्रेम पर आधारित एक रूमानी कॉमेडी)।

संस्कृत काव्य

- इस शैली को *काव्य* या कविता भी कहा जाता है। नाटक खण्ड में जहाँ कहानी ग्रंथ का मुख्य केंद्र बिंदु होती है, वहीं इसमें कविता प्रकार, शैली, अलंकारों आदि पर अधिक केंद्रित होती है।
- महानतम संस्कृत कवियों में से एक **कालिदास** हैं। उन्होंने ***कुमार सम्भव*** (कुमार या कार्तिकेय का जन्म, शिव तथा पार्वती के पुत्र), ***मालविकाग्निमित्रम्*** (विदिशा के शुंग सम्राट् अग्निमित्र और एक दासी मालविका की प्रेम कहानी), ***विक्रमोर्वशीयम्*** (विक्रम और उर्वशी की प्रेम कहानी) और ***रघुवंश*** (रघुओं का राजवंश) लिखा था। उन्होंने ***मेघदूत*** (बादल दूत) और ***ऋतुसंहार* (ऋतुओं का सम्मिश्रण)** नामक दो छोटी कविताएँ भी लिखी थीं।
- **हरिषेण** ने **समुद्र गुप्त** की वीरता की प्रशंसा में कई कविताएँ लिखीं थीं और ये इतनी सराहनीय थीं कि इन्हें **इलाहाबाद** स्तंभ पर भी अंकित किया गया है।
- **दण्डी** (7वीं-8वीं शती) संस्कृत के व्याकरणाचार्य साहित्यकार और प्रेमरस कविता के रचयिता थे। उनकी प्रसिद्ध रचनाओं में काव्यादर्श और दसकुमारचरित (दस राजकुमारों की कथा) प्रसिद्ध है।
- एक और अत्यधिक लोकप्रिय संस्कृत कवि 12वीं सदी में **गीत-गोविंद** लिखनेवाले **जयदेव** थे। यह ग्रंथ भगवान् कृष्ण के जीवन और उनके द्वारा किये गये अभूतपूर्व कार्यों एवं लीलाओं पर केंद्रित है। इनमें भगवान् कृष्ण, राधा के प्रति उनके प्रेम और प्रकृति की सुंदरता के प्रति समर्पण के तत्त्वों का संयोजन किया गया है।
- **नयचंद्र सूरी** (15वीं शताब्दी के दौरान जैन विद्वान्) ने **हम्मीर महाकाव्य** लिखा, जो संस्कृत महाकाव्य कविता और 13वीं शताब्दी के **चाहमान राजा हम्मीर** की पौराणिक जीवनी है।
- **सोमदेव सूरी** (10वीं सदी के दक्षिण भारतीय जैन भिक्षु) ने ***उपासकाद्ययन*** (दिगंबर साहित्य का एक केंद्रीय कार्य) और ***नीतिवाक्यमृत*** (जैन राजनीति पर एक ग्रंथ) लिखा।

अन्य प्रमुख कवि हैं:

भारवि (6वीं शताब्दी ईसवी)	*किरातुर्जनीयम्* (किरात, शिकारी और अर्जुन)
माघ (7वीं-8वीं शताब्दी ईसवी)	*शिशुपाल वध* (शिशुपाल की हत्या)

अन्य प्रमुख संस्कृत ग्रंथ

- मौर्य काल की शासन-निर्वहण की कला के विषय में एक सबसे प्रसिद्ध ग्रंथ **कौटिल्य का *अर्थशास्त्र*** है। यह मौर्य साम्राज्य की **आर्थिक और सामाजिक स्थिति** पर केंद्रित है। इसमें **सैन्य रणनीति** को उचित महत्त्व दिया गया है, जिसका राज्य द्वारा उपयोग किया जाना चाहिए। इस ग्रंथ में उल्लेख है कि 'कौटिल्य' या '**विष्णुगुप्त**' ने इसे लिखा था। इतिहासकारों का तर्क है कि ये दोनों नाम सम्राट् **चंद्रगुप्त मौर्य** के दरबार में रहनेवाले विद्वान् **चाणक्य** के उपनाम थे।
- जहाँ संस्कृत प्राचीन काल में दरबारी भाषा थी, वहीं इसे गुप्त काल में भी प्रोत्साहन मिला, जिसने महान् कवियों, नाटककारों और विभिन्न विषयों के विद्वानों को नियोजित किया था। इस अवधि में संस्कृत सभ्य और शिक्षित लोगों की संचार की वरीय भाषा बन गयी।

इस अवधि के दौरान लिखे गये कुछ वैज्ञानिक ग्रंथ इस प्रकार हैं :

पिंगल	**छन्दः शास्त्र** (संस्कृत कविता के छंदों पर पुस्तक)
चरक	**चरक संहिता** (चिकित्सा पर पुस्तक)
सुश्रुत	**सुश्रुत संहिता** (शल्यक्रिया पर पुस्तक)
माधव	**माधव निदान** (रोगविज्ञान पर पुस्तक)
वराहमिहिर	**पंच-सिद्धांतिका** (गणितीय खगोलविज्ञान पर पुस्तक)
	बृहत् संहिता (ग्रहीय चाल, भूविज्ञान, वास्तुकला आदि जैसे व्यापक विषयों पर पुस्तक)
आर्यभट्ट	**आर्यभट्टीय** (खगोल विज्ञान और गणित पर पुस्तक)
लगध	**वेदांग ज्योतिष** (ज्योतिष पर पुस्तक)
भास्कर द्वितीय	**सिद्धान्त शिरोमणि**

यद्यपि, **मध्यकाल** में संस्कृत में साहित्य इतना प्रबल नहीं था, फिर भी राजस्थान और कश्मीर में कुछ उत्कृष्ट रचनाएँ रची गयीं। मध्ययुगीन कश्मीर की दो सबसे उल्लेखनीय रचनाएँ; *कश्मीर के राजाओं* का विस्तृत विवरण देनेवाली **कल्हण की राजतरंगिणी** और **सोमदेव की *कथा सरित्सागर*** थी, जो कि एक काव्यात्मक कृति है। ***कथासरित्सागर*** (11वीं शताब्दी में लिखित) कश्मीर के लेखक सोमदेव भट्ट द्वारा लिखित भारतीय दंतकथाओं, इतिहास और लोक कथाओं का एक संस्कृत संग्रह है। ***विक्रमांकदेवचरित*** एक संस्कृत महाकाव्य (पश्चिमी चालुक्य साम्राज्य के राजा विक्रमादित्य VI के जीवन पर आधारित) है, जो 11वीं शताब्दी के दौरान कश्मीरी कवि **बिल्हण** द्वारा लिखा गया था।

पालि और प्राकृत में साहित्य

वैदिकोत्तर काल के दौरान, संस्कृत के अतिरिक्त, प्राकृत और पालि में भी साहित्य की रचना की गयी। प्राकृत वह शब्द है, जिसे मानक भाषा, अर्थात् संस्कृत से व्युत्पन्न किसी भी भाषा से शिथिल ढंग से जोड़ा जाता है। इन भाषाओं ने तब प्रमुखता प्राप्त की, जब **बौद्धों और जैनियों** के धार्मिक साहित्य की रचना की जाने लगी। गौतम बुद्ध ने अपने उपदेशों के प्रचार के लिए अर्ध मागधी और पाली का उपयोग किया।

बौद्ध साहित्य को कैनोनिकल (मानक) साहित्य और नॉन-कैनोनिकल (अमानक) साहित्य रचनाओं में विभाजित किया जा सकता है।

कैनोनिकल साहित्य **'त्रिपिटक'** या ज्ञान की टोकरी से मिलकर बना है, जो कि पालि में लिखे गये हैं। त्रिपिटक हैं :

1. **विनय पिटक**, इसमें वे नियम और विनियम सम्मिलित हैं, जिनका बौद्ध भिक्षुओं द्वारा पालन किया जाना चाहिए। इसके 3 भाग हैं- सुत्तविभंग, खंधक और परिवार। सुत्तविभंग में बौद्ध भिक्षुओं और भिक्षुणियों के लिए नियम दिये गये हैं। खंधक में गौतम बुद्ध और 10 प्रमुख शिष्यों की ज्ञान प्राप्ति का वर्णन किया गया है। परिवार में सुत्तविभंग और खंधक में चिह्नित नियमों का विश्लेषण किया गया है।
2. **सुत्त पिटक** में नैतिकता और *धर्म* से संबंधित बुद्ध के संवाद और भाषण सम्मिलित हैं। (10,000 से अधिक सुत्त या उपदेश)
3. अंतिम, **अभिधम्म पिटक** है, जो *दर्शन और तत्त्वमीमांसा* पर केंद्रित है। इसमें नैतिकता, ज्ञान और मनोविज्ञान के सिद्धांतों, जैसे विभिन्न विषयों पर विचार-विमर्श सम्मिलित हैं।

जातक बौद्ध **नॉन-कैनोनिकल** (अमानक) साहित्य का सबसे अच्छा उदाहरण हैं। इनमें **बुद्ध के पिछले जन्मों** की कहानियों का संकलन हैं। **बोधिसत्व** या (भविष्य) बुद्ध की कहानियों की भी इन *जातकों* में चर्चा की गयी है। हालाँकि इन कहानियों में बौद्ध धार्मिक सिद्धांतों का प्रचार है, तथापि ये संस्कृत और पालि में भी उपलब्ध हैं। बुद्ध के जन्म की प्रत्येक कहानी जातक कथा के समतुल्य है। माना जाता था कि **गौतम** के रूप में पैदा होने से पहले बुद्ध **550 जन्मों** से होकर गुज़रे थे। इन कथाओं में लोकप्रिय कहानियों, प्राचीन पौराणिक कथाओं के साथ-साथ उत्तर भारत की सामाजिक-राजनीतिक स्थितियों का संयोजन है।

अश्वघोष द्वारा रचित महान् महाकाव्य **बुद्धचरित** भी **संस्कृत में बौद्ध साहित्य** का एक और उदाहरण है।

मूलमध्यमकारिका, (जिसका अर्थ है 'मध्यम मार्ग के मूल तत्त्व') महायान बौद्ध धर्म की **मध्यमिका** (मध्य मार्ग) परंपरा के प्रतिपादक **नागार्जुन** द्वारा संस्कृत में लिखा गया एक बौद्ध पाठ है। यह परम शून्यता के सिद्धांत संबंधी कृति है, जो स्पष्ट प्रस्तुति में कड़े तर्क और धार्मिक दृष्टि को संयोजित करती है।

अन्य प्रमुख धर्म, **जैन धर्म** में **प्राकृत** में ग्रंथों की रचना की गयी थी। ये जैन मानक (केनोनिकल) साहित्य के आधार का निर्माण करते हैं। प्राकृत में लिखे सबसे महत्त्वपूर्ण जैन ग्रंथ **आगम** हैं।

शांतिनाथ चरित्र, 16 वें तीर्थंकर शांतिनाथ पर लिखा गया एक अन्य महत्त्वपूर्ण जैन ग्रंथ है और यह संस्कृत में लिखा गया है। इसे **यूनेस्को** द्वारा **विश्व स्मृति रजिस्टर** में सम्मिलित किया गया है और इसे ऐसी कथा के रूप में उल्लेख किया है ''जिसका मानवता पर चिरकालिक प्रभाव पड़ेगा''।

अन्त में, प्राकृत कविता में **हाल द्वारा** लिखित **'गाथासप्तशती'** (700 छंद), जैसे ग्रंथों के माध्यम से प्रेम काव्य के भी कुछ तत्त्व हैं। जहाँ हाल ने इस खंड में केवल 44 छंदों का योगदान किया था, वहीं जो चीज़ इसे अलग करती है, वह है इस रचना में योगदान करनेवालीं **महिला कवयित्रियों** की बड़ी संख्या। उन में सबसे प्रमुख पहाई, रोहा, शशिपाहा, महावी और रेवा हैं। गाथासप्तशती को **कामसूत्र के विपरीत** कहा जाता है।

अन्य बौद्ध साहित्यिक ग्रंथ

- **दीपवंश:** इसकी रचना संभवत: तीसरी-चौथी शताब्दी ईसा पूर्व में अनुराधापुर (**श्रीलंका**) में की गयी थी। इसका शाब्दिक अर्थ 'द्वीप का इतिवृत्त' है। इसमें श्रीलंका में बुद्ध की यात्रा और बुद्ध के **अवशेषों** के संबंध में उल्लेख किया गया है।
- **मिलिंद पञ्हो:** इसमें बैक्ट्रिया के इंडो-ग्रीक राजा मिनान्दर (या मिलिंद प्रथम) और बौद्ध भिक्षु नागसेन के बीच हुआ संवाद सम्मिलित है। इसका शाब्दिक अर्थ 'मिलिंद के प्रश्न' है। यह सर्वोच्च दार्शनिक अनुसंधानों में से एक है।

- **महावंश :** यह दीपवंश की तरह पालि भाषा में लिखा गया महाकाव्य है। यह पाँचवीं शताब्दी ईसा पूर्व में राजा विजय के शासनकाल के दौरान लिखा गया था। इसमें दक्षिण एशिया के विभिन्न राज्यों का ऐतिहासिक विवरण दिया गया है। (बुद्ध की सीलोन (श्रीलंका) यात्रा, सीलोन के राजाओं का इतिहास)
- **महावस्तु :** यह प्रारंभिक बौद्ध धर्म के **महासामघिक लोकोत्तरवाड़ा परंपरा** का एक विहित पाठ है, जो मूल रूप से विनय पिटक का हिस्सा था। इसमें जातक और अवदान कहानियाँ सम्मिलित हैं। इसे मिश्रित संस्कृत, पालि और प्राकृत में लिखा गया है। इसे दूसरी शताब्दी ईसा पूर्व से चौथी शताब्दी ईसवी के बीच संकलित किया गया बताया जाता है।
- **ललितविस्तर सूत्र :** इसका अर्थ 'पूर्ण नाटक' है। यह महत्त्वपूर्ण **महायान ग्रंथ** है। इसमें सारनाथ में पहले प्रवचन तक बुद्ध के जीवन से जुड़ी विभिन्न कहानियाँ दी गयी हैं। यह महायान दृष्टिकोण का संदर्भ है कि बुद्ध का अंतिम अवतार सभी प्राणियों के लाभ के लिए दिया गया एक 'प्रदर्शन' था।
- **उदान:** यह सबसे **प्राचीन थेरवाद** (पुरातन संप्रदाय) बौद्ध ग्रंथों में से एक है। इसमें 'अंधों और हाथी' की प्रसिद्ध कहानी दी गयी है।
- **बोधि वंश:** यह श्रीलंका में 12वीं शताब्दी में लिखित गद्य-कविता (बोधगया में बोधि वृक्ष की कहानी के विषय में) है। सिंहली संस्करण से इसका अनुवाद किया गया है। इसे उपतिष द्वारा सांस्कृतिक पालि में लिखा गया था।
- **अभिधमी महाविभाषा शास्त्र:** यह **सर्वास्तिवाद अभिधर्म** पर 150 ई. के आसपास लिखा गया प्रकरण है। यह **अभिधर्म**, शैक्षिक बौद्ध दर्शन संबंधी विश्वकोषीय कृति है, जिसके परिणामस्वरूप विचार की नयी धारा का विकास हुआ, जिसे **वैभासिका** कहा जाता है, जो बौद्ध विचार और अभ्यास के इतिहास में बहुत प्रभावशाली थी। इसमें अन्य ग़ैर-बौद्ध दर्शनों के संबंध में भी चर्चा सम्मिलित है। यह अनिवार्य रूप से महायान ग्रंथ है।
- **विशुद्धिमग्ग:** इसे 5वीं शताब्दी में बुद्धघोष ने पाली भाषा में श्रीलंका में लिखा था। यह **थेरवाद सिद्धांत** का ग्रंथ है। इसमें बुद्ध की विभिन्न शिक्षाओं पर चर्चाएँ सम्मिलित हैं।

जैन साहित्य

प्राकृत और अर्द्ध मागधी में लिखने के अतिरिक्त, काल, क्षेत्र और अपना समर्थन करनेवाले संरक्षकों के आधार पर जैन भिक्षुओं ने कई अन्य भाषाओं में भी लिखा था।

- दक्षिण भारत में **संगम काल के दौरान उन्होंने तमिल में लिखा**। **उन्होंने संस्कृत, शौरसेनी, गुजराती और मराठी में भी लिखा**।
- इन्हें व्यापक रूप से **दो प्रमुख श्रेणियों में विभाजित किया जा सकता है, 'जैन आगम नामक धर्मवैधानिक'** या **धार्मिक ग्रंथ** और **धर्मेतर साहित्यिक रचनाएँ**। जैन धर्म में ग़ैर-विहित साहित्य में ***निर्युक्तिस*** और ***संहिता*** नामक विभिन्न ग्रंथ शामिल हैं। ये भद्रबाहु द्वारा लिखे गये थे, जो जैन संघ के विभाजन से पहले अंतिम आचार्य थे।

जैन आगम

- ये पवित्र ग्रंथ हैं और इन्हें जैन तीर्थंकरों की शिक्षाएँ बताया जाता है। इन्हें मूल रूप से **गांधारों** द्वारा संकलित किया गया बताया जाता है, जो महावीर के मुख्य शिष्य थे।
- वर्तमान अंगों को मध्य 5वीं शताब्दी ईसवी के दौरान **वल्लभी (गुजरात)** में आयोजित, **श्वेतांबर पंथ के भिक्षुओं की परिषद्** में, आचार्य श्रमण देवर्धिगणि के नेतृत्व में, पुनर्संकलित किया गया बताया जाता है। दिगम्बर संप्रदाय का

मानना है कि मूल शिक्षाएँ बहुत समय पहले लुप्त हो गयी थीं और वे वल्लभी में संकलित आगमों के अधिकार को अस्वीकार करते हैं।

- **''आगम''** में 45 ग्रंथ सम्मिलित हैं, जिनमें से 11 अंग, 12 उपांग, 10 प्रकीर्णक, 4 मूलसूत्र, 6 छेदसूत्र, 2 चूलिका सूत्र हैं।
- इन्हें **अर्द्ध-मागधी प्राकृत भाषा में लिखा गया है।** *अंग, जीवन के सभी प्रकार के लिए आदर, शाकाहार, वैराग्य, दया और अहिंसा की कठोर संहिताएँ सिखाते हैं।*
- उपांग आगम की व्याख्या हैं; प्रकीर्णक सूत्र विविध विषयों पर ग्रंथ हैं, मूलसूत्र भिक्षुओं के प्रारंभिक दिनों के लिए मार्गदर्शक ग्रंथ हैं, चेदसूत्र भिक्षुओं और भिक्षुणियों के आचरण और व्यवहार से संबंधित ग्रंथ हैं और चूलिकासूत्र अंग के अर्थ को बढ़ाते हैं।
- **दिगंबरों** ने दो रचनाओं को पवित्र का दर्जा दिया: **कर्मप्रभृत** (*कर्म पर चर्चा*) या *शतखंडगम* और **कश्यपप्रभृत।**

कुछ अन्य **महत्त्वपूर्ण जैन रचनाएँ** और लेखक हैं:

- **भद्रबाहु** (तीसरी शताब्दी ईसा पूर्व) सबसे बड़े जैन भिक्षुओं में से एक थे तथा **चंद्रगुप्त मौर्य के शिक्षक** थे। उन्होंने पवित्र **उवसग्गहरम/उपसर्गहर स्तोत्र** (23वें तीर्थंकर पार्श्वनाथ की आराधना) तथा **कल्प सूत्र** (जैन तीर्थंकरों की आत्मकथा) लिखी थी। वे **दिगंबर संप्रदाय** के प्रवर्तक थे।
- आचार्य कुंदकुंद का **समयसार और नियमसार** जैन दर्शन की चर्चा करता है।
- सामंतभद्र द्वारा **रत्नाकरन्द श्रावकाचार** (जैन गृहस्थ का जीवन) और **आप्तमीमांसा** दूसरी शताब्दी ईसवी के आसपास लिखी गयी थी।
- तिरुतक्कतेवर का **जीवक चिंतामणि** भी तमिल साहित्य का एक महाकाव्य है।
- प्राचीन तमिल ग्रंथ **नलतियर** (नालियार) की रचना जैन भिक्षुओं द्वारा की गयी थी।
- उमास्वाति का **तत्त्वार्थ-सूत्र** (लगभग दूसरी-पाँचवीं शताब्दी ईसवी) तर्क, ज्ञानमीमांसा, आचार और खगोल विज्ञान पर आधारित **संस्कृत** में महत्त्वपूर्ण जैन रचना है। (इसे दिगम्बर तथा श्वेताम्बर दोनों सम्प्रदायों द्वारा स्वीकार किया गया।
- **जिनसेन** (लगभग 8वीं-9वीं शताब्दी) सम्मानित दिगम्बर भिक्षु थे। उन्होंने **महापुराण और आदिपुराण** की रचना की थी। वह एक और प्रसिद्ध जैन भिक्षु वीरसेन के शिष्य थे।
- **शुभचन्द्र *पाण्डवपुराण*** के रचयिता थे।
- **हरिभद्र सूरी** (6वीं शताब्दी ईसवी) संस्कृत में लिखनेवाले श्वेताम्बर जैन लेखक थे। उनकी प्रमुख रचनाओं में षड्दर्शन समुच्चय (जैन मत का भारतीय दर्शन की अन्य विचारधाराओं से तुलना की गयी है) और समराइच्चकहा (कर्म की क्रियाविधि का उल्लेख) सम्मिलित हैं।
- प्रसिद्ध विद्वान् **हेमचंद्र सूरी** (12वीं शताब्दी), जिन्होंने संस्कृत, प्राकृत, कविता और अभियोग आदि लिखे, उन्हें कलिकाल सर्वज्ञ (कलियुग के बारे में सारा ज्ञान रखनेवाला) का उपनाम दिया गया।

पतन से पहले **वल्लभी और कलिंग के विश्वविद्यालय** जैनों के लिए विद्या के महत्त्वपूर्ण केंद्र थे।

9वीं से 12वीं सदी के बीच, जैन भिक्षुओं ने व्यापक रूप से **कन्नड़** में लिखा। **कन्नड़ साहित्य के तीन रत्न पम्पा, पोन्ना और रन्ना** जैन धर्म से संबंधित प्रसिद्ध लेखक थे।

हिंदू धर्म के पुनरुद्धार और **कर्नाटक में लिंगायतों** के प्रसार के साथ ही जैन धर्म की लोकप्रियता में कमी आयी। इस प्रकार 12वीं-13वीं शताब्दियों के बाद साहित्यिक कार्यों में कमी देखी गयी।

पारसी साहित्य

पारसीवाद, फ़ारसी पैगंबर **ज़ोरोस्टर या ज़रथुश्त्र** की शिक्षाओं से विकसित धर्म को संदर्भित करता है। पारसी धर्म का नाम **मज़्दायस्ना** है, जो माज़्दा को अवेस्तान शब्द यस्ना के साथ जोड़ता है – जिसका अर्थ है पूजा या भक्ति। पारसीवाद का फ़ारस के इतिहास, संस्कृति, और कला और साथ ही साथ अन्य धर्मों के विकास पर प्रभाव पड़ा है। विद्वानों के अनुसार, पारसीवाद स्वर्गदूतों, न्याय के दिन, राक्षसी व्यक्ति, और **अच्छाई और बुराई के मध्य लड़ाई** में विश्वास करनेवाला पहला धर्म था।

ईरान में सासानी साम्राज्य के शासन के दौरान, यह धर्म सुधारों से गुज़रा और बहुत सारे ग्रंथ लिखे गये और उनकी पुनः व्याख्या की गयी।

सबसे महत्त्वपूर्ण ग्रंथ **अवेस्ता** कहा जाता है, जो **धार्मिक मान्यताओं, प्रथाओं और निर्देशों** से संबंधित एक समयावधि के दौरान लिखित और संकलित विभिन्न ग्रंथों का संग्रह है। **इसे अवेस्ताई भाषा में लिखा गया था,** जो अब विलुप्त हो गई है। यह **संस्कृत के समान** थी। ईरान के ससानियन शासन के दौरान, संभवतः **चौथी शताब्दी ईसवी** में अंतिम रूप से इसका संकलन किया गया था।

अवेस्ता में, **यास्ना** का संग्रह है। इसमें 72 अध्याय हैं और यह बहुत महत्त्वपूर्ण है। इनमें से, पाँच अध्याय **'गाथा'** जिसमें 17 श्लोक सम्मिलित हैं, सबसे सम्मानित हैं, जिन्हें स्वयं ज़ोरोस्टर द्वारा लिखा माना जाता है। यास्ना, इस धर्म की सबसे महत्त्वपूर्ण धर्मक्रिया है। **विदेवदाद** राक्षसों के विरुद्ध क़ानून हैं। **यष्ट** पूजा के रूप में स्तुति है। **खोरदेह अवेस्ता** दैनिक प्रार्थनाओं पर एक पुस्तक है।

अवेस्ता के अलावा कुछ महत्त्वपूर्ण ग्रंथ हैं :

- **डेनकार्ड :** यह पुस्तकों का संग्रह है और इसमें आस्था के विभिन्न पहलू समाहित हैं। इसे **पारसी धर्म का विश्वकोश** माना जाता है। इसकी कोई दिव्य स्थिति नहीं है। यह **10 वीं शताब्दी** में लिखा गया था।
- **बुंडाहिशन :** इसका शाब्दिक अर्थ है **प्रारम्भिक रचनाएँ**। यह धर्म में निर्माण के सिद्धांत के बारे में विवरण देता है। इसमें खगोलीय विचार और सिद्धांत शामिल हैं। इसमें अहुरा मज़्दा और 'अंगरा मेंयू' की लड़ाइयों का भी उल्लेख किया गया है। अधिकांश अध्याय **8 वीं और 9 वीं शताब्दी** में लिखे गये थे।

सिख साहित्य

सिख धर्म या सिखवाद 15वीं शताब्दी में स्थापित अपेक्षाकृत एक नया धर्म है। यह गुरु नानक की शिक्षाओं पर आधारित है। सिख धर्म की मान्यताएँ और दर्शन पवित्र ग्रंथ, **गुरु ग्रंथ साहिब** में लिखी गयी हैं। **गुरबानी** सिख गुरुओं की रचना है। इसमें भजन और गुरु ग्रंथ साहिब है।

सिख धर्म से संबंधित महत्त्वपूर्ण साहित्यिक रचनाएँ हैं :

- **आदि ग्रंथ : 1604 में पाँचवे गुरु अर्जन देव** के तत्त्वावधान में **भाई गुरदास** द्वारा इसका संकलन किया गया था। यह ग्रंथ, गुरु ग्रंथ साहिब का पूर्ववर्ती है। इस ग्रंथ में सिख गुरुओं के साथ-साथ भक्ति और सूफ़ी परंपराओं के 15 भगतों की शिक्षाएँ सम्मिलित हैं।

- **गुरु ग्रंथ साहिब :** दसवें गुरु, **गुरु गोबिंद सिंह** के तत्त्वावधान में 1678 में आदि ग्रंथ का आगे और विस्तार किया गया।
    - इसका सिखों में बहुत सम्मान है। इसे सिखों का **ग्यारहवाँ और अंतिम आध्यात्मिक प्राधिकार** माना जाता है।
    - इसे **गुरुमुखी लिपि** में और **'संत भाषा'** नामक भाषा में लिखा गया है। संत भाषा में विभिन्न भाषाओं, जैसे पंजाबी, अपभ्रंश, हिंदी, ब्रज भाषा, संस्कृत, खड़ीबोली और फ़ारसी के शब्द हैं।
    - इस ग्रंथ में **भक्ति संतों की शिक्षाएँ भी सम्मिलित हैं, जिन्हें 'भगत' कहा जाता था**, जैसे रामानंद, नामदेव, रविदास, परमानंद, सेना, सूरदास आदि और दो मुस्लिम भगत-कबीर और बाबा फ़रीद।
- **दसम ग्रंथ :** माना जाता है कि **गुरु गोबिंद सिंह** (दसवें गुरु) द्वारा लिखित भजन इस पुस्तक में संकलित किये गये हैं, हालाँकि कई लोग इससे सहमत नहीं हैं। इनमें दंतकथाएँ और पौराणिक कहानियाँ हैं। इस ग्रंथ के कुछ भजन **'नितनेम'** नामक दैनिक प्रार्थना में अर्पित किये जानेवाले माने जाते हैं। यह अधिकतर ब्रज भाषा में और कुछ भाग अवधी, पंजाबी, फ़ारसी और हिंदी में लिखा गया है।
- **जनमसाखियाँ :** इन ग्रंथों में पहले गुरु, गुरु नानक की पौराणिक और अतिरंजित कहानियाँ हैं। सबसे लोकप्रिय ग्रंथ 'भाई बाला जनमसाखी' है। अन्य मेहरबान जनमसाखी और आदि जनमसाखी हैं।

अरदास : यह गुरु ग्रंथ साहिब को खोलने या इसे बंद करने आदि के दौरान **गुरुद्वारे में** दैनिक अनुष्ठानों के दौरान की जानेवाली प्रार्थना का एक सेट है, इसमें तीन भाग शामिल हैं - पहला भाग 10 सिख गुरुओं का गुणगान है।

पाँच बानियाँ : ये **गुरु ग्रंथ साहिब** और **दशम ग्रंथ** से ली गयीं 5 प्रार्थनाएँ हैं, जिन्हें सिख गुरुओं और वाहेगुरु के प्रति प्रतिबद्धता के रूप में प्रतिदिन पढ़ा जाता है। पाँच बानियाँ हैं- **जपजी साहिब**, **जाप साहिब** और **तव-प्रसाद सवय्ये** (सुबह के गायन के लिए), **बेंती चौपाई** और **आनंद साहिब** (शाम के गायन के लिए)।

द्रविड़ साहित्य

- इस खंड में **चार प्रमुख** द्रविड़ भाषाओं**: तमिल, कन्नड़, तेलुगू और मलयालम** का साहित्य सम्मिलित है।
- इन चारों भाषाओं में **तमिल** सबसे पुरानी मानी जाती है और माना जाता है कि यह **संस्कृत के बहुत निकट** है, विशेष रूप से व्याकरण और शब्दों को उधार लेने के संबंध में।
- तमिल में सबसे प्रसिद्ध साहित्य शास्त्रीय रचनाएँ या **संगम साहित्य** है।

तमिल संगम साहित्य

- 'संगम' का अर्थ भ्रातृत्व होता है और यह साहित्य लोगों के बीच बहुत लोकप्रिय था। यह साहित्य ऐसी **रचनाओं का संग्रह** है, जिसमें लगभग 2381 कविताएँ सम्मिलित हैं, जिसके लिए 473 कवियों को श्रेय दिया जाता है और गुमनाम बने रहनेवाले 102 कवियों द्वारा लिखित साहित्य का कोष भी है। यह दक्षिण भारत का सबसे पहला ज्ञात साहित्य है।
- कवियों में समाज के विभिन्न वर्गों के पुरुष और महिलाएँ सम्मिलित थीं। साहित्यिक परंपरा इतनी अधिक लोकप्रिय थी कि **300 ईसा पूर्व से 300 ईसवी के बीच** की **अवधि** को प्रायः संगम काल कहा जाता है, जिस अवधि के दौरान इनमें से अधिकतर की रचना और संकलन किया गया था।

संगम साहित्य की **दो प्रमुख शैलियाँ** हैं :

- **आगम 'भीतरी क्षेत्र'** जो **प्रेम, यौन संबंध** आदि जैसे मानवीय पहलुओं की अमूर्त चर्चा पर केंद्रित है।
- दूसरी शैली **'पुरम'** या **'बाहरी क्षेत्र'** जिसमें सामाजिक जीवन, नैतिकता, वीरता, रीति-रिवाज़ों आदि जैसे **मानवीय अनुभवों** की चर्चा की गयी है।

यह साहित्य 'संगम' नाम धारण करता है, क्योंकि पांड्य राज्य ने ऐसी सभाओं का आयोजन किया, जिसमें दक्षिण भारत के विभिन्न भागों से कवि, चारण और लेखक सम्मिलित होते थे एवं इन **'सभाओं को 'संगम'** कहा जाता था।

इन सभाओं की अवधि में निर्मित साहित्य **संगम साहित्य** कहलाता है।

600–700 वर्षों की अवधि के दौरान तीन संगमों का आयोजन किया गया था। हालाँकि, पहले दो संगमों का निर्णायक ऐतिहासिक विवरण उपलब्ध नहीं हैं। कई विद्वानों द्वारा पहले और दूसरे संगम किंवदंती और मिथक माने जाते हैं।

संगम	राज्य	आयोजन स्थल	अध्यक्ष	पुस्तकें
पहला या मुख्य	पांड्य	मदुरई	अगस्त्य या शिव	कोई पुस्तक नहीं बची है। व्याकरण के रूप में अगत्तियम का उपयोग किया गया।
दूसरा या मध्य संगम	पांड्य	कपाटपुरम	प्रारंभ में अगस्त्य थे और उनके बाद उनके शिष्य तोलकाप्पियर ने पदभार सँभाला।	**तोलकाप्पियम्** में लगभग 2,000 कविताएँ एकत्र और संकलित की गयीं। *तोलकाप्पीयम तमिल व्याकरण की पाठ्यपुस्तक है, जिसमें शब्दों और वाक्यों का रूपान्तरण और वाक्य- विन्यास दिया गया है और साथ ही इसमें निवासों, जन्तुओं, पौधों और मनुष्यों का वर्गीकरण भी सम्मिलित है।*
तीसरा	पांड्य	मदुरई	नक्कीरर	संगम साहित्य का अधिकांश मौजूदा कोष लिखा गया।

- यह देखना भी मज़ेदार है कि मौजूदा संगम साहित्य में कविता की लगभग 30000 पंक्तियाँ हैं, जो **एट्टुथोगई** नामक आठ संग्रहों में व्यवस्थित हैं।
- बहुचर्चित और प्रतिष्ठित तमिल संत **तिरुवल्लुवर** ने **तिरुक्कुरल** में लिखा, जो संगम साहित्य में उनका योगदान है। अब तक इसका कई भाषाओं में अनुवाद किया जा चुका है और यह महाकाव्य, राजनीति-शासन और प्रेम के विषय में चर्चा करनेवाले तीन भागों में विभाजित है।
- संगम साहित्य में योगदान देनेवाली एक अन्य प्रसिद्ध **महिला संत अव्वइयर** हैं। संगम काल की अन्य महिला कवयित्री **नच्चेल्लैयार** और **कक्कईपदिनियार** थीं, जिन्होंने तमिल साहित्य में योगदान दिया था।

संगम साहित्य के अतिरिक्त, तमिल में लिखित कई अन्य प्रसिद्ध ग्रंथ भी हैं।

- तोलकाप्पियम को तमिल व्याकरण और कविता की बारीकियों को समझाने के लिए लिखा गया है।
- दोनों संस्कृत महाकाव्य *रामायण और महाभारत* की भाँति, तमिल में भी पाँचवी-छठी शताब्दी ईसवी में लिखे गये दो प्रमुख ग्रंथ हैं **इलंगो आदिगाल** द्वारा लिखा गया **शिलप्पादिकारम्** (पायल की कहानी) और दूसरा ग्रंथ **सत्तनार** द्वारा लिखित **मणिमेखलाई** (मणिमेखलाई की कहानी) है। ये ग्रंथ *तमिल समाज* और उन *आर्थिक* और *राजनीतिक* परिवर्तनों पर केंद्रित हैं, जिसका वह अनुभव कर रहा था।

तोलकाप्पियम

इसे सबसे प्रारंभिक जीवित तमिल साहित्यिक कृति के रूप में स्वीकार किया जाता है और इसे **तोल्काप्पियार** (संत अगस्त्य के 12 शिष्यों में से एक) द्वारा लिखा गया था। इसमें तमिल भाषा के बोलने और लिखने से संबंधित **व्याकरण** है। इसमें जीवन के दो चरणों, अहम अथवा अगम और पुरम के बारे में चर्चा की गयी है। इसमें प्राचीन तमिल भूमि के सांस्कृतिक इतिहास का वर्णन और भौगोलिक इतिहास भी दिया गया है।

शिलप्पादिकारम्

यह प्रारंभिक तमिल महाकाव्य (ताड़ के पत्ते पर लिखी गयी हस्तलिपि) एक साधारण दंपती, **कन्नगी**, उसके पति कोवलन और कोवलन की बाद में बनी प्रेमिका माधवी की **दुखद प्रेम कथा** है। दंपती सार्वभौमिक प्रश्न और आंतरिक, भावनात्मक युद्ध के बीच फँस जाते हैं। शिलप्पादिकारम् का शब्दशः अर्थ होता है **एक पायल की कहानी** और यह कन्नगी से संबंधित होती है। **यह कहानी कन्नगी के आसपास घूमती है।** वह पांड्यन वंश के दरबार में न्याय नहीं होने के कारण अपने पति को खो देती है और पांड्यन के राज्य से वह बदला लेती है। इस तमिल महाकाव्य में लेखक इलांग-आदिगल द्वारा **कावेरी नदी, सूर्य, चंद्रमा और पूमपुहार शहर** की प्रशंसा की गयी है। इसे लगभग पाँचवीं-छठी शताब्दी में लिखा गया है। ऐसा माना जाता है कि इसमें जैन तत्त्व हैं।

मणिमेखलै

यह भी एक तमिल महाकाव्य है, जिसकी रचना **सत्तनार** द्वारा लगभग छठी सदी में की गयी। यह एक **प्रेम-विरोधी कथा** है, जो प्रारंभिक तमिल महाकाव्य में प्रेम कथा का परिणाम है। इसमें कोवलन और माधवी की सुंदर पुत्री **मणिमेखलै** का वर्णन मिलता है। वह **महायान बौद्ध मत** की भिक्षुणी थी। यह माना जाता है कि यह ग्रंथ **बौद्ध धर्म से संबंधित** है।

संगम काल की सांस्कृतिक प्रथाएँ

संगम काल के दौरान कुछ महत्त्वपूर्ण सांस्कृतिक प्रथाएँ-

- संगम काल के दौरान वंशानुगत राजशाही सरकार थी। शाही दरबार को ***अवाई*** के नाम से जाना जाता था।
- **सिलप्पादिकारम** दो प्रकार की परिषदों को संदर्भित करता है - ***ऐम्पेरुंकुलु*** और ***एनपेरायम***।
- ***ऐम्पेरुंकुलु*** या पाँच सदस्यों की परिषद् मंत्रियों की परिषद थी।
- ***एनपेरायम*** या महान् सभा (पेरायम) में 8 सदस्य (सरकारी अधिकारी) शामिल थे।
- ***पट्टिनाप्पलाई पुहार*** के बंदरगाह में कार्यरत कस्टम अधिकारियों को संदर्भित करता है।
- **तोलकाप्पियम** इन भूमियों में रहनेवाले लोगों के क़ब्ज़े के आधार पर भूमि के पाँच गुना विभाजन को संदर्भित करता है, जैसे ***कुरिंजी*** (शिकार और शहद संग्रह), ***मुल्लाई*** (मवेशी-पालन), ***मरुदम*** (कृषि), ***नेदाल*** (मछली पकड़ने और नमक निर्माण) एवं ***पलाई*** (डकैती)।
- तोलकाप्पियम में चार अलग-अलग जातियों का उल्लेख किया गया है। 1. **अरासर** (शासक वर्ग) 2. **अंथनार** (संगम राजनीति और धर्म से संबंधित), 3. **वनिगार** (व्यापार और वाणिज्य पर आधारित) और 4. **वेल्लालस** (कृषक)।
- संगम काल के प्रमुख देवता **सेयोन** या **मुरुगन** थे।
- शाही दरबारों में गानेवाले गायकों को पनार और विरलियार कहा जाता था (जो लोकगीत और लोकनृत्य में कुशल थे)।

- नृत्य **कनिगैयार** द्वारा प्रस्तुत किया गया था। **कूथु** (लोक कला या अनौपचारिक नृत्य) लोगों का सबसे लोकप्रिय मनोरंजन था।
- **वातककिरुत्तल** संगम युग के दौरान मृत्यु तक उपवास करने का एक तमिल अनुष्ठान था। तमिल राजा अपने सम्मान और प्रतिष्ठा की रक्षा करने हेतु और पराजय के बाद युद्ध में उत्तर की ओर मुँह करके, मौत का सामना करने के लिए तैयार थे।
- बंदरगाह शहर **पुहार** विदेशी व्यापार का केंद्र बन गया।

भक्ति साहित्य

- इस साहित्य में अंतिम मोड़ प्रारंभिक मध्यकाल के दौरान तब आया, जब वैष्णव भक्ति भावनाओं ने तमिल साहित्य को रँगना प्रारंभ किया। सातवीं और बारहवीं शताब्दी के बीच रचित ग्रंथ प्रकृति में अत्यधिक भक्तिमय है।
- तमिल भाषी क्षेत्रों में, विष्णु (या उनके अवतार कृष्ण) की भक्ति में डूबे 12 **आलवारों** या संत कवियों ने अनेक ग्रंथों की रचना की। आलवार संतों में से एक **अंडाल** नामक महिला थी।
- एक अन्य महत्त्वपूर्ण *भक्ति* समूह नयनारों या शिव की प्रशंसा में गानेवाले लोगों का था।
- इनके अतिरिक्त, **धर्मनिरपेक्ष तमिल लेखन** में **पेरियपुराणम** और **कम्बरामायणम् नामक** (रामावतारम् के नाम से भी जाना जाता है) दो प्रमुख साहित्यिक कृतियाँ बहुत लोकप्रिय थीं। कंबन ने इस महाकाव्य को पन्नई कुलाधिपति, तिरुवेन्नई नल्लूर सदयप्पा वल्लल, के संरक्षण में लिखा था। अपने संरक्षक के प्रति आभार व्यक्त करते हुए, कंबन ने प्रत्येक छंद (1,000) में एक बार उनके नाम का उल्लेख किया है।
- **थायुमानवर** (1705-1744) एक अन्य तमिल धार्मिक दार्शनिक थे, जिन्होंने **शैव सिद्धांत दर्शन** प्रतिपादित किया। उन्होंने तमिल भाषा में कई भजन लिखे। अपनी **सित्तार कविता में**, उन्होंने मंदिरों में प्रवेश पर रोक और जाति व्यवस्था का विरोध किया है।

पेरियपुराणम

पेरियपुराणम ग्रंथ चोलों के शासनकाल (कुलोत्तुंगा द्वितीय का शासन), में **12वीं सदी के दौरान सेक्किझार** द्वारा लिखा गया। इसमें **कविता के माध्यम से 63 नयनारों के जीवन** का वर्णन मिलता है। यह तमिल साहित्य की सर्वोत्तम रचना है और **तमिल में पाँचवे वेद** का इसे स्थान दिया गया है।

मलयालम साहित्य

- यह भाषा सामान्यत: **केरल** और आसपास के क्षेत्रों में बोली जाती है।
- मध्यकाल की दो प्रमुख मलयालम रचनाएँ **कोकसंडिसन और भास कौटिल्य** (अर्थशास्त्र पर टिप्पणी) है।
- मलयालम में एक और प्रमुख साहित्यिक रचना **रामचरितम** है, जोकि 12वीं शताब्दी में **चीरामन** द्वारा लिखित एक महाकाव्य है। **तिरुनिझलमाला** (पवित्र छाया की माला) और **रामचरितम** पुरानी मलयालम में लिखी गयी दो महाकाव्य कविताएँ हैं। वे मलयालम भाषा की कविताओं की **'पट्टू'** शैली से संबंधित हैं और मलयालम की सबसे प्रारंभिक साहित्यिक कृतियाँ हैं।

- भक्ति आंदोलन के एक मज़बूत प्रस्तावक **एझुयाचन (एजुयचन)** को **मलयालम भाषा के जनक** के रूप में जाना जाता है।
- **वल्लथोल नारायण मेनन** 20वीं सदी के मलयालम कवि थे और **कुमारन आसन** और **उल्लूर एस. परमेश्वर अय्यर** के साथ आधुनिक मलयालम कविता के विजयी कवियों में से एक थे। उनकी महान् रचना **महाकाव्य चित्रयोगम** है।

तेलुगू साहित्य

- भाषाविदों का तर्क है कि **नन्नय्य** या नन्नय्या भट्टारक (11वीं सदी) तेलुगू के पहले कवि थे। उन्होंने ***महाभारत*** का संस्कृत से तेलुगू में अनुवाद किया।
- सबसे पुराना तेलुगू शिलालेख 7वीं शताब्दी का **'टिप्पलार शिलालेख'** और **'भोड़मपुडु शिलालेख'** है।
- तेलुगू में कई महान् रचनाएँ लिखी गयी हैं, लेकिन तेलुगू साहित्य **विजयनगर काल** के दौरान यह अपने चरम पर पहुँच गया, जिसे **तेलुगू साहित्य के स्वर्ण युग** के रूप में भी जाना जाता है। इसे **प्रबंध युग** भी कहा जाता है, क्योंकि अल्लासानी पेद्दाना जैसे कवियों ने इस अवधि के दौरान काव्य लिखे जो **'प्रबंध'** के नाम से लोकप्रिय हैं।
- इस अवधि की सबसे सफल रचनाओं में से एक **राजा बुक्का प्रथम** के जाने-माने दरबारी कवि **नचना सोमनाथ** द्वारा रचित **उत्तरहरिवंशम्** है।
- न केवल दरबारी कवियों ने श्रेष्ठतर साहित्य की रचना की, बल्कि **कृष्णदेवराय** (1509 ई. - 1529 ई.) जैसे राजा ने भी **अमुक्तमाल्यद** शीर्षक से असाधारण कविताओं की रचना की थी।

कृष्णदेवराय के शासनकाल के दौरान आठ तेलुगू कवि उनके दरबार से जुड़े थे। इन्हें **अष्ट दिग्गज** कहा जाता था। इनमें से कुछ विशेष ध्यान देने योग्य हैं:

कवि	रचना का नाम
अल्लासानी पेद्दाना (**आंध्र कविता** के **पितामहदु** के रूप में भी जाने जाते हैं)	*मनुचरित्र*
नंदी तिम्मना	*पारिजातपहरनमु* (हरिवंशम की एक कहानी पर आधारित)
तेनाली रामकृष्ण (*दरबारी विदूषक और कवि थे। कहा जाता है कि, उनका राजा के साथ अच्छा तालमेल रहा था और तेनाली राम की कहानियाँ आधुनिक समय में भी प्रचलित हैं*)	*पांडुरंग माहात्म्य, घटिकाचला महात्म्यम्* (वैष्णव भक्ति पाठ) और *उद्भताराध्य चरित्रमु* (शैव पाठ)
रामराजाभूषणु (*भट्टूमूर्ति के रूप में भी जाने जाते है*)	*वसुचरितमु*
	नरसाभूपाल्यमु
	हरीशचंद्र नलोपाख्यानमु, काव्यालंकारसंग्रहमु
मदय्यागरी मल्लाना	*राजशेखरचरित* (अवंती के राज्य के राजा राजशेखर के प्रेम और युद्ध के विषय में)
अय्यालराजु रामभद्रदु	*रामाभ्युदयमु*
पिंगली सुरन्ना	*राघव-पाण्डवीयम्* (**रामायण** और **महाभारत** *दोनों का वर्णन करते हुए*), *कलापूर्णोदयम्* (*तेलुगू में पहला मौलिक काव्य उपन्यास*)।

कृष्ण देवराय-महान् विद्वान् और साहित्य के संरक्षक

- वे कई भाषाओं के विद्वान् और संरक्षक थे, जिसमें **तेलुगू, कन्नड़, तमिल और संस्कृत** सम्मिलित थी।
- विजयनगर साम्राज्य में **कृष्ण देवराय** (1509-1529) का शासनकाल **तेलुगू साहित्य के स्वर्ण युग** के रूप में जाना जाता है।
- **आठ विद्वान् साहित्यिक व्यक्ति** उनके दरबार से जुड़े थे और उन्हें **अष्टदिग्गज** कहा जाता था, सबसे महत्त्वपूर्ण **अल्लासनी पेद्दाना** थे।
- उन्होंने **कन्नड़ कवियों** मल्लनरया, छटु विट्टल-अनंत, थिमन्ना कवि को संरक्षण दिया। **कन्नड़ संत व्यासतीर्थ उनके राजगुरु थे।**
- **कृष्णदेव की रायना दिनाचरी** कन्नड़ में उनकी एक और रचना है।
- कलिंग अभियान के दौरान, जब वह विजयवाड़ा से होकर यात्रा कर रहे थे, तब उन्होंने स्वयं **अमुक्तमाल्यद की रचना** की, जो उनके सपनों में **विष्णु** का उदाहरण बतानेवाला ग्रंथ है।
- **उन्होंने संस्कृत में ग्रंथ लिखे,** जिसमें सम्मिलित हैं—मदालसा चरित, सत्यावधु परिणय, रसमंजरी और जम्बावती कल्याण।
- उन्होंने तमिल कवि हरिदास को संरक्षण दिया।

20वीं सदी के आधुनिक तेलुगू साहित्य को **के. वीरेशलिंगम पेंटालु** ने आकार दिया था, जिन्होंने पहला तेलुगू उपन्यास **'राजशेखर चरित्रमु'** लिखा था।

कन्नड़ साहित्य

- कन्नड़ साहित्य में सबसे पहले जैन विद्वानों ने प्रवेश किया। जैन-प्रभावित ग्रंथों का सबसे अच्छा उदाहरण पंद्रहवें **तीर्थंकर** (जैन गुरु) के जीवन पर **माधव** लिखित **धर्मनाथ पुराण** है।
- कन्नड़ दक्षिण भारत की दूसरी सबसे पुरानी भाषा है। सबसे प्राचीन कन्नड़ शिलालेख 5वीं शताब्दी ईसवी का **'हल्मिडी शिलालेख'** है।
- **उरित्ता विलास** जैसे कई अन्य विद्वानों ने इस काल की **जैन शिक्षाओं** पर **धर्म परीक्षा** की रचना की।
- कन्नड़ में सबसे पहले अभिलेखित ग्रंथों में से एक नौवीं शताब्दी में, **अमोघवर्ष प्रथम** द्वारा लिखित **कविराजमार्ग (Kavirajamarga)** है। वह भी बहुत शक्तिशाली राष्ट्रकूट राजा थे। उन्होंने संस्कृत में **प्रश्नोत्तर रत्नमालिका** भी लिखी है।

कन्नड़ भाषा में कई महान् कवि हुए हैं, लेकिन 'तीन रत्न' अद्वितीय थे।

- **पंपा** (9वीं-10वीं शताब्दी ईसवी)
- **पोन्ना** (9वीं-10वीं शताब्दी ईसवी) और

- **रन्ना** (10वीं-11वीं शताब्दी ईसवी)
  - दसवीं शताब्दी में ही, 'कन्नड़ के जनक' के रूप में अधिक ज्ञात आदिकवि पंपा (एक जैन कवि) ने अपनी दो सबसे महानतम काव्यात्मक रचनाएँ, **आदिपुराण** (**चम्पू शैली** में लिखी गयी) और **विक्रमार्जुन विजय** (**पंपा भरत** के नाम से भी जाना जाता है) (महाभारत का कन्नड़ रूपांतरण और शिलालेख के रूप में प्रस्तुत किया गया) लिखीं। काव्य रचनाओं में सम्मिलित रस पर अपनी प्रवीणता के लिए प्रसिद्ध पंपा, **चालुक्य राजा अरिकेसरी** के दरबार से जुड़े थे।
  - दूसरे रत्न या **पोन्ना** ने ***शांति पुराण*** (16वें जैन तीर्थंकर शांतिनाथ की जीवनी) शीर्षक से प्रसिद्ध ग्रंथ की रचना की और तीसरे रत्न, **रन्ना** ने ***अजीत पुराण*** (द्वितीय जैन तीर्थंकर अजितनाथ के जीवन पर आधारित) की रचना की। ये दोनों कवि राष्ट्रकूट राजा कृष्ण तृतीय के दरबार से जुड़े थे। रन्ना की एक और रचना **सहसा भीम विजया** है, जिसे **गदा युद्ध** के नाम से भी जाना जाता है। **पोन्ना** को संस्कृत और कन्नड़ दोनों में पकड़ के लिए **उभय कविचक्रवर्ती** की उपाधि से सम्मानित किया गया था।
  - हालाँकि कन्नड़ दसवीं शताब्दी तक पूर्ण भाषा बन चुकी थी, लेकिन कन्नड़ साहित्य के विकास के लिए सूक्ष्मता से विजयनगर साम्राज्य से मिलनेवाले संरक्षण को उत्तरदायी ठहराया जाता है। साहित्य के विकसित हो जाने पर, भाषा का व्याकरण स्पष्ट करनेवाली ***शब्दमणिदर्पण,*** जैसी कई पुस्तकें लिखीं जाने लगीं, जिसे केशिराजा ने लिखा था।
  - इस अवधि में कई अर्द्ध-धार्मिक ग्रंथों की भी रचना की गयी। **नरहरि** ने ***तोरवेरामायण*** की रचना की, इसे *वाल्मीकि* **रामायण** से प्रेरित और पूर्णत: कन्नड़ में लिखी गयी राम पर पहली कहानी कहा जाता है।
  - एक अन्य प्रसिद्ध ग्रंथ ***जैमिनी भरत*** था। इसे *लक्ष्मिश* ने लिखा था।
  - कन्नड़ को अलग बनानेवाली बात इसे पढ़नेवाले लोगों के साथ इसका निकट जुड़ाव है। **'लोगों का कवि'** होने की पदवी **त्रिपदी** (तीन पंक्ति की कविता) लिखनेवाले कवि **सर्वज्ञ** (16वीं शताब्दी) को दी जाती है।
  - इससे भी अधिक असाधारण कन्नड़ में कुछ ख्यातिवाली **हदीबदेय धर्म** (समर्पित पत्नी के कर्तव्य) लिखनेवाली **पहली कवयित्री होन्नम्मा** थीं।
  - **मदन विजया** या **कबिगरा कावा अंडय्या** द्वारा लिखा गया था (यह बिना किसी संस्कृत शब्द के पहला शुद्ध कन्नड़ पाठ है)।

चंपू

यह एक साहित्यिक शैली है जो **काव्य** और **गद्य** का मिश्रण है। इस शैली का उपयोग तेलुगू, उड़िया और कन्नड़ के साथ-साथ संस्कृत साहित्य में भी किया गया है।

मध्यकालीन साहित्य

मध्यकाल में कई विभिन्न प्रवृत्तियाँ उभरीं, जिन्होंने उभरनेवाली भाषाओं और बोलियों को प्रभावित किया। प्रमुख परिवर्तन दिल्ली सल्तनत और मुग़ल दरबारों के लेखन के रूप में फ़ारसी का उद्‌भव था। इस अवधि में प्राचीन **अपभ्रंश** भाषा से **हिंदी का विकास** भी दिखाई दिया और स्वयं अपभ्रंश भाषा का विकास प्राकृत से हुआ।

फ़ारसी साहित्य

- हालाँकि फ़ारसी भाषा की जड़ें संस्कृत जितनी ही पुरानी हैं, लेकिन **बारहवीं शताब्दी** में **तुर्क और मंगोलों** के आगमन के साथ यह भारत आयी। उनके शासन के दौरान फ़ारसी दरबार के संचार का साधन बन गयी।
- 12वीं-13वीं शताब्दी ईसवी में सबसे श्रेष्ठ फ़ारसी कवियों में से एक **अमीर ख़ुसरो देहलवी** (दिल्ली के अमीर ख़ुसरो) थे। अपने **दीवान** (फ़ारसी में कविताओं के संग्रह) के अतिरिक्त, उन्होंने नूह सिपेहर और दु:खद प्रेम कविता **मसनवी दवेल रानी ख़िज्रखाँ** भी लिखी।
- दिल्ली सल्तनत में, फ़ारसी में कई ग्रंथ लिखे गये। इनमें से अधिकांश शासकों के लिए इतिहास की रचना करने से संबंधित थीं। ज़ियाउद्दीन **बरनी** इस अवधि के शीर्ष **इतिहासकारों** में था और उसने **तारीख़-ए-फ़िरोज शाही** और **फ़तवा-ए-जहाँदारी** लिखी थी।
- अन्य प्रसिद्ध इतिहासकार **मिन्हाज-ए-सिराज** था। **इब्न-बतूता** (मोरक्को यात्री) की भाँति प्रसिद्ध यात्रियों द्वारा लिखित कई यात्रा विवरण हैं, जिनसे इस अवधि के सामाजिक-राजनीतिक परिदृश्य का पता चलता है।
- मुग़ल काल में फ़ारसी में साहित्य की रचना और प्रचार-प्रसार में तेजी आयी। मुग़ल बादशाह **बाबर** ने तुर्की में अपनी आत्मकथा **बाबरनामा (बाबर की किताब)** लिखी थी। इससे हमें भारत में मुग़ल विजय के विषय में महत्त्वपूर्ण जानकारी मिलती है।
- जहाँगीर के शासनकाल के विषय में सबसे बड़े स्रोतों में से एक **तुज़ुक-ए-जहाँगीरी** (जहाँगीर की आत्मकथा) है।
- एक अन्य महत्त्वपूर्ण रचना हुमायूँ की सौतेली बहन **गुलबदन बेगम** द्वारा लिखित **हुमायूँ-नामा** है। इससे हुमायूँ के जीवन और सिंहासन पाने के संघर्ष का विवरण मिलता है।
- इस काल का महानतम सम्राट् **अकबर** था और उसके दरबारी इतिहासकार **अबुल फ़ज़ल** द्वारा लिखित **आइन-ए-अकबरी** (अकबरनामा का तीसरा अंक) और **अकबरनामा** इस अवधि के साहित्य के सबसे अच्छे उदाहरण हैं। अकबर ने फ़ारसी में रामायण, भगवत गीता और अनेक उपनिषदों जैसे संस्कृत ग्रंथों के अनेक अनुवादों के लिए आदेश दिया था। एक प्रमुख उदाहरण महाभारत है, जिसे बंदायूँनी (1540-1605) द्वारा फ़ारसी में अनुवाद किये जाने पर **बदायूँनी द्वारा रज़्मनामा (1540-1605)** कहा गया। **हाजी इब्राहिम सरहिंदी** ने अथर्व वेद का फ़ारसी में अनुवाद किया। 1574 में, अकबर ने अपनी नयी राजधानी फ़तेहपुर सीकरी में **मकतब ख़ाना** या **अनुवाद कार्यों का घर** स्थापित किया।
- **फ़ैज़ी** (अबुल फ़ज़ल का बड़ा भाई) को फ़ारसी काव्य का मास्टर माना जाता था तथा वह अकबर के दरबार के नवरत्नों में से एक थे। उसने भास्कराचार्य की **लीलावती** का फ़ारसी में अनुवाद किया।
- **तारीख़-ए-अकबरी**, जिसे मुज़फ़्फ़रनामा (मोहम्मद आरिफ़ कंधारी द्वारा संकलित) पुस्तक को 16वीं सदी के भारत के इतिहास की सूचना के लिए एक प्रमुख स्रोत माना जाता है। यह सम्राट् अकबर के शासनकाल का पहला वृत्तांत है। इसमें विशेष रूप से उसके कार्यकाल के प्रमुख वर्षों की जानकारी मिलती है।
- इस अवधि की अत्यधिक सचित्र रचनाओं में से एक को ***हम्ज़ानामा*** कहा जाता है। इसमें पौराणिक फ़ारसी नायक आमिर हम्ज़ा की कहानी को दर्शाया गया है।
- **मलिक मुहम्मद जायसी** ने 1540 ईसवी में ***पद्मावत*** की रचना अवधी भाषा में की थी।
- **शाहजहाँ** के शासनकाल में कई ग्रंथ तैयार किये गये, विशेष रूप से इनायत ख़ान के **शाहजहाँ-नामा** जैसे ग्रंथ, जो सम्राट् के विषय में हैं।

- शाहजहाँ की बेटी **जहाँआरा बेग़म** ने '***मुनिस-अल-अरवाह***' लिखी, जो महान् सूफ़ीसंत शेख़ मुइनुद्दीन चिश्ती की जीवनी है और उनको श्रद्धांजलि के रूप में अर्पित है।
- औरंगज़ेब के शासनकाल में, **मीर जाफ़र ज़टल्ली** जैसे कई व्यंग्यकारों ने अपनी ***कुल्लियात*** (कविताओं का संग्रह) लिखी थी, जैसे- जफ़र जटल्ली। अब्दुल हमीद लाहौरी ने पादशाहनामा की रचना की थी। यह रचना शाहजहाँ के शासन से संबंधित थी। ***आलमगीरनामा*** (औरंगज़ेब का इतिहास) **मिर्ज़ा मुहम्मद काज़िम** द्वारा लिखा गया था।

औरंगज़ेब की पसंदीदा और सबसे बड़ी बेटी **ज़ेब-उन-निसा** एक महान् **कवयित्री** थी और उनके लेखन को मरणोपरांत **''दीवान-ए-मख़्फ़ी''** के रूप में संकलित किया गया था। उसे उसके पिता ने उसके जीवन के अंतिम 20 साल के लिए क़ैद करके रखा था।

- **कलिला वा डिमना** अरबी में दंतकथाओं का एक संग्रह है, जिसमें **कलिला** और **डिमना** नाम के दो सियारों को (अन्य जानवरों सहित) कथावाचक और नायक दोनों के रूप में दिखाया गया है। यह पुस्तक संस्कृत पाठ **पंचतंत्र** का अनुवाद है, जिसका 6वीं शताब्दी में पुरानी **फ़ारसी** में अनुवाद किया गया था और 8वीं शताब्दी में इसका अरबी में अनुवाद किया गया था।

उर्दू साहित्य

- भाषाविदों का तर्क है कि उर्दू, फ़ारसी और हिंदी की होनेवाली अंतर्क्रिया, विशेष रूप से तुर्की सेना की बैरकों के माध्यम से विकसित हुई। अमीर ख़ुसरो ने भी उर्दू में कई ग्रंथ लिखे थे। उर्दू इस अवधि में अपनी प्रारंभिक अवस्था में थी। भाषा विज्ञान के आधार पर यह इंडो-आर्यन भाषा है, जिसकी उत्पत्ति भारत में हुई और हिंदी की मूल संरचना पर ही आधारित (खड़ी बोली) है।
- अमीर ख़ुसरो ने भी उर्दू में कई ग्रंथ लिखे थे। उर्दू इस अवधि में अपनी प्रारंभिक अवस्था में थी।
- यह भाषा अधिकांशत: *हिंदी के व्याकरण और फ़ारसी* के प्रकार और पटकथा का अनुगमन करती है। चूँकि अहमदनगर, गोलकुंडा, बीजापुर और बरार के बहमनी राज्यों द्वारा इसका उपयोग किया जाता था, इसलिए प्रारंभ में इसे **दक्कनी** (दक्षिणी) भी कहा जाता था।
- सबसे बड़े उर्दू कवियों में से एक उर्दू में **दीवान** (केवल ग़ज़लों का संग्रह) की रचना करनेवाले **मिर्ज़ा ग़ालिब (1797-1869)** थे।
- सौदा, दर्द और मीर तक़ी मीर, कई अन्य उर्दू कवि थे। बीसवीं सदी में, उर्दू साहित्यिक लेखन में एक बड़ी हस्ती **बाँग-ए-दरा** लिखनेवाले **इक़बाल** थे। वह **'सारे जहाँ से अच्छा'** लिखने के लिए प्रसिद्ध है, जो भव्य राष्ट्रवादी गीत बन गया है।
- उर्दू में भी लिखनेवाले बहादुर शाह ज़फ़र जैसे मुग़ल साम्राज्य के अंतिम सम्राटों के अतिरिक्त अवध के नवाबों ने भी उर्दू में रचना करनेवाले कई विद्वानों को संरक्षण दिया था।
- बीसवीं सदी में, आधुनिकतावादी सर सैय्यद अहमद ख़ान द्वारा भी इसे बढ़ावा दिया गया था। उन्होंने उर्दू और अँगरेज़ी में कई शिक्षाप्रद और राष्ट्रवादी ग्रंथ लिखे थे। उन्होंने एक पत्रिका का प्रकाशन किया, जिसका नाम **तहज़ीब-उल-अख़्लाक़** था। उसमें प्रगतिशील विचार सम्मिलित किये गये थे, जैसे कि शिक्षा के माध्यम से महिलाओं की स्थिति में सुधार, पर्दा और बहुविवाह का विरोध आदि।

क़सीदा - क़सीदा का **एक ही मुख्य विषय** होता है। यह सामान्यत: किसी **राजा या** उच्चाधिकारी की **प्रशंसा में** लिखा जाता है। मध्य एशिया में इस्माइली पंथ द्वारा अरबी, फ़ारसी या ताजिक में क़सीदे पढ़े जाते हैं।

गिनान - ये भक्तिवाले भजन होते हैं, जिसे दक्षिण एशिया में निज़ारी इस्माइली मुस्लिम समुदाय (**खोजा**) गाते हैं। गिनान के विषयों में दैवीय प्रेम, ब्रह्माण्ड, धार्मिक कर्मकांड, परलोक, नैतिकता और ध्यान सम्मिलित होते हैं। आरंभ में इसे पीरों द्वारा मौखिक रूप से गाया जाता था, परंतु बाद में ग्रंथ के रूप में इसकी रचना की गयी। वे **क़ुरान** की आयतों पर आधारित होते हैं। इनकी रचना कई भाषाओं, जैसे कि गुजराती, उर्दू, पंजाबी, सिंधी और अन्य में की गयी।

शहर आशोब - यह दक्षिण एशिया की प्राचीन उर्दू कविता शैली है। आशोब में सामान्यत: विभिन्न स्थितियों पर आधारित वर्णात्मक कविता में एक लेखक के भावनात्मक विचारों का वर्णन किया जाता है। **मुग़ल शासनकाल** में कवियों द्वारा इसका प्रयोग व्यापक रूप से राजनीतिक और सामाजिक परिवर्तनों पर **क्रोध और दुख** प्रकट करने के लिए किया जाता था।

हिंदी और उसकी बोलियाँ

- हिंदी, जैसा आज हम इसे जानते हैं, 7वीं और 14वीं सदी के बीच प्राकृत से विकसित होनेवाली **अपभ्रंश** से विकसित हुई। इस भाषा को इसका सबसे बड़ा प्रोत्साहन उस **भक्ति आंदोलन** से मिला, जिसने *संस्कृत का उपयोग त्याग दिया था,* क्योंकि यह *ब्राह्मणों* की भाषा थी और आम लोग इसका उपयोग नहीं करते थे। इसलिए, उन्होंने लोगों की आम जन भाषा में लिखना प्रारंभ किया और बारहवीं शताब्दी के बाद से हमें बंगाली, हिंदी, मराठी, गुजराती आदि जैसी क्षेत्रीय भाषाओं की तीव्र प्रगति दिखायी देती है।
- लंबे समय तक, हिंदी साहित्य अपनी पूर्ववर्ती संस्कृत की छाया में रहा, लेकिन चंदवरदाई द्वारा लिखित **पृथ्वीराज रासो संभवत: पहली हिंदी पुस्तक** थी और इसमें पृथ्वीराज चौहान के जीवन और सामने आनेवाली चुनौतियों का प्रलेखन किया गया है।
- अधिकांश रचनाएँ **कबीर** जैसे भक्त लेखकों द्वारा लिखित कविताएँ है। वह अपने **दोहों** के लिए प्रसिद्ध हैं, जिनका आज भी भारत के आम लोगों द्वारा प्रयोग किया जाता है।
- **तुलसीदास** अन्य वैष्णव संत थे, जो सबसे प्रतिष्ठित हिंदू ग्रंथों में से एक **रामचरितमानस, अवधी भाषा में** लिख कर अमर हो गये। उनके द्वारा लिखित अन्य रचनाओं में विनय पत्रिका, कृष्ण गीतावली, कवितावली, दोहावली और वैराग्य संदीपनी सम्मिलित है।
- भगवान् कृष्ण का **जीवन भी सूरदास** जैसे विभिन्न मध्ययुगीन कवियों का विषय बन गया। उन्होने कृष्ण के बचपन और गोपियों के साथ किशोरावस्था के प्रसंगों के विषय में **सूर सागर** लिखा। रहीम, भूषण और रसखान ने भी भगवान् कृष्ण के प्रति भक्ति के विषय में लिखा।
- **मीराँबाई** भी ऐसी स्त्री के रूप में प्रसिद्ध हैं, जिन्होंने भगवान् कृष्ण के लिए संसार का त्याग कर दिया और उनके लिए भक्ति कविताएँ और भजन लिखती थीं।
- 16वीं-17वीं शती में, **नारायण भट्ट गोस्वामी** ने 50 से अधिक भक्ति ग्रंथ लिखे। **ब्रज भक्ति विलास** के शीर्षकवाली उनकी प्रसिद्ध ब्रज मंडल परिक्रमा मार्गदर्शिका में उल्लेख किया गया है कि उन्होंने 333 वन और श्री कृष्ण के पवित्र स्थानों की खोज की।
- **सतसई** 17वीं शती के आरंभ के हिंदी कवि **बिहारी** की प्रसिद्ध रचना है, जो हिंदी की ब्रज भाषा बोली में लिखी गयी है और भक्ति एवं प्रेम पर आधारित है।

आधुनिक साहित्य

आधुनिक साहित्य की अवधि को आधुनिक काल (अधिकांशतः हिंदी के संदर्भ में प्रयुक्त शब्द) नाम दिया गया है। हिंदी उत्तर भारत में एक प्रमुख भाषा के रूप में उभरी, तथापि कई अन्य भाषाओं ने भी अपनी छाप छोड़ी, विशेष रूप से बंगाली ने।

हिंदी साहित्य

- अँगरेज़ों के आगमन के साथ, साहित्य का केंद्र बिंदु परिवर्तित हो गया। यह परिवर्तन अद्भुत रूप से हिन्दी गद्य लेखन में हुआ, जिसमें शास्त्रीय की ओर वापस जाने और संस्कृत से प्रेरित होने का उत्साह था। यह उत्साह राष्ट्रवादी उत्साह के साथ जुड़ गया।
- **भारतेन्दु हरिश्चंद्र** ने 1881 ई. के दशक में अपना सबसे प्रसिद्ध नाटक **'अंधेर नगरी'** लिखा और यह राजनीतिक व्यंग्य पर प्रमुख नाटक बन गया। उनकी एक और बहुत ही प्रसिद्ध राष्ट्रवादी रचना **भारत दुर्दशा** है। उन्हें *'भारतीय आधुनिक हिंदी साहित्य का जनक'* कहा जाता है।
- इस अवधि के एक अन्य प्रमुख लेखक **महावीर प्रसाद द्विवेदी** थे, जिनके नाम पर हिन्दी लेखन के एक संपूर्ण युग का नामकरण किया गया है। **आधुनिक काल** नामक हिन्दी के **आधुनिक काल** में चार उप-वर्ग हैं, जिन्हें कहा जाता है :

भारतेंदु युग : इस काल के प्रसिद्ध लेखक राधाकृष्ण दास, प्रतापनारायण मिश्र, बालकृष्ण भट्ट, बद्रीनारायण चौधरी और सुधाकर द्विवेदी हैं।	1850 ई. – 1900 ई.
द्विवेदी युग : इस काल के प्रसिद्ध लेखक नाथूराम शर्मा शंकर, रामनरेश त्रिपाठी, अयोध्या सिंह उपाध्याय और मैथिलीशरण गुप्त हैं।	1900 ई. – 1918 ई.
छायावादी युग : इस काल के लोकप्रिय कवि सुभद्राकुमारी चौहान, सुमित्रानंदन पंत, महादेवी वर्मा, जयशंकर प्रसाद और माखनलाल चतुर्वेदी हैं।	1918 ई. – 1937 ई.
समकालीन युग : रामधारी सिंह दिनकर, भगवती चरण वर्मा और हरिवंश राय बच्चन इस काल के प्रसिद्ध कवि थे।	1937 ई. – वर्तमान

- हिंदी को राष्ट्रीय भाषा बनाने, जो सभी क्षेत्रों को जोड़ती है, के आंदोलन का नेतृत्व **स्वामी दयानंद** ने किया था। हालाँकि उन्होंने गुजराती में काफी अधिक लिखा, लेकिन हिंदी में उनकी सबसे प्रसिद्ध रचना 1875 ई. में रचित **सत्यार्थ प्रकाश** है।
- मुंशी प्रेमचंद, **सूर्यकांत त्रिपाठी 'निराला'**, मैथिली शरण गुप्त, जैसे अनेक हिन्दी लेखकों ने समाज में रूढ़िवादिता पर प्रश्न उठाया। प्रेमचंद ने हिन्दी और उर्दू में अनेक संग्रहों की रचना की और उनकी प्रसिद्ध कृतियों में **गोदान, कर्मभूमि** आदि सम्मिलित हैं।
- हिंदी के अन्य उल्लेखनीय लेखकों में सुमित्रानंदन पंत, रामधारी सिंह 'दिनकर' तथा **मधुशाला** और **मधुकलश** लिखनेवाले हरिवंश राय बच्चन सम्मिलित हैं।
- बीसवीं सदी में हिंदी की सबसे प्रसिद्ध महिला लेखकों में से एक **महादेवी वर्मा** थीं।
- जयशंकर प्रसाद की **कामायनी** (1936 ई.) को हिंदी साहित्य की छायावाद (नव-रूढ़िवाद) शैली की प्रसिद्ध रचना माना जाता है।

बंगाली, ओडिया और असमिया साहित्य

बंगाली साहित्य

- बीसवीं सदी में, बंगाली साहित्य का विकास उर्दू और हिंदी का प्रतिद्वंदी था। इसके साहित्य के फैलाव को 1800 ई. में अँगरेज़ **विलियम कैरी** द्वारा सिरामपुर, बंगाल में **बैपटिस्ट मिशन प्रेस** की स्थापना से सहायता मिली। कैरी को बंगाली के व्याकरण के विषय में पुस्तक लिखने और अँगरेज़ी-बंगाली शब्दकोष प्रकाशित करने का श्रेय दिया जाता है। उनके प्रेस ने अपना स्वयं का प्रेस खोलने और बंगाली में साहित्य का प्रसार करने के लिए संपन्न स्थानीय बंगालियों को प्रेरित किया।
- **चर्यापद** दसवीं और ग्यारहवीं सदी के भक्ति गीतों का संग्रह है। इन्हें बंगाली भाषा का प्राचीनतम साहित्यिक दस्तावेज़ माना जाता है। इसकी खोज बंगाली के विद्वान् **हरप्रसाद शास्त्री** ने 1916 ई. में नेपाल दरबार पुस्तकालय में की।
- हालाँकि **मंगल काव्य** जैसा बंगाली में अत्यधिक प्राचीन और मध्यकालीन साहित्य अस्तित्व में था, लेकिन उन्नीसवीं सदी से पहले व्यापक रूप से प्रकाशित नहीं था।
- बंगाल पहुँचनेवाले राष्ट्रवादी उत्साह के साथ ब्रिटिश शासन के अधीन जन सामान्य की पीड़ा और देश की दुर्दशा की चिंताओं के प्रति साहित्य ने निश्चित मोड़ ले लिया। **राजा राम मोहन राय (1772 ई. - 1833 ई.)** बंगाली और अँगरेज़ी में लिखनेवाले पहले लोगों में थे और उनकी कृतियों को व्यापक रूप से पढ़ा जाता था। उन्होंने बंगाली कविता की वास्तविक नींव रखी और भारतीय पुनर्जागरण का सूत्रपात भी किया।
- उनकी विरासत को समाज सुधारकों ने आगे बढ़ाया, जैसे कि ईश्वर चंद्र विद्यासागर (1820 ई. - 1891 ई.) और अक्षय कुमार दत्त (1820 ई. - 1886 ई.), जिनकी रचनाओं से बंगाली भाषा की प्रचुर संभावना प्रकट हुई।
- लेखक **ईश्वर चंद्र विद्यासागर** और अक्षय कुमार दत्त थे। लेकिन राष्ट्रवादी बंगाली साहित्य की पराकाष्ठा **बंकिमचंद्र चटर्जी** के लेखन से प्राप्त हुई। उनकी कृति **आनंद मठ** इतना अधिक लोकप्रिय है कि **वंदे मातरम्**, हमारा राष्ट्रीय गीत, इस उपन्यास से लिया गया अंश है।
- नोबेल पुरस्कार जीतनेवाले पहले भारतीय (पहले एशियाई भी) भी बंगाली लेखक **रवींद्रनाथ टैगोर (1861 ई. - 1941 ई.)** थे। उन्हें 1913 ई. में अपनी बंगाली कृति **गीतांजलि** के लिए पुरस्कार मिला। भारत और बांग्लादेश दोनों के राष्ट्रगान उनके द्वारा रचित हैं।
- **माइकल मधुसूदन दत्त** ने रामायण की एक घटना पर आधारित अपने महाकाव्य मेघनाद वध काव्य में यूरोपीय रूपों को बंगाली कविता में सफलतापूर्वक शामिल किया। कविता रावण के पुत्र मेघनाद के निधन पर आधारित है। यह 1861 ई. में प्रकाशित हुई थी। उनकी **तिलोत्तमा संभव काव्य** (1860 ई.) मुक्तछंद में लिखी गयी पहली बंगाली कविता थी।
- **शरत चंद्र चटर्जी**, **क़ाज़ी नज़रूल इस्लाम** और **आर.सी. दत्त** ने बंगाली साहित्य में महत्त्वपूर्ण योगदान दिया।

असमिया साहित्य

- मध्यकाल में, **असमिया** साहित्य में **बुरंजिस** (दरबारी इतिहास) का वर्चस्व था।
- इन अधिकारिक रचनाओं के अतिरिक्त, **शंकरदेव** ने 15वीं-16वीं सदी में असमिया में भक्तिपरक कविताओं की रचना की।

- आधुनिक असमिया साहित्य के संदर्भ में, दो प्रमुख विद्वानों यानी **पद्मनाथ गोहाईं बरुआ और लक्ष्मी नाथ बेजबरूआ** ने अपनी छाप छोड़ी है।

ओडिया साहित्य

- भारत के पूरब से, एक बड़ा कोश ओडिया साहित्य से आता है। पहली प्रमुख कृति **सरला दास** (15वीं शताब्दी) से आयी है।
- मध्य काल में, 18वीं शताब्दी के प्रारंभ में लिखनेवाले एक श्रेष्ठ लेखक **उपेंद्र भांजा** थे।
- जयदेव उड़िया साहित्य के प्रसिद्ध कवियों में से एक थे, जो अपने **गीत गोविंद** (संस्कृत में **गीत गोविंदम्**) के लिए अति प्रसिद्ध हैं। पुरी के जगन्नाथ मंदिर में हर रात **जयदेव** के गीत गोविंद को ओडिसी संगीत की शैली में गाया जाता है, यह परंपरा **जयदेव** के समय से ही निरंतर जारी है।
- उड़िया साहित्य को पाँच कवियों (जिन्हें **पंचसखा** के नाम से जाना जाता है) के योगदान से बढ़ावा मिला। वे थे-जगन्नाथ दास, बलराम दास, अच्युतानंद दास, यशोवंता दास और अनंत दास।
- आधुनिक काल में, **राधा नाथ रे और फ़क़ीर मोहन सेनापति** ने अपनी कृतियों में राष्ट्रवादी स्वर के साथ अपनी छाप छोड़ी है। फ़क़ीर मोहन सेनापति को ओडिया साहित्य का पितामह कहा जाता है, 'छमाण आठ गुंठ' उनका प्रसिद्ध उपन्यास है, जिस पर बहुत लोकप्रिय फ़िल्म बन चुकी है।

गुजराती, राजस्थानी और सिंधी साहित्य

गुजराती

- जैसा कि पहले उल्लेख किया जा चुका है, भक्ति आंदोलन गुजरात में अपनी पराकाष्ठा पर था और इस बात से वहाँ लिखा जानेवाला साहित्य भी प्रभावित हुआ। **नरसी मेहता** (15वीं शताब्दी) इस क्षेत्र में बहुत ही लोकप्रिय नाम है, क्योंकि उन्होंने भगवान् कृष्ण के भक्ति गीतों को स्थानीय लोक परंपराओं के साथ संयुक्त किया था।
- परवर्ती काल में **नर्मदा** (19वीं शताब्दी) द्वारा लिखित कविताएँ और **गोवर्धन राम** (19वीं-20वीं शताब्दी) द्वारा रचित गद्य दिखाई देता है। गोवर्धन राम ने शास्त्रीय गुजराती उपन्यास, **सरस्वती चंद्र** की रचना की थी तथा इस पर हाल ही में टेलीविजन सीरियल बनाया गया था।
- गुजराती साहित्य में सफलता का शिखर फ़िक्शन और नॉन-फ़िक्शन (ऐतिहासिक) रचनाएँ लिखनेवाले **डॉ. के. एम. मुंशी** द्वारा प्राप्त किया गया। उनके श्रेष्ठतम उपन्यासों में से एक **पृथ्वी वल्लभ** (1920) है।

राजस्थानी साहित्य

- मध्यकालीन राजस्थानी साहित्य कई बोलियों से प्रभावित था और **डिंगल और पिंगल** नामक काल्पनिक लेखन के दो मुख्य रूप थे।
- इस संदर्भ में सबसे प्रसिद्ध ग्रंथ **ढोला मारू** है।
- ब्रज में मीराँबाई का लेखन बहुत प्रसिद्ध रहा है। कई अन्य संतों ने भी इस क्षेत्र में भक्ति काव्यों की रचना की।
- राजस्थानी लेखकों की कहानियाँ प्रकृति में सामान्यत: मौखिक होती थी और **वीर काव्य** (विजय काव्य गीत) गानेवाले चारणों द्वारा प्रसारित की जाती थी।

- आधुनिक राजस्थानी साहित्य में अनेक सम्मान एवं पुरस्कारों से समादृत पद्मश्री विजयदान देथा (1926-2013) को बहुत ऊँचा स्थान प्राप्त है, उन्होंने 'बाताँ री फुलवाड़ी' नाम से राजस्थान के समृद्ध लोक साहित्य का चौदह खंडों में पुनर् सृजन किया है।
- राजस्थानी कथा-साहित्य में ग्रामीण कथानकों की रूढ़-सी हो चली परिपाटी को तोड़कर कहानी को अपने समकाल में अवस्थित करनेवाले राजस्थानी कथाकारों में मालचंद तिवाड़ी का अग्रणीय स्थान है। शिल्प और सौष्ठव के नये-नये प्रयोगों और जीवन-यथार्थ के नवीन आयामों तक अपनी रसाई के चलते मालचंद तिवाड़ी राजस्थानी साहित्य के प्रमुख हस्ताक्षर हैं। उन्हें सन 1997 में कविता संग्रह 'उतरियौ है आभो' को साहित्य अकादमी पुरस्कार मिला था।

सिंधी साहित्य

- **सिंधी** साहित्य इसे घेरनेवाले दो क्षेत्रों: राजस्थान और गुजरात से बहुत प्रभावित रहा है।
- **शाह अब्दुल लतीफ़** (17वीं सदी) एक सिंधी सूफ़ी फ़क़ीर और कवि थे। उन्हें व्यापक रूप से सिंधी भाषा का सबसे बड़ा कवि माना जाता है। उनकी कविताओं को उनके शिष्यों ने संकलित किया था, जिन्हें 1866 में **शाह जो रिसालो** के रूप में प्रकाशित किया गया।
- सिंधी साहित्य में दो प्रमुख नाम (18वीं-19वीं शताब्दी के) **दीवान कौड़ामल और मिर्ज़ा कलिच बेग** हैं।
- **पीर नूरुद्दीन** सिंधी साहित्य में भी एक प्रसिद्ध नाम थे। उनके काव्य छंदों को **गिनान** के नाम से जाना जाता है।

कश्मीरी साहित्य

- कश्मीरी भाषा का प्रयोग राजनाका शिति कंठ की कृति **महानय-प्रकाश** से प्रारंभ हुआ।
- जैसा कि पहले उल्लेख किया जा चुका है, कश्मीर के सबसे प्रारंभिक ग्रंथों में से एक 12वीं शताब्दी ईसवी में **संस्कृत** में लिखी गयी कल्हण की **राजतरंगिणी** थी।
- स्थानीय लोग कश्मीरी भाषा का उपयोग करते थे और इस पर फ़ारसी और हिंदी बोलियों का प्रभाव पड़ा था।
- प्रारंभिक मध्य काल में, जब *भक्ति* आंदोलन अपनी परकाष्ठा पर था, लल्लद्यद (या लल्लेश्वरी) नामक महिला कवयित्री, जो कि एक शैव रहस्यवादी थीं, कश्मीरी भाषा की अनमोल कड़ी थी।
- लेकिन प्रमुख प्रसार कश्मीर में इस्लाम और सूफ़ी मत और सूफ़ी ग़ुलाम मोहम्मद, ज़िंदा कौल, मह्‌जूर आदि जैसे कई प्रमुख लेखकों के आगमन के उपरांत हुआ।
- **हब्बा ख़ातून** (16वीं शताब्दी), एक कश्मीरी मुस्लिम कवि और संत थीं, जिन्हें **द नाइटिंगेल ऑफ़ कश्मीर** के नाम से जाना जाता था। उन्होंने कश्मीरी में गीत की रचना की। यह कहा जाता है कि उसने कश्मीरी कविता में "लोल" पेश किया, जो अँगरेज़ी 'गीत' के बराबर है।
- कश्मीरी साहित्य में एक और आर्कषक व्यक्ति **नुंद ऋषि** के रूप में जाने जानेवाले नूरूद्दीन थे और उन्हें अपनी कविता में हिंदी और इस्लामी तत्त्वों को एक साथ लाने का श्रेय दिया जाता है।
- 1846 में जम्मू में राजनीतिक सत्ता डोगरा परिवार के पास हस्तांतरित होने के साथ, कश्मीर के **डोगरी** भाषा का ग्रहण लग गया। हाल ही में, इस भाषा को पुनर्जीवित करने में फिर से कुछ रुचि पैदा हुई है।
- डोगरी भाषा की सम्मानित कवयित्री पद्मा सचदेव थीं।

पंजाबी साहित्य

- पंजाबी में सबसे प्रारंभिक रचनाएँ 9वीं से 14वीं शताब्दी ईसवी के बीच नाथ योगी युग की हैं।
- कई क्षेत्रीय और भौगोलिक प्रभावों ने न केवल पंजाब की राजनीति को प्रभावित किया है, बल्कि इसके साहित्य पर भी प्रभाव डाला और इसकी दो प्रमुख लिपियों में रचना की गयी : फ़ारसी और गुरुमुखी। विश्व के सबसे महान् ग्रंथों में से एक सिखों की धार्मिक पुस्तक **आदि ग्रंथ** है और इसका अधिकांश भाग **गुरुमुखी** में है। इसमें हिंदी या ब्रज में कबीर, दादू और नानक के दोहे भी सम्मिलित हैं, लेकिन यह बहुत ही सम्मिश्रित ग्रंथ है।
- आदि ग्रंथ में भी योगदान करनेवाले **गुरु गोबिंद सिंह** ने पंजाबी में **सवैय्ये** (कविता) लिखी थी।
- स्थानीय साहित्य ने *सोहनी-महींवाल, शशी-पुन्नू* और **वारिस शाह** द्वारा रचित बहुत ही प्रसिद्ध **हीर-राँझा**, जैसी प्रेम कहानियों और महाकाव्यों से बहुत कुछ लिया है।
- **बाबा फ़रीद और बुल्ले शाह** की सूफ़ी कविताएँ आम जनता के साथ-साथ इस क्षेत्र के शासकों में भी लोकप्रिय थीं। उन्होंने कई गानों या **'काफ़ी'** कहलानेवाली शास्त्रीय कृतियों की भी रचना की थी। इन्हें सामान्यत: आम लोगों द्वारा गाया जाता था।
- आधुनिक पंजाबी साहित्य भी राष्ट्रवादी लेखन से प्रभावित हुआ और **भगत सिंह** की **मिथकीय 'रंग दे बसंती चोला'** इस प्रवृत्ति का उत्कृष्ट उदाहरण है।
- अँगरेज़ों को निकाल बाहर कर सकनेवाले पिछले शासकों को भी याद करने की प्रवृत्ति थी और भाई वीर सिंह ने इस प्रकार की भावनाओं को मन में रखते हुए **राणा सूरत सिंह** की रचना की। समकालीन लेखकों में डॉ. मोहन सिंह और पूरन सिंह सम्मिलित हैं।
- **अमृता प्रीतम** के उपन्यास, लघु कथाएँ और कविताएँ महिलाओं के अनुभव और भारत के विभाजन के उदाहरण हैं। उनका सबसे प्रसिद्ध उपन्यास ***पिंजर*** है।

मराठी साहित्य

- मराठी साहित्य का सफ़र **पुराने यादव वंश** से शुरू हुआ।
- 'महानुभाव पंथ' और 'वारकरी संप्रदाय' ने मराठी साहित्य की नींव रखी और वे 'नाथ पंथ' (9वीं और 10वीं शताब्दी) से प्रभावित थे।
- **महानुभाव पंथ** की स्थापना **सर्वदन्य श्री चक्रधर स्वामी** ने 1100-1200 में की थी। इस पंथ ने जाति का भेद किये बिना सभी सदस्यों को स्वीकार किया। इन संप्रदायों ने साहित्य के माध्यम से देवताओं के अवतारों का वर्णन करने और दर्शन की व्याख्या करने का प्रयास किया। इससे मराठी साहित्य का संवर्धन हुआ।
- **लीला चरित्र** को मराठी भाषा में लिखी गयी **पहली जीवनी** माना जाता है। इसे महिन्द्रभट्ट (1278 ई.) ने लिखा था।
- **ज्ञानेश्वर और विट्ठल** जैसे भक्ति संतों ने अपनी स्थानीय बोलचाल की भाषा में गाया।
- मराठी में सबसे पुरानी ज्ञात रचना संत **ज्ञानेश्वर** द्वारा 13वीं सदी में लिखी गयी थी। उन्हें महाराष्ट्र में *कीर्तन* प्रारंभ करने का श्रेय दिया जाता है और उन्होंने ही मराठी में **भगवद् गीता** पर विस्तृत टिप्पणी लिखी थी।
- उनके अतिरिक्त, नामदेव, शिवसेन और गोरा की भाँति कई संत इसी अवधि में लोकप्रिय थे। सबसे पुरानी ज्ञात महिला लेखिका **जनाबाई** (13-14वीं शताब्दी) हैं।

- **नामदेव** ने भगवान् की भक्ति पर बहुत सारे **'अभंग'** लिखे। इसे हम मराठी साहित्य का प्रथम या प्रारंभिक काल कह सकते हैं। इसका विस्तार 1200–1350 ई. तक है।
- 14वीं शताब्दी के मध्य से 16वीं शताब्दी के प्रारंभ तक मराठी साहित्य में कोई उल्लेखनीय विकास नहीं हुआ।
- संत **एकनाथ** का जन्म 1518 ई. में हुआ था। इनके माध्यम से साहित्यिक प्रतिभा का बीज फिर से अंकुरित हुआ।
- तीसरी अवधि मराठी साहित्य के इतिहास में सबसे शानदार अवधि है। इसका समय 17वीं शताब्दी की शुरुआत से पेशवा शासन के अंत तक का है। इस दौरान तीन महान् कवियों **रामदास, तुकाराम** और **मुक्तेश्वर** का जन्म हुआ।
- मराठी साहित्य के सबसे महान् कवि **संत तुकाराम** ने तप, सहनशीलता और ईश्वर के प्रति समर्पण का उपदेश दिया। उन्होंने प्रकृति और निवृत्ति, यानी जीवन, परिवार और व्यवसाय के लिए आसक्ति और व्यक्तिगत मुक्ति (मोक्ष) के लिए प्रयास करने हेतु सब कुछ छोड़कर त्याग करने की इच्छा के बीच संघर्ष के बारे में चर्चाएँ की हैं।
- **समर्थ रामदास** ने अमूर्त विषयों के साथ-साथ व्यावहारिक विषयों पर उपदेश देनेवाला ग्रन्थ **'दासबोध'** लिखा।
- **मुक्तेश्वर** ने भी **'महाभारत'** के अपने अनुवाद से जनता को प्रेरित किया।
- राष्ट्रवादी आंदोलन ने मराठी कविता और गद्य लेखन को प्रभावित किया। हमारे महान् राष्ट्रवादी व्यक्तित्वों में से एक, **बाल गंगाधर तिलक** ने मराठी में अपना क्षेत्रीय समाचार पत्र ***केसरी*** प्रकाशित किया। इस पत्र ने अँगरेज़ों और उनकी नीतियों की आलोचना की और उस समय के प्रमुख क्रांतिकारियों द्वारा लिखित लेख प्रकाशित किये।
- 6 जनवरी 1832 ई. को, बालशास्त्री जम्भेकर ने पहली मराठी-अँगरेज़ी पाक्षिक पत्रिका **दर्पण** का आरंभ किया। उन्हें मराठी **पत्रकारिता के जनक** के रूप में जाना जाता है।
- मराठी गद्य लेखन ने हरि नारायण आप्टे, वी. एस. चिपलुंकर और केशवसुत की रचनाओं को संयुक्त करते हुए श्रेष्ठतर रचनाओं की ओर मोड़ लिया।

भारत का राष्ट्रवादी साहित्य

राष्ट्रवाद का साहित्य से घनिष्ठ संबंध है, जिसे भारत के स्वतंत्रता संग्राम के इतिहास में देखा जा सकता है। 19वीं सदी के आगमन के साथ राष्ट्रवादी विचार उभरने लगे और कई भारतीय भाषाओं में लेखन का विकास हुआ। कई साहित्यकारों ने राष्ट्रीय हितों के विषयों पर लेखन किया।

राष्ट्रवाद और सामाजिक-धार्मिक सुधारों से जुड़ी कुछ साहित्यिक कृतियाँ इस प्रकार हैं-

- प्रसिद्ध उपन्यासकार **बंकिम चंद्र चटर्जी** ने आम लोगों को शिक्षित करने और जागरूकता बढ़ाने के लिए **बंगदर्शन** पत्रिका निकाली। बंगाली पहचान के उदय और बंगाल में राष्ट्रवाद की उत्पत्ति पर पत्रिका का स्पष्ट प्रभाव था। उनके उपन्यास 'आनंद मठ' ने युवाओं को राष्ट्रवादी गतिविधियों में भाग लेने के लिए प्रेरित किया।
- **रवींद्रनाथ टैगोर** ने राष्ट्रवाद की अपनी व्याख्या को मानवता के साथ जोड़कर प्रतिपादित किया **और गोरा, घरे बइरे** आदि जैसे अपने उपन्यासों के माध्यम से 'मन की स्वतंत्रता' प्राप्त करने के महत्त्व पर ज़ोर दिया। उनके द्वारा रचित हमारा राष्ट्रगान, जन गण मन, राष्ट्रवादी उत्साह को बढ़ाता है।
- **भारतेंदु हरिश्चंद** ने जनता में देशभक्ति की भावना जगाने के लिए कविता का प्रयोग किया। उनके नाटकों **अंधेर नगरी** और **भारत दुर्दशा** ने ब्रिटिश शासन के दमनकारी चरित्र पर प्रकाश डाला।
- **दादाभाई नौरोजी** ने भारत में ग़रीबी और **ब्रिटिश मुक्त शासन** पुस्तक लिखी और भारत से ब्रिटेन के लिए **'धन की निकासी'** के सिद्धांत को प्रतिपादित किया। इससे राष्ट्रवाद के एक अन्य पक्ष के रूप में आर्थिक आलोचना का आरंभ हुआ।

- **आर सी दत्त** ने अपनी पुस्तक *'द इकोनॉमिक हिस्ट्री ऑफ़ इंडिया'* में अँगरेज़ों द्वारा किये गये शोषण को दिखाकर आर्थिक राष्ट्रवाद को प्रोत्साहित किया। उन्होंने चार ऐतिहासिक उपन्यास भी लिखे, जिन्हें उन्होंने **'साहित्यिक देशभक्ति'** कहा था।
- **'मैं नास्तिक क्यों हूँ'**, एक निबंध, भगत सिंह ने लाहौर सेंट्रल जेल में आम लोगों के प्रति राष्ट्रवाद के अपने विचारों का प्रचार करने के लिए लिखा था।
- सुभाष चंद्र बोस की **'द इंडियन स्ट्रगल'**, जवाहरलाल नेहरू की **'डिस्कवरी ऑफ़ इंडिया'** और वी डी सावरकर की **'द इंडियन वॉर ऑफ़ इंडिपेंडेंस'**, जैसी किताबें शिक्षित भारतीयों में देशभक्ति की भावना को बढ़ाने में सहायक रही हैं।
- राष्ट्रवादी दृष्टिकोण से हिन्दी में रचित मैथिलीशरण गुप्त की काव्य-पुस्तक 'भारत भारती' का अन्यतम स्थान है। यह स्वदेश प्रेम को दर्शाते हुए वर्तमान और भावी दुर्दशा से उबरने के लिए समाधान खोजने का एक सफल प्रयोग है। भारतीय साहित्य में 'भारत भारती' सांस्कृतिक नवजागरण का ऐतिहासिक दस्तावेज़ है। इसी कृति की रचना करने के कारण मैथिलीशरण गुप्त को 'राष्ट्र-कवि' का दर्जा प्राप्त हुआ था।
- **महात्मा गांधी** ने ***सोंग्स फ्रॉम प्रिज़न*** नामक पुस्तक में संस्कृत भजनों और धुनों का अँगरेज़ी में अनुवाद किया। गांधीजी ने ये अनुवाद 1930 में यरवदा जेल में अपने प्रवास के दौरान पूरा किया।

भारतीय अँगरेज़ी साहित्य

इंडियन इंग्लिश लिटरेचर (आईईएल) भारत में उन लेखकों की रचनाएँ हैं, जो अँगरेज़ी भाषा में लिखते हैं, लेकिन जिनकी मूल या सह-मूल भाषा भारत की कई भाषाओं में से एक है। अँगरेज़ी में भारतीय लेखन भारत में ब्रिटिश शासन के दौरान भारतीयों के ब्रिटिश शिक्षा प्रणाली के संपर्क का परिणाम था। किसी भारतीय द्वारा प्रकाशित अँगरेज़ी लेखन का पहला उदाहरण 1794 ई. में साके डीन महोमेट की ***द ट्रेवल्स ऑफ़ डीन महोमेट*** की यात्रा कथा है। हालाँकि, यह कृति ग़ैर-काल्पनिक और यात्रा वृतांत की श्रेणी में आती है।

1864 में बंकिम चंद्र चट्टोपाध्याय द्वारा लिखित ***राजमोहन्स वाइफ़ अँगरेज़ी*** में लिखा गया पहला भारतीय उपन्यास है। तोरू दत्त द्वारा लिखित बियांका, या ***द यंग स्पैनिश मेडेन*** (1878) किसी भारतीय महिला द्वारा लिखा गया पहला उपन्यास था।

भारत में अँगरेज़ी में लिखनेवाले प्रारंभिक उल्लेखनीय कवियों में **डेरोजियो**, **माइकल मधुसूदन दत्त**, **तोरू दत्त**, **रोमेश चंदर दत्त**, **श्री अरबिंदो** और **सरोजिनी नायडू** शामिल हैं। **आर. के. नारायण**, **मुल्क राज आनंद** और **राजा राव** जैसे लेखकों ने 1930 के दशक में भारतीय अँगरेज़ी कथा साहित्य के विकास और लोकप्रियता में योगदान दिया।

19वीं और 20वीं सदी की शुरुआत में, **स्वामी विवेकानन्द**, **रवीन्द्रनाथ टैगोर**, **चितरंजन दास**, **बाल गंगाधर तिलक**, **महात्मा गांधी** और **सुभाष चंद्र बोस** के भाषणों ने आधुनिक भारत की नियति और भारत में अँगरेज़ी भाषा की नियति को भी आकार दिया।

बाद के भारतीय अँगरेज़ी लेखकों में कुछ उल्लेखनीय नाम **सलमान रुश्दी**, **अनीता देसाई**, **अरुंधति रॉय**, **विक्रम सेठ**, **रोहिंटन मिस्त्री** और **शशि थरूर** हैं।

दलित साहित्य

दलित साहित्य के कुछ प्रसिद्ध लेखक हैं- **श्रीनारायण गुरु**, **ज्योतिबा फुले**, **नामदेव ढसाल**, **नारायण सुर्वे**, **दया पवार** और **लक्ष्मण गायकवाड़**, जिन्होंने मराठी में लिखा, और **महादेव देवनूर**, जिन्होंने कन्नड़ में लिखा।

सुब्रमण्यम भारती-महाकवि भरतियार

- **सी. सुब्रमण्यम भरतियार (भारती) (1882-1921)** तमिलनाडु के एक कवि, पत्रकार, स्वतंत्रता सेनानी और समाज सुधारक थे। उन्हें **महाकवि भरतियार** के नाम से जाना जाता था और उन्हें भारत के महान् कवियों में से एक माना जाता है। राष्ट्रवाद और भारत की स्वतंत्रता पर उनके गीतों ने तमिलनाडु में भारतीय स्वतंत्रता आंदोलन का समर्थन करने के लिए जनता को एकजुट करने में मदद की।
- तमिल साहित्य में एक नये युग का सूत्रपात उनकी रचनाओं से हुआ। भारती मूलत: एक गेय कवि थे। उनकी अधिकांश रचनाएँ देशभक्ति, भक्ति और रहस्यवादी विषयों पर लघु गीतात्मक उद्गार हैं। **''कन्नन पट्टू'' कण्णन पाट्टु (श्री कृष्ण गान) ''नीलवम वनमिनम कदुम'' ''पांचली सबदम'' (पांचालि सपथम) ''कुयिल पाट्टु''** उनकी कुछ कविताएँ हैं।
- भारती को देशभक्तिवाली उनकी कविताओं की संख्या के कारण **राष्ट्रीय कवि** माना जाता है। उन्होंने लोगों को स्वतंत्रता संग्राम में भाग लेने और देश की मुक्ति के लिए लगन से काम करने का आह्वान किया था। उन्होंने केवल अपने देश पर गर्व करने के बजाय एक स्वतंत्र भारत के लिए अपने दृष्टिकोण को भी रेखांकित किया था।
- उन्होंने 1908 ई. में सनसनीखेज **''सुदेश गीतांगल''** प्रकाशित किया।
- उन्होंने 'इंडिया' नाम के साप्ताहिक समाचार पत्र को लाल काग़ज़ में छापा, ताकि इसकी क्रांतिकारी भावना उजागर हो। यह तमिलनाडु में राजनीतिक कार्टून प्रकाशित करनेवाला पहला समाचार पत्र था। उन्होंने **''विजय''** जैसी कुछ अन्य पत्रिकाओं का प्रकाशन और संपादन भी किया।

अध्याय का सारांश

- **साहित्य** - लेखन का कोई भी रूप, जिसमें कुछ साहित्यिक गुण हो - व्यापक रूप से कथा साहित्य और ग़ैर-कथा साहित्य में वर्गीकृत।
- **वेद** - पूर्ण जीवन निर्वहन के लिए ज्ञान - चार प्रमुख भागों में विभाजित - ऋग्वेद, यजुर्वेद, सामवेद और अथर्ववेद - लगभग 1500-1000 ईसा पूर्व संकलित। वेदों को **अपौरुषेय** भी माना जाता है, जिसका अर्थ है 'वह जिसकी रचना मनुष्य द्वारा नहीं हुई है'।
- **ऋग्वेद** - चार वेदों में सबसे पुराना - भगवान् इंद्र प्रमुख देवता हैं - इसमें 1028 भजन हैं - भजन जीवन, मृत्यु, निर्माण, बलिदान और दैवीय सुख की तलाश के विषयों पर केंद्रित हैं।
- **यजुर्वेद** - विभिन्न प्रकार के यज्ञों के संस्कारों और मंत्रों पर केंद्रित है - इसमें दो प्रमुख संहिताएँ हैं - शुक्ल (श्वेत/ शुद्ध) और कृष्ण (काला / गहरा)।
- **साम वेद** - माधुर्य या गीतों पर केंद्रित है - इसमें 1875 श्लोक हैं - जिसे मंत्रों की पुस्तक के रूप में भी जाना जाता है - वैदिक काल में भारतीय संगीत के विकास पर प्रकाश डाला गया।

- **अथर्ववेद** - जिसे ब्रह्म वेद भी कहा जाता है - मानव समाज की शांति और समृद्धि से संबंधित है और मनुष्य के दैनिक जीवन के सभी पक्ष आच्छादित हैं - काले और सफ़ेद जादू से संबंधित है।
- ऋग्वेद, सामवेद और यजुर्वेद को सामूहिक रूप से **त्रजी** या **त्रयी विद्या** (अर्थात् त्रिविध विज्ञान) के नाम से जाना जाता है।
- **ब्राह्मण** - वेदों से संबंधित - विशिष्ट वेदों पर टीका के साथ ग्रंथों का संग्रह - पवित्र शब्दों के प्रतीकात्मक महत्त्व की व्याख्या की गयी है।
- **उपनिषद्** - वास्तव में उपनिषदों की संख्या, ज्ञात उपनिषदों से अधिक है - उनमें से 108 को मुक्तिका उपनिषद् कहा जाता है - संस्कृत में लिखे गये - मनुष्य की अमूर्त, आध्यात्मिक, भौतिक और दार्शनिक लालसाओं का वर्णन किया गया है।
- **अरण्यक** - वेदों में सम्मिलित अनुष्ठानों और यज्ञों के पीछे के दर्शन का वर्णन किया गया है - प्रत्येक वेद के साथ एक अरण्यक है।
- **पुराण** - ब्रह्मांड के निर्माण के बारे में कथाएँ सम्मिलित हैं- 18 प्रमुख पुराणों को महापुराण कहा जाता है - वैदिक सामाजिक, सांस्कृतिक और धार्मिक जीवन शैली के बारे में उपाख्यान।
- **बौद्ध साहित्य को विहित और ग़ैर-विहित में वर्गीकृत किया जा सकता है** - जो संस्कृत और पालि में उपलब्ध हैं।
- **बौद्ध विहित साहित्य** - पालि में लिखित - त्रिपिटक पर आधारित - विनय पिटक (नियम और विनियम, जिनका पालन बौद्ध भिक्षुओं और भिक्षुणियों द्वारा किया जाना चाहिए) - सुत्त पिटक (बुद्ध के संवाद और भाषण जो नैतिकता और धर्म से संबंधित हैं) - अभिधम्म पिटक (दर्शन और तत्त्वमीमांसा)।
- **बौद्ध ग़ैर-विहित साहित्य** - संस्कृत और पालि दोनों में उपलब्ध - जातक सबसे अच्छा उदाहरण हैं - बुद्ध के पिछले जन्मों की कहानियाँ - अश्वघोष द्वारा बुद्धचरित एक संस्कृत बौद्ध साहित्य है।
- **जैन साहित्य को विहित और ग़ैर-विहित में वर्गीकृत किया जा सकता है** - संस्कृत, प्राकृत, अर्द्ध मागधी, तमिल आदि सहित कई भाषाओं में उपलब्ध है।
- **जैन ग़ैर-विहित साहित्य को आगम या अंग के रूप में भी जाना जाता है** - गणधरों द्वारा संकलित, जो महावीर के प्रमुख शिष्य थे। जैन धर्म में ग़ैर-विहित साहित्य में निर्युक्तिस और संहिता नामक विभिन्न ग्रंथ शामिल हैं, जो भद्रबाहु द्वारा लिखे गये थे।
- **सिख साहित्य** - सिख धर्म की मान्यताएँ और दर्शन गुरु ग्रंथ साहिब नामक पवित्र ग्रंथ में लिखे गये हैं - सिख गुरुओं की रचना और भजन गुरुबानी है।
- **आदि ग्रंथ** - गुरु अर्जुन देव के मार्गदर्शन में 1604 ई. में भाई गुरदास द्वारा संकलित - 1678 ई. में गुरु गोबिंद सिंह के अधीन विस्तारित हुआ और गुरु ग्रंथ साहिब के रूप में जाना जाता है।
- **द्रविड़ साहित्य** - जिसमें चार प्रमुख द्रविड़ भाषाएँ सम्मिलित हैं - तमिल, कन्नड़, तेलुगू और मलयालम - तमिल सबसे पुराना है और माना जाता है कि यह संस्कृत के बहुत क़रीब है। कन्नड़ दूसरी सबसे पुरानी भाषा है।
- **मध्यकालीन साहित्य दिल्ली सल्तनत और मुग़लों के शासनकाल में विकसित हुआ** - फ़ारसी का प्रमुख उपयोग - प्राचीन अपभ्रंश भाषा से हिंदी की उत्पत्ति का साक्षी बना।
- **हिंदी 7वीं और 14वीं सदी के बीच विकसित हुई** - भक्ति आंदोलन के साथ इसे सर्वाधिक प्रोत्साहन मिला - पृथ्वीराज रासो शायद पहली हिंदी पुस्तक थी - कबीर, तुलसीदास, सूरदास और मीराँबाई का साहित्यिक कार्यों में सर्वाधिक योगदान देखा जा सकता है।
- साहित्य में आधुनिक प्रवृत्ति का प्रतिनिधित्व दलित एवं राष्ट्रवादी साहित्य द्वारा किया जाता है।

यू.पी.एस.सी. पिछले वर्षों के बहुविकल्पीय प्रश्न

1. निम्नलिखित में से कौन-सा एक, संगम कविताओं में यथावर्णित 'बट्टकिरुतल' की प्रथा को स्पष्ट करता है? **(CSE, 2023)**
   (a) राजाओं द्वारा महिला अंगरक्षिकाओं को नियुक्त करना
   (b) राजदरबारों में विद्वानों का, धर्म और दर्शन से जुड़े विषयों पर विचार-विमर्श करने हेतु, एकत्र होना
   (c) किशोरियों द्वारा कृषि-क्षेत्रों की निगरानी करना और चिड़ियों तथा पशुओं को भगाना
   (d) युद्ध में पराजित राजा का आमरण अनशन कर आनुष्ठानिक मृत्युवरण करना

2. प्राचीन भारतीय इतिहास के संदर्भ में, निम्नलिखित युग्मों पर विचार कीजिए : **(CSE, 2023)**

	साहित्यिक कृति	**रचनाकार**
1.	*देवीचंद्रगुप्त*	: बिल्हण
2.	*हम्मीर-महाकाव्य*	: नयचंद्र सूरि
3.	*मिलिंद-पञ्ह*	: नागार्जुन
4.	*नीतिवाक्यामृत*	: सोमदेव सूरि

   उपर्युक्त युग्मों में से कितने सही सुमेलित हैं?
   (a) केवल एक (b) केवल दो
   (c) केवल तीन (d) सभी चार

3. निम्नलिखित में से किसने समुद्रगुप्त की 'प्रयाग प्रशस्ति' की रचना की थी? **(NDA I, 2023)**
   (a) हरिषेण (b) चंद बरदाई
   (c) विशाखदत्त (d) कालिदास

4. निम्नलिखित में से कौन, प्रसिद्ध संस्कृत ग्रंथ 'मृच्छकाटिक (Mrichchhakatika)' का रचनाकार था? **(NDA I, 2023)**
   (a) कालिदास (b) भास
   (c) वाल्मीकि (d) शूद्रक

5. प्राचीन दक्षिण भारत में संगम साहित्य के बारे में, निम्नलिखित कथनों में से कौन-सा एक, सही है? **(CSE, 2022)**
   (a) संगम कविताओं में भौतिक संस्कृति का कोई सन्दर्भ नहीं है।
   (b) वर्ण का सामाजिक वर्गीकरण संगम कवियों को ज्ञात था।
   (c) संगम कविताओं में समर शौर्य का कोई सन्दर्भ नहीं है।
   (d) संगम साहित्य में जादुई ताकतों को असंगत बताया गया है।

6. किसके राज्यकाल में "योगवशिष्ठ" का निज़ामुद्दीन पानीपती द्वारा फ़ारसी में अनुवाद किया गया? **(CSE, 2022)**
   (a) अकबर (b) हुमायूँ
   (c) शाहजहाँ (d) औरंगज़ेब

7. भारतीय इतिहास के संदर्भ में, निम्नलिखित मूलग्रंथों पर विचार कीजिए : **(CSE, 2022)**
   1. नेत्तिपकरण
   2. परिशिष्टपर्वन
   3. अवदानशतक
   4. त्रिशष्टिलक्षण महापुराण

   उपर्युक्त में कौन-से जैन ग्रन्थ हैं ?
   (a) 1, 2 और 3 (b) केवल 2 और 4
   (c) 1, 3 और 4 (d) 2, 3 और 4

8. निम्नलिखित कृतियों में से कौन-सी एक, कृष्णदेवराय द्वारा शासन-कला (स्टेटक्राफ्ट) के विषय पर तेलुगू में रची गई थी? **(CDS I, 2022)**
   (a) अमुक्तमाल्यद (b) जाम्बवती कल्याणम
   (c) रायवाचकमु (d) सत्यवादु परिणय

9. *तोलकाप्पियम* क्या है? **(CDS II, 2022)**
   (a) व्याकरण ग्रंथ
   (b) राजेंद्र चोल की प्रशंसा में तमिल कविता
   (c) तमिल में प्राचीन उपदेशात्मक कृति
   (d) चेर राजा द्वारा रचित नाटक

10. सूची I और सूची II को सुमेलित कीजिए और सूचियों के नीचे दिए गए कूट का प्रयोग कर सही उत्तर चुनिए : **(CDS II, 2022)**

	सूची I (साहित्यिक कृति)		सूची II (लेखक)
A.	दूत घटोत्कच	1.	भट्टि
B.	मृच्छकटिकम्	2.	भास
C.	किरातार्जुनीयम्	3.	शूद्रक
D.	रावणवध	4.	भारवी

कूट

	A	B	C	D
(a)	1	3	4	2
(b)	1	4	3	2
(c)	2	3	4	1
(d)	2	4	3	1

11. निम्नलिखित में से कौन-सी, अश्वघोष की कृति नहीं है? **(CDS II, 2022)**
   (a) सारिपुत्रप्रकरण (b) बुद्धचरित
   (c) सौंदरानंद (d) मंजुश्रीमूलकल्प

12. *स्मृति* साहित्य के अनुसार स्वामित्व के मामले में निम्नलिखित में से कौन-सा कथन सही ***नहीं*** है? **(CDS II, 2022)**
   (a) पैतृक संपदा का बँटवारा पुत्र के मध्य समान रूप से करना होता था।
   (b) स्त्रियों को उन उपहारों को रखने की अनुमति थी, जो उन्हें उनके विवाह के अवसर पर प्राप्त होते थे।
   (c) स्त्रियों को उनके विवाह के अवसर पर दिए जानेवाले उपहारों को *स्त्रीधन* के नाम से जाना जाता था।
   (d) पति की अनुमति के बिना *स्त्रीधन* उनकी संतानों को उत्तराधिकार में नहीं मिलता था।

13. *कालिला वा दिम्ना* पुस्तक किसका अरबी अनुवाद है? **(NDA II, 2022)**
   (a) हितोपदेश (b) पंचतंत्र
   (c) सूर्यसिद्धांत (d) कथासरितसागर

14. भारतीय राजनीतिक विचारधारा का क्लासिकी ग्रंथ, *अर्थशास्त्र*, मुख्यत: किस पर केन्द्रित है? **(NDA I, 2022)**
   (a) अर्थव्यवस्था
   (b) संस्कृति
   (c) शासनकला (स्टेटक्राफ्ट)
   (d) राजतंत्र

15. कब चरक संहिता अस्तित्व में आयी? **(NDA I, 2022)**
   (a) छठी शताब्दी ई० पू०
   (b) तीसरी से दूसरी शताब्दी ई० पू०
   (c) चौथी शताब्दी ई० पू०
   (d) पाँचवीं शताब्दी ई० पू०

16. अकबर के दरबार में निम्नलिखित में से किस विद्वान् ने भास्कराचार्य की 'लीलावती' का फ़ारसी में अनुवाद किया? **(CDS I, 2022)**
   (a) अबुल फ़ज़्ल (b) फ़ैज़ी
   (c) फ़थुल्ला सिराज़ी (d) अताउल्लाह रशीदी

17. पतंजलि के *महाभाष्य* के बारे में निम्नलिखित कथनों पर विचार कीजिए : **(CDS II, 2021)**
   1. इसमें कौटिल्य का उल्लेख है।
   2. यह व्याकरण ग्रंथ है और इसमें ऐतिहासिक व्यक्तित्वों का संदर्भ केवल प्रसंगवश आया है।

   उपर्युक्त कथनों में से कौन-सा/कौन-से सही है/हैं?
   (a) केवल 1 (b) केवल 2
   (c) 1 और 2, दोनों (d) न तो 1, न ही 2

18. जहाँआरा लिखित शेख मुईनुद्दीन चिश्ती की जीवनी किस नाम से जानी जाती है? **(CDS II, 2021)**
   (a) मुनिश अल अरवाह
   (b) फ़वाएद उल फ़वाद
   (c) सीरत उल औलिया
   (d) मुरक़्क़ा-ए देहली

19. इनमें से कौन अँगरेज़ी में अनूदित प्राचीन भारतीय धार्मिक गीतिकाव्य- 'सॉन्ग्स फ़्रॉम प्रिजन' से संबद्ध हैं? **(CSE, 2021)**
   (a) बाल गंगाधर तिलक
   (b) जवाहरलाल नेहरू
   (c) मोहनदास करमचंद गाँधी
   (d) सरोजिनी नायडू

20. माध्यमिक शाखा के मूल ग्रंथ, *माध्यमिक कारिका* के रचयिता कौन थे? **(CAPF, 2021)**
   (a) नागार्जुन (b) असंग
   (c) वसुबंधु (d) धर्मकीर्ति

21. संस्कृत साहित्य की निम्नलिखित रचनाओं और उनके रचनाकारों का कौन-सा युग्म सही रूप से सुमेलित ***नहीं*** है? **(CAPF, 2021)**
   (a) सोमदेव : कथासरित्सागर
   (b) अश्वघोष : बुद्धचरित
   (c) बिल्हण : विक्रमांकदेवचरित
   (d) कालिदास : वासवदत्ता

22. पंचतंत्र के प्रसिद्ध मूलपाठ के बारे में, निम्नलिखित में से कौन-सा कथन सही है? **(CDS I, 2020)**
   (a) यह एक दार्शनिक मूलपाठ (विषय) है, जो समय के वाद-विवादों का प्रतिबिम्बक है और प्रतिस्पर्धी दृष्टिकोणों का खंडन करता है।

(b) यह भाषा-विज्ञान में घोषित किया गया एक मूलपाठ है, जो औपचारिक विज्ञान के रूप में है।
(c) यह प्राकृतिक विज्ञान के विभिन्न क्षेत्रों में विकास पर विचार करता हुआ मूलपाठ है।
(d) यह दृष्टांतों के माध्यम से दर्शाया गया एक मूलपाठ है कि क्या करना चाहिए और क्या नहीं करना चाहिए।

23. निम्नलिखित में से कौन किरातार्जुनीय के लेखक हैं? **(CAPF, 2020)**
(a) माघ (b) भारवि
(c) भास (d) भवभूति

24. तुलसीदास निम्नलिखित में से किसके लेखक थे
1. रामचरितमानस
2. पदावली
3. कवितावली

नीचे दिये गये कोड का उपयोग करके सही उत्तर चुनिए : **(CAPF, 2020)**
(a) केवल 1 (b) केवल 2 और 3
(c) 1, 2 और 3 (d) केवल 1 और 3

25. उत्तर भारत के ब्रज क्षेत्र पर केंद्रित 16वीं शताब्दी के संस्कृत के मूलपाठ ब्रज भक्ति विलास के लेखक कौन हैं? **(CDS II, 2019)**
(a) तोदरमल (b) नारायण भट्ट
(c) चैतन्य (d) रूपगोस्वामी

26. थयूमनवर की सित्तार कविता क्यों प्रसिद्ध है? **(CAPF, 2019)**
(a) इस रचना में राष्ट्रवादी गीत हैं
(b) इस रचना में प्रेम कविताएँ हैं
(c) इस रचना में भक्ति गीत हैं
(d) इस रचना में जाति प्रथा का विरोध किया गया है

27. ऋग्वेद के 10वें मण्डल में निम्नलिखित में से कौन-सा भजन विवाह समारोहों को समर्पित है? **(CDS I, 2018)**
(a) सूर्य सूक्त (b) पुरुष सूक्त
(c) दान स्तुति (d) उर्ण सूत्र

28. इस्माइली संप्रदाय की एक शाखा खोजाओं द्वारा विकसित साहित्यिक विधा का नाम क्या है? **(CDS I, 2018)**
(a) गिनान (b) ज़ियारत
(c) राग (d) शहादा

29. 10वीं सदी में नलरीय दिव्य प्रबंधम् की रचना करनेवाले कौन थे? **(CDS I, 2018)**
(a) आलवार (b) नयनार
(c) अप्पार (d) सम्बंदर

30. मणिमेखलै के लेखक कौन हैं? **(CDS I, 2018)**
(a) कोवलन (b) सत्तनार
(c) इलांगो आदिगल (d) तिरुतक्कातेवर

31. अकबर के शासनकाल के लिए महत्त्वपूर्ण स्रोत, तारिख़-ए-अकबरी फ़ारसी भाषा के निम्नलिखित विद्वानों में से किसके द्वारा लिखी गयी थी? **(CDS II, 2018)**
(a) आरिफ़ कंधारी
(b) बायज़ीद बायत
(c) अब्दुल क़ादिर बदायूँनी
(d) निज़ामुद्दीन अहमद

32. 12वीं सदी के संस्कृत के वह विद्वान् कौन थे, जिन्होंने सर्वप्रथम महाकाव्यों और पौराणिक ग्रंथों के लिए निबंधों का संग्रहण किया? **(CDS II, 2017)**
(a) हर्ष (b) गोविंदचंद्र
(c) लक्ष्मीधर (d) कालिदास

33. 5वीं सदी के तमिल महाकाव्य, शिलप्पादिकारम में किस नदी की प्रशंसा की गई है? **(CDS II, 2017)**
(a) कावेरी (b) गोदावरी
(c) सरस्वती (d) गंगा

34. भारत के सांस्कृतिक इतिहास के संदर्भ में, इतिहास, राजवंशीय इतिहास और महाकाव्य कथाओं को याद करना निम्नलिखित में से किसका पेशा था? **(CSE, 2016)**
(a) श्रमण (b) परिव्राजक
(c) अग्रहारिका (d) मगध

35. प्राचीन भारत की निम्नलिखित में से किस पुस्तक में शुंग वंश के संस्थापक के पुत्र की प्रेम कहानी है? **(CSE, 2016)**
(a) स्वप्नवासवदत्तम् (b) मालविकाग्निमित्रम्
(c) मेघदूत (d) रत्नावली

(थिएटर खंड में व्याख्या की गयी है)

36. निम्नलिखित कथनों पर विचार कीजिए?
1. अभिनवगुप्त ने तंत्रलोक नामक एक व्यापक ग्रंथ लिखा, जिसमें कुल और त्रिक प्रणालियों की शिक्षाओं को व्यवस्थित रूप से प्रस्तुत किया गया है
2. आठवीं शताब्दी के आसपास गुजरात में लिखा गया हरिभद्र सूरी का समराइच्चकहा तकनीकी रूप से एक तांत्रिक कार्य नहीं है, बल्कि तांत्रिक विचारों और प्रथाओं से भरा हुआ है। **(CDS I, 2016)**

उपर्युक्त में से कौन-सा/कौन-से कथन सही है/हैं?

(a) केवल 1 (b) केवल 2

(c) 1 और 2 दोनों (d) न तो 1 और न ही 2

37. महाकाव्य शिलप्पादिकारम् में किसका संदर्भ मिलता है? **(CDS II, 2016)**

(a) राम कथा

(b) कथानक में जैन धर्म के तत्त्व

(c) श्रीलंका के बौद्ध धर्म के अनुयायियों की

(d) शक्ति पूजा पंथ

38. बंगाली साहित्यिक महाकाव्य, मेघनाद वध (1861) के संबंध में निम्नलिखित में से कौन-सा/कौन-से कथन सही है/हैं? **(CAPF, 2016)**

1. इसे माइकल मधुसूदन दत्त द्वारा लिखा गया
2. यह रामायण में विद्यमान हिंदू और जैन परंपराओं से प्रेरित है
3. इसे असमिया और हिंदी में अनुवाद किया गया है

नीचे दिये गये कोड का उपयोग करके सही उत्तर चुनिए:

(a) केवल 1 (b) 2 और 3

(c) 1 और 2 (d) 1 और 3

39. निम्नलिखित में से कौन-सा एक प्रसिद्ध उपन्यास है, जो 1869 में नज़ीर अहमद द्वारा लिखा गया था? **(CAPF, 2016)**

(a) ट्विाईलाईट इन डेल्ही

(b) मिरात-उल-उरूस

(c) बहिश्ती ज़ेवर

(d) सिटी ऑफ जिन्न

40. भारतीय उपमहाद्वीप में लोहे का सबसे पहला साहित्यिक संदर्भ किसमें मिलता है? **(CAPF, 2016)**

(a) ऋग्वेद (b) सामवेद

(c) यजुर्वेद (d) विनय पिटक

41. सूची-I का, सूची-II से मिलान कीजिए और सूचियों के नीचे दिये गये कोड का उपयोग करके सही उत्तर चुनिए :

	सूची-I (व्यक्ति)		सूची-II (रचना)
A.	उद्दंड	1.	सुधानिधि
B.	सायण	2.	मल्लिकामरुत
C.	यादवप्रकाश	3.	मालतीमाधव
D.	भवभूति	4.	वैजयंती

(CDS II, 2015)

कोड :

(a) A B C D
2 1 4 3

(b) A B C D
3 4 1 2

(c) A B C D
2 4 1 3

(d) A B C D
3 1 4 2

42. 'सूरसागर' है **(CDS II, 2015)**

(a) तानसेन द्वारा रचित संगीत पर मध्यकालीन ग्रंथ

(b) सूरदास की काव्यात्मक रचना

(c) बहादुर शाह ज़फ़र की स्मृति

(d) उपर्युक्त में से कोई नहीं

43. सूची-I का, सूची-II से मिलान कीजिए और सूचियों के नीचे दिये गये कोड का उपयोग करके सही उत्तर चुनिए :

	सूची-I (लेखक)		सूची-II (रचना)
A.	सोमदेव	1.	मालविकाग्निमित्रम्
B.	कालिदास	2.	कथासरित्सागर
C.	भास	3.	चौरपञ्चाशिका
D.	बिल्हण	4.	स्वप्नवासवदत्तम्

(CDS II, 2015)

कोड :

(a) A B C D
2 1 4 3

(b) A B C D
3 4 1 2

(c) A B C D
2 4 1 3

(d) A B C D
3 1 4 2

44. पतंजलि थे **(CDS II, 2015)**

(a) 'योगाचार' स्कूल के एक दार्शनिक

(b) आयुर्वेद पर एक पुस्तक के लेखक

(c) 'माध्यमिक' विचारधारा के एक दार्शनिक

(d) पाणिनि के संस्कृत व्याकरण के एक टीकाकार

45. दशकुमारचरितम् या दस राजकुमारों की कथा की रचना किसके द्वारा की गयी? **(CDS II, 2015)**

(a) भट्टी (b) बाणभट्ट

(c) भास (d) दण्डि

46. तोलकाप्पियम किसका नाम है? **(CAPF, 2015)**

(a) पश्चिमी भारत का बावली

(b) तमिल व्याकरण पर पुस्तक
(c) तमिल भक्ति कविताओं का एक संग्रह
(d) कन्नड़ कविताओं का संग्रह

47. ऋग्वेद के संबंध में निम्नलिखित में से कौन-सा कथन सही नहीं है? **(CDS I, 2014)**
(a) प्रार्थना और यज्ञ के कर्मकांड में देवियों की पूजा की जाती थी
(b) देवताओं को शक्तिशाली रूप में प्रस्तुत किया जाता है, जिन्हें यज्ञ के माध्यम से मनुष्य के कार्यों में हस्तक्षेप के लिए मनाया जा सकता है
(c) ऐसा माना जाता था कि प्रसाद को आग के माध्यम से भगवान् द्वारा स्वीकार किया जाता था
(d) मंदिरों में यज्ञ किया जाता था

48. सूची-I का, सूची-II से मिलान कीजिए और सूचियों के नीचे दिये गये कोड का उपयोग करके सही उत्तर चुनिए :

सूची-I (मूलपाठ)	सूची-II (लेखक)
A. किताबुल हिंद	1. इब्न बतूता
B. रेहला	2. अल बरूनी
C. हुमायूँनामा	3. लाहौरी
D. बादशाह नामा	4. गुलबदन बेगम

(CDS I, 2014)

कोड:

	A	B	C	D
(a)	2	4	1	3
(b)	3	1	4	2
(c)	3	4	1	2
(d)	2	1	4	3

49. कल्हण की राजतरंगिणी के निम्नलिखित कथनों पर विचार कीजिए :
1. आम लोग चावल और उत्पल-शाक (कड़वे स्वाद की जंगली सब्ज़ी) खाते थे।
2. हर्ष ने कश्मीर में राजा के लिए एक सामान्य पोशाक की शुरुआत की, जिसमें एक लंबा कोट सम्मिलित था। **(CDS I, 2014)**

उपर्युक्त में से कौन-सा/कौन-से कथन सही है/हैं?
(a) केवल 1 (b) केवल 2
(c) 1 और 2 दोनों (d) न तो 1 और न ही 2

50. संगम साहित्य, दक्षिण भारत के इतिहास के पुनर्निर्माण के लिए एक बहुत ही महत्त्वपूर्ण स्रोत है। इसे किस भाषा में लिखा गया है? **(CDS II, 2013)**
(a) तमिल (b) कन्नड़
(c) तेलुगू (d) मलयालम

51. कल्हण द्वारा लिखित राजतरंगिणी में किसके इतिहास का वर्णन है? **(CDS II, 2013)**
(a) गुजरात (b) बंगाल
(c) कश्मीर (d) पंजाब

52. निम्नलिखित में से कौन संस्कृत व्याकरण की पुस्तक 'अष्टाध्यायी' के लेखक हैं? **(CAPF, 2013)**
(a) पतंजलि (b) पाणिनि
(c) कालिदास (d) बाणभट्ट

53. निम्नलिखित में से कौन-सी पुस्तक मुग़ल शाही घराने की एक महिला द्वारा लिखी गई थी? **(CDS I, 2012)**
(a) अकबरनामा (b) बाबरनामा
(c) हुमायूँनामा (d) बादशाहनामा

54. ऋग्वेद के संबंध में निम्नलिखित कथनों पर विचार कीजिए:
1. यह प्रकृतिवादी बहुदेववाद- कई देवताओं में आस्था, जो प्राकृतिक घटनाओं के प्रतीक हैं- का प्रतिबिम्बक है।
2. देवताओं की कल्पना मानवरूप में की गयी, अर्थात भगवान् का भी मनुष्यों की तरह शारीरिक रंग-रूप है। **(CAPF, 2013)**

उपर्युक्त में से कौन-सा/कौन-से कथन सही है/हैं?
(a) केवल 1 (b) केवल 2
(c) 1 और 2 दोनों (d) न तो 1 और न ही 2

उत्तर

1. (d)	2. (c)	3. (a)	4. (d)	5. (b)	6. (a)	7. (b)	8. (a)
9. (a)	10. (c)	11. (d)	12. (d)	13. (b)	14. (c)	15. (b)	16. (b)
17. (b)	18. (a)	19. (c)	20. (a)	21. (d)	22. (d)	23. (b)	24. (d)
25. (b)	26. (d)	27. (a)	28. (a)	29. (a)	30. (b)	31. (a)	32. (c)

33. (a)	34. (b)	35. (b)	36. (c)	37. (b)	38. (a)	39. (b)	40. (c)
41. (a)	42. (b)	43. (a)	44. (d)	45. (d)	46. (b)	47. (d)	48. (d)
49. (c)	50. (a)	51. (c)	52. (b)	53. (c)	54. (c)		

यू.पी.एस.सी. पिछले वर्षों के प्रश्न - मुख्य परीक्षा

1. मध्यकालीन भारत के फ़ारसी साहित्यिक स्रोत उस युग की भावना को दर्शाते हैं। टिप्पणी कीजिए। **(CSE, 2020)**
2. विजयनगर नरेश कृष्णदेव राय न केवल स्वयं एक कुशल विद्वान् थे अपितु विद्या एवं साहित्य के महान् संरक्षक भी थे। विवेचना कीजिए। **(CSE, 2016)**
3. हालाँकि दक्षिण भारत के सुसंबंधित राजनीतिक इतिहास की दृष्टि से बहुत उपयोगी न होते हुए भी, संगम साहित्य उल्लेखनीय जीवंतता के साथ अपने समय की सामाजिक और आर्थिक स्थिति का चित्रण करता है। टिप्पणी करें। **(CSE, 2013)**

अध्याय 21

दर्शन विचारधाराएँ

परिचय

'फ़िलॉसफ़ी' शब्द दो प्राचीन यूनानी शब्दों ('फ़िलॉस' तथा 'सोफ़िया') से मिलकर बना है। **'फ़िलॉस'** का अर्थ होता है 'प्रेम' और **'सोफ़िया'** का अर्थ होता है 'ज्ञान', अर्थात् फ़िलॉसफ़ी का अर्थ 'ज्ञान के प्रति प्रेम' (Love of Wisdom) या 'विद्या के प्रति अनुराग' या 'विद्यानुराग' होता है। जबकि भारत में 'फ़िलॉसफ़ी' को 'दर्शन' कहा जाता है। दर्शन शब्द की व्युत्पत्ति संस्कृत के 'दृश्' धातु से हुई है, जिसका अर्थ 'देखना' या 'जिसके द्वारा देखा जाय' होता है। दूसरे शब्दों में दृश्यते यथार्थ तत्त्वमेनन', अर्थात् जिसके द्वारा यथार्थ तत्त्व की अनुभूति हो, वही दर्शन है। यानी भारत में 'दर्शन' उस विद्या को कहते हैं जो 'तत्त्व' का साक्षात्कार कराती है। उपनिषदों के अनुसार 'दृश्यते अनेन इति दर्शनम्'। प्राचीन भारतीय साहित्य में दर्शन की लम्बी परम्परा रही है। बहुत से दार्शनिक जीवन और मृत्यु के रहस्यों तथा इन दोनों शक्तियों से पृथक् स्थित संभावनाओं का पता लगाने में प्रयत्नशील रहे हैं। प्राय: उनके द्वारा प्रतिपादित दर्शन तथा धार्मिक संप्रदाय एक-दूसरे को आच्छादित करते हैं।

राज्य तथा वर्ण-विभाजित सामाजिक व्यवस्था के भारतीय उप-महाद्वीप का मुख्य आधार बन जाने के बाद; विभिन्न दार्शनिक विचारधाराओं के बीच के अंतर स्पष्ट होने लगे। अधिकांश दार्शनिक विचारधाराएँ इस बात पर सहमत हुईं कि मनुष्य को **चार लक्ष्यों** की प्राप्ति के लिए प्रयास करना चाहिए:

जीवन के लक्ष्य	अर्थ	लक्ष्यों पर प्रबंध
अर्थ	आर्थिक साधन या धन	*अर्थशास्त्र* में अर्थव्यवस्था से संबंधित मुद्दों पर चर्चा की गयी है।
धर्म	सामाजिक व्यवस्था का विनियमन	राज्य से संबंधित मुद्दों की चर्चा *धर्मशास्त्र* में की गयी है।
काम	शारीरिक सुख-भोग या प्रेम	*कामशास्त्र/कामसूत्र* की रचना यौन विषयों पर विस्तार से प्रकाश डालने के लिए की गयी थी।
मोक्ष	मुक्ति	*दर्शन* से सम्बद्ध कई ग्रन्थ हैं, जिनमें मुक्ति की चर्चा की गयी है।

यद्यपि सभी विद्वानों ने यह प्रतिपादित किया कि मनुष्य को इन्हीं चार लक्ष्यों की प्राप्ति के लिए प्रयत्न करना चाहिए, जीवन का मुख्य उद्देश्य जीवन तथा मृत्यु चक्र से मुक्त होना है। धीरे-धीरे कुछ विचारधाराओं में मुक्ति के साधनों को लेकर भिन्न मत हो गये तथा ईसाई युग के प्रारम्भ तक दर्शन की दो धाराएँ उत्थान की ओर अग्रसर थीं। ये विचारधाराएँ निम्नलिखित थीं:

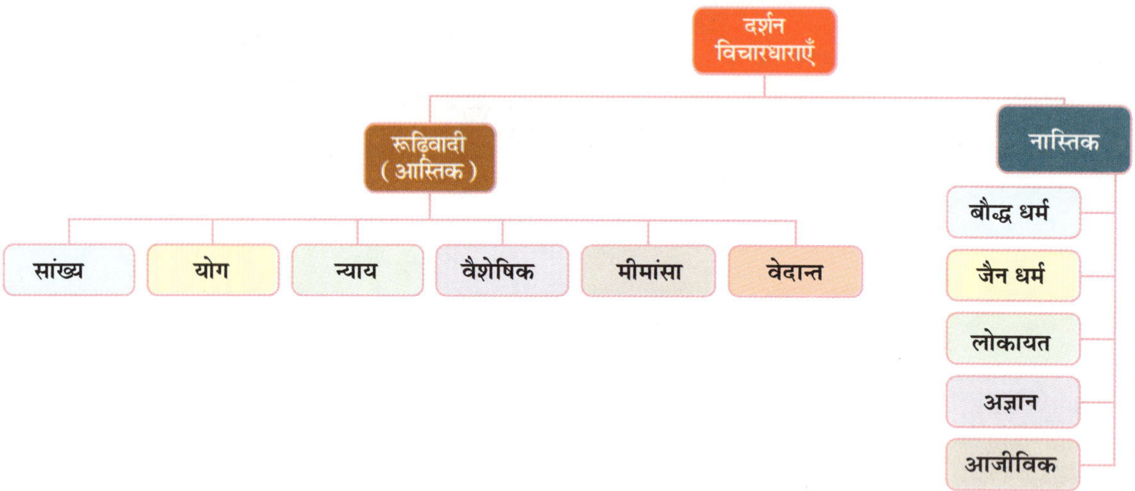

रूढ़िवादी विचारधारा

इस संप्रदाय का मानना था कि **वेद** मोक्ष का रहस्य छिपाये **सर्वोच्च प्रकाशित धर्मग्रंथ** हैं। इस संप्रदाय के प्रस्तावक वेदों की प्रामाणिकता पर प्रश्न **नहीं** उठाते थे। छह उप-संप्रदायों: **सांख्य, योग, न्याय, वैशेषिक, मीमांसा और वेदांत को षड्दर्शन** कहा जाता था।

सांख्य विचारधारा

यह दर्शनशास्त्र की प्राचीनतम विचारपद्धति है, जिसकी नींव ***सांख्य सूत्र*** के रचयिता माने जानेवाले *कपिल मुनि* ने रखी थी। 'सांख्य' का शाब्दिक अर्थ 'गिनना' होता है। यह विचारधारा विकास के दो चरणों से हो कर गुज़री, जो निम्नलिखित थीं:

मूल सांख्य दृष्टिकोण	नवीन सांख्य दृष्टिकोण
इस दृष्टिकोण को प्राचीन सांख्य दर्शन का रूप समझा जाता है तथा माना जाता है कि **प्रथम शताब्दी ईसवी** में इसकी उत्पत्ति हुई।	यह दृष्टिकोण **चौथी शताब्दी ईसवी** में प्राचीनतम सांख्य विचारधारा के नये तत्त्वों के साथ विलय का परिणाम माना जाता है।
समर्थकों का मानना था कि ब्रह्माण्ड की सृष्टि के लिए किसी दैवीय कारक की उपस्थिति **अनिवार्य नहीं** थी।	इनका तर्क था कि ब्रह्माण्ड की सृष्टि के लिए प्रकृति के तत्त्वों के साथ **पुरुष या आत्मा की उपस्थिति अनिवार्य** थी।
इन्होंने ब्रह्माण्ड की सृष्टि के संबंध में तर्कपूर्ण तथा **वैज्ञानिक दृष्टिकोण** प्रतिपादित किया।	इन्होंने ब्रह्माण्ड की सृष्टि के संबंध में एक **आध्यात्मिक तथा भाववादी दृष्टिकोण** का प्रतिपादन किया।
इन्होंने यह भी तर्क प्रस्तुत किया कि इस विश्व का अस्तित्व ***प्रकृति*** के कारण ही है।	इनका तर्क था कि विश्व की सृष्टि प्रकृति तथा **आध्यात्मिक तत्त्वों** के मिश्रण से हुई।
इस दृष्टिकोण को दर्शनशास्त्र की **भौतिक विचारधारा** समझा जाता है।	इस दृष्टिकोण का संबंध दर्शनशास्त्र के अपेक्षाकृत **अधिक आध्यात्मिक विचारधारा** से माना जाता हैं।

दोनों ही विचारधाराओं का यह तर्क था कि **ज्ञान** प्राप्ति के द्वारा ही मुक्ति संभव है। ज्ञान का अभाव मानव की दुर्दशा का मूल कारण है।

कपिल मुनि

यह विचारधारा ***द्वैतवाद*** में विश्वास रखती है, अर्थात् – **आत्मा** तथा **पदार्थ** दो पृथक् सत्ताएँ हैं। यह अवधारणा सभी **वास्तविक ज्ञान** का आधार है। इस ज्ञान को तीन मुख्य अवधारणाओं के द्वारा प्राप्त किया जा सकता है:

- ***प्रत्यक्ष:*** अनुभूति
- ***अनुमान:*** निष्कर्ष
- ***शब्द:*** श्रवण

यह विचारधारा अन्वेषण की अपनी वैज्ञानिक प्रणाली के लिए प्रसिद्ध रही है। इस दर्शन में यह तर्क दिया गया कि प्रकृति तथा पुरुष वास्तविकता का आधार हैं तथा वे पूर्ण एवं स्वतंत्र हैं। **चूँकि पुरुष (Purusha), पुरुष (Male)** विशेषताओं से अधिक समीपता रखता है, यह चेतना से संबंधित है तथा इसे बदला या परिवर्तित नहीं किया जा सकता। यह चेतना समस्त ज्ञान का आधार है। ***प्रत्यक्ष*** (धारणा), ***अनुमान*** (तर्क) और ***शब्द*** (श्रवण) के माध्यम से ज्ञान प्राप्त किया जा सकता है। इसके ठीक विपरीत, **प्रकृति** की **तीन मुख्य विशेषताएँ** हैं: विचार, गति तथा रूपांतरण। प्रकृति सत्व (शांति), रजस (गतिविधियाँ) और तमस (निष्क्रियता और नकारात्मकता) जैसे तीन गुणों के संतुलन की स्थिति भी है।

योग विचारधारा

योग का शाब्दिक अर्थ है व्यक्तिगत आत्मा और सार्वभौमिक आत्मा का मिलन और योग पद्धति दो प्रमुख सत्ताओं का मिलन निर्धारित करती है। उनका मानना है कि मानव यौगिक तकनीकों के **शारीरिक प्रयोग** तथा **ध्यान का प्रयोग** कर मुक्ति प्राप्त कर सकता है। कहा जाता है कि इस तकनीक के प्रयोग से **पुरुष प्रकृति से पृथक् हो जाता है** तथा अंततः मुक्ति को प्राप्त होता है। यह अंततः आत्म-नियंत्रण (संयम) और मन के विनाश या मन की एकनिष्ठता (समाधि) की प्राप्ति की ओर ले जाता है। योग तथा इस विचारधारा की उत्पत्ति का प्रतिपादन ईसा पूर्व दूसरी शताब्दी में **पतंजलि** के **योगसूत्र** में हुआ है। वस्या का **योगभाष्य** और वाचस्पति का **तत्त्व-वैसारादि** इस क्षेत्र में महत्त्वपूर्ण निबंध हैं।

योग मुद्रा

इस विचारधारा के मूर्त या भौतिक पहलू विभिन्न मुद्राओं में किये गये व्यायाम हैं, जिन्हें *आसन* भी कहा जाता है। श्वास संबंधी बहुत-से व्यायाम भी होते हैं, जिन्हें **प्राणायाम** कहते हैं। समाधि प्राप्त करने के लिए व्यक्ति को आठ अभ्यासों से युक्त **'अष्टांग योग'** का अभ्यास करना चाहिए। मुक्ति प्राप्त करने के अन्य साधन हैं:

मुक्ति प्राप्त करने के साधन	इसे प्राप्त करने के साध्य/मार्ग
यम	स्व-नियंत्रण का अभ्यास करना
नियम	व्यक्ति के जीवन को संचालित करनेवाले नियमों का अवलोकन तथा पालन
प्रत्याहार	कोई विषय या वस्तु का चयन
धारणा	मन को स्थिर करना (किसी नियत बिंदु पर)
ध्यान	उपर्युक्त चयनित विषय पर ध्यान एकाग्र करना
समाधि	मन तथा वस्तु का विलय ही स्वयं के पूर्ण रूप से विच्छेद होने का कारण है।

अष्टांग योग के अभ्यास से, व्यक्ति अष्ट सिद्धि (अलौकिक शक्ति) प्राप्त कर सकता है, जैसे-

अष्ट सिद्धि	विवरण
अणिमा	लघु रूप धारण करने की शक्ति
महिमा	किसी का आकार बड़ा करने की शक्ति
गरिमा	भारी होने की शक्ति
लघिमा	हलका या भारहीन होने की शक्ति
प्राप्ति	दुर्लभ वस्तुएँ प्राप्त करने की क्षमता
प्रकाम्य	दृढ़, अजेय इच्छाशक्ति रखना
ईशत्व	शरीर और पाँच इंद्रियों पर प्रभुत्व; बाहरी वस्तुओं को बनाने या नष्ट करने की क्षमता
वशित्व	विभिन्न वस्तुओं को आकर्षित करना या वस्तुओं की गति को नियंत्रित करना

योग विचारधारा इन तकनीकों का समर्थन करती है, चूँकि इससे मनुष्यों को अपने **मन, शरीर** तथा **ज्ञानेन्द्रियों पर नियंत्रण** करने में सहायता मिलती है। उनके अनुसार इन व्यायामों से तभी सहायता मिलती है, जब एक पथ-प्रदर्शक, परामर्शक तथा गुरु के रूप में ईश्वर के अस्तित्व में विश्वास किया जाए। उनसे व्यक्ति को सांसारिक विषयों से ध्यान हटाने तथा मुक्ति के लिए आवश्यक एकाग्रता प्राप्त करने में मदद मिलती है।

सांख्य और योग विचारधाराओं के बीच तुलना

समानताएँ

शरीर, मन और बुद्धि को नियंत्रित करने की शक्तिवाले ज्ञान के माध्यम से मुक्ति प्राप्त की जा सकती है। दोनों दर्शन तीन प्रमाणों को स्वीकार करते हैं, जैसे- धारणा (प्रत्यक्ष), अनुमान (तर्क) और श्रवण (शब्द)।

असमानताएँ

सांख्य दर्शन ज्ञान प्राप्त करके आत्म-प्राप्ति पर ज़ोर देता है, जबकि योग दर्शन अधिक व्यावहारिक मार्ग का अनुसरण करता है। सांख्य दर्शन एकाधिक पुरुष को स्वीकार करता है जबकि योग दर्शन केवल एक पुरुष को स्वीकार करता है, जिसे 'परमात्मा' के रूप में जाना जाता है।

न्याय विचारधारा

जैसा कि इस विचारधारा के नाम से ही स्पष्ट है, इसमें मुक्ति प्राप्त करने के लिए **तर्कपूर्ण चिंतन** पर विश्वास किया जाता है। ये जीवन, मृत्यु तथा मुक्ति को ऐसे रहस्यों के रूप में देखते हैं, जिन्हें तर्कपूर्ण तथा विश्लेषणात्मक चिंतन के द्वारा हल किया जा सकता है। माना जाता है कि इस विचारधारा की रचना **अक्षपाद गौतम** के द्वारा की गयी थी, जिन्हें ***न्याय सूत्र*** के रचयिता के रूप में भी देखा जाता है।

इस विचारधारा का मानना है कि **निष्कर्ष, श्रवण** तथा **उपमा** जैसे तर्कसम्मत साधनों का प्रयोग कर मनुष्य किसी समस्या या कथन की सत्यता की जाँच कर सकता है।

इसका ये भी मानना था कि ईश्वर ने न केवल ब्रह्माण्ड की रचना की है, बल्कि वह इसका पालन व संहार भी करते है। यह दर्शन सतत् रूप से **सुनियोजित तर्क-वितर्क तथा चिंतन** पर बल देता है। संसार का निर्माण चार शाश्वत परमाणुओं से हुआ है, अर्थात् स्थान, समय, मन और आत्मा तथा ईश्वर इन तत्त्वों से परे है।

वैशेषिक विचारधारा

वैशेषिक विचारधारा **ब्रह्माण्ड की भौतिकीयता** में विश्वास करती है। इसे ब्रह्माण्ड का संचालक यथार्थपरक तथा वस्तुपरक दर्शन माना जाता है। वैशेषिक दर्शन के मूल ग्रन्थ की रचना करने वाले **कणाद** इस विचारधारा के संस्थापक माने जाते हैं। उनका तर्क है कि इस ब्रह्माण्ड का हर पदार्थ **चार शाश्वत तत्त्वों** द्वारा: **समय, स्थान, स्वयं तथा मन** और **पाँच ग़ैर-शाश्वत तत्त्वों – अग्नि, वायु, जल, पृथ्वी तथा आकाश** से बना है। इन स्थूल तत्त्वों को ***द्रव्य*** भी कहा जाता है। उनका यह भी मानना है कि वास्तविकता के कई वर्ग होते हैं, उदाहरण के लिए, कार्य, भाव, श्रेणी, अंतर्निहितता, सार तथा विशिष्ट लक्षण।

चूँकि इस विचारधारा का दृष्टिकोण अत्यंत वैज्ञानिक है, इसके द्वारा **परमाणु सिद्धांत** का विकास भी हुआ, यथा– सभी भौतिक वस्तुएँ परमाणुओं से निर्मित हैं। वे इस तर्क के आधार पर इस ब्रह्माण्ड की घटना की व्याख्या करते हैं कि अणु तथा परमाणु मिल कर पदार्थ का निर्माण करते हैं, जो मूर्त रूप से दृश्य या स्पर्शयोग्य प्रत्येक वस्तु का आधार है। यही विचारधारा भारतीय उप-महाद्वीप में **भौतिकी** के आरम्भ के लिए भी उत्तरदायी थी। इस विचारधारा को इस ब्रह्माण्ड की उत्पत्ति की यांत्रिक प्रक्रिया का प्रतिपादक माना जाता है।

- जहाँ तक ईश्वर की बात है, वैज्ञानिक चिंतन पद्धति का पक्ष लेते हुए भी वे **ईश्वर के अस्तित्व में विश्वास** करते हैं तथा उसे मार्ग-दर्शक सिद्धांत मानते हैं।
- ग़ैर-शाश्वत तत्त्वों का पंचेंद्रिय या पाँच अंगों, अर्थात् आँख, नाक, जीभ, कान और त्वचा द्वारा बोध होता है।
- उनका यह भी विश्वास है कि यह **ब्रह्माण्ड कर्म के सिद्धांतों के बल पर संचालित होता है**, अर्थात् – प्रत्येक वस्तु मानव के कर्मों पर आधारित है। हमें अपने कर्मों के अनुसार पुरस्कृत या दण्डित किया जाता है।
- ईश्वर हमारे कर्मों के गुण-दोषों के संबंध में निर्णय करते हैं तथा तद्नुसार मनुष्य को स्वर्ग या नरक में स्थान मिलता है।
- वे निर्वाण या मुक्ति में भी विश्वास करते थे, किन्तु यह विषय एक चक्रीय प्रक्रिया के रूप में ब्रह्माण्ड की सृष्टि तथा विनाश के समानांतर था तथा इसका निर्णय ईश्वर की इच्छाओं पर निर्भर करता था।

महर्षि कणाद

मीमांसा विचारधारा

मीमांसा शब्द का वास्तविक अर्थ **तर्क-पूर्ण चिंतन, विवेचन तथा अनुप्रयोग** की कला है। यह विचार पद्धति वेदों के भाग रहे *संहिता* तथा *ब्राह्मणों* के विश्लेषण पर केन्द्रित थी। उनका तर्क है कि **वेदों में शाश्वत सत्य निहित** है तथा वे सभी ज्ञान के भण्डार हैं। वेद 'अपौरुषेय' (मानव निर्मित नहीं) हैं। यदि व्यक्ति को धार्मिक श्रेष्ठता, स्वर्ग तथा मुक्ति प्राप्त करनी है, तो उसे **वेदों के द्वारा नियत सभी कर्तव्यों की पूर्ति** करनी होगी।

मीमांसा दर्शन का विस्तृत वर्णन अनुमानित रूप से ईसा पूर्व तीसरी शताब्दी में **जैमिनी** द्वारा रचित *सूत्रों* में प्राप्त होता है। इस दर्शन में अगला परिवर्धन उनके महानतम प्रतिपादकों में से दो – ***सबर स्वामी*** तथा ***कुमारिल भट्ट*** – के द्वारा किया गया था।

जैमिनी ऋषि

उनके अनुसार, मुक्ति **अनुष्ठानों के निष्पादन** से ही संभव है, किन्तु वैदिक अनुष्ठानों के औचित्य तथा उनके पीछे छिपे तर्कों को समझना भी आवश्यक है। मुक्ति के उद्देश्य से अनुष्ठानों को पूर्णता से संपन्न करने के लिए उनमें निहित तर्क को समझना आवश्यक था। व्यक्ति के कर्म अपने गुण-दोषों के लिए उत्तरदायी होते हैं तथा गुण युक्त कर्मों के प्रभाव की अवधि तक व्यक्ति स्वर्ग का आनंद प्राप्त कर सकता है। किन्तु वे **जन्म और मृत्यु के चक्र से मुक्त नहीं** होंगे। मुक्ति को प्राप्त करने के पश्चात् वे इस अनंत चक्र से छूट जायेंगे।

पूर्व-मीमांसा शास्त्र में बारह गुण (द्वादश लक्षणी) हैं। वे इस प्रकार हैं:

गुण (द्वादशा लक्षणी)		अर्थ
1.	प्रमाण	ज्ञान का प्रमाण एवं साधन
2.	कर्मभेद	प्रदर्शन में कोई विशेष कार्य या वस्तु
3.	शेष	अवशेष; अंत में क्या बचता है
4.	अर्थचिंता	किसी विचार को एक व्यक्ति से दूसरे व्यक्ति तक संप्रेषित करना
5.	क्रम	क़दम-दर-क़दम आगे बढ़ते हुए, ली गयी स्थिति, तुलना
6.	अधिकार	आरंभकर्ता
7.	अथिदेसा (सामन्या)	व्यापकता; चूँकि पदार्थों की बहुलता है, इसलिए समानता भी होगी
8.	विशेषतिदेसा	एक विशेष गुण जो अन्य पदार्थों से अलग करने में सहायता करता है
9.	यूहा	अनुमान
10.	बाधा	बहस के दौरान बाधा डालना
11.	तंत्र	प्रवंचना
12.	अवापा	शत्रुतापूर्ण प्रयोजन से विचारों को फैलाना और बिखेरना

इस दर्शन का **मुख्य बल वेदों के आनुष्ठानिक भाग** पर था, यथा– मुक्ति की प्राप्ति हेतु व्यक्ति को **वैदिक अनुष्ठानों** का निष्पादन करना होता है। चूँकि अधिकतर लोगों को इन अनुष्ठानों की उचित समझ नहीं होती, अत: उन्हें **पुरोहितों की सहायता** लेनी होती है। इसलिए, इस दर्शन में विभिन्न वर्गों के बीच **सामाजिक अंतर को निहित रूप से वैधता प्रदान की गयी। ब्राह्मणों** के द्वारा इसका प्रयोग लोगों पर वर्चस्व स्थापित करने में किया गया तथा वे सामाजिक श्रेणी क्रम में उच्च स्थान पर बने रहे।

वेदान्त विचारधारा

वेदान्त दो शब्दों – 'वेद' तथा 'अंत', अर्थात **वेदों का अंत** – से बना है। यह विचारधारा **उपनिषदों** में वर्णित जीवन प्रणाली के दर्शन को स्वीकार करती है। इस दर्शन के आधार का निर्माण करनेवाले प्राचीनतम ग्रन्थ **'बादरायण'** द्वारा लिखित ***ब्रह्मसूत्र*** थे। इस दर्शन के अनुसार ***ब्रह्म*** ही इस जीवन की वास्तविकता है तथा शेष सभी बातें ***मिथ्या*** या ***माया*** हैं।

इसके अतिरिक्त, *आत्मा* या स्व-चेतना *ब्रह्म* के ही समान है। यह तर्क **आत्मा तथा ब्रह्म को एक ही स्तर** पर ला खड़ा करता है तथा व्यक्ति को **स्व का ज्ञान** हो जाने पर, वह स्वत: ही ब्रह्म की अनुभूति कर मुक्ति को प्राप्त हो जायेगा।

यह तर्क ब्रह्म तथा आत्मा को **अविनाशी** तथा शाश्वत बना देता है। इस दर्शन के सामाजिक निहितार्थ थे, यथा सही आध्यात्मिकता व्यक्ति की जन्म तथा स्थानगत अपरिवर्तनीय सामाजिक तथा मूर्त स्थिति में निहित है।

यह दर्शन 9वीं शताब्दी ईसवी में उपनिषदों तथा गीता पर टीका लिखनेवाले **शंकराचार्य** के दर्शन संबंधी परिवर्धन के कारण विकसित हुआ। उनके द्वारा लाये गये परिवर्तन के फलस्वरूप **अद्वैत वेदान्त** का विकास संभव हुआ। इस विचारधारा के एक अन्य दार्शनिक **रामानुज** थे, जिन्होंने 12वीं शताब्दी ईसवी में कृतियों की रचना की। उनके परिवर्धन के कारण वेदान्त विचारधारा में कुछ मतभेद भी उत्पन्न हुए।

शंकराचार्य का दृष्टिकोण	रामानुज का दृष्टिकोण
उनके अनुसार *ब्रह्म* निर्गुण है।	उनके अनुसार *ब्रह्म* के कुछ गुण भी होते हैं।
उनके अनुसार ज्ञान ही मुक्ति का मुख्य साधन है।	उनके अनुसार श्रद्धा तथा समर्पण का अभ्यास मुक्ति प्राप्ति का साधन है।

वेदान्त के सिद्धांत ने *कर्म के सिद्धांत* को भी विश्वसनीयता प्रदान की। वे ***पुनर्जन्म*** के सिद्धांत में विश्वास करते थे। उनका यह भी मानना था कि व्यक्ति को अपने पिछले जन्म में किये गये कर्मों के परिणाम अगले जन्म में भी भुगतने होंगे। इस दर्शन के कारण कुछ लोगों को यह तर्क भी प्रस्तुत करने में सुविधा हुई कि कभी-कभी उन्हें पिछले जन्म में किये गये किसी बुरे कर्म के कारण इस जन्म में कष्ट उठाना पड़ता है तथा *ब्रह्म* प्राप्ति के अतिरिक्त इसका अन्य कोई समाधान उनके वश में नहीं है।

वेदांत की उप-विचारधाराएँ

उप विचारधारा	मुख्य प्रवर्तक	विवरण
अद्वैत *(एकत्ववाद)*	**आदि शंकराचार्य** (8वीं सदी ईसवी)	यह वेदांत की सबसे पुरानी विचारधारा है। इस विचारधारा का मुख्य सिद्धांत *जीवनमुक्ति* है, अर्थात् यह ऐसा विचार है कि **इस जीवन में ही मोक्ष प्राप्त किया जा सकता है।** यह भारत के अन्य दर्शनों के विपरीत है। अन्य दर्शनों का मुख्य सिद्धांत विदेहमुक्त अर्थात् मृत्यु उपरांत मोक्ष है। अद्वैत का लक्ष्य आत्मज्ञान प्राप्त करना और आत्मा एवं ब्रह्म की पहचान की पूर्ण समझ प्राप्त करना है। आत्मा और ब्रह्म के सही ज्ञान से सभी दोहरी प्रवृत्तियाँ समाप्त हो जाती हैं और अंतत: मोक्ष प्राप्त होता है।
विशिष्ट अद्वैत	**रामानुज** (11-12वीं सदी ईसवी)	यह ईश्वर के **अद्वैतवाद** से संबंधित है, जिसमें **ब्रह्म के एक होने को सर्वोच्च वास्तविकता माना जाता है**, परंतु यह माना जाता है कि वह एक होकर भी अनेक है। इस उप विचारधारा के अनुसार, ''सभी अनेकता एक अंतर्निहित एकता में समा जाती है''।

उप विचारधारा	मुख्य प्रवर्तक	विवरण
शिव अद्वैत	श्रीकांत शिवाचार्य (12वीं सदी ईसवी)	इसमें कहा जाता है कि **शिव और ब्रह्म एक, और समान हैं।**
द्वैत	माधवाचार्य/माध्वाचार्य (1238-1317 ईसवी)	इस विचारधारा के अनुसार, आत्मा और ब्रह्म के बीच एक मौलिक अंतर है।
द्वैत अद्वैत (*द्वैताद्वैत*)	निम्बार्क (13वीं सदी ईसवी)	इस दर्शन के अनुसार, मनुष्य भगवान् से भिन्न और अभिन्न; दोनों है।
शुद्ध अद्वैत (*शुद्धाद्वैत*)	वल्लभाचार्य (1479-1531 ईसवी)	इसके अनुसार, आत्मा और परमात्मा भिन्न-भिन्न नहीं हैं, अपितु एक हैं। इस विचारधारा के अनुयायी **पुष्टिमार्ग सम्प्रदाय** से संबंधित हैं। इस मत के अनुयायियों की प्रार्थना में **नाथद्वारा** (राजस्थान) स्थित **श्रीनाथ जी मंदिर** और आठ कवियों की रचनाएँ (अष्टछाप) मुख्य हैं।
अचिंत्य भेद अभेद (*अचिंत्य भेदाभेद*)	चैतन्य महाप्रभु (1486-1534 ईसवी)	इस वेदांत उप विचारधारा के अनुयायी **गौड़ीय वैष्णव** हैं। इस विचारधारा के बारे में माना जाता है कि यह माध्वाचार्य के कठोर द्वैत सिद्धांत और रामानुज के विशिष्ट अद्वैत का **एकीकरण** है। इस विचारधारा के अनुसार, सर्वोच्च भगवान् और व्यक्तिगत आत्मा एक ही समय में, एक और भिन्न-भिन्न भी है। **इस्कॉन** (ISKCON) इसी दर्शन का अनुसरण करता है।

प्रस्थानत्रयी

वेदांत दर्शन में **उपनिषद्, भगवद् गीता** और **ब्रह्म सूत्रों** को ज्ञान का प्रमुख स्रोत माना जाता है। इन तीनों **ग्रंथों को सामूहिक रूप से प्रस्थानत्रयी कहा जाता है।**

(उपनिषद्, भगवद् गीता और ब्रह्म सूत्रों के बारे में अध्याय 20 में विस्तार से बताया गया है)

विभिन्न विचारधाराओं का तुलनात्मक विश्लेषण

क्र.सं.	वेदांत पर ग्रंथ (उपनिषद)	लेखक	विकसित दर्शन	मोक्ष का मार्ग
1.	सांख्य सूत्र	कपिल	सांख्य	ज्ञान प्राप्ति से
2.	योग सूत्र	पतंजलि	योग	ध्यान और शारीरिक गतिविधि से
3.	न्याय सूत्र	गौतम	न्याय	तार्किक सोच से
4.	वैशेषिक सूत्र	कणाद	वैशेषिक	नित्य और पदार्थों का ज्ञान होने से
5.	मीमांसा सूत्र	जैमिनी	मीमांसा	वैदिक यज्ञों के निष्पादन से
6.	वेदांत सूत्र	बादरायण	वेदान्त	परमात्मा का ज्ञान होने से

स्वामी विवेकानंद का संस्कृति और दर्शन के प्रति योगदान

नेताजी सुभाष चंद्र बोस के अनुसार, *''स्वामीजी ने पूर्व और पश्चिम, धर्म और विज्ञान, अतीत और वर्तमान के मध्य सौहार्द स्थापित किया और यही कारण है कि वह महान् हैं। हमारे देशवासियों ने उनकी शिक्षाओं से अप्रत्याशित आत्म-सम्मान, आत्म-निर्भरता और आत्म-विश्वास प्राप्त किया है।''*

आध्यात्मिकविज्ञानी के रूप में, स्वामी विवेकानंद ने पूरे भारत का भ्रमण किया। अपनी इस यात्रा में, उन्होंने देखा कि लोगों के बीच अत्यंत निर्धनता और पिछड़ापन है। इससे उन्हें भारत के पिछड़े होने का कारण समझ में आया।

उन्होंने **1893 में शिकागो (अमेरिका) में** संपन्न **विश्व धर्म संसद** को संबोधित किया। उन्होंने पश्चिम के बुद्धिजीवियों को भारत की महान् संस्कृति और परंपरा से अवगत कराया और वे *"पश्चिमी जगत् में भारत के ज्ञान के दूत बन गये"*। वह भारत और पश्चिमी संस्कृति के बीच पुल बना सके और इस प्रकार भारत का सांस्कृतिक एकाकीपन समाप्त हुआ। भारतीय जनमानस के बीच देश की महान आध्यात्मिक धरोहर की उचित समझ उत्पन्न की गयी।

स्वामी विवेकानंद ने **1897 में रामाकृष्ण मिशन** की स्थापना की। उनके संतों ने व्यावहारिक वेदांत का प्रचार किया। इसके अतिरिक्त, उन लोगों ने विभिन्न प्रकार की सामाजिक सेवाएँ कीं और प्राकृतिक आपदाओं के समय राहत और पुनर्वास कार्य किये।

नास्तिक विचारधारा

वे वेदों की मौलिकता पर **विश्वास नहीं करते हैं** और **भगवान् के अस्तित्व पर प्रश्न उठाते हैं**। वे पाँच प्रमुख उपधाराओं में विभाजित हैं: ***बौद्ध, जैन, लोकायत, अज्ञान*** और ***आजीविका***।

1. बौद्ध विचारधारा *(अध्याय 19 में समझाया गया है)*
2. जैन विचारधारा *(अध्याय 19 में समझाया गया है)*
3. अज्ञान *(अध्याय 17 में समझाया गया है)*
4. आजीविका या आजीवक *(अध्याय 17 में समझाया गया है)*
5. चार्वाक विचारधारा या लोकायत दर्शन

चार्वाक विचारधारा या लोकायत दर्शन

बृहस्पति ने इस विचारधारा की नींव रखी तथा माना जाता है कि दार्शनिक सिद्धांत का विकास करनेवाला यह सर्वाधिक पूर्ववर्ती विचारधाराओं में से एक है। यह दर्शन इतना प्राचीन है कि इसकी चर्चा वेदों तथा **बृहदारण्यक** उपनिषद् में भी मिलती है। चार्वाक विचारधारा **मुक्ति प्राप्ति हेतु भौतिक दृष्टिकोण** की मुख्य प्रतिपादक थी। चूँकि यह सामान्य-जन की ओर प्रवृत्त थी, इसे शीघ्र ही **लोकायत** या सामान्य जन से व्युत्पादित की संज्ञा प्रदान कर दी गयी।

चार्वाक विचारधारा

लोकायत शब्द का एक अन्य अर्थ भौतिक तथा पदार्थ जगत् (*लोक*) के प्रति गहरी आसक्ति भी है। उन्होंने मनुष्य के निवास के लिए इस जगत् से परे किसी अन्य जगत् के प्रति पूर्ण उपेक्षा का तर्क दिया। उन्होंने पृथ्वी पर हमारे आचरण को नियंत्रित करनेवाले किसी अलौकिक या दिव्य कारक के अस्तित्व का खण्डन किया। उन्होंने **मोक्ष प्राप्ति की आवश्यकता के विरोध में** भी तर्क प्रस्तुत किये तथा ब्रह्म या ईश्वर के अस्तित्व को भी झुठलाया। वे स्पर्शयोग्य या मानव की ज्ञानेन्द्रियों द्वारा अनुभव की जा सकनेवाली किसी भी वस्तु के अस्तित्व में ही विश्वास करते थे। उनकी कुछ मुख्य शिक्षाएँ निम्नलिखित हैं:

- उन्होंने ईश्वर तथा पृथ्वी पर उनका प्रतिनिधिस्वरूप माने जानेवाले पुरोहित वर्ग का विरोध किया। उन्होंने तर्क दिया कि एक ब्राह्मण अनुयायियों से उपहार (दक्षिणा) प्राप्त करने के लिए झूठे कर्मकांडों का सर्जन करता है।

- मनुष्य सभी गतिविधियों का केंद्र है तथा उसे जीवनपर्यंत स्वयं का आनंद उठाना चाहिए। उसे सभी सांसारिक वस्तुओं का उपयोग करना चाहिए तथा इन्द्रिय सुखों में लिप्त होना चाहिए।
- चार्वाक विचारधारा के समर्थक **आकाश** की गणना को पाँच आधारभूत तत्त्वों में नहीं करते हैं। चूँकि यह मनुष्य की अनुभूति से परे है, इसलिए, उनके अनुसार **ब्रह्माण्ड में केवल चार** तत्त्व हैं: अग्नि, पृथ्वी, जल तथा वायु।
- इस विचारधारा के अनुसार, इस विश्व के परे कोई अन्य जगत् नहीं है, इसलिए मृत्यु मानव का अंत है तथा सुख-भोग ही मानव जीवन का चरम लक्ष्य होना चाहिए। इसलिए उन्होंने **'खाओ, पीओ और मस्त रहो'** के सिद्धांत का प्रतिपादन किया।

पश्चिमी दार्शनिक अक्सर आलोचना करते हैं कि भारतीय दार्शनिक प्रणालियों ने व्यावहारिक विज्ञान की उपेक्षा की है। किंतु, चार्वाक ग्रंथों में भौतिकवाद, व्यवहारवाद, पदार्थवाद आदि जैसे आधुनिक विचारों को शामिल किया गया है। वास्तव में, चार्वाक दर्शन के मूल सिद्धांत में कहा गया है कि शासक वर्गों ने कम भाग्यशाली व्यक्तियों को धार्मिक बंधन में बाँधने की कुमंत्रणा रची थी। यह चार्वाक दर्शन और साम्यवाद की विचारधारा के मध्य समानता दर्शाता है।

बाउल: एक भिन्न आध्यात्मिक दर्शन

- बाउल घूम-घूमकर गानेवाले आध्यात्मिक लोगों का एक समूह होता है। इनका संबंध पश्चिम बंगाल, असम, त्रिपुरा और बांग्लादेश से है। बाउल के उद्भव के बारे में स्पष्ट रूप से जानकारी उपलब्ध नहीं है, परंतु यह शब्द कृष्णदास कविराज द्वारा लिखित **चैतन्य चरितामृत** से प्राप्त हुआ है। उनका बंगाल की संस्कृति पर बड़ा प्रभाव है। रबींद्रनाथ टैगोर भी उनके गीतों और जीवनशैली से प्रभावित थे। बाउल के गीत **यूनेस्को के अदृश्य सांस्कृतिक धरोहर** के रूप में सूचीबद्ध हैं। (परंतु इसके देश के रूप में बांग्लादेश का नाम दर्ज है, न कि भारत का)।
- ये गानेवाले संप्रदाय होते हैं और उनका मुख्य पेशा बाउल संगीत का प्रचार है। उनकी पहचान उनके कपड़ों, बगैर कटे हुए बालों और अनोखे संगीतीय उपकरणों से की जा सकती है। बाउल के संगीतीय उपकरण एकतारा, दोतारा, ढोल, डुगडुगी, घुँगुर, नुपुर, बाँसुरी आदि होते हैं।
- विभिन्न मतों के माननेवाले संप्रदाय इसमें सम्मिलित होते हैं और वे वैष्णव मत, हिंदू तंत्र मत, बौद्ध और सूफ़ी मत से प्रभावित होते हैं। मुक्ति पाने के रास्ते, जीवन की आत्मा, धार्मिक विचार सभी का उनके संगीत में रहस्यमय ढंग से वर्णन किया जाता है। इस संप्रदाय के प्रसिद्ध बाउल संतों और गायकों में फ़क़ीर लालन शाह, भाबा पगला, शाह अब्दुल करीम, पूरन दास बाउल आदि सम्मिलित हैं।

अध्याय का सारांश

- **पुरुषार्थ** - मानव के लक्ष्य - मानव जीवन के चार लक्ष्यों अर्थ, धर्म, काम और मोक्ष का बोध होता है।
- **रूढ़िवादी विचारधारा** - इस विचारधारा का मानना था कि वेद ज्ञान के सर्वोच्च ग्रंथ हैं - छह उप-शाखाएँ: सांख्य - योग - न्याय - वैशेषिक - मीमांसा - वेदांत।
- **सांख्य** - दर्शन की प्राचीनतम विचारधारा - कपिल मुनि द्वारा स्थापित - ज्ञान प्राप्ति से मुक्ति मिलती है - पुरुष चेतना से संबंधित - प्रकृति का संबंध विचार, गति और रूपांतरण से है।

- **योग** - यौगिक तकनीकों के शारीरिक प्रयोग तथा ध्यान का प्रयोग कर मुक्ति - पुरुष प्रकृति से पृथक् - पतंजलि के योगसूत्र से उत्पत्ति - आसन और प्राणायाम पर प्रकाश डाला गया।
- **न्याय** - जीवन, मृत्यु और मुक्ति के रहस्य को तर्कपूर्ण तथा विश्लेषणात्मक चिंतन से हल किया जा सकता है - अक्षपाद गौतम (न्याय सूत्र के लेखक) द्वारा प्रतिपादित।
- **वैशेषिक** - पाँच तत्त्वों- अग्नि, जल, वायु, पृथ्वी तथा आकाश के साथ ब्रह्मांड की भौतिकता - ब्रह्मांड कर्म के सिद्धांतों के बल पर संचालित होता है।
- **मीमांसा** - ऋषि जैमिनी के सूत्रो में विस्तृत ब्यौरा - चिंतन, विवेचन तथा अनुप्रयोग - वेदों में शाश्वत सत्य निहित - वेदों के आनुष्ठानिक भाग पर बल।
- **वेदांत** - बादरायण के ब्रह्मसूत्र पर आधारित - ब्रह्म वास्तविक है तथा अन्य सभी वस्तु अवास्तविक/माया है - शंकराचार्य और रामानुज मुख्य दार्शनिक थे - पुनर्जन्म के सिद्धांत में आस्था।
- **नास्तिक विचारधारा** - भगवान् के अस्तित्व पर प्रश्न खड़े किये - पाँच उप-शाखाएँ: बौध - जैन - लोकायत - अज्ञान - आजीविका या आजीवक।
- **लोकायत** - चार्वाक के नाम से भी जाना जाता है - बृहस्पति द्वारा स्थापित - शुक्ल यजुर्वेद से संबंधित बृहदारण्यक में उल्लेख किया गया है - भौतिक तथा पदार्थ जगत् के प्रति गहरी आसक्ति - खाओ, पीओ और मस्त रहो का सिद्धांत।

यू.पी.एस.सी. पिछले वर्षों के बहुविकल्पीय प्रश्न

1. निम्नलिखित युग्मों में से कौन-सा भारतीय दर्शन की छह प्रणालियों का अंग नहीं है? **(CSE, 2014)**

(a) मीमांसा तथा वेदांत
(b) न्याय तथा वैशेषिक
(c) लोकायत तथा कापालिक
(d) सांख्य तथा योग

2. भारत में दार्शनिक चिंतन के सन्दर्भ में, सांख्य विचारधारा के संबंध में निम्नलिखित कथनों पर विचार करें:

(i) सांख्य दर्शन में पुनर्जन्म या आत्मा के आवागमन के सिद्धांत को स्वीकार नहीं किया जाता।
(ii) सांख्य दर्शन के अनुसार बाह्य प्रभाव या कारक नहीं, बल्कि आत्म-ज्ञान ही मोक्ष की ओर ले जाता है।

उपर्युक्त कथनों में से कौन-सा/से सही है/हैं? **(CSE, 2013)**

(a) केवल (i) (b) केवल (ii)
(c) (i) और (ii) दोनों (d) न तो (i), न ही (ii)

उत्तर

1. (c) 2. (b)

यू.पी.एस.सी. पिछले वर्षों के प्रश्न - मुख्य परीक्षा

1. भारतीय दर्शन और परंपरा ने भारत में स्मारकों और उनकी कला का विचार उत्सर्जित करने और आकार देने में महत्त्वपूर्ण भूमिका निभायी। विवेचना कीजिए। (250 शब्द) **(CSE, 2020)**

2. चार्वाक पर संक्षिप्त टिप्पणी लिखें। **(CSE, 2007)**

अध्याय 22

प्राचीन विज्ञान एवं प्रौद्योगिकी

परिचय

भारतीय उप-महाद्वीप के हर कोने में आध्यात्मिक विकास प्राचीन काल से ही देखने को मिला है और कई विदेशी राष्ट्र भी इससे आकर्षित हुए हैं। इस देश पर आक्रमण करनेवाले बाहरी आक्रमणकारियों ने भी कई भारतीय धर्मों जैसे बौद्ध, जैन और हिन्दू धर्म को अपनाया है, जिनमें यूनानी, फ़ारसी, हूण और मंगोल भी शामिल थे। विश्व की भौतिक संस्कृति को समृद्ध बनाने में भारत ने भी बड़ा योगदान दिया है। बात चाहे इत्रों के आसवन, रंगों के निर्माण, चीनी के निष्कर्षण, कपड़ा बुनाई, बीजगणित एवं कलन गणित संबंधी तकनीक, शून्य की अवधारणा, शल्यचिकित्सा संबंधी तकनीक, परमाणु एवं सापेक्षता की अवधारणाओं, दवा के हर्बल सिस्टम, कीमिया (Alchemy) की तकनीक, धातु प्रगलन, शतरंज के खेल की

हो या कराटे के मार्शल आर्ट आदि की, इन सभी के साक्ष्य प्राचीन भारत में देखने को मिलते हैं और इस बात के प्रमाण भी मिले हैं, जो यह दर्शाते हैं कि इनकी उत्पत्ति संभवतः यहीं हुई थी।

इससे यह संकेत मिलता है कि भारत के पास वैज्ञानिक विचारों की एक *समृद्ध परंपरा और विरासत* रही है। आइए, अब उन विभिन्न क्षेत्रों पर दृष्टि डालते हैं, जहाँ हमें भारत के विभिन्न विज्ञानियों के योगदान का पता चलता है।

गणित

इसे आम बोलचाल की भाषा में *हिसाब (गणित)* भी कहा जाता है, इसमें शामिल हैं :

- **अंक गणित (अर्थमेटिक), इसे पाटी गणित भी कहा जाता है।**
- **बीज गणित (अलजेब्रा)**
- **रेखा गणित (ज्योमेट्री)**
- **खगोल शास्त्र (एस्ट्रोनॉमी)**
- **ज्योतिष शास्त्र (एस्ट्रोलॉजी)**

1000 ईसा पूर्व से लेकर 1000 ईसवी के मध्य, भारतीय गणितज्ञों द्वारा गणित पर अनगिनत प्रबंधों, आलेखों की रचना की गयी, जो उपर्युक्त क्षेत्रों से संबंधित हैं। बीज गणित की तकनीक और शून्य की अवधारणा की उत्पत्ति संभवतः भारत में ही हुई थी।

जहाँ **हड़प्पा की नगर योजना** से पता चलता है कि उस समय के लोगों को माप और रेखा गणित का अच्छा ज्ञान था। वहीं मंदिरों में ज्यामितीय रूपांकनों के रूप में रेखा गणितीय स्वरूप देखने को मिल सकते हैं।

बीज गणित का अर्थ है 'अन्य गणित', क्योंकि *बीज* शब्द का अर्थ होता है–'अन्य' या 'दूसरा'। इस नाम का चयन इसमें निहित गणना की प्रणाली के कारण किया गया था, जिसे एक पारंपरिक गणना से अलग, एक **समानांतर गणना प्रणाली** के रूप में मान्यता दी गयी, जबकि भूतकाल में सिर्फ पारंपरिक गणना प्रणाली का ही उपयोग होता था, जो उस समय एकमात्र प्रणाली थी। इससे इस बात का पता चलता है कि वैदिक साहित्य में भी गणित का अस्तित्व था, जो आशुलिपि गणना प्रणाली से संबंधित था।

गणित पर आधारित सबसे आरंभिक पुस्तक 6वीं शताब्दी ईसा पूर्व में बौधायन द्वारा लिखित ***शुल्बसूत्र*** थी। 'शुल्ब' या 'शुल्व' का अर्थ होता है - मापने की डोरी या रस्सी। ***शुल्बसूत्र*** में 2 के वर्गमूल के लिए सूत्र और **पायथागोरस प्रमेय के समान** कुछ अवधारणाओं का भी उल्लेख है। इसमें अग्नि-वेदी निर्माण से संबंधित ज्यामिति भी शामिल है। अन्य तीन शुल्बसूत्र भी लिखे गए - आपस्तम्ब, काव्यायन एवं मानस द्वारा।

आपस्तम्ब ने **द्वितीय शताब्दी ईसा पूर्व** में **व्यावहारिक रेखागणित** की अवधारणाओं को प्रस्तुत किया, जिनमें **न्यूनकोण**, **अधिककोण** और **समकोण** का भी उल्लेख मिलता है। कोणों के इस ज्ञान से उन दिनों **अग्नि वेदियों** के निर्माण में सहायता मिलती थी।

आर्यभट्ट (476-550 ईसवी)

आर्यभट्ट ने प्रायः **499 ईसवी** में *आर्यभट्टीय* की रचना की, जिसमें गणित के साथ-साथ खगोल शास्त्र की अवधारणाओं का स्पष्ट उल्लेख किया गया था। संस्कृत में लिखी गयी इस **पुस्तक के चार खंड** हैं :

1. **गीतिकापद** – समय की बड़ी इकाइयों को प्रस्तुत करता है, जैसे- कल्प, युग।
2. **गणितपद** – इसमें क्षेत्रमिति, अंकगणित, ज्यामिति आदि सम्मिलित हैं।
3. **कलाक्रियापद** – ग्रहों आदि की स्थिति निर्धारित करता है।
4. **गोलापद** – पृथ्वी की आकृति, दिन और रात के कारण, क्रांतिवलय के लक्षण आदि।

आर्यभट्ट

खगोल शास्त्र को अँगरेज़ी में ***एस्ट्रोनॉमी*** कहा जाता है। *खगोल* नालन्दा (बिहार) में स्थित प्रसिद्ध खगोलीय प्रयोगशाला का नाम था, जहाँ आर्यभट्ट ने अध्ययन किया था।

आर्यभट्ट ने अपनी पुस्तक में, खगोल शास्त्र अध्ययन के निम्नलिखित लक्ष्य बताये हैं :

- पंचांग की सटीकता का पता लगाना।
- जलवायु और वर्षा के स्वरूपों के बारे में जानना।
- नौपरिवहन (Navigation)
- जन्म कुंडली देखना।
- **ज्वार-भाटा** और **नक्षत्रों** के बारे में ज्ञान प्राप्त करना। इससे मरुस्थलों और समुद्रों को पार करने में और इस तरह रात के समय दिशा को दर्शाने में सहायता मिली।

आर्यभट्ट ने अपनी पुस्तक में लिखा था कि **पृथ्वी गोल** है और वह अपनी धुरी **पर घूमती है**। उन्होंने **त्रिभुज के क्षेत्रफल का एक** सूत्र बनाया तथा **बीज गणित** का आविष्कार किया। आर्यभट्ट द्वारा प्रदान किया गया 'पाई' का मान यूनानियों द्वारा दिये गये मान से ज्यादा परिशुद्ध है।

आर्यभट्टीय के *ज्योतिष*वाले भाग में खगोल शास्त्र की परिभाषा, **ग्रहों की** सही **स्थिति** का पता लगाने की विधि, **सूर्य** एवं **चन्द्रमा** की गति और **ग्रहणों** की गणना का भी वर्णन किया है। उनकी पुस्तक में, ग्रहण का जो कारण बताया गया है, वह यह है कि जब अपनी धुरी पर घूमते समय पृथ्वी की छाया चन्द्रमा पर पड़ती है, तब चन्द्र ग्रहण होता है, और जब चन्द्रमा की छाया पृथ्वी पर पड़ती है, तब सूर्य ग्रहण होता है। हालाँकि, **रूढ़िवादी सिद्धांतों** में पहले इस बात का उल्लेख था कि यह एक ऐसी प्रक्रिया है, जहाँ राक्षस ग्रह को निगल लेता है। इस प्रकार, हम कह सकते हैं कि आर्यभट्ट के सिद्धांत, ज्योतिष शास्त्र के रूढ़िवादी सिद्धांतों से बिल्कुल भिन्न थे और ये सिद्धांत आस्थाओं की बजाय वैज्ञानिक व्याख्या पर आधारित थे।

यहाँ ध्यान देने योग्य है कि अरब लोग गणित को **'हिंदीसत (हिंदसा)'** या भारतीय कला कहते थे, जिसे उन्होंने भारत से सीखा था। इस मामले में सम्पूर्ण पश्चिमी विश्व, भारत का ऋणी है।

ब्रह्मगुप्त (598-668 ईसवी)

ब्रह्मगुप्त ने (**7वीं शताब्दी** ईसवी में) अपनी पुस्तक *ब्रह्मस्पूत सिद्धांत* में **शून्य का उल्लेख एक संख्या के रूप में** किया। अपनी पुस्तक में, उन्होंने **ऋणात्मक संख्याओं** का भी सूत्रपात किया और ऋणात्मक संख्याओं का वर्णन ऋण के रूप में और **धनात्मक संख्याओं** का वर्णन लाभ के रूप में किया। **इसमें द्विघात** सूत्र का पहला स्पष्ट विवरण भी था।

शून्य की अवधारणा

'ज़ीरो' या शून्य को शून्यता की अवधारणा से लिया गया है। शून्यता की अवधारणा हिन्दू दर्शन शास्त्र में अस्तित्व में थी, अत: यह उसकी प्रतीकात्मक व्युत्पत्ति को दर्शाता है। शून्य की अवधारणा ने निर्वाण (अनंतकालीन शून्यता में विलीन करके मोक्ष प्राप्त करना) की बौद्धिक अवधारणा के माध्यम से दक्षिण-पूर्वी संस्कृति को प्रभावित किया है।

8वीं-9वीं शताब्दी ईसवी में, एक प्रसिद्ध **फ़ारसी** बहुलक-गणितज्ञ या पोलीमैथ **अल-ख़्वारिज़्मी** थे, जिन्होंने गणित, खगोल विज्ञान और भूगोल में अत्यधिक प्रभावशाली कार्य किये। अपने लोकप्रिय ग्रंथ **अल-जब्र** (बीजगणित पर एक पुस्तक) में, उन्होंने रैखिक और द्विघात समीकरणों का पहला व्यवस्थित समाधान प्रस्तुत किया। उन्होंने अपनी पुस्तक अल-जब्र में **कलन विधि या एल्गोरिथम** की गणितीय शाखा के बारे में विस्तार से लिखा, जो बाद में यूरोपीय देशों में भी लोकप्रिय हो गया।

अल-किंदी 9वीं शताब्दी ईसवी के अरब दार्शनिक, बहुज्ञ, गणितज्ञ, चिकित्सक और संगीतकार थे। उन्हें **'अरब दर्शन का पिता'** कहा जाता है। गणित में अपने योगदान में, अल-किंदी ने इस्लामी दुनिया में **भारतीय संख्या पद्धति** प्रचलित करने में महत्त्वपूर्ण भूमिका निभायी, और बाद में, अल-ख़्वारिज़्मी के साथ, इन्हें ईसाई दुनिया में अरबी अंकों का नाम दिया गया।

9वीं शताब्दी के पश्चात् महावीराचार्य ने **गणित सार संग्रह** की रचना की। यह **पूरी तरह से गणित को समर्पित** सबसे पहला भारतीय संग्रह है। अपनी पुस्तक में, उन्होंने बीजगणितीय अवधारणाओं, जैसे कि समबाहु और समद्विबाहु त्रिभुज, समचतुर्भुज और वृत्त आदि के बारे में वर्णन किया है। उन्हें राष्ट्रकूट राजा अमोघवर्ष द्वारा संरक्षण प्रदान किया गया था।

भास्कर-I

भास्कर-I 7वीं शताब्दी के गणितज्ञ थे, जिन्होंने गणित और खगोल विज्ञान से संबंधित **आर्यभटीय-भाष्य** लिखा था। शून्य के लिए एक वृत्त के साथ हिंदू दशमलव प्रणाली का उल्लेख सबसे पहले भास्कर-I ने किया था। उन्होंने आर्यभट्ट के कार्य पर अपनी टिप्पणी में ज्या-फलन (sine function) का एक अनूठा और उल्लेखनीय तर्कसंगत अनुमान भी प्रदान किया। इसरो ने गणितज्ञ के सम्मान में 1979 में भास्कर-I उपग्रह लॉञ्च किया।

भास्कराचार्य (भास्कर-II) (1114-1185 ईसवी)

भास्कराचार्य, 12वीं शताब्दी ईसवी में अग्रणी गणितज्ञों में से एक थे। उनकी पुस्तक ***सिद्धांत शिरोमणि*** को **चार खण्डों** में विभक्त किया गया है :

- *लीलावती* (अंकगणित से संबंधित)
- *बीजगणित* (बीजगणित से संबंधित)
- *गोलाध्याय* (गोलक के बारे में)
- *ग्रहगणित* (ग्रहों का गणित)

अपनी पुस्तक *लीलावती* में उन्होंने बीजगणितीय समीकरणों का समाधान करने के लिए एक चक्रवात विधि या **चक्रीय विधि** का सूत्रपात किया। 19वीं शताब्दी में, जेम्स टेलर ने *लीलावती* का अनुवाद किया और विश्व के लोगों को इससे अवगत कराया।

लीलावती से

प्यार करते समय एक हार टूट गया
उसमें से कुछ मोती गिर गये
छठवाँ भाग फ़र्श पर गिरा
पाँचवाँ भाग बिस्तर पर गिरा
महिला ने एक तिहाई को बचा लिया
दसवाँ भाग प्रेमी के हाथ आया
अगर धागे में 6 मोती रह गये
तो कुल कितने मोती थे?

मध्य युग में, **नारायण पंडित** ने ऐसी गणित रचनाओं की रचना की, जिसमें *गणितकौमुदी* और *बीजगणितावतंस* का समावेश है। **नीलकंठ सोमयाजी** ने ***तंत्रसंग्रह*** (एक खगोलीय ग्रंथ) की रचना की, जिसमें ***त्रिकोणमितीय फलनों*** के नियमों का भी समावेश है।

खगोल शास्त्र के क्षेत्र में, **फ़िरोज़ शाह तुग़लक़** ने **दिल्ली में तथा फ़िरोज़ शाह बहमनी** ने *दौलताबाद* **में वेधशाला** की स्थापना की। फ़िरोज़ शाह बहमनी के दरबार के खगोल शास्त्री, महेंद्र सूरी ने **यंत्रराज** नामक एक खगोलीय यंत्र का आविष्कार किया।

फ़ैज़ी ने फ़ारसी में *लीलावती* का अनुवाद किया, ये अकबर के दरबार से संबंधित थे। इसके अतिरिक्त, **अकबर** ने उन दिनों गणित को शिक्षा व्यवस्था में अध्ययन का एक विषय बनाने का आदेश दिया।

सवाई जय सिंह ने दिल्ली, जयपुर, वाराणसी, उज्जैन और मथुरा में 5 खगोलीय वेधशालाओं की स्थापना की।

औषधि

वैदिक काल में, **अश्विनी कुमार** महान् चिकित्सक थे और उन्हें देव तुल्य माना जाता था। **धनवंतरी** आयुर्वेदिक औषधि के देवता थे।

अथर्व वेद वह पहली पुस्तक थी, जहाँ हमें रोग और उसके उपचार का उल्लेख मिलता है। इसके अनुसार, रोग, मानव शरीर में भूतों और आत्माओं के प्रवेश करने के कारण होते हैं और उन्हें जादू-टोने और मंत्रों से ठीक किया जा सकता है। अथर्व वेद में कई रोगों के उपचार का उल्लेख किया गया था, जिनमें *दस्त, घाव, खाँसी, कुष्ठ रोग, बुख़ार और उद्वेग* शामिल हैं। हालाँकि, रोगों के व्यावहारिक तथा और अधिक तर्कसंगत उपचार का समय लगभग 600 ईसा पूर्व से आरम्भ होता है। औषधि शिक्षण के केन्द्रों के रूप में **तक्षशिला** और **वाराणसी** का प्रादुर्भाव हुआ।

आयुर्वेद

आयुर्वेद की उत्पत्ति वैदिक युग से होती है। स्वास्थ्य और रोग से संबंधित अधिकांश सामग्री अथर्ववेद में उपलब्ध है। इतिहासकारों का दावा है कि आयुर्वेद अथर्ववेद का एक हिस्सा है। आयुर्वेद पर सबसे पहला संहिताबद्ध दस्तावेज़ चरक संहिता है। एक अन्य संहिताबद्ध दस्तावेज़ सुश्रुत संहिता है। उनसे पहले, **आत्रेय** और उनके शिष्य **अग्निवेश** ईसा पूर्व छठी शताब्दी में आयुर्वेद के सिद्धांतों के बारे में बता चुके थे।

लगभग 500 ईसा पूर्व से 500 ईसवी तक आयुर्वेद के विभिन्न भागों का संकलन हुआ था। **आयुर्वेद के आठ भागों में सम्मिलित हैं** - कायाचिकित्सा (therapeutics), शल्य-तंत्र (major surgery), शलक्य-तंत्र (minor surgery), भूतविद्या (demonology), कौमारभृत्य-तंत्र (बाल रोग या pediatrics), अगड़-तंत्र (विष विज्ञान या toxicology), रसायन-तंत्र (जराचिकित्सा या geriatrics), और वजीकरण-तंत्र (विषाणुकरण या vilification)।

आयुर्वेद के सिद्धांतों को पौधों और पशु जीवन पर भी लागू किया गया था। इन पर चिकित्सा ग्रंथ हैं : पौधे का जीवन (वृक्षायुर्वेद), **घोड़ा** (अश्वायुर्वेद), **हाथी** (हस्त्यायुर्वेद), **गोजातीय प्रजातियाँ** (गवायुर्वेद)।

अरब देशों के साथ-साथ विश्व के अन्य भागों में आयुर्वेद का प्रसार विभिन्न आयुर्वेदिक ग्रंथों या वहाँ पाये गये उनके अनुवादों से स्पष्ट है। सुश्रुत संहिता का अनुवाद **किताब-ए-सुस्रुद-उल-हिन्दी** के शीर्षक के अंतर्गत किया गया था। अली-इब्न ज़ैन ने या **शरक** नाम से चरक संहिता का अनुवाद किया।

आइए, दो महत्त्वपूर्ण पुस्तकों पर विस्तार से चर्चा करें :

- आयुर्वेद के जनक चरक द्वारा रचित **चरक संहिता** (**आयुर्वेद** से संबंधित)।
- शल्य चिकित्सा के जनक सुश्रुत द्वारा रचित **सुश्रुत संहिता** (**शल्यक्रिया** से संबंधित)।

चरक संहिता

चरक संहिता मुख्य रूप से औषधीय प्रयोजनों के लिए **पौधों और जड़ी-बूटियों** के उपयोग से संबंधित है। यह मुख्य रूप से **आयुर्वेद** विज्ञान से संबंधित है, जिसके विवरण 8 पुस्तकों में विभाजित हैं।

चरक संहिता में, **पाचन**, **चयापचय** और **प्रतिरक्षा तंत्र** पर व्यापक लेख की रचना की गयी है। चरक बल देकर कहते हैं कि एक मानव शरीर की क्रियाशीलता *तीन दोषों* पर निर्भर करती है—**1. पित्त, 2. कफ और 3. वायु**। ये *दोष* रक्त, मांस और मज्जा की सहायता से उत्पन्न होते हैं और इन तीन दोषों के असंतुलित होने पर शरीर रोगग्रस्त हो जाता है। औषधियों का उपयोग करके इन्हें पुनः संतुलित किया जा सकता है। अपनी पुस्तक में चरक ने *उपचार के बजाय रोकथाम* पर अधिक ज़ोर दिया है। चरक संहिता में अनुवांशिकी का भी उल्लेख मिलता है।

सुश्रुत संहिता

सुश्रुत संहिता का सम्बन्ध **शल्य चिकित्सा और प्रसूति** की व्यावहारिक समस्याओं से है। सुश्रुत ने एक **मृत मानव** शरीर की सहायता से शरीर का विस्तृत अध्ययन किया। वे मुख्य रूप से निम्नलिखित में निपुण थे :

- **राइनोप्लास्टी** (प्लास्टिक सर्जरी)
- **नेत्र विज्ञान** (मोतियाबिंद का निष्कासन)

सुश्रुत

सर्जरी या शल्य चिकित्सा को उन दिनों *शस्त्रकर्म* कहा जाता था। सुश्रुत संहिता में शल्य चिकित्सा के चरणों का विस्तृत विवरण दिया गया है। इस क्षेत्र में, सुश्रुत के सबसे महान् योगदानों में से एक था, राइनोप्लास्टी या कॉस्मेटिक सर्जरी, जिसके अंतर्गत प्लास्टिक सर्जरी के माध्यम से एक विकृत **नाक** को पूर्वावस्था में लाने का प्रयास किया जाता था। आँख से **मोतियाबिंद के निष्कासन** का कार्य भी सुश्रुत ने बड़ी आसानी से और सरल सर्जिकल औज़ार का उपयोग करके किया था। अतः, यह निष्कर्ष निकाला जा सकता है कि भारत में विश्व की तुलना में सर्वोत्तम औषधीय विकास देखने को मिला था।

भारत से बौद्ध भिक्षुओं ने **तिब्बत और चीन में आयुर्वेद प्रणाली** का प्रसार किया। अरबी भाषा में भी दोनों पुस्तकों का अनुवाद हुआ। 180 ईसा पूर्व से 10 ईसवी के दौरान भारत में शासन के दौरान हिन्द-यूनानी शासक भी भारतीय चिकित्सा पद्धति से प्रभावित हुए।

मध्य युग में, 13वीं शताब्दी में रचित **सारंगधर संहिता** में, प्रयोगशालाओं में मूत्र परीक्षा के लिए तथा दवाओं में **अफीम** के उपयोग पर ज़ोर दिया गया है।

रसचिकित्सा प्रणाली का सम्बन्ध **खनिज औषधियों** का उपयोग करके रोगों के उपचार से है।

चिकित्सा की **यूनानी प्रणाली** का आगमन भारत में अली-इब्न-रब्बान द्वारा रचित पुस्तक *फ़िरदौस-अल-हिकमाह* के साथ हुआ था।

चिकित्सा की वैकल्पिक प्रणालियाँ

पद्धति	विवरण
आयुर्वेद	ऊपर चर्चा की गयी है।
योग	• योग की उत्पत्ति भारत में हुई थी और योग को महर्षि **पतंजलि** द्वारा लगभग 150 ई.पू. में प्रतिपादित किया गया था। • यह व्यक्ति के शरीर, मन, भावना और ऊर्जा के स्तर पर कार्य करता है। • योग को सामान्यत: चार प्रकार से वर्गीकृत किया जाता हैं – **कर्म योग** (शरीर का उपयोग करना), **ज्ञान योग** (मन का उपयोग करना), **भक्ति योग** (भावना का उपयोग करना), **क्रिया योग** (ऊर्जा का उपयोग करना)। • **यूनेस्को** ने योग को **2016** में अमूर्त सांस्कृतिक विरासत की प्रतिनिधि सूची में सम्मिलित किया है।
यूनानी	• **मध्यकालीन इस्लाम** की यह **चिकित्सा परंपरा** 13वीं शताब्दी ईसवी के दौरान दिल्ली सल्तनत की स्थापना के साथ आरम्भ हुई थी। मुग़ल साम्राज्य के दौरान इसे और विकसित किया गया। • यह प्रणाली **ग्रीक (हेलेनिस्टिक) मूल** की है। • **अलाउद्दीन ख़िलज़ी** ने यूनानी चिकित्सा प्रणाली को शाही संरक्षण दिया था। संभवत: उसके दरबार में **हकीम** भी थे। • यूनानी में, रोगियों के इलाज के लिए आहार, औषधि-चिकित्सा (pharmacotherapy), व्यायाम, मालिश और सर्जरी जैसे विभिन्न साधन हैं। • यूनानी चिकित्सकों द्वारा प्रचलित उपचार की सबसे लोकप्रिय पद्धतियों में से एक, **रेजिमेंटल थेरेपी** है। *(इलाज-बिल-तदबीर)*
सिद्ध	• इस प्रणाली की उत्पत्ति दक्षिण भारत में हुई। • यह 'सिद्ध' शब्द 'सिद्धि' शब्द से बना है, जिसका अर्थ होता है 'पूर्णता' या 'लक्ष्य/वस्तु जिसे प्राप्त करना है'। • सिद्ध प्रणाली के अनुसार, मानव शरीर **96 तत्त्वों या मूल तत्त्वों** से बना है। • सिद्ध प्रणाली रोगों के उपचार के लिए विभिन्न जड़ी-बूटियों, या इनओर्गेनिक रासायनिक यौगिकों, जैसे (गंधक) सल्फर और पारा का उपयोग करती है। • अभ्यास करनेवालों को सिद्धार कहा जाता है। **नंदीसार** को प्रथम सिद्ध और सभी सिद्धारों का गुरु माना जाता है। • वर्तमान में, यह बड़े पैमाने पर दक्षिणी भारतीय राज्यों (मुख्य रूप से तमिलनाडु) में प्रचलित है। • **"नैकुरी" या** Oil Drop test of Urine सिद्ध चिकित्सा पद्धति में मूत्र परीक्षण के लिए एक अनूठी विधि है।
होम्योपैथी	• 'होम्योपैथी' शब्द ग्रीक शब्द 'होमोइस' और 'पैथोस' (क्रमश: 'समान' और 'पीड़ा') से लिया गया है। • **जर्मनी** में उत्पन्न होने के बाद, इस चिकित्सा प्रणाली को 1810-1839 के आसपास भारत में आरम्भ किया गया। • होम्योपैथी – *'सिमिलिया सिम्लिबस क्यूरेंटूर'* – के **उपचार के नियम** पर आधारित है, जिसका अर्थ है' 'समान चीज़ से समान चीज़ का इलाज हो जाता है'। • होम्योपैथिक उपचार पुरानी या दीर्घ प्रकृति के रोगों के इलाज लिए लोकप्रिय है।
सोवा-रिग्पा	• यह विश्व की सबसे **प्रचीन, जीवित और अच्छी तरह से प्रलेखित** चिकित्सा परंपराओं में से एक है। • तिब्बत के **युथोग योंटेन गोंपो** को सोवा-रिग्पा का जनक माना जाता है। • इस शब्द का अर्थ है **'चिकित्सा का विज्ञान'**। • इसे सामान्य रूप से **अमची चिकित्सा पद्धति** के रूप में जाना जाता है। • **ग्युद-जी** (चार तंत्र) सोवा-रिग्पा से संबंधित मौलिक ग्रंथ है। • सोवा-रिग्पा के अधिकांश सिद्धांत और व्यवहार **आयुर्वेद के समान** हैं। • यह तिब्बत, चीन के कुछ हिस्सों, **भारत के हिमालयी क्षेत्रों,** नेपाल, भूटान, रूस और मंगोलिया में व्यापक रूप से प्रचलित है। • हिमाचल प्रदेश में धर्मशाला और लद्दाख क्षेत्र सोवा-रिग्पा संस्थानों के मुख्य केंद्र हैं।

भौतिक शास्त्र और रसायन शास्त्र

वैदिक काल से ही, पृथ्वी पर उपलब्ध सामग्रियों को *पंचभूतों* में वर्गीकृत किया गया है। इन *पंचों* की पहचान मानव इंद्रियों की अवधारणा की सहायता से की जाती थी :

- **गंध** के साथ पृथ्वी (*धरती*)
- **दृष्टि** के साथ अग्नि (*आग*)
- **अनुभव** के साथ हवा (*माया*)
- **स्वाद** के साथ जल (*आप*)
- **ध्वनि** के साथ व्योम (*आकाश*)

ऐसा माना जाता है कि यह भौतिक संसार इन पाँच तत्त्वों से निर्मित है। बाद में आये **बौद्ध दार्शनिकों** ने **व्योम** को एक तत्त्व के रूप में **स्वीकार नहीं किया** और उसे *जीवन, आनंद और दुःख* के साथ प्रतिस्थापित कर दिया। दार्शनिकों का विचार था कि व्योम को छोड़कर, अन्य सभी चार तत्त्व भौतिक रूप से प्रत्यक्ष हो सकते हैं और इसलिए उनमें पदार्थों के सूक्ष्म कणों का समावेश था। अंतिम सूक्ष्म कण, जिन्हें अब और उप-विभाजित नहीं किया जा सकता है, उन्हें ***परमाणु*** कहा जाता था। पाँच अलग-अलग तत्त्वों के लिए, पाँच अलग-अलग प्रकार के *परमाणु* के बारे में बताया गया। अतः यह निष्कर्ष निकाला जा सकता है कि भारतीय दार्शनिकों ने एक **परमाणु** के विभाजन की कल्पना की थी। 6ठी शताब्दी ईसा पूर्व के भारतीय दार्शनिक **कणाद** और **पकुधा कात्यायन** ने सबसे पहले परमाणुओं की अवधारणा के आधार पर यह स्पष्ट किया कि यह भौतिक संसार इन्हीं परमाणुओं से बना है। **कणाद** ने व्याख्या की कि यह भौतिक संसार *कणों* से बना है, जिन्हें किसी मानव अंग के माध्यम से नहीं देखा जा सकता है। उन्हें अब और उप-विभाजित नहीं किया जा सकता है और वे **अविनाशी** हैं, जैसा कि आधुनिक परमाणु सिद्धांत में भी कहा गया है।

रसायन शास्त्र

भारत में **रसायन शास्त्र** का विकास, प्रयोगों के माध्यम से कई चरणों में हुआ था। रसायन शास्त्र के **अनुप्रयोग के क्षेत्र** थे :

- धातुकर्म (धातुओं को गलाना)
- इत्रों का आसवन
- रंगों और रंजकों का निर्माण
- चीनी का निष्कर्षण
- काग़ज़ का उत्पादन
- बारूद का उत्पादन
- तोप का निर्माण, इत्यादि

भारत में, रसायन विद्या को *रसायन शास्त्र*, रसतंत्र, *रस विद्या* और *रसक्रिया* कहा जाता था, जिसका अर्थ **तरल पदार्थ का विज्ञान** है। रासायनिक प्रयोगशालाओं को *रसक्रिया शाला* और रसायनशास्त्री को *रसदान्य* कहा जाता था।

धातुकर्म का विकास भारत में कांस्य युग से आरम्भ हुआ। वास्तव में, धातुकर्म में होनेवाले विकास में कांस्य युग से लौह युग और वहाँ से वर्तमान युग तक हुई प्रगति का विशेष योगदान है। धातुओं को गलाने के क्षेत्र में, भारतीय लोग, अयस्क

से धातुओं के निष्कर्षण और उसे ढालने में निपुण थे। संभव है कि भारत ने **यह विचार मेसोपोटामिया से ग्रहण किया** हो। भारतीय धातुकर्म का सर्वोत्तम साक्ष्य, दिल्ली में **महरौली का लौह स्तम्भ** और बिहार के सुल्तानगंज में **गौतम बुद्ध की एक प्रतिमा** है। हज़ारों वर्षों से भी पहले बने होने के बावजूद उनमें **अभी तक जंग नहीं लगा** है।

प्राचीन काल के एक *प्रसिद्ध धातुशोधक* **नागार्जुन थे**। वह मूल धातु को सोने में रूपांतरित करने में निपुण थे। **931 ईसवी** में गुजरात में जन्म लेनेवाले नागार्जुन को लोगों की मान्यता के अनुसार, **मूल धातुओं को सोने में रूपांतरित करने** और **'जीवन सुधा'** के प्रदान करने की शक्ति प्राप्त थी।

नागार्जुन (रसायन विज्ञानी)

एक और ग्रंथ ***रसरत्नाकर*** (रसायन शास्त्र पर आधारित एक पुस्तक) मुख्य रूप से तरल पदार्थों **(मुख्यत: पारा)** की तैयारी से संबंधित है। इस पुस्तक में धातुकर्म और कीमियागीरी के सर्वेक्षण पर भी ज़ोर दिया गया है।

पारा से **जीवन सुधा** तैयार करने के लिए, नागार्जुन ने खनिजों एवं क्षारों के अलावा पशु और वनस्पति उत्पादों का उपयोग किया। उन्होंने **सोने में मूल धातुओं के रूपांतरण** पर भी चर्चा की। सोने का उत्पादन नहीं किया जा सकता था, परन्तु यह विधि सोने जैसी पीली चमकवाली धातुओं के उत्पादन में उपयोगी रही, जिससे नक़ली आभूषण बनाने में भी सहायता मिलती है।

रसायन शास्त्र के क्षेत्र में नागार्जुन का योगदान इतना अधिक था कि धातुओं को रूपांतरित करने का विचार, भारतीय पुस्तकों से अरब लोगों द्वारा लिया गया प्रतीत होता है।

इसके अलावा **रसार्णव** एक संस्कृत पाठ है, जो मध्ययुगीन काल (12वीं शताब्दी) में लिखा गया और यह **तंत्र विद्या** से संबंधित है। रसायन विज्ञान के अंतर्गत तंत्र पर इसका काम **धातु तैयारियों** और **कीमियागिरी** से संबंधित है।

प्राचीन साहित्य का संरक्षण सामान्य रूप से **ताड़ के पत्तों** पर किया जाता था। हालाँकि, **काग़ज़ का उपयोग मध्य युग में आरम्भ हुआ।** कश्मीर, पटना, मुर्शिदाबाद, अहमदाबाद, औरंगाबाद, मैसूर, इत्यादि काग़ज़ उत्पाद के सुप्रसिद्ध केंद्र थे। काग़ज़ बनाने की प्रक्रिया पूरे देश में प्राय: एक समान थी।

मुग़लों के आगमन के पश्चात्, भारत में **बारूद** का निर्माण और तोपों और बंदूकों में उसका उपयोग भी आरम्भ हो गया। विभिन्न प्रकार की बारूदों का निर्माण करने के लिए अलग-अलग अनुपात में शोरा, सल्फर और लकड़ी के कोयले का उपयोग किया जाता था। ***तुज़ुक-ए-बाबरी*** में तोपों के निर्माण का स्पष्ट उल्लेख मिलता है।

तुफ़ंगची : मध्यकाल में, मैचलॉक पुरुषों को तुफ़ंगची कहा जाता था। मुगल शासन के दौरान उन्हें समाज में एक सम्मानित पद दिया जाता था। संदर्भ के लिए, मैचलोक एक ऐतिहासिक प्रकार की बन्दूक है, जिसमें बारूद को ज्वलनशील रस्सी या सुतली के जलते हुए टुकड़े से प्रज्वलित किया जाता है, और बारूद से एक तंत्र द्वारा स्पर्श किया जाता है, जिसे बंदूकधारी अपनी उंगली से लीवर या ट्रिगर खींचकर सक्रिय करता है।

मुंज़ानिक़ : एक गुलेल या बैलिस्टिक उपकरण, जिसका उपयोग मध्यकाल में प्रक्षेप्य फेंकने के लिए किया जाता था।

आइन-ए-अकबरी में अकबर के **'इत्र कार्यालय के विनियमन'** का उल्लेख किया गया है। गुलाबों से इत्र की खोज का श्रेय **नूरजहाँ की माता अस्मत बेगम** को दिया जाता है।

भू-विज्ञान, जल विज्ञान और पर्यावरण विज्ञान के क्षेत्र में, **वराहमिहिर** के योगदान को भुलाया नहीं जा सकता है। वे गुप्त काल से संबंधित थे और उनकी गिनती संभवत: विक्रमादित्य के दरबार के नौ रत्नों में की जाती थी। उनकी भविष्यवाणी

इतनी सटीक होती थी कि **राजा विक्रमादित्य ने उन्हें 'वराह' की उपाधि से सम्मानित कर दिया था**। उनका दावा था कि **दीमक** और **पौधों की उपस्थिति** किसी क्षेत्र विशेष में **जल की उपस्थिति** का संकेत हो सकती है। उन्होंने छह पशुओं और छत्तीस पौधों की एक सूची प्रदान की थी, जो जल की उपस्थिति का संकेत दे सकते थे।

उन्होंने अपनी पुस्तक **बृहत् संहिता** में **धरती बादल का सिद्धांत** भी प्रतिपादित किया था। उन्होंने कहा कि भूकंप का सम्बन्ध पौधों के प्रभाव, पशुओं के आचरण, भूमिगत जल, समुद्र के भीतर चल रही गतिविधियों और असामान्य रूप से बादल के निर्माण से है। उन्होंने ज्योतिष विद्या या *ज्योतिष शास्त्र* में भी अपना बहुमूल्य योगदान दिया था।

रसेश्वर

यह एक शैव दार्शनिक परम्परा थी, जिसने शरीर को अमर बनाने के लिए **पारे** के उपयोग की वकालत की।

जहाज़ निर्माण और नौपरिवहन

प्राचीन काल में भारतीयों द्वारा समुद्री गतिविधियों के कई सन्दर्भ प्राप्त होते हैं। संस्कृत और पाली साहित्य में जहाज़ निर्माण और नौपरिवहन गतिविधियों का उल्लेख था।

भोज परमार द्वारा रचित **युक्ति कल्प तरु** संस्कृत का एक ग्रंथ है एवं जिसका सम्बन्ध प्राचीन काल में **जहाज़ निर्माण में उपयोग की जानेवाली विभिन्न तकनीकों** से है। इस पुस्तक में जहाज़ों के प्रकार, उनके आकार और उन जहाज़ों के निर्माण में उपयोग होनेवाली सामग्रियों के प्रकार के बारे में विस्तारपूर्वक चर्चा की गई है। प्राचीन काल में भारतीय निर्माताओं को जहाज़ निर्माण के लिए उपयोग होनेवाली सामग्रियों के बारे में अच्छा ज्ञान था। जहाज़ों को मुख्य रूप से **दो वर्गों** में वर्गीकृत किया गया था:

- *सामान्य* (साधारण वर्ग)
- *विशेष* (विशेष वर्ग)

साधारण वर्ग एक समुद्री यात्रा के लिए होता था और इसमें दो प्रकार के जहाज़ थे :

- *दीर्घ* प्रकार के जहाज़ – लम्बा और संकीर्ण ढाँचा
- *उन्नत* प्रकार के जहाज़ – अधिक ऊँचा ढाँचा

कक्षों की लम्बाई और स्थिति के अनुसार, जहाज़ों को निम्नलिखित वर्गों में वर्गीकृत किया गया था :

- *सर्वमंदिर :* इसमें डेक की एक छोर से दूसरी छोर तक कक्ष होते थे, इनका उपयोग **शाही जलयात्रा और घोड़ों** के परिवहन के लिए किया जाता था।
- *मध्यमंदिर :* इसमें डेक के बीचवाले हिस्से में कक्ष होते थे, इनका उपयोग **आनंद यात्रा** के लिए किया जाता था।
- *अग्रमंदिर :* इनका उपयोग **युद्ध** के लिए किया जाता था।

प्राचीन काल में जहाज़ के विभिन्न हिस्सों के लिए उपयोग किए जानेवाले संस्कृत शब्दों में से कुछ निम्नलिखित हैं :

- जहाज़ का एंकर – *नाव बंधन किला*
- पाल – *वात वस्त्र*

- जहाज़ की पतवार - *जेनी पत्ता या कर्ण*
- जहाज़ का कील - *नाव ताला (नौ तल)*
- जहाज़ का कम्पास – *मत्स्ययंत्र* (मछली की आकृति में)।

प्राचीन एवं मध्यकालीन भारत के अन्य महत्त्वपूर्ण योगदानकर्ता

वररुचि

सोमदेव भट्ट (11वीं शताब्दी ईसवी) द्वारा लिखित ***कथासरित्सागर*** में वररुचि एक प्रतिष्ठित चरित्र के रूप में दिखाये गये थे। **परयी पेट्टा पंथिरुकुलम** केरल की एक लोकप्रिय लोककथा है। इसमें वररुचि के विक्रमादित्य (57 ईसा पूर्व–78 ईसवी) के दरबार के नौ रत्नों में से एक होने का उल्लेख है।

आचार्य पिंगल (तीसरी-दूसरी शताब्दी ईसा पूर्व)

वे एक प्राचीन भारतीय गणितज्ञ और कवि थे। उन्होंने ***छंदशास्त्र*** (जिसे पिंगल-सूत्र भी कहा जाता है) का निर्माण किया था। यह संस्कृत छंद-विद्या पर सबसे पहला ज्ञात ग्रंथ है। पिंगल द्विआधारी संख्याओं की अवधारणा का उपयोग करनेवाले पहले व्यक्ति थे। उन्होंने फिबोनाची शृंखला संख्याओं पर भी काम किया। प्रारंभ में इन्हें मातृमेरु कहा जाता था।

लगध

लगध मुनि एक प्राचीन भारतीय गणितज्ञ और खगोलशास्त्री थे। ऐसा माना जाता है कि उनका जन्म 1200 ई.पू. के दौरान हुआ था। उन्होंने ***वेदांग ज्योतिष*** लिखी, जिसमें लगभग 1400 ईसा पूर्व की अवधि के लिए शीतकालीन संक्रांति का वर्णन किया गया था।

जीवक

जीवक प्राचीन भारत के एक प्रसिद्ध चिकित्सक थे। उन्हें 'मेडिसिन किंग (Medicine King)' के रूप में वर्णित किया गया था और वे राजा बिंबिसार और भगवान् बुद्ध के निजी चिकित्सक थे। जीवक ईसा पूर्व 5वीं शताब्दी में मगध साम्राज्य के अंतर्गत राजगृह/ राजगीर में रहते थे।

चतुर्वेद पृथुदक स्वामी (830-890)

वे एक प्राचीन भारतीय गणितज्ञ थे। वे समीकरणों को सुलझाने के लिए जाने जाते हैं। उन्होंने ब्रह्मगुप्त के कार्यों पर टिप्पणी लिखी थी।

आर्यभट्ट II (920-1000)

वे एक भारतीय खगोलशास्त्री और गणितज्ञ थे। वे ***महा-सिद्धांत*** के लेखक थे।

नारायण पंडित (1340-1400)

नारायण पंडित एक मध्यकालीन भारतीय गणितज्ञ और 1356 में ***गणित कौमुदी*** (गणित की चाँदनी) के लेखक थे। यह गणितीय संक्रियाओं पर चर्चा करती है।

महेंद्र सूरी (1340-1400)

वे 14वीं सदी के जैन खगोलशास्त्री थे और उन्हें फ़िरोज शाह तुग़लक़ का संरक्षण प्राप्त था। उन्होंने ***यंत्रराज*** (*एस्ट्रोलैब उपयोगकर्ता मैनुअल*) लिखी थी।

संगमग्राम के माधव (1340-1425)

उन्हें केरल के खगोल-विज्ञान और गणित तालीम का संस्थापक माना जाता है। माधव ने अनंत शृंखला, त्रिकोणमिति, बीजगणित और ज्यामिति के अध्ययन में महत्त्वपूर्ण योगदान दिया है।

वत्स्सेरी परमेश्वर नंबूदिरी (1380-1460)

वे एक प्राचीन भारतीय गणितज्ञ और खगोलशास्त्री थे, जो केरल के खगोल विज्ञान और गणित स्कूल से जुड़े थे। परमेश्वर ने कई अवलोकनों के आधार पर खगोलीय कम्प्यूटेशनल मापदंडों को संशोधित किया, जिसे ड्रगनिटा के रूप में जाना जाता है।

केलालुर नीलकंठ सोमयाजी (1444-1545)

वे केरल स्कूल ऑफ़ ऐस्ट्रोनॉमी ऐंड मैथमेटिक्स से जुड़े गणितज्ञ और खगोलशास्त्री थे। उनके प्रसिद्ध कार्यों में से एक खगोलीय ग्रंथ ***तंत्रसंग्रह*** था। उन्होंने आर्यभट्टीय पर भाष्य की भी रचना की, जिसे ***आर्यभट्टीय भाष्य*** कहा जाता है।

चित्राभानू

वे 16वीं शताब्दी में केरल स्कूल (संक्षिप्त खगोलीय मैनुअल, ***करण***, के लिए विख्यात) के गणितज्ञ थे। वे नीलकंठ सोमयाजी के छात्र थे।

मेलपाथुर नारायण भट्टतिरी (1559-1632)

वे केरल स्कूल ऑफ़ ऐस्ट्रोनॉमी ऐंड मैथमेटिक्स से जुड़े थे। उनके उल्लेखनीय कार्यों में ***प्रक्रिया-सर्वस्वम्*** (*पाणिनि के व्याकरण की शास्त्रीय प्रणाली पर विस्तार से बतानेवाली एक स्वयंसिद्ध प्रणाली*) और ***नारायणीयम्*** (*गुरुवायुरप्पन या भगवान् कृष्ण की स्तुति में एक भक्ति रचना, जो आज भी गुरुवायुर मंदिर में गायी जाती है*) हैं।

प्राचीन काल के दो प्रसिद्ध **भारतीय खेल** थे

- **कलारीपयट्टू :** यह **केरल** की एक मार्शल आर्ट कला है जिसे 5वीं या 6ठी शताब्दी ईसवी में बोधिधर्म नामक ऋषि द्वारा चीन में प्रसारित किया गया था। **जूडो** और **कराटे** का वर्तमान स्वरूप **कलारीपयट्टू** से ही उत्पन्न हुआ था। यह का एक मार्शल आर्ट है, जो बोधिधर्म नामक ऋषि द्वारा 5वीं या 6ठी शताब्दी ईसवी में चीन ले जाया गया।
- **चौसर/पचीसी :** इस खेल को **'चतुरंग'** के नाम से भी जाना जाता था। इसे चौकोर पटल और अक्ष (पासा) की सहायता से खेला जाता था। यह एक बोर्ड पर खेला जाता था, जिसे **अष्टापद** कहते थे। चतुरंग का उल्लेख प्रसिद्ध महाकाव्य **महाभारत** में मिलता है, जहाँ इस खेल को कौरवों और पांडवों के बीच खेला गया था। पचीसी को बाद में, डाइस कप के साथ क्यूबिक डाई का उपयोग करने के लिए संशोधित किया गया, जिसे 1896 में इंग्लैंड में **लूडो** के रूप में पेटेंट कराया गया।

अध्याय का सारांश

- **भारत में वैज्ञानिक विचारों की एक समृद्ध परंपरा और विरासत है** – हड़प्पा युग से संकेत मिलते हैं – माप और ज्यामिति का ज्ञान – ज्यामितीय पैटर्न का उपयोग मंदिरों में प्राप्त होता है।
- **शुल्वसूत्र** – बौधायन द्वारा लिखित गणित पर सबसे आरम्भिक पुस्तक।
- **आर्यभट्टीय** – लगभग 499 ईसवी में आर्यभट्ट द्वारा लिखित – इसमें चार खंड हैं – गीतिकापद, गणितपद, कलाक्रियापद, गोलापद।
- **ब्रह्मस्पूत सिद्धांत** – लगभग 7वीं शताब्दी ईसवी में ब्रह्मगुप्त द्वारा लिखित – द्विघात सूत्र का स्पष्ट विवरण।
- **वैदिक काल के दौरान, अश्विनी कुमार आयुर्विज्ञान के चिकित्सक थे** – धन्वंतरि आयुर्वेद चिकित्सा के देवता थे – बाद के काल में, तक्षशिला और वाराणसी औषधीय शिक्षा के केंद्र बन गये।
- **चरक संहिता** – आयुर्वेद से संबंधित है – चरक द्वारा लिखित – आयुर्वेद के जनक – पौधों और जड़ीं-बूटियों का उपयोग – पित्त, कफ और वायु नामक तीन दोष।
- **सुश्रुत संहिता** – शल्य चिकित्सा से संबंधित है – सुश्रुत द्वारा लिखित – शल्य चिकित्सा के जनक – राइनोप्लास्टी – नेत्र विज्ञान।
- **भारत में धातु विज्ञान का विकास कांस्य युग से आरम्भ हुआ** – संभवत: मेसोपोटामिया से यहाँ आया – महरौली का लौह स्तंभ संभवत: भारतीय धातु विज्ञान का सबसे अच्छा प्रमाण है।
- **नागार्जुन** – प्राचीन काल के प्रसिद्ध धातुकर्मी और कीमियागर (Alchemist) – इन्होंने आधारभूत धातुओं को सोने में परिवर्तित किये जाने के बारे चर्चा की।
- **वराहमिहिर** – भूविज्ञान, जल विज्ञान और पारिस्थितिकी के क्षेत्र में योगदान दिया – बृहत् संहिता लिखी – ज्योतिष में भी योगदान दिया।
- **युक्ति कल्प तरु** – भोज परमार द्वारा रचित संस्कृत में ग्रंथ – जहाज़ निर्माण में प्रयोग की जानेवाली तकनीकों से संबंधित है।

यू.पी.एस.सी. पिछले वर्षों के बहुविकल्पीय प्रश्न

1. मध्यकाल में *मुंजानिक़* क्या था?

(CDS II, 2022)

(a) तोप (कैनन)
(b) गुलेल (कैटपल्ट)
(c) गन-कैरिज
(d) चल शस्त्रागार (आर्मरी)

2. किस अरब वैज्ञानिक को कलन-विधि की गणितीय शाखा के नामकरण करने का श्रेय दिया जा सकता है?

(CDS I, 2019)

(a) अल ख़्वारिज़्मी
(b) इब्न अल-हेथम
(c) इब्न रश्द
(d) इब्न सिना

उत्तर

1. (b) 2. (a)

यू.पी.एस.सी. पिछले वर्षों के प्रश्न - मुख्य परीक्षा

1. भारतीय रसायन शास्त्र के इतिहास के अध्ययन में रसार्णव के महत्त्व पर टिप्पणी करें। **(CSE, 2012)**

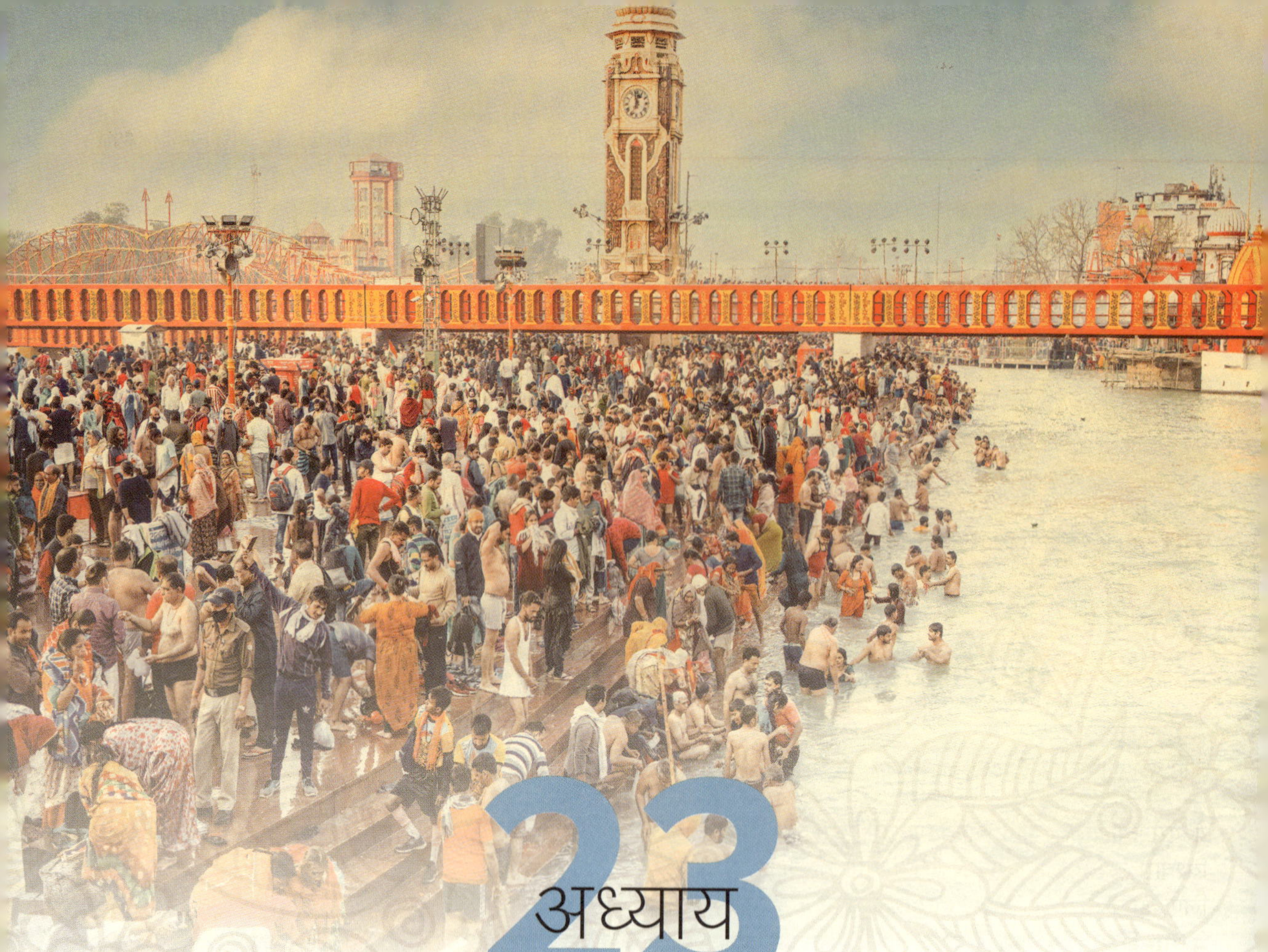

अध्याय 23

भारत के मेले एवं त्यौहार

परिचय

त्यौहार तथा मेले हमारी आस्थाओं तथा भावनाओं की अभिव्यक्ति का सशक्त माध्यम होने के साथ ही भारतीय संस्कृति के अभिन्न अंग भी हैं। हालाँकि भारत में हर समुदाय के अपने पवित्र दिन तथा विशेष त्यौहार हैं, परन्तु अन्य धार्मिक समुदाय भी इन विनोदपूर्ण दिनों का आनंद उठा सकते हैं। भारत एक धर्मनिरपेक्ष राज्य है तथा यहाँ विभिन्न आस्थाओं और समुदायों से संबंधित त्यौहारों के लिए अवकाश घोषित किया जाता है।

भारतीय गणराज्य के धर्मनिरपेक्ष होने के कारण भारतीय सरकार अनेक धार्मिक त्यौहारों के अवसर पर अवकाश घोषित करती हैं। कुछ त्यौहार **'सीमित सूची'** के अंतर्गत आते हैं, जिसका तात्पर्य है कि नियोक्ता (employer) किसी त्यौहार विशेष पर अवकाश रखे या नहीं, वह इसका चयन कर सकता है।

राष्ट्रीय पर्व

राष्ट्रीय त्यौहारों को राष्ट्रीय महत्त्व की महान् ऐतिहासिक घटनाओं के घटित होने के उपलक्ष्य में मनाया जाता है। इन पर्वों के माध्यम से भारतवासियों के हृदयों में देशभक्ति की भावना का संचार किया जाता है। भारत में **तीन राष्ट्रीय पर्व** मनाये जाते हैं, ये निम्नलिखित हैं :

क्रमांक	दिन	पर्व
1	26 जनवरी	गणतन्त्र दिवस
2	15 अगस्त	स्वतन्त्रता दिवस
3	2 अक्टूबर	गांधी जयंती

धार्मिक त्यौहार

ये ऐसे त्यौहार हैं, जो सामान्यतया ऐसे **विशिष्ट समुदायों** द्वारा मनाये जाते हैं, जो एक विशेष विश्वास प्रणाली या धर्म में विश्वास करते हैं। हालाँकि विभिन्न धर्मों के लोगों के लिए त्यौहार का आनंद लेने हेतु कोई प्रतिबंध नहीं है। उदाहरण के लिए, **होली मुख्य रूप से हिंदुओं द्वारा मनाया जानेवाला एक धार्मिक त्यौहार है, लेकिन भारत जैसे धर्मनिरपेक्ष देश में ग़ैर-हिंदू भी इसका आनंद लेते हैं**। भारत में मनाये जानेवाले कुछ प्रमुख त्यौहारों की चर्चा नीचे की गयी है:

हिंदू त्यौहार

कुछ प्रमुख हिन्दू त्यौहारों का वर्णन इस प्रकार है:

नाम	विवरण
दिवाली या दीपावली	इसे **''प्रकाश के उत्सव''** के रूप में भी जाना जाता है। यह कार्तिक मास में 'नव चन्द्र' या **(अमावस्या)** के शुभ दिन मनाया जाता है, जो प्रायः अक्टूबर या नवम्बर के महीने में आता है। त्यौहार से एक दिन पहले का दिन **नरक चतुर्दशी** के नाम से जाना जाता है।
देव दीपावली	इसे **वाराणसी** (उत्तर-प्रदेश) में हिन्दू महीने के अनुसार कार्तिक के महीने में (नवंबर-दिसंबर) में **पूर्णिमावाले दिन** मनाया जाता है और यह **दिवाली के 15 दिनों बाद** मनाया जाता है। वहाँ की परंपरा के अनुसार लोग वहाँ गंगा नदी के घाटों पर दीपक जलाते हैं। इसे **त्रिपुरी पूर्णिमा स्नान** के रूप में भी मनाया जाता है।
होली	इस त्यौहार को **'रंगों का त्यौहार'** कहा जाता है और सभी धर्म एवं समुदाय के लोगों द्वारा मनाया जाता है। इसे फाल्गुन मास (फ़रवरी-मार्च) में मनाया जाता है। यह बुराई के ऊपर अच्छाई की विजय का प्रतीक है और ***होलिका*** के जलने तथा **भक्त प्रह्लाद** के सुरक्षित निकलने का प्रतीक है। पश्चिम बंगाल और असम के कुछ भागों में इसे **दोल जात्रा** भी कहा जाता है।

नाम	विवरण
भाई दूज	यह कार्तिक मास के शुक्ल पक्ष की द्वितीया तिथि को हिंदुओं द्वारा मनाया जानेवाला एक प्रसिद्ध त्यौहार है। भारत का दक्षिणी भाग उसी दिन को यम द्वितीया के रूप में मनाता है। बहनें अपने भाइयों की आरती करती हैं, उनके माथे पर टीका लगाती हैं और उनके लंबे एवं सुखी जीवन के लिए प्रार्थना करती हैं।
अक्षय तृतीया	यह एक महत्त्वपूर्ण हिंदू त्यौहार है, जो वैशाख महीने के शुक्ल पक्ष की तृतीया तिथि (तीसरे दिन) को मनाया जाता है। इसे आखा तीज के नाम से भी जाना जाता है। ऐसा माना जाता है कि भगवान् विष्णु के छठे अवतार भगवान् परशुराम का जन्म अक्षय तृतीया को हुआ था।
मकर संक्रांति	यह त्यौहार **सूर्य भगवान्** को समर्पित है, यह त्यौहार सूर्य के उत्तरी गोलार्द्ध की ओर प्रस्थान करने के उपलक्ष्य में मनाया जाता है। यह त्यौहार **जनवरी** के महीने में मनाया जाता है। लाखों भक्त इस अवसर पर पवित्र स्नान के लिए गंगा सागर **(पश्चिम बंगाल में) या प्रयाग की यात्रा भी करते हैं। भारत के कुछ भागों में इसे** पतंग उड़ाने के उत्सव के रूप में भी मनाया जाता है।
राम नवमी	यह भगवान् श्री राम के जन्म का उत्सव है। ऐसा माना जाता है कि इस दिन भगवान् विष्णु के सातवें अवतार भगवान् राम ने अयोध्या में मनुष्य के रूप में अवतार लिया था। अयोध्या में, इस त्यौहार को मनाने के लिए हज़ारों भक्तों के साथ एक विशाल मेले का आयोजन किया जाता है।
रक्षा बंधन	यह त्यौहार भारत में व्यापक रूप से मनाया जाता है। यह राखी के नाम से प्रसिद्ध है। यह त्यौहार भारतीयों के बीच भ्रातृत्व और प्रेम का प्रतीक है। इस त्यौहार में बहनें अपने भाइयों की कलाई पर राखी बाँधती हैं। रक्षा बंधन को भाई-बहनों और चचेरे भाइयों के बीच पवित्रता एवं सुरक्षा बंधन के रूप में परिभाषित किया गया है। यह श्रावण मास के अंत में पूर्णिमा के दिन होता है।
जन्माष्टमी	यह त्यौहार भगवान् कृष्ण के ***जन्म की वर्षगाँठ*** है और इसे अगस्त में मनाया जाता है।
दशहरा	दशहरा को ***'विजयदशमी'*** के रूप में भी जाना जाता है और यह सम्पूर्ण भारत में रावण पर भगवान् राम की विजय के उत्सव के रूप में मनाया जाता है। इस दिन विशेष रूप से उत्तर भारत में **रावण दहन** आमतौर पर देखा जा सकता है।
दुर्गा पूजा	यह भारत के पूर्वी भाग (विशेषकर पश्चिम बंगाल) में प्रमुखता से मनाया जाता है। यह दानव **महिषासुर पर देवी दुर्गा की विजय** का जश्न मनाने के लिए है।
गणेश चतुर्थी	यह त्यौहार **भगवान् गणेश** के जन्मोत्सव के उपलक्ष्य में पूरे भारत में मनाया जाता है, लेकिन **महाराष्ट्र** में इसे बड़े धूमधाम के साथ मनाया जाता है, क्योंकि यह वहाँ का प्रमुख त्यौहार है।
रथ यात्रा	यह **ओडिशा** का सबसे बड़ा त्यौहार है और तीन देवताओं को समर्पित है - भगवान् जगन्नाथ, बलभद्र (उनके भाई) और सुभद्रा (उनकी बहन)। पुरी का **रथ उत्सव** या रथ यात्रा इस संबंध में सबसे बड़ा एवं प्रसिद्ध है।
छठ पूजा	यह **बिहार, झारखंड और उत्तर प्रदेश** का मुख्य त्यौहार है और यह **सूर्य देव और उनकी बहन छठी मइया** (सृष्टि की अधिष्ठात्री प्रकृति का छठा अंश षष्ठी देवी) को समर्पित है। इसे कुछ दिनों के कठोर उपवास के बाद मनाया जाता है और इसके बाद पवित्र स्नान किया जाता है और अस्त एवं उदय होते सूर्य देवता को दोनों बार अर्घ्य अर्पित किया जाता है। छठी मइया देवी के प्रसाद में **ठेकुआ** (एक मीठा व्यंजन) विशेष आकर्षण है।

नबकलेबर त्यौहार

- हिंदू कैलेण्डर के अनुसार, नबकलेबर त्यौहार **श्री जगन्नाथ मंदिर, पुरी** (ओडिशा) में पूर्व-निर्धारित समय (हर 8 से 19 साल बाद) पर मनाया जाता है। नबकलेबर का अर्थ है नया शरीर, अर्थात भगवान् **जगन्नाथ, बलभद्र, सुभद्रा और सुदर्शन** की मूर्तियों को **नयी मूर्तियों से बदल** दिया जाता है। नयी मूर्तियाँ 04 अलग-अलग **नीम के पेड़ों** के लट्ठों (दारु ब्रह्म) से बनी होती हैं, जो निर्धारित मानदंडों के अनुसार और कठिन खोज के बाद चुने जाते हैं।
- चयनित नीम के पेड़ों के **दारु ब्रह्म या लट्ठे** से, मूर्तियों को उकेरा जाता है और उन्हें अधिक मास (मध्यांतर महीना) के दौरान बदल दिया जाता है। लाखों तीर्थयात्री चयनित नीम के पेड़ की पूजा और मूर्तियों के प्रतिस्थापन के समारोह में सम्मिलित होते हैं।
- मार्च 2018 में, भारत के राष्ट्रपति ने नबकलेबर त्यौहार के उपलक्ष में 1000 रुपये और 10 रुपये के स्मारक सिक्के जारी किये थे।

मकरविलक्कु महोत्सव

- यह केरल में **सबरीमाला** के मंदिर में **मकर संक्रांति पर** आयोजित होनेवाला एक वार्षिक उत्सव है।
- सबरीमाला मंदिर **पेरियार टाइगर रिज़र्व** के भीतर स्थित है।
- मंदिर हिंदू ब्रह्मचारी देवता **अय्यप्पन** को समर्पित है, जिन्हें **धर्म सस्था** के रूप में भी जाना जाता है, जिन्हें शिव और विष्णु के स्त्री अवतार मोहिनी का पुत्र माना जाता हैं।
- इस त्यौहार के दौरान, दिव्य **मकर ज्योति** की एक झलक पाने के लिए भक्त सबरीमालासन्निधानम में इकट्ठा होते हैं।
- सबरीमाला की परंपराएँ **शैववाद, शक्तिवाद, वैष्णववाद** और अन्य **श्रमण परंपराओं** के संगम को दर्शाती हैं।
- हाल ही में, सुप्रीम कोर्ट ने प्रतिबंधों को असंवैधानिक ठहराते हुए सबरीमाला मंदिर प्रशासन को **सभी उम्र की महिलाओं के लिए मंदिर खोलने** का आदेश दिया।

अट्टुकल पोंगल

- **तिरुवनंतपुरम (केरल)** के **अट्टुकल भगवती मंदिर** में वार्षिक 10-दिवसीय अट्टुकल पोंगल उत्सव आयोजित किया जाता है।
- इसे लोकप्रिय रूप से **महिलाओं के सबरीमाला** के रूप में जाना जाता है- जहाँ केवल महिलाओं को ही अनुष्ठानों में भाग लेने की अनुमति है।
- यह विश्व में किसी त्यौहार के लिए महिलाओं का सबसे बड़ा धार्मिक एकत्रीकरण है।
- पोंगल, जिसका अर्थ है 'उबालना', वह अनुष्ठान है, जिसमें महिलाएँ मीठा पायसम तैयार करती हैं और इसे देवी या 'भगवती' को अर्पित करती हैं।

अट्टुकल पोंगल

बथुकम्मा महोत्सव

- बथुकम्मा का अर्थ है 'माँ देवी जीवित हैं'। यह **तेलंगाना और आंध्र प्रदेश के कुछ हिस्सों का** एक **रंगबिरंगा पुष्प उत्सव** है।
- यह 9 दिनों का महोत्सव होता है और आमतौर पर सितंबर-अक्टूबर में मनाया जाता है।
- **बथुकम्मा**, मंदिर के **गोपुरम** के आकार में सात संकेंद्रित परतों में व्यवस्थित अलग-अलग अद्वितीय मौसमी फूलों (उनमें से अधिकांश औषधीय मूल्यवाले होते हैं) का एक सुंदर क्रमबद्ध संरचना है।

बथुकम्मा

नव वर्ष त्यौहार

स्थानीय परंपराओं के अनुसार, **भगवान् ब्रह्मा** ने इस दिन विश्व का निर्माण आरंभ किया था और इस कारण इसका उपयोग नये हिंदू कैलेण्डर के प्रारंभ को दर्शाने के लिए किया जाता है। देश के विभिन्न भागों में इस दिवस को अलग-अलग नामों से और अलग-अलग तिथियों (अधिकतर चैत्र और बैसाख में) पर इस प्रकार मनाया जाता है-

साल के त्यौहार	राज्य/संघ राज्य क्षेत्र
उगादी	आन्ध्र प्रदेश और कर्नाटक
गुड़ी पड़वो	महाराष्ट्र
संवत्सर पाड़वो	गोवा
पहला बैशाख	पश्चिम बंगाल
पुथांडु	तमिलनाडु
विशु	केरल
नवरेह	कश्मीर
पना संक्रांति	ओडिशा

सैर-ए-गुल फ़रोशाँ

- इस त्यौहार को "**फूलवालों की सैर**" भी कहा जाता है और यह **फूलों का तीन दिन का वार्षिक त्यौहार** है, जिसे **दिल्ली** में मनाया जाता है। यह **सांप्रदायिक सद्भाव** का प्रतीक है, जिसमें खजूर के पत्तों से बने पंखों को जुलूस के रूप में महरौली में ख़्वाजा बख़्तियार काकी की मज़ार से योगमाया माता के मंदिर में ले जाया जाता है।
- इस त्यौहार को शुरू करने का श्रेय मुग़ल बादशाह (19वीं शताब्दी) अकबर को जाता है। इसे **ब्रिटिश सरकार ने बंद करवा दिया था**, लेकिन वर्ष 1962 में इसे जवाहर लाल नेहरू द्वारा पुनः आरम्भ किया गया।

त्यागराज आराधना

- यह विख्यात तमिल संत और संगीतकार त्यागराज के **'समाधि दिवस'** को मनाने के लिए आयोजित किया जाता है। यह मुख्य रूप से आंध्र प्रदेश में एवं तमिलनाडु के **थिरूवय्यारू** (जहाँ उन्होंने समाधि प्राप्त की) में आयोजित किया

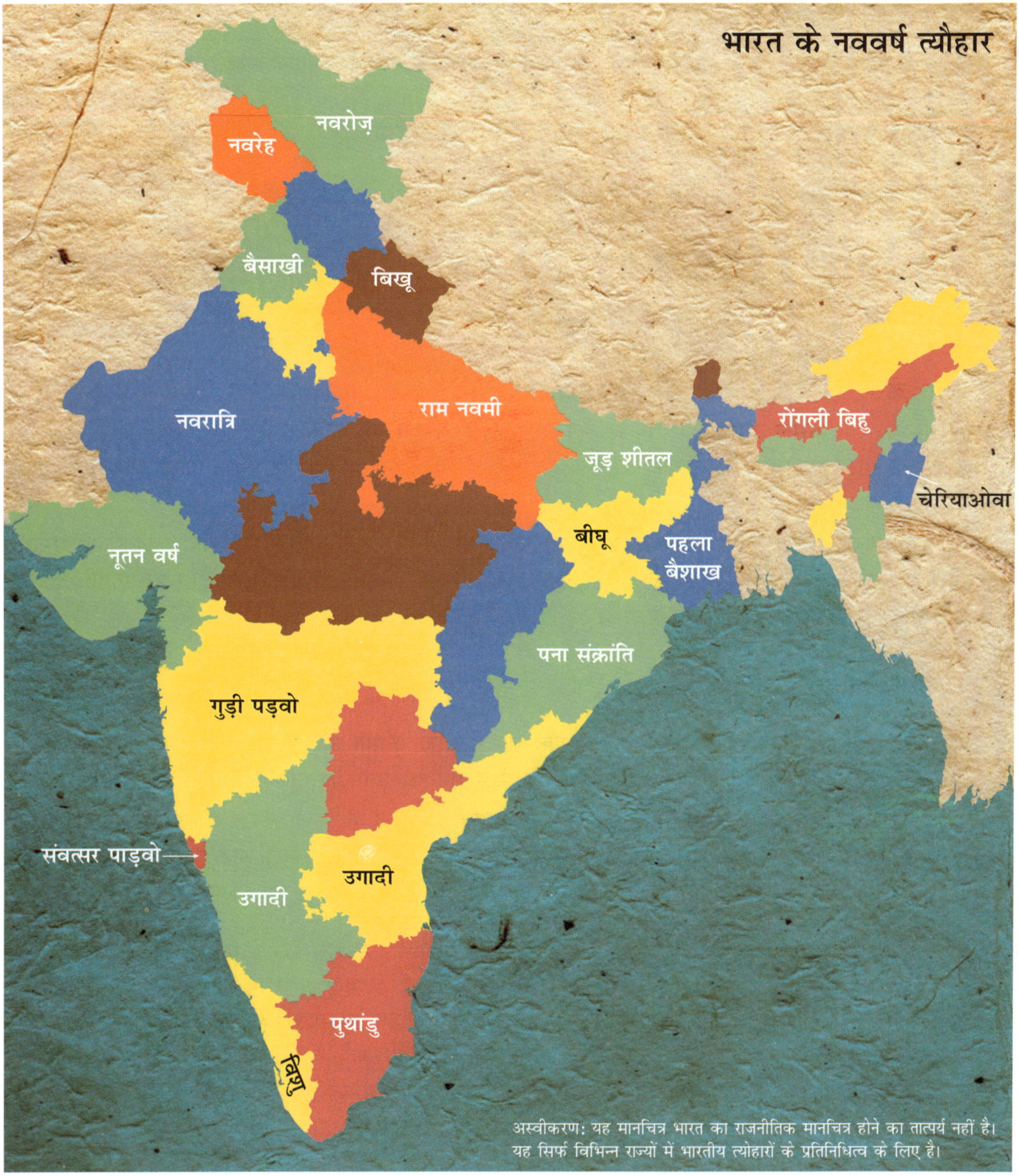

मानचित्र - भारत के नववर्ष त्यौहार

जाता है। इस उत्सव में लोग कर्नाटक संगीत के प्रमुख प्रतिपादक संत को अपने श्रद्धा सुमन अर्पण करने के लिए आते हैं।

- मुथुस्वामी दीक्षितर और श्यामा शास्त्री सहित संत त्यागराज **कर्नाटक संगीत** के तीन प्रमुख संगीतज्ञ थे।

राजा परबा

- यह आषाढ़ महीने के दौरान नारीत्व का उत्सव मनाने और सम्मान करने के लिए ओडिशा का तीन दिवसीय त्यौहार है। ऐसा माना जाता है कि इस अवधि के दौरान धरती माता रजस्वला होती है और मानसून के आगमन के साथ भविष्य की कृषि गतिविधियों के लिए स्वयं को तैयार करती है। इसका समापन पारंपरिक स्नान समारोह के साथ होता है।

ओणम

- ओणम, **केरल** का राजकीय उत्सव है। यह मलयालम कैलेण्डर के पहले महीने चिंगम में मनाया जाता है।
- यह मुख्यत: एक **फ़सल उत्सव** है, परन्तु इसे शक्तिशाली असुर **राजा महाबली** के पाताल (भूमिगत) से घर वापिसी के रूप में भी मनाया जाता है। व्यापक सामूहिक भोज, नृत्य, फूल, नावें, हाथी ओणम के रंगारंग और जीवंत उत्सव का भाग हैं।
- ओणम की एक प्रमुख विशेषता **वल्लमकाली (सर्प-नौका दौड़)** है। सबसे अधिक लोकप्रिय वल्लमकाली **पुन्नमडा झील** में आयोजित होती है और विजेताओं को नेहरु नौका दौड़ प्रतियोगिता ट्रॉफ़ी दी जाती है। परम्परागत खेल जैसे *ओणकलिकल* भी ओणम उत्सव का भाग है।

पोंगल

- विश्व भर में **तमिलों** द्वारा मनाया जानेवाला यह एक चार दिन का **फ़सल उत्सव** है। इसे जनवरी में मनाया जाता है और यह उत्तरायण के प्रारम्भ का संकेत है, जिसका अर्थ है सूर्य का उत्तर की ओर छह महीने की यात्रा।
- तमिल में 'पोंगल' शब्द का अर्थ है 'उबालना' और इस उत्सव में फ़सल के पहले चावल को उबालना एक महत्त्वपूर्ण अनुष्ठान है। यह 'थाई' के महीने में आता है, जब धान, ईख, हल्दी आदि की फ़सलें काटी जाती हैं। यह **सूर्य देवता** को धन्यवाद करने और फ़सलों के जीवन चक्रों को मनाने का अवसर है, जिनसे हमें अनाज प्राप्त होता है।

नुआखाई उत्सव

- यह मुख्य रूप से ओडिशा में मनाया जानेवाला एक कृषि त्यौहार है। यह भाद्रमास (अगस्त-सितंबर) के चंद्र पखवाड़े में पंचमी तिथि को मनाया जाता है। इस दिन के उपरांत गणेश चतुर्थी आती है। 'नुआ' का अर्थ है नया और 'खाई' का अर्थ है भोजन। यह नये धान की कटाई का त्यौहार है। इस त्यौहार में अरिसा पीठा (मीठा पैनकेक) बनाया जाता है।

सरहुल

- **झारखंड, ओडिशा और पश्चिम बंगाल** की जनजातियों के लिए सरहुल **नव वर्ष** के प्रारम्भ का प्रतीक है। इसे मुख्यता **मुंडा, उराँव** और **हो जनजातियों** द्वारा मनाया जाता है।

- सरहुल का शब्दिक अर्थ है 'साल की पूजा'। इसे वसंत ऋतु, अर्थात् हिन्दू कैलेण्डर के फाल्गुन महीने में मनाया जाता है।
- जनजातीय लोग **प्रकृति** का सम्मान और धरती माता की पूजा करते हैं। सरहुल कई दिनों तक मनाया जाता है, जिसमें प्रमुख पारम्परिक नृत्य सरहुल की प्रस्तुति की जाती है। यह **''सरना''** नामक धर्म से संबंधित है।

विश्व शांति अहिंसा सम्मेलन-2018

- **विश्व शांति अहिंसा सम्मेलन (VSAS)** का आयोजन महाराष्ट्र में **मांगी-तुंगी की पहाड़ियों** पर किया गया था। पहाड़ियों में लगभग 10 जैन गुफा मंदिर हैं।
- **मांगी** और **तुंगी** का जैन धर्म में विशेष महत्त्व है, क्योंकि लगभग 990 मिलियन दिगंबर जैनियों ने इन दो पहाड़ियों पर मोक्ष प्राप्त किया है। इसलिए, क्षेत्र को **'सिद्ध क्षेत्र'** कहा जाता है।
- जैन **तीर्थंकर ऋषभदेव** की 108 फुट ऊँची प्रतिमा **मांगी-तुंगी** में ही स्थित है। यह दुनिया की सबसे ऊँची एकाश्म जैन प्रतिमा है।

मुस्लिम त्यौहार

ईद-उल-फ़ित्र

- यह विश्व भर के मुस्लिम समुदाय द्वारा मनाये जानेवाले त्यौहारों में से एक है। इस्लामी कैलेण्डर का **नवाँ महीना रमज़ान** का पवित्र महीना माना जाता है और इस महीने के अंत में इस त्यौहार को मनाया जाता है। रमज़ान के महीने में लोग सूर्योदय से लेकर सूर्यास्त तक पूरा दिन रोज़ा (उपवास व्रत) व्रत रखते हैं।
- इस व्रत की प्रक्रिया को मुस्लिम क़ानून या शरीयत में निर्धारित किया गया है। ईद-उल-फ़ित्र की तिथि की गणना एक जटिल प्रक्रिया द्वारा की जाती है। इसका निर्धारण **शव्वाल महीने के पहले दिन** और रमज़ान महीने की समाप्ति पर नया चाँद दिखाई देने पर ही किया जाता है। यह ईद रोज़े पूरे होने की ख़ुशी में मनायी जाती है और इसमें सिवैयाँ पकती हैं।

ईद-उल-ज़ुहा या ईद-उल-अज़्हा

- इस त्यौहार को, **बक़रीद** या वह ईद, जिसमें *बकरे* या दुम्बे की क़ुर्बानी/बलि दी जाती है, के रूप में जाना जाता है। इसे हिजरी कैलेण्डर के **बारहवें महीने** के दसवें दिन मनाया जाता है। इस त्यौहार को **पैग़म्बर इब्राहीम** की अल्लाह के प्रति निष्ठा के सम्मान में मनाया जाता है, जिसकी परीक्षा तब हुई थी, जब ख़ुदा ने उन्हें अपने पुत्र की बलि देने के लिए कहा। ऐसा कहा जाता है कि इब्राहिम ख़ुशी से इसके लिए अपने पुत्र का सर काटने के लिए तैयार हो गये, परन्तु ख़ुदा ने उस पर दया कर एक बकरे के सर की बलि स्वीकार कर ली थी।
- इसलिए ईद-उल-अज़्हा के दिन बकरे की बलि दी जाती है और उसके शरीर के मांस का वितरण प्रसाद के रूप में परिवार के सदस्यों और पड़ोसियों में किया जाता है। बलि का एक-तिहाई मांस निर्धन लोगों को भी दिया जाता है। इस ईद के आगमन से उस पवित्र समय के **प्रारम्भ** होने का संकेत भी मिलता है, जब लोग **मक्का की पवित्र तीर्थयात्रा**, जिसे **हज** कहा जाता है, के लिए प्रस्थान करते हैं। यह ईद हज की ख़ुशी में मनायी जाती है।

मिलाद-उन-नबी

- यह **पैगंबर मुहम्मद** की **जयंती और पुण्यतिथि** का प्रतीक है। ग्रंथों के अनुसार, पैगंबर का जन्म ***रबी-उल-अव्वल*** के महीने में हुआ था, जो हिजरी कैलेण्डर का तीसरा महीना है। इस दिन को ***मिलाद-उन-नबी*** या ***मौलिद-उन-नबी*** कहा जाता है। यह दिन **वह दिन भी माना जाता है, जब पैगंबर पृथ्वी से विदा हुए** थे।
- यह दिन राष्ट्रीय अवकाशों में सम्मिलित है। इसे बहुत श्रद्धा और सादगी से मनाया जाता है। लोग मस्जिदों में एकत्र होते हैं और वहाँ पवित्र क़ुरान पढ़ी जाती है। कुछ स्थानों पर विशेष समारोहों में धार्मिक विद्वान् ***क़सीदा अल-बुर्दा*** का पाठ करते हैं, जो कि एक अति पवित्र कविता है एवं जिसे 13वीं शताब्दी के अरबी सूफ़ी संत ***बुसिरी*** ने लिखा था। लोग **नात** का गायन भी करते हैं, जो पैगंबर के सम्मान में और उनके द्वारा किये गये अच्छे कार्यों की मिसाल देने हेतु लिखी गयी परम्परागत कविताएँ हैं।
- इस त्यौहार को **बाराह वफ़ात** भी कहा जाता है, क्योंकि 12 दिन की बीमारी के बाद पैगंबर मोहम्मद की मृत्यु हो गयी थी। इस त्यौहार का कश्मीर जैसे स्थानों में बहुत अधिक महत्त्व है, जहाँ पैगंबर मुहम्मद के अवशेषों को श्रीनगर स्थित **हज़्रतबल नामक तीर्थस्थान** में प्रदर्शित किया जाता है। हज़ारों की संख्या में भक्त हज़्रतबल में एकत्रित होते हैं तथा जुलूस में भाग लेते हैं।

मुहर्रम

- मुहर्रम एक शोकपूर्ण त्यौहार है, क्योंकि इसका सम्बन्ध अली के बेटे **हुसैन की मृत्यु** से है। यह त्यौहार हिजरी कैलेण्डर के **पहले महीने** में आता है, जिसे मुहर्रम कहा जाता है। मुहर्रम महीने के **दसवें दिन** को **''यौमे अशुरा''** भी कहा जाता है, जिसे विश्व भर में **शिया मुसलमान** एक शोक दिवस के रूप में मनाते हैं।
- भारत में लोग ***ताज़िया*** कहे जानेवाले जुलूस को निकालते हैं, जिसमें वे हुसैन द्वारा सही गयी पीड़ा को अपने ऊपर दोहराने के लिए स्वयं को ज़ंजीरों से पीटते हैं। भारत के अधिकांश भागों में लोग काले वस्त्र धारण करते हैं और सभी लोगों को ***शर्बत*** या जूस का वितरण करते हैं।

शब-ए-बारात

- इस त्यौहार को **'मुक्ति की रात'** के रूप में भी जाना जाता है और इसे **शाबान** के महीने के 14वें और 15वें दिन के बीच की रात मे मनाया जाता है। मुस्लिम परम्परा के अनुसार, इस रात प्रत्येक व्यक्ति की **नियति** का निर्धारण होता है। अधिकतर शिया मुसलमान **शाबान** के 15वें दिन को 12वें **इमाम मुहम्मद अल-महदी** के जन्मोत्सव के रूप में भी मनाते हैं। संसार को दमन और अन्याय से मुक्ति दिलाने का श्रेय उनको दिया जाता है।

शब-ए-मिराज़

शब-ए-मिराज़ का अर्थ है **'चढ़ाई की रात'**। ऐसा माना जाता था कि हज़्रत पैगंबर अपनी यात्रा जारी रखते हैं और सर्वशक्तिमान अल्लाह के सान्निध्य में पहुँचते हैं। इसी यात्रा में ही मुसलमानों के लिए रोज़ **पाँच वक़्त की नमाज़ अदा करना अनिवार्य** बनाया गया था।

ईसाई धर्म के त्यौहार

क्रिसमस

- यह दिन पूरे विश्व में **ईसा मसीह** के **जन्म की वर्षगाँठ** के रूप में मनाया जाता है। यह प्रतिवर्ष 25 दिसम्बर को आता है। इस त्यौहार की तैयारियाँ अर्द्धरात्रि के धार्मिक समारोह से आरम्भ हो जाती हैं, जिसका आयोजन सभी चर्चों में 24 और 25 दिसम्बर के बीच की रात्रि में किया जाता है एवं यह मध्य रात्रि में हुए ईसा के जन्म का प्रतीक है। चर्चों में भक्तों के लिए विविध प्रकार के कार्यक्रमों का आयोजन किया जाता है, जिनसे ईसा मसीह द्वारा किये गये कल्याणकारी कार्यों को याद किया जा सके।
- लोग एक-दूसरे के घर जाते हैं तथा उपहारों का आदान-प्रदान करते हैं। दो और परंपराएँ इस त्यौहार से जुड़ी हुई हैं, पहला **क्रिसमस वृक्ष है**, जिसे प्रत्येक व्यक्ति के घर में स्थापित किया जाता है एवं जिसे अलंकरणों, प्रकाश और उपहारों से सजाया जाता है तथा दूसरा मिथक **सांता क्लॉज (क्रिसमस बाबा)** हैं, जिन्हें उपहारों का अग्रदूत माना जाता है। लोग इस दिन ईसाई भजनों को गाते हैं और मिठाइयाँ तथा केक वितरित करते हैं।

ईस्टर और गुड फ़्राइडे

- इस दिन को **ईसा मसीह के पुनरुत्थान** के रूप में मनाया जाता है। बाइबिल के अनुसार, ईसा मसीह को सूली पर चढ़ाये जाने के तीन दिन बाद उनका पुनरुत्थान (पुनजीर्वित) हुआ था, इसलिए ईस्टर को **मृत्यु पर जीवन की विजय** के महत्त्व को दर्शाने के रूप में भी माना जाता है। ईसाई और यहूदी, धर्म, दोनों की ही परंपराओं में ईस्टर के सुअवसर के सम्बन्ध में कुछ समानताएँ हैं।
- उदाहरण के लिए, ईसाई धर्म के प्रारम्भिक वर्षों में, यहूदी ईसाई लोग ईस्टर को निसान नामक यहूदी महीने के 14वें दिन मनाया करते थे। परन्तु साधारण ईसाई लोग इसे निसान के 14वें दिन के सबसे पास पड़नेवाले रविवार को मनाते थे। इस असमंजस का समाधान 325 ईसवी में सम्पन्न नीसिया की एतिहासिक परिषद् की बैठक के बाद हुआ, जिसके फलस्वरूप ईस्टर, मनाने के लिए वसंत विषुव के बाद **पहले रविवार** का दिन नियत किया जाता है, जो पहली बार पूर्ण चन्द्र दिखाई देने के उपरांत आता है।
- **गुड फ्राईडे** का त्यौहार **ईसा मसीह को सूली पर चढ़ाये जाने** के दिन की याद में मनाया जाता है। यह प्रत्येक वर्ष अप्रैल के महीने में पड़ता है।

सिख उत्सव

गुरुपुरब

- सम्पूर्ण विश्व का सिख समुदाय इस उत्सव को मनाता है। यद्यपि गुरुपुरब सभी दसों गुरुओं के जन्मदिवसों पर मनाया जाता है, लेकिन **गुरु नानक और गुरु गोबिंद सिंह** सबसे अधिक महत्त्वपूर्ण हैं। अन्य महत्त्वपूर्ण गुरुपरब **गुरु अर्जनदेव और गुरु तेग़बहादुर** के शहीदी दिवस की याद में मनाये जाते हैं, जिन्होंने अपना जीवन **मुग़लों** के हाथों गँवा दिया था।
- सिख सुमदाय गुरु नानक के जन्मदिवस पर गुरुनानक जयंती मनाता है। सभी गुरुद्वारों में इस दिन विशेष सेवा का आयोजन होता है और लोगों में लंगर का वितरण होता है। सभी गुरुपुरब उत्सव मनाने और भगवान् को स्मरण करने के लिए एकत्र होते हैं।

- **अखंड पाठ** का आयोजन किया जाता है और लोग **प्रभात फेरियाँ** या सामुदायिक **शबद** या भजन गायन करते हैं, जिनमें प्रभु की प्रशंसा की जाती है। उत्सवों का समापन गुरु ग्रन्थ साहिब की फूलों से सुसज्जित झाँकी यात्रा से होता है, जिसका नेतृत्व पाँच सशस्त्र रक्षक करते हैं, जिनके हाथों में सिख ध्वज (**निशान साहिब**) होता है। यह पाँच व्यक्ति गुरु गोबिंदसिंह के 'पाँच प्रिय पुरुषों' या **पंज प्यारों** का प्रतिनिधित्व करते हैं।

प्रकाश उत्सव

- इस उत्सव को 10वें सिख गुरु **गोबिंदसिंह के जन्म उत्सव** के रूप में मनाया जाता है। इसका अर्थ 10वाँ दिव्य प्रकाश या दिव्य ज्ञान का जन्म उत्सव भी है। इसे प्रति वर्ष **31 जनवरी** को सिखों द्वारा व्यापक रूप से मनाया जाता है।

माघी

- यह सिखों का सामयिक सम्मेलन है और यह प्रति वर्ष मनाया जाता है। इसे **मुक्तसर** में **सिख शहीदों** (***चालीस मुक्ते***) की याद में मनाया जाता है, जिन्होंने मुग़लों से युद्ध किया था।
- सिख इस सिख-मुग़ल युद्ध स्थल की ओर एक जलूस के रूप में जाते हैं और मुक्तसर के पवित्र सरोवर में स्नान करते हैं। इसे प्रति वर्ष **14 जनवरी** को मनाया जाता है।

होला मोहल्ला

- यह सिखों का बड़ा उत्सव है। यह प्राय: चैत्र मास के दूसरे दिन होता है और **आनंदपुर साहिब** में आयोजित किया जाता है।
- इसकी शुरुआत गुरु गोबिंद सिंह ने युद्धों और सैन्य अभ्यासों के अनुकरण के लिए की थी, जिनके पश्चात् कीर्तन और अन्य काव्य प्रतियोगिताएँ आयोजित की गयी थीं।
- इसे घुड़सवारी, तलवारबाज़ी आदि की प्रतियोगिताओं के लिए **'सिख ओलम्पिक'** के रूप में भी जाना जाता है।

बैसाखी

- प्रतिवर्ष **13 या 14 अप्रैल** को मनाया जानेवाला यह एक धार्मिक उत्सव है। इसे सिख नव वर्ष और **ख़ालसा पंथ के** जन्मोत्सव के रूप में मनाया जाता है।
- यह सिखों का वसंत की फ़सल कटाई का उत्सव भी होता है।

लोहड़ी

- इस उत्सव को **13 जनवरी** को मकर सक्रांति से पहले, पौष के महीने में मनाया जाता है। लोहड़ी उर्वरता और जीवन के उत्साह का उत्सव मनाने का पर्व है। लोग अग्नि जला कर उसके इर्दगिर्द एकत्रित होते हैं और खील, मकई के भुने हुए दाने और मिठाइयाँ अग्नि को अर्पित करते हैं और लोकप्रिय गीत गाते हुए एक-दूसरे को बधाइयाँ देते हैं।
- यह **अँधेरे पर प्रकाश की विजय** का भी प्रतीक है।

सोडल मेला

- यह **पंजाब** के मुख्य मेलों में से एक है और इसे एक महान् आत्मा **बाबा सोडल को श्रद्धांजलि देने** के लिए मनाया जाता है। प्रत्येक वर्ष, मेले को भाद्रपद (सितम्बर) में **जालन्धर** में मनाया जाता है।
- सिख धर्म के अनुयायी इस दिन को बहुत शुभ मानते हैं। यह मेला बाबा की समाधि के पास होता है, जहाँ उनकी मूर्ति को फूलों से सजाया जाता है। सोडल के सरोवर में लोग डुबकी लगाते हैं और समाधि पर अपनी श्रद्धा अर्पित करते हैं।

जैन पर्व

महावीर जयंती

- इस पर्व को **जैन समुदाय** मनाता है। इसे भगवान् महावीर की जयंती के रूप में आयोजित किया जाता है, जो **24वें तीर्थंकर** और जैन धर्म के संस्थापकों में से एक थे। यह चैत्र मास के शुक्ल पक्ष के 13वें (तेरहवें) दिन आता है।
- इस पर्व को बहुत धूमधाम से मनाया जाता है और जैन मन्दिरों को **भगवा ध्वजों से** सजाया जाता है।
- महावीर की प्रतिमा को दूध से स्नान एवं एक अनुष्ठानात्मक स्नान (अभिषेक) कराया जाता है। फिर इसे एक यात्रा के रूप में ले जाया जाता है।

पर्युषण पर्व

- जैनियों के वार्षिक पर्व को पर्युषण के नाम से जाना जाता है। यह **श्रावण** के महीने में (अगस्त/सितम्बर) **आठ दिन** तक मूलत: **श्वेताम्बर समुदाय** द्वारा मनाया जाता है।
- **दिगम्बर समुदाय का पर्व दस दिन तक चलता है**। यह पर्व घूमन्तू जैन भिक्षुओं के अपने आश्रयस्थलों की ओर वापसी को चिह्नित करता है, क्योंकि इस अवधि में होनेवाली मूसलाधार वर्षा और मानसून उनका जंगल की गुफाओं में निवास करना असम्भव बना देती है।
- इस पर्व में मंदिरों या **उपाश्रयों** की आनुष्ठानिक यात्राएँ और कल्पसूत्र पर प्रवचनों को सुनना सम्मिलित है। अधिकांश भक्तों को **प्रतिक्रमण** या ध्यान क्रिया करने के लिए कहा जाता है। पर्व की समाप्ति **क्षमावमी (क्षमा दिवस)** के रूप में होती है। समुदाय के सभी लोग एक दूसरे से **'मिच्छामी दुक्कडम्'** कहते हैं, अर्थात यदि मैंने आपको जाने या अनजाने में वाणी या क्रम से चोट पहुँचायी है, तो मैं आपसे क्षमा माँगता हूँ।

महामस्तकाभिषेक

- यह कर्नाटक के **श्रवणबेलगोला** शहर में **12 वर्ष में एक बार** होनेवाला पर्व है। यह पर्व **ऋषभदेव के पुत्र सिद्ध बाहुबली** की 57 फीट ऊँची प्रतिमा के पवित्र स्नान का समारोह है।
- विशेष रूप से तैयार किये गये बर्तनों से भक्तों द्वारा गाढ़ा जल प्रतिमा पर डाला जाता है। प्रतिमा को दूध, गन्ने का रस और केसर के लेप से नहलाया जाता है और चंदन, हल्दी और सिंदूर के पाउडर का छिड़काव किया जाता है।

ज्ञान पंचमी

- कार्तिक महीने के पाँचवे दिन को **"ज्ञान पंचमी"** के रूप में जाना जाता है। इसे ज्ञान का दिन माना जाता है। इस दिन पवित्र ग्रन्थों का प्रदर्शन और पूजा की जाती है।

वर्षी तप या अक्षय तृतीया तप

- यह पर्व पहले जैन तीर्थंकर **ऋषभदेव** से सम्बन्धित है, जिन्होंने 13 महीने 13 दिन का निरंतर उपवास रखा था। उनका उपवास जैन कैलेण्डर के वैशाख महीने के शुक्ल पक्ष के तीसरे दिन समाप्त हुआ। जो लोग इस उपवास को करते हैं, उन्हें **वर्षी तप** कहा जाता है।

मौन अगियारा/मौन एकादशी

- इस पर्व को जैन कैलेण्डर के मगसर (महीने) के 11वें दिन मनाया जाता है। इस दिन **पूर्ण मौन रखा जाता है** और उपवास किया जाता है। ध्यान भी किया जाता है।

नवपद ओली

- **नौ-दिवसीय ओली अर्द्ध-उपवास का समय है।** इस अवधि के दौरान, जैन केवल एक समय पर सादा भोजन करते हैं। यह मार्च/अप्रैल और सितम्बर/अक्टूबर के दौरान **वर्ष में दो बार** मनाया जाता है।

बौद्ध त्यौहार

बुद्ध पूर्णिमा

बुद्ध पूर्णिमा या बुद्ध जयंती को भगवान् बुद्ध के जन्म दिवस के रूप में मनाया जाता है। यह अप्रैल/मई के महीने में आता है और भारत के उत्तर-पूर्वी भागों में व्यापक रूप से मनाया जाता है। इसे **थेरवाद परम्परा में विशाखा पूजा** और सिक्किम में **सागा दावा** (दसा) कहा जाता है। उत्तर भारत में इस त्यौहार को मुख्य रूप से उत्तर प्रदेश के सारनाथ और बिहार के बोध गया में मनाया जाता है।

इस त्यौहार में गौतम बुद्ध के जीवन से संबंधित उपदेश सुनना सम्मिलित है। इस दिन बौद्ध धर्म में ग्रन्थों का जप, बुद्ध की आकृति, बोधि वृक्ष की पूजा और ध्यान भी किया जाता है। विभिन्न पंथ विभिन्न नियमों का पालन करते हैं, जैसे:

- **महायान बौद्ध** संगीत वाद्य यंत्र ग्यालिंग के साथ शोभायात्रा आयोजित करते हैं। वे **कंग्युर** ग्रंथों को भी पढ़ते हैं।
- **थेरवाद बौद्ध** केवल बुद्ध की मूर्तियों की औपचारिक पूजा करते हैं।

सोंगक्रन

इस बौद्ध त्यौहार को **वसंत की सफ़ाई** के रूप में मनाया जाता है। अप्रैल के मध्य में इसे कई दिनों तक मनाया जाता है। लोग **अपने घरों की सफ़ाई करते हैं**, वस्त्र धोते हैं और भिक्षुओं पर सुगंधित जल छिड़कने का आनंद लेते हैं।

जुताई त्यौहार

इस त्यौहार को **बुद्ध के पहले ज्ञान प्राप्ति के क्षण** के रूप में मनाया जाता है, जब उनकी आयु सात वर्ष की थी और **वे अपने पिता के साथ खेतों की जुताई देखने गये थे**। इसे मई के महीने में मनाया जाता है और दो श्वेत बैल सुनहरे रंग से पेंट किये गये हल को खींचते हैं, जिनके पीछे श्वेत परिधान में चार कन्याएँ अपनी टोकरियों से धान के बीज फेंकती हैं।

उलम्बना (Ullambana)

- इस त्यौहार को आठवें चन्द्र मास के पहले से पन्द्रहवें दिन तक मनाया जाता है।
- ऐसा माना जाता है कि **नरक के द्वार पहले दिन खोले जाते हैं** और **भूत पन्द्रह दिन तक संसार में विचरण कर सकते हैं**। इन **भूतों के कष्टों के निवारण के लिए** इस अवधि में उन्हें भोजन अर्पण किया जाता है। पन्द्रहवें दिन (**उलम्बना** या **पूर्वज दिवस**) लोग क़ब्रिस्तान जाकर दिवंगत आत्माओं को भेंट अर्पित करते हैं।

हेमिस गोम्पा

- इस त्यौहार को **गुरु रिन्पोचे (पद्मसम्भव)** की **जन्म शताब्दी के रूप में लद्दाख** के हेमिस गोम्पा मठ में आयोजित किया जाता है। अपने लोगों की रक्षा के लिए तिब्बती बौद्ध धर्म संस्थापक, गुरु पद्मसम्भव ने बुरी शक्तियों से युद्ध किया था। इसलिए इस त्यौहार को **बुराई पर अच्छाई की विजय** के रूप में मनाया जाता है।

- इस त्यौहार का मुख्य आकर्षण **लामाओं द्वारा मुखौटे पहन कर किया जानेवाला नृत्य** है। कई संगीतकार झाँझ, बड़े ड्रम, छोटी तुरही और बड़े आकार के वायु उपकरणों के उपयोग से परम्परागत संगीत बजाते हैं।

सिंधी उत्सव

चालिहा साहिब

- यह **सिन्धी समुदाय** का उत्सव है। इसे जुलाई-अगस्त के महीने में **चालीस दिन का उपवास** रख कर मनाया जाता है। ये **भगवान् झूलेलाल** की चालीस दिनों तक प्रार्थना करते हैं और उपवास की समाप्ति पर वे इस उत्सव को **धन्यवाद दिवस** के रूप में मनाते हैं।
- सिंध के आक्रमणकारी मीर्कशाह बादशाह ने थट्टा के निवासियों को परेशान किया था और वह उनसे इस्लाम क़बूल कराना चाहता था। लोगों ने वरुण देवता या जल देवता की नदी के तट पर चालीस दिन तक तपस्या की। चालीसवें दिन वरुण देवता ने उनकी प्रार्थना सुनी और उन्हें तानाशाही से मुक्ति दिलाने का वचन दिया। उनकी प्रार्थना का उत्तर **झूलेलाल** के रूप में मिला था।

चेटीचंड

- यह **सिंधी नव वर्ष** का उत्सव है और इसे विश्व भर में मनाया जाता है। इसे चैत्र के पहले दिन मनाया जाता है। चेटीचंड को सिंधियों के सरंक्षक **संत झूलेलाल के जन्म के उपलक्ष्य में** मनाया जाता है। सिन्धी समुदाय द्वारा इसे बहुत धूमधाम और उत्साह से मनाया जाता है। लोग **बहराणा साहिब** बनाते हैं, जो जोत, मिश्री, फोटा, फल, अखा से बना होता है, निकटवर्ती नदी पर ले कर जाते हैं। झूलेलाल की एक मूर्ति भी साथ ले जायी जाती हैं।

पारसी उत्सव

जमशेदी नवरोज़

- नवरोज़ उत्सव पारसी समुदाय के नव वर्ष के रूप में मनाया जाता है। यह ***शहंनशाही*** कैलेण्डर द्वारा प्रदर्शित पहले महीने ***फारवर्दिन*** के पहले दिन या **रोज़होर्मुज़्द** को पड़ता है। उसे सार्वभौम भोर का प्रारम्भ माना जाता है, क्योंकि यह शीत ऋतु की समाप्ति और नव वर्ष का प्रारम्भ है।

परम्परागत रूप से पारसी **ख़ोरशेद** और **मेहर याज़ाद** के प्रति सम्मान प्रदर्शित करते हैं, जो दो दिव्य प्राणी और **सूर्य के अग्रदूत** हैं। लोग एक-दूसरे के घर और **अग्नि मंदिर** जाते हैं।

पारसियों के अन्य उत्सव इस प्रकार हैं :

उत्सव का नाम	किस दिन होता है	अवसर	किये जानेवाले अनुष्ठान
ज़रथोस्त नो दीसो	10वें महीने के 11वें दिन।	पैगंबर ज़रथुश्त्र की मृत्यु की वर्षगांठ।	पारसी लोग अग्नि मन्दिर में जाकर पूजा करते हैं और पैगंबर के जीवन और कार्यों को सुनते हैं।
खोरदादसाल	पारसी महीने फरवर्दिन के छठे दिन (अगस्त/सितम्बर)	पैगंबर की जन्म (जयंती) पर	पारसी पूजा अर्चना करते हैं और विशेष भोज का आयोजन करते हैं।
पतेती	पारसी कैलेण्डर का अंतिम गाथा दिन।	वर्ष भर में किये गये अपराधों के लिए क्षमा याचना के लिए।	पारसी पूजा करते हैं, ग़रीबों को भिक्षा देते हैं और घर पर भोज आयोजित करते हैं।

उत्तर-पूर्व भारत के मुख्य त्यौहार

बेहदीनखलम महोत्सव

बेहदीनखलम महोत्सव

- बेहदीनखलम का अर्थ है प्लेग रोग को दूर भगाना।
- यह त्यौहार वार्षिक रूप से मानसून के मौसम में मेघालय के जयंतिया हिल ज़िले में मनाया जाता है।
- यह रोगों (प्लेग) सहित प्रकृति की विनाशकारी शक्तियों को दूर करने के लिए मानव जाति के अथक संघर्ष की कर्मकांडीय अभिव्यक्ति है।
- त्यौहार की मुख्य विशेषता वृक्षों की लंबी डालियों से गोल, पॉलिश किये हुए **लकड़ी के कुंदे या लॉग** का निर्माण है।
- बेहदीनखलम उत्सव के दौरान जयंतिया पुरुष ''रोंग'' या रथ लेकर चलते हैं।
- उत्सव के हिस्से के रूप में, फुटबॉल के समान एक खेल **डाड लावाकोर** भी आयोजित किया जाता है, जिसमें प्रत्येक टीम **लकड़ी की गेंद** से गोल करने की कोशिश करती है।

सागा दावा (Triple Blessed Festival)

- यह त्यौहार अधिकतर **सिक्किम** राज्य में रहनेवाले **बौद्ध समुदायों** द्वारा मनाया जाता है।
- यह सागा दावा नामक तिब्बती चन्द्र-मास के बीच में पड़नेवाली पूर्ण चन्द्रोदय की रात्रि को मनाया जाता है। **तिब्बती समुदायों** द्वारा इस दिन को अत्यधिक शुभ माना जाता है। यह महीना मई और जून के बीच पड़ता है और **इस महीने को सागा दावा या 'पुण्य का महीना'** कहा जाता है।
- इस त्यौहार को बुद्ध के जन्म, ज्ञानोदय और मृत्यु **(परिनिर्वाण)** का स्मरण करने के लिए मनाया जाता है। अधिकांश लोग मठों की यात्रा करते हैं और वहाँ अगरबत्ती, धोग और जल अर्पण करते हैं।
- साथ ही लोग मठों की प्रदक्षिणा करते हैं मंत्रों का जाप करते हैं, धार्मिक ग्रंथों का पाठ करते हैं और धर्म चक्र घुमाते हैं। सागा दावा के पूरे महीने बौद्ध समुदाय के लोगों को बौद्ध धर्म की **तीन शिक्षाओं: उदारता** (दान), **धर्माचरण** (सिला) और **ध्यान** या शुभ विचार (भावना) का पालन करना होता है।

लोसूंग त्यौहार

- लोसूंग त्यौहार को **'सिक्किम का नव वर्ष'** के उपलक्ष्य में मनाया जाता है। यह त्यौहार पूरे सिक्किम राज्य में प्रत्येक वर्ष दिसम्बर के महीने में मनाया जाता है। जैसा कि पहले उल्लेख किया गया है कि सिक्किम राज्य का प्रमुख व्यवसाय कृषि है और यह **फ़सलों की कटाई के उत्सव** के रूप में किसानों और अन्य व्यावसायिक समुदायों द्वारा मनाया जाता है।
- परंपरागत रूप से, इस त्यौहार को **भूटिया जनजाति** का त्यौहार माना जाता है परन्तु आजकल **लेप्चा** जनजाति के लोग भी इसे उसी प्रकार पूरे उत्साह और उमंग से मनाते हैं। इस त्यौहार का विशेष बिन्दु यह है कि इस उत्सव के

अंग के रूप में लोग **स्थानीय स्तर पर निर्मित की जानेवाली शराब** पीते हैं, जिसे **चांग** (या **छांग**) कहते हैं। सब लोग परम्परागत नृत्यों, जैसे-खग्यु नृत्य और ब्लैक हैट नृत्य, को करने के लिए मठों में एकत्रित भी होते हैं। तीरंदाज़ी जैसे उत्सवों से सिक्किमी समुदाय के लोगों की युद्धप्रिय भावनाओं का प्रदर्शन होता है।

बिहू त्यौहार

- बोहाग बिहू **असम** के सर्वाधिक लोकप्रिय त्यौहारों में से एक है। *रोंगली अथवा बोहाग बिहू अप्रैल में मनाया जाता है, कोंगली अथवा काती बिहू अक्टूबर में मनाया जाता है, और भोगली बिहू जनवरी में मनाया जाता है।* रोंगली बिहू इन तीनों में से सबसे महत्त्वपूर्ण है और यह असमी नववर्ष के समय में ही मनाया जाता है। बिहू के दौरान गीत और नृत्य मुख्य आकर्षण हैं।

  बोहाग बिहू **असम** के सबसे लोकप्रिय त्यौहारों में से एक है। यद्यपि असमी लोग वर्षभर में **तीन बार** बिहू मनाते हैं, पर बोहाग बिहू की बहुत उत्सुकता से प्रतीक्षा की जाती है।

बिहू त्यौहार

  क्योंकि असम में रहनेवाले समुदाय प्रमुख रूप से कृषि-आधारित समुदाय हैं, बिहू त्यौहार परम्परागत रूप से **बदलती हुई ऋतुओं** और **फ़सलों की कटाई** से जुड़ा हुआ है। बोहाग बिहू प्रतिवर्ष 14 अप्रैल से आरम्भ होकर कई दिन तक मनाया जाता है। समुदायों और जनजातियों के निर्णय के अनुसार यह त्यौहार एक सप्ताह से लेकर लगभग एक महीने तक चलता है।
- त्यौहार के पहले दिन गाय और बैल, जो समुदाय का मूल आधार हैं, उन्हें नहलाया और खिलाया जाता है। इस त्यौहार को 'गोरा बिहु' कहते हैं।
- दूसरा दिन बिहु त्यौहारों का प्रमुख दिन है, और इस दिन लोग एक-दूसरे का अभिवादन करते हैं और अपने संबंधियों के साथ ***गमोसा*** (हाथ से बुना हुआ खादी का गमछा) का आदान-प्रदान करते हैं, सभी घरों में ***पिठा*** (चावल के आटे, गेहूँ के आटे, तिल, नारियल और गुड़ के मिश्रण से बना एक व्यंजन) बनाया जाता है। वे मंच भी बनाते हैं, जहाँ सभी समुदायों के पुरुष और स्त्रियाँ मिलकर बिहू नृत्य करते हैं।

होर्नबिल महोत्सव

- यह **नागालैंड** में मनाये जानेवाले प्रमुख **त्यौहारों** में से एक है।
- यह 10 दिन तक चलनेवाला त्यौहार है, जो प्रतिवर्ष **पहली दिसम्बर** से आरम्भ होता है। सभी प्रमुख नागा जनजातियों के लोग इस त्यौहार में भाग लेने के लिए **किसमा धरोहर गाँव** में एकत्र होते हैं। **सभी जनजातियों के लोग** वेशभूषाओं, शस्त्रों, तीरों और कमानों तथा अपने कुनबे की विशिष्ट पगड़ियों के माध्यम से अपने कौशल और सांस्कृतिक विविधता का प्रदर्शन करते हैं।
- यह त्यौहार **सभी जनजातियों में बीच मेल-जोल बढ़ाने** तथा नयी पीढ़ी के लोगों के लिए सांस्कृतिक सम्बन्ध बनाने का अवसर प्रदान करता है।

मोअत्सु मोंग त्यौहार

- **यह बोआई के बाद** मई के पहले सप्ताह में **नागालैंड** के **एओ** (Ao) **जनजाति** द्वारा मनाया जाता है।
- यह त्यौहार उन्हें तनावपूर्ण काम, जैसे खेतों को साफ़ करना, जंगलों को जलाना, बीज बोना आदि के बाद प्रसन्नता और मनोरंजन की अवधि प्रदान करता है। यह गीतों और नृत्यों के लिए विशिष्ट माना जाता है। उत्सव का एक हिस्सा **सांगपांगटू** है, जहाँ एक बड़ी आग जलायी जाती है और महिलाएँ और पुरुष इसके चारों ओर बैठते हैं।

येमशे महोत्सव

- यह भी **नागालैंड** में, मुख्य रूप से **पोचुरी जनजाति** द्वारा मनाया जानेवाला **फ़सल उत्सव** है। इस त्यौहार के दौरान मेंढकों को पकड़ना प्रतिबंधित होता है। यह **सितंबर** में मनाया जाता है।

खर्ची पूजा

- इस हिंदू त्यौहार का उद्भव **त्रिपुरा** राज्य में हुआ। यद्यपि यह त्यौहार **राजसी परिवार** के त्यौहार के रूप में आरम्भ हुआ था, लेकिन वर्तमान समय में एक सामान्य परिवार भी इस त्यौहार को मनाता है। यह त्यौहार पूरे सप्ताह मनाया जाता है तथा यह जुलाई के महीने में मनाया जाता है। यह त्यौहार **पृथ्वी** के सम्मान में मनाया जाता है तथा 14 अन्य देवताओं की पूजा की जाती है।
- प्रत्येक वर्ष हज़ारों लोग इन देवताओं की आराधना करने के लिए अगरतला स्थित चतुरदश मन्दिर तक पैदल यात्रा करते हैं।

खर्ची पूजा

चेरियाओबा त्यौहार

- यह त्यौहार पूरे **मणिपुर** राज्य में मनाया जाता है, क्योंकि मणिपुरी जनजातीय प्रथा के अनुसार यह उनका **नववर्ष** है। यह मार्च की पहली तिथि या अप्रैल महीने की पहली तिथि को मनाया जाता है।
- इस त्यौहार का सम्बन्ध **सनामही** नामक स्थानीय देवता से है, जिसकी पूजा **मैतेई जनजाति** के लोग करते हैं। सामान्यत: इस त्यौहार का आयोजन सनामही के मन्दिर में किया जाता है। प्रत्येक परिवार अपने घर को साफ़ करता है, नये बर्तन और परिवार के सदस्यों के लिए नये वस्त्र ख़रीदता है।

वंगाला त्यौहार (100 ड्रम महोत्सव)

- प्रभावशाली **गारो जनजाति** के लोग मुख्य रूप से **मेघालय** में यह त्यौहार मनाते हैं। यह त्यौहार **सर्दी के आरम्भ** का सूचक है और **फ़सल की कटाई के पश्चात्** आनेवाली ऋतु का स्वागत करने के लिए मनाया जाता है।
- इस त्यौहार को **'मिसी सल्जोंग'** नामक स्थानीय देवता के सम्मान में मनाया जाता है, जिनके बारे में मान्यता है कि वे बहुत उदारता से सब कुछ देते हैं। ऐसा माना जाता है कि

वंगाला त्यौहार

समुदाय के प्रति होनेवालीं सभी कल्याणकारी बातों के पीछे उन्हीं की शक्ति काम करती है। यह त्यौहार उनके प्रति धन्यवाद है।

- संगीतमय वातावरण निर्मित करने के लिए ढोल, बाँसुरी और अन्य संगीत वाद्य बजाये जाते हैं। इसे **'100 ढोलवाला तथा वंगाला त्यौहार'** भी कहा जाता है, क्योंकि ज़ोर-ज़ोर से बजनेवाले ढोलों की आवाज़ें इस त्यौहार के आरम्भ होने का संकेत देती हैं। प्रतिभागियों द्वारा पहने जानेवाले आश्चर्यजनक परिधानों से इस त्यौहार को निराली छटा भी प्राप्त होती है। एक अन्य असामान्य विशेषता त्यौहार मनानेवाले सभी लोगों द्वारा धारण की जानेवालीं **पंखों से सजी पगड़ियाँ** हैं, जो उनके कुनबे (क़बीले) को भी प्रदर्शित करती हैं।

कांग चिंगबा (मणिपुर की रथ यात्रा)

- कांग चिगंबा **मणिपुर** में मनाये जानेवाले सबसे बड़े हिंदू त्यौहारों में से एक है। यह **जगन्नाथ पुरी की रथ यात्रा** के **समान** है और उसी के पूर्व-इतिहासों से प्रेरित प्रतीत होता है। यह दस दिनों तक चलनेवाला त्यौहार है, जो प्रत्येक वर्ष जुलाई में मनाया जाता है।
- यात्रा का आरम्भ इम्फाल स्थित श्री गोविन्दजी के प्रसिद्ध मन्दिर से होता है। लकड़ी को तराशकर बनायी और अत्यधिक सुसज्जित प्रतिमाओं को विशाल रथों पर आरुढ़ किया जाता है, जिन्हें 'कांग' कहा जाता है। इन देवी-देवताओं को फिर दूसरे मन्दिर में ले जाया जाता है और इस यात्रा के उपलक्ष्य में लोग रात भर नृत्य करते हैं।

अम्बुबाची मेला

- **असम** के गुवाहाटी स्थित **कामाख्या मन्दिर** में इस त्यौहार को आयोजित किया जाता है। यह त्यौहार उत्तर-पूर्व भारत के प्रमुख त्यौहारों में से एक है, यहाँ तक कि इसे **'पूर्व का महाकुम्भ'** भी कहा जाता है।
- यह त्यौहार उर्वरता से संबंधित **अनुष्ठानों** से जुड़ा हुआ है और कई भक्त यहाँ देवी से सन्तान प्राप्ति का आशीर्वाद लेने के लिए आते हैं। इस मन्दिर में मेले के दौरान सम्पन्न की जानेवालीं कथित **तांत्रिक गतिविधियों ने कई विवादों को भी जन्म दिया है।**
- मान्यता है कि त्यौहार के समय देवी कामाख्या का मासिक धर्म चल रहा होता है, इसलिए इस अवधि में मन्दिर तीन दिन के लिए बंद रहता है।

सेकरेन्यी त्यौहार

- सेकरेन्यी का त्यौहार फ़रवरी के महीने में **नागालैंड** की **अंगामी जनजाति** द्वारा मनाया जाता है।
- यह त्यौहार दस दिनों तक चलता है और इसे अन्गामियों द्वारा 'फुसैनी (phousanyi)' भी कहा जाता है। यह शुद्धिकरण का त्यौहार है।

मजुली त्यौहार

- यह अत्यधिक आधुनिक त्यौहारों में से एक है, जिसे **असम** राज्य के मजुली द्वीप में मनाया जाता है।
- इस त्यौहार को नवम्बर में आयोजित किया जाता है, क्योंकि यह असम के मौसम की क्षण-क्षण परिवर्तित होनेवालीं मौसमी परिस्थितियों के विचार का सर्वोत्तम समय होता है। असम का **सांस्कृतिक विभाग** इस त्यौहार के दौरान विभिन्न

कार्यक्रमों, जैसे सेमिनार आदि का आयोजन करता है, जो सामान्य रूप से पूरे असम के पारंपरिक इतिहास और गौरव तथा विशेष रूप से मजुली पर प्रकाश डालते है।

लुई-न्गई-नी त्यौहार

- **नागा जनजातियाँ** इस त्यौहार को मनाती हैं। यह पूरे **नागालैंड में** और मणिपुर के कुछ नागा बहुल क्षेत्रों में मनाया जाता है। इस त्यौहार का **बीजों की बोआई के मौसम** के संकेत के रूप में भी आनंद उठाया जाता है।
- यह त्यौहार नागा जनजातियों की कृषिकर्म संबंधी शाखाओं को ग़ैर-कृषक नागा समुदायों के निकट लाता है।
- यह त्यौहार बहुत धूम-धाम और प्रदर्शन से मनाया जाता है एवं इस त्यौहार का उद्देश्य विभिन्न समुदायों को निकट लाना और **शांति और समन्वय** का संदेश प्रसारित करना है।

ड्री त्यौहार

- **अरुणाचल प्रदेश** के **अपातानी/अपतानी जनजाति** के लोग मुख्यत: इस त्यौहार को मनाते हैं। वर्तमान समय में, और भी अधिक जनजातियों के लोग ड्री त्यौहार की प्रथाओं को मनाने लगे हैं।
- यह **ज़ीरो घाटी** में आयोजित होनेवाले सबसे बड़े त्यौहारों में से एक है।
- इस त्यौहार के दौरान लोग मुख्य रूप से पाँच देवताओं की पूजा-अराधना करते हैं - ***तामू, मेटी, मेडवर, दानई* और *मेपिन***। अच्छी और भरपूर फ़सल की प्रार्थना की जाती हैं। लोग घाटी में एकत्र होकर परम्परागत नृत्य करते हैं। इस त्यौहार की एक अनोखी परम्परा यह है कि अच्छी फ़सल के प्रतीक स्वरूप सभी एकत्रित लोगों को **खीरे वितरित किये जाते हैं।**

लोसार महोत्सव

- यह चंद्र कैलेण्डर के पहले दिन पड़ता है और **अरुणाचल प्रदेश** में काफ़ी लोकप्रिय है (मुख्य रूप से **मोनपा जनजाति** द्वारा मनाया जाता है, जो कृषि और पशुपालन का काम करते हैं और बौद्ध धर्म का पालन करते हैं)।
- लोसार एक तीन दिवसीय त्यौहार है और **तवांग** में धूमधाम से मनाया जाता है।
- यह **लद्दाख क्षेत्र** में भी मनाया जाता है।

खान महोत्सव

- यह **अरुणाचल प्रदेश** के **मिजी जनजाति** द्वारा मनाया जानेवाला एक धार्मिक त्यौहार है।
- यह त्यौहार महत्त्वपूर्ण है, क्योंकि यह हर पृष्ठभूमि के लोगों को आपस में मिलाता है, **चाहे वे किसी भी जाति और पंथ** के हों। इस दौरान, पुजारी सभी सहभागियों के **गले में ऊन का एक टुकड़ा बाँधता** है और इस धागे को पवित्र माना जाता है।

लाई हराओबा

यह **मणिपुर में मैतेई समुदायों** द्वारा मनाया जानेवाला एक कर्मकांडी त्यौहार है। यह **सनमहिज़्म** धर्म के अंतर्गत पारंपरिक देवताओं **उमंग लाई** को प्रसन्न करने के लिए मनाया जाता है। उमंग लाई स्थानीय वन देवताओं (उसी शीर्षक के साथ) के लिए संरक्षित पवित्र उपवनों का समूह है, जिनकी मणिपुर में प्राचीन काल से पूजा की जाती है।

जो कुटपुई

मिज़ोरम में जो कुटपुई उत्सव मनाया जाता है। इसमें दुनिया के विभिन्न हिस्सों में रहनेवाले मिज़ो जनजाति के लोग एकजुट होते हैं।

चापचर कुट महोत्सव

यह **मिज़ोरम** में मार्च के दौरान स्थानीय लोगों के झूम संचालन के सबसे कठिन कार्य को पूरा करने के बाद मनाया जाता है।

द्विजिंग महोत्सव

द्विजिंग महोत्सव **असम** के चिरांग ज़िले में ऐई नदी के तट पर मनाया जानेवाला एक वार्षिक नदी उत्सव है।

सोलुंग उत्सव

यह अच्छी फ़सल और समृद्धि की इच्छा से **अरुणाचल प्रदेश** में मनाया जानेवाला **आदि** जनजाति का एक कृषि त्योहार है।

मी-दम-मे-फि

यह पूर्वजों की पूजा का त्योहार है, जो **असम** में हर साल 31 जनवरी को **अहोम समुदाय** द्वारा मनाया जाता है।

बैशागु

यह त्योहार **असम** की 'बोरो कछारी' जनजाति द्वारा मनाया जाता है।

अली ऐई लिगांग महोत्सव

यह त्योहार **असम में मिशिंग समुदाय** द्वारा मनाया जाता है। यह बीज बोने का त्योहार और वसंत-उत्सव है, जो अच्छी फ़सल की कामना के लिए मनाया जाता है।

रोंगकर और चोमांगकान महोत्सव

रोंगकर और चोमांगकान कारबिस लोगों के दो त्योहार हैं, जो **असम** में कार्बी आंगलोंग की एक स्थानीय जनजाति है।

बड़े सहरिया भौना

बड़े सहरिया भौना जमुगुरीहाट, **असम** में एक सामुदायिक नाटक उत्सव है।

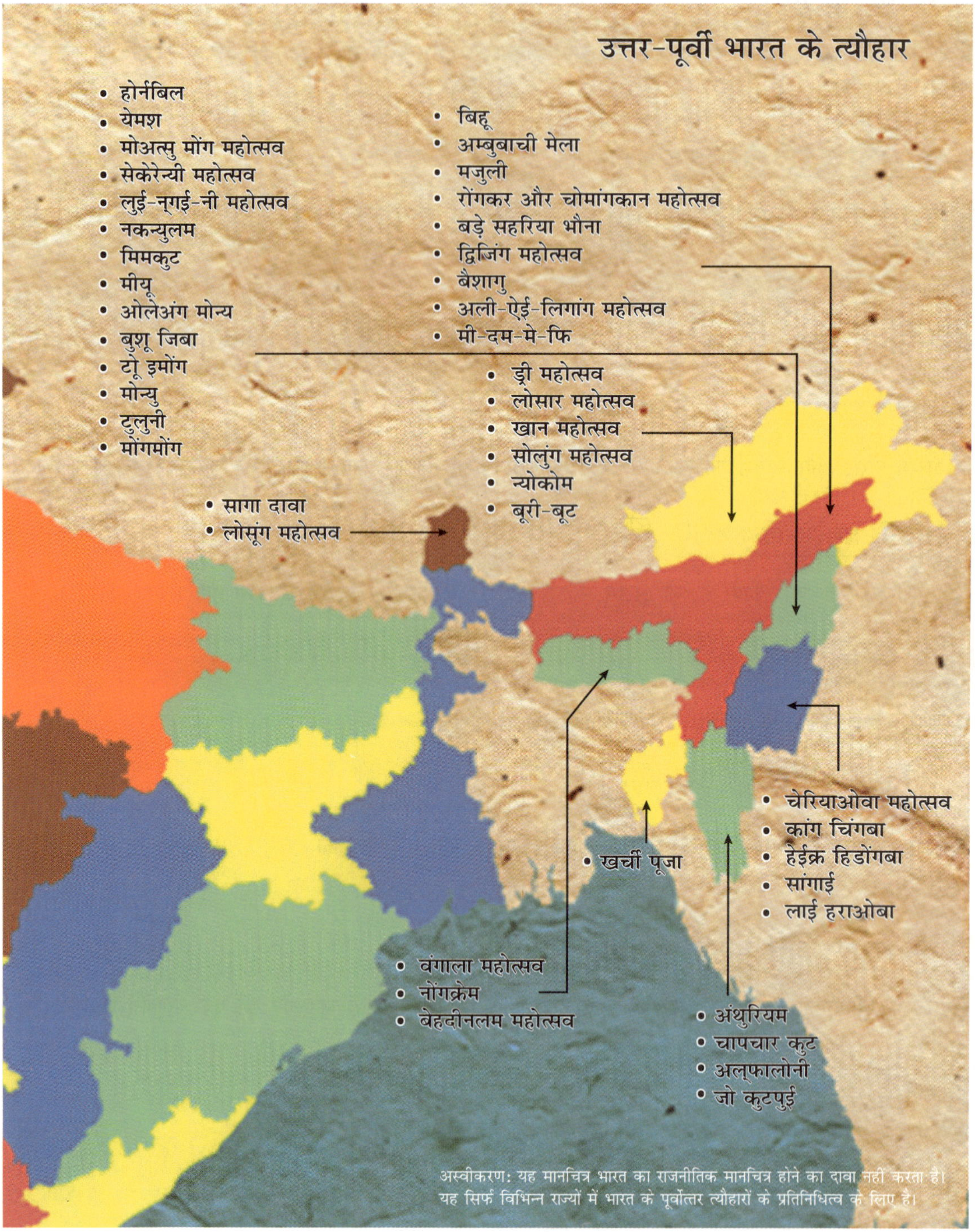

मानचित्र - उत्तर-पूर्वी भारत के त्यौहार

अन्य महत्त्वपूर्ण पर्व

राज्य/केन्द्रशासित प्रदेश	पर्व
आंध्र प्रदेश	ब्रह्मोत्सवम्
अरुणाचल प्रदेश	न्योकोम, बूरी-बूट, रह, सॉन्ग
छत्तीसगढ़	बस्तर दशहरा
गोवा	शिमगा
गुजरात	मोढेरा नृत्य महोत्सव
हिमाचल प्रदेश	गोची उत्सव
जम्मू और कश्मीर	बहू मेला, छारी, ट्यूलिप महोत्सव, हेमिस महोत्सव
झारखंड	रोहिणी उत्सव, करम पूजा
कर्नाटक	कामबाला
केरल	पूरम मंदिर उत्सव, वल्लमकली नौका दौड़ उत्सव
लद्दाख	गाल्डन नामचोट, दोसमोचे, फियांग सेदुप, सिंधु दर्शन, साका दावा, टक टोक, मतहो नागरंग, स्टोक गुरु पर्व, नरोपा महोत्सव**
मध्य प्रदेश	लोकरंग महोत्सव, खजुराहो नृत्य महोत्सव
मेघालय	नोंगक्रेम
महाराष्ट्र	वारी-वारकरी (पंढारपुर में वारकरी समुदाय द्वारा), एलीफेंटा उत्सव, नाग पंचमी
मणिपुर	हेईक्रु हिडोंगबा, सांगाई, कांग चिंगबा, चवांग कुट
मिज़ोरम	अंथुरियम, चापचार कुट, अल्फालोनी
नागालैंड	नकन्युलम, मिमकुट, मीयू, ओलेअंग मोन्यु, बुशू जिबा, टोखू इमोंग, मोन्यु, टुलुनी, मोंगमोंग
ओडिशा	कढेई जात्रा, ठकुरानी जात्रा, राजा पर्ब, नौखाई जुहार, कोणार्क डांस महोत्सव
तमिलनाडु	चिथिराई, नाट्यांजलि, जल्लीकट्टू, पुथंडु
तेलंगाना	सम्माक्का सरलम्मा जतारा, नाट्यांजलि, बोनालू
उत्तराखंड	नंदा देवी राज जात यात्रा, फूल देई, गंगा दशहरा

*** **नरोपा महोत्सव (हिमालय का कुंभ)** तिब्बती कैलेण्डर के अनुसार हर 12 साल बाद **लद्दाख** में बौद्ध दार्शनिक और विद्वान् नरोपा के जीवन पर जश्न मनाया जाता है, **जो 11वीं शताब्दी ईसवी के दौरान रहते थे और नालंदा महाविहार में पढ़ाते भी थे।***

भारत के मेले

विभिन्न प्रकार की धार्मिक, मनोरंजनात्मक या वाणिज्य गतिविधियों के लिए लोगों के अस्थायी मिलन या उनके एक स्थान पर इकट्ठा होने को मेला कहते हैं। भारत के विभिन्न भागों में विभिन्न प्रकार के मेले आयोजित किये जाते हैं। उनमें से कुछ की चर्चा नीचे की गयी है:

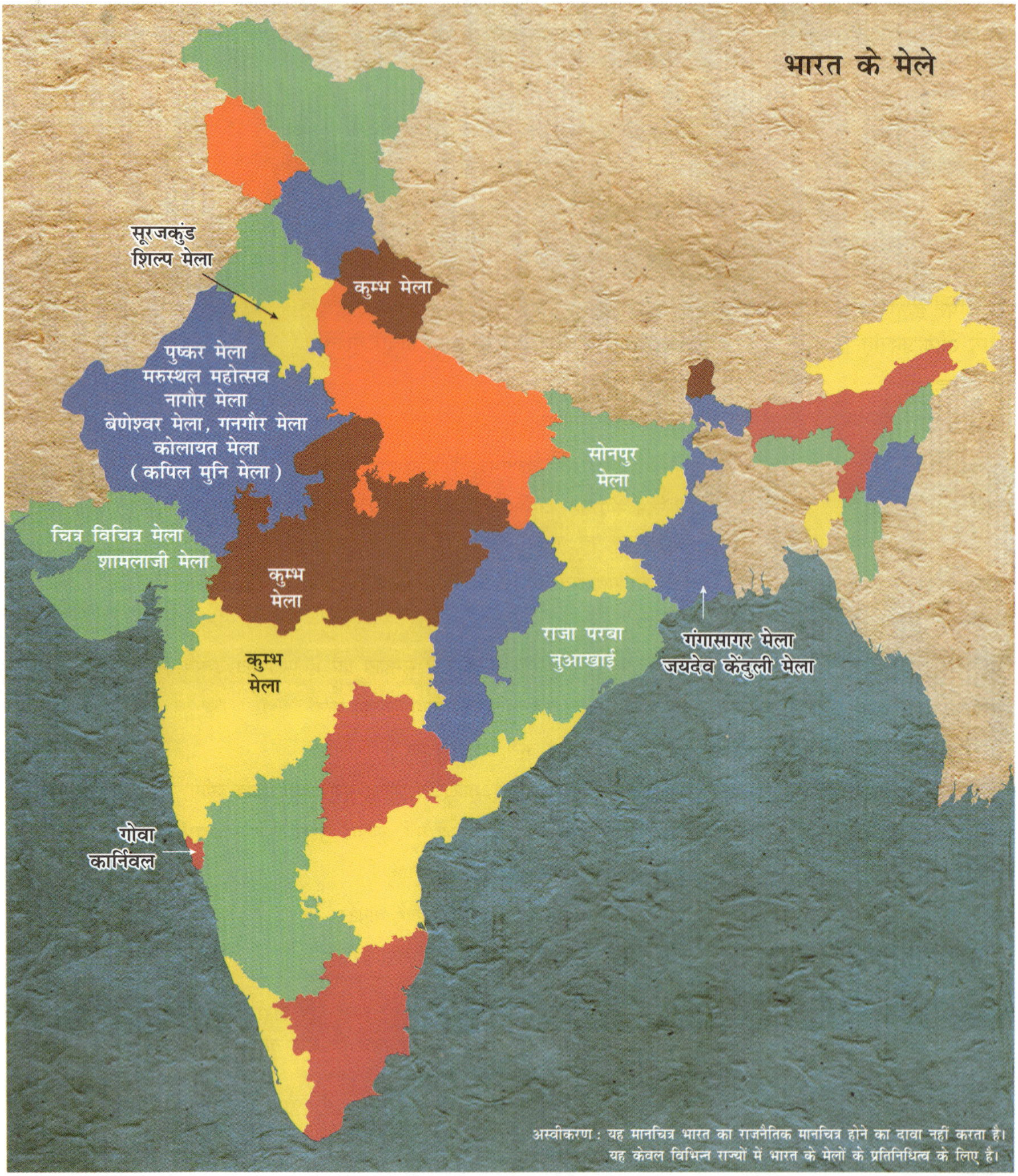

मानचित्र - भारत के मेले

कुम्भ मेला

- कुम्भ मेला विश्व का सबसे बड़ा धार्मिक सम्मेलन है। प्रतिदिन लाखों लोग पवित्र नदी में डुबकी लगाने आते हैं। यह मेला (सम्मेलन) **चार पवित्र हिंदू तीर्थस्थलों–प्रयागराज, हरिद्वार, नासिक-त्र्यिम्बक** और **उज्जैन** में बारी-बारी से आयोजित होता है। हिंदू पौराणिक कथाओं के अनुसार 'समुद्र मंथन', अर्थात् महासागर को मथने के दौरान एक 'कुम्भ' (बर्तन) में अमृत उत्पन्न हुआ था। देवों और असुरों के संग्राम में, विष्णु द्वारा कुम्भ को ले जाते समय अमृत की कुछ बूँदें पृथ्वी पर छलक गयीं। वे यही चार स्थान थे, जहाँ अब कुम्भ के मेलों का आयोजन होता है।

कुम्भ मेला

- यह मेला **12 साल के समय अंतराल के बाद** दिये गये स्थान पर **आयोजित किया जाता है।** मेले की सटीक तिथियाँ सूर्य, चन्द्र और वृहस्पति ग्रहों की स्थिति के अनुसार निर्धारित की जाती हैं। **नासिक और उज्जैन** में यह मेला तब होता है, जब ग्रह, सिंह राशि में स्थित होता है, और इसे **सिंहस्थ कुम्भ** कहा जाता है।
- **हरिद्वार और प्रयागराज** में **अर्ध-कुम्भ मेला** प्रत्येक **छठे वर्ष** में होता है।
- 1915 के कुंभ मेले में **अखिल भारतीय हिंदू सभा** की स्थापना हुई थी (बाद में हिंदू महासभा बनी)।

स्थान जहाँ कुम्भ मेला होता है :

स्थान	नदी
हरिद्वार (उत्तराखंड)	गंगा
प्रयागराज (उत्तर प्रदेश)	गंगा, यमुना और पौराणिक सरस्वती नदी के संगम पर
उज्जैन (मध्य प्रदेश)	क्षिप्रा
नासिक-त्र्यिम्बक (महाराष्ट्र)	गोदावरी

2017 में, UNESCO द्वारा कुंभ मेले को अमूर्त सांस्कृतिक विरासत के रूप में घोषित किया गया।

नागौर मेला

- यह राजस्थान के नागौर में जनवरी और फ़रवरी महीने में आठ दिनों तक मनाया जाता है। इस मेले में घोड़े, गाय, बैल और ऊँट जैसे जानवरों का व्यापार किया जाता है। जानवरों की दौड़, मुर्ग़ों की लड़ाई, रात में नाच-गाना आदि इस मेले के होनेवाले आकर्षक कार्यक्रम हैं।

सोनपुर मेला

- यह एशिया के सबसे बड़े **मवेशी मेलों** में से एक है। यह मेला **बिहार** के **सोनपुर** में गंगा और गंडक नदियों के संगम पर आयोजित होता है। यह प्राय**: नवंबर** महीने में कार्तिक पूर्णिमा (जिसे हिंदुओं द्वारा बहुत शुभ माना जाता है) के अवसर पर आयोजित किया जाता है।

- केवल यही एकमात्र स्थान है, जहाँ बड़ी संख्या में हाथियों की बिक्री होती है और पौराणिक कथाओं के अनुसार चन्द्रगुप्त मौर्य यहीं से हाथी और घोड़े ख़रीदते थे।

चित्र विचित्र मेला

- यह **गुजरात** का सबसे बड़ा **जनजातीय मेला** है, जो मुख्यत: **'गरासियाँ'** और **'भील' जनजातियों** द्वारा मनाया जाता है। इस जनजाति के लोग अपना पारम्परिक परिधान पहनते हैं और अपनी स्थानीय जनजातीय संस्कृति का प्रदर्शन करते हैं।
- होली के पश्चात् 'अमावस्या' को जनजातीय महिलाएँ अपने दिवगंत प्रियजनों का शोक मनाने के लिए नदी पर जाती हैं। अगले दिन से उत्सव प्रारम्भ हो जाता है, जिस में जीवंत नृत्य प्रस्तुतियाँ, सर्वश्रेष्ठ हस्तशिल्प और उत्तम चाँदी के गहने प्रतिवर्ष पर्यटकों को आकर्षित करते हैं।

शामलाजी मेला

- इसे **गुजरात** के **जनजातीय समुदाय** द्वारा **भगवान् शामलाजी**, 'दिव्य साँवला', जिन्हें कृष्ण या विष्णु का अवतार माना जाता है, को श्रद्धा समर्पित करने हेतु मनाया जाता है। भक्तजन बड़ी संख्या में देवता की पूजा करने के लिए और **मेश्वो नदी** में स्नान करने आते हैं।
- **'भीलों'** को शामलाजी की शक्तियों में बहुत विश्वास होता है, जिसे वे स्नेह से **'कालियो देव'** भी कहते हैं। यह नवम्बर में लगभग तीन सप्ताह तक चलता है, जिसमें कार्तिक पूर्णिमा मेले का सबसे अधिक महत्त्वपूर्ण दिन होता है।

पुष्कर मेला

- पुष्कर मेला 'कार्तिक पूर्णिमा' से प्रारम्भ होनेवाला **पुष्कर, राजस्थान** का **वार्षिक मेला** है। यह लगभग एक सप्ताह तक चलता है। यह **ऊँटों और मवेशियों** के विश्व के सबसे बड़े मेलों में से एक है। यही वह समय है, जब राजस्थानी किसान अपने मवेशी ख़रीदते और बेचते हैं, परन्तु अधिकांश व्यापार मेले के दिनों से पहले ही पूरा हो जाता है।
- तब उत्सव की वास्तविक गतिविधियाँ प्रारम्भ होती हैं, जैसे ऊँट दौड़, मूँछों की प्रतियोगिता, पगड़ी बाँधने की प्रतियोगिता, नृत्य और ऊँट-सवारी आदि की प्रतियोगिताएँ इसका प्रमुख आकर्षण हैं।

पुष्कर मेला, राजस्थान

गणगौर मेला

- यह त्यौहार अठारह दिनों तक चलता है। यह **राजस्थान** की महिलाओं के लिए सबसे महत्त्वपूर्ण त्यौहारों में से एक है। यह देवी पार्वती के सम्मान में मनाया जाता है और माना जाता है कि वे वैवाहिक सुख की देवी हैं।

- यह अक्सर हाथियों के जुलूस, पुरानी पालकी, रथ, लोक गीत और नृत्य के साथ मनाया जाता है और आतिशबाज़ी के साथ समाप्त होता है।

मरुस्थल पर्व

- सामान्यत: फ़रवरी के महीने में **जैसलमेर** में यह तीन दिवसीय असाधारण पर्व होता है। इस पर्व में राजस्थान की जीवंत संस्कृति प्रदर्शित की जाती है।
- पर्यटकों के लिए यह स्थानीय झलक प्रस्तुत करता है और राजस्थानी संस्कृति के विभिन्न पहलुओं को प्रदर्शित करता है। राजस्थान की सुनहरी रेत के बीच पर्यटक रंगारंग लोक नृत्यों, रेत के टीलों की यात्रा, पगड़ी बाँधने की प्रतियोगिता, ऊँट की सवारी आदि का आनन्द उठा सकते हैं।

मरुस्थल पर्व, राजस्थान

कोलायत मेला (कपिल मुनि मेला)

- कोलायत मेला **राजस्थान** के **बीकानेर** में आयोजित किया जाता है। कार्तिक पूर्णिमा के दिन लोग अपने सभी पापों से मुक्त होने के लिए पवित्र **कोलायत झील** में स्नान करते हैं।
- इस मेले का नाम महान् ऋषि कपिल मुनि के नाम पर रखा गया है, जिन्होंने मानवता की भलाई के लिए कठिन तप किया था। एक बहुत बड़े **पशु मेले का आयोजन भी किया जाता है।**

कोलायत मेला, राजस्थान

सूरजकुंड शिल्प मेला

- यह **हरियाणा** में फ़रीदाबाद के निकट सूरजकुंड में फ़रवरी में आयोजित एक वार्षिक अंतरराष्ट्रीय शिल्प मेला है।
- यह क्षेत्रीय शिल्प के साथ अंतरराष्ट्रीय शिल्प और सांस्कृतिक विरासत को भी प्रस्तुत करता है। भारत के सभी भागों से पारम्परिक शिल्पकार इस उत्सव में भाग लेते हैं। मिट्टी के बर्तनों, बुनाई, मूर्तिकला, कढ़ाई, पेपर मैश, बाँस और बेंत शिल्प के साथ धातु और लकड़ी का फ़र्नीचर आदि आकर्षित करते हैं।

सूरजकुंड शिल्प मेला

बेणेश्वर मेला

- यह **राजस्थान** के डूंगरपुर ज़िले में आयोजित होनेवाला एक वार्षिक आदिवासी मेला है। यह जनवरी या फ़रवरी के महीने में सोम और माही नदियों के संगम के निकट आयोजित किया जाता है। यह आदिवासी संस्कृति का एक प्रमुख मेला है और इसे प्राय: 'आदिवासियों का कुंभ मेला' के रूप में वर्णित किया जाता है।

गंगासागर मेला

- इसे जनवरी-फ़रवरी के महीने में **पश्चिम बंगाल** में हुगली नदी (सागर द्वीप का दक्षिणी छोर) के मुहाने पर आयोजित किया जाता है। **मकर सक्रांति** के दिन गंगा में पवित्र डुबकी को हिंदुओं के द्वारा बहुत शुभ माना जाता है।
- लाखों की संख्या में तीर्थयात्री इस स्थान पर जुटते हैं। इस मेले में **नागा साधुओं** की उपस्थिति इस मेले को एक विशिष्ट पहचान प्रदान करती है।
- प्रसिद्ध **कपिल मुनि मंदिर** सागर द्वीप में स्थित है।

गोवा कार्निवाल

- **पुर्तगालियों ने** भारत में गोवा कार्निवल की शुरूआत की थी। यह **लेंट** (Lent), जो संयम और आध्यात्मिकता की अवधि होती है, के आरंभ से 40 दिन पहले प्रारम्भ होता है।
- इसमें दावतें होती हैं और आनंद मनाया जाता है। लोग मुखौटा पहन कर गलियों में पार्टी करने के लिए जुटते हैं। इसमें गोवा की समृद्ध विरासत और संस्कृति का प्रदर्शन होता है और इसमें विशिष्ट पुर्तगाली प्रभाव होता है।

जयदेव केंदुली मेला

जयदेव केंदुली पश्चिम बंगाल के बीरभूम ज़िले का एक गाँव है। इसे कवि जयदेव (राजा लक्ष्मण सेन के दरबारी कवि का संभावित जन्मस्थान माना जाता है, जिन्होंने संस्कृत में *गीत गोविंद* की रचना की थी। मकर संक्रांति के अवसर पर जयदेव की स्मृति में मेले का आयोजन किया जाता है।

चिल्लई कलाँ

यह **कश्मीर में कठोर सर्दियों की 40 दिनों की अवधि** (21 दिसंबर से 29 जनवरी तक हर वर्ष) को संदर्भित करता है। चिल्लई कलाँ के बाद 20 दिन का चिल्लई ख़ुर्द और 10 दिन का चिल्लई बच्चा होता है। चिल्लई कलाँ को शानदार **हरीसा** (बंद बर्तन में धीमे-धीमें पकाया गया गर्म मांस) के साथ मनाया जाता है। **'चिल्लई कलाँ'** के पहले दिन को **'विश्व फेरन दिवस'** के रूप में जाना जाता है, पारंपरिक फेरन (पुरुषों और महिलाओं के लिए लंबे ऊनी गाउन) का उपयोग **ठंढ से बचने के लिए** किया जाता है।

अध्याय का सारांश

- **राष्ट्रीय त्यौहार** – राष्ट्रीय महत्त्व की महान् ऐतिहासिक घटनाओं के अवसर – भारत तीन राष्ट्रीय त्यौहार मनाता है – गणतंत्र दिवस (26 जनवरी) – स्वतंत्रता दिवस (15 अगस्त) – गांधी जयंती (2 अक्टूबर)।
- **धार्मिक त्यौहार** – विशिष्ट समुदाय से जुड़े – अन्य समुदायों के मनाने पर कोई प्रतिबंध नहीं।
- **सैर-ए-गुलफ़रोशाँ** – 19वीं सदी में मुग़ल सम्राट् अकबर द्वितीय द्वारा संरक्षित – फूलों का वार्षिक तीन दिवसीय उत्सव – दिल्ली में आयोजित किया जाता है – फूलवालों की सैर।
- **कुंभ मेला** – सबसे बड़ा धार्मिक एकत्रीकरण – बारी-बारी से आयोजित – प्रयागराज, हरिद्वार, नासिक-त्रियम्बक और उज्जैन में – UNESCO की अमूर्त सांस्कृतिक विरासत सूची में शामिल।

यू.पी.एस.सी. पिछले वर्षों के बहुविकल्पीय प्रश्न

1. 'नरोपा' किसका त्यौहार है? **(CDS I, 2020)**
   (a) सिक्किम (b) लद्दाख
   (c) अरुणाचल प्रदेश (d) नागालैंड

2. निम्नलिखित युग्मों पर विचार कीजिए :
   परंपरा बनाम राज्य :
   1. चपचार कूट त्यौहार : मिज़ोरम
   2. खोंगजम पर्व गाथागीत : मणिपुर
   3. थांग-ता नृत्य : सिक्किम

   ऊपर दिये गये युग्मों में से कौन-सा/सही हैं? **(CSE, 2018)**
   (a) केवल 1 (b) 1 और 2
   (c) केवल 3 (d) 2 और 3

3. 1915 में हरिद्वार कुंभ मेले में किस संगठन की शुरुआत हुई थी? **(CDS II, 2018)**
   (a) सनातन धर्म सभा (b) देव समाज
   (c) ब्राह्मण सभा (d) हिंदू महासभा

4. निम्नलिखित जोड़ों पर विचार करें:

परंपराएँ		समुदाय
(i) चलिहा साहिब महोत्सव	–	सिंधी
(ii) नंदा राजजात यात्रा	–	गोंड
(iii) वारी-वारकरी	–	संथाल

   ऊपर दी गयी कौन-सी जोड़ी सही ढंग से मेल खाती है? **(CSE, 2017)**
   (a) केवल (i)
   (b) (ii) और (iii) ही
   (c) (i) और (iii) केवल
   (d) उपर्युक्त में से कोई नहीं

5. सूची I को सूची II से सुमेलित कीजिए और सूचियों के नीचे दिये गये कूट का प्रयोग कर सही उत्तर चुनिए :

सूची I (त्यौहार)	सूची II (अवसर)
A. वल्लमकली	1. मंदिर उत्सव
B. पूरम त्यौहार	2. नाव दौड़
C. चपचार कूट	3. भगवान् कृष्ण और रुक्मिणी का विवाह
D. माधवराई मेला	4. वसंत उत्सव

(CAPF, 2013)

	A	B	C	D
(a)	3	1	4	2
(b)	2	1	4	3
(c)	2	4	1	3
(d)	3	4	1	2

उत्तर

1. (b) 2. (b) 3. (d) 4. (a) 5. (b)

यू.पी.एस.सी. पिछले वर्षों के प्रश्न - मुख्य परीक्षा

1. अरुणाचल प्रदेश के 'लोसार' और 'खान' महोत्सव के बीच या नागालैंड के 'मोअत्सु' और 'येमशे' महोत्सव में अंतर स्पष्ट करें। **(CSE, 2011)**
2. शब-ए-बारात पर संक्षिप्त टिप्पणी लिखें। **(CSE, 1995)**
3. गणेश चतुर्थी पर संक्षिप्त टिप्पणी लिखें। **(CSE, 1995)**
4. दीपावली पर संक्षिप्त टिप्पणी लिखें। **(CSE, 1994)**
5. राम नवमी पर संक्षिप्त टिप्पणी लिखें। **(CSE, 1992)**
6. बैसाखी पर संक्षिप्त टिप्पणी लिखें। **(CSE, 1991)**
7. जन्माष्टमी पर संक्षिप्त टिप्पणी लिखें। **(CSE, 1991)**
8. कुम्भ मेले का क्या महत्त्व है? ये कहाँ आयोजित किये जाते हैं? **(CSE, 1987)**
9. निम्नलिखित पर्व किस/किन राज्य/राज्यों में बड़े पैमाने पर मनाये जाते हैं? **(CSE, 1981)**

   (i) बैसाखी (ii) रथ यात्रा
   (iii) बिहू (iv) पोंगल
   (v) ओणम

अध्याय 24

भारत में कैलेण्डर

परिचय

कैलेण्डर सामाजिक, धार्मिक, व्यापारिक तथा प्रशासनिक उद्देश्यों के लिए दिनों को नियोजित करने की एक पद्धति होती है। इसमें **समय** के परिक्रमण काल (विशेषतः *दिन, सप्ताह, मास* तथा *वर्ष*) को नाम प्रदान किया जाता है। ऐसी ही पद्धति में किसी एक, विशिष्ट दिन को **तिथि** कहा जाता है। कैलेण्डर इस प्रकार की प्रणाली का एक भौतिक रिकॉर्ड (प्रायः कागज़ पर) भी होता है। **'कैलेण्डर'** शब्द रोमन शब्द **'कैलेण्ड्स (Calends** or **Kalends)'** से लिया गया है, जो रोमन कैलेण्डर में हर माह का पहला दिन होता है। कैलेण्डर सूर्य, पृथ्वी और चंद्रमा की गति के आधार पर समय का संकेत देने की प्रथा का प्रतिनिधित्व करता है।

माना जाता है कि मानव सभ्यता में कैलेण्डर बहुत समय से अस्तित्व में था। सुमेरियों को वर्ष के आधार पर पहला कैलेण्डर बनाने का श्रेय दिया जाता है, जिसे 12 माहों में विभाजित किया गया है, जिनमें से प्रत्येक में 29 या 30 दिन हैं। हिन्दी में कैलेण्डर के लिए कुछ समानार्थी शब्द हैं: पंचांग, पत्रा, जंत्री, कालदर्श आदि।

भारत में नव वर्ष के आरम्भ को इंगित करने के लिए गणना की विविध प्रणालियाँ प्रचलित रही हैं। भारत के विभिन्न क्षेत्रों में कैलेण्डरों के निर्माण हेतु अपनायी गयी प्रणाली निम्नलिखित तीन प्रकारों में से कोई एक होती है:

- **सौर प्रणाली**
- **चन्द्र प्रणाली**
- **चन्द्र-सौर प्रणाली**

विभिन्न कैलेण्डरों में अपनायी गयी ये प्रणालियाँ खगोलीय वर्षों पर आधारित होती हैं, जो इन खगोलीय पिंडों की गति का अनुसरण करती हैं। ये प्रणालियाँ निम्नलिखित नामों से जानी जाती है:

- **सौर वर्ष:** यह पृथ्वी द्वारा क्रांतिवृत्त, यथा–संक्रांति या विषुव से होकर, जहाँ इसे अपनी यात्रा पूर्ण कर लौटना होता है, सूरज के चारों ओर अपनी कक्षा में परिक्रमण करने में लगा हुआ समय है। सौर वर्ष में **365 दिन, 5 घंटे, 48 मिनट** तथा **46 सेकण्ड** होते हैं। यह पद्धति वर्ष तथा ऋतुओं के बीच निकटतम संगतता को बनाये रखती है। सौर वर्ष में कुल **12 महीने** होते हैं। सौर वर्ष के निम्नलिखित दो प्रकार होते हैं :
    - **उष्णकटिबंधीय वर्ष (सायन वर्ष) :** यह यूनानी शब्द 'ट्रोपिया' से लिया गया है, जिसका अर्थ है, नये मोड़। 'उष्णकटिबंधीय वर्ष' नाम ऋतुओं के उन परिवर्तनों को संदर्भित करता है, जो इस प्रकार के वर्ष में स्थिर रहते हैं। **ग्रेगोरियन कैलेण्डर** उष्णकटिबंधीय वर्ष पर आधारित है।
    - **नाक्षत्र वर्ष (निरयण वर्ष) :** नाक्षत्र वर्ष क्रांतिवृत्त पर एक प्रारंभिक बिंदु के संबंध में, पृथ्वी द्वारा सूर्य के चारों ओर एक बार परिक्रमा लगाने के लिए आवश्यक वास्तविक समय है। **बंगाली कैलेण्डर** नाक्षत्र या निरयण प्रणाली पर आधारित है।
- **चन्द्र वर्ष:** सौर वर्ष की तरह ही चन्द्र वर्ष में भी **12 महीने** होते हैं। तथापि, प्रत्येक चन्द्र मास दो क्रमिक पूर्णमासियों या अमावस्याओं के बीच की अवधि में परिमित संयुति (Synodic) मास होता है। चूँकि एक चन्द्र मास में 29.26 से लेकर 29.80 दिन होते हैं, इससे **354 दिनों** की अवधि प्राप्त होती है, जो सौर वर्ष की अपेक्षा **11 दिन कम होती है।**
- **चन्द्र-सौर वर्ष:** यहाँ वर्ष को सौर चक्रों तथा माहों को चन्द्र विभाजनों द्वारा हिन्दू कैलेण्डरों में दिये गये तरीक़े से आकलित किया जाता है। इन दोनों के बीच के समायोजनों को दिनों तथा मासों के **अंतर्निवेश** के द्वारा यथार्थ रूप दिया जाता है। शमन चन्द्र वर्ष को सौर वर्ष के बराबर बनाने के लिए 11 दिनों के इस अंतर को अंतर्निवेशन या लुप्तांगता के द्वारा समाप्त किया जाता है। सौर वर्ष में समायोजित करने के लिए चन्द्र वर्ष में एक **अंतर्विष्ट मास** प्रत्येक 2 वर्ष और 6 महीने के बाद दोहराया जाता है। इस अतिरिक्त या अंतर्वेशी मास को **अधिक मास** कहा जाता है।

आइए, अब हम कैलेण्डर की इन तीनों प्रणालियों के बीच मौजूद **विविध मासों** की चर्चा करते हैं:

- **सौर मास:** सौर वर्ष में 12 महीने होते हैं तथा उनके नाम 12 राशि चक्र चिह्नों के नाम पर रखे जाते हैं। इन *राशि* चक्र चिह्नों को *राशि* या भारत के कुछ भागों में भवनों के नाम से भी जाना जाता है। ये 12 राशियाँ हैं: *मेष* (Aries), *वृषभ* (Taurus), *मिथुन* (Gemini), *कर्क* (Cancer), *सिंह* (Aquarius), *कन्या* (Virgo), *तुला* (Libra), *वृश्चिक* (Scorpio), *धनु* (Sagittarius), *मकर* (Capricorn), *कुम्भ* (Aquarius), *मीन* (Pisces)।

12 राशिचक्र चिह्न

- **चन्द्र मास :** यह मास अमावस्या या पूर्णिमा को समाप्त होता है। चन्द्र प्रणाली में मास के आरम्भ होने की दो विधियाँ होती हैं। इन्हें अमासांत या पूर्णिमांत कहते हैं, अर्थात् वे या तो क्रमशः पूर्णिमा के अगले दिन शुक्ल पक्ष या अमावस्या के अगले दिन कृष्ण पक्ष से आरम्भ होते हैं।

उपर्युक्त दो प्रकार के मासों में **चन्द्र मास ही भारत के अधिकतर भागों** में प्रचलित है।

अधिक मास

विशिष्ट मासों में होनेवाली प्राकृतिक घटनाओं तथा ऋतुओं के चक्रों को बिगड़ने से बचाने के लिए चन्द्र वर्ष तथा सौर वर्ष के बीच के **अंतर को समायोजित करने** के उद्देश्य से प्रत्येक 2 से 3 वर्षो के बाद किसी चन्द्र वर्ष में जोड़े जानेवाले **अन्तर्निवेशी मास** को **अधिक मास कहा जाता** है। चन्द्र वर्ष में 354 दिन होते हैं तथा यह प्रत्येक वर्ष सौर वर्ष से 11 दिन कम होता है। इन 11 दिनों को समायोजित करने के उद्देश्य से प्रत्येक 2 वर्ष और 6 मास के अंतराल में चन्द्र कैलेण डर में एक अंतर्वेशी मास जोड़ा जाता है। इसे **अधिक मास या मल मास** के नाम से भी जाना जाता हैं। मलमास इसीलिए कहलाता है कि इस अधिक मास में कोई भी धार्मिक या शुभ काम नहीं किया जाता है।

सूरज प्रत्येक वर्ष एक राशि से दूसरी राशि में प्रवेश करता है। सूरज की आभासी गति असमान होने के कारण सूरज के द्वारा विभिन्न राशियों से गुज़रनेवाली अवधि एक समान नहीं होती। किसी राशि चक्र चिह्न में सूरज के प्रवेश को **संक्रमण या संक्रांति** कहा जाता है। यह हर मास में आती है। एक वर्ष में ऐसे 12 संक्रमण होते हैं। कभी-कभी, यद्यपि, ऐसा होता है कि किसी चन्द्र मास के दौरान सूरज किसी भी राशि चक्र से होकर नहीं गुज़रता, तथा दो क्रमिक चन्द्र दिवस, एक संक्रांति और एक अन्य के बीच आ जाते हैं, तभी अधिक मास प्रारम्भ होता है। दूसरे शब्दों में, हम कह सकते हैं कि अधिक मास वह मास है, जिसकी अवधि में कोई **संक्रांति नहीं होती।**

इसके ठीक विपरीत, ऐसा मास जिसके दौरान दो सूर्य-संक्रांतियां घटित हों, उसे **क्षय मास** (अर्थात् ऐसा मास जिसे चन्द्र वर्ष से हटा दिया जाए) कहा जाता है।

नोट: धनु-मकर की संक्रांति, अर्थात् पौष मास और मेष-वृष की संक्रांति, अर्थात् चैत्र मास को खरमास या खरवाँस भी कहा जाता है, जिनमें हिन्दू मान्यता के अनुसार शुभ कार्य वर्जित है।

विभिन्न कैलेण्डरों के महीनों को *पक्षों* या पखवाड़ों, सप्ताहों तथा दिवसों में बाँटा जाता है। ये **दोनों पक्ष या पखवाड़े** निम्नलिखित हैं:

- ***शुक्ल पक्ष*** (दीप्त अर्द्धांश), जो अमावस्या के अगले दिन से आरम्भ होता है, तथा;
- ***कृष्ण पक्ष*** (अदीप्त अर्द्धांश), जो पूर्णमासी के अगले दिन से आरम्भ होता है।

चन्द्र दिवस को तिथि या वासर, जबकि ***सौर दिवस को दिवस*** कहा जाता है।

तिथि या चन्द्र दिवस की अवधि; दिवस या सौर दिवस से **कम** होती है, जिसमें एक सूर्योदय से दूसरे सूर्योदय तक, एक दिन तथा एक रात सम्मिलित होते हैं। एक ***तिथि*** की औसत अवधि 23 घंटे 37 मिनट होती है, जो दिवस या सौर दिवस से **23 मिनट कम** होती है।

तिथि को, इसके पश्चात्, *घटिका, पल* और *विपल* में **विभाजित** किया जाता है तथा यह निम्न प्रकार से ग्रेगोरी कैलेण्डर से संबंधित है:

- एक दिन तथा रात्रि = 1 दिवस = 24 घंटे = 60 *घटिकाएँ*
- एक *घटिका* = 60 *पल* = 24 मिनट
- एक *पल* = 60 *विपल* = 24 सेकण्ड
- दो *घटिकाएँ* = 1 *मुहूर्त* = 48 मिनट

इस प्रकार, 2.5 *मुहूर्त* दो घंटों के बराबर होते हैं।

हिन्दू कैलेण्डर

पंचांग या हिन्दू कैलेण्डर में पाँच, अर्थात्, पाँच अंगों, यथा–वर्ष, मास, पक्ष, तिथि तथा घटिका या फिर, तिथि, वार, नक्षत्र, योग तथा करण को ध्यान में रखा जाता है।

एक वर्ष के दौरान सूरज जिन 12 स्थानों या क्रान्ति वृत्त या राशियों से हो कर गुज़रता है, उन्हें नक्षत्र कहे जानेवाले तारों के नाम पर नामित किया जाता है। कुल **28 नक्षत्र या तारामंडल होते** हैं। नक्षत्रों का आकार एक **समान नहीं होता** है। उनमें तारों की एक-सी संख्या भी नहीं होती; कुछ नक्षत्रों में तो एक या दो तारे भी होते हैं। *प्रत्येक राशि में दो से तीन नक्षत्र होते हैं।*

सौर वर्ष को हिन्दू कैलेण्डर के तहत दो हिस्सों में विभाजित किया गया है-

- **उत्तरायण :** मकर संक्रांति से कर्क संक्रांति तक के पहले छह महीने, अर्थात् पौष (जनवरी) से आषाढ़ (जून) - इसे देवताओं के दिन के रूप में जाना जाता है।
- **दक्षिणायन :** जुलाई से दिसंबर तक अंतिम छह महीने देवताओं की रात्रि कहे जाते हैं।

इस प्रकार, एक सौर वर्ष देवताओं के एक दिन तथा एक रात के बराबर होता है।

चार युग

हिंदू मान्यताओं के अनुसार, युग चार काल चक्र के साथ विशिष्टीकाल या युग को संदर्भित करता है। आरोही क्रम में चार काल चक्र या युग हैं :

1. **सत युग या कृत युग** 1,728,000 वर्षों के बराबर है।
2. **त्रेता युग** 1,296,000 वर्षों के बराबर है।
3. **द्वापर युग** 864,000 वर्षों के बराबर है।
4. **कलि युग** 432,000 वर्षों के बराबर है।

वर्तमान में कलि युग चल रहा है। जो 3102 ईसा पूर्व में आरम्भ हुआ था। चार युग एक **महायुग** बनाते हैं, जो 4.32 मिलियन मानव वर्षों के बराबर होता है। ब्रह्म के एक दिन में एक हज़ार महायुग या 4.32 अरब मानव वर्ष होते हैं। **महाकल्प** में ब्रह्म के 100 वर्ष सम्मिलित होते हैं।

1. **कृत युग या सत्य युग :** यह प्रथम तथा स्वर्ण युग था। यह सत्य और पूर्णता का युग था, क्योंकि केवल एक धर्म था और सभी लोग संत थे, इसलिए धार्मिक अनुष्ठान करने की कोई आवश्यकता नहीं थी। समस्त मानव जाति सर्वोच्च परम सुख प्राप्त कर सकती थी। कृषि या खनन नहीं होता था, क्योंकि पृथ्वी स्वत: इन धन-धान्यों को उत्पन्न करती थी। मौसम सुखद था और हर कोई प्रसन्न था। कोई धार्मिक संप्रदाय नहीं थे। कोई रोग-शोक नहीं था या किसी चीज़ का भय नहीं था।
2. **त्रेता युग :** इस द्वितीय युग में सदाचार में **थोड़ी कमी आयी। कई सम्राटों ने प्रभुत्व** प्राप्त किया और विश्व विजय की। युद्ध बार-बार होने लगे और मौसम अतियों में बदलने लगा। महासागर और मरुस्थल बने। कृषि, श्रम और खनन अस्तित्व में आये। मनुष्य की औसत जीवन काल घटकर 1,000-10,000 वर्ष रह गया।
3. **द्वापर युग :** इस युग में लोग तामसी गुणों से दूषित हो गये, अब वह अपने पूर्वजों के समान मज़बूत नहीं रह गये। इस समय, रोग अनियंत्रित हो गये तथा मनुष्य असंतुष्ट और एक-दूसरे से लड़ते-झगड़ते थे। मनुष्य की औसत जीवन काल घटकर **कुछ शताब्दियों तक रह गया।**

4. **कलि युग :** अंतिम युग। यह अंधकार और अज्ञानता का युग है। लोग पापी और सदाचार रहित हो गये हैं। वे अपनी भावनाओं के दास बन गये हैं और सत या कृत युग के अपने पूर्वजों के समान मुश्किल से ही शक्तिशाली रह गये हैं। लोगों की औसत जीवन काल बमुश्किल 100 वर्ष है, हालाँकि इस युग के अंत तक यह 20 वर्ष से भी कम हो जायेगा।

उपर्युक्त चारों युगों की विशेषता बतानेवाली एक प्रसिद्ध सूक्ति है :

त्रेतायाम् मंत्र शक्तिश्च, ज्ञानशक्तिः कृते युगे।

द्वापरे युद्ध शक्तिश्च, संघशक्तिः कलि युगे।।

(सत्य या कृत युग में ज्ञान-शक्ति, त्रेता युग में मन्त्र-शक्ति तथा द्वापर युग में युद्ध-शक्ति का बल था, किंतु कलियुग में संगठन (संघ) की शक्ति ही प्रधान है।)

दूसरे शब्दों में, वर्तमान कलियुग में मानव जाति का अबतक जितना भी विकास हुआ है, वह इसकी सांगठनिक क्षमता और सामूहिक भावना के चलते ही संभव हुआ है।

भारतीय कैलेण्डर के रूपों का वर्गीकरण

भारत में, विभिन्न युगों में कैलेण्डर के विविध रूप प्रचलन में आये। उनकी चर्चा नीचे की गयी है :

विक्रम संवत्	शक संवत्	हिजरी कैलेण्डर	ग्रेगोरियन कैलेण्डर	भास्कराब्द	नानकशाही
↓	↓	↓	↓	↓	↓
चन्द्र-सौर	चन्द्र-सौर	चन्द्र	सौर	चन्द्र सौर	सौर

- **विक्रम संवत् :** विक्रम युग का आरम्भ **57 ई.पू.** अर्थात् ईसा के जन्म के 57 वर्ष पूर्व हुआ तथा यह बंगाल को छोड़कर लगभग सम्पूर्ण भारत में प्रचलित है। यह नेपाल में उपयोग किये जानेवाले दो आधिकारिक कैलेण्डरों में से एक है। जैसा कि इतिहासकार मानते हैं, इस युग का आरम्भ उज्जैन के सम्राट **विक्रमादित्य** द्वारा शक शासकों पर अपनी विजय की स्मृति के रूप में किया गया था। यद्यपि बहुत से इतिहासकारों का यह भी मानना है कि विक्रम संवत् को मूलतः मालवा गणराज्य के द्वारा व्यवहार में लाया गया तथा इसलिए इसे मालवा गण युग के नाम से भी जाना जाता है तथा इसका नाम चन्द्रगुप्त विक्रमादित्य के नाम पर 400 ईसवी में उनके द्वारा मालवा पर विजय के पश्चात् रखा गया। यह प्राचीन हिन्दू परंपराओं पर आधारित एक **चन्द्र-सौर कैलेण्डर** है।

  यह कैलेण्डर, सौर ग्रेगोरी कैलेण्डर से 56.7 वर्ष आगे होता है। नया वर्ष ग्रेगोरी कैलेण्डर में सामान्यतः मार्च-अप्रैल के दौरान आनेवाले चैत्र मास में अमावस्या के अगले दिन से प्रारम्भ होता है। इसके एक वर्ष में **12 महीने** होते हैं। महीनों के नाम चैत्र, वैशाख, ज्येष्ठ, आषाढ़, श्रावण, भाद्र, आश्विन, कार्तिक, अग्रहायण (अगहन), पौष, माघ और फाल्गुन होते हैं। विक्रम संवत को **नेपाल** में आधिकारिक कैलेण्डर के रूप में अपनाया गया है।

  प्रत्येक मास को **दो अर्द्ध भागों** (पक्षों अर्थात् *शुक्ल पक्ष* तथा *कृष्ण पक्ष*) में विभाजित किया जाता है। सौर वर्ष के साथ **11 दिनों के अंतर** को समायोजित करने के लिए विक्रम संवत में प्रत्येक तीसरे और पाँचवे वर्ष और 13 मास

के पश्चात एक नया मास जुड़ता है। इसे अतिरिक्त मास या **अधिक मास** के नाम से जाना जाता है। विक्रम संवत के अंतर्गत **शून्य वर्ष 57 ईसा पूर्व** है।

- **शक संवत्:** माना जाता है कि कैलेण्डर के इस प्रारूप की शुरुआत **78 ईसवी** में राजा शालिवाहन द्वारा की गयी थी। इसे शक संवत् के रूप में भी जाना जाता है। वह इसलिए कि शालिवाहन इसी जनजाति के थे। हालाँकि इतिहासकारों में इसे लेकर भ्रम है कि क्या शालिवाहन स्वयं शक थे या उन्होंने शकों पर विजय प्राप्त की थी।

  विक्रम संवत् की तरह ही शक कैलेण्डर में भी **सौर तथा चन्द्र, दोनों ही** कैलेण्डर का उपयोग किया गया है, जिसमें चन्द्र मास तथा सौर वर्ष होते हैं तथा इसमें मासों की संख्या उतनी ही होती है, जितनी विक्रम संवत् में। तथापि, मास अलग-अलग अवधियों में आरम्भ होते हैं। इसका शून्य वर्ष 78 ईसवी में वसंत विषुव के आस-पास आरम्भ होता है। शक कैलेण्डर का आरम्भ ग्रेगोरी लीप वर्ष में 21 मार्च व **अन्य वर्षों में 22 मार्च** को होता है।

  शक कैलेण्डर में वर्ष के प्रत्येक माह में निश्चित संख्या में दिन होते हैं। तथापि, दोनों ही कैलेण्डरों में मासों के नाम एक समान हैं। शक कैलेण्डर चैत्र महीने से आरंभ होता है। इसके बाद *वैशाख, ज्येष्ठ, आषाढ़, श्रावण, भाद्र, आश्विन, कार्तिक, अग्रहायण (अगहन), पौष, माघ* और *फाल्गुन* के महीने आते हैं। शक वर्ष में **365** दिन होते हैं।

- **हिजरी कैलेण्डर:** इस कैलेण्डर का मूल *अरबी* है। पहले *अमुलफ़िल* नाम से विख्यात, पैग़म्बर मोहम्मद की मृत्यु के पश्चात् **622 ईसवी में, उनके जीवन के 52वें वर्ष में मक्का से मदीना तक की उनकी हिजरत** की स्मृति में, इसका नाम हिजरी या हेजिरा हो गया। हिजरी युग के लिए यह वर्ष शून्य वर्ष हो गया। इस कैलेण्डर में **354 दिनों**वाला **चन्द्र वर्ष** होता हैं, जिसे **12 महीनों** में बाँटा जाता है।

  इस कैलेण्डर में **दिन का आरम्भ सूर्यास्त** के साथ होता है। मुस्लिम शासकों के शासन काल में यह कैलेण्डर भारत में अपनाया गया। हिजरी युग के **12 महीने** निम्नलिखित हैं:

  मुहर्रम – प्रथम मास (**पहला मुहर्रम-इस्लामिक नव वर्ष**); ***सफ़र; रबीउल-अव्वल; रबीउल-आख़िर (या रबी उस्सानी); जुमादल ऊला; जुमादल-उख़्रा; रजब; शा'बान; रमज़ान*** – (इस माह लोग आत्मशुद्धि के लिए उपवास रखते हैं); ***शव्वाल*** – (**शव्वाल का पहला दिन ईद-उल-फ़ित्र है**); ***ज़िल क़ा'दा; ज़िलहिज्जा*** – (तीर्थयात्रा को समर्पित अंतिम माह)।

  इन बारह महीनों में से **4 पवित्र महीने माने जाते हैं: पहला, सातवाँ, ग्यारहवाँ और बारहवाँ।**

  ये महीने पूरी तरह से चन्द्र पर आधारित तथा इस क्रम में होते हैं कि इनका ऋतु चक्रों या सौर वर्ष के साथ कोई संबंध नहीं होता। चूँकि हिजरी कैलेण्डर में सौर तथा चन्द्र वर्ष के बीच के अंतर को समायोजित नहीं किया जाता। इस प्रकार, यह सौर वर्ष आधारित ग्रेगोरी कैलेण्डर से *प्रत्येक 33 वर्ष के बाद एक वर्ष कम हो जाता है।*

- **ग्रेगोरियन या ग्रेगोरी कैलेण्डर:** यह कैलेण्डर ईसाई धर्म के संस्थापक यीशू मसीह के जन्म दिवस पर आधारित है। यह जनवरी के प्रथम दिन से आरम्भ होनेवाला एक **सौर वर्ष** है तथा इसमें **365 दिन, 5 घंटे, 48 मिनट** तथा **46 सेकण्ड** होते हैं।

  चूँकि इन अतिरिक्त घंटों को एक कैलेण्डर वर्ष में सम्मिलित नहीं किया जा सका, इसलिए अंतर्निवेश की विधि अपनायी गयी तथा प्रत्येक चार वर्ष बाद फ़रवरी के महीने में एक दिन जोड़ने का तरीक़ा प्रचलन में आया। कैलेण्डर के इस अभिरूप के अंतर्गत वर्ष को **व्यावहारिक वर्ष** (Civil Year) **या अधिवर्ष** (Leep Year) के नाम से भी जाना जाता है।

- **भास्कराब्द:** 2019 में, असम सरकार ने शक और ग्रेगोरियन कैलेण्डर के अलावा, **आधिकारिक कैलेण्डर में भास्कराब्द** के उपयोग की घोषणा की। भास्कराब्द युग की **गणना कामरूप साम्राज्य के 7वीं शताब्दी के स्थानीय शासक भास्करवर्मन के राज्यारोहण** की तिथि से की जाती है, जो उत्तरी भारतीय शासक **हर्षवर्द्धन** के समकालीन थे।

ग्रेगोरियन के विपरीत, जिसमें दिन आधी रात को प्रारंभ होता है, असमिया कैलेण्डर में दिन 24 घंटों में सूर्योदय पर प्रारंभ और समाप्त होता है। जबकि **ग्रेगोरियन कैलेण्डर** की गणना **सौर चक्र** पर की जाती है, **शक और भास्कराब्द** चंद्रमा और सौर वर्ष के दोनों चरणों के आधार पर **एक चंद्र-सौर प्रणाली का उपयोग करते हैं**।

- **नानकशाही कैलेण्डर:** यह सिख धर्म में उपयोग किया जानेवाला एक **सौर कैलेण्डर** है, जिसका नाम सिख धर्म के संस्थापक गुरु नानक देव के नाम पर रखा गया है। यह **'बारह महा'** (बारह महीने) पर आधारित है, जो सिख गुरुओं की एक रचना है, और जो वर्ष के बारह माह के चक्र में प्रकृति में होनेवाले परिवर्तनों को दर्शाती है। वर्ष का आरम्भ **चेत** माह से होता है, जिसमें 1 चेत **14 मार्च** को होता है। नानकशाही कैलेण्डर की शुरुआत **गुरु नानक देव के जन्म के वर्ष यानी 1469 ई.** से हुई। यह कैलेण्डर भारत में गुरु ग्रंथ साहिब से लिये गये 7 माह के कैलेण्डर के गुरबानी नामों पर आधारित है।

पारसी कैलेण्डर युग **632 ईसवी** से शुरू हुआ। भारत में पारसी; ईरानियों के क़ादिमी कैलेण्डर के विपरीत **शहंशाही कैलेण्डर** का उपयोग करते हैं। शहंशाही कैलेण्डर के तहत, **नवरोज़** या नव वर्ष आमतौर पर 20/21/22 मार्च को होता है। नवरोज़ बसंत विषुव का दिन है।

अंतर्कलन : यह एक कैलेण्डर को सौर वर्ष (ऋतुओं के वर्ष) के अनुरूप लाने के लिए उसमें दिनों या महीनों को सम्मिलित करता है। इसका एक उदाहरण ग्रेगोरियन कैलेण्डर में लीप-वर्ष दिवस (29 फ़रवरी) का आवधिक समावेश है।

धूपघड़ी (Sundial): यह सबसे प्रारंभिक प्रकार का **समयनिर्धारक उपकरण** है, जो सूर्य की किरणों के संपर्क में आनेवाली किसी वस्तु की छाया की स्थिति से दिन के समय का संकेत देता है। एक दिन में समय की प्रगति के साथ, सूर्य आकाश में घूमता है, जिससे वस्तु की छाया हिलती है और समय बीतने का संकेत देती है।

14वीं सदी की शुरुआत में यांत्रिक घड़ियों के आगमन के साथ, यूरोप में समान घंटोंवाली धूपघड़ी धीरे-धीरे विकसित की गयी और 19वीं सदी तक, यांत्रिक घड़ियों को रीसेट करने के लिए धूपघड़ी का उपयोग किया जाता था।

भारत में, धूपघड़ी जंतर-मंतरों में पायी जा सकती है, जो पाँच शहरों में स्थित हैं : **नयी दिल्ली, जयपुर, उज्जैन, मथुरा और वाराणसी। विश्व की सबसे बड़ी पत्थर की धूपघड़ी जयपुर के जंतर-मंतर में स्थित है**, जिसे राजपूत राजा सवाई जय सिंह द्वितीय ने 1734 ईसवी में बनवाया था।

भारत का राष्ट्रीय कैलेण्डर

देश में आधिकारिक नागरिक कैलेण्डर के रूप में प्रयुक्त **शक कैलेण्डर** को भारत का राष्ट्रीय कैलेण्डर माना जाता है। यह कैलेण्डर **78 ईसवी में राजा शालिवाहन के सिंहासन पर बैठने** पर आधारित है। इसे भारत सरकार द्वारा आधिकारिक राजपत्र में, अधिसूचना के द्वारा, आकाशवाणी के द्वारा समाचार प्रसारणों में, भारत सरकार के नियंत्रण में निर्गत कैलेण्डरों तथा संवाद संबंधी दस्तावेज़ों में प्रयोग में लाया जाता है। हिन्दू कैलेण्डरों में से एक, इस शक कैलेण्डर का मूल नाम शक संवत् था। इसे हिन्दू धर्म में धार्मिक महत्त्व के दिनों की गणना में भी प्रयोग में लाया जाता है। शक कैलेण्डर में एक सामान्य वर्ष 365 दिनों का होता है, जिसका पहला महीना चैत्र होता है।

शक कैलेण्डर को भारत सरकार द्वारा स्थापित **कैलेण्डर सुधार समिति** के द्वारा 22 मार्च, 1957 में राष्ट्रीय कैलेण्डर के रूप में (आधिकारिक उद्देश्यों के लिए ग्रेगोरियन कैलेण्डर के साथ) अपनाया गया। इस समिति ने इसे खगोलीय आँकड़ों के समरूप बनाकर तथा कुछ स्थानीय त्रुटियों को सुधार कर इसके प्रयोग को सुसंगत बनाने का प्रयास किया।

इसे ग्रेगोरी कैलेण्डर के वर्ष **1957 के 22 मार्च** (जो वास्तविक रूप में शक संवत् के अनुसार **चैत्र 1, 1879** था) से प्रयोग में लाया गया। उस समय भारत में प्रयोग में लाये जा रहे 30 प्रकार के कैलेण्डरों के प्रयोग को समकालीन बनाने के लिए इसे भारत के **राष्ट्रीय कैलेण्डर** के रूप में अपनाया गया।

भारत सरकार का डिजिटल कैलेण्डर और डायरी

इसे 2021 में सूचना एवं प्रसारण मंत्रालय द्वारा लॉञ्च किया गया था। भारत सरकार का डिजिटल कैलेण्डर **'डिजिटल इंडिया'** के दृष्टिकोण के अनुरूप है और इसे मोबाइल एप्लिकेशन के रूप में किसी भी स्मार्टफोन के माध्यम से प्रयोग किया जा सकता है। ऐप को राष्ट्रीय सूचना विज्ञान केंद्र (एनआईसी) द्वारा विकसित किया गया है।

ऐप में डायरी का एक विशेष फ़ीचर है, जो इसे और अधिक उन्नत बनाता है। यह वर्तमान में हिंदी और अँगरेज़ी भाषाओं सहित 11 अन्य क्षेत्रीय भाषाओं में उपलब्ध है।

इस एप्लिकेशन की निम्नलिखित विशेषताएँ हैं :

- भारत सरकार की विभिन्न योजनाओं, घटनाओं और प्रकाशनों पर नवीनतम जानकारी।
- आधिकारिक छुट्टियाँ और विभिन्न महत्त्वपूर्ण तिथियाँ।
- भारत की महान् हस्तियों के प्रेरणादायक एवं प्रेरक संदेश।
- नोट्स को डिजिटल रूप से लेने का प्रविधान, जिसे अत्याधुनिक सुरक्षा और गोपनीयता उपायों के साथ संग्रहीत किया जायेगा।
- बैठकों के कार्यक्रम और महत्त्वपूर्ण कार्यों एवं आयोजनों के लिए अनुस्मारक निर्धारित करने का प्रविधान।

अध्याय का सारांश

- **कैलेण्डर** – सामाजिक, धार्मिक, वाणिज्यिक या प्रशासनिक उद्देश्यों के लिए दिनों को सुनियोजित करने की प्रणाली।
- **तिथि** – कैलेण्डर की प्रणाली के भीतर एकल, विशिष्ट दिन का पदनाम। पर्यायवाची शब्द – डेट, तारीख़, दिनांक।
- **कैलेण्डर बनाने के लिए अपनायी गयी प्रणाली:** सौर प्रणाली – चंद्र प्रणाली – चंद्र-सौर प्रणाली।
- **सौर वर्ष** – 365 दिन, 5 घंटे, 48 मिनट और 46 सेकंड। सौर वर्ष दो प्रकार के होते हैं – उष्णकटिबंधीय वर्ष (सायन वर्ष) और नाक्षत्र वर्ष (निरयण वर्ष)।
- **चंद्र वर्ष** – 354 दिनों का होता है।
- **महीना** – पक्षों में विभाजित किया जाता है : शुक्ल पक्ष (दीप्त अर्धांश) – कृष्ण पक्ष (अदीप्त अर्धांश)।
- **तिथि** – घटिका, पल और विपल में विभाजित की जाती है। चंद्रवर्ष का एक दिवस।

- **युग** – सत्य युग या कृत युग 1,728,000 सालों के बराबर है – त्रेता युग 1,296,000 सालों के बराबर है – द्वापर युग 864,000 सालों के बराबर है – कलियुग 432,000 सालों के बराबर है।
- **विक्रम संवत्** – चंद्र-सौर कैलेण्डर – 57 ईसा पूर्व में शुरू हुआ – बंगाल क्षेत्र को छोड़कर लगभग पूरे भारत में लागू है।
- **शक संवत्** – चंद्र-सौर कैलेण्डर – 78 ईसवी में राजा शालिवाहन द्वारा शुरू किया गया – ग्रेगोरियन लीप वर्ष को छोड़कर, जब यह 21 मार्च को शुरू होता है, हर साल 22 मार्च को शुरू होता है।
- **हिजरी कैलेण्डर** – चंद्र कैलेण्डर – 622 ईसवी – हिजरी युग के लिए शून्य वर्ष – दिन सूर्यास्त के साथ शुरू होता है।
- **ग्रेगोरियन कैलेण्डर** – सौर कैलेण्डर – में 365 दिन, 5 घंटे, 48 मिनट और 46 सेकंड होते हैं।
- **धूपघड़ी** – टाइमकीपिंग उपकरण का सबसे प्रारंभिक प्रकार – सूर्य की किरणों के संपर्क में आनेवाली किसी वस्तु की छाया की स्थिति से दिन के समय का संकेत देती है – दुनिया की सबसे बड़ी पत्थर धूपघड़ी जयपुर के जंतर-मंतर में स्थित है।
- **भारत का राष्ट्रीय कैलेण्डर** – ग्रेगोरियन कैलेण्डर के साथ शक कैलेण्डर है, जिसे 22 मार्च 1957 को अपनाया गया था।
- **भारत सरकार का डिजिटल कैलेण्डर और डायरी** – स्मार्टफोन के लिए एप्लिकेशन – सूचना एवं प्रसारण मंत्रालय द्वारा 2021 में लॉन्च किया गया।

यू.पी.एस.सी. पिछले वर्षों के बहुविकल्पीय प्रश्न

1. शक संवत् पर आधारित राष्ट्रीय पंचांग (कैलेंडर) का 1 चैत्र, ग्रिगरियन कैलेण्डर पर आधारित 365 दिन के सामान्य वर्ष की निम्नलिखित तिथियों में से किस एक के तदनुरूप हैं? **(CSE, 2004)**

(a) 22 मार्च (अथवा 21 मार्च)
(b) 15 मई (अथवा 16 मई)
(c) 31 मार्च (अथवा 30 मार्च)
(d) 21 अप्रैल (अथवा 20 अप्रैल)

2. निम्नलिखित कथनों पर विचार करें: **(CSE, 2004)**

(i) इस्लामिक कैलेण्डर में ग्रेगोरियन कैलेण्डर की अपेक्षा 12 दिन कम होते हैं।
(ii) इस्लामिक कैलेण्डर 632वीं ईसवी में आरम्भ हुआ।
(iii) ग्रेगोरियन कैलेण्डर एक सौर कैलेण्डर है।

उपर्युक्त में से कौन-सा/से सही है/हैं?

(a) केवल (i) (b) (i) और (ii)
(c) (i) और (iii) (d) केवल (iii)

उत्तर

1. (a) 2. (d)

अध्याय 25

विदेशी यात्रियों की नज़र से भारत

परिचय

इतिहास की प्रक्रिया के दौरान, भारत शासकों और दुनिया भर के यात्रियों के आकर्षण का केंद्र रहा है। वे हमेशा पर्याप्त अवसरों के प्रति आकर्षित हुए हैं। हमारे देश ने अपनी विविध संस्कृति, धर्मों और परंपराओं से उनमें कौतूहल की सृष्टि की है। भारत आनेवाले इन यात्रियों में से अधिकतर ने अपने स्वयं के वृत्तांत लिखे, जो इसके अनोखे एकाग्र क्षेत्रों से संबंधित हैं। कुछ यात्रियों ने राजदरबार के मामलों के विषय में लिखा, जबकि कुछ वास्तुकला और स्मारकों की समकालीन शैली या सामाजिक व आर्थिक जीवन के चित्रण पर ध्यान केंद्रित करते हैं। ऐसा हर वृत्तांत तत्कालीन भारतीय सभ्यता की वास्तविक तस्वीर प्रस्तुत करता है। प्राचीन और मध्ययुगीन काल में, कई प्रमुख यात्रियों ने भारत का दौरा किया और अपनी टिप्पणियों को दर्ज किया। एक महत्त्वपूर्ण बात यह है कि **किसी भी महिला यात्री का कोई भी महत्त्वपूर्ण वृत्तांत उपलब्ध नहीं है।**

एक नज़र में विदेशी यात्री

क्र. सं.	नाम (राष्ट्रीयता)	समय सीमा	(राजवंश/शासक) के शासनकाल के दौरान देखा गया
1.	दाइमेकस (ग्रीक/यूनानी)	320-273 ईसा पूर्व	मौर्य काल (बिन्दुसार)
2.	मेगस्थनीज (ग्रीक/यूनानी)	302-298 ईसा पूर्व	मौर्य काल (चंद्रगुप्त मौर्य)
3.	हेलियोडोरस (ग्रीक/यूनानी)	113 ईसा पूर्व	शुंग वंश (भागभद्र)
4.	फाह्यान (चीनी)	402-411 ईसवी	गुप्त (चंद्रगुप्त द्वितीय)
5.	ह्वेन-त्सांग (चीनी)	627-643 ईसवी	पुष्यभूति (हर्षवर्धन)
6.	इत्सिंग (चीनी)	671-695 ईसवी	हर्षवर्धन काल
7.	अल-सुलेमान (फ़ारसी)	850 ईसवी	प्रतिहार वंश (मिहिर भोज)
8.	अल-मसुदी (अरब)	956 ईसवी	-
9.	अल-बिरूनी (ख़्वारिज़्म)	1024-1030 ईसवी	-
10.	मार्कोपोलो (इतालवी)	1289-1293 ईसवी	दक्षिण के पांड्य और काकतीय साम्राज्य (रुद्रमादेवी) के दौरान भी
11.	इब्नबतूता (मोरक्को)	1333-1347 ईसवी	तुग़लक़ वंश (मुहम्मद-बिन-तुग़लक़)
12.	शिहाबुद्दीन अल-उमरी (दमस्कस)	1348 ईसवी	-
13.	निकोलो डे कोंटी (इतालवी)	1420-1421 ईसवी	विजयनगर साम्राज्य (देवराय प्रथम)
14.	अब्दुर रज़्ज़ाक़ (फ़ारसी)	1443-1444 ईसवी	विजयनगर साम्राज्य (देवराय द्वितीय)
15.	अथानासियस निकितिन (रूसी)	1470-1474 ईसवी	बहमनी राज्य (मुहम्मद तृतीय)
16.	बार्थोलोम्यू डियाज़ (इतालवी)	1503-1508 ईसवी	
17.	दुआर्ते बारबोसा (पुर्तगाली)	1516-1518 ईसवी	विजयनगर साम्राज्य (कृष्णदेव राय)
18.	डोमिंगो पेस (पुर्तगाली)	1520-1522 ईसवी	विजयनगर साम्राज्य (कृष्णदेव राय)
19.	फ़र्नाओ नुनिज़ (पुर्तगाली)	1535-1537 ईसवी	विजयनगर साम्राज्य (अच्युतदेव राय)
20.	सीज़र फ्रेडरिक (इतालवी)	1563-1581 ईसवी	विजयनगर साम्राज्य
21.	एन्टोनियो मोंसेरेंट (पुर्तगाली)	1578-1582 ईसवी	मुग़ल साम्राज्य (अकबर)
22.	जान ह्युघेन वान लिंसचोटेन (डच)	1583-1588 ईसवी	गोवा का दौरा किया। यात्राओं के विस्तृत मानचित्रोंवाली 'इटिनेरेरियो' पुस्तक लिखी।
23.	राल्फ फ़िच (पहला अँगरेज़ यात्री)	1585-1591 ईसवी	मुग़ल साम्राज्य (अकबर)
24.	विलियम हॉकिन्स (ब्रिटिश)	1608-1611 ईसवी	मुग़ल साम्राज्य (जहाँगीर)
25.	विलियम फ़िंश (ब्रिटिश)	1608-1612 ईसवी	मुग़ल साम्राज्य (जहाँगीर)
26.	थॉमस कोरियट (अँगरेज़ी)	1612-17 ईसवी	मुग़ल साम्राज्य (जहाँगीर)
27.	सर थॉमस रो (ब्रिटिश)	1615-19 ईसवी	मुग़ल साम्राज्य (जहाँगीर)
28.	पाल कैनिंग (अँगरेज़ी)	1615-25 ईसवी	मुग़ल साम्राज्य (जहाँगीर)
29.	एडवर्ड टेरी (अँगरेज़ी)	1616 ईसवी	मुग़ल साम्राज्य (जहाँगीर)

क्र. सं.	नाम (राष्ट्रीयता)	समय सीमा	(राजवंश/शासक) के शासनकाल के दौरान देखा गया
30.	पिएट्रो डेल्ला वले (इतालवी)	1622 ईसवी	दक्षिण भारत मे केलादी के राजा वेंकटप्पा नायक
31.	फ्रांसिस्को पेल्सार्ट (डच)	1620-27 ईसवी	-
32.	जॉन फ्रायर (अँगरेज़ी)	1627-1681 ईसवी	मुग़ल साम्राज्य (शाहजहाँ)
28.	पीटर मुंडी (इतालवी)	1630-1634 ईसवी	मुग़ल सम्राज्य (शाहजहाँ)
29.	जोहान अल्ब्रेख्ट डी मैंडेल्सो (जर्मन)	1638 ईसवी	मुग़ल साम्राज्य (शाहजहाँ)
30.	जीन बैप्टिस्ट टेवर्नियर (फ्रांसीसी)	1638-1643 ईसवी	मुग़ल साम्राज्य (शाहजहाँ)
31.	निकोलो मनुची (इतालवी)	1653-1708 ईसवी (वापस नहीं लौटा)	तिमुरिद राजवंश (दारा शिकोह)
32.	फ्रेंकोइस बर्नियर (फ़्रांसीसी)	1656-1717 ईसवी	तिमुरिद राजवंश (दारा शिकोह)
38.	जीन डे थेवेनोट (फ़्रांसीसी)	1666 ईसवी	मुग़ल साम्राज्य (औरंगज़ेब)
39.	जेमेली कैरेरी (इतालवी)	1695 ईसवी	मुग़ल साम्राज्य (औरंगज़ेब)
33.	जीन-एंटोनी डुबोइस (फ्रांसीसी)	1792-1823 ईसवी	-

सबसे महत्त्वपूर्ण यात्रियों में से कुछ का संक्षिप्त विवरण

मेगस्थनीज । इंडिका

वह एक **हेलेनिस्टिक काल** में प्राचीन **यूनानी इतिहासकार**, राजनयिक और खोजकर्ता थे। उनका जन्म लगभग 350 ईसा पूर्व में हुआ था। मेगस्थनीज ने 302 से 288 ईसा पूर्व के बीच यूनानी योद्धा **सेल्यूकस प्रथम निकेटर** के राजदूत के रूप में भारत का दौरा किया। उन्होंने **चंद्रगुप्त मौर्य** के शासनकाल के दौरान मौर्य राजधानी **पाटलिपुत्र** का दौरा किया। उन्होंने अपनी पुस्तक ***इंडिका*** में भारत का वर्णन किया है। दुर्भाग्य से इस पुस्तक की मूल प्रति खो गयी थी। बाद में, **अरियन, स्ट्रैबो, डायोडोरस** और **प्लिनी** जैसे प्रसिद्ध ग्रीक लेखकों ने इंडिका को अपने कार्यों में संदर्भित किया।

आधुनिक यूनानी विद्वान् **ई.ए. श्वानबेक** ने मेगस्थनीज के कार्यो के कई अंश एकत्र किये और उनके संग्रह के आधार पर, **जॉन वॉटसन मैक्रिंडल** ने 1887 में इंडिका का एक पुनर्निर्मित संस्करण प्रकाशित किया।

इंडिका ने भारतीय उप-महाद्वीप को एक चतुर्भुज के आकार का देश बताया, जो दक्षिणी और पूर्वी तरफ़ महासागर से घिरा है। यह हमें मिट्टी, नदियों, पौधों, जानवरों, प्रशासन और भारत के सामाजिक और धार्मिक जीवन का विवरण भी देता है।

उनकी पुस्तक ने यह भी बताया कि भारतीयों ने उस समय **भगवान् कृष्ण** की पूजा की थी और भारत में **सात जातियाँ** मौजूद थीं। उन्होंने भारतीय जाति व्यवस्था के दो प्रमुख पहलुओं, यानी **सगोत्र विवाह** और **वंशानुगत व्यवसाय** का उल्लेख किया। मेगस्थनीज ने दावा किया कि भारत में दास प्रथा अनुपस्थित थी और अकाल की कोई भी घटना नहीं पायी गयी थी। वह **मिस्र के समाज** के **हेरोडोटस** के वर्गीकरण से प्रभावित थे।

मेगस्थनीज के कार्य के प्रमुख दोष थे :

- भारतीय लोकसाहित्य की अविवेचित स्वीकृति।
- ग्रीक दार्शनिक दृष्टिकोण में भारतीय संस्कृति को आदर्श बनाने की प्रवृत्ति।

डिमाकस

प्लाटिया के डिमाकस चंद्रगुप्त मौर्य के पुत्र और उत्तराधिकारी बिन्दुसार या अमृतघाट के राजदूत के रूप में आये थे। उन्होंने समसामयिक समाज और उस समय की प्रचलित राजव्यवस्था के बारे में कुछ महत्त्वपूर्ण जानकारी दी थी। उन्हें एंटिओकस प्रथम (सेल्यूकस निकेटर के पुत्र) ने भेजा था।

हेलियोडोरस । खंबा बाबा

वह वर्तमान के मध्य प्रदेश के विदिशा में शुंग वंश के 5वें शासक भागभद्र के राजदरबार में भेजा गया **हिंद-यूनानी राजदूत** था। हेलियोडोरस को एंटियालसिदास (तक्षशिला का हिंद-यूनानी राजा) ने लगभग 113 ईसा पूर्व में उसके दरबार में भेजा था।

वह मध्य प्रदेश के विदिशा में एक स्तंभ का निर्माण करने के लिए विख्यात है। यह स्तंभ (जो अभी भी वर्तमान है) स्थानीय रूप से **"खंबा बाबा"** या **"हेलियोडोरस स्तंभ"** कहा जाता है। यह गरुड़ स्तंभ हिंदू भगवान् वासुदेव (विष्णु) के सम्मान में हेलियोडोरस द्वारा स्थापित किया गया था। इस स्तंभ स्थल पर उत्कीर्णित अभिलेख को **बेसनगर अभिलेख** के रूप में जाना जाता है।

इन अभिलेखों से ज्ञात होता है कि हेलियोडोरस ने **हिंदू धर्म** (वैष्णव) अपना लिया था और अपने आपको **"भागवत"** (वैष्णव संप्रदाय का अनुयायी) बना लिया था।

हेलियोडोरस स्तंभ

फाह्यान । बौद्ध राज्यों के रिकॉर्ड

फाह्यान एक चीनी तीर्थयात्री था, जो 400 ईसवी के आसपास गुप्त काल के दौरान भारत आया था। उन्होंने **चंद्रगुप्त द्वितीय (विक्रमादित्य)** के शासन के दौरान भारत का दौरा किया। वह विभिन्न बौद्ध मठों का दौरा करने आये और धार्मिक ग्रंथों की प्रतियाँ संग्रहित कीं। उन्होंने पेशावर, तक्षशिला, मथुरा, कन्नौज, श्रावस्ती, कपिलवस्तु, सारनाथ और कई अन्य स्थानों का दौरा किया। उन्होंने एक यात्रा वृत्तांत **"बौद्ध राज्यों का रिकॉर्ड"** संकलित किया। उनकी पुस्तक में उस समय के भारतीयों के **धार्मिक और सामाजिक जीवन** के बारे में बताया गया है।

भारत के निम्नलिखित पहलुओं को भी उनकी पुस्तक में देखा जा सकता है :

- बौद्ध धर्म और हिंदू धर्म उस समय सबसे लोकप्रिय धर्म थे। पंजाब, बंगाल और मथुरा के क्षेत्र में बौद्ध धर्म अधिक लोकप्रिय था।
- उन्होंने संस्कृत भाषा का अध्ययन पाटलिपुत्र में किया।
- उन्होंने भारत के आंतरिक और विदेशी व्यापार के साथ-साथ इसके बंदरगाहों का भी वर्णन किया।
- भारत का चीन, दक्षिण-पूर्व एशिया के देशों, पश्चिमी एशिया और साथ ही साथ यूरोप के साथ व्यापारिक संबंध थे।

ह्वेनत्सांग । सी-यू-की

वह एक चीनी यात्री, बौद्ध विद्वान् भिक्षु और अनुवादक था। वह **हर्षवर्द्धन** के शासनकाल के दौरान **629-644 ईसवी** के बीच **रेशम मार्ग** से भारत आया था। उन्हें **जुआनजांग** और **तीर्थयात्रियों के राजकुमार** के रूप में भी जाना जाता था। उनकी प्रसिद्ध पुस्तक **"सी-यू-की :** *बुद्धिस्ट रिकॉर्ड ऑफ़ द वेस्टर्न वर्ल्ड***"** से, भारत में उन दिनों के दौरान प्रशासनिक, राजनीतिक, धार्मिक, आर्थिक और सामाजिक स्थितियों के कई विवरण मिलते हैं। हालाँकि, वर्णन पक्षपाती थे, ताकि बौद्ध धर्म का महिमामंडन किया जा सके और राजा हर्षवर्द्धन की प्रशंसा की जा सके।

याद रखने के लिए कुछ महत्त्वपूर्ण बिंदु :

- सी-यू-की में, उन्होंने मुख्य रूप से भारत में **शहर के जीवन** का वर्णन किया (विभिन्न प्रकार के घरों, शहर-सड़कों आदि के निर्माण के संदर्भ में) (विशेष रूप से कन्नौज के)।
- उनके वृतांत के अनुसार, प्रयाग एक प्रमुख शहर था और पाटलिपुत्र का महत्त्व हर्षवर्धन की राजधानी **कन्नौज** ने कम कर दिया था।
- श्रावस्ती और कपिलवस्तु धार्मिक महत्त्व खो चुके थे और इसके बजाय, **नालंदा (बिहार) और वल्लभी (गुजरात)** शिक्षा के केंद्र बन गये।
- अपने पाठ के अनुसार, हर्ष ने राज्य की आमदनी को चार भागों में विभाजित किया :
  (i) नियमित प्रशासनिक व्यय के लिए 1/4th।
  (ii) सरकारी कर्मचारियों का भुगतान करने के लिए 1/4th।
  (iii) विद्वानों को 1/4th।
  (iv) 1/4th ब्राह्मण और बौद्ध भिक्षुओं को दान के रूप में।
- हालाँकि, उन्होंने वर्णन किया कि उस दौरान यात्रा करना सुरक्षित नहीं था।
- ह्वेनत्सांग के अनुसार, हर्ष काफ़ी मेहनती और कल्याणकारी राजा था।
- अपने प्रवास के दौरान, ह्वेनत्सांग ने कश्मीर, पंजाब, कपिलवस्तु, बोध-गया, सारनाथ और कुशीनगर का दौरा किया। उन्होंने दक्कन, ओडिशा और बंगाल की भी यात्रा की ।
- उन्होंने 5 साल **नालंदा विश्वविद्यालय** में बिताये और आचार्य शीलभद्र के अधीन अध्ययन किया। ह्वेनत्सांग का भारतीय नाम 'मोक्षदेव' था।
- उनकी भारत यात्रा क्लासिक चीनी पाठ **"पश्चिमी क्षेत्रों पर ग्रेट तांग रिकॉर्ड"** में विस्तार से दर्ज की गयी।

इ-त्सिंग । बौद्ध धर्म का एक अभिलेख

इजिंग/इत्सिंग **एक चीनी बौद्ध भिक्षु** था। वह नालंदा महाविहार में अध्ययन करने के लिए 671-695 ईसवी तक भारत में रहा। उसने वर्णन किया कि उत्तरी भारत के बौद्ध और दक्षिण समुद्रों के द्वीपों के बौद्ध हीनयान बौद्ध धर्म का पालन करते थे और चीन और मलायु के बौद्ध महायान बौद्ध धर्म का पालन करते थे। पारंपरिक बौद्ध धर्म जारी रखनेवाले केवल 4 प्रमुख संप्रदाय थे। ये संप्रदाय थे : **महासंघिक, स्थविर, मूलसर्वस्तिवाद** और **सम्मितिय निकाय**। उसने कई पालि और संस्कृत बौद्ध ग्रंथों का चीनी में अनुवाद किया, जिसमें मूलसर्वस्तिवाद विनय, स्वर्ण प्रकाश सूत्र, हीरक सूत्र, अवदान आदि शामिल हैं।

सुलेमान अल-ताजिर

वह 9वीं शताब्दी के ईरान का फ़ारसी मुस्लिम व्यापारी, यात्री और लेखक था। उसने भारत और चीन की यात्रा की थी और 850 ईसवी के आसपास अपनी समुद्री यात्राओं का विवरण लिखा था। उसने गुआंगझाऊ, तांग चीन की यात्रा की और वहाँ **चीनी मिट्टी के बर्तनों** की उत्कृष्ट गुणवत्ता को देखकर आश्चर्यचकित हुआ। उसने महान् **पाल साम्राज्य** के शासनकाल के दौरान भारत का भ्रमण किया, जिसका उस समय वर्तमान पश्चिम बंगाल, असम और बांग्लादेश पर शासन था। उसने पाल साम्राज्य को **रूहमा** कहा था। उसने मिहिर भोज को महानतम गुर्जर सम्राटों में से एक माना था। **मिहिर भोज** अरब आक्रमणकारियों का कटु शत्रु था।

अल-मसुदी । मुरुज-उल-ज़ेहाब

वह एक अरब इतिहासकार, भूगोलवेत्ता और खोजकर्ता थे। साथ-साथ वह एक बहुमुखी लेखक थे और उन्होंने धर्मशास्त्र, इतिहास, भूगोल, प्राकृतिक विज्ञान, दर्शन आदि जैसे विभिन्न विषयों पर लिखा था। उन्हें **"अरबों के हेरोडोटस"** के रूप में भी जाना जाता था।

उनका जन्म बग़दाद में हुआ था और वह **पैग़ंबर मुहम्मद** के साथी **अब्दुल्ला इब्न मसूद** के वंशज थे।

उन्होंने विश्व इतिहास को वैज्ञानिक भूगोल, सामाजिक टिप्पणी और आत्मकथा के साथ जोड़ा और अँगरेज़ी में ***"The meadows of gold and mines of gems"*** नाम से प्रकाशित किया गया।

अल-मसुदी ने 956 ईसवी में **मुरुज-उल-ज़ेहाब** नाम से अपनी प्रसिद्ध पाण्डुलिपि लिखी।

अल-बिरूनी । किताब-उल-हिन्द

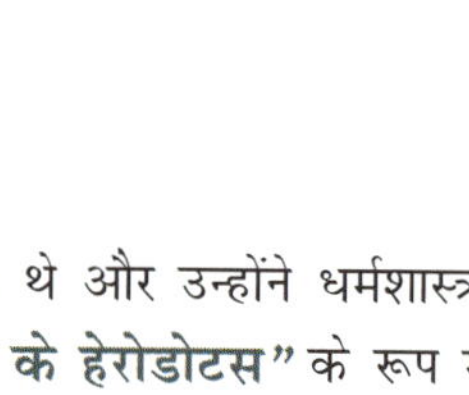

अल-बिरूनी का जन्म ख़्वारज़्म (वर्तमान उज़्बेकिस्तान) में हुआ था, जो उस समय का एक महत्त्वपूर्ण केंद्र था। वे एक ऐसे विद्वान् थे, जो सीरिया, अरबी, फ़ारसी, हिब्रू और संस्कृत के अच्छे जानकार थे। **1017 में**, सुल्तान महमूद ने ख़्वारज़्म पर आक्रमण किया और कई विद्वानों और कवियों को अपने साथ अपनी राजधानी ले गया। वह उनमें से एक थे। इस तरह उन्होंने

भारत में रुचि विकसित की। इसके अलावा, पंजाब को ग़ज़नवी साम्राज्य में शामिल करने के कारण, उन्होंने ब्राह्मण पुजारियों और विद्वानों की संगति में वर्षों बिताये, जहाँ उन्होंने **संस्कृत सीखी**। उन्होंने **कई संस्कृत कृतियों का अनुवाद किया**, जिनमें पतंजलि के व्याकरण पर काम भी शामिल है। इसके विपरीत, उन्होंने यूक्लिड (ग्रीक गणितज्ञ) के कार्यों का संस्कृत में अनुवाद किया। उन्होंने पंजाब और भारत के अन्य उत्तरी हिस्सों में व्यापक रूप से यात्रा की।

अल-बिरूनी का **किताब-उल-हिंद** एक सरल पाठ है, जो **अरबी** में लिखा गया है। इसे 80 अध्यायों में विभाजित किया गया है और इसमें धर्म, दर्शनशास्त्र, त्योहार, खगोल विज्ञान, कीमिया, शिष्टाचार और रीति-रिवाज़, सामाजिक जीवन, वज़न, आइकोनोग्राफी, क़ानून और मेट्रोलॉजी जैसे **विषयों की विस्तृत शृंखला शामिल है**। उनकी पुस्तक में प्रत्येक अध्याय की शुरूआत एक प्रश्न के साथ होती थी, एवं उस अध्याय का निष्कर्ष अन्य संस्कृतियों के साथ तुलना के तौर पर किया जाता था। अल-बिरूनी को तीन प्रमुख बाधाओं का सामना करना पड़ा, जो पहले देखी गयीं बातों से अलग थीं और उनकी समझ में रुकावट डालती थीं।

ये थे :

- भाषा
- धार्मिक मान्यताएँ और प्रथाएँ
- स्थानीय आबादी की संकीर्णता।

अल-बिरूनी ने प्रचलित जाति व्यवस्था को अलग तरह से देखा, जो उनके विशिष्ट संस्कृत ग्रंथों के अध्ययन से प्रभावित थी, जिसने ब्राह्मणों के दृष्टिकोण से प्रणाली को नियंत्रित करनेवाले नियमों को निर्धारित किया। उसने **जाति प्रथा को** उसके द्वारा ज्ञात अन्य समाजों में समानता की तलाश करके समझाने की कोशिश की।

मार्कोपोलो । सर मार्कोपोलो की पुस्तक

मार्कोपोलो एक **इतालवी व्यापारी** और लेखक थे। उनका जन्म 1254 ईसवी में वेनिस गणराज्य में हुआ था। एक देश से दूसरे देश में उनकी यात्रा उनकी पुस्तक **"मार्कोपोलो की यात्रा"** में दर्ज है। उनकी पुस्तक में उल्लेख किया गया था कि चीन के पास बड़ा क्षेत्र और बहुत बढ़िया धन है। उन्होंने अपनी किताब **"द बुक ऑफ़ सर मार्कोपोलो"** में अपने अनुभवों का एक विस्तृत इतिहास लिखा है। इस पुस्तक ने **क्रिस्टोफर कोलंबस** को प्रेरित किया था।

1271 ईसवी में मार्कोपोलो की भारत यात्रा ने यूरोप में बहुत प्रसिद्धि अर्जित की, जिसका कारण पूर्वी दुनिया की वाणिज्यिक, धार्मिक और सामाजिक स्थितियों का विवरण था।

मार्कोपोलो ने रानी **रुद्रमादेवी के शासनकाल** में लगभग 1289 ईसवी के दौरान **काकतीय साम्राज्य** का दौरा किया। उनके कार्यों से यह पाया गया कि रुद्रमादेवी नाम की एक महिला ने अपने पिता की गद्दी सँभाली थी और राजवंश को एक दयालु और परोपकारी शासक के रूप में शासित किया था।

इन किताबों के अलावा, उन्होंने कई पाण्डुलिपियाँ लिखीं, जैसे ***द कस्टम्स ऑफ़ इंडिया, फ़्लोरिडा मार्को पोलो, ट्रैवल्स इन द लैंड ऑफ़ सर्पेंट्स ऐंड पर्ल आदि।***

इब्नबतूता । रेहला

इब्नबतूता **मोरक्को का यात्री** था, जो टेन्गियर में पैदा हुआ था। वह इस्लामिक धार्मिक क़ानून या शरिया में अपनी विशेषज्ञता के लिए जानेवाले सम्मानित परिवारों में से एक था। अपने पूरे जीवन के दौरान, इब्न ने सीरिया, इराक़, फ़ारस, यमन, ओमान और पूर्वी अफ्रीका के तट पर कुछ व्यापारिक बंदरगाहों की यात्रा की। वह **1332-33 ईसवी में मुहम्मद बिन तुग़लक़ के शासनकाल** के दौरान भारत आया था, जिसने उसे **"क़ाज़ी" या दिल्ली का न्यायाधीश नियुक्त किया** था। 1342 ईसवी में, उन्होंने सुल्तान के दूत के रूप में **चीन की यात्रा** की। चीन पहुँचने से पहले, उन्होंने बड़े पैमाने पर यात्रा की। उन्होंने जो मार्ग लिया, उसे नीचे दिये गये चित्र में दिखाया गया है:

दिल्ली → मालाबार तट → माल्दीव → श्रीलंका → चिट्टागोंग → सुमात्रा → ग्वांगझोउ (चीन)

माल्दीव ↓ यहाँ वह क़ाज़ी के रूप मे 18 महीनों के लिए रहे

इब्नबतूता के लेख की **तुलना अक्सर मार्कोपोलो से की जाती** है, जिन्होंने भारत और चीन, दोनों का दौरा किया।

इब्नबतूता ने अरबी भाषा में **"रिहला"** नामक पुस्तक लिखी। यह **14 वीं शताब्दी में दिल्ली सल्तनतकाल के दौरान भारत के सामाजिक और सांस्कृतिक जीवन** के विषय में विशद विवरण प्रदान करता है। पुस्तक अत्यधिक सावधानीपूर्वक लिखी गयी है, जहाँ नयी संस्कृतियों, लोगों, विश्वासों, मूल्यों आदि के बारे में गहरी टिप्पणियों को दर्ज किया गया है।

इब्नबतूता, **पान** और **नारियल** से मोहित हो गये थे और उन्होंने अपने लेख में उनके बारे में वर्णन किया। यहाँ तक कि उन्होंने इसके बारे में लिखते हुए नारियल की तुलना मानव के सिर से की।

उन्होंने **भारतीय शहरों के बारे में भी लिखा**, जो उनके अनुसार जीवंत और घनी आबादीवाले थे। उन्होंने **विशेष रूप से दिल्ली के बारे में विस्तार से लिखा**।

उन्होंने यह भी उल्लेख किया है कि **डाक प्रणाली** बहुत कुशल थी, जिसका उपयोग न केवल सूचना भेजने और लंबी दूरी तक क्रेडिट भेजने के लिए किया जाता था, बल्कि माल भेजने के लिए भी किया जाता था। उनके अनुसार, मध्यकाल में **भारतीय डाक प्रणाली दो प्रकार** की थी - घोड़ा डाक जिसे **'उलूक'** कहा जाता था और पैदल डाक जिसे **'दावा'** कहा जाता था। उलूक को हर 4 मील की दूरी पर तैनात घोड़ों द्वारा चलाया जाता था और पैदल डाक में प्रति मील तीन स्टेशन होते थे, जहाँ एक-तिहाई मील को दावा के नाम से जाना जाता था।

शिहाबुद्दीन अल-उमरी । मसालिक अलबसर फ़ि-मामलिक

शिहाबुद्दीन अल-उमरी डमस्कस से राजदूत के रूप में आए। उन्होंने अपनी मामलुक प्रशासन पर लिखी पुस्तक ***'मसालिक अलबसर फ़ि-मामलिक अल-अमसर'*** में भारत का विशद विवरण दिया है।

निकोलो डे-कॉन्टी

निकोलो डे-कॉन्टी एक **इतालवी व्यापारी** और खोजकर्ता थे। उन्होंने अरब सागर को गुजरात के कैम्बे से पार किया और **1420-1421 ईसवी** में भारत में प्रवेश किया। उन्होंने पकामुरिया, हेल्ली और **विजयनगर राज्य** की यात्रा की। उस समय, **देवराय I** ने **विजयनगर** के सिंहासन पर शपथ ली थी। मायलापुर (चेन्नई में) में, उन्होंने **सेंट थॉमस** का मक़बरा पाया, जिन्होंने भारत में **ईसाई समुदाय** की उपस्थिति सुनिश्चित की। उन्होंने भारत, सुमात्रा और चीन के बीच **सोने और मसाले के व्यापार** की पुष्टि की।

उन्होंने तेलुगू भाषा को **"पूर्व का इतालवी"** कहा। डे-कॉन्टी की पाण्डुलिपि का पहला मुद्रित संस्करण **क्रिस्टोफ़ोरो दा बोलेट** द्वारा मूल लैटिन में 1492 में निकला था। डे-कॉन्टी ने दक्षिण-पूर्व एशिया को **"धन, संस्कृति और भव्यता के मामले में अन्य सभी क्षेत्रों से आगे निकलने"** के रूप में वर्णित किया।

अब्दुर रज़्ज़ाक़ । मातला-उस-सादैन-वा-मजमा-उल-बहरीन

वह एक **फ़ारसी** विद्वान् थे, जिन्होंने **देवराय द्वितीय** के समय विजयनगर साम्राज्य का दौरा किया था। उन्होंने **देवराय द्वितीय** के शासनकाल का विवरण दिया।

वह 1442 ईसवी में शाहरुख़ (फ़ारस के तिमुरिद राजवंश का शासक) के राजदूत के रूप में कालीकट के राजा जमोरिन के दरबार में आये।

उन्होंने भारत के लिए 45 पेज का आख्यान लिखा। यह उनकी पुस्तक **मातला-उस-सादैन-वा-मजमा-उल-बहरीन** में एक अध्याय के रूप में दिखाई देता है।

अफ़ानसी निकितिन । तीन समुद्रों से परे की यात्रा

अफ़ानसी निकितिन टवर के एक **रूसी व्यापारी** थे और भारत आनेवाले पहले यूरोपीय (निकोलो डे-कॉन्टी के बाद) में से एक थे। उन्होंने ***द जर्नी बियॉन्ड थ्री सीज*** नामक कथा में अपनी यात्रा का वर्णन किया।

अपनी यात्रा के दौरान, निकितिन ने भारत की जनसंख्या, सामाजिक व्यवस्था, अर्थव्यवस्था, सेना, धर्म, जीवन शैली, सरकार और प्राकृतिक संसाधनों का अध्ययन किया। निकितिन के तथ्यात्मक विवरण की प्रचुरता उस समय के भारत के बारे में जानकारी का मूल्यवान् स्रोत प्रदान करती है।

उन्होंने मुहम्मद तृतीय (1463-82) के अधीन बहमनी साम्राज्य की स्थिति का वर्णन किया।

दुआर्ते बारबोसा । दुआर्ते बारबोसा की पुस्तक

वे एक पुर्तगाली यात्री थे, जो 16 वर्षों (1500-1516 ई.) तक भारत में रहे, अधिकांश समय केरल और विजयनगर साम्राज्य में रहे। बारबोसा ने मलयालम का अध्ययन किया और भारत में प्रचलित जाति संस्कृति के साथ-साथ सामाजिक जीवन के बारे में भी लिखा। उन्होंने ***'बुक ऑफ़ दुआर्ते बारबोसा'*** लिखी, जो विदेशी संस्कृतियों का विस्तृत विवरण देती है।

डोमिंगो पेस । क्रोनिका डॉस रीस डी बिसनागा

वह एक **पुर्तगाली** व्यापारी, लेखक और खोजकर्ता थे, जिन्होंने **1520-1522 ईसवी** के बीच भारत का दौरा किया और विजयनगर साम्राज्य के तहत तुलुव राजवंश के राजा **कृष्णदेव राय** के शासनकाल के दौरान हम्पी नामक प्राचीन शहर का विस्तृत विवरण दिया।

उन्होंने अपनी यात्रा को "Chronica dos reis de Bisnaga" नाम से अपनी पुस्तक में दर्ज किया, जहाँ उन्होंने विजयनगर साम्राज्य के बारे में गहराई से जानकारी दी।

उन्होंने उस साम्राज्य के बारे में **निम्नलिखित विशेषताएँ** बतायीं :

- उन्नत **सिंचाई तकनीक**, जिसने किसानों को बहुत कम क़ीमतों पर उच्च उपजवालीं फ़सलों का उत्पादन करने को प्रेरित किया।
- फ़सलों और वनस्पतियों में विविध प्रकार की संस्कृतियों को दिखाया गया।
- उन्होंने **क़ीमती पत्थरों के एक व्यस्त बाज़ार** का वर्णन किया।
- शहर समृद्ध था और **इसका आकार रोम के साथ तुलनीय स्थिति में था**, जिसमें प्रचुर मात्रा में वनस्पति, नहर (aqueducts) और कृत्रिम झीलें थीं।

सेसारे फ़ेडेरिसी

उन्हें सीज़र फ़्रेडरिक के नाम से भी जाना जाता है। विजयनगर साम्राज्य का दौरा करनेवाले सभी यात्रियों में फ़ेडेरिसी सबसे दुर्भाग्यपूर्ण थे। तालीकोटा की लड़ाई के उपरांत इसके खंडहर हो जाने के 2 साल बाद, उन्होंने वर्ष 1567 में इसका दौरा किया था। उन्होंने 1563 से 1581 ईसवी तक पूर्व की यात्रा की और उस अवधि के दौरान भारत में लोगों के सामाजिक, आर्थिक और सांस्कृतिक जीवन का विवरण दिया है।

उनके अपने शब्दों में, विजयनगर के खंडहरों का वर्णन इस प्रकार किया गया था :

"बेज़ेनेगर (विजयनगर) शहर पूरी तरह से नष्ट नहीं हुआ है, फिर भी घर अभी भी खड़े हैं, लेकिन ख़ाली हैं और जैसा कि बताया गया है, उनमें बाघों और अन्य जंगली जानवरों के अलावा कुछ भी नहीं है।"

फ़र्नाओ नुनिज़ । बिसनागा के दो राजाओं का इतिहास

फ़र्नाओ नुनिज़ एक पुर्तगाली व्यापारी थे, जो **विजयनगर साम्राज्य** के तुलुव राजवंश के अच्युतदेव राय के शासनकाल के दौरान आये थे। उन्होंने अच्युतदेव राय के शासनकाल के अंतिम वर्षों के प्रारंभिक समय से साम्राज्य का इतिहास लिखा।

फ़र्नाओ नुनिज़ ने 1535-1537 ई. की समयावधि में विजयनगर साम्राज्य का दौरा किया। उन्होंने देखा कि राज्य में ऐसी स्त्रियाँ थीं, जो ज्योतिषी और भविष्यवक्ता थीं, जो कुश्ती लड़ती थीं और ख़र्चों का लेखा-जोखा लिखती थीं। उन्होंने डोमिंगो पेस के साथ ***क्रोनिका डॉस रीस डी बिसनागा*** का सह-लेखन किया।

जान ह्युघेन वान लिंसचोटेन । इटिनरेरियो

वे 16वीं सदी के **डच** यात्री थे, जिन्होंने दक्षिण भारत (मुख्यत: गोवा) के सामाजिक और आर्थिक जीवन का बहुमूल्य विवरण दिया है। इस पुस्तक '***इटिनरेरियो***' में उन्होंने पूर्वी इंडीज़, विशेष रूप से भारत, की यात्राओं के विस्तृत मानचित्र प्रदर्शित किये।

विलियम हॉकिन्स

वह अँगरेज़ी ईस्ट इंडिया कंपनी के प्रतिनिधि और **ब्रिटिश राजा जेम्स-प्रथम** के राजदूत थे। वह **सूरत** में एक कारख़ाने की स्थापना के बारे में बातचीत करने के लिए मुग़ल सम्राट **जहाँगीर** के दरबार में **1608** में आगरा आये। जहाँगीर द्वारा दी गयी यह अनुमति पूर्व में अँगरेज़ी वाणिज्य की पहली मान्यता थी।

एंटोनियो मोनसेरेट । अकबर के दरबार की उनकी यात्रा पर टिप्पणी

उन्हें एंटोनियो डी मोनसेरेट के नाम से भी जाना जाता है। मोनसेरेट एक **स्पेनिश** खोजकर्ता थे, जिन्होंने 16वीं शताब्दी में भारत की यात्रा की थी। वे अपने विवरणों और दस्तावेज़ों के लिए प्रसिद्ध हैं, जो भारत की स्थानीय संस्कृति और रीति-रिवाज़ों को दर्शाते हैं।

मोनसेरेट 1578 ईसवी में भारत के पश्चिमी तट पर पुर्तग़ाली उपनिवेश गोवा पहुँचे। उन्होंने भारतीय उपमहाद्वीप के भीतर अपनी यात्राएँ आरंभ कीं, जिसमें प्राथमिक उद्देश्य मुग़ल साम्राज्य और उसके शासक, सम्राट् अकबर, को समझने के साथ-साथ आगरा, फ़तेहपुर सीकरी और लाहौर (वर्तमान पाकिस्तान में) जैसे शहरों की महत्त्वपूर्ण यात्राएँ शामिल थीं। उन्होंने अकबर के दरबार का दौरा किया और ***द कमेंटरी ऑफ़ फ़ादर मोनसेरेट, एस. जे., ऑन हिज जर्नी टू द कोर्ट ऑफ़ अकबर*** में अकबर के प्रशासन, धार्मिक नीतियों और सांस्कृतिक प्रथाओं का विवरण दिया, जो भारतीय इतिहास के उस काल की बहुमूल्य जानकारी प्रदान करता है।

सर थॉमस रो

वह **महारानी एलिजाबेथ I** के शासनकाल के दौरान एक अँगरेज़ी राजनयिक और **हाउस ऑफ़ कॉमन्स** के सदस्य थे। **1615 से 1619 ईसवी तक**, वह मुग़ल सम्राट जहाँगीर के दरबार में रहे। उनके मिशन का मुख्य उद्देश्य **सूरत में ब्रिटिश ईस्ट इंडिया कंपनी के कारख़ाने का संरक्षण प्राप्त करना था। *द एम्बेसी ऑफ़ सर थॉमस रो टू द कोर्ट ऑफ़ द ग्रेट मोगुल,*** 1615-19, पुस्तक जैसा कि उनकी दैनिकी और पत्राचार में वर्णित है, 17वीं शताब्दी की शुरुआत में भारत के इतिहास में एक महत्त्वपूर्ण योगदान है।

उनका **"जर्नल ऑफ़ मिशन टू दी मुग़ल एम्पायर"** भारत के इतिहास में एक क़ीमती योगदान है।

पीटर मुंडी

पीटर मुंडी 17वीं सदी का एक **ब्रिटिश** व्यापारी, यात्री और लेखक था। उसने भारत, चीन और जापान की यात्रा की थी। **सर विलियम कर्टन** द्वारा चार जहाज़ों और दो नावों का बेड़ा भेजा गया था और ऐसा प्रतीत होता है कि उसमें मुंडी एक कारिन्दा (फ़ैक्टर) के रूप में रखा गया था।

वह 1628 में सूरत पहुँचा और उसके बाद 1630 में उसने आगरा की यात्रा की और 1631 तक वहीं रहा, और उसके बाद वह पटना के लिए रवाना हुआ। बाद में, वह आगरा और सूरत लौट आया और वहाँ लगभग 1634 तक रहा।

उसने अपने लेखन में **बंजारा समुदाय** का वर्णन किया है। बंजारे दिल्ली सल्तनत और मुग़ल काल के दौरान महत्त्वपूर्ण ख़ानाबदोश व्यापारी थे। उनके कारवाँ को *टांडा* कहा जाता था।

जीन-बैप्टिस्ट टैवर्नियर

वे 17वीं शताब्दी के फ़्रांसीसी **रत्न (विशेषकर हीरा)** व्यापारी और यात्री थे। अपने जीवन में, उन्होंने फ़ारस और भारत की 06 यात्राएँ कीं। 1638-1643 ईसवी के बीच अपनी दूसरी यात्रा के दौरान, वह भारत आये और वहाँ से आगरा एवं गोलकुंडा साम्राज्य की यात्रा की। 1665 में वाराणसी की अपनी यात्रा करते समय उन्होंने वर्णन किया कि वाराणसी में मकान और अन्य संरचनाएँ अधिकतर मिट्टी से बनी थीं, जबकि कुछ का पत्थरों, स्लेट और लकड़ी का उपयोग करके निर्माण किया गया था। उन्होंने **शाहजहाँ** के दरबार का भी दौरा किया और हीरे की खानों की अपनी पहली यात्रा की। अपनी पुस्तक में उन्होंने **हीरे और भारत की हीरे की खानों** के बारे में विस्तार से चर्चा की है। वह **ब्लू डायमंड** की अपनी खोज/ख़रीदी के लिए लोकप्रिय हैं, जिसे बाद में उन्होंने फ़्रांस के लुइस XIV को बेच दिया।

निकोलो मनुची । स्टोरिया डो मोगोर

निकोलो मनुची एक **इतालवी** लेखक, चिकित्सक और यात्री था। वह 1653 में (17 वर्ष की आयु में) भारत आया था और उसके बाद **उसने अपना पूरा जीवन भारत में बिताया**। वह कभी इटली वापस नहीं लौटा। वह सूरत में उतरा उसे और मुग़ल शहज़ादे दारा शिकोह की सेना में **तोपची** के रूप में नियोजित किया गया था। औरंगज़ेब से दारा शिकोह की हार के बाद, उसने प्रसिद्ध राजपूत शासक मिर्ज़ा राजा जय सिंह के लिए काम किया, लेकिन यह लंबे समय तक नहीं चला। मनुची की यात्राएँ और रोज़गार की तलाश उसे पूरे भारत में ले गयी - कश्मीर से लेकर बंगाल, गोवा से लेकर मद्रास तक। **दक्षिण भारत** जाने के बाद, उसने **सिद्ध चिकित्सक** के रूप में भी ख्याति अर्जित की, जो दक्षिण भारत की चिकित्सा पद्धति है। इसके अलावा, वह कई भाषाओं, विशेष रूप से फ़ारसी में पारंगत था।

1698 में लिखी अपनी पुस्तक, ***Storia do Mogor*** (या मुग़लों की कहानी) में, उसने मुग़ल बादशाह शाहजहाँ (उसका उत्तरकालीन समय) के शासनकाल और मुख्य रूप से औरंगज़ेब के दरबारी जीवन का वर्णन किया है। उसने औंरगजेब के जीवन का भी वर्णन किया और अपने आपको लंबे समय से पीड़ित नायक और **औरंगज़ेब** को दुष्ट खलनायक के रूप में प्रस्तुत किया।

फ़्रेंकोइस बर्नियर । मुग़ल साम्राज्य में यात्राएँ

फ़्रेंकोइस बर्नियर एक **फ़्रांसीसी व्यक्ति** थे, जो एक डॉक्टर, राजनीतिक दार्शनिक और इतिहासकार थे। वह **1656 में** भारत आये और **मुग़ल साम्राज्य में 12 साल** तक रहे। उनके लेखन अक्सर यूरोप में प्रथाओं और विकास के साथ एक तुलनात्मक वर्णन होते थे। उन्होंने **समकालीन यूरोप के साथ मुग़ल भारत की तुलना** लगातार की, विशेष रूप से फ़्रांस को श्रेष्ठ के रूप में चित्रित करने की कोशिश की। उन्होंने ज़्यादातर **सामाजिक और आर्थिक जीवन** के बारे में लिखा। मुख्य बिंदु इस प्रकार हैं :

- उन्होंने **मुग़ल साम्राज्य** को भिखारियों और बर्बरता के राजा कहते हुए उनकी **कड़ी आलोचना** की।
- उन्होंने महसूस किया कि कारीगरों के पास अपने उत्पादों की गुणवत्ता में सुधार करने के लिए कोई प्रोत्साहन नहीं था, जबकि राज द्वारा मुनाफ़े का वित्तियोजन होता था।
- उन्होंने मुग़ल शहरों को **'Camptowns'** के रूप में वर्णित किया, क्योंकि क़स्बों का अस्तित्व शाही शिविरों में था।
- उन्होंने कार्यशालाओं या शाही ***कारख़ानों*** के बारे में भी विस्तार से लिखा।
- व्यापारियों को उनकी जाति-सह-व्यावसायिक निकायों जैसे ***महाजनों, सेठों और नागरसेठों*** में संगठित किया गया था।

जीन-एंटोनी डुबोइस । हिंदू शिष्टाचार, रीति-रिवाज़ और समारोह

वह दक्षिण भारत की यात्रा करनेवाला फ़्रांसीसी **कैथोलिक** धर्मप्रचारक था। उसे स्थानीय लोग डोड्डा स्वामी कहकर बुलाते थे। वह भारतीयों को ईसाई बनाने के उद्देश्य से आया था। हालाँकि, वह विफल रहा। इसके बजाय, वह हिंदू भिक्षु की जीवन शैली, वस्त्र, भोजन (शाकाहार) और भाषा अपनाने के लिए याद किया जाता है। उसकी पुस्तक ***"हिंदू शिष्टाचार, रीति-रिवाज़ और समारोह"*** में तीन भाग हैं : भारत में समाज का और विशेष रूप से जाति व्यवस्था का एक सामान्य अवलोकन; ब्राह्मण जीवन की चार अवस्थाएँ; धार्मिक प्रथाएँ - त्यौहार, भोज, मंदिर, पूजा की वस्तुएँ। वह अपनी पुस्तक में यह उद्धृत करके बहुत ख़ुश होता है कि - *"एक हिंदू स्त्री अकेले कहीं भी जा सकती है, यहाँ तक कि सबसे अधिक भीड़-भाड़वाली जगहों पर भी और उसे शोहदों की ढीठ दृष्टि और फ़ब्तियों से कभी डरने की ज़रूरत नहीं होती है। ... जिस घर में केवल महिलाएँ रहती हैं, वह महिला अभयारण्य होता है, जिसकी पवित्रता भंग करने के बारे में लंपट भी सोच नहीं सकता है।"*

महत्त्वपूर्ण विदेशी यात्री और उनकी पुस्तकें एक नज़र में

यात्री	पुस्तक का शीर्षक	भारतीय राजवंशों का विवरण	शासक राजा
मेगस्थनीज	इंडिका	शासन एवं समाज सहित मौर्य साम्राज्य का विस्तृत विवरण	चन्द्रगुप्त मौर्य
ह्वेनत्सांग	1. मध्य भारत की यात्रा के अभिलेख 2. सी-यू-की या 'पश्चिमी दुनिया के रिकॉर्ड'	भारत को एक समृद्ध एवं खुशहाल देश बताया तथा भारत की धार्मिक स्थिति का विवरण दिया। उन्होंने कहा कि ब्राह्मणवाद, बौद्ध धर्म और जैन धर्म सभी भारत में लोकप्रिय धर्म थे।	राजा हर्षवर्द्धन

यात्री	पुस्तक का शीर्षक	भारतीय राजवंशों का विवरण	शासक राजा
फाह्यान (फ़ैक्सियन)	बौद्ध साम्राज्यों का अभिलेख	बौद्ध साम्राज्यों और मठों का वर्णन करता है, सांस्कृतिक अंतर्दृष्टि प्रदान करता है	गुप्त साम्राज्य
अल-बिरूनी	किताब अल-हिंद	भारतीय संस्कृति, समाज और राजवंशों का व्यापक अध्ययन	राजपूतों सहित विभिन्न राजवंश
मार्को पोलो	मार्को पोलो की यात्राएँ	मंगोल शासकों और भारतीयों राजवंशों सहित के साथ उनकी यात्राओं एवं बैठकों का विवरण देती हैं	विभिन्न राजवंश दिल्ली सल्तनत
इब्न बतूता	उन लोगों के लिए एक उत्कृष्ट कृति, जो शहरों के आश्चर्यों और यात्रा के चमत्कारों पर विचार करते हैं - प्राय: रिहला के रूप में में ज्ञात	दिल्ली सल्तनत और विजयनगर साम्राज्य के सामाजिक-राजनीतिक माहौल का वर्णन करती है	दिल्ली सल्तनत, विजयनगर साम्राज्य
जीन बैपटिस्ट सराय का मालिक	भारत में यात्रा	औरंगज़ेब और शाहजहाँ से बातचीत सहित मुग़ल साम्राज्य के विवरण	मुग़ल साम्राज्य, औरंगज़ेब, शाहजहाँ
थॉमस रो	भारत में सर थॉमस रो का दूतावास	सम्राट् जहाँगीर के शासनकाल के दौरान राजनयिक मिशनों का इतिहास	मुग़ल साम्राज्य, जहांगीर
सिकंदर कनिंघम	भारत का प्राचीन भूगोल	मौर्य और गुप्त सहित प्राचीन भारतीय राजवंशों के बारे में जानकारी प्रदान करता है	प्राचीन भारतीय राजवंश

अध्याय का सारांश

- **मेगस्थनीज** - यूनानी इतिहासकार - यूनानी शासक सेल्यूकस प्रथम निकेटर का राजदूत - चंद्रगुप्त मौर्य के शासनकाल के दौरान मौर्य राजधानी पाटलिपुत्र का भ्रमण किया - इंडिका का लेखक।
- **डिमाकस** - बिंदुसार या अमित्रघात के राजदूत के रूप में आये - ने समाज और राजनीति के बारे में महत्त्वपूर्ण जानकारी दी - एंटिओकस प्रथम (सेल्यूकस निकेटर के पुत्र) द्वारा भेजे गये।
- **फाह्यान** - चीनी तीर्थयात्री - गुप्त काल के दौरान लगभग 400 ईसवी में - चंद्रगुप्त द्वितीय (विक्रमादित्य) के शासनकाल के दौरान भारत का भ्रमण किया - बौद्ध राज्यों की यात्रा का वृत्तांत संकलित किया।
- **शिहाबुद्दीन अल-उमरी** - दमिश्क से राजदूत के रूप में आये - ने 'मसालिक अलबसर फ़ि-मामलिक अल-अमसार' नामक पुस्तक लिखी।
- **ह्वेन त्सांग** - 629-644 ईसवी के बीच हर्षवर्धन के शासनकाल के दौरान रेशम मार्ग से भारत आया था - जुआनजांग और तीर्थयात्रियों के राजकुमार के रूप में भी जाना जाता है - प्रसिद्ध पुस्तक सी-यू-की: पश्चिमी जगत् का बौद्ध अभिलेख - नालंदा विश्वविद्यालय में पाँच वर्ष व्यतीत किया और आचार्य शीलभद्र के अधीन अध्ययन किया।
- **अफ़ानसी निकितिन** - मुहम्मद III (1463-82) के तहत बहमनी साम्राज्य की स्थिति का वर्णन किया।
- **इजिंग/इ-त्सिंग** - पूर्व मध्यकालीन भारत (671-695 ई.) में नालंदा विश्वविद्यालय में अध्ययन के लिए आनेवाला चीनी बौद्ध भिक्षु - बौद्ध ग्रंथों का पालि और संस्कृत से चीनी में अनुवाद किया।

- **सुलेमान अल-ताजीर** - 9वीं शताब्दी का फ़ारसी मुस्लिम व्यापारी, यात्री और लेखक - भारत और चीन की यात्रा की - महान् पाल साम्राज्य के शासनकाल के दौरान भारत का भ्रमण किया।
- **अल-बिरूनी** - ख़्वारज़्म (वर्तमान उज़्बेकिस्तान) में पैदा हुआ - व्याकरण पर पतंजलि की कृति का अरबी में अनुवाद किया - किताब-उल-हिंद का लेखक।
- **मार्को पोलो** - इतालवी व्यापारी - लगभग 1289 इस्वी में काकतीय राज्य का भ्रमण किया - ट्रैवल्स इन द लैंड ऑफ़ सर्पेंट्स ऐंड पर्ल्स लिखा।
- **इब्न बतूता** - मोरक्को का यात्री - मुहम्मद बिन तुग़लक़ के शासनकाल के दौरान 1332-33 ईसवी में भारत आया - "क़ाज़ी" नियुक्त किया गया - अरबी में 'रिहला' नामक यात्रा वृतांत लिखा।
- **निकोलो डी कोंटी** - इतालवी व्यापारी - देवराय प्रथम के शासनकाल के दौरान विजयनगर साम्राज्य की यात्रा की - तेलुगु भाषा को "पूर्व की इतालवी" भाषा कहा।
- **अब्दुर रज़्ज़ाक** - फ़ारसी - देव राय द्वितीय के शासनकाल के दौरान विजयनगर साम्राज्य का भ्रमण किया।
- **विलियम हॉकिन्स** - अँगरेज़ी ईस्ट इंडिया कंपनी का प्रतिनिधि - ब्रिटिश राजा जेम्स I का राजदूत - मुग़ल बादशाह जहाँगीर के दरबार में आगरा की यात्रा की - सूरत में एक फ़ैक्ट्री की स्थापना के लिए बातचीत की।

यू.पी.एस.सी. पिछले वर्षों के बहुविकल्पीय प्रश्न

1. प्राचीन भारत में किस चीनी यात्री ने 'मध्य भारत की यात्रा के अभिलेख' नामक दैनिकी (डायरी) लिखी थी? **(NDA I, 2022)**
   (a) वांग हुएन-सी (Wang Xuance)
   (b) ह्वेनत्सांग (Xuanzang)
   (c) इत्सिंग (Yijing)
   (d) ली यिबियाओ (Li Yibiao)

2. इनमें से किसने मध्यकालीन भारतीय डाक व्यवस्था का दो प्रकार के होने का वर्णन किया है - अश्व डाक व्यवस्था जिसे 'उलुक' कहा जाता है और पैदल डाक व्यवस्था जिसे 'दावा' कहा जाता है? **(NDA II, 2022)**
   (a) अल बिरूनी (b) दुआर्ते बरबोसा
   (c) इब्न बतूता (d) सैयदी अली रीइस

3. पुर्तगाली लेखक नूनिज़ के अनुसार, विजयनगर साम्राज्य में महिलाएँ निम्नलिखित में से किन क्षेत्रों में निपुण थीं? **(CSE, 2021)**
   1. कुश्ती 2. ज्योतिषशास्त्र
   3. लेखाकरण 4. भविष्यवाणी

   नीचे दिये गये कूट का प्रयोग कर सही उत्तर चुनिए।
   (a) केवल 1, 2 और 3 (b) केवल 1, 3 और 4
   (c) केवल 2 और 4 (d) 1, 2, 3 और 4

4. निम्नलिखित में से किस दिल्ली सुल्तान के दूत के रूप में इब्न बतूता चीन गया था? **(CDS II, 2020)**
   (a) अलाउद्दीन ख़िलजी
   (b) मुहम्मद बिन तुग़लक़
   (c) इल्तुतमिश
   (d) फ़िरोज़ शाह तुग़लक़

5. अल-बिरूनी ने किस भाषा में किताब-उल-हिंद लिखी थी? **(CDS II, 2020)**
   (a) अरबी (b) फ़ारसी
   (c) उर्दू (d) तुर्की

6. किस यूरोपीय यात्री ने कहा था, "एक हिंदू स्त्री अकेले कहीं भी जा सकती है, यहाँ तक कि सबसे अधिक भीड़-भाड़वाली जगहों पर भी, और उसे शोहदों की ढीठ दृष्टि और फ़ब्तियों से कभी डरने की ज़रूरत नहीं होती है।" **(CDS I, 2020)**
   (a) फ़्रेंकोइस बर्नियर (b) जीन बैप्टिस्ट टैवर्नियर
   (c) थॉमस रो (d) अब्बे जे ए डुबोइस

7. निम्नलिखित में से किस विदेशी यात्री ने भारत के हीरों और हीरे की खानों पर विस्तार से चर्चा की है? **(CSE, 2018)**
   (a) फ़्रेंकोइस बर्नियर (b) जीन-बैप्टिस्ट टैवर्नियर
   (c) जीन डी थेवेनोट (d) अब्बे बार्थेलेमी कैरे

8. निम्नलिखित कथन पर विचार कीजिए :

"किसानों से इतना ग़लत हुआ है कि उनका पेट भरने के लिए सूखी रोटी भी मुश्किल से नहीं बची है।"

निम्नलिखित में से किस यूरोपीय यात्री ने मुग़ल साम्राज्य में किसानों की स्थिति के बारे में उपरोक्त बातें कहीं थीं? **(CDS I, 2018)**

(a) फ़्रांसिस्को पेल्सार्ट
(b) फ़्रेंकोइस बर्नियर
(c) जीन बैप्टिस्ट टैवर्नियर
(d) निकोलो मनुची

9. निम्नलिखित में से कौन-सा यूरोपीय यात्री कभी यूरोप नहीं लौटा और भारत में बस गया? **(CDS II, 2018)**

(a) दुआर्ते बारबोसा (b) मनुची
(c) टेवर्नियर (d) बर्नियर

10. फ़्रांसीसी यात्री टेवर्नियर के अनुसार, 17वीं शताब्दी के दौरान वाराणसी में अधिकांश घर बने थे- **(CDS II, 2018)**

(a) ईंट और मिट्टी से
(b) पत्थर और छप्पर से
(c) लकड़ी और पत्थर से
(d) ईंट और पत्थर से

11. निम्नलिखित में से कौन सा/से कथन सत्य है/हैं?

1. फाह्यान का ''गाओसेंग फाह्यान जुआन'' भारत में बौद्ध स्थलों और प्रथाओं का सबसे पहला चीनी विवरण था।
2. फाह्यान यह मूलपाठ लिखने के समय केवल 25 वर्ष का था।
3. भारत आने का फाह्यान का मुख्य उद्देश्य मठवासी नियमोंवाले ग्रंथों को प्राप्त करना और वापस ले जाना था।

नीचे दिये गये कूट का प्रयोग कर सही उत्तर चुनिए: **(CDS I, 2018)**

(a) 1, 2 और 3 (b) केवल 2
(c) केवल 1 और 3 (d) केवल 3

12. निकोलो डे कॉन्टी, अब्दुर रज़्ज़ाक, अफ़ानासियस निकितिन और फ़र्नाओ नुनिज़ ने किस साम्राज्य का भ्रमण किया था? **(CDS I, 2015)**

(a) कन्नौज साम्राज्य (b) विजयनगर साम्राज्य
(c) होयसाल साम्राज्य (d) राष्ट्रकूट साम्राज्य

13. मार्को पोलो की भारत यात्रा (1271 ईसवी) ने यूरोप मे काफ़ी ख्याति अर्जित की **(CDS II, 2014)**

(a) उसके द्वारा भारत में सुरक्षित मौन की खोज के कारण
(b) उसके द्वारा भारत के कई राजाओं के साथ सौहार्दपूर्ण संबंध स्थापित करने के कारण।
(c) पूर्व की वाणिज्यिक, धार्मिक और सामाजिक परिस्थितियों के उसके विवरण के कारण।
(d) उपर्युक्त सभी

14. 1355 में पूरी हुई इब्न बतूता की कृति रिहला है **(CDS I, 2013)**

(a) आत्मकथा
(b) ऐबक से लेकर ग़ियास-उद-दीन तुग़लक़ तक दिल्ली के सुल्तानों का विवरण
(c) धार्मिक ग्रंथ
(d) मोरक्को के साथ व्यापार का विवरण

उत्तर

1. (b) 2. (c) 3. (d) 4. (b) 5. (a) 6. (d) 7. (b) 8. (a)
9. (b) 10. (a) 11. (c) 12. (b) 13. (c) 14. (b)

यू.पी.एस.सी. पिछले वर्षों के प्रश्न - मुख्य परीक्षा

1. भारत के इतिहास के पुनर्निर्माण में **चीनी और अरब यात्रियों के वृत्तांतों** के महत्त्व का आकलन करें। **(CSE, 2018)**

परिशिष्ट

प्राचीन और मध्यकालीन इतिहास की शब्दावली

कृषि और भूमि से संबंधित

अदेवमातृक - सिंचित भूमि

अग्रहार - राजा द्वारा उपहार में दी गयी भूमि या गाँव

आहर-पाइन - पारंपरिक सिंचाई प्रणाली

अप्रहत - परती भूमि। अनजुती भूमि। नया कोरा कपड़ा

अरघट्ट - सिंचाई में प्रयोग किया जानेवाला फ़ारसी जलचक्र

आरण्यक - वन पुस्तकें; वैदिक कोष का भाग

असामी - कृषक (मुग़ल काल के इंडो-फ़ारसी स्रोत)। किसी दुकानदार या महाजन से लेन-देन रखनेवाला

ब्रह्मदेय - मध्यकाल में सामान्य तौर पर राजाओं द्वारा ब्राह्मणों को उपहार में दी गयी कर मुक्त भूमि

चाचर - 3-4 वर्ष तक खेती न की जानेवाली भूमि

देवमातृक - वर्षा सिंचित क्षेत्र

एरीपट्टी - भूमि की विशेष श्रेणी, जिससे मिलनेवाला राजस्व गाँव के तालाब के रख-रखाव के लिए अलग रखा जाता था

गहपति - मौर्य काल के दौरान धनी भूस्वामी परिवार के मुखिया के लिए प्रयोग किया जानेवाला पालि शब्द

जलप्रयाह - जल भूमि

कच्छ - जल संस्पर्शी भूमि

कनी अधिकार - प्रारंभिक मध्यकालीन दक्षिण भारत में भूमि पर अधिकार, कभी-कभी कुछ कर्तव्यों और दायित्वों से भी जुड़ा होता था

कर-शासन - कर भुगतान करनेवाले अग्रहार

ख़ुदकाश्त - अपनी भूमि रखनेवाले किसान

कीनाश - ऋग्वेद में आनेवाला शब्द, जो हल चलानेवाले या कृषक का वर्णन करता है।

क्रय-शासन - धर्मनिरपेक्ष भूमि-विक्रय विलेख

कुणप - पशुओं का मांस, चर्बी और मज्जा उबालकर तैयार की गयी तरल खाद

मरु - मरुस्थली क्षेत्र

मिरासीदार - दक्षिण भारत में भूमि पर वंशानुगत अधिकार (मिरासी) रखनेवाला गाँव का अभिजात वर्ग

मालगुज़ार - काश्तकारी का स्वामी (प्राथमिक ज़मींदार)

मुज़ारियन (रैयत) - एक ही गाँव में ख़ुदकाश्त पर आश्रित

नदीमातृक - नदीजल से सिंचित भूमि

ननकार - राजस्व मुक्त भूमि

पाहिकाश्त - एक ही गाँव/पड़ोसी गाँव में रहकर किराये पर ली गयी भूमि पर खेती करते थे

पंकिकला - कीचड़युक्त भूमि

पराशर - प्राचीन खगोलविदों और ज्योतिषियों द्वारा मौसम विज्ञान का वैज्ञानिक अध्ययन

पोलज - जिस भूमि पर लगातार खेती होती थी

शद्वल - घासवाली भूमि

शर्करा - कंकड़ से भरी भूमि

शर्करावरी - रेतीला क्षेत्र

सुथरियार - वैदिक कालीन कृषक, जो भूमि पर खेती और भूमि स्वामी के अधीन कृषि उत्पादों का उत्पादन करते थे

तक़बी ऋण - कृषकों को दिया जानेवाला अल्पकालीन ऋण (दिल्ली सल्तनत)

तनियुर - ब्रह्मदेय को दिया गया स्वतंत्र, विशेष दर्जा (प्रारंभिक मध्यकालीन दक्षिण भारत)

तक़ावी - बोआई या खेती का विस्तार करने के लिए अग्रिम धन

उपक्षिति - निम्नस्तरीय भूमि पर कर

उपरिकर - अस्थायी काश्तकारों द्वारा भुगतान किया जानेवाला अतिरिक्त कर

उर - दक्षिण भारत का गैर-ब्रह्मदेय गाँव

उर्वरा - उपजाऊ भूमि

ऊसर - बंजर और खारी भूमि

उषर - बंजर और खारी भूमि

वेलिर - दक्षिण भारत के सरदार

वेल्लनवगई - प्रारंभिक मध्यकालीन दक्षिण भारत के गैर-ब्रह्मदेय गाँव; उर के समान

विर्द - जिस क्षेत्र में भूजल और मिट्टी 98000 पीपीएम लवणता स्तर के साथ अत्यधिक लवणीय होती है, उस क्षेत्र में पारंपरिक जल संचयन प्रणाली

कर से संबंधित

बलि - लोगों द्वारा स्वैच्छिक भेंट, बाद में अनिवार्य हो गया।

भग - राजा का प्रथागत, छठा भाग (गुप्त काल)

भट्ट - पुलिस कर (गुप्त काल)

भोग - समय-समय पर फूलों, फलों आदि की आपूर्ति (गुप्त काल)

चरी/चरह - जानवरों के चराने के लिए प्रयोग की जानेवाली घासभूमि पर अलाउद्दीन ख़िलजी द्वारा प्रचलित किया गया कर

चरासन - चराई कर (गुप्त काल)

चाट - सुरक्षा कर

चौधरी - जो लोग राज्य की ओर से किसानों से ख़राज (भू-राजस्व) वसूल करते थे। इसके बदले में, उन्हें कुछ विशेषाधिकार (हक़-ए-खेती) प्राप्त थे, जैसे कि ख़राज अदा करने से छूट

चौथ - शिवाजी द्वारा वसूला गया, मुग़ल अधिकारियों द्वारा भुगतान किया जानेवाला सरकारी राजस्व का 1/4 हिस्सा

घरी - घरों पर अलाउद्दीन ख़िलजी द्वारा प्रचलित किया गया कर

हलिवकर - हल कर

हिरण्य - सोने के सिक्कों में देय कर

जज़िया - ग़ैर-मुसलमानों पर लगाया जानेवाला कर (पहली बार अहमद शाह द्वारा प्रचलित किया गया)

ख़राज - फिरोज़ शाह तुग़लक़ द्वारा प्रचलित किया गया ग़ैर-मुसलमानों की भूमि की सकल उपज पर लगाया जानेवाला कर

ख़िराज - भू-राजस्व

ख़ुम्स - वह कर, जो आय का 1/5 (20%) होता था, यदि व्यक्ति की आय उसकी और उसके परिवार के लिए आवश्यक व्यय से अधिक हो जाती थी (फिरोज़ शाह तुग़लक़ द्वारा प्रचलित)

क्लिप्त और कल्पित और उपकल्पित - ख़रीद और बिक्री कर

कोष - ख़ज़ाना

रज्जू - भूमि की माप के लिए कर

सरदेशमुखी - शिवाजी द्वारा वसूला गया मुग़ल अधिकारियों द्वारा भुगतान किया जानेवाला अतिरिक्त 10% कर

सर्वारिष्ट - जबरन कर (forced tax)

शरब/शर्ब - जल आपूर्ति सुविधाओं को विकसित करने और बनाये रखने के लिए किसानों पर लगाया गया फ़सल उत्पादन का 1/10वाँ हिस्सा। यह कर फ़िरोज़ शाह तुग़लक़ द्वारा प्रचलित किया गया था।

शुल्क - पथकर, वह सीमा शुल्क जो विशेष रूप से घाटों, दर्रों, सड़कों आदि पर लगाया जाता था

तरादय - नौपरिवहन पर कर

उदकभाग - जल कर (मौर्य साम्राज्य)

उदियंग - पुलिस कर/जल कर (गुप्त काल)

उपर्णिक - सीमा क्षेत्र से वसूला गया कर (गुप्त काल)

उश्रफ - मुसलमानों की भूमि की सकल उपज पर लगाया जानेवाला कर (अलाउद्दीन ख़िलजी द्वारा प्रचलित)

वेट्टी - तमिल शब्द, जो जबरन श्रम के रूप में लिए जानेवाले कर को दर्शाता है। चोल अभिलेखों में इस शब्द का बार-बार उल्लेख किया गया है

ज़कात/सदका - मुसलमानों पर लगाया जानेवाला धार्मिक कर (फ़िरोज़ शाह तुग़लक़ द्वारा प्रचलित)

जरीब - फ़सल उत्पादन के एक चौथाई भाग के रूप में वसूल किया जाता था। यह मुर्शीद क़ुली ख़ान द्वारा प्रचलित किया गया था

व्यापार से संबंधित

आदेश - साख-पत्र या विनिमय-पत्र

ऐन्नुर्रुवर - दक्षिण भारत की मध्यकालीन व्यापार श्रेणियाँ। चोल साम्राज्य के दौरान सभी व्यापारी संगठनों में सबसे कुलीन था

अस्किनी - चिनाब नदी का प्राचीन नाम

औरंग - विनिर्मित वस्तुओं के लिए गोदाम

अय्यवोले - प्रारंभिक मध्यकालीन दक्षिण भारत की एक शक्तिशाली व्यापार श्रेणी

बनिया - व्यापारी

बनियन - व्यक्तिगत पश्चिमी व्यापारी या फ़र्म द्वारा अपने लिए दलाल, दुभाषिया और एजेंट के रूप में काम करने के लिए नियुक्त किया

बंजारा - ख़ानाबदोश व्यापार में लगे व्यापारी

बक़्क़ल - व्यापारी या अनाज विक्रेता। पहले सब्ज़ी बेचनेवाले कुँजड़े को भी कहा जाता था

चेत्तियार - दक्षिण भारत के व्यापारी

हुंडी - प्रारंभिक मध्यकाल में व्यापारियों द्वारा उपयोग किया जानेवाला विनिमय पत्र

जोखमी - भेजे गए माल के विरुद्ध आहरित

क्रय-विक्रयिक - ख़ुदरा विक्रेता (पूर्व मौर्य)

मंडपिका - चुंगी घर, उत्तर भारत में छोटे से शहर/व्यापार केंद्र में विनिमय का स्थानीय केंद्र

मणिग्रामम - दक्षिण भारत में मध्यकालीन व्यापारियों की श्रेणी

नानाडेसिस - व्यापारियों की श्रेणी

निष्का - लेन-देन के लिए उपयोग किया जानेवाला सोने का बाट

पपनिक - दुकानदार (पूर्व मौर्य)

पेंथा - प्राचीन दक्कन में व्यापार का केंद्र (600-1300 ई.)

पुरुष्णी - रावी नदी का प्राचीन नाम

पूटभेदन - प्राचीन भारत में व्यापार का केंद्र

सदानीरा - गंडक नदी का प्राचीन नाम

सम्भंडारियाका - वह स्थान जहाँ प्राचीन बंगाल में वस्तुएँ संग्रहीत की जाती थीं या भंडारण की सुविधाएँ उपलब्ध थीं

साहूकार - साहूकार (पश्चिमी भारत) ब्याज पर रुपये देनेवाला

समूहहितवादिन - सार्वजनिक शुभ के सलाहकार

सेठ - बौद्ध जातक कथाओं में वर्णित प्रमुख व्यापारी और साहूकार

श्रेणी - व्यापारियों का संघ

अय्यावोले के पाँच सौ स्वामी- ऐहोल की बहुत शक्तिशाली व्यापार श्रेणियाँ थीं, इन्होंने 9वीं से 13वीं शताब्दी ईसवी तक व्यापार करनेवाले समुदायों के बीच व्यापार संपर्क प्रदान किया और लाल सागर से जावा और सुमात्रा तक व्यापार पर इनका प्रभुत्व था

मौर्य काल से संबंधित

अध्यक्ष - विभिन्न विभागों की देखरेख करनेवाले अधिकारी

एग्रोनोमोई - मौर्य ज़िला प्रशासन इस अधिकारी की देखरेख में था

अक्षपटलाध्यक्ष - महालेखाकार

अमात्य - प्रशासनिक कार्मिक या सिविल सेवक, जिन्हें उच्चतम प्रशासनिक और न्यायिक पदों पर नियुक्त किया जाता था

अंत महामात्य - सीमावर्ती क्षेत्रों के प्रभारी अधिकारी

दण्ड-समता - दण्ड की समानता के लिए अशोक द्वारा प्रारंभ किया गया

ग्रामिक - गाँव का मुखिया

इथिझाखा महामात्य - महिलाओं का अधीक्षण करने के प्रभारी अधिकारी

कुप्याध्याक्ष - वन अधिकारी

प्रतिवेदक - जासूस या संवाददाता, जिनकी किसी भी समय राजा को जानकारी देने के लिए उस तक पहुँच होती थी। अशोक के एक शिलालेख में इस शब्द का उल्लेख मिलता है

रज्जुक - वे अधिकारी, जिन्हें लोगों को पुरस्कृत करने के साथ-साथ दंडित करने का अधिकार था

समाहर्ता - मुख्य राजस्व संग्राहक

सन्निधाता - कोषाध्यक्ष और भंडार का रखवाला

सत्रपाल व्यवस्था - उत्तर पश्चिमी भारत (मौर्यों के बाद) में शासन प्रणाली

स्थानिक - ज़िले का राजस्व अधिकारी

स्त्रीधन - स्त्री का धन; महिला को उसके जीवनकाल में विभिन्न अवसरों पर दी गयी विभिन्न प्रकार की चल संपत्ति, माँ से बेटी को हस्तांतरित

तनियूर - प्रारंभिक मध्यकालीन दक्षिण भारत में कुछ ब्रह्मदेय को दिया गया विशेष दर्जा, जिससे वे नाडु से स्वतंत्र हो जाते थे, जिसमें वे स्थित थे

तिरुमुरई - दक्षिण भारतीय शैव भक्ति का सिद्धांत

तिरुत्तोंदर-तिरुवंतई - नंबी अंदार नंबी की नयनार संतों की संक्षिप्त जीवनी प्रदान करनेवाली कृति

तिरुत्तोंदर-टोकई - सुंदरर की कृति, जिसमें 62 नयनार संतों की सूची है

व्यवहार-समता - अशोक द्वारा प्रस्तुत, इसका अर्थ है क़ानून में सभी विषय समान हैं

युक्त - अधीनस्थ अधिकारी, जिनका कर्तव्य मुख्य रूप से सचिवीय कार्य और लेखा था

सातवाहन काल से संबंधित

गोल्मिक/गौल्मिक - गाँवों का प्रशासक

उपरक्षित - उनका कर्तव्य भिक्षुओं के लिए गुफाएँ बनाना था

वलइक्करर - शाही सेवा में रहनेवाले और सम्राट् के अंगरक्षक सैनिक

गुप्त काल से संबंधित

अघारिक - दान में दी गई भूमि की देखभाल करते थे

अपरहता - गुप्त काल के दौरान वन भूमि

भुक्ति - गुप्त प्रशासन को 'भुक्ति' नामक प्रांतों में विभाजित किया गया था। भुक्तियों को आगे 'विषयों' में विभाजित किया गया

गोपसरमिन - उनका कर्तव्य लेखा रजिस्टर में बहुसंख्यक मामलों को दर्ज करना, शाही बकाया वसूल करना और गबन की रोकथाम करना और जुर्माना वसूल करना था

ख़िला - गुप्त काल के दौरान बंजर भूमि

कुमारमात्य - शीर्ष दर्जे के अधिकारी (मंत्री, सेनापति आदि जैसे पदों के लिए) और गुप्त काल के मुहरों और शिलालेखों में प्रमुखता से अंकित किया गया है। उन्हें वंशानुगत कारणों से नियुक्त किया जाता था। वे आधुनिक आईएएस अधिकारियों से मिलते जुलते थे

महाबलाधिकृत - मुख्य सेनापति

महाप्रतिहार - महल रक्षकों का प्रमुख

महत्तर - ग्राम प्रधान

पुस्तपाल - ज़िलों में भूमि लेन-देन का अभिलेख रखनेवाले अधिकारी

निवि धर्म - गुप्त काल के दौरान भूमि का एक प्रकार (भूमि को हमेशा के लिए दान करना)

सामंत - सामंत प्रमुख

संधिविग्रहिक - विदेश मंत्री और युद्ध एवं शांति का मंत्री। इलाहाबाद प्रशस्ति में उल्लेख किया गया है

भूमि माप की इकाइयाँ -

- कुल्यवाप
- द्रोणवाप
- अधवाप (बंगाल)
- निवर्तन
- पदवर्त (पश्चिमी भारत)

उपरिक - राजा द्वारा सीधे प्रांतीय गवर्नर के रूप में नियुक्त

मराठा प्रशासन से संबंधित

शिवाजी के अष्टप्रधान - आठ मंत्रियों की परिषद्

काठी - मराठा भूमि राजस्व प्रणाली में भूमि के माप की इकाई

मजूमदार/अमात्य - महालेखाकार

न्यायधीश - मुख्य न्यायाधीश

पंडित राव - धार्मिक मामलों का प्रबंधन करनेवाला पुजारी

पेशवा - सामान्य प्रशासन और वित्त का प्रभारी

सर-ए-नौबत - सैन्य नायक

सुमंत/दबीर - विदेश मंत्री

सुरनवीस/सचिव - पत्र व्यवहार की देखभाल करता था, शाही लेख तैयार करता था

उपरि - मराठा शासन के तहत काश्तकारी भूधृति की एक श्रेणी

संगम काल से संबंधित

एम्परुंकुलु - पुजारियों, चिकित्सकों, ज्योतिषियों और मंत्रियों की परिषद्

ऐंथिनाई - संगम साहित्य में पाँच पर्यावरण-क्षेत्र की एक अवधारणा

अगम - संगम प्रेम कविताएँ

अरक्कलम - न्याय का शाही दरबार

एन्पेरयम - लेखाकारों, कोषागार अधिकारियों, महल रक्षकों, राजधानी के प्रमुख पुरुषों, पैदल सेना, हाथी सेना और घुड़सवार सेना के प्रमुखों की सभा

कडैसियर - दास

मरयम - अधिकारियों और प्रतिष्ठित लोगों को राजा द्वारा दिया जानेवाला सम्मान

मुवेंदर - तीन बड़े शासक प्रमुख यानी चेर, चोल और पांड्य राजा

पेरियापुराणम - तमिल में पाँचवाँ वेद माना जाता है, जो शैव सिद्धांत की अंतिम पुस्तक है

पुरम - शास्त्रीय तमिल कविता की दो शैलियों में से एक, दूसरी शैली - अकम

थिरुमंगई आलवर - 12 आलवार संतों में से अंतिम, नरकवि पेरुमल की उपाधि धारण करते हैं

उर - तमिल अभिलेखों में मिलनेवाली तीन प्रकार की ग्राम सभाओं में से एक (अन्य दो सभा और नगरम हैं)। उर का संबंध भूमि प्रबंधन, सिंचाई, सड़क, धर्मार्थ दान आदि से था

उझावर - बड़े भूस्वामियों के विपरीत साधारण हल चलानेवाले या किसान, जिन्हें वेल्लाल/वेल्लालर कहा जाता था

वल-मंगलम - वह समारोह, जिसमें विजयी राजा की तलवार को नहलाया जाता था और माला पहनायी जाती थी

वारियम - कर देनेवाली क्षेत्रीय इकाई

वट्टाकिरूतल - संगम कविताओं में वर्णित है, युद्ध में पराजित एक राजा द्वारा भूखा रहकर आत्महत्या करने की एक विधि

वेल्लाल/वेल्लालर - बड़े भूस्वामियों की कुलीन जाति

सल्तनत और मुग़ल काल से संबंधित

अघच - मुग़ल हरम के पदानुक्रम में सबसे निचले स्थान पर आसीन महिलाएँ। उन्हें भरण-पोषण के लिए नक़द और भूमि अनुदान प्राप्त होता था

अघस - मुग़ल बादशाहों की पत्नियाँ, जो बहुत ही कुलीन परिवार से नहीं होती थीं (शाही परिवारों से आनेवाली ***बेगमों*** के विपरीत)

अलतनगा जागीर - मुस्लिम अमीरों को दी जानेवाली भूमि

आमिल गुज़ार - मुग़ल काल में सरकार के स्तर पर राजस्व वसूली का प्रभारी

अमीन - शेरशाह के समय से भू-राजस्व आकलन के लिए सर्वेक्षक

अराज़ी - भू-राजस्व निर्धारित करने के लिए नापा गया विशेष रूप से कृषि भूखंड

अर्ज़-ए-ममालिक - पूरे देश की सेना का प्रभारी मंत्री

बंजर - पाँच साल या उससे अधिक समय से अकृष्य भूमि

बटाई - मुग़ल काल के दौरान वस्तु में भू-राजस्व संग्रह की विधि

चाचर - तीन या चार सालों से परती छोड़ी गयी भूमि। (अकबर के शासनकाल के दौरान)

चहार तस्लीम - शाहजहाँ द्वारा प्रचलित की गयी अभिवादन की विधि। इसका अर्थ बादशाह के सामने चार बार झुकना था

चिहिल सुतुन - चालीस स्तंभोंवाली संरचना

चिराग़-ए-शिनासाई - फ़ारसी वाक्यांश जिसका अर्थ "ज्ञान का दीपक" होता है। अबुल फ़ज़ल द्वारा इसका लिखित सामग्री का महत्त्व इंगित करने के लिए उपयोग किया जाता था, जो युगों तक बनी रह सकती थीं

दीवान-ए-आला - सरकारी विभाग, जो राजस्व वसूली और संवितरण का अभिलेख रखता था

दीवान-ए-खालसा - शाही भूमि का अभिलेख रखनेवाला अधीनस्थ अधिकारी

दीवान-ए-तन - वेतन का अभिलेख रखनेवाली अधीनस्थ अधिकारी

दुअस्पा सिहस्पा दर्जा - दो या तीन घोड़े रखनेवाले सैनिक, जहाँगीर द्वारा प्रचलित किया गया था

फ़ौजदार - मुग़ल काल के दौरान सैन्य, पुलिस और न्यायिक कार्य करनेवाला अधिकारी

ग़ल्ला-बख़्शी/बटाई - राजस्व गणना और वसूली की प्रणाली

इलाही गज़ - टोडरमल द्वारा शुरू की गयी भूमि माप की इकाई

इनाम जागीर - वह भूमि, जो किसी धर्मपरायण व्यक्ति, विद्वान् आदि को प्रदान की जाती थी, अर्थात् जिनके साथ किसी प्रकार का कोई प्रशासनिक दायित्व नहीं जुड़ा होता था

जागीर - मुग़ल शासकों द्वारा नक़द वेतन के बदले में उच्च पदस्थ मनसबदार को राजस्व समनुदेशन के रूप में दिया गया भूमि का टुकड़ा। जागीरदार को ज़रूरी तौर पर अपनी जागीर में नहीं रहना पड़ता था। जागीर भी हस्तांतरणीय थी

जिन्स-ए-कामिल - मुग़ल काल के दौरान नक़दी फ़सलों के लिए फ़ारसी शब्द (कपास, गन्ना आदि)

ख़ानजाद - मुग़ल दरबार में मुस्लिम अभिजात (वंशानुगत)

ख़ुदकाश्त - वंशानुगत आधार पर अपनी भूमि के स्वामी और जोतनेवाले किसान

मदद-ए-माश - दिल्ली सुल्तानों के अधीन वज़ीफ़ा के रूप में मुस्लिम विद्वानों और श्रेष्ठ लोगों को दी जानेवाली राजस्व मुक्त निर्वाह भूमि। अकबर के समय से ग़ैर-मुसलमानों को भी दी जाने लगी

महज़रनामा - 1579 ई. में अकबर द्वारा उलेमाओं पर प्रभुत्व स्थापित करने के लिए जारी किया गया, इसकी रचना फ़ैज़ी ने की थी

मंडलिक - सामंती प्रमुख

मनसब - मुग़ल बादशाह द्वारा प्रदत्त सैन्य दर्जा

मशरुत जागीर - सशर्त

मिल्कियत - ज़मींदारों की निजी भूमि

मीर बख़्शी - सैन्य प्रशासन (मुग़ल) का प्रमुख

मुंज़ानिक़ - गुलेल

मुक़द्दम - दिल्ली सल्तनत काल के दौरान गाँव का मुखिया

मुराक्का - मुग़ल काल में लघु चित्रों के एल्बम

मुश्रिफ़ - मुख्य लेखाकार

मुस्तौफ़ी - लेखा परीक्षक

मुक़्ती - सल्तनत काल के दौरान सैन्य और प्रशासनिक इलाक़ों (इक़्ता) के नायक

नक़ीब - प्रवेशक, जो अपने सैनिकों के लिए सुल्तान के आदेशों की ज़ोर-ज़ोर से घोषणा करता था। नक़ीबों का मुखिया नक़ीबू-अल-नुक़ुबा के नाम से जाना जाता था

नस्ता'लिक़ - 15वीं-16वीं शताब्दी के दौरान विकसित होनेवाली सुलेखन की लोकप्रिय फ़ारसी शैली। यह अकबर की पसंदीदा शैली थी। उसके दरबार में, मुहम्मद हुसैन को नास्ता'लिक़ का प्रवर्तक होने के लिए ''ज़र्रीन कलम'' (सुनहरी कलम) की उपाधि से सम्मानित किया गया था

परती - एक समय के लिए खेती से मुक्त छोड़ दी गयी भूमि, ताकि वह अपनी ऊर्वरता फिर से हासिल कर सके। (इस शब्द का मुख्य रूप से अकबर के शासनकाल के दौरान उपयोग किया जाता था)

पट्टकिल - गाँव का मुखिया

पेशकश – स्वायत्त शासक द्वारा मुग़लों को दी जानेवाली धनराशि

पोलज – जिस भूमि पर प्रत्येक फ़सल की लगातार खेती की जाती थी और कभी परती नहीं रहने दी जाती थी। इस शब्द का मुख्य रूप से अकबर के शासनकाल के दौरान उपयोग किया जाता था

क़ानूनगो – अर्ध-वंशानुगत अधिकारी, जो खेती किए गए क्षेत्र, उगायी गयी फ़सलों, फ़सल की उपज आदि का विवरण रखता था

क़ासिद – हरकारा, जो मुग़ल शासनकाल में चौबीसों घंटे बारी-बारी से विभिन्न क्षेत्रों में बाँस पात्रों में रखे समाचारों और महत्त्वपूर्ण आधिकारिक दस्तावेज़ों को ले जाता था

क़ाज़ी – इस्लामी क़ानून से संबंधित न्याय प्रदान करने के लिए मुस्लिम सुल्तानों द्वारा नियुक्त मुस्लिम न्यायाधीश

रिसाला – हैदर अली (मैसूर) की सैन्य इकाइयाँ

सदर-ए-जहाँ – धार्मिक विभाग की देखभाल करता था

सज्जाद नशीन – सूफ़ी दरगाहों का वंशानुगत प्रशासक/अभिरक्षक

सनद – शाही आदेश

सार्वभौम – सम्राट्

सवार – युद्ध के लिए भर्ती किया गया घुड़सवार

सिजदा और पाइबोस – बलबन द्वारा शुरू की गयी नयी प्रथाएँ

सिर्र-ए-अकबर – 1657 ईसवी में दारा शिकोह द्वारा उपनिषदों का संस्कृत से फ़ारसी में अनुवाद

सूबा – प्रांत, जिनमें मुग़ल साम्राज्य विभाजित था। सूबेदार प्रत्येक सूबे का सर्वोच्च अधिकारी होता था

तैनात-ए-रकाब – अमीर, जो मुग़ल काल के दौरान आमतौर पर बादशाह और उसके घर की रक्षा के लिए दरबार में तैनात थे

तन्ख़ा जागीर – वेतन के बदले दी गयी जागीर

तुफ़ंगची – मध्ययुगीन काल में मैचलॉक (तोड़ेदार बंदूक़ चलानेवाला) पुरुष

तुलुग़्मा और अराबा – बाबर द्वारा शुरू की गयी युद्ध की नयी रणनीतियाँ

उलगुलान – विद्रोह (मुंडा)

उर्फ़ – दिल्ली सल्तनत और मुग़लों के शासन के दौरान प्रचलित स्थानीय रीति-रिवाज और प्रथाएँ

उश्र – दिल्ली सल्तनत और मुग़लों के अधीन मुसलमानों को आवंटित भूमि पर लगाया जानेवाला कर

वाक़िया-नवीस – समाचार लेखक, जो मुग़ल काल के दौरान समाचारों के संवाददाता के रूप में काम करते थे। वे अपनी रिपोर्ट मीर बख़्शी को भेजा करते थे

वतन जागीर – वे जागीरें, जिनमें मुग़ल बादशाहों ने वंशानुगत प्रमुखों (भारतीय राजाओं) को अपना स्वायत्त शासन बनाये रखने की अनुमति दी थी

ज़ब्त – भूमि मापन की प्रणाली

ज़ात – व्यक्तिगत दर्जा, जो मुग़लकाल के दौरान मनसबदार का होता था

ज़ेरत – बंगाल और बिहार में यूरोपीय नील बागान स्वामियों की भूमि स्वामित्व प्रणाली

बौद्ध धर्म से संबंधित

अभिधम्म – धम्म से संबंधित

अभिधम्म पिटक – उन्नत भिक्षुओं के लिए नैतिकता की मनोवैज्ञानिक रूप से उन्मुख नियमावली

अनात्त – अनात्म का सिद्धांत

अर्हत – सुयोग्य या श्लाघ्य होना और जिसने बुद्ध की शिक्षाओं को सुनने और अभ्यास करने के परिणामस्वरूप ज्ञान प्राप्त कर लिया है, ऐसे व्यक्ति को दी गयी उपाधि

आरिय-सच्चानी – बौद्ध धर्म में चार आर्य सत्य – दु:ख, समुदय, निरोध, अथंगा मग्गा

अथंगा मग्गा - आष्टांगिक मार्ग

अवलोकितेश्वर - महायान बौद्ध धर्म से जुड़ा पद्मपाणि का दूसरा नाम

भिक्खु / भिक्खुनी - भिक्षा माँगकर अपना जीवन व्यतीत करनेवाले बौद्ध धर्म के अनुयायी पुरुष और महिला

बोधिसत्व - वह प्राणी, जिसने आत्मज्ञान प्राप्त करने के लिए अपने आपको समर्पित कर दिया है

ब्रह्म विहार - भावनाएँ, जिनमें हर समय व्यक्ति ''जीता'' और जिनके द्वारा ''जीता'' हैं, जैसे प्रेम, करुणा, सहानुभूतिपूर्ण आनंद और समभाव

बुद्धघोष - बुद्ध की आवाज़

धम्म - बुद्ध की शिक्षाओं का पूरा संग्रह संदर्भित करता है

धम्म महामात्य/महामात्त - धम्म का प्रचार करने के लिए अशोक द्वारा बनाया गया अधिकारियों का नया संवर्ग। अशोक का पाँचवाँ शिलालेख और सातवाँ स्तंभलेख धम्म महामत्तों के कर्तव्यों से संबंधित है। उन्हें कै़दियों को रिहा करने और उनकी सज़ा माफ़ करने का अधिकार दिया गया था

दीघ निकाय - लंबे प्रवचनों का संग्रह

इतिवुत्तक - खुद्दक निकाय में एक छोटी-सी पुस्तक

जातक - खुद्दक निकाय की 15 पुस्तकों में से एक, जिसमें पशु और मानव रूप में बुद्ध के पिछले जन्मों की कहानियाँ हैं

जीवक कौमारभच्च (जीवक कुमारभृत्य संस्कृत में) - बुद्ध का निजी चिकित्सक और बौद्ध चिकित्सा का जनक

झना - जिस अवस्था से मन गुजरता है, जब वह अव्यवस्थित सामान्यता से मौलिक स्पष्टता की ओर बढ़ता है

कालाम सुत्त/केसमुत्ति सुत्त - अंगुत्तर निकाय में निहित बुद्ध का प्रवचन। अक्सर मुक्त जाँच-पड़ताल की सनद के रूप में उद्धृत किया जाता है

कल्याण मित्त - प्रशंसनीय मित्र की बौद्ध अवधारणा, जिसकी संगत आष्टांगिक मार्ग प्राप्त करने में सहायता करती है

खुद्दक निकाय - सुत्त पिटक का पाँचवाँ भाग

महावस्तु - अनुशासन और आमतौर पर भिक्षुओं या भिक्षुणियों के लिए नियमों के संग्रह के लिए उपयोग किया जाता है

मिलिंदपन्हो (मिलिंद पंह - मिलिंद के प्रश्न) - बौद्ध पुस्तक, जो भारतीय भिक्षु नागसेन और हिंद-यूनानी राजा मिलिंद के बीच संवाद होने का दावा करती है

नेट्टिपकारण - एक पौराणिक बौद्ध ग्रंथ, थेरवाद बौद्ध धर्म के पाली सिद्धांत में शामिल है

निब्बान - जन्म और मृत्यु के चक्र से मुक्ति के लिए बौद्ध परंपरा में अक्सर उपयोग किया जानेवाला शब्द

पारमिता - पूर्णता के सद्गुण, जो किसी बोधिसत्व को प्राप्त करने चाहिए

परिनिब्बान/परिनिर्वाण महापरिनिर्वाण - बुद्ध का निधन

पतिच्च-समुप्पद (प्रतीत्य समुत्पाद संस्कृत में) - (पालि शब्द) आश्रित उत्पत्ति का नियम; बुद्ध की शिक्षा का एक भाग

पातिमोक्ख - शिक्षाओं का सार-संक्षेपण करनेवाले सूत्रों का संग्रह, लेकिन धीरे-धीरे यह भिक्षुओं के लिए 227 नियमों और भिक्षुणियों के लिए अतिरिक्त 84 नियमों के साथ व्यवहार संहिता में विकसित हुआ

प्रज्ञापारमिता - महायान बौद्ध धर्म से जुड़ा, जिसे ज्ञान की पूर्णता के रूप में संदर्भित किया जाता है। इस अवधारणा को वास्तविकता की प्रकृति देखने के सिद्ध तरीक़े के रूप में और साथ ही सूत्रों के एक विशेष निकाय के लिए और बोधिसत्व में अवधारणा के व्यक्तित्त्वकरण के लिए भी उद्धृत किया जाता है

शाक्यमुनि - ज्ञान प्राप्ति के बाद सिद्धार्थ गौतम को दी गयी उपाधि

संघ - समूह या 'मण्डली' और यह बुद्ध के शिष्यों के निकाय को दिया गया नाम है

सौनस - स्वच्छता या चिकित्सा कारणों से पसीना आने हेतु उत्प्रेरित करने के लिए तैयार किया गया कमरा या घर।

सौसार/संसार - निरंतर भटकना और पुनर्जन्म की निरंतर प्रक्रिया को संदर्भित करता है।

सिगलोवाद सुत्त – दीघ निकाय से सिगल को सलाह का प्रवचन

स्तूप – बौद्ध स्मारक

सूत्र – नियमावली, अधिक व्यापक रूप से संक्षिप्त नियमावली या पाठ के रूप में सूत्रों का संग्रह

सुत्त पिटक – थेरवाद बौद्ध धर्म के बौद्ध लेखन का पालि संग्रह

स्वस्तिक – क्रॉस के रूप में वह प्रतीक जिसके चारों छोर 90 डिग्री के कोण पर मुड़े होते हैं

तथागत – जिसने पूर्णता प्राप्त कर ली है (बौद्ध धर्म)

थेरवाद – ज्येष्ठ भिक्षुओं की शिक्षाएँ

थेरगाथा/थेरीगाथा – सुत्तपिटक में पाये जानेवाले बौद्ध भिक्षुओं और भिक्षुणियों के गीत

उपासक – बुद्ध की शिक्षाओं का अनुगामी

उपासिका – सामान्य महिला, जो बुद्ध की शिक्षाओं की अनुगामी

उपोसथ – प्राचीन भारतीय पंचांग में प्रत्येक महीने में पूर्णिमा, आधा चंद्रमा और दो चौथाई चंद्रमा का दिन

वज्रयान बौद्ध धर्म – इसमें मंत्र, धरणियों, मुद्राओं, मंडलों का उपयोग करनेवाली प्रथाएँ और देवताओं और बुद्ध का दर्शन शामिल है

वस्सावास – बौद्ध भिक्षुओं की मानसून वापसी

विहार – बौद्ध भिक्षुओं और भिक्षुणियों के निवास के लिए मठ

विनय पिटक – इसमें भिक्खुओं के लिए 227 नियम और भिक्खुनियों के लिए 311 नियम दिये गये हैं

विशुद्धिमग्गा – बौद्ध अभ्यास पर एक ग्रंथ, बुद्धघोष द्वारा लिखित

जैन धर्म से संबंधित

अधर्मस्तिकाय – विश्राम का सिद्धांत, जो संपूर्ण ब्रह्मांड में व्याप्त है

अहिंसा – मन, वचन, कर्म से किसी को दु:ख न देना

अजीव – निर्जीव पदार्थ

अनुगोदर (अनुयोगद्वार) – श्वेतांबर सिद्धांत के अलग-अलग ग्रंथ

अनुव्रत – गै़र-मठवासी जैनियों के पाँच मौलिक व्रत, जिनमें अहिंसा, सत्य, अस्तेय (चोरी न करना), ब्रह्मचर्य (ब्रह्मचर्य का अभ्यास) और अपरिग्रह (संचय न करना) शामिल हैं

अपरिग्रह – संचय न करना

असर्व – शरीर और मन का प्रभाव संदर्भित करता है, जिससे आत्मा कर्म उत्पन्न करती है

अस्तेय – चोरी न करना

अतिथि संविभाग व्रत – भिक्षुओं, भिक्षुणियों और धर्मपरायण व्यक्ति को अपनी संपत्ति का दान

बंध – कर्म या आत्मा के अंधकार से बंधन

देसवकासिक व्रत – गै़र-मठवासी जैनियों द्वारा पालन की जानेवाली गतिविधियों की सीमित अवधि का व्रत

धर्मस्तिकाय – गति का सिद्धांत, जो संपूर्ण ब्रह्मांड में व्याप्त हैं।

दिक व्रत – गतिविधि के सीमित क्षेत्र का व्रत

द्वेष – अर्थात् घृणा। तीन चारित्रिक पीड़ाओं में से एक, जो दु:ख का कारण बनता है

गुणव्रत – तीन योग्यता व्रत, जिनमें दिक व्रत, भोग-उपभोग व्रत और अनर्थ-दंड व्रत शामिल हैं। इनका उद्देश्य अनुव्रत का प्रभाव बढ़ाना है

जिन – महावीर को दिया गया नाम, जिसका अर्थ विजेता होता है।

कायोत्सर्ग – एक योग मुद्रा, जैन ध्यान का हिस्सा

केवलज्ञान – निर्वाण (बौद्ध धर्म) और मोक्ष (हिंदू धर्म) के समान उन्नत या आनंदित अस्तित्त्व की स्थिति। अनन्त ज्ञान

निर्जरा – तपस्या करके संचित कर्मों का क्षय

पौषध व्रत – गै़र-मठवासी जैनियों द्वारा पालन किया जानेवाला सीमित तपस्वी जीवन का व्रत

सामयिक व्रत - ग़ैर-मठवासी जैनियों द्वारा पालन किया जानेवाला सीमित ध्यान का व्रत

सम्यरा - कर्म के प्रवाह में बाधा

शिक्षाव्रत - ग़ैर-मठवासी जैनियों द्वारा पालन की जानेवालीं चार अनुशासनात्मक प्रतिज्ञाओं का संग्रह। इसमें सामयिक व्रत, देसवकासिक व्रत, पौषध व्रत और अतिथि संविभाग व्रत शामिल हैं

त्रिरत्न - शाब्दिक रूप से ''तीन रत्न''; जैन धर्म में सही विश्वास, ज्ञान और आचरण का तिहरा मार्ग संदर्भित करता है

यति - जैन मठवासी व्यवस्था के सदस्य, भिक्षु या भिक्षुणी

इस्लाम और सूफ़ीवाद से संबंधित

अबरार - आस्तिकों में से सर्वश्रेष्ठ या सद्गुणी

अहल-अल-फ़तरह - जो लोग प्रकाशित धर्म की शिक्षाओं की अज्ञानता में रहते हैं।

अखफ़ा - हृदय का सबसे गहरा भाग

आलम-ए-लहुत - अल्लाह के सार का राज्य

आलम-ए-वहदत - एकता का राज्य

औक़ाफ़ - धर्मार्थ न्यास (वक़्फ़ का बहुवचन रूप)

औलिया - अल्लाह के दोस्तों की रक्षा करना। अक्सर संतों या अभिभावकों के रूप में उद्धृत किया जाता है

बरकत - सूफ़ी की आध्यात्मिक कृपा

दार-अल-हरब - मुस्लिम शासन से बाहर के क्षेत्रों को संदर्भित करता है, जिससे मुस्लिम राज्य केवल मुस्लिम न होने के कारण युद्ध कर सकता है

देग़ - बड़ी कड़ाही (धातु का बर्तन)। बादशाह अकबर ने ज़ियारत करने के लिए आनेवाले यात्रियों के लिए भोजन पकाने के लिए अजमेर के पुण्य स्थल पर एक ऐसी देग़ भेंट की थी।

धौक - दैवीय कृपा से प्राप्त बोधगम्यता

फ़र्र-ए-इज़्दी - सूफ़ी संत शिहाबुद्दीन सुहरावर्दी द्वारा विकसित। फ़र्र-ए-इज़्दी के अनुसार मुग़ल शासक को सत्ता ईश्वर से मिली थी

फ़ुर्क़ान - सही या ग़लत की कसौटी। क़ुर्आन शरीफ़ का अन्य नाम

हदीस/हदीथ - पैग़ंबर मुहम्मद की बातें और कर्म, जिन्हें उनकी मृत्यु के बाद उनके अनुयायियों द्वारा अभिलेखित किया गया था। क़ुरान के बाद, यह एकमात्र आधिकारिक ग्रंथ है

इफ़्तार - रमज़ान के महीने में सूर्यास्त के बाद अपना उपवास तोड़ने के लिए मुसलमानों द्वारा खाया जानेवाला पहला भोजन

इस्तिदराज - ग़लत कर्म के परिणामों को रोककर ईमानदारी की परीक्षा

इत्तिक़ा - बुराई या हानि से अपनी रक्षा करना

कश्फ़ अल-महजूब - अली हुजविरी द्वारा सूफ़ीवाद पर लिखा गया सबसे प्राचीन ग्रंथ में से एक। इसमें सूफ़ीवाद की उसके सिद्धांतों और प्रथाओं के साथ पूरी प्रणाली शामिल है। यह ग्रंथ तसव्वुफ़ का मतलब समझाने के लिए लिखा गया था। आज भी हुजविरी को दाता गंज बख़्श या ''दाता, जो ख़ज़ाना देता है'' के रूप में आदर किया जाता है

ख़लीफ़ा - पैगंबर मुहम्मद का उत्तराधिकारी

मकतूबात - सूफ़ी संत द्वारा अपने मुरीदों को उनकी आध्यात्मिक और सांसारिक कठिनाइयों के उत्तर के रूप में लिखा गया पत्र। ऐसा ही एक उदाहरण सत्रहवीं शताब्दी के प्रसिद्ध नक़्शबंदी शेख़ अहमद सरहिंदी का मकतूबत-ए इमाम रब्बानी है

मलफ़ूज़ात - सूफ़ी संतों की बातचीत, जो सूफ़ी सिलसिलों द्वारा संकलित की गयी थी। अमीर हसन सिज्ज़ी देहलवी द्वारा संकलित ''फ़वायद-अल-फ़ुआद'' शेख़ निज़ामुद्दीन औलिया की बातचीत का ऐसा ही संग्रह है

मीदान-जी - ज्येष्ठ दरवेश, जो अन्य छात्रों की बैठक स्थल में उचित रीति-रिवाज और प्रक्रियाएँ सीखने में सहायता करता है

मिहराब – मस्जिद में वह आला, जो मक्का में काबा की ओर प्रार्थना (क़िबला) की दिशा को इंगित करता है। भारत में, यह पूर्व की ओर संकेत करता है

मिंबर – मस्जिद में खड़ा ऊँचा मंच, जहाँ से ख़तीब ख़ुतबा पढ़ता है

मुफ़्ती – इस्लामी क़ानून का विशेषज्ञ, जो जनता या क़ाज़ियों द्वारा संदर्भित किये जाने पर निर्णय प्रदान करता है

मुख़लास – ईश्वर को अपना लक्ष्य चुननेवाला ईमानदार और समर्पित व्यक्ति

मुरीद – सूफ़ी संत का शिष्य

मुर्शिद – मार्गदर्शक (जिसे शेख़ या पीर भी कहा जाता था)

क़ुत्ब – अत्यंत उच्च आध्यात्मिक स्तर का व्यक्ति, जो दुनिया के आध्यात्मिक पदानुक्रम में प्रशासक के रूप में कार्य करता है

रिजाल अल ग़ाइब – संत जो दूर तक देख सकता है या अल्लाह की सेवा में दिक्काल से यात्रा कर सकता है

सूफ़ीवाद – प्रेम के माध्यम से सृष्टिकर्ता से निकटता प्राप्त करने की प्रक्रिया

तारिक – सिलसिला के किसी मान्यता प्राप्त सदस्य द्वारा स्थापित सूफ़ी सिलसिला

तसव्वुफ़ – सूफ़ीवाद के लिए मूल अरबी शब्द। इसका शाब्दिक अर्थ "अपना शुद्धिकरण" है। मन की सांसारिक विषयों से विरक्ति

तज़्किरा – फ़ारसी शब्द, जो सूफ़ीवाद के तहत संतों की जीवनी संबंधी वृत्तांतों का द्योतक है। सियार-उल-औलिया (मीर ख़ुर्द किरमानी का) 14वीं शताब्दी में भारत में लिखा गया पहला तज़्किरा था

उलटबाँसी – आध्यत्मिक विरोधाभास के कथन या उक्तियाँ। आमतौर पर कबीर जैसे भक्ति संतों द्वारा उपयोग किया जाता था। उलटबाँसी में, कविताओं को इस तरह लिखा जाता है, जिसमें रोज़मर्रा के अर्थ विपरीत होते हैं। ऐसा ही एक उदाहरण है – "फूल के बिना खिलनेवाला कमल"

उलेमा/उलमा – मुस्लिम क़ानून, धर्मशास्त्र और तर्कशास्त्र में विशेषज्ञता रखनेवाले मुस्लिम विद्वान

ज़कात – मुसलमानों को सौंपा गया धार्मिक कर्तव्य, जिसके तहत उन्हें अपनी वार्षिक बचत का 40वाँ हिस्सा ज़रूरतमंदों और मुसाफ़िरों को देना होता है। फ़िरोज़ शाह तुग़लक़ ने ज़कात को नियमित कर के रूप में वसूला

ज़िक्र – सूफ़ी परंपरा के तहत दिव्य नामों को संदर्भित करता है

ज़ियारत – सूफ़ी संतों की कब्रों की यात्रा

विविध शब्दावली

अबवाब – मुग़लकालीन भारत में सरकार द्वारा लगाये गये सभी विविध उपकर और अस्थायी या परिस्थितिजन्य कर

अहदी – विशेष शाही सैनिक (संभ्रान्त-सैनिक, मुग़ल)

अहल-ए-क़लम – शिक्षित

अक्षपटालिक – लेखा और अभिलेखों का प्रभारी अधिकारी

अल-फ़ातिहा – पवित्र क़ुरान का पहला अध्याय

अमर-नायक – सैन्य नायक (विजयनगर)

अंगरक्ष – राजा के अंगरक्षक

अंतः-प्रतिहार – महल के पिछले द्वार की रक्षा करने का प्रभारी अधिकारी

अंतपाल – सीमा रक्षक

अनुलोम – उच्च वर्ण के पुरुष और निम्न वर्ण की महिला के बीच विवाह

आन्वीक्षिकि – संस्कृत शब्द, जिसका अर्थ है 'जाँच का विज्ञान'

आर्यावर्त – आर्यों का निवास स्थान

औद्रंगिक – उद्रंग कर का संग्रहकर्ता, जिसका अर्थ "स्थायी काश्तकारों पर कर या मूल कर" है

अवनि-वेतन – गाँव का पुलिस कर्तव्य

अयंगर प्रणाली - कर्नाटक में उत्पन्न हुई सामाजिक-आर्थिक व्यवस्था

बलाध्यक्ष - सेना का प्रभारी अधिकारी

बलूत प्रणाली - सामाजिक-आर्थिक व्यवस्था, जो दक्कन में प्रचलित थी

बरीद - सूचना एकत्र करने के लिए राज्य द्वारा नियुक्त ख़ुफ़िया अधिकारी

बेगार - जबरन मज़दूरी

भागदुघ - ऋग्वेद का शब्द, जो हिस्सा (भाग) एकत्र करनेवाले राजा के प्रतिनिधि को संदर्भित करता है

बृहद-वजिका - शायद, पुलिस अधिकारी

केयर्न-सर्कल - क़ब्र के चारों ओर गोलाकार प्रागैतिहासिक खड़े पत्थर के टुकड़ों की एक व्यवस्था

कार्ताज़ - पुर्तगालियों द्वारा जारी किया जानेवाला नौसैनिक व्यापार दस्तक

चरण - वैदिक अध्ययन की पाठशाला

चौरासी - गोंड राज्य (वर्तमान में मध्य प्रदेश) की प्रशासनिक इकाई, जिसमें 84 गाँव शामिल होते थे। चौरासी गढ़ की अनुविभागीय इकाई थी

कोरा-राजपथ्यकरी-वर्जम - पुलिस कर से छूट के साथ

दाग प्रणाली - घोड़ों और जानवरों को दागने की प्रणाली

दक्षिणापथ - दक्षिण की ओर जानेवाला मार्ग

दाम - ताँबे का सिक्का, जिसे आधिकारिक उद्देश्यों के लिए चाँदी के रुपये का 1/40वाँ हिस्सा माना जाता है

दामिन-ए-कोह - अंगरेज़ी ईस्ट इंडिया कंपनी द्वारा संथाल जनजाति को बसने के लिए दिया गया राजमहल की तलहटी का जंगल

दास - ऋग्वेद के अनुसार आर्यों से भिन्न लोग

दशराज्ञ - 14वीं शताब्दी ईसा पूर्व में पुरुष्णी (रावी) नदी पर दस राजाओं की लड़ाई, जिसका उल्लेख ऋग्वेद के 7वें मंडल में किया गया है

दस्तूर-अल-अमल - नियम पुस्तिका

दावा - मध्यकालीन भारत (इब्न बतूता) में फुट-पोस्ट (पैदल डाक व्यवस्था) को 'दावा' कहा जाता था

देशमुख - राजस्व अधिकारी

देशपांडे - राजस्व संग्रह का लेखाकार

देवदेय - मंदिरों को दी गई भूमि

द्रांगिक - सीमा शुल्क वसूल करने के लिए नगर-स्थानक या बुर्ज का प्रभारी अधिकारी

द्विज - दो बार जन्म (दूसरा जन्म जब वह पवित्र धागा पहनता है)

एरीपट्टी - तलाब भूमि (जिसका राजस्व गाँव के तलाब के रख-रखाव के लिए अलग रखा जाता था)

घटिका - दक्षिण भारत में महत्त्वपूर्ण शैक्षणिक संस्थान

ग्राम-तलर - फ़ौजदार

ग्रामिक - गाँव का मुखिया

ग्रांटीदार - भूमि का प्रत्यक्ष धारक

गुल्मपति - गुल्म - पहरेदारों के समूह या चौकी का प्रभारी अधिकारी

गुमाश्ता - एजेंट या प्रतिनिधि

हरमिका - स्तूप पर एक चौकोर रेलिंग

हुंडी - मध्यकालीन भारत में विनिमय पत्र। ऊपर वर्णित हुंडिका के समान

इरमावतरम - कंबन द्वारा तमिल में लिखित रामायण

जमाबंदी - किसी संपदा या ज़िले पर निर्धारित राजस्व की राशि का बंदोबस्त

जरीब - भूमि मापन या सर्वेक्षण

कपर्दक पुराण - सेन राजवंश में आदान-प्रदान का एक माध्यम

कमिया - बँधुआ खेतिहर मज़दूर (पूर्वी भारत)

कनकूत - राजस्व आकलन की विधि

करोरी - राजस्व अधिकारी

खत बंदी - कारीगरों को विशेष रूप से अंगरेज़ी ईस्ट इंडिया कंपनी को अपना उत्पाद बेचने के लिए बाध्य करनेवाले विनियम

कोट्टम - नाडु के समान पल्लव साम्राज्य में बसावट समूह

क्षत्रप - शक-पहलवों के वायसराय या अधीनस्थ शासक

कुटुम्बिन - कृषक

महादंडनायक - उच्च पदस्थ न्यायिक या सैन्य अधिकारी (300 ईसवी से अक्सर मुहरों और शिलालेखों में उल्लेख मिलता है।) उदाहरण - हरिषेण

महल - भू-राजस्व उद्देश्यों के लिए एक इकाई माना जानेवाला भूमि का समूह

महापश्यता - एक विशेष प्रकार का जागीरदार

महापीलुपति - हाथियों का अधीक्षक

महासंधानिक - सेनापति

महास्थान ब्राह्मी शिलालेख - यह शिलालेख (लगभग तीसरी शताब्दी ईसा पूर्व) बंगाल का सबसे प्राचीन अभिलेखीय रिकॉर्ड है। यह एक ब्राह्मी शिलालेख है, जो बांग्लादेश के बोगरा ज़िले के महास्थान में पाया गया है

मालेगिट्टी शिवालय - बादामी में प्रारंभिक चालुक्य वास्तुकला, प्रारंभिक द्रविड़ मंदिर (लगभग 625-675 ईसवी) का एक उदाहरण

मालगुज़ार - राजस्व किसान

मालगुज़ारी बंदोबस्त - उत्तरी और मध्य भारत में भूधृति, अंगरेज़ों के अधीन राजस्व बंदोबस्त की प्रणाली

मणिक्कवकाकर - 9वीं सदी के तमिल संत और कवि

मार्गणक - लेवी

मार्गपति - सरमान्तों या दर्रों का संरक्षक

मौज़ा - गाँव के लिए राजस्व शब्द

मेधी - स्तूप में गोलाकार पैदल पथ (बौद्ध वास्तुकला)

मेनहिर - खड़ा पत्थर

मोकासा - सैन्य सेवा के लिए लगान मुक्त भूमि का अनुदान

मुन्हियान - अलाउद्दीन खिलजी द्वारा नियुक्त गुप्त जासूस, बरीदों से बाज़ार की दैनिक रिपोर्ट प्रदान करते थे

नबूद - प्राकृतिक आपदाओं के कारण भू-राजस्व की छूट

नाडु - प्रारंभिक मध्यकालीन दक्षिण भारत में कई बस्तियों से युक्त इलाक़ा

नगरम - प्रारंभिक मध्यकालीन दक्षिण भारत में बाज़ार या वाणिज्यिक केंद्र

नगरत्तर - नगरम का नैगमिक संगठन

नायक - विजयनगर साम्राज्य के अधीन शक्तिशाली सैन्य प्रमुख

नीलमत पुराण - कश्मीर का एक प्राचीन ग्रंथ (छठी-आठवीं शताब्दी ई.पू.)

नियोग - देवर भाभी सहवास; पुत्र पैदा करने के लिए अपने देवर या किसी अन्य नियुक्त पुरुष के साथ सहवास करनेवाली विधवा की प्राचीन प्रथा

पैबाक़ी - जागीर के रूप में आवंटन के लिए आरक्षित भूमि

परगना - मध्यकाल के दौरान वित्तीय और प्रशासनिक इकाई। प्रत्येक सरकार को कई परगनों में उप-विभाजित किया जाता था और परगना को आगे क़स्बों में विभाजित किया जाता था।

पसुबंध - वैदिक काल में पशु बलि

पटवारी - ग्राम लेखाकार

प्रमात्रा - न्याय प्रशासन से संबंधित अधिकारी

प्रतिलोम - निम्न वर्ण के पुरुष और उच्च वर्ण की स्त्री के बीच विवाह। उस समय ब्राह्मणों के लिए स्वीकार्य नहीं था

राय रायन - दिल्ली सल्तनत द्वारा महत्त्वपूर्ण सहायकों को दी गयी उपाधि

राजसूय - क्षत्रिय द्वारा किया जानेवाला यज्ञ, जो राजा घोषित होना चाहता था। उत्तर वैदिक ग्रंथों में वर्णित है

'रायगजकेसरी' और 'दयागजकेसरी' - काकतीय राजवंश से जुड़ी उपाधियाँ

समरांगण सूत्रधार - वास्तु शास्त्र या शास्त्रीय भारतीय वास्तुकला पर 11वीं शताब्दी का काव्य ग्रंथ

संत भाषा - निर्गुण रहस्यवादियों की विशेष भाषा। संतों और कवियों द्वारा धार्मिक छंदों की रचना के लिए इसका व्यापक रूप से उपयोग किया जाता था

सप्तांग राज्य - शाब्दिक रूप से "सात अंगोंवाला राज्य", अर्थशास्त्र की सात तत्त्वों से युक्त राज्य की अवधारणा। कौटिल्य के अनुसार, राज्य के सात तत्त्व हैं - स्वामिन (राजा), अमात्य (मंत्री), जनपद (भूमि और लोग), दुर्ग (क़िला), कोष (खजाना), दंड (सेना) और मित्र (सहयोगी)

सर्राफ़ - हुंडियों के माध्यम से ऋण का आपूर्तिकर्ता

सार्थवाह - व्यापारी कारवाँ का नेता

सर्ववादीनायक - ख़ुफ़िया विभाग का अधीक्षक

सयूरगल - लगान मुक्त भूमि

सिपहसालार - सेनापति

श्रेष्ठिन - समाज में प्रभावशाली, धनी, शक्तिशाली लोग, जिनकी राजाओं तक भी पहुँच थी। उत्तरवैदिक ग्रंथों में उल्लेख मिलता है

सुंदरार/ टैम्पिरन तोलन - तमिल शैव सिद्धांत परंपरा (नयनार) के 8वीं सदी के कवि

तलैयर - चौकीदार

टेरा सिगिलट्टा - चमकदार लाल, पॉलिश मिट्टी के बर्तन, इनका उपयोग पूरे रोमन साम्राज्य में किया जाता था

तेवरम - तिरुमुरई के पहले सात खंड

थेरी - सम्मानित महिलाएँ

थिरुक्कोवैयार - मणिक्कवकाकर (9वीं शताब्दी) द्वारा रचित एक शैव ग्रंथ

तिरुक्कैया नाना उला - चेरामन पेरुमल द्वारा रचित, यह सबसे पुराना उला है। प्रथम उला - अतियुला की रचना 9वीं शताब्दी ई. में हुई थी

तिरुप्पन आलवार - दक्षिण भारत में बारह आलवारों की पंक्ति में ग्यारहवाँ

उला - तमिल में साहित्यिक कृति, इसमें विभिन्न मंदिरों के जुलूस का वर्णन है

'उलुक' - मध्यकालीन भारत (इब्न बतूता) में घोड़े की चौकी को 'उलुक' कहा जाता था

वैलाब्धिक - बरामद चोरी की संपत्ति का संरक्षक

वाजपेय - अन्य राजाओं पर सर्वोच्चता प्राप्त करने की इच्छा रखनेवाले राजा द्वारा किया जानेवाला यज्ञ

वर्णसंकर - विवाह के माध्यम से वर्णों (समाज के वर्गों) का अंतर-मिश्रण

वेंडार - प्रारंभिक ऐतिहासिक दक्षिण भारत के तीन "मुकुटधारी राजा" यानी, चोल, चेर और पांड्य

विदता - वैदिक समाज में सभा

वीरागल - तमिलनाडु क्षेत्र में "नायक पत्थर" के लिए प्रयोग किया जानेवाला शब्द

विष्टी - अवैतनिक श्रम या बेगार को संदर्भित करनेवाला शब्द। प्राचीन ग्रंथ मनुस्मृति से संकेत मिलता है कि शूद्रों को प्रत्येक महीने में एक दिन करों के बदले राजा के लिए काम करना पड़ता था, जिसका वे भुगतान नहीं कर पाते थे

यजमान - वह व्यक्ति, जिसके लिए यज्ञ किया जाता है और जो यज्ञ का ख़र्च वहन करता है

यक्ष - जल, उर्वरता, वृक्ष, जंगल और अरण्य से जुड़े देवता

यक्षि - उर्वरता से जुड़ी देवी, यक्षों की पत्नी

यौधेय - 5वीं शताब्दी ईसा पूर्व के दौरान उभरनेवाली गणतांत्रिक जनजाति। यौधेय अपने युद्ध कौशल के लिए प्रसिद्ध प्राचीन युद्धप्रिय संघ था। उन्होंने पुनः स्वायत्तता प्राप्त कर शुंग साम्राज्य और हिंद-यूनानी राज्यों के समकालीन के रूप में शासन किया, और अपने स्वयं के सिक्के ढाले। हालाँकि, उन्हें रुद्रदमन के नेतृत्व में क्षत्रपों ने जीत लिया था

यवन - यूनानी, पश्चिम के विदेशी

योगक्षेम – समग्र कल्याण के लिए कार्य

ज़वाबित – धर्मनिरपेक्ष क़ानून

ज़िम्मी / धिम्मी – अरबी शब्द, जिसका अर्थ संरक्षित लोग *(मुख्य रूप से जज़िया देकर सुरक्षा प्राप्त करनेवाले ग़ैर-मुस्लिम)* है

यू.पी.एस.सी. पिछले वर्षों के बहुविकल्पीय प्रश्न

1. निम्नलिखित में से कौन-सा एक, संगम कविताओं में यथावर्णित 'बट्टाकिरुतल' की प्रथा को स्पष्ट करता है? **(CSE, 2023)**
   (a) राजाओं द्वारा महिला अंगरक्षिकाओं को नियुक्त करना
   (b) राजदरबारों में विद्वानों का, धर्म और दर्शन से जुड़े विषयों पर विचार-विमर्श करने हेतु एकत्र होना
   (c) किशोरियों द्वारा कृषि-क्षेत्रों की निगरानी करना और चिड़ियों तथा पशुओं को भगाना
   (d) युद्ध में पराजित राजा का आमरण अनशन कर आनुष्ठानिक मृत्युवरण करना

2. प्राचीन भारत में निम्नलिखित में से किन्हें 'थेरी' के रूप में जाना जाता था? **(CDS I, 2023)**
   (a) श्रद्धेय महिलाएँ
   (b) बौद्धधर्म में वरिष्ठ साध्वी (elder nuns)
   (c) भिक्षुणी पद (status) से वंचित महिलाएँ
   (d) बौद्ध संघ से निष्कासित महिलाएँ

3. 'रायगजकेसरी' (Rayagajakesari) और 'दायगजकेसरी' (Dayagajakesari) की उपाधियाँ निम्नलिखित में से किस राजवंश से संबद्ध थीं? **(CDS I, 2023)**
   (a) काकतीय (b) विजयनगर
   (c) गजपति (d) राष्ट्रकूट

4. मुग़ल काल के हिन्द-फ़ारसी (इंडो-पर्सियन) स्रोतों में किसान को निर्दिष्ट करने के लिए निम्नलिखित शब्दों से कौन-से प्रयुक्त किये जाते थे ? **(CDS I, 2022)**
   1. रैयत 2. आसामी
   3. मुज़रियान 4. मजूर

   नीचे दिये गये कूट का प्रयोग कर सही उत्तर चुनिए :
   (a) केवल 1 और 2
   (b) केवल 2 और 3
   (c) केवल 1, 2 और 3
   (d) केवल 1, 3 और 4

5. निम्नलिखित में से कौन-सा एक, कौटिल्य के राज्य के सप्तांग में सिद्धांत का अंग ***नहीं*** था? **(CDS I, 2022)**
   (a) अमात्य (b) जनपद
   (c) दुर्ग (d) धम्म

6. इनमें से किसने मध्यकालीन भारतीय डाक व्यवस्था का दो प्रकार के होने का वर्णन किया है – अश्व डाक व्यवस्था जिसे 'उलुक' कहा जाता है और पैदल डाक व्यवस्था जिसे 'दावा' कहा जाता है? **(NDA II, 2022)**
   (a) अल बिरूनी (b) दुआर्ते बरबोसा
   (c) इब्न बतूता (d) सैयदी अली रीइस

7. सूची-I को, सूची-II के साथ सुमेलित कीजिए और सूचियों के नीचे दिये गये कूट का प्रयोग कर सही उत्तर चुनिए :

	सूची-I (महामात्त)		सूची-II (कार्य)
A.	अंत-महामात्त	1.	महिला कल्याण
B.	इथिज्झख-महामात्त	2.	धम्म का प्रचार
C.	धम्म-महामात्त	3.	नगर प्रशासन से संबद्ध
D.	नगलवियोहलक-महामात्त	4.	सीमांत

(NDA II, 2022)

कूट :

	A	B	C	D
(a)	3	2	1	4
(b)	3	1	2	4
(c)	4	1	2	3
(d)	4	2	1	3

8. *ज़ियारत* शब्द का निम्नलिखित में से सही अर्थ क्या है? **(NDA I, 2021)**
   (a) सूफ़ी संतों की मज़ारों की यात्रा
   (b) राजस्व कृषि (रेवेन्यू फ़ार्मिंग) प्रथा

(c) किसी सूफ़ी शेख़ की बरसी
(d) एक प्रकार का इस्लामी तलाक़

9. सूची-I को सूची-II के साथ सुमेलित कीजिए और सूचियों के नीचे दिये गये कूट का प्रयोग कर सही उत्तर चुनिए:

सूची-I (नदी का वैदिक नाम)		सूची-II (आधुनिक नाम)	
A.	दृशद्वती	1.	चेनाब
B.	आस्किनी	2.	चौटांग
C.	वितस्ता	3.	रावी
D.	परुष्णी	4.	झेलम

(CAPF, 2022)

कूट :

	A	B	C	D
(a)	2	4	1	3
(b)	2	1	4	3
(c)	3	1	4	2
(d)	3	4	1	2

10. मध्यकालीन भारत के संदर्भ में, आकार की दृष्टि से आरोही क्रम में निम्नलिखित में से कौन-सा सही क्रम है? **(CSE, 2021)**
(a) परगना - सरकार - सूबा
(b) सरकार - परगना - सूबा
(c) सूबा - सरकार - परगना
(d) परगना - सूबा - सरकार

11. भारत के इतिहास के संदर्भ में, निम्नलिखित युग्मों पर विचार कीजिए : **(CSE, 2020)**
1. औरंग : राज्य के खजाने का प्रभारी
2. बनियन : ईस्ट इंडिया कंपनी का भारतीय एजेंट
3. मिरासीदार : राज्य को नामित राजस्व दाता

ऊपर दिये गये युग्मों में से कौन-सा/से सही सुमेलित है/हैं?
(a) केवल 1 और 2 (b) केवल 2 और 3
(c) केवल 3 (d) 1, 2 और 3

12. निम्नलिखित कथनों पर विचार कीजिए : **(CSE, 2019)**
1. दिल्ली सल्तनत के राजस्व प्रशासन में राजस्व वसूली का प्रभारी "आमिल" के रूप में जाना जाता था।
2. दिल्ली सुल्तानों की इक्ता प्रणाली एक प्राचीन स्वदेशी संस्था थी।
3. दिल्ली के ख़िलजी सुल्तानों के शासनकाल के दौरान मीर बख़्शी का पद अस्तित्व में आया।

ऊपर दिये गये कथनों में से कौन-सा/से सही है/हैं?
(a) केवल 1 (b) केवल 1 और 2
(c) केवल 3 (d) 1, 2 और 3

13. सूफ़ी कृति कस्फ़-उल-महजुब किसके द्वारा लिखी गयी थी? **(CAPF, 2019)**
(a) अब्दुल हसन अल हुजविरी
(b) मोइनुद्दीन चिस्ती
(c) शेख़ निज़ामुद्दीन औलिया
(d) अमीर ख़ुसरो

14. संत भाषा क्या है? **(CAPF, 2019)**
(a) निर्गुण रहस्यवादियों की भाषा
(b) उलटबाँसी मनीषियों की भाषा
(c) निराकार मनीषियों की भाषा
(d) सगुण मनीषियों की भाषा

15. तमिल संगम ग्रंथों के अनुसार, निम्नलिखित में से कौन बड़े भूस्वामी थे? **(CDS II, 2018)**
(a) गहपति (b) उजवर
(c) अदिमइ (d) वेल्लालर

16. फ़र्र-ए इज़्दी का विचार, जिस पर मुग़ल बादशाहत आधारित थी, सर्वप्रथम निम्नलिखित में से किस सूफ़ी संत द्वारा विकसित किया गया था? **(CDS I, 2018)**
(a) शिहाबुद्दीन सुहरावर्दी
(b) निज़ामुद्दीन औलिया
(c) इब्न अल-अरबी
(d) बायज़ीद बिस्तानी

17. भारत के इतिहास के संदर्भ में निम्नलिखित युग्मों पर विचार कीजिए : **(CSE, 2016)**

	शब्द	विवरण
1.	एरीपट्टी :	वह भूमि जिसका राजस्व गाँव के तालाब के रख-रखाव के लिए अलग रखा जाता था।
2.	तनियूर :	एक ब्राह्मण या ब्राह्मण समूह को दान किए गए गाँव
3.	घटिका :	आमतौर पर मंदिरों से जुड़े महाविद्यालय

ऊपर दिये गये युग्मों में से कौन-सा/से सही सुमेलित है/हैं?

(a) 1 और 2 (b) केवल 3
(c) 2 और 3 (d) 1 और 3

18. मध्यकालीन भारत के आर्थिक इतिहास के संदर्भ में, ''अरघट्ट'' शब्द संदर्भित करता है। **(CSE, 2016)**

(a) बँधुआ मज़दूर को
(b) सैन्य अधिकारियों को दिये गये भूमि अनुदान को
(c) भूमि की सिंचाई में प्रयोग किए जानेवाले जलचक्र को
(d) खेती योग्य भूमि में परिवर्तित की गयी बंजर भूमि को

19. 'उपरि' निम्नलिखित में से किसको संदर्भित करता था? **(CDS II, 2016)**

(a) मुग़ल शासन के अधीन स्वामित्व अधिकार की एक श्रेणी।
(b) मराठा शासन के अधीन काश्तकारी अधिकार की एक श्रेणी।
(c) मराठा फ़ौज में एक सैनिक।
(d) मुग़ल काल में एक गाँव का मुखिया।

20. प्राचीन भारत में, ''यौधेय'' थे **(CDS II, 2015)**

(a) बौद्ध धर्म का एक संप्रदाय
(b) जैन धर्म का एक संप्रदाय
(c) गणतांत्रिक जनजाति
(d) चोलों के सामंत

21. मध्यकालीन भारत में, किसके लिए ''महत्तर'' और ''पट्टकिल'' पदनाम का प्रयोग किया जाता था? **(CSE, 2014)**

(a) सैन्य अधिकारी
(b) गाँव का मुखिया
(c) वैदिक अनुष्ठानों के विशेषज्ञ
(d) शिल्प श्रेणी के प्रमुख

उत्तर

1. (d)	2. (b)	3. (a)	4. (c)	5. (d)	6. (c)	7. (c)	8. (a)
9. (b)	10. (a)	11. (b)	12. (a)	13. (a)	14. (a)	15. (d)	16. (a)
17. (d)	18. (c)	19. (b)	20. (c)	21. (b)			